Jüdisches Denken

Karl Erich Grözinger ist Professor für Religionswissenschaft und Jüdische Studien an der Universität Potsdam. Von ihm sind zahlreiche Publikationen zu allen Phasen der jüdischen Religionsgeschichte sowie Texteditionen erschienen. Der erste Band »Jüdisches Denken, Theologie – Philosophie – Mystik. Vom Gott Abrahams zum Gott des Aristoteles« erschien 2004.

Karl Erich Grözinger

Jüdisches Denken

Theologie – Philosophie – Mystik

Band 2: Von der mittelalterlichen Kabbala
zum Hasidismus

Campus Verlag
Frankfurt/New York

Bibliografische Information der Deutschen Bibliothek
Die Deutsche Bibliothek verzeichnet diese Publikation in der Deutschen Nationalbibliografie.
Detaillierte bibliografische Daten sind im Internet über http://dnb.ddb.de abrufbar.
ISBN 3-593-37513-3

Umschlaggestaltung: Guido Klütsch, Köln
Umschlagmotiv: Titelseite von Portae Lucis, der von Paulus Ricius gefertigten lateinischen Übersetzung von Josef Gikatillas Scha'are 'Ora, Augsburg 1516. Sie zeigt einen Kabbalisten mit dem Baum der Sefirot.
Druck und Bindung: Druckhaus »Thomas Müntzer«, Bad Langensalza
Gedruckt auf säurefreiem und chlorfrei gebleichtem Papier.
Printed in Germany

Inhalt

Vorwort

Der zweite Band von *Jüdisches Denken* widmet sich ausschließlich dem, was im allgemeinen Bewusstsein als »Jüdische Mystik« firmiert. Das sind die mittelalterliche und frühneuzeitliche Kabbala sowie der mittelalterliche und der spätere osteuropäische Hasidismus des 18./19. Jahrhunderts samt dessen Ausläufern in der Gegenwart. Der Leser dieses Bandes wird jedoch sehr bald erkennen, dass Kabbala und Hasidismus in erster Linie als esoterische Theologien zu betrachten sind, die wie die anderen Richtungen der jüdischen Theologie und Philosophie auch ihre mystischen Seiten haben. Die Kabbalisten nennen ihre Lehre darum ***H**ochma **n**isteret*, »Verborgene Weisheit«, was sich durch das schöne Kürzel ***HeN***, mit der Bedeutung »Huld« ausdrücken ließ. Überdies zeigt die Einfügung dieser esoterischen Theologien in das Denken der mittelalterlichen jüdischen Philosophen, die im ersten Band dargestellt wurden, dass Kabbala und Hasidismus sich als eine spezifische jüdische Synthese aus altrabbinischer Tradition und mittelalterlicher Philosophie darstellen, die man mit den Kabbalisten sehr wohl die *Torat 'Emet*, die »Wahre Tora«, also die *vera philosophia judaica,* des Mittelalters bezeichnen kann. Haben die mittelalterlichen jüdischen Philosophen den Versuch unternommen, die altjüdische Theologie, Kosmologie und Anthropologie mit den Mitteln der griechisch-arabischen Philosophie darzustellen, so haben die Kabbalisten den umgekehrten Weg beschritten. Sie haben die zentralen Gedanken der Philosophie in das Gewand der genuin jüdischen Traditionen gekleidet. Hier wird unter Berücksichtigung nicht hintergehbarer philosophischer Positionen Judentum mit den zentralen Themen jüdischen Denkens neu formuliert. Darum ist es nicht verwunderlich, dass die Kabbala bis in die Gegenwart, vor allem in Gestalt des Hasidismus, sich eine feste und weit ausgebreitete Bleibe im Judentum verschaffen konnte, während die Philosophie eher den Rückzug antrat, um erst durch die Aufklärung wieder in den Vordergrund treten zu können.

Die Einfügung von Kabbala und Hasidismus in ihren mittelalterlichen geistigen Mutterboden hat zahlreiche neue Sichten und Seiten des kabbalistischen Denkens zutage gefördert, die weithin unbekannt sind. Gewiss hat die hiermit vorgelegte Darstellung reichen Gebrauch von den Ergebnissen der internationalen modernen Kabbala-Forschung gemacht, aber die auf ausgedehnte Quellenlektüre gestützte Zusammenschau hat doch viele neue Einsichten erbracht und bisher nicht dagewesene Deutungen ermöglicht.

An dieser Stelle muss auch ein Wort zu der Abweichung von der dem deutschen Leser vertrauten Schreibung des Begriffs *Chassidismus* gesagt werden. Die hier verwendete Schreibweise, die im Übrigen in der wissenschaftlichen Welt allgemein verbreitet ist, wurde darum gewählt, um den vielen geläufigen Verballhornungen dieses Wortes vorzubeugen. Wie für den Hasidismus wurde für alle hebräischen Wörter eine Transkription angewandt, die einzig das Ziel verfolgt, im Munde des Nichthebraisten eine Aussprache zu erzeugen, die der hebräischen Aussprache mit Hilfe der deutschen Phonetik so nahe wie möglich kommt. Dieses Ziel steht vor dem System einer stets gleichen Wiedergabe hebräischer Buchstaben durch einen entsprechenden deutschen. Im Vergleich zum ersten Band wird der Leser auch feststellen, dass ihm im zweiten sehr viel mehr hebräische Wörter zugemutet werden, deren Übersetzung aber möglichst häufig in Klammern beigefügt wird. Diese Vermehrung des Hebräischen hat mit dem Gegenstand zu tun, der nicht nur, wie schon angedeutet, sich sehr viel stärker der alten hebräischen Tradition zuwendet, sondern aus der hebräischen Sprache einen zentralen Teil seiner Theologie macht, deren Übersetzung gleich der Übertragung von Poesie in eine andere Sprache schwierig, wenn oft fast unmöglich ist.

Eine andere Unregelmäßigkeit neben der Transkriptionsweise, dieses Mal eine nicht freiwillig gewählte und noch weniger gerne angenommene, ist durch das über uns hereingebrochene Chaos der so genannten »Rechtschreibreform« entstanden. Anfangs von mir mit Offenheit angenommen, hat sie sich zunehmend als Behinderung und abzulehnende Verarmung der Ausdrucksmöglichkeiten erwiesen und wurde hier in weitem Maße wieder zurückgenommen – soweit dies eben möglich war.

Denjenigen Lesern, die schon im ersten Band eine zusammenfassende Bibliographie der zahlreichen herangezogenen Werke sowie ein Abkürzungsverzeichnis vermissten, sei an dieser Stelle angekündigt, dass dies für alle drei Bände dem dritten Band beigegeben werden wird, um so das Auffinden gekürzt zitierter Literatur zu erleichtern. Bis dahin muss ich den Benutzer um Geduld und Nachsicht für die Mühe bitten, die das Aufsuchen der vollen Titel macht.

Ein Band wie dieser hier vorgelegte hat zwar einen Autor, aber viele, denen er zu Dank verpflichtet ist. Allen voran muss hier das Jerusalemer *Institute for Advanced Studies* genannt werden, das mir durch eine Einladung für ein halbes Jahr die Freiheit zum Schreiben und Forschen ohne Verpflichtungen in Lehre und Verwaltung ermöglichte. Jerusalem hat mit seinen reichen Schätzen an alter und neuer Literatur diesen Band in einer Weise bereichert, die in Berlin und Potsdam so nicht gegeben ist. Hinzu kommen die zahlreichen Gespräche und Anregungen der israelischen Freunde und Kollegen, welche diesem Band einen erkennbaren Stempel aufdrückten. Da waren die Kolleginnen und Kollegen der Arbeitsgruppe am Institut, Ronit Meros, Eli Yassif, Yehuda Liebes, Haviva Pedaya, Elhanan Reiner, Dina Stein, Joshua Levinson, Richard Kalmin, außerdem Moshe Idel, Moshe Hallamish, Bracha Sack, Rachel Elior und Haym Soloveitchik, Esther Liebes und ihre Mitarbeiter an der Gershom Scholem Bibliothek, ihnen allen sei gedankt. Ebenso danke ich dem Leiter des Instituts, Professor Benjamin Z. Kedar, und dessen Mitarbeiterinnen, die alles taten, um unseren

Aufenthalt in Jerusalem angenehm und effektiv zu machen, Pnina Feldman, Smadar Danziger und Dalia Aviely.

Ganz nahe am Text waren wieder die vertrauten kritischen Leser, Helga Völkening, für die erste Hälfte des Bandes, und der neu hinzugekommene Nathanael Riemer für dessen zweite Hälfte und die Gesamtredaktion, denen die Leser viel an Lesbarkeit des Textes zu verdanken haben. Die ersten Korrekturen in Jerusalem und die letzten in Berlin sind meiner Frau Elvira zu verdanken und der schwierige Satz, die Gestaltung des Layouts und des Registers wieder Sigrid Senkbeil an meinem Potsdamer Lehrstuhl.

Zufrieden mit dem Erarbeiteten werde ich sein, wenn sich im Denken der Menschen, der Wissenschaftler wie der gebildeten Öffentlichkeit, die Einsicht und das bestimmte Wissen einprägen wird, dass mit der Hebräischen Bibel, dem Alten Testament der Christen, weder das Judentum noch dessen geistige Produktion zu Ende gekommen ist. Dass vielmehr gerade in nachbiblischer Zeit, durch die Jahrhunderte und Jahrtausende bis in die Gegenwart, das Judentum eine ungebrochene geistige, kulturelle und theologische Kreativität entfaltet hat, die das Judentum stetig und nachhaltig prägte, und dass der Versuch der Beschränkung des Jüdischen auf die biblische Tradition durch nichts zu rechtfertigen ist. Das Judentum ist, wie jede Kultur, nur da wirklich existent, wo der schöpferische Prozess voranschreitet, und wo dieser Prozess in seiner Fülle wahrgenommen wird. Ich sage dies angesichts des schmerzlichen Bewusstseins, dass hier nur ein kleiner Ausschnitt aus dieser schier grenzenlosen Fülle geboten werden kann.

Berlin und Potsdam im August 2005

Einführung

Das jüdische Mittelalter war im Wesentlichen mit einer doppelten Aufgabe befasst. Da war zunächst die Erarbeitung eines nicht anthropomorphen Gottesbildes, welches erlaubte, Gott als die Ursache allen Seins und das absolut Eine zu verstehen. Daraus ergaben sich eine Reihe von Problemen für die Religion, deren Lösung die zweite Zielsetzung war, nämlich die Frage nach der Erkennbarkeit Gottes, nach seinen Attributen, seiner Relation zur Welt und zum Menschen, die Frage der Ewigkeit oder Erschaffenheit der Welt, deren Entstehung aus einer Urmaterie oder aus dem Nichts sowie die Neuformulierung der Anthropologie, die es dem Menschen ermöglichen sollte, mit der spiritualisierten göttlichen Welt in Kontakt zu treten. All dies zog nach sich die Frage der Erlösung – Auferstehung des Fleisches oder Unsterblichkeit der Seele – und schließlich die Bedeutung der Gebote, d.h. des Gesetzes der Tora. Diese Themen wurden bereits im ersten Band der vorliegenden Darstellung »Jüdisches Denken« erörtert.

Beim Durchschreiten der philosophischen Konzeptionen beziehungsweise philosophischen Theologien der mittelalterlichen Denker ergaben sich jenseits aller individueller Unterschiede doch einige grundlegende Gemeinsamkeiten. Hinsichtlich der Frage der Relation des gestaltlosen Gottes zur gestalteten Welt, des Einen zur Vielheit, des Unbegrenzten zum Begrenzten haben beide großen Philosophenschulen, die Neoplatoniker wie die Aristoteliker, zum Erklärungsmuster der Mittelinstanzen gegriffen. Danach ist aus der göttlichen Einheit in ihrer Hinwendung zur werdenden Welt sukzessive die Vielheit hervorgegangen oder geworden – eine Konzeption, mit der man glaubte, gemäß den Gesetzen der Vernunft beides gewahrt zu haben: Gottes Einheit und zugleich seine Fähigkeit, als Ursache von Welt und Mensch zu figurieren, und umgekehrt, dem Menschen zu ermöglichen, aus seiner Begrenztheit heraus mit der Unbegrenztheit zu kommunizieren. Die Zwischeninstanzen, sei es die plotinische Triade von Intellekt, Seele und Natur oder die zehn Separaten Intellekte inklusive des Aktiven Intellekts, bildeten nunmehr eine über der sensiblen Welt stehende intelligible Welt, welche es vermochte, zwischen den beiden sonst unvereinbaren Polen zu vermitteln.

In der Frage der Anthropologie war die Spiritualisierung des Menschenbildes die Gemeinsamkeit aller Philosophenschulen, nach der das Wesen des Menschen als Intellekt – nach der aristotelischen Lehre – oder als rationale Seele – gemäß den Neoplatonikern – verstanden wurde. Der Körper hatte hierbei nur auxiliare, also unterstützende Bedeutung und Funktionen. Das Wesen der Hinwendung des Menschen zur göttlichen Welt, das heißt der Religion, war demnach intellektueller oder rational-psychischer Natur, wohingegen die Gebotserfüllung aus ihrer Bindung an Gott entlassen wurde, welche sie nach biblisch-rabbinischer Auffassung besaß. Die Gebotserfüllung diente nach philosophischer Auffassung nicht mehr Gott, sondern ausschließlich dem Menschen, sei es als Form der Seelenhygiene, der Entfernung des Menschen aus der Materialität, oder sei es zur Regulierung des menschlichen Zusammenlebens. Ohne Zweifel war in einer solchen Gebotsauffassung der Bazillus der Relativierung des Gesetzes angelegt, dessen eine rein spiritualisierte Religion, in welcher die Beziehung zwischen Mensch und Gott rein spiritueller Natur war, eigentlich nicht mehr bedarf, wiewohl keiner der in Band I verhandelten Autoren wirklich antinomistische Tendenzen verfolgte, sondern Konsens darüber bestand, dass der Mensch angesichts seines Verhaftetseins in der irdisch-leiblichen Realität des Gesetzes vorderhand nicht entbehren könne.

Schließlich mussten auch die Messiaserwartung – wiewohl unbestritten festgehalten – und die Auferstehung des Fleisches an ihrer letztgültigen Wertigkeit für die Erlösung des Menschen Einbußen erleiden, nämlich zugunsten einer individuellen nichtmateriellen Erlösung des spirituellen Kerns des Menschen. Dies selbst um den Preis, dass diese individuelle Erlösung der spirituellen Innenseite des Menschen möglicherweise zur Auflösung seiner Individualität im intelligiblen göttlichen Bereich führen konnte.

Die Kabbala ist in ihrer gesamten im 12. und 13. Jahrhundert aufbrechenden Vielfalt ein organischer Teil dieses typischen mittelalterlichen Denkens und ohne dieses nicht vorstellbar. Trotz ihrer noch zu besprechenden Unterschiedlichkeit haben die Kabbalisten doch im Grunde die gleichen Fragen gestellt und zu beantworten gehabt wie all die nach Sa'adja[1] aufgetretenen Philosophen, also die Frage nach dem Gottesbild und nach den sich daraus ergebenden Konsequenzen.

Die Antworten der Kabbalisten, die in weiten Teilen – wenn auch nicht ausschließlich – als eine Reaktion auf die von den philosophischen Denkern gegebenen Antworten verstanden werden können,[2] sind auf der anderen Seite in unaufgebbarer Weise der Philosophie verpflichtet, was bei den einen deutlich ausgesprochen wird, bei den anderen implizit angelegt und klar erkennbar ist. Diese Gemeinsamkeiten zeigen sich einerseits in dem »geläuterten« spiritualisierten anti-anthropomorphen Gottesbegriff und den ihnen im Rahmen der *imago-dei*-Lehre entsprechenden Deutungen des menschlichen Wesens, andererseits in der

1 Vgl. Bd. I, S. 362-367. 401-405.

2 Hier kann insbesondere der frühe Josef Gikatilla genannt werden, der sein Erstlingswerk *Ginnat Egos* ausgesprochenermaßen als eine Auseinandersetzung mit den Philosophen versteht. Er will mit seinem Buch die falschen philosophischen Auffassungen zurückweisen und an ihre Stelle den Glauben an den Gott Israels wieder befestigen. Dies sagt er sogleich zu Beginn seines Buches in der Einleitung, wie er dann im Text selbst wiederholt einzelne Philosophen angreift. Dies alles ungeachtet der Tatsache, dass er selbst tiefgehend vom philosophischen Denken, vor allem des Moses Maimonides, beeinflusst war, wie unten noch deutlich werden wird. Gleiches gilt für die aschkenasischen Hasidim und die 'Ijjun-Texte.

Neuformulierung der religiösen Hinwendung des Menschen zu Gott und damit auch in dem Bemühen, für die Gebote eine für den Menschen verstehbare Deutung zu finden, was ja die rabbinische Literatur strikt abgelehnt hatte. Die von den Philosophen inaugurierte Suche nach den *Ta'ame ha-Mizwot*, d.h. nach den Begründungen der Gebote, wurde von den Kabbalisten in breiter Front aufgenommen.

Dem stehen nun aber auch grundlegende Differenzen gegenüber, welche man als den Versuch bewerten kann, unverzichtbare rabbinische Positionen zu erhalten, was allerdings nicht ohne neue Sinngebung möglich war. Die wesentlichste Differenz zur Philosophie bestand vor allem darin, dass sich die Kabbalisten aller Spielarten nicht mit der völligen Entrückung der Gottheit aus dem menschlichen Relations- oder gar Verfügungsbereich abfinden wollten. Dem neuen philosophischen Gottesbegriff allerdings verpflichtet, suchten sie nach Möglichkeiten, dem philosophischen Gottesbild komplementär ein anderes an die Seite zu stellen, welches die mehr traditionellen Kommunikationsformen zwischen Gott und Welt wie Mensch und Gott wieder ermöglichen sollte. Dies geschah derart, dass die Kabbalisten danach strebten, dem kommunikationsunfähigen Gott der Philosophen eine dialektisch zugeordnete Kommunikationsgestalt der Gottheit an die Seite zu stellen. Auch dies war ja in der philosophischen Theologie nicht ganz ohne Präzedenz, man denke an Sa'adjas jeweils von Gott *ad hoc* zu schaffende Kommunikationsgestalt des »Erschaffenen *Kavod*«[3] auf der einen Seite und an die Spekulationen um einen göttlichen Willen bei Platonikern und Aristotelikern gleichermaßen auf der anderen.[4] Die Kabbalisten der unterschiedlichen Spielarten, zu denen man unter diesem Gesichtspunkt auch die verschiedenen Schulen der *Haside 'Aschkenas* rechnen darf, suchten nun nach unterschiedlichen Offenbarungs- und Kommunikationsformen oder -instanzen, die es dem *deus abscondidus*, dem verborgenen Gott der Philosophen, ermöglichte, mit Welt und Mensch zu kommunizieren. Dafür griffen die Kabbalisten zu den unterschiedlichsten Erklärungsmustern, seien es kreationistische, mythologische, philosophische oder linguistische. Diese wurden zuweilen getrennt oder aber miteinander verwoben vorgetragen. Die Folge war, dass in den kabbalistischen Systemen zwischen den *deus abscondidus* der Philosophen und die von ihnen konzipierten intelligible Welt der Mittelinstanzen eine göttliche Selbstoffenbarungsgestalt trat. Das heißt, das Gottesbild der Kabbalisten erhielt eine dialektische Verdoppelung des Gottesbildes in einen *deus abscondidus* und einen *deus revelatus*. Letzterer war es, der mit der Welt und mit dem Menschen wieder in einem mehr traditionellen Sinne kommunizieren konnte, sei es unter Beibehal-

3 Vgl. Bd. I, S. 386f.

4 Vgl. Bd. I, S. 459ff. 510. 532.

tung der intelligiblen Welt – welche mit der Engelwelt identifiziert wurde – oder unter deren Vernachlässigung.

Als Konsequenz aus dieser neuen gestalthaften Seite Gottes konnte zudem das Menschenbild eine analoge Duplizierung erfahren; neben der spirituellen Innenseite des Menschen konnten manche Kabbalisten nun auch den menschlichen Körper wieder in den Bereich des Heiligen integrieren. Der Körper hatte bei ihnen hinsichtlich seiner Wertigkeit und hinsichtlich seiner Funktionalität für den Gottesdienst – wenn auch weniger hinsichtlich der Erlösungserwartung – wieder eine neue, der rabbinischen Anthropologie entgegenkommende Dignität erhalten. Damit wurde der Körper wieder als unverzichtbarer Teil des menschlichen Wesens betrachtet. Dasselbe gilt ebenso für die mit dem Körper zu erfüllenden Gebote der Tora. Auch sie vermochten die Kabbalisten aus ihrem innerweltlichen Gefängnis zu befreien – das Gebot trat nun wieder in eine direkte Beziehung zur göttlichen Welt.

Angesichts des Dargelegten kann man die kabbalistischen Lehren als den Versuch bewerten, unter Bewahrung der philosophisch-theologischen Errungenschaften alte biblisch-rabbinische Auffassungen zu restituieren, wie man dies ähnlich bei dem Philosophen Jehuda ha-Levi beobachten kann.[5] Dieses Unternehmen ließ die Kabbala auf der einen Seite als absolut konservativ erscheinen, weil sie das Gebot, die körperliche Gebotserfüllung samt dem dazugehörigen synagogalen Gottesdienst mit vollkommener Treue, ja als ontologische Notwendigkeit, bewahrten. Andererseits umgaben die Kabbalisten die gesamte Gebotserfüllung mit einem meditativ-theosophischen Gewand, das gewaltige ideologische Sprengkraft und an das Häretische grenzende Innovationen besaß.

Wie schon bemerkt, haben die esoterischen Theologen im 12. und 13. Jahrhundert eine Vielzahl von Konzeptionen entwickelt, die in der folgenden Darstellung, in unterschiedliche Kategorien klassifiziert, vorgeführt werden. Der Leser wird sich angesichts der bisherigen Erwägungen die Frage stellen, was denn – so besehen – an der Kabbala Mystik, das heißt ekstatische Gottessuche, sei. Und in der Tat, wie sich die verschiedenen kabbalistischen Bestrebungen bisher darstellten, ist es zutreffender, von »Lehren« von Theologien, Kosmologien und Anthropologien der Kabbalisten zu reden denn von Mystik. Es ist darum phänomenologisch korrekter, zunächst von kabbalistischen Lehren zu sprechen und nicht von kabbalistischer Mystik. Bei dem überaus stark entwickelten Interesse am *deus revelatus* war es berechtigt, wie dies Gershom Scholem tat, die Kabbala zunächst als »Theosophie« zu bezeichnen, wiewohl – wie schon angedeutet – sie sich nicht darauf beschränkt, sondern die Kosmologie, Anthropologie und Ethik in ihr Denken einbezieht. Joseph Dan hat darum in seinem grundlegenden Werk zu den *Haside 'Aschkenas*, deren Systeme nicht als Mystik, son-

5 Vgl. Bd I, S. 590-614.

dern als *Torat ha-Sod*, als »Esoterische Lehre«[6] bezeichnet. Es war deshalb ein folgenschwerer Missgriff, dass Gershom Scholem sein epochemachendes Werk zur Kabbala mit dem Titel *Die jüdische Mystik in ihren Hauptströmungen* versah, wiewohl der Leser in diesem Buch – außer in der Einführung und den Erörterungen zu Abraham 'Abul'afja – recht wenig »Mystisches« findet, sondern eben theosophische und esoterische Theologien und Lehrsysteme. Als solche stellen sie sich als Gattung zunächst an die Seite der philosophischen Systeme, die wie sie versuchen, den Menschen und seine Welt zu deuten.

Die Gliederung der vielfältigen esoterischen und kabbalistischen Lehren richtet sich hier nach den von den jeweiligen Kabbalisten konzipierten Mittlerinstanzen zwischen der verborgenen Gottheit und der irdischen und menschlichen Welt. Wo die Philosophen von Separaten Intellekten (Aristoteliker) oder von Weltintellekt, Weltseele und gegebenenfalls der Natur (Neoplatoniker) als Mittlerinstanzen reden, setzen die Kabbalisten göttliche Offenbarungsformen wie zum Beispiel die Herrlichkeit Gottes (*Kavod*) oder die *Sefirot*, welche hier die Gliederung der Darstellung bestimmen werden.

Als erstes wird der *Sefer Jezira*, das »Buch der Schöpfung«, behandelt, das zwar sowohl zeitlich wie auch inhaltlich nicht zu der im 12. Jahrhundert einsetzenden Kabbala gehört, aber eine ihrer wesentlichen Grundlagen wurde und seine Verbreitung innerhalb des Judentums nicht zuletzt erst der Kabbala verdankt. Hernach folgt die esoterische Theologie der aschkenasischen *Hasidim*, die den traditionellen biblischen Offenbarungsterminus *Kavod*, die »Herrlichkeit Gottes«, mit Hilfe philosophischer Interpretationen zu der zentralen Mittlerinstanz zwischen verborgenem Gott und Welt machte. Ihnen folgen die unterschiedlichen kabbalistischen Konzeptionen. An erster Stelle stehen jene Systeme, welche die Lehre von den zehn *Sefirot* entwickelten und diese mit gnostischen Kategorien deuteten, hier als »Sefirotisch-gnostisierendes Modell« benannt. Das nächste Modell stellen die »Philosophisch-onomatologischen Deutungen der Tradition«. In ihnen wird die rabbinische und antik-jüdische Tradition mit Hilfe philosophischer und onomatologischer[7] Kategorien gedeutet. Das dritte Modell ist das »Sefirotisch-philosophische«, das gleichfalls mit der Vorstellung von zehn *Sefirot* arbeitet, diese aber mit Hilfe der mittelalterlichen Philosophie deutet. Hernach folgt eine Konzeption, die ausschließlich mit Gottesnamen als Mittlerinstanzen zwischen Gott und Welt operiert, das »Onomatologische Modell«. In ihm sind Gott und die Mittelmächte nichts anderes als Gottesnamen. Als »Philosophisch-glossosophisches Modell« wird die »Prophetische Kabbala« des 'Avraham 'Abul'afja benannt, weil in ihr die Onomatologie, die Lehre von den Gottesnamen, zu einer regelrechten Lehre von der Sprache (griechisch

6 Vgl. Kap. Die esoterische Theologie der aschkenasischen Hasidim 1.

7 Das heißt mit Hilfe der Konzeption von Gottesnamen als göttlichen Wesenheiten.

»Glossa«) ausgebaut wurde, die schließlich in die maimonidische Philosophie eingezeichnet wird. Das »Sefirotisch-onomatologische Modell« verbindet die Sefirotlehre mit der Onomatologie derart, dass die *Sefirot* zu Trägern der göttlichen Namen werden. Die weit verzweigte Literatur des *Sohar*, des zentralen kabbalistischen Werkes des 13. Jahrhunderts, erhält die Rubrik »Die große Synthese«, weil in ihr fast alle der zuvor genannten Systeme zusammenfließen. Allerdings gibt es innerhalb dieser großen Synthese zwei Untergruppen. Die eine wird vom *Midrasch ha-Ne'elam* (Der Midrasch vom Verborgenen) vertreten, der sich vom Rest des *Sohar* grundlegend unterscheidet und eher als eine Reinterpretation des alten rabbinischen Midrasch mit den Kategorien vor allem der maimonidischen Philosophie zu verstehen ist. Er erhält darum die Rubrik »Das philosophisch-rabbinische Modell«. Der Rest der *Sohar*-Schriften, vor allem der *Sohar zur Tora*, vollzieht nun in der Tat die besagte Zusammenführung der vorangegangenen Systeme, zeichnet sich darüber hinaus aber durch ein anderes völlig neues Charakteristikum aus, nämlich durch seine literarische Form. In ihr wird die Kabbala zur literarischen Mythologie, weshalb dieser Teil »Das literarisch-mythologische Modell« genannt wird. Das nächste Modell ist gleichsam ein Vorbote der Renaissance innerhalb des Judentums, nämlich »Das kosmosophisch-wissenschaftliche Modell« der lurianischen Kabbala. In ihr wird zwar die vorausgehende Tradition auf breiter Basis aufgenommen, aber nun in eine Systematik überführt, die in weitem Maße auch auf naturwissenschaftlich-physikalische Kategorien zurückgreift. Ein ganz neues Kapitel wird im osteuropäischen Hasidismus aufgeschlagen, der die verschiedenen Richtungen der vorangegangenen Kabbala in unterschiedlichem Maße resorbiert, dies aber vor allem mit einem anthropologisch-mystischen Interesse. Hier wird die theosophische Begrifflichkeit in großem Stil in eine anthropologische überführt, um dem zentralen Ziel zu dienen, nämlich einer individuellen Mystik.

Gemäß meinen Ausführungen zu den »Mystischen Formen jüdischer Religion« im ersten Band[8] gilt natürlich auch für die Lehren der Kabbalisten, dass sie der Mystik dienten, das heißt, dass die kabbalistischen Theologien je nach ihrer Maßgabe zur Darstellung des mystischen Bestrebens und Erlebens dienen konnten, wollten und tatsächlich dienten. Es war sodann Moshe Idel, der in seinem Buch *Kabbalah. New Perspectives*[9] diese von Scholem vernachlässigte tatsächlich mystische Seite der Kabbala zu beschreiben einforderte und nach mystischen Elementen in den unterschiedlichen Werken der Kabbala suchte, was im Folgenden an gegebener Stelle auch getan werden soll.

Ich werde deshalb auch hier die kabbalistischen Lehren zunächst als das vorstellen, was sie in erster Linie sind, nämlich esoterische Theologien, um dann in

8 Vgl. Bd. I, S. 299ff.

9 M. Idel, Kabbalah. New Perspectives, New Haven u.a. 1988.

einem nächsten Schritt nach der Mystik der Kabbala zu fragen – in einer Weise, wie ich dies schon in meinem Artikel »Jüdische Mystik« im *Handbuch zur Geschichte der Juden in Europa*[10] versucht hatte. Dabei wird sich erwartungsgemäß herausstellen, dass die Bezugspunkte der jeweiligen esoterischen Lehren in den Beschreibungen der mystischen Erfahrungen wiederkehren, das heißt, dass das mystische Erleben entweder mit philosophischen – geschieden nach aristotelischen und platonischen –, nach sefirotisch-mythologischen, nach onomatologischen oder psychologisch-teleologischen Termini beschrieben wird und sich daher zunächst beachtliche Unterschiede auftun, die aber nach dem Vorgang des besagten Einführungskapitels des ersten Bandes dieser Darstellung[11] meist Unterschiede der Beschreibungssprache, weniger aber hinsichtlich ihrer Phänomenologie sind.

Die dort skizzierte Phänomenologie des Mystischen versucht eine Klassifizierung der mystischen Phänomene aufgrund der Bewegungsmodalitäten, durch welche die getrennten Pole Gott und Mensch miteinander in Berührung gebracht werden. Beim Typus der »unitiven Weltfluchtmystik« bewegt sich der Mensch aus dem irdischen Raum hinweg zur Gottheit hin, um mit der göttlichen Welt eins zu werden. Beim Typus der »Visitationsmystik« hingegen kommen die göttlichen Wesen zum Menschen, der an seinem irdischen Ort bleibt, während beim Typus der »sakramental-theurgischen Überbrückungsmystik« beide Pole an ihrem Ort verbleiben und die Verbindung durch einen theurgischen Akt der Überbrückung zwischen beiden hergestellt wird.

M. Idel hat in seinem Buch *Hasidism Between Ecstasy and Magic*[12] eine ähnliche Klassifizierung vorgeschlagen, die sich an den Erfahrungen, Techniken und Aktivitäten der Menschen orientiert. Idel unterscheidet gleichfalls drei mystische Modelle, deren erstes er das »mystisch-ekstatische« nennt. Das zweite nennt er das »magisch-talismanische« und das dritte schließlich das »mystisch-magische«. Alle drei können nach Idel in weitere Untermodelle zerfallen.

Das »mystisch-ekstatische« Modell ist auf die *Devekut*, das heißt das mystische Haften des Menschen an der Gottheit (*unio mystica*) konzentriert, wobei es allerdings durchaus unterschiedliche Intensitäten der Vereinung des Menschlichen mit dem Göttlichen geben könne.[13]

10 K. E. Grözinger, Jüdische Mystik, in: E.-V. Kotowski, J.H. Schoeps, H. Wallenborn (Hrsg.), Darmstadt 2001, Bd. II, S. 127- 137.

11 Vgl. Bd. I, S. 33-36.

12 M. Idel, Hasidism Between Ecstasy and Magic, Albany 1995.

13 Hierher gehören nach Idel die mystischen Techniken der *Hitbodedut*, das ist der Rückzug in die Einsamkeit, die quietistische Apathie und die buchstaben-kombinatorischen Techniken, Offenbarungen und paranormale Erscheinungen; Vgl. M. Idel, Hasidism Between Ecstasy and Magic, S. 55.

Im »magisch-talismanischen« Modell ist das Ziel des Mystikers das Herabziehen der Kräfte der transzendenten Mächte in den Bereich des Menschlichen. Während allerdings diese transzendenten Mächte in der originären talismanischen Mystik die astrale Welt ist, treten in der Kabbala an diese Stelle die *Sefirot*, das heißt die geoffenbarten Gotteskräfte. Anstelle der magischen Praktiken der astral-talismanischen Mystik treten in der Kabbala die jüdischen Riten und die rituelle Verwendung der hebräischen Sprache.[14]

Das »mystisch-magische« Modell besteht in einer Verbindung der beiden vorangehenden Modelle, das heißt der Verbindung des Strebens nach *unio mystica* mit dem Herabziehen der transzendenten Kräfte.[15]

Im osteuropäischen Hasidismus, dem der abschließende Teil des vorliegenden Bandes gewidmet ist, zerfällt laut Idel das »mystisch-magische Modell« in zwei weitere Untergattungen, nämlich in das »katabatisch-redemptive« Modell und in das »anabatisch-mystisch-magische«. Das katabatische Modell bezeichnet den Abstieg des in der *unio mystica* stehenden mystischen Spezialisten, des *Zaddik*, um die drunten stehende Volksmasse zu sich hochzuziehen. Demgegenüber verbindet das anabatische Modell den ekstatischen Aufstieg des Mystikers mit dem magischen Herabziehen der transzendenten Kräfte.[16]

Beide Klassifizierungsmodelle – das von Idel und das im ersten Band dieser Darstellung vorgetragene – können natürlich nur Versuche sein, eine unsystematische Vielfalt von Erscheinungen zu sortieren, um so das Verstehen zu erleichtern. Kein Modell wird dabei die ganze Vielfalt ohne Unstimmigkeiten und Ausnahmen rubrizieren können, sondern allenfalls wesentliche Grundlinien sichtbar machen.

Es ist zu hoffen, dass die oben genannte Unterscheidung von »Lehren« und »mystischer Aktivität«, welche als Leitfaden dieser Darstellung dient, das undurchsichtige Knäuel dessen, was man gemeinhin einfach als Kabbala zu plakatieren gewohnt ist, verständlicher und durchsichtiger machen wird.

14 M. Idel, Hasidism Between Ecstasy and Magic, S. 67f. Zu dieser mystischen Magie vgl. z.B. E. Underhill, Mystik. Eine Studie über die Natur und Entwicklung des religiösen Bewußtseins im Menschen, München 1928, S. 169-219.

15 M. Idel, Hasidism Between Ecstasy and Magic, S. 97.

16 M. Idel, Hasidism Between Ecstasy and Magic, S. 107.

Sefer Jezira – »Das Buch der Schöpfung« – Grundlage und Voraussetzung der aschkenasischen Theologie und der Kabbala

1. Das Buch der Schöpfung – *Sefer Jezira*

1.1. Datum und Entstehung des *Sefer Jezira*

Das alte lateinische Sprichwort *fatum suum habent libelli* gilt für kein Werk der jüdischen Literatur wie für den *Sefer Jezira* (Buch der Schöpfung). Von dem Buch, das von den mittelalterlichen Autoren aufgrund der am Ende des Buches geschilderten Begegnung zwischen Gott und dem Erzvater Abraham eben diesem Patriarchen zugeschrieben wurde – gelegentlich auch dem im 2. Jahrhundert d.Z. lebenden Rabbi ‘Akiva[17] –, hörte man allerdings nichts, bis ausgerechnet ein rationalistischer Philosoph, Rav Sa‘adja Ga’on[18], im 10. Jahrhundert (931) einen Kommentar[19] zu ihm verfasste und davon ausging, es handele sich um ein altes Werk. Nach Sa‘adja haben sich gleichfalls noch im 10. Jahrhundert weitere Philosophen diesem Schriftchen zugewandt und es kommentiert: Dunasch Ibn Tamim (956), Schabtai Donolo, sodann Jehuda ha-Levi und Schlomo Ibn Gevirol[20], ebenso zahlreiche Kabbalisten, von denen später noch die Rede sein wird. A. Kaplan[21] führt in seiner Bibliographie nicht weniger als 97 traditionelle Kommentare zu dieser Schrift auf! Alle diese Autoren setzen das Büchlein in einer sehr frühen, wenn nicht altorientalischen Zeit an. Nicht nur die traditionellen Autoren, auch moderne Wissenschaftler argumentieren für eine Frühdatierung – der Text sei bereits in der ersten Hälfte des ersten nachchristlichen Jahrhunderts entstanden, als der Tempel in Jerusalem noch nicht zerstört war. So neuerdings wieder Yehuda Liebes,[22] der darin dem Altklassiker Adolphe Franck[23] folgt, so dass man eine gut achthundert Jahre andauernde Verborgenheit des Büchleins annehmen müsste. Bedeutsam für diese Frage der Datierung sind allerdings zwei

17 So ab dem 13. Jahrhundert in der kabbalistischen Literatur. Vgl. P.B. Fenton, Sefer Yesirah ou le livre de la création, Paris 2002, S. 14.

18 Vgl. zu ihm Bd. I., S. 362ff.

19 Tafsir Kitab al-Mabadi, ed. u. übs. M. Lambert, Saadya Gaon, Commentaire sur le-Sefer Yesira par le Gaon Saadya, Paris 1891, eine verkürzte Neuedition d. Übs. Als: Saadia Gaon, Commentaire sur le Séfer Yetzira (bearb. R.Lévy), Paris 2001; Arabisch mit hebräischer Übersetzung: J. Kafih, Perush Sefer Jezira, Jerusalem 1972.

20 Vgl. dazu Bd. I, S. 525ff.585ff.

21 A. Kaplan, Sefer Yetzirah, York Beach 1990, S. 325-334.

22 Y. Liebes, Torat ha-Jezira schel Sefer Jezira, Jerusalem/Tel-Aviv 2000, S. 229.

23 A. Franck, Die Kabbala oder die Religions-Philosophie der Hebräer, Leipzig 1844 (Neudruck: Leipzig o.D.).

Nennungen eines *Sefer Jezira* beziehungsweise von *Hilchot Jezira* im Babylonischen Talmud, in denen von zwei rabbinischen Gelehrten berichtet wird, die sich mit dem *Sefer Jezira* beziehungsweise den *Hilchot Jezira* befassten und ihnen dadurch ein dreijähriges Kalb erschaffen wurde, das sie anschließend verspeisten:

> »R. Hanina und R. Oschaja befassten sich an jedem Schabbatvorabend mit dem Studium des Sefer Jezira und es wurde ihnen ein dreijähriges Kalb erschaffen, das sie dann verzehrten.«[24]

In der Wiederaufnahme der Begebenheit in der folgenden Debatte des Talmud (Blatt 67b) wird sodann von den *Hilchot Jezira*, das heißt von den *Jezira*-»Satzungen« gesprochen. Wenn der hier genannte Text wirklich unser *Sefer Jezira* ist, dann hat man immerhin mit dem Abschluss des Talmud um 600 n.d.Z. ein *terminus ante quem*. Mit den Lebensdaten der beiden talmudischen Gelehrten kommt man noch einige Jahrhunderte weiter hinauf, nämlich bis ins 3. Jahrhundert der Zeitrechnung.[25] Angesichts dessen, was sich im Folgenden aus dem Inhalt des *Sefer Jezira* ergibt, darf man indessen Zweifel haben, dass das im Talmud genannte Buch dasselbe wie das uns vorliegende ist, da eine so massive magische Komponente wie die Erschaffung eines Tieres durch den Menschen in dem Büchlein nicht zu erkennen ist. Es sei denn, man nimmt an, dass es schon in früheren Jahrhunderten wie dann von vielen mittelalterlichen Autoren dennoch als alphabetmagischer Text verstanden und entsprechend verwendet worden ist.[26]

Eine andere Möglichkeit, das Alter des Textes zu bestimmen, ist die geistesgeschichtliche Einordnung, was allerdings zu keiner einvernehmlichen Datierung geführt hat. Denn man fand in dem Werkchen Parallelen zu Philo von Alexandrien, ein Hebräisch, das noch dem biblischen Hebräisch nahe steht, eine Nähe zur altrabbinischen und hechalotmystischen Onomatologie, zum Neopythagoräismus, zum Neoplatonismus und schließlich islamische Motive. Dies alles führte zu einer Datierungsbreite vom ersten vorchristlichen Jahrhundert bis herab ins neunte Jahrhundert der Zeitrechnung.[27]

24 bSanh 65b.

25 Vgl. G. Stemberger, Einleitung in Talmud und Midrasch, München 1992, 8. Aufl., S. 90f.

26 Vgl. dazu G. Scholem, Die Vorstellung vom Golem in ihren tellurischen und magischen Beziehungen, in: ders., Zur Kabbala und ihrer Symbolik, Zürich 1960, S. 209-259.

27 Kaplan, Yetzirah hat die zahlreichen Datierungen samt deren Vertretern, insgesamt 20, zu denen noch neuere Autoren hinzuzuzählen sind, fein säuberlich in einer Tabelle zusammengefasst, in der über die gesamte genannte Breite kein einziges Jahrhundert fehlt.

Mit den Entstehungsorten steht es kaum besser, wobei man meist in Palästina oder im syrischen Raum sucht.[28]

1.2 Text und Struktur des *Sefer Jezira*

Es ist *communis opinio*, dass der Text des *Sefer Jezira* schwierig und enigmatisch ist. Hinzu kommt, dass er in mindestens vier Rezensionen überliefert wurde,[29] zu denen zahllose Varianten kommen. Oft wird angenommen, dass spätere Glossen und Kommentare unversehens in den Haupttext aufgenommen wurden oder dass der Text bewusst kreativ rezipiert und verändert worden ist.[30] Bei alledem ist jedoch in weiten Partien eine klare, fast poetische Struktur des Textes zu erkennen, die wiederholt von Textpartien in anderem Stil unterbrochen werden. Es scheint deshalb naheliegend, sich zunächst von den morphologisch ebenmäßigen und sich entsprechenden Teilen leiten zu lassen und zu versuchen, aus ihnen die Struktur, das Anliegen und die Hauptthemen des an Umfang nur wenige Seiten umfassenden Büchleins zu erkennen.

Das Büchlein, das – grob gesprochen – in zwei Teile zerfällt, nämlich in einen zu den so genannten *Sefirot* und in einen zweiten zu den Buchstaben des hebräischen Alphabets, lässt sich jedoch noch weiter untergliedern, wie dies Aryeh Kaplan beschreibt:

28 Eine reiche Bibliographie zum *Sefer Jezira* findet sich bei J. Dan im Kap. 5: The Language of Creation and its Grammar, in: ders., Jewish Mysticism, Northvale/Jerusalem 1998, Bd. I, S. 135f., und Three Phases of the History of the *Sefer Yezira*, ebd., S. 155f.

29 Die *editio princeps*, Mantua 1562, bietet eine Kurzversion (ca. 1300 Wörter) sowie eine Langversion (ca. 2500 Wörter), (Mantua kurz / Mantua lang), der erste Kommentator Sa'adja Ga'on bietet eine mittlere Länge, aber eine umgestellte Textfolge. Schließlich wird noch eine Version des Kabbalisten Jizchak Luria genannt, die allerdings weitgehend der Kurzversion entspricht (Kaplan, Sefer Yetzira, S. XXV). Ich zitiere nach I. Gruenwald, A Preliminary Critical Edition of Sefer Yezira, in: Israel Oriental Studies I, Tel Aviv 1971, S. 132-177. Brauchbar sind die traditionellen Ausgaben wie: *Sefer Jezira, mejuhas le-'Avraham 'Avinu* (mitsamt den traditionellen Kommentaren sowie verschiedenen Versionen), Jerusalem 1962; die deutsch-hebräische Ausgabe von L. Goldschmidt, Sepher Jesirah. Das Buch der Schöpfung, Frankfurt a.M. 1894 (Neudruck: Darmstadt 1969), ist ein eher willkürlicher, künstlich hergestellter Mischtext und kaum verwendbar; das betrifft noch mehr die von Ch. Schulte und E. Goodman-Thau wieder publizierte Übersetzung von J.F. Meyer, die der christlichen Kabbala zugehört (Berlin 1993); englische Übersetzungen aller drei Versionen bietet A. Kaplan, Sefer Yetzirah, York Beach 1990.

30 So Y. Liebes, Torat ha-Jezira schel Sefer Jezira, Jerusalem/Tel-Aviv 2000.

»[...]das Buch scheint in vier grundlegende Teile geteilt zu sein.
Das erste Kapitel führt die Sefirot ein und bespricht sie ausführlich. Danach, in den folgenden Kapiteln, werden die Sefirot allerdings nicht mehr erwähnt. [...].
Das zweite Kapitel enthält eine allgemeine Erörterung der Buchstaben des Alphabets. Es scheint ihre Verwendung ziemlich deutlich in einen meditativen Kontext einzuführen. Hier werden gleichfalls die fünf phonetischen Buchstabengruppen und die 231 Tore [der Buchstabenpermutation] eingeführt. Und wieder, werden weder die phonetischen Gruppen noch die Tore je wieder im folgenden Text erwähnt.
Kapitel drei bis fünf diskutieren die drei unterschiedlichen Buchstabengruppen ›Mütter, Doppelte und Einfache‹. Diese werden mit dem ›Universum, mit dem Menschen und dem Jahr‹ in Beziehung gebracht, und spiegeln so ein ziemlich detailliertes astrologisches System wider. In diesen Kapiteln ist der gesamte Charakter des Buches verändert, insofern in ihnen nirgendwo meditative Aspekte auftauchen. [...]
Das sechste Kapitel schließlich hat wiederum keinen klaren Bezug zu den vorausgehenden Teilen des Buches, wiewohl es in der Langversion fast die Gestalt eines Kommentares angenommen hat. [...]
Dieses Kapitel schließt mit einem Abschnitt, der das Sefer Jezira mit Abraham in Verbindung bringt.«[31]

Kaplans Beschreibung rechtfertigt es, die einzelnen Teile zunächst für sich gesondert zu betrachten, dies umso mehr, als die separierten Teile sich auch nach den schon angesprochenen Stilmerkmalen unterscheiden. Darum soll hier zunächst das Kapitel über die *Sefirot* besprochen werden, sodann jene über die Buchstaben und erst hernach nach ihrem möglichen Zusammenhang gefragt werden. Dies ist umso mehr gerechtfertigt, als schon David Neumark in seiner *Geschichte der Philosophie des Mittelalters* [32] darauf hingewiesen hat, dass der Abschnitt zu den *Sefirot* und der andere zu den Buchstaben zum Teil die gleichen Themen verhandeln, also als Doppelungen verstanden werden können.

31 Kaplan, Yetzira, S. XIf.

32 D. Neumark, Geschichte der Philosophie des Mittelalters, Berlin 1907, Bd. I, S. 115.

2. Gott und die Schöpfung

2.1 Schöpfung durch Zahlen – *Sefirot*

2.1.1 Die zehn *Sefirot* als Gottes Schöpfungswerkzeuge

Im Folgenden werden aus dem ersten Abschnitt der Kurzversion des *Sefer Jezira*, der Edition I. Gruenwalds folgend, nur jene Paragraphen beziehungsweise *Halachot*[33] geboten, welche sich aufgrund ihres einheitlichen Stils und des kohärenten Zusammenhangs als Basis dieses Kapitels erweisen, wohingegen die formal anders geartete *Halachot*, welche den klaren Ablauf unterbrechen, ausgelassen wurden. Die Nummerierung folgt der von Gruenwald neu eingeführten und bietet in Klammern, nach dem Vorgang von Gruenwald, die entsprechenden Paragraphen der Langversion, von der teilweise zusätzlicher Text in geschweifter Klammer mitgeteilt wird. Varianten zur Kurzversion stehen in spitzer Klammer.

»§ 3 (I, 3)
Zehn *Sefirot belima*:[34] [Gemäß] der Zahl der zehn Finger, fünf gegenüber fünf« und der Bund der Einheit ist in [ihrer] Mitte ausgerichtet, in der *Milla* (im Wort) der Zunge und des Mundes und in der *Mila* (der Beschneidung) der Scham.
§ 4 (I, 4)
Zehn *Sefirot belima*: Zehn und nicht neun, zehn und nicht elf.
Sinne nach der Weisheit und erforsche den Sinn, prüfe sie und ergründe aus ihnen. Erkenne, berechne, bilde und stelle die Sache auf ihre klare Bedeutung und setze den Bildner an seinen Ort, {denn Er allein ist der Bildner und Schöpfer, und keiner außer ihm}. Ihr Maß ist zehn, und sie haben kein Ende.
§ 5 (I,8)
Zehn *Sefirot belima* (der Verschließung): Verschließe (*belom*) dein Herz vor dem Trachten, verschließe deinen Mund vor dem Schwatzen, und wenn dein Herz rast, kehre um zu der Stelle, von der du ausgegangen bist, denn darum [sagt die Schrift]: ›Und die Hajjot[-Engel] eilen voran und zurück‹ (Ez 1,14). Und darauf ist der Bund geschlossen.
§ 6 (I, 7)
{Zehn *Sefirot belima*:}Ihr Maß ist zehn und sie haben kein Ende. Ihr Ende ist mit ihrem Anfang verschränkt und ihr Anfang mit ihrem Ende, so wie die Flamme mit der Kohle verbunden ist.

33 Die Paragraphen wurden in Anlehnung an die Mischna so oder der talmudischen Benennung folgend *Halachot* (Gesetze) genannt.

34 Das Wort ist mehrdeutig und bedeutet soviel wie »Verschließung« oder »ohne etwas«.

Erkenne, berechne und bilde [mit dem Ziel, zu erkennen], dass es einen einzigen Herrn gibt und dass der Schöpfer einer ist, und es gibt keinen zweiten wie Ihn. Und vor der Eins, was willst du da noch zählen?

§ 7 (I, 5)

Zehn *Sefirot belima*: Ihr Maß ist zehn und sie haben kein Ende.

Die Dimension des Anfangs	und die Dimension des Endes.
Die Dimension des Guten	und die Dimension des Bösen.
Die Dimension des Oben	und die Dimension des Unten.
Die Dimension des Ostens	und die Dimension des Westens.
Die Dimension des Nordens	und die Dimension des Südens.

Und ein einziger Herr, Gott, der wahre König, herrscht über sie alle von seinem heiligen Wohnort her auf alle Zeiten ewig.

§ 8 (I,6)

Zehn *Sefirot belima*: Ihr Aussehen ist wie das Aussehen des Blitzes und ihre Ausdehnung hat kein Ende, Sein Wort ist in ihnen voraneilend ›und zurückeilend‹,[35] und nach Seinem Wort jagen sie wie ein Sturm und vor Seinem Thron werfen sie sich anbetend nieder.

§ 10 (I,9)

Zehn *Sefirot belima*:

Die erste: Der *Ruach* (Geist/Hauch) des lebendigen Gottes. Seit je ist Sein Thron gegründet (Ps 93,2), gesegnet und gepriesen sei der Name des ewig Lebenden, immer in alle Ewigkeit. Stimme und Hauch und Wort, dieses ist der Heilige Geist.

§ 12 (1,10)

Die zweite: Geist aus Geist [oder: Luft aus Luft].

Er gravierte und meißelte in/mit ihnen die vier Winde des Himmels, Osten und Westen, Norden und Süden, und der Geist/Luft ist in jedem von ihnen.

§ 13 (I,11)

Die dritte: Wasser aus Geist/Luft.

Er gravierte und meißelte in/mit ihm/ihr *Tohu* und *Bohu*, Schlamm und Lehm, machte sie zu einer Art Beet, stellte sie hin gleich einer Mauer, bedeckte sie wie ein Dach, >warf auf sie Schnee, und er wurde zu Staub, wie [die Schrift] sagt: ›Denn zum Schnee sagt er ‚werde Erde'‹ (Hiob 37,6). *Tohu*, das ist die grüne Linie, welche die ganze Welt umgibt, *Bohu* sind die geglätteten Steine, welche in die Urtiefe gesenkt sind, und zwischen ihnen strömt das Wasser hervor.<[36]

§ 14 (I, 12)

Die vierte: Feuer aus Wasser.

35 Nach Ez 1,14.

36 Vgl. bHagiga 12a. Die Wörter in der spitzen Klammer stammen aus der Langversion.

Er gravierte und meißelte in/mit ihm den Thron der Herrlichkeit, die *'Ofannim* und *Serafim*, die heiligen *Hajjot* und Dienstengel. Und aus allen dreien gründete Er seinen Wohnort [wie es heißt]: ›Er macht seine Engel zu Winden, seine Diener zu flammendem Feuer‹ (Ps 104,4).
§ 15 (I, 13)
Die fünfte:
Er versiegelte Oben und wählte drei [Buchstaben] [...][37] und machte sie an seinem großen Namen fest, nämlich JHW. Und Er versiegelte mit ihnen die sechs Enden.
Und so wandte Er sich nach Oben und versiegelte es mit JHW.
Die sechste:
Er versiegelte das Unten. Und Er wandte sich nach Unten und versiegelte es mit JWH.
Die siebte:
Er versiegelte den Osten. Er wandte sich gerade vor sich hin und versiegelte ihn mit HJW.
Die achte:
Er versiegelte den Westen. Er wandte sich nach rückwärts und versiegelte ihn mit HWJ.
Die neunte:
Er versiegelte den Süden. Er wandte sich nach links und versiegelte ihn mit WJH.
Die zehnte:
Er versiegelte den Norden. Er wandte sich nach links und versiegelte ihn mit WHJ.
§ 16 (I, 14)
Das sind die zehn *Sefirot belima*: Erstens: Geist des lebendigen Gottes. Zweitens: Geist aus Geist (oder: Luft aus Luft). Drittens: Wasser aus Geist/Luft. Viertens: Feuer aus Wasser. Und: Oben und Unten, Osten und Westen, Norden und Süden. Ende.«[38]

Die Paragraphen, welche von den zehn *Sefirot belima* handeln, sind ein in sich abgeschlossener Traktat, nach dem die zehn Sefirot als die Fundamente oder Urelemente des gesamten Kosmos beschrieben werden wie auch ihr Verhältnis zum Schöpfer. Wichtig zur Beurteilung der Zielsetzung des Traktates sind vor allem die Paragraphen vier und fünf. Aus ihnen geht hervor, dass der Text zu den zehn Sefirot offenbar als Meditationsanweisung gedacht war. Er entspricht darin

37 An dieser Stelle steht: »aus den Einfachen«, diese Worte sind als Teil der sprachlichen Verklammerung der beiden Buchteile zu verstehen, die unten noch verhandelt wird.

38 Sefer Jezira, Kurzversion Ed. I. Gruenwald, §3-16, S. 141-146.

den im ersten Band beschriebenen Texten zum *Ma'ase Bereschit*[39] beziehungsweise zur Kosmokratorenmystik, deren Ziel es war, die Größe Gottes aus der Betrachtung der Herrlichkeit des Kosmos zu erkennen. Ein ähnliches Ziel wird im *Sefer Jezira* mehrfach genannt, nämlich dass über der Vielfalt des Kosmos die Einheit Gottes erkannt werden soll, wovon weiter unten noch zu sprechen sein wird. Die Meditation der kosmologischen Beschreibungen des *Sefer Jezira* hat demnach zunächst das Ziel, die Sefirot zu ergründen, das heißt eben jenes, was die Welt im Innersten und Äußersten zusammenhält. Diese Spekulation kann, wie die Sefirot selbst, offenbar bis ins Unendliche reichen, und gerade darin scheint zugleich eine Gefahr für den Meditierenden zu liegen, denn dies kann, wie es scheint, zu mentalem Schaden führen, wie dies im analogen Fall ja auch von Ben Soma schon berichtet wurde.[40] Diese Art der Meditation kann offenbar das Herz zum Rasen bringen und spätestens dann ist es Zeit, zum Ausgangspunkt der Meditation zurückzukehren, um sich zu beruhigen. Das Verbum, welches dieses Gebot zum Einhalten benennt, ist erstaunlicherweise von derselben Wurzel wie das enigmatische Attribut der Sefirot selbst, nämlich *blm*, woraus das *nomen actionis belima*, »Bremsen«, gebildet werden kann (§ 5). Die zehn Sefirot wären demnach Sefirot, welche Einhalt gebieten, welche als Barriere vor der Häresie errichtet sind, indem sie das Denken des über die Schöpfung meditierenden Menschen zügeln. Sie sollen also das verhindern, was Ben Soma bei seiner Meditation des *Ma'ase Bereschit* geschehen war. Dies ist jedoch nicht die einzig mögliche Deutung des Wortes *belima*, wie unten noch deutlich werden wird. Die meditative Konnotation des *belima* wird in jüngster Zeit vor allem von Yehuda Liebes in seinem Buch zur Schöpfungslehre des *Sefer Jezira*[41] vertreten. Er glaubt, im Gegensatz zur weithin vertretenen Auffassung, dass das *Sefer Jezira* nicht gleichsam in »wissenschaftlicher« Absicht die Darstellung einer Kosmologie verfolge, sondern ein mystischer Meditationstext sein will, was auch durch den unten noch zu besprechenden zweiten Teil des Büchleins unterstützt werden kann.

Ziel dieser Meditation soll sein, was im ersten wie im zweiten Teil des Büchleins mit unterschiedlicher Betonung der Versionen als *cantus firmus* mehrfach wiederkehrt, nämlich den »Bildner auf seinen Ort zu setzen«, das heißt, wie dies die Langversion formuliert, zu erkennen, »dass Er allein der Bildner und Schöpfer ist und keiner außer Ihm.«[42] Oder im § 6: »Erkenne, berechne und bilde [mit dem Ziel, zu erkennen], dass es einen einzigen Herrn gibt und dass der Schöpfer

39 Vgl. Bd. I, S. 306ff.330ff.

40 Vgl. Bd. I, S. 308f. Ben Soma studierte gleichfalls die Grundlagen der Schöpfung und sei darüber gestorben oder verrückt geworden.

41 Y. Liebes, Torat ha-Jezira schel Sefer Jezira, Jerusalem 2000.

42 Sefer Jezira § 4.

einer ist, und es gibt keinen zweiten wie Ihn. Und vor der Eins, was willst du da nochzählen.«

Bevor man die Frage nach der ursprünglichen Bedeutung des Neologismus *Sefira* stellt und nach der Ursache der Wahl dieses neuen Terminus oder gar Fremdwortes sowie deren Begrenzung auf zehn, ist es angezeigt, zunächst aus dem vorliegenden Text selbst etwas über das Wesen dieser Sefirot zu erfahren. Wo immer der Autor den Begriff der Sefira und deren Begrenzung auf zehn hergenommen hat, er selbst gibt beiden seinen Ort in der neoplatonischen Vorstellung vom Menschen als Mikrokosmos.[43] Es sind die in §3 genannten fünf Finger beziehungsweise Zehen, mit welchen der Autor die Zehnzahl der *Sefirot* begründet. Die hier genannten oberen und unteren menschlichen Glieder an Händen und Füßen sind durch ihre Anzahl den Sefirot analog. Die folgende Analogie zwischen dem Makro- und Mikrokosmos besteht darüber hinaus darin, dass zwischen den zehn oberen und unteren Gliedmaßen jeweils eine Einheit steht, nämlich zwischen den Fingern die Zunge und zwischen den Zehen der Phallus. Die Zunge steht für *Milla* (Wort) und der Phallus für die *Mila* (Beschneidung).[44] Diese Einheit zwischen den Zehn Gliedmaßen steht in Analogie zur Einheit Gottes, die im Makroanthropos, in der Welt, zwischen den zehn *Sefirot* steht. Gewiss, aus dieser anthropologischen Parallele zum Kosmos hätte man auch 20 Sefirot ableiten können, wodurch wegen der dann zweimaligen Einheit allerdings die Gefahr des Dualismus heraufbeschworen worden wäre. Dennoch muss man sich die Frage nach der Zehnzahl stellen, worauf später noch einzugehen sein wird.

Die zehn Sefirot sind endlos, was man bei einem noch nicht voll entfalteten abstrakten Denken wohl durch die Vorstellung der Verbindung von Anfang und Ende ausdrücken wollte, das heißt durch das Bild von einer endlosen Schleife (§6-7). Und so ist ja auch nach der Auffassung der mittelalterlichen Philosophen die einzige endlos denkbare Bewegung die Kreisbewegung, bei der das Ende in den Anfang zurückkehrt.[45] Diese Auffassung haben – wie im ersten Band schon dargestellt – auch die jüdischen Aristoteliker vertreten, welche die Ewigkeit der Sphärenbewegung durch deren Kreisbewegung begründet sahen, wohingegen die lineare Bewegung bei Erreichen ihres Zieles ihr natürliches Ende erreicht.[46]

Der kosmologische Aspekt der Sefirot wird nun dadurch beschrieben, dass sie die Grundkategorien des geschöpflichen Seins sind, die Zeit (Anfang und

43 Vgl. im Register des Bd. I.: Mikrokosmos.

44 *Milla* kommt von der hebräischen Wurzel *mll* (reden) und *Mila* von der Wurzel *mwl* (beschneiden), was indessen im Konsonantentext des Nomens nicht unterschieden werden muss – der Text liest für beide Fälle *mjlh*, »Milah«.

45 Vgl. Zeller, Philosophie, II, 2, S. 406.

46 Vgl. Bd. I, S. 409.

Ende), der Raum (die Raumdimensionen) und die Moral (die ethische Dimension) – Letzteres entspricht der rabbinischen Konzeption, nach welcher der gesamte Kosmos, nicht nur das menschliche Leben, in der Ethik gegründet ist.[47]

Dieses Konzept der zehn Sefirot wird in §§ 10-15 durch ein anderes überlagert, welches die Sefirot als materiale, räumliche und kinetische Ursachen für die Welt darstellt. In §§ 12-15 sind die Sefirot außerdem als die drei Elemente Wind/Luft, Wasser und Feuer definiert, aus welchen je einer der drei Existenzbereiche erschaffen wurde. Wind als das Element des Luftraumes zwischen Himmel und Erde, Wasser als Element des irdischen und unterirdischen Bereichs und schließlich das Feuer als das Element des Himmels. Der Raum, in welchen die drei genannten Existenzbereiche eingefügt sind, sind wiederum die sechs verbleibenden Sefirot als Raumdimensionen.

Die erste der Sefirot, um die Zehnzahl zu ergänzen, ist der Heilige Geist, der Geist Gottes, er ist Gottes Stimme, sein Hauch und sein Wort, das heißt, jene drei Elemente, aus welchen die kreative Sprache des Schöpfers besteht (§10). Dieses Wort Gottes – oder sein Hauch – ist, wie aus §8 deutlich wird, die primäre Bewegungsursache für die übrigen neun Sefirot, ihr nämlich jagen sie nach, vergleichbar der aristotelischen Vorstellung, dass sich die zehn Weltsphären deshalb bewegen, weil sie Sehnsucht nach den Intellekten oder nach der Gottheit haben.[48] Schon Adolphe Franck erinnert in seinem Klassiker zur Kabbala[49] an dieser Stelle, was neuerdings Y. Liebes wieder aufnimmt, an die philonische Logos-Lehre, das heißt, dass »der heilige Geist, oder der Geist des lebendigen Gottes, durch die Stimme und das Wort ein und dasselbe Ding bildet, dass er nach und nach alle Elemente der physischen Natur gleichsam aus seinem Schoße hervorgehen ließ.«[50] Das bedeutet, es ist der Geist Gottes, der durch das Wort zur Welt wird.

Die vier Winde – man mag sich hierbei an Maimonides' Ursachenkette erinnern, in denen der von der Sphäre getriebene Wind gleichfalls als Ursache der sublunaren Bewegungen genannt wird[51] – sind dann auch hier als Zwischenursachen gedacht, welche die durch den Heiligen Geist verursachte Bewegung in den Weltenraum weitergeben.

Des Weiteren kommt (§8) noch ein mythologisches Element hinzu: Die Sefirot werfen sich vor Gottes Thron nieder. Damit ist gesagt, dass die Sefirot gleich Engeln unmittelbare Diener Gottes und nicht von ihm unabhängige kosmogoni-

47 Vgl. Bd. I, S. 257ff.

48 Vgl. Bd. I, S. 452.

49 A. Franck, Die Kabbala oder die Religions-Philosophie der Hebräer (dt. von A. Gelinek/Jellinek), Leipzig 1844 (Reprint: Leipzig o.D.), S. 110.

50 Franck, Kabbala, S. 110.

51 Vgl. Bd. I, S. 451.

sche Substanzen sind. Dieser Gedanke (§12-14) wird auch ontologisch abgesichert, und zwar durch die platonisierende Vorstellung der Emanation, nach der die Sefirot – wenigstens jene der drei Urelemente – sukzessive aus dem Heiligen Geist emanieren.[52]

Schließlich (§15) wird das Ganze durch ein onomatologisches Element abgerundet, welches nicht unbedingt aus der alphabetologischen Ideologie des zweiten Teiles geflossen ist: die Versiegelung des Raumes durch die sechs Permutationen der drei Buchstaben des Gottesnamens JHW(H). Mit ihm will der Autor offenbar anzeigen, dass der gesamte Kosmos von der Gottheit beziehungsweise ihrem Namen umschlossen ist.[53]

Ich habe bei der obigen Übersetzung § 9 ausgelassen, da er zum einen in der Kurzversion fehlt und sich zum andern deutlich als eine sekundäre Verbindung des ersten sefirotischen mit dem zweiten alphabetologischen Teil zu erkennen gibt. Außerdem ist er eine vorausgenommene Zusammenfassung des Folgenden, der sich auch formal deutlich von seinem Kontext unterscheidet. Diese Verklammerung, zu welcher auch §§ 1-2 zu zählen sind, wird weiter unten zu besprechen sein.

Der Autor der Sefirotlehre des *Sefer Jezira* machte offenbar den Versuch, die von dem einen Gott erschaffene Welt auf ein von Gott hervorgerufenes Schöpfungsprinzip zu stellen, welches zugleich Vielfalt und Einheit zum Ausdruck bringt. Dies sind die zehn Sefirot, die, beginnend vom Heiligen Geist mittels – nur – dreier Elemente (Zeit, Raum und Ethik) die zehn Fundamente der Welt darstellen. Im ersten Paragraphen werden diese zehn Sefirot – hier schon zusammen mit den noch zu besprechenden Buchstaben – als Pfade der Weisheit apostrophiert. Damit nimmt der Autor das aus der orientalischen, der jüdisch-hellenistischen und rabbinischen Weisheitsspekulation[54] bekannte Element auf, das der Verfasser des *Targum Jeruschalmi* als Übersetzung von Gen 1,1 so formulierte: »Mit Weisheit, *Hochma*, hat Gott die Welt erschaffen.« Nur hat er die Weisheit hier in eine Anzahl von Pfaden aufgegliedert, welche seiner Meinung nach Mittler und Fundamente der Schöpfung sind. Zwischen diesen Fundamenten – oder besser – in ihrer Mitte, erhebt sich der einzig wirkliche Schöpfer (§§ 6[5].7[6].8). Im mikrokosmologischen Vergleich wird diese Mitte am Menschen als Zunge und Phallus repräsentiert, welche beide Träger der *Mila* sind und die beide ja als schöpferisch verstanden werden.

Dies ist ein anschauliches Bild vom Schöpfer und seiner Schöpfung, das sich an den zehn Fingern abzählen lässt und sich so sehr wohl für eine Meditationsübung eignet. Dass dies das Ziel des Büchleins ist, hat schon Adolphe Franck

52 So schon Franck, Kabbala, S. 109.

53 Vgl. dazu das Kapitel zur Onomatologie in Bd. I, S. 339ff.

54 Vgl. dazu in Bd. I, S. 169ff.213-220.575.

unter Berufung auf Jehuda Ha-Levis *Sefer ha-Kusari*[55] gesehen: »Das Sefer Jezira«, sagt Jehuda ha-Levi, »lehrt das Dasein eines einzigen Gottes durch Dinge, in denen einerseits Mannigfaltigkeit und Vielheit, andrerseits aber Einheit und Harmonie herrscht; diese Übereinstimmung kann bloß von dem Einen kommen, der sie gemacht hat«.[56]

2.1.2. Die Herkunft der zehn *Sefirot*

Es muss nun aber dennoch die Frage gestellt werden, was den Autor des *Sefer Jezira* bewog, seine Weltfundamente mit dem neu geschaffenen Wort *Sefira* (Pl. *Sefirot*) zu benennen und sie auf zehn zu begrenzen. Etymologisch kann *Sefira* mit der hebräischen Wurzel *sfr* (zählen) zusammengebracht werden, *Sefira* wäre dann als *nomen actionis* das »Zählen«. A. Franck übersetzte den Begriff – ohne sich dabei auf andere philosophische Systeme zu beziehen – als »die zehn Zahlen«, oder »abstracten Zählungen«.[57] Er lehnt damit zugleich deren Ableitung vom griechischen »Sphäre« ab wie auch jene vom hebräischen *Safir* – der laut der sinaitischen Vision zur Gotteserscheinung gehört.[58] Gershom Scholem übersetzt: »die 10 Urzahlen« als die »Elemente der Welt.«[59] Scholem verweist in diesem Zusammenhang auf einen neopythagoräischen Einfluss, ohne dies allerdings näher zu begründen.[60] Den Grund, warum der Autor für den Begriff »Zahl« nicht das übliche hebräische Wort verwendet, sieht Scholem wie folgt:

> »Durch die Einführung eines neuen Terminus, *Sephira* statt des üblichen *Mispar*, scheint der Autor anzudeuten, dass es sich nicht einfach um gewöhnliche Zahlen, sondern um die Zahlen als metaphysische Weltprinzipien handelt.«[61]

Leo Baeck[62] wollte hingegen Begriff und Sache der *Sefirot* von dem Neoplatoniker Proklos ableiten. Die *Sefirot* nennt Baeck » [...] die höchsten Prinzipien, von

55 Zu ihm vgl. Bd. I, S. 585ff.

56 Nach Sefer ha-Kusari IV, 25.

57 Franck, Kabbala, S. 107.

58 Vgl. Bd. I, S. 75.

59 G. Scholem, Die jüdische Mystik in ihren Hauptströmungen, Frankfurt a.M. 1967, S. 81; ebenso in: ders., Ursprung und Anfänge der Kabbala, Berlin 1962, S. 22.

60 G. Scholem, Ursprung, S. 24; ders., Kabbalah, Jerusalem 1974, S. 27; u. ders., Die Vorstellung vom Golem in ihren tellurischen und magischen Beziehungen, in: ders., Zur Kabbala und ihrer Symbolik, Zürich 1960, S. 220.

61 G. Scholem, Ursprung, S. 22.

62 Vgl. L. Baeck, Sefer Jezira, in: ders., Aus drei Jahrtausenden, Tübingen 1958, S. 257-271.

denen die Wirkung der Gottheit auf die Welt ausgeht. Dieses hatte Proklos von den »überwesentlichen Zahlen« gesagt, die ein bestimmender Teil seines Systems sind, die er zwischen das Urwesen und das Intelligible gestellt hatte […].«[63] Eduard Zeller, auf den sich Baeck beruft, sagt zu diesem Thema unter anderem:

> »Alle früheren Neuplatoniker liessen unmittelbar aus dem Einen die intelligible Welt hervorgehen, nur Jamblich hatte zwischen beiden sein zweites Urwesen eingeschoben. Proklus geht noch weiter. Da jede Einheit eine ihr gleichartige Vielheit hervorbringt, kann auch das absolute Eins zunächst nur eine Vielheit von Einheiten, oder die einheitliche, *überwesentliche Zahl* hervorbringen.«[64]

Dieser überwesentlichen Zahl folgen bei Proklus drei weitere intelligible Triaden und sodann:

> »[...] folgen die intellektuell-intelligiblen Götter, deren allgemeine Eigenthümlichkeit das Leben, die unendliche, vervielfältigende Kraft ist […]. Die erste Reihe dieser Ordnung bilden die *Urzahlen*, die als Bindeglied zwischen der einheitlichen intelligiblen und der unterschiedenen intellektuellen Welt hier zuerst zum Vorschein kommen; als die drei Glieder nennt Proklos das *hen*, das *heteron*, und das *on*,[65] indem er aus der Zahl und den möglichen Combinationen dieser Begriffe herauskünstelt, dass in ihnen drei Monaden, drei Dyaden und drei Triaden enthalten seien; von den Urzahlen, die wir hier haben, werden die aus ihnen entsprungenen Gattungen der Zahlen, die intellektuellen, seelischen u. s. f. unterschieden.«[66]

Baeck kann in diesem Zusammenhang auf weitere Motivparallelen hinweisen, insbesondere darauf, dass das »*Urwesen* als das *Kentron*[67] den Mittelpunkt bezeichnet, der den ganzen Kreis des Seienden bestimmt und beherrscht.«[68] Baeck sieht ein Echo dieser Vorstellung, nach der die »Gottheit« im Zentrum steht, in dem »Bund des Einzigen«, »der in der Mitte ausgerichtet« ist.[69]

63 L. Baeck, Sefer Jezira, S. 257.

64 E. Zeller, Philosophie der Griechen in ihrer geschichtlichen Entwicklung, Hildesheim u.a, 1990, III, 2, S. 852. Die Hervorhebung stammt von mir.

65 eins, das andere (zweite)

66 E. Zeller, Philosophie, S. 862. Die Hervorhebung stammt von mir.

67 Zentrum (griech.)

68 L. Baeck, Sefer Jezira, S. 262.

69 L. Baeck, Sefer Jezira, S. 262; Sefer Jezira §3.

Wie immer man Baecks Hinweis einschätzen mag, der ja zugleich eine Spätdatierung des *Sefer Jezira* ab dem 5. Jahrhundert erfordert[70], bleibt er die Antwort auf die Herkunft der Zehnzahl schuldig. Immerhin, so viel kann man aus Baecks Verweis lernen, auch bei Proklos spielt eine mythologische Urzahl und göttliche Urzahlen in der Entstehung der Vielfalt der Welt aus der Einheit des Göttlichen eine Rolle, was das Denken des *Sefer Jezira* in einen griechisch-philosophischen Kontext stellen mag.

Gerade in der Frage der Zehnzahl ist jedoch Scholems Hinweis auf den Neopythagoräismus[71] – insbesondere auf den im Ostjordanland um 140 n.d.Z. lebenden Nikomachos von Gerasa mit seiner *Theologischen Arithmetik* oder *Arithmetischen Theologie*[72] – ertragreicher. Für die Neopythagoräer ist die »[...] Zahl [...] das Urbild der Welt, der ursprüngliche Gedanke der Gottheit, der Beherrscher der Formen und Ideen, das Werkzeug der Weltbildung, der Grund aller Dinge.«[73] Bei den Neupythagoräern, so Zeller,[74] wurde die Gottheit der Eins und die Zahlen den urbildlichen Formen gleichgesetzt.[75] Die Zahlen wurden »zu Gedanken der Gottheit. Alle Dinge in der Welt, sagt Nikomachos, sind von der Vorsehung und der weltbildenden Vernunft nach Zahlen geordnet; denn das Prinzip und das Urbild der Dinge ist die Zahl, welche ihnen im Denken des Weltschöpfers vorangeht, durchaus immateriell und nur durch's Denken zu erfassen, aber doch das wahrhafte und ewige Wesen, dem alles als seinem künstlerischen Muster nachgebildet ist.«[76] Die Zahl als Immaterielles und Intelligibles entspricht nun in der Tat der anderen möglichen Bedeutung des Adjektivs *belima,* das schon von den traditionellen Kommentatoren als *bli mah*, das heißt »ohne etwas«, übersetzt wurde. *Sefirot belima* könnte man dann tatsächlich als »abstrakte Zahlen«, »immaterielle Zahlen« übersetzen. Weiterhin stellt Zeller fest:

> »Indem nun so die Zahlen als Mittelglied zwischen Gott und der Welt, der schöpferischen Ursache und ihren Wirkungen, als Urbild und zugleich als das Werkzeug der Weltbildung betrachtet wurden, gewann die Zahlenlehre für unsere Philosophen den höchsten Werth; nur handelt es sich für sie bei der-

70 L. Baeck, Sefer Jezira, S. 263. Proklos lebte von 410-485.

71 So auch schon P. Deussen, Allgemeine Geschichte der Philosophie, Leipzig 1920, II, 2, S. 418.

72 Vgl. K. Vorländer, Geschichte der Philosophie, Reinbek 1990, Bd. I, S. 146.

73 E. Zeller, Philosophie, III, 2, S.136; auch Aristoteles nennt die pythagoräische Lehre: »Wenn aber nun die Zahl bis zur Zehn reicht, wie einige behaupten [...].«; Metaphysik, XIII, 8; Stuttgart 1970, S. 350.351.

74 E. Zeller, Philosophie, S. 137.

75 Zu den Zahlen und deren Prinzip der Eins vgl. auch Aristoteles, Metaphysik XIII, 8, S. 348.

76 E. Zeller, Philosophie, S. 139.

selben weit weniger um ihre mathematischen Eigenschaften, als um ihre höhere, theologische, metaphysische und naturphilosophische Bedeutung.«[77]

Was nun insonderheit die Zehnzahl anbelangt, bemerkt Zeller:

»In seiner arithmetischen Theologie hatte Nikomachus die Zahlen von Eins bis Zehn besprochen, um ihre tiefere Bedeutung und göttliche Natur nachzuweisen, um sie wie Photius sagt, als Götter und Göttinnen darzustellen [...].«[78]

Zur Dekas, also den zehn Grundzahlen, überliefert der Byzantiner Photius, der uns die Auszüge aus der Nikomachischen Theologie erhalten hat, eine Bemerkung, die ganz nahe an die Formulierung des *Sefer Jezira* heranführt, wenn auch zugleich mit einer spezifischen Differenz:

»Die Dekas selbst ist ihnen nämlich das All (*to pan*), eine übergöttliche Gottheit, Gott der Götter, weil es zehn Finger an den Händen und an den Füßen gibt, ebenso zehn Kategorien.«[79]

Die Differenz zum *Sefer Jezira* ist die, dass in ihm der Schöpfergott das Höchste ist und über dem All der zehn *Sefirot* steht. Ansonsten ist die Nähe dieses Textes zum *Sefer Jezira* beachtlich.

Schließlich kann auf eine weitere wichtige Parallele verwiesen werden, die sich schon auf den alten Pythagoräismus zurückführen lässt. P. Deussen sagt in seiner Darstellung der pythagoräischen Lehren – aufgrund der Metaphysik des Aristoteles:

»Aber deutlich sagten die Pythagoräer, dass [...] »nachdem das Eine sich gebildet hatte«, [...] »alsbald die nächsten Teile des *apeiron* [des Unendlichen] hereingezogen und von dem *peras* [Begrenzten] umschlossen wurden« (Arist. Met. XIV, 3. p. 1091 a 15). Dieses *hen* [Eine], welches in der Mitte der Weltkugel liegt, ist nun für diese, was für ein Haus der Herd ist, daher es von Philolaos [...] »der Herd des Universums, die Wohnung des Zeus, die Göttermutter«, genannt und als ein Feuer vorgestellt wird. Um dieses Zentralfeu-

77 E. Zeller, Philosophie, S. 138.

78 E. Zeller, Philosophie, S. 139.

79 E. Zeller, Philosophie, S. 141; auch Ovid begründet das Zehnersystem mit der Zehnzahl der Finger, mit deren Hilfe man zu zählen gewohnt war: Ovidius, Fasti III, S. 120-126; nach Y. Liebes, Torat ha-Jezira, S. 14; vgl. noch P. Deussen, Allgemeine Geschichte der Philosophie, Leipzig 19192, II, 1, S. 60f.

er schlingen ihren Reigen zehn göttliche Körper, nämlich, von außen anzufangen 1) Olympos, der Fixsternhimmel; ob um diesen herum noch eine äußere Feuerhülle zu denken sei, scheint uns zweifelhaft; 2) 3) 4) 5) 6) die Planeten: Saturn, Jupiter, Mars, Venus, Merkur, auch die beiden letzten ursprünglich jenseits, erst späterhin dieseits der Sonne gedacht, 7) die Sonne, [...] 8) der Mond, 9) die Erde, 10) die Gegenerde, um die heilige Zehnzahl voll zu machen [...].«[80]

Diese Stelle spricht wie das *Sefer Jezira* davon, dass das Eine, das heißt die einzige Gottheit, in der Mitte der zehn Sphären seinen Ort hat. Vergleicht man diese pythagoräischen Sätze und Vorstellungen mit den Gedanken des *Sefer Jezira* scheint das Rätsel gelöst zu sein, weshalb der Autor dieses Büchleins für das Wort »Zahl« das unübliche »Sefira« wählte, nämlich weil dieses sich phonetisch den Sphären annähert, die ihrerseits Repräsentanten der heiligen Zehnzahl sind.

Joseph Dan hat in einem Exkurs seines Buches *Über das Heilige*[81] zum Thema der Bedeutung der Zahl im *Sefer Jezira* die wichtige Beobachtung gemacht, dass die Zahl in beiden Teilen des *Sefer Jezira* eine außerordentlich große Rolle spielt, was man etwa schon daran erkennt, dass viele seiner Paragraphen mit einer Zahl beginnen. Die Bedeutung dieser Zahlen ist die, eine statische *analogia entis*, also eine seinsmäßige Entsprechung, anzuzeigen, etwa wenn die sieben doppelten Buchstaben (dazu s. unten) *bgdkprt* den sieben Wochentagen und den sieben Planeten entsprechen, die zwölf einfachen Buchstaben den zwölf Monaten des Jahres und den zwölf Tierkreiszeichen etc. Dan schließt daraus, dass für den Autor des *Sefer Jezira* in der Tat die Zahl die Struktur des Seins widerspiegelt und darum auch der Hinweis auf das alte und neue pythagoräische Denken sehr wohl nahe liege. Allerdings betont Dan dann, dass diese Zahlen im *Sefer Jezira* statisch-ontologische Größen seien und nicht wie bei den Pythagoräern eine mathematische Dynamik besäßen, woraus sich eben ein völlig verschiedenes Bild ergebe. Dan bevorzugt deshalb, das Denken des *Sefer Jezira* im altrabbinischen Denken verankert zu sehen, in welchem Buchstabe und Zahl dasselbe seien – wiewohl das *Sefer Jezira* diese Identität nicht verbalisiere und viel eher die Differenz zwischen Buchstabe und Zahl betone.

Die Sefirot will Dan nun dennoch und gerade nicht mit den Zahlen identifiziert wissen, da die Zahlen im *Sefer Jezira* eben statisch, die Sefirot hingegen dynamische Kräfte seien, so dass eine einfache Identifikation von Zahl und Sefira nicht angezeigt sei. Es scheint indessen, dass Dan bei seinen Ausführungen die zwei Gesichter der Zahl bei den Neupythagoräern übersieht. Wie wir oben

80 P. Deussen, Allgemeine Geschichte, II, 1, S. 62f.

81 J. Dan, ʻAl ha-Keduscha. Dat, Musar u-Mistika be Jahadut u-ve-Datot ʼacherot, Jerusalem 1998. Der Titel des Exkurses lautet: Zur Bedeutung der Zahl im Sefer Jezira (hebr.), S. 259-268.

gesehen haben, gibt es neben der von Dan betonten Dynamik der pythagoräischen Zahlen eben auch die mythologisch statische, welche die *analogia entis* widerspiegelt. Gegen solche Vorstellungen scheint zum Beispiel Aristoteles zu polemisieren, wenn er sagt:

> »Es sollte ja auch möglich sein, dass Dinge, die sich unterscheiden, unter dieselbe Zahl fallen. Demnach wären einige Dinge, denen dieselbe Zahl zukommt, dadurch, dass sie über dieselbe Art der Zahl verfügen, wechselseitig dasselbe; wie etwa Sonne und Mond dasselbe wären. Aber warum sollen die Zahlen Ursachen sein? Sieben Vokale gibt es, sieben Saiten bilden die Harmonie, sieben Plejaden[82] gibt es, mit sieben Jahren verlieren die Tiere ihre Zähne [...] und sieben Helden zogen gegen Theben. Ist nun etwa die Tatsache, dass die Zahl Sieben diese bestimmte Natur hat, die Ursache dafür dass es jene sieben Helden gab oder die Plejaden aus sieben Sternen bestehen?«[83]

Aristoteles wendet sich hier offenbar gegen eine behauptete Strukturontologie der Zahl, nach welcher die Zahlen die Welt bestimmen, sie also ein statisches Weltgesetz seien.

Auf eine weitere erstaunliche Parallele zu den Sefirot des *Sefer Jezira*, wie sie in §7 beschrieben werden, verweist Shlomo Pines.[84] Sie findet sich in den sogenannten Pseudo-Clementinischen Homilien, die im syrisch-judenchristlichen Raum des 3.-4. Jahrhunderts anzusiedeln sind. Sie sprechen von einer das Zentrum bildenden Gottheit, aus der eine »Essenz«, eine Wesenheit hervorgeht, welche die gesamte Schöpfung durchschreitet. Diese Essenz wird in der Homilie in einer Weise beschrieben, die den sechs letzten Sefirot des §7 im *Sefer Jezira* außerordentlich ähnlich ist. Es heißt da unter anderem, diese von der Gottheit ausgehende Essenz sei:

> »unendlich in [der Richtung] der Höhe, grenzenlos in der [Richtung] der Tiefe, unermesslich in [Richtung] der Breite und geht so von Ihm aus in einer dreifältigen Weise ins Unendliche, als lebenschaffende und rationale Natur, [die] von Ihm [ausgeht].«[85]

82 wörtlich: Traube; bezeichnet einen Sternhaufen von sieben Sternen nahe dem Tierkreisbild des Stiers.

83 Aristoteles, Metaphysik, XIV, 6, Stuttgart, S. 379f.

84 S. Pines, Points of Similarity between the Exposition of the Doctrine of the Sefirot in the Sefer Yezira and the Text of the Pseudo-Clementine Homilies. The implications of this Resemblance, in: Proceedings of the Israel Academy of Sciences and Humanities VII, 3, Jerusalem 1989, S. 79.

85 Pseudo-Clementinische Homilien XVII, 6,2-12,1, nach Pines, Points, S. 79.

Der Text betont sodann, dass Gott die Mitte der von ihm ausgehenden Essenz beziehungsweise deren Dimensionen bildet und deren Herz ist, während sie sich von ihm aus unendlich ausbreiten. Diese von ihm ausgehende Essenz wird des Weiteren als *ekstaseis*, das heißt »Extensionen« bezeichnet, welche

> »die Natur von sechs Grenzenlosen besitzen. Eine von ihnen geht von ihm als ihrem Ausgangspunkt zur Höhe nach oben, eine andere zur Tiefe nach unten, [die dritte] nach der Rechten, [die vierte] nach der Linken, [die fünfte] nach vorne [und die sechste] nach hinten. Und Er schaut auf sie *wie auf eine Zahl*, die nach allen Seiten gleich ist, und den Kosmos vervollständigt. ... In Ihm enden die sechs Unendlichen und von Ihm dehnen sie sich ins Unendliche aus. Das ist das Mysterium der Sieben.«[86]

Es gibt demnach hier wie bei den sechs letzten Sefirot im §7 des *Sefer Jezira* sechs von der Gottheit ausgehende Raumdimensionen, die unendlich sind, und die zugleich als »Zahl« verstanden werden und deren Ende in ihren Anfang, das ist Gott, zurückkehrt und deren Zentrum wie in §3 des *Sefer Jezira* Gott selbst ist. Das enigmatische *belima* des *Sefer Jezira* wird in diesem Zusammenhang als das Charakteristikum des dekadischen Zahlensystems verstanden, insofern in diesem die Zählung immer bei der *Zehn* zu Ende kommt oder »angehalten« wird (hebräisch: *blm*), um dann wieder von vorne zu beginnen. »Belima« bedeutet dann das »Anhalten« des Zählens nach je einer Dekade.[87]

Einen völlig anderen Vorschlag zum Verständnis des Begriffes *Sefira* machte Yehuda Liebes, der in den zehn Sefirot die zehn *prosoidiai* der griechischen Sprache sehen will, welche er bei einem alten anonymen griechischen Grammatiker fand. Die *prosoidiai* sind die den Buchstaben beigefügte Zeichen und Akzente, die aber nicht selbst Buchstaben sind, die jedoch dazu dienen, das Lesen zu erleichtern. Der Autor der anonymen Grammatik legt die Zahl der *prosoidiai* auf zehn fest und begründet dies damit, dass man beim Zählen immer wieder auf die Dekade zurückkommen muss, darum »sind es 10 *prosoidiai*, nicht mehr und nicht weniger.«[88] Dieser Vorschlag von Liebes hat den Vorteil, dass das *Sefer Jezira* dann nicht als Kompositum zweier Systeme, eines mathematischen und eines linguistischen, erscheint (s.u.), sondern beide Teile des Buches gleichermaßen auf sprachlichen Fundamenten ruhen, zwei Seiten ein und derselben Sache sind. Dies führt Liebes zu der weiteren Feststellung, dass *Sefira* eigentlich

86 Nach S. Pines, Points, S. 79-80.

87 Vgl. S. Pines, Points, S. 93-94.

88 Vgl. Y. Liebes, Torat ha-Jezira, S. 12-15; ders., Schewa kefulot bgd"kprt: 'al ha-Resch ha-kefula we-'al Rik'o schel Sefer Jezira, in: Tarbiz 61 (1992), S. 237-247.

ein passives Partizip sei, also nicht die Zahl bezeichne, sondern etwas Gezähltes, was sodann im zweiten Teil des Büchleins eine zentrale Rolle spiele (s.u.).

Abschließend muss noch eine alte Midraschtradition in den *Sprüchen der Väter* (5,1) erwähnt werden, welche ihrerseits von zehn Worten spricht, mit denen Gott die Welt erschaffen habe und die gewiss in die Motivreihe gehört, die den Autor des *Sefer Jezira* zu der Vorstellung von zehn Sefirot als Schöpfungswerkzeugen Gottes gebracht hat: »Mit zehn Worten wurde die Welt erschaffen.«[89] Im *Midrasch Bemidbar Rabba* werden in einem Midrasch über diverse Zehnergruppen, welche den »zehn Lot« Gewicht der am Zeltheiligtum dargebrachten Goldschalen (Num 7, 14-80) entsprechen, beide hier genannten Zehnergruppen zusammengebracht:

> »Eine goldene Schale 10 Lot schwer«, entsprechend den 10 Worten, mit denen die Welt erschaffen wurde und entsprechend den 10 *Sefirot belima* [...].«[90] Der Griff zur Zahl zehn für die Sefirot als den göttlichen Schöpfungswerkzeugen legte sich demnach auch durch die alte Midraschtradition nahe.

Dieser Midrasch sieht demnach die Zehnzahl der Sefirot eben darin, dass Gott mit zehn Worten die Welt erschaffen hatte. Der Griff zur Zahl zehn für die Sefirot als den göttlichen Schöpfungswerkzeugen legte sich demnach auch durch die alte Midraschtradition nahe.

2.2 Schöpfung durch Buchstaben

2.2.1 Die 22 hebräischen Buchstaben als Gottes Schöpfungswerkzeuge

Der zweite Teil des *Sefer Jezira* kann als eine alternative Version eines Schöpfungstraktates gelesen werden, in dem völlig unabhängig vom ersten Teil die Entstehung der Schöpfung und deren Elemente beschrieben werden. Im Unterschied zum ersten Teil sind die Schöpfungswerkzeuge hier allerdings nicht die zehn Sefirot, sondern die 22 Buchstaben des hebräischen Alphabets, die entweder als Elemente bestimmter Geschöpfe verstanden werden oder nach unterschiedlichen Gruppen zusammengeordnet die ihnen entsprechenden Dinge der Welt hervorbringen sollen. Der Autor unterteilt zu diesem Zweck die Buchstaben des Alphabets in drei Gruppen, deren erste aus drei, die zweite aus sieben und die dritte aus zwölf Buchstaben besteht. Diese Einteilung ist nur in einer Hinsicht verständlich, insofern sie eine phonetische Aufteilung darstellt. Die Gruppe der sieben Buchstaben בגד"כפרת (bgd“kprt) sind jene Buchstaben, welche doppelt

89 m’Avot 5, 1.

90 Bemidbar Rabba (Wilna) Parascha 14,12.

aussprechbar sind, entweder explosiv oder aspiriert, wie in der Klammer angezeigt (b-v, g-ch, d-s, k-ch, p-f, Zungen-r-Zäpfchen-r, t-s) – diese Gruppe nennt der Autor die »Doppelten«. Ihnen gegenüber stehen die übrigen Buchstaben des Alphabets, die nur eine Ausspracheform haben – dies sind die »Einfachen«. Nach phonetischen oder grammatikalischen Gesichtspunkten unerklärlich scheidet der Autor allerdings von den fünfzehn »Einfachen« die Buchstaben אמש ('a m sch) aus und nennt sie die drei »Mütter«, so dass nun nur noch zwölf »Einfache« verbleiben. Der Grund für diese Aussonderung der drei Mütter ist kein linguistischer, sondern ein kosmologischer insofern, als die drei Mütter als die Erzeuger der drei Elemente Luft, Wasser und Feuer gelten. Dass der Autor aus den 15 Einfachen gerade diese drei auswählte, hat dann allerdings wohl wieder einen phonetischen Grund, weil eben diese drei Buchstaben am Anfang oder Ende der hebräischen Namen der drei Ur-Elemente verwendet werden: אויר (*'Awir*, Urluft)[91], מים (*Majjim*, Urwasser) אש (*'Esch*, Urfeuer), wenn dies aus dem Sprachgebrauch des Buches selbst auch nicht mehr recht deutlich wird, weil der Autor für die Urluft stets den Begriff *Ruach*, das heißt Wind/Geist, verwendet und *'Awir* auf die irdisch-atmosphärische Luft bezieht. Wichtiger als diese Assonanzen war dem Autor jedoch die Zahlenfolge 3,7,12, weil er eben diese drei Zahlen in allen Existenzbereichen der Welt als Gliederungsprinzip wiederkehren sieht. Diese Reihe von Zahlen kommt nun eigenartigerweise auch in der *Metaphysik* des Aristoteles vor – im Anschluss an den oben schon zitierten Text, in dem sich Aristoteles mit der Vorstellung der ontologischen Bedeutung der Zahlen auseinandersetzt. Es war jener Text, in welchem Aristoteles die Strukturbedeutung der Siebenzahl behandelt und meint, dass die Siebenzahl bei verschiedenen Dingen eher zufällig ist oder andere Gründe habe. In diesem Zusammenhang sagt er außerdem:

> »Oder kommt nicht jene Zahl davon, dass Theben sieben Tore hat, oder infolge einer anderen Ursache? Bei den Plejaden zählen wir *sieben* Sterne und beim Großen Bären *zwölf*, [...]. Man nennt auch [die griechischen Buchstaben] X PSI und Z Konsonanzen, und weil es *drei* Konsonanzen gibt meint man, es gebe auch diese drei Doppellaute [...].«[92]

Auch hier polemisiert Aristoteles gegen pythagoräische Zahlenspekulationen, und so ist es immerhin beachtenswert, dass die drei Zahlen zwölf, sieben und drei hier in einem ganz ähnlichen Kontext erscheinen, in dem es um Analogien von kosmischen Größen und von Sprache geht. Es scheint demnach, dass im

91 So Y. Liebes, Torat ha-Jezira, S. 17. Tatsächlich bezeichnet im *Sefer Jezira* aber *'Awir* die atmosphärische Luft, während das Urelement Luft mit *Ruach* benannt wird.

92 Aristoteles, Metaphysik XIV, 1093a, Reclam, S. 380.

Sefer Jezira die merkwürdige Dreigliederung des Alphabets in diese drei Gruppen aus einem entsprechenden pythagoräischen Kontext stammt. Dies ist umso plausibler, als ja auch die Siebenergruppe der »Doppelten« ungewöhnlich ist und den Exegeten seit eh und je Probleme macht, insofern das hebräische »resch« (r) in der Regel nicht zu den »Doppelten« gehört, also auch die Siebenzahl phonetisch gesprochen willkürlich erscheint. Gemeinsam ist dem alphabetologischen Teil des *Sefer Jezira* und den oben aus Aristoteles zitierten Abschnitten, dass diese Zahlen in den verschiedenen Existenzbereichen der Welt, nämlich am Himmel, auf Erden und in den Lebewesen wiederkehren und mithin als ontologische Grundstrukturen verstanden werden, wie im Folgenden noch deutlich werden wird.

Diese drei Zahlen beziehungsweise Buchstabengruppen sind es, welche das Gerüst des zweiten Teiles des *Sefer Jezira* bilden, der gleichermaßen wie der erste Teil nach einem kunstvollen Plan gestaltet ist. Zwischen den formal gleich gebauten Partien gibt es – wie schon im ersten Teil – eine Reihe von formal und inhaltlich abweichenden Einheiten, oft detaillierte oder systematische Zusammenfassungen des schon Dargelegten, aber auch neue Themen. Im Folgenden sollen wieder zunächst die strukturell gleich gebauten Abschnitte vorgeführt werden, aus denen Anliegen und Thema dieses Traktates deutlich werden. Im Anschluss daran werden sodann noch einzelne wichtige Themenkomplexe besprochen, die das Verständnis des gesamten Werkchens abrunden sollen.

Abschließend soll dann auf den Beginn des Büchleins eingegangen werden, welcher, wie noch einige weitere Paragraphen, die beiden ansonsten deutlich voneinander unabhängigen Teile miteinander verknüpft. Angemerkt werden muss noch, dass gerade im zweiten Teil des *Sefer Jezira* sehr vieles unverständlich bleibt, und dies trotz der langen wissenschaftlichen Kommentierung dieses Textes. Der zweite alphabetologische Teil hat mit den besagten Auslassungen folgenden Wortlaut:

»§ 17 (II,1)
Zweiundzwanzig Grundbuchstaben:
Drei Mütter, sieben Doppelte und zwölf Einfache.
Sie sind eingraviert in der Stimme, ausgehauen aus dem Hauch und im Mund an fünf [Artikulations-]Orten befestigt:
(1) אחהע ('alef het he 'ajin)
(2) בומפ (bet waw mem pe)
(3) גיכק (gimmel jod kaf qof)
(4) דטלנת (dalet tet lamed nun taw)
(5) זסצרש (sajin samech zade resch schin)
Sie sind oben an die Zunge gebunden wie die Flamme an die Kohle.
(1) [Die Gutturale] werden am Ende der Zunge, am Kehlkopf gebildet.

(2) [Die Labiale] werden zwischen den Lippen und an der Zungenspitze gebildet.
(3) [Die Velare] werden am Drittel der Zunge herausgeschnitten.
(4) [Die Dentale] stimmhaft an der Zungenspitze.
(5) [Die Zischlaute und resch] zwischen den Zähnen mit ruhender Zunge.

§ 23 (II,1)
Drei Mütter אמש ('alef mem schin):
Ihr Element ist:
Die Waagschale des Verdienstes und
die Waagschale der Schuld,
und das Zünglein des Gesetzes entscheidet zwischen ihnen.

§ 24 (III,2)
Drei Mütter אמש:
Es ist ein großes, verborgenes, unzugängliches und mit sechs Siegeln versiegeltes Geheimnis. Denn aus ihnen gehen das Urfeuer[93] (esch אש), das Urwasser (majjim מים) und die Urluft (ruach רוח)[94] hervor, <aus denen alles erschaffen ist>. Und sie zerteilen sich in männlich und weiblich. Erkenne, berechne und stelle dir vor, dass das Feuer das Wasser trägt.

§ 28 (III, 3)
Drei Mütter אמש:
Im [Raum] der *Welt* [repräsentieren sie]:
Die Urluft, das Urwasser und das Urfeuer.
Zuerst wurden die Himmel aus dem Urfeuer erschaffen, die Erde wurde aus dem Urwasser erschaffen und der [atmosphärische] Luft[raum] (*'awir*) wurde aus der Urluft erschaffen, und er gleicht zwischen den beiden anderen aus.

§ 29 (III, 4)
Drei Mütter אמש:
Im *Jahr* [das heißt in der Zeit] [repräsentieren sie]:
Die Urluft, das Urwasser und das Urfeuer.
Die Hitze [das heißt der Sommer] wurde aus dem Urfeuer erschaffen, die Kälte [das heißt der Winter] wurde aus dem Urwasser erschaffen, die satte Feuchte [das heißt Frühjahr und Herbst] wurde aus der Urluft erschaffen und sie gleicht zwischen den beiden anderen aus.

§ 30 (III, 4)
Drei Mütter אמש:

93 Mit der Vorsilbe »Ur« wird hier ausgedrückt, dass damit die Elemente gemeint sind, aus denen alles Irdische hernach zusammengesetzt ist.

94 An dieser Stelle müsste allerdings das sonst im *Sefer Jezira* für die atmosphärische Luft gebrauchte אוויר (*'awir*) stehen, damit die Gleichung der drei Mütter mit den drei Elementen aufgeht. Hier ist jedoch das Urelement Luft gemeint und deshalb steht hier wohl »*ruach*«.

Im *Menschen*:
Der Kopf wurde aus dem Urfeuer erschaffen, der Bauch aus dem Urwasser, und die Brust aus der Urluft, und sie gleicht zwischen den beiden anderen aus.
§ 31 (III,5)
Drei Mütter אמש:
Er gravierte sie, meißelte sie, verband sie miteinander und versiegelte mit ihnen die drei Mütter in der Welt, die drei Mütter im Jahr und die drei Mütter im Menschen als männliche und weibliche.
§ 32 (III, 6)
(1) Er machte das *'alef* zum König über die Urluft,
flocht ihm eine Krone und verband sie miteinander und bildete damit:
Die Luft in der *Welt*,
die satte Feuchte [Frühjahr/Herbst] im *Jahr* und
die Brust im *Menschen* – männlich und weiblich,
männlich mit אמש (*'alef mem schin*), weiblich mit אשמ (*'alef schin mem*).
§ 33 (III, 7)
(2) Er machte das *mem* zum König über das Urwasser,
flocht ihm eine Krone und verband sie miteinander und bildete damit:
Die Erde in der *Welt*,
die Kälte [Winter] im *Jahr* und
den Bauch im *Menschen* – männlich und weiblich.
§ 34 (III,8)
(3) Er machte das *schin* zum König über das Urfeuer,
flocht ihm eine Krone und verband sie miteinander und bildete damit:
Die Himmel in der *Welt*,
die Hitze [Sommer] im *Jahr* und
den Kopf im *Menschen* – männlich und weiblich.
§ 37 (IV, 1)
Sieben Doppelte בגדכפרת (*bet gimmel dalet kaf pe resch taw*).
Ihr Element ist:
Das Leben, der Friede, die Weisheit, der Reichtum, der Same, die Anmut und die Herrschaft.
Sie werden zweifach ausgesprochen und sind so eine Doppelung in Gegensätzen:
Bet – vet, gimmel – rimmel, dal – sal, kaf – chaf, pe – fe, resch – rchesch, taw – saw. Sie entsprechen sanft und hart, die Gestalt des Starken gegenüber dem Schwachen.
Und dies sind ihre Gegensätze:
Der Gegensatz von Leben ist der Tod.
Der Gegensatz von Frieden ist das Böse.

Der Gegensatz von Weisheit ist Torheit.
Der Gegensatz von Reichtum ist Armut.
Der Gegensatz von Same ist Ödnis.
Der Gegensatz von Anmut ist Hässlichkeit.
Der Gegensatz von Herrschaft ist Sklaverei.
§ 39 (IV, 3)
Sieben Doppelte בגדכפרת:
Er gravierte sie, meißelte sie und verband sie miteinander und bildete mit ihnen:
Die sieben Planeten in der *Welt,*
die sieben Tage im *Jahr*,
die sieben Öffnungen im *Menschen.*
Aus ihnen gravierte er 7 Himmel, 7 Erden und 7 Schabbate.[95]
Darum bevorzugte Er die Sieben überall unter dem Himmel.
§ 41 (IV,5 der Langversion)
(1) Er machte *bet* zum König, flocht ihm eine Krone, verband sie miteinander und bildete damit:
Den Saturn in der *Welt,*
den Schabbat im *Jahr,*
den Mund im *Menschen.*
(2) Er machte *gimmel* zum König, flocht ihm eine Krone, verband sie miteinander und bildete damit:
Den Jupiter in der *Welt,*
den Sonntag im *Jahr,*
das rechte Auge im *Menschen.*
(3) Er machte *dal[et]* zum König, flocht ihm eine Krone, verband sie miteinander und bildete damit:
Den Mars in der *Welt,*
den Montag im *Jahr,*
das linke Auge im *Menschen.*
(4) Er machte *kaf* zum König, flocht ihm eine Krone, verband sie miteinander und bildete damit:
Die Sonne in der *Welt,*

95 Damit sind wohl die sieben Wochen zwischen *Pessach* und *Schawu'ot* gemeint, auch die sieben Jahre des Schmitta-Brachjahrzyklus (je im siebten Jahr müssen in Erez Israel die Felder brach liegen, Schulden erlassen und Sklaven befreit werden Dtn 15,1; Lev 25,8; Neh 10,32), und der sieben *Schmittot* bis zum *Jovel*jahr. Im jeweils siebten Jahr müssen in 'Erez Jsra'el die Felder brach liegen, Schulden erlassen und Sklaven befreit werden. Vgl. Dtn 15,1ff.; Lev 25,8ff.; Neh 10,32. Nach sieben mal sieben Jahren ist das fünfzigste Jahr das *Jovel*jahr (Jubeljahr), an dem die dieselben Maßnahmen gelten. Vgl. Lev 25,8-54; 27,17-24; Num 36,4.

den Dienstag im *Jahr,*
das rechte Nasenloch im *Menschen.*
(5) Er machte *pe* zum König, flocht ihm eine Krone, verband sie miteinander und bildete damit:
Die Venus in der *Welt,*
den Mittwoch im *Jahr,*
das linke Nasenloch im *Menschen.*
(6) Er machte *resch* zum König, flocht ihm eine Krone, verband sie miteinander und bildete damit:
Den Merkur in der *Welt,*
den Donnerstag im *Jahr,*
das rechte Ohr im *Menschen.*
(7) Er machte *taw* zum König, flocht ihm eine Krone, verband sie miteinander und bildete damit:
Den Mond in der *Welt,*
den Freitag im *Jahr,*
das linke Ohr im *Menschen.*
§ 45 (V,1)
Zwölf Einfache הוזחטילנסעצק (*he waw sajin het tet jod lamed nun samech 'ajin zade kof*).
Ihre Elemente sind: Das Sehen, das Hören, das Riechen, das Reden, das Essen, der Beischlaf, das Handeln und Gehen, der Zorn, das Lachen, das Trachten und der Schlaf.
§ 49 (V, 2)
Zwölf Einfache הוזחטילנסעצק :
Er gravierte sie, meißelte sie, verband sie miteinander, wog sie, vertauschte sie und bildete mit ihnen:
Die zwölf Tierkreiszeichen in der *Welt,*
die zwölf Monate im *Jahr,*
die zwölf Organe im *Menschen.*
Und dies sind die zwölf Tierkreiszeichen: Widder, Stier, Zwillinge, Krebs, Löwe, Jungfrau, Waage, Skorpion, Schütze, Steinbock, Wassermann und Fische.
Die Zwölf Monate: Nissan, 'Ijjar, Siwan, Tammus, 'Av, 'Ellul, Tischre, Marcheschwan, Kislew, Tevet, Schevat und 'Adar.
Dies sind die zwölf Organe im Menschen: Zwei Hände, zwei Beine, zwei Nieren, Leber, Galle, Milz, Omasum (Labmagen/Dünndarm), Muskelmagen und Magen.
§ 52 (V, 8 der Langversion)
(1) Er machte *he* zum König, flocht ihm eine Krone und verband sie miteinander und bildete damit:

Den Widder in der *Welt,*
den Nissan im *Jahr*
die Leber im *Menschen.*
(2) Er machte *waw* zum König, flocht ihm eine Krone und verband sie miteinander und bildete damit:
Den Stier in der *Welt,*
den 'Ijjar im *Jahr,*
die Galle im *Menschen.*
(3) Er machte *sajin* zum König, flocht ihm eine Krone und verband sie miteinander und bildete damit:
Die Zwillinge in der *Welt,*
den Siwan im *Jahr,*
die Milz im *Menschen.*
(4) Er machte *het* zum König, flocht ihm eine Krone und verband sie miteinander und bildete damit:
Den Krebs in der *Welt,*
den Tammus im *Jahr,*
das Omasum (Dünndarm) im *Menschen.*
(5) Er machte *tet* zum König, flocht ihm eine Krone und verband sie miteinander und bildete damit:
Den Löwen in der *Welt,*
den 'Av im *Jahr,*
die rechte Niere im *Menschen.*
(6) Er machte *jod* zum König, flocht ihm eine Krone und verband sie miteinander und bildete damit:
Die Jungfrau in der *Welt,*
den 'Ellul im *Jahr,*
die linke Niere im *Menschen.*
(7) Er machte *lamed* zum König, flocht ihm eine Krone und verband sie miteinander und bildete damit:
Die Waage in der *Welt,*
den Tischre im *Jahr,*
den Dickdarm im *Menschen.*
(8) Er machte *nun* zum König, flocht ihm eine Krone und verband sie miteinander und bildete damit:
Skorpion in der *Welt,*
den Marcheschwan im *Jahr,*
den Magen im *Menschen.*
(9) Er machte *samech* zum König, flocht ihm eine Krone und verband sie miteinander und bildete damit:
Den Schützen in der *Welt,*

Kislew im *Jahr,*
die rechte Hand im *Menschen.*
(10) Er machte *'ajin* zum König, flocht ihm eine Krone und verband sie miteinander und bildete damit:
Den Steinbock in der *Welt,*
den Tevet im *Jahr,*
die linke Hand im *Menschen.*
(11) Er machte *zade* zum König, flocht ihm eine Krone und verband sie miteinander und bildete damit:
Den Wassermann in der *Welt,*
den Schevat im *Jahr,*
das rechte Bein im *Menschen.*
(12) Er machte *qof* zum König, flocht ihm eine Krone und verband sie miteinander und bildete damit:
Die Fische in der *Welt,*
den 'Adar im *Jahr,*
das linke Bein im *Menschen.*«[96]

Im ersten Teil des *Sefer Jezira* wird beschrieben, wie mittels der zehn *Sefirot* eine ganze Welt ermöglicht wurde, drei Existenzbereiche, Raum, Zeit und die Menschenwelt, vertreten durch die ethische Dimension. Sodann wird von der Entstehung der drei Urelemente berichtet, und schließlich folgt die Untergliederung der drei Existenzräume. Ganz entsprechend wird im zweiten Teil des Buches eine ganze Welt erzeugt, dieses Mal allerdings mittels der hebräischen Buchstaben. Es werden die Grundlagen des Seins in den drei Bereichen des Seins – Raum, Zeit und Menschenwelt – geschaffen, welche dann ihrerseits in weitere Unterbereiche zergliedert werden – insgesamt also ein analoger Entwurf zum ersten Teil des Buches. Man kann sagen, dass hier das Entstehen der Schöpfung zweimal geschildert wird, wobei im ersten Teil die *Sefirot* die Schöpfungselemente sind, im zweiten hingegen die Buchstaben. Diese beiden eigenständigen Schöpfungskonzeptionen wurden erst in einem weiteren redaktionellen Schritt durch eine Reihe von Verklammerungen miteinander verbunden, worauf später noch einzugehen sein wird.

Auch der Traktat von der Buchstabenschöpfung ist – nimmt man die querliegenden Paragraphen heraus – klar und ebenmäßig gebildet. Der Schöpfungsprozess wird in drei Abschnitten, gemäß den drei unterschiedlichen Buchstabengruppen, in einem stets gleich bleibenden Rhythmus vorgetragen.

A. Zunächst werden den Buchstaben jeder der drei Gruppen ihre Grundelemente zugeordnet:

96 Nach der Ausgabe I. Gruenwald, Israel Oriental Studies, 1971, S. 147-167.

I. Drei forensisch-ethische Elemente, Verdienst, Schuld und Ausgleich. (§23) Sodann die drei Urelemente: Urfeuer, Urluft, Urwasser (§ 24).

II. Sieben Lebenselemente:[97] Leben, Frieden, Weisheit, Reichtum, Same, Anmut, Herrschaft. Hinzu kommen deren Gegensätze (§ 37).

III. Zwölf Lebensvollzugselemente:[98] Sehen, Hören, Riechen, Reden, Essen, Beischlaf, Handeln, Gehen, Zorn, Lachen, Trachten, Schlaf (§ 45).

B. Sodann folgen die Schöpfungen, welche aus den jeweiligen Buchstaben hervorgehen, wobei dies im ersten Fall (I.) der drei Mütter zunächst nur die drei Urelemente genannt werden:

I. Mit den drei Urelementen werden die drei Existenzräume, Raum, Zeit und Mensch, erschaffen, und zwar dadurch, dass in ihnen je drei Existenzraumkategorien erschaffen werden:

Im *Raum*: Himmel und Erde sowie der zwischen ihnen vermittelnde Luftraum (§28).

In der *Zeit* die drei Jahreszeiten Sommer und Winter sowie die zwischen ihnen vermittelnden Frühjahr/Herbst (§29).

Im *Menschen*, Kopf und Bauch sowie die zwischen ihnen vermittelnde Brust (§30).

II. Die sieben nächsten Buchstaben bringen in jedem der drei entstandenen Existenzbereichen sieben Untergliederungen hervor:

Im *Raum*: sieben Planeten, sieben Himmel und sieben Erden.

In der *Zeit*: sieben Wochentage.

Im *Menschen*: sieben Körperöffnungen (§39.41).

III. Die zwölf übrigen Buchstaben führen die Untergliederung der drei Existenzräume fort, und zwar:

Im *Raum* durch: zwölf Tierkreiszeichen.

In der *Zeit* durch: zwölf Monate.

Im *Menschen* durch: zwölf Körperorgane (§45).

C. Schließlich werden die unter B. gegliederten Schöpfungen der Herrschaft beziehungsweise Ursächlichkeit der einzelnen Buchstaben aus den drei oben genannten Gruppen (Mütter, Doppelte, Einfache) zugeordnet. Dieser Vorgang wird als Königserhebung und Krönung der einzelnen Buchstaben beschrieben. Buchstabe und Krone zusammen sind sodann das Schöpfungsinstrument für die einzelnen unter B. genannten Geschöpfe (§32-34.41.49).

Wichtig ist dabei, dass jeder einzelne Buchstabe an jedem der drei Existenzbereiche, Raum, Zeit und Mensch, Teil hat und auf ihn einwirkt, indem er über je ein Glied in je einem der drei Existenzbereiche herrscht.

I. So erzeugen und herrschen die *drei Mütter* wie folgt:

97 »Elemente«, die dem Leben dienen.

98 »Elemente«, die dem Lebensvollzug dienen.

'Alef herrscht im Raum über den Luftraum (die Atmosphäre), in der Zeit über die Übergangszeiten Frühjahr und Herbst und im Menschen über die Brust.

Mem herrscht im Raum über die Erde, in der Zeit über den Winter und im Menschen über den Bauch.

Schin herrscht im Raum über die Himmel, in der Zeit über den Sommer, im Menschen über den Kopf.

II. Die *sieben Doppelten* erzeugen und herrschen wie folgt:

Bet herrscht im Raum über den Saturn, in der Zeit über den Schabbat, im Menschen über den Mond.

Gimmel herrscht im Raum über den Jupiter, in der Zeit über den Sonntag, im Menschen über das rechte Auge, und so weiter …

III. Die zwölf Einfachen erzeugen und herrschen schließlich so:

He herrscht im Raum über das Tierkreiszeichen Widder, in der Zeit über den Monat Nissan, im Menschen über die Leber.

Waw herrscht im Raum über das Tierkreiszeichen Stier, in der Zeit über den Monat 'Ijjar und im Menschen über die Galle, und so weiter…

Alles in allem ein imponierend geschlossenes Bild! Aus ihm geht hervor, dass die Gliederung des Alphabets, das heißt die »phonetische« Gliederung der Sprachelemente, Ursache und Urbild für alle drei Existenzbereiche der Schöpfung sind. Es ist, wie J. Dan zu Recht feststellte,[99] zunächst die Anzahl der Buchstaben, welche die *analogia entis* in allen Existenzbereichen begründet. Insofern ist auch für diesen Teil des *Sefer Jezira* eine Nähe zum pythagoräischen Denken zu erkennen, was zuletzt die beiden Zitate aus der *Metaphysik* des Aristoteles belegen. Unterstrichen werden muss außerdem, dass der Weltschöpfungsprozess in den vorgeführten Teilen des Buches nicht durch Buchstabenkombinatorik bewerkstelligt wird, sondern es ist die Herrschaftsmacht einzelner Buchstaben, die genau definierten Herrschaftsbereichen zugeordnet sind. Das einzige kombinatorische Element ist hier die Verbindung des Buchstabens mit seiner Krone. Im Widerspruch dazu steht die noch zu besprechende Vorstellung vom Rad des Alphabets, mit dessen Hilfe der Kreationsprozess als Verbindung von je zwei Buchstaben – oder auch noch weiteren – geschildert wird. Es ist diese Vorstellung, die man meist mit dem *Sefer Jezira* verbindet, allerdings wird sie unabhängig von dem Gezeichneten nur in einigen wenigen Paragraphen angesprochen, wozu unten noch einiges zu sagen sein wird.

Rückblickend kann gesagt werden, dass die Aufteilung des hebräischen Alphabets in eine Dreier-, Siebener- und eine Zwölfergruppe durch jene kosmologische Tradition bedingt ist, die ja auch Aristoteles streifte, und das ist im weitesten Sinn eine pythagoräische. Die Verankerung dieser pythagoräischen Zah-

99 J. Dan, 'Al ha-Keduscha, S. 259-268.

lentraditionen in der Phonetik des hebräischen Alphabets ist mithin sekundär und künstlich und nicht ohne die genannten Gewaltsamkeiten gelungen.

2.2.2 Das Rad der Buchstaben und die 231 Tore

Eine vom bislang Beschriebenen abweichende Konzeption der Schöpfung mittels der Buchstaben wird in drei weiteren Paragraphen des *Sefer Jezira* vorgetragen. Es ist gerade diese hier eigentlich eher schwach vertretene Auffassung, welche die größte Nachwirkung erfahren hat, dies wohl umso mehr, als sie sich in die im ersten Band schon beschriebene antik-jüdische Onomatologie einfügt.[100] Nach dieser Lehre vom Rad des Alphabets sind nicht einzelne Buchstaben für je ein Geschöpf in einem der drei Existenzbereiche zuständig, sondern der kreative Akt der Sprachschöpfung vollzieht sich durch das Prinzip der Buchstabenkombinatorik, wobei – so wenigstens nach den hauptsächlichen Formulierungen – je zwei Buchstaben miteinander verbunden werden, wodurch neue Geschöpfe entstehen. Nur in einem konkreten, sogleich zu nennenden Beispiel wird einmal die für die hebräische Sprache grundlegendere Dreikonsonanz für die Buchstabenkombination verwendet. Der mit Hilfe des Rades dargestellte Kombinationsprozess setzt wie gesagt eine Zweikonsonantigkeit voraus, die dadurch zustande kommt, dass die Buchstaben des Alphabets auf einem Rad eingraviert sind, das sich offenbar vor einer zweiten Scheibe dreht, auf welcher die hebräischen Buchstaben gleichermaßen verzeichnet sind. Daraus ergeben sich 231 Konsonantenkombinationen, welche als die 231 Tore bezeichnet werden. Allerdings zählen manche Handschriften 233 oder 221 oder gar 241 Kombinationen, wodurch die den Handschriften oder Drucken beigegebenen Permutationstabellen zum Teil sehr unterschiedlich aussehen. Im *Sefer Jezira* wird das Ganze so formuliert:

> § 18 (II, 4)
> »Zweiundzwanzig Grundbuchstaben:
> Sie sind an einem Rad (*Galgal*) befestigt in 231 Toren. Das Rad dreht sich vorwärts und rückwärts: Und dies ist ein Zeichen für die Sache: Wenn zum Guten, so gibt es nichts Höheres als ענג ('oneg, Vergnügen) und wenn zum Bösen, so gibt es nichts Tieferes als נגע (nega', Plage).
> § 19 (II, 2)
> Zweiundzwanzig {Grund-}Buchstaben:
> Er gravierte sie, meißelte sie, wog sie und vertauschte sie und verband sie und bildete mit ihnen das Leben (*Nefesch*) aller Gebilde und das Leben aller, die künftig gebildet werden.

100 Vgl. Bd. I, S. 341-354.

Wie hat Er sie gewogen und vertauscht?
'Alef mit allen und alle mit *'Alef.*
Bet mit allen und alle mit *Bet.*
Gimmel mit allen und alle mit *Gimmel.*
Und alle kehren im Kreise wieder. So gehen sie in 221 {231}Toren hervor. Alles Gebildete und alle Rede geht also als ein einziger Name hervor.«
[Ausgabe Gruenwald, S. 147]

Das in § 18 angeführte Beispiel der Wirkung der Buchstabenkombinationen, das wie gesagt vom zweikonsonantigen Prinzip des Zahlenrades abweicht, lässt noch einen weiteren Gedanken erkennen, nämlich dass die Vorwärtsbewegung des Rades gute Kombinationen ergibt, wohingegen die Rückwärtsdrehung die Buchstabenfolge verkehrt und Böses erzeugt.

3. Die Einheit als zentrale Botschaft des Buches

Wie schon im ersten, dem sefirotischen Teil, ist die Einheit auch im alphabetologischen zweiten Teil ein mehrfach wiederkehrendes Thema. So betont § 22, dass die gesamte Schöpfung eben doch nur »ein Name« sei. An anderer Stelle wird gesagt, dass das gesamte in Dreier-, Siebener- und Zwölfergruppen gegliederte Alphabet ausschließlich an dem Einen hängt:

§ 57 (VI, 2 Langversion)
»Zwölfe unten und sieben über ihnen und die drei über den sieben. Aus allen dreien gründete Er seinen Wohnort. Und sie alle hängen an dem Einen, ein Zeichen für den Einen, von dem es keinen zweiten gibt. Ein einziger König in seiner Welt, der Einer ist und dessen Name einer ist.«[101]
[Ed. Gruenwald, S. 171]

Die Vielgliedrigkeit der Welt, so will der Autor einschärfen, hängt dennoch an dem Einen, an dem einzigen Schöpfer, dessen Wort in den Buchstaben präsent ist. Auch in diesem Anliegen stimmt also der zweite Teil des Buches mit dem ersten überein. Beide sind sie ein Bekenntnis zu dem einen Gott, der die Vielfalt hervorgebracht hat. In einem Paragraphen, der wegen der Nennung des Tempels ein Argument für die Frühdatierung des Textes geworden ist, repräsentiert eben dieser Tempel den einen Gott, der im Tempel wohnt, und der sie alle trägt:

101 Sefer Jezira, Ed. I. Gruenwald, S. 171; vgl. dazu § 56.

§ 38 (IV, 2/3)
»Sieben Doppelte [...] entsprechend den 7 Enden, den 6 Enden Oben, Unten, Osten, Westen, Norden und Süden und der heilige Tempel ist in ihrer Mitte ausgerichtet und er trägt sie alle.«[102]
[Ed. Gruenwald, S. 157]

4. Die 32 Wege der Weisheit – die Verbindung der Zahlen- und Buchstabentradition

Zu dem, was der *Sefer Jezira* heute ist, und was ab dem 10. Jahrhundert – mit dem ersten Kommentar des Textes aus der Hand von Sa'adja Ga'on[103] – eine nachhaltige Wirkung bei den jüdischen Philosophen und Kabbalisten gleichermaßen entfaltet hatte, wurde das Büchlein durch die Verbindung der beiden bislang getrennt dargestellten Hauptthemen: der Lehre von den *Sefirot* und der Lehre vom Alphabet. Diese Verbindung wurde innerhalb nur einiger weniger Paragraphen vorgenommen:

»§ 1 (I, 1)
Zweiunddreißig verborgene Wege der Weisheit gravierte Jah JHWH Zeva'ot, der Gott Israels, der lebendige Gott, 'El Schaddai »der hohe und erhabene, der ewig thront, der Heilige ist sein Name« (Jes 57,15). Er erschuf seine Welt mit drei *Sefarim*: mit *sfr, sfr* und *sfr.*
§ 2 (I, 2)
Zehn *Sefirot belima* und zweiundzwanzig Grundbuchstaben.«[104]

Diese beiden Eröffnungsparagraphen des überkommenden *Sefer Jezira* sind zunächst eine einfache Addition der beiden Traditionen, die nun zusammen als die »Wege der Weisheit«, das heißt die Schöpfungsweisheit Gottes vorgestellt werden. Die alte – sich auf Proverbien 9 stützende – Übersetzung von Gen 1,1 durch das *Targum Jeruschalmi*: »Mit Weisheit hat Gott den Himmel und die Erde erschaffen und vollendet«[105], wird vom *Sefer Jezira* nun mit seiner eigenen Deutung reformuliert. Die Schöpfungsweisheit hat nach dieser Auffassung sefirotische und linguistische Elemente. So weit ist die Verbindung der beiden Tra-

102 Sefer Jezira, Ed. I. Gruenwald, S. 157.

103 Zu ihm vgl. Bd. I, S. 362ff.

104 Sefer Jezira, Ed. I. Gruenwald, S. 140.

105 Vgl. M. Ginsburger, Das Fragmententargum (Thargum Jeruschalmi zum Pentateuch), Berlin 1899 (Neudruck: o.O., o.J.), S. 3; ebenso in den traditionellen Rabbinerbibeln, Mikra'ot gedolot, zu Gen 1,1. Zur altorientalischen, hellenistisch-jüdischen und rabbinischen Weisheitsspekulation s. Bd. I., S. 165ff.213ff.517.

ditionen einfach und leicht verständlich. Was der Redaktor allerdings mit den drei *Sefarim* meinte, bleibt ein großes Rätsel. In der Regel werden sie als *sefer, sefar* und *sippur* vokalisiert.[106] A. Kaplan[107] übersetzt sie als »text, number, and communication« und kommentiert: »The Hebrew word for ›text‹ here ist *sepher* (ספר sfr), which literally means ›book‹. ›Number‹ is *sephar* (ספר sfr), from which the English ›cipher‹ is derived. ›Communication‹ is *sippur* (סיפור sjpwr), which more literally is ›telling‹«.[108] Kaplan deutet die drei *Sefarim* auf die drei oben besprochenen Existenzbereiche, welche in beiden Teilen des Büchleins eine Rolle spielen, nämlich Raum, Zeit, und Menschenwelt. Letztere nennt Kaplan »spiritual dimension«, womit der ethisch menschliche Bereich gemeint ist.

Yehuda Liebes verweist demgegenüber zunächst auf eine Textversion des Wilnaer Ga'on, in der die drei *Sefarim* mit den drei Buchstabengruppen des Alphabets, den Müttern, Doppelten und Einfachen, in Verbindung gebracht wird. In ihr heißt es: »Das sind die zweiundzwanzig Buchstaben, mit denen *'Ehjeh* [das heißt Gott] gravierte […] und aus ihnen drei sefarim machte.«[109] Allerdings sieht Liebes für diese Deutung Schwierigkeiten und meint »[...] vielleicht weisen sie [die drei Sefarim] auf die drei genannten Bereiche des Existierenden, welche Büchern gleichen, die Gott geschrieben hat […] oder auch auf die drei Bücher, die nach dem Babylonischen Talmud (*Rosch ha-Schana* 16b)[110] zu Neujahr geöffnet werden, denn ihre Ordnung, entsprechend den Gerechten, den Frevlern und den Gleichgewichtigen, nennt den Aufbau des Seins im *Sefer Jezira*: »Die Waagschale des Verdienstes, die Waagschale der Schuld und das Zünglein des Gesetzes entscheidet [oder: gleicht aus] zwischen ihnen« [3,1]. Es sind aber noch weitere Deutungen möglich, und sogar eine andere Lesung, die statt ›sefarim‹, ›devarim‹, Worte, nennt.[111]

Diese Worte von Liebes zeigen das ganze Dilemma mit diesen drei *Sefarim*. Doch abschließend soll hier noch eine bedenkenswerte Bemerkung von Liebes angefügt werden. Wenn sich die drei Begriffe tatsächlich auf die drei Existenzräume beziehen, so wird durch ihre Benennung durch ein und dieselbe hebräische Wurzel *sfr* ein weiteres Mal auf die Einheit allen Seins trotz seiner Vielgliedrigkeit hingewiesen – eine Einheit, die im Sprachlichen gründet.[112]

Gegenüber der bislang beschriebenen eher additiven Verbindung der beiden Traditionen unternimmt es § 12 – ausgerechnet in der Kurzversion –, eine inhalt-

106 Vgl. I. Gruenwald z.St., S. 140; vgl. auch A. Kaplan, Yetzirah, S. 5.

107 A. Kaplan, Yetzirah, S. 5.19.

108 A. Kaplan, Yetzirah, S. 19.

109 Nach Y. Liebes, Torat ha-Jezira, S. 272, Endnote 44.

110 Zu ihnen vgl. Bd. I, S. 239.

111 Y. Liebes, Torat ha-Jezira, S. 22.

112 Y. Liebes, Torat ha-Jezira, S. 145 und 97f.

liche, ontologische Verbindung von *Sefirot* und Buchstaben herzustellen. Nach der Langversion, die ich oben wiedergegeben habe, hat der Schöpfer in oder mit der zweiten *Sefira* die vier Winde hervorgebracht, also einen der dort aufgezählten kosmischen Räume. An dieser Stelle nimmt die Kurzversion die vier Winde als Schöpfung der zweiten *Sefira* heraus und setzt an ihre Stelle die Erschaffung der Buchstaben durch die zweite *Sefira*. Damit werden die Buchstaben zu Geschöpfen aus den *Sefirot* – die beiden Traditionen sind damit ontologisch miteinander verbunden:

> »§ 12 (1,10)
> Die zweite [Sefira] ist Geist/Wind aus Geist/Wind: Er gravierte und meißelte in/mit ihr die 22 Grundbuchstaben, drei Mütter, sieben Doppelte und zwölf Einfache. Und ein Geist/Wind ist aus [in?] ihnen.«[113]
> [Ed. Gruenwald, S. 144]

Hier ist das bewerkstelligt, was die spätere Kabbala aufgreifen wird, nämlich dass die Sprache ein Geschöpf der *Sefirot* ist oder dass die Sprache in die *Sefirot* eingraviert ist – wenn auch die *Sefirot* bei den Kabbalisten im Gegensatz zum *Sefer Jezira* ein Teil der Gottheit selbst sind, was weiter unten noch deutlich werden wird. Mit dieser Aussage in §12 werden die beiden Schöpfungstraktate des *Sefer Jezira* miteinander verschmolzen. Dadurch werden Zahlen- und Buchstabenmystik zu den beiden Seiten der einen Medaille.

5. Der *Sefer Jezira* und die Magie – der Erzvater Abraham

Moshe Idel hat sein Buch über die jüdischen Golem-Traditionen[114] mit einer höchst ungewöhnlichen Widmung versehen, nämlich: »To Abraham, who created Golems.« So ist denn auch das eigentliche Eröffnungskapitel in Idels Buch dem *Sefer Jezira* gewidmet. Idel argumentiert dort – wenn auch hoch spekulativ –, dass das mittelalterliche Verständnis des *Sefer Jezira* als Handbuch für Buchstabenmagie und die Erschaffung eines Golems[115] schon im originären *Sefer Jezira* selbst angelegt gewesen seien, was – zu Recht – nicht unwidersprochen

113 Sefer Jezira, Ed. I. Gruenwald, S. 144.

114 M. Idel, Golem. Jewish Magical and Mystical Traditions on the Artificial Anthropoid, Albany 1990.

115 Vgl. dazu Bd. I, S. 341-354 u. K.E. Grözinger, Between Magic and Religion – Ashkenazi Hasidic Piety, in: Mysticism Magic and Kabbalah in Ashkenazi Judaism, K. E. Grözinger, J. Dan (Hrsg.), Berlin/New York 1995, S. 28-43.

blieb.[116] Idels Widmung und das thaumaturgische Verständnis des *Sefer Jezira* hängen zentral vom Verständnis der Schlussepisode im *Sefer Jezira* ab, die Gershom Scholem wie folgt übersetzte:

> »Als unser Vater Abraham kam, da schaute, betrachtete und sah er, forschte und verstand und umriß und grub ein und kombinierte und bildete [das heißt schuf]. *Und es gelang ihm.* Da offenbarte sich ihm der Herr der Welt und setzte ihn in seinen Schoß und küßte ihn aufs Haupt und nannte ihn seinen Freund [andere Lesart fügt noch hinzu: und machte ihn zu seinem Sohn] und schloß mit ihm und seinem Samen einen ewigen Bund.«[117]

Scholem kommentiert diesen Abschnitt:

> »Dieser Schluß ist von mittelalterlichen und modernen Kommentatoren, die von den magischen Tendenzen des Buches keine Kenntnis nehmen wollten, immer gern erbaulich-harmlos erklärt oder wegerklärt worden. Das sonderbare »er schuf, und es gelang ihm« bezieht sich aber nicht nur auf Abrahams Bemühungen spekulativer Natur, die von Erfolg gekrönt waren, sondern ausdrücklich auf sein Verfahren mit den Buchstaben, bei dem alle von Gottes Tätigkeit bei der Schöpfung der Dinge gebrauchten Verben exakt wiederholt werden. Mir scheint, wer diesen Satz schrieb, hatte ein Verfahren Abrahams im Auge, nach welchem er imstande war, aus der Kraft seiner Einsicht in den Zusammenhang der Dinge und die Potenzen der Buchstaben den schöpferischen Prozeß in gewisser Weise nachzuahmen und zu wiederholen.«[118]

Scholem vertritt hier eine Auffassung von der Magie des *Sefer Jezira*, wie sie im ersten Band dieses Buches von R. 'Ela'sar aus Worms berichtet wurde, der eben jenem von Scholem und Idel apostrophierten Mittelalter angehört.[119]

Demgegenüber vertritt neuerdings Yehuda Liebes wieder die von Scholem als Verharmlosung etikettierte Auffassung, nämlich dass das Gelingen Abrahams rein kontemplativer und kognitiver Natur war: Abraham erkannte die »Einheit

116 Vgl. P. Schäfer, The Magic of the Golem. The Early Development of the Golem Legend, in: The Journal of Jewish Studies, Bd. 46, 1-2, (1995), S. 249-261.

117 In Sefer Jezira, Ed. I. Gruenwald ist dies § 61 (VI, 4). Vgl. G. Scholem, Die Vorstellung vom Golem in ihren tellurischen und magischen Beziehungen, in: ders., Zur Kabbala und ihrer Symbolik, Zürich 1960, S. 222-223.

118 G. Scholem, Die Vorstellung vom Golem, S. 223.

119 Vgl. Bd. I, S. 352f.

Gottes«[120], die aus und trotz der Vielfalt seiner Geschöpfe erkannt werden kann und soll. Abraham erscheint hier, so Liebes, als »der ideale Mystiker«[121]:

> «Im Sefer Jezira geschieht die Offenbarung Gottes in zwei Schritten. Im ersten Schritt ist Abraham der Aktive – er graviert, verbindet und meißelt und forscht mit seinem Verstand. Im zweiten Schritt hingegen, nachdem es ›ihm gelungen war‹, wird Abraham passiv und Gott wird aktiv: ›Der Herr des Alls offenbarte sich ihm und setzte ihn auf seinen Schoß, küsste ihn auf sein Haupt und nannte ihn seinen Freund‹«.[122]

Liebes vergleicht dieses Verfahren – und dies hat mit seiner Frühdatierung des Buches zu tun – mit den Auffassungen von Philo von Alexandrien, der den menschlichen Erkenntnisprozess gleichfalls in eine aktive und eine passive Phase teile, nämlich dass einem aktiven philosophischen Suchen auf der Höhe der Erkenntnis gleichfalls eine passive Phase folge, in welcher der Mensch sich angesichts seiner Erkenntnis für Nichts hält und passiv wird.[123]

120 Y. Liebes, Torat ha-Jezira, S. 73.
121 Y. Liebes, Torat ha-Jezira, S. 74.
122 Y. Liebes, Torat ha-Jezira, S. 77f.
123 Y. Liebes, Torat ha-Jezira, S. 78.

Die esoterische Theologie der Aschkenasischen Hasidim

1. Gruppen und Texte

Zur selben Zeit als im Süden Europas, in der Provence und im Languedoc die ersten Spuren der »spanischen« Kabbala wahrzunehmen waren, hatte sich im deutschsprachigen Raum, am Rhein in den Städten Speyer, Worms und Mainz und Regensburg an der Donau, sowie im angrenzenden Frankreich und bis hinauf nach London eine analoge aber davon doch ganz unabhängige Richtung[124] esoterisch-theologischer Spekulation und Frömmigkeit herausgebildet. Sie wird im Bewußtsein der innerjüdischen Tradition sowie in der wissenschaftlichen Literatur gemeinhin unter dem Begriff der *Haside 'Aschkenas*, »Die Frommen von Aschkenas« oder die »deutsch-jüdischen Pietisten« geführt. Scholem beschreibt sie im entsprechenden Kapitel seines Werkes »Die Jüdische Mystik in ihren Hauptströmungen«[125] als »der deutsche Chassidismus im Mittelalter«. Seit den älteren Arbeiten zur *Hasidut 'Aschkenas* (Aschkenasischer Hasidismus)[126] haben sich große Veränderungen in der Beurteilung der *Hasidut 'Aschkenas* ergeben. Eine der wesentlichsten neuen Sichtweisen ist die, dass die »Frommen Deutschlands« keine Massenbewegung mit großem Einfluss auf das aschkenasische Judentum waren, sondern einige wenige Individuen, die sich um eine neue Theologie und Ethik bemühten. In einem grundsätzlichen Artikel anlässlich des fünfzigsten Jahrestages der englischen Erstausgabe von Scholems »Jüdische Mystik« stellte darum Joseph Dan die durchaus provozierende Frage »Was there Really a Hasidic Movement in Medieval Germany«.[127] In seiner Antwort beruft

124 In der neueren Forschung wird allerdings zunehmend auf frühe Verbindungen zwischen den beiden Bewegungen verwiesen. Vgl. dazu M. Idel, An anonymous Kabbalistic Commentary on Shir ha-Yihud, in: K.E. Grözinger, J. Dan (Hrsg.) Mysticism, Magic and Kabbalah in Ashkenazi Judaism, Berlin New York 1995, S. 138-154; G. Scholem, Ursprung und Anfänge der Kabbala, Berlin 1962, S. 199, 315; M. Idel, Kabbalah. New Perspectives, New Haven-London 1988, S. 193-196; J. Dan, Ha-Kabbala ha-'aschkenasit: 'Ijjum nosaf, in: ders. (ed.), Reschit ha-Mistika ha-jehudit be-Eropa, Jerusalem 1987, S. 125-139.

125 G. Scholem, Die Jüdische Mystik in ihren Hauptströmungen. (Zürich 1957) Frankfurt a. M. 1967; J. Dan, Reschit ha-Mistika ha-jehudit be-Eropa, Jerusalem 1987, S. 125-139.

126 Vgl. u.a. M. Güdemann, Geschichte des Erziehungswesens und der Cultur der Juden in Frankreich und Deutschland, Wien 1880 Bd. I, S. 178-198, 281-291; J. Ber, Ha-Megama ha-datit ha-hevratit schel »Sefer Hasidim«, in: Zion 3 (1938), S. 1-43; A. Epstein, Le-Korot ha-Kabbala ha-'aschkenasit, in: ders. Mi-Kadmonijot ha-Jehudim, Jerusalem. 1957, ed. A.M. Haberman, Bd. II, S. 226-248.

127 J. Dan, Ashkenazi Hasidim, 1941-1991: Was there Really a Hasidic Movement in Medieval Germany?, in: P. Schäfer, J. Dan, Gershom Scholem's *Major Trends in Jewish Mysticism* 50

er sich auf den grundlegenden Artikel von H. Soloveitchik über »Three Themes in the Sefer Hasidim«[128] dahingehend, dass es in der übrigen aschkenasischen Literatur nirgendwo eine Aufnahme der spezifischen Gedanken des *Sefer Hasidim* (Buch der Frommen) gäbe und dass es keinerlei externen Beweis für die Existenz von »pietistischen« Gemeinden gibt. Demzufolge sei das Ganze nur ein Traum, nie aber Wirklichkeit gewesen.[129] Es ist nun gerade der *Sefer Hasidim*, dieses enzyklopädische Moralwerk, in dem manche Autoren seit Güdemann das kollektive Werk von Generationen sahen, aus welchem der Beleg für eine sozial greifbare Bewegung abgeleitet wurde. J. Dan betrachtet das Werk hingegen im Wesentlichen als eine Arbeit von Jehuda he-Hasid, der wichtigsten Figur der »Bewegung«, das einige wenige Supplemente seines Vaters Schmu'el (Samuel) he-Hasid, enthält.[130] Auch Ivan G. Marcus sieht im *Sefer Hasidim* eher das Programm für eine beschränkte jüdische »Sekte«, das keine große Gefolgschaft an sich ziehen konnte und schon durch den Schüler Jehudas, R. 'El'asar aus Worms, in traditionellere Bahnen zurückgelenkt und in ein Programm für die individuelle Frömmigkeit umgeschrieben wurde.[131]

Ein weiterer Aspekt der neueren Sicht auf die »Hasidut Aschkenas« ist deren Auflösung in eine Mehrzahl von Gruppen beziehungsweise einzelner Autoren, die keine Kenntnis voneinander hatten. Hierfür, wie überhaupt für die neuere Sicht der aschkenasisch-esoterischen Frömmigkeit des zwölften und dreizehnten Jahrhunderts, sind die zahlreichen grundlegenden Arbeiten von Joseph Dan ausschlaggebend, die auch das hier vorgetragene Bild maßgeblich bestimmen.[132] Die Gruppe, der die Bezeichnung *Hasidut 'Aschkenas* im engeren Sinne eignet,

Years After, Tübingen 1993; wieder in: J. Dan, Jewish Mysticism. Vol. II, The Middle Ages, Northvale, Jerusalem 1998, S. 313-331.

128 H. Soloveitchik, Three Themes in the Sefer Hasidim, in: AJS (Association for Jewish Studies) Review I, 1976, S. 311-357.

129 J. Dan, Jewish Mysticism II, S. 325, 331; J. Dan, Gershom Scholems *Major Trends,* S. 96, 101.

130 Dabei Baer und Scholem folgend: J. Ber, Ha Megama, S. 6, 48; G. Scholem, Die Jüdische Mystik, S. 90.

131 I.G. Marcus, Piety and Society. The Jewish Pietists of Medieval Germany, Leiden 1981.

132 J. Dan, Torat ha-Sod schel Hasidut Aschkenas, Jerusalem 1968; ders., 'Ijjunim be-Sifrut Hasidut Aschkenas, Ramat-Gan 1975; ders., Huge ha-Mekubbalim ha-rischonim, ed. J. 'Agasi, Jerusalem 1984; ders., Das Entstehen der Jüdischen Mystik im mittelalterlichen Deutschland, in: K.E. Grözinger (Hrsg.) Judentum im deutschen Sprachraum, Frankfurt a.M. 1991, S. 127-172; ders. Jewish Mysticism, Vol. II, Northvale-Jerusalem 1998; ders., The Language of the Mystics in Medieval Germany, in: K.E. Grözinger, J. Dan (Hrsg.), Mysticism, Magic and Kabbala in Ashkenazi Judaism, Berlin New York 1995, S. 6-27; ders. The 'Unique Cherub' Circle. A School of Mystics and Esoterics in Medieval Germany, Tübingen 1999; ders., Hasidut 'Aschkenas be-Toledot ha-Machschava ha-jehudit, Tel Aviv 1990ff.

sind die Angehörigen der Familie der Kalonymiden, die sich bis in das Norditalien in der Zeit von Karl dem Großen zurückführen lassen.[133] Als Vater der esoterischen Theologie der *Hasidut 'Aschkenas* gilt R. Schmu'el he-Hasid (Speyer, Mitte 12. Jh.), sein Sohn Jehuda he-Hasid (1217 in Regensburg gestorben) und der fruchtbarste Autor der Familie, Jehudas Schüler und Verwandter, R. 'El'asar aus Worms (zwischen 1223 und 1232 gestorben). Die nächste wichtige Gruppe, die mit den Kalonymiden offenbar in keinerlei Beziehung stand, wird durch etwa zwölf Schriften vertreten,[134] welche durch den Terminus *ha-Keruv ha-mejuchad*, der »spezielle Keruv« charakterisiert wird. Mit diesem Begriff wird in den Texten eine spezifische Offenbarungsgestalt der Gottheit bezeichnet, die noch zu besprechen sein wird. Die Aktivitäten dieser Gruppe kann man dank ihres einzig bekannten Autors, Rabbi 'Elchanan Ben Jakar aus London, der zunächst im Norden Frankreichs lebte, datieren. 'Elchanan, der noch in der ersten Hälfte des 13. Jahrhunderts am Leben war, zitiert die Schriften und Traditionen dieses Kreises, die aufgrund ihrer sukzessiven Kommentarstruktur bis in die zweite Hälfte des 12. Jahrhundert zu datieren sind.[135]

Hinzu kommt das gleichfalls als unabhängige Schrift zu bezeichnende *Sefer ha-Hajjim* (Buch des Lebens), das zuletzt von G. Necker in seiner Ausgabe und Teilübersetzung[136] R. Hajjim ha-Kohen zugeschrieben wurde, der seit 1171 zu den leitenden Persönlichkeiten der jüdischen Gemeinde von Paris gehörte.[137] Dieser Gruppe kann ferner der anonyme *Sefer ha-Navon*, »Das Buch des Einsichtigen« zugeordnet werden,[138] der ein Kommentar zum Schma' Jisra'el darstellt.

133 Vgl. dazu I. G. Marcus, Die politischen Entwicklungen im mittelalterlichen deutschen Judentum, ihre Ursachen und Wirkungen, in: K. E. Grözinger, Judentum im deutschen Sprachraum, Frankfurt a. M. 1991, S. 60-88.

134 Neun dieser Schriften sind erhalten geblieben: 1. Barajta des Josef Ben 'Usi'el, 2. ein alphabetisch-angeordneter Pijjut, 3. ein Kommentar zum Sefer Jezira (Pseudo-Sa'adja), 4. eine Liste geheimer Bücher, welche Ben Sira seinem Sohn 'Usi'el und seinem Enkel Josef offenbarte, 5. Pesak ha-Jir'a we-ha-'Emuna über den Sinn der Gebete, 6. Sod ha-Sodot, eine theologische Abhandlung, 7. Ein ›erster Kommentar‹ zum Sefer Jezira von 'Elhanan Ben Jakar, 8 der ›zweite Kommentar‹ zum Sefer Jezira vom selben Autor und 9. verstreute Zitate in späteren Texten; alles nach J. Dan »Unique Cherub Circle«, S. 52f; hier auch eine weitgehende Zitierung und Übersetzung der Texte; Handschriften bei J. Dan, Torat ha-Sod, S. 265f.

135 Von ihm sind erhalten: Sefer Sod ha-Sodot (handschriftlich); Perusch Sefer Jezira ha-rischon (ed. G. Vajda, Peruscho ha-rischon schel Rabbi 'Elhanan Jizchak Ben Jakar mi-London le-Sefer jezira, in: Kobez 'al Jad VI (XVI) Jerusalem 1966; Perusch Sefer Jezira ha-scheni (handschriftlich).

136 G. Necker, Das Buch des Lebens. Edition, Übersetzung und Studien, Tübingen 2001.

137 G. Necker, Das Buch des Lebens, S. 27ff.

138 Sefer ha-Navon (Buch des Einsichtigen), in: Kobez 'al Jad 16 , Jerusalem 1966, S. 199-223.

Von R. Jehuda he-Hasid rührt wohl der größte Teil des *Sefer Hasidim*, dem in der vorliegenden Darstellung ein eigener Abschnitt gewidmet wird. Außerdem entstammt seiner Feder einer Reihe erst in jüngster Zeit gedruckten Schriften, nämlich der nur aus Zitaten bekannte *Sefer ha-Kavod* (Buch von der Glorie/Herrlichkeit)«,[139] weiterhin ein handschriftlich[140] erhaltener Auszug aus seinem Kommentar zu den Gebeten unter dem Titel *Sodot ha-Tefilla* (Mysterien des Gebets), in welchem er mit Hilfe der Zählung der Wörter und Buchstaben der Gebete Übereinstimmungen mit den biblischen Texten findet. Außerdem ist ein ethisches Testament des R. Jehuda he-Hasid[141] sowie ein handschriftliches *Sche'elot u-Teschuvot be-'Injene ha-Teschuva* (Responsen zur Buße) überliefert. Des Weiteren liegen drei kleine Schriften der Gattung »Sifrut ha-Jichud« (Schriften von der Einheit Gottes) vor, so der *Perusch 'al ›'Alenu le-schabbeach‹ (Auslegung zu ›Wir müssen preisen‹)* und zwei Mal *Sod ha-Jichud* (Mysterium der Einheit).[142] Von Jehudas Sohn Mosche wurde posthum ein kurzer Kommentar zu den Wochenabschnitten der Bibel, *Perusch kazar 'al Parschijot ha-Tora* zusammengestellt.[143] Im Jahr 2005 erschien außerdem in Jerusalem ein zweibändiges *Sefer Gematriot,*[144] in dem mittels von Zahlanalogien biblische und andere

139 Diese Zitate aus dem *Sefer ha-Kavod* finden sich im Sefer Hasidim, in dem hasidisch-aschkenasischen Kommentar zu den Poesien des Gebetsbuches *'Arugat ha-Bosem* von dem 'El'asar-Schüler 'Avraham Ben R. 'Asriel (ed. E.E. Urbach, Jerusalem 1935-1963) und in dem antihasidischen, wie antiphilosophischen *Sefer Ktav Tammim* des Mosche Taku (Tachau, um 1232), ed. in 'Ozar nechmad 3, Wien 1860, S. 65ff; als Fasksimileausgabe einer Pariser Handschrift des Ben-Zion Di-Nur Institutes: Kuntrasim – Mekorot u-Mechkarim 61, Jerusalem 1984, Einleitung von J. Dan), außerdem gibt A. Freimann eine Sammlung von Zitaten aus zwei weiteren Sammlungen in der Einleitung seiner Ausgabe des *Sefer Hasidim* (hebr.), Frankfurt a. M. 1924, S. 49-56.

140 Die im Folgenden genannten Handschriften sind bei J. Dan, Torat ha-Sod, S. 265f aufgeführt.

141 Zewa'at R. Jehuda he-Hasid, Krakau 1891; im Sefer Hasidim, Ausgabe R. Margaliot, Jerusalem 1956, S. 11-34.

142 S. J. Kamelhar (Hrsg.), Sod ha-Jichud, in: Sode Rasajja le-R. 'El'asar mi Worms, Bilgorai 1936, S. 1-2; J. Dan, »Sifrut ha-Jichud« schel Haside 'Aschkenas, in: Kirjat Sefer 41 (1966), S. 533-544 (dort S. 539-541).

143 Eine weitere handschriftliche Sammlung mit 12 Texten liegt in zwei Oxforder Handschriften vor, von denen Teile nun veröffentlicht vorliegen. Vgl. J. Dan, Hasidut 'Aschkenas be-Toldot, S. 138; u. ders. Torat ha-Sod, S. 58; vgl. ferner H. Liss, El'azar Ben Yehuda von Worms: Hilkhot ha-Kavod. Die Lehrsätze von der Herrlichkeit Gottes, Tübingen 1997, S.205. Sie nennt die Titel zweier Handschriften: Sefer Mal'akhim u. Sefer ha-Kavod; vgl. auch J. Dan, Tekstim be-Torat ha-Sod schel Haside 'Aschkenas, Jerusalem 1977.

144 Sefer Gematriot, ed. Ja'akov Jisra'el Stal. Jerusalem 2005. Das Buch ist die Sammlung eines anonymen Redaktors, der die Texte als Tradition von Jehuda ausgibt, vgl. dazu S. 12 und die Überschrift des Manuskripts S. א; dasselbe ed. D. Abrams, J. Ta-Schma', in: Sources and Studies in the Literature of Jewish Mysticism 6 (1998), Culver City.

Texte der Tradition gedeutet werden. Dazu gehört zum Beispiel die biblische Stelle, an welcher die Unversehrtheit des Menschen mit dessen Ebenbildlichkeit begründet wird:

> » ›Denn *im Ebenbilde* (be-Zelem) Gottes‹ (Gen 9, 6), das hat den Zahlwert (Gematria) von *Abraham* [nämlich 248]; ›machte er den Menschen‹. Das heißt im Verdienst Abrahams machte er die Welt. Und so erscheint es, als ob Abraham den Menschen gemacht hat. [Darum heißt es auch Gen 12,5]: ›Und die Nefesch (Menschen), die sie [Abraham und die Seinen] in Haran gemacht hatten‹.«[145]

Die Gematria ist hier die hermeneutische Technik, um neue Sinnschichten der Tora aufzudecken, wobei das Ergebnis in der Theologie des Exegeten vorgegeben ist, während die hermeneutische Technik die Theologie mit dem auszulegenden Text verbindet.[146] Diese Verbindung zwischen dem alten Text und der neuen Theologie herzustellen ist es, was diese und die anderen hermeneutischen Techniken in den Schriften der *Haside Aschkenas* vor allem leisten sollen. Hierher gehört auch das, was J. Dan als das hasidische Denken in »Haken und Ösen«[147] nannte. Mit diesen Begriffen, die aus dem Bau des Wüstenheiligtums stammen, hatte schon der Talmud[148] eine Entsprechung von Zeltheiligtum und Kosmos konstruiert. Im Denken von Jehuda he-Hasid dient das Begriffspaar für eine umfassende Entsprechungslehre von Gebetstext, Bibeltext, Weltgeschichte, Geschichte Israels, den kosmologischen Weltgesetzen und den Tagen des Jahres. Diese Entsprechungen stellen sich, gemäß dem Vorgang im *Sefer Jezira*,[149] als numerische Analogien dar. Das heißt die Anzahl von Worten im Text, von Gottesnamen, deren Abstand voneinander und dergleichen arithmetischen Verhältnisse bestehen in all den genannten Bereichen. Diese ontologischen Entsprechungen verbieten es nach der Auffassung von Jehuda, den Text der Gebete zu verändern.[150]

Der fruchtbarste Autor aller aschkenasischen Hasidim ist der Kalonymide 'El'asar aus Worms. Dem Bereich der Halacha gehört sein *Sefer ha-Rokeach ha-*

145 Sefer Gematriot, ed. Stal, I, S. 16.

146 Vgl. K.E. Grözinger, Jüdische Schriftauslegung, in: SchriftSinne. Exegese, Interpretation, Dekonstruktion, ed. P. Chiarini u. H.D. Zimmermann, Berlin 1994, S. 11-36.

147 Nach Ex 26, 4f, 10f etc. Es handelt sich dabei um Haken und Ösen, mit denen die Teppiche des Zeltheiligtums in der Wüste zusammengehalten wurden. Vgl. dazu auch das von Jehuda verfasste Kuntras ›Secher 'asa le-Nifle'otaw‹ le-Rabbi Jehuda he-Hasid, in: Kobez 'al Jad 12 (1994) S. 123-146, ed. J. Ta-Schma'.

148 bSchab 99a.

149 Vgl. O. Kap. Sefer Jezira 2.2.1.

150 Vgl. J. Dan, Torat ha-Sod, S. 76-79.

gadol, (Das große Buch des Apothekers) an,[151] dem jedoch ein Kapitel *Hilchot Hasidut* (Regeln der Frömmigkeit) vorangestellt ist, das außerdem einen Traktat zur Einheit Gottes (*Schoresch Keduschat ha-Jichud u-Schmo u-Merkava we-Sodotaw*)[152] enthält, denen noch ein Kapitel *Hilchot Teschuva* (Regeln der Umkehr/Buße) folgt, die allesamt der esoterischen Theologie zuzurechnen sind. Neben den zahlreichen weiteren Schriften ist vor allem das Hauptwerk *Sode Rasajja* (Die Geheimnisse der Mysterien) zu nennen, das aus fünf Büchern besteht: *Sod Ma'ase Bereschit* (Das Geheimnis der Schöpfung), *Sod ha-Merkava* (Das Geheimnis des göttlichen Thronwagens), *Sefer ha-Schem* (Das Buch des Namens), *Sefer Hochmat ha-Nefesch* (Das Buch der Weisheit der Seele) sowie aus dem *Perusch le-Sefer Jezira* (Kommentar zum *Sefer Jezira*).[153]

2. Der geistige Ort – zwischen Philosophie und antiker Onomatologie

Die Theologie der aschkenasischen Hasidim ist paradigmatisch für die gesamte in diesem Band zu beschreibende esoterische jüdische Theologie des Mittelalters. Sie steht im Spannungsfeld zwischen der neuen mittelalterlichen Philoso-

151 Sefer ha-Rokeach, Jerusalem 1967.

152 Der Titel lautet in der Übersetzung: Die Wurzel der Heiligkeit der göttlichen Einheit und ihres Namens, des Thronwagens und seiner Mysterien.

153 Gedruckt liegen vor: Midrasch Schmone 'Esre, ed. M. Hirschler, in: Sinai 74 (1974), S. 193-22; Perusch ha-Hallel, ed. Hirschler, in: Sinai 72 (1973), S. 228-247; Perusch 'al Sefer Jezira, Przemysl 1883 (und wieder in dem unten zu nennenden Sode Rasajja); Perusch ha-Rokeach 'al ha-Tora, ed. H. Konjevski, Bne Brak 1980 (3 Bde.); Sefer ha-Hochma, ed. J. Dan, in: Zion 29 (1964), S. 168-181; Sefer Hochmat ha-Nefesch, Safed 1883 (Neudruck Jerusalem 1967/68) (u. wieder im unt. zu nennenden Sode Rasajja); Scha'are ha-Sod ha-Jichud we-ha-'Emuna, ed. J. Dan, in: Temirin 1 (1972), S. 141-156; dass. ed. A. Jellinek, in: Kochve Jizchak 27 (1867), S. 7-15; Sefer Sode Rasajja ed. I. Kamelhar (enthält nur den Teil Sod ha-Merkava); Sode Rasajja, ed. S. Weiss, Jerusalem 1988; Sode Rasajja, ed. A. Eisenbach, Jerusalem 2004 (enthält Sod Ma'ase Bereschit, Sod ha-Merkava, Sefer ha-Schem); Sode Rasajja ha-Schalem, nach der Ausgabe von Zwi 'Elimelech von Dinov, ed. A. Barsani und Sohn) enthält: Sefer 'Alfa Beta (=Ma'ase Bereschit), Sod ha-Merkava (ohne diesen Obertitel), Sefer ha-Heschek (Auslegung zu den 70 Namen Metatrons, möglicherweise von 'El'asar, vgl. Dan Torat ha-Sod, S. 220), außerdem Perusch le-Sefer Jezira und Sefer Hochmat ha-Nefesch; der Teil Sod Ma'ase Bereschit befindet sich auch in Sefer Rasi'el, Amsterdam 1701, S. 7a ff; Die Hilchot ha-Kisse, bei S. Musajov, Sefer Merkava schlema, Jerusalem (Neudruck 1971), S. 22-29b; die Hilchot ha-Kavod sind ediert und ins deutsche übersetzt von H. Liss, El'azar Ben Yehuda von Worms: Hilkhot ha-Kavod. Die Lehrsätze von der Herrlichkeit Gottes, Tübingen 1997; Jichud, ed. J. Dan, in: Kirjat Sefer 41, 1965/66, S. 533-544. Weitere handschriftliche Werke bei Dan, Torat ha-Sod, S. 265f; Liss, Hilkhot ha-Kavod, S. 205.

phie und der überkommenen ehrwürdigen exoterischen und esoterischen Tradition. Nicht alle hier beschriebenen Autoren nennen die sie treibende Problematik beim Namen, sondern setzen sich mit ihr mehr oder weniger offen auseinander. Die hier genannten aschkenasischen »Theologen« bezeichnen hingegen die sie bewegenden Fragestellungen mit aller Deutlichkeit und nennen ohne Umschweife jene Autoren und Textgruppen, denen ihr Denken verpflichtet ist oder mit denen sie sich auseinanderzusetzen haben. Mehrfach wird darum in den aschkenasisch-hasidischen Texten das Hauptwerk jenes mittelalterlichen Philosophen zitiert,[154] der im ersten Band dieser Darstellung als der Inaugurator der mittelalterlichen theologischen Krise beschrieben wurde, nämlich Rav Sa'adja Ga'on (882-942).[155] Der neue philosophische Gottesbegriff Sa'adjas gab den cantus firmus der aschkenasischen Theologie vor. Im zweiten Kapitel seines philosophischen Hauptwerk *'Emunot we-De'ot* beschreibt Sa'adja eingehend die Körperlosigkeit Gottes und der daraus folgende Begriff von der Einheit Gottes, die besagt, dass Gott keinerlei Attribute besitzt und den zehn Kategorien der Körperlichkeit nicht unterworfen ist. Dieses zentrale Thema figuriert in der aschkenasisch hasidischen Literatur als der *Sod ha-Jichud* das »Mysterium von der Einheit« Gottes, das alle weiteren theologischen Topoi bestimmt, insbesondere die Frage, wie dieser unfassbare Gott mit den Menschen und seiner Welt kommunizieren könne. Der Terminus »Jichud« selbst stammt aus Sa'adjas zweitem Kapitel, das in der mittelalterlichen hebräischen Paraphrase von Sa'adjas Buch, die den Hasidim in 'Aschkenas vorgelegen hatte, den Titel »Scha'ar ha-Jichud« (Tor von der Einheit) trug.[156]

Der zweite Pol des hasidischen Denkens bildete die onomatologische und angelologische Tradition der antiken *Hechalot*-Literatur, die von den Hasidim eingehend gelesen, redigiert und für die Nachwelt tradiert wurde, so dass viele Texte dieser alten Tradition nur dank der *Haside 'Aschkenas* erhalten blieb.[157] Auf die Bedeutung gerade der onomatologischen Tradition im Denken der deutschen Hasidim war schon im ersten Band dieser Darstellung ausführlich eingegangen worden.[158] Ergänzt wurde die antike Onomatologie durch die alphabeto-

154 Vgl. z.B. Sode Rasajja ha-schalem, II, S. 210; ed. A. Eisenbach, II, S. 64; Perusch 'Alenu le-schabbeach, ed. J. Dan, Kirjat Sefer 41 (1965/6), S. 540.

155 Vgl. Bd. I, S. 362-400.

156 Vgl. J. Dan, in: Schir ha-Jichud 'im Perusch 'al Derech ha-Kabbala le-R. Jom-Tov Lipman Mühlhausen, Thingen 1560, ed. P. Tishby, Einführung. J. Dan, Jerusalem 1981, S. 16. Diese Paraphrase wurde teilweise veröffentlicht von R.C. Kiener, The Hebrew Paraphrase of Saadia Gaon's Kitab al-amanat wa'l-'I'tiqadat, Diss. Ann Arbor 1984; vgl. auch ders. The Hebrew Paraphrase of Sa'adiah Gaon's *Kitab al-Amanat wa'l-I'tiqadat*, in: AJS Review 11 (1986), S. 1-26.

157 Vgl. J. Dan, Torat ha-Sod, S. 24-28.

158 Vgl. S. 341-354, insbesondere S. 348-354.

logische Kosmologie des *Sefer Jezira* das in den Texten der *Haside 'Aschkenas* gleichfalls auf Schritt und Tritt präsent ist und kommentiert wird. Diese beiden sich grundlegend widersprechenden Traditionen, Philosophie und Onomatologie, wurden im Denken der aschkenasischen Esoterik miteinander verbunden, wenn auch nicht zu einem wirklich denkerischen Ausgleich gebracht.

3. Gott

3.1. Die Einheit Gottes – *Sod ha-Jichud*

Aus Sa'adjas Philosophie war für die Denker der *Hasidut 'Aschkenas* vor allem deren Herzstück, die Unkörperlichkeit Gottes von zentraler Bedeutung. Einem langen Zitat aus der genannten Paraphrase von Sa'adjas philosophischem Hauptwerk stellt darum 'Ela'asar in seinem *Sode Rasajja* die programmatischen Worte voran: »Alle seine Geschöpfe sind mit dem Schöpfer nicht zu vergleichen. Er hat keinerlei Attribute, er hat keinen Körper und keine Glieder noch Grenze noch Umfang«.[159] Diese zentrale und vielmals wiederholte Aussage steht auch im Mittelpunkt des in die synagogale Liturgie eingegangenen[160] *Schir ha-Jichud*, dem Lied von der Einheit, das traditionell Jehuda he-Hasid zugeschrieben wird, wohl aber von einem älteren hasidischen Autor aus der zweiten Hälfte des 12. Jahrhunderts stammt.[161] In ihm werden die wesentlichen Gedanken Sa'adjas zur Gotteslehre wiedergegeben, auch deren Konsequenzen, die Sa'adja zum Teil selbst in seinem Kommentar zum *Sefer Jezira* zog,[162] in seinem späteren Hauptwerk allerdings nicht erörtert hatte, nämlich die Unendlichkeit Gottes, seine Allpräsenz in allem Geschaffenen sowie seine Allmacht und Unveränderlichkeit vor und nach der Schöpfung:

> »Der Du alles umgibst[163] und alles erfüllst; und seit alles existiert, bist Du in allem, keiner ist über Dir und keiner unter Dir, keiner außerhalb Deiner und keiner zwischen Dir, Deine Einheit hat weder Vorne noch Hinten, keinen Körper hat das Wesen deiner Einheit, kein Mittleres ist von Dir getrennt und nicht der kleinste Ort von Dir entleert. [...] Akzidenz und Änderung kennst Du nicht und doch bereitest Du sie alle zu jeder Zeit und jeder Stunde, Du

159 Sode Rasajja ha-Schalem, II, Hilchot 'Emuna, S. 210.

160 Vgl. I.Elbogen, Der jüdische Gottesdienst in seiner geschichtlichen Entwicklung, Hildesheim 1967, S. 81.

161 Vgl. Schir ha-Jichud 'im Perusch 'al Derech ha-Kabbala le-R. Jom-Tov Lipman Mühlhausen, Thingen 1560, ed. P. Tishby, Einführung. J. Dan, Jerusalem 1981, S. 8.

162 Vgl. Bd. I, S. 385 u. J. Dan, Torat ha-Sod, S. 171f.

163 Zu dieser Lesart vgl. J. Dan, Torat ha-Sod, S. 15.

stellst sie auf und Du veränderst sie, doch kein Erkennen kann Dich erfassen und es ist kein Verstand, der Dich erreicht. [...] Es gibt nichts außer Deinem Sein, der Du lebst und allmächtig bist, und außer Dir ist keiner. Vor allem warst Du da, und als es ins Dasein trat, war es von Dir erfüllt. Deine Geschöpfe bedrängen dich nicht noch beugen sie Dich, noch fügen Sie dir Verringerung bei. [...] Denn Du bist, und dein Sein ist in allem, Dein ist alles und von Dir ist alles.«[164]

Die hier aufgezählten Themen von der Unbegrenztheit und Allimmanenz Gottes kehren in konzentrierter Form in einer ganzen Reihe von Traktaten wieder, die J. Dan unter dem Titel »Sifrut ha-Jichud« (*Jichud*-Literatur) zusammenfasste. Dans Auffassung zufolge waren sie, wie auch der *Schir ha-Jichud* für die breitere Öffentlichkeit bestimmt, um dem Volk einen geläuterten Gottesbegriff nahe zubringen.[165] So sagt es 'El'asar ausdrücklich in der Einleitung seines für die Allge- meinheit bestimmten Halacha-Werkes *Sefer ha-Rokeach*:

»Jeder von weisem Herzen muss für sein Erkennen wenigstens ein wenig über die wahre Einheit unseres Gottes wissen: Die Einheit Gottes (des Namens) und das Mysterium des Schöpfers kann man nicht erforschen, um zu erkennen, was sie ist. Denn noch nie hat ihn irgendein Lebewesen gesehen, kein Engel und kein Saraf (Feuerengel) und kein Prophet, denn alles ist erschaffen, er aber hat alles erschaffen [...]. Er ist einer, der keinen seinesgleichen hat, darum kann man ihn mit nichts vergleichen, denn alles Sichtbare hat Grenze und Ende. Der Schöpfer aber hat kein Ende, weder oben noch unten noch in den vier Himmelsrichtungen, nicht Anfang noch Ende, weder in seiner Weisheit noch in seiner Macht.«[166]

Auffällig ist allerdings in diesen Traktaten, wie in den zuvor angeführten Strophen aus dem *Schir ha-Jichud*, dass in ihnen, trotz der philosophischen Restriktionen, von Gott in ganz unbefangener Weise als »Schöpfer« geredet wird, als könnte diese Aussage nicht von den philosophischen Begrenzungen betroffen sein. In dieser widersprüchlichen Redeweise von Gott folgen die Hasidim allerdings Sa'adja selbst, der Gott gleichermaßen jegliches Tun abspricht und doch vom Schöpfer redet. Es ist diese Unschärfe, die Sa'adja noch als Philosophen des Übergangs erscheinen ließ, der vor allem an einer reinen und abstrakten Gottes-

164 Schir ha-Jichud, S. 15-17; u. vgl. J. Dan, Torat ha-Sod, S. 174f.

165 Vgl. J. Dan, »Sifrut ha-Jichud« schel Haside Aschkenas, Kirjat Sefer XLI (1966), S. 533-544; und 'El'asar aus Worms, Sefer ha-Rokeach, Schoresch Keduschat ha-Jichud, Jerusalem 1967, S. 18-19.

166 Sefer ha-Rokeach, S. 19.

vorstellung interessiert war und nicht alle daraus sich ergebenden Probleme für die traditionelle Redeweise vom Schöpfer wirklich in Angriff genommen hat.

Die Hasidim in Aschkenas sind ihrerseits nicht an allen Problemen interessiert, die sich aus der »Einheit« Gottes ergeben. Die Frage der Schöpfung, oder besser der Weltentstehung, welche für die Sa'adja folgenden Philosophen von zentraler Bedeutung war, und von ihnen mit Hilfe der Lehre von den Mittelursachen erklärt wurde, die aus Gott, der ersten Ursache, hervorgehen oder aus ihm emanieren,[167] stellt für die *Haside 'Aschkenas* nicht das eigentliche Problem dar. Dafür verweist 'El'asar nach den soeben zitierten Aussagen über Gott auf den Erzvater Abraham, der sich die Frage nach dem Schöpfungsvorgang gestellt habe. Das Resultat der Forschungen Abrahams war, so 'El'asar, der *Sefer Jezira* (Buch der Schöpfung), in dem beschrieben wird, wie Gott mit Hilfe der Buchstaben des hebräischen Alphabets die Welt erschaffen hat. Außerdem zitiert er den alten rabbinischen Midrasch mit den Worten »Du bist groß und tust Wunder (*Nifla'ot*), du bist Gott und erschufest die Welt [...] ohne Mühe und ohne Anstrengung, denn ›durch das Wort des Herrn wurden die Himmel gemacht‹ (Ps 33,6).«[168] Entsprechend traditionell sind dann 'El'asars Erörterungen zur Schöpfung, welche im Teil *Ma'ase Bereschit* seines *Sode Rasajja* vorgetragen werden.

Das eigentliche Problem bestand für die *Haside 'Aschkenas* darin, wie dieser unsichtbare Gott mit den Menschen kommunizieren kann, und was es zu bedeuten hat, dass die biblischen Bücher von sichtbaren Gotteserscheinungen sprechen. Hinzu kommt die zweite Frage, weshalb in der Bibel zuweilen der Himmel oder auch der Tempel als der Zielort der Gebete genannt wird, wo doch Gott ohnehin alle Welt erfüllt, mithin eine spezifische Gebetsrichtung nicht erforderlich sei. Für diese beiden Fragen haben die Hasidim, wieder an Sa'adja angelehnt, eine Lösung gesucht und gefunden, nämlich, dass der Schöpfer für diese beiden Zwecke eigens eine sichtbare Gestalt hervorbrachte.[169]

Außer diesen von Gott erzeugten sichtbaren Erscheinungen seiner Glorie, oder Herrlichkeit (*Kavod*), bemühten sich die Hasidim, die Gegenwart und die Existenz der unsichtbaren Gottheit auch argumentativ zu beweisen. Für dieses Beweisverfahren beriefen sie sich auf die Worte des Psalms »Merkzeichen setzte er für seine Wunder« (Ps 111,6). Joseph Dan deutet dieses Verfahren dahingehend, dass die in dieser Welt sichtbaren übernatürlichen Wunder den Hasidim als Gottesbeweise galten. Dan deutet dies so, dass »der Schöpfer in seiner Huld in der Wirklichkeit Wunder (*Nifla'ot*) und Dinge einpflanzte, die nicht dem Gang der Natur entsprechen, und die nicht gemäß den natürlichen Abläufen verdeutlicht und verstanden werden können, damit seine Hasidim etwas über ihn, das

167 Vgl. Bd. I, S. 451ff.491ff.507ff.534ff.

168 Sefer ha-Rokeach, S. 20.

169 Vgl. Bd. I, S. 386f.

heißt die wunderbare übernatürliche Macht des Schöpfers selbst lernen könnten. Denn auch er ist ja nicht gemäß den Naturgesetzen zu verstehen, sondern ist wunderbarer als sie.«[170] Demnach sei die Gottheit nicht am natürlichen Verlauf der Welt zu erkennen, sondern nur an den übernatürlichen Wundern. Dies, so Dan, sei auch der Grund, weshalb der *Sefer Hasidim* (Buch der Frommen) einen so großen Schatz an übernatürlichen und dämonologischen Wundern zusammengetragen habe.[171]

Diese Deutung Dans gibt allerdings zu Zweifeln Anlass, wenn man die von den hasidischen Autoren angeführten Beispiele solcher »Wunder« näher betrachtet. Auf die von Jehuda gestellte Frage, wie es denkbar sei, dass Gott alles auf einmal weiß, erforscht und erkennt, gibt er die Antwort:

> »Das Herz des Menschen denkt zwei Dinge auf ein Mal und sieht mit einem Blick mehrere Farben und tut dies beides nicht Schritt um Schritt nacheinander, um wieviel mehr sieht und prüft der Schöpfer alles. Da sieht man, *er setzte Merkzeichen für seine Wunder*.«[172]

Auf die weitergehende Frage »Und wenn du sagst, wie kann man denn glauben, dass es einen Gott auf der Welt gibt, wo ihn doch kein Auge sehen kann?« bringt Jehuda ebenda das Beispiel des Staubes in der Luft eines Zimmers, den man nicht sieht, bis zufällig die Sonne durchs Fenster scheint und durch den Lichtkegel der Staub sichtbar wird, oder den Hauch des Mundes, den man in warmen Räumen nicht wahrnimmt, hingegen draußen im Winter bei der Kälte. Ein weiteres Beispiel ist der Geruchsinn des Hundes, der die Fährte des Wildes aufnimmt, obwohl man auf dem Boden keinen Fußabdruck sieht. Der Sinn all dieser Beispiele ist es, zu beweisen, dass es Dinge gibt, die man nicht sieht, aber die dennoch existieren. Meines Erachtens sollte man diese Dinge nicht als Wunder definieren, sondern dies sind Dinge der Erfahrungswirklichkeit, welche zeigen, dass es tatsächlich Dinge gibt, die man dennoch nicht sieht, gerade so wie Gott. Zu solchen existierenden, aber nicht sichtbaren Dingen zählen nach Auffassung der mittelalterlichen Juden auch die Dämonen, deren Wahrnehmung und Auftreten

170 J. Dan, Torat ha-Sod, S. 88.

171 Vgl. J. Dan, Torat ha-Sod, S. 194f. u. 184-202; u. vgl. ders., Rabbi Judah the Pious and Caesarius of Heisterbach. Common Motifs in their Stories, Studies in Agadah and Folk Literature, ed. J. Heinemann u. D. Noy, Scripta Hierosolymitana XXII, Jerusalem 1971; J. Dan, Ha-Sippur ha-'ivri bi-Jeme ha-benajjim, Jerusalem 1974, S. 162, 187; E. Yassif, The Hebrew Folktale: History, Genre, Meaning, Bloomington, Indianapolis 1999; ders., Ka-Margalit ba-Mischbezet. Kobez ha-Sippurim ha-'ivri bi-Jeme ha-benajjim, Tel Aviv 2004; ders., The Exemplary Story in Sefer Hasidim, in: Tarbiz 57,2 (1988), S. 217-255.

172 Sod ha-Jichud, Sode Rasajja ha-schalem, S. 155.

darum gleichfalls zu den Beweisen dafür gehören, dass es unsichtbare Mächte gibt. Selbst für diese extremen Beispiele, von denen der *Sefer Hasidim* viele gesammelt hat,[173] darf mithin dasselbe gelten: Auch die Dämonen sind für die mittelalterlichen Autoren nicht etwas »Übernatürliches«, sondern allenfalls als etwas Außergewöhnliches, an dessen Existenz nicht zu zweifeln ist, und darum als Beispiel für die Existenz des unsichtbaren Gottes dienen kann. Der Satz von den Merkzeichen für die Wunder Gottes bedeutet demnach dies, dass es in der Erfahrungswirklichkeit Merkzeichen gibt, die auf Gottes verborgene Wunder, das heißt das Tun des verborgenen und unsichtbaren Schöpfers hinweisen.

3.2 Die Glorie oder Herrlichkeit Gottes – der *Kavod*

Mit der Lehre vom *Kavod* Gottes betritt man den genuin hasidisch-aschkenasischen Boden. Gerade in diesem Bereich betraten die eingangs genannten aschkenasischen Esoterikergruppen unterschiedliche Wege. Die Lehre vom *Kavod*, in seinen unterschiedlichen Ausprägungen, mit deren Hilfe die beiden oben genannten Fragen nach der visuellen Kommunikation des göttlichen Bereichs mit den Menschen und der Richtung des menschlichen Gebets beantwortet werden sollen, fügt sich phänomenologisch zunächst lückenlos in das gesamte mittelalterliche spekulative Denken der Philosophen, wie auch der Esoteriker ein. Diesen Auffassungen zufolge wird die ontologische Kluft zwischen dem Göttlichen einerseits und dem Irdischen und Menschlichen andererseits durch Mittelinstanzen überbrückt.[174] Trotz dieser Nähe zur Philosophie und Kabbala haben die Haside 'Aschkenas dennoch eine ihnen völlig eigenständige Konzeption entwickelt, die sich weitgehend auf die beiden genannten Fragen beschränkt, und nicht eine umfassende Neuinterpretation der gesamten Theologie, Anthropologie und Kosmologie entwickelte, wie dies die Kabbalisten taten. Man rechnet die Haside 'Aschkenas darum nicht eigentlich zur Kabbala, sondern betrachtet sie als Vertreter einer eigenständigen esoterischen Theologie innerhalb des aschkenasischen Raumes.

Das Entscheidende an der Lehre vom Kavod besteht darin, dass dies den Haside Aschkenas zufolge ein Wesen ist, das vom Schöpfer eigens zu dem Zwecke erzeugt wurde, um den Menschen etwas zu zeigen.[175] So sagt 'El'asar in seinen *Hilchot ha-Kavod*: »Siehe, der Jichud (die Einheit Gottes) hat kein Ende, er ist

173 Schon M. Güdemann hat in seiner Geschichte des Erziehungswesens und der Cultur der Juden in Frankreich und Deutschland, Wien 1880, S. 199-227, eine Zusammenstellung des Materials. Vgl. auch J. Trachtenberg, Jewish Magic and Superstition, New York 1974.

174 Zu den entsprechenden philosophischen Konzeptionen vgl. Bd. I, S. 386f.451ff.491ff. 507ff. 534ff.

175 Vgl. z.B. 'Ela'asars Jichud, in Kirjat Sefer 41 (1965/6), S. 542.

alles. Und wäre in der Hand der Propheten nicht etwas Vorstellbares, indem Er ihnen etwas wie einen auf einem Thron sitzenden König zeigt, wüssten sie nicht, zu wem sie beten sollten.«[176] Der Ausgangspunkt für diese Vorstellung einer eigens geschaffenen Offenbarungsgestalt ist wiederum bei Sa'adja Ga'on zu suchen, der den biblischen Offenbarungsterminus *Kavod* (Herrlichkeit) als ein von Gott *ad hoc* erschaffenes Wesen zum Zwecke der Mitteilung an den Menschen deutete und dieses Wesen zugleich mit dem rabbinischen Offenbarungsbegriff der *Schechina* identifizierte.[177] Allerdings haben sich die *Haside 'Aschkenas* in einem wesentlichen Punkt von Sa'adja distanziert, nämlich von dessen Auffassung, dass dieser Kavod nur ein geschaffenes Wesen und somit nicht eigentlich göttlich sei.

In einem Kommentar zu dem die tägliche Liturgie abschließenden *'Alenu*-Gebet distanziert sich R. Jehuda he-Hasid deshalb nachdrücklich von Sa'adjas kreationistischer Position. In den Eröffnungszeilen dieses Gebets heißt es unter anderem: »Und wir knien und werfen uns nieder und danken vor dem König, der über den Königen der Könige, dem Heiligen, Er sei gesegnet, der den Himmel ausspannte und die Erde gründete, dessen herrlicher Thron droben im Himmel und dessen mächtige Schechina in den Himmelshöhen ist. Er ist unser Gott, es gibt keinen anderen!« Dazu erklärt Jehuda: »Wenn es nach Rav Sa'adja Ga'on ginge, der sagte, dass dies ein erschaffener Kavod ist, dann können wir über ein solches Geschöpf ja nicht sagen ›er ist unser Gott‹!«[178] Mit diesen Worten macht Jehuda deutlich, dass der Mensch in seinem Gebet den *Kavod* anspricht und sich an ihn wendet, weil er ihn für Göttlich, »unseren Gott« hält. Für Sa'adja war der *Kavod* dagegen nur ein vorübergehend von Gott geschaffenes Vehikel, um den Propheten etwas zu zeigen. Für Jehuda ist der *Kavod* mehr, er stellt das Ziel der menschlichen Gebete dar und vertritt somit den unendlichen Gott in der Kommunikation mit dem Menschen. Der *Kavod* wird damit als die den Menschen zugewandte Seite der Gottheit präsentiert[179], die durch ihre Begrenztheit den menschlichen Sinnen erfahrbar wird. Diese sichtbare Seite der Gottheit, die der Menschenwelt zugewandt ist, haftet am unendlichen Schöpfer und ist mit ihm verbunden. Demnach hat auch der *Kavod* selbst eine Vorder- und eine Rückseite. Die Rückseite, mit welcher der *Kavod* am Schöpfer haftet, weil er an dieser Stelle aus dem Schöpfer emaniert,[180] ist dem Menschen nicht zugänglich, die andere,

176 Sode Rasajja ha-schalem, S. 187; H. Liss, Hilkhot ha-Kavod, § 15, S. 37f. 13*f.

177 Vgl. Bd I, S. 386f; zur Schechina ebda. S. 253-257.

178 Perusch 'Alenu le-schabbeach, ed. J. Dan, Kirjat Sefer 41 (1965/6), S. 540.

179 Wie die Propheten so sind auch die Engel auf den himmlischen *Kavod* als Kommunikationspartner verwiesen, Perusch 'Alenu le-schabbeach, Kirjat Sefer 41 (1965/6), S. 541

180 Dieser Begriff des Haftens, *davak,* bedeutet in Jehudas Sprache soviel wie Emanation. So lässt Jehuda in einem fingierten Dialog dreier Gelehrter vor einem arabischen König den einen sa-

ihm zugewandte Seite hingegen kann er sehen.[181] Diese den Menschen, das heißt vor allem den Propheten, zugewandte Seite erscheint in wechselnder Gestalt, je nach dem Bedürfnis der Botschaft, die dem Propheten zu vermitteln ist. Der König Salomo sah den *Kavod* rabenschwarz, »wie einen jungen Mann im Meer«, Daniel als einen Hochbetagten,[182] mal zeigt er ein huldvolles Gesicht[183] und dergleichen mehr.

Der *Kavod* Gottes vertritt den Lokalbezug der Gottheit, während der unendliche Schöpfer allgegenwärtig ist und in allem weilt. Darum ist der *Kavod* nicht nur die Offenbarungsseite der Gottheit, sondern auch der Ort, an den sich das menschliche Gebet, zum Beispiel zum Himmel hin, richten soll, denn »der Schöpfer ist in allem da, wie dies sein Name JHWH bezeugt. Er ist mit allem Existierenden und er ist nicht allen Augen sichtbar. Aber sein Kavod ist ›ein großer und furchterregender Gott‹ (Dtn 7,21) und er wird JH genannt. [...] Und wenn sie [die Existierenden] würdig sind, zeigt er durch seinen Kavod etwas wie die Erscheinung eines Gesichtes.«[184]

Eine deutlich andere Entwicklung hat die aschkenasische *Kavod*-Spekulation in dem von J. Dan »Unique Cherub Circle« (Kreis des ›speziellen Keruv‹) genannten Gelehrtenkreis genommen. Hier ist der *Kavod* gleichfalls eine Emanation aus der Gottheit. Im Gegensatz zur bislang beschriebenen Auffassung bleibt sie allerdings absolut verborgen und unerkennbar.[185] Die Stelle der Offenbarung nimmt nun eine weitere Emanationsstufe ein, die als *Keruv ha-mejuchad,* der »spezielle Keruv«, bezeichnet wird. Hinzu tritt eine weitere Vervielfachung

gen: »In Wahrheit wissen wir dank unseres Verstandes, dass es einen Schöpfer gibt, der kein Ende und kein Maß hat. Aber der *Kavod* hat ein Ende und er haftet am Schöpfer. Und an den Ort dieses Haftens vermag kein Geschöpf zu blicken [...], denn das Gesicht [der Ort diese Haftens] ist zum Wesen hingewandt.«, MS Oxford 1567, nach J. Dan, Torat ha-Sod, S. 133f. Diese Bedeutung des Begriffes *davak* bei Jehuda ist wichtig zu beachten, denn in seinem Sod ha-Jichud [Kirjat Sefer 41 (1965/6)]), S. 539f verwendet Jehuda für die Erzeugung des *Kavod* den Begriff »schuf« (*bara*), der aber schon bei den neoplatonischen jüdischen Philosophen des Mittelalters die Bedeutung von Emanation angenommen hatte. Vgl. dazu Bd. I, S. 494f.508.

181 Vgl. J. Dan, Torat ha-Sod, S. 129-143.

182 Nach Dan 7,9.

183 Nach Canticum 5,11, bHagiga 14a, vgl. H. Liss, Hilkhot ha-Kavod, § 38, S. 57. §39, S. 59; § 58, S. 85.

184 H. Liss, Hilchot ha-Kavod, § 60, S. 88, 60*; Perusch 'Alenu le-schabbeach, Kirjat Sefer 41, S. 541: Der Kavod ist der Ort, an dem es Gott gefällt, dem Beter seine Bitten zu erfüllen. Insgesamt scheint indessen der Schüler Jehudas, 'El'asar aus Worms, in der Frage der Gebetsrichtung etwas zurückhaltender zu formulieren, insofern das Denken des Menschen beim Gebet nicht auf den *Kavod*, sondern auf den Schöpfer selbst zu richten sei.; Vgl. J. Dan, Torat ha-Sod, S. 167.

185 Zu einer ähnlichen Position und deren Ableitung aus Sa'adjas Schriften vgl. u. Kabbala II.2.

insofern der *Kavod* eine Art Verdoppelung durch die *Keduscha*, »Heiligkeit«, und der Keruv durch die *Gedulla*, die »Größe« erhält.[186] Eine andere Liste zählt die folgenden Emanationsstufen der göttlichen Welt auf: »Lebendiger Gott«, »Geist des lebendigen Gottes«, »Schechina«, »Kavod«, und »Spezieller *Keruv*«.[187] Diese Denker entfalten mit diesen emanierten Kräften ein göttliches Pleroma,[188] das analog zum Pleroma von den zehn Sefirot bei den Kabbalisten zu sehen ist.

In diesem System ist es der »spezielle Keruv«, der auf dem göttlichen Thron im Himmel sitzt und den Menschen sichtbar werden kann, und der mit der riesigen Gestalt des *Schi'ur Koma*, das heißt der auf dem Gottesthron sitzenden Gestalt der frühe Hechalotmystiker identifiziert wird.[189]

Im *Sefer ha-Hajjim* schließlich wird der *Kavod* aus der Offenbarungsthematik entnommen und der Immanenzthematik eingefügt. Der Autor des *Sefer ha-Hajjim* glaubt nämlich nicht, dass die Propheten, auch nicht Moses, je etwas gesehen hätten außer in Träumen.[190] Der *Kavod* ist diesem Denker vielmehr der Modus, mit dem die Gottheit in der gesamten Welt präsent ist:

> »Es gibt keinen Zweifel, dass die Herrlichkeit (*Kavod*) des ehrwürdigen Namens an jedem Ort ist und die ganze Welt oben und unten, voll ist von seiner Herrlichkeit. [...] Und man muss nicht sagen: [nur] die obere Welt sei voll von seiner Herrlichkeit, da diese dort mehr zu sehen ist, tausendmal mehr als unten. [...] Diese Herrlichkeit ist das Licht des ehrwürdigen Namens [...]. Doch es ist vor den Augen aller Lebenden verborgen in der sublunaren Welt. [...] Der Ort der Einheit (*Jichud*) seiner Herrlichkeit ist vor allen verborgen, sogar vor den Dienstengeln, [...] aber sie bewirkt alles, und bewegt alle Lebewesen.«[191]

Allerdings, so sagt der Autor, kann das Licht des *Kavod*, das an nichts in der Welt haftet, das heißt mit nichts eins wird, durch den Willen des Schöpfers sich gelegentlich an alle möglichen Geschöpfe dieser Welt, Berge, Bäume, Gräser, Fische und dergleichen heften und so sichtbar werden. Dies ist allerdings, im

186 Vgl. J. Dan, The »Unique Cherub« Circle. A School of Mystics and Esoterics in Meieval Germany, Tübingen 1999, S. 52-58; ders., Torat ha-Sod, S. 156-164.

187 Vgl. J. Dan, Torat ha-Sod, S. 161. Zuweilen werden diese fünf Stufen auch als Schöpfer, *Schechina*, *Kavod*, Thron der Herrlichkeit und *Keruv* aufgelistet, vgl. Dan, The »Unique Cherub« Circle, S. 67f.

188 Unter dem Pleroma wird hier die Fülle der göttlichen Welt verstanden.

189 Vgl. Bd. I, S. 335ff.

190 Vgl. Das Buch des Lebens, ed. G. Necker § 7, S. 7*, J. Dan, Torat ha-Sod, S. 149.

191 Buch des Lebens, ed. G. Necker, § 17, S. 106f, 13*.

Widerspruch zu der zuvor genannten anderen Aussage von der Unsichtbarkeit Gottes, auch als prophetische Vision oder als wunderbares Eingreifen Gottes in den Weltverlauf möglich. Der *Kavod* hat hier also nicht einen festen himmlischen Ort, sondern ist allgegenwärtig und ist da, wo Gott es will, unter vielerlei Gestalten, wahrnehmbar, von denen das Wunder und die prophetische Erscheinung offenbar nur eine unter anderen Möglichkeiten ist. Der *Kavod* vertritt im *Sefer ha-Hajjim* auch die neoplatonische Emanationshierarchie, nach der die Emanationsintensität nach unten hin abnimmt. In diesem Sinne spricht der Autor des *Sefer ha-Hajjim* in Analogie zu den sechs Tagen der Schöpfung auch von sechs Stufen des *Kavod*.[192]

4. Schöpfung von Welt und Mensch

So klar das Profil der hasidischen Theologie hinsichtlich der Unendlichkeit und Allimmanenz der Gottheit sowie der *Kavod*-Vorstellungen ist, so unscharf bleibt das Bild hinsichtlich der Schöpfung. In diesem Bereich findet sich ein Nebeneinander von neoplatonischen Emanationsvorstellungen, alten Bildern des Midrasch und onomatologischen Kosmologien. So beschreibt zum Beispiel Jehuda he-Hasid in seinem *Sod ha-Jichud* eine Emanation aller intelligiblen Geister, inklusive der menschlichen Seele, aus dem vor den übrigen Emanationen aus dem Schöpfer emanierten *Kavod*. Er verwendet dafür das Bild der Kerzen, von denen jede die ihr nachfolgende entzündet, woraus sich sogleich eine abgestufte Lichthierarchie ergibt:

> »Und jenes Licht [des Kavod] strahlt und leuchtet über alle Maßen [...] und von diesem Licht wurden alle Kerzen (Lichter) entzündet, die Geister der Engel und die Geister aller Gerechten und aller Frevler. [...] Und den Weisen ist es ja bekannt, dass das Licht keine Grenzen hat, das Licht jeder Lohe ist hinsichtlich des Wesens seines Lichtes und der Lohe schön, aber das Licht wird voranschreitend weniger, ausgehend von seinem anfänglichen Wesen bis zu seinem Ende. So gibt es furchterregende Engel über Geringeren; der ersteren Licht-Geist wurde nahe dem Wesen jenes ersten Lichtes entzündet, während das Licht der Geister jener Geringeren, ferner vom Wesen jenes ersten Lichtes entzündet wurde. Und so jeder einzelne Engel [...] und so auch die Seelen der Gerechten [...] und der Geringeren.«[193]

Die Geister der Menschen sind wie die obersten Engel aus der nächsten Nähe, das heißt aus dem Licht des *Kavod* selbst emaniert, darum sind sie wie diese

192 J. Dan, Torat ha-Sod, S. 149; Das Buch des Lebens, ed. G. Necker, §6, S. 6*.

193 Sod ha-Jichud, Kirjat Sefer 41 (1965/6), S. 539.

Engel »Ebenbild« Gottes. Der Gottesname „Elohim" verkörpert hier den *Kavod*. Diese hohen Engel verbergen sich nach Auffassung von Jehuda auch hinter dem Plural der Gottesrede »Lasset uns einen Menschen machen in unserem Ebenbilde« (Gen 1, 26). Sie sind es, die zusammen mit dem Licht des *Kavod* die Geister der Menschen entzündeten. In dieser Hinsicht ist der Mensch Ebenbild Gottes.[194] Das abweichende onomatologische Pendant der *imago*-Lehre von 'El'asar aus Worms wurde bereits im ersten Band dargestellt.[195]
'El'asar, von dem wir jene onomatologische Deutung der Gottebenbildlichkeit des Menschen besitzen, bietet in seinem *Sode Rasajja*, dessen kosmologischer Teil einen großen Reichtum an alten Midraschtraditionen aufweist, auch einen eindrücklichen onomatologischen Schöpfungstraktat:

> »Der Heilige, E.s.g., beriet sich mit seiner Tora, wie seine Welt zu schaffen sei. Die Tora war mit weißem auf schwarzen Feuer auf seinen Arm geschrieben. Die zweiundsiebzig Namen des Heiligen, E.s.g., waren auf seiner Rechten eingraviert, und er war einzig auf der Welt. Da wandte er sich hier hin und dort hin und sah, dass es keinen gab, der begehrte, die Welt zu erschaffen [...] Sogleich reckte er seine Hand aus, nahm einen Namen und zog drei Tropfen Wasser aus ihm hervor und die ganze Welt erfüllte sich mit Wasser und die *Schechina* seines *Kavod* schwebte über dem Wasser, wie es heißt:

194 'El'asar aus Worms stellt seine Lehre von der Seele in einem eigenen Traktat namens »Hochmat ha-Nefesch« (Weisheit/Lehre von der Seele) dar, der einen Teil von *Sode Rasajja* ausmacht. Trotz der Kenntnis der dreiteiligen mittelalterlichen Psychologie sind für ihn Begriffe wie Intellekt (*Da'at*), *Neschama*, *Ruach* und *Nefesch* praktisch synonym. Auch für ihn ist die Seele eine Emanation aus dem *Kavod*, zuweilen aus dem Heiligen Geist oder dem Thron der Herrlichkeit. Dahin wird sie dereinst zurückkehren und in einer hierarchischen Anordnung vor dem *Kavod* Platz nehmen. Eine weitere Besonderheit der aschkenasischen Anthropologie ist die Lehre von der *Demut* (Ähnlichkeitsgestalt), auch *Massal* (Glücksstern) oder Engel genannt. Dies ist eine Art himmlisches Spiegelbild des Menschen. Diese Gestalt, welche in der Kabbala als *Zelem* wiederkehren wird (s. Kap. Kabbala C.a.6.1.2), beschützt den Menschen als persönlicher Schutzengel und lässt während des irdischen Lebens seiner Seele das Licht des *Kavod* zufließen. In der oberen Gestalt ist das Schicksal des unteren Pendants schon vor dessen Geburt eingezeichnet. Von da her können die Engel und Propheten etwas über die Zukunft des Menschen erfahren. Dieses *Zelem* fungiert als der himmlische Stellvertreter des Menschen, vertritt ihn auch vor dem himmlischen Gericht, das auch seine künftige Eheschließung im Himmel vorwegnimmt. Als solches ist der *Zelem* aber auch der Angriffspunkt für den Zauber, welcher über die himmlische Gestalt auf den Menschen gelenkt wird. Vgl. dazu J. Dan, Torat ha-Sod, S. 224-229; G. Scholem, Zelem; die Vorstellung vom Astralleib, in: ders., Von der mystischen Gestalt der Gottheit, Frankfurt a. M. 1973, S. 249-271; H. Soloveitchik, Topics in the Hokhmat Ha-Nefesh, in: The Journal of Jewish Studies XVIII, 1-4 (1967), S. 65-78.

195 Vgl. Bd. I, S. 348-354.

›Und der Geist Gottes schwebte über dem Angesicht des Wassers‹ (Gen 1,2). Er teilte das Wasser in drei Teile, ein Drittel hing an seinem Wort, ein Drittel für die Quellen und ein Drittel im Meer.

Sodann nahm er einen zweiten Namen, brachte aus ihm drei Tropfen Licht hervor, teilte sie in drei Teile, einen in dieser Welt, einen für die kommende Welt, und einen für die Tage des Messias.

Dann nahm er einen dritten Namen, brachte aus ihm drei Tropfen Feuer hervor, teilte sie in drei, aus dem ersten wurden die Engel erschaffen, aus dem zweiten die heiligen Hajjot [Engel] und der dritte ist das nicht verlöschende Gehinnom-Feuer.«[196]

Im Weiteren wird erklärt, dass der Schöpfer aus dem Feuer und Wasser den Himmel, aus Wasser und Licht den Thron der Herrlichkeit und aus Feuer und Licht die heiligen *Hajjot* (Engel) erschaffen habe. Das Ganze gipfelt in dem viel zitierten Schöpfungsvers aus Prov 3,19 »JHWH hat mit der Weisheit (*Hochma*) die Erde gegründet«, der nun eine weiteren onomatologischen Deutung unterzogen wird: »*Hochma* hat den Zahlwert 73. Das sind die 73 Namen des Heiligen, E.s.g., die auf seinem Arm eingraviert sind. So blieben neben den genannten dreien, von denen er mit jedem eine andere Welt hätte erschaffen können, noch siebzig Namen übrig.«[197]

Die Unstimmigkeit der Zählung der Gottesnamen ist symptomatisch für die Schöpfungskapitel in 'El'asars *Sode Rasajja*, die eine nicht systematisch vereinheitlichte Verbindung älterer Traditionen darstellt.

5. Die ethischen Lehren

Gershom Scholem nannte in seiner Darstellung der jüdischen Mystik[198] das »Buch der Frommen« (*Sefer Hasidim*) das wichtigste Dokument des aschkenasischen Hasidismus. Dies nicht zuletzt, weil dank dieses Buches diese Bewegung »schon im Mittelalter selbst [...] mindestens für eine ganze jüdische Gemeinschaft, eben die in Deutschland, siegreich als Trägerin der vom Volksbewußtsein anerkannten religiösen Werte und Ideale durchgesetzt hat.«[199] Dass man dies heute etwas anders sieht, wurde schon oben angesprochen und ist neuerlich von

196 Sode Rasajja, Alfa Beta, Buchst. Bet, Sode Rasajja ha-schalem, S. 23, Ausg. Eisenbach, S. 22b.

197 Sode Rasajja, Alfa Beta, Buchst. Bet, Sode Rasajja ha-schalem, S. 23 (Eisenbach, S. 23a).

198 G. Scholem, Die Jüdische Mystik, S. 90.

199 G. Scholem, Die jüdische Mystik, S. 88.

H. Soloveitchik nochmals nachdrücklich bestätigt worden.[200] Demnach hat nur der erste große Teil des traditionellen *Sefer Hasidim*,[201] der dem Rest des Buches in vielerlei Hinsicht widerspricht, und wahrscheinlich ein unabhängiges Buch nordfranzösischer und nicht aschkenasischer Provenienz ist, einen nachhaltigen Einfluss in Aschkenas ausgeübt, nicht aber die eigentlich den *Haside 'Aschkenas* zugehörigen Teile des *Sefer Hasidim*.[202] Dennoch bleibt der übrige wirklich hasidisch-aschkenasische Teil des *Sefer Hasidim*, wenn nicht Zeuge großen Einflusses auf die allgemeine aschkenasische Frömmigkeit, so doch des Denkens von Jehuda he-Hasid und seiner engeren Umgebung. Bei der Bedeutung dieses Buches ist es angezeigt, hier einen kurzen Überblick über den aktuellen Forschungsstand zu geben.

5.1 *Sefer Hasidim* – »Das Buch der Frommen« – Rezensionen und Inhalte

Der *Sefer Hasidim*, das *Buch der Frommen*, ist ein Moralwerk mit enzyklopädischer Behandlung des gesamten jüdischen Lebens. Es behandelt neben dem Alltag, Geschäfts- und Gemeinschaftsleben, Gebet und Frömmigkeit, Theologie, Sexualfragen und die Beziehungen zur nichtjüdischen Umwelt noch zahlreiche andere Themen. Das Werk liegt in zwei Versionen vor. Die erste, vielfach nachgedruckte, erschien 1538 in Bologna (B), die zweite aufgrund des MS Parma in Berlin 1891[203] (P). Die Bologna-Version hat ein höheres Maß an Redaktion ist aber mit 1172 Paragraphen erheblich kürzer als die Version des MS-Parma mit 1983 Einheiten. Das Buch besteht aus einzelnen, voneinander unabhängigen Paragraphen von stark variierender Länge, die unterschiedlichen literarischen Gattungen angehören: Ethische Anweisungen, Moralpredigten, Schriftauslegungen, Sentenzen und Traktate zum Wesen der *Hasidut* (Frömmigkeit) sowie viele Hunderte Erzählungen.[204] Der *Sefer Hasidim* ist in thematischen »Heften« angeordnet, die sich z. T. wiederholen und überlappen. So gibt es Hefte zur Gottesfurcht, Buße, Toten, Schadensgeistern, Gebet, Sabbat, Büchern, Studium, Wohl-

200 H. Soloveitchik, Piety, Pietism and German Pietism. Sefer Hasidim I and the Influence of Hasidei Ashkenaz, in: Jewish Quarterly Review, XCII, 3-4 (2002), S. 455-493.

201 Das sind die ersten 152 Paragraphen der Edition Bologna (s.u.)

202 H. Soloveitchik, Piety, Pietism and German Pietism. Sefer Hasidim I and the Influence of Hasidei Ashkenaz, in: Jewish Quarterly Review, XCII, 3-4 (2002), S. 455-493; ders., Pietists and Kibitzers, in: Website JQR.

203 B: Sepher Chasidim, ed. R. Margaliot, Jerusalem 1973. B: Sepher Chasidim, ed. J. Wistinetzky, mit Einl. u. Register versehen v. J. Freimann, Frankfurt a. M. 1924 (Reprint Jerusalem 1998); eine Faksimilie-Ausgabe des MS P: I. Marcus, Sefer Hasidim, Introduction, Jerusalem 1985.

204 Vgl. J. Dan, Hebrew Ethical and Homiletical Literature (hebr.), Jerusalem 1975, 128-129.

tätigkeit, Elternehrung, Hasidut, Schächten und Reinheit, Frauen, Geschäftsgebaren, Bann und Eiden.[205] Die beiden Versionen sind als unterschiedliche Redaktionen ursprünglich separater Hefte zu begreifen und sind nicht, wie oft geschehen, als mehr oder weniger authentisch zu betrachten. I. Marcus sieht im vorhandenen Bestand drei parallele Versionen, die wohl den Grundstock des *Sefer Hasidim* bilden. Zu ihnen tritt eine strukturell verschiedene vierte Rezension in der Parma-Version. Die ersten 152 Paragraphen der Ausgabe Bologna sind außerdem ein separates auch sonst belegtes *Sefer Hasidut*, der nicht die rigoristischen Positionen der restlichen Teile vertritt.[206]

Als Verfasser des größeren Teils wird die führende Gestalt der Haside 'Aschkenas, Jehuda he-Hasid (1140-1217), genannt, während für die einleitenden Hefte von Parma §§ 1-17, 18-265 (entspricht: Bologna §§ 153-166, 167-230, 588-592, 593-704) dessen Vater Schemu'el he-Hasid vermutet. Frühere Wissenschaftler dachten an eine Generationen übergreifende kollektive Autorschaft.[207]

Zentrales Thema des auf Jehuda zurückgehenden Teiles der *Sefer Hasidim* ist die *Hasidut*, die hier als rigoroses Frömmigkeitskonzept entfaltet wird. Danach gilt es, weit über die von der Tradition geforderte Gebotserfüllung hinaus, nach dem »Willen des Schöpfers« zu forschen und so die »Gebote des Himmels«, die theoretisch grenzenlos sind, in strenger Gottesfurcht und Liebe zu erfüllen.[208]

205 Nach I. Marcus, The Recensions and Structure of Sefer Hasidim, in: PAAJR XLV (1978), 131-153.

206 Vgl. H. Soloveitchik, Piety, Pietism and German Pietism. Sefer Hasidim I and the Influence of Hasidei Ashkenaz, in: Jewish Quarterly Review, XCII, 3-4 (2002), S. 455ff.; vgl. ferner I. Marcus, The Recensions, S. 134f.137.152f. Nur dieser wohl nicht zum Sefer Hasidim gehörige Teil in engl. Übersetzung: S.A. Singer, Medieval Jewish Mysticism. Book of the Pious, Northbrook 1971; eine thematisch geordnete Auswahlübersetzung: E. Gourévitch, Sefer Hassidim le guide des hassidim, Paris 1988; Die Ethik des Judentums. Auszüge aus dem „Buche der Frommen" des R. Jehuda Hachassid. Zusammengestellt und übersetzt von A. Sulzbach, Friedberg Frankfurt a. M. 1923; S. Borchers, Jüdisches Frauenleben im Mittelalter, Die Texte des Sefer Chasidim. Frankfurt a. M. u.a. 1998.

207 Vgl. J. Dan, Torat ha-Sod, S. 57.; S. Singer, Medieval Jewish Mysticism, S. XV= HUCA XXXV (1964), S. 149; vgl. J. Dan, Ashkenazi Hasidim, 1941-1991: Was There Really a Hasidic Movement in Medieval Germany?, in: ders., Jewish Mysticism II, Northvale Jerusalem 1998.

208 Vgl. I. Marcus, Piety and Society. The Jewish Pietists of Medieval Germany, Leiden 1981; H. Soloveitchik, Three Themes in the Sefer Hasidim, in: AJS Review I (1976), 311-357; (hier weitere Lit.); J. Katz, Exclusiveness and Tolerance. Studies in Jewish-Gentile Relations in Medieval and Modern Times, Oxford 1961, S. 93-105; H. Soloveitchik, The Midrasch, Sefer Hasidim and the Changing Face of God, in: Joseph Dan Festschrift, ed. P. Schäfer a. R. Elior, Tübingen 2005; I. Gruenwald, Normative und volkstümliche Religiosität im Sefer Chasidim, in: Judentum im deutschen Sprachraum, ed. K.E. Grözinger, Frankfurt a. M., S. 117-127.

Die asketisch weltabgewandte Frömmigkeit[209] des *Sefer Hasidim* sieht das Ziel des menschlichen Lebens im jenseitigen Lohn, der mit den in dieser Welt erlittenen Leiden wächst. Der Kampf gegen den eigenen Bösen Trieb hat höchsten religiösen Wert, so dass das Leben in der Welt als Aufgabe zum Bestehen der gottgesandten Versuchungen begriffen wird. Zentral ist außerdem der Gleichmut gegenüber Hohn und Spott der Umwelt und die menschliche Hingabe bei der Gebotserfüllung, denn der »Erbarmer wünscht das Herz« des Menschen.[210] Weltabwendung und Sündenfurcht erzeugte ein an christliche Vorstellung angelehntes vierstufiges Bußsystem,[211] das es zuvor im Judentum so nicht gegeben hat. Die erste Stufe der Buße ist die *teschuva ha-ba'ah*,[212] die Abwendung von sich anbietenden Möglichkeiten zum Sündigen, die *teschuvat ha-gader*,[213] die Nähe der Möglichkeit zum Sündigen vermeiden, durch Ausweitung der Grenze des Gebotenen, die *teschuvat ha-mischkal*,[214] die freiwillige Übernahme einer Buße, deren Schmerz den von der Sünde gewonnenen Genuss aufwiegt, und schließlich die *teschuvat ha-katuv*,[215] das ist die freiwillige Übernahme von in der Tora gebotenen Strafen. Dieses den gesamten Alltag bestimmende Bußsystem wird außerdem durch die neue Institution eines »Beichtvaters« in Gestalt des *Hacham*,[216] des Weisen, zu einer sozialen Kategorie. Im Geiste dieses rigorosen Frömmigkeitsideals werden sämtliche Fragen des Alltags entschieden, allerdings unter Einbeziehung psychologischer Erwägungen und Rücksichten, insbesondere im Bereich des Sexuellen, die für rabbinisches Denken anstößig erscheinen mussten. Als Beispiel dafür gilt der folgende Fall: »Einmal fragte einer, dessen Trieb ihn übermannte und er deshalb fürchtete, dass er sich versündigt und sich zu einer verheirateten Frau oder zu seiner menstruierenden Frau legt [...], ob er dann, um die Sünde zu vermeiden, onanieren dürfe. Da antwortete der Befragte:

209 M. Awerbuch, Weltflucht und Lebensverneinung der »Frommen Deutschlands«. Ein Beitrag zum Daseinsverständnis der Juden Deutschlands nach den Kreuzzügen, in: Archiv für Kulturgeschichte 60 (1978), S. 53-94.

210 (B §§ 530, 1013); vgl. dazu B. Heller, Gott wünscht das Herz. Legenden über einfältige Andacht und über den Gefährten im Paradies, HUCA 4 (1927), 365-404.

211 Vgl. A. Rubin, The Concept of Repentance among the Hasidey Ashkenaz, in: Journal of Jewish Studies XVI (1965), S. 161-176; I. Marcus, Piety and Society, S. 37-52.

212 Darunter wird »die sich ergebende Bußmöglichkeit« verstanden.

213 Hiermit ist »die einen Zaun bildende Buße« gemeint.

214 Dies bezeichnet »die Buße, die einem Gegengewicht entspricht«.

215 (P § 37) Dies meint »die in der Schrift angeordnete Buße«.

216 (P § 50) J.A. Agus, The use of the term Hakham by the author of Sefer Hasidim and its historical implications, in: Jewish Quarterly Review LXI (1970), S. 54-62; J. Maier, Rab und Chakam im Sefer Chasidim, in: Das aschkenasische Rabbinat. Studien über Glaube und Schicksal, ed. J. Carlebach, Berlin 1995, S. 37-118.

In diesem Augenblick solle er es tun [...], aber er bedürfe dafür einer Sühne, sich z.B. im Winter ins Eiswasser zu setzen«.[217]

Marcus und andere sehen im *Sefer Hasidim* ein sektiererisches und auch tatsächlich realisiertes Programm, das ein Sonderleben der hasidischen Gemeinschaft fordert. Hingegen vertritt J. Dan die Position, dass das Programm nur Utopie geblieben sei.[218] Unbestritten ist, dass der Schüler Jehudas, 'El'asar aus Worms, das gesamte Konzept zu einem Programm für besonders fromme Individuen umgearbeitet hat.[219]

Ein bedeutsames Element der esoterischen Theologie der *Haside 'Aschkenas* sowie des *Sefer Hasidim* ist die oben erörterte Auffassung, dass die durchaus alltäglichen, aber doch außergewöhnlichen oder bemerkenswerten Phänomene in dieser Welt, zu denen auch Dämonen und Wiedergänger sowie die magische Macht der Gottesnamen gehören, Beispiele für die Existenz des Unsichtbaren und damit auch der unsichtbaren Gottheit sind. Diese Auffassung ist es, welche wohl ein wesentliches Motiv für die Sammlung der in die mehrere Hunderte gehenden Erzählungen im *Sefer Hasidim* war. Jehuda he-Hasid hat darum eine Fülle von Erzählungen über Erscheinungen von Dämonen, Totengeistern, Vampiren, Werwölfen gesammelt, z.B.:

> »Es wurde einmal einer mit Reißzähnen und einem Schwanz geboren. Da sprachen die Leute: Am Ende wird er Menschen fressen. Am Besten man tötet ihn. Da riet ihnen ein Weiser: Reißt ihm Zähne und Schwanz aus, damit er allen andern gleicht, dann kann er niemand schaden.«[220]

Ebenso über Hexen, die im *Sefer Hasidim* Streija, nach dem lateinischen Striga, genannt wurden:

> »Es war einmal eine Frau im Verdacht, eine Streija zu sein, die Schaden anrichtet. Einmal erschien sie einem Juden als Katze und er schlug sie. Am nächsten Tag bat sie den Juden, ihr von seinem Brot und Salz zu geben. Er wollte dies tun, da sprach ein Alter: ›Sei nicht überfromm‹. Wenn einer ande-

217 Sefer Hasidim, Ed. Wistinetzki (Parma) § 50.

218 I. Marcus, Piety and Society, S. 55ff, 15f; J. Dan, Ashkenazi Hasidim, 1941-1991: Was there Really a Hasidic Movement in Medieval Germany?, in: P. Schäfer, J. Dan, Gershom Scholem's Major Trends in Jewish Mystiocism 50 Years After, Tübingen 1993; wieder in: J. Dan, Jewish Mysticism. Vol. II, The Middle Ages, Northvale, Jerusalem 1998, S. 313-331.

219 I. Marcus, Piety and Society, S. 109ff.

220 Sefer Hasidim, Ed. Wistinetzki (Parma) § 171.

ren gegenüber schuldig ist, kann man seine Frömmigkeit nicht zeigen, denn wenn sie am Leben bleibt, wird sie den Menschen schaden.«[221]

Schließlich hat Jehuda zahlreiche Erzählungen über Beschwörungen von Engeln und Dämonen in sein Werk aufgenommen, um mit diesen gleichfalls unsichtbaren, aber doch für real gehaltenen Dingen, die Wirklichkeit der göttlichen und transzendenten Welt zu erweisen. Dabei schöpfte er aus allen ihm zur Verfügung stehenden Quellen, insbesondere auch seiner nichtjüdischen Umgebung, so dass das *Sefer Hasidim* zu einer Schatzkammer zahlreicher deutscher Erzählungen wurde, die anderwärts nicht mehr erhalten sind.[222] Unter ihnen sind auch solche, die den Idealen der *Haside 'Aschkenas* widersprechen und nur durch eine angefügte Moral adaptiert werden. Zu ihnen gehört auch die bekannte Erzählung vom Kuhhirten, dessen Gebet darin bestand, Gott seinen Dienst als unentgeltlicher Kuhhirte anzubieten, was der oben erwähnten rigorosen hasidischen Treue zum Gebetstext eigentlich widerspricht.[223] Wichtig war dabei der Glaube, dass das Erzählte sich tatsächlich zugetragen habe.[224]

221 Sefer Hasidim, Ed. Wistinetzki § 1466.

222 Vgl. J. Dan, Ha-Sippur ha-'ivri bi-J'me ha-Benajjim, Jerusalem 1974, S. 162-187; ders., Rabbi Judah the Pious and Cesarius of Heisterbach. Common Motifs in their Stories, in: ders. Jewish Mysticism III (1999), 297-309.

223 Sefer Hasidim, Ed. Wistinetzki § 5-6.

224 Die Erzählungen im Sefer Hasidim gehören zu folgenden Gattungen: Dämonenerzählungen, Wundererzählungen, Zaubergeschichten, Moralerzählungen, Exempla, historische Exempla, hagiographische Erzählungen, Traumberichte (Eine Gemeinde wollte an einen anderen Ort umziehen. Da kam ein Toter zu einem von ihnen im Traum und sprach: Verlasst uns nicht, denn wir freuen uns, wenn ihr zum Friedhof kommt. Wenn ihr uns aber verlasst, wisset, dass ihr dann alle getötet werdet. Sie kümmerten sich nicht darum und wurden alle getötet.« Parma § 269), Anekdoten. Viele der Erzählungen schildern »borderline cases« (Alexander-Frizer), die Fälle von Wertekonflikten thematisieren und so dem Hasid Wegweisung geben wollen. Weitere Lit.: T. Alexander-Frizer, The Pious Sinner. Ethics and Aesthetics in the Medieval Hasidic Narrative, Tübingen 1991 (hier weitere umfassende Bibliographie); dies., Dream Narratives in Sefer Hasidim, in: Truma 12 (2002), S. 65-79; dies., Folktales in Sefer Hasidim, in: Prooftexts 5 (1985), S. 19-31. (s.o.); Y. Baer, The Religious and Social Ideas of the Jewish Pietists in Medieval Germany, ed. I. Marcus, Jerusalem 1986; R. Edelmann, Das Buch der Frommen als Ausdruck des volkstümlichen Geisteslebens der deutschen Juden im Mittelalter, in: Judentum im Mittelalter, ed. P. Wilpert, Berlin 1966; (s.o.); M. Güdemann, Geschichte des Erziehungswesens und der Kultur der abendländischen Juden (II Vols.), Wien 1880-1888; J.R. Baskin, Images of Women in Sefer Hasidim, in: Mysticism, Magic and Kabbala in Ashkenazi Judaism, ed. K.E. Grözinger u. J. Dan, Berlin-N.Y. 1995, S. 93-105; M. Harris, Studies in Jewish Dream Interpretation, Northwale-London 1994; I. Marcus, The Devotional Ideals of Ashkenazic Pietism, in: Jewish Spirituality I, ed. A. Green, N.Y. 1987, S. 356-366; K.E. Grözinger, Jüdische Wundermänner in Deutschland, in: Judentum im deutschen Sprachraum, Frank-

Zum Glauben der Haside Aschkenas an die magische Wirksamkeit und Verwendbarkeit der Gottesnamen sei hier nochmals auf den ersten Band[225] und die unten[226] folgende Darstellung der Geschichte der Ba'ale Schem in Aschkenas verwiesen.

furt a. M. 1991, S. 190-221; ders., Wundermann, Helfer und Fürsprecher. Eine Typologie der Figur des Ba'al Schem in aschkenasisch-jüdischen Volkserzählungen, in: Der Magus, ed. A. Grafton, M. Idel, Berlin, S. 169-192; A. Rubin, The Concept of Repentance among Hasidey Ashkenaz, in: JJS 16(1965), S. 161-176; I. Zinberg, A History of the Jewish Literature, Clevel.& Lond., Bd. II, S. 35-55.

225 s.S. 348ff.

226 s.Kap. Der osteuropäische Hasidismus II.A.1.2ff.

Die Kabbala

I. Das sefirotisch-gnostisierende Modell

A. Sefer ha-Bahir – »Das Buch der Helle«

1. Das Buch und sein Charakter

Der *Sefer ha-Bahir*, d.h. das »Buch der Helle« gilt als ältestes Werk der mittelalterlichen Kabbala. Seinen Namen erhielt es vielleicht nach dem Hiobzitat (37,21) im ersten Paragraphen des Buches, wo vom *'Or bahir*, dem »hellen Licht«, gesprochen wird. Das Buch ist gewiss mittelalterlich, obwohl es in der Tradition dem Mischnalehrer Nechunja Ben ha-Kana (1.Jh. n.d.Z.)zugeschrieben wird. Gershom Scholem kommt zu dieser Datierung, weil Jehuda Ben Barsillai (aus Barcelona) in seinem im ersten Drittel des 12. Jahrhunderts entstandenen enzyklopädischen Kommentar zum *Sefer Jezira* den *Sefer ha-Bahir* nicht erwähnt, wohingegen er den provençalischen Kabbalisten um 1200 allseits bekannt gewesen ist. Hinzu kommt, dass der *Bahir* eine Deutung des biblischen *tohu wa-bohu* vorträgt, die ziemlich sicher von dem in den zwanziger Jahren des 12. Jahrhunderts schreibenden neoplatonischen Philosophen Abraham bar Hijja übernommen worden ist,[227] so dass das Buch ab 1130 in der Provence entstanden sein mag und zwischen 1160-1180 seine Endredaktion erfuhr. Scholem redet in diesem Zusammenhang allerdings eher von einer Endredaktion, in welcher orientalische Fragmente aufgearbeitet worden seien, welche bis in das 5.-8. Jahrhundert hinauf zurückzudatieren seien.[228] Diesen Ansatz nimmt R. Meros auf und spricht aufgrund von sprachlichen und kulturellen Beobachtungen gar von einer durchgängigen babylonischen Schicht im Bahir, die in das neunte oder höchstens in das zehnte Jahrhundert zu datieren sei. Die Konsequenz dieser Auffassung ist, dass die Anfänge der Kabbala früher hinaufzudatieren sind und der Ursprung nicht in einem christlich-europäischen, sondern orientalischen Kontext zu suchen ist.[229] Demgegenüber plädiert Joseph Dan dafür, von einem Verfasser des Buches zu sprechen, der den Text im 12. Jahrhundert wirklich verfasst hat, und zwar dank weiterer möglicher Zitatspuren von Zeitgenossen zwischen 1170 und

227 Vgl. G. Scholem, Ursprung und Anfänge der Kabbala, Berlin 1962, S. 54; G. Scholem, Das Buch Bahir. Ein Schriftdenkmal aus der Frühzeit der Kabbala auf Grund der kritischen Neuausgabe von: Scholem, (Leipzig 1923) Neudruck: Darmstadt 1970, §2.

228 Vgl. G. Scholem, Ursprung, S. 95ff.109.174.

229 R. Meros, 'Or Bahir hu-ba-Misrach. 'Al Smano schel mi-Kzato schel Sefer ha-Bahir, in: Da'at 49 (2002), S. 137-180.

1200.[230] Das Buch *Bahir*, mit dem der Nestor der modernen Kabbalaforschung, Gershom Scholem, seine Arbeiten an der Kabbala begonnen hat, liegt in einer deutschen Übersetzung vor, welche einst Scholems Dissertation an der Münchner Universität gewesen ist.[231]

Das Buch *Bahir* gibt sich formal wie ein altrabbinischer Auslegungs-Midrasch, wenn auch diese Form häufig gesprengt wird. Das bedeutet, dass hier kein zusammenhängender Text vorliegt, sondern eher eine Sammlung von Einzelmidraschim zu den unterschiedlichsten Themen. Dies ist der Grund, weshalb Scholem von Redaktoren anstatt von einem Verfasser spricht. Immerhin kommt Kaplan wenigstens zu einer groben Gliederung des Textes in fünf Abschnitte:

1.	§§	1-12:	Die ersten Verse von der Schöpfung
2.	§§	19-28:	Das Alphabet
3.	§§	29-87:	Die sieben Stimmen und die *Sefirot*
4.	§§	87-133:	Die Zehn *Sefirot*
5.	§§	134-141:	Die Mysterien von der Seele.[232]

Der Text des *Bahir* ist oft überaus kryptisch geschrieben, was der Text selbst feststellt, indem sich die dort genannten Schüler gegenüber ihrem Meister bekla-

230 Vgl. J. Dan, Jewish Mysticism, Northvale/Jerusalem 1998, Bd. II, S. XLVIII u. S. XIV. Dan stützt sich bei seiner chronologischen Eingrenzung auf Spuren von Abraham Ibn Esra (gest. 1167) und der hebräischen Übersetzung von Bachja Ibn Pakudas *Hovot ha-Levavot*, die um 1270 entstanden ist.

231 G. Scholem, Das Buch Bahir. Ein Schriftdenkmal aus der Frühzeit der Kabbala auf Grund der kritischen Neuausgabe von: Scholem, (Leipzig 1923) Neudruck: Darmstadt 1970, (Sch); eine englische Übersetzung samt hebräischem Text legte Aryeh Kaplan, The Bahir, York Beach 1979, vor; der hebräische Text wurde zum ersten Mal 1651 in Amsterdam gedruckt, es folgten: Berlin 1706, Koretz 1784 etc. Die meistzitierte Ausgabe ist die von Reuben Margaliot, Sefer ha-Bahir, Jerusalem 1978 (M); die Scholems Übersetzung zugrunde gelegte Handschrift München wurde nun veröffentlicht von Daniel Abrams, Sefer ha-Bahir ‘al pi kitve ha-jad hakedumim, Los Angeles 1994 (A). Eine eingehende Darstellung findet sich bei G. Scholem, Ursprung und Anfänge der Kabbala, Berlin 1962.

232 Die Paragraphenzahlen sind hier der Scholem/Abramschen Ausgabe angepasst. Abrams gibt Scholem folgend, (G. Scholem, Ursprung, S. 57f.) folgenden Themenkatalog: §§ 2-18 Kosmogonie; §§ 11-61 (unterteilt: 12-23.24-28.29-32.33-41) Sefer Jezira, Buchstaben und Akzente; §§ 53-72 Sefer Jezira; §§ 73-83 Mystik, Linguistik; §§ 84-95 Auslegung von Bibelversen und die Symbolik der Sefirot; §§ 96-115 Die Zehn Worte (eingeschlossen §§ 107-113 der Satan, Gut und Böse); §§ 114-124 Fortsetzung des Vorigen; §§ 117ff. Begründungen der Gebote und Seelenwanderung; §§ 124-135 Symbolik der Sefirot; §§ 136-140 verstreute Motive aus allen vorangehenden; § 141 hinzugefügter Abschluss; Abrams, Sefer ha-Bahir, S. 16.

gen, dass er in Rätseln spricht. Diese Rätsel werden dann meist durch Gleichnisse beantwortet, von denen es über 50 Einheiten in diesem nur sehr kurzen Text gibt.

2. Die Kabbala und die Gnosis – Gemeinsames und Trennendes

2.1 Die Beziehung des *Bahir* zur Gnosis

Gershom Scholem hat in seiner ausführlichen umfassenden Besprechung des *Sefer ha-Bahir*[233] nachdrücklich den gnostischen Charakter des *Bahir* betont und dafür eine Reihe von Belegen aus der antiken christlichen Gnosis angeführt - mit dem Resultat: »An dem wesentlich gnostischen Charakter dieser ältesten Form der Kabbala kann nicht mehr gezweifelt werden.«[234]

Als gnostische Elemente zählt Scholem die Vorstellung von Pleroma und Weltenbaum auf, sodann von den göttlichen Kräften, die in der späteren Kabbala *Sefirot* genannt werden,[235] von der doppelten Sofia als Tochter und Braut, die Syzygie (Paarigkeit) von männlichen und weiblichen Kräften innerhalb des göttlichen Pleroma, der Symbolik der *Schechina* als des Weiblichen, der Lehre von der Seelenwanderung. Zu nennen wäre noch die Lehre vom Bösen. Demgegenüber vertritt neuerdings Joseph Dan die Auffassung, dass jene Elemente im *Bahir*, die »gnostisierend« erscheinen, allesamt als innerjüdische Entwicklung erklärbar sind. Dan verdeutlicht die Auseinandersetzung mit Scholem dahingehend, dass hinsichtlich des *Bahir* allenfalls in einem phänomenologischen Sinn das Adjektiv »gnostisch« verwendet werden dürfe, nicht aber in einem historischen,[236] will sagen: es gibt keinen historischen Zusammenhang zwischen dem *Bahir* und der Gnosis, allenfalls eine theologische Parallelität. Das heißt, Dan bestreitet nicht einen gnostischen Charakter des *Bahir*, auch nicht das Element eines Dualismus, das allerdings monotheistisch domestiziert sei.

Moshe Idel schließlich beschreitet einen dritten Weg. Er sieht in der Tat historische Zusammenhänge zwischen dem *Bahir* und der Gnosis, allerdings in einer anderen Weise als Scholem. Für Idel sind die Gemeinsamkeiten innerhalb des *Bahir* und der Kabbala auf der einen Seite mit jenen der Gnosis auf der anderen ein Zeugnis dafür, dass sie beide aus einer gemeinsamen antiken jüdischen Quelle schöpfen. Das »gnostische« Element im *Bahir* wäre demnach die Bewahrung einer alten jüdischen Tradition, die ihrerseits auch auf die Gnosis einwirkte.

233 G. Scholem, Ursprung, S.43-174.

234 G. Scholem, Ursprung, S. 174.

235 Der *Bahir* verwendet diesen Begriff nur einmal im Vorübergehen (§ 8) mit Hinweis auf den *Sefer Jezira*, ansonsten spricht das Buch von *ma'amarot*, d.h. Worten.

236 J. Dan, Jewish Mysticism II, S. XVIII.

Die Erforschung der Gnosis dient Idel darum dazu, jene verschüttete jüdische Tradition wieder aufzufinden, die auf die Kabbala einwirkte und die nur hier und dort in einzelnen Bemerkungen der jüdischen Literatur vor dem *Bahir* nachzuweisen ist.[237]

Im Folgenden soll versucht werden, das gnostisierende Element[238] im *Bahir* darzustellen, ohne damit einen direkten historischen Zusammenhang behaupten zu wollen.

2.2 Die Gnosis – Strukturen und Motive

Die Frage, in welchem Maße und ob die Kabbala von der Gnosis beeinflusst ist oder ihr nahe steht, hat die Forschung – auch über den *Sefer ha-Bahir* hinaus – nachhaltig beschäftigt, was ein Indiz dafür ist, dass der Befund Anlass gibt, sich dieser Frage zu stellen, wie man sich auch letztlich entscheiden mag.

Der Gang durch die jüdische Religionsgeschichte, begonnen von der Bibel über die nachbiblische Zeit bis herab in das philosophiegetränkte Mittelalter, stellt den Beobachter vor die unausweichliche Erkenntnis, dass ihm mit dem *Sefer ha-Bahir* und den nachfolgenden kabbalistischen Texten etwas bislang noch nicht Dagewesenes gegenübertritt. So ist es nicht nur die verunsicherte Suche nach einem Anhaltspunkt für dieses Neue, welche die Gelehrten zum Erklärungsmodell der Gnosis greifen ließ, sondern es sind die unbestreitbaren zahlreichen Motivparallelen zwischen den beiden Phänomenen, welche hier eine plausible Antwort versprechen.

Um jedoch in dieser Frage weiterzukommen, genügt es jedenfalls kaum, auf die je und dann auftauchenden Motivparallelen hinzuweisen, um darauf gestützt die gestellte Frage beantworten zu wollen. An diesem Punkt kommt man nur weiter, wenn man versucht, sich ein Gesamtbild von dem Phänomen Gnosis zu machen und dies dem Gesamtbild Kabbala gegenüberzustellen, um auf diese Weise sicheren Grund für eine fundierte Antwort zu finden. Dieses Ansinnen ist indessen nicht einfach zu realisieren, weil sowohl die Gnosis wie die Kabbala keine wirklich einheitlichen Gebilde sind, sondern jeweils eher ein heuristisches

237 M. Idel, Zum Problem der Erforschung der Quellen des Sefer ha-Bahir (hebr.), in: The Beginnings of Jewish Mysticism in Medieval Europe. Proceedings of the Second International Conference on the History of Jewish Mysticism, J. Dan (Hrsg.), Jerusalem 1987, S. 55-72.

238 Zur Gnosis s. K. Rudolph, Die Gnosis. Wesen und Geschichte einer spätantiken Religion. Göttingen 1980, 2. Aufl.; H. Leisegang, Die Gnosis, Stuttgart 1985; W. Bousset, Hauptprobleme der Gnosis, Göttingen, 1907/1973; H. Jonas, Gnosis und spätantiker Geist, Göttingen 1934 (1954/1963/4); W. Foerster, A. Böhlig u.a., Die Gnosis, Düsseldorf/Zürich 1997 (3 Bde.); A. Borst, Die Katharer, Freiburg/Basel/Wien 1991/2; Nag Hammadi Deutsch, hrsg. H.-M. Schenke, H.-G. Bethge, U. V. Kaiser, Berlin/ New York 2001-2003.

Konstrukt angesichts einer überaus großen und widersprüchlichen Vielfalt von Einzelrealisierungen darstellen. »Schon die Kirchenväter«, konstatiert Kurt Rudolph in seiner luziden Darstellung der Gnosis, »sind sich der für sie erschreckenden Vielgestalt der gnostischen Lehren bewusst gewesen; sie verglichen sie mit der vielköpfigen Hydra der griechischen Sage.«[239] Auch die Kabbala – das soll im Folgenden deutlich werden – ist kein einheitliches Lehrgebäude, sondern ein Sammelbecken für überaus unterschiedliche Ansätze und Erklärungsversuche der *conditio humana*, bzw. der *conditio divina*. Dennoch, und dies gilt wiederum für beide Seiten, ist diese Vielfalt durch eine Reihe von Grundkonzeptionen miteinander verbunden, deren Gegenüberstellung zur Beantwortung der gestellten Frage dienlich sein kann. Es soll im Folgenden zunächst ein Themenkatalog gnostischer Topoi zusammengetragen werden, die in der einen oder anderen Weise ihr Pendant in den unterschiedlichen Schriften der Kabbala haben, sei es hinsichtlich einer Übereinstimmung oder eines Gegensatzes. Sodann soll sich eine Erörterung und Bewertung der Gegensätze und Gemeinsamkeiten anschließen.

Die im Folgenden anhand eines Themenkataloges skizzierte »Landkarte« beziehungsweise Topologie des Gnostischen beruht auf einer Rekonstruktion der modernen Gnosisforschung, welche diese Strukturen aus einer Vielzahl zum Teil widersprüchlicher Texte und Bewegungen erstellt hat. Dabei ist zu betonen, dass nicht alle herangezogenen Texte jeweils die gesamte Struktur enthalten, sondern zuweilen nur einige ihrer Bruchstücke. Das heißt, nicht alle gnostischen Texte weisen die gesamte Topologie des Gnostischen auf, aber sollten sich doch als Einzelelemente in sie einfügen lassen, so dass ihre Position im Gesamtbild sichtbar wird. Dasselbe gilt *mutatis mutandis* für die Kabbala. Der Vergleich der gnostischen mit der kabbalistischen Landkarte soll sodann die Frage der Beziehung der beiden zueinander verdeutlichen, wobei – dies sei nochmals unterstrichen – keine historische Filiation behauptet wird, sondern nur ein phänomenologischer Vergleich intendiert ist.

Die Gnosis – auch das muss nochmals betont werden – ist keine in sich geschlossene Religion; sie gehört auch nicht nur einer der historischen Religionen an, sondern sie ist ein Interpretationsmuster, das auf die unterschiedlichsten Religionen angewandt wurde oder aber deren Kern ausmacht, wie bei der manichäischen und mandäischen Religion. Demgegenüber ist sie im vorchristlich griechischen Bereich und in den unterschiedlichen christlichen Bewegungen ein Deutungsmuster, welches der überkommenen Religion übergestülpt worden ist, wie dies auch für die Kabbala als neue Deutung des Judentums gilt. Gnosis ist vielmehr eine Befindlichkeit, die sich in unterschiedlichen Religionen ausdrückt oder in sie eindringt. Kurt Rudolph spricht darum quasi von einem »Parasiten«,

239 K. Rudolph, Gnosis, S. 59.

der sich in verschiedenen Wirtsreligionen Ausdruck verschafft und in sie einnistet,[240] wobei diesem Begriff hier keine negative Bedeutung gegeben werden soll.

2.3 Eine gnostische Topologie

Die folgende Aufstellung folgt im Wesentlichen der Strukturierung von Kurt Rudolph in seinem genannten Gnosis-Buch und trägt zusätzliche Elemente aus Leisegang[241] und den Foerster'schen Texten[242] hinzu. Nach Rudolph ergibt sich Wesen und Struktur des Gnostischen aus folgenden Themen:

1. Gnosis als Heilswissen
2. Dualismus
3. Theologie – Theogonie
4. Kosmologie – Kosmogonie
5. Anthropologie – Anthropogonie
6. Erlösungslehre – Soteriologie
7. Der Wiederaufstieg der Seele
8. Religiöses Handeln, Kult, Ritus

Diese Themenbereiche sollen nun im Einzelnen skizziert werden:

1. Gnosis als Heilswissen

Das Wesen der Gnosis ist Wissen und Erkenntnis der *conditio humana*, d.h. das Wissen um das Woher, das Wohin und das gegenwärtige Sein des Menschen. Dieses Wissen hat soteriologische Macht, mit diesem Wissen beginnt die Erlösung; es ist ein substantieller Teil der Erlösung.

2. Dualismus

»Der gnostische Dualismus [...] [ist] ›antikosmisch‹ [...], d.h., zu seinem Konzept gehört eine eindeutig negative Bewertung der sichtbaren Welt einschließlich ihrer Urheber; sie gilt als Reich des Bösen und der Finsternis. Die Gleichsetzung von ›Böse‹ und ›Materie‹, [...] findet sich in der Gnosis als grundlegende Auffassung.«[243] Das heißt, die ganze Schöpfung wird negativ beurteilt, das einzig Positive ist absolut jenseits des irdischen Kosmos in der göttlichen Lichtwelt.

In der Gnosis kann man zwei unterschiedliche Formen des Dualismus unterscheiden, die als Erklärung der Herkunft des Bösen – d.h. der gesamten Schöpfung – dienen. Hans Jonas unterschied in seinem epochemachenden Buch *Gnosis*

240 Vgl. K. Rudolph, Gnosis, S. 63.

241 H. Leisegang, Die Gnosis, Stuttgart 1985.

242 W. Foerster, A. Böhlig u.a., Die Gnosis, Düsseldorf/Zürich 1997.

243 K. Rudolph, Gnosis, S. 69.

und spätantiker Geist[244] einen so genannten »iranischen«‹ Typus von einem »syrisch-ägyptischen« Typ.

a. Nach dem iranischen Typus stehen sich von allem Anfang an zwei gegensätzliche Prinzipien gegenüber, ein Reich des Lichtes und ein Reich der Finsternis. Durch eine eher zufällige Berührung der beiden wird »das verhängnisvolle Weltgeschehen in Bewegung« gesetzt.[245]

b. Im syrisch-ägyptischen Typus gab es ursprünglich nur die lichtvolle höchste Gottheit. Bei deren Selbstentfaltung zu einem Reich der Lichtfülle (Pleroma) kam es zu einem stufenweisen Abfall vom Gottvater, aus Neid und Selbstverblendung der aus dem Gottvater gezeugten »Kinder« entstanden die bösen und finsteren Mächte. Sie waren es schließlich, welche aus den gleichen verwerflichen Bestrebungen die Welt erschufen. Das heißt, die Entstehung der Welt verdankt sich einer innergöttlichen Krise.[246]

3. Theologie und Theogonie

Ein besonderes Merkmal der gnostischen Theologien ist, dass das Reich des Guten von einem unerkennbaren jenseits existierenden Allvater bestimmt ist, der von einer Anzahl von göttlichen Mächten oder *Äonen* umgeben ist, welche zusammen das göttliche Pleroma, die Fülle, ausmachen.

a. Im iranischen Typ stellt sich dies am Beispiel des Manichäismus so dar:

> »Die Ausgangsposition Manis ist, dass sich Licht- und Finsternisreich gegenüberstehen. Im Lichtreich herrscht der Vater der Größe. Er hat fünf Wohnungen bzw. Glieder: Nus, Denken, Einsicht, Gedanke, Überlegung. Zwölf Äonen umgeben ihn, die zu dritt auf die vier Himmelsrichtungen verteilt sind. Man kennt auch die Vorstellung, dass der Vater auf einer Lichterde und in einer Lichtluft wohnt, die nicht geschaffen, sondern mit dem Vater gleich ewig sind.
>
> Die Gegenseite bildet das Reich der Finsternis. Es wird vom König der Finsternis beherrscht. Dieser ist tiergestaltig und ein Produkt der Hyle, des Gedankens des Todes. Fünf finstere Elemente befinden sich im Reich der Finsternis: Rauch, Finsternis, Wind, Wasser, Feuer. Die Eigenart dieses Reiches ist seine Unruhe und Uneinigkeit.«[247]

Die Kosmogonie beginnt wegen der Angriffe des Finsternisreiches auf das Lichtreich.

244 H. Jonas, Gnosis und spätantiker Geist, Göttingen (Zwei Teile) 1934 und 1954.

245 Vgl. K. Rudolph, Gnosis, S. 74.

246 Vgl. K. Rudolph, Gnosis, S. 74.

247 A. Böhlig, J.P. Asmussen, Die Gnosis. Der Manichäismus, Düsseldorf/Zürich 1997, S. 29f.

b. Im syrisch-ägyptischen Typus wird die Selbstentfaltung des Lichtpleroma, als Theogonie beschrieben, in deren Folge es zu Ungehorsam und Abfall kommt, wodurch dann die Kosmogonie eingeleitet wird. Zum Beispiel bei den so genannten Barbelo-Gnostikern laut dem Berliner Papyrus. Die Vorgänge im Pleroma spielen sich nach der Vorstellung des vom Licht umgebenen Allvaters so ab:

»Er [der Allvater] begriff sein eigenes Abbild, als er es im reinen Lichtwasser sah, das ihn umgab. Und seine ›Denkkraft‹ *(ennoia)* wurde wirksam, trat in Erscheinung. Sie trat heraus aus dem Glanze des Lichtes vor ihn hin: Dies ist die Kraft, die vor dem All da ist und in Erscheinung trat, die vollkommene ›Voraussicht‹ *(pronoia)* des Alls, das Licht, das Ebenbild des Lichts, das Abbild des Unsichtbaren. Sie ist die vollkommene Kraft, die Barbelo, der vollkommene Äon der Herrlichkeit [...]. Sie ist die erste ›Denkkraft‹ *(ennoia),* sein (des Vaters) Abbild. Sie wurde zu einem ersten Menschen das ist der jungfräuliche Geist *(pneuma)* [....] Und die Barbelo bat ihn, ihr eine ›Erste Erkenntnis‹ zu geben; er gewährte es. Als er es gewährt hatte, trat die ›Erste Erkenntnis‹ in Erscheinung. Sie stellte sich zusammen mit der ›Denkkraft‹ *(ennoia)* – das ist die ›Voraussicht‹ *(pronoia)* – hin, indem sie den Unsichtbaren und die vollkommene Kraft, die Barbelo, pries, denn sie entstand durch sie.«[248]

Rudolph erläutert dazu:

»Auf gleiche Weise (Bitte, Gewähren, Erscheinen) kommt es zur Entstehung weiterer Äonenwesen: der ›Unvergänglichkeit‹, dem ›Ewigen Leben‹ (die Bildung einer zweiten ›Ennoia‹ ist in unserem Text offenbar ausgefallen); alle zusammen bilden eine mann-weibliche ›Fünfheit der Äonen des Vaters‹ bzw. eine ›Zehnheit‹. Dann setzt ein weiterer Geburtsakt ein: Die Barbelo bringt nach ›inbrünstigem Schauen‹ auf den Vater einen ›seligen Lichtfunken‹ hervor, der als ›Einziggeborener‹ *(monogenes),* ›göttlicher Selbstgeborener‹ (*autogenes*), ›erstgeborener Sohn des Alls‹ bezeichnet wird und mit dem himmlischen Christus (gedeutet als ›gütig‹ = *chrestos*) gleichgesetzt wird. Von ihm wird mit Hilfe des ›unsichtbaren Geistes‹ die Äonenreihe fortgesetzt; es entstehen die Vernunft (*nus*), der ›Wille‹ und das ›Wort‹ *(logos).* Der ›Gott der Wahrheit‹ setzt ihn dann über das All ein und veranlaßt, daß aus ihm und der ›Unvergänglichkeit‹ vier ›große Lichter‹ hervorgehen. Diese werden einerseits mit ›Gnade‹, ›Einsicht‹, ›Wahrnehmung‹ und ›Klugheit‹ angegeben, tragen andererseits aber semitische Engelnamen (Harmozel, Oroiael, Daveithe, Eleleth) und bestehen jeweils aus drei Äonen, d.h. insge-

248 Nach K. Rudolph, Gnosis, S. 86.

samt aus 12 Äonen. Diese Äonen gehören dem selbstgeborenen Sohn (Christus). Eine paarweise Anordnung, wie sie etwa Irenäus berichtet, liegt hier nicht vor; allerdings wird sie im folgenden vorausgesetzt [...]. Der Fortgang berichtet zunächst von der Erzeugung, des himmlischen Adams, der als ›vollkommener, wahrer Mensch‹ erscheint und auf Beschluß von Gott, Geist und Sohn aus der ›ersten Erkenntnis‹ und dem ›Verstand‹ *(nus)* entstand. Christus setzt ihn, seinen Sohn Seth und dessen Nachkommenschaft (›die Seelen der Heiligen‹ = die Gnostiker) über die vier genannten Lichter ein. Damit ist die Erzählung über das Pleroma abgeschlossen, und es beginnt die Schilderung des Verhaltens der ›Sophia‹ (die vielleicht mit Barbelo eins ist), also des krisenhaften Geschehens, das die bisherige Entwicklung schlagartig ändert.«[249]

Die Barbelo repräsentiert »den weiblichen Aspekt des Vaters und ist eine Art gnostischer Muttergottheit«.[250] Simon Magus[251] sagt vom Pleroma, es sei eine Kraft » [...] sich scheidend in oben und unten, sich selbst zeugend, sich selbst mehrend [...] ihre eigene Mutter, ihr eigener Vater, ihr eigener Bruder, ihr eigener Gemahl, ihre eigene Tochter, ihr eigener Sohn, Mutter-Vater, Eins, Wurzel des Alls.«[252] Die Sophia, die, wie im nächsten Abschnitt erörtert wird, Anlass für die Weltschöpfung war und darum auch als Weltenmutter erscheint, wurde wegen ihres Vergehens herabgesetzt.[253] Hernach bereut sie allerdings ihre Tat und es wird ihr verziehen, aber dennoch darf sie nicht an ihren ursprünglichen Ort zurückkehren, sondern verbleibt in einer Art Exil:

> »Ihr Paargenosse kam zu ihr herab, um ihre Mängel zu beheben [...] Und sie wurde nicht zu ihrem eigenen Äon hinaufgebracht, sondern [...] [nur bis zur] Neunheit [d.h. die untere Sphäre des Zwischenreiches, das sich zwischen Lichtreich und irdischem Kosmos erstreckt, s.u.], bis sie ihren Mangel behoben hat.«[254]

249 Zit. nach K. Rudolph, Gnosis, S. 86-87; bei W. Foerster, Gnosis/Kirchenväter, Das Apokryphon des Johannes, S. 144ff. Der merkwürdige Name Barbelo ist vielleicht eine Verballhornung eines semitischen *b'arba eloah*, d.h.: »In der Vier ist Gott«. »Die Tetras der Ophiten: Vater, Sohn, weibliches Pneuma, Christus, oder im Baruchbuche: Der Gute, Elohim, Eden, Baruch. [...].« Vielleicht ist Barbelo auch ein Wortspiel mit ›bar‹ und ›baal‹.“; H. Leisegang, Gnosis, S. 186.

250 K. Rudolph, Gnosis, S. 90.

251 Vgl. Apg 8,9-13; in den Augen der frühen Kirche ein Erzketzer aus Samaria, der sich die kirchlichen Amtscharismata durch Geld erkaufen wollte, daher: Simonie.

252 H. Leisegang, Gnosis, S. 79; u. vgl. ebd., S. 81.

253 Vgl. W. Foerster, Gnosis/Kirchenväter, S. 151

254 K. Rudolph, Gnosis, S. 90; W. Foerster, Gnosis/Kirchenväter, S. 151f.

Irenäus berichtet bezüglich der Theologie des Simon Magus ebenfalls von einem Exil der weiblichen Gotteskraft:

> »Sie ist der erste Gedanke des Gottesgeistes, die Allmutter; durch sie beschloß der Gottesgeist zuerst Engel und Erzengel zu schaffen. Sie ist nämlich die Ennoia, die aus ihm hervorsprang. Als sie den Willen des Vaters erkannte, ist sie in die unteren Regionen hinabgestiegen und hat die Engel und Gewalten erschaffen, von denen, wie er sagt, diese Welt geschaffen ist. Nachdem sie aber diese hervorgebracht hatte, ist sie von ihnen selbst aus Neid festgehalten worden. Gott selbst nämlich ist ihnen gänzlich unbekannt geblieben, nur seine Ennoia ist von denen zurückgehalten worden, die als Gewalten und Engel von ihr ausgeschickt wurden, und jede Schmach hat sie von ihnen erduldet, damit sie nicht wieder hinauf zu ihrem Vater zurückkehrte, und so weit ist sie gesunken, dass sie sogar in einen menschlichen Körper eingeschlossen wurde und Jahrhunderte hindurch wie von einem Gefäß in ein anderes in immer wieder andere weibliche Körper wanderte.«[255]

Die zwiespältige Stellung der Sophia hat im Valentinianismus zur Konzeption einer oberen (›unvergänglichen‹) und einer unteren, gefallenen Sophia geführt, von denen die letztere auch ›Kleine Sophia‹ oder ›Sophia des Todes‹ genannt wird.[256]

Oft wird in der Gnosis das göttliche Pleroma als »Wurzel des Alls« bezeichnet, die Bäume, Äste und Früchte hervorbringt, womit das Pleroma gemeint ist.[257] Auch Simon Magus nennt das Pleroma einen Baum, aus dem alles Fleisch gespeist wird.[258]

Schließlich ist erwähnenswert, dass es in manchen christlich gnostischen Systemen im Pleroma einen Äon namens *ekklesia,* Kirche, gibt, der als die obere *ekklesia* das göttliche Urbild der irdischen Kirche ist.[259]

4. Kosmogonie

a. Im iranischen Typus kommt der Weltschöpfungsprozess dadurch zustande, dass die Finsterniswelt sich die Lichtwelt einverleiben will, weshalb ein Kampf zwischen den beiden Welten ausbricht, woraus schließlich die Welt entsteht, und zwar dank des von der Finsterniswelt aus der Lichtwelt gestohlenen Lichtes. Das Licht wird geraubt durch die Überwältigung des von der Lichtwelt ausgesandten

255 Irenäus, adv. Haer. I,27,1-4; nach H. Leisegang, Gnosis, S. 65f.

256 Vgl. K. Rudolph, Gnosis, S. 91.

257 K. Rudolph, Gnosis, S. 73.

258 Vgl. H. Leisegang, Gnosis, S. 68f.

259 Vgl. K. Rudolph, Gnosis, S. 224; H. Leisegang, Gnosis, S. 175.

Sohnes, des Urmenschen, welcher von der Gott-Mutter, die ihrerseits aus dem Vater stammt, in den Kampf gegen die Finsternis gesandt worden war.[260]

b. Im syrisch-ägyptischen Typus ist es nun die zuvor genannte Sophia, die ohne ihren männlichen Partner (Syzygos) und damit unter der Zerstörung der Einheit und in einem Akt der Selbstüberhebung eine weitere Geburt hervorbringen wollte. So gebar sie den unschönen Jaldabaot. Jaldabaot entfernte sich aus dem Lichtreich und er wurde hernach, dank der von seiner Mutter geraubten Kraft, zum Demiurgen, der die Welt erschuf und dadurch zum ersten Herrn der Finsternis.[261] Als Teil dieses hässlichen Geburtsvorgangs wird schließlich auch das Entstehen der Materie gleich einer Nachgeburt verstanden.[262]

Auch die nun vom Demiurgen eingeleitete Schöpfung geht über weitere Zeugungen vonstatten. Aus ihnen gingen zwölf Engel hervor, d.h. der Zodiak, die je sieben Engel mit je drei Kräften erhielten. Jaldabaot setzt sieben Könige, d.h. die Planeten, über die sieben Himmel und sie beherrschen den Kosmos sowie fünf, welche über das Chaos der Unterwelt herrschen.[263] Auch im Bereich dieser Archonten sucht der Demiurg, zweigeschlechtliche Herrscher zu erzeugen.[264]

Ein weiteres wichtiges Element ist in manchen gnostischen Theologien, dass der Urvater als ›Urmensch‹ bezeichnet wird, der innerhalb des Pleroma einen weiteren ›Menschen‹ hervorbringt. Beide sind das Urbild des gottebenbildlichen ›inneren‹ irdischen Menschen.[265]

5. Kosmologie

Der Kosmos ist in zwei grundsätzlich gegensätzliche Bereiche geschieden. Da ist der aus dem »Unfall« hervorgegangene irdische Kosmos, den der Gnostiker als Gefängnis und Zwangssystem empfindet. Er besteht aus den sieben Planetensphären samt der Sphäre des Zodiak – den Archonten (Herrschergewalten) und Dämonen –, die ihr finsteres Regiment über die Welt verbreiten und schließlich der Erde samt der Unterwelt. In den sieben Sphären, der *Hebdomas*, oder in der achten, der *Ogdoas*, thront der Ober-Archont, das ist der Demiurg. Am anderen Extrem steht, völlig außerweltlich, das göttliche Pleroma, das in keinem Konnex mit der irdischen Welt steht. Zwischen beiden erstreckt sich zuweilen ein Zwischenreich, in welchem die exilierte Sophia weilt und den Menschen ihr göttliches Selbst, den Funken aus dem Pleroma zukommen lässt.

260 Vgl. Böhlig, Manichäismus, S. 30f.

261 Vgl. K. Rudolph, Gnosis, S. 87f.

262 Vgl. K. Rudolph, S. 82.

263 Vgl. W. Foerster, Gnosis/Kirchenväter, S. 149ff.

264 Vgl. K. Rudolph, Gnosis, S. 84.

265 K. Rudolph, Gnosis, S. 101; H. Leisegang, S. 174; und vgl. ferner H. U. Schenke, Der Gott »Mensch« in der Gnosis, Berlin 1962.

Aus den Schriften der Ophiten ist die Beschreibung eines kosmologischen Bildes erhalten (Diagramm der Ophiten), dessen Rekonstruktion samt Erklärung ich hier von K. Rudolph[266] übernehme:

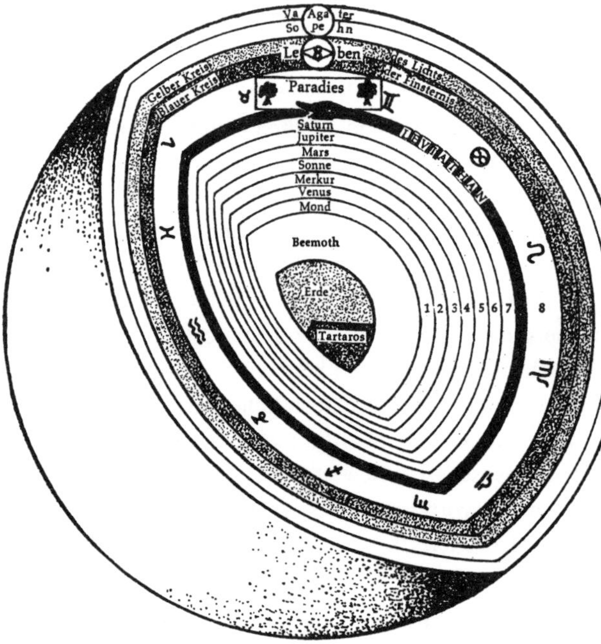

»Diagramm der Ophiten

1. Das ›Reich Gottes‹ besteht aus reinem Geist *(pneuma)* und zwei Kreisen, dem des Vaters und dem des Sohnes; ein kleiner Kreis stellt die ›Liebe‹ dar als das Element, das den Sohn (Urmensch) nach unten zieht und so die Verbindung zum Zwischenreich herstellt.

2. Das mittlere oder Zwischenreich wird von Geist und Seele beherrscht und mit zwei Farben gekennzeichnet, der gelben des Lichts und der blauen der Finsternis (offenbar der Abschluß des sichtbaren Kosmos). Der kleine ›Lebenskreis‹ symbolisiert das Reich der ›Sophia‹, aus dem der Keim des ›Lebens‹, d. i. die göttliche Seele, zum Menschen gelangt. In der rhombenartigen Figur soll ›Vorsehung der Sophia (Weisheit)‹ gestanden haben, ferner in zwei sich darin schneidenden Kreisen ›Erkenntnis‹ *(gnosis)* und ›Einsicht‹ *(synesis),* dazwischen im Schnittpunkt ›Natur der Sophia‹.

3. Der irdische Kosmos besteht aus Körper, Seele und Geist. In seiner Mitte befindet sich die Erde mit der Unterwelt *(tartaros).* Um sie schließen sich in

266 K. Rudolph, Gnosis, S. 78f.

konzentrischen Kreisen: die Beemoth-Sphäre (genannt nach dem Vorzeit-Ungeheuer der außerbiblisch-jüdischen Überlieferung, vgl. 1. Mose 1,1; 4. Esra 6,49; Baruch 29,4) oder Luftregion (Atmosphäre), dann folgen die sieben Planetensphären, der Kreis der sich in den Schwanz beißenden Schlange (Leviathan), dem Herrn der Welt und Ausdruck des Unheilscharakters des Kosmos; dahinter folgt noch die Gestirnssphäre, in der sich auch die Tierkreisbilder befinden und wo das Paradies lokalisiert ist. Letzteres ist als Rechteck gezeichnet, in dem der Baum des Lebens und der der Erkenntnis des Guten und Bösen steht; das ›flammende, sich drehende Schwert‹ trennt das Paradies von der Fixsternsphäre (vgl. 1. Mose 3,24), vielleicht symbolisiert es auch (nach einer Philonstelle) die Drehung dieser Sphäre.«[267]

6. Anthropologie

Die gnostische Anthropologie ist von einem strengen Dualismus gekennzeichnet, bei dem auf der einen – negativen – Seite das Leiblich-Psychische steht und auf der anderen das »unweltliche Selbst« des Menschen. Letzteres ist ein Lichtfunke aus dem Pleroma, der durch die »Gnosis« aktiviert ist, und der aus dem weltlichen, leiblichen wie psychischen Bereich befreit werden soll.[268]

Als weiteres dualistisches Element wird die Trennung der Geschlechter empfunden, denn im Pleromareich ist das Ideal die Doppelgeschlechtlichkeit, die als Ausdruck der Vollkommenheit gilt. Es ist eben die Verletzung dieser Einheit, welche zu der verderblichen Begierde führt.[269] Entsprechend bringt die wahre Ehe, welche aber nicht die materiell-geschlechtliche ist, sondern eine spirituelle, die im Himmel vereinten Seelen wieder zusammen. Diese wahre Ehe wird im Sakrament des »Brautgemachs« vollzogen. Die menschlichen Seelen werden demnach als im Himmel doppelgeschlechtlich vorgestellt, werden aber dann bei ihrem Abstieg in die Welt voneinander getrennt. Die nun alleine in der Welt irrende Seele, wird als Frau dargestellt, die auch eine psychische Gebärmutter besitzt, sie verliert sich in der Welt zunächst auf Irrwegen in die Hurerei bis sie ihre Schmerzen wahrnimmt und sich der Innenseite zuwendet. Diesen Vorgang beschreibt die gnostische »Exegese über die Seele«:

> »Ich [der Apostel Paulus] habe euch in dem Brief geschrieben: ›Verkehrt nicht mit Hurern, auf keinen Fall mit Hurern dieser Welt oder Habgierigen oder Räubern oder Götzendienern, denn sonst müßtet ihr ja aus der Welt kommen‹ (1. Kor. 5,9f). So spricht er pneumatisch: ›Unser Kampf ist für uns nicht gegen Fleisch und Blut‹, wie er [Paulus] gesagt hat, ›sondern gegen die

267 K. Rudolph, S. 78f.

268 Vgl. K. Rudolph, Gnosis, S. 75.

269 Vgl. K. Rudolph, Gnosis, S. 90.

Weltherrscher dieser Finsternis und die Geister der Schlechtigkeit‹ (Eph. 6,12). Bis zu dem Tag, an dem die Seele überall hinrennt, indem sie geschlechtlichen Umgang hat mit dem, dem sie begegnen wird, indem sie sich befleckt, ist sie unter der Pein derer, die sie aufzunehmen verpflichtet ist. Wenn sie aber die Schmerzen wahrnimmt, in denen sie ist, und zum Vater weint und Buße tut, dann wird sich der Vater ihrer erbarmen und ihre Gebärmutter wenden, von den Außenseiten wird er sie wieder nach innen wenden, wobei die Seele ihre Individualität erhält. Sie sind nämlich nicht von der Art der Frauen; denn die Gebärmütter des Körpers sind im Inneren des Körpers wie auch die Eingeweide. Die Gebärmutter der Seele aber umgibt die Außenseite wie die männlichen Charakteristika, die außen sind. Wenn sich nun die Gebärmutter der Seele nach dem Willen des Vaters zur Innenseite wendet, taucht sie unter und wird sofort von der Befleckung der Außenseite rein (oder: aktiv: reinigt die Befleckung der Außenseite), die man auf sie gepreßt hatte. So wie man die schmutzigen [Gewänder] zur [Wäsche zum Wasser], das sie umgibt, zu nehmen pflegt, bis man ihren Schmutz [heraus]bringt und sie rein werden. Die Reinigung der Seele aber ist das Empfangen ihrer [Neuheit], ihrer früheren physischen Beschaffenheit, und sie wendet sich wiederum, das ist ihre Taufe. Dann wird sie beginnen, sich selbst zu zürnen wie die, die zu gebären pflegen, sofort, wenn sie ein Kind gebären, sich selbst zornig zu drehen (= zu kreißen) pflegen. Aber da sie eine Frau ist und nicht allein ein Kind zeugen kann, hat der Vater ihr vom Himmel ihren Mann gesandt, der ihr Bruder ist, der Erstgeborene. Da kam der Bräutigam herab zur Braut. Sie gab ihre frühere Hurerei auf, sie reinigte sich von den Befleckungen der Ehebrecher. Sie erneuerte sich aber zu einer Braut. Sie reinigte sich im Brautgemach. Sie füllte es mit Parfüm; sie saß drinnen in ihm und hielt Ausschau nach dem wahren Bräutigam. Nicht mehr rennt sie auf den Marktplatz, indem sie geschlechtlichen Umgang hat mit dem, den sie will. Vielmehr fuhr sie fort, nach ihm Ausschau zu halten, an welchem Tage er kommen würde, wobei sie sich vor ihm fürchtete, denn sie kannte sein Aussehen nicht. Sie erinnert sich nicht mehr seit der Zeit, als sie aus dem Haus ihres Vaters ›fiel‹. Nach dem Willen des Vaters aber träumte sie von ihm wie die Frauen, die die Männer lieben. Da nun kam der Bräutigam nach dem Willen des Vaters zu ihr herab in das fertige Brautgemach. Er schmückte aber das Brautgemach. Denn jene Hochzeit ist nicht so wie die fleischliche Hochzeit, wobei die, die miteinander geschlechtlichen Umgang haben werden, sich an jenem Umgang zu erfreuen pflegen. Und wie Lasten lassen sie die Plage der Lust hinter sich und sie [dienen] einander. Fürwahr von dieser [Art] ist nicht diese Hochzeit, sondern wenn sie die Vereinigungen [vollziehen], werden sie ein einziges Leben. Deswegen sagte der Prophet, den ersten Mann und die erste Frau betreffend: ›Sie werden ein einziges Fleisch werden‹ (1.Mos. 2,24b).

Sie waren nämlich zuerst beim Vater miteinander verbunden, bevor die Frau den Mann verlor, der ihr Bruder ist. Diese Hochzeit hat sie nun wiederum miteinander vereinigt, und die Seele vereinigte sich mit ihrem wirklich geliebten, ihrem naturgemäßen Herrn, so wie geschrieben steht: ›Der Herr nämlich der Frau ist ihr Gatte‹ (1.Mos. 3,16b).«[270]

Kommt die spirituelle Seele des Menschen vom »Himmel«, so ist der Körper des Menschen ein Geschöpf der Archonten/Planeten, die ihn aus den Elementen erschaffen. Richtiges Leben erhält er aber erst durch das ihm aus dem Pleroma zukommende Pneuma (Geist).[271]

Auch von der Seelenwanderung, d.h. wandernden göttlichen Lichtfunken, ist in den gnostischen Texten zuweilen die Rede.[272] Und schließlich glauben manche Gnostiker, dass die Lichtfunken-Seele des Menschen Teil der Allseele ist, d.h. Teil der Seele Adams. Die Seele des Adam ist demnach die Gesamtheit aller Seelen.[273]

7. Erlösungslehre – Soteriologie

Die Erlösung ist die Umkehrung des kosmogonischen wie anthropogonischen Prozesses. Das heißt, die als Unfall entstandene Welt und der psychisch-körperliche Teil der Menschen müssen wieder vernichtet werden, und zwar durch die Rückführung der aus dem Pleroma geraubten und in der irdischen Welt gefangenen spirituellen Seelen, die Lichtfunken aus der göttlichen Welt sind. Dadurch wird der irdischen Welt und dem irdischen Menschen die Existenzgrundlage entzogen. Diese Erlösung beginnt mit der Gnosis in dem oben genannten Sinn.[274] Das heißt, die Erlösung ist wesentlich auf die Erkenntnis gegründet, das menschliche Handeln hat dabei allenfalls kathartische Hilfsfunktion.[275] Um diese Erkenntnis auszulösen, bedarf es einer Offenbarung aus dem Reich des Pleroma.[276]

Ein viel diskutierter Gedanke ist jener um die Erlösergestalt. Die gnostischen Erlösergestalten sind vor allem solche, welche dem Menschen Erkenntnis über ihre Situation bringen und ihnen den Erlösungsweg der Gnosis weisen.[277] Manche dieser Gestalten sind auch als Helfer bei der Rückkehr der Seele, d.h. bei

270 Exegese über die Seele, zit. nach: W. Foerster, Gnosis/koptisch-mandäisch, S. 130f.

271 Vgl. K. Rudolph, Gnosis, S. 112.114.120f.; u. W. Foerster, Gnosis/koptisch-mandäisch, S. 251ff. 263ff.

272 Vgl. K. Rudolph, Gnosis, S. 128, vor allem wenn die Seele keine Erkenntnis gewann, S. 202.

273 Vgl. K. Rudolph, Gnosis, S. 128.

274 Vgl. K. Rudolph, Gnosis, S. 134-136.

275 Vgl. K. Rudolph, Gnosis, S. 136f.

276 Vgl. K. Rudolph, Gnosis, S. 138.

277 Vgl. K. Rudolph, Gnosis, S. 138.

ihrem Aufstieg durch die feindlichen Archontensphären, behilflich.[278] Als Erlöserfiguren gibt es dabei sowohl Personen: himmlischer Adam, himmlische Eva, Abel, Seth, Enosch, Melchisedek, der Engel Baruch etc. sowie auch »personifizierte« abstrakte Begriffe: Weisheit (*Sophia)*, Geist der Wahrheit, Verstand (*nus*), Einsicht (*epinoia*), Denkkraft (*ennoia*), Wort (*logos*) etc.[279]

Bei ihrem Aufstieg durch die himmlische Welt muss die Seele Beschwörungsgebete sprechen, Siegel vorzeigen, Lieder singen, wird Prüfungen unterzogen und durch Straforte geführt.[280]

Die *Offenbarung des Jakobus* bietet eine viele dieser Motive zusammenfassende Darstellung eines solchen Aufstiegs:

> »[Sie]he, ich werde dir deine Erret[tung] kundmachen. Wenn man [dich] ergreift und du diese (Todes-)Schmerzen erleidest, wird sich eine Menge (an Archonten) gegen dich wenden, um dich zu ergreifen. Besonders aber drei von ihnen werden dich ergreifen, (nämlich) die, welche als (überirdische) Zöllner dasitzen, indem sie nicht nur Zoll einfordern, sondern auch die Seelen mit Gewalt nehmen. Wenn du nun in ihre Hand gelangst, wird einer von ihnen, der ihr Wächter (Aufseher) ist, zu dir sagen: ›Wer bist du, oder woher bist du?‹ Du sollst (dann) zu ihm sagen: ›Ich bin ein Sohn und ich stamme vom Vater!‹ Er wird zu dir sagen: ›Was für ein Sohn bist du und von welchem Vater stammst du?‹ Du sollst zu ihm sagen: ›Ich stamme von dem Vater, der eher [da war], ein Sohn aber [bin ich] durch den, den, der eh[er] da war.‹ [Er wird] zu dir [sagen: ›Weswegen] wurdest [du ausgesandt?‹] Du sollst [zu ihm] s[agen: ›Ich kam] von jenem, [der eher; da war,] damit ich [alles Unsrige und Fremde erblicke!‹ Er wird zu dir sagen: ›Was ist] dieses Fremde?‹ Du sollst zu ihm sagen: ›Es ist gar nichts Fremdes, sondern es stammt von [Acha]moth, d. h. dem Weib; und sie hat dies geschaffen, als sie dieses Geschlecht aus dem, der eher da war, (in die Materie) hinabbrachte. Es ist also nichts Fremdes, sondern das Unsrige. Das Unsrige zwar ist es, weil (auch) die, die Herr darüber ist (d. i. die Achamoth bzw. Sophia), von dem, der eher da war, stammt. Fremdes ist es aber demgemäß, daß der, der eher da war, nicht mit ihr gemeinsam war, als sie damals daranging, es zu schaffen.‹ Er wird ferner zu dir sagen: ›Wohin wirst du gehen?‹ Du sollst zu ihm sagen: ›Zu dem Ort, aus dem ich gekommen bin, werde ich wieder gehen.‹ Wenn du aber dies sagst, wirst du ihren Feindseligkeiten entgehen. Wenn du aber in die Hände [der] drei Greifer kommst, [die] die Seelen an jenem Ort mit Ge[walt] nehmen. [...] Du sollst [zu ihnen sagen: ›Ich bin] ein Gefä[ß, das]

278 Vgl. K. Rudolph, Gnosis, S. 138.186-213.

279 Vgl. K. Rudolph, Gnosis, S. 145.

280 Vgl. K. Rudolph, Gnosis, S. 186-213.

vielmals [wertvoller ist] als [das Weib, das] eu[ch geschaffen hat.] [...] Ihr eurer[seits] werdet nicht nüchtern werden. Ich aber werde die unvergängliche Erkenntnis *(gnosis)* [an]rufen, das ist [die] Sophia, die sich im Vater befindet, die die Mutter der Achamoth ist. [...].‹ und dann werden sie in Verwirrung geraten (und) Klage gegen ihre Wurzel und das Geschlecht ihrer Mutter erheben. Du [aber] wirst zu [dem] Deinigen emporsteigen. [...].«[281]

Umstritten, aber in manichäischen Texten greifbar, ist die Vorstellung von einem erlösten Erlöser, d.h. dass die Erlösergestalt aus dem Pleroma sich selbst erlöst. Rudolph meint dazu:

»Immerhin, der Grundgedanke ist der Gnosis nicht fremd, im Gegenteil, der Manichäismus hat nur eine Konsequenz aus ihrer Soteriologie gezogen, und eine Reihe Aussagen werden uns nur verständlich, wenn wir davon ausgehen, dass die Idee von einem Erlöser, der die ›Seelen‹ als mit seinem Wesen identische Lichtteile mittels der Erkenntnis dieser Identität befreit und dabei ein gleiches Schicksal wie diese Seelen bzw. Lichtteile erleidet, tatsächlich eine Rolle spielt.«[282]

Das vollkommene Heil ist schließlich die Reintegration des pleromatischen Lichtfunkens im Menschen in das göttliche Pleroma,[283] hier gewinnt der Pleromafunke auch seine androgyne Einheit wieder.[284] Der Körper wird abgelegt, er verfällt der Vernichtung,[285] eine Auferstehung der Toten würde der gnostischen Erlösungshoffnung diametral entgegenstehen, wäre sie ja doch nur eine Wiederholung der Schöpfungskatastrophe.[286] Und was für das Individuum gilt, gilt auch für den gesamten irdischen Kosmos. Aus ihm sollen die gefangenen Lichtteile befreit und ins Pleroma zurückgeführt werden, wodurch der irdische Kosmos, und damit die Finsternis, zu Nichts[287] oder zu einem toten Klumpen[288] wird.

Im Erlösungsprozess der gesamten Welt kommt dem Menschen eine wichtige Rolle zu. Er muss das im irdischen Kosmos gefangene Licht aus dem Pleroma wieder nach oben befördern, wodurch die Einheit des Lichtes wiederhergestellt

281 NHC V 3, 32,29-35,25, zit. nach K. Rudolph, Gnosis, S. 190.

282 Vgl. K. Rudolph, Gnosis, S. 141.

283 Vgl. K. Rudolph, Gnosis, S. 207.

284 Vgl. K. Rudolph, Gnosis, S. 207.

285 Vgl. K. Rudolph, Gnosis, S. 205.

286 Vgl. K. Rudolph, Gnosis, S. 208.

287 Vgl. K. Rudolph, Gnosis, S. 213.219.

288 Vgl. K. Rudolph, Gnosis, S. 220.

und die finstere Welt vernichtet wird.[289]

8. Sakramentales Handeln

Hier sollen nur zwei gnostische Riten erwähnt werden, die in mehrfacher Weise an rituelles Handeln in der Kabbala erinnern. Zum einen ist hier die Zeremonie des *Brautgemachs* zu nennen. Schon oben im Abschnitt über die Anthropologie wurde das Brautgemach als die Wiedervereinigung der getrennten Seelen beschrieben. Diese Wiedervereinigung wurde offenbar auch als steter Ritus inszeniert. So sagt z.B. der Kirchenvater Irenäus:

> »Die einen bereiten ein Brautgemach und führen eine Mysterienfeier aus mit einigen Anrufungen für die, die sich weihen lassen, und sie sagen, das, was sie machen, sei eine geistige Hochzeit nach dem Vorbild der oberen Paare.«[290]

Rudolph bemerkt dazu:

> »Diese Zeremonie des ›Brautgemachs‹ ist offensichtlich ebenfalls eine Form der rituell gestalteten ›Erlösung‹ gewesen, wie uns jetzt die Angaben des Philippusevangeliums nahe legen, wahrscheinlich sogar eine Art Sterbesakrament mit Salbung und Rezitationen. Sie gilt als das ›Heiligste der Heiligen‹ und steht über den anderen Sakramenten. Ihr Anliegen war es offenbar, die endzeitliche Einigung mit dem Pleroma, das als Brautgemach vorgestellt wurde, vorwegzunehmen und sakramental anzueignen, aber nicht durch einen sexuellen Akt oder eine Kusszeremonie, wie häufig angenommen wurde. Davon berichtet selbst Irenäus nichts; dies widerspräche der ›geistigen‹ Auffassung dieser ›Hochzeit‹. Es werden ausdrücklich die irdische und die überirdische Hochzeit gegenübergestellt; letztere ist die ›unbefleckte Hochzeit‹. Den Hintergrund dafür hat Irenäus richtig wiedergegeben: Die himmlische Vollkommenheit wird […] als mann-weibliche Einheit vorgestellt und in der Idee göttlicher Paare (Syzygien) zum Ausdruck gebracht.«[291]

Der andere Ritus ist das sakramentale Verspeisen selbst des alltäglichen Essens. Dazu lässt Epiphanius einen der Barbelo-Gnostiker sagen:

> »Was immer wir essen, Fleisch, Gemüse, Brot oder etwas anderes, so erweisen wir damit den Geschöpfen Gottes Gnade, indem wir aus allem die Seele sam-

289 H. Leisegang, Gnosis, S. 234; und s. unten das Kapitel: »Sakramentales Handeln«.

290 Irenäus, adv. Haer. I, 21,3; zit. nach W. Foerster u.a., Die Gnosis/Kirchenväter, S. 283.

291 K. Rudolph, Gnosis, S. 254 u. vgl. S. 260.

meln und sie mit uns in die überhimmlischen Bereiche hinübertragen [...].«[292]

So auch bei den Manichäern, bei denen die Mahle der Auserwählten dem ›Einsammeln der Seele‹ dienen.[293] Augustinus berichtet laut Rudolph von ihnen:

> »Durch Verzehren dieser [besonders lichthaltigen] Nahrung [wie Gurken, Melonen etc.] wurde das darin befindliche Licht, »die geschlachtete, getötete, bedrängte, gemordete Seele«, wie es heißt, von der Vermischung mit der Finsternis bzw. Materie befreit, gereinigt, geläutert und so im »Auserwählten« angereichert [...] Diese Teilchen des höchsten und wahren Gottes wären gebunden in der Frucht verblieben, wenn sie nicht durch den Zahn und Magen der auserwählten Heiligen befreit worden wären.«[294]

2.4 Kabbala und Gnosis – Trennendes und Verbindendes

Im Folgenden sollen einige Gemeinsamkeiten, aber auch Unterschiede zwischen Kabbala und Gnosis benannt werden, wobei nochmals betont werden muss, dass es *die* Kabbala nicht gibt, sondern nur eine überaus große Zahl von kabbalistischen Texten, von denen der eine oder andere sich dem gnostischen Denken annähert. Wenn hier dennoch einmal zusammenfassend ein Vergleich durchgeführt wird, so mit dem Ziel, das Neue, das Andersartige und auch Fremde, das mit der kabbalistischen Bewegung ins Judentum getreten ist, sichtbar werden zu lassen. Erst im Ensemble der zerstreuten Aussagen tritt die neue Ausrichtung der Kabbala deutlich in Erscheinung, auch wenn man manche der ›neuen‹ Motive meint, innerjüdisch ableiten zu können, wie dies vor allem Joseph Dan versucht hat.

Zunächst soll auf einen – wie mir scheint – ersten grundlegenden Unterschied zwischen der Gnosis und der Kabbala hingewiesen werden, der sich aus dem bisherigen Verlauf der jüdischen Religionsgeschichte nahe legt. Clemens von Alexandrien hat in seinen Exzerpten aus Theodot das Wesen der Gnosis einmal mit folgender achtfachen Frage charakterisiert. Danach ist die Gnosis die

> »Erkenntnis, wer wir sind und was wir geworden sind; woher wir stammen und wohin wir geraten; wohin wir eilen und wovon wir erlöst sind; was es mit unserer Geburt, was es mit unserer Wiedergeburt auf sich hat.«[295]

292 Epiphanius, Panarion 26, 9, 4; zit. nach K. Rudolph, Gnosis, S. 259.

293 K. Rudolph, Gnosis, S. 259.

294 K. Rudolph, Gnosis, S. 378, nach Augustin, Bekenntnisse III, 10.

295 Clemens Alexandrinus, Excerpta ex Theodot 78, 2, zit. nach H. Leisegang, Gnosis, S. 1.

Kürzer, aber der Sache nach gleich, formuliert es das koptische *Evangelium der Wahrheit* aus Nag Hammadi:

> »Wer […] Gnosis haben wird, weiß, woher er gekommen ist und wohin er geht. Er erkennt wie jemand, der trunken war und von seiner Trunkenheit ernüchtert worden ist und, wiederum zu sich zurückkehrt, sein Eigenes wieder hergestellt hat.«[296]

Das bedeutet, die Ausgangsfrage der Gnosis ist die Frage nach dem Ort und dem Wesen des Menschen in dieser Welt, die, so wurde oben deutlich, als Ort der Finsternis und der Fremde gesehen wird.

Demgegenüber scheint die Grundfrage der Kabbala zu sein: Wie kann der Mensch zu dem unerkennbaren Gott, zum *deus abscondidus*, in Kontakt treten. Gibt es einen Weg zu dem Gott, von dem die Tradition spricht, trotz des Verdiktes der Philosophie, wie dieses im ersten Band dieses Buches gezeichnet wurde? Danach war die Ausgangsproblematik der Kabbalisten die Entrückung der Gottheit durch den philosophischen Gottesbegriff, die eine Kommunikation mit ihr ausschloss. Aus diesem Dilemma Wege zu finden erscheint als erstes Anliegen der Kabbalisten. Das heißt, die Kabbala geht von der Möglichkeit der Gottesnähe *in* dieser Welt aus, während die Gnosis Gottesnähe nur in völliger Negation dieser Welt zu finden meint. Ungeachtet dieses zentralen Unterschiedes zwischen Gnosis und Kabbala gibt es doch genügend Gemeinsamkeiten, die zur Kenntnis genommen werden müssen, dies umso mehr, als einige Systeme der Kabbala jener gnostischen Weltverachtung gefährlich nahe kommen.

1. Soteriologische Gnosis?

Die frühe spanisch-provençalische Kabbala ist keine Erlösungsreligion im Sinne der Gnosis, somit ist das auch von den Kabbalisten zu erwerbende Wissen nicht ›soteriologische Gnosis‹. Das Wissen, das der Kabbalist des 12., 13. und der folgenden Jahrhunderte erwerben musste, diente dem meditativen Gebet und dem von Kontemplation begleiteten Handeln in der Gebotserfüllung. Durch sie verschaffte sich der Kabbalist in unterschiedlich beschriebener Weise Zugang zum göttlichen Pleroma oder vermochte, dessen Segensfülle auf sich herabzuziehen, ohne dass damit in erster Linie eschatologisch-soteriologische Ziele verfolgt worden wären. Zwar konnte der Kabbalist auf diese Weise auch einen Heils-Zustand herbeiführen, doch dieser war pleromatischer Natur, nämlich die Verbindung und Einung der Gotteskräfte, die in einem zyklischen verstandenen steten Zueinander- und Auseinanderbewegung verharrten. Dieses präsentische

296 NHC I, 3, 22, 1ff., zit. nach K. Rudolph, Gnosis, S. 64; dt. Übersetzung des Evangeliums bei: M. Krause, K. K. Rudolph, Die Gnosis. Koptische und Mandäische Quellen, W. Foerster (Hrsg.), Düsseldorf 1997, S. 63ff.

innergöttliche »Heil« hat zugleich Auswirkung auf ein innerweltlich präsentisches Heil.

Anders werden die Dinge allerdings in der lurianischen Kabbala des 16. Jahrhunderts, die das gesamte Weltgeschehen nicht als Zyklus von Einung (*Jichud*) und Trennung der Gotteskräfte konzipierte, sondern als eine zielgerichtete Bewegung hin auf die Restitution des gesamten Kosmos und der Seele des Ersten Adam. Hier bekommt das Wissen des Kabbalisten einen eminent soteriologischen Sinn. Voraussetzung für die Befreiung der Seelen aus der Seelenwanderung und ihre folgende Reintegration in den Ersten Menschen sowie die Restitution der kosmischen Lichtfunken ist ein Wissen um den Stand der Seelengeschichte und Seelenwanderung sowie der Möglichkeiten zum *Tikkun*, der Wiederherstellung einer heilen Welt. Allerdings reicht dieses Wissen hier nicht aus. Das Wissen ist nur Voraussetzung für das richtige ethische und rituelle Tun, das sodann entscheidend ist.

2. Dualismus

Das dualistische Denken hat sich trotz der biblischen und rabbinischen Vorgaben durch die Kabbala in einem beachtlichen Maß im Judentum eingenistet. Allerdings sind nicht alle Formen der Kabbala dualistisch, vielmehr im Wesentlichen jene, die unten als gnostisierende Kabbala bzw. synthetische Kabbala bezeichnet werden, welch letzter Ausdruck auf eine Verbindung verschiedener Grundkonzeptionen hinweisen soll. Hierzu ist auch die stark geprägte lurianische Kabbala zu zählen. Grundsätzlich kann man allerdings sagen, dass es in der Kabbala keinen Pleroma-Kosmos-Antagonismus gibt. Das heißt, nirgendwo in der Kabbala wird der irdische Kosmos als dualistischer Widerpart zum göttlichen Pleroma verstanden, wiewohl diese Aussage noch zu differenzieren sein wird.

Gemeinsam ist der Gnosis und der Kabbala aller gerade genannten Richtungen, dass sie den Ursprung des Bösen in der Transzendenz suchen. Allerdings gehen die Kabbalisten hier nicht mit dem iranischen Typus der Gnosis, sondern eher mit dem syrisch-ägyptischen konform, bei dem ein ursprünglicher Monismus sich im Laufe der Theogonie – oder auch der Kosmogonie - zum Dualismus entwickelt. So etwa im *Sohar*, der dabei den kastilischen Kabbalisten folgt, nach dem sich im Laufe der göttlichen Selbstentfaltung in einem kritischen Moment die linke Seite, die *Sitra achra*, die andere Seite, geboren wird, die sich sodann zu einem finsteren und unheiligen Spiegelbild des heiligen göttlichen Pleroma entfaltet. Diese andere Seite hat nun, ähnlich wie die gnostische Archontenwelt, eine eigene Herrschaftshierarchie, auch diese ist zweigeschlechtlich, mit bösen Engeln und Dämonen. Sie sind allerdings – und darin zeigt sich wieder die optimistische Schöpfungsauffassung – nicht mit den kosmologischen Größen wie Zodiak oder Planeten identisch.

In der lurianischen Kabbala entsteht die finstere Gegenwelt in einem Frühstadium der gottgewollten Kosmogonie, nämlich bei dem sogenannten Bruch der Gefäße. Hier wird dann in der Tat von einem Finsternisbereich gesprochen, der sich dank der geraubten oder gefallenen Lichtfunken aus dem Pleroma erhält und dessen Ende mit der Herausläuterung des Lichtes kommen wird. Aber auch hier gilt: es ist nicht der erschaffene Kosmos, der zum Finsternisreich wird, vielmehr wird der gottgewollte und gute Kosmos als in den Fängen des Reiches der *Schalen*, der *Klippot*, gesehen und sobald die Finsternis durch Herausläuterung des Lichtes zu Ende kommt, wird der *'Olam ha-Tikkun*, die »Restituierte Welt« allein als Pendant zum Pleroma bestehen. Dieser tatsächlich sehr gnostisch klingende Dualismus wird allerdings durch zwei unterschiedliche Erklärungen abgemildert, nämlich damit, dass es des Bruches bedurfte, um ein göttliches Strafinstrument zu schaffen oder aber – und dies ist die extremere Form – um aus dem Unendlichen der Gottheit eine Wurzel des Bösen herauszuläutern.

Der *Sefer ha-Bahir* hat hier noch eine mildere Form des Dualismus, insofern er von einem innerpleromatischen Dualismus spricht, nämlich von der »linken Hand« Gottes, welche in einem der pleromatischen Äonen gesehen wird.

3. Theologie und Theogonie

In der Theologie vertreten die Kabbalisten Auffassungen, welche jenen der Gnosis überaus nahe kommen. Sie sprechen nicht wie die jüdische Tradition von *einem* Gott, sondern wie die Gnostiker von einem göttlichen Pleroma, wobei die zehn *Sefirot* nur das bekannteste und beherrschende ist. An der Spitze dieses Pleroma von Gotteskräften steht auch für die Kabbalisten ein »Vorvater«, sei es als jenseits der *Sefirot* stehendes *'En Sof* (Unendliches) oder als erste Gotteskraft der *Sefirot* selbst. Auch dieses Pleroma ist durch Zeugungen bzw. Hervorgehungen entstanden. Als Vater (*'Abba*) wird hier z.B. die zweite *Sefira Hochma* (Weisheit) genannt und als Mutter die dritte (*Bina*). Die sechste und zehnte *Sefira* sind sodann ein weiteres innerpleromatisches Paar, das zugleich die Rolle von Sohn und Tochter einnimmt. Die beiden Frauengestalten werden analog zur gnostischen Sophia als obere und untere Mutter bzw. *Schechina* betrachtet, wobei die obere für den theogonischen, die untere für den kosmogonischen Prozess entscheidend ist. Die Ausgestaltung der Kräfte der Pleroma zu Paaren, Syzygien, wird sodann in der lurianischen Kabbala geradezu scholastisch-systematisch komplettiert. Und es ist ein verbreitetes kabbalistisches Motto, dass nur da Bestand verbürgt ist, wo Männliches und Weibliches verbunden sind – eine Auffassung die sodann auch für die *imago dei*, den irdischen Menschen gilt.

Das gesamte sefirotische Pleroma wird wie in der Gnosis dann auch als Wurzel des Alls oder als Weltenbaum betrachtet und hat die weitere Gemeinsamkeit, dass epistemologische Abstrakta zu den höchsten Äonennamen gehören: Weisheit, Einsicht und Erkenntnis. Schließlich wird der gesamte Sefirotbaum auch als

'Adam Kadmon, als »Urmensch« bezeichnet, womit eine weitere Nähe zum gnostischen Denken angezeigt ist, in dem zuweilen transzendente Urmenschgestalten zu finden sind.

4. Kosmogonie

In der Kosmogonie halten sich Gemeinsamkeit und Differenz die Waage. Die kabbalistische Kosmogonie hat trotz der genannten dualistischen Einschläge im Grunde das optimistische Weltbild der Bibel zu bewahren versucht. Der Weltentstehungsprozess ist nach den Lehren der Kabbalisten gottgewollt, ist also weder aus einem Rivalitätskampf zwischen Licht und Finsternis noch wegen eines innerpleromatischen Unglücksfalls entstanden. Die untere Mutter, die *Schechina*, hat, gleichsam im Auftrag oder als Mittlerin der höheren *Sefirot*, die Schöpfung hervorgebracht. Wenn es, wie geschildert, beim theogonischen (*Sohar*) bzw. beim kosmogonischen (Luria) Prozess »Unglücksfälle« gegeben hat, aus denen das Böse entstanden ist, so bedeutet dies nur eine Beinträchtigung der guten Schöpfung, nicht aber ein Verdikt über die irdische Schöpfung als solche.

5. Kosmologie

Der kabbalistische Kosmos ist zwar gegliedert, nicht aber in Gegensätze gespalten. Das göttliche Pleroma hat sein Licht aus liebender Zuneigung in die Schöpfung gegeben, wodurch sie entstanden ist und erhalten wird. Unter dem Pleroma folgt die Thronwelt, dann die Welt der Engel und schließlich die irdische Welt, ab dem 14. Jahrhundert neben *'Azilut-Welt, Beria-Welt, Jezira-Welt, 'Asija-Welt,* genannt, zu letzterer gehören die Himmelssphären samt Planeten. Das Böse der soharischen *Sitra 'achra* oder der lurianischen Schalenwelt ist nicht mit dem Kosmos identisch, er ist ihnen nur ausgeliefert und muss suchen, sich aus ihm zu befreien. Ist dies gelungen, dann ist die heile Welt, der *'Olam ha-Tikkun* erreicht.

6. Anthropologie

Wie der gesamte Kosmos gilt dem Kabbalisten auch der Mensch als gottgewolltes Geschöpf. Seine spirituelle Seele stammt jedoch wie der gnostische Lichtfunke aus dem göttlichen Pleroma, wobei allerdings in der Kabbala kein antagonistischer Dualismus zwischen pleromatischem Lichtfunken und psychischer Seele und Leib zu finden ist. Das kabbalistische Menschenbild ist positiver als jenes der Gnosis. Dies umso mehr, als nach Auffassung der Kabbala etwa nicht nur der seelische Lichtfunke Ebenbild des göttlichen Pleroma ist, sondern auch sein Körper, der hier sogar im Gegensatz zur mittelalterlichen jüdischen Philosophie eine ganz neue und zentrale Würde erhält. Denn es ist eben gerade dieser Körper, der die göttlichen Gebote erfüllt und damit – begleitet von der ›seelischen‹ Meditation – auf das Pleroma einwirken und so sogar als Partner Gottes bei der Welterhaltung betrachtet werden kann.

Für die Erschaffung des Körpers durch kosmische Mächte gibt es jedoch im *Sohar* Parallelen, danach haben Erde, Himmel und Wasser den menschlichen Körper oder die *Sitra 'achra* (die bösen Kräfte), dessen Fleisch, hervorgebracht, die aber erst dann zum richtigen Leben kamen, als ihnen Gott die Seele einhauchte. Allerdings gilt auch hier der Unterschied: die kosmischen Mächte sind in der Gnosis negativ besetzt, nicht aber in der Kabbala.

Die Lehre von der Seelenwanderung ist seit der spanischen Kabbala belegt, hat aber erst in der lurianischen Kabbala ihre die Anthropologie beherrschende Rolle bekommen. Auch hierin ist eine Nähe zu den gnostischen Systemen zu konstatieren.

Schließlich gilt in der lurianischen Kabbala die Seele des Ersten Menschen als Allseele, aus der alle israelitischen Seelen entstammen, was schon oben als gnostischer Topos vermerkt wurde. Die in der zitierten Exegese über die Seele belegte Vorstellung von der Zweigeschlechtlichkeit der Seele, deren Trennung und Wiedervereinigung hat im *Sohar* ihr Pendant.

7. Erlösung

Eine Erlösungslehre, die in Analogie zur gnostischen Soteriologie treten könnte, kennt nur die lurianische Kabbala. Nach ihr besteht die Erlösung des Menschen darin, dass seine Seele, aus der Seelenwanderung befreit, in die Makroseele des Ersten Adam reintegriert wird. Diesem Ziel dient zum einen die Seelenwanderung und vor allem – und dies scheint wieder ein typischer Unterschied zur Gnosis – das religiöse *Handeln* in der körperlichen Gebotserfüllung und nicht eine soteriologische Gnosis.

Die übrigen Kabbalisten zeichnen eher ein statisch-zyklisches Weltbild, nach dem es in dieser Welt Heils- und Unheilszyklen bzw. -phasen gibt. Der Aufstieg der Seelen hat darum zunächst in einer präsentisch-zyklischen Mystik seinen Raum und sodann nach dem individuellen Tod. Die Beschreibung der Instanzen, durch welche die Seele hinaufzusteigen hat, entsprechen in Vielem dem oben gezeichneten gnostischen Bild, allerdings mit dem wesentlichen Unterschied, dass die Straf- und Gerichtshäuser der oberen Instanzen hier nicht die gottfeindlichen Planetensphären sind, sondern göttlich beauftragte himmlische und pleromatische Instanzen.

Das Motiv des erlösten Erlösers kann man schließlich in der Kabbala in der Gestalt wiederfinden, als die *Schechina*, die unterste der pleromatischen Gotteskräfte, als Welterhalterin oder als in die Welt verstreutes Licht und zugleich als Mutter Israels, diese zu Gott zurückzuführen soll und sich dadurch selbst aus dem Exil erlöst.

8. Sakramentales Handeln

Das zentrale sakramentale Handeln der Kabbalisten ist die auf das Pleroma einwirkende Theurgie, welche durch Gebotserfüllung, Gebet und begleitende Meditation bewerkstelligt wird. Zu ihr gehört auch das, was man als ›Brautgemach‹ bezeichnen könnte: in der Liturgie, aber auch durch den ehelichen Beischlaf, wird der *hieros gamos*, die Verbindung der pleromatischen Paargenossen, bewirkt.

Die lurianische Kabbala, die sich in ihrer Kosmologie am stärksten den gnostischen Konzeptionen annähert, kennt, wie die oben zitierten Barbelognostiker, schließlich den Ritus des Speisens, um die heiligen Licht- und Seelenfunken aus der Seelenwanderung oder überhaupt aus der Welt emporzuheben.

Zusammenfassend lässt sich sagen, dass sich das grundsätzlich optimistische und monistische Weltbild des Judentums gegen die nicht zu leugnenden massiven dualistischen Einbrüche in der Kabbala behauptet hat. Dennoch sind die kabbalistischen Juden in manchen Phasen nicht wenig durch pessimistische asketische und weltkritische Einflüsse geprägt worden. Außerdem haben sie eine Differenzierung, ja Pluralisierung, und Mythologisierung der Gottesvorstellung vorgenommen, welche allen bis dato vorgetragenen jüdischen Theologien ins Gesicht schlägt. Auch sonst treffen sich – wie im Folgenden an weiteren Details deutlich werden wird – Kabbala und Gnosis in einer großen Anzahl von einzelnen Motiven. Alles in allem wird man die Kabbala wohl kaum als jüdische Gnosis bezeichnen können, wohl aber Teile von ihr als eine gnostisierende Theologie. So werden dem aufmerksamen Leser der folgenden Darstellungen noch eine Vielzahl von Einzelmotiven auffallen, die in der hier vorgetragenen Skizze der Gnosis genannt wurden, wie etwa die innergöttliche Repräsentanz der Ekklesia als »Gemeinde Israels«, das mythologische Denken oder die Seelenaufstiege und vieles andere mehr.

3. Gott und die Schöpfung

3.1. Das göttliche Pleroma und die Weltschöpfung

Die biblische und rabbinische Kosmologie vertrat die Auffassung, dass Gott die Welt durch sein Wort erschaffen hat. Die altjüdische Mystik der *Hechalot*-Literatur hatte die Wortschöpfungstheologie zu einer linguistischen bzw. onomatologischen Theologie weiterentwickelt, in deren Gefolge auch die Schöpfungslehre fortentwickelt wurde. Danach hat Gott, der selbst ›Name‹ und ›Wort‹ ist, mit dem theophoren Instrument der göttlichen hebräischen Buchstaben die Welt erschaffen.[297] Diese onomatologische Schöpfungslehre wird auch bei den Kabbalisten eine große Rolle spielen, aber hier im *Sefer ha-Bahir* taucht zudem ein völlig neuer Gedanke auf. Gemeint ist die auch in der Gnosis belegte Vorstellung vom Weltenbaum, aus dem der gesamte Kosmos hervorwächst. In einer Ausle-

297 Vgl. Bd. 1, S. 343.

gung zu dem Jesajawort »Ich bin JHWH, der alles macht, ich spanne den Himmel allein aus, wölbe die Erde, ich selbst« (Jes 44,24) sagt der *Sefer ha-Bahir*:

> »Ich bin es, der diesen Baum gepflanzt hat, dass alle Welt sich an ihm ergötze, und ich habe mit ihm das All gewölbt und ich habe seinen Namen All genannt, denn an ihm hängt das All/Alles und von ihm geht das All aus, alles bedarf seiner und auf ihn schauen und nach ihm bangen sie, und von dort gehen die Seelen aus.«[298]

Es entspricht dem Übergangscharakter des *Bahir* und seinem den alten Midrasch nachahmenden Stil, dass in ihm die Gottheit als redende Person auftritt und sagt, sie habe einen Baum gepflanzt. Wenn dann aber festgestellt wird, dass dieser von Gott gepflanzte Baum der Schöpfungsmittler ist, mit dessen Hilfe Er den Himmel gewölbt hat oder noch mehr, dass an diesem Baum alles hängt, und von ihm das All ausgeht, dann ist der biblisch-talmudische Boden entschieden verlassen. Dies umso mehr, wenn es sodann heißt, dass all das aus diesem Baum Gewordene seiner harrt und nach ihm bangt. Dann ist dieser Baum an eine Stelle gerückt, an welcher nach altjüdischer Auffassung nur Gott allein stehen konnte. Auch bei der Erschaffung des Menschen wird diese Ersetzung deutlich. Nach der biblischen und rabbinischen Auffassung kam der Lehmkloß Mensch zum Leben, weil »Gott in seine Nase den Hauch des Lebens blies« (Gen 2,7). Dadurch wurde der Mensch zu einer *Nefesch hajja*, einem lebenden Wesen. Die diesbezügliche rabbinische Auffassung mag man aus der alten Übersetzung des biblischen Textes im Targum *Pseudo-Jonathan* ersehen: »Und Er blies in seine Nase die Seele des Lebens und sie wurde im Körper des Menschen zu einem sprechenden Geist, der seine Augen erleuchtete, und seinen Ohren das Gehör gab.«[299] Nach diesen biblisch-rabbinischen Traditionen kam das Leben, bzw. die Seele, dem Menschen direkt von Gott zu. Hier ist an Gottes Stelle jener Baum getreten, aus dem die menschlichen Seelen hervorgehen.[300]

Die sich hier schon nahelegende Vermutung, dass dieser Baum in irgendeiner Weise mit der Gottheit selbst in Beziehung zu bringen ist, wird durch eine andere Stelle im *Bahir* bestätigt. Dort fragen die Schüler ihren Meister:

> »[...] und was ist [dieser] Baum, von dem du gesprochen hast?

298 Übersetzung G. Scholem (Sch) § 14γ, S. 17; Ausgabe R. Margaliot, Sefer ha-Bahir, Jerusalem 1978 (M), S. 22.

299 Pseudo-Jonathan, ed. M. Ginsburger, Berlin 1903, S. 4.

300 Zu einer wahrscheinlich vorkabbalistischen Parallele dieses Seelenbaumes vgl. K.E. Grözinger, Musik und Gesang in der Theologie der frühen jüdischen Literatur. Talmud - Midrasch - Mystik, Tübingen 1982, S. 329-331; u. G. Scholem, Bahir, S. 66-68.

Er sagte zu ihnen: Alle Kräfte Gottes sind übereinander [gelagert] und sie gleichen einem Baum:
Wie der Baum durch das Wasser seine Früchte hervorbringt, so mehrt auch Gott durch das Wasser die Kräfte des Baumes.
Und was ist Gottes Wasser? – Das ist die Weisheit und das ist die Seele der Gerechten, die von dem Quell zum großen Kanal fliegen, und [der Kanal] steigt auf und haftet am Baum.«[301]

Hier kann kein Zweifel mehr bestehen: der Baum sind die übereinander gelagerten Gotteskräfte. Das wirkliche Wesen dieser »Kräfte des Heiligen, Er sei gesegnet« ist trotz dessen noch gleichsam im Zwielicht gehalten, sie sind nicht Gott selbst, aber dennoch sind sie der Teil Gottes, mit dem Er wirkt, aus dem Er Leben und Seelen hervorbringt. Wir stoßen hier recht besehen auf eine mythologische Variante der Versuche der mittelalterlichen jüdischen Philosophen, das unveränderliche Wesen Gottes mit einem göttlichen Willen auszustatten, der mit der Gottheit eins ist, aber doch dazu befähigt, Änderungen hervorzurufen.[302] Der Baum in Gestalt der der Welt zugewandten Gotteskräfte kann demnach von dem angeführten Text sehr wohl als die Instanz bezeichnet werden, an welche sich alle Geschöpfe um Hilfe wenden können.

In einem weiteren, dem zitierten Abschnitt vorangehenden Interpretationsschritt werden sodann die übereinander gelagerten Gotteskräfte mit den zehn Worten identifiziert, mit denen nach der tannaitischen Tradition in den *Sprüchen der Väter* (V,1) die Welt erschaffen worden ist. Diese Identifikation geschieht in einer, nicht in jeder Hinsicht verständlichen Auslegung des hebräischen Wortes איש (*'Isch* »Mann«), mit dem Gott innerhalb des biblischen Schilfmeerliedes (Ex 15,3) einmal als *'Isch milchama*, als ›Kriegs-Mann‹ gefeiert wird. Das Wort wird darum herangezogen, weil in ihm die drei Buchstaben *'Alef, Jod* und *Schin* vereint sind, welche der Autor als ›Sinn- oder Merkzeichen‹ deutet:

»Das *'Alef* am Anfang, das ist die heilige Halle. Glaube aber nicht einfach ›Heilige Halle‹, sondern ›Halle des Heiligtums‹.
Jod [mit seinem Zahlwert zehn]: Mit Zehn Worten, mit denen die Welt erschaffen wurde. Und welche sind es? Das ist die ›Tora der Wahrheit‹, die alle Welten enthält/umfasst.
Und das *Schin* was bedeutet es? Er antwortete ihm: Es ist die Wurzel des Baumes, denn *Schin* ist [auch seiner Form nach] wie eine Wurzel des Baumes.«[303]

301 M § 119; Sch § 85

302 Vgl. Bd. I, S. 459ff. (Maimonides); S. 510f. (Jisraeli); S. 522ff. (Ibn Gevirol).

303 Sch § 84, S. 90; M § 117-118, S. 52f.

Der Autor will dem Leser bedeuten: Das *'Alef* ist der Ausgangspunkt, die höchste Kraft Gottes, das *jod* in der Mitte zeigt auf die zehn weltschöpferischen Gotteskräfte und das *schin* weist darauf hin, dass das Ganze ein Baum ist. Der Autor verkündet hier eine neue Botschaft in altem Gewand. Die Präsenz der Gottesfülle wird mit der biblischen Vorstellung von Gott, der im Jerusalemer Tempel wohnt, eingeführt, die göttliche Weltschöpfungspotenz durch die Tora, mit welcher Gott nach rabbinischer Auffassung die Welt erschaffen hat,[304] und das *Schin* ist der Anfangsbuchstabe des hebräischen Wortes *Schoresch*, Wurzel, und hat auch die graphische Form einer Wurzel[305]. Damit ist das Merkwort *'Isch* der Extrakt eines Bekenntnisses: Die Fülle der Gottheit, verborgen im Heiligsten, als Weltschöpfer mittels seines Torawortes, ist der Baum der Welt – und er ist einer, wie das Zeichenwort *'Isch* bezeugt.

Der nächste Paragraph stellt nun die oben schon genannte Frage, »und was ist [dieser] Baum?«, und gibt die oben ebenfalls zitierte Antwort: Es sind die zehn Gotteskräfte!

An einer anderen Stelle kommt der Autor nochmals auf das Verhältnis von *'Alef* und den zehn Worten zurück. Dort weist er zugleich auf einen – an die Philosophen erinnernden – Unterschied von *'Alef* und den zehn Worten hin. Das *'Alef* ist die *Machschava*, das »Denken« Gottes und ist als solches offen in die Unendlichkeit, während die zehn Worte gleichsam die Begrenztheit repräsentieren. Aber – und das ist wichtig – das *'Alef* ist die Wurzel der zehn Worte:

> »Gott, ich habe deine Botschaft gehört [und] mich gefürchtet« (Habbakuk 3,2). [...] Was hat [der Prophet] gehört, dass er sich fürchtete? – Er hat das Denken (*Machschava*) des Heiligen Er sei gesegnet, verstanden! Und so wie das Denken endlos ist [...] so ist auch das Hören (אזן, 'Osen, Ohr) endlos. [...] Weil das Ohr die Gestalt des 'alef hat, und das 'alef ist die Wurzel der *Zehn Worte.*«[306]

Da, wo der Quellort der zehn Schöpfungspotenzen ist, im *'Alef*, dort ist Gottes Denken, das in die Unendlichkeit reicht. Hier im *Sefer ha-Bahir* ist schon die spätere Rede vom *deus abscondidus* als dem *'En Sof*, dem Unendlichen, angelegt. Allerdings wird dieser Begriff hier noch nicht als Nomen verstanden, son-

304 Vgl. Bd. I, S. 259ff.

305 Die Deutung der graphischen Form von Buchstaben als Ausdruck eines besonderen Sinnes ist schon im rabbinischen Altertum belegt, vgl. z.B. Bereschit Rabba I, 10 (Albeck), S. 8; vgl. H. Strack, G. Stemberger, Einleitung in Talmud und Midrasch, München 1982, S. 310 (Alphabet des R. Aqiba.

306 M § 79, S. 34; Sch § 53, S. 55; u. vgl. Sch § 48, S. 48; M § 70, S. 30f.

dern er wird stets adverbial gebraucht, worauf schon Scholem in seiner grundlegenden Studie zum *Bahir* hingewiesen hat:

»Demgegenüber weiß aber unser Buch noch nichts von einem Ausdruck *'En-soph* im terminologischen Sinne des ›Unendlichen‹ als Bezeichnung jener Verborgenen Realität des Herrn aller Logoi, des Gottes, der in den Tiefen seiner eigenen Wesenheit sich verbirgt. Zwar erscheint die Wortverbindung *'en-soph* in adverbialem Gebrauch in § 48 [M § 70]: ›das Denken, mit dem man bis ins Unendliche und Abschlusslose denkt‹ [...], aber von einem Unendlichen als Substantiv, über das oder an das man denkt, ist hier noch nicht die Rede.«[307]

Auch das Thema der »Tora der Wahrheit«, die in dem oben zitierten Text als Weltschöpfungsmittel Gottes figurierte, wird an anderer Stelle nochmals aufgenommen. An ihr wird zum einen wiederum der Zusammenhang von Gottes *Machschava*, seinem Denken, und der Tora der Wahrheit thematisiert und zum anderen deren Verhältnis und Bedeutung für die Welt als Ganzes:

»Und was ist diese *Torat 'Emet* (Tora der Wahrheit)? – Das ist ein Wort/eine Sache, das/die über die Wahrheit der Welten belehrt. Und dies wirkt im Denken (*Machschava*). Und dieses [Wort] stellt die *Zehn Worte* hin, dank derer die Welt Bestand hat – und es ist eines von ihnen.«[308]

Scholem übersetzt den zweiten Satz des Zitates so: »Etwas, das auf das wahre Wesen der Welten Bezug hat.« Die »Tora der Wahrheit«, was zuvor als die in die Welt hinaus wirkende Seite der Gotteskräfte begegnet war, wird also auch hier als das apostrophiert, was den Bestand der Welt garantiert und zugleich als etwas, das im Denken der göttlichen *Machschava* wirkt. Das ins Unendliche reichende Denken Gottes trägt in sich zugleich die die Begrenztheit der Welt hervorbringende und erhaltende Wesenheit, denn aus ihm kommen die zehn Weltschöpfungsworte.

Der oder die Autoren des *Bahir* tragen ihre Lehre vom Weltenbaum einmal auch in der Diktion des *Sefer Jezira* vor. In den Abschnitten zu den zwölf doppelten Buchstaben[309] werden im *Sefer Jezira* die zwölf Buchstaben auch einmal mit den zwölf Verbindungslinien des Hexaeder, d.h. den zwölf Richtungen des Raumes, in Beziehung gesetzt:

307 G. Scholem, Ursprung und Anfänge der Kabbala, Berlin 1962, S. 115.

308 M § 138, S. 60f.; Sch § 94, S. 101.

309 Vgl. Jezira §§ 45.49.

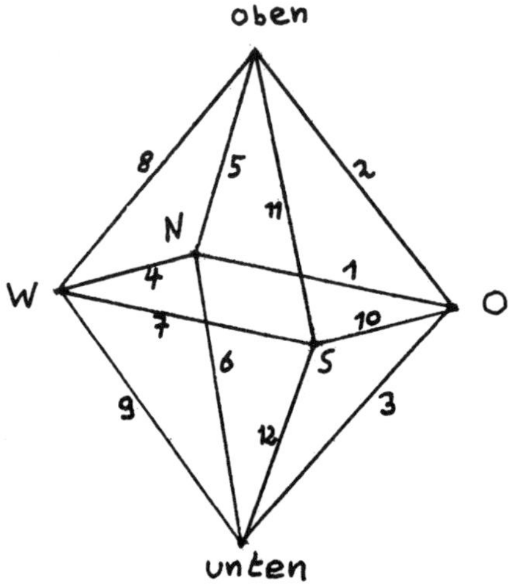

Hier nun wird der Weltenbaum zum einen mit den zwölf Richtungen des Raumes identifiziert:

»Einen Baum hat Gott und an ihm sind zwölf Radien (*Gevule 'Alaksonin*):

Ost-Nord (1)	Ost-Oben (2)	Ost-Unten (3)
Nord-West (4)	Nord-Oben (5)	Nord-Unten (6)
West-Süd (7)	West-Oben (8)	West-Unten (9)
Süd-Ost (10)	Süd-Oben (11)	Süd-Unten (12)

›Und sie dehnen sich aus und gehen ins Unermessliche fort, und sie sind die Arme der Welt. Und in ihrem Innern ist der Baum [...]‹.«[310]

Nun ist der Weltenbaum gleichsam als unsichtbare Mitte des sichtbaren Kosmos konzipiert. Ob man diese andere Darstellung gleichsam als separate Entwicklung der Baummetapher verstehen[311] oder daran denken soll, dass das göttliche Pleroma die unsichtbare Innenseite des gesamten Kosmos ist, kann hier nur gefragt werden, letzteres würde aber der späteren Entwicklung der kabbalistischen Kosmologie durchaus entsprechen.

310 Sch § 64, S. 64; M § 95, S. 40 f.; Sefer Jezira § 47 (V,1).

311 So G. Scholem, Ursprung, S. 67.

Ein letzter und für die kommende Entwicklung der Kabbala wichtiger Schritt wird schließlich in § 87 vollzogen: Die bislang genannten zehn Worte werden offenbar mit den zehn *Sefirot* aus dem *Sefer Jezira* identifiziert, wo von sechs der *Sefirot* gesagt wird, dass sie den Raum versiegeln, was der *Bahir* nun auf alle zehn ausdehnt. In einer Auslegung zu Lev 9, 22, wo von dem Priester Aaron die Rede ist, welcher durch Handaufhebung das Volk segnet, fragt der *Bahir*:

> »Und warum [geschieht dies Segnen] durch Handaufheben? […] Dies geschieht, weil zehn Finger an den Händen sind, ein Hinweis auf die zehn Sefirot, mit denen Himmel und Erde versiegelt sind, und diese entsprechen den zehn Worten (Geboten) […].«[312]

Dies scheint die älteste Stelle zu sein, in welcher der Begriff »Sefira« in dem für die Kabbala technisch gewordenen Sinn verwendet wird – als eine der Kräfte Gottes, in denen sich die Gottheit offenbart. Im *Sefer Jezira*, aus welchem der Begriff stammt, bezeichneten die zehn *Sefirot*, wie oben gezeigt wurde, zehn mythologische Zahlen, die Gottes Schöpfungsinstrumente waren. Hier im *Sefer ha-Bahir* sind diese Gotteskräfte dagegen die Gottheit selbst. Dies wird in bestürzender Weise an einem weiteren, für den *Bahir* ausschlaggebenden Text deutlich. Im Rahmen einer Erörterung über die Art und Weise des Gebetes, bei dem man die Hände zu Gott erhebt, fragen die Schüler ihren Meister:»Zu wem erhebt man die Hände?« Diese Frage, die man im traditionell rabbinischen Verstande natürlich mit »zu Gott« oder »zum Himmel« beantworten müsste, erfährt nun hier eine eigenartige Antwort:

> »Zur Höhe des Himmels [...] und wenn es in Israel Einsichtige gibt, die das Geheimnis des ehrwürdigen Namens kennen und sie ihre Hände erheben, werden sie sogleich erhört, wie es heißt:
> *'As, אז* (*'Alef Sajjin*) rufe an und der Herr wird dir sogleich antworten (Jes 58,9).
> Und was ist dieses *'Alef Sajjin*? […] Das lehrt, dass man nicht die Erlaubnis hat, das *'Alef* alleine anzurufen und zu ihm zu beten, sondern zusammen mit beiden Buchstaben, die ihm anhaften, die zuvorderst im Königreich thronen. Und mit dem *'Alef* sind es dann drei und es bleiben noch sieben von den 10 Worten, wie es ja aus [dem Wort *'as* auch hervorgeht], nämlich durch das *Sajjin* [das den Zahlwert sieben hat]. […]
> Und welche sind die Zehn Worte?

312 Sch § 87, S. 94; M § 124, S. 55.

> Das erste ist: Die oberste Krone (*Keter 'eljon*), gesegnet und gepriesen sei sein Name [...] Das zweite ist: Die Weisheit (*Hochma*) […].«[313]

Die Aufzählung der „zehn Worte" geht entsprechend weiter, indem mit gewissen Abweichungen die zehn bekannten Namen der kabbalistischen Sefirot folgen. Das bedeutet, die Frage, zu wem man im Gebet die Hände erheben solle, wird hier mit der Antwort beschieden: »zu den zehn Worten« – sie sind also die anzurufende Gottheit, in ihnen ist Gott da und erreichbar. Hier wird nochmals die eingangs festgestellte Differenz zur Gnosis deutlich. Die Frage der Kabbalisten ist die Frage nach der Erreichbarkeit Gottes, des Gottes, der sich als Pleroma von zehn Kräften offenbart hat und in ihnen präsent ist.

3.1.1 Die zehn Gotteskräfte oder *Sefirot*

Im Vorangehenden war deutlich geworden, dass der von Gott gepflanzte Baum, die zehn Worte oder *Sefirot* – ein Begriff der im *Bahir* nur an der zitierten Stelle (§ 87) gebraucht wird – die in der Welt vorhandene und anzubetende Gottheit sind. Der *Sefer ha-Bahir* zählt nun, wie gerade zuvor schon ansatzweise anklang, zum ersten Mal auch Namen dieser zehn Gotteskräfte auf, die teilweise mit den später kanonisch gewordenen übereinstimmen, zum Teil aber auch erheblich von ihnen abweichen. Eine zusammenfassende Aufzählung der Gotteskräfte gibt der *Bahir* zunächst in einer – wenn auch durch Einschübe unterbrochenen – zusammenhängenden Liste in den Paragraphen Sch/A 96-115:[314]

1. Höchste Krone, *Keter 'eljon*
2. Weisheit, *Hochma*
3. Bruchort der Tora, *Mehzav ha-Tora*
4. Wohltaten Gottes, *Zidkot ha-Schem*
5. Des Heiligen, Er sei gesegnet, großes Feuer, *'Ischo ha-gedola schel ha-Kadosch baruch hu*
6. Thron der Herrlichkeit, *Kisse ha-Kavod*[315]
7. 'Aravot-Himmel, *'Aravot Schamajjim*[316]
8. Gerechter, *Zaddik*[317]
9. Dauer, N*ezah* (ist zugleich *'Ofan* mit Neigung nach Westen)
10. Schechina, *Schechina* (ist zugleich '*Ofan* mit Neigung nach Norden).[318]

313 Sch/A § 95f., S. 102f; M § 139ff., S. 61f.

314 M §§ 141-170.

315 Sch/A § 96, S. 104; M § 141-146, S. 62.

316 Sch/A §102, S. 110; M § 154; S. 67.

317 Sch/A, § 105, S. 112; M § 157, S. 68.

Während in dieser Liste die Sefirot 1, 2, 10 sowohl nach Namen wie Stellung den später kanonisch gewordenen entsprechen, sind 8 und 9 wenigstens dem Namen nach erhalten geblieben, wenn auch in anderer Stellung.[319] Die Namen der übrigen Sefirot sind demgegenüber typisch für die noch nicht gefestigte Übergangsposition des *Sefer ha-Bahir*, der damit gleichsam zwischen der antiken *Merkava-Hechalot*-Mystik und der ihm folgenden mittelalterlichen Kabbala steht.

Diese Liste offenbart noch keine klar durchsichtige Konzeption vom göttlichen Pleroma. Die Nomenklatur ist unterschiedlichen Bereichen entnommen, dem anthropologischen (1), dem epistemologischen (2.3), dem moralisch-ethischen (4.8), dem uranologischen, d.h. aus der altjüdischen Merkavabeschreibung (5.6.7.9.10), dem geographischen (9.10) und schließlich dem rabbinisch-theologischen (10, *Schechina* als Offenbarungsmodus Gottes).[320]

Dieses zunächst verwirrende Bild klärt sich in einem gewissen Maße, wenn man die weiteren, in anderen Paragraphen genannten, Benennungen der einzelnen Sefirot hinzuzieht.

Vorab kann allerdings schon betont werden, dass die alte Merkavatradition in dieser Sefirot-Tafel noch am stärksten repräsentiert ist.[321] Dies ist gewiss kein Zufall, galt doch in der antiken jüdischen Mystik die *Merkava* und ihre Entourage als die höchste Form der Selbstmanifestation der göttlichen Welt. Allerdings ist hier ein drastischer Wandel eingetreten. Während nämlich in der antiken *Merkava-Hechalot*-Mystik[322] die *Merkava* nur der himmlische Aufenthaltsort der Gottheit war, sind hier im *Bahir* die Requisiten der *Merkava* zu Aspekten der Gottheit selbst geworden. Die Termini der antiken *Himmelswelt* wurden hier zu *theologischen* Termini, welche die Gottheit selbst bezeichnen.

Doch wenden wir uns nun den weiteren Begriffen für die einzelnen oder Gruppen der Sefirot zu, die sich in anderen Paragraphen des *Bahir* finden, wobei weder Vollständigkeit erstrebt ist noch auf die Unstimmigkeiten und Widersprüche der Zuordnungen eingegangen werden soll, wozu bei Scholem[323] das Nötige zu finden ist. Die drei ersten Sefirot werden, beginnend vom *Bahir*, oft als Gruppe der höheren Offenbarungsstufen der Gottheit zusammengefasst, denen die sieben unteren als weltbezogene Gruppe gegenübersteht. Für sie führt der *Bahir* folgende Bezeichnungen an – zunächst die drei oberen als Gruppe und dann als Einzelne:

318 Sch/A § 115, S. 122; M § 169f., S. 74.

319 Zaddik wird später IX, Nezach VII.

320 Dazu vgl. Bd. I, S. 253-257.386f.

321 5.6.7.9.10.

322 Zu ihr vgl. Band I., S. 306-340.

323 Vgl. G. Scholem, Ursprung, S. 109-159.

1.-3. Drei Worte (der Offenbarung am Sinai)[324]

1. a. *Machschava*, „das Denken, das weder Ende noch Grenze hat" (*le-'en Sof we-Tachlit*)[325]
   b. Der Buchstabe *'Alef*[326]
   c. Das göttliche Ohr[327]
   d. *'Alef* als Abbild des Gehirns[328]
   e. Heilige/r Halle/Tempel[329]
2. a. *Hochma*, Weisheit[330]
   b. Der Buchstabe *Bet*[331]
   c. Der Buchstabe *Jod*[332]
   d. *Reschit*, Anfang[333]
   e. *Makor*, Quelle[334]
   f. *Male*, das Volle/Pleroma[335]
   g. *Beracha, Berecha*, Segen, Teich[336]
   h. [Ur-]*Tora*[337]
   i. *Jir'a*, Gottesfurcht[338]
3. a. *Bina*, Einsicht[339]
   b. *Zedek 'eljon*, obere Gerechtigkeit[340]
   c. *'Or 'olam ha-ba*, das Licht der kommenden Welt[341]
   d. Der Buchstabe *Gimmel*[342]
   e. Der Buchstabe *He*[343]

324 Sch/A § 32; M §48.

325 Sch/A § 48. 103. 48.53.59.60.94; s. Scholem, Ursprung, S. 112; M § 70.79.87.88.137.154.

326 Sch/A §§ 18.48.53.95; M §26.70.79.139.

327 Sch/A § 48; M § 70.

328 Sch/A § 48.

329 Sch/A § 48; M § 70.

330 Sch/A § 32; M § 48.

331 Sch/A § 13; M § 17.

332 Sch/A § 18.95; u. vgl. G. Scholem, Ursprung, S. 103 FN 3.

333 Sch/A § 13.32; u. vgl. G. Scholem, Ursprung, S. 116.

334 Sch/A §§ 3.4.15.82.85.121; u. vgl. G. Scholem, Ursprung, S. 117.

335 Sch/A § 4; G. Scholem, Ursprung, S. 117.60ff.

336 Sch/A § 4; M § 7.; u. vgl. G. Scholem, Ursprung, S. 117.

337 Sch/A § 15; u. vgl. G. Scholem, Bahir z. St., S. 18, Note 1; Sch/A § 74.

338 Sch/A §§ 72.130.

339 Sch/A §3 32.74; G. Scholem, Ursprung, S. 116.

340 Sch/A § 133.50.

341 Sch/A § 106; vgl. G. Scholem, Ursprung, S. 120.

342 Sch/A §§ 13.95.

343 Sch/A § 95; vgl. G. Scholem, Bahir, S. 103, Note 3.

f. Der Buchstabe *Schin*[344]
g. *Teschuva*, Umkehr[345]
f. *Schoresch*, Wurzel[346]
g. *'Em ba-Olam*, Mutter in der Welt[347]
h. *Schechina le-ma'la*, obere Schechina[348]
i. *'Even* [oberer Edel]stein[349]
j. Der Ort aus dem die Seelen kommen[350]
k. *Kavod*[351]

Die unteren sieben *Sefirot* erhalten mehrere Gruppenbezeichnungen und die folgenden Einzelnamen.

4.-10.a. Sieben Stimmen [der Offenbarung], die ein Wort sind[352]
b. Kinder, sieben Söhne[353]
c. Sieben Wochentage[354]
d. Sieben heilige Formen, denen der Mensch als Ebenbild entspricht[355]
e. Sechs Richtungen des Raumes und der Heilige Tempel[356]

4. a. [Erzvater] Abraham[357]
b. *Hesed*, Gnade[358]
c. Rechts[359]
d. Wasser[360]
e. Milch (= weiß)[361]
f. Silber[362]

344 Sch/A § 18.
345 Sch/A § 18.
346 Sch/A §§ 54.84.118; u.vgl. G. Scholem, Ursprung, S. 118.
347 Sch/A §§ 74.13.
348 Sch/A § 116.
349 Sch/A § 133; vgl. G. Scholems Übersetzung, S. 146.
350 Vgl. G. Scholem, Ursprung, S. 121.
351 G. Scholem, Ursprung, S. 158.
352 Sch/A §§ 32.29.
353 Sch/A §§ 74β. 116.
354 Sch/A §§ 74β. 54.55.105.
355 Sch/A § 116.55.114; M § 171.82.168; u. vgl.G. Scholem, Ursprung, S. 122.172.
356 Sch/A § 55; u. vgl. G. Scholem, Ursprung, S. 125; die Vorstellung entstammt dem Sefer Jezira, S.o.
357 Sch/A §§ 92.94.131.132; u. vgl. G. Scholem, Ursprung, S. 122.
358 Sch/A §§ 24.77.92.94.129.131; u. vgl. G. Scholem, Ursprung, S. 127.
359 Sch/A §§ 35.77.96.102; u. vgl. G. Scholem, Ursprung, S. 127.
360 Sch/A §§ 9.29.30.40.68.96.102; u. vgl. G. Scholem, Ursprung, S. 127.
361 Sch/A § 93.
362 Sch/A §§ 34.38.

g. *Schalom*, Friede (= das Gute)[363]

5. a. [Erzvater] Isaak[364]
   b. *Din*, Gericht, Strenge und *Gevura*, Stärke[365]
   c. Links[366]
   d. Feuer[367]
   e. Wein (= rot)[368]
   f. Gold[369]
   g. Norden[370]
   h. Satan[371]
   i. *Tohu*[372]
6. a. [Erzvater] Jakob[373]
   b. *'Emet*, Wahrheit (Ausgleich zwischen 4. und 5.)[374]
   c. Mitte[375]
   d. Himmel (der zwischen Wasser und Feuer, der 4. und 5. ausgleicht)[376]
   e. [Schriftliche] Tora[377]
7. a. Männlich (als Partner der 10.), *Brit Mila*, Beschneidungsbund (Phallus), großer Kanal[378]
   b. *Zaddik Jesod 'Olam*, der Gerechte als Fundament der Welt[379]
   c. Osten[380]
   d. Schabbat[381]
   e. Ort, von dem alle Seelen ausgehen[382]

363 Sch/A § 9.
364 Sch/A §§ 92. 94.131.132; u. vgl. G. Scholem, Ursprung, S. 122.
365 Sch/A §§ 24.77.92.94.129.131; u. vgl. G. Scholem, Ursprung, S. 127.
366 Sch/A §§ 35.77.96.102; u. vgl. G. Scholem, Ursprung, S. 127.
367 Sch/A §§ 9.29.30.40.68.96.102; u. vgl. G. Scholem, Ursprung, S. 127.
368 Sch/A § 96.
369 Sch/A §§ 34.38.
370 Sch/A § 109.
371 Vgl. Scholem, Ursprung, S. 131f.
372 Sch/A §§ 93.9.
373 Sch/A §§ 92.94.131.132; vgl. Scholem, Ursprung, S. 122.
374 Sch/A §§ 77.92.94.129.131.
375 Sch/A §§ 35.77.96.102; u. vgl. Scholem, Ursprung, S. 127.
376 Sch/A § 65.40; u. vgl. G. Scholem, Ursprung, S. 129f.
377 Sch/A § 94; u. vgl. G. Scholem, Ursprung, S. 128.
378 Sch/A §§ 114.121; u. vgl. G. Scholem, Ursprung, S. 134ff.
379 Sch/A § 71; u.vgl. G. Scholem, Ursprung, S. 135.
380 Sch/A § 104.
381 Sch/A § 105.
382 Sch/A § 39.126.

f. Das All(es)[383]
8. *Nezah* – nach Westen geneigt[384]
9. *Nezah* – nach Norden geneigt[385]
10. a. Mündliche Tora, obere Tora[386]
b. untere Weisheit[387]
c. untere *Schechina*[388]
d. Ort, aus dem die Seelen kommen[389]
e. Tochter[390]
f. Weiblich (Partnerin von 7.)[391]
g. Braut[392]
h. *Schomer Jisra'el*, Hüter Israels[393]
i. Westen[394]
j. *Nezah* [395]
k. Königstochter[396]
l. *Knesset Jisra'el*, Gemeinde Israel[397]
m. Erde[398]
n. Mond[399]
o. Etrog, Dattel (=Vagina)
p. Alles[400]
q. Meer, in das alle Bäche fließen[401]
r. David[402]
s. *Kavod*, Herrlichkeit [Gottes][403]

383 Sch/A § 126; u. vgl. G. Scholem, Ursprung, S. 139.
384 Sch/A §115.
385 Sch/A § 115.
386 Sch/A §§ 116.97.137; u. vgl. G. Scholem, Ursprung, S. 121.
387 Sch/A § 44.
388 Sch/A § 116.
389 Sch/A § 36; u. vgl. G. Scholem, Ursprung, S. 121f.
390 Sch/A §§ 36.44.43.52.62; u. vgl. G. Scholem, Ursprung, S. 121f.151.
391 Sch/A §§ (57/58). 116.117; u. vgl. G. Scholem, Ursprung, S. 143ff.
392 Sch/A §§ 137.104.
393 Sch/A § 62; u. vgl. G. Scholem, Ursprung, S. 151.
394 Sch/A § 104; u. vgl. G. Scholem, Ursprung, S. 136.
395 Sch/A § 115.
396 Sch/A § 36.
397 Sch/A § 45.
398 Sch/A §§ 90.65.
399 Sch/A § 97.
400 Sch/A § 52.
401 Sch/A §§ 120.121.65.
402 Sch/A §§ 50.85.
403 Sch/A §§ 90.91.

Die hier aufgezählten Begriffe für die Benennung der Gotteskräfte im *Bahir* gehören grob gesprochen folgenden Bereichen zu:

1. der Sprache, dem Wort und den Buchstaben
2. der Epistemologie, d.h. Begriffe wie Weisheit, Einsicht und Tora
3. der Kosmologie, Ursachen des Kosmos, Raum, Elemente, Farben, kosmische Bereiche wie Himmel und Erde, Gestirne und Flora
4. der Uranologie, d.h. der Beschreibung der Himmelswelt und der *Merkava*
5. der Ethik und Moral, Gerechtigkeit, Gottesfurcht etc.
6. der Anthropologie, Geschlechter, Genealogie und Psychologie
7. der Zeit, Wochentage
8. der Geschichte als Vätergenealogie
9. der Mythologie, im Falle des Satan
10. der Philosophie als Mikro-, Makroanthropos-Lehre
11. schließlich der rabbinischen Gotteslehre (*Schechina* und Herrlichkeit).

Das bedeutet, der oder die Kabbalisten des *Sefer ha-Bahir* glauben, über die göttliche Welt beziehungsweise die göttliche Selbstmanifestation mit Begriffen aus der gesamten ihnen bekannten irdisch-kosmischen Lebenswelt reden zu können. Alles, was in der Welt vorhanden ist, taugt für die Beschreibung der göttlichen Welt. Mit anderen Worten: die Welt erscheint gleichsam als Spiegel der göttlichen Welt. Dies wird besonders augenfällig, wenn etwa die zehnte Sefira *Gemeinde Israel* (10.) genannt wird oder die Gotteskräfte 4-6 mit den biblischen Erzvätern zusammengebracht werden. Auch die mikro-makroanthropologische Entsprechungslehre (4.-10.d) spricht dies deutlich aus. Man darf also sagen: was bei den neoplatonischen Philosophen die im Weltintellekt angesiedelte Ideenwelt war,[404] ist im *Sefer ha-Bahir* in die Gottheit selbst hineinverlegt. Das göttliche Pleroma ist offenbar Urbild alles irdischen Seins. Die mit dieser Sprechweise einsetzende Symbolik der Kabbala, soll im Kapitel über Gikatillas Scha'are 'Ora und den *Sohar* eingehend behandelt werden.[405]

An dieser Stelle tut sich eine klare Differenz zur Gnosis auf, für welche die kosmische Welt in keiner Resonanz zum göttlichen Pleroma steht. Dies gilt auch dann, wenn in den gnostischen Systemen im Pleroma eine *Ekklesia* auftaucht, die ihr Pendant in der *Knesset Jisra'el* im bahirischen Pleroma (10.) hat. Denn die gnostische *Ekklesia* ist ja etwas der kosmischen Welt Fremdes und ihr Entnommenes, wohingegen die *Knesset Jisra'el* als konkretes fleischliches Volk ein Teil

404 Vgl. Bd. I, Neoplatoniker: S. 488-613.

405 Kap. Kabbala VI.4.1; Kap. Kabbala VII.C. 3.4

dieser Welt ist. Dasselbe gilt für die oben genannten Seelen-Paare,[406] die bei den Gnostikern spirituellen Paaren zugehören in der Kabbala des *Sohar* aber den leiblich fleischlichen Ehepaaren. Das bedeutet, der *Bahir* steht trotz seines gnostisierenden Pleroma in der *imago-dei*-Lehre noch oder wieder auf biblischem Boden. Es ist der gesamte Mensch, mit seinem Körper, der Ebenbild des pleromatischen Gottes ist, worauf unten noch einzugehen sein wird.

Ein weiteres wichtiges Ergebnis dieses Überblicks ist, dass der *Bahir* in seiner Rede über die göttliche Welt ein Metaphern- oder richtiger ein Symbol-Lexikon voraussetzt, ohne dessen Kenntnis seine Texte unverständlich sind. Dies wird ein bleibendes Charakteristikum aller kabbalistischen Texte bleiben. Jeder Autor setzt es voraus oder beschreibt es – wie dies z.B. Josef Gikatilla in seinem unten noch zu besprechenden Werk *Scha'are 'Ora* tut. Das Dargelegte gilt in ganz herausragendem Maße für den *Sohar*, das umfassende Werk und den Klassiker der frühen spanischen Kabbala.

Schließlich muss hervorgehoben werden, dass, wie schon vermerkt, hier im *Bahir* die drei oberen und die sieben unteren Gotteskräfte als zwei zu unterscheidende Gruppen innerhalb des Systems behandelt werden. Scholem verweist für diese Zweiteilung auf den alten rabbinischen Midrasch *Pirke de-Rabbi 'Elie'ser* zurück, in dem es heißt:

> »Einige sagen: durch zehn Worte, *Ma'amarot*, wurde die Welt geschaffen […], und in drei [Attributen] sind sie zusammengefasst.«[407]

Der *Bahir* führt in seiner Schöpfungstheologie tatsächlich diesen Gedanken fort, nur eben, dass er die zehn Worte mit der Gottheit selbst identifiziert, was der rabbinische Midrasch natürlich nicht tun konnte.

Der rabbinische Midrasch hatte gleichfalls schon die zehn Schöpfungsworte mit den zehn Offenbarungsworten (Geboten) in Verbindung gebracht. Auch hierin folgt ihm der *Bahir*. Die zehn Worte sind ihm nicht nur die Schöpfungsworte, sondern eben auch die Offenbarungsworte der Gottheit, wie dies in den Gruppennamen der beiden Sefirot-Gruppen eigens gesagt wird (1.-3.; 4.-10.a).

406 Kap. Kabbala I.A.6.

407 PRE c. 3, Ed. Warschau 1852 (mit Perusch D. Lurjas), S. 86.

3.1.2 Weibliche und männliche Gotteskräfte – obere und untere Mutter

Ein für das bisherige jüdische Denken völlig neues Thema – sieht man von den in Spuren noch erkennbaren kanaanäischen Partnergöttinnen des israelitischen Gottes der biblischen Zeit ab[408] – ist das Auftauchen von weiblichen Elementen oder gar weiblichen ›Personen‹ als Teil der göttlichen Welt. Es war nicht zuletzt dieses neue Phänomen, was einen Vergleich mit der Gnosis nahe legte, bei der in den verschiedenen Systemen, wie oben schon dargestellt, weibliche ›Personen‹ im göttlichen Pleroma an prominenten Stellen eine Rolle spielen. Auch bezüglich der neuen göttlichen Frauen im *Bahir* gilt die schon konstatierte Ambiguität im Verhältnis zum gnostischen Denken. Zum einen gibt es parallele Motive, gleiche Nomenklaturen und Funktionen hier und dort, zum anderen aber auch tiefgreifende Unterschiede, welche vor allem die Einschätzung der Schöpfung betreffen wie auch den Dualismus, der im *Bahir* zwar vorhanden, aber doch dem Monotheismus untergeordnet bleibt.

Der *Bahir* bindet sein Thema von den pleromatischen Müttern einmal an den biblischen Text vom Vogelnest in Dtn 22,6-7, wo es heißt: »Wenn du unterwegs auf irgend einem Baume oder auf der Erde zufällig ein Vogelnest mit Kindern oder Eiern findest, und die Mutter sitzt auf den Kindern oder auf den Eiern, so sollst du nicht die Kinder samt der Mutter nehmen. Die Mutter sollst du fliegen lassen und nur die Kinder an dich nehmen, auf dass es dir wohl ergehe und du lange lebest.« Dazu lässt der *Bahir* den sagenhaften Rabbi Rechumai zunächst die Frage stellen, warum heißt es nicht:

> » ›Freilassen sollst du den Vater?‹ Dies bedeutet: [wenn der Vers sagt:] ›die Mutter‹, [so spricht das] von der ›Herrlichkeit‹ [als ob da stünde]: jene, die ›Mutter‹ in der [oberen] Welt genannt wird, von der es heißt (Prov 2,3): denn Mutter nenne die ›Einsicht‹ (*Bina*)«.
> Und was bedeutet ›und die Kinder magst du an dich nehmen‹? Rabbi Rechumai sagte: Jene ›Kinder‹, die sie erzogen hat. Und welche sind das? Die sieben Tage des Sukkotfestes. Aber sind es nicht die sieben Wochentage?«[409]

Diese sieben Tage, das wird später noch deutlicher werden, sind die sieben unteren Gotteskräfte, die aus jener oberen Mutter hervorgegangen sind und die die Welt lenken sollen. Ganz Ähnliches hatten ist ja auch in den oben besprochenen gnostischen Texten begegnet: die Mutter Sophia, welche den Demiurgen Jaldabaot gebiert, der nun seinerseits sieben Könige, die Planeten, zu Beherrschern der Welt einsetzt. Wiederum aber der entscheidende Unterschied: Die sieben

408 Vgl. Bd. I., S. 54-56.60-64.117-120.
409 Sch/A § 74; S. 75; M § 104, S. 45f.

Söhne im *Bahir* sind die sieben unteren Gotteskräfte, während sie in den gnostischen Texten der widergöttlichen Kosmoswelt angehören. Beide Gruppen aber sind zur Weltherrschaft eingesetzt.

Die Parallelität zum gnostischen Denken lässt sich jedoch noch ein Stück weiter verfolgen. Hier wie dort gibt es im Pleroma nicht nur eine Frau oder Mutter, sondern zwei. Dies wird aus dem oben angeführten Barbelo-Text erkennbar, aus den Berichten des Kirchenvaters Irenäus[410] und in sehr prägnanter Form in einem kleinen gnostischen Gebet, das Irenäus wiedergibt:

> »Wenn eure Mutter (die gefallene) Sophia ihre eigene Herkunft nicht kennt, ich kenne mich und weiß, woher ich bin, und rufe die unvergängliche Sophia an, welche im Vater ist, die Mutter eurer Mutter (...) die ihre Mutter nicht kennt und meint, dass sie allein sei. Ich aber rufe ihre Mutter an.«[411]

Hier ist die Rede von einer oberen Mutter, die stets beim Vater geblieben ist und von einer unteren, die in das Exil und Vergessen geraten ist und nach der valentinianischen Erlösungslehre auch wieder ins Pleroma zurückkehren soll.[412] Ganz Ähnliches liest man im *Bahir* von oberer und unterer Mutter, von der dritten Sefira, *Bina*, der oberen Schechina und der zehnten Sefira, der unteren *Schechina*. Scholem spricht in diesem Zusammenhang von einem „überraschenden Detail", welches die Nähe zur Gnosis beleuchte:

> »Ein solches überraschendes Detail ist vor allem die Lehre von der doppelten Sophia oder Hokhma, die bei den ersten Kabbalisten und schon im Buch Bahir das Vorbild für ähnliche Symbole bildete, die im Rahmen der göttlichen Welt, des Pleroma, einen doppelten Ort besetzen. So haben wir hier eine doppelte ›Gottesfurcht‹ (§§ 97, 129, 131), eine doppelte ›Gerechtigkeit‹ (*Sedeq*, §§ 50, 133), ein doppeltes *He* im Tetragrammaton JHWH (§20) und wohl auch eine doppelte Schekhina (§116). Dabei ist dann der Bezirk und Ort des unteren dieser Symbole (›das untere *He*; die untere Gerechtigkeit‹) stets am Rand und Abschluß der Äonenwelt und hängt mit der Symbolik der Schekhina zusammen. Am genauesten sind diese Erörterungen im Bahir aber gerade, wo sie sich auf die doppelte *Hokhma* beziehen, und das gibt zu denken. Die Gnostiker, und besonders die Schule Valentins, entwickelten die Vorstellung von den zwei Äonen, die beide Sophia heißen. Die eine die ›Obere Sophia‹, steht hoch oben in der Welt des Pleroma, die andere aber, die auch mit der Symbolik der ›Lichtjungfrau‹ zusammenhängt, steht an dessen

410 Vgl. W. Foerster, Gnosis/Kirchenväter, S. 170ff.

411 Zit. nach W. Bousset, Hauptprobleme der Gnosis, Göttingen 1907/73, S. 65 und vgl. ebd. S. 16.

412 Vgl. W. Foerster, Gnosis/Kirchenväter, S. 185f.

Ende. Der gnostische Mythos vom kosmischen Drama betrifft gerade jenen Fall der unteren Sophia, die der Verführung der Hyle unterliegt und aus dem Pleroma in die unteren Welten hinabstürzt, dort ganz oder doch in gewissen Teilen ihres Lichtwesens exiliert ist, und die in irgendeinem, in den verschiedenen Systemen unter verschiedenen Symbolen beschriebenen Zusammenhang mit der obersten Wesenheit der menschlichen Seele, dem Pneuma steht. Dieser Gottesfunke im Menschen hängt mit dem Drama vom Exil der ›unteren Sophia‹ zusammen.«[413]

In dem von Scholem genannten Paragraphen 116 heißt es dazu:

»[Es gibt] eine Schechina unten, wie [es] eine Schechina oben [gibt]. Was ist diese Schechina? Sage: das ist das Licht, das aus dem Urlicht emaniert ist. Auch dieses umgibt alles, denn es heißt (Jes 6,3): ›Die ganze Erde ist voll seiner Herrlichkeit‹. Und was ist seine Funktion hier?
Das gleicht einem König, der sieben Söhne hatte und jedem seinen Ort anwies. Er sagte zu ihnen: Wohnet einer über dem andern. Da sagte der [, der] zu unterst [wohnte]: Ich will nicht unten wohnen und nicht von dir entfernt sein. Er sagte zu ihnen: Ich bin ja täglich um euch und sehe [euch]; und so heißt es (ibid.): ›Die ganze Erde ist voll seiner Herrlichkeit‹. Und warum [weilt] er unter ihnen? Um sie zu erhalten und ihnen Bestand zu geben.
Und was sind die[se] Söhne? Ich habe schon gesagt, dass Gott sieben heilige Formen hat und sie alle haben ihre Entsprechung im Menschen, wie es heißt (Gen 1,27): ›Gott schuf den Menschen in seinem Bilde, im Bilde Gottes schuf er ihn, männlich und weiblich schuf er sie‹. Und folgende sind es: das rechte und linke Bein, die rechte und linke Hand, der Rumpf mit der Stelle der Zeugung und der Kopf[414]. Das sind sechs, und du sagtest: sieben? Sieben sind es mit seinem Weib, von dem es heißt (Gen 2,24): ›Und sie bilden ein Fleisch‹. Sie ist doch aber von seinen Rippen genommen, denn es heißt (Gen 2,21) ›Und er nahm von seinen Rippen‹. Er sagte: Ja von seinen Rippen. Und er gebraucht [das Wort] ›Rippe‹, denn es heißt (Ex 26,20): ›Und zur Rippe des Heiligtums‹, und das Targum übersetzt: ›zur Seite des Heiligtums‹.«[415]

413 G. Scholem, Ursprung, S. 80; Scholem verweist dazu auf B.F.Chr. Baur, Die christliche Gnosis, Tübingen 1835, S. 124-158, »[...] wo S. 145 die valentinischen Symbole der unteren *Sophia* aufgezählt werden, die ziemlich genau den Symbolen entsprechen, die in der Kabbala dann der letzten Sephira beigelegt werden.«

414 Der Kopf fehlt in manchen Textzeugen, was die Zählung erleichtert, ansonsten müssen Rumpf und Phallus zusammen als eines gezählt werden; vgl. G. Scholem, Bahir, z.St.

415 Sch/A § 116, S. 123; M §§ 171-172, S. 74f.

Die Zweigeschlechtlichkeit des göttlichen Pleroma kann der *Bahir* bequem mit der klassischen Stelle in Genesis 1,27 begründen, worauf später im Kapitel zur Anthropologie nochmals zurückzukommen ist. Zunächst zeigt dieser Text die klare Vorstellung von zwei *Schechinot*, wovon die eine ganz oben, in der oberen intellektuellen Triade angesiedelt ist, während die zweite zur Gruppe der unteren Sieben gehört und offenbar auch hier als deren letzte Potenz gesehen wird.

Das Thema der Bisexualität im Pleroma wie auf der irdischen Welt wird im *Bahir* jedoch nicht nur unter Berufung auf die biblische Stelle von der *imago-dei* Lehre erörtert. In einem Gleichnis, welches dem soeben zitierten Text folgt, wird die Zweigeschlechtlichkeit als grundsätzliche Notwendigkeit für den Bestand allen Daseins apostrophiert. Das heißt, das vor Augen liegende Naturphänomen, das der Fortpflanzung der Arten und damit deren Erhaltung dient, wird als allgemeines Seinsgesetz erkannt, das weit jenseits der exegetischen Schlussfolgerung aus Gen 1,27 liegt. Hier findet vielmehr der von den Kabbalisten häufig zitierte, aber wider den biblischen Sinn gedeutete biblische Satz (Hiob 19,26) Anwendung: »[...] an meinem Fleische werde ich Gott erkennen«:

> »Und was für eine Seite ist an ihm [d.h. an dem im vorigen Zitat genannten Heiligtum]? Das gleicht einem König, der plante, in seinem Garten neun männliche Bäume zu pflanzen, alle sollten Palmen sein. Was tat er? Er sagte: Werden sie alle von einer Art sein, können sie nicht bestehen. Was tat er? Er pflanzte einen Etrog unter ihnen, und er war einer von jenen neun, von denen er geplant hatte, dass sie männlich sein sollten. Und was ist der Etrog? Der Etrog ist weiblich (*nekeva*).
>
> Und das bedeutet der Vers (Lev 23,40): ›Die Frucht des Prachtbaumes und Zweige von Palmen‹. Was bedeutet die ›Frucht des Prachtbaumes‹? Wie das Targum übersetzt: ›Die Frucht vom Baume, der Etrogim und Palmzweige [hervorbringt]‹. Und was bedeutet ›Pracht‹? Das bedeutet die Pracht des ›All‹ und bedeutet die Pracht des Hohen Liedes, von dem es heißt (Cant 6,10): ›Wer ist die, die erscheint wie die Morgenröte, schön wie der Mond, lauter wie die Sonne, ehrfurchterregend wie Kriegsscharen?‹ Und es bedeutet ›Pracht‹ wegen des Weiblichen (*nekeva*), und ihretwegen wurde das Weib vom Manne genommen, denn obere und untere Welt können unmöglich ohne das Weibliche (*nekeva*) bestehen. Und warum heißt sie *Nekeva* (Weib)? Weil ihre *Nekavim* (Körperöffnungen) weit sind, und sie mehr Öffnungen hat als der Mann. Und welche sind das? Die Öffnungen der Brüste, der Gebärmutter und der Vagina.«[416]

416 Sch/A §117, S. 125; M § 172-173, S. 75f.

Der grundlegende Satz, »denn obere und untere Welt können unmöglich ohne das Weibliche (*nekeva*) bestehen«, ist, wie gesagt, nicht mehr eine einfache exegetische Schlussfolgerung aus Gen 1,27, sondern eine ontologische Schlussfolgerung aus der ›naturwissenschaftlichen‹ Erkenntnis, die für das gesamte Sein wie für den göttlich-pleromatischen Bereich gilt. Die gleiche Vorgehensweise des Erkenntnisgewinns aus der Anschauung zeigt sich nochmals in § 57, der an der ›Analogie‹ des offenen und geschlossenen Buchstabens *Mem*[417] die Komplementarität des Männlichen und Weiblichen erörtert wird:

> »Das lehrt dich, dass das Prinzip des *Mem* das Männliche ist, und seine Öffnung [als offenes *Mem*] des Weiblichen wegen hinzugetreten ist: wie der Mann zeugt, ohne sich zu öffnen, so ist auch das geschlossene *Mem* nicht offen, und wie das Weib sich beim Zeugen [oder: Gebären] öffnet, so ist auch das geschlossene *Mem*, das sich [mitunter] öffnet.«[418]

Die Frage der Bisexualität des Pleroma soll später, im Zusammenhang der Erörterung der Herkunft des Bösen, nochmals erörtert werden, hier soll nun zunächst das Bild und Schicksal der unteren *Schechina* im *Bahir* verfolgt werden.

3.1.3 Das Schicksal der *Schechina* – Exil in der Welt

Die untere Frau im sefirotischen System trägt nicht ohne Grund neben anderen Namen den der ›Erde‹, denn sie ist die himmlische Erde, welche die Gesamtheit der Gotteskräfte in sich sammelt und auf die Unteren weiterströmen lässt. Sie, die auch im *Bahir* mehrfach Weisheit – Sophia – genannt wird, ist also wie die gnostische Sophia in besonderer Weise für die irdische Welt verantwortlich, allerdings wiederum mit dem Unterschied, dass dies in der Kabbala gottgewollt, in der Gnosis hingegen wider den Willen der göttlichen Welt geschah und geschieht.

Die Aufgabe dieser zweiten, unteren Frau im *Bahir*-Pleroma wird vorzüglich in den im *Bahir* so zahlreichen Gleichnissen dargestellt. Sie wird da gezeichnet als eine Königin, Prinzessin und Mutter, welche die Herrlichkeit Gottes in den unteren Welten repräsentiert. In dem sogleich folgenden Text wird diese Weltenmutter aus zweifacher Perspektive dargestellt, zunächst aus der Sicht des Pleroma und sodann aus der Sicht der Welt. Dort wird erzählt, dass diese Weltenmutter, da sie in die Welt gesandt ist, nicht mehr im Pleromabereich, wohl aber in der Welt anzutreffen ist:

417 D.h. Kontextbuchstabe מ und Finalbuchstabe ם.

418 Sch/A § 57, S. 57f.; M § 85, S. 37.

»Was bedeutet ›die ganze Erde ist voll seiner Herrlichkeit‹ (Jes 6,3)? Das ist jene »Erde«, die am ersten Tag geschaffen wurde, und sie entspricht Oben dem [unteren] Land Israel, und sie ist voll von der Herrlichkeit Gottes. Welche ist das? Die ›Weisheit‹, von der es heißt (Prov 3,35): ›Herrlichkeit besitzen die Weisen‹, und so heißt es auch (Ez 3, 12): ›Gepriesen sei Gottes Herrlichkeit von ihrem Orte‹. Was ist ›Gottes Herrlichkeit‹? [Das ist aus einem] Gleichnis [zu verstehen]. Die Sache gleicht einem König, in dessen Gemach die Königin war, an der all seine Heere sich entzückten, und sie hatten Söhne. Sie kamen täglich, den König zu sehen und priesen ihn. Sie sagten zu ihm: Wo ist unsere Mutter? Er erwiderte ihnen: Ihr könnt sie jetzt nicht sehen. Da sagten sie: Gepriesen sei sie, wo immer sie ist!
Und was bedeutet ›an ihrem Orte‹? So heißt es, weil niemand da ist, der ihren Ort kennt. Vergleichbar einer Prinzessin, die aus fernen Landen kam, und niemand wußte, woher sie gekommen war, bis sie sahen, dass sie eine tüchtige, schöne und ausgezeichnete Frau war in allem, was sie tat. Da sagten sie: Wahrlich, diese stammt [gewiß] von der Seite des Lichtes, denn durch ihre Taten wird die Welt licht. Sie fragten sie: Woher bist du? Sie sagte: Von meinem Orte. Da sagten sie: dann sind die Leute an ihrem Orte groß. Gepriesen sei sie und gerühmt an ihrem Orte!«[419]

Ähnlich der gnostischen Sophia ist diese untere Mutter in die Fremde gestoßen und bringt durch ihren Aufenthalt dort Licht in die Welt. Der gnostische Licht-Finsternis-Dualismus klingt hier deutlich genug an, aber der Dualismus ist entschärft, weil der Aufenthalt der Schechina in der Welt kein Unfall und kein Raub ist, sondern eine von Gott gewollte Sendung.

Auch bezüglich der sieben Söhne der oberen pleromatischen Mutter ist diese Differenz zu sehen. Im *Bahir* sind die sieben Söhne die unteren sieben Sefirot, welche die Kinder der oberen *Schechina*, d.h. der dritten Sefira, sind. In der Gnosis sind die sieben Söhne, d.h. die sieben Planeten, wie schon gesagt, Erzeugnisse des frevelhaften Demiurgen, welche die Welt ihrem Zwangsregime unterwerfen. Allerdings sind die sieben Söhne auch im *Bahir* in ihrer Eigenschaft als den sieben Wochentagen, welche in der Weltschöpfungswoche ihren Anfang haben, „Herrscher über die Welt“, aber eben Herrscher aus dem pleromatischen Lichtbereich, nicht solche aus der widergöttlichen Finsternis. In den Worten des *Bahir*:

»[...] denn sechs Tage hat Gott gemacht den Himmel und die Erde, und am siebenten Tag ruhte er und feierte (*wa-jinnafasch*) (Ex 31,17). Das lehrt, dass jeder Tag einen ›Logos‹ (*ma'amar*) hat, der sein Herrscher ist, nicht weil er

419 Sch/A § 90, S. 97; M § 130-132, S. 57; u. vgl. den jeweils folgenden Paragraphen.

> mit ihm geschaffen wurde, sondern weil er mit ihm seine Wirkung vollbringt, die in seine Macht gegeben ist. Haben sie alle ihre Wirkung vollbracht und ihr Werk erfüllt, so kommt der siebente Tag und vollbringt seine Wirkung, und sie alle freuen sich, selbst Gott [mit ihnen], ja nicht nur dies, sondern sie vergrößert ihre Seelen, wie es heißt (ibid.) Und am siebenten Tag war Ruhe und Beseelung (*wa-jinnafasch*)«. [...]
> Das gleicht einem König, der sieben Gärten hatte, und in dem mittleren Garten bewässert ein schöner, sprudelnder Quell aus einem Brunnen fließender Wasser die drei zu seiner Rechten und die drei zu seiner Linken. Und sobald er dieses Werk vollbringt, füllt er sich; da freuen sich alle und sagen: für uns füllt er sich; und er bewässert sie und fördert ihr Wachstum, sie aber warten und ruhen aus.«[420]

Die sieben unteren Gotteskräfte beeinflussen – so ist ganz wörtlich mit dem Brunnengleichnis zu verstehen – die Tage der Woche, sie wirken dort ihr Werk bis der siebente Tag, der himmlische Schabbat, kommt und sie alle mit neuer Wachstumskraft erfüllt. In diesem Bild vom Brunnen, das im *Bahir* mehrfach wiederkehrt, scheint eine emanatistische Weltvorstellung durchzuscheinen, die sich auch bezüglich der Äonen des Pleroma nahe legt (z.B. im § 134 u. 116), was aber insgesamt im *Bahir* in der Schwebe zwischen kreationistischem und emanatistischem Weltbild bleibt, denn es wird ja auf der anderen Seite im *Bahir* gesagt, dass Gott den Weltenbaum gepflanzt beziehungsweise die Lichter erschaffen habe.[421]

4. Die Herkunft des Bösen

Eine Zwischenposition nehmen die *Bahir*-Fragmente auch bezüglich der Frage nach der Herkunft des Bösen ein. Nur eines kann man uneingeschränkt feststellen, dass der *Bahir* in dieser Frage die rabbinische Tradition verlässt, welche das Böse ausschließlich anthropologisch definierte, nämlich in der widergöttlichen Entscheidung des Menschen begründet. Nach rabbinischer Auffassung gibt es das Böse nur, wo und sofern es Menschen gibt, es hängt allein von des Menschen freier Entscheidung ab.[422] Das vorrabbinische hellenistisch-römische Judentum hatte allerdings bereits andere Erklärungen für die Existenz des Bösen gegeben, so vor allem angelologische Erklärungen – insbesondere in Qumran

420 Sch/A § 105, S. 113; M § 158, S. 68; u. vgl. Sch/A § 54, S. 55. » ... *sajin* entspricht der Zahl der Wochentage und lehrt, daß jeder Tag seine eigene Potenz (*koah*) hat.«

421 Sch/A §§ 106.97, vgl. G. Scholem, Ursprung, S. 159.

422 Vgl. Bd. I. S. 273-280.

und der verwandten Literatur[423] –, die jedoch von den Rabbinen nachhaltig zurückgedrängt wurden. Im mittelalterlichen Judentum hat sich die Frage dann neu gestellt, so vor allem bei Pseudo-Bachja, der in Anlehnung an Plato das Böse in der Materie begründet sah.[424] Der *Bahir* folgt dieser mittelalterlichen Tendenz, die Frage nach dem Bösen als Frage der Ontologie zu betrachten, geht dabei allerdings zwiespältige Wege.

4.1 Die gnostisch-philosophische Lösung

Die hier gnostisch-philosophische Lösung genannte Antwort auf die Frage nach dem Bösen ist eine Antwort, die also philosophische mit gnostischen Motiven verbindet. Das philosophische Motiv ist die Definition des Bösen als Privation, d.h. als Abwesenheit des Guten, das gnostische Element ist die Verwendung der Terminologie von Licht und Finsternis und die Ontologisierung dieser beiden, als etwas im Zuge der Schöpfung Entstandenes. Sogleich zu Beginn des Buches kommt der *Bahir* auf die Frage nach der Herkunft des Bösen zu sprechen, allerdings in der ihm eigenen enigmatischen Sprache:

> »Rabbi Berechja sagte: Was bedeutet der Vers (Gen 1,2): ›Und die Erde war *Tohu wa-Bohu*‹? Was bedeutet ›sie war‹? Daß sie schon [vorher als] Tohu [da] war. Und was ist *Tohu*? Etwas, was die Menschen verwirrt (*metahe*) und und wieder zu *Bohu* wird. Und was ist *Bohu*? Etwas, woran Wirkliches ist, wie sich *Bohu* schreiben lässt: *bo* – an ihm, *hu* – ist etwas.«[425]

Tohu ist also etwas Negatives, was die Menschen verwirrt oder wie es der Paragraph 93 formuliert: »Das *Tohu*, aus welchem das Böse stammt, das die Menschen verwirrt.«[426] Und eben von diesem *Tohu* sagt der zitierte Paragraph 2, dass die Erde *vor* ihm da war, wie ja aus Gen 1,1-2 unschwer abzuleiten ist. Das Böse ist demnach nicht etwas, das der Schöpfung – wie im iranischen Dualismus – vorausgegangen ist. Es ist also allenfalls im Zuge der Schöpfung entstanden, und noch mehr: es kann wieder zu einem *Bohu* werden, also zu etwas Wirklichem. Aus dem letzten Satz wird deutlich, dass der *Bahir* das Böse im Sinne der platonischen Auffassung als Privation, als Unwirkliches verstehen will, dem nicht eigentlich reale Existenz zukommt. Aber woher kommt nun dieses Unwirkliche, das Böse, das alsbald wieder zu einem Wirklichen werden kann? Zur Beantwortung dieser Frage greift der *Bahir* zu einer Deutung des deuterojesajanischen

423 Vgl. Bd. I, S. 183ff.

424 Vgl. Bd. I, S. 562ff.

425 Sch/A § 2, S. 4; M § 2, S. 3.

426 Sch/A § 93, S. 100; M § 135, S. 59.

Verses (Jes 45,7), »Der das Licht *bildet* und die Finsternis *schafft*«. Diesen Vers deutet der *Bahir* in dem Sinn, dass das Licht als Gebilde etwas Wirkliches sei, während die Finsternis als *Geschöpf* aus einer Trennung hervorgegangen sei. Dazu deuten die Autoren des *Bahir* die biblische Vokabel *bara* (ברא) in einer bislang nie da gewesenen Weise. *Bara*, so sagen sie, müsse von dem Wort *hivri* (הבריא), ›gesund werden‹, abgeleitet werden, dessen Grundbedeutung sei: Trennen und Scheiden, weil nämlich der Gesundungsprozess eine Trennung von der Krankheit sei. Daraus folge, das Entstehen der Finsternis sei nur durch eine Trennung hervorgegangen, da etwas vom Licht geschieden worden sei, was dann die Finsternis geworden sei:

> »Und wiederum [einmal] saß Rabbi Bun und trug vor: Was bedeutet der Vers (Jes 45,7): ›Der das Licht *bildet* und die Finsternis *schafft*‹? Das will sagen: Beim Licht, das Substanz (*Mammasch*) hat, steht [der Ausdruck] *bilden*, bei der Finsternis, die keine Substanz hat, steht [der Ausdruck] *schaffen*, wie es auch heißt (Amos 4,13): ›der die Berge bildet und die Winde *schafft*‹. Man kann es aber auch so erklären: Beim Licht, das Sein (*hawaja*) hat – denn es heißt (Gen 1,3): ›Und Gott sprach: Es sei Licht‹, und Sein kann nur durch ein Machen entstehen – steht [der Ausdruck] *bilden*, bei der Finsternis aber, bei der es kein Machen, sondern nur ein Trennen und Scheiden gibt, steht *schaffen*, wie man auch sagt: Der und der ist gesund geworden (*hivri*).«[427]

Da nun vom Licht an anderer Stelle[428] noch gesagt wird, dass es nicht eigentlich entstanden ist, sondern Gott nur etwas schon Vorhandenes herbeigestellt habe, wie eine Lampe, die man in ein Zimmer trägt, ergibt sich folgendes Bild: Als der Schöpfer, d.h. der Weltenbaum, die Welt erschuf, hat er das schon vorhandene Licht nur herzugestellt und die Welt war da, während er erst hernach eine Trennung vom Licht vornahm, und dies war die Finsternis, d.h. das Böse. Trotz dieser privativen Definition des Bösen, das somit eigentlich keine eigene Seinswirklichkeit besitzt, ist nach diesem göttlichen Akt allerdings der Bereich der Finsternis und des Nichtseins eine kosmische Gegebenheit, wenn auch als Nichtsein. Das bedeutet, das Böse ist unabhängig und vor dem Menschen da, es existierte seit dem in Gen 1,4 beschriebenen Trennungsakt von Licht und Finsternis durch die Gottheit.

427 Sch/A § 10, S. 12; M § 13, S. 8. (vgl. dazu noch Abraham Ibn Esra bei: H. Greive, Studien zum jüdischen Neuplatonismus. Die Religionsphilosophie des Abraham Ibn Ezra, Berlin 1973, S. 57).

428 Sch/A § 17, S. 20; M § 25, S. 13.

4.2 Die theologisch-angelologische Erklärung des Bösen

Die zweite, ›gnostischere‹ Erklärung des Bösen ist eine Verbindung von altrabbinischen Topoi mit der neuen Lehre vom Lebensbaum. Der rabbinische Anteil ist die Vorstellung vom Satan als dem himmlischen Staatsanwalt und Ankläger,[429] außerdem die rein anthropologisch gefasste Lehre von den beiden Trieben, dem Bösen und dem Guten Trieb im Menschen[430] und schließlich der schon biblische Topos vom Norden, aus dem das Böse hervorgeht.[431] All diese traditionellen Topoi werden im *Bahir* nun mit der Lehre vom Weltenbaum verbunden, dem Weltenbaum, der nichts anderes ist als die übereinander gelagerten Gotteskräfte. Die genannten alten Topoi wurden nun allesamt in den Weltenbaum selbst hineinverlegt, mit dem Ergebnis, dass es dort eine Potenz oder eine Sefira gab, aus der das Böse hervorkommt. Es gibt zwar die altrabbinische Lehre von der *Middat ha-Din* und der *Middat ha-Rachamim*, die in der späteren Kabbala mit der Sefirotlehre verbunden wurde, allerdings muss betont werden, dass diese beiden *Middot* (Erbarmen) der ›Gerichtsstrenge‹ und des ›Erbarmens‹ im rabbinischen Denken keine Wesensattribute oder Aspekte der Gottheit selbst waren, sondern nur Handlungsmodalitäten im Umgang mit den Menschen, wohingegen sie etwa im *Sohar* mit den Sefirot IV und III identifiziert wurden.[432] Entsprechendes hat der *Bahir* mit den anthropologischen Größen der beiden Triebe, mit der mythologischen des Anklageengels und der metaphorisch-mythologischen vom Norden getan. Wieder wird das Ganze im *Bahir* in einer leicht verschlüsselten Sprache vorgetragen und verfremdet, dürfte aber nach dem bislang Erörterten verständlich werden.

Nachdem im *Bahir* (§ 8 bzw. M § 162) von einem bösen Prinzip (*Midda*) die Rede war, das in dieser Welt wirkt, fragt der folgende Abschnitt:

> »Und was ist dies [Prinzip]? Der Satan. Das lehrt, dass es bei Gott ein Prinzip [bzw. Sefira] (*Midda*) gibt, das ›böse‹ heißt, und es liegt im Norden Gottes, denn es heißt (Jer 1,14): ›Von Norden her öffnet sich das Böse‹, das heißt: alles Böse, das über alle Bewohner der Erde kommt, kommt von Norden. Und welches Prinzip ist dies? Es ist die ›Form‹ (*Zura*) der Hand, und sie hat viele Boten, und alle heißen ›böse‹, ›böse‹, jedoch gibt es größere und kleinere darunter. Und sie sind es, die die Welt in Schuld stürzen, denn [das] *Tohu* ist von Norden, und *Tohu* bedeutet eben [das] Böse, das die Menschen verwirrt,

429 Vgl. Bd. I, S. 237-242.275.

430 Vgl. Bd. I, S. 273-277.

431 Jer 1,14.

432 Vgl. Bd. I., S. 237-245; und vgl. K.E. Grözinger, Middat ha-din und Middat ha-rahamim. Die sogenannten Gottesattribute Gerechtigkeit und Barmherzigkeit in der frühen rabbinischen Literatur, in: FJB, Nr. 8 (1980), S. 95-114.

> bis sie sündigen, und der ganze böse Trieb im Menschen stammt von dort. Und warum ist er an die linke [Seite] gestellt? Weil nirgends in der Welt sein Gebiet ist außer im Norden [...] Darum ist er stets zur Linken, und das bedeutet der Vers (Gen 8,21): ›Denn der Trieb des Menschenherzens ist böse von Jugend an‹, er ist böse von seiner Jugend an, und mag nur zur Linken sein, an die er schon gewöhnt ist. Darum sagte Gott zu Israel (Ex 15,26): ›Wenn du auf Gottes Stimme hörst, und tust was recht ist in seinen Augen, und seinen Geboten gehorchst‹ – und nicht den Geboten des bösen Triebes – ›und seine Satzungen einhältst‹ – und nicht die Satzungen des bösen Triebes – dann ›bin ich, der Ewige, dein Arzt‹.«[433]

Zum besseren Verständnis des Ganzen muss noch hinzugefügt werden, dass es eine Stelle im Talmud gibt, in welcher der Böse Trieb mit dem Satan identifiziert wird:

> »Der Satan, der Böse Trieb und der Todesengel sind ein und dasselbe. Er kommt, verführt den Menschen, steigt wieder hinauf, klagt den Menschen an und dann kommt er wieder, um seine Seele zu holen.«[434]

Während diese einmalige Identifikation im Talmud allerdings nur funktionaler Natur ist, das heißt, dass der Trieb und der Satan die gleiche Tätigkeit ausüben, wird daraus im *Bahir* eine theologisch-ontologische. Der *Bahir* vertritt hier einen innergöttlichen Dualismus, die *Midda* auf der linken Seite, aus der das Böse in die Welt kommt und ihr gegenüber der Rest der *Middot* Gottes – auf der rechten Seite. Diese Aufteilung der göttlichen Kräfte auf die linke beziehungsweise rechte Seite, die sich im *Bahir* noch an weiteren Stellen findet,[435] wird fortan ein fester Topos innerhalb der theosophischen Gottesgeographie der Kabbala bleiben. Im Vergleich mit der Gnosis muss auch hier eine tiefgehende Differenz konstatiert werden, denn bei Letzterer ist der Bereich des Bösen entweder von allem Anfang an oder erst nach der Pleromaentfaltung stets außerhalb des göttlichen Pleroma angesiedelt, nicht aber innerhalb des heiligen Pleroma selbst. Eine gewisse Nähe ist allerdings mit dem Fehltritt der heiligen Sophia in der Gnosis gegeben, die noch im Pleroma verweilend nach Ungutem trachtet und deshalb, wenn auch vorübergehend, aus dem Pleroma entfernt werden muss.

433 Sch/A § 109, S. 116; M § 163, S. 71.

434 bBaba Batra 16a; vgl. Bd. I, S. 275.

435 Sch/A §§ 35.77.96.102. Die Beziehung der Linken zum Bösen ist allerdings im *Bahir* noch nicht konsequent durchgehalten und es gibt darum einige widersprüchliche Zuordnungen zu dieser Seite; vgl. G. Scholem, Ursprung, S. 130, und insgesamt zu den beiden Seiten a.a.O., S.127-133.

4.3 Männlich und Weiblich – als innergöttliche Dualität von Gut und Böse

Es ist wohl der Exegese der biblischen Sündenfallgeschichte geschuldet, wenn der *Bahir* die oben dargestellte innergöttliche Zweiheit von Männlich und Weiblich nun auch mit der zuletzt besprochenen innergöttlichen Dualität in Beziehung setzt, und zwar derart, dass das Weibliche der Seite des Bösen zugeordnet wird. Wie weiter unten im Kapitel über die bahirische Anthropologie noch deutlich werden wird, hat die Gottheit die menschlichen Seelen gemäß des zweigeschlechtlichen Prinzips, das ja auch für das Pleroma gilt, gleichfalls zweigeschlechtlich geschaffen, als männliche und als weibliche Seelen. Bei der Entstehung des Menschen erhalten dann die irdischen Männer und Frauen ihre Seelen aus dem je entsprechenden Seelenreservoir:

> »Und was bedeutet der Vers (Gen 5,2) ›Männlich und weiblich schuf er sie und segnete sie‹ – die Seele der Frau aus dem weiblichen, die Seele des Mannes aus dem Männlichen. Und darum ging die Schlange der Eva nach; sie sagte: Da ihre Seele von der Seite des Nordens stammt, werde ich sie bald verführen. Und worin bestand die Verführung? Darin, dass sie ihr beiwohnte.«[436]

Auch dieses in der rabbinischen Haggada weit verbreitete Motiv, dass die Schlange der Eva beiwohnte,[437] wird im *Bahir* in das ontologische Konzept einbezogen. Der in der Haggada berichtete Vorfall ist ihm ein Indiz für die grundsätzlich getrennte Zweigeschlechtlichkeit der Seelen innerhalb des Pleroma und dafür, dass deren weibliche Seite der linken Seite, hier dem Norden, und damit der bösen Seite zugeordnet ist, wenn dies auch noch nicht *expressis verbis* ausgedrückt wird.

Diese Zuordnung des Weiblichen zum Norden steht nun allerdings im *Bahir* unter der generellen Voraussetzung, dass es ohne das Weibliche nicht geht, nichts ohne es Bestand hat. Dies gilt nun anscheinend *mutatis mutandis* auch für das Böse, wie ja schon daraus erhellt, dass Gott selbst diese *Midda,* d.h. diese Eigenschaft besitzt. Hier schafft sich ein alter rabbinischer Topos Geltung, nach dem ja gerade der Böse Trieb zum *Tikkun ha-'Olam*, zur Erhaltung der Welt vonnöten ist. Denn es ist ja der Böse Trieb, der die Menschen zum Kinderzeugen treibt, zum Handel, Wandel und Bauen etc. Wieder besteht allerdings der spezifische Unterschied zwischen dem rabbinischen Gedanken und dem des *Bahir*: Für die Rabbinen spielt sich dies alles auf der anthropologischen Ebene ab, für den *Bahir* ist daraus Theologie und insgesamt Ontologie geworden.

436 Sch/A § 140, S. 154; M § 199, S. 92. Es ist zu beachten, daß »Nachasch« (Schlange) im Hebräischen männlichen Geschlechts ist.

437 Vgl. z.B. bJeb 103; vgl. L. Ginzberg, The Legends of the Jews, Philadelphia 1968, I, S. 105.

5. Anthropologie

5.1 Die Seelenwanderung

Bei all den bisher schon sichtbar gewordenen Neuerungen der verschiedenen theologischen Lehren des *Bahir* ist die Veränderung des Menschenbildes im *Bahir* die weitestgehende. Denn hier im *Bahir* wird die einmalige Zusammengehörigkeit des menschlichen Leibes mit seiner Seele, die für das rabbinische Denken so zentral gewesen ist,[438] grundsätzlich außer Kraft gesetzt. Zwar konnte schon bei der Erörterung der neoplatonischen Psychologie, zum Teil auch beim aristotelischen Verständnis vom Wesen des Menschen, eine Aufweichung dieses Prinzips beobachtet werden, insofern die menschliche Seele bzw. der menschliche Intellekt nur Teil der allgemeinen Weltseele war, ist und wieder wird, und dies für den aristotelischen Intellekt in analoger Weise angedeutet wird.[439] Hier aber im *Bahir* werden Leiber und Seelen in wechselnder Zusammengehörigkeit und willkürlich vertauschbar zur Verfügungsmasse des göttlichen Weltherrn.

Schon oben[440] war gesagt worden, dass die Seelen der Menschen aus dem Weltenbaum, der zugleich der Seelenbaum ist, hervorfliegen. Für diese Vorstellung glaubt[en] sich der oder die Verfasser des *Bahir* auf eine alte talmudische Haggada stützen zu können, in der davon die Rede ist, dass die in den sechs Schöpfungstagen ein für allemal erschaffenen Seelen der Menschen in einem himmlischen Behälter, genannt *Guf,* bis zu ihrer Einleibung aufbewahrt werden. Und erst, so sagt die altrabbinische Haggada, wenn alle Seelen aus diesem himmlischen Behälter aufgebraucht sind, kann die Weltgeschichte zu Ende gehen bzw. der Messias kommen.[441] Die *Bahir*-Autoren nehmen dieses talmudische Dictum auf, deuten aber den *Guf* (Körper) nicht im Sinne der alten Haggada, sondern bezüglich des menschlichen Körpers. Daneben nennt der folgende Text auch ein Schatzhaus der Seelen, welches der Weltenbaum ist, der schon in § 14γ (M § 22) als »All« (*Kol*) und Seelenbaum apostrophiert worden ist:[442]

> »Er ist das ›All‹, und in seiner Macht ist das Schatzhaus der Seelen (*'Ozar ha-Neschamot*). Und ist Israel gut, dürfen die Seelen hinaustreten, um in diese Welt einzugehen, sind sie aber nicht gut, so treten sie nicht hinaus. Und das bedeutet der Ausspruch: Der Sohn Davids kommt nicht, bis alle Seelen im ›Körper‹ (*guf*) erschöpft sein werden. Was heißt: alle Seelen im Körper? Sage: im Körper des Menschen. Und die ›neuen‹ werden hinaustreten dürfen

438 Vgl. Bd. I, S. 263-273.

439 Vgl. Bd. I, S. 414-419.424-426.462-468.471-479.498f.514-517.521-523.559-561.581-584.

440 Kap. Kabbala I.A.3.1.1

441 bJeb 62a.63b; u. vgl. Bd. I, S. 264-267.

442 In § Sch/A 105 (M 157) ist es die 7./8. Sefira, die als Seelenfundament bezeichnet wird.

und dann erst ist es dem Sohn Davids vergönnt, geboren zu werden. Wie? Weil seine Seele als ›neue‹ unter den anderen hinaustritt.«[443]

Es scheint demnach so, dass es ein gewisses Quantum an Seelen gibt, das draußen, d.h. in der Welt, in menschlichen Körpern, weilt. Dieses muss zunächst verbraucht werden, bevor es ›neue‹ Seelen gibt, mit denen dann auch der Messias kommen kann. Dass dies tatsächlich der Sinn dieser eigenartigen Neudeutung der talmudischen Haggada ist, wird durch ein noch seltsameres, sogleich angeschlossenes Gleichnis illustriert:

»Ein Gleichnis: Ein König hatte ein Heer. Er schickte ihnen Speisen und Brot in Menge, sie waren träge und verzehrten es nicht, ja gaben nicht einmal Acht darauf. Da wurde das Brot schlecht und schimmelig. Er kam, um nachzuforschen und zu prüfen, ob sie zu essen hätten. Da fand er verschimmeltes Brot bei ihnen, und fand, dass sie sich schämten, anderes Brot zu verlangen und dabei zu sagen: auf dies Brot haben wir nicht Acht gegeben und verlangen nun nach anderem. Da geriet der König in Zorn, nahm jenes verschimmelte Brot und ließ es trocknen und so gut als möglich wiederherstellen, und schwor: Diesen Leuten werde ich kein anderes Brot geben, bis sie dieses ganze verschimmelte Brot aufgezehrt haben. Er schickte es ihnen wieder zurück. Was taten sie? Sie beschlossen, es zu teilen. Sie teilten es, und jeder nahm seinen Teil. Wer vorsichtig war, tat seinen Teil an die Luft und gab Acht darauf und aß es [, als es] gut [war]; und wer anders war, nahm es und verzehrte einen Teil davon in Gier, das übrige aber ließ er liegen und achtete nicht darauf, da er es aufgab. Da wurde es noch schlechter und schimmeliger und er konnte es überhaupt nicht mehr essen, und blieb hungrig, bis er starb. Da wurde er wegen der Versündigung an seinem Leibe vor [das himmlische] Gericht gefordert: Warum hast du dich selbst getötet? Nicht nur, dass ihr das Brot von vornherein habt verderben lassen, ich schickte es euch in gutem Zustand wieder, und ihr teiltet es, und du hast deinen Teil verderben lassen und warst zu faul, darauf zu achten, und hast dich zudem noch selbst getötet. Und er antwortete: Mein Herr, was hätte ich tun sollen? Und man erwidert ihm: Du hättest darauf achten müssen, und sagst du, du konntest nicht, so hättest du bei deinen Gefährten und Nachbarn zusehen müssen, die das Brot mit dir geteilt haben und sehen, wie sie damit verfuhren und es aufhoben, und hättest dich bemühen müssen, acht zu geben wie sie. Und ferner fragt man ihn aus: Warum hast du dich selbst getötet? Nicht nur das Brot hast du verderben lassen, sondern hast noch mehr getan und die Materie deines Körpers getötet, und deine Tage verkürzt, oder [es doch indirekt] veranlasst. Und vielleicht hät-

443 Sch/A § 126, S. 135; M § 184, S. 80f.

> test du einen vorzüglichen Sohn haben können, der dich und deine Verfehlung, wie auch andere und ihre Verfehlung gerettet hätte. Darum kommen nun Leiden über dich von jeder Seite! Er erschrickt und antwortet: Und was hätte ich tun sollen, da ich doch kein Brot hatte? Oder wovon hätte ich leben sollen?
> Man sagt zu ihm: Hättest du dich doch mit der Tora befasst und abgemüht, würdest du nicht so töricht und frech antworten! Denn deiner Antwort sieht man es an, dass du dich nicht mit der Tora befasst und abgemüht hast. Von der Tora heißt es ja (Dtn 8,3): ›Denn nicht vom Brot allein lebt der Mensch, sondern von allem, was aus Gottes Mund hervorgeht, lebt der Mensch‹, und wie kannst du [noch] fragen, forschen und ergründen wollen, was das sei, wovon der Mensch leben solle?«[444]

Dieses Gleichnis dient dem Zusammenhang nach zur Erläuterung des zuvor angeführten Abschnitts von den Seelen im *Guf*, d.h. in den menschlichen Körpern, welche vor der Ankunft des Messias aufgebraucht werden müssen. Damit wird klar, das Brot, von dem das Gleichnis spricht, sind die in den menschlichen Körpern eingeleibten Seelen. Diese Seelen wurden demnach in einer großen und ausreichenden Ration an die Welt der Körper vergeben, damit sie diesen Körpern als Lebensbrot dienten – und es ist die Pflicht der Körper, jene Seelen gut zu bewahren und sie für ihren Lebensunterhalt aufzubrauchen. Seelen, die dabei verdorben werden, werden erneut aufbereitet und den Körpern wieder zum ›Fraß‹ vorgeworfen, bis auch sie vollständig verbraucht sind. Erst wenn dies geschehen ist, gibt es neue Seelen.

So viel wird deutlich: zwar hat jeder dieser Söldner sein eigenes Teil Seele bekommen, das er zu essen und zu pflegen hat, aber das hinausgegebene Seelenmaterial ist doch ein Gesamtes, es kann wieder eingesammelt, neu aufbereitet und wieder verteilt werden. So sagt es auch ganz deutlich ein weiterer Paragraph:

> »Ist Israel gut vor Gott, so ›bringe ich deinen Samen‹ von diesem Ort [d.h. aus der siebten Sefira], und neuer Same ersteht dir, ist Israel aber schlecht, so nehme ich von dem Samen, der schon einmal in die Welt gekommen ist, denn es heißt (Koh 1,4): ›Ein Geschlecht geht und ein Geschlecht kommt‹, das bedeutet, dass es schon einmal gekommen ist.«[445]

Der Same sind hier die Seelen. Aus all dem wird deutlich, dass die einzelnen Körper zu diesen Seelen in einem durchaus zufälligen Verhältnis stehen, eben wie ein Stück Brot, das man zufällig verzehrt. Damit ist die einmalige Zusammengehörigkeit von einem Leib und einer Seele aufgehoben.

444 Sch/A § 127, S. 137f.; M § 184, S. 81f.

445 Sch/A § 104, S. 111; M § 155, S. 67.

Ein weiteres Gleichnis wird noch deutlicher und sagt unverblümter, wovon hier gehandelt wird. Es gibt sich als Auslegung eines Psalm- und eines *Kohelet*-verses:

> »Rabbi Me'ir sagte: Was bedeutet der Vers (Ps 146,10); ›Der Herr ist König für ewig, dein Gott, Zion, von Geschlecht zu Geschlecht‹? Was bedeutet ›von Geschlecht zu Geschlecht‹? Rabbi Papias sagte: So steht geschrieben (Koh 1,4): ›Ein Geschlecht geht und ein Geschlecht kommt‹ und Rabbi 'Akiva hat gesagt: Was bedeutet: ›ein Geschlecht geht und ein Geschlecht kommt‹? Ein Geschlecht, das schon [einmal] gekommen ist.
> Ein Gleichnis: Ein König hatte Diener und kleidete sie seinem Vermögen nach in Gewänder aus Seide und Stickerei. Sie gerieten auf Abwege. Da warf er sie hinaus und stieß sie weg von sich und zog ihnen seine Gewänder aus und sie gingen fort. Da ging er hin und nahm die Gewänder und wusch sie gut, bis keinerlei Schlacken mehr an ihnen übrig waren und legte sie fertig zurecht und warb sich andere Diener, und kleidete sie in jene Gewänder, ohne dass er wusste, ob jene Diener gut sein würden oder nicht. So hatten sie denn Teil an Gewändern, die schon auf die Welt gekommen waren, und andere hatten sie vor ihnen angezogen. – ›Die Erde aber besteht ewig‹, und das ist der Sinn des Verses (Koh 12,7): ›und der Staub kehrt zur Erde zurück, wie er war, und der Geist kehrt zu Gott zurück, der ihn gegeben‹.«[446]

Obwohl das Wort *Gilgul*, d.h. Seelenwanderung, im *Bahir* selbst noch nicht gebräuchlich ist, ist in diesen Texten doch der Sache nach hiervon die Rede. Die Seelen – hier sind es die königlichen Kleider – kommen nur auf die Erde, um dort von ihnen zufällig zugeordneten Leibern getragen und gewechselt zu werden, um schließlich wieder zu Gott zurückzukehren. Die Leiber spielen dann offenbar keine Rolle mehr. Die Art wie hier vom die Leiber belebenden Seelenmaterial gesprochen wird, ist seiner Natur nach ausgesprochen gnostisch, erinnert es doch an die in der gnostischen Kosmogonie geraubten Lichtfunken aus dem Pleroma, dank derer allein die materielle bzw. finstere Welt leben kann. Wird ihr dieses Licht wieder entzogen, so bleibt sie ohne Leben zurück oder verschwindet völlig.

Der *Bahir*, darauf weist Scholem eigens hin,[447] versucht an keiner Stelle zu rechtfertigen, dass er diese dem Judentum – außer einigen Randgruppen[448] – bis

446 Sch/A § 86, S. 93; M § 121, S. 53f.

447 Vgl. G. Scholem, Ursprung, S. 166.169.

448 Schon der erste mittelalterliche jüdische Philosoph Sa'adja polemisierte um 930 gegen jüdische Anhänger der Seelenwanderungslehre, vgl. Bd. I, S. 388-390; G. Scholem, Ursprung, S. 169, berichtet von einem arabischen Autor, der Juden kannte, welche die Seelenwanderungs-

dahin unbekannte Psychologie voraussetzt, als würde er nichts Neues bieten. Allerdings sagt der *Bahir* sehr wohl, weshalb er zu dieser Lehre greift, nämlich wegen der Theodizee, d.h. genauer: wegen der schwer lösbaren Frage, warum es Frevler gibt, denen es in dieser Welt gut geht, und Gerechte, die leiden:

> »Warum geht es [manchem] Frevler gut und [manchem] Gerechten schlecht? Weil der Gerechte schon [einmal] in der Vergangenheit ein Frevler war, und nun bestraft wird. Aber bestraft man denn für [Vergehen der] Jugendtage? Rabbi Simon hat doch gesagt, dass man erst vom zwanzigsten Jahre ab bestraft?! Ich spreche ja nicht vom [selben] Leben, ich spreche davon, dass er schon in der Vergangenheit da war. Seine Genossen sagten zu ihm: Wie lange wirst du noch dunkle Worte reden? Er sagte zu ihnen: Geht hin und seht! Das gleicht einem Menschen, der in seinem Garten einen Weinberg pflanzte. Er hoffte auf Trauben und er bekam Härlinge. Er sah, dass es ihm nicht glückte, da pflanzte er ihn um, umzäunte ihn und brachte alle Breschen wieder in Ordnung, säuberte die Weinstöcke von den Härlingen und bepflanzte ihn noch ein zweites Mal. Er sah, dass es ihm nicht glückte, da umzäunte er ihn und bepflanzte ihn, nachdem er ihn gesäubert hatte. Er sah, dass es ihm nicht glückte, da umzäunte er ihn und bepflanzte ihn. Wie oft? Er sagte zu ihm: Bis zu tausend Generationen, denn es heißt (Ps 105,8): ›Er befahl ein Wort für tausend Generationen‹. Und das bedeutet der Ausspruch:[449] 974 Generationen fehlten, da stand Gott auf und pflanzte sie in jede Generation [seit der Schöpfung] ein.«[450]

Jede Neupflanzung entspricht einer neuen Runde in der Seelenwanderung, die wegen des vorausgegangenen Versagens nötig geworden ist.

lehre vertraten. Ebenso polemisiert der neoplatonisch-jüdische Philosoph Abraham bar Hijja, gest. 1136 in Barcelona, gegen die Seelenwanderung (s. Scholem, Ursprung, S. 171). Auch bei den jüdischen Schismatikern, den Karäern, gab es Vertreter dieser Lehre (vgl. ebd., S. 170). Zu judenchristlichen Reinkarnationslehren vgl. H.J. Schoeps, Theologie und Geschichte des Judenchristentums, Tübingen 1949, S. 98-116.334-342; Bousset, Hauptprobleme der Gnosis, S. 172-175. Zur katharischen Seelenwanderungslehre, die anders als der *Bahir* auch tierische Stationen kennt, was hingegen die spätere Kabbala sehr wohl akzeptiert, vgl. J. Guiraud, Histoire de l'Inquisition au moyen age, Bd. I (Cathares et Vaudois), Paris 1935; H. Söderberg, La Religion des Cathares, Uppsala 1949; A. Borst, Die Katharer, Stuttgart 1953, S. 168-171 (eine um drei Anhänge verkürzte Neuausgabe erschien: Freiburg 1991/92, dort: S. 127-130), hier findet sich eine reiche Literaturliste über die Katharer.

449 bHag 13b.14a

450 Sch/A § 135, S. 148; M, S. 195, S. 88; und vgl. noch Sch/A §§ 39; M § 57.

5.2 Der Mensch als *imago dei*

Das vorige Kapitel von der Seelenwanderung hat eine Auflösung des einmaligen Zusammenhangs von Leib und Seele ergeben und eine innermenschliche Wertehierarchie, bei der die Seele eindeutig an oberer Stelle vor dem Körper rangiert. Der Körper erscheint in den angeführten Gleichnissen allenfalls als vorübergehender Träger der Seele oder als ein Söldner, der dank der Seele lebt. Diese klare Hierarchiebeschreibung hat nun aber erstaunlicherweise nicht zu einer völligen Abwertung des Körpers geführt, auch nicht zu einer Marginalisierung hinsichtlich seiner Bedeutung für das menschliche Leben, wie dies bei den mittelalterlichen Philosophen geschehen war.[451] Gradmesser dafür konnte in den philosophischen Anthropologien jeweils die Deutung der biblischen Lehre von der *imago dei* sein, welche die Philosophen allesamt auf den spirituellen Teil des Menschen, auf seine Seele bzw. auf seinen Intellekt, beschränkten. Ganz anders dagegen der *Bahir*, und dies sollte eines der wesentlichen Charakteristika der Kabbala bleiben, so dass man geradezu sagen kann, die Kabbala bedeute eine Reinstallierung des Körperlichen, nachdem es von den Philosophen – mit Ausnahme von Jehuda Ha-Levi[452] – herabgewürdigt worden war. Schon in dem oben zitierten Text, der die zehn Finger an den Händen zum Hinweiszeichen für die *Sefirot* erklärte : »[...] weil zehn Finger an den Händen sind, ein Hinweis auf die zehn *Sefirot*, mit denen Himmel und Erde versiegelt sind«[453], konnte man erkennen, dass der *Bahir* eine Analogie zwischen Körpermerkmalen und sefirotischer Welt kennt. Und dies ist kein einmaliger Hinweis im *Bahir*, vielmehr wird diese Analogie zwischen menschlichem Körper und Pleroma ausdrücklich mit der biblischen Grundstelle von der *imago*-Lehre begründet. In einer Beschreibung der sieben unteren *Sefiro*t, den ›Söhnen‹ der oberen *Schechina*, liest man im *Bahir* die oben schon zitierten Sätze:

> »Und was sind die[se] Söhne? Ich habe schon gesagt, dass Gott sieben heilige Formen hat und sie alle haben ihre Entsprechung im Menschen, wie es heißt (Gen 1,27): ›Gott schuf den Menschen in seinem Bilde, im Bilde Gottes schuf er ihn, männlich und weiblich schuf er sie‹. Und folgende sind es: das rechte und linke Bein, die rechte und linke Hand, der Rumpf mit der Stelle der Zeugung und der Kopf.[454] Das sind sechs, und du sagtest: sieben? Sieben

451 Vgl. Bd. I, S. 414-419.462-468.500-502.514-516.542-546.559-562.601-609.

452 Vgl. Bd. I, S. 604f.

453 Sch § 87, S. 94; M § 124, S. 55.

454 Der Kopf fehlt in manchen Textzeugen, was die Zählung erleichtert, ansonsten müssen Rumpf und Phallus zusammen als eines gezählt werden; vgl. G. Scholem, Bahir, z.St.

sind es mit seinem Weib, von dem es heißt (Gen 2,24): ›Und sie bilden ein Fleisch‹.«[455]

Es ist demnach gerade der menschliche Körper, der den *Bahir*-autoren als Ebenbild der göttlichen Welt – wenn auch nur von deren unterem Teil – gilt. Und nach dem oben schon Dargestellten ist es auch nur konsequent, dass der Mensch gerade in seiner Zweigeschlechtlichkeit Ebenbild der Gottheit ist. Aber die Analogie bleibt, wie der Hinweis auf die zehn Finger schon zeigte, nicht auf die unteren sieben Sefirot beschränkt. An einer weiteren Stelle liest man ganz entsprechend von den zehn ›Worten‹, »durch welche die Welt besteht [...] Jenen zehn entsprechend schuf er am Menschen zehn Finger der Hände.«[456]

Die Rückführung des Körperlichen zum Status der Gottebenbildlichkeit geschieht im *Bahir* allerdings nicht aus einer wirklich anthropologischen Motivation, wenn auch die dezidierte Einbeziehung des Weiblichen so verstanden werden kann. Der Grund für die neuerliche Hochschätzung des Körperlichen ist vielmehr einem gottesdienstlichen Anliegen zu verdanken. Es sind nämlich gerade jene zitierten Stellen zur *imago*-Lehre, welche stets in einem solchen gottesdienstlichen Zusammenhang stehen.

Wiederum ist es der wiederholt zitierte Text, der dies deutlich vor Augen führt. In ihm wird gesagt, dass der Priester Aaron zum Segen die Hände erhebt und sodann wird die Frage gestellt:

»Und warum [geschieht dies Segnen] durch Handaufheben? [...] Dies geschieht, weil zehn Finger an den Händen sind, ein Hinweis auf die zehn Sefirot, mit denen Himmel und Erde versiegelt sind, und diese entsprechen den zehn Worten (Geboten) [...].«[457]

Hier wird zunächst nur ein Zusammenhang zwischen Segen und zehn *Sefirot* hergestellt, ohne dass das Wesen dieses Zusammenhangs deutlich würde. Einen weiteren Hinweis gibt eine andere Stelle, die auf den biblischen Amalekiterkrieg (Ex 17) zu sprechen kommt, bei dem Moses seine Hände zum Himmel reckte und »solange nun Moses seine Hand hochhielt, hatte Israel die Oberhand; wenn er aber seine Hand senkte, hatte ʻAmalek die Oberhand« (Ex 17,11). Diesen Erfolg der hochgehobenen Hand des Moses begründet nun der *Bahir* eigens damit, dass Moses mit seinen zehn Fingern auf die zehn Sefirot hinweist und dieses Hinweisen außerdem mit seiner *Kawwanat ha-Lev*, Ausrichtung des Her-

455 Sch/A § 116, S. 123; M §§ 171-172, S. 74f.; u. vgl. Sch/A § 55, S. 56; M § 82, S. 36; Sch/A § 114, S. 121; M § 168, S. 73f.

456 Sch/A, § 94, S. 101; M § 138, S. 60f.

457 Sch § 87, S. 94; M § 124, S. 55.

zens, d.h. einer meditativen Unterstützung des körperlichen Hinweisens, begleitet. Und dies ist es, was den Erfolg bewirkt.[458]

Es scheint demnach, dass die Gottebenbildlichkeit des menschlichen Körpers den Menschen zum wahren Gottesdienst befähigt, der, das soll im Folgenden noch deutlich werden, vor allem als Theurgie verstanden wird, das heißt als Einwirken des menschlichen Handelns auf das göttliche Pleroma.

6. Gottesdienst als Theurgie

Schon die oben im Zusammenhang mit der Erörterung der Seelenwanderungslehre angeführten Gleichnisse vom Brot und den königlichen Gewändern zeigten, dass es offenbar die Aufgabe der beseelten Menschen ist, dem Herrn der Seelen zu dienen. Dieser Dienst an Gott wird sogleich im Anschluss an das Brotgleichnis noch näher qualifiziert, und zwar nicht als Frondienst des Menschen an Gott, sondern vielmehr als einen Dienst, der Gott einen Gefallen, eine Huld erweist. Dies wird im *Bahir* einmal im Zusammenhang mit dem Torastudium erörtert. Eigentlich sollte dieses ja dem Menschen selbst, d.h. seiner Belehrung, dienen. Aber schon im Rahmen des rabbinischen Judentums gab es Stimmen, welche das Torastudium des Menschen als Wohltat an Gott deuteten, als etwas, das Gott Wohlgefallen bereitet[459] – und dies ist es, was die *Bahir*-Autoren forcieren:

> »Daher hat man gesagt der Unwissende kann nicht fromm (*hasid*) sein [...] und wodurch erweist er sich als fromm in Beziehung auf Gott? Durch das Studium der Tora, denn jeder, der Tora lernt, der tut Gutes (erweist Huld, *gomel hesed*) an seinem Gott, wie es heißt (Dtn 33,26) ›der durch die Himmel fährt mit deiner Hilfe‹ – das bedeutet: Wenn ihr Tora um ihrer selbst willen lernt, dann hilfst du mir und ich bin ›der durch die Himmel fährt‹ [...].«[460]

Es ist also Gott, der einen Nutzen vom Torastudium des Menschen hat. So ganz neu ist dieser Gedanke wie gesagt nicht. Neben dem eben zuvor erwähnten Wohlgefallen, das Gott vom Torastudium des Menschen hat, konnte schon die rabbinische Literatur noch weiter gehen und den Bestand des göttlichen Königtums von der täglichen *Schma*-Rezitation Israels abhängig machen.[461] Der *Bahir*

458 Vgl. Sch/A § 94, S. 101f.; M. § 138, S. 61.

459 Vgl. dazu K. E. Grözinger, Musik und Gesang in der Theologie der frühen jüdischen Literatur, Tübingen 1982, S. 114-119.

460 Sch/A § 128, S. 139; M § 185, S. 83.

461 Vgl. Bd. I, S. 249-253.

kann mit diesen seinen Formulierungen im rabbinisch geschulten Ohr daher durchaus Gefallen finden. Aber die Dinge sind doch weiterentwickelt. Aus einer eher von Gott selbst gewollten oder einer gleichsam soziologisch begründeten Abhängigkeit Gottes vom Menschen in der rabbinischen Theologie wird im *Bahir* ein ontologisch-wesensmäßiger Zusammenhang zwischen menschlichem Tun und göttlichem Ergehen konstruiert.

Ein solcher Zusammenhang zwischen menschlichem Tun und göttlichem Ergehen betrifft die gesamte Gebotserfüllung, die hier insgesamt zu sakramentalem Handeln wird, das *ex opere operato* wirkt.[462] So erklärt der *Bahir* zum Beispiel die Wirkung der Opfer im Tempel mit Hilfe des hebräischen Wortes für Opfer, nämlich *Korban*. Dieses Wort ist aus der hebräischen Wurzel *krv* (קרב) gebildet, die ›sich nähern‹ bedeutet. In diesem Sinne erklärt der *Bahir*:

> »Und warum heißt das Opfer *Korban* ? Weil es die heiligen Formen einander nahebringt, wie es heißt (Ez 37,17): ›Und bringe sie einander nahe, dass sie dir zu einem Baum werden‹.«[463]

Der Name des Opfers bedeutet ›Nahebringen‹, eben weil die Ausführung des Opfers die zehn Gotteskräfte einander nahe bringe. Menschliches Handeln wirkt direkt auf das göttliche Pleroma ein. Das heißt, das Opfer führt das herbei, was in der Kabbala seit dem *Bahir* als *Jichud*, Einung oder Vereinigung, nämlich der Sefirot, genannt wird[464], was einen segensreichen Zustand des Pleroma herbeiführt. An anderer Stelle[465] wird derselbe Vorgang onomatologisch gedeutet, d.h. als eine Vereinigung verschiedener Gottesnamen zu einem einzigen, wie dies in der täglichen *Schma*-Rezitation geschieht, wobei die einzelnen Gottesnamen des Gebetstextes, nämlich JHWH und *'Elohim*, die verschiedenen Sefirot repräsentieren.[466]

Des Weiteren findet man auch schon im *Bahir* die dann vor allem im *Sohar* massiv einbrechende geschlechtlich-sexuelle Diktion vom innergöttlichen *Jichud* angedeutet. Schon oben war von der bisexuellen Struktur des Weltenbaumes die Rede, woraus sich eine entsprechende sexuelle Beschreibung der innergöttlichen Vereinigung ja schon nahe legte. Eine solche innergöttliche bräutliche Verbindung wird im folgenden Paragraphen des *Bahir*, wenn auch leicht verschlüsselt, ausgesprochen:

462 Vgl. zum Folgenden Scholem, Ursprung, S. 171-174.

463 Sch/A § 78, S. 79; M § 109, S. 48.

464 So in Sch/A § 77, S. 78; M § 108, S. 47f.

465 Sch/A § 83, S. 86; M § 116, S. 52; u. vgl. G. Scholem, Ursprung, S. 171.

466 Zur altjüdischen Onomatologie, welche der *Bahir* hier aufnimmt und fortführt, vgl. Bd. I, S. 341-354; und im Folgenden.

»Was [bedeutet in dem Vers Ps 8,6: ›du hast ihn wenig geringer gemacht als Gott‹] das Wort ›wenig‹? Dass er [der Mensch] Sünden hat; der Heilige, Er sei gesegnet, aber, gelobt sei Er und gelobt sein Name, hat keine. Sünden zwar gibt es nicht bei ihm, aber der böse Trieb kommt doch von ihm? Du meinst: er kommt? Sage vielmehr: er kam von ihm, bis David kam und ihn tötete. Und das bedeutet der Vers (Ps 109,22): ›Mein Herz ist tot in mir‹. So sprach David: Weil ich ihn besiegt habe, (Ps 5,5) ›wohnt das Böse nicht (mehr) bei dir‹. Und wodurch besiegte ihn David? Durch sein Studium [der Tora], denn er hörte weder Tag noch Nacht auf und verband – und was verband er? Er verband die obere Tora mit dem Heiligen, Er sei gesegnet; denn so oft ein Mensch Tora um ihrer selbst willen lernt, verbindet sich die obere Tora mit Gott, und das bedeutet der Ausspruch: Stets lerne der Mensch Tora, selbst wenn er es aus Eigennutz tut, denn dadurch wird er dazu gelangen, es um ihrer selbst willen zu tun. Was ist diese ›Tora‹, von der du sprichst? Die Tora, das ist die Braut, die geschmückt und gekrönt ist und in der alle Gebote enthalten sind, und sie ist das Schatzhaus der Tora und dem Heiligen, E. s. g., anverlobt, wie es heißt (Dtn 33,4): ›Die Tora befahl uns Mose, ein Erbe der Gemeinde Jakobs‹ – lies nicht *Morascha,* Erbe, sondern *me'orassa,* anverlobt, und lies [doch nicht] *me'orassa,* anverlobt, sondern *Morascha*, Erbe.[467] Wie ist dies [zu verstehen]? In der Zeit, da sich Israel mit der Tora um ihrer selbst willen beschäftigt, ist sie Gott anverlobt, und in der Zeit, da sie dem Heiligen, E. s. g., anverlobt ist, ist sie das Erbe Israels.«[468]

Wieder ist es das menschliche Tun, das Torastudium, das Gott in diesen Glückszustand versetzt. Und noch ein Weiteres, wenn der »Heilige, Er sei gesegnet«, d.h. hier die Sefira sechs oder sieben, mit der Braut verlobt ist, dann ist dies auch zum Guten Israels, dann sind sie Erben dieser himmlischen Tora, d.h. sie genießen die Tora und alles was daraus an Gütern folgt.

467 Der Text verwendet hier eine schon im rabbinischen Midrasch übliche hermeneutische Technik. In ihr wird ein vorliegendes Wort, von dem ja nur die Konsonanten geschrieben wurden, unvokalisiert und assonantisch verändert.

468 Sch/A § 137, S. 151; M § 196, S. 90.

7. Namen, Buchstaben und Vokale – die Onomatologie

Außer der Einführung der zehn *Sefirot* zur Beschreibung der göttlichen Welt hat der *Bahir* ein zweites terminologisches Standbein als Nomenklatur für die Sefirotwelt eingeführt, nämlich die im Band I dieses Buches schon beschriebene altmystische Namenlehre oder Onomatologie.[469] Der *Bahir* macht reichlichen Gebrauch von dieser Tradition und verhandelt sie in mehreren Blöcken. Natürlich hat diese alte onomatologische Lehre bis zum oder im *Bahir* eine den veränderten Umständen angepasste Entwicklung erfahren. Das für die Chronologie Wichtigste ist die Einbeziehung der Vokalzeichen in die Alphabetologie, welche die hechalotmystische Buchstabenlehre noch nicht kannte, denn die Vokalzeichen wurden erst ab dem 6. Jh. der Zeitrechnung entwickelt. Das Nächste ist theologischer Natur, insofern die Buchstaben im *Bahir* zunehmend nicht mehr wie in der alten antiken Onomatologie als eigene unmittelbare göttliche Machtträger verstanden wurden, sondern als Repräsentanten und Symbole der Sefirot. Das heißt, im *Bahir* ist eine Amalgamierung von Sefirotlehre und Buchstabenlehre sichtbar, die, wie oben schon dargestellt wurde, ihren Vorläufer im *Sefer Jezira* hat, wenn auch dort die Sefirot noch nicht Repräsentanten der Gottheit selbst, sondern dessen Schöpfungswerkzeuge waren. Die Buchstaben vertreten nunmehr einzelne Sefirot oder werden insgesamt als deren Ausfluss betrachtet. Dennoch ist der *Bahir* hier in einer Übergangsstufe, in welcher alter und neuer Gebrauch noch nebeneinander bezeugt sind.

Die Deutung der Formen und der Reihenfolge der Buchstaben des hebräischen Alphabets ist eine schon in der altrabbinischen Literatur gebräuchliche literarisch-homiletische Technik, die sich schließlich in großen, in unterschiedlichen Versionen vorliegenden Alphabetmidraschim wie dem *Midrasch 'Otiot de-Rabbi 'Akiva* oder dem *Midrasch Alphabetot* konzentrierten.[470] Der *Bahir* schöpft aus dieser alten alphabetologischen Tradition, verändert sie aber in typisch mittelalterlicher Manier, die nun schon mehrfach begegnet ist. Im *Bahir* findet sich zum Beispiel eine Deutung der drei ersten Buchstaben des Alphabet, die es wert ist, einer analogen Deutung im *Midrasch 'Otiot de-Rabbi 'Akiva* (Buch- staben-Midrasch des R. Akiva) gegenübergestellt zu werden, woraus Gemeinsamkeiten, aber noch mehr große Differenzen erhellen.

Der rabbinische Alphabetmidrasch beginnt damit zu erzählen, dass die in der Krone Gottes eingravierten 22 Buchstaben des Alphabets in der Stunde, da Gott die Welt erschaffen wollte, beginnend von hinten, einer nach dem anderen vor

469 Vgl. Bd. I, S. 341-354.

470 Ediert bei A. Wertheimer, Bate Midraschot, Jerusalem 1968, II, S. 333-494; A. Jellinek, Bet ha-Midrasch, Jerusalem 1967 (als Neudruck) V, S. 31-33; z.T. übersetzt bei A. Wünsche, Aus Israels Lehrhallen, Hildesheim 1967, IV; und vgl. G. Stemberger, Einleitung in Talmud und Midrasch München 1992, 8. Aufl., S. 339f.

den Schöpfer traten, und ihn baten, er möge doch mit ihm die Welt erschaffen. Gott weist sie einen um den anderen ab, weil jeder für eine andere Aufgabe vorgesehen sei. Schließlich treten als letzte die drei ersten Buchstaben des Alphabets vor Gott:

> »Danach trat der Buchstabe *Gimmel* vor den Heiligen, Er sei gesegnet, und sprach vor Ihm: Herr der Welt, möge es dein Wille sein, dass du durch mich deine Welt erschaffst, denn durch mich wird deine Größe, *Gedulla,* und deine Macht *Gevura* verkündet [...]. Da erwiderte ihm der Heilige, Er sei gesegnet: Nein! Er fragte: Warum? Und Er sprach: Denn durch dich werde ich dereinst Heimzahlung *Gemul* üben an den Gestaden und an den Feinden [...]. Als *Gimmel* das hörte ging es verlegen hinaus.
> Danach trat das *Bet* vor den Heiligen, Er sei gesegnet, und sprach vor ihm: Herr der Welt, möge es dein Wille sein, dass du durch mich deine Welt erschaffst, denn durch mich preisen die Weltbewohner vor Dir an jedem Tag, wie geschrieben steht (Ps 89,53): ›*Baruch*, gesegnet ist der Herr [...]‹. Sogleich akzeptierte dies der Heilige, Er sei gesegnet, und sprach zu ihm: *Baruch*, gesegnet sei, wer da kommt im Namen JHWH's. Und so erschuf er die Welt mit dem Buchstaben *Bet*, wie geschrieben steht: ›*Bereschit bara 'Elohim*, mit dem Anfang (am Anfang) schuf Gott‹.[471]
> Als *'Alef* dies hörte und sah, dass der Heilige, Er sei gesegnet, die Welt mit dem *Bet* erschaffen wollte, trat es zur Seite und schwieg, bis es der Heilige, E.s.g., herbeirief und zu ihm sprach: *'Alef, 'Alef*, warum schweigst du und sagst kein Wort? Da antwortete es und sprach: Herr der Welt, weil alle Buchstaben in der Welt einen höheren Zahlwert haben, werden sie in Betracht gezogen, und ich habe ja nur den geringen Zahlwert. *Bet* hat den Wert zwei, *Gimmel* den Wert drei, *Dalet* vier, *He* fünf und ich nur eins! Da erwiderte der Heilige, E.s.g., und sagte zu ihm: *'Alef*, sei nicht betrübt, denn du bist das Haupt von allen gleich einem König. Ich bin Eins, und du bist eins, die Tora ist eine. Und durch dich werde ich dereinst die Tora an mein Volk Israel übergeben, das gleichfalls ›eins‹ genannt wird, wie geschrieben steht: ›*'anochi JHWH 'Elohecha*, Ich bin JHWH, dein Gott‹ (Ex 20,2).«[472]

Dieser Midrasch deutet zum einen die Reihenfolge des Alphabets, aus der das *'Alef* eigentlich die Prärogative für sich ableiten könnte und zum anderen den Text der Tora, in dem der Schöpfungsbericht mit *Bet* und die Zehn Gebote am Sinai mit *'Alef* beginnen. Für alle Buchstaben werden in dem Midrasch, wie für die drei vorgeführten im exegetischen Verfahren Schrifttexte beziehungsweise

471 Zu dieser Übersetzung vgl. Bd. I, S. 260.

472 'Otiot de-Rabbi Akiva (Vers. II), Wertheimer, Bate Midraschot, II, S. 402f.

Worte gesucht, die mit dem entsprechenden Buchstaben beginnen, aus dem sodann ihre Funktion abgeleitet wird. Die den Buchstaben zugewiesenen Funktionen sind, sofern sie auf den menschlichen Bereich gedeutet werden menschliche Tätigkeiten, und wenn auf Gott gedeutet dessen Tun an der Welt und am Menschen. Damit entspricht diese Deutung im ersten Band dieser Darstellung für die rabbinische Literatur gezeichneten religiösen Paradigma, in dem sich Mensch und Gott als kommunizierende Personen gegenüberstehen.[473] Das Alphabet dient hier zum einen als rhetorische Technik, sodann als exegetisch erschlossenes Strukturmuster für die intrapersonalen Beziehungen zwischen Mensch und Gott, das heißt die Buchstaben werden zum Hinweiszeichen des menschlichen und göttlichen Handelns.

Ganz andere Wege beschreitet demgegenüber der Alphabetmidrasch im *Sefer ha-Bahir*:

> »Rabbi 'Amora saß und trug vor: Warum steht *'Alef* am Anfang [des Alphabets]? Weil es Allem, und sogar der Tora, voranging. Und warum steht *Bet* ihm zunächst? Weil es am Anfang [der Schöpfung] da war. Und warum hat es einen Vorsprung?[474] Um darauf hinzuweisen, von welchem Ort es stammt! Und einige sagen, dass von dort aus die Welt erhalten wird! Und warum ist *Gimmel* der dritte [Buchstabe]? Um anzukündigen, dass er Liebe erweist (*gomel*). Und sagte nicht Rabbi 'Akiva: warum ist *Gimmel* der dritte? Weil es Liebe erweist und großzieht und dauern lässt, wie es heißt (Gen 21,8): ›und das Kind ward groß und ihm Gutes getan‹. Er antwortete: Das ist auch meine Erklärung, denn er wurde groß und erwies [nun selbst] Liebe und man wohnte bei ihm und war mit ihm vertraut. Und warum hat *Gimmel* einen Vorsprung unten? Er sagte zu ihnen: Das *Gimmel* hat oben einen Kopf[-vorsprung] und ähnelt so einer Röhre: Wie die Röhre von oben aufnimmt und unten weiterleitet, so nimmt auch *Gimmel* am Kopf [den Strom der Wohltaten] auf und leitet [sie] durch den Vorsprung[475] weiter und daher [Name und Gestalt des] *Gimmel*.«[476]

Der *Bahir* zitiert in seinem Alphabetmidrasch ausdrücklich den *Midrasch des Rabbi 'Akiva*, und zwar die jüngere, mehr von der Hechalotliteratur beeinflusste Version I. Daraus soll zunächst noch ein Satz nachgetragen werden, bevor ein Vergleich angestellt werden kann. Zum Buchstaben *Gimmel* heißt es dort z.B.: »Was ist Gimmel? Das lehrt, dass der Heilige E.s.g. sprach: Ich erwies Huld

473 Vgl. S. 221-298.

474 Gemeint ist der Fuß und der Kopf der graphischen Form des *Gimmels* ג.

475 Der zum *'Alef* zurückweisende Dorn des ב (Bet).

476 Sch/A § 13, S. 15f.; M § 17-20, S. 10.

gamalti Hesed […], denn gäbe es nicht meine *Gemilut Hasadim*, Liebeserweise, würde die Welt nicht eigen Augenblick bestehen.«[477] Auch die übrigen hier gegebenen Deutungen entsprechen weitgehend dem Duktus in der Version II.

Betrachtet man nun die Deutungen des *Bahir*, so wird sofort deutlich, dass er das Alphabet nicht exegetisch und rhetorisch verwendet, auch nicht als Landkarte der gott-menschlichen Beziehungen, sondern das Alphabet repräsentiert oder ist Ontologie. Die Alphabetreihenfolge macht eine ontologische Aussage: Das *'Alef* ging allem voran! Damit ist deutlich: Es ist die erste Sefira, die *Machschava*, die ins Unendliche reicht, die vor allem da war und aus der alles hervorgeht, gleichsam der Kern und das innerste Wesen des göttlichen Pleroma. Ihm gegenüber steht das *Bet*. Von ihm wird nicht gesagt, dass es Gottes Schöpfungsinstrument war, sondern dass es am Anfang der Schöpfung da war. Schon die oben aufgeführte Liste der Sefirot benannte die zweite Sefira *Reschit* (Anfang), die von allem Anfang da war.[478] Die graphische Besonderheit des *Bet*, nämlich an seinem Fuß einen nach hinten zum *'Alef* hin weisenden Dorn zu haben (ב) wird nicht nur auf eine chronologische Priorität, sondern auf eine kausal und wohl emanatistische Priorität gedeutet. Sollte dies noch missverständlich sein, so sagt der folgende Satz: Von dort aus wird die Welt erhalten.

Die Deutung des *Gimmel* scheint nun zunächst einfach den alten Midrasch wiederzugeben. Aber auch hier wird die kausal-emanatistische Deutung eingetragen: Es empfängt von Oben und gibt selbst nach unten weiter. Und auch dies wird in einem zweiten Deutegang verdeutlicht: Das *Gimmel* ist eine Röhre, die den Emanationsstrom weitergibt. Hier wird der dann für die spätere Sefirot-Welt-Beschreibung omnipräsente Ausdruck des *Zinnor*, des Kanals oder der Röhre, verwendet, durch den alle Sefirot miteinander verbunden sind.

Die alte Alphabetologie wird in der Version des *Bahir* zu einer sefirotisch-alphabetischen Ontologie umgedeutet. Die Buchstaben sind – und das hat auch schon die oben aufgestellte Liste der Bezeichnungen für die Sefirot ergeben – eine der Sprechweisen, um über die göttlichen Kräfte oder Entitäten zu sprechen. Der Paragraph 48 sagt dazu nochmals einige deutliche Sätze:

> »Das *'Alef* ist der Anfang aller Buchstaben, und nicht allein das, sondern das *'Alef* bedingt die Existenz aller Buchstaben, und das *'Alef* ist ein Abbild des Gehirns: wie man beim *'Alef*, spricht man es aus, nur den Mund öffnet, so geht auch das Denken ins Unendliche und Unbegrenzte, und vom *'Alef* stammen alle Buchstaben, wie es denn auch an ihrem Anfang steht.«[479]

477 Bate Midraschot, II, S. 358.

478 Kap. Kabbala I.A.3.1.2

479 SCH/A § 48, S. 48; M § 70, S. 30f.

Schon der Abschnitt über die Theurgie hatte gezeigt, dass der Vollzug der Gebote unter begleitender Meditation seine Wirkung auf die göttliche Welt nicht verfehlt. Dasselbe kann – nach dem bislang Erörterten kaum mehr verwunderlich – auch onomatologisch dargestellt werden wie im folgenden Midrasch, bei dem nun zusätzlich die Vokale Berücksichtigung finden:

> »Rabbi 'Ahilai saß und trug vor: Was bedeutet: ›Gott ist König, Gott war König, Gott wird König sein für und für‹?[480] Das ist der Schem ha-meforasch, der permutiert und ausgesprochen werden darf, denn es heißt (Num 6, 27): ›Sie sollen meinen Namen auf die Kinder Israel tun‹. Und er ist der zwölf-[buchstabige] Name, wie der Name im Priestersegen (Num 6,24]) ›Gott segne dich usw.‹ und es sind drei [Namen], und zwölf [Konsonanten].[481] Dies ist seine Vokalisierung: Jafa'al, Jafo'el, Jif'ol. Jeder, der ihn in Reinheit bewahrt, und in Heiligkeit und Reinheit ausspricht, dessen Gebete werden alle angenommen, und nicht nur dies, sondern er ist beliebt oben und beliebt unten, angenehm oben und angenehm unten, und ihm wird sogleich Erhörung und Hilfe.«[482]

Die, Vergangenheit, Präsens und Zukunft einbeziehende dreifache Königsproklamation, die aus der antiken Hechalotliteratur in den Heiligungsegen der täglichen synagogalen Liturgie eingegangen ist, wird hier mit der dreimaligen Nennung des Tetragrammaton JHWH im Priestersegen in Verbindung gebracht, der als der zwölfbuchstabige Gottesname bezeichnet wird. Letzterer nun muss mit der die drei Zeiten andeutenden Vokalisation ausgesprochen bzw. permutiert werden, damit er seine Wirkung im Pleromabereich zugunsten des Menschen entfaltet. Die Vokale sind nämlich, so sagt der *Bahir* an anderer Stelle, in den Konsonanten wie die Seele im menschlichen Körper – und nur mit dieser Seele, die mittels des Opfers aus den oberen Kanälen herabgezogen wird, können die Buchstaben ihr Werk vollbringen.[483]

Damit sei die noch nicht erschöpfende Darstellung der Gedanken des *Bahir* abgebrochen, sie hat gezeigt, was die folgenden Kapitel bestätigen sollen, dass fast alle wesentlichen Elemente, welche die künftige Kabbala prägen werden, im *Bahir* vorhanden oder angelegt sind.

480 Aus der täglichen Liturgie.

481 Im Priestersegen kommt das Tetragramm drei Mal vor, es gibt 3x4=12 Buchstaben; vgl. L. Blau, Das altjüdische Zauberwesen, Budapest 1898 (Neudruck Westmead 1970), S. 144.

482 Sch/A § 80, S. 81; M § 111, S. 49.

483 Sch/A § 83, S. 85; M §§ 114-116, S. 51f.

B. Die kastilischen Gnostiker: Ja'akov und Jizchak ha-Kohen, Mosche aus Burgos und Todros 'Abul'afja

1. Die kastilischen Kabbalisten – ihr Ort in der Entfaltung der Kabbala

Die Entfaltung der Kabbala nach dem *Sefer ha-Bahir* brachte zunächst eine der Zeit angemessene Reinterpretation der Lehren des *Sefer Jezira*, des *Sefer ha-Bahir* sowie der altbiblischen und antiken rabbinischen Tradition inklusive der *Merkava-* und *Hechalot-*Traditionen im Geiste der mittelalterlichen jüdischen Philosophie, vorrangig der neoplatonischen, aber auch mittels aristotelischer Elemente sowie von R. Sa'adja Ga'on. Diese Neudeutung wurde von Rabbi 'Avraham Ben Jizchak aus Narbonne, dessen Schwiegersohn, R. 'Avraham Ben David, genannt Rabed, und Enkel Jizchak dem Blinden inauguriert. In diesen Umkreis gehört außerdem Jakob der Nasiräer aus Lunel, sodann die Schriften des so genannten *'Ijjun-*Kreises und schließlich des Geronenser Kabbalistenzirkels, dem als herausragende Gestalten Rabbi Moses Ben Nachman (Nachmanides), Rabbi 'Esra und 'Asri'el angehörten. In diesen überaus vielfältigen und schillernden Interpretationsversuchen wurden die gesamten alten Traditionen, eingeschlossen der »Gnosis« des *Bahir*, hauptsächlich im Sinne der neoplatonischen Emanationslehre gedeutet und das Entstehen der Sefirot samt den darunter liegenden Weltstufen als eine zusammenhängende Kette des Seins beschrieben. Diese Strömung war angetan, aus der Kabbala eine philosophierende Theosophie und Kosmosophie zu machen, in denen die aus dem *Bahir* überkommenen gnostischen Elemente integriert und damit relativiert gewesen wären. Ein Werk wie der *Sohar* und die spätere lurianische Kabbala mit ihren sehr ausgeprägten dualistischen Elementen wären dann kaum mehr denkbar gewesen.

Dass dies nicht die vorgezeichnete Bahn für die künftige Entwicklung der Kabbala geblieben ist, ist vor allem einem kleinen, vorzugsweise in Kastilien wirkenden Kabbalistenzirkel zu verdanken, der zwar in der philosophierenden Kabbala herangewachsen ist, dann aber – während ausgedehnter Reisen seiner Genossen in die benachbarte Provence – mit kabbalistischen Traditionen bekannt wurde, die man ohne Zögern massiv gnostisch nennen darf. Zu dem genannten Kabbalistenzirkel gehörten zunächst die beiden Brüder Ja'akov und Jizchak Bne Ja'akov ha-Kohen aus Soria, sodann deren Schüler Mosche aus Burgos und schließlich dessen Schüler Todros Ben Josef ha-Levi 'Abul'afja aus Burgos und Toledo (ca. 1220-1298).[484] Die beiden Brüder, der ältere Ja'akov und sein jüngerer Bruder Jizchak, traten mit ihren neuen Lehren in den fünfziger und sechziger

484 Vgl. Scha'ar ha-Rasim le-R.Todros Ben Josef ha-Levi 'Abul'afia, M. Kushnir-Oron (Hrsg.), Jerusalem/Tel Aviv 1989, S. 13.

Jahren des 13. Jahrhunderts hervor.[485] Die beiden wichtigsten Vertreter dieser Richtung sind R. Jizchak und sein Schüler R. Mosche aus Burgos, bei denen sich die gnostische Deutung am extremsten durchsetzte.

Die beiden Kohen-Brüder hatten ihre kabbalistische Laufbahn offenbar zunächst in den Fußstapfen der zuvor genannten »philosophierenden« Kabbalisten begonnen, bis – und dies betrifft offenbar vor allem Jizchak – sie bei ihren Reisen in die Provence nach Jizchaks eigenem Zeugnis mit mythologisch-gnostischen Traditionen konfrontiert wurden, welche ihr Denken nachhaltig veränderte, so dass vor allem Jizchak diese gnostischen Elemente mit seinem bisherigen System verbunden zu haben scheint. Gershom Scholem glaubte zunächst dem Zeugnis R. Jizchaks, dass die ihm in der Provence bekannt gewordenen Texte, die zum einen magischer Natur – teilweise in aramäischer Sprache – und zum anderen gnostischen Charakters waren, aus dem Orient stammten.[486] Scholem hat diese Auffassung bezüglich der gnostisch-dualistischen – nicht der magischen und dämonologischen – Traditionen später allerdings als Legende abgetan,[487] und meinte nun, die Papiere hätten zwar existiert, seien aber doch eher neueren provençalischen Ursprungs. Demgegenüber betonte M. Kushnir-Oron,[488] mit Verweis auf M. Idel,[489] die wahrscheinliche Verlässlichkeit solcher Nachrichten. Denn Idel verweist auf das Zeugnis des Bischofs Agobard aus Lyon (9. Jh.) der berichtet, dass die französischen Juden glaubten, aus den überflüssigen und leeren Gedanken Gottes seien Dämonen entstanden. Ist diese Nachricht verlässlich, hätten die französischen Juden schon drei- bis vierhundert Jahre vor dem Aufkommen der Kabbala solches gnostisches Gedankengut besessen.

Wie bei den anderen Kabbalisten ist auch für die kastilischen Esoteriker die Weiterentwicklung der antik-jüdischen Onomatologie und Alphabetologie ein wesentliches Anliegen. Bei ihnen wurden die Buchstaben und Namen zu Symbolen für das Göttliche und seine Entfaltung in die Welt.

485 Zu ihnen und den unten zitierten Texten s. G. Scholem, Kabbalot R. Ja'akov we-R. Jizchak Bne R. Ja'akov ha-Kohen. Mekorot le-Toledot ha-Kabbala lifne Hitgalut ha-Sohar, in: Mada'e ha-Jahadut 2, Jerusalem 1927; hier: S. 170. In seinem aus Artikeln in der *Encyclopedia Judaica* redigierten Buch, Kabbalah, Jerusalem 1974, S. 55 nennt Scholem die Jahre 1260-80).

486 Vgl. G. Scholem, Kabbalot, S. 189-191.

487 Vgl. G. Scholem, Ursprung, S. 259.

488 M. Kushnir-Oron, Scha'ar ha-Rasim, S. 25f.

489 Vgl. M. Idel, Ha-Machschava ha-ra'ah schel ha 'El, in: Tarbiz 49 (1980), S. 356-364, hier: S. 357.

2. Gott und seine Offenbarung

2.1 Das Entstehen der *Sefirot* nach der Lehre des Ja'akov ha-Kohen

An den Anfang der Besprechung der gnostisierenden kastilischen Kabbala soll ein in seiner Geschlossenheit und Kürze nicht eben sehr oft zu findender Emanationstraktat des R. Ja'akov aus Soria gestellt werden, der zunächst belegt, dass auch die kastilischen Kabbalisten zu Beginn der zweiten Hälfte des 13. Jahrhunderts von der ihnen vorangegangenen neoplatonischen Interpretation der Kabbala geprägt waren, wie also die vom *Bahir* überkommenen gnostischen Topoi in einen platonisierenden Kontext gestellt werden. Eine zweite, längere und deutlich als Überarbeitung erkennbare Version dieses Textes, die verschiedenen Autoren zugeschrieben wird,[490] zeigt, wie die platonisierende Kabbala hier Schritt für Schritt von gnostisierenden Elementen überlagert wird, was dann vor allem bei Jizchak ha-Kohen und seinem Schüler Moses aus Burgos besonders nachdrücklich geschieht. Doch zunächst der Text von R. Ja'akov:

> »Der Anfang jeglicher Sache war der Ur-Erste vor Allem. Und er ist vor allem verborgen und er wird *Ursache aller Ursachen* genannt. Ihm kann man weder ›Sein‹ noch ›Nichtsein‹ zuschreiben, denn er ist sogar vor den Engeln verborgen, um wie viel mehr vor uns. Über ihn sagte [Ben Sira] ›Was vor dir verborgen ist, danach forsche nicht‹ (…). Aber wir wissen, dass alles in ihm enthalten war und bezogen auf ihn ist nichts neu entstanden, nur bezüglich unsrer ist es neu entstanden.
>
> [I] Und siehe, es stieg in seinen Gedanken auf, zehn Sefirot ins Dasein zu bringen und zu emanieren. […]. Das Denken des Heiligen, Er sei gesegnet, muss von seiner Macht empfangen […] und darum ist es in seiner Macht, gemäß seinem Willen das Denken zu unterbinden. Aber in jener Stunde, da er denken wollte, ließ er den Gedanken aufsteigen, darum wird die erste Sefira, d. h. die *Höchste Krone* das *Denken* (*Machschava*) genannt. Und warum wird sie auch *Höchste Krone* genannt? Weil das *Denken* die höchste Krone für alle Sefirot, die aus ihr emanierten, ist.
>
> [II] Und ob wir wollen oder nicht, aus dem *Denken* geht die *Weisheit* (*Hochma*) hervor. Und sie wird Buch (*Sefer*) genannt, wie ein Buch, in dem Worte der Weisheit samt allen Details geschrieben stehen. Aber noch ist sie versiegelt und darum sagt der Schriftvers (Hiob 28,12): ›Die Weisheit geht aus dem Nichts hervor‹. Er nannte das Denken *Nichts*, weil es noch nicht offenbar wurde.

490 Vgl. G. Scholem, Kabbalot, S. 174f.

Wer aber behauptet, ›sie geht aus dem Nichts hervor‹ beziehe sich auf die Ursache aller Ursachen, ist des Todes schuldig.

[III] Und weil die *Weisheit* noch nicht in Wirklichkeit [sondern nur als Möglichkeit] hervortrat, musste aus ihr eine dritte Sefira hervorgebracht werden, nämlich die *Einsicht* (*Bina*), und sie ist ein Buch, das schon etwas mehr offenbart.

Und die *Einsicht* blickte auf die *Weisheit* und alles, was in der *Weisheit* fein eingraviert und eingezeichnet war, und errichtete daraus ein Gebäude. Und darüber sagten sie: In seinem Denken baute er Welten und zerstörte sie wieder (*bone 'Olamot u-macharivan*), damit die Welt nicht ohne die drei Väter bestehen könnte. Und sie sind die drei intellektuellen und spirituellen Sefirot, die *Ruach*[-Seele], die *Neschama*[-Seele] und die *Nefesch*[-Seele] genannt werden.

Die Ursache der Ursachen aber ist die Seele der Seelen, das heißt für jene Sefirot, wohingegen die Sefirot *Hesed* (Liebe), *Din* (Gerichtsstrenge) und *Rachamim* (Erbarmen) wie ein Körper sind und die die *Machschava* (das Denken), die *Hochma* (die Weisheit) und die *Bina* (die Einsicht) sind ihnen wie eine Seele. Denn in jedem Falle muss die Seele durch Instrumente handeln, und sie sind der Körper.

[IV] Die Sefira *Hesed* ist der rechte Arm, der sich in mehrere Farben, Lichter und Strahlen samt ihres Spektrums zerteilt. Und *Hesed* ist wie Schnee oder Wasser oder Wolle, darum sagt die Schrift (Dan 7,9): ›Sein Gewand war wie weißer Schnee und das Haar seines Hauptes wie reine Wolle‹. Und der Ellbogen ist ja dicker als der Arm und der Arm dicker als die Hand und die Hand dicker als die Finger. Und von den Fingern ist einer größer als der andere. Und so wie der Ellbogen mehr als der [Unter-]Arm am Körper haftet, so findest du viele Arten von *Hasadim*,[491] eines größer als das andere – und der Verständige wird es verstehen.

[V] Und der linke Arm ist die Eigenschaft der Strenge/Stärke (*Middat Gevura*). Und hier gibt es die scharlachroten Farben. Und manche von ihnen sind nicht so tief rot, sondern gleichen der Purpurschnecke. Das lehrt, dass die Maße der Gerichtsstrenge (*Din*) unterschiedlich groß sind in unzähliger Vielfalt.

[VI] Der Ellbogen hingegen ist kein strenges Gericht (*Din*), weil er dem Erbarmen [das heißt dem Körper] näher ist, während der Arm zwischen heftig und furchtbar ist. Darum sagt der Schriftvers (Cant 5,10): ›Mein Geliebter ist weiß‹, entsprechend der *Eigenschaft des Erbarmens* (*Middat ha-Rachamim*) ›und rot‹, entsprechend der *Eigenschaft der Gerichtsstrenge* (*Middat ha-Din*),

491 Plural von Hesed, Huld, Liebe.

›ausgezeichnet vor Tausenden‹, entsprechend der *Eigenschaft der Liebe* (*Middat ha-Hesed*), denn sie leitet die Scharen seiner Tausende mit *Liebe*.
[VII] Danach brachte er *Nezach* (*Sieg, Dauer*) hervor, welches der rechte Schenkel ist, ein Ableger von *Hesed*, wie geschrieben steht (Ps 16,11): »Wonnen auf deiner Rechten ewiglich (*nezach*). Und wir sagen: Auf der rechten Seite ist die Liebe (*Hesed*) und das sind die ewigen Siege. Und diese Eigenschaft wurde dem Moses, Friede auf ihn, zugeeignet, darum verdiente er, die Tora zu empfangen, wie es heißt: ›zu seiner Rechten hatte er das Feuer des Gesetzes‹ (Dtn 33,2). Und *Nezach* ist keine große Liebe (*Hesed*) [...].
[VIII] Und *Hod* (*Hoheit*), das Links genannt wird, ist ein Zweig, der aus *Din* (*Gerichtsstrenge*) hervorgeht [...] Und diese Eigenschaft wurde Ahron gegeben, darum sühnte er die Sünden der Israeliten, die von Seiten des Nordens getan werden, darum wurde auch Ahron bei der Errichtung des goldenen Kalbes erwähnt – und der Verständige versteht. [...]. Außerdem nennt man den rechten und linken Schenkel *Hod* und *Hadar* (*Schmuck*), wie es heißt (Ps 96,6): ›Hod und Hadar stehen vor ihm‹.
[IX] *Zaddik Jesod 'Olam* (*Der Gerechte ist das Fundament der Welt*). Von dort fliegen die Seelen aus, und er wird *der siebente Tag* genannt. Wie? *Hesed* ist eins, *Din* der zweite, *Rachamim* der dritte, *Nezach* der vierte, *Hod* der fünfte und *Machschava*, *Hochma* und *Bina*, welche die Seele sind, sind sechs, und schließlich *Jesod* als siebenter. Darum sagt die Schrift: ›Und Gott vollendete am siebten Tag‹ (Gen 2, 2).
[X] Und die *Schechina*, sie ist das Diadem, sie empfängt von *Jesod 'Olam*.«[492]

Dieser Traktat beschreibt die Entstehung und Bedeutung der Sefirotwelt, wie sie aus dem *Sefer ha-Bahir* überkommen war – allerdings bereits mit der kanonisch gewordenen Terminologie – mit Hilfe der aristotelisch-neoplatonischen Philosophie des Mittelalters wie sie im ersten Band dieser Darstellung beschrieben wurde. Vor der intelligiblen Welt und außerhalb ihrer steht die eigentliche Gottheit, die hier in aristotelischer Diktion *Ursache aller Ursachen* genannt wird. Der Generierungsvorgang selbst wird sodann mit Hilfe der neoplatonischen Emanationsvorstellung beschrieben, wofür der Autor das von den jüdischen Neoplatonikern eingeführte *'azal* (אצל), »emanieren« verwendet. Die durch diese Emanation hervorgebrachten Seinsbereiche werden des weiteren gemäß der neoplatonischen Lehre vom Makroanthropos gleichermaßen in Seele und Leib unterteilt,

492 Kabbalat he-Hacham R. Ja'akov he-Hasid Ben R. Ja'akov, seligen Angedenkens, bei: G. Scholem, Kabbalot R. Ja'akov we-R. Jizchak we-R. Ja'akov ha-Kohen, in: Mada'e ha-Jahadut 2 (1927), S. 227-230.

ein Vorgang, der noch deutlicher bei dem Ja'akov vorausgehenden und unten noch zu behandelnden platonisierenden 'Asri'el aus Gerona zu sehen ist.

Als platonisierend kann noch der Gedanke verstanden werden, dass sich aus dem jenseits von allem Sein stehenden Einen, hier Ursache aller Ursachen, durch die voranschreitende Emanation sukzessiv eine Differenzierung und Qualitätsminderung ergibt, die aus dem Intellektuellen schließlich ins Körperliche umschlägt – hier am Ende von Sefira III als Wirkung des Geistes durch den Körper ausgedrückt. Nicht neoplatonisch im antiken, aber doch neoplatonisch im jüdisch-philosophischen Sinn ist schließlich die Einfügung eines voluntativen Elementes zu Beginn der Emanation mit dem die Möglichkeit einer Schöpfung zu einer bestimmten Zeit gesichert und die Lehre von der Ewigkeit der Welt zurückgewiesen werden soll. Schon die im ersten Band behandelten Religionsphilosophen Pseudo-Empedokles, Jizchak Jisra'eli und Schlomo Ibn Gevirol (aber auch der Aristoteliker Maimonides) hatten dieses Element vor die Emanationskette gestellt – am klarsten Ibn Gevirol, der im Willen einen Aspekt der emanierenden Gottheit selbst sehen wollte. Nicht das Wesen der Gottheit, sondern der Aspekt des Willens war es, der die Emanation in Gang setzte, wie dies auch Ja'akov ha-Kohen sieht. Ja'akov formuliert dies mit Hilfe der alten Midraschformel, dass es im Gedanken des Schöpfers aufgestiegen sei, die Welt zu erschaffen. Dieses Aufsteigen interpretiert Ja'akov als Vorgang des göttlichen Wollens. Damit war der von Sa'adja in die Diskussion gebrachte und dogmatisch betonte Gedanke einer zeitlichen und nicht ewigen Schöpfung im Rahmen der Emanationstheologie formulierbar.

Ein anderer für die Kabbala bleibender Gedanke war die Verbindung von Emanationslehre mit ihrer differenzierenden Funktion mit der antik-jüdischen Sprachtheologie. Ja'akov stellt die sich zunehmend konkretisierende Emanation darum als Sprachentfaltung dar, hier am Beispiel der Weisheit als einem intelligiblen, sich zunehmend differenzierenden Buch (zu II-III). Dies ist kein Zufall, hatten doch schon die Rabbinen die Tora als Bauplan der Welt verstanden.[493] Zu Beginn steht noch das undifferenzierte Denken, aus ihm geht die schon etwas detailliertere, aber noch versiegelte Weisheit hervor als Buch *in potentia* hervor, während dieses schließlich in der Einsicht (*Bina*, III) in die Wirklichkeit tritt, wenn auch noch als intelligible Entität.

Ja'akov ha-Kohen nimmt hier (III) zugleich das im ersten Band dieses Buches schon bei Pseudo-Empedokles benannte Element auf, dass die je niedrigere Emanationsstufe auf die über ihr stehende blickt und daraus ihre Existenzkraft schöpft.[494] Die drei ersten Sefirot werden sodann (III) – in einer neuerlichen Rezeption neoplatonischer Konzeptionen – zur spirituellen Innenseite der intelli-

493 Vgl. Bd. I, S. 260.

494 Bd. I, S. 497.

giblen Sefirotwelt erklärt, sie sind gleichsam die drei intelligiblen Weltseelenstufen wie sie Jizchak Jisra'eli in dem pseudoaristotelischen neoplatonischen Traktat[495] wiedergegeben hat. In diesem pseudoaristotelischen Traktat folgen auf die drei Seelenstufen die körperlichen Sphären. Entsprechend bei Pseudo-Empedokles, bei welchem dem Urelement, dem Intellekt und der Seele die Natur der materielle Weltenkörper folgt.[496] Entsprechend folgt bei Jizchak den drei oberen Seelenstufen der sefirotische Körper, der die Impulse der intelligenten Stufen realisiert (III). Wiederum muss allerdings auf den grundlegenden Unterschied hingewiesen werden, dass die Platoniker bei ihren Konzeptionen des intelligiblen Bereichs von der außergöttlichen intelligiblen Welt bis hin zum Weltkörper reden, während der Kabbalist in seiner Darstellung eine innersefirotische, also innergöttliche, Entwicklung beschreibt. Das heißt, die drei psychischen Substanzen sind die drei ersten Sefirot, während die sechs beziehungsweise sieben unteren Sefirot den körperlichen Teil repräsentieren. Der offenbare Gott, d. h. die Sefirotwelt, ist somit ein Makroanthropos, so wie für die Neoplatoniker der Kosmos, bestehend aus intelligibler und sensibler Welt, ein Makroanthropos war. Diese Makroanthroposlehre konkretisiert nun Ja'akov in einem weiteren Schritt, in dem er diese unteren Sefirot mit Armen, Beinen, und nur angedeutet, mit Phallus (*Jesod 'Olam*) und Vagina beziehungsweise Frau, das heißt *Schechina*, identifiziert. Die von Scholem parallel publizierte überarbeitete Version dieses Textes[497] wird an dieser Stelle wünschenswert deutlicher und sagt:

> »Jesod ist die siebente und sie entspricht dem Beschneidungsbund, denn er verbindet, und er ist das Mysterium der Beschneidung. Und er ist mit der zehnten verbunden, die Schechina heißt, sie ist das Diadem. Sie empfängt von Jesod wie wir erwähnten.«[498]

Am Ende (X) wird, wie in dem vorigen Zitat nochmals angezeigt, schließlich ein rabbinischer Terminus aufgenommen, die *Schechina*, die bei den Rabbinen die Präsenz der Gottheit selbst in der Welt bezeichnete, bei Sa'adja zu einer zum Zwecke der Offenbarung von Gott je *ad hoc* geschaffenen Herrlichkeitserscheinung geworden war,[499] die aber bei den Kabbalisten als Hypostase eigener Dignität als die letzte der emanierten Gotteskräfte erscheint. Damit ist zugleich gesagt, was im Folgenden noch deutlicher werden soll – und dies ist ein grundlegender Unterschied zu den Neoplatonikern: Die mit den Mitteln und in Analogie

495 Vgl. Bd. I, S. 504f.

496 Vgl. Bd. I, S. 394-395.

497 Vgl. G. Scholem, Kabbalot, S. 227-230.

498 Vgl. G. Scholem, Kabbalot, S. 230, 19ff.

499 Vgl. Bd. I, S. 386f.

zu den neoplatonische Emanationsstufen, Intellekt, Seele, Natur, d.h. Gestirnssphären, beschriebene Emanation ist bei Ja'akov ha-Kohen nicht der intelligible Kosmos, sondern der offenbare Aspekt der Gottheit selbst, dessen verborgener Aspekt, eben die Ursache aller Ursachen, noch völlig jenseits allen Seins steht. Trotz dieses Unterschiedes steht R. Ja'akov unübersehbar in der philosophisch-neoplato- nisch-aristotelischen Tradition.

Die gnostisierende Tradition des *Sefer ha-Bahir* kommt demgegenüber in Ja'akovs betonter Unterscheidung von linker und rechter Seite innerhalb der emanierten Sefirot zur Geltung (IV-V). Die Linke steht für Gottes Gerichtsstrenge während die Rechte für Gottes Liebe steht. In diesem Zusammenhang taucht sodann auch die klassisch gewordene Farbenlehre auf: Weiß für die Rechte und Rot für die Linke, die sich vielleicht bis hinein in Kafkas Werk erhalten hat.[500]

Ansatzweise taucht hier noch ein weiterer für die Kabbala zentraler Topos auf, nämlich, in der Tora, wie in vielen beziehungsweise allen Phänomenen dieser Welt Repräsentationen der Sefirot zu sehen.[501] Und so sind auch die in der Bibel genannten Personen je unterschiedliche Epiphanien des Göttlichen, hier Moses für *Nezach* und Ahron für *Hod*. Schon die von Scholem synoptisch mitpublizierte, überarbeitete Version dieses Textes[502] führt diese Symbolik weiter, *Hesed* wird Abraham, *Din* dem Isaak (Jizchak) und *Rachamim* dem Erzvater Jakob zugeordnet.

Wichtiger als die Fortführung der Erzvätersymbolik ist bei dieser zweiten, überarbeiteten, Version die voranschreitende Gnostisierung hinsichtlich der linken Seite. Zu dieser fügt der Bearbeiter folgende Sätze hinzu: »Sie [d.h. die *Middat ha-Din*, das strenge Gericht] wird die heftige Middat ha Din genannt.«[503] Im Abschnitt über *Hod* kommt der Kommentator nochmals auf *Din* zu sprechen und sagt im Sinne des *Sefer ha-Bahir*:

> »[...] darum sühnte Ahron die Sünden Israels, die von Seiten des Nordens getan werden. Denn die Middat ha-Din ist von links, welches der Norden ist. Und der Böse Trieb kommt von Seiten des Nordens, wie der Prophet sagt: ›Vom Norden her öffnet sich das Böse‹ (Jer 1,14) [...].«[504]

500 Vgl. K.E. Grözinger, Kafka und die Kabbala, Berlin/Wien 2003, 4. Aufl., S. 114f.; u. G. Scholem, Farben und ihre Symbolik in der jüdischen Überlieferung und Mystik, in: ders., Judaica 3. Studien zur jüdischen Mystik, Frankfurt a. M. 1987, S. 98-151.

501 Vgl. dazu oben Kap. Kabbala I.A.3.1.2.

502 Vgl. G. Scholem, Kabbalot, S. 230, 19ff., synoptisch neben die Grundversion gedruckt.

503 Vgl. G. Scholem, Kabbalot, S. 229, 17.

504 Vgl. G. Scholem, Kabbalot, S. 230, 13-14.

In der altrabbinischen Anthropologie war der Böse Trieb eine rein anthropologische Kategorie. Er war dem Menschen von Gott anerschaffen, damit der Mensch sich gegen ihn bewähren und ihn dem Guten zuführen könne, nämlich in den Dienst des Kinderzeugens, Häuserbauens, d.h. der Welterhaltung.[505] Hier bei Ja'akov ha-Kohen hat der Böse Trieb seinen Ausgangspunkt im »Norden«, d.h. auf der linken Seite, von der das Böse kommt. Der Böse Trieb ist damit mythologisch aus dem Menschen extrapoliert, ist außerhalb und ohne den Menschen vorhanden, nämlich in der linken Seite der Sefirotwelt. Im Folgenden wird noch zu zeigen sein, wie der Bruder Ja'akovs, Jizchak, diese Dualisierung der Transzendenz um einen erheblichen Graben vertieft, wodurch er den späteren Dualismus des *Sohar* vorbereitet hatte.

Abschließend ist zu bemerken, dass die erweiterte Version des Textes noch eine wichtige Aussage zum Verhältnis dieser Sefirotwelt zur übrigen Welt macht, nämlich die, dass die letzte Sefira, die Schechina, es ist, welche die Welt lenkt:

> »Die zehnte Sefira, welche Schechina genannt wird, sie ist das Diadem (*ha-'Atara*), welches, wie erwähnt, von Jesod empfängt. Die zehnte Sefira, Schechina-Diadem, sie ist im Buchstaben *Nun* angedeutet, und dies ist diese [untere] Welt. Denn die [untere] wird durch ihren Mund gelenkt, mittels des Ausflusses, der ihr vom Buchstaben *Sajjin* zukommt, welcher die sechste Sefira ist, und von jenen über ihr. Und sie wird ›Engel Gottes‹ genannt. […]. Und R. Mosche sagte: ›darum wird sie Diadem genannt, denn die Lenkung der Welt geschieht durch sie […]‹.«[506]

Diese Funktion der Weltlenkung wird in der weiteren Zukunft der Kabbala die Aufgabe der *Schechina* schlechthin bleiben. Sie kann darum zuweilen mit dem weltlenkenden aristotelischen *Aktiven Intellekt*[507] identifiziert werden, der wie die *Schechina* gleichermaßen für die Übermittlung der Prophetie wie für die Formung und Lenkung der irdischen Welt zuständig ist.

2.2 Jizchak Ben Ja'akov ha-Kohen aus Soria – Die voranschreitende Gnostisierung der kastilischen Kabbala

Schon oben war erwähnt worden, dass R. Jizchaks Wende in der Kabbala seinem eigenen Zeugnis gemäß der Bekanntschaft mit gnostisierenden, auch magischen jüdischen Texten geschuldet ist, welche er bei seinen Reisen in die Provence in

505 Vgl. Bd. I, S. 273-277.

506 Vgl. G. Scholem, Kabbalot, S. 230, 20-24.

507 Vgl. Bd. I, S. 34.406.413f.417.419f.460.466.470.476f.558.591f.599f.602.606f.

Arles, Narbonne und Badras (בדרש) gemacht hat.[508] Manche der magischen Quellen werden genannt, wie ein *Sefer ha-Malbusch*, ein *Schimmuscha de-Hechalot sutrati*, ein *Schimmuscha de-Schede.* »Es ist demnach deutlich, dass Fragmente theurgischer Literatur, die vielleicht im 11. oder 12. Jahrhundert im Osten redigiert wurde, in die Hände R. Jizchaks ha-Kohen gelangt waren.«[509] Aber es waren eben nicht nur magische Texte, sondern auch gnostisch-dualistische Schriften. R. Jizchak bezeugt eigens, dass er die Lehre über eine linke Emanation in einer Kladde in Arles und Narbonne gefunden habe:[510]

> »Nun wollen wir uns der Ordnung der Heerscharen der Ankläger im Himmel zuwenden, von wo her sie erschaffen wurden und wie sie plötzlich ausgelöscht wurden.
> Als ich in der großen Stadt Arles war, zeigten mir die Weisen der Kabbala eine Kladde, sie war uralt in grober Schrift geschrieben, die von der unseren sehr verschieden ist, und zwar im Namen eines hoch erhabenen Rabbi namens Rabbi Mazliach, Sohn des erhabenen alten Rabbi Peletja aus Jerusalem, der heiligen Stadt. Gebracht wurde sie von einem großen Gelehrten und Hasid namens R. Gerschom Damaskus, denn er stammte aus Damaskus. Dieser wohnte etwa zwei Jahre in Arles und man erzählt von seinem Scharfsinn und seinem großen Reichtum. Er zeigte jene Kladde den erhabenen Ältesten jener Generation. Und aus ihr habe ich einiges von dem abgeschrieben, was die Ältesten jener Generation verstanden haben, denn sie waren in jener Schrift nicht so geübt wie jene früheren Ältesten, welche sie aus dem Munde jenes Hasid und Weisen gelernt hatten [...].«[511]

Auch R. Jizchaks Schüler, Mosche aus Burgos, tradiert analoge, aber unterschiedliche Traditionen, welche er von R. Mosche Ben Nachman, d.h. dem berühmten Nachmanides oder Ramban, empfangen habe, die jener wiederum ebenfalls in der Stadt Arles in der *Jeschiva* (Talmudakademie) des Kabbalisten Schelemja kennen gelernt hatte.[512] R. Jizchak selbst hat die aus der Provence mitgebrachten gnostischen Traditionen in einen langen *Traktat über die linke Emanation*[513] verarbeitet, der für die weitere Geschichte der Kabbala überaus bedeutsam werden sollte.

508 G. Scholem, Kabbalot, S. 170.

509 G. Scholem, Kabbalot, S. 191.

510 G. Scholem, Kabbalot, S. 245.191.

511 G. Scholem, Kabbalot, S. 249; Traktat über die linke Emanation (künftig: TLE), S. 248, 18ff.

512 G. Scholem, Kabbalot, S. 191.

513 G. Scholem, Kabbalot, S. 244-264. u. vgl. S. 178.

Außer der Lehre von einer linken Emanation selbst, welche der rechten und heiligen Emanation gegenübersteht, ist des Weiteren von Bedeutung, dass R. Jizchak in diesem Traktat sowohl die rechte wie die linke Emanation mit reichem mythologischem Personal ausstattete. So emanierte nach diesen Lehren aus der rechten Emanation zunächst ein System von Fürsten, vergleichbar den gnostischen Archonten, welche sich um die rechte Emanation gleich einem Leib um die Seele legte:

> »Schon habt ihr ja die Grundlagen über die Emanation der Stufen von *Keter 'Eljon* (*Oberste Krone*) bis zum Mysterium des *Segens* (*Beracha*) *des ›Leben in Ewigkeit‹* [d.h. der zehnten Sefira], kennengelernt. Nun wollen wir das Mysterium der Emanation kennenlernen, das aus ihm [den zehn Sefirot] emanierte, die Emanation von Stufen, gleich Körpern für die Seelen, samt deren Namen, die wir empfingen von den Weisen der Vorzeit [...].
> Die erste dieser einem spirituellen Leib gleichen Emanationsstufen für die Sefirot heißt *Sabi'el* – man nennt ihn den Fürsten von *Rum Ma'ala* (*Höchste Stufe*) [d.h. Sefira I]. Die zweite ist die Emanation aus der *Weisheit* (*Hochma*) und heißt *Peli'i'el*. Er ist der Fürst der Wunder der Weisheit [...].«[514]

In dieser Weise geht es weiter – zunächst über die ersten drei Sefirot und anschließend über die sieben unteren. Während nun die Namen der im Zitat teilweise genannten der oberen Fürsten auf das theophore Element *'el* (Gott) enden, lauten die Namen der sieben unteren auf *ron* aus: *Memeriron, Geviriron, Jedideron, Satriron* etc. Diesen Unterschied erklärt R. Jizchak im Anschluss an die Aufzählung wie folgt:

> »Dies sind die Namen der Helden der Vorzeit, und in dieser Weise haben wir sie empfangen. Die drei ersten enden auf den Namen *'el* und die sieben unteren auf *ron*. Denn die drei ersten sind Kräfte aus Kräften, die mit der Kraft des großen und herrlichen und über allen waltenden Willens emaniert wurden, nämlich der *Ursache der Ursachen* und *Grund aller Gründe*, während die sieben gleich Kerzen brennen, und diese sieben leuchten mit einer innerlichen Kerze, die wie innere Seelen sind, und sie selbst sind spirituelle Körper.«[515]

Des Weiteren wird beschrieben, dass der *Schechina* (X) außerdem drei »Häupter« zugeordnet sind, welche ihr zu Diensten stehen, sie behüten und dergleichen mehr. Es zeigt sich hier die Tendenz, das sefirotische System, welches die offen-

514 TLE, G. Scholem, Kabbalot, S. 244, 12ff.

515 TLE, G. Scholem, Kabbalot, S. 246.

barte Gottheit darstellt, mit einem Hofstaat zu umgeben, wie ihn die alten apokalyptischen und hechalotmystischen Texte kennen. Nur besteht dieser Hofstaat dort aus von Gott erschaffenen Engeln, während hier von Emanationen aus der selbst als Zehneinheit emanierten Gottheit die Rede ist.

Nachdem R. Jizchak die Sefirot samt der sie umgebenden Fürstenemanation beschrieben hat, wendet er sich dem zu, was er *Ordnung der Scharen der Ankläger im Himmel* nennt. Wegen der Länge des Traktates einerseits und seiner Wichtigkeit auf der anderen Seite, werden im Folgenden auszugsweise die wichtigsten Passagen daraus wiedergegeben:

> »Dies ist der Anfang/der Schmuck (חלי) der Ordnung der Reihen der Fürsten mit ihren Heerscharen, die ersten und die letzten. Alle wurden sie durch Emanation erschaffen. Eines emanierte aus der Kraft der *Teschuva* (*Umkehr*) [d.h. der Sefira III]. Und dieses Emanat ist ein Vorhang, der trennt zwischen der Emanation aller heiligen Stufen, so dass sich keine fremden Emanationen unter ihnen finden, denn sie sind allesamt abgeschiedene, reine, geläuterte, güldene, Stufen, graviert durch die Macht des Willens des verborgenen Herrn. Und der trennende Vorhang, der aus der Kraft der Emanation von *Teschuva* emanierte, ist von Anbeginn unter der Bedingung emaniert worden, dass von ihr verschiedene Arten von Emanationen, sei es zum Guten, sei es zum Bösen, hervorgehen, sei es zum Bestehen und ewigen Bestand, sei es zur Verwüstung und ewigem Verderben.
>
> Und es gibt unter den Geschöpfen, weder oben noch unten, eine Stufe, welche das Mysterium dieser Welten erfassen könnte, außer die abgeschiedenen Stufen und all ihre Fürsten, die aus ihnen emanierten. Und es ist eine Tradition (*Kabbala*) in den Händen der Altvorderen, wie sie mein Bruder, seligen Angedenkens, lernte und wie sie in der Kladde des genannten frommen und vollkommenen Hasid geschrieben stehen, dass das Haupt dieser Emanation *Mesuchi'el* heißt, weil er ein *Mesech*, d.h. ein trennender Vorhang, ist und der Anfang der Emanation, die aus ihm hervorging. Das ist die Klasse der reinen und strahlenden Seelen. Und von diesen Seelen emanierte eine Klasse von Engeln und außerdem die vier Heerlager der Schechina. Und jene Seelen, welche die Emanation der Engel sind, bestanden *in potentia* verborgen im Schoße des Emanators, gemäß der Verborgenheit vor Allem.
>
> Und bevor sie aus der Möglichkeit (*potentia*) in die Wirklichkeit hinaustraten, wurde eine Welt von fremden Formen und von verderbenbringenden Gestalten emaniert. Der Name des Hauptes dieser Emanation, des Fürsten über alle Heerscharen, ist *Kemati'el*. Diese sind die Grausamen, die begannen anzuklagen und die Emanation zu verwirren. Und sogleich ging vom Fürsten der Sefira *Teschuva* ein Herold namens *Kerusi'el* (*Heroldgott*) aus, und er wurde die himmlische Stimme der *Teschuva* genannt, die sprach: *Mesuchi'el,*

Mesuchi'el, zerstöre, was du erschaffen hast, sammle deine Emanationen wieder ein, denn es ist nicht der Wille des Königs über den Königen, des Heiligen, Er sei gesegnet, dass sie in der Welt für jene Emanationen, die hervorgegangen sind, bestehen sollten. Und so kehrten sie zurück wie zu Anfang und wurden ausgelöscht. [...].
Danach emanierte eine andere Welt [Äon] von seltsamen Formen und fremden Gestalten: Haupt dieser Emanationen war ein Fürst über alle Heerscharen namens *Bali'el*. Diese waren noch schlimmer als die ersten im Anklagen und Verwirren aller Emanationen, bis der Beschluss getroffen wurde und der Befehl vom König über den Königen ausging, dass es zu ihrer Vernichtung kam, wie die der ersten.
[Das alles geschieht nochmals mit einer weiteren wiederum noch schlimmeren Emanation, wonach dieser dreifache Vorgang so kommentiert wird:]
Und das sind die Welten, von denen die Weisen, seligen Angedenkens sagten: ›Er baute Welten und zerstörte sie wieder‹[516] [...].
Nach der Zerstörung dieser Welten ging der Befehl vom Willen aus, dass die Seelen, aus denen die Klassen von Engeln emanierten, aus der Möglichkeit in die Wirklichkeit hervorgehen sollten, sie und ihre Lager, sieben Klassen, samt ihren Fürsten, die den Meistern der Kabbala bekannt sind. Und aus ihrer Kraft emanierten Himmelsfesten und Sterne, welche die weisen Meister der Heilkunst ›Sieben Planeten‹ nennen [...].
Wir halten eine Tradition in Händen, dass sieben weitere Fürsten in einem Augenblick und durch ein Wort emanierten, sie und alle ihre Heerlager, samt des bekannten Fürsten eines jeden von ihnen [...].
Und ich gebe jedem, der dieses Buch liest, zu verstehen, dass die sieben Klassen der Fürsten, die ich nannte, allesamt als Krieger bereitstehen, mit gespannten Bogen – und dass dieser Krieg zwischen ihnen und den sieben Fürsten [der unteren sieben Sefirot] niemals aus dem Himmel verschwindet, ein Krieg des Hasses und Neides. Ihre Zweckbestimmung kommt allerdings vom Herrn des All, der sie gemäß seinem Willen und Wollen aus der Wurzel der oben genannten Emanation erschaffen hat, die aus der Emanation der *Teschuva* hervorgegangen ist.
Und dieser große Neid, der über dies und jenes ausgebreitet ist, hat einen göttlichen Grund, welchen allerdings die Erkenntnis der Geschöpfe niemals erfassen kann [...].
Und nun will ich eine der Schlachtordnungen aufzählen, die Anordnung der Namen der Fürsten, der Fürsten des Neides und des Hasses. Jedoch ihr Fundament ist und ihre Tätigkeit geschieht in Wahrheit und Einfalt, zwischen ihnen gibt es keine Lüge und keinen Trug.

516 Midrasch Bereschit Rabba 3,7; 9,2 und Kohelet Rabba 3,14.

Der erste Anklagefürst, das Haupt des Neides, ist *Samma'el* der Frevler und sein ganzes Heerlager. Er ist nicht an sich ein Frevler, sondern er möchte an jenen Emanationen haften und sich ihnen nähern, die nicht von seiner Art, wie an gegebener Stelle mit Gottes Hilfe erläutert werden soll.

Der zweite Fürst, der Vertreter des ersten, ist *Sa'afi'el* (*Zornesgott*), samt seinem ganzen Heerlager.

[Des Weiteren folgen: *Sa'amiel* (Zornesgott), *Kazaf'el* (Zornesgott), *Ragasi'el* (Unmutgott), *'Avari'el* (Wutgott), *Meschulachi'el* (Gesandtergott) – mit je ihren Lagern. Zum Letzteren fährt der Text fort:]

Die zuletzt Genannten sind die Gesandtschaft der Bosheitsengel. Und dazu werden wir noch tiefschürfende Bemerkungen anfügen, über all diese tiefen Wege. Jedoch will ich dir einen Hinweis geben, nämlich dass die Ursache für all diesen Neid und Eifer zwischen diesen Fürsten und jenen Fürsten der sieben Klassen, der Klassen der heiligen Engel, den Bewahrern der Mauern, die zugleich den Neid und den Hass zwischen den Ordnungen der Himmel und den Heerscharen der himmlischen Höhe erregt, eine dem *Samma'el* zugeeignete Form ist, nämlich *Lilit*, und sie ist in Gestalt einer weiblichen Form, während *Samma'el* die Form Adams und *Lilit* die Gestalt der Eva hat.

Auch sie wurden als spirituelle Wesen geboren, zweigesichtig entsprechend der Form des Adam und der Eva hier unten. Und oben sind die beiden Formen als Zwillinge.

Samma'el und die *Großmutter Lilit* – sie ist das Nördliche – sie wurden unter dem Thron der Herrlichkeit emaniert. Und siehe die Schuld verursachte diese Torheit, zu ihrer Schmach und Schande, damit sie verderbt werde und droben keine Frucht brächte, denn sie war die Ursache, die mit Hilfe des Nördlichen, das unter dem Thron der *Herrlichkeit* geschaffen wurde, Anlass ist, dass die Füße des Thrones wankten und sich ein wenig verringerten, und so der Geruch von diesen zu jenen gelangte, der Geruch des Männlichen zum Weiblichen und der Geruch des Weiblichen zum Männlichen – vermittelt durch *Gamali'el*[517] und die Schlange namens *Nachaschi'el* (*Schlangengott*). Und seit damals und bis heute nahmen die Schlangen überhand und wurden zu Schlangenformen, die stechen. Und das ist es, was geschrieben steht (Num 21,6) »Und der Herr schickte die Schlangen und Sarafe wider das Volk« etc. Aber dies bedarf ei-

517 Dies ist in diesem Zusammenhang als »Kamelgott« zu übersetzen und zwar nach der Tradition in dem Midrasch *Pirke de Rabbi 'Eli'eser*, Kap. 13; u. s. Bahir (Scholem), § 141, S. 155, nachdem die Sündenfall-Schlange die Form eines Kamels mit Beinen hatte und erst nach dem Fluch ihre Beine verlor.

ner Auslegung in einem ausführlichen Kommentar, denn dieses Mysterium ist unergründlich tief.«[518]

Die Emanation der linken Seite, die R. Jizchak hier beschreibt, hat unverkennbar gnostisch dualistischen Charakter. Dies wird in klassischer Weise da deutlich, wo die sieben Klassen der linken Seite als Krieger beschrieben werden, die in einem ewigen Krieg mit den Fürsten der rechten Seite verstrickt sind. Dies ist eine Kampfbeschreibung, die dem oben genannten iranischen Typus der Gnosis entspricht – ein Kampf, wie er auch in den Qumrantexten als dauernder Kampf zwischen den Söhnen des Lichts und den Söhnen der Finsternis beschrieben wird.[519] Es ist dieser himmlische Kampf, der – das ist der Sinn der Darlegung – seine Auswirkung in der irdischen Menschenwelt hat, und damit Ursache des Bösen in dieser Welt ist.

Im Gegensatz zum iranischen Dualismus wird diese Trennung in gute und böse Mächte wie schon in Qumran dem jüdischen Monotheismus untergeordnet. Bei Jizchak ist der Dualismus, wie in den Qumrantexten, dem Willen Gottes entsprungen, er hat diesen Dualismus gewollt und gemacht, allerdings, so fügt Jizchak hinzu: ›Und dieser große Neid, der über dies und jenes ausgebreitet ist, hat einen göttlichen Grund, welchen jedoch die Erkenntnis der Geschöpfe niemals erfassen kann [...].‹ Das Böse in der Welt ist also wie das Gute eine Einrichtung Gottes, das man als Geschöpf so hinnehmen muss, ohne dessen Sinn zu verstehen. Mit dieser Formel Jizchaks ist allerdings der Monotheismus in einem Sinn gewahrt wie ihn schon der biblische Prophet Deutero-Jesaja formulierte: ›Der das Licht bildet und die Finsternis schafft, der Frieden macht und das Böse schafft.‹ (Jes 45,7).

Im Rahmen des platonisch-emanatistischen Denkens wird nun aber dieses böse Geschöpf Gottes konsequenterweise gleichfalls letztlich aus der einen Quelle emaniert. Allerdings geschieht dies – und das ist bedeutungsvoll – nicht aus der Gottheit direkt, sondern aus einer tieferen Stufe innerhalb der Emanationskette des heiligen Stromes, und zwar womit die *Bahir*-Tradition fortgesetzt wird, aus der linken Seite. Im Gegensatz zur späteren *Sohar*-Tradition lässt Jizchak jedoch die linke Emanation schon aus der dritten Sefira hervorgehen, d.h. aus dem Bereich der drei oberen Sefirot, welche gleichsam die Seelen der Sefirot sind. Dies sagt Jizchak sachlich mit dem oben Gesagten übereinstimmend nochmals an anderer Stelle: ›[...] die Ordnungen der Heerscharen der Ankläger im Himmel [...] sie alle wurden aus einer Emanation erschaffen, die aus der Kraft der Emanation der *Teschuva* (*Umkehr*) emaniert wurde.‹[520] Schon der Schüler von Jizchak, Mosche aus Burgos, rückte den Quellort der linken Emanation in

518 TLE, G. Scholem, Kabbalot, S. 249, 7ff.

519 Vgl. Bd. I, S. 187-189.

520 TLE, G. Scholem, Kabbalot, S. 259, 8ff.; u. vgl. ebd. S. 260.

den Bereich der ›körperlichen‹ Emanationsstufen herab, nämlich in die fünfte Sefira, die *Middat ha-Din* (die Gerichtsstrenge), d.h. auf dieselbe Stufe wie nachher der *Sohar*. Mosche aus Burgos sagt in seinem Traktat über die *linke Säule*:

> »Es gibt die Linke gegenüber der Rechten, darauf ausgerichtet, die Vollkommenheit der Stufe der rechten Seite herzustellen, um zu strafen und zu züchtigen mit Züchtigungen der Liebe, um denen, die nicht auf dem rechten Weg wandeln, noch ein Verdienst zu schaffen, denn von Seiten der *Gevura* (*Der Stärke*) erstarkt es in der strengen *Middat ha-Din*, um den Erdkreis zu richten in Gerechtigkeit. Und es emanieren allerlei Emanationen, obere Kräfte mit Stärke, um Gericht und Gerechtigkeit zu vollstrecken an den Abtrünnigen und den Frevlern und sie mit schweren Züchtigungen zu züchtigen, manche durch die strenge *Middat ha-Din* und manche durch die milde *Middat ha-Din*, jeden gemäß seiner Sünde.«[521]

Die linke Seite ist nach Mosche eine Emanation der Gerichtsstrenge Gottes, die darum die Macht und den Zweck zu ermahnen, zu züchtigen und zu strafen hat.

Bei Jizchak ist die linke Emanation noch kein vollständiges Abbild der rechten, vielmehr entspricht sie nur den sieben unteren Sefirot der heiligen Emanation. Zwar sagt er weiter unten im Text seines Traktates zur linken Emanation, dass Mesuchi'el zehn Klassen des Zornes emanierte, entsprechend den zehn heiligen Sefirot, allerdings hätten die ersten drei von ihnen keinen Bestand gehabt und wurden wieder verlöscht, so dass eben nur sieben der anklagenden Fürsten übrig blieben.[522] Bemerkenswert ist ein Weiteres, nämlich dass nach Jizchaks Auffassung die linke Emanation von der heiligen Emanation dadurch abgerückt wird, dass zu deren eigentlichem Emanator nicht die Sefira *Teschuva* selbst, sondern der aus ihr emanierte Mesuchi'el wird, der darum auch diesen Namen trägt, weil er ein Trennvorhang zwischen Heiligem und Unheiligem ist. Die Existenz der linken Emanation wird schließlich durch einen weiteren Gedanken von dem eindeutigen und klaren Willen Gottes abgerückt. Mit Hilfe der altrabbinischen Haggada, nach welcher Gott vor der definitiven Welterschaffung noch andere Welten erschaffen, dann aber wieder zerstört habe[523] lässt Jizchak seine Leser gleichsam einen Blick in die Schöpferwerkstatt werfen. Die Übertragung dieses alten Midrasch auf die Emanation der linken Seite bedeutet dann wohl, dass Gott zwar das Böse in dieser Welt brauchte, er jedoch gleichsam nicht

521 ʻAmud ha-smali, G. Scholem, Le-Heker Kabbalat R. Jizchak Ben Jaʻakov ha-Kohen, in: Tarbiz 4 (1933), S. 209.

522 TLE, G. Scholem, Kabbalot, S. 260, 9ff.

523 Bereschit Rabba 3,7; 9,2.

von allem Anfang an eine klare Konzeption dafür hatte, weshalb er erst eine Experimentierphase voranschickte, bis er eine tragbare Lösung gefunden hatte.

An dieser Stelle hat sich sodann nochmals die Gnosis zu Wort gemeldet, wenn nämlich R. Jizchak die sieben bösen Fürsten mit den sieben Planeten in Verbindung bringt, welche ja nach gnostischer Auffassung die bösen Archonten dieser Welt sind, die ihren Zwang auf sie ausüben.[524] Mit einem weiteren Topos führt Jizchak die *Bahir*-Tradition fort, nämlich wenn er die Existenz des Bösen in der Welt in den Umkreis des geschlechtlichen Dualismus stellt. Es ist der Geruch des Männlichen und des Weiblichen, der die von Neid und Hass geschwängerte Spannung in die Welt trägt.

3. Die Herkunft des Bösen

3.1 Die linke Emanation bei Mosche aus Burgos

Der Schüler von R. Jizchak, Mosche aus Burgos, hat die Lehren seines Meisters – auch er unter Berufung auf Quellen, die vielfach von denen Jizchaks abweichenden – aufgenommen systematisiert und straffer geordnet. In seinem schon genannten Traktat *Sefer 'Amud ha- Smali* (»Buch von der linken Säule«) wird die linke Emanation zu einem vollständigen Entsprechungsbild der heiligen Emanation gestaltet. Die linke Emanation hat nun gleichermaßen zehn Stufen, die gleichfalls mit dem Terminus »Sefira« benannt werden. Sie tragen die Namen: *Te'omi'el, 'Ugi'el, Setari'el, Ga'aschkulla, Golhav, Tugiriron, 'Erev Serek, Samma'el, Gamali'el* und *Lilit.* Für Mosche stehen sich die beiden Emanationen als Ur- und Abbild gegenüber, was er auf den Koheletvers »Das eine hat Gott entsprechend dem andern gemacht« (Koh 3,14) stützt, aus dem er eine umfassende Entsprechungslehre ableitet:

> »So wie es im Gedanken und im reinen Denken des Herrn (JHWH) aufgestiegen war, eine heilige Wirklichkeit hervorzubringen, ein Fundament des Guten, eine Säule der Vollkommenheit, damit aus der Fülle seiner Majestät alles Gute emaniere, um die Welt zu errichten, [...] so stieg es auch in seinem göttlichen und reinen Willen auf, in einer wundervollen Ordnung Wirklichkeiten hervorzubringen, welche der Erforschung durch den Verstand aller Denker und Forscher fern und fremd sind. Und es ist eine verlässliche Lehre, die allen in der geheimen Weisheit Bewanderten übergeben wurde, nämlich dass die Wirklichkeit nicht bestehen könne, außer wenn es Wirklichkeiten zum Guten und zum Bösen gibt, zum Bestehen und Erhalten wie auch zum Vernichten und Zerstören, um guten Lohn zu geben und um zu strafen. Sie

524 Kabbala I.A.2.2. Nr. 4.

> hat Gott gemacht, damit man sich vor ihm fürchte. Und Salomo sagte: › Das eine hat Gott entsprechend dem andern gemacht‹ (Koh 3,14). Und so sagten die Weisen des Talmud (Hagiga 15a): Er erschuf Gerechte und Frevler, einen Garten Eden und den Gehinnom, um zu lehren erschuf er die Dinge und ihr Gegenteil. Und der Prophet sagte: ›Der das Licht bildet und die Finsternis schafft, der Frieden macht und das Böse schafft, Ich JHWH mache all diese‹ (Jes 45,7) [...].
> Er erschuf das Böse als neues Geschöpf mit Geschöpfen, die bestimmt sind, die Abtrünnigen und die Frevler und die auf den Pfaden der Finsternis und Dunkelheit, auf ungebahnten Pfaden gehen, zu züchtigen und zu strafen. So finden wir auch in jedem Menschen zwei Triebe, den Guten Trieb und den Bösen Trieb. Der gute ist aus dem Mysterium der vollkommen Rechten emaniert [...] und der böse wälzt sich mit vielen schweren und bösen Drehungen und Verwirrungen [...] aus der Wurzel des linken Prinzips [...].«[525]

Mosche aus Burgos versucht hier, die dunklen und bösen Seiten der irdischen Wirklichkeit einem konsequenten Monotheismus unterzuordnen: es war Gott selbst, der die Ordnungen des Guten und des Bösen emanierte, weil die Welt nur bestehen könne, wenn diese beiden Prinzipien einander ausgleichen. Im Grunde überträgt Mosche hier nur die altrabbinische Lehre von den beiden *Middot* des Erbarmens und der Gerichtsstrenge, mit denen Gott die Welt erschuf, weil sie sonst nicht bestehen könnte,[526] in ein dem mittelalterlichen Denken angepasstes philosophisch-mythologisches System. Was in der rabbinischen Literatur als ethisch-moralische Einsicht formuliert war, nämlich, daß die Welt nicht ohne Liebe und Gerichtsstrenge zugleich existieren könne,[527] wird hier jedoch in eine ontologische Lehre übertragen. R. Mosche formuliert darüber hinaus die Auffassung, dass diese linke Seite eben dazu nötig sei, um die Frevler zu bestrafen und zu züchtigen. Dies sagte auch schon sein Lehrer Jizchak in seinem Traktat zur linken Emanation. Aber vergleichen wir Jizchaks diesbezügliche Äußerung, so wird doch ein wichtiger Unterschied deutlich:

> »Der vor allem Verborgene, die Ursachen aller Ursachen, der Grund aller Gründe, der Beginn seiner Schöpfung waren Kräfte, welche die Kronen [d.h. die Sefirot] vor ihm sind. Sie werden die *Vereinte Welt* (*'Olam ha-mejuchad*) oder die *Zurückgezogene Welt* (*'Olam ha-mitboded*) genannt, das ist die Welt, die ganz gut ist. Und er erwählt nichts außer dem Guten, damit die Guten die Welt, die ganz gut ist, gewönnen.

525 Vgl. 'Amud ha-smali, Tarbiz 4, 2/3 (1933), S. 208f.

526 Vgl. Bd. I, S. 245.

527 Vgl. Bd. I, S. 245.

Und so war es auch sein weiser unbegreiflicher Ratschluss, eine Welt zu schaffen, die ganz böse ist, um die Irrenden zu züchtigen, dass sie vielleicht in vollkommener Buße umkehren, damit sie eines Verdienstes teilhaftig werden, wenn aber nicht, würde ihr Ende die Vernichtung sein. Über diese beiden Welten heißt es: ›Der Frieden macht und das Böse schafft‹. Warum ist dies so formuliert, nämlich dass er den Frieden ›macht‹? Weil überall seine Intention die Erhaltung der Welt ist, während das Wort ›schaffen‹ nicht reicht, eine heile Sache zu beschreiben, wie mit dem Wort machen [...].«[528]

Ganz abgesehen von der erstaunlichen Entthronung der biblischen Schöpfungsvokabel *bara* (schaffen) ist deutlich, dass Jizchak zur Begründung der bösen Emanation noch ganz in den ethisch-forensischen Kategorien der rabbinisch-talmudischen Literatur denkt, wohingegen sein Schüler hier sehr viel grundsätzlicher formuliert: Gut und Böse sind nach ihm zwei Prinzipien, ohne die nichts bestehen kann, d.h. die Prinzipien sind nicht auf den menschlich-ethischen Bereich beschränkt. Die Hinzufügung der Funktionen »Vergehen« und »Entstehen«, die den beiden Prinzipien zugeordnet sind, gibt einen Hinweis auf die verlagerte Denkweise Mosches. Denn Entstehen und Vergehen sind nach Auffassung der mittelalterlichen Philosophen die beiden Grundprinzipien des materiellen Lebens schlechthin. Entstehen und Vergehen sind die essentiellen Bewegungen des Lebens der Körper in dieser Welt, die ihnen durch die Bewegung der Gestirnsphären vermittelt werden. Die Ursache dieser Bewegung will nun Mosche nicht wie die Philosophen in der Bewegung der Gestirnsphären und deren intelligiblen Ursachen sehen, sondern in den beiden Grundprinzipien Gut und Böse erkennen, die ihrerseits ihre Ursache wiederum in den beiden gegensätzlichen Emanationen haben.

3.2 Die Dämonologie des Jizchak ha-Kohen

Wie die Herrschaft der guten Sefirot in der Welt über weitere Fürsten und Hierarchien realisiert wird, von denen je eine aus der anderen emaniert, so wird auch das Böse in der Welt durch Hierarchien von bösen Emanationen installiert, in denen die gesamten dämonologischen und mythologischen Traditionen der apokalyptischen und der altrabbinischen[529] Literatur wieder auferstehen. Demnach ist es gewiss ein verlässlicher Hinweis, wenn sich Jizchak hierfür wiederholt auf Traditionen, d.h. Kabbalot, beruft, hier eines *Sefer ha-Malbusch*, d.h. Buch von

528 TLE, G. Scholem, Kabbalot, S. 259, 11ff.

529 Vgl. L. Blau, Das altjüdische Zauberwesen, Budapest 1898; vgl. ferner Bd. I, S. 185-189; D.W. Bousset-H. Gressmann, Die Religion des Judentums im späthellenistischen Zeitalter, Tübingen 1966, S. 331-342.

der Umkleidung. Erstaunlich ist, dass Jizchak bei der Darstellung dieser Dämonenwelt seinen gelassenen sachlichen Stil beibehält, er gibt eine ontologische Beschreibung einer Welt, die eben so ist, gewollt von der Ersten Ursache, die neben dem Guten auch Böses entstehen ließ.

Eine dieser »Kabbalot« führt Jizchak damit ein, dass es oben »drei Lüfte« ('Awir) gebe. Über die erste Luft ist der Fürst *Kadoschi'el* (Heiliggott) gesetzt und aus seiner Kraft und Macht emanierten die Fürsten der himmlischen Engel. An dieser Stelle fügt Jizchak eigens die »philosophische« Feststellung an, dass diese Emanationen reine Formen ohne Körper sind. Die zweite Luft ist die, welche sich die Propheten für ihre Visionen bedienen, mit den Worten Jizchaks, mit der sie sich »umkleiden«. Aber auch die Priester und die Weisen bedienen sich dieser zweiten Luft. Die dritte Luft schließlich ist die »Luft des Gebrauchs der Dämonen«.[530]

Diese dritte Luft, so berichten die Kabbalisten, teile sich wiederum in drei Abteilungen, eine obere, eine mittlere und eine untere. Die oberste Abteilung ist dem »Aschmedai, dem großen König der Dämonen«, übergeben. Allerdings, so wird eigens betont, Aschmedai untersteht dem Samma'el, der zuvor bereits als oberste Kraft der linken Emanation begegnet war. Wie man seit dem *Sefer ha-Bahir* weiß und von Jizchak nachdrücklich betont und dargestellt wurde, gibt es in den heiligen wie in den unheiligen Emanationen immer wenigstens ein Paar aus Mann und Frau. Dies trifft nun auch für die dämonische Emanationswelt zu, ja im Traktat der linken Emanation stößt man sogar auf Vielweiberei. Darum erfährt man hier, dass so wie Samma'el sich der *Großmutter Lilit* bedient, sich der Dämonenkönig Aschmedai der *Kleinen/Jungen Lilit* bedient.[531]

Die mittlere der drei genannten Abteilungen ist dem König über die Geister übergeben, der *Kafkafuni* heißt, während sein erstes Weib den Namen *Zar'ita* (Aussätzige) trägt und sein zweites *Sagrirta* (Aussatzstrom), auf welche man den Aussatz und alles Scheußliche in dieser Welt zurückführen kann. Die Nachkommen dieses Gespanns werden als seltsam und wunderlich bezeichnet und als solche, die einen ewigen Krieg veranstalten.

Die dritte Abteilung schließlich, von deren König *Kafzafuni* und seiner Frau *Mehetav'al* beherrscht, ist das Reich der Schädigerdämonen, die allerlei seltsame Gestalten annehmen, wie z.B. die von Hunden. Zu ihnen gehören auch die gefal-

530 TLE, G. Scholem, Kabbalot, S. 255ff.

531 Über Lilit im Talmud und Sohar s. B. Black Koltuv, The Book of Lilith, York Beach 1986 (1991); L. Gottlieb, She Who Dwells Within. A Feminist Vision of a Renewed Judaism, San Francisco 1995; auch in der späteren Literatur: N. Abravanel, Hawa we-Lilit, Ramat Gan 1994; G. Scholem, Perakim hadaschim me-'Injane Aschmedai we-Lilit, in: *Tarbiz* 19 (1947-48); wieder in: Schedim, Ruchot u-Neschamot. Mechkarim be-Demonologija me'et Gershom Schlom, ed. E. Liebes, Jerusalem 2004, S. 80-102.

lenen Engel ʻAsa und ʻAsa'el,[532] sie sogar Menschengestalt angenommen haben. Sie beneiden die Menschen und streben nur danach, diese zu betrügen, straucheln zu lassen und würden sie schließlich vernichten, wenn nicht die *Schechina*, das heißt die letzte der heiligen Emanationen, durch ihren Fürsten *Jofi'el* (Schöngott) dem einen Riegel vorschieben würde.

Die alte Vorstellung, dass Krankheiten, Nöte und Unglück in dieser Welt auf Dämonen und Schadensgeister zurückgehen,[533] wird bei den kastilischen Kabbalisten in ihr monotheistisches System mit seinen durchgängigen Emanationshierarchien eingebaut. Auch diese bösen Geister gehören nach dem unerforschlichen Willen Gottes zu der von Gott gewollten Welt. Immerhin konnte Jizchak dieser Einrichtung eine gewisse pädagogische und strafende Funktion zum Wohle des Einzelnen und der Gemeinschaft zuerkennen.

3.3 Die doppelte Lilit, ihre Partner und die messianische Zeit

Mehrfach ist schon Lilit, genauer eine Großmutter und eine junge Lilit, begegnet, welche als Abbild der heiligen Emanation das weibliche Element auf der bösen Seite vertreten. Dass hierbei Elemente einer Geschlechterpsychologie zum Mythos hypostasiert worden sind, wurde in einem der oben zitierten Texte schon angedeutet. Dort heißt es, dass aller Streit und Neid nur um der Lilit willen entsteht. Es ist das Ewig-Weibliche, um welches in dieser Welt gerungen und gekämpft wird, das wegen seiner Faszinationskraft zugleich bedrohlich wirkt. Dies ist ein Motiv, das in der künftigen Geschichte der Kabbala stets mit Lilit verbunden bleiben wird.[534]

Hier soll nur ein kurzer Passus aus dem *Traktat zur linken Emanation* wiedergegeben werden, der sich selbst als grundsätzliche Äußerung zum Thema gibt. An den Adressaten des Traktates gewandt, sagt dort R. Jizchak:

> »Über Lilit, zu der du mich fragtest, will ich dir das Grundsätzliche mitteilen. Darüber gibt es bei den früheren Weisen, welche sich des Büchleins *Gebrauch der Kleinen Hechalot* bedienen, eine Tradition über den Gebrauch der Dämonen. Und dies ist eine Leiter zum Aufstieg auf den Stufen der Prophetie und ihrer Kräfte. Und dort wird erklärt, dass Samma'el und Lilit zweigesichtig [d.h. androgyn] geboren wurden, ebenso wie Adam und Eva, die in der Ähnlichkeit dessen, was oben ist, gleichfalls doppelgesichtig geboren wurden.

532 Zu deren rabbinischer und apokrypher Vorgeschichte vgl. Bd. I, S. 185f.

533 Vgl. z.B. L. Blau, Zauberwesen; J. Trachtenberg, Jewish Magic and Superstition, New York 1974, S. 44ff.

534 Vgl. B. Black Koltuv, The Book of Lilith, York Beach 1986.

> Und dies ist die Ordnung der Lilit, wie sie von den Weisen im *Gebrauch der Hechalot* zusammengefasst ist:
> *Großmutter Lilit* ist die Frau des Samma'el, sie wurden in derselben Stunde geboren im Ebenbild (*Zelem*) von Adam und Eva, und sie kosen miteinander. Und so ist die *Junge Lilit*, die Tochter des Königs namens *Kafzafuni*, dessen Frau *Mehetav 'al* Tochter des *Miterad* ist, die Frau von Aschmedai, dem großen König der Dämonen und ihre Tochter ist *Lilta* [oder: *Lilita*]. So weit die Worte der *Kleinen Hechalot-Kapitel*, Wort für Wort.
> Und die Gelehrten dieser Weisheit besitzen eine tiefschürfende Tradition von den frühen Weisen, die sie in jenen Hechalot-Kapiteln fanden:
> Zwischen Samma'el, dem größten ihrer Fürsten, und Aschmedai, dem König der Dämonen, entbrannte großer Neid um Lilit, die man *Jungfrau Lilit* nennt, welche vom Kopf bis zum Nabel die Gestalt einer schönen Frau hat, und vom Nabel abwärts flammendes Feuer ist. Wie die Mutter, so die Tochter! Und sie heißt *Mehetav'al*, Tochter des *Miterad*. Und was bedeutet das *taval* [in ihrem Namen]? Der Sinn ist, dass sie keine guten Absichten hat, sondern nur Kriege erregen will und allerlei Verderber, welche in Kriegen ihre Plagen verbreiten, und im Krieg der *Tochter Lilit* mit der *Großmutter Lilit*.«[535]

Hier wird es ausdrücklich gesagt: die Welt der Geister, der guten wie der bösen, ist im Grunde ein Ebenbild der Menschenwelt. Oder richtiger im Sinne der Kabbalisten: Die untere Welt ist ein Ebenbild der dualistischen Transzendenz, dualistisch hinsichtlich der Geschlechter und hinsichtlich von Gut und Böse. Ein Denken, welches das Geschehen in dieser Welt nicht aus sich selbst heraus verstehen kann oder will, sondern als das Resultat transzendenter Einflüsse, kann adäquaterweise nur eine solche himmlische Mythologie entwerfen, aus welcher der Neid und die Niedertracht, aber auch das Gute in dieser Welt gespeist wird.
Die Eigenart dieses mittelalterlichen – nicht philosophischen – Denkens hat konsequenterweise aus einem weiteren Vorgang, der von rationalen Geistern der rabbinischen Antike und des Mittelalters – wie zum Beispiel des großen Maimonides[536] – als ein geschichtlich innerirdisches Ereignis mit all seinen Zweideutigkeiten und Unwägbarkeiten verstanden wurde, gleichfalls zu einem von der Transzendenz her gesteuerten Vorgang gemacht. Gemeint ist die messianische Erlösung, die nach vielen Deutern als geschichtliches Ereignis beginnt, von einem Menschen initiiert, dessen Messianität nicht von vornherein erwiesen ist, sondern sich erst an den Erfolgen dieser Person verifizieren lässt. Dazu vergleiche man die nüchterne Darlegung des Maimonides im ersten Band dieses Bu-

535 TLE, G. Scholem, Kabbalot, S. 260, 20ff.

536 Vgl. Bd. I, S. 479f. u. S. 288-298.

ches.[537] Aber auch nach denen, die glauben, dass die Initiative für die Ankunft des Messias von Gott ausgeht, vollzieht sich das messianische Geschehen ausschließlich auf der Erde.[538] Nicht so nach der Messianologie des R. Jizchak, wo das Wesentliche zunächst im Bereich der Urbilder in der Transzendenz geschieht. Typisch gnostisch ist dabei außerdem, dass die messianische Erlösung als Teil des mehrfach genannten Krieges zwischen den beiden Polen der Transzendenz gedeutet wird – ganz ähnlich wie dies die Qumrantexte sehen, bei denen allerdings die Endschlacht unter Beteiligung der Menschen auf Erden geführt wird.[539] Die messianische Erlösung ist nach dem messiologische Stück R. Jizchaks also ein Akt im großen Drama der dualistischen Ontologie, die dort, jenseits der irdischen Geschichte, ihren Anfang nimmt. Gleich im Anschluss an die soeben zitierte Lilit-Samma'el-Aschmedai-Stelle fährt der Autor fort:

> »Und sie sagen, dass aus der Zeugung Aschmedais und seiner Frau Lilit ein großer Fürst im Himmel erzeugt wurde, der über achtzig Tausend Verderber und Plagegeister herrscht, man nennt ihn *Schwert des Aschmedai*, des Königs, und sein Name ist *'Alefafuni'asch*. Sein Gesicht lodert wie eine Feuersflamme. Auch nennt man ihn *Gurigur* den Ankläger, der mit den [himmlischen] Fürsten von Juda zankt, welcher ja *Gur 'Arje Jehuda* (Löwenjunges Judas) genannt wird.
>
> Und in der gleichen Weise wie dieser Verderber geboren wurde, wurde im Himmel auch ein Fürst aus der Wurzel der *Malchut* [d.h. aus Königtum, der X. Sefira] geboren, und er wird *Schwert des Messias* genannt. Auch er hat zwei Namen, nämlich *Meschichi'el* (Messiasgott) und *Kochbi'el* (Sternengott). Und wenn dann die Zeit des Wohlgefallens kommt und heranaht, dann geht das Schwert aus seiner Scheide hervor und dann werden die Worte des Propheten erfüllt: ›Denn trunken ward im Himmel mein Schwert [siehe, auf Edom fährt es herab … zum Gericht‹. (Jes 34,5). [Und] ›Ein Stern wird auftreten aus Jakob [ein Szepter erhebt sich aus Israel; es zerschmettert die Schläfen Moabs, den Scheitel aller Söhne Seths]‹ (Num 4,17). Amen, möge es geschehen eilends in unseren Tagen, so dass wir sehen dürfen das Angesicht unseres gerechten Messias, wir und unser ganzes Volk!«[540]

537 Vgl. Bd. I, S. 479f.

538 Aber auch hier gibt es, wie bei fast allen jüdischen Themen, Ausnahmen: zum Messias vgl. man etwa die *Pesikta Rabbati*, A. Goldberg, Erlösung durch Leiden. Drei rabbinische Homilien über die Trauernden Zions und den Leidenden Messias Efraim (PesR 34.35.36.37), Frankfurt a. M. 1978.

539 Vgl. Bd. I, S. 188f.

540 TLE, G. Scholem, Kabbalot, S. 261, 4-12.

Das messianische Schwert fährt also vom Himmel herab, um die traditionellen Feinde Israels zu vernichten. Außerdem, wenn es auch nicht eigens gesagt ist, darf man annehmen, dass nun auch das Schwert des Aschmedai entmachtet wird und die bösen Geister vernichtet werden, also der ontologische Dualismus aufgehoben wird und nur noch das Gute herrscht.

4. Die Kosmologie Jizchaks

Die mittelalterlichen jüdischen Philosophen hatten den Kosmos meist in drei Schichten unterteilt, die intelligible Welt der zehn separaten Intellekte (aristotelisch) beziehungsweise Weltintellekt, Weltseele und zuweilen Natur (neoplatonisch), sodann die Welt der unveränderlichen Himmelssphären und schließlich unter ihnen die Erde.[541] R. Jizchak zeichnet sein eigenes Weltbild in dieses System ein, aber – und dies ist das bleibende Spezifikum der Kabbala – über der intelligiblen Welt der Philosophen fügen die Kabbalisten die zehn Sefirot, das heißt die aus der Verborgenheit als Zehnfaltigkeit offenbarte Gottheit ein. Diese neue göttliche »Weltstufe« wird sodann aber auch in das von den Neoplatonikern vertretene System der Entsprechung von Mikrokosmos und Makrokosmos eingepasst, denn die zehn separaten Intellekte sind nach Meinung R. Jizchaks das erste Abbild der zehn Sefirot, denen dann das nächste Abbild in den zehn Gestirnssphären folgt. Das bedeutet, dass die spätere Lehre, nach der jede der Weltstufen ihrerseits aus einem System von zehn Sefirot besteht, hier dem Grundgedanken nach schon vorhanden ist, wenn auch noch nicht ausgeführt.
In diesem Sinne deutet Jizchak die dreißig Jahre in Ezechiels Vision (1,1) auf die »Gesamtheit der Ordnungen der Emanation«[542], welche eben eine »dreifache Zehnheit« ist.[543] Den obersten Bereich der göttlichen Sefirot nennt Jizchak *'Olam ha-mitboded*, d.h. die verborgene, zurückgezogene Welt. Auf sie folgt der *'Olam ha-Nevu'a*, die Welt der Prophetie bzw. *'Olam ha-Madda'*, Welt der Erkenntnis,[544] und schließlich der *'Olam ha-Techuna*, d.h. die Welt der Astronomie, der Gestirnssphären, während die irdische Welt als *'Olam ha-Bechina*, als Welt der Unterscheidung, bezeichnet wird.[545] Die zweite Weltstufe, den *'Olam ha-Nevu'a*, benennt er an anderen Stellen mit dessen aristotelischem *terminus technicus*, nämlich: *'Olam ha-Nivdal* oder *'Olam ha-Nivdalim*[546], der die

541 Vgl. dazu Bd. I, S. 451-453.492-496.

542 Vgl. G. Scholem, Le-Heker Kabbalot R. Jizchak Ben Ja'akov ha-Kohen, in: Tarbiz 2 (1931), S. 194, 11.

543 Vgl. G. Scholem, Le-Heker Kabbalot, S. 194, 15.18.

544 Vgl. G. Scholem, Le-Heker Kabbalot, S. 201, 18.

545 Vgl. G. Scholem, Le-Heker Kabbalot, S. 194. 202, 11.

546 Vgl. G. Scholem, Le-Heker Kabbalot, S. 195, 18; 198, 10.

Welt der *Sechalim nifradim* bzw. *nivdalim*, also der separaten Intellekte bezeichnet.[547]

In seinem Kommentar zu der *Merkava* des Ezechiel (Ez 1) zeichnet Jizchak sein Weltbild nochmals detaillierter in das aristotelische Weltbild ein, das ja im Mittelalter tief von der neoplatonischen Emanationskosmologie getränkt war:

> »Der *Fürst der Stärke* (*Sar ha-Gevura*) empfängt den Fluss der Emanation vom *Schatzhaus der Weisheit* [d.h. Sefira X] und ergießt ihn auf die Welt der *Separaten [Intellekte]*, die unterhalb des *Sar ha-Gevura* stehen. Denn nach der Meinung der Philosophen ist der *Aktive Intellekt*[548] der letzte in den Stufen der Separaten Intellekte. Und er ist nach Meinung der philosophisch Gelehrten unseres Volkes die Sphäre des Intellekts, da seine Stufe unterhalb der übrigen Separaten Intellekte steht, aber größer ist als die Gestirnsphären. Und damit stimmen auch die kabbalistischen Gelehrten Israels überein, nur dass die Schule (*kat*) der Kabbalisten meint, dass der *Fürst der Stärke* als Vorhang vor der *Middat Malchut* (*der Eigenschaft des Königtums*) [d.h. der Sefira X] steht. Und er ist es, der die obere Emanation von Stufe zu Stufe, von der obersten zur untersten aller Separaten Intellekte emaniert, bis die Emanation zum *Aktiven Intellekt* gelangt, den wir *Fürst des Mysteriums der Merkava* nennen. […].«[549]

Aus den diesem Text folgenden Bemerkungen wird deutlich, dass der *Sechel ha-Po'el* (der *Aktive Intellekt*) nicht nur »Fürst der Merkava« genannt wird, sondern auch mit dem aus der Hechalotliteratur bekannten Oberengel Metatron identifiziert wird – allerdings mit dem, welcher ohne den hebräischen Buchstaben *jod* (sprich Metatron) geschrieben wird, nicht hingegen mit jenem, dessen Name ein *jod* (Mitatron) führt.[550] Damit ist der alte Oberengel Metatron in zwei Potenzen aufgespalten, und zwar so, dass Mitatron als Bezeichnung der zehnten Sefira Herrscher aller Welten ist, während Metatron als *Aktiver Intellekt* über die irdische Welt herrscht, was Letzteres schon Maimonides gesagt hat.[551] Dies stellt Jizchak nochmals in der folgenden Bemerkung fest:

547 Vgl. Bd. I, S. 417f.454; u. J. Klatzkin, Thesaurus Philosophicus Linguae Hebraicae (Hebräisch), Berlin 1930, III, S. 11.56.

548 Zu ihm s. Bd. I, Register.

549 Vgl. G. Scholem, Le-Heker Kabbalot, S. 201, 23ff.

550 Vgl. G. Scholem, Le-Heker Kabbalot, S. 202, 15.

551 Vgl. Maimonides, More Nevuchim II, 6 (Weiss), S. 59.

»Der *Fürst der Stärke* herrscht über die Gestirnsphären und der *Aktive Intellekt* über die Welt der Unterscheidung [d.h. die Erde].«[552]

Bezüglich der Zuordnung des *Aktiven Intellekts* gibt es indessen Meinungsverschiedenheiten unter den Kabbalisten, so führt der Schüler Jizchaks, Mosche aus Burgos, in seinem Kommentar zum ersten Ezechielkapitel die Auffassung »mancher« an, die sagen, Metatron, d.h. der *Aktive Intellekt*, stehe direkt unter der zehnten Sefira *Malchut* und damit an der Spitze der Separaten Intellekte – und nicht erst an deren unterem Ende.[553]

Wie immer solche Zuordnungen geschehen, wichtiger ist die aus ihnen folgende Erkenntnis, die man auf Schritt und Tritt in der kabbalistischen Literatur gewinnen kann, nämlich dass sie ein entspanntes Verhältnis zu den Philosophen haben und ohne Zögern deren Auffassungen übernehmen und sie nur hier und dort ihren eigenen Auffassungen anpassten. Es wäre also falsch, die Kabbalisten pauschal als Obskuranten abzutun, vielmehr sind sie Leute, welche sich mit der Wissenschaft ihrer Zeit auseinandersetzten, sich deren Erkenntnisse zunutze machten, um dann noch ihre spezifisch religiösen und esoterischen Auffassungen der Philosophie als Krone aufsetzten.

5. Die gnostisierende Anthropologie – nach Moses aus Burgos

Der durchgängige Dualismus der kastilischen Kabbalistenschule musste sich natürlich auch auf das Menschenbild auswirken – ein Vorgang, wie er analog in den Qumrantexten zu sehen ist, nach denen die Menschheit in zwei Lager, die Söhne des Lichts und die Söhne der Finsternis, aufgespalten ist.[554] Eine solche Aufspaltung der Menschheit legte sich bei den kastilischen Kabbalisten schon durch die wiederholte Rede von der Entsprechung von oberer und unterer Welt nahe, die sich ja nicht auf das Entsprechen beschränkt, sondern eine Beeinflussung ist. Von den zur kastilischen Schule gehörenden Denkern äußert sich Mosche aus Burgos am ausführlichsten und klarsten zu diesem Thema, weshalb seine Schriften in der folgenden Darstellung als Grundlage dienen sollen.

R. Mosche kann sich für seine dualistische Anthropologie auf einige Stellen im älteren und jüngeren rabbinischen Midrasch berufen, die sich mit ihrer Auffassung vom Menschen so gar nicht recht in die rabbinische Anthropologie fügen wollen.[555] Die besagten Midraschim stützen sich zunächst auf eine Erstaunen erregende Stelle in der Genesis, wo vom Ersten Menschen, dem Adam, gesagt

552 G. Scholem, Le-Heker Kabbalot, S. 202, 10f.

553 Perusch Merkevet Jecheskel, in: Scholem, Le-Heker, in: Tarbiz 5, 2 (1934), S. 186.

554 Vgl. Bd. I, S. 187-189.

555 Zur rabbinischen Anthropologie s. Bd. I, S. 263-288.

wird, er habe seinen Sohn Seth in seinem Ebenbild und in seiner Ähnlichkeit gezeugt, was so über die ersten Söhne Adams, Kain und Abel, nirgendwo gesagt wird. Diese Bibelstelle hat dann gerade auch in der mittelalterlichen Erörterung des Menschenbildes eine große Bedeutung erhalten.[556] In Gen 5,1 heißt es also: »Und der Mensch (Adam) lebte 130 Jahre und zeugte in seiner Ähnlichkeit und in seinem Ebenbild und nannte seinen Namen Seth (Schet).« Dazu kommentiert der jüngere Midrasch *Pirke de Rabbi 'Eli'eser*:

> »Von hier lernst du, dass Kain nicht vom Samen und nicht in der Ähnlichkeit und nicht im Ebenbild Adams war. Auch glichen seine Taten nicht denen seines Bruders Abel. Bis dass Seth geboren wurde, der aus seinem Samen war und in seiner Ähnlichkeit, und seine Taten glichen denen von Abel [...]. R. Jischma'el sagte: Aus der Genealogie des Seth entsprossen alle Menschen und alle Generationen der Gerechten, und aus Kains Genealogie entsprossen alle Generationen von Frevlern, die sündigen, abtrünnig sind und wider Gott sich auflehnen und sprechen: ›Wir brauchen nicht deine Regentropfen und nicht die Erkenntnis deiner Wege› [...].«[557]

Die gewöhnliche rabbinische Anthropologie kennt keine solche genealogische Zuordnung von Gerechten und Frevlern, nach ihr ist vielmehr jeder Mensch mit einem freien Willen ausgestattet, der es ihm ermöglicht, sich für das Gute oder das Böse zu entscheiden.[558]

Die *Pirke de Rabbi 'Eli'eser*, wie auch noch andere Midraschim, machen sich darüber hinaus Gedanken, woher denn der Vater dieser bösen Genealogie stammt, wo doch der Bruder Abel so ganz anders gehandelt hat. Sollten sie da etwa vom selben Vater abstammen? Dafür halten die besagten Midraschim ein Mythologem bereit, das besagt, Eva sei von der Schlange beziehungsweise von dem, der auf ihr ritt, nämlich dem Engel Samma'el, welcher der Satan ist, geschwängert worden:

> »Es kam zu ihr der Schlangenreiter und sie wurde schwanger und hernach kam Adam zu ihr und sie wurde schwanger mit Abel [...] da sah sie seine Ge-

556 Dazu vgl. K. E. Grözinger, Between Magic and Religion – Ashkenazi Hasidic Piety, in: Mysticism Magic and Kabbalah in Ashkenazi Judaism, K. E. Grözinger, J. Dan (Hrsg.), Berlin 1995, S. 28-43; u. Bd. I, S. 281.348-354.

557 Pirke de Rabbi 'Eli'eser (PRE) c. 22, ed. Warschau 1852 (Neudruck: Jerusalem 1970) mit Kommentar von D. Luria, S. 50a-b.

558 Vgl. Bd. I, S. 273-280.

> stalt/Ähnlichkeit, dass sie nicht von den Unteren war, sondern von den Oberen […].«[559]

Andere Midraschim nennen den »Schlangenreiter« beim Namen, sie vermerken auch, dass die Schlange damals noch einem Kamel glich – eine Tradition, die oben schon mit »Gamali'el« begegnet war.[560] Hier wird auch der Begattungsvorgang drastischer dargestellt:

> »Sogleich näherte sich ihr der Schlangenreiter und schleuderte seinen Unrat in sie und sie wurde schwanger und gebar den Kain.«[561]

Nach diesem Midrasch, gleich im Anschluss, begattete dann auch die Schlange selbst die Eva, woraus ihr dauerndes Begehren resultierte, wovon unten sogleich nochmals zu berichten ist.

Damit sind fast alle Motive versammelt, die Mosche von Burgos für sein Menschenbild braucht. Hier muss allerdings bemerkt werden, dass in der gewöhnlichen rabbinischen Angelologie der Engel Samma'el der Satan ist, und dieser ist kein widergöttliches Wesen, sondern der Ankläger im himmlischen Gericht, aber auch der Verführer, der die Menschen auf seine Gerechtigkeit hin prüft, wie dies im Buch Hiob beschrieben ist. Satan Samma'el hat damit eine gottgewollte Funktion, nämlich die Gerechtigkeit der Menschen zu prüfen und sie gegebenenfalls anzuklagen.[562] In den hier angezogenen Midraschim hat Samma'el allerdings diesen Auftrag deutlich überschritten und mutiert zu einem Gott gegenüber dem ungehorsamen Verführer. Dennoch bleibt noch eine wesentliche Differenz zur Konzeption von R. Mosche aus Burgos. In den rabbinischen Midraschim ist der Verführer Samma'el gleichsam eine Person des himmlischen Hofstaates, der seine Mission im Ungehorsam missbraucht hat, während der Samma'el der kastilischen Kabbalisten, wie schon deutlich wurde, das Haupt der linken Emanation ist und damit ein Teil der transzendenten Seinshierarchie, die Satansperson wird – wie dies schon mehrfach begegnete – ontologisiert. Bei Mosche liest sich der ganze Vorfall nun so:

> »Nachdem der Schlangenreiter die Eva begattet hatte und sie von ihm mit Kain schwanger geworden war, der die Wurzel ist, die Gift und Wermut als Frucht hervorbringt[563] und aus dem sich genealogisch alle Generationen der Frevler ableiten, weil er ein Abkömmling des *Bösen Triebes* ist […]. Und so

559 PRE, hier nach der Ausgabe Codex C.M. Horowitz, Jerusalem 1972, S. 74.

560 Midrasch ha-gadol Bereschit 3,1, M. Margaliot (Hrsg.), Jerusalem 1947, S. 92.

561 Midrasch ha-gadol, 3,6, S. 95.

562 Vgl. Bd. I, S. 237.242.275.

563 Nach Dtn 29,17f..

wie Kain ein Abkömmling eines fremden Gottes ist, nämlich des Bösen Triebes, so waren Abel und Seth, der an seine Stelle trat, aus dem Samen der Wahrheit, dem Samen Gottes. Und Kain und Seth stehen einer gegenüber dem anderen, dieser aus der Kraft des fremden Gottes und jener aus der Kraft des lebendigen Gottes. Und alle, die aus diesem geboren werden, werden Söhne des lebendigen Gottes genannt […].«[564]

Der wichtigste Hinweis für die Veränderung der Konzeption zwischen dem rabbinischen Midrasch und R. Mosches Lehre ist der, dass der Böse Trieb hier zu einer mythologischen Figur hypostasiert wurde. Der Böse Trieb war im rabbinischen Denken ausschließlich eine anthropologische Kategorie, ein Trieb im Menschen, der ihn zum Agieren treibt, sei es – meist – zum Bösen oder sei es auch zum Guten, nämlich dann wenn dieser Trieb in den Dienst des Kinderzeugens, des Häuserbauens und Geschäftslebens gestellt wird.[565] Hier ist der Böse Trieb zum Vater Kains geworden, der darum die Bosheit genealogisch weitergibt. Damit sind die Menschen in zwei Klassen geteilt, die je einem anderen himmlischen Samen entstammen. Und darum sind die einen, wie man aus dem weiteren Text lernen kann, im Ebenbild Gottes gezeugt, die anderen hingegen nicht.

Gershom Scholem hat in seiner Aufsatzserie zur Erforschung der Lehren des Rabbi Jizchak ha-Kohen Fragmente einer überarbeiteten Version von Jizchaks Traktat über die linke Emanation publiziert. Dem fünfzehnten Paragraphen[566] ist in dieser längeren Version ein Abschnitt mit der Überschrift »Das Mysterium des Gan (Garten) 'Eden« eingefügt.[567] Dieses Mysterium beschreibt den Sündenfall als Ursache der unzulässigen Vermischung von Bereichen, die eigentlich getrennt sein sollten – so wie dies bei der geschilderten Vermischung von Eva und Samma'el der Fall war. Die ganze Beschreibung beruht auf der eingangs gemachten Feststellung, dass es nach dem Entsprechungsprinzip einen irdischen und einen himmlischen Garten Eden gibt und dass sie beide zweigesichtig sind. Im Bereich der heiligen Sefirot entspricht dies den Sefirot von Liebe und Strenge, *Hesed* und *Din*. Entsprechend ist die obere linke Seite zweigesichtig, d.h. Samma'el und Lilit und ebenso der Mensch, nämlich Adam und Eva:

»Samma'el und die Großmutter Lilit, sie ist das Nördliche des Baumes der Erkenntnis des Guten und des Bösen – eine Benennung für sie beide [d.h. Gut und Böse entsprechen Samma'el und Lilit]. Und sie wurden gewarnt für

564 Sefer 'Amud ha-smali, in: Scholem, Le-Heker, Tarbiz 5, 2-3 (1934), S. 222.

565 Vgl. Bd. I, S. 275-277. Dies gilt auch für den einzigen Satz im Talmud, in dem der Böse Trieb, Samma'el und der Todesengel miteinander identifiziert werden (bBaba Batra 16a), was aber nur eine funktionale, keine »personale« Identifikation meint.

566 D.h. G. Scholem, Kabbalot, S. 258, 20-259, 2.

567 G. Scholem, Le-Heker, Tarbiz 5, 2 (1934), S. 194-195.

die Oberen und für die Unteren [...] dass keine fremde Vermischung zwischen sie kommen dürfe. Und die Sünde war die Ursache, dass sie beide alles vermischten, die obere und die untere Welt [...] und der Geruch der einen kam zu den anderen, der Geruch der *Nördlichen* zum Geruch des *Östlichen* [das ist die Sefira VI, männlicher Partner von X], der Geruch, welcher der Nördlichen verhaftet ist und sie küsst [d.h. von Samma'el], kam zum *westlichen Geruch* [das ist die weibliche Sefira X, *Zedek*] hinauf. Das ist die Königstochter des talmudischen Gleichnisses, welche die köstliche Fleischspeise roch [und so die Begierde in ihr erwachte].[568] Dies geschah vermittelt durch Gamali'el [Kamelgott] und den Reiter Samma'el und den Mittlers zwischen ihnen, der verführt und verleitet, nämlich die Urschlange Nachaschi'el. [...]
Und die Königstochter, von der die Gelehrten des Talmud sprachen, die die köstliche Fleischspeise roch, sie ist *Zedek Tochter von Zedek* (Gerechtigkeit, Tochter der Gerechtigkeit) [d.h. Sefira X], die obere *Zedek* [Sefira III] und die untere *Zedek* [...] Und die beiden genannten Vermischungen haben eine geistige Trennung herbeigeführt zwischen dem was aneinander haftete (eins war), nämlich die *Mittlere Säule* und *Keter Malchut* (Königskrone), so dass die Emanation des *östlichen Hauches* [Sefira VI] nicht mehr zur Seite des *westlichen Hauches* [Sefira X] gelangte. Und das war die Strafe für die Oberen.

Und von dieser Vermischung oben und unten wurden einige Geister und Dämonen geboren solange Adam und Eva noch unter der Schelte standen. Und mittels dieser Vermischung wurden Kain und Abel geboren, weshalb diese beiden keinen Bestand hatten, und wurden Adam und Eva aus dem Garten Eden vertrieben, welcher Teil der oberen Emanation ist. Und seit dieser Schuld vermochten sie nicht mehr an der oberen Emanation zu haften. Und über den materiellen Menschen heißt es: ›Siehe der Mensch ist geworden wie unsereiner, das Gute und das Böse zu erkennen‹ (Gen 3,22). Das bedeutet, dass die niederen Teile, die von der Vermischung des Baumes der Erkenntnis gegessen haben, zuerst aßen, und dann ist die Vermischung zwischen die oberen Teile gekommen. Darum heißt es von ihnen, dass sie sündigten und eine Trennung zwischen den Zusammenhaftenden (Vereinten) verursachten [...] Aus der Emanationsvermischung von Samma'el und Lilit wurden zwei [obere] Söhne geboren und ihre Emanation hatte Oben keinen Bestand. Und Kain und Abel, sie beide stammen aus ihrer Emanation und sind darum auch ohne Bestand auf Erden geblieben [...]. Und siehe die oberen und die unteren Kain und Abel stammen aus der Emanation von Samma'el und der Nördlichen, d.h. Großmutter Lilit, die Große Lilit, und ihre Emanation hatte keinen Bestand und Bleibe, weder oben noch unten.

568 bPesachim 56a.

Als aber die Zeit des Wohlgefallens kam und das Zelt wieder zu einem verbunden wurde, dass Emanation an Emanation haftete, wie es zu Anfang war, da verschwand die Vermischung zwischen ihnen beiden und die Schuld Adams und Evas wurde gesühnt, und dann floss von oben eine einzige Emanation, welche über den Frevler Samma'el herrschte – und sie wird auch künftig all seine Scharen im Himmel und auf Erden erniedrigen. […]. Und aus der Kraft dieser oberen Emanation, die Adam und Eva empfingen, wurde Seth geboren und zwar wie es heißt ›auch dies hat Gott eines gegenüber dem anderen gemacht‹. Und das *Taw* von Seth hat den Zahlwert von zwei Mal *Resch* weshalb Seth *Sarar* ist, das heißt ›herrschen‹. Und verstehe dies! Und nachdem diese beiden Zwillinge [d.h. der obere und der untere Seth] geboren waren, waren die obere geistige Wohnwelt beständig und auch die untere körperliche Wohnwelt […] und dann wurde Eva zur Mutter aller Lebenden. […].«[569]

Der Sündenfall wird hier als eine Vermischung des Guten und Bösen am Baum der Erkenntnis dargestellt. Die Menschen haben diese beiden durch ihr Essen vom Baum der Erkenntnis vermischt, wodurch diese Vermischung auch beim oberen Baum der Erkenntnis folgte. Diese Vermischung von Gut und Böse ist zugleich eine sexuelle Vermischung von Samma'el und Lilit wie zuvor von Adam und Eva. Sie hatte als illegitime Vermischung zur Folge, dass die heilige Einheit des heiligen Paares innerhalb der Sefirot zerbrochen war und so keine Bestand gewährende Emanation mehr auf die Erde fließen konnte. Was noch herunterfloss, war die vermischte Emanation aus Samma'el und Lilit, die keinen Bestand haben konnte. Erstaunlich ist, dass hier angedeutet wird, dass die heilige zehnte Sefira durch den Geruch des Mannes Samma'el begehrlich wurde, weshalb die Trennung von ihrem eigentlichen Partner eingetreten war.

Dieser Sündenfall hatte zugleich die weitere Folge, dass das menschliche Paar aus dem himmlischen Garten Eden vertrieben wurde und fortan keine Einheit mit der oberen Emanation mehr haben konnte, das heißt auch nicht mehr der heiligen unvermischten Emanation teilhaftig werden konnte.

Erst nach einer neuerlichen Intervention der heiligen Seite, welche einen himmlischgeistigen Seth hervorbrachte, hat sich die Situation wieder verändert. Denn der himmlische Seth konnte den Samma'el beherrschen und nun auch wieder eine einzige unvermischte Emanation nach unten senden, aus der sein irdischer Zwilling Seth hervorging. Und nun war die Welt wieder stabil.

Schließlich wird hier offenbar noch angedeutet, dass der himmlische Seth gleichsam der himmlische Zwilling des künftigen irdischen Messias sein wird, denn der erstere ist es, der die Scharen Samma'els dereinst erniedrigen wird.

569 G. Scholem, Le-Heker, in: Tarbiz 5, 2 (1934), S. 194-196.

Wieder begegnet man in diesem Text der Ambiguität der Sexualität, ist sie rein und unvermischt, zeugt sie Menschen von Bestand, ist sie unrein und vermischt, bringt sie frevlerische Menschen hervor die keinen Bestand von Dauer haben. Sie Seelen der Menschen, also das, was sie belebt, kommen ihnen im Zeugungsakt der Eltern zu. Je nach Verbindungszustand in und mit den Oberen Welten sind dies gute oder schlechte Seelen.[570] So ist der Dualismus – wie oben schon in Qumran, das von Söhnen des Lichts und der Finsternis spricht - gleichfalls ein anthropologisch-sozialer geworden.

570 Vgl. dazu I. Tishby, The Wisdom of the Zohar, Oxford 1991, II, S. 691f.

II. Philosophisch-onomatologische Deutungen der Tradition – die *'Ijjun*-Texte

1. Die Schriften des *'Ijjun*-Kreises – ihr Ort in der Entfaltung der Kabbala

Die unter dem Namen »Schriften des 'Ijjun-Kreises« von Gershom Scholem zusammengefassten Texte, von denen er insgesamt zweiunddreißig aufzählt,[571] können hier nicht erschöpfend behandelt werden. Sie werden vor allem darum vorgestellt, um darauf hinzuweisen, dass es im Kastilien des 13. Jahrhunderts neben der *Sefirot*- und Namenkabbala[572] noch weitere Versuche gegeben hat, sich mit dem neuen Denken der Philosophen und deren Theologie sowie Kosmologie auseinanderzusetzen und diese an die alten jüdischen Traditionen zurückzubinden. Die in den Texten des *'Ijjun*-Kreises entwickelten Positionen weisen zugleich Gemeinsamkeiten mit der Literatur der *Haside 'Aschkenas*, den »Frommen Deutschlands«, auf, zu denen auch tatsächlich Beziehungen bestanden.

Die Datierung und Lokalisierung der Texte des *'Ijjun*-Kreises sind umstritten. Eine zentrale Rolle bei der Beurteilung dieser Fragen spielt deren Verhältnis zu 'Asri'el aus Gerona, zu dessen Schriften, insbesondere seines *Sendschreibens nach Burgos*, enge terminologische Beziehungen bestehen. G. Scholem[573] denkt an das 11. bis frühe 12. Jahrhundert in der Provence und lässt somit die 'Ijjun-Texte 'Asrie'l vorangehen. Wichtigstes Argument für diese Reihenfolge ist, dass erst 'Asrie'l die in den 'Ijjun-Texten durchaus inkonsistente Verwendung der gemeinsamen Begrifflichkeit in ein klares und durchsichtiges System gebracht habe.[574] Demgegenüber datiert Mark Verman in seinem diesen Texten gewidmeten Buch *The Books of Contemplation. Medieval Jewish Mystical Sources*[575] diese in die Zeit nach 1230 und lokalisiert sie in Kastilien. Er begründet dies vor allem mit der gerade umgekehrten Auffassung, dass nämlich die Literatur des *'Ijjun*-Kreises von 'Asrie'l abhängig sei, und zwar gerade von dessen *Sendschreiben nach Burgos* in Kastilien.[576] Dabei muss man allerdings in Kauf nehmen, dass in diesem Fall die Autoren des *'Ijjun*-Kreises den systematischen

571 In G. Scholem, Reschit ha-Kabbala, Jerusalem/Tel-Aviv 1948, S. 255-262; teilweise auch in: ders., Ursprung, S. 248-287; zur Benennung der Gruppe dort insbesondere: S. 283; u. vgl. A. Jellinek, Auswahl kabbalistischer Mystik, I, Leipzig 1853, S. 8ff. und hebr. Tl., S. 9ff (Neudruck: Hildesheim/Zürich/New York 1988).

572 Zu ihr s.u. c. V.

573 G. Scholem, Ursprung, S. 274f. 288f.

574 G. Scholem, Reschit ha-Kabbala, S. 165; G. Scholem, Ursprung, S. 289.

575 M. Verman, The Books of Contemplation. Medieval Jewish Mystical Sources, Albany 1992, S. 195.

576 M. Verman, The Books of Contemplation, S. 194-199.

Gebrauch der Terminologie Ariels in eine willkürlich erscheinende Variabilität transportierten. Wie immer letztlich diese Frage zu entscheiden ist, wichtiger ist die Frage, was denn die Konzeptionen dieser Autoren waren.

Dazu ist zunächst festzustellen, dass die zweiunddreißig dieser Gruppe zuzurechnenden Schriften überaus kurz und fragmentarisch sind, sie reichen von wenigen Sätzen bis zu wenigen Seiten. Des Weiteren ist eine ständige Überarbeitung vorhandener Texte zu erkennen, was vor allem Verman herausgearbeitet hat. Er hat alleine für das Büchlein, das der gesamten Gruppe seinen Namen gab, den *Sefer ha-'Ijjun*, »Buch der wissenschaftlichen Spekulation«, oder »Buch der Kontemplation«[577], fünf verschiedene, gründlich überarbeitete Versionen gegeneinander abgehoben. Des Weiteren fällt auf, dass einzelne Phrasen oder ganze Textstücke durch die gesamte Textgruppe wandern, dort zum Teil wörtlich wiederkehren, aber oft in einen völlig anderen Kontext gestellt werden und somit eine neue Bedeutung gewinnen. Zu diesem Verfahren wird weiter unten noch einiges zu sagen sein. Die beiden wichtigsten Topoi, um deretwillen die Textgruppe hier eine Erörterung verdient, sind deren Lehren vom »Verborgenen *Kavod*«, das heißt der »Verborgenen Herrlichkeit [Gottes]« und die Lehre von den »dreizehn *Middot*«, den »dreizehn Attributen«, die an der Stelle der bisher behandelten zehn *Sefirot* stehen. Für die künftige Entwicklung der Kabbala wird gerade diese Meinungsdifferenz, hier zehn *Sefirot*, dort dreizehn *Middot*, bedeutsam bleiben insofern, als sich viele Kabbalisten gemüßigt sehen, diesen Widerspruch aufzulösen und eine Harmonisierung herbeizuführen.

Das Auftreten einer weiteren Alternative zur Lösung des mit Sa'adja in die jüdische Theologie eingeführten Problems, nämlich der Unmöglichkeit der Kommunikation des Unbegrenzten mit dem Begrenzten, des absolut Jenseitigen mit dem Diesseitigen, ist ein weiterer Hinweis darauf, dass es bei den kabbalistischen Systemen vom Anliegen her nicht in erster Linie um esoterische Geheimoffenbarungen geht, sondern dass alle kabbalistischen Systeme des Mittelalters in erster Linie unterschiedliche Antworten auf das genannte theologische Grundproblem sein wollten.

Im Gegensatz zu den Philosophen waren die Kabbalisten jedoch bemüht, die altjüdischen Spekulationen und Traditionen stärker in das neue Denken zu integrieren, wofür die *'Ijjun*-Texte ein besonders instruktives Beispiel sind.

So ist in den *'Ijjun*-Texten die Nomenklatur zur Benennung der Emanationsstufen in einem noch viel weiter gehenden Maße aus der Bibel und aus der antiken *Hechalot*-Literatur geschöpft. Da ist zum einen die Benennung der Emanationskräfte nach den im Talmud (bRosch ha-Schana 17b) und anderen rabbinischen Texten so genannten dreizehn *Middot* des Erbarmens aus Exodus 33,6-7 zu nennen, sodann die Wiederbelebung des biblischen Offenbarungsterminus

577 Vgl. G. Scholem, Ursprung, S. 276.

Kavod, »Herrlichkeit [Gottes]«, den schon Sa'adja als »Erschaffenen Kavod« wie oben erörtert neu gedeutet hatte,[578] und schließlich das gesamte Repertoire der *Merkava* Ezechiels (Ez 1) und der Himmelsbeschreibungen der Hechalotliteratur, was aus den unten vorzuführenden Texten evident werden wird.
Wie die *Haside 'Aschkenas* wählen die *'Ijjun*-Theologen ihren philosophischen Ausgangspunkt direkt bei Sa'adja und einigen aus seinem Denken resultierenden Weiterentwicklungen, die im nächsten Absatz thematisiert werden sollen.

2. Gott

2.1 Die Lehre vom »Verborgenen *Kavod*« von Sa'adja bis zum *Sefer ha-'Aruch*

Der Begriff »*Kavod*« war in der Bibel vor allem ein Offenbarungsbegriff. Gott offenbarte sich den Menschen und der Welt als »*Kavod*«, in seiner »Herrlichkeit«. Man vergleiche dazu die in Dtn 5,21 beschriebene Sinai-Offenbarung: »Siehe, JHWH, unser Gott, zeigte uns seinen *Kavod,* seine Herrlichkeit, und seine Größe, und seine Stimme hörten wir aus dem Feuer.« Diesen *Kavod* wird dann in der erhofften Heilszeit auch die gesamte Welt sehen dürfen: »Und der *Kavod* von JHWH wird sich offenbaren und alles Fleisch zusammen wird es sehen [...]« (Jes 40,5).[579] In der rabbinischen Literatur vertrat die »Schechina« den sich offenbarenden Gott, sie wird aber häufig mit dem biblischen »Kavod« identifiziert.[580] Die vollkommene Identität von *Kavod* und *Schechina* als der Offenbarungsgestalt Gottes hat dann, wie oben schon dargestellt, der erste mittelalterliche Philosoph des Judentums Rav Sa'adja Ga'on behauptet. Allerdings war mit Sa'adja jener grundlegende Wandel in der Vorstellung des sich offenbarenden *Kavod* Gottes eingetreten, der aus dem *Kavod* ein jeweils von Gott erschaffenes Offenbarungsmedium machte.[581] Aber immerhin war der *Kavod* ein

578 Vgl. Bd. I, S. 386f.

579 Man vergleiche auch noch die Berufungsvision des Propheten Jesaja im Tempel zu Jerusalem, Jes 6,3.

580 Vgl. S. A.M. Goldberg, Untersuchungen über die Vorstellung von der Schekhinah in der frühen rabbinischen Literatur, Berlin 1969. Zur rabbinischen *Schechina*-Vorstellung vgl. Bd. I, S. 253-257.

581 Dazu vgl. o. Kap. Die Esoterische Theologie... 2;3.2 u. vgl. Bd. I, S. 386f. und C. Sirat, A History of Jewish Philosophy in the Middle Ages, Cambridge u.a. 1985, S. 30: »When God wished to reveal himself to the people of Israel, ›He compressed the air which produced, as it were, *phonemes* and articulated sounds, perceptible and ordered sounds, analogous to human speech, which cuts up the air in sounds and words, so that the Israelites could hear the word of God‹«; Sa'adjas Kommentar zu Exodus.

Vehikel zur *Offenbarung*! In den Texten des ‘Ijjun-Kreises treffen wir nun dagegen auf einen *kavod nistar*, das heißt einen »Verborgenen Kavod«,[582] was an sich ein Bruch mit der Tradition ist, sei es die biblische, die rabbinische oder die philosophische. Die ehemalige Offenbarungsgestalt wird nun plötzlich zu einer verborgenen Ge- stalt. Joseph Dan hat in seinen hebräischen Vorlesungen[583] gezeigt, dass dies der Endpunkt einer Entwicklung ist, die schon bei Sa‘adja selbst begonnen hatte. In seiner Auseinandersetzung mit der karäischen Polemik gegen die anthropomorphen Gottesvorstellungen der Rabbinen und insbesondere des phantastischen *Schi‘ur Koma*,[584] in welchem der im Himmel thronende Gott als Anthropomorph von ungeheuren Ausmaßen dargestellt wird, sagt Sa‘adja, dass Gott für die Menschen, d.h. die Propheten, jenen schon genannten *Kavod* erschaffen habe, um ihnen etwas zeigen zu können, und in eben derselben Weise habe er auch für die Engel ein großes Licht erschaffen, um ihnen etwas mitteilen zu können:

> »Er [R. Jischma’el] hat uns ja schon mitgeteilt, dass der Schöpfer für alle Propheten ein helles Licht erschafft, damit sie ein Zeichen und einen Erweis und Zeugen für seinen Kavod und seine Gottheit hätten, und sie erkennen könnten, dass das Wort, welches sie hören, Wort Gottes und sein Gebot ist. Und in derselben Weise ist es auch berechtigt, dass der Heilige, Er sei gesegnet, für seine Engel ein helles Licht erschafft, das noch größer als jenes ist, um ihnen kund zu tun, dass das Wort, das sie hören, und das sie an die Propheten weitergeben sollten, von Gott sei. Und es ist angemessen, dass dieses Licht noch heller und lichtvoller ist, gemäß dem wie die Kraft der Engel größer ist als die Kraft der Menschen.«[585]

Dieses zweite für die Engel erschaffene Offenbarungslicht identifiziert nun Sa‘adja mit dem *Schi‘ur Koma* der altmystischen Literatur.

Damit ist ein erster Ansatz zu einem zumindest vor den Menschen verborgenen *Kavod* getan, der nur den Engeln sichtbar ist. Diese aus der antikaräischen Polemik geborene Ausflucht hat schon im 11. Jahrhundert zu einer tatsächlichen Hierarchisierung von zwei Offenbarungsgestalten geführt, wie dies aus dem talmudischen Wörterbuch des R. Nathan aus Rom unter dem Titel *Sefer ha-*

582 Ähnlich dem oben beschriebenen Kavod des Kreises vom Speziellen Keruv, vgl. o.Kap. Die Esoterische Theologie …3.2.

583 J. Dan, Huge ha-Mekubbalim ha-rischonim, J. Agasi (Hrsg.), Jerusalem 1984, S. 77ff.

584 Zu ihm vgl. Bd. I, S. 335-340.

585 Sa‘adja laut dem Kommentar zum *Sefer Jezira* des Jehuda Ben Barsilai aus Barcelona, Edition: Halberstam, S. 21; nach J. Dan, Huge ha-Mekubbalim, S. 84.

'Aruch deutlich wird. Dort sagt Nathan unter dem *Lemma* »Speklar« (Spiegel) unter anderem:

»Am Ende des Kapitels *ha-holez* im Traktat Jebamot (49b) steht geschrieben: ›Alle Propheten schauten im [nicht glänzenden] Spiegel [, aber Moses schaute in den glänzenden Spiegel].‹ Seine Auslegung ist: [Nachdem Moses Gott gebeten hatte ›Zeig mir doch deinen Kavod‹ (Ex 33,18)] und Er dann zu ihm sagte: Genug, Mosche! Fuhr er fort ›denn nicht kann mich ein Mensch sehen und am Leben bleiben‹ (Ex 33,20). Und wenn du sagst die Worte: ›und ich sah den Herrn auf einem hohen und erhabenen Thron sitzen‹ (Jes 6,1) würden dem widersprechen, so wissen wir ja, dass Moses es nicht empfangen hatte. Dann muss man antworten. Wird denn über jene, die bei Moses standen, nicht gesagt: ›Und sie sahen den Gott Israels‹ (Ex 24,10). Und wiederum: [...] ›denn ihr habt keinerlei Bild gesehen‹ (Dtn 4,15). Vielmehr haben sie seinen Kavod gesehen! Auch ich habe seinen Kavod gesehen. Aber es gibt einen Kavod oberhalb des Kavod. Und diesen Kavod, der die große Hoheit/Glanz ist, der nahe der Schechina ist, den hat noch kein Mensch gesehen. Und über *ihn* heißt es: ›denn nicht kann mich ein Mensch sehen und am Leben bleiben.‹«[586]

Dieser Wörterbuchartikel des gelehrten Rabbi Nathan verschafft einen wichtigen Einblick in die schon mehrfach erörterten theologischen Probleme des jüdischen Mittelalters, deren wichtigstes offenbar die Frage war, ob und wie der Mensch mit Gott und umgekehrt kommunizieren könne, nachdem das Bewusstsein für die völlige Andersartigkeit Gottes – wie sie Sa'adja als erster formulierte[587] – zu einem allgemein akzeptierten Theologumenon geworden war. Sa'adja, der die Kluft aufgerissen hatte, hat zugleich den Weg für eine Lösung gewiesen, den schließlich die aristotelische und platonische Philosophie ebnete. Die Darlegung R. Nathans hat indessen diesen letzten Schritt noch nicht getan. Aber die von ihm aufgegriffene Lösung zeigt, dass es mit Hilfe mythologischer Redeweise Wege gab, der Problematik Herr zu werden.

Die widersprüchlichen Aussagen der Bibel hinsichtlich der visuellen Erfahrbarkeit Gottes boten sich geradezu an, als Stützen für den mittelalterlichen Diskurs zu dienen, wiewohl die biblischen Widersprüche eher in den Kontext von »heilig« und »unheilig« von *fanum* und *profanum* gehören, also der Thematik des nicht zugänglichen Tabubereiches zugehören. Diese Fragestellung wurde im Mittelalter zu einer epistemologischen, zur Frage der Erkennbarkeit des Unbe-

586 Aruch Completum sive lexicon vocabula et res ... auctore Nathanae filio Jechielis, A. Kohut (Hrsg.), Wien/Berlin 1926, Bd. 6, Sp. 110a-b.

587 Vgl. Band I, S. 374ff.

grenzten durch das Begrenzte. Der von R. Nathan eingeschlagene Weg spiegelt diese neue Fragestellung deutlich wider. Die von ihm vorgeschlagene Lösung entspricht den spezifisch mittelalterlichen Lösungen, nämlich eine Vermittlung der Gegensätze in Mittlerwesen zu suchen. Sie wird hier auch auf die Frage hierarchisch geordneter Erkenntnisfähigkeiten übertragen, eine Offenbarung für die Engel und eine für die Menschen,

Aber der obere *Kavod* über dem *Kavod* ist nur den Engeln zugänglich, aber für den Menschen verborgen.

2.2. Die Gottheit und die intelligible Himmelswelt

Diese Vorstellung von hierarchisch angeordneten Offenbarungsgestalten wurde von den Autoren des *'Ijjun*-Kreises aufgenommen, nur dass bei ihnen das Ganze nunmehr in eine neoplatonische Emanationshierarchie eingefügt wurde. Nach diesen Vorüberlegungen ist die Voraussetzung geschaffen, um die Kurzversion jenes Textes zu betrachten, der dem ganzen Kreis seinen Namen leihen musste, den *Sefer ha-'Ijjun*:

> [§ 1] »Das ist das Buch der Forschung ('Ijjun), verfasst von Rav Hammaj, dem Haupt der Denker,[588] über das Innerste. In ihm offenbart er die Wurzel/Wesen der gesamten Existenz des vor den Augen verborgenen *Kavod* (*Herrlichkeit*), dessen Prinzip/Wurzel und Wesen kein Geschöpf wirklich erkennen kann, wie er in absolut gleich seiender Einheit besteht, und in dessen Vollkommenheit die Oberen und Unteren Eins sind. Und er ist der Urgrund (*Jesod*)von allem Verborgenen und Offenbaren. Aus ihm, aus der wundersamen Einheit, gehen alle Emanierten hervor und alle Kräfte, die sich aus der *Obersten Verborgenheit* offenbaren, welche *'Omän* (אמן) genannt wird. Das bedeutet, dass aus ihm die *Kraft der Existenz* (*Koach Kijjum*) herausfließt, welche *'Av ha-'Emuna* (אב האמונה), *Vater der 'Emuna* (Vater des Bestehens/des Glaubens), genannt wird, aus dem die *'Emuna* (das Bestehen)[589] emaniert. Und er ist der erste/primordiale (*kadmon*) Emanator, denn er geht allen Primordialen voran, die aus seiner wundersamen Einheit emanieren. Sie alle offenbaren sich auf dem Wege der Emanation, wie der Duft aus dem

588 Hebräisch: *ha-Medabbrim*, was wörtlich die »Sprecher« bedeutet. In Maimonides' *Führer der Unschlüssigen* bezeichnen die Termini *Ba'ale ha-'Ijjun* und *Medabbrim* gleichermaßen die »*Mutakallimun*», d.h. die rationalistischen arabischen Philosophen, denen auch Sa'adja nahestand, vgl. Verman, Contemplation, S. 37, FN 7, nach I. Efros, Philosophical Terms in the More Nebukim, New York 1924, S. 15.

589 Das Wort *'Emuna*, das Treue, Verlässlichkeit und Glaube bedeutet, muss hier sinngemäß so übersetzt werden.

Duft und ein Licht aus dem Licht, denn eines emaniert aus dem anderen, dieses aus jenem, und die Kraft des Emanierenden ist im Emanierten und dennoch vermindert sich der Emanator nicht im Geringsten.
So hat der *Heilige, Er sei gesegnet*, all seine Kräfte hervorströmen lassen, die einen aus den anderen im Wege der Emanation. Und Er ist in ihnen vereint wie die Flamme des Feuers, die in ihren Farbnuancen eins ist. Und er erhebt sich nach oben in seiner Einheit und ist erhaben bis in seine unendliche Erhabenheit (*'ad sche 'en sof le-Romemuto*).
[§ 2] Und als es im Gedanken aufstieg, all seine Wirkungen zu erschaffen (*bara'*) und seine Kraft darzustellen und seine Gemächte in die Existenz zu bringen, erschuf er eine Kraft. Und diese Kraft wird *Primordiale Weisheit* (*Hochma keduma*) genannt, die auch Verborgenheit/Mysterium genannt wird. Und bevor er diese Kraft erschuf, konnte seine Kraft nicht erkannt werden, bis dass sein Glanz sichtbar wurde und sein *Kavod* in dieser Weisheit offenbar wurde. Und darum wird jene *Weisheit* ›*'Emuna*‹ genannt, weil der Heilige, E. s. g., das Leben eben jener Weisheit und deren Wesen ist. Und darum wird der Heilige, E.s.g., Gott (*'El*) der *'Emuna* genannt. Und das Wesen, das wir von seiner Wahrheit erfassen können, ist das helle *Licht des Lebens* [...] und er ist eins mit der *Primordialen Weisheit*, ähnlich der Form der Seele, die man nicht erfassen kann, ein Glanz der nicht begriffen werden kann.
Und aus dieser Weisheit, die *Verborgenheit* genannt wird, hat der Heilige, E.s.g., alle geistigen Kräfte in einem Augenblick herausfließen lassen [...] Und er band sie zusammen und sie wurden alle zu einem Bündel [...] und sie vereinen sich an der oberen Seite, die an der Einheit der *Weisheit* haftet.
In jener Stunde ließ der Heilige, E.s.g., jegliche Kraft gesondert ausfließen, eine um die andere:
[§ 3] Die erste, das *Wunderbare Licht* (*'Or mufla*) [...] und das ist es, was geschrieben steht ›JHWH, mein Gott, du bist sehr groß, Hoheit und Schmuck hast du angelegt‹ (Ps 104,1). ›Du bist groß‹, weil du ohne Ende und ohne Grenze alleine bestehen kannst. ›Hoheit‹, das ist der Glanz der *Primordialen Weisheit*, ›Schmuck‹, das ist das *Wunderbare Licht*.
[§ 4] Danach erschuf der Heilige, E.s.g., aus dem *Wunderbaren Licht*, den *Haschmal* (*electrum*), der der Anfang des Werkes der Oberen ist. Er verströmt ausgewogen nach allen Seiten seine Kräfte [...] und auf ihm wurde ein stehender Engel gemacht, an dem die Gestalt eines Gesichtes wie eines Menschen ist, und er kann reden wie ein Mensch, hören wie ein Mensch, und das ist es [was der Prophet Ezechiel sagt] ›wie das Aussehen eines Menschen über ihm‹ (Ez 1,26). Aber nicht ein wirklicher Mensch. Er ist eine intelligible Kraft und er ist die Ursache aller Ursachen [...].
Und der *Haschmal* entspricht dem *Jod* [Zahlwert: 10] des Tetragrammaton, weil des zehn Kräfte in ihm gibt [...].

Außerdem entspricht *Haschmal* dem [Engel] Michael [...].
[§ 5] Und aus dem *Haschmal* fließt *'Arafel* [...] und *'Arafel* entspricht Gabriel [...] und dem *He* [Zahlwert 5] des Tetragrammaton, weil fünf Kräfte in ihm sind [...].
Aus *'Arafel* fließt *Kisse ha-Nogah* (Glanzthron).
[§ 6] Und aus *Kisse ha-Nogah* kommt das *Rad der Größe* (*ha-'Ofan ha-gedulla*),[590] welches *Schauglas* genannt wird, weil aus ihm die Seher Schauen. Auch sagte man mir, dass diese vier Kräfte, *Haschmal*, *'Arafel*, *Kisse ha-Nogah* und *ha-'Ofan ha-gedulla* oben stehen, Fundamenten/Elementen gleich. Und der Heilige, E.s.g., ist eins in ihnen wie die Seele im Körper, und er erhöht sich über sie bis in seine unendliche Erhabenheit. Und diese vier Kräfte entsprechen den vier Buchstaben des Namens.[591] Das heißt, sie sind ein Zeichen der Grenze, um die Größe seiner Wunderbarkeit und die Stärke der Macht des Heiligen, E.s.g. zu erkennen, weil dieses so wie es ist, der innere heilige Tempel genannt wird. [...].
[§ 7] Und nach dem *'Ofan ha-gedulla* fließt der *Keruv* hervor. Er ist gleich einem Vorhang, der sich vor allen den genannten Kräften in seinem Glanze dreht.
Und danach die *Räder der Merkava*, welche die Ursachen der Himmel sind.
Und danach die *Umgebende Luft* und der *Vorhang* (*Pargod*), der eine Art offene Tür vor all den oberen Kräften ist. Er steht in der Kraft des Lenkers,[592] zuweilen ist er geschlossen und zuweilen offen. Und alles wird Tempel des JHWH genannt.
[§ 8] Und Metatron, der Fürst des Angesichts steht vor dem Vorhang [...]. Und bezüglich des Metatron sagte der Heilige, E.s.g.: Metatron stellte ich als Diener außen am Tor des Tempels auf. Und all das lehrt, dass er das Ende des Oberen Werkes und der Anfang des Fundamentes der Unteren ist, wie es heißt: ›Er ändert die Epochen und Zeiten‹ (Dan 2, 21). Ein Hinweis für den Weisen!«[593]

In dem hier übersetzten Text, der fast die Gesamtheit der Kurzversion des *Sefer ha-'Ijjun* ausmacht, wird die göttliche Welt und der Beginn der Schöpfung in einer von den bisher behandelten kabbalistischen Systemen erheblich abweichenden Weise beschrieben. Alle Texte dieser Gruppe beschränken sich im Übrigen auf dieses Thema der Gotteslehre und der intelligiblen Welt. Erde und

590 Der hebräische Text könnte auch als »Das große Rad« gelesen werden; ich übersetze hier gegen den Artikel von *'Ofan* mit den Parallelen.

591 JHWH

592 Dies ist wohl der im Folgenden genannte Metatron, vgl. M. Verman, Contemplation, S. 48.

593 Ed. M. Verman, in: M. Verman, The Books of Contemplation, Albany 1992, S. 34-36.

Mensch werden nicht behandelt. Auffällig ist, wie schon gesagt, die prominente biblische und vor allem hechalotmystische Terminologie. Der biblischen Sprache gehören der »Kavod« an, die Wurzel *'aman* (אמן) und ihre Derivate, auch die Weisheit, sodann der »Haschmal« aus Ezechiels Merkavavision. Die unterhalb der Weisheit folgenden Kräfte sind allesamt den Himmelsbeschreibungen der alten *Merkava-* und *Hechalot*-Literatur entnommen. Den Abschluss markiert der gleichfalls dieser Literatur zugehörige Oberengel Metatron.[594] Der Bereich von der Weisheit bis zum *Pargod*[595] entspricht zumindest terminologisch der antiken Himmelswelt, die hier als Tempel JHWH's bezeichnet wird. Neu ist daran im Prinzip allenfalls, dass diese ganze himmlische Welt untereinander und nach weiter oben in einer Emanationskette steht. Insgesamt ist dies also eine konservative Zugangsweise, die sich nur dem alles beherrschenden Emanationsdenken beugt. Das mittelalterliche ptolemäische Weltbild bleibt aus der Betrachtung ausgeklammert, wird allenfalls in § 6 angedeutet, wo gesagt wird, dass die Räder der *Merkava* die Kreisbewegung der Himmel verursachen.

Will man diese Himmelsbeschreibung in das mittelalterliche Weltbild einfügen – was der Autor jedoch nicht unternimmt – so wäre sie das Pendant zur intelligiblen Welt des Intellekts beziehungsweise der *Separaten Intellekte*, aber eben im Bild der antiken jüdischen Himmelswelten.

Die Schöpfung beginnt mit der Erschaffung der Weisheit (§ 2). Allerdings muss man den Begriff »Schöpfung« hier wie bei den neoplatonischen Philosophen[596] im Sinne der Emanation verstehen, was ja kurz zuvor auch ausdrücklich gesagt wird. Das heißt, der Bereich vor der Weisheit, der anschließend noch zu besprechen ist, ist etwas, das der Schöpfung vorangeht. Der Autor übernimmt wie gesagt die neoplatonische Emanationlehre, kümmert sich aber ansonsten nicht um die damit verbundene Logik, wie § 4 zeigt, in dem völlig unerwartet die aristotelische »Ursache aller Ursachen« auftaucht. Zum anderen will er seinen Himmel nach den zeitgenössischen Kategorien ordnen. Dies zeigt sich zunächst in der Zehnzahl der himmlischen Kräfte, in der sich die notorische Zehnzahl von *Sefirot* und Separaten Intellekten widerspiegelt. Außerdem ist diese Absicht im § 6 zu erkennen, wo *Haschmal*, *'Arafel*, *Kisse ha-Nogah* und *'Ofan ha-Gedulla* offenbar den vier Elementen entsprechen. Diesen Gedanken verbindet der Autor zum anderen zugleich mit einer onomatologischen und angelologischen Gleichung in den §§ 4-5. Insgesamt ist dies eher eine akkumulative Traditionssammlung, die in die emanatistische Hierarchie gespannt wird.

594 Vgl. Bd. I, S. 318-320.335.

595 Der *Pargod* (Griechisch) ist der in der Bibel nach *Parochet* genannte Vorhang zwischen der Haupt halle und dem Allerheiligsten im Tempel.

596 Vgl. Bd. I, S. 494ff.507ff.529ff.558f.571ff.

Dieses akkumulative Verfahren, typisch für die gesamte Literatur des *'Ijjun*-Kreises, dient den Autoren dazu zu zeigen, dass die gesamte Schöpfung ein multilaterales Entsprechungsgeflecht ist, wozu sie aber, wie gesagt, ihre Terminologie aus der altjüdischen Tradition schöpfen. Der Oberengel Metatron schließlich steht außerhalb dieser himmlisch intelligiblen Welt beziehungsweise an deren Eingang und wird als weiteres Glied zur Sphärenwelt apostrophiert, denn er »verändert die Epochen und Zeiten«, was wohl auf seine Aufgabe als Weltenlenker hindeuten soll (§ 8). Für die Funktion des Metatron als Türhüter kann sich der Autor gleichfalls auf eine ältere Tradition berufen, die sich im *Alphabetmidrasch des R. 'Akiva* findet.[597]

2.3 Der »Verborgene *Kavod*« im *Sefer ha-'Iyyun*

Viel schwerer als die Beschreibung der intelligiblen Himmelswelt fällt das Verständnis des § 1. Es ist nicht ganz durchsichtig, wie viele Kräfte hier genannt beziehungsweise voneinander unterschieden werden. Analog dem eingangs Dargestellten ist der *Kavod* zunächst eine der geschöpflichen Erkenntniskraft nicht zugängliche Repräsentation der Gottheit, die hier im Gegensatz zu der Auffassung Sa'adjas offenbar nicht einmal von den Engeln erfasst werden kann. Der *Kavod* ist unerkennbar, absolut Eins und umfasst die Vielheit der Oberen und Unteren in absoluter Einheit. Er ist der Emanator allen Existierenden schlechthin. Aus ihm emaniert die »Kraft der Existenz«, welche »*'Av ha-'Emuna*«, »Vater des Bestehens«, genannt wird. Und aus ihr emaniert schließlich zu Beginn des eigentlichen Schöpfungsaktes die »*'Emuna*«, das »Bestehen«, welches die *Weisheit* ist. In ihr waren wiederum die weiteren Kräfte enthalten.

Undeutlich bleibt, ob die »Oberste Verborgenheit«, genannt »*'Omen*«, ein Derivat von *'aman*, den *Kavod* selbst meint, oder gleichsam dessen von der Schöpfung abgewandte Seite. Diese vor der Schöpfung verborgene Kraft wäre sodann mit dem »Heiligen, Er sei gesegnet«, zu identifizieren, der sich bis ins Unendliche erstreckt. Dass diese »Oberste Verborgenheit« in gewisser Weise mit dem *Kavod* eins ist, legt sich aus der weiteren Verwendung des Epitheton »Der Heilige, Er sei gesegnet«[598], nahe. Es scheint hier eine ähnliche Konzeption vorzuliegen,[599] wie sie auch bei den mittelalterlichen jüdischen Philosophen begegnet, nach denen der Wille und die Essenz Gottes zwar eins sind, aber die Essenz gleichsam in sich ruhend weltabgewandt ist, wohingegen der Wille, wenn

597 'Otiot de Rabbi 'Akiva, Batte Bidraschot, A.J Wertheimer (Hrsg.), Jerusalem 1968, S. 351f.

598 S. §§ 1.2.4.6.

599 Eine gewisse Nähe besteht auch zur *Kavod*-Konzeption des oben genannten *Sefer ha-Hajjim*, vgl. Kap. Esoterische Theologie … 1.

er »will«, das heißt, wenn er wirkt, Gottes weltzugewandte Seite ist.[600] Ganz ähnlich spricht der Philosoph 'Avraham Ibn 'Esra in seinem Traktat zur Schöpfung, *Jesod Mora,* im zwölften Kapitel von einer der Schöpfung zugewandten Seite Gottes, die von den Propheten erkannt werden kann und einer von der Schöpfung abgewandten, welche in sich ruht und nicht erkennbar ist.[601] Ibn 'Esra stützt seine Deutung auf die biblische Episode, in der Moses bittet, den *Kavod* Gottes sehen zu dürfen, Gott dies aber ablehnt, weil der Mensch nicht das Angesicht Gottes sehen könne, Gott ihn stattdessen aber seine Rückseite sehen lässt (Ex 33,17-23). Und in der Tat, der Autor der unten noch zu besprechenden Version des *Sefer ha-'Ijjun* namens »Contemplation-Thirteen Powers«[602] sowie der *Midrasch Schim'on ha-Zaddik* nennen den *Kavod* ausdrücklich »Willen«:

> »[…] das ist die oberste Seite, dies ist der grenzenlose Wille. Und warum wird er Wille genannt? Weil durch sein Wort das Seiende aus dem Nichtseienden ins Dasein trat; auch ist er ein strahlendes Licht und wird *Kavod JHWH*'s genannt«.[603]

In diesem Midrasch wird auch das Verhältnis der oberen Kräfte, die über den ihnen nachfolgenden »himmlischen« Kräften stehen, deutlicher. Das Höchste ist dort »*Seter 'Eljon*«, »Das höchste Verborgene«, dieses ist zugleich *'Omän* und *'Av ha-'Emuna*, »Vater des Bestehens«. Das heißt, aus ihm, dem *Seter 'Eljon,* emaniert die *'Emuna*, das ist die Weisheit. Sodann wird gesagt, dass die primordiale Weisheit eingeschrieben und versiegelt war im »Glanz des höchsten Baldachin, der Nichts genannt wird, der von nichts erfasst werden kann, und das ist das Mysterium des Wortes ›und die Weisheit geht aus dem Nichts hervor‹ (Hiob 28,12), das ist die oberste Seite, das ist der grenzenlose Wille […] und wird Kavod JHWH's genannt.«[604] Daraus geht hervor, dass die Weisheit aus etwas emaniert, das zum einen »*Seter 'Eljon*« ist und zugleich »grenzenloser Wille« und *Kavod.* Damit ist der *Kavod* als Wille ein Aspekt der verborgenen Gottheit, gerade so wie dies auch der Philosoph Ibn Gevirol verstand.

600 Vgl. Bd. I, S. 459ff.496ff.510f.532ff.; u. A. Jellinek, Ursprung und Verbreitung der Lehre vom *hefez* und *razon*, in: ders. Kleine Schriften zur Geschichte der Kabbala, I, (Leipzig 1852), Neudruck: Hildesheim 1988, S. 66-72.

601 Jesod Mora, c. 12, S. 20, in: Kitve R. 'Avraham Ibn 'Esra, (Königsberg 1845), Neudruck: Jerusalem 1970, Bd. II; u. J. Dan, Torat ha-Sod schel Hasidut Aschkenas, Jerusalem 1968, S. 113f.

602 So die von Verman in seinem oben genannten Buch vergebene Benennung dieses Textes.

603 M. Verman, Contemplation, S. 80.

604 M. Verman, Contemplation, hier nach *Midrasch Schim'on ha-Zaddik*, M. Verman, Contemplation, S. 213f.; u. vgl. *Contemplation-Thirteen Powers*, S. 80.

Zusammenfassend lässt sich sagen, der Autor der Kurzversion des *Sefer ha-'Ijjun* versucht, Elemente der zeitgenössischen Philosophie in das altbiblisch-rabbinisch-hechalotmystische Weltbild einzutragen, um so die Tradition aus philosophischer Sicht unangreifbar zu machen.

2.4. Dreizehn Attribute statt zehn Kräfte

Während die Kurzversion des *Sefer ha-'Ijjun* sich in den Duktus der Zeit fügt und unterhalb des innergöttlichen Bereichs mit zehn intelligiblen Himmelsstufen rechnet, ersetzen die anderen Versionen des *Sefer ha-'Ijjun* auch dieses Element durch ein biblisch-rabbinisches Element. Sogleich nach der im vorigen Abschnitt besprochenen Offenbarungsszene, in welcher Moses nur die Rückseite Gottes sehen darf, wird im zweiten Buch Moses berichtet, wie Moses mit den zweiten Bundestafeln auf den Berg Sinai steigt und dann Gott in der Wolke erscheint und an Moses vorübergeht, während Moses ausruft:

> »JHWH (1) JHWH (2) *'El* (3) *Rachum* (4) *we-Hanun* (5) *'Erech 'Appajim* (6) *we-Rav Hesed* (7) *we-'Emet* (8) *nozer Hesed la 'Alafim* (9) *nose 'Awon* (10) *wa-Fescha* (11) *we-Hatta'a* (12) *we-nakke lo jenakke* (13) – JHWH (1), JHWH (2), Gott (3), barmherzig (4), und gnädig (5), langmütig (6), und reich an Huld (7), und Treue (8), bewahrend die Huld ins tausendste [Geschlecht] (9), vergebend Schuld (10), Missetat (11), und Fehl (12), doch straflos hingehen lässt er nicht (13).« (Ex 34,6-7)

Aus diesem Text hat die rabbinische Tradition die oben mit Zahlen markierten[605] sogenannten *Dreizehn Middot schel Rachamim*, das heißt »die dreizehn Attribute des Erbarmens« Gottes abgeleitet, denen eine besondere Wirkungsmacht zugeschrieben wird, wie man im Talmud nachlesen kann: »R. Jehuda sagte: Es ist ein Bund geschlossen für die 13 *Middot*, dass sie nicht leer zurückkehren« (b Rosch ha-Schana 17b), wozu Raschi kommentiert: »denn wenn die Israeliten sie in ihrem Fastengebet ausrufen, dann kehren sie nicht leer zurück.« Es sind nun gerade diese dreizehn *Middot* Gottes, welche die meisten Kabbalisten des *'Ijjun*-Kreises an die Stelle der zehn Kräfte oder der zehn *Sefirot* setzen.

Die Frage, ob man sich bezüglich dieser Gotteskräfte auf die »abrahamitischen« zehn *Sefirot* des *Sefer Jezira* oder die »mosaischen« dreizehn *Middot* aus Exodus 34 stützen sollte, hat sich in einem pseudepigraphischen, dem babylonischen Gelehrten Hai Ga'on zugeschriebenen Antwortschreiben als Problemfrage erhalten. In diesem Responsum, das der Kabbalist Moses Cordovero aus dem 16.

605 Diese Zählung folgt Midrasch Lekach Tov, nach J.D. Eisenstein, 'Ozar Jisrael. An Encyclopedia (hebr.), Vol VI, New York 1951, S. 100b.

Jahrhundert in seinem *Pardes Rimmonim* mitteilt, wird Hai von einem Kreis von Kabbalisten die Frage gestellt, welche der beiden Traditionen denn nun die wahrhaftigere sei:

> »Der großen Leuchte, dem Herrn der Weisheit, unserem Meister Hai Ga'on, seligen Angedenkens, wurde von Rav Paltoi und seinen Genossen die Frage gestellt: ›Es belehre uns unser Meister: Wir fanden bei den Rabbinen, seligen Angedenkens, die 13 *Middot*, die Moses unser Meister, Friede auf ihn, empfangen hat. Und im Namen Abrahams, unseres Vaters, in dem Buch, das ihm die Rabbinen, seligen Angedenkens, zugeschrieben haben, nämlich im Sefer Jezira, zählt man 10 *Sefirot* auf. Und wir müssen aus dem heiligen Mund [unsres Meisters Hai Ga'on] lernen, ob die 10 Sefirot die 10 Middot sind, und wenn dem so ist, so fanden wir ja 13 Middot. 13 Sefirot hingegen haben wir nirgends gefunden. Es sollten demnach 13 Middot für sich oder 10 Sefirot für sich sein. Deine Belehrung brauchen wir und auf deine Antwort harren wir.‹«[606]

Die Verfasser dieses Textes, der nachweislich zur Zeit der *'Ijjun*-Kabbala bekannt war,[607] machen deutlich, dass diese Frage für die Kabbalisten jener Tage ein ernsthaftes Problem darstellte, weniger wegen der Zahl der Gotteskräfte an sich, sondern wegen der Konkurrenz der Traditionen, von denen die mosaische, sprich biblische, doch gewiss ein größeres Gewicht haben sollte als jene eines späteren Büchleins. Die späteren Autoren haben wie der imaginierte Rav Hai eine Harmonisierung der beiden Traditionen vorgenommen, wohingegen die Mehrzahl der *'Ijjun*-Gruppe sich für die 13 *Middot* entschied. Die von Mark Verman »Contemplation-Thirteen Powers« genannte Version des *Sefer ha-'Ijjun* entscheidet sich gleichfalls für die dreizehn, sieht diese aber dennoch mit dem *Sefer Jezira* in Übereinstimmung, weil der Autor des *Sefer Jezira* nicht nur zehn Sefirot aufzählt, sondern darüber hinaus drei geheimnisvolle »*Sefarim*«:

> »Zweiunddreißig wunderbare (verborgene) Pfade der Weisheit gravierte JaH [...] Er erschuf seine Welt mit drei Sefarim, mit Sefär und Sefar und Sippur.«[608]

606 Mosche Cordorvero, Pardes Rimmonim, Scha'ar 11, Scha'ar ha-Zachzachot, Perek 1, nach: A. Jellinek, Beiträge, II, Leipzig 1852, S. 11; Dan, Huge, S. 3. Die Echtheit des Schreibens wird schon zweihundert Jahre früher von dem Kastilier Todros Ben Levi 'Abul'afja in seinem *'Ozar ha-Kavod* bestätigt, Blatt 17b, nach J. Dan, Huge, S. 5.

607 Siehe die vorangehende Fußnote.

608 W I, 1; Gr § 1; vgl. Kap. *Sefer Jezira* ... 4.

Die genannte Version des *Sefer ha'Ijjun* zählt darum diese drei rätselhaften *Sefarim* kurzerhand zu den zehn *Sefirot* hinzu und erhält so insgesamt 13 Gotteskräfte: 1. *Hochma keduma*, 2. *'Or ha-Mufla*, 3. *ha-Haschmal*, 4. *'Arafel*, 5. *Kisse ha-Nogah*, 6. *'Ofan ha-Gedulla*, 7. *ha-Keruv*, 8. *Galgal ha-Merkava*, 9. *ha-'Awir ha sovev*, 10. *ha-Pargod*, 11. *Kisse ha-Kavod,* 12. *Mekom ha-Neschamot*, 13. *Sod ha-Merkava ha'eljona*.

Das bedeutet, der Autor dieser Version übernimmt die zehn Kräfte aus der Kurzversion und fügt als 11. den Thron der Herrlichkeit, als 12. den Ort der Seelen und als 13. das Mysterium der höchsten *Merkava* hinzu. Folgt man dem Duktus des pseudepigraphischen Antwortschreibens, so darf man sagen, die Lehre von den 13 *Middot* ist gleichsam die biblizistisch-rabbinische Version der Gotteskräfte, die mit der durch *Sefer Jezira* und die Philosophen inaugurierten Zehnzahl konkurriert.

3. Die vielfältige Rede vom Einen und die Lehre vom vierfachen Schriftsinn

Die Texte der *'Ijjun*-Literatur sind als zusammenhängende Textgruppe an regelmäßig wiederkehrenden Redewendungen, Textblöcken und Namen von intelligiblen Kräften zu erkennen. Darüber hinaus sind sie durch die Lehre von der Emanation miteinander verbunden, weichen aber sonst in ihrem Aufbau und in ihren Darstellungen der göttlichen und intelligiblen Welt nicht unwesentlich voneinander ab. Es ähnelt zuweilen einem Vexierspiel, wenn man Vertrautes liest, dann dessen bekannten Zusammenhang wieder verliert, fast unbemerkt in anderen Gedankenzusammenhängen angekommen ist, um plötzlich wieder auf vertraute Bahnen zu geraten. Am sinnfälligsten ist dies in den fünf unterschiedlichen Bearbeitungen des *Sefer ha-'Ijjun* selbst, welche den ungefähren Aufbau der Kurzversion zum Teil in barocke Textkonglomerate verwandeln, in welchen sich weit ausladende Darstellungen der unterschiedlichen Emanationsstufen ergeben. Insbesondere wird dabei weiteres Traditionsmaterial aus der Hechalotliteratur eingetragen, aus der rabbinischen Angelologie, aus der Onomatologie und schließlich aus der platonischen und aristotelischen Philosophie des Mittelalters, aus dem *Sefer Jezira* die zehn *Sefirot* und aus der biblisch-rabbinischen Tradition die 13 *Middot*.

Ähnlich ist das Verhältnis zu den weiteren Texten der Gruppe, zum *Midrasch des Schim'on ha-Zaddik*, dem *Sefer Ma'ajan ha-Hochma* etc.[609] In diesen weiteren Texten werden meist Teile der genannten Versatzstücke behandelt, die dann

609 Die meisten der Texte hat M. Verman in seinem Buch versammelt. Weiteres ist noch verstreut und über die genannten Kataloge Scholems aufzufinden.

in den längeren Kompositionen etwa des *Sefer ha-'Ijjun* »Long« und »Standard« allesamt miteinander verbunden und in eine je eigene Ordnung gebracht sind.

Ein auffälliger, mehrfach wiederkehrender Gedanke in diesen Kompositionen ist, dass in der höchsten Stufe dieser Hierarchien die »Oberen« und die »Unteren« eins sind.[610] Eine für den hiesigen Zusammenhang besonders erhellende Formulierung ist die in *'Ijjun-Standard*:

> »Es sei gesegnet und erhoben der herrliche Name in Macht, der Einer ist und sich in seinen Kräften als Einer erweist (*mit'ached*), wie die Flamme des Feuers, die sich in ihren Farben als Eine erweist. Und seine Kräfte emanieren aus seiner Einheit, wie das Licht des Auges, das aus dem Schwarzen [Punkt] des Auges hervorgeht [...].«[611]

Weiter unten im selben Text wird es vor der Aufzählung der dreizehn *Middot* noch einmal wiederholt:

> »Und er, Er sei gesegnet, erweist sich als Einer in seinen Kräften, und er erhebt sich und ist erhaben über sie bis seine Erhabenheit undendlich ist. Und er ist geeint (*mejuchad*) in diese 13 Kräften [...].«[612]

Die ausladende Beschreibung der himmlischen Kräfte in dieser »Standard-Version« kommt unterhalb der 13 Kräfte und unterhalb der *'Emuna*, die hier nicht die »Primordiale Weisheit« ist, auf eine weitere Stufe zu sprechen, welche »Leib der Schechina« genannt wird, der seinerseits aus sieben Engeln besteht. Auch über sie sagt das Büchlein: »Und der Heilige, E.s.g., ist geeint (*mejuchad*) in sieben Engeln, die ganz vorne im oberen Himmelreich thronen.«[613] Die noch weiter unten stehende, aus den vier Erzengeln bestehende Engelgruppe wird mit »Vier Lager der Schechina« bezeichnet, und auch sie werden als *Jichud*, das heißt »Einheit« deklariert: »Die Einheit, welche Heiliger Tempel genannt wird.«[614]

610 Vgl. z.B. 'Ijjun-Short, M. Verman, Contemplation, S. 34,4.10f. (oben § 1), 'Ijjun Long, M. Verman, Contemplation, S. 65,11-14; S. 66, 2; über die Weisheit, die zwölf *Middot* in sich trägt, 'Ijjun Thirteen-Powers, M. Verman, Contemplation, S. 80, 16. 23; *'Ijjun –Standard*, M. Verman, Contemplation, S. 90, 4.7.8. Zum Folgenden vgl. K.E. Grözinger, Handling of Holy Traditions as a Path to Mystical Unity in the Iyyun Texts, in: Patrimoines – Judaisme, Rashi 1040-1990, G. Sed. Rajna (Hrsg.), Paris 1993, S. 251-258.

611 M. Verman, Contemplation, S. 90, 7ff.; vgl. die Kurzversion oben § 1. Nach antiker Vorstellung kam das Sehen dadurch zustande, dass aus dem Auge ein Lichtstrahl austrat, der die Dinge dann sichtbar machte, vgl. z.B. S. Seligmann, Die Zauberkraft des Auges und das Berufen, 1921 (Neudruck Couvreur o.D.), S. 503f; Scholem, Ursprung und Anfänge der Kabbala, S. 277.

612 M. Verman, Contemplation, S. 91, 38ff.

613 M. Verman, Contemplation, S. 92, 56.

614 M. Verman, Contemplation, S. 94, 94.

Aus alledem geht offenbar ein zentrales Anliegen dieser Autoren hervor, nämlich die Einheit der Gottheit in der Vielheit der Emanationskräfte darzustellen, zu verkünden und ins Bewusstsein zu heben. Dies wird am Ausgang der Standard-Version des *Sefer ha-'Ijjun* ausdrücklich gesagt:

> »Und der Heilige, E.s.g., möge uns leiten auf dem Wege seiner Einheit, seinen Namen als einen auszurufen in all seinen Werken.«[615]

Die schon genannte Anreicherung der Textkorpora durch immer weitere aus unterschiedlichen Traditionssträngen stammenden Gedanken und Textblöcken sowie der erklärte Wille, in all der Vielfalt der »Phänomene« die Einheit Gottes und seiner Kräfte erkennen zu wollen, hat offenbar den Blick dieser Autoren für die Unterschiedlichkeit der Text- und Denktraditionen geschärft, welche sie in ihren Kompositionen zusammentrugen. Zugleich hat der Wunsch, auch und gerade hinter dieser Vielfalt Gottes Einheit zu sehen, zu einem dialektischen Umgang mit diesen Traditionen geführt. Zum einen wurden die Unterschiede zunächst erkannt und benannt, woraufhin sie dem Gedanken der Einheit unterworfen und als einander entsprechend erklärt wurden. Für diesen erklärtermaßen intendierten Identifikationsvorgang verwenden die Texte vielfach die Entsprechungsformel *ke-neged*, das heißt »dies entspricht«. Dieser Terminus wird auch in Fortsetzung des oben schon zitierten Textes von Pseudo-Hai-Ga'on verwendet, um die dort festgestellte Differenz zwischen den 13 *Middot* und den zehn Sefirot auszugleichen. Der um eine Lösung des Problems angegangene Hai sagt dort:

> »Die dreizehn in der Tora genannten Middot sind hervorgesprosste Zweige, welche aus den 10 Stufen, welche Sefirot genannt werden, hervorgingen. Die einen *ke-neged* – entsprechen – den andern, und zwar mit drei verborgenen Häupter der Häupter, und wenn sie euch nicht bekannt sind, so sind sie doch den Altvorderen überliefert [...] die Sprösslinge sind die Wirkungen, und sie werden *Middot* genannt, und die Wurzeln, welche die Väter sind, werden *Sefirot* genannt, nicht weil sie eine Zahl hätten oder sie selbst eine Rechnung und Zählung wären. Dies ist nur ein Mysterium von zehn Welten, aus denen Neues entstand, die keine Zahl haben, und keine Weise sie zu erkennen, nur für jenen, der sie erschaffen hat, und Er ist der Herr über alles, der von keiner Seite erfasst werden kann, von keinerlei Erkenntnis, Er sei gesegnet in seiner Verborgenheit.«[616]

615 M. Verman, Contemplation, S. 98, 145.

616 A. Jellinek, Beiträge, II, S. 11.

Hier wird offenbar der Zahlunterschied als etwas dargestellt, das nur aus der Sicht der Unteren als solcher erscheint, während er aus der Sicht des Schöpfers in Wahrheit nicht besteht.

In der oben wiedergegebenen Kurzform des *Sefer ha-'Ijjun* wird die *keneged*-Formel im § 5 verwendet, mit der die der *Merkava*-Sprache entnommene Bezeichnung »*Haschmal*« mit dem der Angelologie zugehörigen Gabriel und dem der Onomatologie zugehörigen Buchstaben »*Jod*« identifiziert werden.[617] Schließlich werden die vier *Merkava*-Kräfte *Haschmal*, *'Arafel*, *Kisse-ha-Nogah* und *'Ofan ha-Gedulla* mit Hilfe der *keneged*-Formel den vier Buchstaben des ganzen Tetragrammaton entsprechend erklärt.[618] Mit dieser Formel werden demnach Aussagen beziehungsweise Begriffe oder Kräfte, welche aus unterschiedlichen Traditionssträngen herkommen, als unterschiedliche Redeweise für ein und dieselbe Sache deklariert. Dieses Verfahren wurde in den *'Ijjun*-Texten nicht nur durchgeführt, sondern als System bewusst gemacht und benannt, wozu sogleich zu kommen sein wird. Der Terminus, mit dem dieses System der Sprechweisen benannt wurde, ist das hebräische *Derech*, wörtlich »Weg« oder »Art und Weise«. So sagt die Standardversion des *Sefer ha-'Ijjun* gleich zu Beginn:

> »Und Rav Hammaj erklärte all diese Dinge *'al Derech Ma'ase Merkava we-Ferusch Nevu'at Jechskel* (in der Weise der Merkavadarstellung und der Auslegung der Prophetie Ezechiels).«[619]

Die Version von den 13 Kräften sagt über die dreizehn Kräfte, dass jede von ihnen einen eigenen Namen habe, und zwar in zwei Weisen:

> »Die erste Weise *'al Derech ha-Hochma* (in der Weise der Weisheit) und die zweite Weise *'al Derech ha-Hawwajot* (in der Weise des Gottesnamens/des *Schem Hawaja*).«[620]

Die unter der »Weise der Weisheit« aufgezählten Namen sind gerade jene, welche man in der Kurzversion des *Sefer ha-'Ijjun* findet, zuzüglich drei weiterer.[621] Daraus darf man schließen, dass die »*Derech ha-Hochma*« dem »*Derech ha-'Ijjun*«, das heißt, der philosophischen Sprechweise entspricht. Die zweite Redeweise, *'al Derech ha-Hawajot*, bietet erwartungsgemäß 13 unterschiedliche

617 Vgl. M. Verman, Contemplation, S. 35, 37.41.

618 Vgl. o. § 6; Verman, Contemplation, S. 35, 54.

619 Vgl. M. Verman, Contemplation, S. 90,5.

620 Vgl. M. Verman, Contemplation, S. 221, 8ff.

621 Vgl. o. Kap. Kabbala II. 2.2.

Permutationen des *Schem Hawaja*, d.h. von JHWH, als Benennungen der dreizehn Kräfte.

Insgesamt können folgende »Sprechweisen« in den Texten namhaft gemacht werden: *'al Derech ha-Hochma* (= *'al Derech ha-'Ijjun*), *'al Derech Ma'ase Merkava*, *'al Derech ha-Schemot*, das heißt mittels der übrigen Gottesnamen, *'al Derech ha-Hawajot*, *'al Derech ha-Sefirot* und *'al Derech ha-Middot*. Die Autoren benennen mit diesen Redeweisen von den himmlischen Kräften demnach unterschiedliche hermeneutische Paradigmen, das heißt Sprech- und Redeweisen, mit denen die Vielfalt der göttlichen Wirklichkeit in der Welt dargestellt und gedeutet werden kann.[622] Die *'Ijjun*-Texte selbst lassen keinen Zweifel daran, dass die Verwendung dieser unterschiedlichen hermeneutischen Paradigmen in programmatischer Weise durchzuführen ist, wie das folgende, besonders eindrückliche Beispiel erhellt:

»[Dies ist das] das Mysterium der 13 Middot des Erbarmens mit ihren Namen (Schemot) und ihren Hawwajot, welche auf Keter 'Eljon (die höchste Krone) [I des sefirotischen Zehnersystems] *hinweisen*. Und sie sind *spurenhaft* vorhanden in *Hochma* [II] und *ausgelegt* in *Bina* [III]. Und *sie gehen in die Wirklichkeit über* in den 13 Middot, die Moses, unserem Meister, Friede auf ihn, gesagt wurden.
Und dies sind die *Schemot* [die Namen]: 1. *Hochma keduma*, 2. *'Or mufla*, 3. *Haschmal*, 4. *'Arafel*, 5. *Kisse ha-Nogah*, 6. *'Ofan he-Gedulla*, [...] 7. *Keruv*, 8. *Galgal ha-Merkava*, 9. *ha-'Avir ha-sovev*, 10. *ha-Pargod*, 11. *Kisse ha-Kavod*, 12. *Mekom ha-Neschamot* [...], 13. *Sod ha-Ma'aracha ha'Eljona* [...].
Und dies sind ihre Hawwajot-Namen:

I. *Keter 'Eljon*	II. [*Hochma*]	III. *Bina*
1. JaHaWaHaHa'a	Hochma Keduma	JHWH
2. JäHäWä'äWäHä	'Or Mufla	JHWH
3. JiHiHi'iWiHi	ha-Haschmal	'El
4. Jo'oHoWoHoHo	'Arafel	Rachum
5. Je'eHeWeHeHe	Kisse ha-Nogah	We-Hanun
6. JäHä'äHäWäHä	'Ofan ha-Gedulla	'Erech'appajjim
7. JeWeWeHe'eHe	Keruv	Rav hesed

622 Ausfürlich dazu bei K.E. Grözinger, Handling of Holy Traditions as a Path to Mystical Unity in the Iyyun Texts, in: Patrimoines – Judaisme, Rashi 1040-1990, G. Sed. Rajna (Hrsg.), Paris 1993, S. 251-258; ders., Jüdische Schriftauslegung, in: Schrift Sinne. Exegese, Interpretation, Dekonstruktion, P. Chiarini, H. D. Zimmermann (Hrsg.), Berlin 1994, S. 11-36; und ders., Die hermeneutischen Paradigmata hasidischer Tora-Deutung. Prinzipien der Innovation, in: Die philosophische Aktualität der jüdischen Tradition, W. Stegmaier (Hrsg.), Frankfurt a. M. 2001, S. 188-207.

8.	JuHu’uWuHuHu	Galgal ha-Merkava	We-’emet
9.	JuHuWuWuHu’	Ha-’Avir ha-Sovev	Nozer hesed le-’alafim
10.	Ja’aHuWWuHo	Ha-Pargod	Nose ‘awon
11.	JoHeWiHi	Kisse ha-Kavod	U-Fescha‘
12.	JiHoWeHi	Heder Gedulla	We-atta’a
13.	JäHeWoHi	Hechal ha-Kodesch	We-nakke

Somit sind dir die dreizehn Middot des Erbarmens erklärt, die in ihrer Hawwaja in Keter ‘Eljon *angedeutet* sind, als *Spur* in Hochma und als *Middot* in Bina, welche mit ihnen wirkt mittels des Vaters der Menge, ’Av he-Hamon, dem Haupt des Bauwerks.«[623]

In der ersten Kolumne finden sich die Namen »in der Weise der *Hawajot*«, in der zweiten die nun schon bekannte Terminologie »in der Weise der *Hochma*, der Weisheit« und in der dritten »in der Weise der *Middot*«. Es ist nicht ganz deutlich, ob der Autor die mittlere Kolumne als *Derech ha-Schemot*, »Weise der Gottesnamen«, benennen will. Auf alle Fälle werden diese Namen der mittleren Kolumne in dem schon zitierten Text »Thirteen Powers« richtig als *‘al Derech ha-Hochma* , »in der Weise der Weisheit«, benannt. In dem »Commentary on the Thirteen Attributes« genannten Text werden schließlich als »Schemot«, das heißt Gottesnamen, tatsächlich folgende – wenn auch auf die *Sefirot* bezogen – bekannten Gottesnamen aufgeführt: *'Ehje, JaH, JHWH, 'Adonaj, Schaddaj, Zeva'ot, 'El, 'Elohim, 'El 'Eljon*. Ihnen folgen dann auch dort wieder entsprechende Benennungen »in der Weise der *Hawajot*«. Eben da werden dann auch für die 13 *Middot* »Schemot« aufgezählt, und zwar die Folgenden: Pele, Metatron, Michael, Gabriel, Zadkiel, ’Orpaniel, Sandalfon, Schelamiel, Tuviel, Uriel, Berufiel, Hasdiel, Tamiel – wiederum eine Liste mit wirklichen »Schemot«, hier allerdings von Engeln, was aber der Tradition entspricht.[624]

Der hier ausführlich zitierte Text von den »13 *Middot* des Erbarmens« gibt sich deutlich als Harmonisierungsversuch der *Sefirot*-Lehre mit der *Middot*-Lehre zu erkennen.[625] Danach sind die 13 *Middot* innere Essenzen der ersten drei *Sefirot*. Sie sind in der ersten *Sefira* zunächst nur angedeutet, in *Hochma* als Spur vorhanden und in *Bina* »ausgelegt« oder »entfaltet«, was zugleich als ein Eintritt in die »Wirklichkeit« verstanden wird. Diese sukzessive Realisierung und Individualisierung wird hier mit Hilfe der drei Reihen unterschiedlicher Nomenklatu-

623 The Secret of the Thirteen Attributes of Mercy, M. Verman, Contemplation, S. 224.

624 Vgl. M. Verman, Contemplation, S. 219, 80ff.

625 Eine Harmonisierung unternimmt auch der *Midrasch Schim'on ha-Zaddik*, M. Verman, Contemplation, S. 213, 13ff.; u. vgl. K.E. Grözinger, Handling, S. 255.

ren ausgedrückt. Die *Hawaja* ist noch völlig undifferenziert, die *Hochma*-Form lässt bereits Spuren erkennen, während die *Middot*, was ja wörtlich »Bemessene« heißt, die Entfaltung in die Wirklichkeit bringen.

Der Autor dieser Liste will offenbar den neoplatonischen Gedanken ausdrücken, dass sich die Formen auf den verschiedenen Seinsstufen in unterschiedlichen »Aggregatzuständen« befinden, im Intellekt intellektuell, in der Weltseele psychisch und in der Natur naturhaft.[626] Damit will er anscheinend zeigen, dass die Vielfalt in der Welt nur hierarchisch abgestufte Erscheinungsweisen der Einheit Gottes in Allem sind. Und dies kann in unterschiedlichen Redeweisen zum Ausdruck gebracht werden, unter Verwendung einer der Abstufung entsprechenden Nomenklatur. Mit anderen Worten: Die unterschiedliche Redeweise, die Verwendung unterschiedlicher Sprachparadigmen, will anzeigen, dass man über das Eine in vielfältiger Weise reden kann und wohl auch soll. Die Verwendung der unterschiedlichen Sprachparadigmen hat somit eine religiöse Funktion, nämlich die Einheit Gottes in der Vielheit zu erkennen und zu bekennen, ja möglicherweise sie herbeizuführen.

Diese Deutung des aufgezeigten Sprachgebrauches wird vielleicht durch eine parallele Entwicklung der jüdischen Hermeneutik bestätigt. Der Zeitgenosse der *'Ijjun*-Texte und einer der Verfasser des *Sohar*, R. Mosche de Leon, hat zur selben Zeit seine Lehre vom Vierfachen Schriftsinn entwickelt. Die unter dem Akronym PaRDeS bekannten vier Schriftsinne, *Peschat*, *Remes*, *Derasch* und *Sod*, die man gewöhnlich als Literalsinn, Hinweis, Midraschsinn, und Geheimsinn oder ähnlich übersetzt, ergeben aufgrund der verwendeten Nomenklatur noch keine klare Auskunft, was damit wirklich gemeint ist. Der große Torakommentator Bachja Ben 'Ascher, gleichfalls vom Ende des 13. Jahrhunderts, der die gesamte Tora nach dem Vierfachen Schriftsinn auslegte, nannte die vier Weisen *'al Derech ha-Pescht*, *'al Derech ha-Midrasch*, *'al Derech ha-Sechel* und *'al Derech ha-Kabbala*. Das heißt: einfacher Sinn, Midraschdeutung, Verstandesdeutung, womit die philosophische gemeint ist, und die kabbalistische Deutung, welche sich auf die *Sefirot*-Lehre stützt.[627] Sowohl die *'Ijjun*-Texte wie auch Bachja greifen zu einer Terminologie, welche die Sache richtig benennt und dem Leser deutlich sagt, was unter den verschiedenen Auslegungsweisen zu erwarten ist. Nicht so bei Mosche de Leons Nomenklatur. Was ist der Grund? Der Grund für seine Wahl war, dass er zur Benennung der Schriftauslegungsmodi den in der Tradition eindeutig besetzten Begriff *Pardes* verwenden wollte und seine Neudeutung über eine so genannte »Notarikon«-Deutung, d.h. als Akro-

626 Vgl. z.B. Pseudo-Empedokles, Bd. I, S. 494ff.

627 Vgl. Rabbenu Bachja, Be'ur 'al ha-Tora, H.D. Schewel (Hrsg.), Jerusalem 1994, 4. Aufl.; ausführlich dazu K.E. Grözinger, Jüdische Schriftauslegung sowie ders., Die hermeneutischen Paradigmata.

nym, gewann. Mit dem Wort *Pardes* verband sich in der Tradition jene talmudische Geschichte von den vier Gelehrten, die in den *Pardes* hineingingen, was man, wie Raschi darlegt, als Himmelsreise vor den Gottesthron verstanden hat.[628] Dieser Eintritt in den *Pardes* war fortan die Metapher für die Klimax des mystischen Erlebnisses. Mit seiner Übertragung dieser Metapher auf die Schriftauslegung erklärt Mosche de Leon die Schriftauslegung nach vier Sinnen als den Eintritt in den *Pardes*, als den Weg zu dem mystischen Erlebnis schlechthin. Da nun das Wort *Pardes* nur vier Konsonanten hat, konnte Mosche de Leon aus der Vielfalt der hermeneutischen Paradigmen seiner Tage eben nur vier benennen, unter die er, wie aus Bachjas Kommentar deutlich wird,[629] wohl die anderen subsumierte, ohne dass die vier Buchstaben genügend klare hebräische Begriffe angeboten hätten.

Aus einem Sendschreiben von Mosche de Leon, in dem das Akronym *Pardes* zum ersten Mal auftaucht, kann man den Eindruck gewinnen, dass Mosche de Leon mit diesem Programm ein analoges Ziel wie die *'Ijjun-Texte* verfolgte. Danach sollen die vier unterschiedlichen Auslegungsweisen nicht die Differenzen in der Tora aufzeigen, sondern gerade das Gegenteil, deren Einheit. In dem von Y. Tishby publizierten Responsum zeigt Mosche de Leon, dass die so gegensätzlichen Schriftverse »Und Timna war die Konkubine von Eliphas Ben Esau« (Gen 36,12) und »Ich bin der Herr, dein Gott« (Ex 20,2) sich in Wirklichkeit nicht unterscheiden:

> »Es besteht gemäß allen Seiten der Weisheit kein Unterschied zwischen ›Timna war die Konkubine von Eliphas Ben Esau‹ und ›Ich bin der Herr, dein Gott‹. All jene Geschichten sind in Wahrheit alle das Mysterium der Gottheit, und sie sind auf der Stufe Seines Denkens im Mysterium seines Namens, E.s.g., enthalten. Und wenn der Mensch die Maske der Blindheit von seinem Angesicht nimmt, dann findet er in jener Geschichte und jenem Vorfall einen Berg von Balsam und Weihrauch, und seine blinden Augen werden geöffnet [...] gemäß dem wie ich es dargelegt habe in meinem Buch namens PaRDeS. Und ich nannte es PaRDeS wegen der bekannten Sache, denn ich verfasste es im Mysterium der vier Wege (*Derachim*), tatsächlich gemäß jenem [talmudischen Text]: ›Vier traten in den Pardes ein‹ [bHagiga 14b]. Und dies ergibt als Akronym gelesen Peschat, Remes, Derascha, Sod. Und dort legte ich diese Dinge hinsichtlich des Mysteriums (Sod) dieser Geschichten und Vorfälle aus, die in der Tora berichtet werden, um zu lehren, dass alles das ewige Leben bedeutet, und es eine einzige Tora der Wahrheit ist. Es gibt kein Wort in der ganzen Tora, das nicht im Mysterium seines

628 Vgl. Band I, S. 311ff.

629 Vgl. K.E. Grözinger, Schriftauslegung, S. 25.35.

Namens, er sei erhoben, enthalten ist, damit der Mensch, der sich mit diesen Dingen befasst, das ewige Leben und das ›aufbewahrte Gut‹ erringt, das kein Auge außer Gott gesehen hat [...].«[630]

Weiter unten im selben Responsum gibt Mosche de Leon noch einen Hinweis, worauf die PaRDeS-Deutung beruht:

»Denn diese Welt ist ein Abbild der oberen Welt, und alles Leben und alles Geschehen geschieht in dieser Welt, damit es als Abbild der oberen Welt dient. [...] Und Jakob, welcher der erlesenste der Väter war, in der Vollkommenheit des Glaubens und des Mysteriums des Urbildes der höchsten Merkava, war bemüht, die Dinge in dieser Welt auszurichten, um die Welten zu einen (*le-jached*) in vollkommener Einheit.«[631]

Die Auslegung nach den vier Schriftsinnen bringt dem Menschen mithin das ewige Leben, weil, so darf man aus dem Vorbild Jakob schließen, die richtige Schriftauslegung die Zusammenhänge zwischen oben und unten aufdeckt und der Mensch somit die Einheit der Welten erreichen kann.

Der später noch zu besprechende 'Abraham 'Abul'afja hat seinerseits die Schriftauslegung als mystischen Pfad beschrieben. Einer der zum 'Ijjun-Kreis gehörigen Texte äußert sich in ähnlicher Weise:

»Und der, welcher diese Kraft kennt, wird stark werden in der Gottesfurcht, und er wird in seinen intellektuellen Fähigkeiten emporsteigen [...] und ein solcher wird in seiner Natur verändert und er wird emporsteigen und den Attributen (Middot) der Höhe nahekommen und sich mit dem Heiligen Geist umkleiden. [...]
Das Wesen der Sache ist [...] dass der Mensch von jeder einzelnen Kraft weiß [...] darüber, wie sie auseinander emanieren, und wie viele Kräfte aus ihnen emanieren, so dass er befähigt sein wird, jede Kraft zu bemessen (*š'r*), sie zu verbinden (*zrf*), sie zu berechnen (*hšv*) und sie als vereinte [Kräfte] anzuordnen (*tkn*).«[632]

Das Ziel dieser dem Menschen Segen bringenden Bemühungen ist es offenbar, die vielen Kräfte Gottes als vereinte Kräfte, als Einheit, darzustellen. Die Zu-

630 Y. Tishby, Hikre Kabbala u-Scheluchoteha, Jerusalem 1982, S. 64.

631 Y. Tishby, Hikre Kabbala u-Scheluchoteha, S. 66; u. vgl. G. Scholem, Der Sinn der Tora in der jüdischen Mystik, in: ders., Zur Kabbala und ihrer Symbolik, Zürich 1960, S. 49-116, insbes. S. 82.

632 MS Paris 843, S. 21; vgl. K.E. Grözinger, Handling, S. 257.

sammenstellung und Rezitation der Namen und Benennungen der himmlischen Welt mittels der unterschiedlichen Sprachparadigmen ist mithin ein religiöses Programm, mit dem man die Einheit Gottes durch deren Vielfalt ausruft. Wer dies tut, wird in die *unio* mit den göttlichen Kräften emporgehoben und tritt so wahrhaft in den *Pardes*, in die Vereinung mit dem Göttlichen ein.

III. Das sefirotisch-philosophische Modell

A. Der Provençalische Kreis – Jizchak der Blinde

1. Der provençalische Kabbalistenkreis

Zur selben Zeit, als in der Provence das Buch *Bahir* entstanden ist beziehungsweise redigiert wurde, hat sich dort und im Languedoc eine vom *Sefer ha-Bahir* deutlich unterschiedene Richtung der Kabbala entwickelt. Diese setzte offenbar von allem Anfang an auf einen Ausgleich mit der mittelalterlichen jüdischen Philosophie, wie sie im ersten Band dieses Buches beschrieben worden ist. Diese intellektualistisch-mystische Denkrichtung war vor allem in einer Familie von allseits anerkannten rabbinischen Gelehrten beheimatet, in der die esoterische Lehre von Mund zu Mund weitergegeben wurde, weshalb aus diesen Anfangen keine schriftlichen Zeugnisse aus erster Hand erhalten sind. Nur ganz vom Ende dieser Überlieferungskette sind uns wenige Schriften überkommen, die allerdings – der Familientradition folgend – mehr andeuten als mitteilen. Das wenige von diesen Kabbalisten Bekannte hat Gershom Scholem in seinem Buch *Ursprung und Anfänge der Kabbala*[633] zusammengetragen. Der erste als Kabbalist bekannte Mann dieser Familie war R. 'Avraham Ben Jizchak aus Narbonne, der etwa von 1110 bis 1179 lebte,[634] sodann sein Schwiegersohn R. 'Avraham Ben David, genannt RaBeD, aus Posquières (ca. 1125-1198), auch er ein anerkannter Rechtsgelehrter, Talmudist und allgemeingebildeter Mann. Er war es zum Beispiel, der Jehuda Ibn Tibbon anregte, Bachja Ibn Pakudas platonisierende Moralschrift von den *Herzenspflichten*[635] aus dem Arabischen ins Hebräische zu übersetzen. Ebenfalls sind zu nennen: 'Avraham Ben Davids Söhne David und Jizchak *Sagi Nahor*, euphemistisch der *Lichtreiche*, für dessen wohl erst im Laufe seines Lebens eingetretene Blindheit (ca. 1165-1235) und schließlich Davids Sohn 'Ascher Ben David.[636]

Die wenigen von diesen Gelehrten erhaltenen Zitate, dann vor allem der von G. Scholem publizierte Kommentar Jizchak des Blinden zum *Sefer Jezira*[637] und

633 Vgl. G. Scholem, Ursprung und Anfänge der Kabbala, Berlin 1962, S. 175-273.

634 Vgl. Enyclopedia Judaica (EJ), Jerusalem 1978, II, Sp. 146f.

635 Vgl. die hebräisch-deutsche Ausgabe von M.E. Stern, Choboth Ha-L'baboth. Lehrbuch der Herzenspflichten, Wien 1856, 2. Aufl.; und vgl. EJ, II, Sp. 136f. u. G. Scholem, Ursprung, S. 195.

636 Vgl. EJ, III, Sp. 706; G. Scholem, Ursprung, S. 348-350.

637 Vgl. G. Scholem, Ha-Kabbala be-Provens (Hug ha-RaBeD u-veno R. Jizchak Sagi Nahor), Harza'otaw schel Prof. Schalom bi-Schenat 1963, 'archa R. Schatz, Jerusalem 1963, Appendix (Kommentar SJ); eine englische Übersetzung und systematische Darstellung von M.B. Sendor, The Emergence of Provençal Kabbalah: Rabbi Isaac the Blind's *Commentary on Sefer Yezira*,

die zuweilen als *Sefer ha-Jichud* zusammengefassten Schriften des R. Ascher[638] zeigen den tiefgreifenden Einfluss der neoplatonischen, aber auch der aristotelischen Philosophie auf diese Kabbalisten. Diesen Einfluss hat schon ein anonymer Briefschreiber um 1230 diagnostiziert, der seinerseits philosophisch gebildet war:

»Ich habe über die Bücher des ›Führers‹ [des Maimonides] meditiert und habe gefunden, dass seine Worte mit der Kabbala des verstorbenen R. Abraham ha-Nazir übereinstimmen und nur in Kleinigkeiten von ihnen abweichen. Ich teile die Wahrheit in Kürze mit. Sie haben zehn Sephiroth tradiert erhalten, wobei die erste Sephira die Hokhma ist, und sie ist auch die erste Intelligenz, welche ›lebendiger Gott‹ heißt, und von ihr heißt es: Gott hat mich am Anfang seines Weges geschaffen. Mit der Hochma ist alles gebaut worden, und aus ihr sind die separaten Intelligenzen emaniert. Und über die zehnte Sephira haben sie die Tradition empfangen, daß sie dasselbe sei, was unsere Lehrer an einem Ort Fürst des göttlichen Antlitzes und an anderen Orten Fürst der Welt nennen, und er ist es, der den Propheten erschienen ist und der die Prophetien aussendet. [...] und daher ist an manchen Stellen der Schrift, wo dieser Engel spricht, die Rede von Gott, wie in [Gen 31,3]: Gott sprach zu Jakob. [...] Und dieses ist das im Hohen Lied gemeinte Geheimnis und es ist ganz und gar ein Gleichnis für diesen Sachverhalt [der Beziehung zwischen dem Menschen und der höchsten Intelligenz, dem Nous oder der Sophia]. Und so hat der Gelehrte R. Jehuda [in Hs. Vatikan: R. J. Halewi] vom Hohen Lied, wörtlich dem Lied der Lieder geschrieben: ein Lied, das das erlesenste aller Lieder ist, das sich an den Engel der Glorie und an den heiligen Geist richtet. Und es heißt dort am Ende: fliehe mein Liebster – als Gleichnis für den Engel der Glorie, der sich einmal am Dornstrauch und einmal am Sinai offenbart hat. Und wenn es im Buch Jezira heißt, daß der Anfang der Sephiroth mit ihrem Ende verschlungen ist, so meint er damit, daß aus der ersten Sephira die zweite und so alle anderen emaniert sind. Und der Meister hat im ›Führer‹ geschrieben, daß die obere Welt ganz aus stofflosen Formen besteht,

Diss. Harvard University 1994 (Emergency); eine textkritische Edition wird derzeit an der Universität Wien vorbereitet; u.s. H. Pedaja, Ha-Schem we-ha-Mikdasch be-Mischnat R. Jizchak Sagi Nahor. ʻIjjun maschwe be-kitve Rischone ha-Mekubbalim, Jerusalem 2001.

638 Vgl. G. Scholem EJ, III, Sp. 706, die einzige Edition bei R. Hissda, in: Ha-Segulla IV (1937) fasc. 43-44; ders., Perusch Schalosch ʻEser Middot, Ha-Segulla I (1934) fasc. 17-20; II (1935) fasc. 21-27.; u. Kabbalat R. Ascher Ben David, Homer le-Seminarion schel Prof. J. Dan, Jerusalem, Akademon 1980; D. Schwarz, Perusch le-Maʻase Bereschit ha-mejuchas le-R. ʼAscher Ben David, in: Sinai 55, Bd. 109 (1992), S. 48-55; R. Elior (Hrsg.), Kabbalat R. ʼAscher Ben David, Jerusalem 1980; R. ʼAscher Ben David: Kol Ketavaw we ʻIjjunim be-Kabbalato, in: Sources and Studies in the literature of Jewish Mysticism 2 (1996), Culver City.

die von aller Materie separiert sind und Engel heißen [...]. [Hier zitiert der Briefschreiber auch Maimonides' Anschauung über die zehn Stufen der Engel, von denen die letzte 'Ischim heiße.] [...] Und ich habe aus dem Munde des Gelehrten R. Samuel, dem Sohne des Gelehrten [Lücke! Es fehlt offenbar: R. J. Ibn Tibbon] gehört, als ich in Marseille war, daß jedes Mal, wo im Hohen Lied der Geliebte erwähnt wird, dieser Engel, der 'Ischim heißt, gemeint ist. So wisse denn und verstehe, daß sie alle auf dem gleichen Wege gehen. Aber die Gelehrten des Landes wie R. Abraham der Gerichtspräsident und R. A. B. D. [Abraham ben David] sel. And. und der Gelehrte R. Abraham, der Chassid R. Jehuda der Fromme aus Deutschland und der Chassid R. Eliezer [so oft statt Eleazar] aus Garmiza [Worms] und der Chassid R. Jehuda ibn Ziza aus Toledo, das Andenken aller sei zum Segen, von denen R. Abraham der Nazir empfangen hat – sie alle haben auf dem Wege der Überlieferung, Kabbala, ohne jeden Beweis empfangen, so wie jemand seinem Freunde ein Geheimnis überliefert, ohne dafür einen Beweis zu bringen. Und deswegen sind einige unter ihnen, die die Meinung vertraten, daß die Engel aus Stoff und Form bestehen und der Mensch ihnen darin ähnelt, wie ihnen aus Versen der Schrift wahrscheinlich schien, wo es heißt: im Bilde Gottes machte er den Menschen, und es gibt Engel unter ihnen, die aus Feuer und Wasser bestehen. [...] Und all dies führte sie dazu, daß sie keine Einsicht in die [verschiedenen] Grade der stofflosen Formen erhielten und meinten, daß die Wirklichkeit in den stoffhaltigen Formen stärker sei. Und darum gibt es unter ihnen solche, die meinten, daß Schi'ur Qoma wörtlich zu verstehen sei. Sie alle aber sind in der Meinung einig, vom Schöpfer selber keine Körperlichkeit zu glauben [...].«[639]

2. Jizchak Sagi Nahor – der Blinde

Der wichtigste Vertreter der genannten Kabbalistenfamilie in der Provence ist wohl Jizchak der Blinde, denn nicht nur, dass von ihm die erste uns erhaltene primäre Quelle dieses Kreises stammt, er war auch der Lehrer der beiden bedeutsamsten Vertreter der philosophisch-sefirotischen Kabbalistenschule, nämlich von 'Esra und 'Asri'el aus Gerona, die einem in dieser Stadt ansässigen Kabbalistenzirkel angehörten, wovon unten noch zu handeln sein wird. Von Jizchak ist außer einigen Zitaten bei Schülern und Schülersschülern der schon genannte *Kommentar zum Sefer Jezira* erhalten, von dem Scholem mehrfach sagt, dass auch er nur einzelne Sätze davon verstehe. Ich will im Folgenden solche vereinzelte Sätze besprechen, aus denen die philosophierende Grundhaltung Jizchaks deutlich wird. Aus dem Kommentar geht, bei all seiner Unverständlichkeit, den-

639 Zit. nach G. Scholem, Ursprung, S. 199-200.

noch deutlich hervor, dass Jizchak ein geschlossenes kabbalistisches Weltbild hatte, das er nun kommentierend in den alten Text des *Sefer Jezira* hineindeutet.

3. Gott

3.1 Das »Eine« – *'En Sof* und die verborgenen Essenzen

Der erste Kommentar, der Klares über Jizchaks Gottes- beziehungsweise *Sefirot*-lehre aussagt, gilt folgenden Worten des *Sefer Jezira*:

> »Zehn *Sefirot belima*: Die erste: Der Geist des lebendigen Gottes. [...]. Die zweite: Geist/Wind aus dem Geist. [...] Die dritte: Wasser aus Geist. [...]. Die vierte: Feuer aus Wasser [...].«[640]

Zunächst muss festgestellt werden, dass Jizchak die zehn *Sefirot* des *Sefer Jezira*, die im ursprünglichen Text, wie wir oben sahen, am wahrscheinlichsten die mythischen Grundzahlen eins bis zehn sind, ganz eindeutig im Sinne der *Sefirot*lehre des *Sefer ha-Bahir* versteht, das heißt als zehn Kräfte der Gottheit selbst. Die vier *Sefirot* in den oben angeführten *Mischnajot* (Paragraphen) des *Sefer Jezira* sind demnach nichts anderes als die zweite bis fünfte *Sefira* des göttlichen Pleroma, nämlich *Hochma* (Weisheit = Sefira II), *Bina* (Einsicht = Sefira III), *Hesed* (Huld/Liebe = Sefira IV) und *Din* (Gerichtsstrenge = Sefira V). Da nun die Sefira *Hesed* und *Din* bei Jizchak wie bei den folgenden Kabbalisten in elementarer Diktion mit den Elementen Wasser und Feuer identifiziert werden, stellt er die rhetorische Frage: Wie kann Feuer, d.h. die Gerichtsstrenge, aus Wasser, d.h. der Liebe, emanieren:

> »Und wenn du fragst, wie kann Feuer aus Wasser kommen? Lass ab [so zu fragen]! Denn [es kommt] aus den Zehn Sefirot, welche innere/feine Essenzen (*Hawajot*)[641] sind. Und sie sind so, weil sie innerhalb der *Hochma* sind. Sie sind Wurzeln aus dem Einen. Das Gute und das Böse ist in ihnen, sobald sie zu sprossen beginnen, wie ein Baum, dessen Anfänge nicht erkennbar sind, bis dass sie zu Sprossen werden [... und die] zehn Sefirot sind Mütter in

640 Sefer Jezira, ed. Warschau 1884 (Neudruck: Jerusalem 1962) (W), I, 9-12; Ed. I. Gruenwald, Israel Oriental Studies 1 (1971), A Preliminary Edition of *SEFER YEZIRA* (G), §§ 10-14.

641 Diese Übersetzung des hebräischen Begriffs mit dem lateinischen *essentia* hat schon G. Scholem vorgeschlagen, Ursprung, S. 232; ders., Te'uda hadascha le-Toledot Reschit ha-Kabbala, in: Sefer Bialik, Tel Aviv 1934, S. 141-162; ders., Ha-Kabbala be-Provens, S. 145; u. vgl. J. Dan, Torat ha-Sod schel Hasidut Aschkenas, Jerusalem 1968, S. 94-103; M. Idel, Ha-Sefirot sche-me'al ha-Sefirot, in: Tarbiz 51,2 (1982), S. 239-280; Sendor, Emergence, S. 313-315.

drei Triaden und eine einzige ist mit ihnen allen, darum werden sie zehn genannt.«[642]

Die Gottheit, welche der Ursprung von allem ist, wird hier mit der üblichen neoplatonischen Diktion das »Eine« genannt. Das Hervorgehen der *Sefirot* aus dem Einen benennt Jizchak mehrfach mit den terminologisch einschlägigen Wurzeln *'azal* (אצל),[643] das heißt »emanieren« und *maschach* (משך) »herausziehen, heraus- fließen«, letzteres mit dem Nomen *Hamschacha,*[644] »Herausziehen, Herausfließen«.

Die rhetorische Frage, wie die Gegensätze Feuer und Wasser beziehungsweise Gerichtsstrenge und Liebe auseinander hervorgehen können, wird dadurch beantwortet, dass die *Sefirot* innere Essenzen, Wesenheiten sind, in denen die nachher aufsprossenden Gegensätze noch nicht sichtbar sind, weil sie als feine, innere Essenzen die Gegensätze noch ungeschieden ineinander vereinen. Erst bei ihrem Austritt aus der Sefira *Hochma* beginnt eine Differenzierung dieser zunächst miteinender verbundenen Gegensätze. Auch hinsichtlich dieser Erklärung, wie die Gegensätze aus dem Einen hervorgehen können, kann man auf die Platoniker verweisen, bei denen der später in der Welt sichtbare Dualismus von Materie und Form gleichfalls schon auf den intelligiblen Emanationsstufen, ja nach Ibn Gevirol schon im Einen selbst, in der Gottheit, angedeutet ist.[645] Der Neoplatoniker Pseudo-Bachja schließlich hatte das Paar Materie und Form dann tatsächlich mit den Qualitäten von Böses und Gutes identifiziert.[646]

In diesem Zusammenhang verweist Marc Brian Sendor, Scholem folgend,[647] außerdem auf einen christlichen Neoplatoniker, der eine entsprechende Lehre von den in der Gottheit zusammenfallenden Gegensätzen vorgetragen hatte. Gemeint ist Johannes Scotus Eriugena (um 810-877) und seine Lehre von den *causae primordiales.* Dass diese Lehren Eriugenas Jizchak dem Blinden bekannt geworden sein könnten, macht Sendor dadurch wahrscheinlich, dass R. Ja'akov Ben Re'uven in seinem ca. 1170 verfassten *Milchamot ha-Schem* (»Kriege des Herrn«)[648] einen gewissen Paul auftreten lässt, der jüdische Lehren bekämpft, die denen Eriugenas nahe stehen. Danach würden jüdische Lehrer an positive Gottesattribute in der Essenz Gottes glauben.[649] Zu Eriugenas eigener Lehre zitiert

642 Kommentar SJ, S. 15, Zeilen 319.

643 Kommentar SJ, Zeilen: 65.71.75.76.77.

644 Kommentar SJ, Zeilen: 75.76.169.202.234 etc.; u. vgl. Sendor, Emergence, S. 119.

645 Vgl. Bd. I, S. 528-532.

646 S. Bd. I, S. 563.

647 Vgl. G. Scholem, Ursprung, S. 278.

648 R. Ja'akov Ben Re'uven, Milchamot ha-Schem, J. Rosenthal (Hrsg.), Jerusalem 1963.

649 Sendor, Emergence, S. 151ff.

Sendor aus dessen *Periphyseon*[650] die folgenden Zeilen, die ihrerseits den von Paul bekämpften jüdischen Lehren entsprächen:

»And be it noted that this sequence of the primordial causes which you ask me to set out distinctly in a definite order of precedence is constituted not in themselves but in the aspects, that is, in the concepts of the mind which investigates them and which conceives in itself such knowledge methodically so that it should be sure and defined by a pure understanding. For in themselves these causes are one and simple and none knows the order in which they are placed or are distinguished from one another [...] but when they proceed into their effects that are multiplied to infinity they acquire their numerable and ordered plurality, and are arranged in a very definite order.«

Eriugena spricht hier von einer Vielfalt an Attributen in Gottes Weisheit,[651] die dort in völliger Einheit bestehen und erst nach ihrem Hervorgehen als Wirkungen in eine Vielfalt aufgefaltet werden. Die Nähe zu Jizchak Sagi Nahor ist nicht zu verkennen. Auch er spricht davon, dass in der Weisheit Essenzen vorhanden sind, die im Einen wurzeln, aber so lange unerkennbar bleiben, bis sie sich in die gegensätzlichen *Sefirot Gerichtsstrenge* (*Din*) und *Liebe* (*Hesed*)aufteilen.

Jizchak siedelt den Anfang dieser Essenzen in dem obigen Text zunächst in der *Sefira Hochma* (Weisheit) an,[652] die in seinem Kommentar zuweilen als die erste Sefira erscheint. Zum andern haben diese Essenzen (*Hawajot*) ihre Wurzeln und ihr Urbild im Einen, das heißt im Unendlichen, dem *'En Sof*, wie Jizchak an anderer Stelle des Kommentars sagt.[653] Zu den *Hawajot* in der *Sefira Hochma* selbst sagt Jizchak:

»Und der Anfang der *Hawajot* (essentiae, Wesenheiten), über die nachgedacht werden kann, sind die Wunderbaren innerhalb der *Hochma*, denn die Pfade[654] sind Wunderbare in ihr. Und darüber heißt es: ›Gott hat ihren Weg erkannt‹ (Hiob 28,23), das heißt er erkannte die Wege und Pfade in ihr.
Durch die *Hawajot* (essentiae), die dauernd in ihm eingraviert sind, hat er Macht, die ewigen feinen *Hawajot* zu betrachten, die keine Grenze haben.
Und die ›Pfade‹ sind die Mütter der Wege (Wegkreuzung), denn der Pfad ist die Mutter des Weges und er ist das Umfassende und das Prinzip, aus dem

650 Periphyseon, Buch III, 624a-b, ed. & transl. I.P. Sheldon-Williams, Dublin 1981, S. 39.

651 So Sendor, Emergence, S. 158.

652 Sie steht bei den anderen Kabbalisten meistens an zweiter Stelle.

653 Kommentar SJ, Zeilen 79-81.

654 Gemeint sind die 32 wunderbaren Pfade der Weisheit aus dem Beginn des *Sefer Jezira*, vgl. Kap. Sefer Jezira 4.

sich alle Wege zerstreuen und trennen, und von dort sich ausbreiten. Und die Pfade sind wie Adern, welche in der Wurzel des Baumes sind, und die Weisheit ist die Wurzel. Und sie sind innere feine *Hawajot*, und kein Geschöpf kann sie erkennen, außer derjenige, der [direkt] aus ihr saugt. Denn dies ist das Einsehen mittels des Saugens und nicht mittels der Erkenntnis.«[655]

Es ist unschwer zu erkennen, dass Jizchak hier zu Formulierungen greift, die denen von Eriugena sehr nahe stehen. Innerhalb der *Sefira Hochma*, die hier als erste Sefira erscheint, gibt es demnach ewige Essenzen, die einer rationalen Erkenntnis unzugänglich sind, denn sie sind vollkommen eins und differenzieren sich erst mit dem Wachstum des »Baumes« und sind dann erkennbar, allerdings nur dem, der ihr unmittelbar folgt und aus ihr saugt.

Wenn Jizchak hier über unerkennbare Dinge redet, stellt sich natürlich die Frage, wie ihm dies möglich ist. Auch hierfür gibt er eine Antwort, in der er diese *Hawajot* nochmals mit anderen Worten beschreibt:

»Sie sind verborgene *Hawajot*, in denen keine Spur ist, und es besteht keine Macht/Kraft, sie zu erkennen, außer dem, der aus ihnen emanierte. Und was ist das für ein Erkennen dieses Emanierten und des Weisen, der das Emanierte betrachtet? Es ist so, dass man aus den *Hawajot*, welche eine Spur besitzen, die Erkenntnis derer gewinnt, die keine Spur besitzen. Und aus dem feinen Erfassen in ihrem Denken gewinnen sie die Erkenntnis von deren Ursache im *'En Sof*.«[656]

Es entsteht hier ein Bild wie man es aus dem neoplatonischen Buch von den *Fünf Substanzen* des Pseudo-Empedokles kennt.[657] Jede Stufe der Emanation blickt auf die über ihr stehende und saugt dabei ihr Leben aus ihr. Die in diesem Prozess weitergegebenen Essenzen sind auch dort zunächst solche, die keine erkennbare Spur besitzen, die aber mit voranschreitender Entfernung von der Quelle zunehmend sichtbar werden. Dieser ontologische Befund ist sodann der Angelpunkt für die Epistemologie, das heißt des Weges der Erkenntnis vom Seienden zu dessen unerkennbaren Ursachen im Unendlichen, worauf weiter unten nochmals zurückzukommen sein wird.

Für die weitere Entwicklung der Kabbala entscheidend war, dass Jizchak die Gottheit in ihrem unerkennbaren, unerreichbaren Aspekt mit einem neuen Begriff benannte, der wiederum philosophischen Geist atmet, wenn sich auch der von Jizchak gewählte Terminus für Gott oder das *Eine* in der philosophischen

655 Kommentar SJ, Zeilen 10-16.

656 Kommentar SJ, Zeilen 64-67.

657 Vgl. Bd. I, S. 491-496.498-499.

Literatur der Zeit nicht belegen lässt. Jizchak nennt das *Eine* viele Male das »Unbegrenzte«, hebräisch *'En Sof.*[658] Die Entstehung dieses Begriffs ist umstritten. Ch. D. Ginsburg denkt an eine Übertragung aus dem griechischen *apeiros*:

> »Any doubt upon this subject must be relinquished when the two systems are compared. The very expression *'En Soph* which the Kabbalah uses to designate the Incomprehensible One, is foreign, and is evidently an imitation of the Greek Apeiros. The speculations about the *'En Soph*, that he is superior to actual being, thinking and knowing, are thoroughly Neo-Platonic.«[659]

In der späteren Version dieses Textes in einer Sammelschrift[660] zitiert Ginsburg hierfür außerdem die Schrift *Perusch 'Eser Sefirot* (»Auslegung der Zehn Sefirot«), die er allerdings für älter als Jizchaks Schrift hält, wohingegen diese in Wahrheit von Jizchaks Schüler 'Asri'el aus Gerona stammt, der unten noch zu besprechen ist. Dort definiert 'Asri'el das *'En Sof* wie folgt:

> »Was nicht begrenzt ist, wird 'En Sof genannt, und dies ist die absolute Gleichheit an Einheit, in der es keinerlei Veränderung/Unterschied gibt. Und wenn er ohne Grenze ist, gibt es nichts außer ihm.«[661]

Scholem verweist in diesem Zusammenhang zu Recht auf Sa'adja Ga'on, mit dessen Philosophie das neue Gottesbild von der Unkörperlichkeit und damit Unerkennbarkeit Gottes in das mittelalterliche jüdische Denken eingeführt wurde. Hierfür ist vor allem die oben schon erwähnte von der Tibbonschen Übersetzung abweichende hebräische Paraphrase des Sa'adjanischen Hauptwerkes besonders ergiebig.[662] Zur Körperlichkeit, die Gott bei Sa'adja nachdrücklich abgesprochen wurde, gehört *per definitionem* die Begrenztheit: »Da der Mensch ein begrenzter Körper ist«.[663] Allerdings wird weder bei Sa'adja noch bei den anderen Philosophen dafür der Begriff *Sof* (»Ende«) und respektive für Gott, den Unbegrenzten, *'En Sof*, verwendet, sondern *mugbal* (»begrenzt«) *Gevul* (»Grenze«) oder *Tachlit* (»Ende«) und entsprechend *le-lo Gvul* (»ohne Grenze«) *bilti*

658 Kommentar SJ, Zeilen 2.51.52.58.59.67.76.81.100.110.126.131.

659 Ch. D. Ginsburg, The Kabbalah, London 1865, S. 105; nach G. Scholem, Ursprung, S. 233.

660 Ch. D. Ginsburg, The Essenes. Their History and Doctrines. The Kabbalah. Its Doctrines, Development and Literature, London 1955 (Der Teil »The Kabbalah« zuvor nochmals 1925), S. 88.

661 Perusch 'Eser Sefirot, Ausgabe: Berlin 1850, S. 2, Ginsburg, Kabbalah, S. 88.

662 G. Scholem, Ursprung, S. 234; s. Bd. I, S. 374ff.

663 Sa'adja Ga'on, Sefer 'Emunot we-De'ot II, Ha-nivchar be-'Emunot we-De'ot Le-Rabbenu Sa'adja Ben Josef Fajjumi, ed. J. Kafich, Jerusalem 1970, S. 77; Sefer ha-'Emunot we-De'ot, ed. D. Slutzki, Leipzig 1868 (Neudruck Jerusalem o.D.), S. 39.

Ba'al Tachlit (»unbegrenzt«). Deshalb glaubt Scholem,[664] dass die Sache zwar von der sa'adjanischen Philosophie herrührt, nicht aber die Terminologie, die sich eher aus dem adverbialen Gebrauch für unendliche Tätigkeiten, *'ad 'en Sof*, herausgebildet habe, die bei Jizchak zu einem nominalen Gebrauch verändert wurde, wobei an wenigstens zwei Stellen des Kommentars[665] eben diese Formulierung auch bei Jizchak noch auftaucht, während der Rest der Stellen eindeutig den neuen Begriff des *'En Sof* als Bezeichnung des unendlichen Gottes verwendet, der jenseits und über den zehn Sefirot steht.[666]

Schließlich sollte man auf den *Sefer Jezira* verweisen, in dem immerhin bezüglich der zehn Sefirot gesagt wird: »Und ihr Maß ist zehn, denn sie haben kein Ende, *sche-'en lahän Sof.*«[667] Hier ist der Begriff des *'En Sof* ja geradezu vorgeprägt, allerdings mit dem grundlegenden Unterschied, dass im *Sefer Jezira* die Endlosigkeit vom Dezimalsystem der Zehn Zahlen/*Sefirot*, die sich in endlosen Dekaden vermehren lassen, ausgesagt wird, während Jizchak Sagi Nahor seine Sefirot nicht mit diesem Attribut schmückt, sondern alleine das ihnen vorangehende Eine.

3.2 Die zehn *Sefirot*

Für die Besprechung der zehn *Sefirot* bot sich Jizchak jene Stelle im *Sefer Jezira* an, in der die zehn *Sefirot* als zehn Dimensionen vorgestellt werden:

> §7 (I, 5)
> »Zehn *Sefirot belima*: Ihr Maß ist zehn und sie haben kein Ende.
> Die Dimension (*'Omek*, Tiefe)
> des Anfangs und die Dimension des Endes.
> Die Dimension des Guten und die Dimension des Bösen.
> Die Dimension des Oben und die Dimension des Unten.
> Die Dimension des Ostens und die Dimension des Westens.
> Die Dimension des Nordens und die Dimension des Südens.
> Und ein einziger Herr, Gott, der wahre König, herrscht über sie alle von seinem heiligen Wohnort her auf alle Zeiten ewig.«[668]

Dazu kommentiert Jizchak:

664 G. Scholem, Ursprung, S. 233.

665 Kommentar SJ, Zeilen 2.131.

666 G. Scholem, Ursprung, S. 234f.

667 Ed. I. Gruenwald, A Preliminary Critical Edition of Sefer Yezira, in: Israel Oriental Studies, Tel-Aviv 1971, § 4; Sefer Jezira, Warschau 1884 (Neudruck Jerusalem 1962) I, 5.

668 Sefer Jezira, Warschau 1884 (Neudruck Jerusalem 1962) I, 5.

»Jede Sache ist ein Maß (Bemessenes), und das, was über ihr steht, ist ihre Fülle. Denn ein Maß ist eine emanierte Kraft aus dem Maß dessen, der Essenzen (*Hawajot*) als Maß zumisst. Und die Emanation der Essenz (*Hawaja*) ist im 'En Sof.

›Die Dimension‹ [Tiefe]. Das ist das Denken (*Heskel, intelligere*) bis hin zum *'En Sof.*

›Anfang‹ der Emanation ist die Kraft der Dimension, und das ist die *Hochma* (*Weisheit*).

Und die ›Dimension‹ ist aus dem *'En Sof* und alles ist Eins. Und weil das Denken dies nicht erfassen kann, heißt es [im *Sefer Jezira*][669] ›zehn und nicht neun‹.

Und die ›[Tiefe] Dimension‹ ist das Ende des Erfassens von *'En Sof.*«[670]

Zunächst entsteht hier der schon mehrfach vermerkte Eindruck, dass *Hochma* die erste Sefira ist. Schaut man allerdings genauer hin, so zeigt sich, dass vor dem »Anfang«, das heißt vor der Sefira *Hochma*, noch die »Dimension/Tiefe« steht, welche das »Denken« ist. Dies wird sogleich am Anfang des Kommentars bestätigt, wo Jizchak die Worte »*Be-Schloschim u-Schtajim Netivot peli'ot Hochma*«, »Mit zweiunddreißig wunderbaren Pfaden der Weisheit«, wie folgt kommentiert:

»Das *be* (ב) [Zahlwert 2] ist ein Hinweis auf die Weisheit (*Hochma*) und das Denken (*Heskel*). Und damit weist er auf das, was die Erkenntnis des Denkens hin zu 'En Sof erfassen kann [...].[671]

Nunmehr wird eine weitere Stelle des Kommentars verständlich, an der Jizchak die erste Sefira als *Keter,* Krone, beziehungsweise *Machschava,* Denken, und die zweite mit *Hochma, Weisheit,* benennt.[672] An einer weiteren Stelle schließlich zählt er die drei ersten Sefirot als *Machschava, Hochma* und *Bina* (Einsicht) auf.[673] Damit benennt Jizchak die ersten drei Sefirot in der dann klassisch gewordenen Weise.

Für die Namen der sieben unteren Sefirot gibt Jizchak als erster deren Quelle an, nämlich 1. Chr 29, 11, wo es heißt: »Dein, JHWH, ist die *Gedulla* (Größe) und die *Gevura* (Stärke) und die *Tif'eret* (Herrlichkeit) und der *Nezach* (Sieg) und der *Hod* (Schmuck), denn *Kol* (Alles) ist im Himmel und auf Erden. Dein, JHWH, ist die *Mamlacha* (Königsherrschaft) [...].« Der Text, in dem Jizchak

669 Sefer Jezira, Warschau I, 4; Gruenwald, § 4.

670 Kommentar SJ, Zeilen 75-78.

671 Kommentar SJ, Zeile 1f.

672 Kommentar SJ, Zeile 48f.

673 Kommentar SJ, Zeilen 51-63; für *Machschava* vgl. noch die Zeilen 2.8.77.78.117.118.132.

diese Aufzählung der sefirotischen Namen bietet, ist ein Kommentar zu *Sefer Jezira* IV, 2. 3 /G § 38. Zunächst *Jezira*:

> Warschau IV, 3:[674]
> »Sieben Doppelte [...] entsprechend den 7 Enden [des Raumes des Heiligen][675], den 6 Enden Oben, Unten, Osten, Westen, Norden und Süden und der heilige Tempel ist in ihrer Mitte ausgerichtet und er trägt sie alle.«

Und der Kommentar:

> »›Des Heiligen‹, das ist die *Hasmanat ha-Teschuva* (der Zeitbezug der Umkehr), welche an ihrem Orte ist.
> ›Das Ende des Oben‹: *Hesed* (Liebe) ist der Beginn der gekrönten Dinge, ›des Unten‹, *Jesod 'Olam* (Fundament der Welt), ›Osten‹, *Tif'eret*, ›Westen‹, *Nezach*, ›Süden‹, *Hod*, ›Norden‹, *Mamlacha*. Die Enden folgen der Ordnung des Verses ›Dein, JHWH, [...]‹ (1. Chr 29,11). ›Und der Tempel‹, das ist die *Teschuva*, wenn sie mit der Zeit in Beziehung steht (*be-Hasmanatah*).«[676]

Die von Rabbi Jizchak aus 1. Chr 29 gewonnenen Namen der Sefirot werden in der weiteren Entwicklung der Kabbala die erste Kategorie von Begriffen zur Benennung der Sefirot bleiben. Auch dass das Wörtchen »*kol*«, »alles«, des Schriftverses mit der aus Proverbien 10, 25 stammenden Metapher *Zaddik Jesod 'Olam*, »Der Gerechte ist das Fundament der Welt«, identifiziert wird, hat sich von nun an durchgesetzt. Alle drei Bezeichnungen, *Kol*, *Zaddik* und Osten, werden Epitheta der neunten Sefira bleiben. Diese Stelle in Jizchaks Kommentar hat zugleich eine zweite sefirotische Nomenklatur eingeführt, welche der geographischen Kategorie zugehört. Nachdem im *Bahir* schon der Norden als Quellort des Bösen apostrophiert worden war, sind im Rahmen der Deutung der Raumdimensionen des *Jezira* auf die sefirotische Welt auch die anderen Himmelsrichtungen bzw. Raumdimensionen zur geographischen Nomenklatur der Sefirot geworden. Damit ist eine Entwicklung eröffnet, die einer grundsätzlichen Auffassung der Kabbala entspricht, nämlich dass sich die Sefirot in allen Ebenen der Wirklichkeit widerspiegeln, weshalb die Nomenklaturen aller Welt- und Lebensbereiche auf die Sefirot übertragen werden können.[677] So begegnet man neben den biblischen Epitheta und den geographischen Termini später auch einem Satz von Termini, welcher den Namen der biblischen Erzväter, Abraham Isaak, Jakob etc.

674 Vgl. G § 38

675 Jizchak setzt hier den eckig eingeklammerten *Jezira*-Text voraus, der in einigen Versionen belegt ist, vgl. G. Scholem z. St. S. 16 der Kommentaredition.

676 Kommentar SJ, Zeilen 339ff.; u. vgl. Zeile 85.

677 Vgl. dazu Kap. Kabbala I.A.3.1.2; VII.C.3.4.

entnommen ist, dann der anthropologischen Nomenklatur, in der die Sefirot als ein Makroanthropos gezeichnet werden. Wichtig wurde die onomatologische Nomenklatur, in welcher die antike jüdische Onomatologie[678], vermittelt über die Zwischenstufe des *Sefer Jezira*,[679] zu einer Sprachebene für die Benennung der Sefirot wurde, wozu in den folgenden Kapiteln noch Einiges auszuführen sein wird.

Zur Bezeichnung der dritten Sefira verwendet Jizchak die eigenartige Formulierung »*Hasmanat ha-Teschuva*«, »Zeitbezug der Umkehr«. Schon Scholem hatte in diesem Zusammenhang angemerkt, dass es in den oben schon besprochenen Texten der ʻIjjun-Gruppe den Begriff »*ha-Hefez ha-mesumman*«, »das vorbereitete Ding«, gebe,[680] der direkt auf Schlomo Ibn Gevirols Gedicht *Keter Malchut* zurückzuführen sei. Die von Yehuda Liebes gesammelten Übersetzungen des *mesumman* reichen von »gebunden, begrenzt, endlich« bis »vorbereitet«, »aufbewahrt« und »einzigartig«.[681] Jescha'ja Tishby schlägt folgende Übersetzung des Begriffes »*Hasmanat ha-teschuva*« vor: »Der Ausfluss der Bina, der bereitgestellt ist, auf die unteren Sefirot hinabzufließen.«[682] Sendor bringt demgegenüber den Begriff mit der neoplatonischen Vorstellung des *regressus* in Zusammenhang, nach dem alles, das einst im *progressus* aus dem Einen emaniert ist, bestrebt sei, dorthin wieder zurückzukehren.[683] Er deutet die Wortverbindung darum so: »Binah draws forth from above, and draws or invites everything upwards in reversion«.[684]

Ich selbst habe für den terminus *mesumman* die Übersetzung »zeithaft« im Sinne von »mit der Zeit verbunden« vorgeschlagen, da dieses passive Partizip von dem Nomen *sman* (זמן), Zeit, abgeleitet ist.[685] Gemeint ist bei Ibn Gevirol wahrscheinlich der göttliche Wille, der hinsichtlich seines Wesens ewig ist, aber hinsichtlich seines Wirkens zeitlich. Damit ist der Wille Mittler zwischen dem Wesen des Einen, das in sich gekehrt ist, und der Hinwendung zur Emanation, die in der Zeit geschieht. Für diese Deutung spricht auch eine ausführliche Erörterung zum Zeitproblem in den Auszügen aus des Neoplatonikers Proklos *Stoi-*

678 Vgl. Bd. I, S. 341-354.

679 Vgl. dazu Kap. Sefer Jezira 2.

680 Bei Jizchak Komm. SJ, Zl. 218.225.334.339.341; u. vgl. Sendor, Emergence, S. 367; vgl. Scholem, Ursprung u. Anfänge, S. 303; vgl. Y. Liebes, Sefer Jezira 'ezel R. S. Ibn Gevirol u-Ferusch ha-Schir 'Ahavtich, in: Mechkere Jeruschalajim be-Machschevet Jisra'el 6 (1987), S. 86; u. s. Sendor, Emergence, S. 367f.

681 Liebes, Sefer Jezira, S. 86.

682 J. Tishby, Perusch ha-'Aggadot le-Rabbi ʻAsri'el me-rischone ha-Mekubbalim be-Gerona, Jerusalem 1983, S. 71/133, Anm. 6.

683 Vgl. Bd. I, S. 498-500.560.

684 Sendor, Emergence, S. 371.

685 Vgl. Bd. I, S. 533.

cheiosis Theologike, die im Mittelalter unter dem lateinischen Titel *Liber de causis* verbreitet war. Dort wird in den Paragraphen 29-31 dargelegt, dass es drei unterschiedliche Wesenheiten gibt, solche, die über der Zeit stehen, solche, die unter der Zeit stehen und solche die als Mittler zwischen den Beiden an Beidem teilhaben. Denn:

> »Es ist ja nicht möglich, dass an die immerwährenden Wesen, welche über der Zeit sind, sich die zeitlichen Wesen, welche sich von der Zeit loslösen, anschließen, es sei denn durch Vermittlung der zeitlichen Wesen, welche immerwährend in der Zeit sind«.[686]
>
> »Es muss also nothwendig Wesen geben, welche die immerwährenden Wesen, welche über der Zeit sind, berühren, zugleich aber auch mit den von der Zeit sich loslösenden Wesen in Berührung stehen, so dass sie durch ihre Bewegung die Verbindung herstellen zwischen den zeitlichen Wesen, welche sich von der Zeit loslösen, und den immerwährenden Wesen, welche über der Zeit sind, und durch ihre immerwährende Dauer die Verbindung herstellen zwischen den Wesen, welche über der Zeit sind, und den Wesen welche unter der Zeit sind, ich meine welche dem Entstehen und Vergehen unterliegen, kurz die Verbindung herstellen zwischen den vorzüglicheren Wesen und den geringeren Wesen [...].«[687]

An einer solchen Stelle steht nun ja gerade die dritte Sefira *Teschuva* bei Jizchak. Während die ersten beiden in noch ganz inniger Beziehung zum *'En Sof* stehen, ist es die dritte, in welcher die *Hawajot* sichtbarer werden und welche das Bindeglied zu den unteren Sefirot darstellt, in welchen die Gegensätze Liebe und Gerichtsstrenge nun klar auseinandertreten. Über diese Zwischeninstanz sagt der *Liber de causis* des Weiteren, dass sie »mit ihren Wesenheiten unter die Ewigkeit, und mit ihren Wirksamkeiten unter die Zeit fallen.«[688] In Analogie dazu wäre dann die dritte Sefira des Jizchak Sagi Nahor eine Sefira, die ihrem Wesen nach der oberen Ewigkeit zugehört, ihrem Wirken nach aber der Zeit. Damit würde sich die eigenartige Formulierung des Kommentars erklären, in der es heißt: »›Und der Tempel‹, das ist die Teschuva, wenn sie mit der Zeit in Beziehung steht (*be-Hasmanatah*).« *Be-Hasmanatah*, wäre dann wörtlich zu übersetzen: »wenn sie mit der Zeit sich verbindet« und das heißt, wenn sie wirksam wird, wohingegen sie ihrem Wesen nach ohne Zeitbezug bleibt.

686 Zitiert nach O. Bardenhewer, Die pseudo-aristotelische Schrift Ueber das reine Gute bekannt unter dem Namen Liber de Causis, Freiburg im Breisgau 1882, S. 111.

687 O. Bardenhewer, Die pseudo-aristotelische Schrift, S. 112.

688 O. Bardenhewer, Die pseudo-aristotelische Schrift, S. 115.

3.3 Die Emanation als Sprachentfaltung

Die Endredaktion des *Sefer Jezira* hat die Sefirot, das heißt die mythischen Grundzahlen und die 22 Buchstaben des hebräischen Alphabets, in einer eher additiven Weise miteinander verbunden und sie zusammen als die »Zweiunddreißig wunderbaren Pfade der Weisheit« deklariert, mit denen Gott die Welt erschaffen habe.[689] Jizchak hat in seinem Kommentar demgegenüber eine ontologische Beziehung von Sefirot und Buchstaben hergestellt und noch mehr: er hat sie zu ontologischen göttlichen Essenzen gemacht. In Zeile 166ff. sagt Jizchak zu den Worten des *Sefer Jezira* »Zweiundzwanzig Buchstaben: Er gravierte sie, meißelte sie, wog sie ab und vertauschte sie«[690] Folgendes:

> »›Er gravierte sie‹. In der *Teschuva* [= Bina, III] machte einen unförmigen Klumpen (*Golem*), wollte aber noch nicht in einer Aufzeichnung/Spur reden, obwohl wir die Spur dann in der wahrhaften Schrift finden, denn die Spur ist so lange keine Form, bis sie in die Schrift gelangt.
> ›Und meißelte sie‹ aus den Buchstaben, welche zunächst das in die *Teschuva* eingravierte Prinzip (*Jesod*) waren, nachdem die Begrenzungen durch die Gravur schon einmal gemacht waren, die der Spur nachfolgte.
> ›Er wog sie ab‹. Einen gegenüber dem anderen, um sie zu vereinen/vermählen (*le-sawgam*), damit sie Frucht brächten, denn nichts kann aus etwas anderem emanieren, ohne Verbindung (*Mischkolet*) [...].«[691]

Aus der wie immer sehr enigmatischen Formulierung wird deutlich, dass die Gravur der Buchstaben in die Sefira *Bina* bereits eine weitere Differenzierung einer vorausgegangenen Spur der Buchstaben war. Erst jetzt konnten sie in einem weiteren Schritt miteinander verbunden werden und Frucht, das heißt Wörter, hervorbringen. Der Emanationsprozess der intelligiblen Sefirotwelt wird hier als ein Sprachentstehungsprozess beschrieben, wie dies an anderen Stellen des Kommentars noch deutlicher werden wird. Hier kommentiert Jizchak die Worte:

> »Zehn *Sefirot belima*. Die erste: Der Geist des lebendigen Gottes, gesegnet und gepriesen sei sein Name [...]. Dic zweite: Geist aus Geist: In sie gravierte und meißelte er zweiundzwanzig Grundbuchstaben, drei Mütter, sieben Doppelte und 12 Einfache. Und der Geist ist einer von ihnen.«[692]

Und Jizchaks Kommentar:

689 Vgl. Sefer Jezira, Warschau I, 1.2; Gruenwald § 1.2; vgl. Kap. Sefer Jezira 4.

690 Sefer Jezira, Warschau 2, 2, Gruenwald § 19.

691 Kommentar SJ, Zeilen 166-169.

692 Sefer Jezira, Warschau I, 9-10; Gruenwald § 10-12. Zur Sache siehe oben.

»›Die erste‹. Das ist die erste der *Hawwajot* (Essenzen).
›Die erste: Der Geist/Hauch des lebendigen Gottes‹, denn aus dem Geist/Hauch kommt alles.
›Gesegnet und gepriesen‹. Denn dies ist der Geist/Hauch. Denn die Stimme ist im Hauch und sie ist der Wohllaut des Ausströmens des Hauchs. Und durch die Stimme entsteht das Ausmeißeln, denn das Hervorströmen der Stimme ist innerlich/verborgen.
›Im Geist gravierte‹ er eine Gravur in die Stimme und eine Ausmeißelung im Hauch durch die Stimme. Und in der Stimme ist Wirkliches (*mamasch*), sie ist nichts anderes als das Gefäß.
›Und meißelte in ihn‹. Im Hauch selbst gibt es eine Gravur und Einmeißelung. Und gemäß seiner Feinheit ist auch die Feinheit seiner Einmeißelung und gemäß seiner Grobheit ist die Grobheit seiner Einmeißelung.
›Und der Geist/Hauch ist einer von ihnen‹. Das ist die *Teschuva* [*Bina*], in welche die 22 Buchstaben eingraviert sind. Nicht dass die Buchstaben eine Sache für sich ohne den Hauch/Geist wären, denn sie wurden ja selbst aus dem Hauch ausgemeißelt und der Buchstabe ist die Sache/das Wort selbst, das heißt Buchstaben, aus denen die Gravuren hervorgingen.«[693]

In diesem Kommentar Jizchaks ist die Grundlage der kabbalistischen Sprachtheorie angelegt, die eine Verbindung der antiken Onomatologie[694] mit der kabbalistischen Sefirotlehre darstellt. Sie ist indessen von der platonisierenden Deutung der alten Onomatologie durch Avraham 'Abul'afja und den frühen Gikatilla zu unterscheiden, die sich ausschließlich mit den Buchstaben und Namen befasst, ohne sie im Sinne des *Sefer Jezira* mit den *Sefirot* zu verbinden.[695] Auch dieses rein onomatologisch arbeitende System wird von den beiden Autoren als Kabbala bezeichnet, ist aber zur Klarheit eher als platonisierende Onomatologie zu bezeichnen, denn als Kabbala im Sinne der Sefirotlehre. Dieser Typus der »Kabbala« wird in der vorliegenden Darstellung daher als der onomatologische Typus bezeichnet, während bei Jizchak und seinen Nachfolgern eher von einem integrativ-sefirotisch-onomatologischen Typus zu reden wäre.
Der wichtigste Satz zum Verständnis dessen, was Jizchak hier vorträgt, ist:

»Nicht dass die Buchstaben eine Sache für sich ohne den Hauch/Geist wären, denn sie wurden ja selbst aus dem Hauch ausgemeißelt und der Buchstabe ist

693 Kommentar SJ, Zeilen 135-141. Im Kommentar Dunasch Ibn Tamims zum *Sefer Jezira* (M. Gosberg [Hrsg.], London 1902, c. 6, S. 48) finden sich weitgehend parallele Beschreibungen der Sprachentstehung; vgl. Sendor, Emergence, S. 77.

694 Vgl. Bd. I, S. 341-354.

695 Vgl. Kap. Kabbala IV;V.

die Sache/das Wort selbst, das heißt Buchstaben, aus denen die Gravuren hervorgingen.«

Daraus wird deutlich, dass die Buchstaben und die entstehende Sprache gleichsam nur ein besonderer Aspekt der Sefirot selbst sind, sie ontologisch darum denselben Status wie jene besitzen. Darum kann Jizchak von ihnen dasselbe wie von den Sefirot sagen, nämlich dass sie »emanieren«.[696]
Weiter oben in seinem Kommentar[697] drückt sich Jizchak kürzer und prägnanter einmal so aus:

»Solltest du sagen, dass die *Hochma* der Beginn des *Denkens* (*Machschava*) der Rede sei [...] Sag nicht so, und trenne nicht *Hochma* [II] von *Keter* [I], welche das *Denken* des Anfangs der Rede ist, obwohl du nicht das Denken des Schreibers, der etwas niederschreibt, erkennen kannst, und so auch nicht zum Anfang der Rede, das heißt zum Denken, vorstoßen kannst [...] Und da das *'En Sof* die Ursache der *Machschava* (des Denkens), d. h. der Beginn der Rede ist, wie soll ich es [das *'En Sof*] da in die Sefirot verlegen? Sag also nicht, dass es elf [Sefirot] sind und auch nicht neun, obwohl die Rede [schon] im *'En Sof* vorhanden ist, aber als feine Ursache und *Hawwaja* (Essenz), so kann das Denken sie zuweilen erfassen in einem Hinweis bei der Betrachtung, darum ist sie die Sefira *Denken* (*Machschava*), eine feine Essenz (*Hawaja*), in der zehn enthalten sind.
Die Worte haben dann Maß und Bemessung, aber das Denken hat kein Maß [...].
Und das Erschaffene hat keine Macht, den inneren/feinen Hinweis in der *Machschava* zu erfassen, um so das *'En Sof* zu erfassen, denn für das Erschaffene ist das Betrachten der *Weisheit* die aus dem *Heskel* (Denken) kommt, der feine Hinweis auf das *'En Sof* [...] denn das Denken vermag es nicht, oberhalb der *Hochma* (Weisheit) eine Bemessung zu erkennen, auch nicht in der *Hochma*, es sei denn durch einsehendes Erkennen [das heißt vermittelt] [...] über die Bina [III], denn die *Bina* ist das Einsehen in die *Hochma* [...].«[698]

Dieser gleichfalls nicht ganz durchsichtige Text will offenbar etwas Doppeltes sagen. Zum einen wird die Entstehung der sefirotischen Welt als Entstehen der Sprache aus dem *'En Sof* dargestellt, dessen erstes »Denken« in Weisheit und Einsicht mündet, wobei in der »Einsicht«, der *Bina*, die Differenzierung der

696 Kommentar SJ, Zeile 378.

697 Kommentar SJ, Zeile 47.

698 Kommentar SJ, Zeilen 48-62.

Sprache in Buchstaben und damit die Möglichkeit für menschliches Begreifen, beginnt. Die Beschreibung des Emanationsprozesses mit den Kategorien der Sprachpsychologie ist zum zweiten der Hinweis für den umgekehrten Weg, nämlich die forschende und erkennende Rückkehr des Menschen in den Ursprung aller Ursprünge, worauf unten nochmals zurückzukommen sein wird.

Zunächst muss noch ein weiterer Aspekt der alphabetologischen Weltemanation betrachtet werden. Diese Emanation vergleicht Jizchak an anderer Stelle in Anlehnung an den *Sefer ha-Bahir*[699] mit einem Baum, der sich in unzählige Zweige entfaltet. In diesem Zusammenhang verwendet er auch den für die Kabbalisten zur stehenden Rede gewordenen Vergleich, dass nämlich die Emanation mit dem Emanator verbunden sei, wie die Flamme mit der Kohle.[700] Das Gleichnis vom Baum mit seinen Zweigen wiederum dient Jizchak dazu, noch einen weiteren für die Kabbala zentralen Gedanken auszudrücken, nämlich den von der Einheit allen Seins, das insgesamt aus einer einzigen Wurzel hervorgeht und mit dieser verbunden bleibt. Zu dem Text des *Sefer Jezira*, welcher die Entstehung der Welt durch Buchstabenverbindungen, und zwar aller mit allen Buchstaben und der mit dem Satz endet: »Da findest du, dass alles Gebildete und jede Rede aus einem einzigen Namen hervorgeht«,[701] sagt Jizchak:

> »›Aus einem einzigen Namen‹, weil er die Spur mit einem einzigen Namen skizziert hat, denn die Buchstaben sind die sichtbaren Zweige, so wie die Flammen, die sich hin und her bewegen, die aber [zugleich] eine Bewegung haben, durch welche sie mit der Kohle verbunden sind. Also wie die Äste des Baumes, seine Zweige und seine Knospen, deren Wurzel im Baum ist, so ist das Verbundene aus dem Gemeißelten, und das Vertauschte aus dem Verbundenen und aus dem Vertauschten die Form. Und alle Dinge/Worte werden zur Form, und alle Formen gehen aus einem einzigen Namen hervor, so wie der Zweig aus der Wurzel hervorgeht. So finden wir, dass alles in der Wurzel ist, dies ist ein einziger Name [...].«[702]

Die hier verwendeten hermeneutischen Begriffe des *Sefer Jezira*, Meißeln (*hazav*), Verbinden (*schakal*),[703] Vertauschen (*hemir/temura*) sind in dieser Reihenfolge die Entfaltung der Sprache bis herab zum irdischen Wort. Die Buchstaben, die spätestens in der dritten Sefira Gestalt bzw. Form annehmen, durchziehen als Emanationsstrom das ganze Sein, das sich als einziger Baum darstellt. Diese

699 Vgl. Kap. Bahir 2.1; 3.1.1.

700 Kommentar SJ, Zeilen 214. 123.

701 Gruenwald § 19; Sefer Jezira, Warschau II, 5.

702 Kommentar SJ, Zeilen 213-217.

703 Oder: wägen

Allpräsenz der Buchstaben bedeutet nach R. Jizchak zugleich, dass in jedem der Buchstaben zugleich alle andern präsent sind, was gleichermaßen für die Sefirot gilt.[704]

4. Der Kosmos

Jizchak Sagi Nahor kommt in seinem Kommentar auch auf die Welt unterhalb der Sefirot zu sprechen. Zunächst hat es den Anschein, als ob er nur zwei Weltstufen unterscheide, den *'Olam ha-'eljon*, die obere Welt, und den *'Olam ha-Nifradim*, die Welt der Getrennten.[705] Mit dem Begriff *'Olam ha-Nifradim* nimmt Jizchak den aristotelischen *terminus technicus* für die intelligible Welt auf, wie dies im ersten Band eingehend dargestellt worden ist.[706] Die »Getrennten« sind nichts anderes als die zehn Separaten Intellekte, welche als Zwischenursachen nach Gott die neun Himmelssphären und die sublunare Welt lenken. Daraus muss man eigentlich schließen, dass Jizchak von ihnen außerdem die darunterliegende irdisch-materielle Welt unterscheidet. Zwar hat er für sie keinen eigenen Begriff aufzuweisen, aber er spricht doch einmal von den »Nifradim und darunter«.[707] Ähnlich ist der Passus zu deuten, wo er vom *'Olam ha-'eljon* spricht, dann vom *'Olam ha-Nifradim*, »in dem das Feuer den Himmel umringt, der über uns ist und unter ihm das Wasser und der Wind zwischen ihnen.«[708] Das heißt, unter den *Nifradim* gibt es die Himmelssphären und darunter die – nach *Sefer Jezira* – nur drei statt der sonst vier Elemente. Damit scheint das mittelalterliche dreistufige Weltmodell auch für Jizchak zu gelten, wozu man die entsprechenden kosmologischen Texte im ersten Band vergleiche.[709] Es gibt allerdings eine an anderer Stelle erhaltene Glosse zum ersten Kapitel der Genesis, in welcher Jizchak die erwartete irdische Welt nennt. Hier identifiziert er den *'Olam ha-'eljon* mit den *Nifradim* und setzt darüber die *Sefirot* und darunter die niedere Welt:

> »Diese [irdische] Welt wird *'Olam ha-schafel*, niedere Welt, genannt, und der *'Olam ha-'eljon*, die obere Welt, welche die Welt der *Nifradim* ist, unterhalb der zehn Sefirot.«[710]

704 Kommentar SJ, Zeilen 264.

705 Kommentar SJ, Zeilen 388. 281ff.192ff.

706 Vgl. Bd. I, S. 406.412-419.451-453.506-513.

707 Kommentar SJ, Zeilen 277.

708 Kommentar SJ, Zeilen 388f.

709 Vgl. Bd. I, S. 451ff.534ff.558f.

710 Jewish Theological Seminary MS 187, fol. 29a-b; nach Sendor, Emergence, S. 137.

Man vermisst hier allerdings den *'Olam ha-Galgalim*, d.h. die Welt der Himmelssphären, und zum anderen nennt Jizchak hier fast beiläufig das entscheidende Novum der Kabbala, nämlich über der intelligiblen Welt der *Nifradim* die Zehn *Sefirot* zu platzieren. Für die Philosophen seiner Zeit standen die *Nifradim* als Ursachen der Himmelssphären und der Erde direkt unter der *Ersten Ursache*, für den Kabbalisten ist dazwischen eine weitere Welt getreten, nämlich die der *Sefirot*.

Die Welt der *Sefirot* wird ansonsten in die Kette des Seins eingegliedert wie es bei den Neoplatonikern die intelligiblen Substanzen waren, jede saugt von oben und gibt nach unten weiter. Die *Sefirot* saugen von der ersten Ursache, die den Strom sodann an die »Nifradim« weitergeben. Die eigentlich weitergegebene Substanz ist die kreative Sprache in Form der zunehmend sich verdinglichenden und Gestalt annehmenden Buchstaben. An dieser Stelle fügt nun allerdings Jizchak einen eigenartigen Gedanken ein, den man genau besehen als ein Stück empirischen Realismus bezeichnen könnte. Schon oben war gesagt worden, dass der gesamte Weltenbau von Jizchak als einziger Baum mit zahllosen Verzweigungen gesehen wird, der Früchte hervorbringt. Wie bei einem natürlichen Baum lässt nun auch Jizchak die reifen Früchte vom Baum fallen, so dass sie je ihren eigenen Ort im Raum finden, dort wachsen und gegebenenfalls zu neuen eigenen starken Bäumen werden. Damit bleibt zwar alles letztlich die Frucht des einen Baumes, Substanz aus der Ursprache, aber doch gibt es auch vom Mutterstrom abgefallene Ableger, welche die ererbte Substanz eigenständig weitergeben können:

> »[›Zweiundzwanzig Buchstaben. Er gravierte sie, meißelte sie, wog sie und vertauschte sie, verband sie und bildete mit ihnen die Seele jeden Geschöpfs und die Seele aller künftigen Geschöpfe.‹[711]]
> ›Und bildete‹ mit ihnen - das bedeutet Bild und Form.
> ›Mit ihnen‹. Aus den Buchstaben selbst machte er Formen, damit unten eine andere Form aus ihnen gebildet würde. Und eben so jegliche Sache, Ursache aus Ursache, bis es zu den *Nifradim* (Separaten Intellekten) gelangt, welche unterhalb der zehn Sefirot sind. Und die *Nifradim* saugen von ihnen [den Sefirot] wie die Früchte eines Baumes – bis sie ganz reif sind. Wenn sie aber reif sind, fallen sie vom Ort ihres Saugens, und an ihrer Statt entstehen neue. Manches Mal fallen sie an einen Ort, an dem sie zu großen Bäumen werden, die ihrerseits Früchte hervorbringen. Und ebenso ihre Früchte und deren Früchte, endlos weiter, jedes gemäß der Stufe des Ortes von dem es saugte, hinsichtlich seiner Bedeutung und der Bedeutung seiner Früchte der seine Ursache war.

711 Sefer Jezira, Gruenwald § 19; Sefer Jezira, Warschau II, 2.

>›[Aller] künftigen Geschöpfe‹, dies sind die Geister, die feine Essenzen sind, die an einen Ort gebunden sind, sie alle wurden von Anfang an erschaffen. Jedoch die Formen der lebenden Seelen werden von einer inneren/verborgenen Kraft gebildet, aus etwas, was das Herz sich nicht vorstellen kann. Und ebenso die sensiblen/wahrnehmbaren Formen, sie entstammen aus der Kraft der furchterregenden Ursachen, die mit den Sinnen wahrgenommen werden, welche die Instrumente/Gefäße der inneren ausgezeichneten Seelen sind.«[712]

Das Erstaunlichste dieses Bildes von den abfallenden Früchten ist, dass Jizchak dies auf die *Nifradim*, d.h. auf die Separaten Intellekte bezieht und nicht erst auf die sublunare Welt, wo ja Entstehen und Vergehen das Normale ist, während die Intellekte als unveränderlich und beständig gelten. Auch hier fehlt die Welt der *Galgalim*, der Gestirnssphären. Es scheint, dass Jizchak in seinem kosmologischen Bild von der »wissenschaftlichen« Kosmologie seiner zeitgenössischen Philosophen abweicht und die Unbeständigkeit des Seins unmittelbar unterhalb der Sefirot beginnen lassen will. Demnach ist der Emanationsstrom bis zu den Sefirot kontinuierlich und von da an rechnet er mit einer *emanatio interrupta*, also einer unterbrochenen Emanation, von niedrigerem Rang. Die Welt der Separaten Intellekte hat damit im Vergleich zu den philosophischen Weltbildern ihre herausgehobene Stellung teilweise eingebüßt und ist näher an die Welt des Entstehens und Vergehens herangerückt. In dem im nächsten Kapitel anzuführenden Text wird diese Hierarchie durch den aus dem *Sefer Jezira* übernommenen Sprachgebrauch von »Müttern«, »Vätern« und »Abkömmlingen« ein weiteres Mal variiert.

5. Der Mensch

5.1 Der Mensch als Teil der Sprachemanation

Der Mensch ist in den emanatistischen und kausal-verbundenen Kosmologien des Mittelalters seiner gottunmittelbaren Sonderstellung als Gottes Geschöpf, die er in der Bibel hatte, beraubt. Der Mensch ist nun, was seine Entstehung wie auch sein Wesen anbelangt, zunächst ein Glied in der Kette des allumfassenden Emanations- beziehungsweise Kausalgeschehens, das, wie oben sichtbar wurde, von Jizchak bevorzugt als Sprachemanation gezeichnet wird. Dieses Eingegliedertsein des Menschen in die allgemeine kosmologische Textur wird an dem folgenden Kommentar Jizchaks anschaulich vor Augen geführt. Im *Sefer Jezira*

712 Kommentar SJ, Zeilen 192-201.

steht da: »Drei Mütter, 'mš (אמש) ist ihr Fundament, und aus ihnen wurden Väter geboren, aus denen alles erschaffen wurde.«[713] Dazu vermerkt Jizchak:

»›Drei Mütter‹ [dies] sind Dinge/Worte die emaniert wurden und selbst emanieren und eines vom andern empfangen wird. Als es aber zur Welt der *Nifradim* gelangte, wurden sie nur noch ›Väter‹ genannt, aus denen wiederum Abkömmlinge stammten. Denn zunächst sind die Mütter [auch] Väter, weil die Väter selbst so genannt wurden - sie sind wie die Flammen aus den Kohlen.[714] Als es nämlich zu den *Nifradim* gelangte, trat in die Wirklichkeit [*actus*], was aus den Müttern hervorging. Aus all den oben genannten Verbindungen wurden Väter, damit sie Verbindungen herstellten, indem sich alle Dinge/Worte voneinander trennten, die Abkömmlinge hervorbrachten. Aber obwohl wir hier von *Nifradim*, von Getrennten, sprechen, weichen sie doch nicht von den Verbundenen [das heißt von den Sefirot], denn alles saugt von dort. [...].
Und aus all den Verbindungen wurde der Mensch geschaffen und emaniert. Und der Mensch selbst ist aus Buchstaben erbaut. Und als er erbaut wurde, hat *jenes obere geistige Gebäude*, das ihn lenkt, alles geleitet, so dass alles mit den Oberen und Unteren verbunden ist. Und er gehört dem Kosmos, der Zeit und dem Bereich [des Menschenlebens] an, denn alles, was es im Kosmos gibt, gibt es in der Zeit, und alles, was es im Kosmos und in der Zeit gibt, gibt es auch im [Menschen-]Leben. Und die Seele wiegt alles auf, und die Dinge teilen sich eines aus dem anderen, denn sie sind Essenzen aus Essenzen.
Aber mit dem Beginn der Welt des Getrennten sind es sensible,[715] geformte Abkömmlinge, die begrenzt sind.«[716]

Es ist deutlich, dass Jizchak mehr stammelt als klar formuliert und mit seinem Gegenstand sprachlich ringt. Das Wichtige für den vorliegenden jetzigen Zusammenhang ist, dass die Menschwerdung hier eben nur als ein Akt in der großen Emanationsmechanik erscheint. Dass der Mensch aus Buchstaben erbaut ist, verwundert nach dem bislang Dargestellten nicht mehr, denn dies gilt, wie mehrfach bemerkt wurde, für den ganzen Kosmos, der sich als das gesprochene Wort des unendlichen Schöpfers darstellt.

713 Sefer Jezira, Warschau, II, 2; Gruenwald § 27.

714 Dieser Satz wurde schon von den verschiedenen Abschreibern der Manuskripte nicht verstanden, weshalb sie insgesamt schwanken, keine Abschrift aber eine befriedigende Lösung bietet; s. Sendor, Emergence, Appendix, S. 130.

715 Das heißt mit den Sinnen wahrnehmbar.

716 Kommentar SJ, Zeilen 280-290.

Die Sefirotwelt, als die höhere Emanationsstufe, ist die Welt der Mütter; die ehemals höchste intelligible Stufe des philosophischen Weltbildes ist nun auf die Stufe des Vaterseins herabgerückt, das sich als *actus*, als Verwirklichung der Mütteremanation erweist. Diese Stufe der *Nifradim*, der Separaten Intellekte, welche zur intelligiblen Welt gehört, wird schließlich nochmals von der Welt des Getrennten, *ha-'Olam ha-nifrad*, unterschieden, welches die untere sensible Welt ist. Aus diesem letzten Satz des Textes kann man schließen, dass der *'Olam ha-Galgalim*, die Sphärenkörper, von Jizchak zum *'Olam ha-Nifrad*, also dem sensiblen Bereich, insgesamt hinzugerechnet wird. Hier beginnt die Individuation und Begrenzung. Im Widerspruch zu dem oben angeführten Gleichnis vom Baum und den von ihm abfallenden Früchten wird hier wiederum betont, dass die *Nifradim* doch in steter Verbindung mit der Sefirotwelt bleiben und aus ihr saugen.

Ob das den Menschen lenkende und bei seiner Entstehung leitende »obere geistige Gebäude« eine Reminiszenz an den aristotelischen »Aktiven Intellekt«[717] ist, dem ja diese Aufgaben zukamen, oder die Welt der *Nifradim* oder gar auch der *Sefirot* einschließt, kann nicht eindeutig entschieden werden.

5.2 Der Weg der Erkenntnis – und des Gebets

Gleich zu Beginn seines Kommentars zum *Sefer Jezira* zeigt Jizchak, in welchem Maße er vom Denken der mittelalterlichen Philosophie beeinflusst ist. Schon Rav Sa'adja Ga'on hatte im 9. Jahrhundert das jüdische Mittelalter mit dem das rabbinische Denken erschütternden neuen Parameter für die menschliche Erkenntnis eingeläutet: Sa'adja Ga'on hatte die zentrale Stellung der am Sinai offenbarten Tora für die menschliche Erkenntnis erschüttert und an ihre Stelle die Sinneswahrnehmung, die Schlussfolgerung sowie die Vernunft gestellt und erst an vierter Stelle die Tora genannt, die allerdings den davor genannten drei Erkenntnismitteln vollkommen entspreche.[718] So hat hernach auch Maimonides seine Leser aufgefordert, ihr Streben darauf auszurichten, aus den existierenden Dingen die Erkenntnis Gottes abzuleiten.[719] Diese philosophisch begründete Erkenntnislehre war schließlich die Basis für den mittelalterlichen kosmologischen Gottesbeweis, der aus dem Kausalnexus des Geschehens oder aus der planvollen Struktur der Welt auf eine Gottheit schloss.[720] Die platonisierende Variante des Erkenntnisweges war auf die Mikro-Makrokosmos-Lehre gebaut, nach welcher der Mensch durch die Selbsterkenntnis, d.h. durch die Erkenntnis

717 Zu ihm vgl. Bd. I, S. 34.406.413-423.460.466.470.476f. u.a.

718 Vgl. Bd. I, S. 364ff.

719 Vgl. Bd. I, S. 443f.

720 Vgl. Bd. I, S. 449ff.

des Mikrokosmos (des Menschen), die Erkenntnis des Makrokosmos (der Welt) gewinne. Gerade Letzteres ist auch für die Kabbalisten wichtig geworden, die dafür den Hiobvers (19,26), »An meinem Fleische erkenne ich Gott«, zum geflügelten Wort machten.[721]

Dies ist das intellektuelle Klima, in welches sich auch Jizchak der Blinde in seinem Kommentar zu *Sefer Jezira* einordnet. In der Eröffnungssentenz des *Sefer Jezira* »Mit (*be,* ב) zweiunddreißig wunderbaren Pfaden der Weisheit gravierte Jah [...]«[722] greift Jizchak für seinen Kommentar die Präposition *be* auf – mit der nicht nur der *Sefer Jezira* (Buch der Schöpfung), sondern auch die Schöpfungsgeschichte in der Bibel beginnt. Sie hat zugleich den Zahlwert zwei:

> »Das *bet* ist ein Hinweis auf die *Hochma* (Weisheit, II) und *Heskel* (Denken, I). Und damit hat er auf alles hingewiesen, was das Denken erfassen kann – bis hin zum *'En Sof*, und um so mehr, was in ihm [dem *Denken*] selbst ist. Und jene wunderbaren und verwundernden Pfade sind wie Fäden der Flammen, welche Pfade hin zu den Kohlen sind. Und durch die Flammen kann der Mensch die Kohle sehen, wie [bei einem Faden] das Knäuel. Denn durch den Faden kommt der Mensch zum Ort des Knäuels.
> So auch bei einem Baum, durch die Blätter und Zweige und die Äste, die Knospen und die vielen Schösslinge kann der Mensch die Adern des Strunkes und die zarte Wirklichkeit der Wurzeln finden, die vor lauter Zartheit und Verborgenheit nicht gesehen werden kann«[723]

Die verschiedenen hier versammelten Gleichnisse wollen allesamt den Weg der menschlichen Erkenntnis aus der Vielheit der sichtbaren Realität hin zur unsichtbaren Wirklichkeit der intelligiblen Welt bis hin zu den Sefirot und – wenigstens andeutungsweise – bis zum *'En Sof* beschreiben. Tatsächliche Grenze dieses Erkenntnisweges sind die beiden obersten Sefirot, wenn das menschliche Denken im göttlich-sefirotischen Denken angelangt. Dieser Gedanke wird später bei dem Schüler Jizchaks, ‘Asri’el aus Gerona, mit dem sinnenfälligen Gleichnis beschrieben werden, dass das vor einer Quelle angestaute Wasser höchstens bis zu seiner Quelle aufsteigen kann, nicht aber höher, so auch das menschliche Denken, das nur bis zur göttlichen *Machschava*, dem göttlichen Denken, gelangt.[724]

An späterer Stelle kommt Jizchak ein weiteres Mal auf den menschlichen Erkenntnisprozess zu sprechen, nämlich an jener Stelle, an der es im *Sefer Jezira*

721 Vgl. dazu Kap. Kabbala VI.4.1; VII.C.3.4.2ff.

722 Sefer Jezira, Warschau I, 1; Gruenwald § 1.

723 Kommentar SJ, Zeilen 1-6.

724 Vgl. Kap. Kabbala III.B.5.3.2.

heißt: »Zehn *Sefirot belima, belom,* hindere deinen Mund am Sprechen und dein Herz am Trachten«.[725] Dazu bemerkt Jizchak:

»›[Hindere dein Herz] am Trachten‹ über die vor dem Denken Verborgenen, damit man nicht verwirrt wird. Denn [ausgehend] von dem, was man erfassen kann, kann man das erkennen, was man nicht erfassen kann. Darum entstanden die *Middot* (Maße) [d.h. Sefirot]. [Dies ist so wie] die Zunge (Sprache) nur das erfassen kann, was von ihr stammt. Denn das Maß der Rede und der Buchstaben kann der Mensch nicht erfassen, außer ihr Maß selbst, und es gibt kein Maß außerhalb der Buchstaben. Und all die furchterregenden *Middot* (Maße) wurden zur Kontemplation übergeben. Und von jedem Maß, das oben ist und Israel zur Kontemplation übergeben wurde, und das dem Herzen sichtbar ist, kann man weiter meditieren bis *'En Sof*. Denn man kann nicht beten, außer mit den begrenzten Worten, und so wird der Mensch angenommen und erhebt sich bis *'En Sof*, darum auch heißt es hier ›voraneilend und zurückkehrend‹ und ›kehre um zu dem Ort‹,[726] denn die Worte steigen eilends hinauf in ihrem Mysterium und kehren um zu ihrem Ort, nachdem sie [oben] angenommen worden sind.«[727]

Das hier verwendete Beispiel von der Sprache beziehungsweise Zunge ist zunächst Gleichnis für den verbreiteten pythagoräischen Satz, wonach nur Gleiches von Gleichem erkannt werden kann.[728] Das bedeutet, die Sefirot sind intelligible Wesenheiten, denen das menschliche Denken entspricht und in denen es seinen Ursprung hat. Die Sefirot sind demnach die Leiter, an welcher das menschliche Denken emporsteigen kann, bis zur *Machschava*, dem Denken, und von hier aus sogar zum unerkennbaren *'En Sof*. Die Sefirot gehören demnach noch zum Erfassbaren, was über ihnen ist, hingegen nicht mehr. Darüber hinaus gibt es allenfalls eine schlussfolgernde, abgeleitete Erkenntnis.

Das Gleichnis von der Sprache ist indessen mehr als ein Gleichnis, da, wie schon mehrfach gesagt, die Sefirot und die Buchstaben, das heißt die Sprache, tatsächlich identisch sind. Die Buchstaben sind also jene Maße, jene *Middot*, welche von der Zunge erfasst werden können, und nur dank ihrer kann es menschliches Wort geben, das befähigt ist, nach oben durchzudringen und dort erhört zu werden. Die Buchstaben sind die erfassbare Seite der Sprache, sie selbst bleibt wie das *'En Sof* letztlich unerkennbar. Spätestens an dieser Stelle

725 Sefer Jezira, Warschau I, 8; Gruenwald § 5.

726 Wie die Hajjot-Engel an Ezechiels Thronwagen, Ez 1,14; Sefer Jezira, Warschau I, 8; Gruenwald § 5.

727 Kommentar SJ, Zeilen 126-133.

728 S. Sendor, Emergence, S. 193. Er zitiert nach Hugh of Saint Victor, Didaskalion 46-47.

wird der Umschlag von der philosophischen Erkenntnislehre zur mystisch-kontemplativen Gebetslehre Jizchaks sichtbar.

M. B. Sendor verweist in diesem Zusammenhang zu Recht auf eine Stelle in Bachja Ibn Pakudas viel gelesenem neoplatonisch geprägten Moralwerk *Sefer Hovot ha-Levavot*, »Buch von den Herzenspflichten«. Im ersten Traktat des Buches, der von der »Einheit Gottes« handelt, kommt Bachja auf die menschliche Rede von Gott zu sprechen.[729] Er erklärt dort, dass die Propheten und alle, die über Gott reden, zwangsläufig in anthropomorpher irdischer Sprache reden mussten, weil die Menschen nur so das Gesagte verstehen können,

> »denn würde man über den Schöpfer in der angemessenen geistigen Redeweise sprechen, würden wir weder die Worte noch die Sache verstehen, und dann wäre es unmöglich einer Sache zu dienen, das wir nicht kennen [...] darum mussten die Worte und Dinge gemäß dem Vermögen des Hörers dargestellt werden, damit die Sache zunächst in sein Herz dringt gemäß dem körperlich-materiellen Sinn der Worte, und danach wird er verständig und wird nachprüfen, richtig zu verstehen und bewusst zu machen, dass all dies eine Allegorie und poetische Redeweise ist und die wahre Sache viel feiner und höher und erhabener und ferner liegender ist als wir es verstehen können wegen seiner Feinheit [...]. Der begeisterte Weise wird sich darum bemühen, die Schalen der materiell-körperlichen Wörter von der eigentlichen Sache abzustreifen und sie in seinem Denken emporzuheben von Stufe zu Stufe, bis dass er von der wahrhaftigen gesuchten Sache das erlangt, was in der Macht seines Vermögens und Fassungsvermögens steht.«[730]

Sendor vermutet, dass diese Anleitung Bachjas, von der körperlich-anthropomorphen Sprache zur Erkenntnis des Eigentlichen, Höheren, nämlich der nicht anthropomorphen und unkörperlichen Gottheit zu gelangen, Jizchaks Ausführungen als Hintergrund dienten. Beide Autoren gehen davon aus, dass der Mensch der »materiellen« Sprache bedarf, um überhaupt etwas verstehen zu können, dass er aber darüber hinaus das materielle Sprachgewand verlassen muss, um mit seinem Denken über das Begrenzte dieser Sprache hinaus zu gelangen. Der Unterschied zwischen den beiden Denkern ist allerdings der, dass für Bachja die Sprache eine menschliche Kategorie ist, ein mehr oder weniger taugliches Werkzeug, um dem Menschen auch über göttliche Dinge Kenntnisse zu vermitteln. Für Jizchak hingegen – und dies gilt für alle Kabbalisten – ist die Sprache eine göttliche Kategorie, die, wie oben schon deutlich geworden ist, bereits vor dem Menschen da

729 I, 10, Ausgabe M. E. Stern, Choboth Ha-L'baboth, Lehrbuch der Herzenspflichten nach Jehuda Ebn Tibbon ebräischer Übertragung, Wien 1856, 2. Aufl. (zweisprachig), S. 67f.

730 Choboth Ha-L'baboth, Lehrbuch der Herzenspflichten, S. 67f.

war. Die Buchstaben, gleichsam nur ein Aspekt der *Sefirot*, sind darum nicht nur Werkzeug zum Verständnis eines Anderen, der eigentlichen Sache, sondern sie sind selbst *Middot*, Maß der Sache, das heißt, sie sind das begrenzte Göttliche, das dem Zweck der Offenbarung des Göttlichen dient. Der Mensch soll und kann an ihnen und in ihnen das Göttliche finden und hat dafür innerhalb dieser Sprache einen Spielraum vom konkreten Maß des Buchstabens bis hin zu dessen völliger Entgrenzung im Unendlichen. Die Sprache ist für Jizchak ein göttlicher Innenraum, Teil der göttlichen Hierarchie, innerhalb derer der Mensch auf- und absteigen kann, wie die Engel auf der biblischen Jakobsleiter, zwischen Himmel und Erde auf- und absteigen. (Gen 28).

6. Die Herkunft des Bösen

Für die Kabbalisten stellte sich, wie für die Philosophen und die antiken Rabbinen, die alle religiösen Denker quälende Frage nach der Herkunft des Bösen. Hatten die Rabbinen die Quelle des Bösen ausschließlich anthropologisch definiert – im freien Willen des Menschen, der seinem Bösen Trieb nachgibt[731] –, so haben die Philosophen das Böse entweder als Mangel an Gutem, als reine Privation, und damit als eigentlich nicht existierend, erklärt[732] oder aber der mangelnden Einsicht des Menschen zugeschrieben, der Böses sieht, wo von höherer Warte aus betrachtet eigentlich Gutes waltet.[733] Die vorrabbinische jüdische Literatur der hellenistischen Zeit hatte darüber hinaus angelologische und dämonologische Erklärungen anzubieten.[734] Der *Sefer ha-Bahir* verlegte die Quelle des Bösen in die Gottheit hinein, auf dessen linke nördliche Seite[735] und die gnostisch gesinnten kastilischen Kabbalisten griffen wieder zu einem angelologisch-dämonologischen Modell.[736]

Wie nun stellt sich das Problem bei einem Denker wie Jizchak dar, der zum Einen tief im neoplatonischen Denken verwurzelt war und zum Anderen der antiken Onomatologie sowie der Alphabetologie des *Sefer Jezira* verpflichtet war? Um es vorweg zu nehmen: er suchte eine differenzierte Lösung aus beiden Traditionen. Zunächst entwickelt er die Fragestellung ganz aus der vom *Sefer Jezira* vorgegebenen Alphabetlehre heraus, kommt dabei aber zu philosophi-

731 Vgl. Bd. I, S. 273-277.

732 Vgl. Bd. I, S. 429.490.

733 Vgl. bei Ibn Da'ud, Bd. I, S. 425ff.

734 Vgl. Bd. I., S. 185-189; u.s. Die Dämonen. Die Dämonologie der israelitisch-jüdischen und frühchristlichen Literatur im Kontext ihrer Umwelt, A. Lange, H. Lichtenberger, K.F. D. Römheld (Hrsg.), Tübingen 2003.

735 Vgl. Kabbala I.A.4.2.

736 Vgl. Kabbala I.B.3.

schen Ergebnissen, die zum Einen der neoplatonischen und zum Anderen der aristotelischen Tradition im Stile Avraham Ibn Da'uds verpflichtet war. Der alphabetologische Ausgangspunkt ist die vom *Sefer Jezira* vorgetragene Unterscheidung von so genannten »einfachen« und »doppelten« Buchstaben, das heißt solchen, die nur eine einzige Aussprachefo rm haben und solchen, die eine doppelte Aussprache kennen, also: explosiv und aspiriert.[737] Zu den so genannten »einfachen« Buchstaben gibt Jizchak zugleich einen seinen philosophischen Standort offenbarenden Kommentar. Das hebräische Wort für »einfach« ist *paschut* (פשוט) Die darin verwendete Wurzel *pšt* ist nun aber in der mittelalterlichen platonischen Terminologie im Reflexivstamm zum *terminus technicus* für »emanieren« geworden: *le-hitpaschet*.

Die erste Mischna (Paragraph) in Kapitel zwei des *Sefer Jezira* lautet: »Zweiundzwanzig Grundbuchstaben, drei Mütter, sieben Doppelte und zwölf Einfache (*peschutot*)«.[738] Dazu erklärt Jizchak:

> »›*peschutot*‹, jeder einzelne von ihnen emaniert (*mitpaschetet*)[739] für sich alleine und verwandelt sich nicht in sein Gegenteil. Und dies [ist richtig], obwohl wir ja das Gegenteil des Geruchsinns in der Geruchsunfähigkeit und das Gegenteil der Sprachfähigkeit in der Stummheit erkennen und so bei allen Einfachen. Dennoch sind diese [Gegensätze] nicht mit jenen der doppelten [Buchstaben] zu vergleichen. Denn die Stummheit und die Geruchsunfähigkeit und dergleichen sind nur der Mangel und die Abwesenheit wie zum Beispiel die Finsternis, welche die Abwesenheit von Licht ist. Die Doppelten hingegen, das heißt die Aspirierten und die Explosiven, haben je ihre eigene Ursache für sich.«[740]

Mit dieser Darlegung übernimmt Jizchak zum Einen die platonische Definition des Bösen als Nichtexistierendes, als Mangel und Abwesenheit des Guten. In einer zweiten Erörterung dieser Art von Bösem führt Jizchak für diese privative Definition des Übels noch die Sehkraft und die Blindheit an.[741] Genau so sagte es der Neoplatoniker Jizchak Jisraeli: »Die Blindheit hat keine Form, denn sie ist nur die Privation des Augenlichts.«[742] Oder Avraham Bar Hijja: »Die Finsternis ist nur der völlige Mangel an Licht.«[743] Das Eintreten solcher Übel hat, so folgt

737 Vgl. Kap. Sefer Jezira 2.2;2.2.1.

738 Sefer Jezira, Warschau II, 1; Gruenwald § 17.

739 Buchstaben sind weiblich, darum erscheint die weibliche Verbform.

740 Kommentar SJ, Zeilen 157-162.

741 Kommentar SJ, Zeilen 316-17.

742 Vgl. A. Altmann, S. M. Stern, Isaac Israeli, Oxford 1958, S. 87.

743 Megillat ha-Megalle 1, 5; nach Sendor, Emergence, Appendix, S. 146.

aus der Gegenüberstellung mit den Dingen, welche aus den doppelten Buchstaben herrühren, recht eigentlich keine eigene Ursache, ja, man muss sagen, es fehlt hier nur die Ursache für das gegenteilige Gute. Die andere Definition des Bösen wird in dem Schlusssatz nur eben noch angedeutet, nämlich dass es auch Böses gibt, das als eigene Wirkung existiert und eine eigene Ursache hat. An anderer Stelle des Kommentars wird Jizchak dazu deutlicher.
Im *Sefer Jezira* lautet die kommentierte Stelle wie folgt:

»›[Sieben] doppelte [Buchstaben] *bgd kprt* [...] ihre Grundlage sind Leben und Frieden [...] der Gegensatz des Lebens ist der Tod, der Gegensatz des Friedens ist das Böse, der Gegensatz der Weisheit die Torheit, der Gegensatz des Reichtums ist die Armut, der Gegensatz der Schönheit ist die Hässlichkeit [...].«[744]

Und Jizchaks Kommentar:

»[...] ›doppelte‹, das heißt nach der Ursache des Lebens emanierte die Ursache des Todes. Das Explosive weist auf den Ursprung der Ursache des Lebens und die Ursache des Todes ist das Aspirierte.
Manche sagen, dass die Ursache des Lebens das Schweigen und Stillesein, des Aspirierten, ist, wohingegen das Schrillen und Explosive das Schneidende ist.
Es gibt nun einen Unterschied zwischen den Doppelten und den Einfachen – obwohl wir ja bei den Einfachen Gegensätze wie Augenlicht und Blindheit und dergleichen finden, sind dies nicht Doppelte, sondern Einfache. Denn die Ursache der Gegensätze der Einfachen ist keine eigenständige Ursache, sondern die Abwesenheit des Augenlichtes.
Die Doppelten aber verfahren so: Nach der Ursache des Lebens wurde die Ursache des Todes emaniert. Das Gute emanierte aus der Dimension des Guten und das Böse aus der Dimension des Bösen.[745] Das heißt Gutes aus Gutem und Böses aus Bösem.
Und wenn du sagst, wie kann [nach den Worten des *Sefer Jezira*][746] Feuer aus Wasser hervorgehen [das heißt die Gerichtsstrenge aus der Liebe, sprich Sefira V aus IV]? Lass ab, so zu reden! Denn es ist aus den zehn Sefirot, welche innere Essenzen sind, und sie sind so, weil sie innerhalb der *Hochma* sind, und sie sind Wurzeln aus dem Einen. Das Gute und das Böse ist in ihnen sobald sie zu sprossen beginnen, wie ein Baum, dessen Anfänge nicht er-

744 Sefer Jezira, Warschau IV, 1; Gruenwald § 37.
745 Vgl. dazu Sefer Jezira, Warschau I, 5; Gruenwald § 7, vgl. .Kap. Sefer Jezira 2.1.1.
746 Sefer Jezira, Warschau I, 12; Gruenwald § 14.

kennbar sind, bis ein Spross hervorgeht. Aber diese [das heißt die zehn Sefirot] sind ja nicht so [wie die Wurzel], denn sie sind ja die Buchstaben, welche die Zweige des Baumes sind. Denn die Doppelten sind die Erzeugnisse (*Toledot*) der zehn Sefirot, welches Mütter sind – drei Triaden und die eine mit ihnen allen, deshalb werden sie zehn genannt.«[747]

Die doppelten Buchstaben repräsentieren demnach die beiden Seiten der *Sefirot*, denen sie auch entspringen, nämlich der Dimension des Guten und der Dimension des Bösen, sprich den Sefirot *Hesed* und *Din*, Liebe (IV) und Gericht (V). Aus diesen beiden – und damit wird die Tradition des *Sefer ha-Bahir* aufgenommen – gehen unterschiedliche Wirkungen hervor, sie sind unterschiedliche Ursachen. Die vierte Sefira, *Hesed*, ist Ursache des Lebens und die zweite, *Din*, ist Ursache des Todes etc. Gut und Böse, die in der Verborgenheit innerhalb der *Hochma* noch ununterscheidbar sind – gerade so wie die *causae primordiales* des Duns Scotus Eriugena – differenzieren sich bei der weiter voranschreitenden Emanation, wodurch eben weitere Mütter, das heißt Primärursachen, entstehen. Sekundärursachen sind dann die schon genannten Väter, die zehn Separaten Intellekte.

Mit diesem Konzept vertritt Jizchak eine Auffassung, wie sie *mutatis mutandis* von dem Aristoteliker 'Avraham Ibn Da'ud vorgetragen wurde. Auch er vertrat die Auffassung, dass aus der ersten Ursache ausschließlich das Gute kommt. Das Böse entsteht gleichsam erst durch die Vermehrung der Ursachen, welche sich dann als eine Kette von Zwischenursachen darstellt. Und deren Wirken schreibt Ibn Da'ud das zu, was wir als böse Wirkungen wahrnehmen oder erfahren.[748]

Die Gemeinsamkeit zwischen den beiden Denkern geht noch einen Schritt weiter. Ibn Da'ud argumentiert in seinem mit der Theodizee beschäftigten Text dahingehend, dass manches, was ein Mensch als Böses erfahren und deuten mag, richtig besehen, von höherer Warte aus, sehr wohl gut sein könne. Eine analoge Position vertritt auch Jizchak.

In einem weiteren Anlauf der Deutung des Begriffs der Doppelten kommt er, angeregt durch die Formulierung im *Sefer Jezira*, zu dieser erstaunlichen Lösung. In der Mischna 12 des vierten Kapitels[749] sagt der *Sefer Jezira*: »Sieben Doppelte. Wie hat er sie verbunden? Zwei Steine bauen zwei Häuser.« Dazu sagt Jizchak:

747 Kommentar SJ, Zeilen 313-323.

748 Vgl. Bd. I, S. 410ff.

749 Sefer Jezira, Warschau; G § 40.

»›Doppelte‹, weil jeder einzelne von ihnen doppelt, in zwei Teilen ist: Gutes zu bewirken und Böses zu bewirken.«[750]

Diese Aussage wird weiter unten im Text zu den beiden Aussprachewesen der Doppelten als »sanft« und »hart«, das heißt aspiriert und explosiv, weiter geklärt:

» ›Sanft und hart‹.[751] Es gibt Liebeserweise (*Hasadim*), die gönnerisch und als Segen gegeben werden, und es gibt solche, die mit leichter Hand und in Härte gegeben werden [...].
›Tod‹.[752] Es gibt einen Tod, der eine Liebestat ist, um den Menschen in der kommenden Welt zu verherrlichen, damit ihn nicht die künftige Ausströmung des Maßes der Strafe (*Middat ha-Pur'anut*) [das ist die Middat ha-Din, Sefira V] trifft. Stattdessen saugt ihn dieses Maß des Heiles/Friedens (*Middat Schalom*) [Sefira IV] an, wie es heißt: ›Vor dem Unheil wird der Gerechte heimgeholt in Frieden‹ (Jes 57,1) und es heißt: ›Teuer ist in den Augen des Herrn der Tod seiner Frommen‹ (Ps 116,15).«[753]

Es folgen noch die Beispiele, dass ein Krieg zum Guten wie auch zum Schlechten dienen kann, wie es auch eine schädliche Weisheit und ebenso eine gute oder schlechte Armut gibt. Auch hier wird es, wie bei Ibn Da'ud, auf die menschliche Beurteilung der Geschehnisse ankommen, ob man sie als gut oder schlecht erachtet. Dies sagt Jizchak sogar an einer Stelle sinngemäß. Nachdem ja alle Buchstaben in allen sind und ebenso alle Sefirot in allen, bedeutet dies, dass jede Ursache an allen anderen teilhat und mithin der Rezipient mit dafür verantwortlich ist, wie seine Wirkung bei ihm ausschlägt. Auch darin ist ein weiterer philosophischer Topos der Zeit zu erkennen. Die Philosophen hatten mit dem Problem zu ringen, wie aus der einen Ursache so viele unterschiedliche Wirkungen hervorgehen können. Eine der gebräuchlichen Antworten war, dass die unterschiedliche Wirkung der einen Ursache in der Anlage und Rezeptionsfähigkeit des Rezipienten begründet sei – so wie zum Beispiel die Hitze des Feuers das Eis zum Schmelzen, aber das Ei zur Verhärtung bringt.[754] Entsprechend sagt Jizchak:

»›Doppelte‹, weil jede einzelne doppelt in zwei Teilen ist, Gutes zu bewirken und Böses zu bewirken [...] denn sie sind innere Maße (*Middot*), die noch nicht ans Licht traten. Und von da an teilen sie sich, so dass in jeder Midda

750 Kommentar SJ, Zeilen 348.
751 Sefer Jezira Warschau, IV, 1; Gruenwald § 37.
752 Sefer Jezira Warschau, IV, 1; Gruenwald § 37.
753 Kommentar SJ, Zeilen 357-361.
754 S. Bd. I, S. 443.

mehrere Kräfte ruhen. Und wenn ein böser Mensch auf diese Midda blickt, die Böses und Gutes bewirken kann, dann wirkt sich das Wohltun bei ihm zum Bösen aus, wie jemand, der eine Speise isst, die ihm das ein Mal nützt und ein ander Mal schadet [...].«[755]

755 Kommentar SJ, Zeilen 348-352.

B. Der Kabbalistenkreis von Gerona – ‘Asri’el aus Gerona

1. Der Kabbalistenkreis von Gerona

In dem kleinen katalanischen Städtchen Gerona wirkte in der ersten Hälfte des 13. Jahrhunderts ein Kreis von wenigstens zwölf Kabbalisten, die zum Teil direkte und zum Teil Schülersschüler von Jizchak dem Blinden waren.[756] Zu ihnen gehörten ’Avraham Ben Jizchak Hasan, ‘Esra Ben Schlomo (gest. ca. 1235) und sein mutmaßlicher Schwiegersohn ‘Asri’el,[757] Ja‘akov Ben Scheschet,[758] der Führer des aragonischen Judentums, R. Mosche Ben Nachman (ca. 1194-1270),[759] Jona Gerondi (ca. 1200-1263),[760] R. Barsilai,[761] R. Meschullam Ben Schlomo Dapiera,[762] und R. ’Ascher Ben David.[763] Für die Selbstbehauptung der Kabbala gegen die zum Teil vehementen Angriffe von Seiten der Traditionalisten war insbesondere die Zugehörigkeit von R. Mosche Ben Nachman (Nachmanides) zu diesem Kreis von großer Bedeutung. Er, der als talmudische Autorität und als Torakommentator allseitiges Ansehen genoss und im Kampf um die Schriften des Maimonides[764] von allen Seiten um Stellungnahmen gebeten wurde, galt auch als politischer Vertreter der aragonischen Judenschaft vor den staatlichen Behörden. Wenn sich eine solch anerkannte Persönlichkeit für die Kabba-

756 Zu ihnen vgl. G. Scholem, Ursprung, S. 324-420; ders., Ha-Kabbala be-gerona. Perakim be-Toledot ha-Kabbala bi-Sefarad, ‘arach lefi Harza’ot J. Ben-Schlomo, Jerusalem 1972, S. 34ff.

757 Dazu bei G. Scholem, Ursprung, S. 328; ders., Kabbalah, Jerusalem 1974, S. 391-93, entspr. dem Artikel in: Encyclopaedia Judaica (EJ) I, Sp. 1012-1014; Y. Tishby, Ha-Mekubbalim R. ‘Esra we-R. ‘Asri’el u-Mekomam be-Hug Gerona, in: ders., Hikre Kabbala u-scheluchoteha, Jerusalem 1982, S. 3-10; u. ders., Kitve ha-Mekubbalim R. ‘Esra we-R. ‘Asri’el mi-Gerona, Hikre Kabbala u-scheluchoteha, S. 11-30. Neben dem genannten Verwandtschaftsverhältnis der beiden werden sie in alten Texten gelegentlich auch als Brüder betrachtet, was allerdings Tishby ausschließt, vgl. Y. Tishby, Ha-Mekubbalim, S. 3-5. Zu ‘Asri’el vgl. K.E. Grözinger, Theosophie, Historiosophie und ‘Anthroposophie’ des Kabbalisten Azriel aus Gerona (13. Jh.), in: FJB 14 (1986), S. 111-151.

758 Zu ihm vgl. EJ, Bd. VII, Sp. 507-508.

759 EJ XII, Sp. 774-782; M.R. Hayoun, Moshe ben Nachman, in: Metzler Lexikon jüdischer Philosophen, A. B. Kilcher (Hrsg.), Stuttgart/Darmstadt 2003, S. 60-64; H. Hanoch, Ha-Ramban ka-Hoker we-ka-Mekubbal, Jerusalem 1982.

760 EJ X, Sp. 179-181; G. Scholem, Ursprung, S. 347.

761 Vgl. G. Scholem, Ha-Kabbala be-Gerona, S. 81.

762 Vgl. G. Scholem, Ha-Kabbala be-Gerona, S. 85.

763 EJ III, Sp. 706.

764 Zur Auseinandersetzung um Maimonides s. EJ XI, Sp. 745-754; die Textsammlung von Avraham Grossman, Ha-Polmos ‘al Kitve ha-Rambam be-Provens u-vi-Sefarad, Jerusalem 1971/1990 (Publikation des Historischen Instituts der Hebräischen Universität).

la interessierte und einsetzte, war der Häresieverdacht zumindest stark eingeschränkt. Selbst in seinem verbreiteten ansonsten eher traditionellen Torakommentar gab Nachmanides hier und da Hinweise auf kabbalistische Deutungen, welche die Neugierde auch der nicht kabbalistisch gesonnenen Leser wecken musste. Seine zurückhaltende Weise, mit der Kabbala öffentlich umzugehen, entsprach auch sonst dem Zugang von Nachmanides zu dieser Seite des jüdischen Denkens. Diese Zurückhaltung scheint allerdings dadurch fraglich, dass es auch einige allgemein bekannte, zu einer deutlichen Sprache greifende kabbalistische Schriften des Nachmanides gibt. Die neuere Forschung hat jedoch erkannt, dass manche dieser vorgeblich nachmanidischen Schriften, die noch vor nicht zu langer Zeit in die gesammelten Schriften des Nachmanides aufgenommen worden sind, fraglos anderen Mitgliedern des Geronenser Kreises oder noch weiteren Kabbalisten zuzuschreiben sind. Diese Zuschreibungen müssen wohl so gedeutet werden, dass man suchte, diese Texte unter den Schirm einer anerkannten Autorität zu stellen, um die Lehren der Kabbala aus der Schusslinie zu nehmen. Das Gesagte gilt zum Beispiel für die 1964 erschienene Sammlung der *Schriften unseres Meisters Mosche Ben Nachman*[765] von H.D. Schewel. Von den dort aufgenommenen Texten gehören die Fol- genden anderen Autoren an: *'Iggeret ha-Kodesch* (»Heiliges Sendschreiben«) wohl Josef Gikatilla oder Josef aus Hamadan,[766] *Ha-'Emuna we-ha-Bittachon* (»Glauben und Gottvertrauen«) Ja'akov Ben Scheschet,[767] der Kommentar zum *Sefer Jezira* R. 'Asri'el aus Gerona,[768] der *Ma'amar 'al Pnimijut ha-Tora* (»Traktat über das Innerste Wesen der Tora«) Josef Gikatilla[769] und schließlich der *Kommentar zum Hohen Lied* R. 'Esra aus Gerona.[770]

Im Gegensatz zu Nachmanides und noch mehr zu Jona Gerondi haben 'Esra und 'Asri'el die Kabbala nicht hinter vorgehaltener Hand weitergegeben, sondern auf die Marktplätze getragen, in Sendschreiben verbreitet und mit »philosophischen« Argumenten für sie geworben, worüber der Lehrer der beiden, R.

765 H. D. Schewel, Kitve Rabbenu Mosche Ben Nachman, Jerusalem 1964.

766 Vgl. G. Scholem, Ha-'im hibber ha-RaMBaN et Sef. 'Igeret ha-Kodesch, Kirjat Sef. 21 (1944), S. 179ff.; Ch. Mopsik, Lettre sur la sainteté. Le secret de la relation entre l'homme et la femme dans la cabale. Étude préliminaire traduction de l'hébreu et commentaires, Lagrasse 1986.

767 G. Vajda, E. Gottlieb (Introduction), Ya'aqov Ben Sheshet Sefer Meshiv Devarim Nekhohim. Texte édité et annoté (G. Vajda), Jerusalem 1968.

768 Y. Tishby, Kitve ha-Mekubbalim, S. 11ff.; A. Jellinek, Moses ben Schem-Tob de Leon und sein Verhältnis zum Sohar. Eine historisch-kritische Untersuchung über die Entstehung des Sohar, Leipzig 1851 (1985), S. 16.46.

769 Vgl. E. Gottlieb, Berurim be-Kitve R. Josef Gikatilla, in: ders., Mechkarim be-Sifrut ha-Kabbala, ed. J. Hucker, Tel-Aviv 1976, S. 128-131.

770 Vgl. Y. Tishby, Kitve ha-Mekubbalim, S. 11; G. Vajda, Le commentaire d'Ezra de Gérone sur le cantique des cantiques, Paris 1969.

Jizchak der Blinde, sich in einem Schreiben an Nachmanides und Jona Gerondi bitter beklagte.[771] Die Besonderheit des Geronenser Kreises ist eben gerade auch darin zu sehen, dass hier mehrere Autoren mit zum Teil längeren Schriften unter ihrem eigenen Namen hervortraten, sich damit öffentlich zur Kabbala bekannten und diese propagierten. Von den beiden in dem Schreiben Kritisierten war der eine vermutlich 'Asri'el, der bei weitem fruchtbarste, effektivste und kreativste Autor des Geronenser Kreises. Seine schriftstellerischen Aktivitäten sollen darum hier stellvertretend für den gesamten Kreis im Mittelpunkt der folgenden Darstellung stehen.

2. Rabbi 'Asri'el aus Gerona

Wie schon im Vorausgehenden bemerkt gehört eine der Nachmanides zugeschriebenen Schriften auch dem R. 'Asri'el an. Das Problem solcher irrtümlicher Zuschreibungen und die Akkumulierung derartiger Texte auf den weithin als Garanten der orthodoxen Tradition geachteten Nachmanides betrifft demnach auch die Texte aus der Feder 'Asri'els, die hier zur Debatte stehen. Früh schon wurde 'Asri'el mit seinem älteren Konventikelgenossen 'Esra ben Schlomo verwechselt, nicht zuletzt wegen der in weiten Teilen übereinstimmenden Kommentare zu den talmudischen Haggadot der beiden, so dass etwa Jellinek, Graetz und Ehrenpreis[772] in 'Esra und 'Asri'el nur eine einzige Person zu sehen vermochten. In der Tat wurden die jetzt dem 'Asri'el zugeschriebenen Schriften in der handschriftlichen und gedruckten Tradition oft dem Nachmanides und 'Esra ben Schlomo zugeschrieben oder anonym tradiert. Nur eine einzige Schrift, der so genannte *Kommentar zu den Zehn Sefirot* (*Perusch 'Eser Sefirot*) oder wegen seiner literarischen Form als Frage und Antwort auch *Sha'ar ha-sho'el* genannt, ist im Jahre 1850 in Berlin unter dem Namen 'Asri'els als Einleitung zu Me'ir Ibn Gabbajs *Derekh 'Emuna* im Druck erschienen. Aber auch diese Zuschreibung beruhte nicht auf alter Tradition, sondern auf der Identifikation der dem Druck zugrunde gelegten Handschrift[773] durch den Herausgeber Nachman 'Avraham Goldberg, der in der besagten Handschrift die Zitate aus 'Asri'el in Ibn Gabbajs Werk verifizieren konnte. Den nächsten Schritt zur Feststellung des literarischen Nachlasses von 'Asri'el hat A. Jellinek getan, der den dem Ram-

771 Vgl. G. Scholem, Te'uda hadascha le-Toledot Reschit ha-Kabbala, in: Kol Kitve H.N. Bialik, J. Fichman (Hrsg.), Tel Aviv 1938, S. 141-162; u. ders., Ursprung, S. 349-352.

772 A. Jellinek, Beiträge zur Geschichte der Kabbala, II, Leipzig 1852, S. 32f.; ders., BHM III, S. XXXIX; G. Scholem, Ursprung, S. 328; H. Graetz, Geschichte der Juden. VII, Leipzig 1891-1909, 4.Aufl., S. 60; M. Ehrenpreis, Die Entwickelung der Emanationslehre in der Kabbala des 13. Jahrhunderts, Frankfurt a. M. 1895, S. 24.

773 Cod. Bissliches 64, vgl. M. Ehrenpreis, Entwickelung, S. 25.

ban[774] zugeschriebenen Kommentar zum *Sefer Jezira* für 'Asri'el reklamierte, wobei er allerdings nicht zwischen 'Asri'el und 'Esra unterschied.[775] So blieb die Gestalt und das literarische Werk 'Asri'els zunächst dennoch wenig deutlich umrissen, und als Gershom Scholem im Jahre 1927 eine größere Sammlung von Texten der frühen Kabbala edierte, war darunter auch ein Text, der in einigen Zeugen 'Asri'el zugeschrieben wurde – Zuschreibungen, denen Scholem damals noch keinen Glauben schenken mochte.[776] Erst später, nachdem er weitere dem 'Asri'el zugeschriebene Texte fand, sie in der Festschrift für Gulak und Klein publizierte und noch zusätzliche Handschriftenfunde hinzukamen, hat sich, vor allem unter dem Einfluss der Arbeiten Tishbys, das Werk 'Asri'els in voller Klarheit dargestellt und von den Schriften Ezras und natürlich der Brüder Ja'aqovs und Jizchaks aus Soria abgehoben.[777] In seiner Arbeit *Kitve ha-Mekubbalim* hat Tishby aufgrund eines systematischen Vergleichs der Terminologie und verwandter Gedankengänge wenigstens acht Schriften bzw. Schriftenkomplexe der Autorschaft 'Asri'els zuschreiben können. Es sind dies:

I. *Perusch 'Eser Sefirot/Scha'ar ha-Scho'el*, N. A. Goldberg (Hrsg.), Berlin 1850; anonym nochmals: Warschau 1889. Beide Male als Einleitung zu *Derekh 'Emuna* von Me'ir Ibn Gabbaj.

II. Die sieben verschieden langen Fragmente, die Scholem in der Festschrift (*Sefer Sikkaron*) für A. Gulak und S. Klein, Jerusalem 1941/2 auf S. 201-222 unter dem Titel *Seridim chadaschim mi-Kitve R. 'Asriel' mi-Gerona* veröffentlichte:

1. *Derekh ha-'Emuna we-Derekh ha-Kefira / Scha'ar ha-kefira we-scha'ar ha-'Emuna.*
2. *Makbila le-scha'ar ha-Kefira le-R. 'Asri'el*
3. *Kelalim 'al Sod ha-Tefilla*
4. *Perusch ha-Kaddisch le-Hacham R. 'Asri'el*
5. *Perusch Jichud ha-Schem le-R. 'Asri'el*
6. *Perusch keduscha le-R. 'Asri'el*
7. *'Injan ha-Keduscha, Makbila le-Ma'amar ha-kodem*

III. Der Nachmanides zugeschriebene Kommentar zum *Sefer Jezira*, H.D. Schewel (Hrsg.), *Kitve Rabbenu Mosche Ben Nachman*, II, Jerusalem 1963/4.

IV. Das von Scholem erst später anerkannte *Sendschreiben nach Burgos* (S. 233-240) und ein *Perusch Schem* und *Perusch Schma'* (S. 231-232) als: *Kabbalot R. Ja'akov we R.Jizchak, Madda'e ha-Jahadut* 2 (1926/7).

V. Der von Scholem aufgefundene und von Y. Tishby edierte *Perusch ha-'Aggadot*

774 Akronym für Rabbi Mosche Ben Nachman.

775 A. Jellinek, Beiträge II, S. 35; u. vgl. M. Ehrenpreis, Entwickelung, S. 25.

776 G. Scholem, Kabbalot, Madda'e ha-Jahadut II, Jerusalem (1926/7), S. 175.

777 Vgl. Kap. Kabbala I.B.

le-Rabbi 'Asri'el 1944/5 (Neudruck: Jerusalem 1982/3).
VI. Der von G. Sed-Rajna ins Französische übersetzte Kommentar zu den Gebeten: Asriel de Gérone, *Commentaire sur la liturgie quotidienne*, Leiden 1974. Eine Edition des hebräischen Textes hat M. Gavarin an der Bar-Ilan Universität erstellt: *Perusch ha-Tefilla, Jerusalem 1984.*
VII. Das von Scholem gleichfalls erst später 'Asri'el zugeschriebene *Scha'ar ha-Kawwana le-Mekubbalim ha-Rischonim s"l*, von Scholem publiziert in: MGWJ 78 (NF 42) (1934), S. 511-512.516 in dem Aufsatz: »Der Begriff der *Kawwana* in der alten Kabbala«, S. 492-518; u. vgl. Scholem, Ursprung, S.368-371.331.
VIII. Ein noch unveröffentlichtes *Sod ha-Korban*, vgl. Scholem, Ursprung, S. 331.[778]

Obwohl in der Überlieferung wie gesagt nur ein Teil dieser Schriften 'Asri'el zugeschrieben wurden, ist die von Tishby herausgearbeitete terminologische und gedankliche Übereinstimmung dieser Texte untereinander sowie deren Geschiedenheit von anderen Texten der frühen Kabbala so augenscheinlich, dass an der Zuschreibung all dieser Texte an 'Asri'el kaum Zweifel bestehen kann. Dennoch, trotz der stets wiederkehrenden Terminologie, fällt es dem heutigen Leser oft überaus schwer zu erkennen, worauf sich die einzelnen Termini nun wirklich beziehen oder was sie bezeichnen wollen, und häufig kann man nicht umhin, denselben Terminus an verschiedenen Textstellen ganz unterschiedlich zu deuten. Man gewinnt so den Eindruck, dass die Einheitlichkeit der Terminologie nur äußere Hülle ist, während sie in Wirklichkeit als sehr vieldeutig erscheint und die Beweisführung Tishbys anscheinend ins Wanken gerät. Schon Tishby selbst hat bei seinen Bemühungen, die Texte 'Asri'els zu interpretieren, auf diese Problematik, welche die frühe Kabbala insgesamt betrifft, hingewiesen:

> »Meist machen sich die Kabbalisten in keiner Weise die Mühe, die Bedeutung der von ihnen verwendeten Wörter zu erklären, so dass sehr häufig Zweifel bestehen, ob ein Wort symbolisch oder in seinem einfachen Wortsinn zu verstehen sei. Darüber hinaus gibt es viele Wörter, die in ihrer symbolischen Bedeutung selbst mehrdeutig sind. Das bedeutet, dass die kabbalistische Literatur in einer zwei- ja dreideutigen Sprache geschrieben ist, und wer den Schlüssel zur Festlegung der Bedeutungen, die den Eintritt in den Garten der Geheimnisse (Pardes) weist, nicht findet, vor dem bleibt die Kabbala verschlossen. Diese Schwierigkeit ist besonders fühlbar in den Schriften der frühen Kabbalisten, in deren Tagen sich die mystische Symbolik noch nicht gefestigt hatte.«[779]

778 Französische Übersetzung von A. Vajda, in: ders., Le commentaire d'Ezra de Gérone sur le Cantique des Cantiques (Traduction et notes annexes), Paris 1969, hier S. 395-402.

779 Y.Tishby, Perush ha-'Aggadot, S.9; u. vgl. Sed-Rajna, Commentaire, passim u. insbesondere S. 149ff.

Dieser Befund ist in den Schriften R. ‘Asri’els umso gravierender, da ‘Asri’el, wie Tishby feststellt, zwar regelmäßig auf dieselbe Terminologie zurückgreift, »aber fast stets mit einer Verschiebung der Nuance in der Formulierung und mit zusätzlichen Gedanken«,[780] so dass man beträchtliche gedankliche Differenzen im Denken ‘Asri’els feststellen oder gar fremden Einfluss auf die Texte vermuten muss. Dennoch kann man sagen, dass ‘Asri’el der erste Autor ist, bei dem ein kabbalistisches Gesamtsystem sichtbar wird, wiewohl er dies nicht selbst als solches darstellt. Aber seine Darstellungen wie auch die relative Konsistenz der sichtbar werdenden Strukturen zeigen doch, dass er zu den wesentlichen Fragen, die man von einem philosophisch-religiösen Lehrgebäude jener Tage erwarten kann, genügend klare Aussagen macht. Da gibt es klare Definitionen zur verborgenen unendlichen Gottheit, zu deren Heraustreten aus dieser Verborgenheit und seiner Offenbarwerdung in zehn Offenbarungskräften und schließlich Aussagen über das Entstehen der Welt und deren Lenkung in Vergangenheit, Gegenwart und Zukunft. Des Weiteren äußert sich ‘Asri’el zum Menschenbild, zu dessen idealer und tatsächlicher Gestalt, zu dessen Aufgaben und Möglichkeiten in dieser Welt, zur Bedeutung der Gebote und religiöser Tugenden, zu den mystisch-theurgischen Fähigkeiten und schließlich über die Hoffnung auf Erlösung und das messianische sowie ewige Heil. Erwähnenswert ist außerdem die weit vorangeschrittene Platonisierung von ‘Asri’els Kabbala und dies nicht nur hinsichtlich der Emanations- und Hypostasenlehre, sondern auch hinsichtlich des Versuches, die kabbalistischen Lehren argumentativ zu begründen. Letzteres betrifft vor allem die Gotteslehre, das heißt die Lehre vom *’En Sof* und den Zehn Sefirot, deren Existenz für ‘Asri’el selbst eine feste und unhinterfragbare Wahrheit darstellte. Hier kann also zum ersten Mal eine nach den »klassischen« Topoi gegliederte Darstellung einer Kabbala gegeben werden.

3. Gott

3.1 Die Lehre vom *’En Sof*, dem unendlichen verborgenen Gott

Die Lehre vom *’En Sof* ist sogleich das erste Thema von ‘Asri’els in Form eines Katechismus aufgebauten *Traktats des Fragers* (*Scha‘ar ha-Scho’el*), der auch unter dem Titel *Perusch ‘Eser Sefirot* (»Auslegung zu den zehn Sefirot«) überliefert ist. In diesem Traktat werden in Frage und Antwort zehn Fragen zum *’En Sof* und den Zehn *Sefirot* erörtert, und zwar in der ersten Hälfte »*‘al Derech ha-Sechel*«, das heißt »in der Weise der Vernunft«,[781] und in der zweiten Hälfte aus

780 Y. Tishby, Kitve ha-Mekubbalim, S. 12.

781 Vgl. dazu Kap. Kabbala II.3. Gestützt auf ein Vorwort zum Scha‘ar ha-Scho’el, das man glaubte, ‘Asri’el selbst zuschreiben zu können, wurde darum auch die Auffassung vertreten,

Schrift und Tradition.

Sogleich in der ersten Frage und Antwort fragt ‘Asri’el nach der Notwendigkeit des Glaubens an ein *'En Sof*:

»Fragt der Frager: ›Wer nötigt mich, daran zu glauben, dass die Welt einen Lenker hat?‹
So ist die Antwort: So wie ein Schiff nicht ohne Steuermann auskommt, so kann auch die Welt nicht ohne Lenker sein. Und dieser Lenker ist *'En Sof* (das Unendliche) [...] und was verborgen ist, hat kein Ende und keine Grenze, es ist unergründlich und außer ihm gibt es nichts.
Auch die Weisen der Forschung [das heißt, die Philosophen] stimmen dem zu, dass nämlich die Ursache aller Ursachen und der Grund aller Gründe kein Ende hat, unergründlich und grenzenlos ist.
Und fragt der Frager: ›Wer nötigt mich an das *'En Sof* zu glauben?‹
So ist die Antwort: Wisse, alles Sichtbare und was mit den Sinnen des Herzens erfasst werden kann, ist begrenzt (und alles Begrenzte hat ein Ende, und alles was ein Ende hat, ist nicht unterschiedslos gleich, *schawe*). Darum, was nicht begrenzt ist, wird ›Unendlich‹, *'En Sof*, genannt, und dieses ist die vollkommene Gleichheit (*Haschwa'a*) in absoluter Einheit, in der es keine Veränderung gibt. Und ist es/er ohne Grenze, gibt es nichts außer ihm. Und da es/er hoch erhaben ist, ist er der Urgrund/Wurzel von allem Verborgenen und Offenbaren [...] Und die Weisen der Forschung stimmen dem zu, dass unsere Erkenntnis [hier] nur in der Weise der Negation [*via negationis*] möglich ist.«[782]

Klingt die erste Antwort mit ihrem Hinweis auf den Steuermann zunächst eher wie ein allgemeiner Erfahrungssatz, so steht dahinter doch eine philosophische Formel, nämlich der teleologische Gottesbeweis, nach dem aus der Ordnung in der Schöpfung auf einen Ordner geschlossen wird. Ein schönes Beispiel dieses Beweisverfahrens bringt zum Beispiel der viel gelesene Bachja Ibn Pakuda in seinem Moralwerk von den Herzenspflichten. Nachdem er in seinem Traktat über die Einheit Gottes die Zusammensetzung aller Dinge aus Materie und Form, Substanz und Akzidenz beschrieben hat, kommt er zu der Schlussfolgerung:

‘Asri’el habe diese Schrift speziell als Auseinandersetzung mit Philosophen seiner Tage geschrieben, um sie zu belehren und zur Kabbala zu bekehren; vgl. A. Jellinek, Beiträge zur Geschichte der Kabbala, I, Leipzig 1852 (in: ders., Kleine Schriften zur Geschichte der Kabbala, Hildesheim u.a. 1988), S. 61; Graetz, Geschichte, VII, S. 390-398. Allerdings hat Scholem mit guten Gründen ‘Asri’el dieses Vorwort abgesprochen; vgl. G. Scholem, Ha-Kabbala be-Gerona, S. 44.

782 Scha‘ar ha-Scho’el, Berlin 1850, S. 2a.

»Und diese Zusammensetzung und Verbindung ist in allen Teilen der Welt sichtbar, in ihren Wurzeln und Zweigen [...] daraus folgt notwendig, dass die Welt einen Schöpfer hat, der ihr einen Anfang setzte und neu hervorbrachte [...] Und derjenige der sie gebildet hat und aus Nichts hervorbrachte [...] das ist der Schöpfer, er sei erhoben [...] Es gibt aber Menschen, die glauben, die Welt sei zufällig entstanden ohne Schöpfer [...] worüber ich mich sehr wundere [...] denn wenn ein solcher Mensch einen anderen bezüglich eines Wasserschöpfrades solches sagen hörte, welches sich dreht um ein Stück Feld oder Garten zu bewässern und glaubt, dies hätte sich so ohne die Absicht eines Baumeisters, der sich um seine Zusammenfügung und Zusammensetzung mühte, und der all seine Geräte zu diesem Nutzen einsetzte, dies hätte sich also ohne diese Absicht eines Baumeisters so eingerichtet, über diesen Menschen würde sich jener nur wundern können und würde ihn für einen Toren halten und würde sich bemühen, dies als einen Trugschluss aufzuzeigen und dies zurückzuweisen.«[783]

In aristotelischer Manier wird in beiden angeführten Texten das *'En Sof* als Ursache der die Welt beherrschenden Ordnung und Zusammensetzung der Dinge bezeichnet. Allerdings zieht 'Asri'el aus dieser Schlussfolgerung noch einen weiteren, nämlich pantheistischen Schluss. Da die *prima causa* unbegrenzt ist, umfasst sie alles Begrenzte, so dass nichts außer ihr existiert.

In einer weiteren Schrift, die gleichfalls die Form eines solchen Katechismus hat, mit dem Titel *Weg des Glaubens und Weg der Häresie* (*Derech ha-'Emuna we-Derech ha-Kefira*) bietet 'Asri'el zusätzliche Definitionen für sein Verständnis vom *'En Sof*:

»Fragt dich der Frager: ›Was ist der Schöpfer?‹ So antworte ihm: ›Der, dem an nichts mangelt!‹ Und fragt er dich, ob es etwas außer Seiner gäbe, so antworte ihm: ›Es gibt nichts außer ihm!‹ Und fragt er dich: ›Wie hat Er das Sein aus dem Nichts hervorgebracht, es gibt ja doch einen großen Unterschied zwischen dem Sein und dem Nichts?‹ So antworte ihm: ›Ich sagte dir ja schon, dass dem, welcher das Sein aus dem Nichts hervorbringt, an nichts mangelt! Denn das Sein ist im Nichts in der Weise des Nichts und das Nichts

783 Übs. nach dem Text bei M.E. Stern, Choboth Ha-L'baboth. Lehrbuch der Herzenspflichten, von R. Bechaiji Ben Josef, Wien 1856; u. vgl. Sa'adja Ga'on, Sefer 'Emunot we-De'ot, bei der Widerlegung der Epikuräer, I, 40, Fürst, S. 103-106; EJ VII, Sp. 658; Kirchliches Handlexikon, M. Buchberger (Hrsg.), München 1907, I, S. 1743.

ist im[784] Sein in der Weise des Seins. Und darüber sagten sie ja [im *Sefer Jezira*][785] ›Er machte sein Nichts zu seinem Sein‹ und nicht ›er machte Sein aus Nichts‹, um zu lehren, dass das Nichts das Sein ist und das Sein das Nichts. Und das Nichts ist das, welches *'Omän*[786] genannt wird. Und der Ort der Verbindung des Seins, wo es aus dem Nichts ins Dasein tritt, wird 'Emuna genannt [...] Denn das Wort 'Emuna bezieht sich nicht auf das sichtbare und erfassbare Sein und auch nicht auf das nicht sichtbare und nicht erfassbare Nichts, sondern nur auf den Ort der Berührung des Nichts mit dem Sein. Denn das Sein aus dem Nichts ist nicht für sich, sondern das Sein und das Nichts zusammen sind das ›Sein und Nichts‹. Und das Sein ist nichts als das Nichts.[787] Und alles ist eins in einfachster und vollkommener Gleichheit (*Haschwa'a*). Und über die Erforschung dieser Sache heißt es [in der Schrift]: ›halte dich nicht für gar zu weise‹ (Koh 7,17/16), denn unser mangelhafter Verstand vermag es nicht, die vollkommene Unerründbarkeit zu erfassen, die sich in *'En Sof* als eines erweist (*mit'ached*) [...].
Und fragt dich ein Mensch, ob der Schöpfer allem gleich (*schawe*) ist, so antworte ihm: Mehr als Allem (*jeter min-ha-kol*). Denn ihm ist nichts vorangegangen von dem, was er als Sein aus dem Nichts hervorbrachte, und er ist Allem gleich, denn es gibt nichts außer ihm, nicht im Sein und nicht im Nichts. Und da der Schöpfer die Wurzel ist, die Allem gleich ist, ist der Glaube und die Häresie gleich an dem Ort, wo sein Nichts und sein Sein sich berühren.«[788]

'Asri'el vertritt hier eine konsequent pantheistische Auffassung, nach der es nichts gibt außer Gott. Danach gibt es auch kein Nichts im eigentlichen Sinne, denn das Nichts, das dem Sein als Nicht-Sein gegenübersteht, ist nicht die absolute Negation, der logische Gegensatz zum Sein. Vielmehr ist dieses Nichts, wie das Sein selber, nur ein Aspekt oder eine Modalität des *'En Sof*. Das *'En Sof* hat zwei unterschiedliche Modalitäten der Erscheinung, nämlich das Nichts und das Sein. Beide gehören gleichermaßen in den Bereich der Selbstentäußerung beziehungsweise Selbstoffenbarung der verborgenen Gottheit. Er zeigt sich der Welt zunächst als Nicht-Sein, als Nichts, das hernach das Sein aus sich entlässt. Aber

784 Ich lese hier mit Johannes Reuchlin, der diesen Text in seinem »De arte cabbalistica« zitiert, vgl. Johann Reuchlin, On the Art of the Kabbalah. De arte Cabbalistica, (zwei/dreisprachige Ausgabe) Trsl. by M. & S. Goodman, Introduction by G.L. Jones, 1983 (Neudruck: Univ. Nebraska 1993 mit Vorwort v. M. Idel), S. 120.

785 Gruenwald § 20 Langversion Warschau II, 6.

786 wörtlich: Vertrauen

787 Im Text steht statt finalem *Nun* wohl versehentlich finales *Kaf*.

788 Derech 'Emuna, S. 207; u. vgl. G. Scholem, Ursprung, S. 375.

auch dieses Sein ist, wie das Nichts, nur ein anderer Erscheinungsmodus, gleichsam ein anderer Aggregatzustand des aus seiner Verborgenheit heraustretenden *'En Sof*.

'Asri'el nimmt hier die bei den Neuplatonikern geläufige Vorstellung auf, dass dieselben Formen auf den verschiedenen Emanationsstufen des Seins gemäß der Stufe, in der sie sich befinden, existieren, das heißt im Intellekt intellektuell, in der Seele seelisch, in der Natur naturhaft, was der in Band I besprochene Empedokles anschaulich darstellt.[789] Scholem verweist hier auf den neoplatonischen, auf Proklos zurückgehenden *Liber de causis*, wo dasselbe so gesagt wird: »Die Wirkung ist in der Ursache auf die Art der Ursache, und die Ursache ist in der Wirkung auf die Art der Wirkung.«[790] Bei 'Asri'el lautet die Formel: Das *'En Sof* ist im Nichts in der Weise des Nichts und im Sein in der Weise des Seins und oberhalb dieser beiden Stufen – wie er einmal sagt – in der Weise des »Überseins«. In diesem Sinne ist auch die Formulierung zu verstehen, dass das *'En Sof* »Über allem gleich« sei. Scholem sieht hier den Versuch einer Nachbildung des neoplatonischen Attributs des *hyperesse* (Übersein) für das neoplatonische Eine.[791] In seinem Aufsatz zur kabbalistischen Farbenlehre, die weiter unten noch zu besprechen sein wird, kommentiert Scholem einen analogen Ausdruck aus dem *Sefer ha-'Ijjun*. Dort ist von einem *Tosefet ha-Hoschech ha-mesuteret*, vom »Übermaß der verborgenen Finsternis«, die Rede. Scholem sagt dazu:

> »In diesem Ausdruck steckt vielleicht eine hebräische Wiedergabe der neuplatonischen Terminologie des Scotus Erigena [sic!], der die *hyperousia* des Proklus mit *superesse* wiedergibt. [...] In den fast gleichzeitigen Schriften des Azriel von Gerona wird für *superesse* das biblische Wort *jithron* verwendet. Beide Wörter enthalten das Element des Überschüssigen, das im Rahmen des Hebräischen dem schwer zu übersetzenden *superesse* nahekommt.«[792]

Das *hyperesse* wäre demnach gleichsam der Modus der Verborgenheit des *'En Sof*, während »Nichts« und »Sein« die Modi seiner Offenbarung sind.[793]

Aus den folgenden, sogleich zu nennenden weiteren Distinktionen zum Wesen des *'En Sof* verdient noch eine weitere hier angeführt zu werden. Ein Häretiker ist demnach:

789 Bd. I, S. 492ff.

790 Bardenhewer (Hrsg.), § 11, S. 82; G. Scholem, Ursprung, S. 375.

791 Vgl Derech 'Emuna, S. 207 z. St.

792 G. Scholem, Farben und ihre Symbolik in der jüdischen Überlieferung und Mystik, in: Judaica III, Frankfurt a.M. 1973, S. 123, Anm. 40.

793 Zu einer ähnlichen Bewertung des Nichts kommt der osteuropäisch hasidische Autor Dov Ber aus Mesritsch, vgl. Kap. Der osteuropäische Hasidismus III.3.

»[...] wer zwar zugibt, dass Er mehr über Allem ist (*jeter min ha-kol, hyperesse*) und allem gleich und nichts außer ihm ist, und der somit auch glaubt, dass in Ihm die Macht der Gegensätze (*Hafachim*) und der Gegensächlichkeiten (*Temurot*) ist, aber dann zugleich glaubt, dass diese in der Verborgenheit ihrer Wurzel ebenso getrennt sind wie im Bereich des Sichtbaren.«[794]

Mit dieser weiteren Absicherung des Einheitsgedankens für das *'En Sof* unterstreicht ʻAsri'el den Ernst des Glaubens an die Einheit des *'En Sof*. Danach ist die Vielheit in der sichtbaren Welt eben nur das stufenspezifische Erscheinungsbild, der stufenspezifische »Aggregatszustand« der Einheit des *'En Sof*. Demgegenüber ist diese Vielheit im *'En Sof* in der Weise des *'En Sof*, in der Weise des »Überseins«, und das heißt in indistinkter, unterschiedsloser Einheit. Analog ist die Selbstoffenbarung des *'En Sof* im Nichts und im Sein im *'En Sof* selbst in der Weise des Überseins, in absolut ungeschiedener Weise zu denken.

Der oben angeführte Text spricht *expressis verbis* von einer *creatio ex nihilo*, einer Schöpfung aus dem Nichts. Angesichts des zuvor Gesagten ist klar, dass diese kreationistische Formel bei ʻAsri'el eine völlig andere Bedeutung hat als bei dem Vater dieses Gedankens in der mittelalterlichen jüdischen Philosophie, Saʻadja Ga'on, und seinen aristotelischen Nachfolgern.[795] Das Nichts, aus dem nach ʻAsri'el das Sein erschaffen wurde, wie schon vermerkt, ist nicht der logische Gegensatz zum Sein, sondern nur ein anderer Modus des Seins, eine höhere Offenbarungsstufe des *'En Sof*. Das Sein des *'En Sof* wird aus dem Nichts des *'En Sof* hervorgebracht. Und entsprechend den Neoplatonikern hat die hebräische Schöpfungsvokabel *bara* (ברא), die laut Saʻadja »erschaffen aus dem Nichts« bedeutete, hier die Bedeutung »Emanation«. Schöpfung aus dem Nichts bedeutet nach ʻAsri'el also, dass das Sein aus dem Nichts emaniert. Man könnte auch sagen, die *creatio ex nihilo* ist der Wechsel des Aggregatzustandes des göttlichen Nichts.

Diesen sehr abstrakten Definitionen der Gottheit als alles umfassende Gleichheit von Nicht-Sein, Sein und Über-Sein lässt nun allerdings ʻAsri'el eine Reihe weiterer Distinktionen folgen, die dem Abstraktum ein personalistisches Gewand umlegen. Er versucht dabei schon auf der Ebene des *'En Sof* den Brückenschlag zum traditionellen altjüdischen Denken und nicht, wie bei vielen Kabbalisten üblich, erst bei den Sefirot. Die bisherigen Distinktionen figurieren in dem Büchlein *Derech ha-'Emuna we-Derech ha-Kefira*, »Weg des Glaubens und der Häresie«, als Möglichkeiten der Häresie. Diese Möglichkeiten des häretischen Denkens über das *'En Sof*, über Sein und Nicht-Sein unterteilt ʻAsri'el in der ersten

794 Derech ha-'Emuna, S. 208.

795 Vgl. Bd. I. S. 375-378.407ff.446ff.

Hälfte der Schrift in weitere fünf Unterkategorien, die ihrerseits in acht, vier, elf, neun und vier weitere Distinktionen zerfallen. Die fünf Hauptkategorien der Häresie sind zunächst:

1. Wenn man sagt, die Welt habe keinen Lenker (*Manhig*),
2. wenn man zwar an einen Lenker glaubt, aber deren zwei annimmt.
3. Wenn man an einen Lenker glaubt, aber neben ihm noch einem zweiten dient.
4. Wenn man an einen einzigen Lenker glaubt und ihm dient, aber leugnet, dass es eine individuelle Vorsehung und von ihm kommende Gebote gebe.
5. Wenn man an einen Lenker glaubt, nur ihm dient, an seine Gebote glaubt, diese aber nur nach Gutdünken zuweilen erfüllt und zuweilen nicht. »Dieser ist, nach den Worten unserer Weisen ein Epikuräer, das heißt er hat sich aus der Herrschaft des Schöpfers und der Meinung der Weisen entfernt, wie einer der sagt: ›Wer soll denn unser Herr sein?‹«[796]

Der Lenker der Welt, der zuvor in sehr abstrakten und philosophischen Distinktionen beschrieben wurde, bekommt hier den Mantel der Tradition umgehängt, womit es ʻAsri'el allerdings überaus ernst ist, denn er ist wie die ihm folgenden Kabbalisten hinsichtlich der Gottesverehrung und Gebotserfüllung überaus konservativ, wie unten noch deutlich werden wird.

Die »Häresie« wird von ʻAsri'el indessen nicht nur in den aufgezählten fünf bekenntnishaften und ethischen Punkten weiter verfolgt. Sie kann sich laut ʻAsri'el auch auf die sefirotische Theologie beziehen. So etwa, wenn man das Maß der Reichweite der Emanation einschränkt, die göttliche Einheit in diesen Emanationsstufen relativiert und demzufolge die gottesdienstliche Verehrung auf nur einzelne dieser Emanationsstufen beschränkt – eine Möglichkeit, von welcher die späteren Kabbalisten durchaus reden können.[797]

3.2 Die Lehre von den *Sefirot*

In ʻAsri'els Katechismus *Scha'ar ha-Scho'el* beziehungsweise *Perusch ʻEser Sefirot* endet der Abschnitt über das *'En Sof* mit dem lapidaren Satz: »Und die Dinge/Worte, die aus dem *'En Sof* emanieren, sind Zehn Sefirot.«[798] Sogleich danach setzt ʻAsri'el zu einer Argumentation an, die beweisen soll, dass der Glaube an die zehn Sefirot denknotwendig ist. Auch hier teilt er den Grundsatz der mittelalterlichen Philosophie, dass die Ergebnisse der menschlichen Logik

796 Derech ha-'Emuna, S. 207f.

797 Derech ha-'Emuna, S. 208-210.

798 Schaʻar ha-Scho'el, S. 2a.

hinsichtlich der Theologie und Kosmologie dem Wesen der Wirklichkeit entsprechen, das heißt, dass die Logik der Ontologie entspricht:

> »Und wenn der Frager fortfährt und die Frage stellt: ›Mit welchen Argumenten kannst du zwingend beweisen, dass es zehn Sefirot gibt, denn nach meiner Auffassung gibt es nur ein *'En Sof*?!‹
> So ist die Antwort: ›Das *'En Sof* ist die Vollkommenheit ohne Mangel. Und wenn du sagst, dass Er zwar eine unbegrenzte Kraft besitzt, aber keine begrenzte Kraft, dann schreibst du seiner Vollkommenheit einen Mangel zu! Sagst du aber, dass die von ihm zuerst ausgehende Begrenzung diese [unsere] Welt ist, die seiner Vollkommenheit ermangelt, dann hast du der von ihm ausgehenden Kraft einen Mangel zugesprochen. Und da man seiner Vollkommenheit keinen Mangel zusprechen darf, müssen wir mit Notwendigkeit sagen, dass er auch in der Begrenzung eine unbegrenzte Macht/Kraft besitzt. Darum sind jene, welche zunächst von ihm ausgehen. Die Sefirot, die zugleich eine vollkommene und unvollkommene Kraft sind, denn wenn sie von dem Ausfluss empfangen, der aus seiner Vollkommenheit fließt, dann sind sie eine vollkommene Kraft, und wenn dieser Ausfluss aufgehalten wird, haben sie eine unvollkommene Kraft, darum haben sie die Fähigkeit in Vollkommenheit zu wirken und auch in Unvollkommenheit. Und es sind die Vollkommenheit und die Unvollkommenheit/Mangel, welche zwischen den Dingen einen Unterschied bewirken.
> Und wenn du sagst, er selbst hat die Welt ohne die Sefirot beabsichtigt, kann man antworten: Es ist die Absicht, welche auf einen beabsichtigten Mangel verweist. Und wenn du sagst, dass er seine Schöpfung nicht beabsichtigt hat, kann man antworten: Dann wäre die Schöpfung ein Zufallsprodukt, und alles Zufällige hat keine Ordnung. Aber wir sehen ja, dass das Geschaffene eine Ordnung hat, und dass die Dinge in einer Ordnung bestehen und nach einer Ordnung vergehen und sich nach einer Ordnung erneuern. Und diese Ordnung, nach der sie bestehen und vergehen, das ist jenes, was *Sefirot* genannt wird, welche die Kraft alles Existierenden ist, das der Kategorie der Zahl (*Mispar*) unterliegt.[799] Und da die Existenz der Geschöpfe mittels der Sefirot geschieht, sind [auch] sie voneinander verschieden, so dass es bei ihnen oben und unten und Mitte gibt, wiewohl sie alle aus einer Wurzel kommen, und alles ist aus *'En Sof*, außer dem es nichts gibt.«[800]

Hier dient der teleologische Gottesbeweis, das heißt der Beweis von der Ord-

799 In 'Asri'els Kommentar zum *Sefer Jezira* lautet die Formel: »was der Zehnzahl unterliegt.«; Schawel (Hrsg.), II, S. 453.

800 Scha'ar ha-Scho'el, S. 2a-b.

nung (design) der Welt, als Beweis für die Existenz der Sefirot. Aus der Ordnung der Dinge kann auf einen Ordner geschlossen werden und dies sind die zehn Sefirot. Darum ist die in der Fußnote vermerkte Formulierung in 'Asrie'els Kommentar zum *Sefer Jezira* sachlich angebracht, die zehn Sefirot sind die Ordnung von allem, was der Zehnzahl unterliegt. 'Asri'el bedient sich hier zugleich einer semantischen Brücke, weil nämlich die Worte »Sefira« und »Mispar«, das heißt Zahl im Hebräischen, von derselben Wurzel gebildet sind.

Die Existenz der Sefirot bekommt für 'Asri'el durch das weitere neoplatonische Axiom ihre Evidenz, nach dem zwischen zwei unterschiedlichen Substanzen stets eine dritte vermitteln muss, welche an beiden Anteil hat. Diese Aufgabe erfüllen die Sefirot. Sie haben an der Vollkommenheit des *'En Sof* Anteil wie auch an der Unvollkommenheit der irdischen Welt und darum sind sie befähigt, die Kluft zwischen Unbegrenztheit und Begrenztheit zu überbrücken. Diese Fähigkeit zur Vollkommenheit wie zur Unvollkommenheit setzt in ihnen eine Differenz beziehungsweise eine Dualität, welche nun ihrerseits nach dem Prinzip, dass das Verursachte stets in der Ursache da sein müsse, weitere Differenzen hervorbringen kann, mithin das Individuationsprinzip in sich enthalten. Auch hier sieht man die Analogie zur mittelalterlichen Philosophie. Bei den Aristotelikern – klar formuliert bei Ibn Da'ud[801] – ist es der Intellekt, der als vollkommene Einheit von Gottes Denken verursacht wurde, der nun aber seinerseits sich selbst *und* die Gottheit denken kann, weshalb er die erste Dualität in sich trägt. Eine andere Version dieser beginnenden Differenzierung ist, dass der Intellekt wie seine Ursache einer ist, aber eben eine verursachte Einheit im Gegensatz zur ersten Ursache und darum den Aspekt der Zweiheit enthält. Der Neoplatoniker Ibn Gevirol vertrat die Auffassung von einer potentiellen Dualität im Einen selbst, in dem es Substanz und Wille gibt, die aber eins sind, und aus denen dann Materie und Form hervorgehen, welche den Intellekt ausmachten.[802] Trotz aller Differenzen im Einzelnen fügt sich doch die Grundstruktur von 'Asri'els Argumentation in die zeitgenössische und vorangehende Philosophie ein.

'Asri'el vertritt hier also die Anschauung, dass der Kosmos eine Ordnung der geordneten Differenzen ist, in dem sich Vollkommenheit und Mangel gegenseitig begrenzen. Und das Urbild dieser Weltordnung sind die zehn *Sefirot* – eine Neufassung der platonisch-neoplatonischen Ideenlehre. Diese Ordnung ist die Ordnung des Zählbaren, was 'Asri'el in der Wurzelgleichheit von *Sefira* und *Mispar* bestätigt sieht, den beide Begriffe leiten sich aus der Wurzel *sfr* ab.

Auch die Zehnzahl der *Sefirot* selbst will 'Asri'el aus der Ontologie beweisen und sich nicht alleine auf die Tradition des *Sefer Jezira* oder auf den *Midrasch*

801 Vgl. Bd. I, S. 412ff.

802 Vgl. Bd. I, S. 533ff.

von den Zehn Schöpfungsworten stützen.[803] Die Sefirot sind, so wurde aus 'Asri'els Worten deutlich, die Grundkategorie des Begrenzten. Und da alles Begrenzte durch Körper und Raum definiert ist, ergibt sich für 'Asri'el folgende Rechnung:

> »Und der Körper[804] hat nicht weniger als drei Kräfte, nämlich die Länge, die Breite und die Tiefe, das sind zusammen neun.«[805]

Wie 'Asri'el von den drei Dimensionen auf das Ergebnis neun kommt, erklärt Me'ir Ibn Gabbaj in seinem *Derech ha-'Emuna*, in welchem er 'Asri'els Text kommentierend aufnimmt. Dort sagt er, dass das *'En Sof* zunächst einen einzigen Punkt emanierte, der natürlich der Begrenzung unterliegt und darum »Anfang, Mitte und Ende hat. Und jede von diesen drei Richtungen hat diese drei.«[806] Somit hat also jede der drei von 'Asri'el aufgezählten Dimensionen diese drei Differenzen, womit man auf die Summe von neun kommt. Die fehlende zehnte Instanz wird schließlich wie folgt gewonnen:

> »Und da der Körper nicht ohne Raum existiert, und der Raum alleine durch die Kraft des Körpers existiert, ist die Zahl von Körper und Raum erst mit zehn vollkommen.«[807]

Dass Körper und Raum sich gegenseitig bedingen, ist eine aristotelische Vorstellung. So fasst dies zum Beispiel E. Zeller in seiner Geschichte der griechischen Philosophie zusammen:

> »Der Raum ist vielmehr zu bestimmen als die Grenze des umschließenden Körpers gegen den umschlossenen. Der Ort jedes einzelnen Körpers wird daher von der (inneren) Grenze des ihn umfassenden [Körpers] gebildet, der Raum im ganzen von der Grenze der Welt.«[808]

803 Vgl. Bd. I, S. 331.

804 'Asri'el verwendet hier den Begriff *'ezem*, der gewöhnlich »Substanz« bedeutet, aber das Folgende hat nur für eine körperliche Substanz Bedeutung.

805 Scha'ar ha- Scho'el, S. 2b; vgl. Perusch Sefer Jezira, Schewel II, S. 454.

806 Derech ha-'Emuna des M. Ibn Gabbaj, welche der Ausgabe des Scha'ar ha-Scho'el, Berlin 1850, folgt, S. 9a.

807 Scha'ar ha-Scho'el, S. 2b.

808 E. Zeller, Philosophie der Griechen, II, 2, S. 398; u. vgl. Sirat, Philosophy, S. 138 und 360: »According to Aristotle, space is the interior limit of the surrounding body.«

Sefirot-Tafeln 'Asri'els

	A[809]	B[810]	C[811]	D[812]
				ha-'or ha-mit'allem
1	koach ha-ma'azil Kraft des Emanierenden		*koach-'elohi* Göttliche Kraft	'or ha-ma'azil
2	koach ha-'azilut Kraft der Emanation		*koach mal'achuti* Angelische Kraft	'or ha-'azilut
3	koach ha-ne'ezal Emanierte Kraft		*koach ha-navi* Prophetische Kraft	'or ha-ne'ezal
4	koach ha-mazmiach Wachsursachenkraft	Wurzel	ruach ha-schem Geist des Namens	'or ha-ruach ha-nikret jechida
5	koach ha-zemicha Kraft des Wachsens	Zweig	ruach hochma Geist der Weisheit	'or ha-ruach ha-nikret hajja
6	koach ha-zomeach Kraft des Wachsenden	Frucht	ruach bina Geist der Einsicht	'or ha-ruach ha-nikret ruach
7	koach ha-molid Zeuger-Kraft	Kraft des Vaters	ruach 'eza Geist des Rates	'or ha-ruach ha-nikret nefesch
8	koach-toleda Kraft der Zeugung	Kraft der Mutter	ruach gevura Geist der Stärke	'or ha-ruach ha-nikret neschama
9	koach ha-nolad Kraft des Gezeugten	Kraft des Sohnes	ruach da'at Geist der Erkennt-nis	'or ha-guf Licht des Körpers
10			jir'at JHWH Gottesfurcht	

809 Derech 'Emuna, G. Scholem, Seridim, S. 211.

810 G. Scholem, Seridim, S. 211, S. 212.

811 G. Scholem, Seridim, S. 211, S. 211.

812 Sendschreiben nach Burgos, G. Scholem, Kabbalot, S. 233f.

E[813]	F[814]	G[815]	H[816]	I[817]
’or ha-mit’allem			ha-ne‘elam	
’or ha-ma’azil *koach haskel* Kraft des intelligere	Keter ‘eljon /Rum ma’ala *koach 'elohi*	’omän	*koach 'elohi* *muskal*	rum ma‘ala keter ‘eljon *‘olam ha-sechel*
’or ha-’azilut *koach ha-histaklut* Kraft der intellectio	Hochma koach ha-haskel *koach mal'achuti*	’emuna	*koach mal'achuti/* *muskal*	hochma *‘olam ha-sechel*
’or ha-ne’ezal *koach sechel* Kraft des Intellekts	Bina ’Or ha-sechel/*koach nevu’a*	’emun	*koach 'enoschi* *muskal*	bina *‘olam ha-sechel*
’or schachar Licht der Morgenröte	Gedulla	’omän	*koach zimchi* *mutba‘*	hesed *‘olam ha-nefesch*
’or boker Morgenlicht	Gevura	’amun	*koach zimchi* *mutba‘*	pachad *‘olam ha-nefesch*
’or zahar Vormittagslicht	Tif’eret	’emun	*koach zimchi* *mutba‘*	tif’eret *‘olam ha-nefesch*
’or zohorajim Mittagslicht	Nezach	’omen	*koach behemi* *murgasch*	nezach *‘olam ha-guf*
’or ‘erev Abendlicht	Hod	ne’eman	*koach behemi* *murgasch*	hod *‘olam ha-guf*
’or ‘arbajim Abendzwielicht	Jesod ‘olam	’amen	*koach behemi* *murgasch*	zaddik *‘olam ha-guf*
’or hoschech Licht der Finsternis				zedek *‘olam ha guf*

813 Sendschreiben nach Burgos, S. 234; vgl. G. Scholem, Ursprung, S. 393.

814 Madda‘e ha-Jahdut, S. 231.

815 Sendschreiben nach Burgos, S. 234-236; zu dieser Kolumne der *’aman* (אמן) –Terminologie, siehe K.E. Grözinger: Theosophie, Historiosophie und ›Anthroposophie‹ des Kabbalisten Aziel aus Gerona (13. Jh.), in: FJB 14 (1986), S. 111ff.

816 Sendschreiben nach Burgos, S. 237; u. vgl. Perusch Sefer Jezira, Schewel, II, S. 455; Scha‘ar ha-Scho’el, S. 4a.

817 Scha‘ar ha-Scho’el, S. 3b.

Für die Benennung der Sefirot verwendet 'Asri'el einige parallele Gruppen von Termini, mit denen er unterschiedliche Aspekte der Sefirot ausdrücken will. Da sind zunächst die schon von seinem Lehrer Jizchak dem Blinden genannten Namen:[818] 1. *Keter* und *Rum Ma'ala*, 2. *Hochma*, 3. *Bina*, 4. *Hesed*, 5. *Pachad*, 6. *Tif'eret*, 7. *Nezach*, 8. *Hod*, 9. *Zaddik*, 10. *Zedek*. Wichtiger sind jedoch die anderen Termini, die 'Asri'el offenbar selbst kreierte, um das System der Sefirot dem neoplatonischen Hypostasensystem anzunähern und dadurch den Grundgedanken der Einheit Gottes in der Vielfalt der Phänomene in einer Sprache auszudrücken, welche die philosophisch gebildeten Leser verstehen würden. Ich verweise für die folgenden Erörterungen auf die beigefügte Tabelle, in welcher die wesentlichen Sefirot-Tafeln 'Asri'els synoptisch nebeneinander gestellt sind.

Die von 'Asri'el verfolgte Tendenz bei der Namengebung für die Sefirot wird an der in Kolumne H gebrauchten Terminologie am deutlichsten sichtbar. Dort werden die ersten drei Sefirot als *intellektuelle*, *muskal*, die nächsten drei als *naturhafte*, *mutba'* und die letzten drei als *sensible*, *murgasch*, qualifiziert. Darin spiegelt sich, wenn auch unter eigenartiger Vertauschung von der zweiten und dritten Stufe, *mutba'* und *murgasch*, die neoplatonische Emanationstriade von *Intellekt, Natur* und *Seele* wider, wie sie im ersten Band mehrfach besprochen worden ist.[819] Über ihnen erhebt sich, analog dem neoplatonischen Schema, das Verborgene, *ne'elam*, das heißt das *'En Sof*, respektive das Eine. Dasselbe Schema, dieses Mal allerdings in der zu erwartenden Reihenfolge, wird im *Scha'ar ha-Scho'el* (Kolumne I) sichtbar. Dort findet man die *Welt des Intellekts*, *'Olam ha-Sechel*, die *Welt der Seele*, *'Olam ha-Nefesch*, und schließlich die *Welt des Körpers*, *'Olam ha-Guf*.[820]

Diese neoplatonische Verwandtschaft wird in der Kolumne H ein weiteres Mal durch die dort genannten Kräfte bestätigt, von unten begonnen: die »tierische Kraft«, die »pflanzliche Kraft«, die »menschliche Kraft«, die »angelische Kraft«[821] und schließlich die »göttliche Kraft«. Hinter ihnen verbergen sich wiederum die neoplatonischen Stufen, dieses Mal allerdings mit der aus Jizchak Jisraelis pseudoaristotelischem Text bekannten dreistufigen Weltseele, deren Quelle 'Asri'el nicht nur kennt, sondern selbst in seinem *Kommentar zu den Haggadot* zitiert.[822] Diese sind – in derselben Reihenfolge genannt – die *anima animalis*, die *anima vegetabilis* und die *anima rationalis*. Die beiden darüber stehenden Stufen würden dann dem neoplatonischen »Intellekt« und dann etwa

818 Vgl. Kap. Kabbala III. A.3.2.

819 Vgl. Bd. I, S. 488-584.

820 Vgl. die Übersetzung unten.

821 Engel-Kraft

822 Vgl. bei Y. Tishby, Perusch ha-'Aggadot le-Rabbi 'Asri'el 1944/5 (Neudruck: Jerusalem 1982/3), S. 145. 149-150 (alte Zählung: S. 83.87-88); vgl. Bd. I, S. 504f.

dem Willen Gottes entsprechen, der ja bei den mittelalterlichen jüdischen Philosophen eine so große Rolle gespielt hat,[823] und zu dem auch im Folgenden nochmals zurückzukehren ist, beziehungsweise den den Intellekt zusammensetzenden Grundelementen von intelligibler Materie und Form.[824]

Von der bisherigen Übersicht über 'Asri'els Terminologie erschließt sich schließlich auch die Nomenklatur der Kolumne A (*Derech ha-'Emuna*), nach der die untere Triade den Zeugungskräften, das heißt dem *Animalischen,* die mittlere den Wachstumskräften, das sind die *vegetativen*, und die drei oberen den Emanationskräften zugehören, welch letztere dann wiederum dem platonischen *Intellekt* entsprechen. Wiewohl 'Asri'el die Emanation nicht auf diese drei oberen Kräfte beschränkt, sondern sie durch die gesamte Welt fließen sieht, sind doch diese drei oberen Kräfte der edle Emanationsbereich schlechthin. In diesem Sinne sagt 'Asri'el im *Scha'ar ha-Scho'el*:

> »Bezüglich deiner Frage, ob die Sefirot emaniert und nicht erschaffen (*bara*) sind, ist zu antworten:
> Wisse, dass die Kraft der Emanation die Kraft des Daseins (*Hawaja*), die Kraft der Schöpfung (*Beri'a*), die Kraft der Bildung (*Jezira*) und die Kraft des Machens (*'Asija*) gibt. Aber die Emanation ist die Wurzel und der Grund. Und wenn nun sogar das ›Erschaffene‹, das geringer ist als das ›Emanierte», die Kraft hat, zu emanieren, um wie viel mehr der Emanator [...] es ist wie wenn man eine Kerze von einer anderen anzündet [...].«[825]

Das heißt, die anderen hier aufgezählten Schöpfungstermini dienen nur dazu, eine Hierarchie der Emanation darzustellen, unterschiedliche Stufen der Emanationskraft zu bezeichnen, nicht aber eine kategorial unterschiedliche Entstehungsweise der verschiedenen so benannten Weltstufen. Die in der ersten Kolumne verzeichnete Terminologie will also wie die der zuvor genannten durch eine unterschiedliche Terminologie die neoplatonische Emanationshierarchie mit ihren absteigenden Qualitäten schon als innersefirotische Hierarchie darstellen. Sahen die Philosophen diese Qualitätshierarchie erst mit ihrer intelligiblen Welt des Weltintellekts, der Weltseele und der intelligiblen Natur beginnen, verlagert 'Asri'el diese schon in den göttlichen Bereich der Sefirot. Die Gestaltung der terminologischen Tafel der Kolumne A ist besonders kunstreich gestaltet, da die semantisch differenzierten drei Seinsstufen – *Emanation*, *Wachstum*, *Zeugung* – außerdem intern nach einer gleichbleibenden Systematik diversifiziert ist, nach *agens*, *actio* und *actus*, die wohl die hebräisch-aristotelische Triade von *maskil* –

823 Vgl. Bd. I, S. 496-498.510f.532ff.

824 Vgl. Bd. I, S. 534ff.

825 Scha'ar ha-Scho'el, S. 4b.

haskel – muskal, Erkennender, Erkennen, Erkanntes, aufnimmt, von denen die mittelalterlichen Philosophen sagen, dass sie in der *prima causa* absolut eines seien. Dasselbe scheinen die in Kolumne E für die erste Triade aufgezählten Kräfte *haskel, histaklut* und *sechel*, das heißt *intelligere, intellectio* und *intellectus* sagen zu wollen. Diese kunstvolle doppelte Differenzierung des sefirotischen Systems soll wohl die Einheit der Emanation in der Vielheit ihrer Phänomene zum Ausdruck bringen, die ja im Bereich der Sefirotwelt zunächst das Urbild und die Grundordnung der gesamten Schöpfung sind.

Die Kolumne G, welche ein zentrales Stück von ʻAsri'els *Sendschreiben nach Burgos* wiedergibt, will offenbar – dieses Mal mit biblischer Terminologie – dasselbe ausdrücken. Allerdings ist hier der Akzent verschoben. Die Einheit der Emanation wird semantisch durch die in allen Gliedern gleichermaßen auftauchende hebräische Wurzel *'aman* (אמן) ausgedrückt, während die hierarchische Differenzierung durch die Morphologie dargestellt wird, indem jede Stufe mit einem eigenen Derivat von der Wurzel *'aman* benannt wird.

Die in der vorgestellten Weise durchgeführte Hierarchisierung der Sefirot dient noch einer weiteren Aussage, welche ja für die mittelalterlichen Theologen und Philosophen besonders heikel war, nämlich zur Beantwortung der Frage, ob die Emanation ewig ist oder ob sie erst zu einem gewissen Zeitpunkt begonnen habe. Hier wagt sich ʻAsri'el erstaunlich weit in Richtung der originären Emanationslehre, für welche die Ewigkeit der Emanation das einzig adäquate war:

> »Unter den Sefirot gibt es solche, welche als Möglichkeit (*in potentia*) in *'En Sof* waren, bevor sie in die Wirklichkeit hinaustraten, so die erste Sefira, die mit allen gleich ist. Und es gibt solche, unter den *intellektuellen* (*ba-Muskal*), die seit je emaniert sind, wie die zweite Sefira, aus der die Tora stammt, die der Schöpfung der Welt vorangeht. Außerdem gibt es solche im *Sensiblen* (*ba-Murgasch*) und im *Naturhaften* (*ba-Mutba'*), so die Sefirot, welche für die Welt vonnöten sind, welche erst nahe der Weltschöpfung emanierten. Da aber die Kraft der einen in der anderen ist, genügte es für die späteren, dass die beiden ersten Sefirot, welche die (emanierte) verborgene und intellektuelle Kraft sind, ins Dasein traten.«[826]

ʻAsri'el lässt also den Emanationsprozess wenigstens der obersten göttlichen Selbstoffenbarungsstufe *in potentia* ewig sein, so ewig wie das *'En Sof*. Da sie aber andrerseits mit allen weiteren Stufen gleich ist, sind, so darf man sagen, sie alle *in potentia* da gewesen, aber eben auf einer höheren Stufe, in der, wie schon gezeigt, die Differenzierung noch nicht Wirklichkeit ist. Die hierarchisch nächst niedrigere Stufe, das heißt die zweite Sefira, gilt sodann seit je, *me-'as*, als ema-

826 Schaʻar ha-Scho'el, S. 3a.

niert. Aus ihr geht die Tora hervor, von der es ja schon im rabbinischen Midrasch heißt, dass sie vor der Weltschöpfung bei Gott war und als dessen Weltenbauplan diente.[827] Mit der nächsten Aussage lenkt ‘Asri’el noch weiter in das kreationistische Fahrwasser der Tradition ein, irgendwann sind dann die Schöpfung und die für sie nötigen Weltlenkungskräfte unter den Sefirot entstanden. Das bedeutet, die Welt ist letztlich aus dem *'En Sof* emaniert, und dieser Emanationsvorgang war *in potentia* über die erste Sefira schon immer im *'En Sof*, ist aber erst zu einem gewissen Zeitpunkt in die Wirklichkeit, den *actus*, übergetreten. Dies ist eine elegante Lösung zur Verbindung der ewigen Emanation mit der zu einer bestimmten Zeit erst entstandenen Schöpfung, das heißt zur Verbindung der philosophischen Lehre von der Ewigkeit der Welt und der jüdischen von der Schöpfung zu einem gewissen Zeitpunkt.

Die bisher noch nicht besprochenen Spalten der Tabelle werden im Folgenden noch zu betrachten sein.

3.3 Wesen und Funktionen der *Sefirot* – ‘Asri’els kabbalistische Farbenlehre

Die neunte Frage des kleinen Katechismus *Scha'ar ha-Scho'el*, »Tor des Fragers«, fragt nach dem Wesen (*Mahut*) der *Sefirot*. Die zentrale Aussage, die hier gemacht wird, ist die, dass den Sefirot ein Attribut zugeschrieben wird, das zuvor schon vom *'En Sof* ausgesagt wurde, nämlich, dass es zwar gegensätzliche Wirkungen hervorbringt, diese Gegensätze aber in ihm wie in den *Sefirot* in völliger Gleichheit ungeschieden sind. ‘Asri’el führt zu Erläuterung dieses Satzes zwei Vergleiche an, deren letzterer den Anfang dessen bildet, was man die kabbalistische Farbenlehre nennen kann.[828] ‘Asri’els Antwort auf die Frage nach dem Wesen der *Sefirot* lautet demnach wie folgt:

> »Das Wesen der Sefirot ist einheitlich gleich hinsichtlich jeglicher Sache wie deren Gegenteil. Denn eignete ihnen nicht die gleichseiende Kraft, dann hätten nichts Kraft. Denn was [zum Beispiel] Licht ist, ist nicht Finsternis und was Finsternis, ist nicht Licht.
> Darum kann ihr Wesen dem Willen der Seele verglichen werden, die für all ihre Willensregungen und alle Gedanken, die aus ihr hervorgehen, einheitlich gleich ist; obwohl jene zahlreich sind, ist deren Wurzel doch hinsichtlich jeglicher Sache und ihres Gegenteils einheitlich gleich; so auch das Leben der Seele und des Intellekts, der Huld und der Liebe und des Erbarmens. Obwohl

827 Vgl. Bd. I, S. 259-262.

828 Dazu vgl. G. Scholem, Farben und ihre Symbolik in der jüdischen Überlieferung und Mystik, in: ders., Judaica III, Frankfurt a.M. 1973, S. 98-151.

sie Sein aus Nichts sind, ist doch ihre Existenz (*Jeschut*) nicht vollkommen, bis sich die Substanz [der Körpers mit ihnen] umkleidet.
Entsprechend können wir die [Sefirot] wie folgt vergleichen:
Die erste Kraft mit dem sich verbergenden Licht (*ha-'or ha-mit'allem*).
Die zweite Kraft mit dem Licht, welches das gesamte Spektrum enthält. Und diese Kraft gleicht der Farbe *Techelet*, welche das *Tachlit* (Ziel) aller Farben ist, es hat also selbst keine definierbare Farbe.
Die dritte Kraft, mit dem grünen Licht.
Die vierte Kraft mit dem weißen Licht.
Die fünfte Kraft mit dem roten Licht.
Die sechste Kraft enthält weißes und rotes.
Die siebente Kraft, ist die Kraft des Rot, das zum Weiß hinneigt.
Die achte Kraft ist die Kraft des Weißen, das zum Roten neigt.
Die neunte Kraft enthält Weiß und Rot und Rot das zum Weiß neigt sowie Weiß das zum Rot neigt.
Die zehnte Kraft enthält das ganze Spektrum.«[829]

Das Gleichnis von der Seele beziehungsweise von deren Wollen nimmt eine von der mittelalterlichen Philosophie vorbereitete Denkfigur auf. Dort wird erklärt, dass die Gottheit keinerlei positive Attribute besitzt, sondern attributslos eine völlige Einheit darstellt und als solche wirkt. Diese Einheitswirkung wird allerdings von den Rezipienten unterschiedlich aufgenommen, zum Beispiel die Hitze des Feuers, welche den Schnee weich macht und schmelzen lässt, hingegen das Ei hart werden lässt. So wie man beim Beispiel des Feuers nicht sagen kann, es habe ein aufweichendes und ein härtendes Attribut, sondern alleine die Hitze, so kann man auch von Gott nicht sagen, er habe eines von den im Bereich der Geschöpfe vorkommenden Attribute, vielmehr hat er nur sein einziges und einiges Wesen. Die von den Menschen der Gottheit zugeschriebenen Attribute benennen folglich nur die aus der einen Ursache Gott resultierenden Wirkungen, nicht aber etwas, was Er in seinem Wesen wirklich besäße.[830] Eben dies will 'Asri'el mit dem Gleichnis von der Seele sagen. So wie die Seele eine unterschiedslose einheitliche Substanz ist, die unterschiedliche Wirkungen verursacht, so sind auch die Sefirot. Auch für sie gilt, nicht ihr Wesen ist differenziert, sondern ihre Wirkungen nach draußen.

Allerdings ist an dieser Stelle doch ein fundamentaler Unterschied zur philosophischen Lehre von den Wirkattributen zu konstatieren. 'Asri'el spricht den Sefirot die Attribute nicht eigentlich ab, sondern sagt nur, dass sie innerhalb der Sefirot absolut gleich und nicht differenziert sind. Dies gilt auch für die Gegen-

829 Scha'ar ha-Scho'el, § 9, S. 3b.
830 Vgl. Bd. I, S. 411ff.442-446.

sätze. ‘Asri’el überträgt also auch auf die Sefirot den schon bei seinem Lehrer, Jizchak dem Blinden, aufgetauchten Gedanken von der *coincidentia oppositorum*, also der Koinzidenz der Gegensätze, innerhalb der Sefirot – eine Lehre, die Scholem meint, auf den Einfluss der Lehren von Scotus Eriugena zurückführen zu können, wovon ja schon oben die Rede war.[831] Das bedeutet, die Sefirot haben Attribute, gegensätzliche Attribute, allerdings sind sie im sefirotischen Bereich noch in indistinkter Ungeschiedenheit existent – eine Position, welche die philosophischen Lehrer der Wirkattribute vehement zurückweisen würden. Für ‘Asri’el ist deren Existenz in den Sefirot unabdingbar, denn sonst hätten die in der Welt existierenden Wesen nicht die ihnen nötige Kraft, die ihnen ja aus den Sefirot zukommt, welche die Grundordnung der Welt darstellen.

In seinem Kommentar zu den altrabbinischen Haggadot kommt ‘Asri’el gleichfalls auf dieses Thema zu sprechen und exemplifiziert dies an Gerüchen und wiederum an Farben:

> »›[Der Geruch meines Sohnes] ist wie der Geruch des Feldes, das JHWH gesegnet hat‹ (Gen 27,27). Rav Jehuda, der Sohn von Rav Schmu’el Bar Schila sagte im Namen Ravs: ›Wie der Geruch eines Apfelfeldes.‹ Der gute Geruch ist von der Süße des Geruches [der *Hochma*][832] gesegnet.
> Es gibt allerlei Früchte, manche sind rot, andere grün und manche weiß. Sie und allerlei Farben bekommen die Kraft von den oberen *Middot* [d.h. Kräften, Sefirot]. Und jene Früchte werden gemäß der Midda benannt, von der sie empfangen und aus der sie saugen. So gibt es unten einen Baum oder ein kleines Kraut und dessen Name und Kraft ist oben über ihnen groß. Und da sie unten sind, empfangen sie die Kraft von oben, und jene Kraft heißt wie jenes, das aus ihm saugt [...].«[833]

Dieser Text erinnert an jenen der so genannten *Theologie des Aristoteles*, die auf Plotins *Enneaden* zurückgeht,[834] in welchem die Welt der Ideen in den Farben und mit den Details eines wunderbaren irdischen Gemäldes beschrieben werden. Dazu bietet ‘Asri’el hier ein, wenn auch fragmentarisches, Pendant. Für ihn sind die Sefirot diese generative Ideenwelt, die nicht nur wie Platos Ideen als Urbild der Weltdinge dienen, sondern wie bei Plotin als die die Welt generierende Quelle des Seins. Nur eben – und dies ist durchaus im Sinne der Platoniker – hier als monotheistisches Bekenntnis akzentuiert: Diese schönen Urbilder sind innerhalb

831 Vgl. Kap. Kabbala III.A.3.1.

832 Vgl. Tishbys Anmerkung zur Stelle, der hier den Text des Kommentars von R. ‘Esra heranzieht, der von ‘Asri’el überarbeitet worden ist.

833 Perusch ha-’Aggadot, Y. Tishby, S. 97 (alte Zählung, S. 35).

834 Vgl. Bd. I, S. 490f.

der Sefirot als zeugende Kräfte zwar vorhanden, aber doch in absoluter ununterscheidbarer Einheit. Man könnte auch sagen, die Wirkattribute der mittelalterlichen Aristoteliker sind hier rückhypostasiert, sind in den Sefirot zu substantiellen Wesenheiten geworden, allerdings in undifferenzierter Weise.

Im nächsten Paragraphen des Katechismus geht 'Asri'el allerdings vorbehaltlos über den Einheitsgedanken der Sefirotwelt hinweg und schreibt den einzelnen Sefirot spezifische Wirkbereiche beziehungsweise Wirkungen zu: »Das ist die Ordnung ihrer Wirkung«: Die erste wirkt für die »göttliche Kraft«, die zweite für die »angelische Kraft«, die dritte für die »Kraft der Prophetie«, die vierte, um »Liebe und Huld für die Oberen groß werden zu lassen«, die fünfte, »um mit dem Schrecken seiner Macht zu richten«, die sechste, um »sich mit Schrecken über die Unteren zu erbarmen«, die siebte, um die »vegetative Seele zu stärken und wachsen zu lassen«, die achte, um »schwach und krank zu machen«, die neunte, um »die Kraft aller hinabfließen zu lassen, mal zu dieser Sache, mal zu deren Gegenteil«, »die untere zehnte Midda, welche die Kraft aller enthält, um die unteren zu richten.«[835] Des Weiteren nehmen diese Sefirot auch Einfluss auf den Menschen und seine Seelen, wovon im Kapitel zur Anthropologie zu handeln sein wird.

Nunmehr kann der Lichtervergleich betrachtet werden. Auch mit ihm soll – dafür steht der Begriff Licht – die Einheit der Sefirot beschrieben werden. Dies ist eine Einheit, welche sich jedoch in verschiedene Farben zerteilt, gerade so wie das weiße Licht des Spektrums. Allerdings ist 'Asri'el weit von einer physikalischen Spektralfarbenlehre entfernt. Es war schon der im 16. Jahrhundert im galiläischen Safed schreibende Kodifikator der älteren Kabbala, R. Mosche Cordovero, der in seinem Kodex *Pardes Rimmonim* das Prinzip der kabbalistischen Farbenlehre wohl richtig so beschreibt:

> »Der Leser der Bücher von Kabbalisten und des Sohar findet, dass den einzelnen Sefirot bestimmte Farben zugeordnet werden. Da gilt es allerdings vorsichtig zu sein! Man glaube ja nicht, dass diese Dinge wörtlich zu nehmen sind, Gott behüte, denn die Farbe ist ja etwas Körperliches, das heißt sie ist eines der Attribute des Körpers und seiner Akzidenzien. Und was kein Körper ist, dem können keine körperlichen Attribute zugeschrieben werden, Gott behüte! Wer glaubt, dass diese Farben wörtlich so in den Sefirot sich finden, der zerstört eine Welt [...].
> Was man mit diesen Farben beabsichtigt, ist ein Gleichnis für die Wirkungen, die aus den oberen Wurzeln herabfließen. Zum Beispiel die Sefira *Gevura*, das heißt Macht oder Stärke, welche den Krieg gewinnt, ist würdig, dass man ihr die Farbe Rot zuschreibt, weil sie rotes Blut vergießt. Und so weist Rot

835 Scha'ar ha-Scho'el, S. 3b.

auf das Grausame hin, wie Grimm und Zornesbrausen [...] Das Weiße deutet auf Erbarmen und Frieden [...] Bezüglich der Sefira *Bina*, der dritten, [...] stimmen alle überein, dass sie die Farbe des grünen Lichtes hat [...]. Und dieses Grün ist das Hellgrün, wie das von Kräutern. Und die Deuter nannten folgenden Grund für diese Farbe [der Bina]: So wie das Grün bei allen Früchten der Welt vorangeht, da sie zunächst alle grün sind, so geht auch diese Midda jeglichem Schöpfungswerk voran [...].«[836]

Blickt man nun auf ʻAsriʼels Farbenlehre zurück, so zeigt sich, dass auch er dieser funktionalistischen Farbsymbolik huldigt. Die erste Sefira, die noch unerkennbare, ist das verborgene Licht, die zweite, die noch alle Lichter in sich hat, ist farblos wie das physikalisch weiße Licht, welches das Spektrum in sich trägt. ʻAsriʼel benennt es mit dem sonst ein helles Blau bezeichnenden *Techelet*, weil er dies zu einer etymologischen Entsprechung von *Tachlit* „Ziel" deklarieren kann, um damit ein semantisches Argument für Sache und Namen gewinnt. Die Funktionalität wird dann wieder von Sefira sechs bis zehn deutlich, insofern deren Funktion die ist, die Kräfte von Sefira vier und fünf nach unten weiterzugeben, was hier in farbmetrischer Diktion beschrieben wird.

Warum jedoch ʻAsriʼel gerade die drei Farben Gün, Rot und Weiß wählt, wird aus diesem Text selbst nicht deutlich. Hier hilft jedoch die Fortsetzung des oben zitierten Textes vom Apfelfeld im *Kommentar zu den Haggadot*. Nachdem ʻAsriʼel dort an einigen Beispielen gezeigt hat, wie die unteren Arten der Dinge aus den oberen *Middot* kommen, nimmt er nochmals den Beginn des Apfelfeld-Textes auf. Der Geruch des Sohnes Jakob ist wie der Geruch des von Gott gesegneten Apfelfeldes, das nichts anderes ist als die zehn Sefirot. Seine Beispiele resümierend sagt ʻAsriʼel:

»Und so erhält jede Art, die Unten wächst, ihre Kraft von Oben, und so gibt es dort auch Lebenselixiere gemäß ihrem Abbild hier unten. Und jene Kraft [deretwegen das obere Feld Apfelfeld genannt wird],[837] heißt Apfel, weil es in ihm Weiß, Rot und Grün gibt, und aus der Süße des guten [oberen] Duftes wird die Süße des [unteren] Duftes gesegnet. Und weil der Apfel alle schönen Farben der übrigen Kräuter enthält, nannten die [talmudischen Gelehrten] jenes Feld ›Apfelbaum-Feld‹, ein Feld, das gesegnet ist an Aussehen und Duft, denn jener Duft und jene Farben gehören zum Fundament der Düfte und zum Fundament des Weißen, des Roten und des Grünen, aus denen die Fundamente aller existierenden Farben herrühren.«[838]

836 Mosche Cordovereo, Pardes Rimmonim, Ausgabe Munkacz/Jerusalem 1962, Schaʻar X, Schaʻar ha-Gewanim, S. 59b-60a.

837 Zu dieser Ergänzung vgl. Tishby zur Stelle.

838 Perusch ha-ʼAggadot, neue Zählung, S. 98 (alte Z., S. 36).

Die Farben Grün, Weiß und Rot gelten 'Asri'el demnach als die drei Grundfarben, aus denen alle anderen Farben gemischt werden. Die Farbenlehre 'Asri'els ist somit eine Lehre im Sinne der neoplatonischen Ideenlehre. Das heißt, die Grundfarben sind in den Sefirot als Urbilder angelegt, die von hier aus in die Welt wirken, wo sie sich zu allen übrigen Farben mischen, gerade so, wie sich nach der Lehre der Philosophen aus den vier Urelementen Feuer, Luft, Wasser und Staub alle existierenden Körper des sublunaren Welt zusammenmischen.

Die ethisch-attributive Deutung der Farben, wie sie Cordovero vorträgt, in der Weiß für Liebe und Erbarmen steht und Rot für Strenge und Gericht, wird von 'Asri'el offenbar noch nicht formuliert, ist aber insofern angelegt, als die beiden Farben Weiß und Rot den beiden Sefirot *Hesed* (Liebe) und *Pachad* (Schrecken) beziehungsweise *Din* (Gericht) zugeordnet sind. Sie ist ja in dieser Zuordnung schon im *Sefer ha-Bahir* vertreten. Dort wird von Wein und Milch gesagt:

> »Was haben sie miteinander zu tun? Das bedeutet eben, daß der Wein [ein Symbol der] Furcht oder Strenge ist, und Milch [eines der] Liebe oder Gnade. Und warum erwähnt er den Wein zuerst? Weil er uns näher ist [gemeint ist ihre Anordnung in der Reihe der Sefiroth]. ›Wein und Milch‹ sagst du? [Verstehe darunter] vielmehr die Farben von Wein und Milch [also rot und weiß].«[839]

3.4 Der »Wille« Gottes

Ein letzter Punkt zur Lehre von den Sefirot muss hier erwähnt werden, nämlich dass 'Asri'el die erste Sefira oder eine ihr vorangehende Stufe mehrfach den »Willen« (*Razon*) nennt. Ihn nennt er außerdem den Anfang der Wege der Weisheit, welcher der Anfang von allem ist:

> » [...] denn die Ordnung alles Existierenden war in der Kraft des Willens. Jedoch er ging nicht hervor, um sich zu zeigen und sich zu offenbaren, bis dass die vorgesehene/geeignete Zeit für dessen [des Existierenden] sichtbare Existenz herangekommen war. Das Sein der Sefirot, welche das Prinzip von allem sind, das unter die Kategorie der Zahl fällt, ist im Willen, der ohne erkennbare Grenze und dem Denken nicht erfassbar ist. Aus ihnen kommt die Emanation der Dinge, mit denen die Welt erschaffen wurde, und sie sind mit dem Willen verbunden, außer dem es nichts gibt. Und aus dem Willen kom-

839 G. Scholem, Farben, S. 129; nach G. Scholem, Das Buch Bahir, Neudruck: Darmstadt 1970, S. 100 (§ 93).

men die Dinge und Worte [d.h. die Sefirot], und sie sind das vom Willen [...] Umfasste, das in Wort und Tat vollendet wird.«[840]

Es offenbart sich hier eine analoge Struktur zur Lehre vom Willen wie bei Schlomo Ibn Gevirol.[841] Der Wille ist einerseits in seiner Unendlichkeit und Unerkennbarkeit der unendlichen Gottheit gleich, ja mit ihr identisch, und zum anderen offenbart er sich zu einer bestimmten Zeit und wird zum Grundplan der gesamten Schöpfung. Damit hat 'Asri'el nochmals in anderer Weise den als ewiges System konzipierten Emanationsstrom, der die Welt hervorbringt, mit der Geschichte verbunden, die zu einem bestimmten Zeitpunkt mit der Welterschaffung beginnt, die nicht ewig ist, sondern auf einen Willensakt des Schöpfers zurückgeht. Der Wille ist hier wie bei Ibn Gevirol gleichsam ein zeitgebundener Aspekt des zeitlosen Gottes.[842]

Es scheint, dass der Wille sich auch hinter dem »*'Or ha-mit'allem*«, dem »Sich Verbergenden-Licht« oder dem »Verborgenen«, verbirgt, das zuweilen mit der ersten Sefira identisch erscheint, wie in dem obigen Stück aus der Farbenlehre deutlich wird. G. Sed Rajna formuliert dies in ihrer Übersetzung des Kommentars zur Liturgie noch entschiedener: »*Ne'elam* [...] der *Deus abscondidus*. Der im asrielischen System der ersten Sefira entspricht.«[843] Desgleichen glaubt Sed-Rajna, dass der *Razon penimi*, der »innere Wille«, eine zusätzliche Benennung für die erste Sefira sei.[844] Auch im *Sendschreiben nach Burgos* taucht die Formulierung »*ha-Razon ha-ne'elam*«, »der verborgene Wille«, auf, der diese Identifikation des »Sich-Verbergenden« mit dem »Willen« nahelegt, aber eben in dem Sinne, dass er gleichsam zwischen *'En Sof* und erster Sefira vermittelt und darum – gemäß dem mittelalterlichen Mittler-Prinzip – an beiden teilhat. Georges Vajda sagt zu diesem Thema in seiner französischen Übersetzung von 'Esras Kommentar zum Hohenlied:

»Die Theosophie 'Esras und seiner Kollegen ist voluntaristisch, und zwar in dem Sinne, dass der Auslöser für den Austritt des Seins (*'Azilut*, ›Emanation‹) hier als ein willentlicher Akt verstanden wird, als eine Entscheidung, die im innersten Bereich des unbekannten Gottes getroffen wurde. Esra spricht folglich vom ›Willen‹ (*Razon*), vom Denken (*Machschava*), ja sogar vom

840 Perusch ha-'Aggadot, Y. Tishby, n. Z., S. 172 (a .Z., S. 110). Meine Übersetzung folgt den Konjekturen von Tishby.

841 Vgl. Bd. I, S. 532-534.

842 Dies ist schon bei Jizchak dem Blinden der Fall; vgl. Kap. Kabbala III.A.3.2.

843 G. Sed-Rajna, Azriel de Gérone, Commentaire sur la Liturgie quotidienne, Introduction, Traduction annotée et glossaires des termes techniques, Leiden 1974, S. 27.

844 G. Sed-Rajna, Azriel de Gérone, S. 43; u. vgl. S. 134.129.

›reinen Denken‹ (*Machschava tehora*). Doch lassen wir uns nicht täuschen, es handelt sich hier nicht gleichsam um eine in einem Augenblick geschehene Erzeugung der existierenden Dinge, wie immer man sich eine solche Operation vorstellen könnte, sondern um ein schrittweises Offenbarwerden dessen, das schon immer existierte, darum die prägnante Formulierung: ›die Wesenheiten waren (schon immer); und die Emanation hat zu einem Zeitpunkt eingesetzt‹ (*ha-Hawwajot haju we-ha 'Azilut mechuddasch*).«[845]

4. Urzeit – Weltzeit – Endzeit

Der aufmerksame Betrachter der obigen Tabelle mit den Benennungen der Sefirot in 'Asri'els Schriften wird bemerkt haben, dass in der Mehrzahl der Spalten die Position der zehnten Sefira leer geblieben ist. Dies hat nichts mit einer möglicherweise unsystematischen und darum zuweilen defizitären Auflistung durch 'Asri'el zu tun, sondern mit dem System, welches sich dahinter verbirgt. 'Asri'el ist der erste kabbalistische Autor, der eine kabbalistische Historiosophie entwirft, in welcher der Lauf der Geschichte vor und nach dem Sündenfall und nach dessen Wiedergutmachung in der Endzeit charakterisiert wird. Es ist sicherlich kein Zufall, dass auch das von Scholem dem Geronenser Kreis zugeschriebene *Sefer ha-Temuna*, eine analoge, mit den Sefirot zusammenhängende Weltzeitalterlehre konzipierte.[846] Der Entwurf einer solchen Geschichtsphilosophie durch 'Asri'el ist insofern bedeutsam, als die aristotelisch-platonischen Weltbilder, denen sich ja auch 'Asri'el in weitem Maße verpflichtet hatte, ihrem Wesen nach ahistorische Weltbilder sind, in denen ein nach bestimmten Regeln ablaufender Dauerzustand beschrieben wird. Es war indessen schon mehrfach Gelegenheit darauf hinzuweisen, dass sowohl die mittelalterlichen jüdischen Philosophen, wie auch manche Kabbalisten dieses statisch-ewige kosmische Uhrwerk durch die Einfü-

845 G. Vajda, Le commentaire d'Ezra de Gérone sur le cantique des cantiques, Paris 1969, S. 26; das Zitat stammt aus 'Esras Kommentar III, 9. Scholem glaubt, dass diese Formel, die sich bei den Geronenser Kabbalisten mehrfach findet, auf deren Lehrer Jizchak den Blinden zurückgeht; G. Scholem, Ursprung, S. 246.

846 Vgl. G. Scholem, Ursprung, S. 407ff.; K.E. Grözinger, Zahlen, die auf das Ende deuten. Jüdische Endzeithoffnungen als Spiegel der Generationen, in: Menora. Jahrbuch für deutsch-jüdische Geschichte, J. H. Schoeps, K. E. Grözinger, W. Jasper, G. Mattenklott (Hrsg.), Bd. 11 (2000), S. 209-228; u. ders., Zahlen, die Geschichte machen. Die Zahl als Orientierungshilfe in der jüdischen Historiosophie, in: Die Wehen des Messias. Zeitenwende in der jüdischen Geschichte, E. Brugger, M. Keil (Hrsg.), Berlin/Wien 2001, S. 67-89; K.E. Grözinger, Jüdische Geschichtsschreibung zwischen Mythos und Moderne – eine Verortung der Differenz, in: Zeitenwenden, Herrschaft, Selbstbehauptung und Integration zwischen Reformation und Liberalismus. Festgabe für A. Herzig zum 65. Geburtstag, ed. J. Deventer, S. Rau, A. Conrad et. al., Münster Hamburg 2002, S. 53-70.

gung eines göttlichen Willens zugleich an dessen erster Ursache mit einem geschichtlichen Element versahen und damit dem Kosmos eine Zeitlinie aufsetzten. Die Schöpfung geht danach auf einen Willensakt der Gottheit zu einem bestimmten Zeitpunkt zurück, womit das Weltganze einen Anfang bekommen hat. Hinsichtlich eines entsprechenden Endpunktes waren die meisten dieser Denker schon weniger interessiert, wofür die Auseinandersetzungen um die Auferstehung von den Toten bei Maimonides symptomatisch sind.[847] In seinem *Führer der Unschlüssigen* kommt er auf einen solchen historischen Endpunkt der Weltgeschichte, der etwa durch die Auferstehung des Fleisches markiert wäre, nicht zu sprechen. Für ihn stellte sich das Ende zunächst nicht als weltgeschichtliches Ereignis dar, sondern als individuelle Auflösung des Einzelnen im göttlichen *Aktiven Intellekt.* Erst auf Vorhaltungen seiner Gegner hin, sah er sich bemüßigt, sich zu einem solchen heilsgeschichtlichen Schluss zu äußern, degradierte ihn aber zu einem unbegreiflichen wunderhaften Interregnum, das schließlich durch die individuelle Zeitlosigkeit wieder abgelöst wird.

Demgegenüber hat 'Asri'el versucht, das jüdische geschichtliche Denken in unterschiedlichen geschichtlichen Weltzeit-Epochen, wie es die Propheten, die Apokalyptiker und auch die talmudischen Gelehrten konzipierten,[848] mit kabbalistischen Mitteln auszudrücken und die Weltzeiten wieder als legitime, den Rhythmus des Weltverlaufes bestimmende Faktoren, in sein Recht einzusetzen.

Die drei von ihm gezeichneten Zeiten sind die Urzeit vor dem Sündenfall, die gegenwärtige Weltzeit und die ihr nachfolgende messianische Zeit. Sollte man hier einwenden, auch Maimonides habe ja die messianische Endzeit herbeigesehnt, so erinnere man sich an seine diesbezüglichen Äußerungen,[849] nach denen der Messias ein ganz gewöhnlicher Mensch aus der davidischen Dynastie sei, der das Messianische erst erarbeiten müsse, wie dies in der menschlichen Geschichte eben üblich ist, ohne dass damit ein weltzeitgeschichtlicher Umsturz zu erwarten wäre. 'Asri'els Konzeption entspricht demgegenüber sehr viel mehr den apokalyptischen Konzeptionen, nach denen der Messias zugleich eine neue Weltzeit heraufführt.[850]

Im Gegensatz zu den meisten Apokalyptikern aber konzentriert 'Asri'el die eigentliche messianische Erneuerungsmacht nicht in übernatürliche kosmische Naturwunder, sondern ganz auf das Anthropologische. Das, was die Welt erneuert, ist nicht Gottes Macht oder ein von ihm festgelegter Plan, sondern der neue Mensch, wozu später noch Weiteres zu sagen sein wird.

Zunächst müssen die drei Weltepochen selbst betrachtet werden und das,

847 Vgl. Bd. I, S. 471-480.

848 Vgl. Bd. I, S. 84ff.172-182.296-298.

849 Vgl. Bd. I, S. 479f.

850 Vgl. Bd. I, S. 228-298.172-182.190-198.

wodurch sie in ‘Asri’els Denken charakterisiert sind. In den beiden oben schon genannten Schriften ‘Asri’els, dem Buch *Derech ha-'Emuna* und dem *Sendschreiben nach Burgos*, findet sich je eine Beschreibung der oberen, göttlichen Welt, die trotz erheblicher terminologischer Unterschiede in ihrem Aufbau weitgehend parallel sind, da sie offenbar dieselbe Sache mit verschiedener Terminologie beschreiben wollen. An der Spitze dieser intelligiblen Welt steht, terminologisch von der Wurzel *'azal* (»emanieren«) gebildet, eine Trias von Emanationskräften,[851] nämlich:

1. Die Kraft des Emanierenden	(*Koach ha-Ma'azil*)
2. die Kraft der Emanation	(*Koach ha-'Azilut*)
3. die Emanierte Kraft	(*Koach ha-Ne'ezal*).[852]

Gelegentlich wird über ihnen noch die Verborgene Kraft, *Koach ne'elam* beziehungsweise *'Or ha-mit'allem*, genannt,[853] die außerhalb der theosophischen Dekade steht, das *'En Sof* (»Unendliche«) bezeichnet, das allerdings bei ‘Asri’el häufig mit der ersten Sefira verschwimmt.[854] Unterhalb dieser oberen Trias erstreckt sich – nach der Terminologie des *Derech ha-'Emuna* – die ›Kraft des Erschaffenen‹, »die in sieben Gegensätzen gelenkt wird (*mitnaheg be-scheva' Temurot*), bis die Sünde vernichtet ist und der Messias kommt«. Das heißt, ‘Asri’el kennt eine Trias der Emanation und eine Heptas des Erschaffenen – zusammen zehn Kräfte.

Schaut man indessen genauer hin, muss man feststellen, dass statt der angekündigten »sieben *Temurot*« nur sechs Kräfte aufgezählt werden, eine *Hexas von Kräften des Erschaffenen.* Das den Sechsen fehlende und sie zu sieben Kräften ergänzende Glied ist, so ergibt sich aus beiden hier zu besprechenden Texten, offenbar eine von den oberen Kräften, die sich zuweilen mit den sechs unteren verbinden kann oder aber sich von ihnen zurückzieht.

Das Erstaunliche ist nun allerdings, dass in beiden Texten neben dieser »Siebenerreihe« die in Wirklichkeit aus nur sechs Gliedern besteht, eine weitere Siebenerreihe von Kräften (*Middot*, »Potenzen, Maßen«) bzw. *Temurot* aufgezählt wird, die dieses Mal tatsächlich sieben Glieder aufweist. Die Kräfte dieser zweiten vollständigen Siebenerreihe sind, das formulieren die Texte sehr deutlich, nicht jene Kräfte, in denen die Welt bis zum Kommen des Messias gelenkt wird, sondern diese vollständige Siebenerreihe benennt die Kräfte, mit denen der

851 Vgl. die Tabelle Kolumnen A.D.E.

852 Vgl. G. Scholem, Ursprung, S. 386.

853 Vgl. Scholem, Kabbalot, S. 233f.237; Seridim, S.208; Perusch Sefer Jezira, S.454; Commentaire, Rajna, Index s.v. ne‘elam.

854 Vgl. G. Scholem, Ursprung, S. 384.

Messias gelenkt wird, d.h. sie tritt offenbar in der messianischen Zeit an die Stelle jener defekten Siebenerreihe, die nur sechs Glieder aufweist.
Hier zunächst der Text aus dem Buche *Derech ha-'Emuna*:[855]

§ 1
»Der Weg des Glaubens und der Häresie sind unterschiedslos gleich (*schawim*) am Orte, an dem *Sein Nichts* mit *Seinem Sein* verbunden sind.
Und der Weg des Glaubens gliedert sich in mehrere Wege.
Der erste Weg ist:
Wenn man lehrt:
Die *Kraft des Emanierenden* und
die *Kraft der Emanation* und
die *Emanierte Kraft* und[856]
§ 2
die *Kraft des Erschaffenen,*
welche durch sieben *Temurot* (Gegensätze) gelenkt wird,
die die 13 Ordnungen der Vergebung[857] sind, in welchen
die Welt gelenkt wird, bis die Sünde vernichtet ist
und der Messias kommt [...].
§ 3
[mit der *Kraft des Emanierenden*]
welche die *Göttliche Kraft* ist, und
mit der *Kraft der Emanation,*
welche die *Angelische Kraft* ist, und
mit der aus ihr *Emanierten Kraft,*
welche die Kraft des *Propheten*[858] ist,
§ 4
dann ruht auf ihm
[1.] der Geist des Namens (Herrn),

855 G. Scholem, Seridim, S. 211.

856 Der hebräische Text liest hier »*sche hu*«, »welches ist«. D.h. er identifiziert emanierte und erschaffene Kraft, was jedoch falsch ist, wie sich weiter unten herausstellt. Auch der Text bei Reuchlin, De arte cabbalistica, Hagenau 1517, S. XVIII ist korrupt, vgl. M. u. S. Goodman, J. Reuchlin, On the Art of the Kabbala, New York 1983, S. 108 (Neudruck: Lincoln/London 1993).

857 Eine kabbalistische Adaption der rabbinischen 13 *Middot ha-Rachamim* aus Ex 34,6f. Im Gegensatz zu jener kabbalistischen Tradition, welche nach dem Vorgang im *Sefer Jezira* und *Bahir* eine Zehnzahl göttlicher *Sefirot* annahm, gab es in der frühen Kabbala auch die Konzeption von 13 göttlichen *Middot*, welche hier harmonisierend mit der Zehnerkonzeption verbunden wurde; vgl. J. Dan, Huge ha-mekubbalim ha-rischonim, 'Arakh lefi ha-harza'ot Y. 'Agasi, Jerusalem, Akademon 1983/4.

858 Im *Sendschreiben nach Burgos* steht an der vergleichbaren Stelle die *Menschliche Kraft,* S. 237.

[2.] der Geist der Weisheit
[3.] und der Einsicht,
[4.] der Geist des Rates
[5.] und der Stärke,
[6.] der Geist der Erkenntnis
[7.] und die Furcht vor dem Herrn (Jes 11,2),
das heißt, die sieben *Temurot* (*Middot*/Weisen],[859]
mit denen der Messias gelenkt wird (sich lenkt),
den Guten wohl zu tun und die Frevler schuldig zu erklären, wie geschrieben steht: ›Mit dem Hauch seiner Lippen tötet er den Frevler‹ (Jes 11,4).

§ 5

Aber die sieben *Temurot*/Gegensätze der 13 Ordnungen des Erbarmens, beginnen unterhalb der *Emanierten Kraft*[860]

[es sind]	
die *(Kraft) dessen, der wachsen lässt*	(*Koach ha-mazmiach*)
die *Kraft des Wachsens*	(*Koach ha-Zemicha*)
die *Kraft des Wachsenden*	(*Koach ha-Zomeach*)
die *Kraft* [...][861] *des Zeugenden*	(*Koach ha-Molid*)
die *Kraft der Zeugung*	(*Koach ha-Toleda*)
die *Kraft des Gezeugten* ...	(*Koach ha-Nolad*)

§ 6

Aber wenn du aus ihnen die *Kraft des Emanierenden* herausnimmst, welche unter den sechs *Temurot*/Gegensätzen ausgleicht, dann bleiben es sechs!«

Dieser Text aus *Derech ha-'Emuna*, der hier zum Zwecke der Kommentierung in Paragraphen unterteilt wurde, beschreibt die zehn Sefirot wie schon oben dargelegt als in zwei grundsätzlich zu unterscheidende Einheiten. Da ist die obere Triade von so genannten »Emanationskräften« (§ 1) und unter ihr die »Kraft des Erschaffenen«, das heißt die für die Geschöpfe verantwortliche Kraft. Sie wie-

859 Wahrscheinlich ist hier statt *Temurot* (Gegensätze) *Middot* (Maße/Kräfte) zu lesen, wie weiter unten noch deutlicher werden wird. Die *Temurot* gehören als Gegensätze zur ›Weltzeit‹ und die *Middot* wohl zur messianischen Zeit. In den Handschriften ist dieser Unterschied verwischt und war den Kopisten offenbar nicht mehr deutlich.

860 Hebr: *mi-koach ne'ezal ha-mazmiach*. Korrupt. Ergänzung wie oben.

861 Der hebräische Text fährt hier fort: »in welchem ist, wachsen zu lassen und die Kraft des Wachsenden in dem der Erzeugende ist und die Kraft des Zeugens und die Kraft des Erzeugten und die Kraft, in der Kraft zu zeugen ist«. In dieser Form erscheint der Text wenig plausibel. Meine Konjektur beruht auf der Einsicht, dass 'Asri'el hier drei Triaden mit den innertriadischen Aspekten *agens*, *actio*, *actus* konstruiert (vgl. u.), was sogleich durch den Fortgang des Textes bestätigt wird. Die hier fehlende siebte Kraft ist die ebenda genannte Kraft des Emanierenden – die übrigen Worte scheinen korrupt zu sein.

derum wird als von sieben »Gegensätzen« (*Temurot*) gelenkt dargestellt (§ 3). Diese sieben *Temurot* werden sodann in § 5 angekündigt, allerdings werden im Folgenden nur sechs solcher Kräfte aufgezählt. Dass diese Differenz kein Versehen ist, wird in § 8 eigens nochmals bestätigt, sie kehrt auch mehrfach in 'Asri'els *Sendschreiben nach Burgos* wieder, wie aus den Kolumnen D, G und H der obigen Tabelle zu erkennen ist. Diese Kräfte des Erschaffenen, das geht aus ihren Benennungen hervor, haben eine analoge Funktion wie die vegetative und die animalische Weltseele in Jisraelis und 'Asri'els Pseudoaristoteles,[862] nämlich pflanzliches, das heißt »wachsendes«, und animalisches Leben in der Welt zu ermöglichen. Demgegenüber dienen die drei oberen Kräfte, wie dies der unten noch anzuführende Abschnitt aus 'Asri'els *Sendschreiben nach Burgos* eigens sagt, »dem Bedarf der Oberen«, wenn sich deren Licht zuweilen auch auf die »Unteren« ergießt, was der genannte Text ebenfalls betont. Was dies Letztere zu bedeuten hat, wird sogleich deutlich werden.

Die Wirkungen auf den »oberen Bereich« werden aus § 3 verständlich. Die letzte der drei oberen Kräfte ist die »prophetische Kraft«, welche zwar dem Menschen eignen kann, aber doch über das natürliche Menschsein hinausführt, wie dies schon Jehuda ha-Levi gelehrt hatte. Er glaubte, dass die natürliche Wesenskraft des Menschen der Intellekt sei, darüber jedoch die prophetische Kraft stehe, die nur dem Volk Israel eignet.[863] Die mittlere der drei oberen Kräften dient den Engeln und die oberste repräsentiert schließlich die Teilhabe am Göttlichen selbst.

Betrachtet man nun aber die Beschreibung der drei plus sieben Kräfte in den Paragraphen drei und vier, so kann man mit Erstaunen feststellen, dass im Paragraphen vier nun tatsächlich die *sieben* unteren Kräfte aufgezählt werden. Auch hierfür gibt es weitere Parallelen in 'Asri'els Texten, so im *Sendschreiben nach Burgos* und im *Scha'ar ha-Scho'el*, Kolumne E und I der obigen Tabelle. Was nun der Unterschied zwischen dieser defekten und der kompletten »Siebenerreihe« ist, wird in den Paragraphen zwei und drei deutlich gesagt. Die defektive Reihe ist die die Weltzeit zwischen Sündenfall und Messiaszeit beherrschende Reihe, während in der Messiaszeit die Reihe wieder komplett sein wird. Der Defekt war durch die Sünde des Menschen entstanden, wie aus einem anderen Passus des *Sendschreibens* deutlich wird. Dort sagt 'Asri'el:

> »[...] die Welt der Körper ist nicht würdig, zur Kraft der Vollkommenheit zurückzukehren, in der zu stehen und zu bestehen sie ausersehen war, bevor der Mensch sündigte, bis der Messias kommt, der vollkommen ist im *Naturalen*, im *Sensiblen*, im *Intelligiblen* und im *Sich Verbergenden*, so dass in ihm sein

862 Vgl. Bd. I, S 509.

863 Vgl. Bd. I, S. 601-609.

> wird die *Göttliche Kraft*, die *Angelische [Kraft]* und die *Menschliche Kraft* und die *Wachstumskraft* und die *Tierische Kraft.*«[864]

Das bedeutet, die Welt war, wie dies die Bibel zum Ende des Schöpfungsberichtes nachdrücklich betont, nach der Erschaffung »sehr gut« (Gen 1,31).[865] 'Asri'el begrenzt diesen Zustand, in dem die Welt in der »Kraft der Vollkommenheit« stand, auf die Zeit vor den Sündenfall. Er glaubt also, dass der Sündenfall eine kosmische wie auch anthropologische Verminderung, und Verschlechterung bewirkt hat. Damit bricht 'Asri'el ganz offensichtlich mit der biblisch rabbinischen Weltsicht, nach welcher der Sündenfall keine Auswirkung auf die Gottebenbildlichkeit des Menschen noch auf den Kosmos als Ganzen hatte. Nach biblisch-rabbinischer Auffassung war mit dem Sündenfall nur die *Möglichkeit* des Todes für den Menschen in die Welt gekommen, nicht ein unausweichliches Verhängnis. Wenn dennoch alle Menschen sterben, dann nur, weil sich jeder für sich selbst den Tod verdient hat. 'Asri'el könnte sich für seine Weltsicht allenfalls – was er aber nicht tut – auf die Verfluchung des Ackerbodens, die beginnende Feindschaft zwischen Mensch und Schlange und die Geburtswehen der Frau als negative Folgen des Sündenfalls berufen. All dies wird von der rabbinischen Theologie eher verdrängt, oder vielmehr in ihr umfassendes ethisch-meritorisches System eingefügt, das heißt auf das je aktuelle Verhalten der Menschen bezogen und in ihm begründet, nicht aber als eine unausweichliche kosmische Vorgabe verstanden. Demgegenüber spricht 'Asri'el von einer objektiven kosmischen Verschlechterung des gesamten Weltgeschehens, das nun unter der Herrschaft der Gegensätze steht. Die Möglichkeiten des Individuums sind nun im Vergleich zur rabbinischen Theologie gerade umgekehrt. Nach 'Asri'el kann sich das Individuum durch sein Tun vorübergehend aus dieser objektiv elenden Situation befreien, wozu später noch das Nötige gesagt werden wird, während die Rabbinen glauben, dass der Mensch in einer objektiv guten Welt sich durch sein Tun die Not erst selber schafft. Wo der Augenschein dem widerstreitet, wenn es dem Frommen schlecht und dem Frevler gut geht, setzen die Rabbinen ihre Lehre vom Leiden der Gerechten dagegen, nach welcher der Gerechte für die Schuld seiner Generation leidet und ihr Verdienst und damit Erleichterung verschafft.[866]

Was nun die, die Weltzeit beherrschenden Gegensätze sind, zählt 'Asri'el im *Sendschreiben* an einigen wenigen Beispielen, dem *Sefer Jezira* folgend, folgen-

864 G. Scholem, Kabbalot, S. 237.

865 Zu dieser optimistischen Weltsicht, welche auch die antiken Rabbinen teilten, vgl. K.E. Grözinger, Prediger gottseliger Diesseitszuversicht, Jüdische 'Optimisten', FJB 5 (1977), S. 42-64; und Bd. I, S. 257-262.274ff.

866 Vgl. Bd. I, S. 288-298.

de auf: Frieden und Krieg, Weisheit und Torheit, Reichtum und Armut, Samen und Ödnis, Anmut und Hässlichkeit, Herrschaft und Sklaverei, Leben und Tod.[867] In der messianischen Zeit wird die auf sechs Kräfte reduzierte »Kraft des Erschaffenen« wieder vollständig sein und dann wird die Welt wie in der Urzeit nicht mehr von den Gegensätzen beherrscht. Die Situation in Ur- und Endzeit bietet dann zwar nicht ein göttliches Leben schlechthin, es bleibt ein menschliches Leben, aber eben nicht mehr unter der Herrschaft der schroffen Gegensätze, sondern wie 'Asri'el im *Sendschreiben* einmal die Urzeit beschreibt:

> »Der Mensch hätte nicht in den übrigen *Middot* gelenkt werden müssen, sondern [alleine] gemäß dem sich Verbergenden Willen, der ihn lenkt. Und er wäre ausersehen gewesen, zu bestehen, ohne Essen und Trinken, und sogar ewig zu leben wäre er ausersehen gewesen. Und obwohl es keinen Tod gegeben hätte, hätte es an Stelle des Todes den Schlaf gegeben und [nur] etwas weniger Frieden an Stelle des Krieges, und etwas weniger Weisheit statt Torheit, und etwas weniger Anmut statt Hässlichkeit, und etwas weniger Herrschaft statt Sklaverei.«[868]

Immerhin wird an dieser Gegenüberstellung deutlich, worin sich menschliches Leben nach 'Asri'el in der Zeit vor und nach dem Sündenfall unterscheidet. In der messianischen Zeit werden dann die auf sechs reduzierten Welterhaltungskräfte wieder auf sieben vervollständigt und dann ist auch die Herrschaft der Gegensätze vorüber. Der, der dies heraufführt, ist der Messias selbst, über den im Kapitel zur Anthropologie zu reden sein wird.

Der Unterschied zwischen dem defekten und dem heilen Zustand des sefirotischen Systems ist, wie dies im Paragraphen sechs gesagt wird, der, dass im defektiven Zustand den Weltlenkungskräften die *Kraft des Emanierenden* abhanden gekommen ist: »Aber wenn du aus ihnen [das heißt aus den *Temurot*] die *Kraft des Emanierenden* herausnimmst, welche unter den sechs *Temurot*/Gegen sätzen ausgleicht, dann bleiben es sechs!« (§6) Es ist also die »Kraft des Emanierenden«, sprich die erste Sefira, welche die *Temurot* zu sieben ergänzt und zugleich unter ihnen ausgleicht, wodurch die Gegensätze aufgehoben, beziehungsweise in dem besagten Maße abgeschwächt werden. Das heißt mit andern Worten, den unteren sieben Sefirot fehlt der Einfluss der ersten Sefira, welche diese ausgleichende Kraft besitzt. Es ist demnach die gleichmachende Kraft, welche der unheilen Welt fehlt, und darum ist sie den Gegensätzen ausgeliefert.

867 G. Scholem, Kabbalot, S. 236, 4ff.; im Sefer Jezira, Warschau IV, 1-3; K.E. Grözinger, Theosophie, FJB 14 (1986), S. 128. Sieben sind es, weil sie den »sieben Doppelten« entsprechen, vgl. Kap. Sefer Jezira 2.2.1.; vgl. ferner die Übersetzung, in: K.E. Grözinger, Theosophie, S. 128.

868 G. Scholem, Kabbalot, S. 235; K.E. Grözinger, Theosophie, S. 126.

Diese Situation unter den Gegensätzen kann indessen nur darum stabil bleiben, weil, wie dies im *Sendschreiben nach Burgos* gesagt wird, sich das Licht der drei oberen Sefirot zuweilen auch auf die unteren ergießt.[869] Dieser zuweilen aus der oberen Triade auf die beiden unteren Triaden ausfließende Fluxus ist gleichsam das weltstützende Surrogat in der Zeit vor der Ankunft des Messias. Als solche Surrogatkraft wird offenbar auch das göttliche Verzeihen betrachtet, wie es in den Paragraphen acht und neun von *Derech ha-'Emuna* gesagt wird:

§ 8
»Aber wir müssen erklären, dass die sechs *Middot* [d.h. *Temurot*], das heißt

die *Kraft dessen der wachsen lässt*, welche die Wurzel ist, und
die *Kraft des Wachsens*, welche der Zweig ist, und
die *Kraft des Wachsenden*, welche die Frucht ist, und

die *Kraft des Zeugenden*, welche die Kraft des Vaters ist, und
die *Kraft der Zeugung*, welche die Kraft der Mutter ist, und
die *Kraft des Gezeugten*, welche die Kraft des Sohnes ist, der aus ihnen geeint ist,
dass diese sechs *Middot* [d.h. *Temurot*] die *Kraft des Erschaffenen* genannt werden;

§ 9
und gegenüber einer jeden von ihnen ist die *Kraft der Vergebung*, die ihnen der Name [d.h. JHWH], Er sei gesegnet, vorangehen ließ, da die Welt nicht bestehen blieb, bis die Wege der Umkehr (Buße) kamen, welche die Geheimnisse der Umkehr und des Verzeihens genannt werden.«[870]

Die Vergebung ist für die Weltzeit offenbar eine Kraft, welche es vermag zwischen den Gegensätzen auszugleichen und so die Einheit schaffende oberste »Kraft des Emanierenden« zu vertreten. In diesem letzten Absatz wird zugleich ein weiterer wichtiger Faktor angedeutet, der vonnöten ist, die defekte Welt zu stützen, eine menschliche Aktivität, nämlich die Umkehr, welche sodann Gottes Vergebung auslöst, und so der Welt ihren Bestand sichert. Dazu wird im Folgenden noch Weiteres zu sagen sein.

Das vollständige Ensemble der sieben unteren *Middot* wird in § 4 in anthro-

869 Vgl.G. Scholem, Kabbalot, S. 234, 3; K.E. Grözinger, Theosophie, S. 124, s u.; diese Entsprechung der ersten bzw. der drei ersten mit der zehnten Kraft sieht auch Sed-Rajna, Commentaire, S. 72.

870 Seridim, S. 212; K.E. Grözinger, Theosophie, S. 122.

pologisch-messianologischen Kategorien beschrieben. Dies ist möglich, da, wie unten noch deutlich werden wird, der Messias keine natürliche menschliche Person ist, sondern der ursprünglich vom Schöpfer intendierte Mensch, der *Adam redivivus*, der wiederhergestellte Mensch, dem nunmehr kosmische Dimensionen eignen.

Auch im *Sendschreiben nach Burgos* findet sich das Nebeneinander von defektiver und vollständiger Reihe von Weltlenkungskräften:

§ 1
»Und das Sichtbare sieht man nach
dem *Sich Verbergenden Licht* *(ha 'Or ha-mit'allem)*,
aus dem
das *Licht des Emanierenden* *('Or ha-ma'azil)* und
das *Licht der Emanation* *('Or ha-'Azilut)* und
das *Emanierte Licht* *('Or ha-ne'ezal)* [hervorgehen],
§ 2
und das Licht der Seele, die *Jechida* genannt
und das Licht der Seele, die *Hajja* genannt
und das Licht der Seele, die *Ruach* genannt
und das Licht der Seele, die *Nefesch* genannt
und das Licht der Seele, die *Neschama* genannt[871]

und das Licht des *Körpers (Guf)*.
§ 3
Und das *Licht des Emanierenden*
Und das *Licht der Emanation*
Und das *Emanierte Licht*
Sind zum Bedarf der Oberen, doch zuweilen ergießt sich ihr Licht auf die Unteren!
§ 4
Und die sieben, welche dem Bedarf der Unteren dienen sind erkennbar an den ihnen entsprechenden sichtbaren Lichterscheinungen,
am *Licht der Morgenröte,*
am *Morgenlicht,*
am *Vormittagslicht,*
am *Mittagslicht,*
am *Abendlicht,*
am *Abendzwielicht,*

871 Die Zuordnung der Seelenstufen weicht in Scha'ar ha-Scho'el, S. 3b, weit von der hier vorliegenden ab, was seinen Grund in der unterschiedlichen gedanklichen Zielsetzung haben mag.

am *Licht der Finsternis.*

§ 5

Das *Sich Verbergende Licht* aber vereint sich wie eine Feuersflamme, die in ihren Farbnuancen eins sind, wie es heißt: Feuersflammen sind die Lohen Jahs‹ (Cant 8,6).

Die genannten drei Lichter aber,
die *Kraft des Intelligere* *(Haskel)* und
die *Kraft der Intellektio* *(Histaklut)* und
die *Kraft des Intellektes* *(Sechel)*,
wurden das *Wesen der Vervielfältigung* genannt.

§ 6

Und die Sieben werden das *Aufbewahrte Gut* genannt, das ist es, was geschrieben steht: ›Wie groß ist Deine Güte, die du aufbewahrt, für die, die dich fürchten‹ (Ps 31,20)«.[872]

Das in § 2 aufgezählte defekte Ensemble von nur sechs Kräften, das später nochmals zu besprechen sein wird, ist hier in anthropologischen Kategorien als fünf Seelenstufen realisiert. Ihm folgt sodann in § 4 das vollkommene Ensemble. Dessen Zugehörigkeit zur messianischen Zeit ist an seiner Benennung als »Aufbewahrtes Gut« zu erkennen, ein Gut, das für die Gerechten in der Heilszeit aufbewahrt ist. Das heißt, in der messianischen Heilszeit wird die Welt von sieben Kräften geleitet, wodurch die Gegensätze, dank der siebten Kraft, ausgeglichen sein werden.

Während der Weltzeit nach dem Sündenfall wird hingegen, wie schon vermerkt, die Welt von dem defektiven Kräfteensemble gelenkt, das als »unausgeglichen« gilt und in Gegensätze zerfällt, die nur gnadenhalber zusammengehalten werden. In der Ur- und Endzeit hingegen wird das ganze Ensemble der sechs Gegensätze durch eine siebente, sie ausgleichende Kraft geheilt. Diese ausgleichende Kraft ist der Einfluss der ersten Sefira beziehungsweise der ersten drei Sefirot. Dann wird die Welt wieder in den Zustand zurückkehren, in welchem die Gegensätze in der oben schon wiedergegebenen Weise ausgeglichen werden, nachdem es statt des Todes nur den Schlaf etc. gibt.

872 G. Scholem, Kabbalot, S. 233ff.

5. Der Mensch

5.1 Stufen der Gottebenbildlichkeit

Im Paragraphen zwei des zuletzt zitierten Textes war das defektive Ensemble der Weltlenkungskräfte in anthropologischen Kategorien dargestellt, bestehend aus fünf den menschlichen Seelen entsprechenden Lichtern und dem sechsten »Licht des Körpers«. Die Beschreibung der göttlichen Welt in anthropologischen Kategorien ist für ein dem Neoplatonismus verpflichtetes Denken nichts Ungewöhnliches. Die traditionelle neoplatonische Emanationskette besteht ja aus den anthropomorphen Stufen Intellekt, Seele und Natur, welcher letztere zuweilen mit dem Körper der Sphären identifiziert wird. Der sowohl von Jizchak Jisraeli wie 'Asri'el zitierte pseudoaristotelische Neoplatoniker geht sogar noch einen Schritt weiter und teilt die Weltseele in die drei menschlichen Seelenstufen *anima rationalis*, *animalis* und *vegetativis* auf.[873] 'Asri'el beschreitet hier einen analogen Weg, wenn er die sechs Sefirot der »Kraft des Erschaffenen« mit den Seelen und dem Körper benennt. Dasselbe zeigte sich auch in deren Benennung als den *Kräften der Zeugung*, welche der animalischen Seele entsprechen und den *Kräften des Wachsens* die der vegetativen Seele zugehören. Man kann jetzt schon sagen, der körperlich-psychische Mensch nach dem Sündenfall ist das Ebenbild der defektiven Sefirotreihe, da er wie jene aus nur sechs Teilen besteht. Dass er jedoch auch während der Weltzeit ein noch höher entwickeltes Ebenbild der Sefirot sein sollte und auch vorübergehend oder auf Dauer sein kann, wird im Folgenden noch deutlich werden.

Für die Entsprechung des Menschen und der sechs Weltlenkungskräfte fand 'Asri'el nebst dem Körper in der Bibel fünf Begriffe, welche man seit der rabbinischen Antike als Bezeichnungen der Seele verstanden hatte. Nachdem schon die *Nefesch*, *Ruach* und *Neschama* von den Philosophen für die vegetative, animalische und rationale Seele veranschlagt worden waren, kamen nun als kabbalistische Besonderheit noch die *Hajja* (Lebendige) und *Jechida* (Einzige) hinzu, aber eben als zwei weitere, zusätzliche psychische Substanzen.

Außer diesem defektem Zustand gibt es auch in dieser Weltzeit schon eine höhere Stufe des Menschseins, welche über den körperlich-psychischen Menschen hinausragt. Im Paragraphen drei des Zitates aus *Derech ha-'Emuna*[874] heißt die dritte Kraft der oberen Triade »Kraft des Propheten« beziehungsweise »Prophetische Kraft«. An anderer Stelle im *Sendschreiben nach Burgos*[875] heißt sie einmal »Kraft der Prophetie« und in einem unten noch aufzunehmenden

873 Vgl. Bd. I, S. 503ff.

874 Vgl. oben.

875 Sendschreiben nach Burgos, S. 232.

Stück »Menschliche Kraft«.[876] Damit ist wohl gesagt, dass der Prophet auch in der Weltzeit Ebenbild in noch vollkommeneren Sinne werden kann, dann besitzt er nämlich die dritte Kraft aus der oberen Triade, wodurch sich das defektive Ensemble seiner Kräfte von sechs auf eine vollkommene sieben erhöht.

Im Paragraphen fünf des zuletzt zitierten Textes, der die gesamte obere Triade in der Terminologie des Intellektuellen beschreibt, wird die dritte Kraft der oberen Triade »Intellekt«, »*Sechel*«, genannt. Laut Derech 'Emuna §3 ist diese dritte Kraft der drei oberen Sefirot die *Emanierte Kraft* oder die *Kraft der Propheten*. Damit erscheint der *Intellekt* als die *Kraft der Prophetie*. Da nun in der mittelalterlichen Philosophie Prophetie und Intellekt unmittelbar miteinander verbunden sind, ja die höchste Entwicklungsstufe des menschlichen Intellekts die Stufe der Prophetie ist,[877] besteht die Möglichkeit, dass 'Asri'el hier nach dem Vorgang der Philosophie die Teilhabe am Intellekt und an der Prophetie als ein und dasselbe versteht, mithin dem Intellektuellen und dem Propheten schon in dieser Weltzeit eine höhere Stufe der Ebenbildlichkeit mit der Sefirotwelt zuteil würde, allerdings auch noch keine vollkommene, welche erst der Messias erlangt, wie noch gezeigt werden soll. Dieser Eindruck des philosophischen Verständnisses der Prophetie wird dadurch bestätigt, dass auch die Prophetie in der messianischenZeit nicht auf den Ausfluss aus der dritten Kraft der oberen Triade beschränkt bleibt. Die Prophetie der Endzeit saugt aus allen drei Kräften der oberen Triade:

> »All jene Tage, die aus dem Ausfluss, welcher aus den oberen Worten [Sefirot] fließt, bestehen, werden die messianischen Tage genannt. Dann wird jeder einzelne in der Kraft des *Lichtes des Emanierenden*[878], welches die *Göttliche Kraft* ist, und mit der Kraft des *Lichtes der Emanation*, welches das *Angelische Licht*[879] ist, und mit der Kraft des *Emanierten Lichtes*, welches das *Licht des Propheten* ist prophezeien.«[880]

Allerdings kann auch der Mensch der Weltzeit wenigstens vorübergehend Anteil am vollkommenen Menschsein erlangen und damit zugleich welterhaltend wirken, was weiter unten noch zu besprechen sein wird.

876 K.E. Grözinger, Theosophie, S. 130 § D3.

877 Vgl. Bd. I, S. 419-422.468-471.524f.

878 Ich korrigiere hier mit Scholem z. St. Der Text liest das »Intellektuelle Licht«.

879 Hier liest der Text »Licht der Prophetie«, was aber nach der oben zitierten Parallele aus *Derech ha-'Emuna*, § 3 eben das »Licht der Engel« sein muss.

880 Sendschreiben nach Burgos, G. Scholem, Kabbalot, S. 238, 12ff.

5.2 Der Messias als der vollkommene Mensch und *Adam redivivus*

Mehrfach war oben die Rede davon, dass erst der Messias wieder die volle Gottebenbildlichkeit, sprich die Ebenbildlichkeit mit dem vollständigen Ensemble der zehn Sefirot, wiedererlangen wird. Die Paragraphen drei und vier aus *Derech ha-'Emuna* haben es ausdrücklich formuliert. Wenn der Messias kommt, wird er alle Kräfte der oberen Triade besitzen und darum auch alle sieben der unteren Weltlenkungskräfte. Das *Sendschreiben nach Burgos*, das sich sehr intensiv über die Heils- beziehungsweise Unheilsgeschichte der Welt auslässt, beschreibt den Messias so:

> »Bis dass der Messias kommt, der vollkommen ist im *Naturalen,* im *Sensiblen*, im *Intellektuellen* und im *Sich Verbergenden*, so dass in ihm sein wird die *Göttliche Kraft*, die *Angelische Kraft*, die *Menschliche Kraft*, die *Wachstumskraft* und die *Tierische Kraft.*«[881]

Diese Beschreibung der Vollkommenheit des Messias lässt sich am besten durch einen Blick auf die obige Tabelle verstehen. Danach ergibt sich die folgende Kräftehierarchie in der Gestalt des Messias: Das *Sich Verbergende* , dies ist das Göttliche von oberhalb der Sefirot, die *Göttliche Kraft* ist die Sefira I, die *Angelische Kraft*, die Sefira II, die *Menschliche Kraft* die Sefira III, während die *Wachstumskraft* die Sefirot IV-VI vertritt, und die *Tierische Kraft* die Sefirot VII-IX. Dies ergibt insgesamt zehn Kräfte, das heißt ein Abbild einer vollkommenen Sefirotreihe. Diese Reihe wurde zur Zehnzahl ergänzt durch das Hinzutreten des allerhöchsten göttlichen *Sich Verbergende.* Und dies ist eben jene Kraft, die oben schon als der göttliche »Wille« erkannt wurde.
Inwiefern der Wille das krönende und eigentlich zentrale Element des Menschseins und der Gottebenbildlichkeit ist, wird im nächsten Kapitel noch deutlich werden, wo von der ursprünglichen Qualität des Menschen, deren Verlust und Wiedergewinnung die Rede sein wird.

Der Messias ist es, der die ursprünglich von Gott vorgesehene Vollkommenheit des Menschen wieder besitzt, er ist also der *Adam redivivus*. Er hat die Qualitäten wiedererlangt, die dem Adam beim Sündenfall verloren gingen und damit nicht nur ihm, sondern der gesamten Welt, die seit dem Fall von den Gegensätzen beherrscht wird. Und so wie der ehemalige Verlust dieser Qualitäten kosmische Folgen und kosmische Dimensionen hat, so wird es auch mit deren Wiedergewinnung durch den Messias sein. Der Messias ist bei 'Asri'el also nicht mehr der menschliche König aus Davids Geschlecht, sondern so wie der Adam die Menschheit schlechthin war und repräsentierte, so wird auch der Messias gleich-

881 Sendschreiben nach Burgos, G. Scholem, Kabbalot, S. 237, 7ff.

sam der Repräsentant der Menschheit sein und als solcher die der Menschheit auferlegte Aufgabe bewältigen. Er wird der perfekte Mensch sein. Darum beschreiben die oben angeführten Paragraphen drei bis vier aus *Derech ha-'Emuna* den Messias nunmehr tatsächlich als vollkommene Statur an Qualitäten, die in der Tat auch alle unteren sieben Kräfte besitzt, die jetzt durch die Vervollkommnung auf zehn einen Ausgleich finden und die Gegensätze ausgleichen. Das vollständige Ensemble der sieben messianischen Weltlenkungskräfte wird in Paragraph vier von *Derech ha-'Emuna* mit der Terminologie der messianisch gedeuteten Stelle aus Jes 11,2 aufgezählt, ein Text, der ja auch im Christentum eine messianische Deutung erfahren hat.

Die auffällige Nähe von 'Asri'els Messiaslehre zu den christlichen Messiasvorstellungen mit einem kosmischen Christus, der die Welt verändert, hat schon der »Begründer« der christlichen Kabbala, Johannes Reuchlin, empfunden, und hat darum die beiden messianologischen Paragraphen aus 'Asri'els *Derech ha-'Emuna* in seinem *De arte cabbalistica* dankbar in hebräischer Sprache aufgenommen.[882]

5.3 Die Aufgabe des Menschen in der Welt – und der Sündenfall

Dem Menschen hatte der Schöpfer nach der Auffassung 'Asri'els anfangs eine bedeutende Aufgabe zugedacht, nämlich die Erhaltung der Welt in der von Gott geplanten Einheit. Der Erste Mensch, der Adam, ist an dieser Aufgabe gescheitert, weshalb die Welt unter die Herrschaft der Gegensätze gefallen ist. Erst der Messias wird diese Aufgabe dann endgültig meistern, er wird als vollkommener Mensch die Stabilisierung der gesamten Schöpfung durch die Vervollkommnung der Weltlenkungskräfte stabilisieren. Aber schon bevor der Messias kommt, besteht laut 'Asri'el diese menschliche Aufgabe auch während der Weltzeit und kann da, wenn auch nur in defizitärer oder besser zeitlich beschränkter Weise vollbracht werden – und dieses teilweise Gelingen ist wichtig für die Erhaltung der Welt. Damit nimmt 'Asri'el recht besehen den alten rabbinischen Gedanken auf, nach dem die Israeliten durch die Annahme der Tora die Welt vor dem Rückfall ins Chaos bewahrten und nun täglich durch das Studium und das Befol-

882 J. Reuchlin, De arte cabbalistica, Liber primus, S. XVIII, in der o. g. zweisprachigen Ausgabe, S. 108; zum Ganzen s. K. E. Grözinger, Reuchlin und die Kabbala, in: Reuchlin und die Juden, A. Herzig, J. H. Schoeps (Hrsg.), Sigmaringen 1993, S. 175-187; u. vgl. Ch. Zika, Reuchlin und die okkulte Tradition der Renaissance, Sigmaringen 1998; F. Secret, Les Kabbalistes Chrétiens de la Renaissance, Milano 1985; J.L. Blau, The Christian Interpretation of the Cabala in the Renaissance, New York 1944; Ch. Wirszubski, Pico della Mirandola's Encounter with Jewish Mysticism, Jerusalem 1989; P. Roland, La Kabbale, Paris 1987; über christliche Kabbalisten auch bei A.E. Waite, The Holy Kabbalah, (London 1924) Hertfordshire 1996.

gen der Tora vor dem Untergang bewahren müssen.[883] Darum sind es auch bei 'Asri'el Elemente der Ethik und des Gottesdienstes, welche diesem Ziel dienen, die allerdings in die kabbalistische Ontologie 'Asri'els eingezeichnet werden. Außerdem treten dazu magisch-theurgische Elemente, die das Spezifikum der Kabbala bleiben werden.

Ausführlich äußert sich 'Asri'el zu dieser Aufgabe des Menschen in seinem *Sendschreiben nach Burgos*, aus dem darum einige Abschnitte hier wiedergegeben werden müssen:

§ 1

»Und der Mensch ist als einziger erschaffen, und die drei Teile, aus denen er wurde, sind da, um kundzutun die *Kraft des 'Omän*,[884] die *Kraft der 'Emuna*, welche *'Amun* genannt wird und die *Kraft des 'Emun*.

Und er war ausersehen, ein einziger Wille zu sein.

Der Wille Adams war ausersehen zuerst zu herrschen mit der *Kraft des 'Omän*,

und danach der Wille Evas mit der *Kraft der 'Emuna 'Omän*,

und danach der Wille ihrer Nachkommen, der *'Emun* mit *'Emuna 'Omän ist*.

Und diese drei sind ein einziger Wille,

und darum waren sie [die Menschen, zunächst] ein einziger Klumpen (*Golem*), damit der Wille des Höchsten in allen dreien in Gleichheit (*be-schawe*) Bestand hätte, im Denken, Reden und Tun.

§ 2

Und da er ein einziger war, in dem die Kraft der Vielheit ruhte, kann der Wille seiner Teile sich ändern, von Gebots[gehorsam] zur Übertretung, so dass er von demselben Willen, mit dem er sich verschuldete, verdienstlich werden konnte, sofern er auf die Vervollkommnung der Einheit ausgerichtet gewesen wäre. [...]

Und wegen des Mangels von Evas *'Emuna* führte sie Adam in die Sünde, weg vom *Wege des 'Omän*, und Kain versündigte sich am *Wege des 'Emun* und ermordete seinen Bruder.

§ 3

Und nachdem sie gesündigt und ihr Wollen voneinander getrennt hatten, indem ihre drei Teile sich voneinander trennten, waren sie [dennoch] ausersehen, sich zu verändern und zu erneuern, um ihre Eigenschaften (*Middot*) gleich zu machen. Und wenn der Wille aller dreier einer gewesen wäre, wäre

883 Vgl. Bd. I, S. 260-262.

884 Die vier folgenden Begriffe sind unterschiedliche Nominalbildungen der hebräischen Wurzel 'mn (aman/amen) und können als Vertrauen, Glaube, Vertrautes und Vertrauensbeweis übersetzt werden. 'Asri'el verwendet im Sendschreiben diese biblische Terminologie, um die oben beschriebenen zehn Gotteskräfte zu benennen.

kein Ankläger durch ihre Taten offenbart worden, und der Mensch hätte nicht in den übrigen *Middot* gelenkt werden müssen, sondern [alleine] gemäß dem sich *Verbergenden Willen*, der sie[885] lenkt. Und er wäre ausersehen gewesen, zu bestehen, ohne Essen und Trinken, und sogar ewig zu leben.
[Nun folgt der schon oben zitierte Abschnitt, nach dem es ohne den Sündenfall statt des Todes nur den Schlaf etc. gegeben hätte.]«[886]

Die drei mit Derivaten von der Wurzel *'mn* (אמן) benannten Kräfte sind, wie ein Blick in die obige Tabelle zeigt, die oberen drei Sefirot. – Die Tatsache, dass in den folgenden sieben Kräften zum Teil nochmals dieselben Begriffe auftauchen, ist in einem verwickelten Traditionsprozess begründet, den ich in meinem hier mehrfach zitierten Aufsatz zu 'Asri'el zu entwirren suchte, was aber hier unbeachtet bleiben kann. – Der Erste Mensch, Adam, wurde als perfektes Ebenbild der sefirotischen Gottheit erschaffen. Das bedeutet, er wurde gleich der oberen Triade als Dreiheit konzipiert, als Vater, Mutter und Nachkomme, und sollte dabei – wiederum wie die obere Triade – zugleich eine absolute Einheit sein, in vollkommener Gleichheit seiner Teile. Darum wurde er zunächst nur als einziger »Klumpen«[887] erschaffen, der wie die Gottheit nur einen einzigen Willen hat. Dieser Vorgang wird im Text sprachlich so dargestellt, dass die Einheit der drei als Einheit der hebräischen Wurzel *'aman* (אמן) und ihre Differenzierung morphologisch in den verschiedenen Nominalbildungsformen erscheint.

Nachdem nun aber die menschliche Triade aus der Potenz im *Golem* (Klumpen) in die Wirklichkeit hinaustrat, war dieser triadische Mensch nicht fähig, dennoch die Einheit zu wahren, die sich als Einheit des Willens erweisen sollte. Ihre Willensstrebungen trennten sich voneinander, damit war die intendierte Einheit zerbrochen, der Mensch geriet unter die Herrschaft der Gegensätze, die sich als Verführung des Mannes durch die Frau und die Ermordung des Bruders durch den Bruder manifestierte. In der Sprache der biblischen Derivate würde das heißen, der Mensch hatte die Aufgabe, sich von der Kraft des *'Omäm* lenken zu lassen, denn sie ist die Kraft, die alles gleich macht, also die Gegensätze aufhebt. »Weil er aber an *'Omän* sündigte, wurde der Tod über ihn und seine Nachkommen verhängt, und er wurde zu allen Wegen der Gegensätze (*Temurot*) verurteilt.«[888] Der Sündenfall wird hier demnach als Aufhebung der Einheit, als Zerspaltung des einen menschlichen Willens konzipiert, als Abfall von dem alles vereinenden *'Omän* – der Mensch hatte nun nicht mehr wie sein Urbild einen einzigen Willen. Und die Konsequenzen waren kosmisch und betrafen die göttli-

885 Im Text wohl irrtümlich »ihn«.

886 G. Scholem, Kabbalot, S. 234, Zeile 21ff.

887 Vgl. Gen 2,7. Die späte rabbinische Literatur nennt diesen Erdklos nach Ps 139,16 »Golem«.

888 Kabbalot, S. 235, 9; K.E. Grözinger, Theosophie, S. 126.

chen Weltlenkungskräfte selbst, wie oben schon dargestellt wurde.

Trotz dieses Sündenfalls bleibt allerdings die menschliche Aufgabe bestehen, die verlorene Einheit wiederzugewinnen und dadurch die Welt aus der Herrschaft der Gegensätze herauszuführen. Endgültig wird dies erst in der messianischen Zeit durch den Messias gelingen, aber es gibt auch für die Weltzeit wenigstens vorübergehende Erfolge, dieses Ziel zu erreichen, indem der Mensch versucht, seine zersplitterte Willensstrebung wieder dem einen Gotteswillen zu unterstellen, ihm gleich zu werden. Dabei sieht ‘Asri’el zwei durchaus verschiedene Qualitäten dieser Möglichkeit. Die eine ist die, welche herausragende Männer in der Geschichte erlangten und damit Wunder wirkten, und die andere ist die des religiösen Alltags, die es allezeit zu erstreben gilt.

So sagt ‘Asri’el zum Beispiel von Moses, dass er mit der Kraft des *'Amun* das Schilfmeer spaltete, mit *'Omän* das Bitterwasser süß machte, mit Hilfe von *'Emuna* das Manna herbeischaffte und dergleichen.[889] Gleichfalls kehrten die Israeliten insgesamt am Sinai zur Kraft der *'Emuna* zurück, verloren sie aber wieder durch die Sünde mit dem goldenen Kalb:

> »Und obwohl sie die Tora empfangen hatten und dem Los Adams und Evas entronnen waren, und so weder der Todesengel noch eine Nation oder Zunge ausersehen waren über sie zu herrschen, waren sie, als sie mit dem Kalb sündigten, wieder befähigt über sie zu herrschen, und sie wälzten sich in Schuld.«[890]

Während nun die eben genannten Beispiele der Herabziehung und Anwendung der drei oberen Kräfte Ausnahmesituationen oder besondere Heilszeiten in der Vergangenheit waren, sind die im Folgenden zu nennenden Aktivitäten solche, die im Hier und Jetzt zu verfolgen sind. Der einfachste Weg, der schon durch die Nomenklatur der oberen Triade angezeigt wird, ist der, die zweite Kraft, die *'Emuna*, will sagen den »Glauben«, zu aktivieren, denn eben dies heißt ja *'Emuna*. Die heile Zeit am Sinai war nun gerade eine Zeit, da die Israeliten zur *'Emuna*, zum Glauben, zurückkehrten, und darum aus den Gegensätzen befreit wurden; sobald sie aber wieder von der *'Emuna* abfielen, kam die Not erneut über sie. Das bedeutet, die Erfüllung des göttlichen Willens, hier die Hinwendung zu Gott im Glauben, bewirkt das Herabfließen der gleichmachenden göttlichen Kraft und damit die Aufhebung der schmerzlichen Gegensätze.

In seiner Schrift *Derech ha-'Emuna* nennt ‘Asri’el noch weitere solcher menschlicher Tugenden oder Kräfte, welche die heilende Kraft von oben herabziehen. Er spricht dort von den oben schon besprochenen sechs Kräften der

889 G. Scholem, Kabbalot, S. 235, 11ff.; K.E. Grözinger, Theosophie, S. 126f.

890 G. Scholem, Kabbalot, S. 236, 5ff.; K.E. Grözinger, Theosophie, S. 128.

Weltlenkung, welche die Kraft des Erschaffenen sind und sagt dazu:

> »Diese sechs *Middot* [lies: *Temurot*, Gegensätze] heißen *Kraft des Erschaffenen*. Und gegenüber einer jeder von ihnen [steht] die *Kraft der Vergebung*, die ihnen der Herr, Er sei gesegnet, vorangehen ließ, denn die Welt blieb nicht bestehen, bis Er die Wege der Umkehr (Buße) erschuf, welche die ›Geheimnisse der Umkehr und des Verzeihens‹ genannt werden.«[891]

Hier sagt 'Asri'el, dass die Welt unter der Herrschaft der Gegensätze keinen Bestand haben konnte, bis Gott zwei Kräfte erschuf, welche den zerrissenen Bau wenigstens zusammenhalten, wenn auch nicht heilen konnten. Dies ist die Kraft des Verzeihens und die Umkehr, also ethisch-religiöse Tugenden beziehungsweise Aktivitäten. Diese beiden Kräfte sind offenbar Repräsentanten der oberen Triade, was eigens dadurch bestätigt wird, dass schon 'Asri'el, wie dann bei den späteren Kabbalisten üblich, die dritte Sefira auch *Teschuva*, »Umkehr«, nennt.[892]

Außer den drei religiösen Tugenden, Glaube, Verzeihung und Umkehr, nennt 'Asri'el noch eine vierte, welche eine solche Rolle einnehmen kann. Im *Sefer Derech ha-'Emuna*, in welchem 'Asri'el eine Parallelisierung der sechs Ordnungen der Mischna mit den sechs Kräften der Weltordnung durchführt, legt 'Asri'el nach dem Vorgang im Talmud, Schabbat 31a, sechs Schriftworte von Jes 33,6 auf die sechs *Middot/Temurot* der Weltenlenkung hin aus. In Jesaja 33,6 heißt es: »[...] und *Glaube* wird zu deiner *Zeit* sein, *Macht*, *Heil*, *Weisheit*, *Erkenntnis* und *Gottesfurcht* [...]«. Die sechs ersten kursiv gesetzten Nomina deutet nun Resch Lakisch im Talmud auf die sechs Ordnungen der Mischna: *Sera'im*, *Mo'ed, Naschim, Nesikim, Kodaschim* und *Toharot.* 'Asri'el nimmt diesen Midrasch auf und deutet das überschießende siebte Nomen, *Gottesfurcht*, als ein siebtes Glied, das entsprechend dem oben schon gezeichneten Vorgang zu den sechsen hinzutritt und sie vervollkommnet:

> »›Die Furcht des Herrn, sie ist sein Schatz‹ (Jes 36,6) – ist Gottesfurcht da, so ist es gut, wenn nicht, so nicht. Der *'Emun* mit *'Emuna 'Omän* [...], der *weise*, *einsichtig* und im Besitze höchster *Erkenntnis ist*, wenn er *Furcht* hat, will sagen, wenn er mit der Erkenntnis seinen Willen ausrichtet, um vollkommen zu machen den Willen des Herrn (*Makom*), der kein Ende und Erforschbares hat, dann haben seine Weisheit und seine Taten Bestand, weil er sich mit ihnen nur befasst, um der Wurzel willen, die ihnen gleich (*schawe*) ist.[893] Denn

891 Derech ha-'Emuna, Seridim, S. 212; K.E. Grözinger, Theosophie, S. 143.

892 Vgl. Perusch ha-'Aggadot, Y. Tishby, neue Zählung, S. 133, alte Zählung, S. 71 u. vgl. ebd., S. 196 (134) für weitere Beispiele.

893 Zur Lesung vgl. Scholem z. St.

das ist das Ziel der Intention ihrer Erschaffung, um durch die Kraft ihrer Intention auf das hinzuweisen, was das Sinnen nicht erfasst. Es ist nur ein Hinweis, dass alles von Ihm ist, aber das Herz kann es nicht sinnend erfassen und der Mund nicht aussprechen, das ist die große Furcht, die kein erforschbares Ende hat und ohne die nichts besteht, denn nichts ist außerhalb ihrer.
Und entsprechend den sieben *Temurot* (Gegensätze) sind es sieben *Middot* (Maße/Kräfte), welche zusammen die Gesamtheit der 13 Ordnungen des Verzeihens sind, mit denen die Welt gelenkt wird, mit Erbarmen und Gerichtsstrenge, bis der Messias kommt, wie geschrieben steht: ›reinsprechen, reinsprechen wird er nicht‹ (Ex 34,7). Er wird nicht reinsprechen die, welche nicht umkehren, aber rein sprechen wird er die Umkehrenden, denn so sprachen die Weisen, seligen Angedenkens (bRH 17b): ›Groß ist die Umkehr, denn sie zerreißt das Gerichtsurteil des Menschen.‹ Der Herr der Welt gönne uns, vollkommene Umkehr vor Ihm zu tun, und dass wir Seinem Namen dienen. Amen!«[894]

Schon Scholem hat darauf hingewiesen, dass in diesem Text die Furcht beziehungsweise Gottesfurcht die oberste Kraft des sefirotischen Systems repräsentiert, auf der alles ruht, aus der alles kommt, in der alles vollkommen und gleich ist. Und es scheint wiederum dasselbe Bild zu ergeben: Ohne die höchste Kraft bleiben die zuvor im *Mischna-Middot*-Vergleich beschriebenen Weltenkräfte ohne Bestand, außer die hier genannte Furcht tritt hinzu, die nichts anderes bedeutet, als dass der Mensch »seinen Willen ausrichtet, um vollkommen zu machen den Willen des Herrn«. Die Gottesfurcht scheint demnach neben Glauben, Verzeihen und Umkehr jene religiöse Tugend zu sein, mit deren Hilfe der Mensch seinem ihm aufgetragenen Ziel näher kommt, nämlich die Einheit des oberen Willens zu erwirken, welche als Urgrund den Bestand der Welt über den Gegensätzen bewahrt.

Die Verwirklichung dieser drei Tugenden, die zugleich sefirotische Realitäten repräsentieren, wird indessen während der Zeit der Weltherrschaft nur unvollkommen und vorübergehend möglich sein. Die sechs *Temurot*, welche den Gang der Welt bestimmen, werden, wie ‘Asri’el mehrfach betont,[895] in Kraft bleiben bis der Messias kommt und die Sünde vernichtet sein wird. Erst der Messias wird den vollkommenen Menschen repräsentieren, denn, mit den Worten des *Sendschreibens nach Burgos*:

» [...] die Welt der Körper ist nicht würdig, zur Kraft der Vollkommenheit zurückzukehren, in der zu stehen und zu bestehen sie ausersehen war, bevor

894 Seridim, S. 213.

895 Vgl. Seridim, S. 211.212.213, u. vgl. oben C.4, Derech ha-’Emuna §2.

der Mensch sündigte, bis der Messias kommt, der vollkommen ist im *Naturalen*, im *Sensiblen* im *Intelligiblen* und im *Sich Verbergenden*, so dass in ihm sein wird die *Göttliche Kraft*, die *Angelische [Kraft]* und die *Menschliche Kraft* und die *Wachstumskraft* und die *Tierische Kraft.*«[896]

Vor dem Auftreten des Messias hat der Mensch jedoch die Möglichkeit, im Befolgen der drei genannten Tugenden schon in dieser Weltzeit wenigstens teilweise und vorübergehend diesen Endzustand vorwegnehmend zu verwirklichen. Außer diesen drei praktisch religiösen Tugenden kennt 'Asri'el jedoch noch zwei weitere Möglichkeiten, den messianischen Zustand in dieser Welt für Augenblicke zu erlangen, zwei Möglichkeiten, welche die eigentlich mystisch-theurgischen zu nennen sind:

5.3.1 Die Liturgie als Weg zur Vollkommenheit

Die Aufgabe der Menschheit ist es, wie schon gesagt, die obere Triade der göttlichen Welt zu einem einzigen Willen zu vereinen und dadurch die Kraft der oberen auf die unteren Stufen fließen zu lassen, um sie auf diese Weise, wenn auch nur vorübergehend, zur Vollkommenheit zu ergänzen. Als ein herausragendes Medium, dieses Ziel zu erreichen, hat 'Asri'el die Liturgie gegolten. Aus Gründen, die durch den Wortlaut der Liturgie nahelagen, hat er auch diesen gebetsmystischen Vorgang der Vereinigung der drei oberen Gotteskräfte mittels der Terminologie der *'Aman*-Derivate beschrieben.

'Asri'el stellt dort die These auf, dass das *'Amen* eine zeitlich bedingte Alternative zur oberen *'Emuna* ist. Dieses *'Amen* ist demnach zum einen das *'Amen* der Liturgie, sodann aber im Verstande des Kabbalisten zugleich ein Repräsentant einer intelligiblen göttlichen Potenz wie die schon genannten vier Tugenden.

Dieses *'Amen* der Liturgie vertritt nun nach der Auffassung 'Asri'els in der Zeit, in welcher der Tempel zerstört ist, die obere *'Emuna*, das heißt die zweite Sefira, die *Weisheit.* Solange der Tempel noch stand, war durch dessen »Heiligkeit« die *'Emuna* repräsentiert, jetzt, wo er zerstört ist, vertritt ihn das *'Amen*, welches durch seine Mittelstellung in der oberen Triade die Kräfte I, II und III verbindet[897] und dadurch die obere Macht nach unten fließen lässt, und zwar zur *'Emet*, welche der Repräsentant der sechs unteren Kräfte ist, das heißt die Sefira VI:

»Wer *'Amen* respondiert, ist wie einer der sagt: ›wachsen möge die Kraft des

896 G. Scholem, Kabbalot, S. 237.

897 Vgl. Perusch ha-'Aggadot, Y. Tishby, S. 82 (20).

Herrn‹ (Num 14,17). Und weil die *'Emuna* (II) aus dem *'En Sof* (I)[898] hervorgeht, sagt man *'Amen*, und das ist, wie wenn man sagt: Mit der *'Emuna* (II) lässt *'Omän* (I) den *'Emun* (III) von *'Omän* her mittels des *'Amen* wachsen. Und seine Auslegung ist: *'Amen* lässt wachsen *'Emet* von der *'Emuna* her. Mit den Worten R.Hijjas:[899] *'Amen* lässt wachsen die Kraft von *'Emet* von seinem Ursprung her, um ihn zum König zu machen und mit ihm sich zu einen. So ist *'Amen* der Strom, der wächst aus *'Emuna*, um die Kraft der *'Emet* zu stärken, die alles ernährt [...]
'Amen (= *'Emuna*) und *'Omän* und *'Emun*: *'Amen* ist es, in dem sie sich vereinen [...]
[*'Amen* ist ein Hinweis auf die Weisheit (II) ... und *'Amen* ist die Verbindung der Zehn Sefirot und die Vereinung der Tora ...].«[900]

Das liturgische Amen mit seiner richtigen kabbalistischen Intention (*Kawwana*) gesprochen, das heißt mit intentionalem Bezug auf den beschriebenen sefirotischen Vorgang,[901] ist demnach ein Mittel, das es dem Beter während der Weltzeit ermöglicht, die drei höchsten Kräfte zu einen und dadurch ihren befruchtenden Segen auf die sechs unteren (für die *'Emet* als deren mittlere steht) herabzuziehen und sie auf diese Weise vorübergehend zu ergänzen und zu einen, um auf diese Weise den Bestand der Welt zu sichern. Die Liturgie wird hier zu einem theurgischen Akt, der zugunsten der Welt auf die Gotteskräfte einwirkt.

5.3.2 Der kontemplative Weg zur Vollkommenheit

Die bisherige Darstellung der Lehren 'Asri'els hat gezeigt, dass es die Geronenser Schule und insbesondere 'Asri'el war, der die Kabbala in weitem Maße dem Einfluss der neoplatonischen Philosophie öffnete, und nicht zögerte, mehrfach pseudoaristotelische sowie platonische Quellen zu zitieren und eine Identität der beiden Systeme zu behaupten. Dieser Einfluss wird besonders deutlich, wenn man 'Asri'els Darstellung der kontemplativen Herbeiführung des sefirotischen Segens für die unteren Welten betrachtet.

'Asri'els Auffassung vom Aufstieg des menschlichen Denkens bis zu der an den Tod grenzenden Möglichkeit der Ablegung des Körperlichen entspricht in

898 *'En Sof* ist bei 'Asri'el zum einen von der ersten Sefira zu unterscheiden, ist aber zum andern doch mit ihr zu einer Einheit verbunden, vgl. G. Scholem, Ursprung, S. 384.

899 bSchabbat 119b.

900 Perusch ha-'Aggadot, Y. Tishby, S. 85f. (23f.). Der Text in eckiger Klammer steht auf S. 82 (20); u. vgl. S. 104 (42).

901 Vgl. G. Scholem, Der Begriff der Kawwana in der alten Kabbala, MGWJ 78 (NF 42), (1943), S. 492-518.

ganz eklatanter Weise Auffassungen, wie man sie gerade bei den neoplatonischen Philosophen finden kann.[902] Auch für diesen kontemplativen Aufstieg des Denkens ist das Gebet der geeignete Ort und die richtige Zeit. Aber im Unterschied zum zuvor Besprochenen, ist es jetzt nicht das Wort der Liturgie selbst, welches mittels der *Kawwana* (meditative Intention) eine Brücke zu der intelligiblen Welt herstellt und damit dem Ritus spirituelle Kraft verleiht, vielmehr bleibt hierbei das Gebet eher der äußere, wenn auch besonders geeignete Anlass für den Aufstieg des menschlichen Denkens in das göttliche, was nichts weniger bedeutet als eine Rückkehr des göttlichen Funkens im Menschen in seine angestammte Heimat:

»Der Beter muss sich sehen als ob Er [Gott] mit ihm rede und ihn lehre und lenke. Und er empfange Seine Worte mit Schrecken und Furcht, mit Zittern und Beben, und er denke daran, dass alle Worte, die Er den Menschen lehrt, kein Ende haben.

Jedoch das Denken breitet sich aus und steigt hinan bis zum Ort seines Ursprungs, und wenn es dort anlangt, hält es ein und kann nicht weiter hinaufsteigen.

Wie ein Wasserbrunnen, der aus einer Quelle hervorkommt. Wenn man unter ihm ein Auffangbecken baut, damit sich das Wasser nicht nach den Seiten ausbreitet, steigt das Wasser an bis zur Höhe der Quelle und nicht weiter.

So steigt auch das Denken nicht weiter als bis an seinen Ursprungsort. Und jeder, der wagt, etwas zu denken, auf das sich das Denken nicht erstrecken und zu dem es nicht aufsteigen kann, der entgeht nicht einer der beiden Möglichkeiten, nämlich dass er vor lauter Zwang, den er auf [sein] Denken übt, um zu erfassen und anzuhaften an dem, das er nicht erfassen kann, er seine Seele hinaufsteigen lässt und sie dann vom Körper abgeschnitten wird und zu ihrer Wurzel zurückkehrt, oder dass sein Verstand und Geist verwirrt wird.

Und das ist es, was geschrieben steht: ›strebe nicht nach zu viel Weisheit, warum willst du verwüstet werden‹ (Koh 7,16). Seine Auslegung: ›verwüsten‹ heißt Verwüstung, will sagen, er zerstört den Bau des Körpers. Und [der Prediger] sagt: ›Frevle nicht viel und sei kein Tor, warum willst du vor deiner Zeit sterben‹ (Koh 7,17).

Und darüber lehrten die Weisen: ›Was dir unerreichbar, nach dem suche nicht, und was vor dir verborgen, das erforsche nicht.‹[903] Und deshalb ließen die früheren Frommen ihr Denken bis zu seinem Ursprung aufsteigen und [währenddessen] nannten sie die Gebote und sprachen die Worte. Und durch

902 Vgl. Bd. I, S 498f.521-523.543ff.560f.581-584; u. K. E. Grözinger, Neoplatonisches Denken in Hasidismus und Kabbala, FJB 11 (1983), S. 57-89.

903 bHagiga13a nach Jesus Sirach 3,21f; Ben Sira 3,19f.

das Erwähnen [dieser Gebote und Worte], während das Denken intensiv anhaftete, wurden die Dinge gesegnet und vermehrten sich und empfingen von der Aufhebung des Denkens (= Sefira I), wie ein Mensch, der einen Wasserteich öffnet, der sich hierhin und dahin ausbreitet, denn das anhaftende Denken ist der Quell und der Segen/Teich und der Brunnen, der nie versiegt.«[904]

Dieser Zustand, in dem das menschliche Denken in seinen göttlichen Ursprung hinaufgestiegen ist und ihm anhaftet, und der nach dem Vorgang der Philosophen zugleich der Zustand der Prophetie ist, bewirkt nach der Auffassung 'Asri'els im Grunde dasselbe wie das theurgische Amen der Liturgie, es bringt die göttlichen Kräfte zum Überfließen, damit sie sich auf die Unteren ergießen und sie mit neuer Fülle segnen.

Auch in dem von Scholem in der Monatsschrift für Geschichte und Wissenschaft des Judentums veröffentlichten *Scha'ar ha-Kawwana*, das Scholem erst später gleichfalls 'Asri'el zuschrieb, steigt der Gedanke und Wille des Beters hinauf bis zum oberen Willen:

> » [...] und wer sich solcherweise durch die Kraft seiner Intention von einem zum andern erhebt, bis er zum Unendlichen ('En Sof) gelangt, der muss seine Kawwana auf eine Weise lenken; die dem, was er zustande bringen will, entspricht, so dass der obere Wille sich in seinen Willen kleidet. Denn der Ausfluss ist nur dann wie der unerschöpfliche Quell, der nie abbricht, wenn er bei seiner Annäherung an den oberen Willen sorgfältig darauf achtet, dass der obere Wille sich in den Willen seines Verlangens kleidet. Wenn dann der obere Wille und der niedere Wille in seiner Identifikation [*Haschwa'a*, Gleichwerdung], in seinem Haften an der Einheit, eines werden, so ergießt sich der Ausfluss reichlich genug, um seinen Vorsatz durchzuführen.«[905]

Diese Diktion von der Gleichwerdung des oberen und des unteren Willens, die geradezu eine Gebetsmagie beschreibt, steht in der Tat jene oben schon besprochenen sehr nahe, nach welcher die Aufgabe des Menschen die Vereinigung oder Gleichmachung allen Wollens mit dem einen umfassenden Willen ist. Ist dieses Ziel erreicht, dann fließt der göttliche Fluss in reicher Fülle »und dies ist der Weg von den Wegen der Prophetie, auf dem, wer sich mit ihm vertraut macht, zum Rang der Prophetie aufzusteigen vermag.«[906]

904 Perusch ha-'Aggadot, Y. Tishby, S. 101 (39): Ebenso formulierte es schon 'Esra aus Gerona in seinem Kommentar »Früheren Hasidim«, Likkute Schichecha u-Fe'a, 8a; siehe M. Idel, Kabbalah, New Perspectives. New Haven-London 1988, S. 292.46.

905 G. Scholem, Der Begriff der Kawwana in der alten Kabbala, MGWJ 78 (NF 42), (1943), S. 492-518; dort S. 515.

906 G. Scholem, Kawwana, S. 516.

5.4 'Asri'els Mystik

5.4.1 Prophetie und *unio mystica*

Da 'Asri'el und die Kollegen seines Kreises sich zur Deutung ihres Gottes-, Welt- und Menschenbildes auf das philosophische Denken ihrer Zeit gestützt haben, musste dies zwangsläufig auch Folgen für ihr Verständnis des Phänomens der Prophetie und der Möglichkeit eines unmittelbaren Kontaktes des Menschen zur Gottheit haben. Es waren vor allem die beiden Aristoteliker 'Avraham Ibn Da'ud und Moses Maimonides, welche die Prophetie als natürlichen Vorgang innerhalb der Koordinaten von intelligibler Welt und spiritualistischer Anthropologie einzeichneten. Danach war die Prophetie nichts anderes als die Vervollkommnung und Verwirklichung des menschlichen Wesens schlechthin, nämlich der Erwerb intellektueller Erkenntnis, deren Klimax die Annäherung und Einung mit dem engelgleichen *Aktiven Intellekt* ist. Aber auch die neoplatonische Variante der Annäherung der menschlichen rationalen Seele an die rationale Weltseele, welche unter dem direkten Einfluss des Weltintellektes steht, muss hier genannt werden.[907]

Es sind diese beiden Traditionen, welche auch die Aussagen des Geronenser Kreises zum Thema Prophetie prägen, wobei es ein gewisses Schwanken und Changieren zwischen beiden Denk- und Redeweisen gibt. Zum Einfluss dieser Traditionen gehört auch die Tatsache, dass die Geronenser Kabbalisten das Phänomen der Prophetie als mystischen Akt begreifen und beschreiben. Das bedeutet, dass für sie die Prophetie nichts ist, das den Menschen, gar wider seinen Willen, vom Himmel her überfällt, sondern dass dieser mystische Akt nicht ohne Zutun des Menschen eintrifft, sei es als lebenslange Bemühung um Erkenntnis, sei es als kürzerfristige Aktivität in Gebet und Kontemplation, wobei beide nicht getrennt zu verstehen sind. Diese Grundstruktur, nämlich das intellektuelle oder psychologische Fundament des gesamten Vorgangs in Form einer Zusammenführung von menschlichem und göttlichem Intellekt beziehungsweise von menschlicher und göttlicher Psyche, die zugleich als eine Rückführung beider in ihren Ursprung verstanden wird, sowie die Voraussetzung einer menschlichen Initiative, ist bei 'Asri'el und 'Esra deutlich zu erkennen. In dem im voranstehenden Kapitel angeführten Text vom Aufstieg des menschlichen Denkens bis zu seinem Ursprung ist dies eindrucksvoll belegt. Da ist zum einen das menschliche Denken, das bis zu seinem Ursprung hinaufsteigt und zum anderen die menschliche Initiative im Gebet, das von einer komplementären Meditation (*Kawwana*) begleitet wird. Der Mensch kann demnach sein Denken, wann immer er will hinaufsteigen lassen, damit es, was dieser Text ebenfalls sagt, dort an seinem Ur-

907 Zu beiden vgl. Bd. I, S. 419ff.468ff.524f.

sprung anhaften kann. Nach maimonidischer Diktion würde dies heißen, dass der menschliche Intellekt sich in einem Maße erhebt, dass er mit dem *Aktiven Intellekt* eins werden kann. Nach der Vorstellung des Maimonides ist dies in der Regel allerdings ein lebenslanger Prozess, der mit dem Tod des Menschen seinen Höhepunkt erreicht. Nur die Propheten sind solche auserwählte Menschen, denen es Gott gelingen lässt, dieses Ziel schon zu Lebzeiten in vorübergehenden Augenblicken zu erreichen.

Gerade an dieser Stelle wird allerdings zugleich ein tiefgreifender Unterschied zwischen Philosophen und Kabbalisten deutlich. Der von 'Asri'el beschriebene Aufstieg des menschlichen Denkens ist eine Möglichkeit, die täglich im Gebet ergriffen werden kann und soll, und zwar von jedem Menschen. Das Denken, welches laut 'Asri'el nach oben steigen soll, in dem ein deutlicher Nachklang des philosophischen »Intellektes« erkennbar ist, ist allerdings auch von jenem der philosophischen Konzeptionen zu unterscheiden. Das Denken, von dem die Kabbalisten sprechen, ist keines wie bei Maimonides, das sich um die Wissenschaften bemüht, um Natur- und Welterkenntnis zu erlangen, sondern das Denken, von dem sie sprechen, ist eine intuitive Kontemplation, welche den Gebetstext begleitet, eine Gebetsintention, hebräisch *Kawwana*, die auf die göttliche Selbstoffenbarung in den Sefirot ausgerichtet ist, insbesondere auf die sefirotische *Machschava* (Denken), welches die zweite Sefira, *Hochma*, ist. Demnach ist der Asrielische Prophet nicht wie bei den rationalistischen Denkern mit dem Philosophen gleichzusetzen, sondern eben mit dem vollkommenen Kabbalisten.

Wenn also das so beschriebene menschliche Denken in seinen sefirotischen Ursprung zurückgekehrt ist und dort an seiner Quelle haftet, dann hat der Mensch die Stufe der Prophetie erreicht oder besser, dann ist er im Zustand der Prophetie. Diesen Vorgang der Prophetie erläutert 'Asri'el einmal an der schon im ersten Band[908] besprochenen Episode von Ben 'Assaj, der dasaß und Tora studierte, wobei ihn das himmlische Feuer umloderte:

> »Weil er saß und lernte und sein Denken Oben anhaften ließ, wurden die furchterregenden Worte in sein Herz graviert. Und aus dieser Emanation und dem Haften des Denkens nahmen die Worte zu und vermehrten sich und wurden ihm aus dieser Freude offenbart.
> Und von dieser Art war auch das Herabfließen der Prophetie: Der Prophet zog sich in die Einsamkeit zurück, richtete sein Herz mit Intention aus und ließ sein Denken Oben haften. Und entsprechend dem Haften der Prophetie schaute der Prophet und wusste, was in der Zukunft geschieht. Und die Pro-

908 Bd. I, S. 305.

> pheten unterscheiden sich in ihrer Stufe, ihrer Erkenntnis und dem [Maße] ihres Anhaftens.«[909]

Das hier und oben als »Anhaften« oder »Haften« übersetzte hebräische Wort *Devekut* könnte das einst von Gershom Scholem als das spezifisch jüdische Distanzbewusstsein zwischen Mensch und Gott meinen, nach dem es bei den jüdischen Mystikern laut Scholem eine bleibende Distanz zwischen Mensch und Gott gibt und niemals eine wirkliche *unio mystica*.[910] Mosche Idel hat dem, wie ich selbst in einem Aufsatz zum osteuropäischen Hasidismus, widersprochen.[911] Demnach ist zwar das »Anhaften« die ursprünglich wörtliche Bedeutung von *Devekut* und der zugehörigen Verbformen, aber schon im Mittelalter ist das Wort zum *terminus technicus* für den mystischen Akt im Sinne einer *unio mystica* geworden, und so versteht dies auch 'Asri'el, wie aus seinem folgenden kurzen Kommentar zu Proverbien 7,4 »Sprich zur Weisheit, du bist meine Schwester«, deutlich wird:

> »Das heißt, man soll das Denken an die Weisheit (*Hochma*) heften (*dvk*), damit sie und es eine Sache sind.«[912]

Hier kann kein Zweifel bestehen: 'Asri'el versteht das Verbum *davak* und das zugehörige Nomen *Devekut* als die völlige Einswerdung von zwei unkörperlichen intelligiblen Substanzen, nämlich des menschlichen Denkens und des Denkens Gottes in Gestalt der sefirotischen Weisheit.[913] Neben der Weisheit scheint bei 'Asri'el auch noch die dritte Sefira, *Bina*, diese Funktion einnehmen zu kön-

909 Perusch ha-'Aggadot, Y. Tishby, S. 102 (40).

910 »Nur in außerordentlich seltenen Fällen ist die Ekstase als wirkliche Vereinigung mit Gott empfunden worden, in der die menschliche Individualität sich vollständig verliert und ungeschieden in den Strom des Göttlichen eintaucht. Der jüdische Mystiker behält fast stets auch in der Ekstase einen Sinn für die Distanz zwischen Schöpfer und Geschöpf. [...] Nichts scheint mir dieses Gefühl für Distanz zwischen Gott und Mensch auch noch in der innigsten Beziehung deutlicher auszusprechen als das hebräische Wort, das in der hebräischen Literatur am meisten für das gebraucht wird, was man als *unio mystica* zu nennen pflegt. Es ist dies das Wort *debekuth*. Das bedeutet wörtlich nur das ›Anhangen‹, nämlich an Gott, und das Verbundensein mit ihm.«; G. Scholem, Die jüdische Mystik in ihren Hauptströmungen, Frankfurt a.M. 1967, S.132.

911 Idel, Kabbala; K.E. Grözinger, Neoplatonisches Denken in Hasidismus und Kabbala, FJB 11 (1983), S. 57-89.

912 Perusch ha-'Aggadot, Y. Tishby, S. 82 (20); etwas distanzierter nochmals S. 88 (26): »[...] als ob sie eine Sache wären.«

913 Zur Identität von *Machschava* (Denken) und *Hochma* (Weisheit) bei 'Asri'el vgl. Y. Tishby, Perusch ha-Aggadot, S. 194 (132).

nen, wie durch deren Benennung als »Kraft der Prophetie« und »Kraft des Menschen« in den oben wiedergegebenen Texten und der sie zusammenfassenden Tabelle zu erkennen ist.

Auch der jüngere Konventikelbruder 'Asri'els, der berühmte Mosche Ben Nachman (Nachmanides)[914], erklärt in seinem zur Standardlektüre gewordenen Tora-Kommentar die Prophetie mittels der *Devekut*. Die Formulierung, zu der er greift, macht dabei noch sehr viel mehr deutlich, welcher Geistesrichtung diese Erklärung zu verdanken ist, nämlich der mittelalterlichen jüdischen Philosophie, speziell der aristotelischen Richtung. Denn Nachmanides bezeichnet das Objekt der menschlichen *Devekut* mit dem in dieser Philosophie verbreiteten technischen Begriff »*Ha-Sechel ha-nivdal*«, »Separater Intellekt«:[915]

> »›Wenn in deiner Mitte ein Prophet aufsteht [...]‹ (Dtn 13,2). [...] es gibt in der Seele mancher Menschen die prophetische Kraft, mit der sie die Zukunft kennen [...] die [arabischen] Philosophen nannten einen solchen Menschen *Kahin* [d.h. Hellseher], aber sie kennen nicht den Grund der Sache, der aber den Hellsichtigen bewahrheitet ist, nämlich, dass wohl [ihre] Seele in ihrem Scharfsinn am *Separaten Intellekt* haftet und auf ihn ausgerichtet ist. Und ein solcher Mensch wird Prophet genannt [...].«[916]

'Asri'els mutmaßlicher Schwiegervater und älterer Genosse im Kreise der Geronenser Kabbalisten, 'Esra, verwendete zur Beschreibung des prophetischen Phänomens neben der soeben vorgestellten arstotelischen Diktion, nach welcher die Devekut ein Akt der Intellekte ist, auch die platonische Formulierung, in der dasselbe von den Seelen gesagt wird.[917] In einem 'Esra zugeschriebenen Text mit dem Titel »Die Sache vom Baum der Erkenntnis«[918] beschreibt dieser den Akt der Prophetie wie folgt:

> »Du weißt ja, dass der Mensch aus allen Dingen zusammengesetzt, und seine Seele mit der oberen Seele verbunden ist. Und darum heißt es in der Tora:

914 Zu ihm vgl. H. Hanoch, Ha-Ramban ka-Hoker we-ka-Mekubbal, Jerusalem 1982; H. Pedaja, Ha-Ramban. Hit'alut: Seman machsori we-Tekst kadosch, Tel Aviv 2003; E. Gottlieb, Ha-Ramban ka-Mekubbal, in: ders., Mechkarim be-Sifrut ha-Kabbala, ed. J. Hacker, Tel Aviv 1976, S. 88-95; H. Pedaja, Ha-Ramban. Hit'alut: Sman machsori we-Tekst kadosch, Tel-Aviv 2003.

915 Vgl. Band I, S. 417f.423f.454.462.475.481.

916 Perusch ha-Ramban 'al ha-Tora, H.D. Schewel (Hrsg.), Jerusalem 1960, II, S. 404.

917 Zum Nebeneinander dieser beiden Traditionen bei den Kabbalisten s. Idel, Kabbalah, S. 35ff.

918 Hebräischer Text bei G. Scholem, Ha-Kabbala be-Gerona Perakim be-Toldot ha-Kabbala bi-Sefarad I, 'arach lefi Harza'ot J. Ben Schlomo, Jerusalem 1972, S. 374-376; deutsch: ders., Gut und Böse in der Kabbala, in: ders., Von der mystischen Gestalt der Gottheit, Frankfurt a. M. 1973, S. 58-62.

›Ihr sollt heilig sein, denn ich bin heilig‹, und: ›ihr sollt euch heiligen, dann werdet ihr heilig sein.‹ Darum, wenn der Gerechte seine reine und lautere Seele zur oberen heiligen Seele emporhebt, wird er mit ihr eins (*jitached*), und seine Seele weiß dann das Künftige. Und darin besteht die Sache des Propheten und sein Weg.«[919]

Hier gibt ʻEsra eine Beschreibung der Seele und ihrer Möglichkeiten wie sie zum Beispiel der Neoplatoniker Jizchak Jisra'eli gegeben hatte. Danach ist die menschliche Individualseele in stetem Zusammenhang mit der Weltseele, ja sie ist wohl nur eine Ausstrahlung aus derselben, darum ist es auch ihr Ziel, wieder vollständig in ihren Ursprung zurückzukehren.[920] Genau so sieht es ʻEsra. Die menschliche Seele ist mit der oberen Seele verbunden, und wenn sie in jene zurückkehrt, wird sie vollkommen eins mit ihr. Diesen Ursprung und Heimatort der Seele scheint ʻEsra entweder in der zweiten oder dritten Sefira des sefirotischen Systems zu sehen.[921]

In der Regel sind die Autoren im Umkreis des Geronenser Kreises nicht auf die eine oder die andere der beiden Beschreibungstraditionen, das heißt aristotelisch oder neoplatonisch, eingeschworen. Vielmehr verwenden sie häufig beide und überdies auch in unterschiedsloser Vermischung. Ein typisches Beispiel dafür ist Menachem Recanati, ein italienischer Kabbalist aus dem ausgehenden dreizehnten und beginnenden vierzehnten Jahrhundert, der nachweislich aus den Geronenser Traditionen schöpft. In seinem Torakommentar zu Gen 49,33, zum Abschluss der Stämmesprüche des Erzvaters Jakob, bietet Recanati ein Konglomerat Geronenser Traditionen zum Thema des aufsteigenden Denkens, in dem er die beiden Traditionen gleichberechtigt ineinander verschlingt. Wo ʻAsri'el zum Beispiel vom »Ursprung des Denkens« oder einfach vom »Droben« spricht, nennt Menachem Recanati mehrmals die Seele:

»[...] und wenn sie [die frommen Männer] ihre Seele an die obere Seele binden, dann vermehren sich die Dinge/Worte und werden gesegnet und offenbaren sich von selbst aus dem *Nichts des Denkens.*«[922]

Ebenso erklärt er die Ben ʻAssaj-Episode: »Als er seine Seele an die obere Seele knüpfte.«[923]

919 G. Scholem, Ha-Kabbala be-Gerona, S. 375 und dt. S. 60.

920 Vgl. Bd. I, S. 514ff.

921 So G. Scholem, Ha-Kabbala be-Gerona, S. 319f.

922 Sefer Levusche 'Or jekarot, Jerusalem 1961, S. 37d.

923 Sefer Levusche 'Or jekarot, Jerusalem 1961, S. 37d.

5.4.2 Das Ablegen der Körperlichkeit im mystischen Akt – und beim endgültigen Ausgang der Seele im Tod

Die angeführten Texte haben ein ums andere Mal gesagt, dass der mystische Akt eine Vereinung von körperlosen intelligiblen Substanzen ist. Darum kehrt auch bei der Darstellung des mystischen Aktes der philosophische Topos wieder, dass die Seele beziehungsweise der menschliche Intellekt auf dem Wege ihrer Vervollkommnung sich aus den Fängen des Materiellen und der Körperlichkeit befreien müssen. Was dort in der Regel für den gesamten »Bildungsweg« gilt, trifft beim mystischen Akt in konzentrierter Weise zu. Dies illustriert ʻAsri'el am Beispiel des Moses, der nach seiner Auffassung am Sinai solche mystischen Erlebnisse hatte:

> »Der Anhaftende, der mit dem Auge des Herzens die Ursache der Ursachen sieht, er wird [von ihr] genährt und ergötzt [...] darüber heißt es ›er [Moses] war dort bei JHWH vierzig Tage und vierzig Nächte, er aß kein Brot und trank kein Wasser‹ (Ex 34,28), denn wenn die Kraft der Seele stark wird, während sie an ihrem Schöpfer haftet, verschwinden die Gefühle, welche nach den Genüssen der niederen Welt trachten [...].«[924]

Die hier von ʻAsri'el verwendete Formulierung zeigt die auch sonst anzutreffende Nonchalance, die von den Philosophen ererbten Begrenzungen der menschlichen Möglichkeiten zur Kommunikation mit dem Göttlichen zu verlassen, und wie hier die Kommunikation nicht auf die Sefirotwelt zu beschränken, sondern auch auf die Ursache der Ursachen auszudehnen. Doch dies ist nicht das Thema, das hier beschäftigt. Es geht hier um die Frage nach den menschlichen Zuständen während der *Devekut*, die in der Kabbala nicht gerade dicht gesät sind. Umso erfreulicher ist es, dass wir von einem der Mitglieder des Geronenser Kreises eine noch genauere Beschreibung besitzen, von der wir zwar nicht wissen, ob sie selbst- oder miterlebte Erfahrungen wiedergibt oder nur theoretische Erwägungen. Immerhin entspricht sie schon in wichtigen Elementen den Beschreibungen 'Avraham 'Abulʻafjas und des späteren osteuropäischen Hasidismus des 18. und 19. Jahrhunderts, die sehr viel offenkundiger mystisch orientiert sind. Der besagte Autor ist Jaʻakov Ben Scheschet, der in seiner Schrift *Meschiv Devarim Nechochim* eine Anweisung »Zum richtigen Antworten« auf die Philosophen geben will, und insbesondere Samuel Ibn Tibbon, in dessen Schrift *Jikkawu ha-Majjim*, »Die Wasser sollen sich sammeln«, zur Zielscheibe nimmt. In dieser Schrift lesen liest man zum Thema *Devekut* unter anderem:

924 Perusch ha-'Aggadot, S. 77 (15).

»Die [Schrift] sagt: ›an ihm sollst du haften [...]‹ (Dtn 10,20). Es ist klar, dass damit nicht ein Haften des Körpers gemeint ist, sondern das Haften der Seele. Und jeder Weise weiß, dass wenn die Seele am Schöpfer haftet, der Körper all seine Empfindungen verliert, so dass man nicht mehr essen und trinken muss, noch die übrigen Bedürfnisse des Körpers verspürt, und dass alle seine Glieder nicht mehr wirken und die Speise in den Gedärmen erhalten bleibt, damit man nicht zugrunde geht, weil seine Kräfte schwinden solange man an Ihm haftet, gemäß dem Maß der Befähigung seines Intellekts zur Devekut. Und wenn dann die Kraft zur Devekut zu Ende geht, dann erwacht die Seele, um flugs zu den Sinnen des Körpers zurückzukehren. Doch wie ein Schlafender vom Schlaf erwacht und die Glieder des Körpers nicht sogleich zu Kräften kommen [...] so ist [also] der Mensch, wenn er vom Schlaf erwacht noch etwas schwach, bis er langsam zu Kräften kommt. So geschieht es auch jenem, der an Ihm haftet. Denn wenn er sich anschickt, sein Denken von Ihm zu trennen [...].«[925]

Von dem kräfteraubenden Zustand der *Devekut* werden später die hasidischen Mystiker viel zu berichten haben, weshalb sie der Auffassung sind, dass die *Devekut* während der Zeit des menschlichen Lebens immer nur ein vorübergehender Zustand sein kann. Die Fülle der *Devekut* ist auch nach 'Asri'els Auffassung der Zeit nach dem Tod vorbehalten:

»Und weil der Körper keine Kraft hat, das Licht zu ertragen, kann der Gerechte die Fülle des ›aufbewahrten Gutes‹ nicht empfangen, bis sich die Seele aus dem Körper entfernt, dann wir sie die Kraft erhalten, zu ihrem Ursprung zurückzukehren und sich an dem süßen endlosen Licht genugzutun, es zu empfangen und es zu genießen. Dann wird seine Seele an das intelligible (*muskal*) Licht gebunden sein und an ihm ohne Unterschied haften.«[926]

Es ist offensichtlich, dass 'Asri'el hier einer individuellen Erlösungshoffnung huldigt, wie sie ähnlich Maimonides vertreten hatte, und gegenüber der die Auferstehung von den Toten nur eine inferiore und vorübergehende Zwischenphase sein kann. Über das Schicksal des Menschen und seiner Seele nach dem Tode äußert sich 'Asri'el ziemlich ausführlich in seinem *Sendschreiben nach Burgos*, wo es dazu unter anderem heißt:

925 Samuel Ibn Tibbon, Sefer Meschiv Devarim Nechochim le-R. Ja'akov Ben Scheschet, J.A. (G.) Vajda (zus. mit E. Gottlieb) [Hrsg.], Jerusalem 1969, S. 82.103ff.

926 Perusch ha-'Aggadot, S. 96 (34).

»Wenn die Seele aus dieser Welt scheidet, welche die dem fleischlichen Auge sichtbare *Welt der Körper* ist, geht sie in ihre Welt, die *Welt der Seelen* genannt wird, die der Welt der Körper ähnelt. [...] Und von der *Welt der Seelen* wird die Seele in die *Welt der Geister* (*Ruchot*) emporgehoben, welche ›Bündel [des Lebens]‹ genannt wird, weil die Seelen dort gebündelt und gebunden sind [...]. Und von der *Welt der Geister* werden die Seelen in die *Welt des Lebens* emporgehoben, aus der das Licht kommt, wie es heißt: ›Denn bei dir ist die Quelle des Lebens, in deinem Licht sehen wir Licht‹ (Ps 36,10).
Und wer nicht würdig ist, in der *Welt des Lebens* zu verbleiben, dem gebührt dafür in der *Welt der Körper* Maß um Maß zu empfangen, der kehrt in der Auferstehung der Toten wieder, die von der Kraft der *Welt des Lebens* ausgeht. Darum heißt es: ›Und viele die im Staube der Erde schlafen, werden aufwachen‹ (Dan 12,2) – es heißt da aber nicht ›alle‹! Wer aber würdig ist, in der *Welt des Lebens* zu verbleiben, der hat in Ewigkeit keine [solche] Unterbrechung. [...] Und aus der *Welt des Lebens* wird die Seele in die *Welt des Intellekts* (*ha-Sechel*) emporgehoben, die die *Quelle des Lebens* ist, die *Selah* genannt wird [...] Denn die M*enschliche Kraft* fließt nur bis *Selah*.[927] [...] und aus der *Welt des Intellekts* wird die Seele in die *Verborgene Welt* emporgehoben [...] und von da an wird sie von *'Emuna 'Omän* geleitet. Und all jene Tage, die aus dem Ausfluss rühren, der aus den oberen Worten quillt, heißen Tage des Messias, wie die Weisen sagten: «die Tage des Messias dauern für Israel 365-Tausend Jahre‹[928] [...].«[929]

Deutlicher kann man es kaum sagen: Die Auferstehung der Toten und die Rückkehr in die Welt der Körper ist recht besehen eine Strafmaßnahme für diejenigen, die nicht, noch nicht würdig sind, im ewigen Licht zu verbleiben. Das endgültige Ziel der Seele ist schließlich deren Eingang in die oberste Sefira, in das Verborgene Licht, das heißt, in ein rein intelligibles Dasein, wie dies auch Maimonides versteht.[930]

Auch die Tage des Messias gelten nach dem hier gezeichneten heilsgeschichtlichen Plan noch nicht als die allerhöchste Stufe der Erlösung, die erst in der *Verborgenen Welt* beginnt, während die messianische Zeit noch unter dem Einfluss der drei ersten Sefirot immerhin noch weltliche, wenn auch messianisch-weltliche Zeit ist. In der *Verborgenen Welt* ist die Seele ganz im göttlichen Bereich, der keinen wirklichen Weltbezug mehr hat.

927 Das Wort pflegt in den Psalmen einen Sinnabschnitt zu beschließen, seine wörtliche Bedeutung ist unbekannt.

928 bSanhedrin 99a, wo allerdings nur von 365 Jahren, ohne die Tausend die Rede ist.

929 G. Scholem, Kabbalot, S. 237f.

930 Vgl. Bd. I, S. 471-479.

Die Einzeichnung der hier von ‘Asri’el genannten Aufstiegsstufen in sein sonstiges System ist nicht ganz einfach und kann mit Blick auf die obige Tabelle nur annäherungsweise versucht werden. Demnach ist die *Welt der Körper* zunächst die untere, irdische, Welt, die aber laut Kolumne I zugleich auch in engem Kontakt mit der unteren sefirotischen Tetras steht. Die *Welt der Seelen, ‘Olam ha- Nefaschot*, ist laut Kolumne D vielleicht die Sefira sieben, aber zum anderen könnte damit zugleich die gesamte mittlere Triade gemeint sein (Kolumne I). Die folgende Stufe, *‘Olam ha Ruchot, Welt der Geister,* könnte demnach die nun wirklich zur mittleren Triade gehörige sechste Sefira sein (Kolumne D). Die folgende *Welt des Lebens* identifiziert auch Scholem mit der Sefira drei, das heißt *Bina*. Die *Welt des Intellekts* ist, laut Kolumne D zunächst eine Benennung der gesamten oberen Triade, wäre des Näheren dann wohl Sefira zwei, *Hochma*, die auch den Namen *Quelle des Lebens* trägt. Die letzte Stufe ist schließlich das gleichsam obere Ende von Sefira eins, beziehungsweise das, was zwischen ihr und dem *'En Sof* vermittelt.

Dieser zugegebenermaßen nur tastende Versuch, diese neuerliche Version der kosmisch-göttlichen Hierarchie ‘Asri’els mit seinen übrigen Darstellungen in Übereinstimmung zu bringen, mag als abschließender Beleg für Tishbys Bemerkung genommen werden, dass die Terminologie ‘Asri’els insgesamt noch instabil und variabel ist.

IV. Das onomatologische Modell – Josef Gikatilla – *Ginnat 'Egos*

1. Die Onomatologie, ihre Herkunft und ihr Ort im Rahmen der Kabbala

Die onomatologische Kabbala ist eine Kabbala, die gänzlich ohne die Lehre von den Sefirot auskommt und ihr Anliegen ausschließlich mithilfe der Lehre von den Gottesnamen und dem Alphabet vertritt. In den meisten kabbalistischen Systemen ist jedoch die onomatologische Deutung nach den Vorgaben des *Sefer Jezira* mit der Lehre von den Sefirot verschmolzen, wie exemplarisch schon bei dem ältesten nichtanonymen kabbalistischen Text von Jizchak dem Blinden sichtbar wurde. Es dient indessen dem besseren Verstehen, wenn man die onomatologische Seite der Kabbala zunächst für sich betrachtet. Dies ist umso mehr gerechtfertigt, als es wenigstens zwei herausragende Kabbalisten des 13. Jahrhunderts gab, die eine rein onomatologische Kabbala vortrugen. Dies waren der als Mystiker und vielleicht als Messiasprätendent allseits bekannte 'Avraham Ben Schemu'el 'Abul'afja aus Saragossa/Tudela (1240-ca. 1291) und sein Schüler Josef Ben 'Avraham Gikatilla aus Medinaceli und Segovia[931] (1248-1325).

Die onomatologische Kabbala ist eine direkte Erbin der onomatologischen Theologie der antiken Hechalotliteratur. Die wichtigsten, schon im ersten Band dargestellten[932] Auffassungen dieser Theologie sind die Folgenden: Gott ist keine Person, sondern er ist identisch mit seinem Namen, griechisch *onoma*. Das heißt, Gott ist nichts außerhalb seines Namens, sein Name ist er selbst, in seinem Namen ist die göttliche Fülle und Macht der Gottheit umfangen. Gott ist demnach schöpferisches und machtgeladenes Wort, ist kreative Sprache. Und wer Gottes Namen kennt, kennt Gott. Dieser Gott steht nach Auffassung der alten Onomatologie an der Spitze einer Machtpyramide, die er an seiner Macht teilhaben lässt und an die er Teile seiner Macht delegiert. In personalistischen Theologien bestand diese Hierarchie aus Engeln und sonstigen Geistwesen, in der onomatologischen Theologie sind auch diese »Engelwesen« nichts anderes als abgeleitete Gottesnamen, die durch Permutationstechniken entstehen. Die neuen Engelwesen haben Macht, weil sie theophore Namen sind, wie Gabri-'El, Micha-'El etc. Der höchste Engel, der siebzig Namen Gottes auf sich vereinigt, ist Metatron, der darum schlechtweg auch *JHWH ha-katan* (*Der Kleine JHWH*) genannt wird.

Ein Gottesname konnte im Rahmen dieses Denkens schon durch einen einzigen Buchstaben des hebräischen Alphabets repräsentiert werden, und wird ein solcher Buchstabe mit anderen verbunden, entstehen neue Gottesnamen, will

931 Sein im Folgenden behandeltes Buch *Ginnat 'Egos* gibt als Gikatillas Heimatort Sale/a an.

932 Vgl. Bd. I, S. 341-354.

sagen neue göttliche Machtzentren. Und diese Gottesnamen sind es schließlich, mit denen *Der Große Name* die Welt erschaffen hat.

Diese antike Onomatologie wurde von den meisten Kabbalisten und den genannten beiden Denkern übernommen und in ihre neue Denkwelt integriert oder in sie verwandelt. Aus der Onomatologie wurde Kabbala, indem diese alte Lehre in die ontologischen Systeme des Mittelalters integriert wurden, das heißt entweder in die kabbalistische Sefirotlehre oder im Falle von 'Abul'afja und Gikatilla in die aristotelisch-platonisierende Lehre des Maimonides wie sie hier im ersten Band schon skizziert wurde, wenn diese in dem neuen Zusammenhang auch Veränderungen unterworfen wurde.[933] Das hatte zur Folge, dass die alten exegetischen Techniken wie *Gematria*, *Notarikon*, und *Temura* nun nicht länger einfach hermeneutische Verfahren waren, sondern analog zur Logik der Philosophen als ontologische Strukturgesetze erschienen, das heißt, Buchstaben und Buchstabenverbindungen entsprechen oder sind die allgemeinen Strukturgesetze des Seins.

2. Der geistige Ort – zwischen Maimonides und Onomatologie

2.1 Gikatillas *Sefer Ginnat 'Egos* und die maimonidische Philosophie

Josef Gikatillas erstes, im Alter von 26 Jahren geschriebenes, Buch *Ginnat 'Egos*, »Nussbaum-Garten«, ist reine onomatologische Kabbala, während seine beiden folgenden Bücher *Scha'are 'Ora* und *Scha'are Zedek* – wie auch weitere seiner Schriften – eine Verbindung von onomatologischer und sefirotischer Kabbala herstellen. Wie schon angedeutet, formte Gikatilla, seinem in der nächsten Abteilung zu besprechenden Lehrer 'Abul'afja folgend, seine onomatologische Kabbala durch eine Verbindung der alten Tradition mit den theologischen und kosmologischen Lehren des Maimonides. Diese sind kurz gesagt im Wesentlichen die Folgenden: Gott ist die Ursache alle Ursachen, ist *prima causa* allen Seins, wenn sie – im Unterschied zur Philosophie des Aristoteles selbst – hier auch mit einem Willen ausgestattet ist, der es ihm erlaubt, die Schöpfung aus dem Nichts hervorzubringen und mit Wundern spontan in das Weltgeschehen einzugreifen. Die erste, vollkommen Eins seiende, unbegrenzte Ursache wirkt auf die begrenzte und vielfältige Welt mithilfe von Zwischenursachen, deren wichtigste zunächst eine Folge von *Zehn Separaten Intellekten*, den so genannten *Sechalim Nifradim* ist. Diese sind die Ursachen für die Bewegung der neun Himmelssphären, während der *Zehnte Intellekt*, meist *Aktiver Intellekt* genannt, die Formen auf der irdischen Welt und im Menschen hervorbringt und die irdische Welt dadurch

933 Vgl. Bd. I, S. 431-487.

belebt. Die neoplatonische Seite dieser mittelalterlich-aristotelischen Lehre ist die, dass die Ursachenkette als Emanationskette verstanden wird.

Gikatilla übernimmt grob gesprochen diese Gotteslehre und Kosmologie, die allerdings eine wohl von seinem Lehrer 'Abul'afja übernommene Differenz aufweist. Es ist wohl dem Harmonisierungsbestreben mit dem *Sefer Jezira* und dem neoplatonischen Denken zu verdanken, welche diese Änderung hervorgebracht hat. Die zehn Sefirot des *Sefer Jezira* werden von dem jungen Gikatilla nicht wie von Jizchak dem Blinden und allen sefirotischen Lehren der Kabbala mit den göttlichen Sefirot des *Sefer ha-Bahir* identifiziert. Vielmehr identifiziert er die zehn Sefirot des *Jezira* mit den neun Himmelssphären und zur Komplettierung der Zehnzahl fügt er, wohl nach dem Vorgang von Ibn Gevirols *Keter Malchut*, noch einen *Galgal ha-Sechel*, das heißt eine »Sphäre des Intellekts«, hinzu. Diese zehnte Sphäre des Intellekts nennt Gikatilla mehrfach »Zehnter Intellekt« (*ha-Sechel ha-'asiri*), auch *Sar ha-'Olam*, »Fürst der Welt«, welcher schließlich mit dem Oberengel Metatron aus der antiken Hechalotliteratur identifiziert wird. Schließlich wird diese die neun Himmelssphären umgebende Intellekt-Sphäre noch mit dem aristotelischen Attribut *Ha-Sechel ha-Po'el*, »Aktiver Intellekt«, geschmückt. Dieser »Aktive Intellekt« war in den aristotelischen Systemen des Mittelalters der unterste der zehn Separaten Intellekte, also von oben gezählt der »Zehnte Intellekt« und dieser hatte dann in der Tat die Funktion, Fürst der irdischen Welt zu sein. Diese Ordnung ist nun umgekehrt. Der »Zehnte Intellekt« Gikatillas ist die zehnte Sphäre von unten und mithin die erste von oben. Als solche lenkt sie nicht nur die irdische Welt, sondern zugleich die neun Himmelssphären samt der darunter liegenden Erde. Diese Konzeption, dass über den neun Gestirnssphären noch eine Sphäre des Intellekts folgt, kannte wie gesagt schon Schlomo Ibn Gevirol, der sie in seinem philosophischen Gedicht *Keter Malchut* vorträgt. Nach der Aufzählung der neun Sphären sagt er in Abschnitt XXIV:

> »Wer versteht die Geheimnisse deiner Geschöpfe, indem du über die Neunte Sphäre die Sphäre des Intellekts erhebst. Sie ist das innere Heiligtum (1. Kön 6,17), die Zehnte ist heilig dem Herrn (Lev 27,32). Sie ist die Sphäre, die über alles Höchste erhaben ist, die der Gedanke nicht erreicht [...].«[934]

Gikatilla unternimmt es aber, diese Lehre vom Zehnten Intellekt mit der aristotelischen Konzeption von den Zehn Separaten Intellekten, den *Sechalim nifradim*,

934 Text bei S. Ibn Gabirol, Krone des Königtums, E. Goodman-Thau, Ch. Schulte (Hrsg.), Berlin 1994, S. 62; auch 'Asri'el aus Gerona nennt diese Konzeption in seinem Kommentar zum *Sefer Jezira*: Kitve ha-Ramban, H.D. Schewel (Hrsg.), Jerusalem1978, II, S. 460: »Ebenso sagten die Weisen der Forschung (die Philosophen), dass das Licht des Intellekts auf die Sphären emaniert und von den Sphären auf die Sterne und von den Sternen auf die Menschen.«

zu verbinden. Danach figuriert der *Galgal ha-Sechel* als Zusammenfassung der zehn »Nifradim«. Oder anders ausgedrückt: der *Galgal ha-Sechel* ist in zehn *Sechalim nifradim* gegliedert, von denen jeder seine ihm zugeordnete Himmelssphäre beziehungsweise die Erde lenkt. Diese zehn Intellekte sind als *Galgal ha-Schel* nunmehr der *'Olam ha'eljon*, die obere Welt, die Himmelssphären mit ihren Gestirnen sind der *'Olam ha-tichoni*, die mittlere Welt und die Erde der *'Olam ha-schafel*, die untere Welt. Das hier kurz Zusammengefasste soll im Folgenden durch einige Textstücke aus Gikatillas *Ginnat 'Egos* belegt und illustriert werden, aus denen die obige Rekonstruktion erschlossen ist. Zugleich muss darauf hingewiesen werden, dass es in dem umfänglichen Buch genügend Formulierungen gibt, welche die wünschenswerte Klarheit der Konzeption ermangeln lassen. Bevor der erste Beispieltext folgt, ist es angebracht, darauf hinzuweisen, dass Gikatillas Texte bei Weitem einfacher als die übrigen kabbalistischen Texte zu verstehen und auch in besserem Hebräisch geschrieben sind, und dies in oft geradezu schönem Stil:

> »[...] zählen wir die zehn Sefirot, angefangen von der Mondsphäre (*Galgal ha-Jareach*) nach oben [...].
> Und diese sind sie: Die Mondsphäre, die Sphäre des Merkur (*Galgal ha-Kochav*), die Sphäre der Venus (*Galgal Nogah*), die Sonnensphäre (*Galgal Hamma*), die Sphäre des Mars (*Galgal Ma'adim*), die Sphäre des Jupiter (*Galgal Zedek*), die Sphäre des Saturn (*Galgal Schabbtai*), die Sphäre des Zodiak (*Galgal ha-Massalot*), die Sphäre des *'Aravot Himmels*, der *Zehnte Intellekt*. Dies sind die zehn *Sefirot belima*, zu welchen die untere Welt, das heißt die Erde, nicht hinzugehört.«[935]

Es ist deutlich, hier wird eine Gleichung zwischen den zehn *Sefirot* des *Sefer Jezira* und den himmlischen Sphären des Kosmos hergestellt. Für die neunte Sphäre, welche die allumfassende Tag- und Nacht-Sphäre ist, wird hier der Name des ehemals höchsten Himmels der talmudisch-rabbinischen und der Hechalot-Literatur Literatur verwendet, *'Aravot*, welcher in der antiken rabbinischen Literatur der siebte Himmel war, in dem Gott thront. Gikatilla hingegen sagt zu diesem »Himmel«: »Wisse, dass 'Aravot die neunte Sphäre ist, oberhalb von allen Sphären, und sie bewegt sie alle mit einer steten Bewegung.«[936] Und da die Erde ausdrücklich aus den zehn ausgeklammert wird, ist der zehnte Platz für den neuen »Zehnten Intellekt« frei. Wer oder was dieser ist, wird aus dieser Stelle noch nicht deutlich, wohl aber aus der folgenden: »Die zehnte Sefira, welche die

935 Sefer Ginnat 'Egos le-Rabbi Josef Gikatilla, Hoza'at Jeschivat »ha-Hajjim we-ha-Schalom«, Jerusalem 1989, S. 332.

936 Sefer Ginnat 'Egos, S. 330.

Sefira der *Sechalim ha-nifradim*, der Separaten Intellekte, ist [...].«[937] In einer Beschreibung des gesamten Weltenbaus, dieses Mal von oben nach unten schreitend, sagt Gikatilla:

> »Wisse, mein Bruder, Gott behüte dich, dass jene drei Stufen, nämlich die [reine] Form, die Materie und die Zusammensetzung, die gesamte Wirklichkeit umfassen. Die [reine] Form, das sind die Engel, die man *Sechalim nifradim*, Separate Intellekte, nennt, und sie sind Form ohne Materie[938] und sie werden Einfacher [oder: entblößter] Intellekt genannt. Und dies ist die erste Stufe des Existierenden. Das ist die oberste Stufe. Und diese Form besteht aus zehn Stufen, und sie alle werden *Sechalim nifradim* genannt.«[939]

Angesichts solcher eindeutiger Aussagen werden auch jene anderen, zunächst missverständlich formulierten deutlicher:

> »Nachdem wir diese Sache erläutert haben, kehren wir zur Erklärung des Mysteriums der neun Sphären (Galgalim) zurück, welche stets kreisen und sich drehen aus der Kraft des *jod* (י) [Zahlwert ist 10], welches ein Hinweis darauf ist, dass das Zehnte heilig ist. Und dies ist der Zehnte Intellekt, welcher *Fürst der Welt* genannt wird. Du musst allerdings wissen, dass es entsprechende Beweger für die Bewegten und Lenker für die Gelenkten gibt, und Oben entsprechend dem Unten, und das sind die *Sechalim ha-nifradim*. Wenn wir aber den Zehnten Intellekt erwähnen, dann sind damit alle gemeint [...].«[940]

Und schließlich die beiden letzten Gleichungen:

> »Die Bewegung ist in die Hand des Zehnten Intellekts gelegt [...] und weil dieser Fürst Zeugnis für seinen Meister ablegt, wird er treuer Knecht genannt [...] denn dieser Fürst bezeugt [...] dass es einen Herrscher über ihm gibt. Dies ist ein Zeugnis für Israel, dass sie den Namen JHWH preisen sollen, denn Israel [Zahlwert 541] ist im Mysterium der *Aktive Intellekt* (*ha-Sechel ha-po'el*) [Zahlwert 541], der Zehnte Fürst, der Israel genannt wird. So ist also der *Aktive Intellekt* bereit, den Namen JHWH zu preisen, der der Herrscher ist [...]. So lernst du aus all dem, dass der Knecht, welcher Metatron ist, für seinen Meister, E.s.g., Zeugnis ablegt.«

937 Sefer Ginnat 'Egos, S. 330.

938 Deshalb »separate« Intellekte, weil sie von der Materie getrennt sind.

939 Sefer Ginnat 'Egos, S. 202.

940 Sefer Ginnat 'Egos, S. 148.

Hier wird also der »Zehnte Intellekt«, der das Kollektiv der zehn *Nifradim* darstellt, mit dem Namen benannt, der bei den Aristotelikern einst dem untersten der zehn Separaten Intellekte vorbehalten war, »Aktiver Intellekt«. Dieser wird sodann mit dem Oberengel Metatron identifiziert, der im Auftrag seines Herrn, dem Namen JHWH, den Kosmos beherrscht. Und dieser schließlich wird über eine *Gematria*-Gleichung noch Israel benannt. Schon die alte Hechalotliteratur wusste von einem himmlischen Wesen namens Israel vor dem himmlischen Thron zu berichten,[941] das bei der täglichen *Schma'*-Liturgie vor dem Thron Gottes auftrat. »Gemeinde Israels« wird dann schließlich bei den späteren Kabbalisten und im *Sohar* einer der Namen der zehnten Sefira, welche ja wiederum die Fürstin der Welt ist.

2.2 Die onomatologische Darstellung der philosophischen Lehren

Das zuvor gezeichnete abgewandelte maimonidische Weltbild wird nun allerdings bei Gikatilla mithilfe der Onomatologie dargestellt. Das heißt, da wo Maimonides intelligible Wesenheiten und Substanzen sieht, spricht Gikatilla von Gottesnamen. Dies bedeutet aber nicht nur, dass Gikatilla die philosophischen intelligiblen Substanzen nur einfach mit solchen Gottesnamen benennt. Nein, die Dinge sind viel grundsätzlicher. Man muss den Sachverhalt geradezu umdrehen, damit deutlich wird, was hier geschieht. Nach Gikatillas Auffassung sind es gleichsam die Philosophen, welche die Gottesnamen als intelligible Substanzen bezeichnen, eben weil die Gottesnamen diese intelligiblen Substanzen wirklich sind. Um es gleich von Anbeginn deutlich zu machen: Wo Maimonides von Gott als *prima causa* spricht, spricht Gikatilla vom Gottesnamen JHWH. Er, dieser Name, ist die *prima causa*, von welcher Maimonides redet. Und wo Maimonides die zehn Separaten Intellekte als Beginn des außergöttlichen Seins apostrophiert, da sieht Gikatilla das Gottesappellativ *'Elohim*. Der Gottesname *'Elohim* ist der *Sar ha-Olam*, der Fürst der Welt, er ist der *Zehnte Intellekt* beziehungsweise der *Galgal ha-Sechel*, die Sphäre des Intellekts. Und so wie Maimonides grundsätzlich zwischen der unverursachten *prima causa* und den verursachten und neu entstandenen Separaten Intellekten unterscheidet, so unterscheidet Gikatilla grundsätzlich den anfanglosen und nicht verursachten Namen JHWH von dem »neu« gewordenen, das heißt, zu einem bestimmten Zeitpunkt »neu« entstandenen und verursachten Gottesnamen *'Elohim*. Dieser Unterschied zwischen unverursachter Erster Ursache und verursachten Intellekten drückt Gikatilla onomatologisch so aus, dass nur JHWH der wesenhafte *Name* Gottes ist, wohingegen alle anderen Gottesnamen nur »Appelative«, Bezeichnungen Gottes, sind. Und wo Maimoni-

941 Vgl. P. Schäfer u.a., Synopse zur Hekhalot-Literatur, Tübingen 1981, § 406, S. 170 (Hechalot Rabbati, Wertheimer, Batte Midraschot, Jerusalem 1968, 31,8, Bd. II, S. 116).

des von dem unerkennbaren Wesen Gottes und von seinen durch die anderen biblischen Namen ausgedrückten Wirkattributen spricht,[942] da unterscheidet Gikatilla zwischen JHWH als dem das unerkennbare ewige Wesen Gottes ausdrückenden *Namen* und den alleine Gottes Wirkungen in der Welt benennenden Bezeichnungen wie 'Elohim, Schaddai etc.

Eine nicht unbedeutende Differenz besteht allerdings hinsichtlich des »Gottesnamens« *'Ehje 'ascher 'ehje* (אהיה אשר אהיה), »Ich bin, der ich bin«[943] zwischen den beiden Denkern Maimonides und Gikatilla. Maimonides sieht in diesem von der Bibel als Name Gottes verstandenen Satz einen mit JHWH gleichbedeutenden Namen, und zwar in dem Sinn, dass er das Folgende bedeute: »Ich bin das Seiende, welches das Seiende ist, nämlich das notwendig Seiende.«[944] Gikatilla will diesen Primat, dass im Namen Gottes das Sein schlechthin, das notwendige Sein ausgedrückt ist, ausschließlich dem wahrhaften Gottesnamen JHWH vorbehalten, während *'Ehje 'ascher 'ehje* eben auch zu den erst verursachten Appellativen gerechnet werden müsse,[945] wie unten noch deutlich werden wird.

3. Gott

3.1 Der ewige unerkennbare Gott – sein Name

Gleich zu Beginn seines Buches kommt Josef Gikatilla auf das Zentrum seines frühen kabbalistischen Denkens zu sprechen, auf den Namen Gottes. Dabei schreitet er, durchaus als rhetorischer Schüler des Maimonides, zunächst ganz behutsam voran und holt den Leser mit Formulierungen ab, die jedes rabbinisch gebildete traditionelle Ohr noch keineswegs auffällig finden muss:

> »Das Mysterium des ausgezeichneten (*mejuchad*) Namens ist JHWH, er ist das Haupt von allen Häuptern und erhaben über allem.
> Wisse, mein Bruder, und Gott behüte dich, dass der ausgezeichnete Name, nämlich der vierbuchstabige Name, dessen Buchstaben *Jod He' Wa'w He'* (יו"ד ה"א וא"ו ה"א) sind, der Name ist, der Ihm, Er sei gesegnet, einzig ist, um Großes zu lehren über das Mysterium seines Seins (*hawwajuto*) und der Ewigkeit seiner Existenz, Er sei gesegnet. Dies ist der Name, der ihm bei der neu entstandenen Schöpfung nicht neu hinzugekommen ist. So wie Er selbst,

942 Vgl. More Nevuchim, I, c. 61, (Weiss), S. 221ff.; u. vgl. Bd. I, S. 438-446.

943 Ex 3,14.

944 More Nevuchim I, 63, (Weiss), S. 236-239.

945 Vgl. Sefer Ginnat 'Egos, S. 57.

E.s.g., nicht neu entstanden ist, so ist sein einziger Name nicht neu entstanden, denn dieser Name bezeugt seine Ewigkeit und unablässige Dauer.«[946]

Fast ist man an den alten Satz aus dem Midrasch erinnert, der sagte, dass vor der Schöpfung Gott und sein Name alleine gewesen seien.[947] Damit konnte Gikatilla diesen Namen als Zeugen für die Ewigkeit Gottes anrufen. Aber genau besehen will er doch mehr sagen. Der Name ist nicht nur Zeuge für Gottes Ewigkeit, sondern der Name Gottes ist so ewig wie Gott selbst. Erinnert man sich der mittelalterlichen Debatten über die Ewigkeit der Materie, dann weiß man, was diese Aussage über die Ewigkeit des Namens bedeutet. Die Verfechter einer *creatio ex nihilo* taten dies vor allem darum, weil die Behauptung, daß die Materie ewig sei, diese, nach mittelalterlichem Denken, sie mit Gott ebenbürtig und damit zu einem zweiten Gott machen würde.[948] Wenn also Gikatilla hier die Ewigkeit des Gottesnamens ausspricht, dann kann dies für einen mittelalterlichen Monotheisten nur bedeuten, dass der Name und Gott wesenseins sind. In einem weiteren Text wird das, was zunächst als eine Überinterpretation der Worte Gikatillas erscheinen mag, deutlich ausgesprochen:

» [...] da Er ewig ist, hat Er keinen anderen Namen außer dem wahren *Schem Hawwaja*, dem Namen des Seins, das heißt JHWH, denn Er, E.s.g., ist in Wahrheit das Sein. Darum ist dieser Name nicht von seinem wirklichen Sein, E.s.g., unterschieden, denn er ist das Wesen seiner Wahrheit, insofern Er, E.s.g., das Fundament allen Seins ist.«[949]

Gikatilla kommt noch öfter auf diese Identität von Name und Gottheit zurück, etwa wenn er Gott sagen lässt:

»Ich bin der Existierende (*ha-nimza*) im Mysterium des Namens JHWH, denn mein Name ist das Mysterium meiner Wahrheit, und er allein lehrt über das Mysterium des Seins, als würde er sagen: Ich bin das wahrhafte Sein, denn aus meiner Wahrheit kam alles Existierende ins Dasein. Mein Name und meine Wahrheit sind eins, denn mein Name ist das Mysterium meines Seins, und mein Sein ist das Mysterium meiner Wahrheit. Denn mein Name und mein wahrhaftiges Sein sind eins.«[950]

946 Sefer Ginnat 'Egos, S. 20.
947 Pirke R. 'Eli'eser 3. ed. Warschau 1852 (Jerusalem 1970), S. 5b.
948 Vgl. Bd. I, S. 375-378.496ff.507-510.534-536.571-576.
949 Sefer Ginnat 'Egos, S. 22.
950 Sefer Ginnat 'Egos, S. 24.

Gottes Name ist nichts außer ihm selbst, wie gleich im Anschluss ein weiteres Mal betont wird.[951] Und da dieser Name der ist, der alles hervorgebracht hat, der der Grund allen Seins ist und mit der Gottheit identisch, kann von ihm auch gesagt werden, dass dieser sein Name »alles enthält«,[952] und sein Name einzig ist, wie Er selbst einzig ist.[953] Diese Aussagen vom Namen Gottes können auch eine Wendung bekommen, die der philosophischen Formel von dem »notwendig Existierenden« entspricht, welches existieren muss, damit das der Möglichkeit nach Existierende ins Dasein treten kann.[954] Eine dieser Formulierungen widerspricht diametral der rabbinischen Auffassung,[955] wonach Gott gleichsam nur König ist, wenn er ein Volk hat, das ihn zum König ausruft. Diese rabbinische Formel ist einem Denken verpflichtet, in dessen Mitte die Geschichte steht, nach der Gottes Sein und Dasein gewissermaßen nur unter geschichtlichen Gesichtspunkten relevant und damit »wirklich« ist. Gikatilla hat diese geschichtlich-theologische Rede durch eine ontologische Rede ersetzt, wo über Gott unabhängig von der Geschichte und unabhängig von seiner Beziehung zum Menschen gesprochen werden muss. Zu den biblischen Versen »JHWH ist König [...]« (Ps 10,14) betont Gikatilla:

> »Wisse, dass Er nicht König über das Existierende dank des Existierenden ist, sondern Er ist König dank seinem wahrhaften Sein. Denn das Existierende hat ihn nicht erst zum König gemacht. Vielmehr hat Er als existierender König sie neu hervorgebracht und dann war er König über sie. Also wird er nicht König von Seiten des Existierenden genannt, sondern von Seiten seines wahren Seins.«[956]

Es fehlen dann auch nicht die zu erwartenden Aussagen, dass dieser Name »die Ursache von Allem« ist,[957] er ist die »erste Ursache« der gesamten Ursachenkette.[958] Oder in der platonischen Diktion: »und aus der Hawwaja, d. h. dem Sein [das heißt aus dem Namen JHWH] fließt alles übrige Existierende.«[959] Und als solcher ist er auch in Allem zu finden:

951 Sefer Ginnat 'Egos, S. 25.

952 Sefer Ginnat 'Egos, S. 25.

953 Sefer Ginnat 'Egos, S. 25.

954 Vgl. Bd. I, S.449-451; Sefer Ginnat 'Egos, S. 23.

955 Vgl. Bd. I, S. 244-253.

956 Sefer Ginnat 'Egos, S. 61.

957 Sefer Ginnat 'Egos, S. 69.

958 Sefer Ginnat 'Egos, S. 37

959 Sefer Ginnat 'Egos, S. 24.

> »Da siehst du, alles Existierende kommt ins Dasein aus der Wahrheit seines Namens, und alle tragen die Fahne seines Namens, denn es gibt keines unter allen Existierenden, das seinem Namen entrinnen könnte, so wie kein Existierendes ohne sein Sein kann. [...] Alle tragen den Stempel des Königs, welcher sein Name, E. s. g., ist. Und so ist er der Ort für die ganze Welt, da das Sein der Ort für alles ist. Denn ohne Sein gibt es keinen Raum, während Er selbst, E.s.g., keinen Raum hat, da er der Raum des Seins ist und das Sein ist der Ort aller Existierenden.«[960]

Abschließend soll noch auf eine klassische Formel der Philosophie im Munde Gikatillas verwiesen werden. Maimonides beruft sich in seinem *Führer der Unschlüssigen* auf Aristoteles mit der Auffassung, »dass bei den Dingen der Natur der Urheber (*ha-Po'el*) [d. h. die *causa efficiens*], die Form (*ha-Zura*) [das ist die *causa formalis*] und der Zweck (*ha-Tachlit*) [*causa finalis*] eines und dasselbe sind, nämlich der Art nach dasselbe, daß nämlich z.B. die Form Rubens es ist, welche die Form seines Sohnes Henoch bewirkt hat. Das Ding aber, welches sie bewirkt hat, ist die Verleihung einer Form ihrer Art an die Materie Henochs. Der Zweck Henochs besteht aber darin, daß er Menschenform besitze.«[961] Kurz davor erklärt Maimonides, dass das Prinzip dieser natürlichen Dinge nach Auffassung der Philosophen das »Vernunftprinzip« oder »das göttliche Prinzip« sei, welches die Dinge so gewollt hat.[962] Diese drei Ursachen, die Wirk-, die Form- und Zweckursache, der existierenden Dinge lässt Gikatilla wieder das Tetragrammaton sein:

> »Dieser Name bezeugt, dass Er, E.s.g., verschieden ist und getrennt von allem, er trägt alles und er ist alles, und er ist außerhalb von allem. Desgleichen ist es der Name, der bezeugt, dass er, E.s.g., in allem ursächlich wirkt und er von nichts außer ihm verursacht ist. Und er ist der verlässliche Zeuge, E.s.g., nämlich dass er ›Wirker‹ (*Po'el*), ›Form‹ (*Zura*) und ›Zweck‹ (*Tachlit*) ist. Und unter den übrigen Namen ist keiner, der etwas über sein wahres [Wesen] und seine wahre Existenz sagt, denn sie können nicht seine Ewigkeit bezeugen, denn sie sind neu entstanden [...].«[963]

960 Sefer Ginnat 'Egos, S. 72.

961 Mose Ben Maimon, Führer der Unschlüssigen, Übs. A. Weiss, J. Maier (Hrsg.), Hamburg 1972, More III,13 (Weiss), S. 65. Die beiden Namen sind nur Beispiele für einen beliebigen Vater und dessen Sohn.

962 More (Weiss), S. 64.

963 Sefer Ginnat 'Egos, S. 19f.

Auch wenn in dieser Einleitungspassage des Gesamtwerkes wieder von »bezeugen« die Rede ist, so ist nach den inzwischen angeführten Stücken klar, dass dieses Zeugnis aus einer Identität von Gott und seinem Namen herrührt. Und dieser ist es nach Gikatilla, der dem entspricht, was die Philosophen Vernunftprinzip oder göttliches Prinzip nennen, das aber, so Maimonides, bei denen, die an eine Schöpfung aus dem Nichts glauben, der Wille Gottes ist. Da, wo Maimonides diesen allursächlichen Willen Gottes setzt, da setzt Gikatilla das Tetragrammaton.

3.2 Die anderen »Gottesnamen« sind nur Appellative

Gegenüber dem ewigen, das Wesen Gottes ausdrückenden einzigen Namen Gottes sind laut Gikatilla die übrigen in der Bibel und der Tradition genannten Gottesnamen nicht »Namen« im Sinne von wesenhaften Eigennamen, sondern nur Benennungen Gottes. Und hinsichtlich der Bedeutung solcher Appellative schließt sich Gikatilla wieder an Maimonides an, für den die weiteren Gottesnamen allesamt nur die Wirkungen Gottes in dieser Welt beschreiben und benennen, also Wirkattribute sind.[964] Dieselbe Definition gibt auch Gikatilla den übrigen Gottesnamen:

> »Da hast du also ein klares Zeugnis für das Mysterium des *Schem Hawwaja*, des Namens des Seins [d.h. JHWH], insofern er sein wahres [Wesen], E.s.g., bezeugt. Und darum ist Er zurecht der in Ewigkeit beständige Name, um Ihn anzurufen, mehr als alle übrigen Benennungen (*Kinnujim*). Denn jede Benennung richtet sich nach dem Tun/Wirken, und er sagt nur etwas über dieses bestimmte Wirken aus. Darum, wenn Er jene Wirkung hervorbringt, wird Er mit dieser Benennung benannt. – Nicht so beim Tetragrammaton, das auf nichts außer Seiner selbst, E. s.g., bezogen ist.«[965]

Die Übereinstimmung zwischen dem Philosophen Maimonides und dem onomatologischen Kabbalisten Gikatilla ist jedoch nur partiell. Während bei Maimonides der Gebrauch dieser Gottes Wirkungen benennenden Gottesnamen ein rein nominalistischer ist, das heißt ein der menschlichen Sprachkonvention entsprechender, ist er bei Gikatilla ein realistischer. Nennt man laut Maimonides Gott *'Adonaj* (Herr), so wird dadurch eine bestimmte von Gott ausgehende Wirkung vom Menschen als Herrschaftswirkung definiert, das Wort »*'Adonaj*« bleibt dabei ein vom Menschen erzeugtes Lautgebilde. Nicht hingegen für Gikatilla, der glaubt, daß es eine transzendente Wirklichkeit *'Adonajs* gibt. Und so wie das Tetragrammaton nicht einfach ein deiktisches Phonem als Hinweis auf den einen

964 Vgl. Bd. I, S. 438-446; und More Nevuchim I, 63.

965 Sefer Ginnat 'Egos, S. 42.

Gott ist, sondern der reale Urgrund allen Seins, so sind auch die Gottesappellative für den Kabbalisten real existierende Wirklichkeiten, nicht einfach solche reale Wirkungen benennende Sprachkonventionen. Im Unterschied zur ewigen und allumfassenden Wirklichkeit des Tetragrammaton sind aber die Appellative abgeleitete, emanierte und somit erst im Schöpfungsprozess entstandene Wirklichkeiten. Oft betont Gikatilla, dass diese Wirknamen »neu entstanden sind, als die Welt neu entstanden ist.«[966] Oder:

> »Nachdem Er begonnen hatte, die Welt neu hervorzubringen, entstanden ihm all die anderen Namen, jeder Name ist gemäß der Wirkung zugeschnitten [...] aber alle fließen sie aus der Kraft des einzigen Namens.«[967]

Hier wird klar gesagt, dass die Benennungen, das heißt die übrigen »Gottesnamen«, mit der Schöpfung ins Dasein traten, wobei gleichsam jede neue Wirkung einem neuen Gottesnamen entsprach oder ein neuer Gottesname wurde. Jeder neue Gottesname ist ein vorher nicht existent gewesenes Emanat aus dem Tetragrammaton. Gikatilla erläutert diese Namenentstehung zum Beispiel an einer Auslegung zu Genesis 1,1:

> »[...] da siehst du ja den Namen *'Elohim*, mit dem die Welt erschaffen wurde und durch den jegliches natürliches Geschehen entstand, er empfängt seine Kraft und Emanation aus dem *Schem Hawaja*, das heißt vom Namen JHWH. Darum siehst du ja, dass im gesamten Schöpfungskapitel nur der Namen *'Elohim* verwendet wird. Aber du siehst auch, dass der Name 'Elohim ohne den Einzigen Namen nicht bestehen kann, so dass der *Schem Hawaja* es ist, der verursacht, dass alle Geschöpfe in wahrhaftigem Dasein existieren und dies ist die Existenz des Seins (*Hawaja*). Und darum begann Er, Er sei gesegnet, und sprach: ›Am Anfang schuf er 'Elohim‹ (Gen 1,1), als sagte er ›Am Anfang wurde die Natur erschaffen‹, das heißt der Thron namens 'Elohim, der neu entstand, als sie neu entstanden.
> So sagt der Text auch ›er schuf 'Elohim‹ und nicht ›er schuf JHWH‹. Da siehst du, der *Schem Hawaja* ist in der Schöpfung verborgen und der Name, der eine Benennung für die Neuschöpfung ist, welches der Name *'Elohim* ist, wurde der Natur zugeordnet, denn durch ihn wurden bei der Schöpfung alle natürlichen Dinge ›naturiert‹.«[968]

966 Sefer Ginnat 'Egos S. 24.
967 Sefer Ginnat 'Egos, S. 27.
968 Sefer Ginnat 'Egos, S. 33f.

In den neoplatonischen Systemen des Mittelalters, die im ersten Band beschrieben worden sind, war die Natur die dritte Emanation nach Intellekt und Weltseele. Sie wurde, wie in dem von Jizchak Jisra'eli zitierten Pseudoaristoteliker,[969] auch mit den Himmelssphären identifiziert, weil diese ja durch ihre Drehung das Entstehen und Vergehen in der sublunaren Welt bewirken. Eben diese Rolle wird hier dem Gottesnamen *'Elohim* zugeschrieben. Er ist die intelligible Natur, die alles natürliche Entstehen und Vergehen bewirkt, ihrerseits ist sie aber ein Emanat, beziehungsweise Wirkung einer höheren Ursache. Diese höhere Ursache ist hier direkt das Tetragramm. Hierin ist, wie sogleich deutlich werden wird, Gikatilla der aristotelischen, nicht der platonischen Tradition gefolgt.

Denn stellt man nun die Frage, was denn mit diesem *'Elohim* gemeint sei, der alle natürlichen Vorgänge im Kosmos steuert und hervorbringt, so gibt Gikatilla auch darauf eine deutliche Antwort. Auch diesen Gottesnamen zeichnet Gikatilla in das variierte maimonidische Weltbild ein. Im Rahmen eines längeren Traktates, von dem anschließend einige Abschnitte wiedergegeben werden sollen, sagt Gikatilla zweimal:

> »Die Separaten Intellekte (*ha Sechalim ha-nifradim*) werden *'Elohim* genannt, weil sie im wahrhaften [Wesen] von *'Elohim* existieren. [...] Der Beginn des Neuentstehens sind die Intellekte, die *'Elohim* genannt werden.«[970]

Nach diesen klaren Zuordnungen von 'Elohim und Separaten Intellekten wird der im Folgenden nur sehr fragmentarisch wiedergegebene Traktat erst recht plastisch. In ihm betrachtet Gikatilla das Element JH (יה), ebenso das in Genesis 1 mehrfach verwendete Schöpferwort JeHJ (יהי, *jehi*, es werde). In beiden Elementen, der Kurzform des Tetragrammaton (JH) – man vergleiche den bekannten Jubelruf *Hallelu-JaH* –, und in dem Jussiv[971] ›es werde‹, sind die Buchstaben *Jod* und *He* des Tetragrammaton präsent, man könnte sagen als reduzierte Form des *Schem Hawaja*, das heißt des Tetragramms. Eben diese Elemente begegnen nun auch in dem Gottesnamen 'eLHJM (אלהים, 'Elohim), der somit gleichfalls an einer reduzierten Fülle des vollen Gottesnamens partizipiert. Diese onomatologische Darstellung des Emanationsprozesses soll im nächsten Kapitel noch eingehender erörtert werden, hier soll es zunächst auf die Gleichung von 'Elohim und Separaten Intellekten ankommen:

> »Das ganze Schöpfungswerk fließt aus der Kraft des Namens *'Elohim* hervor. Und dies ist wahrhaftig so, weil das Element JH in ihm die Wirkung der ge-

969 Vgl. Bd. I, S. 505f.511f.

970 Sefer Ginnat 'Egos, S. 77.78.

971 Befehlsform.

> samten Natur verursacht. So wenn er sagt: ›Und 'Elohim sagte *jehi 'or* (JHJ) – es werde Licht – ‹ (Gen 1,3), dann ist das JHJ in ihm, das das ganze Werk der Natur hervorbringt. Du musst aber wissen, dass der Anfang der Emanation des Willens JHWH ist [...].
> Und wisse, dass beim ersten Existierenden gesagt wird ›es werde Licht‹, das ist das Licht des Intellekts, das ist der Anfang aller Stufen der Schöpfung, und das sind die Separaten Intellekte (*Sechalim nifradim*) [...]. Das Licht des Intellekts ist das Mysterium der Separaten Intellekte, und aus ihnen emanierten die Sphären [...] die Existenz der Sphären emaniert [also] aus der wahrhaften Existenz der Intellekte, und die Existenz der Erde emaniert aus der wahren Existenz der Sphären, denn sie alle sind Emanationen und Stufen [...].«[972]

Damit ist die onomatologische Weltemanation nahtlos in das mittelalterliche aristotelisch-platonisch-ptolemäische Weltbild eingezeichnet. Aber damit ist die Besonderheit der kabbalistischen Konzeption im Unterschied zur philosophischen nur angedeutet. Die wesentliche Eigenart der onomatologisch-kabbalistischen Weltsicht ist die reale Gründung des Vorgangs in der Sprache, den Namen und den Buchstaben des hebräischen Alphabets, das im Folgenden betrachtet werden soll. Im Sinn des Kabbalisten zeichnet nicht er sein Weltbild in das der Philosophen ein, sondern umgekehrt, die Philosophen drücken die Wahrheit der onomatologischen Kosmologie in philosophischen Termini aus.

4. Kosmos

4.1 Weltemanation als Alphabet- und Namenpermutation – Hermeneutik als Kosmogonie

Josef Gikatilla hat als Titel seines Buches, ja als Programm seiner frühen Kabbala schlechthin, einen Vers aus dem biblischen Hohenlied gewählt, in dem es heißt: »In den Nussbaumgarten, *Ginnat 'Egos*, bin ich hinabgestiegen, um zu sehen die Palmenknospen« (Cant 6,11):

> »›In den *GiNaT 'Egos* (Nussbaumgarten) bin ich hinabgestiegen, um zu sehen‹ den König JHWH Zeva'ot. Und ich weckte das lautere Denken mit dem Mysterium der drei Wege der Tora ***Gematria***, ***Notarikon***, ***Temura***, welche im Gartenhof (GiNaT) des Palastes thronen. Und Er ist wie der Bräutigam. Und Sein Mysterium, Er sei gesegnet, wird aus ihnen offenbart.«[973]

972 Sefer Ginnat 'Egos, S. 77f.

973 Sefer Ginnat 'Egos, S. 12.

Das Wort GiNaT wird hier als Akronym, das heißt als Notarikon, gedeutet und steht für die drei schon in der rabbinischen Literatur der Antike bekannten[974] hermeneutischen Regeln: *Gematria*, das heißt »Zahlwertberechnung«, *Notarikon*, Deutung des Wortes als Akronym, und *Temura*, Vertauschung von Buchstaben nach festgelegten Ersetzungsmustern, deren es unterschiedliche gibt.[975] An anderer Stelle seines Buches nennt Gikatilla die drei exegetischen Regeln schlechthin *Darke ha-Kabbala*, das heißt »Weisen oder Methoden der Kabbala«[976] oder sogar »Definitionen der Kabbala« (*Gidre ha-Kabbala*).[977] Das bedeutet, der frühe Gikatilla sieht in der Auslegung der Bibel und der Tradition mithilfe dieser drei Regeln die Kabbala schlechthin. Kabbala ist esoterische Schriftauslegung. Allerdings muss an dieser Stelle vermerkt werden, dass mithilfe der genannten hermeneutischen Regeln durchaus unterschiedliche Ergebnisse erreicht werden können. Dies zeigt sich schon daran, dass dieselben Regeln, wenn auch in eingeschränkterem Umfang, auch von den antiken Rabbinen eingesetzt werden konnten, die doch zu ganz anderen Ergebnissen gelangten. In zwei Arbeiten zur jüdischen Hermeneutik habe ich darum diese Regeln als *hermeneutische Technik* bezeichnet, die gleichsam ideologisch neutral, beziehungsweise ergebnisneutral sind und von Denkern der verschiedensten Richtungen, sogar von Philosophen, eingesetzt werden können. Das mithilfe dieser Techniken angesteuerte, beziehungsweise vorausgesetzte Interpretationsziel nannte ich demgegenüber das *hermeneutische Paradigma*, den hermeneutischen Bezugshorizont. In diesem unterscheiden sich nun die Rabbinen von den Philosophen

974 Vgl. G. Stemberger, Einleitung in Talmud und Midrasch, München 1982, 7. Aufl., S. 38, Nr. 29, wo die Temura unter *Atbasch* geführt ist; und vergleiche die ausführliche Aufzählung der zweiunddreißig Regeln des R. Jischma'el in: Midrasch ha-gadol, Jerusalem 1947 (Neudruck), Genesis, S. 22f.; und. Nr. 30.

975 Zu allen hermeneutischen Methoden s. J. Trachtenberg, Jewish Magic and Superstition. A Study in Folk Religion, New York 1974, S. 260-264. Die bekannteste Ersetzungsregel ist die so genannte ATBASCH-Regel. Nach ihr wird am hebräischen Alphabet mit seinen 22 Buchstaben folgende Ersetzungsregel durchgeführt: Buchstabe 1 wird durch Buchstabe 22 ersetzt, Buchstabe 2 durch den Buchstaben 21, 3 durch 20 etc. D.h. der erste Buchstabe wird durch den letzten Buchstaben ersetzt, der zweite durch den vorletzten u.s.w. Bei der ALBAM-Regel wird das Alphabet in zwei Hälften geteilt, in die Hälfte 1-11 und die zweite 12-22. Dann wird der erste Buchstabe der ersten Hälfte durch den ersten der zweiten Hälfte ersetzt, der zweite der ersten Hälfte durch den zweiten der zweiten Hälfte, also 12 statt 1 und 13 statt 2 etc. Dieser Art gibt es noch weitere Austauschregeln. Vgl. ferner J. Trachtenberg, Jewish Magic and Superstition.

976 Sefer Ginnat 'Egos, S. 42.44.

977 Sefer Ginnat 'Egos, S. 30.

grundlegend und letztere beide von den Kabbalisten.[978] Während die Philosophen die griechische Wahrheit in ihren Texten suchten (philosophisches Paradigma), suchten die Rabbinen nach der ethischen Wahrheit (ethisches Paradigma), die sefirotischen Kabbalisten schließlich nach den Sefirot (sefirotisches Paradigma). Für den frühen Gikatilla müsste man das *Paradigma* etwa so formulieren: Der Gottesname JHWH hat als erste Ursache und Emanator all das, was die Philosophen beschreiben, tatsächlich in Gestalt von Gottesnamen und Buchstabenketten hervorgebracht. Dies zu erweisen setzt er die *hermeneutische Technik* ein.

Es gibt noch einen weiteren Punkt, der das hermeneutische Paradigma Gikatillas von dem der Rabbinen unterscheidet, es aber *mutatis mutandis* mit dem der Philosophen verbindet. Bei der Darstellung der mittelalterlichen jüdischen Philosophie im ersten Band dieses Buches war mehrfach Gelegenheit, auf einen Umstand hinzuweisen, der das mittelalterliche philosophische Denken charakterisierte. Charakteristisch für alle diese rationalistischen Denker war die Auffassung, dass die Regeln der menschlichen Vernunft nicht einfach Konventionen des menschlichen Denkens seien, sondern dass sie glaubten, die menschliche Logik sei eine ontologische Kategorie. Das heißt, sie glaubten, dass alles, was die menschliche Logik mit ihren Methoden erweist, der tatsächlichen Wirklichkeit entsprechen müsse. Gott konnte demnach nichts sein und nicht handeln, was und wenn dies der menschlichen Vernunft widerspricht. Als das eigentliche Gesetz der Welt galt die Vernunft und was ihr entsprach, konnte und musste wirklich existieren.

Ganz analog dachte Gikatilla, nur dass bei ihm an die Stelle der Vernunft die kabbalistische Hermeneutik getreten war. Deshalb glaubt er, dass das mit den Regeln der Kabbalisten gewonnene Sprach-, Namen- und Alphabetgeflecht der tatsächlichen Realität entspricht. War den Philosophen die menschliche Vernunft zum Kern und Maßstab der Ontologie geworden, so ist es bei Gikatilla die onomatologische Hermeneutik. Diese Hermeneutik ist darum die Methode, um die Wirklichkeit des Seins aufzudecken. Und dies betrifft nicht nur die intelligible Welt und den höchsten Gottesnamen, sondern die gesamte kosmische und irdische Realität, denn alles ist, wie Gikatilla mehrfach betont, eine Komposition aus hebräischen Buchstaben.[979] Die Welt ist das gesprochene Wort Gottes oder im

978 K.E. Grözinger, Jüdische Schriftauslegung, in: Schrift Sinne. Exegese, Interpretation, Dekonstruktion, P. Chiarini, H. D. Zimmermann (Hrsg.), Berlin 1994, S. 11-36; ders., Die hermeneutischen Paradigmata hasidischer Tora-Deutung. Prinzipien der Innovation, in: Die philosophische Aktualität der jüdischen Tradition, W. Stegmaier (Hrsg.), Frankfurt a. M. 2001, S. 188-207.

979 Sefer Ginnat 'Egos, S. 166.162.188.278.289ff.

Sinne Gikatillas noch präziser: Sie ist das aus dem Tetragrammaton geflossene Buchstabenkonglomerat:

»Wenn du ›Buchstaben‹ sagst, ist es als würdest du Existenz/Wirklichkeit (*Mezi'ut*) sagen, denn die Buchstaben tragen die gesamte Existenz, und in ihnen befindet sich die Existenz, denn wenn du eine Sache nicht mit einem Namen benennst, dann kennst du seine Wirklichkeit nicht, und jede Sache die keinen Namen hat, hat keine Existenz, und das ist eine klare Sache. Und wenn die Sache einen Namen hat, gibt es kein Entrinnen aus den Buchstaben, denn die Buchstaben sind die Grundlage jeden Namens. Und alles neu Erschaffene, kann nicht anders sein, als dass die Buchstaben es tragen. So sind also die Buchstaben das Fundament der gesamten Welt. Und wie sollte da eine Existenz entstehen, wo keine Buchstaben sind. Also sind die Buchstaben das Instrument, um alles Existierende zu erhalten, auch wenn du Engel sagen willst, selbst in den siebzig Sprachen, es gibt kein Entrinnen von den Buchstaben. Und die wirkliche Stufe eines Existierenden wird von den Buchstaben bezeugt, sei es eine Himmelssphäre oder alles Erschaffene. Keines von ihnen kann den Buchstaben entrinnen. Denn die Buchstaben legen den Ort für es fest, und wo es Buchstaben gibt, da gibt es Existenz, und wo keine Buchstaben sind, da gibt es keine Existenz.«[980]

Eine wahrhaft philosophische Formulierung für die kabbalistische Onomatologie.

Diese grundsätzliche Einsicht vorausgesetzt, kann der onomatologische Kabbalist das, was die Philosophen als Emanation beschreiben, als Buchstabenentfaltung darstellen. Und da für ihn, wie schon deutlich wurde, das Tetragrammaton, JHWH, die letzte Wirklichkeit und Ursache aller Ursachen ist, kann er mithilfe der hermeneutischen Regeln das Entstehen der Welt aus dem Tetragrammaton nachzeichnen wie auch dessen Wirken in der Welt. Und dies ist eine der Hauptaufgaben des Buches *Ginnat 'Egos*, was im Folgenden an einigen wenigen Beispielen nachgezeichnet werden soll. Zuvor muss jedoch auf eine Besonderheit der Gematria-Technik hingewiesen werden, ohne deren Kenntnis jegliche »Nachprüfung« der Rechenoperationen des Kabbalisten zum Scheitern verurteilt ist:

»Wisse, dass die Meister der Kabbala entschieden, dass eine der Definitionen/charakteristischen Methoden (*Gidre*) der Kabbala ist, die Zahl in [drei Schritten] zu errechnen, nämlich zuerst die ›Zahlwertberechnung‹ (*Heschbon*), die Buchstaben[zahl] und die Wort[zahl]. Ihr Zeichen ist: Zahlwertberechnung, Buchstaben, Wörter.«[981]

980 Sefer Ginnat 'Egos, S. 377.

981 Sefer Ginnat 'Egos, S. 30.

Das bedeutet, die Gematria kann, muss jedoch nicht, zunächst den Zahlwert der Buchstaben eines Wortes aufaddieren, dann die Anzahl der einbezogenen Buchstaben hinzurechnen und schließlich noch die Anzahl der involvierten Wörter hinzuzählen. Und erst die Summe aller drei Zahlen wäre dann das Ergebnis, das sodann auf dem Wege der Gleichung mit anderen entsprechend erlangten Summen zusammengebracht werden kann.

Schon oben im Kapitel über die Appellativ-Namen Gottes war gezeigt worden, dass das Appelativum »'Elohim«, ein Pluralwort, das als Singular und Plural übersetzt werden kann, »Gott« oder »Götter«, die erste Emanation aus der Gottheit darstellt, und diese zugleich die Sphäre des Intellekts (*Galgal ha-Sechel*) ist, welche die übrigen neun Sphären umfasst. Diese erste Emanation aus dem Tetragrammaton muss sich nun auch mithilfe der *Darke ha-Kabbala*, den kabbalistischen, hier onomatologisch-hermeneutischen Methoden, darstellen lassen. Dies kann wie folgt geschehen, wobei zunächst eine einfache Ableitung von 'Elohim aus JHWH dargestellt werden soll:

> »JHWH (יהוה) 'LHJM ('Elohim, אלהים). Wisse, das Verlangen dieser beiden Namen ist auf den ersten ausgerichtet, welcher der ausgezeichnete Name ist, und dafür bedarf es einer Erklärung [...]. Wisse, dass der Name JHWH den Zahlwert KW[982] = כ'ו = 26 hat. Und der Wert von KW= כ'ו ist aufgefaltet (*be-Ferusch*) KaF WaW (כ'ף ו'ו) = 100 + 12 = 112. Dies entspricht wiederum dem Zahlwert von JHWH (יהוה) = 26 + 'ELHJM ('Elohim, אלהים) = 86, das heißt zusammen 112. So siehst du, [wenn JHWH (26) + 'ELoHJM (86) zusammen 112 ergeben,] dass KW (כ'ו = 26 = JHWH, יהוה), [welches aufgefaltet 112 ergibt], den [Namen] 'ELoHJM ('Elohim, אלהים) [in sich] trägt.«[983]

Hier zeigt der Autor zunächst, dass der Zahlwert 26 des Tetragrammaton mit den hebräischen Buchstaben KW/כ'ו wiedergegeben wird. Wenn man sodann die Namen dieser Buchstaben mit hebräischen Buchstaben ausschreibt, also *Kaf* und *Waw* als כ'ף und ו'ו – ein übliches und viel angewendetes kabbalistisches Verfahren –, so ergibt sich, wenn man nun die Zahlwerte dieser Ausschreibungen zusammenrechnet, der Gesamtzahlwert von 112. Das bedeutet, das Tetragrammaton enthält in sich den Zahlwert 112. Wenn nun der Zahlwert der beiden Gottesnamen JHWH und 'Elohim zusammen ebenfalls 112 ergibt, so ist erwiesen, dass das Tetragramm alleine *in nuce* beide Gottesnamen enthält oder wie Gikatilla sagt, JHWH beide trägt. Damit ist alphabetologisch erwiesen, dass das Gottesappelativ aus dem Gottesnamen JHWH hervorgegangen ist, weil JHWH den Na-

982 sprich: Kaf Waw.

983 Sefer Ginnat 'Egos, S. 28.

men *'Elohim* in sich trägt, das heißt die Sphäre des Intellekts, der wiederum aus zehn Separaten Intellekten besteht.

Schon oben zu Beginn des Kapitels 3.1 begegnete, ohne dass ich darauf hingewiesen hatte, ein alphabetologischer Beweis für die Emanation der zehn Intellekte aus dem Tetragrammaton. Denn wenn man das Tetragrammaton nach demselben Verfahren wie eben gezeigt entfaltet, also *be-Ferusch* darstellt, so ergeben sich zehn Buchstaben und diese entsprechen den zehn Intellekten: JHWH/ יהוה *be-Ferusch*/aufgefaltet: יו'ד ה'א וא'ו ה'א (JWD H' W'W H'/ jod he waw he) ergibt zehn Buchstaben, eine Reminiszenz an die pythagoräische Tetraktys (Vierzahl), nach welcher die Quersumme der vier ersten Zahlen die Dekade ergibt: 1+2+3+4 = 10.[984]

An anderer Stelle weist Gikatilla gleichfalls onomatologisch-hermeneutisch nach, dass aus der Ursache der Ursachen zum einen die Existenz der Separaten Intellekte hervorging und zum anderen deren Bewegungskraft, mit der sie die Sphären und so schließlich alles bewegen. Bevor man diesen Beweisgang versteht, muss zuvor ein anderer Schritt getan werden. Im ersten Kapitel der Bibel beginnt nach einer verbreiteten rabbinischen Deutung der erste Schöpfungsakt Gottes mit dem göttlichen Befehl, dass Licht werde: »Und Gott ('Elohim) sprach: ›Es werde (*JeHJ*, יהי) Licht‹ und es ward (*WaJeHJ*, ויהי) Licht.« (Gen 1,3). Gikatilla liest diesen Vers allerdings anders, als er hier übersetzt worden ist. Er lässt nicht das Wort »'Elohim« Subjekt des Befehlswortes sein. Subjekt ist nach seiner Auffassung vielmehr der verborgene Gott, das heißt der Gottesname JHWH, was nach der hebräischen Syntax durchaus möglich ist. Der Satz ist dann so zu übersetzen: »Und Er sprach: ›'Elohim werde Licht‹ und es ward Licht.« Nach dieser Deutung des Verses ist »'Elohim« das erste Geschöpf, das erste außerhalb der Gottheit Existierende. Dieses *'Elohim* soll als Licht aufstrahlen und damit ins Dasein treten. Und wie oben schon deutlich wurde, ist für Gikatilla »'Elohim« nichts anderes als der *Galgal ha-Sechel*, der wiederum aus den zehn Separaten Intellekten besteht.

Der von der der *Ersten Ursache* gesprochene Befehl enthält sind die Buchstaben JHJ (*jehi*, es soll sein). Und das Verbum, das den Vollzug des Befehls aussagt, lautet »und es ward«, ויהי (*WaJeHJ*). Das Ergebnis des göttlichen Befehls ist demnach das *wajehi* »und es ward«, dieses ist wiederum *'Elohim*, das aufstrahlende Licht. Und von diesem Ergebnis behauptet Gikatilla, dass dieses »'Elohim« nichts anderes als der *Galgal ha-Sechel*, die Intellektssphäre, ist. Um also das Hervorgehen von *wajehi = 'Elohim = Galgal ha-Sechel* aus dem Tetragrammaton onomatologisch zu erweisen, zeigt Gikatilla, dass das *wajehi* in der Tat aus JHWH herausgegangen ist. Dies erweist er durch die hermeneutische Technik des *Schimmusch*, das ist »Anwendung«. Diese Anwendung geschieht

984 Vgl. P. Deussen, Allgemeine Geschichte der Philosophie, Leipzig 1919, II, 1, S. 60.

dadurch, dass man von einem Wort sukzessive einen Buchstaben reduziert – ein Verfahren das vielleicht zu unserem »Abra Kadabra« führte. Hinter diesem »Abra Kadabra« steht vielleicht das Aramäische *'Abra ka-Dabra*, was soviel heißt wie »Es vergeht wie das Wort« oder *'Abda ka-Dabra*, »es geht zugrunde wie das Wort«, womit man also glaubte, z.B. Schmerzen zum Schwinden zwingen zu können, indem das bezügliche Wort zum Schwingen gebracht wird.[985] Macht man nun eine solche Schwund-Anwendung mit dem Tetragrammaton, so ergibt sich folgende Reihe:

JHWH JHW JH J י יה יהו יהוה

Die letzten zweieinhalb *Schimmusch*-Glieder der voranstehenden Zeile ergeben WJHJ/ויהי , *wajehi*, also gerade das Wort, das sich vorher als Vollzugsergebnis des göttlichen Befehls dargestellt hatte, und dieses ist ja nichts anderes als *'Elohim*. Also ist onomatologisch erwiesen, dass das *'Elohim* aus dem Tetragrammaton JHWH hervorgeht. Ein Teil des hermeneutisch entfalteten JHWH ist hinausgegangen, wurde zu *wajehi* und dies ist *'Elohim*. Also ist erwiesen, dass die *Separaten Intellekte* aus dem Tetragrammaton emaniert sind.

Um das dauernde Weiterwirken des göttlichen Ausflusses aus JHWH im *Galgal ha-Sechel* nachzuweisen, also in der Sphäre des Intellekts, die für alles natürliche Geschehen in der Welt zuständig ist und die onomatologisch gesprochen 'Elohim ist, bietet Gikatilla noch eine weitere gematrische Gleichung an. Er sagt, das schon besprochene *wajehi*, welches das Resultat der göttlichen Aktivität war und onomatologisch 'Elohim bedeutet, dieses *wajehi* besitzt den Zahlwert 31 und dies entspricht genau dem Zahlwert eines anderen Gottesappelativum, nämlich dem »Namen« *'El*. »Also ist *wajehi* das Mysterium von *'El*. Und darum findest du, dass Er, Er sei gesegnet, ›'El‹ genannt wird, weil darin das Mysterium der Neuerschaffung der Welt umschlossen ist und alle Wirkungen auf den Namen *'El*, im Geheimnis von *wajehi* gegründet sind.«[986]

Nach diesem langen Anmarschweg wird schließlich ein weiterer Beweisgang verständlich. In ihm wird gezeigt, dass die Separaten Intellekte, die *'Elohim* sind, ihre Existenz und Bewegung dem Gottesnamen JHWH verdanken. Zunächst lässt sich nach der oben genannten hermeneutischen Trias »Zahlwert, Buchstabenzahl, Wortzahl« ein weiteres Mal erweisen, dass die Benennung *'El* selbst unmittelbar aus dem Tetragrammaton hervorgeht. Das Tetragrammaton JHWH hat den Zahlwert 26, besteht aus vier Buchstaben und aus einem Wort, was ge-

985 Vgl. E. Bischoff, Die Elemente der Kabbalah, Berlin 1913 (Neudruck: Wiesbaden 1990), S. 265-268; L. Blau, Das altjüdische Zauberwesen, Budapest 1898 (Farnborough 1970), S. 79.

986 Sefer Ginnat 'Egos, S. 90.

samt die Summe 31 ergibt, also denselben Zahlwert wie *'El.*[987] Und nun zu *'Elohim*, dem ersten Existierenden:

»Wisse, dass es drei Appellative 'EL, 'ELHJM, 'ELWH ('El, 'Elohim, 'Eloah, אל, אלהים, אלוה) gibt. 'EL ist das Mysterium des Bauens [wie oben gezeigt ...] In den beiden anderen, also 'ELHJM und 'ELWH, findest du das Mysterium des zweigeteilten Gottesnamens [JHWH].[988] Im ersten, 'ELHJM, findest du die erste Hälfte des Gottesnamens, JH, und im zweiten Appellativ, 'ELWH, die zweite Hälfte des Gottesnamens, WH. So siehst du, dass die Kräfte, die Form aller dieser drei Namen, aus der Kraft des einzigen Namens fließen, wobei *'EL* die Erbauung der drei repräsentiert [...] während der einzige Name in seiner Wahrheit in das Appellativ 'ELHJM und in das Appellativ 'ELWH Kraft gibt, indem er sich in zwei Hälften aufteilt, und zwar JH in 'ELHJM und WH in 'ELWH und zwar als Wirkung [welche die Existenz hervorbringt] und als Bewegung [welche das Existierende belebt].
Und nachdem wir dir dies erklärt haben, ist dir klar bezeugt, dass alle Namen, mit denen Er, Er sei gesegnet, benannt wird, Kraft und Ausfluss aus dem einzigen Namen [JHWH] empfangen, und dass sie ohne ihn keinen Bestand haben, denn sie existieren aus der Wahrheit Seiner Existenz und Seines Seins. Und auf diese Weise, wie wir dir dies erklärten, kannst du verstehen, dass der Name des Seins [JHWH] Kraft in alles Existierende gibt und aus der Wahrheit seiner Existenz alle als das existieren, was sie sind.«[989]

Man kann also immer dasselbe Strukturmuster dieser ontologisch-onomatologischen Exegese erkennen. Wo Zahlwertübereinstimmungen zwischen Wörtern und Namen bestehen, seien es Verben, Nomina oder Präpositionen, seien es einzelne Buchstaben aus solchen Wörtern oder hermeneutisch umgewandelte und veränderte Wörter, seien es mit Ersetzungen (*Temura*) oder *Notarikon* (Akronymen) erreichte Gleichungen, überall da müssen ontologische Gleichungen bestehen. Das ganze ruht also auf der schon genannten Voraussetzung, dass die Hermeneutik mit der Ontologie identifiziert wird. Alles, was hermeneutisch erreicht werden kann, muss seine Entsprechung in der göttlich-kosmischen Wirklichkeit haben, die onomatologisch ausgedrückt werden kann. Anschaulichkeit ist hierbei nicht notwendig, sowenig dies etwa bei mathematischen Formeln ist, die zwar zu einer Stimmigkeit in sich führen, menschliches Vorstellungsvermögen aber oft überschreiten.

987 Sefer Ginnat 'Egos, S. 30.

988 Das heißt, 'Elochim und 'Eloch enthalten die Buchstaben des Tetragrammaton JHWH.

989 Sefer Ginnat 'Egos, S. 30.

Mithilfe dieser hermeneutischen Techniken hat Gikatilla im Rahmen seines Systems erwiesen, dass das Tetragrammaton die ganze Welt hervorgebracht hat, bewegt und erhält. Damit ist auch gezeigt, dass es vor der Schöpfung nur den einen Namen JHWH gegeben hat, der die Gottheit selbst ist, und die übrigen Gottesappellative im Zuge der *creatio ex nomini* entstanden sind. All die anderen Namen Gottes sind seine Wirkungen in der Schöpfung.

Im Rahmen der obigen Erörterungen betont Gikatilla außerdem, dass bei diesem Schöpfungsprozess auch die Buchstaben selbst entstanden sind. Das heißt, die nun sichtbaren Formen der Buchstaben, die zunächst als formlose wahrhafte Wesenheiten im Tetragrammaton enthalten waren.[990] Und da auch die Tora, die wir in Händen halten, aus solchen sichtbaren Buchstaben besteht, ist sie nach dem Werden der Buchstaben selbst in geformter Gestalt entstanden.[991]

4.2 Intelligible Vorstufen des existierenden Seins der Intellekte

Mehrfach ist oben deutlich geworden, dass die Sphäre des Intellekts mit seinen zehn Separaten Intellekten als erstes Existierendes außerhalb des Tetragrammaton betrachtet wird. Demgegenüber wurde jedoch zugleich etwas anderes sichtbar, das man gleichsam als die Vorstufen dieses ersten Existierenden betrachten kann. Da war das Vollzugswort »wajehi« (WJHJ / ויהי »und es ward«) und das damit identifizierte »'El« ('EL / אל), da beide denselben Zahlwert haben. Als solche Vorstufe erscheint außerdem der Gottesname »ehjeh« ('HJH / אהיה) und das Alphabet selbst. Wir begegnen hier einem Phänomen, das analog schon bei den jüdischen Philosophen des Mittelalters zu beobachten war. Der Neoplatoniker Jizchak Jisra'eli hatte mit seiner pseudoaristotelischen Quelle dem ersten Emanat, das heißt dem Intellekt, eine intelligible Materie und Form vorangehen lassen,[992] ebenso Schlomo Ibn Gevirol.[993] Hinzu kommt die Rede vom göttlichen Willen, der zwar ewig wie das göttliche Wesen ist, aber doch in seiner Wirksamkeit vom göttlichen Wesen zu unterscheiden ist, so Ibn Gevirol,[994] Pseudo-Empedokles[995] und der Aristoteliker Maimonides.[996] Analog scheint auch Gikatilla gedacht zu haben, das heißt, der eigentlichen intelligiblen Welt der Separaten Intellekte gehen noch Vorstufen voraus.

990 Sefer Ginnat 'Egos, S. 31.

991 Sefer Ginnat 'Egos, S. 68 u. vgl. S. 78.

992 Vgl. Bd. I, S. 504.

993 Vgl. Bd. I, S. 534.

994 Vgl. Bd. I, S. 532.

995 Vgl. Bd. I, S. 496.

996 Vgl. Bd. I, S. 455ff.

Wegen der grundsätzlichen Bedeutung des Alphabets, aus dem ja die gesamte Welt erbaut ist, soll dieser Frage nochmals am Beispiel der Entstehung des Alphabets nachgegangen werden. Das Alphabet, beziehungsweise der Nukleus desselben, bringt Gikatilla mit einem Gottesappellativ in Verbindung, von dem er sagt, dass es in höchst denkbarer Nähe zum Tetragrammaton selber steht, und dies ist das Gottesappellativ *'ehjeh* ('EHJH / אהיה). Den Verbalnamen *'ehje*, »ich bin«, leitet Gikatilla wie folgt aus dem Tetragrammaton ab. Nimmt man vom Tetragramm JHWH den letzten Buchstaben weg, so entsteht JHW (*jehu* / יהו), ein Appellativ, das fast dem Tetragramm gleicht, aber doch von ihm unterschieden ist. Der Zahlwert von JHW ist 21, das heißt gerade so viel wie von *'ehjeh*. Darum sagt Gikatilla:

> »Aus dem oben Dargelegten können wir erkennen, dass der Name *'ehje* der Anfang aller Stufen ist, denn er bezeugt die Existenz von allem Existierenden [er bedeutet ja ›ich bin‹], denn er existiert in der Wahrheit Seiner Existenz, E.s.g., und das ist der Beginn der Bezeugung und Zeugnis der Neuerschaffung, das heißt, dass die Welt etwas Neu-Geschaffenes ist, indem zugleich Seine Ewigkeit, E.s.g., angezeigt wird, und die Neuwerdung aller übrigen E-xistierenden aus der Wahrheit seiner Ewigkeit. Und dies kann niemand leugnen.
> Und dafür gibt es ein klares Zeugnis am Anfang aller neu Gewordenen, nämlich א'ב ג'ד ה'ו ('"B G"D H"W) [das heißt, die ersten sechs Buchstaben des Alphabets, deren Zahlwert zusammen 21 ist], was den Namen 'EHJH (*'ehjeh*) [Zahlwert 21] anzeigt, von dem es heißt: ›JHWH hat mich als Anfang seines Weges erschaffen‹ (Prov 8,22). So siehst du, dass die wahrhafte Wirklichkeit/Existenz [der Buchstaben]'"B G"D H"W, welche *'ehjeh* sind, aus der wahren Existenz des Namens JHWH geflossen ist [...].«[997]

Das Gottesappellativ *'ehjeh*, welches nach dieser Gleichung zugleich den Kern des hebräischen Alphabets enthält, ist demnach eine Vorstufe vor dem ersten wirklich Existierenden *'Elohim*, sprich den *Separaten Intellekten*. Eine alte exegetische, bei den Rabbinen auf die Tora bezogene Tradition überträgt Gikatilla darum auf den Namen *'ehje*. In dieser Tradition werden zwei Proverbienverse zitiert, in denen es heißt: »JHWH erschuf mich zu Anfang seines Weges, vor seinem Werk seit je« (Prov 8,22) wozu Gikatilla kommentiert: »Der Anfang seines Weges sind '"B G"D H"W / א'ב ג'ד ה'ו, dessen Mysterium *'ehje* ist.«[998] Und entsprechend in Proverbien 8,30: »*wa-'ehje*, und ich war bei Ihm verbor-

997 Sefer Ginnat 'Egos, S. 53f.

998 Sefer Ginnat 'Egos, S. 54.

gen« und der Kommentar Gikatillas: »Der Name *'ehje* war bei Ihm verborgen.«[999]

Damit mögen der Beispiele genug sein. Es wurde deutlich, dass Gikatilla im Rahmen seiner exegetisch-ontologischen Axiome die Entstehung der gesamten auf dem Alphabet beziehungsweise der Sprache oder Namen beruhenden Welt aus dem Namen schlechthin, d.h. aus dem göttlichen JHWH ableiten kann. Hierzu gehören auch die im Schwange der Philosophie in die Debatte gebrachten Vorläufer der ersten erschaffenen Existenzen, wie Wille, intelligible Materie und Form. Die vorgeführten exegetischen Methoden dienen Gikatilla darüber hinaus, mithilfe der Hermeneutik eine allumfassende Entsprechungslehre vorzutragen, nach welcher alles allem entspricht, im Menschen, im Kosmos und in der Zeit, wie dies das *Sefer Jezira* postuliert hat, wozu oben das Nötige schon gesagt wurde.[1000]

5. Der Mensch

5.1 Der Leib, die Seele und die Namen

Wie bei der Kosmologie lehnt sich der junge Gikatilla auch bei seinem Menschenbild nahe an Maimonides an, wiewohl es doch auch hierbei einen klaren Unterschied zu vermerken gibt. Der Mensch besteht demnach aus einem Körper, einer Seele und aus der Vernunft/Intellekt (*Sechel*). Der Körper besteht aus den vier Elementen, ist aus ihnen zusammengesetzt und somit gehört er zu der niedrigen Stufe des Seins, die oben schon begegnet war. Diese niedrigste Stufe des Seins ist nicht nur durch den Besitz der Materie gekennzeichnet – sie eignet auch den Himmelssphären –, sondern darüber hinaus eben durch die Zusammengesetztheit, was die Möglichkeit des Wechsels von Entstehen und Vergehen bedeutet. Und solange noch keine Seele (*Neschama*) in diesem Körper ist, ist er »ein toter Kadaver, Materie des Urschlamms.«[1001] Darin, das betont Gikatilla nachdrücklich, gleicht er allem Vieh und allen Tieren, ja sogar den Mineralen. Tritt zu diesem Kadaver jedoch die Seele hinzu, so wird er belebt, denn mit dem Hauch des Lebens, das ist die *Neschama* (Atem), atmen alle Lebewesen, und dank des Atmens hält sich die Seele im Körper. Diese Atemseele ist die Form des Körpers, und dank ihrer kann sich der Körper bewegen. Darin gleicht der Mensch allen »zusammengesetzten Wesen, die entstehen und vergehen«.[1002] In

999 Sefer Ginnat 'Egos, S. 54.
1000 Vgl. Kap. Sefer Jezira 4.
1001 Sefer Ginnat 'Egos, S. 207.
1002 Sefer Ginnat 'Egos, S. 208.

diesem Zustand wird der Mensch »Golem«, das heißt Klumpen, genannt. Aber auch jetzt gleicht er noch dem Vieh.

Die hier genannte Seele ist das, was Maimonides die den Körper belebende Seele nennt, welche die vegetativen und animalischen Kräfte in sich vereint und eben noch nicht das spezifisch Menschliche ist.[1003] Dieser einen Körperseele gibt Gikatilla die biblischen Namen *Nefesch*, *Ruach*, *Neschama*, im Gegensatz zu den Platonikern, welche diese drei Benennungen zur Bezeichnung der vegetativen, der animalischen und der rationalen Seele verwenden. Hierin folgt aber Gikatilla dem Aristoteliker Maimonides, der nur eine Körperseele kennt, welcher als menschliches Spezifikum der Intellekt gegenüber steht.

Laut Gikatilla heißt diese eine Körperseele *Ruach* (Wind/Hauch), weil ihr Bestand in der Luft ist, sie heißt *Neschama* (Odem, Atem), weil sie mit der Luft atmet, und schließlich *Nefesch* (Belebtes), »weil sie die Taten im Körper ›bewegt/belebt‹, so dass er sich nach hier und dorthin in Bewegung setzt, so dass das Essen, Trinken, Einschlafen, Aufwachen und die weiteren Tätigkeiten des Körpers entstehen.«[1004] Diese Seele geht beim Tod des Menschen mit dem Leib zugrunde.[1005] Sie ist in ihm gleichsam das, was die Sphären für die Welt sind. Stets selbst in Bewegung, geben sie ihre Bewegung an die anderen Körper weiter.

Das, was den Menschen endlich zum Menschen macht, und ihn von den Tieren unterscheidet, ist, wie bei Maimonides, der *Sechel*, der Intellekt, beziehungsweise die Vernunft. Allerdings übernimmt Gikatilla nicht die aristotelische Rede vom »potentiellen« und »erworbenen« Intellekt, die erst schrittweise aus dem potentiellen Menschen einen verwirklichten Menschen machen,[1006] wenn auch Gikatilla mit einer Entwicklung des Menschen rechnet, deren höchste Stufe Moses erlangt hat. Nach Gikatilla scheint demgegenüber der Intellekt als fertiger auf den Menschen von oben emaniert zu werden:

> »Der Intellekt ist eine reine Form, die von oben, von der höchsten Stufe auf den Menschen emaniert wird, und dank seiner ist der Mensch von allen zusammengesetzten Lebewesen unterschieden.«[1007]

Allerdings spricht Gikatilla nicht von einer Entwicklung des *Intellekts*, wie dies der Aristoteliker Maimonides tut, das heißt im Sinne einer wachsenden Erkenntnis des Menschen. Eine Entwicklung des Menschen sieht er vielmehr darin, dass

1003 Vgl. Band I, S. 475f.
1004 Sefer Ginnat 'Egos, S. 208.
1005 Sefer Ginnat 'Egos, S. 210.
1006 Vgl. Bd. I, S. 415f.
1007 Sefer Ginnat 'Egos, S. 208.

der Mensch sich im Rahmen seiner materiell-spirituellen Gegensätzlichkeit aus den Fängen des Materiellen zum Intellektuellen hin bewegt. Zur Erklärung dieses Ringens zieht Gikatilla die altrabbinische Triebelehre heran, nach welcher der Mensch sich mit seinem freien Willen zwischen seinem guten und bösen Stimulus entscheiden kann.[1008] Diese beiden Triebe vertreten nach rabbinischer Auffassung allerdings keinen leib-seelischen Dualismus, vielmehr sind sie zwei Triebneigungen des gesamten Menschen, der aus Leib und Seele besteht. Der eine, der böse Trieb, ist der, der den Menschen zu Sexualität, Neid, Begehrlichkeit und dergleichen reizt, was allerdings keine wirklich bösen Resultate haben muss, wenn dieser Trieb dem Guten dienstbar gemacht wird, wie dem Kinderzeugen, Häuserbauen, Handeltreiben und dergleichen weiteren Zivilisationstätigkeiten. Demgegenüber ist in der rabbinischen Auffassung der gute Trieb eher blass konstruiert, insgesamt hat er das Ziel, die Gebote der Tora zu erfüllen. Wichtig ist, um dies noch einmal zu betonen, dass keinem der beiden Triebe ein fester Ort im Menschen zugewiesen ist, sondern beide durch Leib und Seele zusammen wirken.

Hier holt Gikatilla zu einer Neudeutung der rabbinischen Triebelehre aus und identifiziert den guten Trieb mit dem Intellekt und den bösen Trieb mit den tierischen Kräften der Körperseele. Jeder der beiden Triebe ist nun einem festen Bestandteil des Menschen zugeordnet, wird mit einem der beiden Teile des Menschen identifiziert. Das ganze wird schließlich mit einer zwischen Aristotelismus und Platonismus schwankenden Form-Lehre abgerundet: Der böse Trieb ist die Form des materiellen Körpers, während der gute Trieb, das heißt der Intellekt, die eigentliche Menschenform ist:

> »Darum wisse, mein Bruder, dass der Mensch, wie wir ihn beschreiben, zwei Kräfte besitzt, die viehische Kraft, mit der er nach unten zum Vieh hinstrebt, und eine intellektuelle Kraft, mit der er nach oben den Engeln entgegensteigt [...] und dies sind der gute Trieb und der böse Trieb. Und auf ewig herrscht Krieg zwischen diesen beiden Kräften, denn der Intellekt strebt nach oben und die viehische Kraft strebt nach unten [...] Und gemäß dem sagt man, wenn der Intellekt über den Menschen herrscht, dann legt er die Form der Sinne ab und er wird ganz intellektuell. Das ist die Stufe unseres Meisters Moses [...].«[1009]

Alleine diese Gegenüberstellung lehrt, dass der Intellekt, an den Gikatilla denkt, nicht derselbe ist wie der des Maimonides. Während der Intellekt bei Maimoni-

1008 S. Bd. I, S. 274ff.

1009 Sefer Ginnat 'Egos, S. 209.

des eine ausschließliche Erkenntnisfunktion besitzt,[1010] ist der Intellekt bei Gikatilla vor allem als Gegensatz zu den tierischen Regungen des Menschen gesehen, ist also in erster Linie ethisch-moralisch definiert.[1011] Dies sagt Gikatilla ausdrücklich. Mit dem Intellekt »kann der Mensch zwischen Heilig und Profan unterscheiden, und mit ihm kann er ein reines Verhalten erlangen und mit ihm kann er erkennen und wissen und unterscheiden zwischen Gut und seinem Gegenteil.«[1012] Gerade an diesem Punkt ist die Differenz zwischen Gikatilla und Maimonides eklatant. Denn Maimonides betont nachdrücklich, dass die Fähigkeiten des Intellekts die Unterscheidung zwischen »richtig«und »falsch«, keinesfalls aber zwischen »gut« und»böse«, sei. Die Unterscheidungskompetenz des maimonidischen Intellekts bezieht sich also auf die Wahrheit beziehungsweise Unwahrheit, während sich der Intellekt des Gikatilla auf die ethischen Kategorien von Gut und Böse bezieht. Und dies scheint seine wesentliche Aufgabe.

Die Entwicklung des Menschen – bis hin zur Stufe des Moses – ist demnach keine Entwicklung in der Erkenntnis der Wahrheit, sondern in der Unterscheidung von Gutem und Bösen. Mit anderen Worten, nicht Anreicherung kognitiven Wissens und Erkenntnis der kosmischen und theologischen Wahrheiten sind der Entwicklungspfad des Menschen, sondern die Entfernung von den Bestrebungen der Viehseele des Menschen hin zum Nichtmateriellen, zu den Engeln, sprich zu den Separaten Intellekten.

Die Befreiung von der Materie und dem Zusammengesetztsein bringt schließlich auch ein gewisses Maß an Gotteserkenntnis. Darum haben die Engel, das sind die Separaten Intellekte, die höchste Stufe der Gotteserkenntnis, gefolgt von den Sphären, die Materie besitzen, wenn auch eine reinere als der irdische Mensch. Der Mensch hat schließlich, wegen seines Verhaftetseins in Materie und Zusammengesetztheit, die niedrigste Erkenntnisstufe. Aus diesem Grund ist der Weg der Gotteserkenntnis in erster Linie die Befreiung von diesen irdisch materiellen Hemmnissen.[1013]

Nach dieser Beschreibung des Menschen im Stile der Philosophen muss abschließend auch noch die onomatologische Rede vom Menschen ins Auge gefasst werden. Es war ja schon oben deutlich geworden, dass alles Existierende vom Gottesnamen abgeleitet ist, sei es die bloße Existenz wie auch die Bewegung. Der Mensch als Teil der Gesamtheit des Existierenden hat damit natürlich gleichfalls Anteil am Namen Gottes und den aus ihm geflossenen Buchstaben. Unter Aufnahme eines Motivs aus dem *Sefer Jezira*, nach dem es einen Bund des

1010 Sein Terrain ist die Unterscheidung von *wahr* und *falsch*.

1011 Damit wird das Tun des Intellekts auf die Unterscheidung von gut und böse oder hässlich und schön ausgedehnt, was Maimonides dem Intellekt ausdrücklich abspricht; vgl. Bd. I, S. 483f.

1012 Sefer Ginnat 'Egos, S. 208.

1013 Sefer Ginnat 'Egos, S. 203-205.

Mundes zwischen den zehn Fingern und einen Bund der Beschneidung zwischen den zehn Zehen gibt,[1014] führt Gikatilla aus:

> »So wie wir schon dargelegt haben, dass es am Menschen einen Bund des Mundes zwischen den zehn Fingern der Hände gibt, so gibt es an ihm auch den Bund der Beschneidung zwischen den zehn Zehen der Füße. Und schau, es sind fünf gegenüber fünf und zehn gegenüber zehn und der Mund gegenüber der Beschneidung und an beiden findest du einen Bund. Im Mund findest du den Bund der Religion (*ha-Dat*) und an der Beschneidung den Bund des Blutes. [...] Und wenn du den Bund der Beschneidung, der eines ist, mit den Zehen der Füße zusammennimmst,[1015] dann findest du den halben Gottesnamen HW,[1016] dessen Zahlwert 11 ist. Das heißt die zehn Zehen der Füße und die eine Beschneidung sind verankert im Bund des Blutes. Und wenn du nun einwendest und sagst, so wie du den Beschneidungsbund mit dem halben Namen [JHWH], d.h. WH zusammenbringst, so musst du auch den Bund des Mundes hinzufügen. Aber dort sind es ja nur zehn Finger und ein Mund, was wiederum nur HW [d.h. den Zahlwert 11] ergibt, [wohingegen der Zahlwert der zweiten Hälfte des Gottesnamens 15 beträgt]![1017] Die Antwort lautet wie folgt: Wisse, der Bund des Mundes ist dem Bund der Beschneidung nicht gleich, denn der Mund zählt nicht nur als Eines, denn du findest in ihm fünf unterschiedliche Teile, die Kehle, den Gaumen, die Zunge, die Lippen und die Zähne. [...] Also besteht der Mund aus fünf Dingen, alle fünf werden zum [Sprach-]Aufbau gebraucht. Darum ist das Siegel des Mundes JH [Zahlwert 15] – also fünf Quellen ausgerichtet zwischen den zehn Fingern, das heißt 10 und 5. [...].
> Der einzige Name ist im Menschen also in zwei Teile aufgeteilt, und mit beiden Teilen ist ein Bund geschlossen, der Bund der Tora im Mund und der Bund des Blutes an der Beschneidung.«[1018]

Mit dieser Erklärung hat Gikatilla gleichsam die onomatologische Version des Menschen als *imago dei* beziehungsweise als *imago nominis* formuliert. Allerdings wird hier – im Gegensatz zur philosophisch formulierten imago-Lehre, wie wie sie soeben vorgestellt wurde, ein grundlegender Unterschied offenbar. Philosophisch gesprochen sind alle Menschen dank ihres Intellekts Ebenbild der Separaten Intellekte. Die onomatologische Ebenbildlichkeit ist eine höhere und sie

1014 Vgl. Kap. Sefer Jezira 2.1.1.
1015 10+1=11.
1016 5+6=11.
1017 JH=10+5=15.
1018 Sefer Ginnat 'Egos, S. 159.

trifft nur auf die Israeliten zu, denn nur sie erfüllen beide Bedingungen dieser Ebenbildlichkeit, Tora und Beschneidung. Beide Bünde, jener der Tora und der des Blutes, wurden, so fährt Gikatilla fort, am Sinai »geschlossen, einer ›aufgrund dieser Worte schließe ich mit dir einen Bund‹ (Ex 34,27), das ist der Bund der Religion und der Bund des Mundes, und der zweite ›siehe das Blut des Bundes‹ (Ex 24,8), das ist der Bund der Beschneidung [...].«[1019]

Man könnte hier die Formulierung wagen, dass die philosophische Beschreibung des Menschen für alle Menschen gilt, wohingegen die onomatologische das Privileg der Angehörigen der Religion Israels ist. Erst als Mitglied der Religion Israels, wenn man den Bund der Religion (des Mundes) und den der Beschneidung besitzt, ist man onomatologisch gesprochen das Ebenbild des einzigen Gottesnamens, ohne sie ist man nur Ebenbild der Separaten Intellekte, sofern man sich genügend von der viehischen Seite des Körperlichen entfernt.

5.2 Der Mensch als Magier

Wiewohl Gikatilla in seinem Buch *Ginnat 'Egos* es mehrfach wiederholt, dass die ganze Welt aus dem Namen Gottes geflossen ist und alles in ihm seine Existenz hat, widmet er diesem Thema ein eigenes Kapitel mit der Überschrift »Kapitel zur Erklärung der Tatsache, dass alles Existierende in seinem Namen seinen Bestand hat«.[1020] In diesem Kapitel wird in unterschiedlichen Wendungen erklärt, dass alles seine Existenz den Buchstaben des hebräischen Alphabets verdankt. Des Weiteren wird hier dargelegt, dass der Prozess der Individualisierung und Vermehrung der existierenden Wesen aus dem Gottesnamen heraus über den so genannten *Heschbon*, das heißt die Zahlwertberechnung, erfolgt. Auch diese Auf- fassung lässt sich dann natürlich mittels einer entsprechenden Rechenoperation belegen, denn das Wort HšBWN (*Heschbon*, חשבון) hat denselben Zahlwert wie »ScheM JHWH« / שם יהוה (Name JHWH).[1021] Das heißt, der »Name JHWH« ist zugleich *Heschbon*, das Verfahren der Zahlwertberechnung. Und daraus folgt: Alles entsteht aus der Zahlwertberechnung:

> »Alle Geschöpfe sind aus dem wahren *Heschbon* hervorgegangen und durch das Aussprechen des ScheM JHWH [...], darum sage ich, die ganze Welt ist auf die Bewegung (Aussprechen) [des Gottesnamens] ausgerichtet, entsprechend der Bewegung (Aussprechen) der Buchstaben [...].«[1022]

1019 Sefer Ginnat 'Egos, S. 160.

1020 Sefer Ginnat 'Egos, S. 289ff.

1021 Sefer Ginnat 'Egos, S. 289.

1022 Sefer Ginnat 'Egos, S. 291; u. vgl. S. 289.

Dieser Vorgang kann von Gikatilla nochmals an die philosophische Redeweise zurückgebunden werden, wenn auch in onomatologischer Diktion. Oben war dargelegt worden, dass die Buchstaben KW (כ'ו) = 26 für das Tetragrammaton stehen, welches ja die Ursache aller Ursachen ist. Demgegenüber repräsentiert die Zahl 86 = PW (פ'ו) die *'Elohim,* welche dem *Galgal ha-Sechel* entsprechen:

> »Wisse, dass KW / כ'ו erzwingt und PW / פ'ו es ausführt [...]. Das heißt PW, welches die Aufsichthabenden sind, nämlich mittels der Mächte, die *'Elohim* genannt werden, sie führen es aus durch die Macht des Aussprechens des Namens, der sie alle zwingt, die unter seine Hand geknechtet sind. Durch sein Wort tun sie, was sie vollbringen, und sie haben keine Vollmacht, dies zu ändern.«[1023]

Von dieser Aussage leitet Gikatilla ziemlich unvermittelt dazu über, dass es auch Menschen geben kann, die wissen, den Namen »richtig auszusprechen«. Allerdings schränkt Gikatilla diese Fähigkeit auf Einzelne in mehreren Generationen ein. Aber dies sind solche,

> »[...] die die bestimmten Ausrichtungen/Intentionen (*Kawwanot*) kennen, wie der Name die ganze Wirklichkeit hervorströmt. Und jedes Hervorströmen hat seine eigene Weise, gemäß der Intention des Höchsten, so dass keine Nennung des Namens zufällig geschieht, sondern jede Nennung die Wahrheit einer bestimmten Sache bezeugt, und auf diese ist sie festgelegt [...]. Und wenn ein Mensch die Wurzel dieser Intentionen bei den verschiedenen Nennungen hinsichtlich des einzigen Namens [JHWH] kennt, und er weiß, wie die Existenz der Dinge, die er herbeizwingen will, an dem Namen hängen, den er spricht, dann muss jene Sache, die von jener Namennennung abhängt, den Willen dessen tun, der sie zwingt, weil er dank der Nennung des Namens über sie gesetzt ist.«[1024]

Damit ist die theoretische onomatologische Wissenschaft zur angewandten Wissenschaft geworden. Auch diese Wendung, die recht eigentlich in der Natur der Sache liegt, braucht in der Zeit Gikatillas nicht zu verwundern. Glaubte doch selbst ein so rationalistischer Philosoph wie 'Avraham Ibn Da'ud, dass ein intellektuell bis zum höchsten Rang entwickelter Mensch, der damit die Stufe der Prophetie erlangt, den Separaten Intellekten ähnlich wird, und dank dieser Ähnlichkeit im Wissen an deren weltverändernder Macht Anteil bekommt und der

1023 Sefer Ginnat 'Egos, S. 293.

1024 Sefer Ginnat 'Egos, S. 293.

Philosoph so zum Magier wird.[1025] Entsprechend macht die Erkenntnis der Gottesnamen und deren Strukturvernetzung, die wiederum durch deren Aussprache zum Ausdruck kommt, den Menschen zu dem Ebenbild und verleiht ihm deren Macht. Gikatilla gibt allerdings in seinem Buch keine Anweisungen, wie man dies lernen kann – im Gegensatz zu seinem Lehrer 'Avraham 'Abul'afja, dessen Schriften den Leser auf den Weg der Buchstabenmanipulation führen, um in den prophetischen Zustand zu gelangen, wovon im Folgenden gehandelt werden wird.

1025 Vgl. Bd. I, S. 423.

V. Das philosophisch-glossosophische Modell – Die prophetische Kabbala – 'Avraham 'Abul'afja

1. 'Avraham 'Abul'afja, der Mensch und seine prophetische Kabbala

Die Kabbala des 1240 in Saragossa geborenen 'Avraham 'Abul'afja (gest. um 1291 in Italien) unterscheidet sich von den bislang beschriebenen Formen der Kabbala in weitem Maße. Der wesentliche Unterschied betrifft vor allem ihr zentrales Anliegen, die *unio mystica*. 'Abul'afja ist nicht wie die übrigen Kabbalisten an einer ausführlichen Beschreibung der offenbarten Gottheit, der Welt der *Sefirot*, und auch kaum an jener der Kosmologie interessiert. Zwar kennt 'Abul'afja die theosophische Kabbala seiner Zeitgenossen, doch er lehnt deren Zehnfaltigkeitslehre als eine noch größere Gefahr für den Gottesglauben als die Trinitätslehre der Christen ab.[1026] Größer ist allerdings seine Nähe zur onomatologischen Kabbala wie sie sein Schüler Josef Gikatilla in dem Werk *Ginnat 'Egos* formulierte,[1027] insofern auch bei ihm die Gottesnamen eine zentrale Rolle spielen. Aber dennoch ist 'Abul'afjas Onomatologie nicht mit der des frühen Gikatilla identisch. 'Abul'afjas Interesse geht darüber hinaus und ist auf die Sprache gerichtet – in erster Linie auf das Hebräische als Mutter aller Sprachen. Man sollte darum 'Abul'afjas Kabbala im Unterschied zur onomatologischen Kabbala eher als eine *Glossosophie*, eine Lehre von der Sprache, bezeichnen, in welcher die »Namen« nur einen, wenn auch bedeutenden Aspekt darstellen.

Betrachtet man die theologischen und kosmologischen Lehren 'Abul'afjas, so darf man sagen, dass er nicht eigentlich eine eigene Theologie und Kosmologie entwickelte, sondern im Grunde die des Maimonides übernommen und seine eigenen Anliegen in sie eingetragen hat. Dies rührt von seiner länger anhaltenden Beschäftigung mit dem *More Nevuchim* des Maimonides her, den er nicht nur selbst studierte, sondern auch seinen Schülern erläuterte[1028] und dem er seine erste Schrift, *Sefer ha-Ge'ulla*, »Das Buch von der Erlösung«, in Form eines prophetisch inspirierten Kommentars widmete.[1029] Die einzig substantielle Ände-

1026 Vgl. Abraham ben Samuel Abulafia, We-sot li-Jehuda, in: A. Jellinek (Hrsg.), Auswahl kabbalistischer Mystik I, Leipzig 1853, S. 19. Vgl. ferner M. Idel, Kabbalah. New Perspectives, S. XII; ders., The Mystical Experience in Abraham Abulafia, Albany 1988, S. 8.

1027 Vgl. Kap. Kabbala IV.

1028 Vgl. Sot li-Jehuda, S. 18; 'Ozar 'Eden ha-ganus, A. Gros (Hrsg.), Einl. Bd. I, Hajje ha-'olam ha-ba, S. 2.

1029 Eine wissenschaftliche Edition legte R. Kohen vor: R. 'Avraham 'Abul'afja Ben Schmu'el, Sefer ha-Ge'ulla, R. Kohen (Hrsg.), Jerusalem 2001. Diese Edition beinhaltet zugleich eine sehr hilfreiche Tabelle der Handschriften sämtlicher Werke 'Abul'afjas, die bis vor kurzem mit wenigen Ausnahmen nur handschriftlich vorlagen. Kohen publizierte außerdem: Sefer ha-

rung, die 'Abul'afja am System des Maimonides vorgenommen hat, ist die Identifizierung oder gar Ersetzung des kosmisch-angelischen »Aktiven Intellekts« mit der hebräischen Sprache. Alle, die von Maimonides dem »Aktiven Intellekt« zugeschriebenen kosmologischen, aber auch anthropologisch-epistemologischen Aufgaben,[1030] überträgt 'Abul'afja auf die hebräische Sprache. Mit ihr soll der Mensch das ihm bestimmte Ziel erreichen, das in der Prophetie zu suchen ist – ein Ziel, das der Mensch laut Maimonides dank seines Intellekts erreichen kann. Im Erlangen der Prophetie sieht 'Abul'afja das Ziel allen religiösen Bestrebens, weshalb er seine Kabbala im Gegensatz zur sefirotischen Kabbala als *Kabbala nevu'it*, prophetische Kabbala, bezeichnet.[1031] Wegen ihrer Konzentration auf Namen und Buchstaben nennt 'Abul'afja sie auch *Kabbalat ha-Schemot*, Kabba-

Berit ha-hadascha, Jerusalem 2001; Sod Jeruschalajim, Jerusalem 2001. Der erste, der Texte 'Abul'afjas publizierte, war A. Jellinek, We-sot li-Jehuda, 'Iggeret sche-schalach R. 'Avraham 'Abulj'afja le-R. Jehuda ha-mechune Schalmon, in: Auswahl kabbalistischer Mystik I, Leipzig 1853, S. 13-48; Sefer ha-'Ot, Jubelschrift zum siebzigsten Geburtstage des Prof. Dr. H. Graetz, Breslau, eingebunden in: Auswahl kabbalystischer Mystik I, Leipzig 1853, S. 1-21; hier noch weitere Fragmente auf den Seiten 21-24; ferner Scheva' Netivot ha-Tora, in: Philosophie und Kabbala, Heft 1, Leipzig 1854; M. Idel hat in der Reproduktionspresse der Jerusalemer Universität die Jellinekschen Texte wieder publiziert: Leket mi-Sifre R. 'Avraham 'Abul'afja, Jerusalem 1974 (1980, 1992), hier: Sot li-Jehuda, Scheva' Netivot ha-Tora, 'Iggarto schel 'Abul'afja le-R. 'Avraham, Keta' 'al Mahut ha-Nevu'a; Keta' mi-Sefer Sitre Tora; G. Scholem, ha-Kabbala schel Sefer ha-Temuna we-schel 'Avraham 'Abul'afja (Vorlesungsnachschrift, ed. J. Ben-Schlomo), Jerusalem 1979, hier im Anhang Auszüge aus 'Ozar 'Eden Ganus (nach Jellinek, Bet ha-Midrasch III) und Gan Na'ul; Sefer ha-'Edut; Ner 'Elohim; Sitre Tora, 'Or ha-Sechel; Gat ha-Schemot; Ner 'Elohim; 'Imre Schefer; Hajje ha-'Olam ha-ba; Hajje ha-Nefesch. In den Jahren 2001-2003 erschienen in einer traditionellen Edition, bearbeitet von Amnon Gros in Jerusalem dreizehn Bände der Werke 'Abul'afjas aus Handschriften abgeschrieben (Vertrieb A. Barsani, Tel Aviv: 1. Hajje ha-'Olam ha-ba; We-Sot li-Jehuda; 2. 'Imre Schefer; 3. Gan Na'ul; Scheva' Netivot ha-Tora; 4. 'Ozar 'Eden ganus; 5. Mafteach ha-Hochmot; Mafteach ha-Schemot; 6. Mafteach ha-Sefirot; Mafteach ha-Tochechot; 7. Hajje ha-Nefesch; Mazref le-Kesef we-Kur le-Sahav; 8. 'Or ha-Sechel; Schomer-Mizwa; 9. Mazref ha-Sechel; Sefer ha-'Ot; 10. Sitre Tora; 11 Ner 'Elohim; Get ha-Schemot; 12. Sefer ha-Heschek; Mafteach ha-Ra'ajon; Ha-Melammed; 13. Sefer ha-Zeruf; Machschevet Hoschev. Die Bände werden als »A. Gros« mit dem folgenden Einzeltitel zitiert. Mit dieser bewundernswerten Leistung wird die Erforschung der Werke von 'Abul'afja erheblich erleichtert und neue Bewegung erlangen, wenn mit ihr auch der Blick in die Handschriften sich nicht erübrigt, da diese Ausgabe eben nicht wissenschaftlichen Zuschnitts ist. Dem gesamten hier vorliegende Kapitel zu 'Abul'afja liegen die Handschriften zugrunde. Erst nach dessen Abschluss fiel mir die neue Ausgabe in die Hände. Aus diesem Grund werden die Handschriftenverweise beibehalten und durch Hinweise auf die Edition von Gros ergänzt.

1030 Vgl. Bd. I, S. 451-459.462-469.

1031 Hajje ha-'Olam ha-ba, A. Gros (Hrsg.) I, S. 16; 'Imre Schefer, A. Gros (Hrsg.), II, S, 69.

la der Namen, oder Gotteserkenntnis *'al Derech K"B 'Otijot*, auf dem Wege der 22 Buchstaben.[1032]

Mit dieser Umdeutung der maimonidischen Intellektslehre zu einer Lehre der Sprache wird die Philosophie in eine Mystik transformiert, deren Ziel der Kontakt und die Vereinung mit dem sprachlich konzipierten »Aktiven Intellekt« noch zu Lebzeiten des Menschen ist. Statt des Intellekts ist es bei 'Abul'afja entsprechend die Sprache, die diesen Kontakt vermittelt. Aus diesem Grund befasst sich der größte Teil seiner Texte mit der Sprache, dem Alphabet und den Gottesnamen, die auf dem Wege der Kombinatorik nach den einschlägigen hermeneutischen Techniken in vielfältiger Weise permutiert werden. Moshe Idel verweist zurecht darauf, dass 'Abul'afja die Tradition der mit onomatologischen Techniken arbeitenden unitiv-ekstatischen Mystik der Hechalotliteratur aufgreift[1033] und fortführt, sie aber mit Hilfe des mittelalterlichen und vor allem maimonidischen Denken neu beschreibt.[1034] Trotz dieser Interessenverlagerung in der prophetischen Kabbala 'Abul'afjas sollen im Folgenden auch die anderen Themen der Texte 'Abul'afjas behandelt werden, um den theologischen, kosmologischen und anthropologischen Hintergrund seines mystischen Denkens deutlich zu machen.

Eine weitere Besonderheit des Kabbalisten 'Abul'afja muss hier noch erwähnt werden. Es handelt sich dabei um die Biographie, die bei den anderen Kabbalisten meist im Hintergrund bleibt. Wie bei keinem der bislang besprochenen Kabbalisten ist bei 'Abul'afja das eigene Leben mit dem spekulativen Denken verflochten. 'Abul'afja erzählt selbst relativ viel über sein eigenes Leben, die großen Umbrüche und seine ausgedehnten Reisen, die ihn von Katalonien nach Akko im Heiligen Land führten, von dort nach Griechenland, wo er heiratete, dann zurück nach Barcelona, von da nach Rom und schließlich nach Sizilien, wo sich 1291 seine Spuren verlieren. 'Abul'afja schildert die Stufen seiner Erziehung, die Verwaisung im Alter von achtzehn Jahren, seinen messianischen Aufbruch ins Heilige Land auf der Suche nach den zehn verlorenen Stämmen Israels sowie sein Studium der maimonidischen Texte. Ferner bezeugt er seine erste prophetische Erfahrung im Jahre 1270, die sein messianisches Selbstbewußtsein bestärkt und ihn zehn Jahre später zu einer Audienz mit Papst Nikolaus III. drängt, was ihn, wäre der Papst nicht unversehens gestorben, fast das Leben und

1032 Sot li-Jehuda, A. Jellinek (Hrsg.), S. 15; zu beiden Begriffen vgl. M. Idel, The Mystical Experience in Abraham Abulafia, Albany 1988, S. 8.

1033 Vgl. in Jüdisches Denken, Bd. I, S. 310-325.

1034 M. Idel, Mystical Experience, S. 14ff; vgl dazu auch K.E. Grözinger, Types of Jewish Mysticism and their Relation to Theology and Philosophy, in: P.B. Fenton et R. Goetschel, Expérience et écriture mystiques dans les religions du livre, Leiden Boston Köln 2000, S.15-23; vgl. ferner Bd. I., S. 33-36.

schließlich drei Wochen Gefängnis bei den Minoriten kostete. Schließlich erwähnt er auch die Bildung eines Kreises von Schülern in Sizilien, sein Exil auf der Insel Comtino bei Sizilien, wo er wohl gegen Ende des Jahres 1291 starb.[1035] 'Avraham 'Abul'afja war philosophisch gebildet, neben Maimonides nennt er in *Sot li-Jehuda* Sa'adja Ga'on, Bachja Ibn Pakuda und 'Avraham Ibn Esra.[1036] Auch Aristoteles, Averroes (Ibn Ruschd) sowie Plato sind ihm nicht unbekannt.[1037] Diese Bildung läßt weite Passagen seiner Werke als wissenschaftliche Traktate erscheinen, die dann unversehens in kryptische Beschreibungen alphabetologischer Art abgleiten und oft überaus schwer oder kaum zu verstehen sind. Dieser Wechsel zwischen philosophischem und kryptischem Denken ist es, der den Leser zuweilen ratlos zurücklässt, wie beides ein und demselben Kopf entspringen kann.

2. Gott und die Schöpfung

2.1 Rezeption und Abwandlung der maimonidischen Philosophie

Gott ist für 'Abul'afja im gut mittelalterlich-aristotelischen Sinn die Ursache aller Ursachen, die – platonisierend gesprochen – alles aus sich emaniert. Er existiert notwendigerweise und verursacht alles und ist selbst nicht verursacht:

> »Es besteht ja kein Zweifel, dass das Emanat dem Emanator nachsteht und geringer ist als Er [...], und da das Emanierte oder der Emanator eines von diesen dreien sein muss, nämlich etwas völlig Separates, oder eine nichtseparate Kraft oder ein Körper, müssen wir mit dem Verstand schließen, wer von diesen dreien nach wem emaniert wurde. Und wir wissen ja, dass der *Separate Intellekt* emaniert, aber nicht emaniert wird. Wir wissen außerdem, dass die Kraft und der Körper nach ihm emaniert wurden. Er aber ist nach keinem von ihnen emaniert. Und wir wissen, dass der Name [Gott], der die erste Ursache alles Existierenden ist, hinsichtlich seines Wesens notwendig existiert. Und er ist der Intellekt auf der höchsten Stufe des Existierenden. Von daher wissen wir auch, dass alles nach seinem Wesen emanierte.«[1038]

1035 Vgl. M. Idel, Mystical Experience, S. 2-3; G. Scholem, Die jüdische Mystik, S. 136-142; A. Gros (Hrsg.), I, S. 2-5 (Einleitung, nach 'Ozar 'Eden ha-ganus); A. Kaplan, Meditation and Kabbalah, York Beach, Maine 1982 (1989), S. 55-114.

1036 Sot li-Jehuda, A. Jellinek (Hrsg.), S. 18; Scheva' Netivot, A. Jellinek (Hrsg.), S. 21.

1037 Scheva' Netivot, A. Jellinek (Hrsg.), S. 16, 11; 'Imre Schefer, A. Gros (Hrsg.), S.193; MS München 285, S. 114a.

1038 'Or ha-Sechel, A. Gros (Hrsg.), VIII, S. 71; MS München 92, S. 52a.

Der Begriff »Separater Intellekt«, bei Maimonides die Bezeichnung für die zehn aus der ersten Ursache hervorgekommenen Intellekte, wird hier offenbar auch für die *prima causa* verwendet. Dies wird durch eine weitere Stelle bestätigt, wo 'Abul'afja vom Verhältnis der übrigen Separaten Intellekte zur Ersten Ursache spricht. Er meint da, dass es der Fledermaus mit dem Licht der Sonne und der Seele mit dem Intellekt so ergehe, »wie es jedem Separaten Intellekt ergeht, wenn er auf den obersten Intellekt schaut, der die Erste Ursache von allem ist. Und er ist Gott für alle. Er ist es, der alles ins Dasein brachte [...] und es ist, wegen der Fülle seiner Schönheit, unmöglich, ihn anzuschauen [...] und so weiß keiner, was Er ist, außer Er selbst.«[1039]

'Abul'afja nimmt demnach nicht wie die theosophischen Kabbalisten Anstoß daran, dass laut dieser philosophischen Konzeption die Gottheit außerhalb der Reichweite der traditionellen religiösen Aktivitäten und der menschlichen Erkenntnis bleibt, weshalb jene ja die Stufe der göttlichen Selbstoffenbarung in den *Sefirot* schufen. Schon damit wird angekündigt, dass 'Abul'afja zur Überbrückung der objektiv bestehenden Kluft zwischen dem verborgenen Gott und dem Menschen nach anderen Wegen und Mitteln als jene sucht. Folglich werden Gebotserfüllung und die traditionelle Form des Gottesdienstes, in welchem der Mensch Gott anruft, nicht die geeigneten Mittel dafür sein können. Sein Ziel ist auch nicht, wie beim späten Gikatilla, dass er in die göttlichen »Schatzhäuser« vordringt, um dort sein Begehren zu erfüllen.[1040] Die Zielsetzung 'Abul'afjas ist eine völlig andere, wie unten noch deutlich werden wird.

Zunächst soll die Frage gestellt werden, wie sich 'Abul'afja die intelligible Welt vorstellt, die ja nach seinem Gewährsmann Maimonides in zehn Separate Intellekte gegliedert ist, deren letztem, dem *Aktiven Intellekt*, die Weltlenkung und Anregung des menschlichen Denkens obliegt.[1041] Tatsächlich kann 'Abul'afja das maimonidische Bild aufnehmen. In einer Homilie zur Toraoffenbarung legt 'Abul'afja mit einem rabbinischen Midrasch dar, dass Gott die Toraoffenbarung mit dem jeweils Geringsten einer jeden existierenden Gattung verbindet, um anzuzeigen, dass nur Kleinheit und Demut befähigt sind, die Offenbarung zu empfangen.[1042] Deshalb gab Gott die Tora Israel, dem kleinsten aller Völker, offenbarte sie auf dem Berg Sinai, dem niedrigsten aller Berge, und in der Wüste Sinai, der niedrigsten aller Wüsten, und übermittelte sie Moses, dem demütigsten aller Menschen: »Und darum musste die *Erste Ursache* die Tora auch durch das

1039 'Or ha-Sechel, A. Gros (Hrsg.), VIII, S. 115; MS München 92, S. 65a.

1040 Vgl. Kap. Kabbala VI. 2.2.

1041 Vgl. Bd. I., S. 451-453.

1042 Bemidbar Rabba. Wilna (Neudruck Jerusalem 1961, 13/3, S. 51d.

zuletzt Verursachte, nämlich den *Aktiven Intellekt*, geben, welcher der niedrigste und letzte aller Separaten Intellekte ist.«[1043]

Auch in der Schrift *'Or ha-Sechel* nennt er den Aktiven Intellekt als den letzten der Intellekte, der darum in gut aristotelischem Sinn *'Adon kol ha-'Olamim*, Herr aller Welten, genannt werden kann: »Und darum wissen wir, dass der *Aktive Intellekt* in uns der *Aktive Intellekt* in Wirklichkeit (*in actu*) ist, dass er der Herr aller Welten ist, und sonst keiner von den Separaten Intellekten. Und wenn dieser Intellekt, den wir haben, der zehnte ist, so ist er das All (*ha-Kol*), und er ist bei der *Ersten Ursache* des Alls hinsichtlich seiner Stufe ausgezeichnet.«[1044]

Für eine sogleich anzuführende Darlegung der gesamten kosmologischen und anthropologischen Situation ist aus dem soeben zitierten Text hervorzuheben, dass der »*Aktive Intellekt*« hier als das »All« bezeichnet wird. Diese Benennung des *Aktives Intellekts* findet sich ein weiteres Mal in *'Ozar 'Eden ganus*:

> »Wisse, dass die Middot (Attribute) am Heiligen Geist hängen, damit er sie leite, denn er ist es, der alles leitet. Darum wird eine Sefira, nämlich der *Aktive Intellekt*, das *All* (*ha-Kol*) genannt. Er ist der Fürst der Welt, er ist der König der Welt. [...] Und andrerseits kann man ihn Engel nennen; sein Name ist *Engel von JHWH*; und dies ist der Engel, dessen Name JHWH ist; und dies ist der, in dessen Hände alle Attribute gelegt sind, wobei das Attribut *Malchut* (Königtum) der zehnten Midda (Attribut) zugeschrieben wird.«[1045]

Der Hinweis auf die Sefirot soll zunächst unbeachtet bleiben und später erörtert werden. Wichtig ist hier, dass der *Aktive Intellekt* als das »All« bezeichnet wird, als Engel des Herrn, der alles leitet. Diese Gleichung ist eine grundlegend für das Verständnis der folgenden ausführlichen kosmologischen und anthropologischen Darstellung 'Abul'afjas. Schon jetzt sei allerdings auf die Notiz hingewiesen, dass der *Aktive Intellekt* alle Attribute in Händen hält, woraus später einige wichtige Folgerungen zu ziehen sein werden. Im Folgenden soll die angekündigte umfassende Darstellung 'Abul'afjas in *'Or ha*-Sechel betrachtet werden:

> »*Intellekt* ist die Bezeichnung für etwas, welches das All leitet, und das die *Erste Ursache des Alls* ist. Er ist zugleich die Bezeichnung für etwas, das von jeglicher Materie getrennt ist. Und er ist aus der *Ersten Ursache* emaniert. Denn mittels dieser Emanation leitet er die erste Sache, nämlich die Himmel, die sich bewegen. Die Himmel bestehen aber aus einer nicht erkennbaren

1043 'Imre Schefer, A. Gros (Hrsg.), II, S. 134; MS München 285; S. 89b.

1044 'Or ha, Sechel, A. Gros (Hrsg.), VIII, S. 29; MS München 92; S. 39a.

1045 'Ozar 'Eden ganus, MS Ox-BL 1580, fol 71a; A. Gros (Hrsg.), IV, S. 139; vgl. ferner E. Wolfson, Abraham Abulafia – Kabbalist and Prophet. Hermeneutics, Theosophy, and Theurgy, Los Angeles 2000, S. 145.

Materie und einer intelligiblen, aber nicht denkenden Form und einer intelligiblen denkfähigen Seele.
Der Intellekt aber, den [die Himmel] empfangen, ist eine Emanation aus dem *Separaten [Intellekt]* und er wird ›Intellekt, der an der Hyle (Urmaterie) haftet‹ genannt, der Hyle, die eine Form und eine Seele besitzt. Dank seiner [des Intellekts an der Hyle] besitzt die *Seele* des Himmels Erkenntnis von sich selbst und von allem, was unter ihr ist. Auch erkennt sie ihren eigenen Intellekt, der ihr die Form der Erkenntnis verleiht. Und so erkennt die Seele das über ihr Existierende, was ja die Ursache ihrer eigenen Existenz und ihres Bestehens ist. Und sie ergötzt sich an dieser Erkenntnis mit wunderbarem Vergnügen, welches nicht mit dem Vergnügen dieser [unteren] Welt zu vergleichen ist. Und durch das Bild, das sie sich zeichnet, erfasst sie ihre Ursache, die von der Materie separiert ist [d.h. den Separaten Intellekt], wohingegen sie selbst ja Materie besitzt, und sie selbst kann kein dauerndes Erkennen haben, außer dadurch, dass sie das Verlangen hat, dem *Separaten [Intellekt]* ähnlich zu werden, der an allen Orten ist.
Und der Körper, in dem sie [die Seele] eine Kraft ist, hat zwei Pole, je einen auf einer Seite in gleichmäßiger Entfernung. Und die *Seele* will durch die Rotation ihres Körpers sich selbst, ihre Existenz und ihre Erkenntnis erhalten, denn ihre Erkenntnis entscheidet über ihre Existenz und all ihre Obliegenheiten in der Rotation und über ihre Aufhebung, wenn sie zur Ruhe kommt. Dabei hat sie mit der Geschwindigkeit ihrer Bewegung keinerlei Mühe, weder sie noch ihr Körper, denn sie selbst bewegt sich ja nicht, sondern ihr Körper bewegt sich, ohne allerdings seinen Ort zu verändern. ...
Die Bezeichnung ›Intellekt‹ steht jedoch zugleich für die *Erste nahe stehende Ursache*, die alles bewirkt, was unter dem Himmel ist, das heißt die gesamte Erde, die aus den Elementen zusammengesetzt ist, wie auch die Elemente selbst und alles, was aus ihnen zusammengesetzt ist. Und diese Ursache wird bei uns *Schechina* und *Heiliger Geist* genannt, auch *Geist des lebendigen Gottes*[1046] und dergleichen mehr. Zuweilen wird sie auch Engel genannt und manches Mal *'Elohim* und *JHWH* oder *'Adonaj* oder *Schaddaj*, auch *Zeva'ot* und *Engel 'Elohims* und *Engel von JHWH*. Und schon ist ja durch Beweisverfahren erwiesen, dass dies der *[Aktive] Intellekt* ist, der in der Seele des Menschen dessen Intellekt aktiviert. So gibt es also drei Stufen und sie alle drei zusammen sind eine Substanz, nämlich [erstens] den *Namen, Er sei erhoben*, sodann seine *Separate Emanation*, und schließlich die *Emanation seiner Emanation*, die an der Seele haftet. Und die Seele haftet an ihm in inniger Verbindung, so dass sie beide eine Substanz bilden.

1046 Nach Sefer Jezira, ed. I. Gruenwald, A preliminary critical Edition, §10, trad. Ausgaben I,9.

Und so hat der *Obere Mensch*[1047] vier Stufen, nämlich die *Seele*, den *Emanierten Intellekt* [der an der Materie haftet] den *Separaten Intellekt* [das ist der Aktive Intellekt] und die *Erste Ursache des Alls.*
Und entsprechend hat der *Untere Mensch*[1048] viere, nämlich die *Seele*, den *Emanierten Intellekt* [der dem aristotelischen Erworbenen Intellekt entspricht], den *Separaten Intellekt* und die *Erste Ursache des Alls.*
Die *Erste Ursache [des Alls]* aber umfasst das All, und sie ist eine für das All. Hingegen sind die Intellekte zahlreich, und zwar die separaten, wie die emanierten, und auch die Seelen sind zahlreich.
Die Substanz des *Aktiven Intellekts* ist eine, aber seine Wirkungen sind [allerdings nur] aus der Sicht der Empfänger, welche zahlreich sind, [gleichfalls] zahlreich. Und weil der Mensch als materielles Wesen seine individuellen Formen verändert, muss seine Seele sich von seinem Körper trennen, um an ihrem *Emanierten Intellekt* zu haften, dank dessen sie sich selbst und alle Substanzen unter ihr erkennt, und so erkennt sie auch die über ihr Existierenden – allerdings nicht deren Wesen (Substanz). Denn, wenn jemand eine erkennbare Sache erkennt, verbindet die Erkenntnis in actu (im Vollzug) die beiden miteinander, so dass sie eine Sache sind.
Und siehe, die Erkenntnis des aus dem separaten *Aktiven Intellekt* emanierten menschlichen Intellekts heftet (*medabbeket*) die Seele an ihren Gott (*'Elohim*). Und diese Verbindung (*Dibbuk*) ist die Ursache des ewigen Lebens der Seele, gleich dem Leben ihres Gottes, wie es dazu heißt: ›Und ihr, die ihr an JHWH, eurem Gott, haftet, seid heute alle am Leben.‹ (Dtn 4,4) und es heißt weiterhin ›JHWH, deinen Gott sollst du fürchten und ihm dienen und an ihm haften, und bei seinem Namen sollst du schwören‹ (Dtn 10,20). Dies ist die Erkenntnis des Intellekts.«[1049]

Hier sollen zunächst nur die theologischen und kosmologischen Aussagen dieses Textes betrachtet werden, während die anthropologisch-mystischen einem späteren Kapitel vorbehalten bleiben. Die hier gezeichneten Weltstufen sind die folgenden: An der Spitze des Seins steht Gott als *Erste Ursache des Alls*, die selbst Intellekt genannt wird. Der Ersten Ursache folgt der aus ihr emanierte *Separate Intellekt*, der in Verbindung mit dem zuvor zitierten Text zugleich als das *All* zu sehen ist. Mit seiner Hilfe leitet die Erste Ursache die *Erste Sache*, das heißt die erste materiell existierende Sache, und das sind die Himmel, sprich die Himmelssphären. Die Sphären existieren, erkennen und bewegen sich dank eines aus dem Separaten Intellekt, dem All, emanierten Intellekts, der an der Hyle haftet.

1047 Damit ist die intelligible Welt gemeint.

1048 Hierunter wird der irdisch-fleischliche Mensch verstanden.

1049 'Or ha-Sechel, MS München 92, S. 64a; A. Gros (Hrsg.), VIII, S. 113f.

Dieses Emanat aus dem Separaten Intellekt formt die Sphären und gibt deren Seelen Erkenntnisfähigkeit. Schließlich folgt ein weiterer Intellekt, der als *Erste nahe stehende Ursache* bezeichnet wird. Er ist es, der die sublunare Welt leitet und den Intellekt in der Seele des Menschen verursacht. Diese letztere Verursachung im Menschen führt die *Erste nahe stehende Ursache* wiederum durch einen *Emanierten Intellekt* durch, der an der Seele des Menschen haftet. Er entspricht in seiner Funktion dem oben genannten Intellekt, der an der Hyle haftet. Aus dieser Aufstellung ergibt sich eine Entsprechung von Oberem und Unterem Menschen, das heißt der intelligiblen Welt und dem irdisch-fleischlichen Menschen. Beide besitzen vier Ursachen:

Oberer Mensch	Unterer Mensch
Erste Ursache des Alls=Gott=Intellekt	Erste Ursache des Alls=Gott=Intellekt
Separater Intellekt=das All	Separater Intellekt=Erste nahestehende Ursache=Aktiver Intellekt
Emanierter Intellekt, der an der Hyle haftet	Emanierter Intellekt, der an der Seele des Menschen haftet
Sphärenseele	Menschenseele

Die Aufstellung macht deutlich, dass der das »All« genannte Intellekt und der »Aktive Intellekt« analoge Funktionen besitzen. Der erstere lenkt die supralunare Welt, während dem zweiten die sublunare Welt obliegt. Beide sind sie separate Intellekte und lassen aus sich applizierende Intellekte hervorströmen, welche die sphärischen, beziehungsweise menschlichen Seelen tangieren und auf diese Weise Einfluss auf die Körper nehmen können. Man gewinnt aus dieser Darstellung den Eindruck, dass das »All« und der »Aktive Intellekt« letztlich zwei Aspekte ein und derselben Substanz sind. Es war E. Wolfson, der in seinem Buch[1050] ausführlich auf dieses Phänomen hingewiesen hat und zu dem Resultat kam, dass bei 'Abul'afja der Erste und der Zehnte Intellekt der mittelalterlich-aristotelischen Separaten Intellekte letztlich identisch ist und in dieser Einheit der beiden alle übrigen Separaten Intellekte eingeschlossen sind.[1051] So ist es nur konsequent, dass in diesem hier angeführten Traktat der erste separate Intellekt das All genannt wird, also eben mit dem Namen, den die beiden zuvor angeführten Zitate auf den Aktiven Intellekt beziehen. Hier wird jene Konzeption sichtbar, die der Schüler 'Abul'afjas, der junge Josef Gikatilla, in seinem *Ginnat 'Egos* viel klarer und deutlicher formulierte. Er spricht dort davon, dass es über den neun Himmelssphären die *Sphäre des Intellekts* gibt, in welcher die zehn separaten Intel-

1050 E. Wolfson, Abraham Abulafia – Kabbalist and Prophet. Hermeneutics, Theosophy and Theurgy, Los Angeles 2000.

1051 E. Wolfson, Abraham Abulafia, S. 94 -177, insbes. S. 142, 144.

lekte der Aristoteliker zusammengefasst sind.[1052] 'Abul'afja geht hierin allerdings noch einen Schritt weiter und sagt, dass die drei Intellekte, Gott, Separater Intellekt und Applizierter Intellekt, eine Substanz sind, womit er die klare Trennung zwischen Gott, der prima causa, und den von ihr verursachten Intellekten verwischt. Diese Maßnahme entspricht, wie unten noch deutlich werden soll, ebenfalls seinen mystischen Absichten. [1053] Immerhin bietet 'Abul'afja in *'Imre Schefer* das klare dreistufige Weltbild von *Oberer Welt*, der »Welt des Intellekts«, sprich das gesamte Ensemble der separaten Intellekte, von *Mittlerer Welt*, der »Welt der Sphären«, und von *Niederer Welt*, der irdischen Welt des Entstehens und Vergehens – oder die drei Varianten »Welt des Intellekts«, »Welt der Seele« und »Welt des Menschen«.

2.2 Die *Sefirot* als aristotelische Separate Intellekte

In seinem Sendschreiben an R. Jehuda, genannt Salmon, das 'Abul'afja als Reaktion auf die Attacke R. Salomo Ibn 'Adrat aus Barcelona verfasst hatte,[1054] attackiert er seinerseits die theosophischen Kabbalisten und schreibt unter anderem:

> »Ich will dir kundtun, dass die Kabbalisten gedachten, mittels der Sefirot die Einheit Gottes auszurufen und [zugleich] dem Glauben an die Trinität entrinnen zu können, indem sie ihn als Zehnfaltigkeit darstellen. Und so wie die Völker (Gojim) sagen, er sei dreifaltig und die drei seien eins, so glauben und verbreiten einige Kabbalisten, die Gottheit bestehe aus zehn Sefirot und diese zehn seien eins! So haben sie eine Vielzahl aus ihm gemacht [...] und außerdem haben sie nicht zwischen der Betergemeinde, welche neun sind, und dem Vorbeter, welcher der zehnte ist, unterschieden.
> Wer aber die Sefirot zu unterscheiden und zusammenzufassen vermag, weiß, dass die Sefirot neun Schösslinge sind [...] und die zehnte ist die Wurzel des Baumes. Sei es nun, dass das Eine die Frucht des Baumes oder die Wurzel des Baumes ist, so ist jedenfalls das Zehnte dem Herrn heilig und das ist die Frucht.
> Jedoch die *Erste Ursache*, das *'En Sof*, die sie nach unserer Meinung erschaffen hat, ist keine Sefira, sondern der Sofer ha-Sefirot, das heißt jener, der die Zahlen (Sefirot) zählt. Und er ist es, welcher den Baum von seiner Wurzel bis zu seiner Frucht pflanzte!«[1055]

1052 Vgl. Kap. Kabbala IV. 2.1.
1053 Vgl. dazu auch E. Wolfson, Abraham Abulafia, S. 151.
1054 Vgl. A. Jellinek, Auswahl Kabbalistischer Mystik, Heft I, Leipzig 1853, S. 20f.
1055 Sot li-Jehuda, A. Jellinek (Hrsg.), S. 19f.

Deutlicher konnte sich 'Abul'afja wohl kaum von der *Sefirot*-Kabbala abgrenzen. Sie erscheint ihm noch in höherem Maße häretischer als die christliche Trinitätslehre. Zugleich wird allerdings deutlich, dass er die Existenz von »Sefirot« nicht leugnet, was er aber bestreitet, ist die Stellung, die ihnen von den anderen Kabbalisten eingeräumt wird. Im Gegensatz zu den meisten *Sefirot*-Kabbalisten seiner Zeit, wie den Autoren des *Bahir*, dem späten Gikatilla und den Verfassern des Hauptteils des *Sohar*, stellt 'Abul'afja fest, dass die *Sefirot* nicht die Gottheit selbst sind, auch nicht deren offenbarer Aspekt. Die Gottheit selbst, die Erste Ursache, die er auch als *'En Sof*, Unendliches, kennt, ist nach seiner Auffassung keine *Sefira*. Gott »zählt« (*sofer*) die Zahlen (*Sefirot*), das heißt er hat sie ins Dasein gebracht, er ist ihre Ursache, ist ihnen aber nicht zuzurechnen.

Zu den *Sefirot* gibt 'Abul'afja hier jedoch auch wichtige Hinweise, die an eine im vorigen Kapitel dargestellte Auffassung erinnert.[1056] Die *Sefiro*t werden von ihm mit der synagogalen Betergemeinde, dem zehnköpfigen *Minjan*, verglichen. Allerdings differenziert er zwischen den neun, welche als die Gemeinde die Öffentlichkeit (*Zibbur*) darstellen, und dem Vorbeter, der als *Schaliach Zibbur* (Gesandter der Gemeinde) diese als zehnter vertritt und das Gebet leitet. Dieser Herausgehobene wird dabei bewusst changierend als Wurzel oder Frucht des zehngliedrigen Baumes gezeichnet. Dieser Zehnte ist der Ersten Ursache heilig. Abhängig von der Betrachtungsweise ist also die erste oder letzte Sefira jeweils die zehnte, so dass sie in gewisser Weise dasselbe zu sein scheinen. Das Rätsel, was denn die *Sefirot* nach Auffassung 'Abul'afjas sind, löst sich auf, wenn man auf die wenigen als Gedicht gestalteten Zeilen in 'Abul'afjas Sendschreiben *Scheva' Netivot ha-Tora* achtet: »Wahrhaft als Leiter hat der Schöpfer sie zum Preise als verursachte Intellekte hervorgebracht, ohne etwas [Materie], sind sie und werden Zehn Sefirot genannt, was den Herzen der Beschnittenen wohl bekannt.«[1057]

Im *Sefer Gan na'ul* zählt 'Abul'afja die zehn *Sefirot* mit ihren bekannten Namen auf und zählt die erste sogleich als die zehnte, die zweite als die neunte und so fort. Die Aufzählung schließt er mit den Worten »Und die zehnte, welche die erste ist, heißt Denken (*Machschava*) und er nannte sie *Keter 'eljon* (Oberste Krone) und ihr Geheimnis ist, dass sie sich mit der ersten vertauscht, welche die zehnte ist.«[1058]

Was die Identifikation der *Sefirot* selbst anbelangt, so ist deutlich, dass sie nichts anderes als die aristotelischen zehn Separaten Intellekte sind: »Und dies sind die zehn Sefirot, die in der Welt gelten: Zehn separate Intellekte, neun für

1056 Vgl. Kap. Kabbala IV.2.1.

1057 Scheva' Netivot ha-Tora, A. Jellinek (Hrsg.), hier zit. nach dem Nachdruck bei M. Idel, Leket mi-Sifre R. 'Avraham 'Abul'afja, S. 5.

1058 A. Gros, III, S. 14.

die neun Himmelssphären und einer für die zehnte Sphäre, und dies ist der Aktive Intellekt [...]. Er ist wie einer, den neun Männer erwählten, wiewohl er einer von ihnen ist. So auch ernannten die neun Intellekte den einen Intellekt, den zehnten, dass er alles leiten solle.«[1059]

Wenn 'Abul'afja in dem zuvor angeführten kurzen Passus sagt, dass die erste und zehnte *Sefira* sich ineinander vertauschen, erklärt sich auch das changieren zwischen Wurzel und Frucht, zwischen erstem und letztem Intellekt, die, wie schon oben deutlich wurde, recht eigentlich identisch und zugleich Repräsentanz aller zehn Intellekte sind. In seinem *Sefer Gan na'ul* erklärt er dementsprechend »Die Sefirot sind die Tiefen [Dimensionen][1060] des Aktiven Intellekts.«[1061]

2.3 Die Sphäre des Intellekts als Sphäre der Tora und der Sprache

In einem von Gershom Scholem 'Abul'afja oder einem seiner Schüler zugeschriebenen Text[1062] bezeichnet der Verfasser die drei Weltstufen als die *Welt der Merkava;* sie sind die vier Elemente, welche das Fundament des Alls bilden. Als nächstes folgt die *Welt der Sphären* und schließlich die *Obere Welt*, »das ist der Fürst des Angesichts«.[1063] Weiter unten im Text wird in Bezug auf den Fürsten des Angesichts erklärt, dass »sein Name wie der seines Meisters ist.« Damit identifiziert der Text diesen Fürsten eindeutig mit dem antiken Oberengel Metatron.[1064] Über diesen Metatron heißt es weiter: »Der Fürst des Angesichts ist über die Sphäre der Tora gesetzt, welche die Sphäre des Intellekts ist.«[1065] Der Autor identifiziert demnach die intelligible Welt oberhalb der Himmelssphären mit dem himmlischen Engelfürsten Metatron, der seinerseits über den *Galgal ha-Tora* (Tora-Sphäre) gesetzt ist. Die »Sphäre des Intellekts« trat bereits bei 'Abul'afjas Schüler Gikatilla[1066] und wie eben zuvor als die neoplatonische Variante für die zehn aristotelischen Intellekte in Erscheinung. Die obige Erörterung hatte nahe gelegt, dass der Aktive Intellekt der Aristoteliker von 'Abul'afja als Repräsentant der zehn Intellekte mit dem neoplatonischen *Galgal ha-Sechel* identifiziert wird.[1067] Wenn man diese Identifikation voraussetzt, werden die im Fol-

1059 'Imre Schefer, A. Gros (Hrsg.), II, S. 142.

1060 Vgl. Kap. Sefer Jezira 2.1.1.

1061 Sefer Gan na'ul, MS München cod.hebr. 58, S. 323b; A. Gros (Hrsg.), III, S. 23.

1062 Vgl. G. Scholem, Ha-Kabbala schel Sefer ha-Temuna we schel 'Avraham 'Abul'afja, J. Ben Josef (Hrsg.), Jerusalem 1987, S. 227-229.

1063 G. Scholem, Ha-Kabbala schel Sefer ha-Temuna we schel 'Avraham 'Abul'afja, S. 228.

1064 Vgl. Bd. I, S. 318-320; ausdrücklich sagt dies 'Abul'afja in Sitre Tora, A. Gros (Hrsg.), X, S. 53.

1065 G. Scholem, Ha-Kabbala schel Sefer ha-Temuna we schel 'Avraham 'Abul'afja, S. 228.

1066 Vgl. Kap. Kabbala IV 2.1.

1067 So auch M. Idel, Language, S. 39. Im Sefer ha-Zeruf erklärt 'Abul'afja: » Wisse, die Bewegung der Sphäre (Galgal) des Intellekts ist in die Hand des Metatron gegeben, und du weißt ja

genden noch zu besprechenden Aussagen 'Abul'afjas stimmig. Dies gilt ebenso für die weitere angedeutete Identifikation dieser Welt der Intellekte mit Metatron, der, wie im vorangegangen Abschnitt deutlich wurde, als erste und zehnte Sefira das ganze Ensemble leitet. Die gesamten Identifikationen werden allerdings durch eine weitere, die wirklich im Zentrum des Denkens von 'Abul'afja steht, in den Hintergrund gerückt. Es handelt sich dabei um die Identifikation der Sphäre des Intellekts mit der Sphäre der Tora. Als Sphäre der Tora ist sie, wie im Folgenden noch erörtert werden soll, zugleich die Sphäre der Sprache schlechthin. Aus diesem Grund erklärt 'Abul'afja im Folgenden unter Hinweis auf die traditionelle Auffassung, dass Metatron siebzig der Gottesnamen verliehen bekommen habe,[1068] ferner auch, dass derjenige, der das Mysterium Metatrons kennt, zugleich die siebzig Sprachen der Völker beherrscht.

Unter der Voraussetzung der genannten Identifikationen und jenem oben besprochenen Changieren zwischen erster und zehnter *Sefira*, sprich erstem und zehntem Intellekt, wird der folgende kleine Kommentar zum *Sefer Jezira* in 'Abul'afjas *'Or ha-Sechel* verständlich:

> »Die zweiundzwanzig Buchstaben [des hebräischen Alphabets, aus denen auch die Tora besteht], sind das Fundament der Sprache. Und dies ist die zehnte Sphäre. Das heißt, die Sphäre (*Galgal*) der Buchstaben ist die oberste aller Sphären des Existierenden. Und sie ist die höchste aller Stufen und geht allen Sphären des Existierenden voran. Und sie ist die Sphäre der Tora und des Gebots, und alle Oberen und Unteren werden durch sie geleitet. Und über sie heißt es [in der Schrift]: ›Durch das Wort JHWHs wurden die Himmel gemacht und durch den Hauch (*Ruach*) seines Mundes all ihre Heerscharen‹ (Ps 33,6). Und schon hat sie ja der Autor des *Sefer Jezira* ›Erste und eine Sefira‹ genannt und sagt: ›Die erste ist der Geist (*Ruach*) des lebendigen Gottes‹. Und außerdem ›Stimme, Hauch und Wort – das ist der Heilige Geist.‹ Er hat sie [aber] auch zweite Sefira genannt und gesagt:›Zwei, das ist Geist aus Geist‹. Er verwendet den Begriff Geist (*Ruach*) für zwei Dinge, weil nämlich die erste innere Rede der *Heilige Geist* ist und die zweite äußere Rede, die *Macht zur Rede*, ist.«[1069]

Die Sphäre des Intellekts, die mit dem Aktiven Intellekt zusammengehört und als »Fürst der Welt« bezeichnet wird, entpuppt sich zugleich als Sphäre des Alpha-

schon, dass die Buchstaben in diese Sphäre eingraviert sind, und dank ihrer sieht, tut und lenkt er mittels der Kraft der Ursache der Ursachen, Sie sei gesegnet. [...] Später werde ich dir erklären [...] wie der Fluxus von dort ausgeht, um Metatron, welcher der *Aktive Intellekt* ist, zu lenken, und wie der *Aktive Intellekt* die gesamte Welt lenkt.«, A. Gros (Hrsg.), XIII, S. 10.

1068 Bd. I, S. 344.

1069 'Or ha-Sechel, MS München 92, S.44b-45a; A. Gros (Hrsg.), VIII, S. 46.

bets und der Tora, die nunmehr als die Weltlenkungsmacht erscheinen. Es ist also die Sprache Gottes, mit welcher die Welt erschaffen wurde: »Die ganze Welt wurde mit unseren Buchstaben und unserer Sprache erschaffen.«[1070] In mehr onomatologischer Diktion erklärt 'Abul'afja an anderer Stelle: »Die Namen, welche die ›Wesenhaften‹ genannt werden, sind alleine die Wurzeln von Himmel und Erde. Durch sie wird die gesamte Obere und diese unsere gesamte Untere Welt geleitet.«[1071] Die Tora und deren hebräische Sprache entspricht darum im Denken 'Abul'afjas dem, was den Neoplatonikern der Intellekt, oder die Sphäre des Intellekts, die Zehnte Sphäre, darstellt, in der alle intelligiblen Formen sich finden, die von dort aus die Welt gestalten. Darum heißt es im *Sefer Mafteach ha-Tochachot* »Wisse, die Tora ist wie die Materie für alle Meinungen und sie ist wie die Form für alle Seelen und wie die Form aller Formen für alle *Separaten Intellekte*. Denn die Tora ist das Wort JHWHs und sie enthält zehn Sefirot.«[1072] In mehr aristotelischer Diktion erläutert er an anderer Stelle: »Die Tora [...] ist eine Bezeichnung für den *Aktiven Intellekt*, welcher ›Wort des Herrn‹ genannt wird, oder ›Geist des Herrn‹ oder seine Rede, sein Name oder seine Herrlichkeit, weil er den Gelehrten des Namens [Gottes] seine Erkenntnis und Verstehen lehrt, denn er ist wahrhaftig der Heilige Geist.«[1073]

2.4 Sprache, Natur und Intellekt – 'Abul'afjas Glossosophie

Wie im vorangegangenen Abschnitt deutlich wurde, entspricht die Zehnte Sphäre der Sphäre der Tora und somit auch der Sphäre der zweiundzwanzig Buchstaben des hebräischen Alphabets und infolgedessen auch der der Sprache schlechthin. Diese Grundaussage des Denkens 'Abul'afjas bleibt indessen nicht in dieser abstrakten Form allein stehen. Immer wieder thematisiert 'Abul'afja in seinen Texten das Wesen der Sprache als solcher. Er analysiert das Wesen der Sprache und sieht in ihr dieselben Strukturmerkmale wie in allem Existierenden. Die Sprache entspricht den drei Weltstufen, Intellekt, Sphären und Erster Materie; sie besteht selbst aus Materie und Form und schließlich partizipiert der Mensch an ihr auf verschiedenen ontologischen Ebenen. 'Abul'afja stellt die gesamte Ontologie als Sprachlehre dar, weil ihm die Welt eine Welt der Sprache ist. Aus dieser Auffassung zieht er entsprechende konkrete Konsequenzen. Die gesamte Hermeneutik 'Abul'afjas beruht auf der »sprachphilosophischen« Grundlage, dass die hebräische Sprache die natürliche Sprache ist, und dass darum die Er-

1070 'Imre Schefer, Ms München 285, S. 68a; A. Gros (Hrsg.), II, S. 69.

1071 Sefer Hajje ha-'Olam ha-ba, A. Gros (Hrsg.) ,I, S. 97.

1072 A. Gros, VI, S. 28; Vgl. dazu M. Idel, Language, Torah and Hermeneutics in Abraham Abulafia, Albany 1989, S. 33.

1073 Mazref ha-Sechel, A. Gros (Hrsg.), IX, S. 6.

kenntnis der Sprache die Erkenntnis der Welt bedeutet. Die Sprache zeigt sich dabei allerdings zunächst als ein Phänomen, das aus den zweiundzwanzig Buchstaben des hebräischen Alphabets besteht. Die Erkenntnis dieser einzelnen Buchstaben und deren Relationen zu anderen Buchstaben, woraus »Wörter« entstehen, gleicht dem, was der modernen naturwissenschaftlichen Erkenntnis das Wissen über die Elektronen, Neutronen und Protonen des periodischen Systems der Elemente bedeutet. Wenn man das Wesen dieser Grundbausteine der Materie und deren Beziehungen untereinander kennt, und weiß, wie durch Addition und Subtraktion neue »Elemente« entstehen und kreiert werden können, dann hat man das Wesen der Welt erkannt. Diese Auffassung ist für 'Abul'afja nicht nur theoretische Erkenntnis, sondern von höchst praktischer Natur. Praktisch ist sie in der Hinsicht, dass man mit den Partikeln des sprachlichen »Atoms« experimentieren muss und man auf diesem Wege verborgene Wesenheiten entdeckt. Der Erkenntnisvorgang vollzieht sich nach 'Abul'afja im Spiel mit der Sprache. Dafür gibt es ein reiches Instrumentarium, das 'Abul'afja zusammengefasst als *Zeruf 'Otijot* (Buchstabenkombinatorik) bezeichnet.

Hierzu gehört das gesamte Arsenal wie *Gematria*, das heißt die Gleichsetzung von Wörtern gemäß deren Zahlenwert, sodann die *Temura*, die Vertauschung und Ersetzung von Buchstaben nach unterschiedlichen Ersetzungsregeln (zum Beispiel erster Buchstabe des Alphabets durch dessen letzten, zweiter durch vorletzten Buchstaben des Alphabets, etc.), außerdem *Notarikon*, die Auflösung von Wörtern als Akronym, ebenso *Zeruf*, das heißt Buchstabenverbindung (die Anfangsbuchstaben, *Rasche Tevot*, und die Endbuchstaben, *Sofe Tevot*, einer Wortfolge werden zu neuen Wörtern verbunden) und schließlich *Hillufin*, das heißt Buchstabenvertauschung nach einem bestimmten Muster.[1074]

Die *Gematria*, so sagt 'Abul'afja einmal unter Anspielung auf Pirke Avot 3, 18, sind die »Schwingen der Weisheit«[1075] In seinem Werk *'Imre Schefer* erklärt er: »Wisse und verstehe daraus, dass die Kombinatorik (*Zeruf*) der Buchstaben die Wurzel der Erkenntnis der Ordnung aller Weisheiten ist, die der Name (Gott) den Menschen offenbart hat. Und nicht nur dies, dass dies schon ohne die Vokalpunkte gilt, aber die Vokalpunkte einbezogen geht es bis ins Endlose.«[1076]
An einer anderen Stelle im *'Imre Schefer* belehrt er den Leser:

> »Es ist ja bekannt, dass jeder einzelne Buchstabe der Tora und jedes geschriebene oder gesprochene Wort viele unterschiedliche Bedeutungen hat, um wieviel mehr, wenn man die Methoden der *Zerufim*, der *Gematriot*, des

1074 Vgl. dazu M. Idel, Language, Tora and Hermeneutics, S.97-101; Teile davon auch bei J. Trachtenberg, Jewish Magic and Superstition, New York 1974, S. 260-264.

1075 Scheva' Netivot, A. Jellinek (Hrsg.), S. 10.

1076 'Imre Schefer, MS München 285, S. 111a; A. Gros (Hrsg.), II, S. 185.

Notarikon, der *Temura*, der *Hillufin*, des Buchstabenaustauschs und des Austauschs des Ausgetauschten und dergleichen anwendet. Denn dadurch erweitert sich der Weg (die Bedeutungsbreite) um einige Tausende und Zehntausende, mit jedem einzelnen Vokalpunkt.

Und von dieser Weise des Schreibens und Sprechens und Denkens hat noch nie ein Philosoph auch nur das Geringste oder Größte verstanden und gehört. Und hätte er es gehört, würde er es nicht anerkennen, außer er würde alles, was er je errungen hat, von sich werfen und seine Denkkategorien verlassen und zu seinen Jugendtagen zurückkehren und eine neue Tora lernen. Und so soll sich der Kabbalist nicht wundern, dass jeder Nichtkabbalist die wahren Wege der Kabbala bestreitet. Denn nicht jeder Mensch ist gewürdigt, die Wahrheit zu erkennen. Um wieviel weniger diese besondere Wahrheit, nach der es für den Menschen keine höhere zu erkennen gibt. Und nur in ihr spricht Gott mit seinen Propheten, vermittelt durch den *Aktiven Intellekt*, mittels der geschriebenen, der ausgesprochenen und gedachten, der kombinierten und vertauschten Instrumente der Sprache.«[1077]

In fast paulinischer Weise bemerkt 'Abul'afja darum, die von ihm vorgeführten Buchstabenkombinationen würden dem Verständigen Wunderbares offenbaren, »denen aber, die nur Weise in ihren eigenen Augen sind, wie *Schig'onot* (Torheiten und Wahnsinn) erscheinen.«[1078] Diese sich den wahren Weisen erschließende Offenbarungskraft der hebräischen Sprache ist darin begründet, dass das Hebräische die natürliche Sprache ist, aus der all die übrigen Sprachen nur abgeleitet sind. Diese Ableitungen der anderen Sprachen aus der natürlichen Sprache geschah aufgrund von Übereinkünften der jeweiligen Sprachgemeinschaft. Die aus dem Hebräischen abgeleiteten Sprachen der Völker sind demnach konventionelle Sprachen, während das Hebräische nicht auf eine solche Konvention und Übereinkunft der Menschen zurückgeht. Zur Darlegung dieser Auffassung greift 'Abul'afja die philosophische Diskussion seiner Zeit auf. In seinem schon mehrfach zitierten Sendschreiben *Scheva' Netivot ha-Tora* (Sieben Pfade der Tora) sagt 'Abul'afja dazu:

»Es ist bekannt und klar, was die Philosophen sagen, nämlich: Obwohl die Sprachen und Schriften und das Denken in den zahllosen Glaubensauffassungen verschieden und unterschiedlich sind, so sind doch die Dinge in der Seele eines jeden Menschen von Natur aus für alle doch ein und dasselbe. Darauf hat schon Aristoteles zu Beginn seines Buches *Peri Hermeneia*, ein Buch zur Rhethorik, hingewiesen, das wir in der Übersetzung in unsere Spra-

1077 'Imre Schefer, MS München 285, S. 115b; A. Gros (Hrsg.), II, S. 197; vgl. Hajje ha-'Olam haba, A. Gros (Hrsg.) I, S. 52, 99, 100.

1078 Hajje ha-'Olam ha-ba, A. Gros (Hrsg.), I, S. 99.

che durch R. Jakob, den Verfasser des Malmad,[1079] mit dem Kommentar des 'Ibn Ruschd (Averroes) besitzen. Dort sagt er: ›Die Wörter der Rede verweisen zunächst auf die Dinge in der Seele und die geschriebenen Buchstaben verweisen zunächst auf die geschriebenen Wörter. Und so wie die geschriebenen Buchstaben, das heißt die Schrift, nicht für alle Völker dieselbe ist, so auch die Wörter, mit denen man über die Dinge spricht. Daraus folgt, sie bestehen aufgrund von Übereinstimmung [zwischen den Menschen] und nicht von Natur aus. Aber die Dinge in der Seele sind ein und dasselbe bei allen, so wie die Dinge in der Seele der Gelehrten ihnen gehören und etwas über sie aussagen - sie sind eins und existieren bei allen von Natur aus [...].‹ Somit ist aufgrund seiner Worte klar, dass die Sprachen aufgrund von Konvention (Übereinkunft) existieren und nicht von Natur aus, wie es auch der Meister [Maimonides] im More [Nevuchim] (Führer der Unschlüssigen/Verwirrten) sagt. [...] Und dennoch finden wir, dass der Name (Gott) uns unsere Sprache und unsere Schrift erwählt hat und uns [durch sie] die von ihm auserwählten Glaubenslehren, Kabbala-Traditionen gelehrt hat.«[1080]

Gott hat demnach die hebräische Sprache für die Offenbarung ausgewählt, weil sie im Gegensatz zu den übrigen Sprachen die natürliche, oder wie 'Abul'afja auch sagt, die göttliche Sprache ist. Natürliche Sprache bedeutet allerdings nicht, wie dies im Mittelalter gleichfalls diskutiert wurde, dass ein Kind, das ohne menschliche Gesellschaft aufwächst, von Natur aus Hebräisch spräche. 'Abul'afja berichtet von diesem seit Herodot bekannten »Sprach-Ordal« in seinem *Mafteach ha-Ra'ajon*, lehnt diese Auffassung allerdings ab.[1081] Laut 'Abul'afja ist das Hebräische von höherer Ordnung und nimmt einen intelligiblen Status ein. Die »Natur« war schon bei den neoplatonischen Philosophen des Mittelalters entweder in der Weltseele integriert, oder in einer aus der Seele emanierten eigenen intelligiblen Substanz existierend und galt nicht als der Physik immanente Kraft.[1082] Dementsprechend, oder besser, mutatis mutandis, bedeutet für 'Abul'afja das Prädikat »natürlich«, dass das so Qualifizierte etwas »Natürliches« ist, weil es eine Emanation aus der Sphäre des Intellekts ist, also mit ihm über-

1079 Jakob ben Abba Mari Anatolio (13. Jh.). Er verfasste das Buch Malmad ha-Talmidim, Lyck 1866; vgl. I. Bettan, Jacob Anatoli, A Thirteenth Century Liberal, in: Studies in Jewish Preaching, Cincinatty 1939, S. 49-88; EJ, Anatoli, Jacob ben Abba Mari ben Samson; M.L. Gordon, The Rationalism of Jacob Anatoli, Diss. Yeshiva University, New York 1974; C. Sirat, A History of Jewish Philosophy in the Middle Ages, Paris 1985, Index: Jacob ben Abba Mari Anatoli; M. Saperstein, Jewish Preaching 1200-1800. An Anthology, New Haven and London 1989, S. 111-123.

1080 Scheva' Netivot, A. Jellinek (Hrsg.), S. 16f.

1081 Vgl. M. Idel, Language, Torah and Hermeneutics, S. 15, 146.

1082 Vgl. Bd. I, S. 495f.506.

einstimmt. Aus diesem Grund kann 'Abul'afja erklären, dass die hebräische Sprache dem Intellekt entspricht.[1083] Die Sprachen der Völker sind demgegenüber Konvention, die Rede des Hebräischen aber ist Natur: »Wisse, auch wenn die Sprachen [der Völker] Konvention sind, so ist doch die hebräische Sprache natürlich.«[1084] Das Hebräische als die natürliche Sprache ist darum die Mutter aller anderen Sprachen. Aus ihr sind alle entstanden, so wie die Menschen alle aus Adam hervorgingen.[1085]

So wie die zweiundzwanzig Buchstaben des hebräischen Alphabets die Grundelemente allen Sprechens sind, so bilden sie auch die Basis in den übrigen Sprachen der Welt. Allerdings wurden in den Sprachen der Völker nicht die natürlichen Buchstaben des hebräischen Alphabets verwendet, sondern durch Übereinkunft daraus abgeleitete Buchstaben und Laute. Die zweiundzwanzig hebräischen Buchstaben sind die natürlichen und einzigen Phoneme allen Sprechens, wohingegen die Buchstaben der anderen Sprachen gleichsam Allophone, phonetische Varianten, sind, um einen Terminus der modernen Linguistik zu gebrauchen. Nicht nur das Sprechen, auch das Denken der Menschen wird mit diesen »Phonemen« ins Werk gesetzt.[1086] Auch die übrigen Sprachgemeinschaften haben nach der Auffassung 'Abul'afjas eben jene zweiundzwanzig Phoneme der natürlichen hebräischen Sprache zur Bildung ihrer eigenen konventionellen Sprache verwendet, diese aber nach Übereinkunft phonetisch umgelautet, ein Vorgang der tatsächlich der babylonischen Sprachverwirrung entspricht. Denn in diesen Sprachen stimmen die neu gebildeten Wörter nicht mit der ursprünglichen Sache überein, dies gilt nur für das Hebräische. Allerdings entspricht in den abgeleiteten Sprachen die Wort und Gedankenbildung noch dem Vorgang im Hebräischen, insofern auch sie durch Aneinanderreihung von Buchstaben gebildet werden.

Der größte Teil der zahlreichen Texte 'Abul'afjas dient nichts anderem, als diese Sprachtheorie, das heißt die Natürlichkeit und Göttlichkeit des Hebräischen zu erweisen. Wo immer er ein Wort zur Hand nimmt, wo immer er einen biblischen Vers auslegt, verfolgt er dieses Ziel durch die oben besprochene Hermeneutik, um mit ihrer Hilfe zu schlüssigen Gleichungen zu gelangen, auf deren

1083 Vgl. M. Idel, Language, Tora aned Hermeneutics, S. 19.

1084 'Imre Schefer, MS München 285, S. 67b; A. Gros (Hrsg.), II, S. 67. Vgl. auch Sefer gan na'ul, A. Gros (Hrsg.), III, S. 58: »Auch wenn die Sprachen Konvention sind, so sind doch die Formen der hebräischen Buchstaben in einer natürlichen Form göttlich, das ist es, was sie sagten: ›Die Schrift war die Schrift Gottes, eingegraben auf die Tafeln‹ (Ex 32, 16).« Sefer gan na'ul, A. Gros (Hrsg.), III, Ebenda S. 38: »Jedoch die Sprachen sind Konvention, aber die Formen unserer Buchstaben und die Verbindung unserer Sprache alleine sind göttliches Werk.«

1085 'Imre Schefer, MS München 285, S. 67bf; A. Gros (Hrsg.), II, S. 67f.

1086 Vgl. 'Imre Schefer, MS München 285, S. 82b; A. Gros (Hrsg.), II, S. 116f.

Weg und mit deren Resultaten die eigentlichen Erkenntnisse gewonnen werden. Es werden dabei gleichsam nicht neue Tatsachen offenbart, sondern neue Tiefendimensionen dieser Tatsachen, ungeahnte Beziehungen aufgedeckt. Diese neuen Seiten werden aufgrund von »stimmigen«, das heißt durch eine anerkannte Hermeneutik abgedeckte, Ergebnisse gewonnen. Dadurch versucht 'Abul'afja zu beweisen, dass im Hebräischen Sache und Wort einschließlich der Buchstaben auf das Genaueste zusammenstimmen und demzufolge das Hebräische die natürliche Sprache sein muss. Dieser hermeneutische Vorgang soll hier an einem relativ einfachen Beispiel dargestellt werden, der dieses Ergebnis am Ende expressis verbis formuliert.

In der biblischen Schöpfungsgeschichte wird in zwei parallelen Wortschöpfungen davon gesprochen, dass zum einen die Wasser und zum andern die Erde »lebendes Wesen«, *Nefesch hajja* hervorbringen sollen. In Gen 1,20 heißt es: »Und Gott sprach, die Wasser sollen wimmeln von Gewimmel, lebendes Wesen (*Nefesch hajja*)«; zum anderen heißt es in Gen 1,24: »Und Gott sprach, die Erde bringe hervor lebendes Wesen (*Nefesch hajja*).« Diese beiden »lebenden Wesen«, die durch ihren Ursprungsort verschieden, aber in ihrer Benennung gleich sind, bilden den Gegenstand der folgenden Auslegung:

> »Wisse, wenn du die *Nefesch hajja* der Wasser mit der *Nefesch hajja* der Erde vergleichst, findest du den allergrößten Unterschied zwischen ihnen. Dennoch haben beide Vollmacht (*Reschut*, רשות). Nämlich *Nefesch hajja* (נפש חיה) [mit dem Zahlwert 453] und *Nefesch hajja* [Zahlwert 453] sind [zusammengerechnet] in Gematria *Reschut* (Vollmacht) [Zahlwert 906]. Das bedeutet, *Reschut* steht im Zeichen (*be-'Ot*, באות) [Zahlwert 409] der Zwillinge (*Te'omim*, תאומים) [Zahlwert 497 – beide zusammen ergeben 906]. Das bedeutet, sie sind natürliche Buchstaben (*'Otijot ba-Teva'*, אותיות בטבע) [Zahlwert 906]. Das heißt sie sind natürliche Buchstaben in der Welt, in der Zeit und bei den Lebewesen.«[1087]

Im *Sefer Jezira* wird beschrieben, dass Gott mit drei unterschiedlichen Buchstabengruppen, den *drei Müttern*, den *sieben Doppelten* und den *zwölf Einfachen*, die Welt erschuf. Die folge war, dass diese drei Bruchstabengruppen in den drei Schöpfungsbereichen, Kosmos, Zeit und Lebewesen, ihnen entsprechende Geschöpfe hervorbrachten. Das heißt die Mütter erschufen im Kosmos, in der Zeit und im Menschen drei Geschöpfe; und entsprechend die anderen beiden in allen drei Bereichen sieben beziehungsweise zwölf Geschöpfe.[1088] 'Abul'afja nimmt diese drei Weltkategorien, Kosmos, Zeit und Lebewesen, auf, um nachzuweisen,

1087 Sefer Gan Na'ul, MS München 58, S. 327a; A. Gros (Hrsg.), III, S. 38.

1088 Vgl. Kap. Sefer Jezira 2.2.1.

dass die Buchstaben des hebräischen Alphabets natürliche Buchstaben darstellen, denen die jeweiligen Geschöpfe wirklich entsprechen. Dieses Verhältnis wird hier anhand des Tierkreisbildes in Bezug auf die Bereiche des Kosmos und der Lebewesen dargestellt. Die Zwillinge des Tierkreises (Kosmos) entsprechen zugleich den *Nefesch*-Zwillingen (Lebewesen), die jeweils zusammen den Zahlwert 906 ergeben. Es scheint, dass die im Text genannte Vollmacht hier für die Kategorie der Zeit stehen soll. Die genannten Geschöpfe aller drei Bereiche, Tierkreis (Kosmos), Vollmacht (Zeit) und *Nefesch* (Lebewesen), besitzen den Zahlwert 906, der wiederum der Zahlwert der »natürlichen Buchstaben« ist. Alle diese Übereinstimmungen bestätigen dem Exegeten, dass die hebräischen Benennungen dem Gegenstand selbst entsprechen, also natürliche Lexeme aus natürlichen Buchstaben sind.

Damit hat die Schriftauslegung für ’Abul‘afja eine neue Sicht in die inneren Zusammenhänge der Welt eröffnet, hat Beziehungen sichtbar gemacht, die an sich nicht zu verwundern brauchen, denn die Dinge sind aus derselben Sprache gemacht, mit der sie auch benannt werden.

Wenn ’Abul‘afja in solchen Exegesen gelegentlich auch Wörter fremder Sprachen einflicht, dann in der Überzeugung, dass sie eben verwirrte Sprachelemente sind, die aber wegen ihrer Herkunft aus der natürlichen Sprache dennoch einen Funken Wahrheit in sich tragen. Die Stärke dieses Funkens entspricht jeweils der Nähe oder Ferne zum Hebräischen, ein Verhältnis, das auch mit dem geläufigen neoplatonischen Topos der abnehmenden Qualität mit der Entfernung von der Quelle beschrieben wird.[1089] Die Sprachtheorie ’Abul‘afjas bedient sich schließlich des neoplatonischen Mikro-Makrokosmos-Denkens. Schon oben wurde der Unterschied zwischen gedachter, gesprochener und geschriebener Sprache genannt.[1090] Diese drei »Aggregatszustände« der Sprache entsprechen den drei Weltstufen, dem Aktiven Intellekt, den Gestirnssphären und der irdischen Welt. So wie aus dem Gedanken das gesprochene und schließlich geschriebene Wort entsteht, so ging aus dem Intellekt die Gestirnssphäre und später die irdische materielle Welt hervor. Dasselbe Bild findet sich schließlich im Menschen, wobei das Herz das Pendant des Intellekts bildet; der Kopf mit seinen Sinnesorganen entspricht der mittleren und die schreibende Hand der unteren Welt. Diese drei Ebenen entsprechen den schon oben bei ‘Asri’el aus Gerona[1091] erörterten Aspekten des Intelligiblen: Intellekt, Intellegens und Intellectus:

»So gleicht das Herz dem Intellekt (*Sechel*) und die Zunge dem Intellegens (*Maskil*, Denkendes) und die Schrift dem Intellectus (*Muskal*, Gedachtes),

1089 Vgl. M. Idel, Language, Torah and Hermeneutics, S. 20.

1090 ’Imre Schefer, A. Gros II, S. 197.

1091 Vgl. Kap. Kabbala III.B.3.2.

und die niedere Welt ist Gedachtes, die mittlere das Denkende und die obere der Intellekt. Demnach ist die oberste zugleich Intellekt, Denkendes und Gedachtes (*Sechel, Maskil* und *Muskal*),[1092] die mittlere Denkendes und Gedachtes und die untere nur Gedachtes. Und wenn der Mensch mit der Kraft seines Intellekts aus der Potenz zur Wirklichkeit schreitet, wird er Denkender seines Gedachten und dann gleicht er der mittleren Welt. Wenn er aber für immer, ohne Unterbrechung, aus der Potenz in die Verwirklichung tritt, was erst nach seinem Abscheiden, das heißt zur Zeit des Todes des Körpers geschieht, die zugleich die Zeit des Auflebens der Seele ist, dann wird auch er denkender Intellekt in der Verwirklichung genannt, auf ewig, und dann gleicht er dem *Aktiven Intellekt*, der von jeglicher Materie getrennt ist, und von jeglichem Träger, der ihn aus der Potenz zur Verwirklichung brachte. Und dank der Weisheiten wird er nach dem Tode leben und zwar weil die Buchstaben ein Dreifaches am Menschen bewirken, und sie die nächsten Werkzeuge sind, indem man sie miteinander kombiniert, um der Seele zu helfen, sich [dank ihrer] mit größerer Leichtigkeit als mit allen anderen Werkzeuge zu verwirklichen. Und der Weg dazu ist die Verbindung (*Zeruf*), die Vertauschung (*Temura*), die doppelte Gleichgewichtigkeit (*Mischkal*),[1093] und alles weitere, das sich daraus ableitet im Mysterium der Kabbala. [... Im Folgenden werden nun noch weitere Techniken aufgezählt, unter anderem die Kenntnis und Deutung der Gottesnamen], welche etwas über die verborgenen Existenzen lehren gemäß den verborgenen Buchstaben und gemäß der aus der Permutation gewonnenen Bedeutung der Namen, die eine bestimmte Anzahl von Buchstaben haben, wie der vierbuchstabige Name (JHWH) und seine Deutungen, der zwölf- buchstabige[1094] und seine Deutungen, der zweiundvierzigbuchstabige[1095] und seine Deutungen, die Maimonides im More [Nevuchim] I, 62 an-

1092 Diese Trias trifft nach Maimonides alleine bei Gott beständig zu, bei anderen Denkern, inklusive dem Aktiven Intellekt, können die Aspekte gelegentlich auseinander fallen, More Nevuchim I, 68, Weiss, I, S. 253-262.

1093 Ein Mischkal (ausgeglichenes Gewicht) ist dann vorhanden, wenn zwei Worte den gleichen Zahlwert haben (Gematria) und zugleich dieselbe Anzahl an Buchstaben aufweisen; vgl. 'Or ha-Sechel, A. Gros (Hrsg.), VIII, S. 88.

1094 Laut Sefer Gematriot wird dieser Name aus den drei Tetragrammata des Priestersegens Num 6, 24-26 gebildet, vgl. dazu J. Trachtenberg, Jewish Magic, S. 290 und hier S. 90-97.

1095 Zu ihm vgl. J. Trachtenberg, Jewish Magic, S. 94; vgl. auch. L. Blau, Das altjüdische Zauberwesen, Budapest 1898 (Neudruck Westmead, Farnborough, Hants. 1970), S. 117-146; der 72 Lettern umfassende Gottesname wird aus Ex 14, 19-21, den drei Versen gebildet, die aus je 72 Buchstaben bestehen. Die Zusammenserzung folgt dem Verfahren: 1. Buchstabe von Vers I, letzter von II, erster von III, zweiter von I, vorletzter von II und zweiter von III. Die so entstehenden 72 Dreiergruppen bilden den 72 Buchstaben umfassenden Namen Gottes.

deutet und sagt, dass die Erkenntnis dessen zur Erkenntnis des *Aktiven Intellekts* führe.«[1096]

Hier wird der Mensch in Analogie zum dreistufigen Weltenbau gezeichnet, dessen Qualität an Intellektualität nach oben zunimmt. Entsprechend verläuft das Leben des Menschen von der niedrigen Stufe des nur »Gedachten« über die Verbindung von »Denkendem« und »Gedachtem« bis zur Vollendung nach Ablegung des materiellen Leibes, wodurch der Mensch die Stufe des Intelligiblen und der, fast steten, intellektuellen Verwirklichung erlangt. Die Berufung auf Maimonides ist insoweit legitim, als er im philosophischen Studium des Menschen den Weg zur schließlichen Erkenntnis des Aktiven Intellekts sieht. 'Abul'afja widerspricht Maimonides allerdings in der Methode und im Gegenstand dieses Weges. Während Maimonides vom Studium der Metaphysik spricht, glaubt 'Abul'afja, diesen Weg darin sehen zu müssen, was Maimonides in dem genannten Kapitel mit deutlichen Worten als »ruchlose Torheit« verwirft, nämlich in der Buchstabenkombinatorik.

Um deutlich zu machen, wie dieses »Studium« bei 'Abul'afja vonstatten geht und welcher Art die Ausführungen sind, die die meisten seiner Texte prägen, muss hier wenigstens noch ein Beispiel der onomatologischen Exegese 'Abul'afjas im Detail diskutiert werden. Der Textauszug wurde zum Zweck der anschließenden Erörterung in Paragraphen unterteilt.

Um das Tetragramm zu erläutern, greift 'Abul'afja auf den ersten Vers des Buches Exodus zurück: Als Gott Moses schickte, um Israel aus Ägypten zu befreien,

> [§1] »hat er ihm den *Schem ha-meforasch* bekannt gemacht, welcher zu jeglicher Zeit, in der man ihn kennt, die Ursache der Erlösung ist, und zwar für alle, sei es die Gesamtheit oder der Einzelne. Und dies ist der passende Ort, ihn zu erläutern. [...] Man muss ihn aus dem folgenden Toraabschnitt extrahieren: ›Und dies sind die Namen der Israeliten, die nach Ägypten kamen.‹
> (ואלה שמות בני ישראל הבאים מצרימה, ***W**a-'elle **Sch**emot **B**ne **J**isra'el **H**a-ba'im **M**izrajma*, Ex 1,1)
> [Die fetten Initialen, *Rasche Tevot,* besitzen den Zahlenwert 363.]
> [§2] zusammen mit dem Geheimnis [der Versanfänge]:
> **B**ereschit (בראשית ,am Anfang) (Gen 1,1),
> **J**ehuda (יהודה) (1. Könige 4,20),
> **H**a-ba'im (הבאים, die kommen) (Jes 27,6; Esra 8,35; Nehemia 7,7),
> **Sch**amor (שמור, hüte) (Dtn 5,12; 6,17; 16,1),
> **M**oza' (מוצא, Ausgang) (Dtn 23,24),
> **W**e-'a'ida (ואעידה, und ich will bezeugen) (Jes 8,2).
> [Der Zahlwert der fetten Initialen beträgt 363.]

1096 Scheva' Netivot, A. Jellinek (Hrsg.), S. 19-20.

[§3] Ich will dir kundtun, dass diese sechs Versanfänge die Wurzeln der gesamten Tora sind. Sie sind Zeichen, die zwei heilige Wörter hervorbringen, nämlich *Be-JaH Schemo* (JaH ist sein Name) (Ps 68,5).

[Der Zahlwert von *Be-JaH* beträgt 17, der von *Schemo* 346, was zusammen 363 ergibt.]

[§4] Und die Ausfaltung (*Perusch*) von *Be-JaH* ist *JHWH*, und zwar weil das Geheimnis des Buchstabens *Bet* (ב) [Zahlwert 2] ein Hinweis auf die beiden Hälften des [Gottes-] Namens [JHWH] ist. Denn dieser ist sowohl als gesamter [JHWH, Zahlwert 26] wie auch als halber [JH] je ein gesamter, [nämlich dann,] wenn man die Hälfte ausspricht, nämlich *Jud*[1097] *He'* (יוד הא) [was wiederum den Zahlwert 26 ergibt].

[§5] Und dessen [Jud He'] Geheimnis [durch Buchstabenumstellung] ist: JHW', D (י'ה'ו'א', ד) und JHW, 'D (י'ה'ו', א'ד').

Siehe und verstehe daraus die Wunder des Namens, dessen Trennung, Verbindung, dessen Vertauschung ihrer [der Buchstaben] Anordnung, Reihung und Ersetzung.

Und wisse als ersten Grundsatz, dass das Geheimnis seines Namens in רכ"ה (RK"H, Zahlenwert 225) und in קכ"א (QK"', Zahlenwert 121) [Zahlwert beider zusammen 346] wie folgt aufgeteilt wird, und zwar so dass die erste Hälfte des Namens eine gleiche Länge und Breite hat, was seine wahrhafte Form ist [der Zahlwert von JH ist 15, darum 15 Glieder in beiden Dimensionen][1098]:

יה יה יה יה יה יה יה יה יה יה יה יה יה יה יה
יה יה יה יה יה יה יה יה יה יה יה יה יה יה יה
יה יה יה יה יה יה יה יה יה יה יה יה יה יה יה
יה יה יה יה יה יה יה יה יה יה יה יה יה יה יה
יה יה יה יה יה יה יה יה יה יה יה יה יה יה יה
יה יה יה יה יה יה יה יה יה יה יה יה יה יה יה
יה יה יה יה יה יה יה יה יה יה יה יה יה יה יה
יה יה יה יה יה יה יה יה יה יה יה יה יה יה יה
יה יה יה יה יה יה יה יה יה יה יה יה יה יה יה
יה יה יה יה יה יה יה יה יה יה יה יה יה יה יה
יה יה יה יה יה יה יה יה יה יה יה יה יה יה יה
יה יה יה יה יה יה יה יה יה יה יה יה יה יה יה
יה יה יה יה יה יה יה יה יה יה יה יה יה יה יה
יה יה יה יה יה יה יה יה יה יה יה יה יה יה יה
יה יה יה יה יה יה יה יה יה יה יה יה יה יה יה

1097 In hebräischen Konsonanten muss man so transkribieren: JWD.

1098 15 x 15 = 225; 11 x 11 = 121.

[§6] Und so auch die zweite [Hälfte des Tetragrammaton] in der Gestalt dieser Anordnung. Siehe diese heiligen Namen werden deinen Intellekt erwecken, zusammen mit dem was du über ihre geheimnisvolle Anordnung hören wirst. Und schau auch auf die Anordnung der zweiten Hälfte des Namens [WH, Zahlwert 11], deren Länge und Breite gleich ist, entsprechend ihres Zahlwertes [also 11 Glieder in beiden Dimensionen]:

וה וה וה וה וה וה וה וה וה וה וה

וה וה וה וה וה וה וה וה וה וה וה

וה וה וה וה וה וה וה וה וה וה וה

וה וה וה וה וה וה וה וה וה וה וה

וה וה וה וה וה וה וה וה וה וה וה

וה וה וה וה וה וה וה וה וה וה וה

וה וה וה וה וה וה וה וה וה וה וה

וה וה וה וה וה וה וה וה וה וה וה

וה וה וה וה וה וה וה וה וה וה וה

וה וה וה וה וה וה וה וה וה וה וה

וה וה וה וה וה וה וה וה וה וה וה

Und nachdem ich dir diese Formen gezeichnet habe, gemäß dem, was ich dir vortrug, musst du wissen, dass in diesen beiden heiligen Formen wunderbare miteinander übereinstimmende Dinge ruhen. Und du musst wissen, wenn du von denen bist, welche die Wahrheit der Tora empfangen, die das Ziel aller Kabbala ist, dann bist du jenseits von allem Sensiblen und jenseits des Imaginierten und jenseits des Gedachten, was das Höchste jeglicher Sache ist, vollkommen angeordnet. Denn dies ist etwas, das alle Intentionen der Tora umfasst, und verstehe dies wohl!«[1099]

Das Zentrum dieses Textes ist der Name Gottes »Schmo« (Sein Name), dessen Zahlwert (*Gematria*) 346 beträgt (§3). Nun heißt es aber in dem zitierten Psalm 68,5 »Be-JaH Schemo«, das heißt: »In der Kurzform JaH beruht sein Name«. Diese Aussage hat nun den Zahlwert 346+17=363. (§3)
Dieselbe Aussage ist ihrerseits in dem aus Ex 1,1 gewonnenen Akronym (Anfangsbuchstaben) *WSchBJHM* enthalten, weil dessen Zahlwert wiederum 363 beträgt (§1). Zu demselben Ergebnis kommt man bei der Zusammenrechnung von einer Anzahl Anfangsbuchstaben unterschiedlicher Bibelverse, *BJHSchMW*, welche dieselben Buchstaben des voran genannten Akronyms sind, allerdings in anagrammatischer, also in abweichender Reihenfolge.

1099 'Imre Schefer, MS München 285, S. 63b-64b; A. Gros (Hrsg.), II, S. 57-60.

Der Vers in Exodus 1,1 alleine (§1) und die sechs weiteren Bibelverse zusammen (§2) entsprechen folglich jeweils der Aussage: »In JaH beruht sein Name«.

Warum nun wählt der Psalm 68,5 die ungewöhnliche Formulierung »*In* JaH« (*Be*-JaH)? 'Abul'afja meint, um anzuzeigen, dass der Gottesname *JaH* noch nicht der gesamte *Schem ha-meforasch*, der ausgefaltete Gottesname, ist, sondern dass dieser in *JaH* enthalten ist und zwar in zwei unterschiedlichen Aspekten, weil das »Be« den Zahlwert zwei hat. Man könnte den Psalmtext also so übersetzen: »Zwei Aspekte von JaH sind sein Name« (§4). Was sind laut 'Abul'afja diese beiden Aspekte von *JaH*? Wenn man die beiden Buchstaben »J« und »H« ausfaltet, das heißt in ihrer gesprochenen Form aufschreibt, also als »Jud« und »He«, so hat das ausgeschriebene Wort den Zahlwert 26. Der Zahlwert 26 entspricht genau dem Zahlwert des gesamten Tetragramms JHWH (§4). Die beiden Aspekte des »Schmo« (seines Namens) sind also JH und JHWH. Wenn nun JH ein Aspekt des göttlichen Namens ist, dann sind auch die beiden restlichen Buchstaben WH ein Aspekt dieses Namens. Dies zeigt der §5 und wird dadurch bewiesen, dass die buchstabenquadratische Aufzeichnung der beiden Hälften des Tetragrammaton nach ihrem jeweiligen inneren Zahlwert (15x15=225 und 11x11=121) wiederum die Gesamtsumme von 346, also »*Schemo*«, »Sein Name« ergibt (§5). Das Quadrat von JH hat die Seitenlänge von 15 Gliedern, weil der Zahlwert von JH 15 ist, das von WH entsprechend die Seitenlänge von 11. Daraus ergibt sich folgende Gleichung: (15x15=225)+(11x11=121)=346=Schemo. Diese beiden »Formen« (§6) des ausgefalteten Namens, des *Schem ha-meforasch*, manifestieren sich nach den bisherigen Aussagen in den verschiedenen Stellen des biblischen Textes, wo sie mittels der hermeneutischen Techniken sichtbar gemacht werden können. Es bestätigt sich demnach nach Auffassung des Kabbalisten der Grundsatz von Rabbi Mosche Ben Nachman (Nachmanides), den 'Abul'afja mehrfach beistimmend anführt, nämlich, dass die »gesamte Tora aus Namen des Heiligen, Er sei gesegnet, besteht.«[1100]

Das Ziel der ganzen exegetischen Prozedur wird am Ende des Zitates genannt. Das Ziel ist die Erhebung des Menschen, damit er jenseits des Sensiblen, Imaginierten und Gedachten in den Bereich des »Denkenden« und auch des »Intellekts« hinausgelange, was die Stufe der Prophetie darstellt. Erstrebt der Mensch nach Maimonides die Stufe der Prophetie durch die intellektuell-rationalistische Erforschung der Physik und der Metaphysik, so tut er dies nach 'Abul'afja mittels der Buchstabenkombinatorik und der alphabetologisch-onomatologischen Exegese.

1100 Vgl. z.B. Scheva' Netivot, A. Jellinek (Hrsg.), S. 20; vgl. auch Mosche Ben Nachman, Perusche ha-Tora, H.D. Schewel (Hrsg.), Jerusalem 1959, I, S.6f; G. Scholem, Der Name Gottes und die Sprachtheorie der Kabbala, in: ders., Judaica III, 1973, S. 28.

Gershom Scholem fasst die Grundlagen dieser Art kombinatorischer Beschäftigung in seinem Aufsatz zur Sprachtheorie der Kabbala mit folgenden Worten treffend zusammen:

> »Der Name Gottes ist für 'Abul'afia der höchste Ausdruck, in dem alle Sprachbewegung wie in einem Brennpunkt zusammengefaßt ist. Er ist es, der in jedem Prozeß der Verbindung der Buchstaben und der Verbindung ihrer Verbindungen bis ins Unendliche hin mitschwingt. Alle erschaffenen Dinge haben Realität nur soweit sie in irgendeiner Art an diesem ›großen Namen‹ Anteil haben. Die Bewegung der Buchstaben selber bezieht auch die Buchstaben der Gottesnamen in ihre Verbindungen ein. Die Kombination der Buchstaben und die Kombinationen dieser Kombinationen und so weiter, in denen sich der Name Gottes auseinanderlegt und im Medium der geschriebenen, phonetisch gesprochenen und innerlich gedachten Buchstaben sich bis zur Sprache der Menschen hin entwickelt, enthalten alle überhaupt möglichen Wahrheiten, intellektuelle Erkenntnisse, nicht nur der menschlichen Wissenschaft, sondern der göttlichen Dinge. Jeder Akt, in dem solcherart die Buchstaben zusammentreten, ist zugleich Erkenntnisakt, auch wenn diese Erkenntnis uns noch verschlossen, nicht dechiffrierbar ist.«[1101]

3. Der Mensch

3.1 Körper, Seele und Intellekt des Menschen

Das Menschenbild 'Abul'afjas ist ausschließlich von dessen transzendenter Seite und dessen Ziel, die materielle Welt zu verlassen, geprägt. Das Körperliche gilt ihm nichts, das »Intellektuelle«, also das »Prophetische«, ist ihm alles. Drastisch drückt er dies in 'Abul'afjas *'Ozar 'Eden ganus*:

> »Wir essen und trinken und geben uns der weiblichen Scham im Geschlechtsverkehr hin, aus der wir in Hurerei geboren wurden, Lust, Blut der Menstruation und Urin. Und wir waren, als wir gebildet wurden, stinkende Tropfen. Und so sind wir auch noch heute stinkend und unrein, voller Schmutz und Schlamm, Erbrochenem und Kot, so dass kein Raum bleibt. Solange wir leben, sind wir Staub und Asche und zum ›Staub kehrst du zurück‹, und wir werden tote, stinkende und im Feuer verbrannte Kadaver sein, gleich Müllbergen voller Nichtse und Geister.«[1102]

1101 G. Scholem, Der Name Gottes und die Sprachtheorie der Kabbala, S. 62f.

1102 'Ozar 'Eden ganus, A. Gros (Hrsg.), IV, S. 386.

Das Ziel des Menschen muss es darum sein, diesem Pfuhl der Unreinheit zu entrinnen – darum teilt 'Abul'afja auch die Meinung des Maimonides hinsichtlich der Auferstehung des Fleisches,[1103] die er zwar für möglich hält, die aber dem körperlosen rein intellektuellen Leben im *'Olam ha-ba* (der Kommenden Welt) weit unterlegen ist, weshalb sie nicht letztlich wünschenswert sein kann.[1104] Allerdings zieht 'Abul'afja aus dieser Zielsetzung keine asketischen Konsequenzen,[1105] sondern nur die, dass der menschliche Intellekt über die menschliche Imagination und vor allem über die sexuellen Gelüste sich erheben soll.[1106]

Nicht immer artikuliert sich 'Abul'afja in dieser drastischen Weise. Wenn er den Menschen mit der im Mittelalter geläufigen Mikro-Makrokosmos Lehre beschreibt, bleibt die grundsätzliche niedrige Stellung des Körpers zwar beibehalten, hat im Rahmen der besagten Lehre dann doch immerhin einen gottgewollten Ort. In seinem *'Imre Schefer* erklärt er dazu an einer Stelle, dass Gott alle seine Geschöpfe in drei Teile geteilt hat. In der Welt sind dies die drei bekannten Weltstufen, die obere Welt des Intellekts, die mittlere der Sphären und die untere irdische Welt. Entsprechend ist der Mensch aus diesen drei Weltteilen zusammengesetzt, sein Körper entstammt der unteren Welt, seine Seele aus der mittleren der Sphären und sein Intellekt schließlich aus der Welt des Intellekts.[1107] In der Anthropologie wird auch die Abhängigkeit 'Abul'afjas von den Lehren des Maimonides sichtbar, der ja auch den Intellekt des Menschen als dessen eigentliches Wesen und den Träger der Gottesebenbildlichkeit sah.[1108] So gilt auch für 'Abul'afja, dass der menschliche Intellekt, als die Frucht des göttlichen Intellekts dessen eigentliches Wesen ist. Immerhin räumt 'Abul'afja der Seele eine Mittlerfunktion zwischen Intellekt und Körper ein, die sie befähigt, wenigstens gelegentlich mit der Gottheit in Kontakt zu kommen:

> »So wie Gott sein Gutes den drei Welten austeilte, so teilte er dem Intellekt zu, beständig mit Ihm zu sein, und der Seele gelegentlich mit ihm zu sein, dem Körper aber, niemals mit ihm zu sein. So ist der Anteil des Intellekts das Gegenteil von dem des Körpers und der Anteil der Seele, zwischen ihnen auszugleichen – so ist es auch in den Welten. Und so wie die Welten waren, so auch die Menschen: Gemäß der Qualität jedes Individuums einer Gattung

1103 Vgl. Bd. I, S. 471-479.

1104 Sitre Tora, A. Gros (Hrsg.), X, S. 60-66.

1105 Vgl. M. Idel, The Mystical Experience in Abraham Abulafia, S.143f.

1106 'Ozar 'Eden ganus, A. Gros (Hrsg.), IV, S. 362.

1107 'Imre Schefer, Ms München 285, S. 57a-58a, A. Gros (Hrsg.), II, S. 38; vgl. Hajje ha-'Olam ha-ba, A. Gros (Hrsg.) I, S. 23f.

1108 Vgl. Bd. I, S. 462-468.

> in der dreiteiligen Welt, bedurfte seine Entwicklung, dass es zunächst ganz Körper war, hernach aber Körper und Seele besaß. Und hernach meistert die Seele den Körper, und es wird sodann zu einem, das Körper, Seele und Intellekt besitzt. Schließlich meistert der Intellekt die Seele und umso mehr den Körper. Und dann trennen sich der Intellekt und die Seele vom Körper dank der göttlichen Kraft in ihm [...]. Und diese Kraft im Menschen wird göttliche Kraft genannt, dies ist die Kraft, die ihn zur Prophetie bringt.«[1109]

Jeder Mensch ist demnach aus Körper, Seele und Intellekt zusammengesetzt,[1110] die je den entsprechenden Weltstufen entstammen. So wie die unterste Weltstufe dem Entstehen und Vergehen unterliegt, so auch der menschliche Körper. Er muss darum der Leitung der Seele und vor allem der des Intellekts unterworfen werden, so dass sich Seele und Intellekt schließlich vom Körper trennen können. 'Abul'afja sieht indessen, dass es unter den Menschen Unterschiede gibt, solche die die Stufe der Prophetie tatsächlich schon in diesem Leben erreichen, und andere, denen dies nicht gelingt. Die Erörterung dieser unterschiedlichen Menschenklassen gibt zugleich einen weiteren Hinweis zum Verhältnis von Seele und Intellekt, die den schon vermerkten Unterschied zu Maimonides nochmals deutlicher werden lässt. In seinem *Sefer ha-Madda'*, in den *Hilchot Jesode ha-Tora*[1111] lehrt Maimonides, dass die Seele des Menschen nur zur Steuerung des Körpers gebraucht wird und mit diesem zugrunde geht, während die »Form der Seele«, das ist der Intellekt des Menschen, den Tod überlebt, weil er das Ebenbild Gottes ist. An dieser Stelle weicht 'Abul'afja in zweifacher Hinsicht von Maimonides ab und greift zu einer Konzeption, wie sie ähnlich in der Sohar-Spätschicht Ra'ja Mehemna[1112] vorgetragen wird. Die Seele enthält demnach offenbar die natürliche *ratio* des Menschen und befähigt ihn zum logischen Denken, während das, was 'Abul'afja als Intellekt bezeichnet, von übernatürlicher Qualität und darum auch nicht mit der philosophischen Logik, sondern mit der überrationalen Buchstabenkombinatorik verwandt ist. Damit repräsentiert die Seele bei 'Abul'afja das, was bei Maimonides eigentlich die Qualität des menschlichen Intellekts ist, während der Intellekt 'Abul'afjas eine höhere ontologische Stufe besitzt, als die menschliche *ratio* des Maimonides. Dies lässt sich aus der folgenden Erörterung der verschiedenen Menschenklassen durch 'Abul'afja schließen. Danach gibt es Menschen,

1109 'Imre Schefer, Ms München 285, S. 57a-b, A. Gros (Hrsg.) II, S. 39f.

1110 Vgl. dazu noch Hajje ha-'olam ha-ba, A. Gros (Hrsg.), S. 24.

1111 Sefer ha-Madda', C.4 §8-9, M. Maimonides, Das Buch der Erkenntnis, , E. Goodman-Thau, Ch. Schulte (Hrsg.), Berlin 1994, S.78-82.

1112 Vgl. Kap. Kabbala VII. C.b.4.; VIII.4.1.

»deren gesamtes Denken stets bei Gott ist, und diese Menschen sind ohne Unterlass in der Welt der Intellekte, sie kommen und gehen, und das sind die Propheten. Außerdem gibt es in der Gattung der Menschen solche, die mit ihren Seelen gemäß ihrem eigenen Verstand in den unterschiedlichsten Wissenschaften umherirren, ohne sich von den Sphären der Wissenschaft (*Hochma*) zu trennen, um in die Sphären der Prophetie aufzusteigen. Darum werden diese Weise (Gelehrte) und nicht Propheten genannt. Schließlich gibt es in dieser Gattung Individuen die irren in ihren Körpern und ihren Bedürfnissen gemäß ihrem Verstand und achten nicht auf die Angelegenheiten der Seele und trennen sich nicht von den Sphären des Körperlichen. Diese nennt man Toren, deren Verstand in ihr Herz gepflanzt ist, aber keine Frucht brachte. Von diesen und ihresgleichen kann man nicht sagen, dass sie zur Gattung der mittleren Welt gehören und schon gar nicht zu jener der oberen Welt. Sie werden wahrhaft Vergängliche genannt.«[1113]

Auch Maimonides unterscheidet in seinem berühmten Gleichnis von den Menschen, die ins Schloss des Königs zu gelangen wünschen, zwischen solchen, welche noch nicht über die richtige Erkenntnis verfügen und anderen, die durch das Studium der Wissenschaften und Metaphysik schließlich bis ans Ziel gelangen.[1114] Dabei zeichnet er allerdings nur eine quantitative Hierarchie des Intellektuellen. Alle Menschen besitzen ja den potentiellen Intellekt, den es möglichst weit zu entwickeln gilt – und durch dieses mehr oder weniger an Intellekt unterscheiden sich die einzelnen Menschenklassen. Bei 'Abul'afja hingegen wird eine qualitative Hierarchie des »Geistigen« sichtbar. Ihm geht es nicht um ein mehr oder weniger im Voranschreiten in der Wissenschaft, sondern darum, dass man die rationalen Wissenschaften ganz hinter sich lässt, um in höhere, qualitativ neue Sphären vorzudringen, nämlich in die des sprachlich-kombinatorisch definierten Intellekts der Tora, der jenseits von menschlichen Schlussfolgerungen steht, und durch die onomatologisch-alphabetologische Hermeneutik erlangt wird. Die Prophetie ist für 'Abul'afja nicht, wie bei dem Aristoteliker Maimonides, eine natürliche Frucht des rationalen Intellekts,[1115] sondern etwas von gänzlich anderer, höher stehender Qualität. Die philosophische Weisheit als die natürliche menschlich-psychische Fähigkeit wird hier in die Mittelklasse herabgerückt, kann aber, wie sich oben zeigte, immerhin gelegentlich mit dem Göttlichen in Kontakt treten und, dem angeführten Text aus *'Or ha-Sechel*[1116] zufolge, dank dem Intellekt auch Anteil am ewigen Leben erhalten. Diese Differenz zu Mai-

1113 'Imre Schefer, A. Gros (Hrsg.), II, S. 39.

1114 More Nevuchim II, c. 51, Weiss, S. 340ff.

1115 Vgl. Bd. I, S. 468-470.

1116 'Or ha-Sechel, A. Gros (Hrsg.), VIII, S. 113f.

monides, der die Seele mit dem Körper zugrunde gehen lässt, ist eben wieder darin begründet, dass bei ’Abul‘afja die Seele die Funktion des maimonidischen Intellekts als natürliche menschliche Fähigkeit übernommen hat, die ja nach Maimonides das einzige ist, dem ein Überleben vergönnt ist.

Der Unterschied in der Definition des Intellekts zwischen Maimonides und ’Abul‘afja wird nochmals in zwei einander gegenübergestellten Abschnitten aus *’Or ha-Sechel* und *Scheva‘ Netivot* deutlich. Im ersten wird unter Berufung auf Maimonides der Intellekt als das herausgestellt, was den Menschen vor allen übrigen Geschöpfen auszeichnet, während der zweite schlaglichtartig die tiefe Differenz erhellt. Zunächst folgt der ganz aristotelisch klingende Abschnitt aus *’Or ha-Sechel*:

> »Darum hat Gott die menschliche Gattung dazu erwählt, dass sein Teil mehr als bei allen anderen in seinem Wirken liegt [...] und zwar wegen seines Intellekts. Und dazu wissen wir, dass der Intellekt, der in uns aktiv ist, jener Intellekt ist, der in Wirklichkeit der *Aktive* ist – und das ist der Herr aller Welten wie kein anderer von all den Separaten Intellekten. Und auch wenn dieser Intellekt, den wir besitzen, der zehnte ist, ist er doch das All, und er ist es, der bei der Ersten Ursache vor allen Stufen eine besondere Stellung inne hat.«[1117]

Auch im zweiten Text beruft sich ’Abul‘afja auf Maimonides. Hier fügt er allerdings einige den »Intellekt« qualifizierende Bemerkungen ein, welche die grundlegende Differenz zu Maimonides deutlich macht. Wenn ’Abul‘afja bei diesen Qualifikationen zunächst die Sprache nennt, die dem Menschen aus dem *Aktiven Intellekt* zufließt, befindet er sich immerhin noch auf philosophischem Terrain, denn in der mittelalterlichen Philosophie war es üblich die rationale Seele alternativ auch die »sprechende Seele« zu nennen[1118] und Sprache und *ratio* mithin als die beiden Seiten derselben Sache zu betrachten. Mit der nächsten Qualifikation, welche die durch den Intellekt vermittelte Erkenntnis als darin beruhend beschreibt dass man durch ihn den besonderen Namen Gottes erkennt, wird der Unterschied des Erkenntniszieles und deren Gegenstand zwischen dem Philosophen und Kabbalisten unübersehbar. Dies umso mehr, wenn als erste Schritte auf diesem Weg die Kenntnis des zweiundvierziggliedrigen und des zweiundsiebziggliedrigen Gottesnamens genannt wird. Damit ist der Weg der Erkenntnis als Weg über die Erkenntnis der Gottesnamen und deren Permutierung gewiesen, der eine zentrale Rolle in ’Abul‘afjas Texten spielt. Die genannte Erörterung findet sich in jener Schrift, in der sich ’Abul‘afja grundsätzlich den hermeneutischen Techniken für die Schriftauslegung widmet, den *Scheva‘ Netivot ha-Tora*.

1117 ’Or ha-Sechel, MS München 92, S. 39a; A. Gros (Hrsg.), VIII, S. 39a.
1118 Vgl. Bd. I, S. 504.

Dort werden die »sieben Pfade der Tora« erörtert, auf denen die Schrift ausgelegt werden kann. Dazu gehören zunächst der Wortsinn, die Allegorie, der Midrasch-Sinn, und das Gleichnis.[1119] Der fünfte Weg ist zugleich der erste kabbalistische und deutet die außerordentlichen Buchstaben der Tora.[1120] Der sechste Weg interpretiert den Text in Hinblick auf die Sefirot. Über die siebte Technik lehrt 'Abul'afja:

> »Der siebte Pfad, der ein besonderer Pfad ist, und alle anderen Pfade mit umschließt, er ist der allerheiligste und ziemt sich nur für die Propheten. Er ist die Sphäre, die alles umgibt, und durch sie erfasst man die Rede, die vom *Aktiven Intellekt* auf die Kraft des Sprechens fließt. Das ist die Kraft des Ausflusses von Gott, Er sei gesegnet, mittels des *Aktiven Intellekts*, wie der Rav [Maimonides], seligen Angedenkens, im More [Nevuchim] Teil II, Kapitel 36 sagt. Und dies ist der Pfad der wahrhaften Prophetie und deren Wesen. Und dieses ist die Kenntnis und das Verstehen des Wesens des besonderen Namens, soweit es den Außergewöhnlichen der menschlichen Gattung, nämlich dem Propheten, zu erfassen möglich ist, und der in seinem Mund für ihn das göttliche Wort erschuf. Aber es ziemt sich nicht, das Wesen dieses Pfades [...] in einem Buch zu beschreiben. Nur dies ist möglich, dass man dem, welcher danach Verlangen hat, anfangs von Mund zu Mund das Wissen vom zweiundvierziggliedrigen und dem zweiundsiebziggliedrigen Gottesnamen überliefert.«[1121]

Den Zusammenhang zwischen dem hier gemeinten Intellekt und den Buchstaben und Namen gilt es im Folgenden noch weiter zu verfolgen. Hier genügte es, darauf hinzuweisen, dass trotz der Strukturanalogie und der ausdrücklich betonten Abhängigkeit 'Abul'afjas von Maimonides der Kabbalist 'Abul'afja den natürlichen menschlichen Intellekt, den Maimonides aus dem *Aktiven Intellekt* ableitet, als eine Eigenschaft der Seele definiert und das, was er selbst dem *Aktiven Intellekt* entströmen sieht, einer noch höheren Seinsstufe zuordnet. Diese höhere Seinsstufe des Intellekts bei 'Abul'afja soll nicht, wie dies der Aristoteli-

1119 Mit diesen hermeneutischen Bestimmungen reiht sich 'Abul'afja in die zeitgenössische Diskussion um den mehrfachen Schriftsinn ein, in deren Rahmen Moshe de-Leon und die Sohar-Autoren die Lehre vom vierfachen Schriftsinn entwickeln; vgl. Kap. Kabbala II.3; VII. C.a7.1.

1120 Gedeutet wird z.B. das sogenannte *nun inversum* in Num 10, 35, 36; Ps 107, 21-26, 40; vgl. kurz dazu E. Würthwein, Der Text des Alten Testaments, Stuttgart 1963, S. 23, oder die *litterae majusculae*, z.B. der erste Buchstabe der Tora etc., vgl. dazu W. Gesenius, Hebräische Grammatik, Leipzig 1905, § 5n, S. 32.

1121 Scheva' Netivot, A. Jellinek (Hrsg.), S. 4; vgl. dazu M. Idel, Language, Torah and Hermeneutics, S. 101-109.

ker will, mittels des diskursiven Intellekts des Menschen erreicht werden, sondern kann nur durch das Medium der Buchstabenkombinatorik erlangt werden. Es ist darum gewiss nicht zufällig, dass 'Abul'afja die von Maimonides ererbte[1122] Lehre nach welcher die Gottesebenbildlichkeit des Menschen in seinem Intellekt beruht[1123] auch gerade hinsichtlich seiner Sprachfähigkeit expliziert:

> »Wisse, dass die Redefähigkeit, die sich in der Gattung Mensch findet, die höchste aller in dieser niederen Welt befindlichen Fähigkeiten (Kräfte) ist, und um ihretwillen sagen wir, dass er im Ebenbilde (*Zelem*) Gottes und in der Ähnlichkeit Gottes erschaffen wurde. Und wenn er *Zelem* (Ebenbild) ist, ähnelt er der Sphäre, die ebenfalls *Zelem* ist.«[1124]

3.2 *Devekut* und *Schefa'* – *unio mystica* und der göttliche Ausfluss

Die in dieser Darstellung schon mehrfach angesprochene Kongruenz von Wesensdefinition des Menschseins und Kommunikations- oder Vereinungsort von Mensch und Göttlichem[1125] findet auch bei 'Abul'afja seine Bestätigung. Das Wesen des Menschen, so wurde oben deutlich, ist dessen alphabetologisch-onomato- logisch gezeugter Intellekt. Dieser hat seinen Ursprung und seine Ursache im *Aktiven Intellekt*, der seinerseits die Sphäre der Tora und der Sprache schlechthin ist. Es ist darum eher selbstverständlich, wenn 'Abul'afja in dem solchermaßen qualifizierten *Aktiven Intellekt* das letzte Ziel des Menschen und den Ort seiner Vereinung mit dem Göttlichen sieht:

> »Wisse, die Kenntnis der Namen ist die höchste Stufe von allen menschlichen Stufen, die mit den göttlichen Stufen verbunden sind, sie [die Namen] nämlich sind es, die den Weg weisen, welche die Seele am *Aktiven Intellekt* in einer ewigen Anhaftung (*Dibbuk*) anhaften lässt. Es gibt keinen anderen näheren Weg als ihn, um die Seele auf diese wunderbare hohe Stufe zu bringen.«[1126]

Nicht überall vertritt 'Abul'afja diese reine »aristotelische« Position vom Haften am Aktiven Intellekt. Selbst in dieser Formulierung vertritt 'Abul'afja nicht die »reine aristotelische Lehre«, denn er spricht nicht vom Haften des Intellekts am Aktiven Intellekt, sondern von der Seele. Diese Abweichung vom System ist

1122 Z.B. 'Ozar 'Eden ganus, A. Gros (Hrsg.), IV, S. 143; Hajje ha-Nefesch, A. Gros (Hrsg.), VII, S. 8, 10, 52.

1123 Vgl. Bd. I, S. 462-468.

1124 Sitre Tora, A. Gros (Hrsg.), X, S. 88.

1125 Vgl. Bd. I, S. 323; Bd. II, Einführung.

1126 'Ozar 'Eden ganus, A. Gros (Hrsg.), IV, S. 337.

darin bedingt, dass für 'Abul'afja der menschliche Intellekt in erster Linie göttliches Emanat ist, das seinerseits Einfluss auf die menschlich rationale Denkweise der Seele nehmen soll. Den Intellekt nennt 'Abul'afja daher auch die »Form der Seele«,[1127] das heißt er soll der Seele die himmlische Form des Aktiven Intellekts verleihen, was nur dann möglich ist, wenn die menschliche Seele zuvor alle menschliche Ratio ablegt, und sich jener Weisheit zuwendet, die der Welt, wie oben schon erwähnt, als »Wahnsinn« erscheinen mag. Die irdische Rationalität der Seele soll durch die des überrationalen Intellekts geformt werden, wobei sie die irdischen Erkenntnisse fahren lässt. Diese Forderung vertritt 'Abul'afja unter anderem in einem Absatz in seinem *'Or ha-Sechel*, in welchem er hinsichtlich der beiden Partner der *Devekut* (Gottesanhaftung, unio mystica) einmal wirklich vom Haften der Erkenntnis, oder des Intellekts am Intellekt spricht. Zugleich erörtert 'Abul'afja hier die weitergehende Vorbereitung des Weges in die *Devekut*, die später noch näher beleuchtet werden soll, hier aber schon einmal vorweggenommen werden mag:

> »Wenn du diesen ehrbaren, oben samt seinen Vokalen genannten, Namen[1128] aussprechen willst, schmücke dich und ziehe dich an einen einsamen Ort zurück, so dass keiner außer dir deine Stimme hört. Und reinige dein Herz und deine Seele von allen Gedanken dieser Welt, und stell dir vor, dass in dieser Stunde deine Seele sich von deinem Leib trennt und du sterben wirst, um in der ›Kommenden Welt‹ zu leben, die die Quelle des Lebens ist, das in allem Lebenden verstreut ist, das ist der Intellekt, der die Quelle aller Weisheit, Einsicht und Erkenntnis ist. Er ist in der Ähnlichkeit (*Demut*) des Königs der Könige. [...] Und wenn dann dein Intellekt (*Da'at*) sich anschickt, um an Seinem Verstand (*Da'at*) zu haften, der dir Verstand (Intellekt) verleiht, muss dein Intellekt das Joch der fremden Erkenntnisse (*De'ot*) von sich werfen, außer die Erkenntnis (Intellekt) von Ihm, die zwischen Ihm und dir verbindet dank des großen ehrbaren Namens.«[1129]

1127 Sefer ha-Zeruf, A. Gros (Hrsg.), XIII, S. 85.

1128 Er meint das ausgefaltete Tetragramm mit Vokalen, das weiter unten noch besprochen werden wird.

1129 'Or ha-Sechel, A. Gros (Hrsg.), VIII, S. 104; u. vgl. M. Idel, Studies in Ecstatic Kabbalah, Albany 1988, S. 9. Idel zitiert dort eine titellose Schrift 'Abul'afjas: »And since God wanted us, He announced to us [...] the mysteries of this world, which is sealed with His name, in order to untie all the knots, by whom they [the knots] were knotted according to Him [the name] and with it [the name] we were composited, so that we are able to become simple [spiritual], loose from all remaining compositions, and he will remain uncomposite, neither the composition of his natural disposition, nor material composition, and we shall become innovated entities, posessing simple [spiritual] ideas, separated of any matter and composited of all forms.«. Der Mensch wird auf diesem Weg demnach auch von den an die Materie gebundenen Gedan-

Auch wenn der »Aktive Intellekt« hier nicht mit diesem Begriff bezeichnet wird, so ist er mit der »Kommenden Welt« doch gemeint. Das systemimmanente Ziel der *Devekut* ist das Haften des menschlichen Intellekts am göttlichen Intellekt, sprich dem Aktiven Intellekt, wie dies 'Abul'afja an anderen Stellen wiederum expressis verbis erklärt, etwa wenn er vom Propheten spricht, dessen »aktivierter Intellekt am Aktiven Intellekt haftet.«[1130]

Die zweite, schon erwähnte, Abweichung vom aristotelischen System zeigt sich bei 'Abul'afja darin, dass er die Devekut der vom Aktiven Intellekt aktualisierten Seele nicht bei diesem stehen, sondern bis an die Gottheit selbst reichen lässt, die ja, gleichfalls Intellekt ist. Allerdings wird auch hierbei der Aktive Intellekt nicht ausgelassen, vielmehr ist er der »Engel, welcher die Devekut zwischen unserer Seele und dem Schöpfer bringt«.[1131] Er tut dies mittels des »intellektuellen Ausflusses« den er auf die Menschen ausgießt.

War bisher stets von *Devekut* die Rede, vom Anhaften, so blieb dabei die Frage unbeantwortet, ob damit eine wahrhafte Einswerdung des Menschlichen und Göttlichen, beziehungsweise Angelischen, gemeint sei, eine Frage die ja in der Literatur umstritten war. Immerhin kann gesagt werden, dass der Mensch im Zustand der Prophetie, das heißt der *unio mystica*, mit dem aktiven Intellekt eins wird. In diesem Zustand »prophezeit er gemäß der Sache, die ihn aus der Potenz in den vollkommenen und letztgültigen Actus überführt hat, dann ist er und jener während dieser Aktualisierung wieder *eine* Sache ohne Trennung.«[1132]

Die Beschreibungen der *Devekut* bei 'Abul'afja zeigen noch ein weiteres Phänomen. In mehreren der zitierten Texte wurde schon angedeutet, dass die Annäherung des Menschen an den Aktiven Intellekt nicht nur zu dessen *unio* mit dem Intellekt führt, sondern dass dies zugleich zu einer Ausschüttung des intellektuellen Flusses auf den Menschen führt und ihm so die prophetischen Fähigkeiten ermöglicht:

ken und Vorstellungen frei, löst die Knoten, die den Menschen an das Irdisch-Materielle binden, und gibt sich ganz der abstrakten Alphabetologie hin, die nichts mit irdischer Rationalität zu tun hat.

1130 'Or ha-Sechel, A. Gros (Hrsg.), VIII, S. 108.

1131 Hajje ha-'Olam ha-ba, A. Gros (Hrsg.), I, S. 24.

1132 Sitre Tora, A. Gros (Hrsg.), X, S. 88.

»Und du musst wissen, dass diese drei Deuteverfahren,[1133] die mit jedem Namen (Glied) der zweiundsiebzig Namen [des zweiundsiebziggliedrigen Gottesnamens] im Deuterad sich drehen, vom Fluss erfüllt sind, um auf den [kombinierenden Menschen] den Fluss ausströmen zu lassen, den Fluss der Weisheit, die der Fürst der Frucht des Denkens ist, den Fluss der Einsicht, der die Frucht der Weisheit ist, sowie das Denken und die Erkenntnis, welche die Frucht der Einsicht und der Weisheit sind. Und all diese ergießen sich ohne Zweifel aus dem *Aktiven Intellekt*, der dem Menschen sein eigenes wahres Wesen kundtut mittels des *Zeruf ha-'Otijot* (der Buchstabenkombinatorik) und des Aussprechens der Namen, bis der Mensch wieder auf die Stufe des [*Aktiven*] *Intellekts* zurückkehrt und an ihm haftet, schon in diesem Leben gemäß seiner Kraft, und in der Kommenden Welt, gemäß dem Maß seiner Erkenntnis.«[1134]

Abschließend sei nochmals betont, dass all dies, nicht wie bei Maimonides durch die wissenschaftliche rationale Anstrengung des Menschen erlangt und in Gang gesetzt wird, sondern durch die Technik der Buchstabenkombinatorik, die ja das ureigenste und innere kreative Wesen des 'Abul'afjaschen Aktiven Intellekts ausmacht, der die Sphäre der weltschöpferischen Tora und Sprache ist. Nach alledem wird die Bedeutung der Kenntnis der Regeln der Buchstabenkombinatorik und des Aussprechens der Namen deutlich, denen 'Abul'afja weite Teile seines Werkes widmet und wovon weiter unten nur einige wenige Beispiele vorgeführt werden können.

3.3 Der Weg zur Ekstase und deren körperliche Phänomene

Es ist fast schon ein Gemeinplatz zu betonen, dass in der jüdisch-religiösen Literatur die Beschreibung ekstatischer Zustände und der Techniken, wie sie erreicht werden können, äußerst selten sind und hierfür 'Avraham 'Abul'afja die große Ausnahme bildet. Zu recht wird von Moshe Idel darauf hingewiesen, dass 'Abul'afja hier das schmale Rinnsal ekstatischer Traditionen aufnimmt, wie sie mit den im ersten Band beschriebenen Hechalottexten[1135] ihren nicht ersten, aber doch eindrücklichsten Auftritt in der jüdischen Mystik nahmen. Dort wurden die

1133 Der Autor spricht hier über den unten Kap. 3.3 dargestellten Gottesnamen, der aus 72 Gliedern besteht. Jedes dieser Glieder setzt sich wiederum aus drei Buchstaben zusammen z.B. ABC. Diese drei Konsonanten können nun nach dem von 'Abul'afja erörterten Deuteverfahren in ihrer Reihenfolge umgestellt werden, also z.B. ABC, BCA, CAB. Dies ist das Deuterad, die zyklische Vertauschung der Buchstaben.

1134 Sefer ha-Heschek, A. Gros (Hrsg.), XII, S. 8.

1135 Bd. I, S. 310ff.

Himmelsreisen mit ihren Gefahren und Freuden beschrieben, denen der himmelsreisende Mystiker ausgesetzt war oder teilhaftig wurde. In den bislang beschriebenen Texten der Kabbalisten wird diese Tradition nicht sichtbar, sondern kann höchstens hinter den gegebenen Beschreibungen erahnt werden. Nach 'Abul'afja ist allenfalls noch das vom Hauptpromulgator der lurianischen Kabbala, Hajjim Vital (1542-1620), verfasste *Scha'are Keduscha* zu nennen, das eine Art Handbuch auf dem Weg zur Ekstase sein will. Der vierte und letzte, aber wichtigste Teil dieses Werkes wurde allerdings in den traditionellen Ausgaben stets ausgelassen und erst in jüngster Zeit in einer separaten Edition gedruckt.[1136] Zu nennen sind außerdem die Reflexionen über die Ekstase des zweiten Führers des Habad-Hasidismus, Dov Ber aus Lubawitsch (1773-1827), die unter dem Titel *Kuntras ha-Hitpa'alut* (Traktat über die Ekstase) erschienen.[1137] Über ekstatische Zustände des Begründers des osteuropäischen Hasidismus, Jisra'el Ba'al Schem Tov, berichten die Legenden der *Schivche ha-Bescht.*[1138] Schließlich sind die bedeutsamen Beschreibungen eines anonymen Schülers von 'Abul'afja in dessen handschriftlich erhaltenem Buch *Scha'are Zedek* zu nennen, die Scholem in seiner »Jüdischen Mystik«[1139] ausführlich zitiert, weshalb hier auf eine längere Wiedergabe seiner Erlebnisse verzichtet werden kann.

In dieser eingehenden Beschreibung schildert der 'Abul'afja-Schüler, wie er mittels der von seinem Lehrer erlernten Methode der Buchstabenkombinatorik und des »Pfades der Namen« zu ekstatischen Zuständen gelangte. Dieser doppelte Weg der Buchstabenkombinatorik und der noch höher stehende Umgang mit

1136 Als traditionelle Ausgabe mit nur drei Teilen z.B.: H. Vital, Sefer Scha'are Keduscha, Sulzbach 1758, oder Jerusalem o.J. Der vierte Teil erschien in: Ketavim hadaschim me-Rabbenu Hajjim Vital, Jerusalem 1988.

1137 Dov Ber aus Lubawitsch, Kuntras ha-Hitpa'alut, Königsberg 1831; englische Übersetzung von L. Jacobs, Tract on Ecstasy, London 1963; Französisch: Dov Baer de Loubavitch, Lettre aux Hasidim sur l'extase, trd. par G. Levitte et E. Ochs, introd. P. L. Jacobs, Fayard 1975.

1138 Vgl. zu dieser Legendensammlung Kap. Der osteuropäische Hasidismus II.1.1-6. Vgl. ferner K.E. Grözinger, Die Geschichten vom Ba'al Schem Tov, Schivche ha-Bescht, hebräischer und jiddischer Text, herausgegeben, übersetzt (beide Versionen) und kommentiert samt einer ausführlichen Einleitung, 2 Bde., Wiesbaden 1997; zu weiteren kurzen Berichten über ekstatische Zustände vgl. K.E. Grözinger, Die Gegenwart des Sinai, Erzählungen und kabbalistische Traktate zur Vergegenwärtigung des Sinai, *FJB* 16 (1988), S. 143-183; L. Jacobs, Jewish Mystical Testimonies, New York 1976; A. Kaplan, Meditation and Kabbala, York Beach 1982 (1989); vgl. auch, Jewish Mystical Autobiographies, translated and introduced by M.M. Faierststein, New York 1999, mit dem Sefer Hesjonot (Buch der Visionen) von Hajjim Vital und der Megillat Setarim (Buch der Mysterien) des Jizchak Eisik von Komarno. Vitals Text ist 2002 in Jerusalem in einer schönen kommentierten, aber traditionellen Ausgabe wieder aufgelegt worden, nachdem sie zuvor von A.S. Eschkoli 1954 in Jerusalem publiziert worden war.

1139 G. Scholem, Die jüdische Mystik, S. 160-170.

Gottesnamen[1140] kann erst beschritten werden, wenn der Adept zuvor sein Denken von allem Materiellen und allen verständlichen rationalen und begrenzten Bildern menschlicher Vorstellungen befreit,[1141] und auch den Körper durch eine passende Diät rein hält.[1142] Der eigentliche Akt des Permutierens soll in völliger Zurückgezogenheit geschehen, wohin kein Lärm von außen dringt. Der Ort soll auch ästhetisch mit frischem Grün geschmückt sein, um die vegetabilische Seele zu erquicken und zu enthemmen. Hinzu gehört das gesungene Gebet. So vorbereitet kann der Akt des Permutierens sowie eines begleitenden assoziativen »Springens« der Gedanken beginnen, bis man sich erwärmt, die körperlichen Bedürfnisse und Kräfte schwinden, das natürliche Bewusstsein aussetzt.[1143] Der Beschreibung zufolge wird einem in dieser Phase das innere Sein als etwas außerhalb seines selbst Liegenden erscheinen,[1144] was sich dann als ein vom Menschen ausgehendes Leuchten darstellen kann.[1145] In diesem Zustand strömen die Kombinationen wie von selbst und unkontrolliert aus dem Mystiker hervor.[1146] Die diesen Zustand begleitenden Phänomene des Zitterns und der sich selbst aufrichtenden Haare des Mystikers bilden auch in den Texten 'Abul'afjas ein immer wiederkehrendes Motiv, ebenso das wohltuende Gefühl der Salbung aus dem himmlischen Bereich und die Verzückung.[1147]

Nach diesem Bericht des Schülers soll 'Abul'afja mit seinen eigenen Anweisungen zu Wort kommen. Scholem übersetzte zwar auch die Anweisungen 'Abul'afjas, die aber wegen ihrer Wichtigkeit hier dennoch aufgenommen werden sollen. Ihre Bedeutung begründet sich aus der Abhängigkeit des soeben paraphrasierten Schülerberichtes von 'Abul'afjas Anweisungen – was zugleich ein Hinweis auf die Stereotypisierung derartiger Berichte ist, bei denen der Wunsch, das vom Lehrer statuierte Ziel zu erreichen, die Feder geführt haben mag. In seinem *Hajje ha-'Olam ha-ba* sagt 'Abul'afja:

> »Bereite dich vor auf deinen Gott, o Israelit! Rüste dich, dein Herz allein auf Gott zu richten. Reinige deinen Leib und erwähle dir eine einsame Stätte, wo niemand deine Stimme hört. Sitze dort in deinem Kämmerlein und enthülle dein Geheimnis keinem Menschen. Wenn du es kannst, tue es am Tage, im Hause, aber am besten ist es, wenn du es in der Nacht vollbringst. Gib acht,

1140 Vgl. G. Scholem, Die jüdische Mystik, S. 166.

1141 Vgl. G. Scholem, Die jüdische Mystik, S. 167.

1142 Vgl. G. Scholem, Die jüdische Mystik, S. 168, 169.

1143 Vgl. G. Scholem, Die jüdische Mystik, S. 169.

1144 Vgl. G. Scholem, Die jüdische Mystik, S. 169.

1145 Vgl. G. Scholem, Die jüdische Mystik, S. 164.

1146 Vgl. G. Scholem, Die jüdische Mystik, S. 164.

1147 Vgl. G. Scholem, Die jüdische Mystik, S. 166; u. vgl bei Kaplan, Meditation and Kabbalah, S. 85, entsprechend 'Ozar 'Eden gnus, A. Gros (Hrsg.), IV, S. 359-366.

all deine Gedanken von den Eitelkeiten dieser Welt abzuwenden in der Stunde, wo du dich rüstest, mit deinem Schöpfer zu sprechen und wo du willst, dass er dir seine Macht kundtue. Umhülle dich mit deinem Gebetsmantel und lege Tefillin auf deinen Kopf und auf deine Hand, damit du in Ehrfurcht vor der Schechina, die bei dir ist, gerätst. Reinige deine Kleider und, wenn möglich, mögen all deine Kleider weiß sein, denn all dies ist sehr nützlich, um eine Richtung des Herzens auf die Gottesfurcht und Gottesliebe hervorzurufen. Wenn es Nacht ist, zünde viele Lichter an, bis es ganz hell ist, und dann nimm Tinte, Feder und Tafel in die Hand und denke daran, dass du im Begriffe stehst, Gott in Freude des Herzens zu dienen.

Dann beginne, wenige oder viele Buchstaben zusammenzusetzen, zu vertauschen und miteinander zu bewegen, bis dein Herz warm wird, und achte auf ihre Bewegung und was sich bei dir aus ihr ergibt. Und wenn du spürst, dass dein Herz schon warm geworden ist, und du siehst, dass du durch die Buchstabenkombinationen neue Dinge erfassen kannst, die du durch menschliche Überlieferung oder von dir selbst aus nicht erkennen könntest, und du schon vorbereitet bist, den Influxus der göttlichen Kraft in dich aufzunehmen, dann richte all deine wahren Vorstellungen darauf, den Namen Gottes und seine höchsten Engel in deinem Herzen dir vorzustellen, als ob sie Menschen wären, die um dich herumstünden oder säßen. Und du selbst fühle dich wie ein Bote, den der König und seine Minister auf eine Mission schicken wollen, und der bereit ist, aus ihrem Munde, sei es vom König selbst, sei es von seinen Dienern, etwas über seine Mission zu hören. Und nachdem du dir dies ganz lebhaft vorgestellt hast, richte deinen ganzen Sinn darauf, mit deinem Denken die vielen Dinge zu verstehen, die durch die gedachten Buchstaben in dein Herz kommen werden, und denke über sie im allgemeinen und in allen ihren Einzelheiten nach, wie jemand, dem man ein Gleichnis oder einen Traum erzählt, oder der über ein tiefes Problem in einem gelehrten Buche nachdenkt, und versuche das, was du hören wirst, so in seiner höchsten Weise und so nahe wie möglich zu deuten. Und beurteile es gemäß dem, was du davon verstehst oder was dir andere dazu sagen. Und all dies wird dir begegnen, nachdem du die Tafel und das Schreibrohr fortgeworfen[1148] hast oder sie dir infolge der Intensität deines Denkens von selbst entfallen sind. Und wisse, je stärker bei dir der, intellektuelle Influxus von oben her werden wird, desto schwächer werden deine äußeren und inneren Glieder werden. Dein ganzer Körper wird in ein überaus starkes Zittern verfallen, so dass du schon denkst, dass du gewiss sterben wirst, weil deine Seele sich wegen des Übermaßes ihrer Freude über ihre Erkenntnis von deinem Körper trennen will. Und sei in diesem Moment bereit, den Tod bewußt zu erwählen, wissend, dass dieser

1148 Im beginnenden Zustand der Ekstase.

Tod nur den Körper betrifft. Und dadurch erfährt die Seele die ›Auferstehung von den Toten‹ in alle Ewigkeit. Und dann wirst du wissen, dass du so weit gekommen bist, um den Einfluß aufnehmen zu können. Und wenn du dann den glorreichen Namen ehren willst, ihm mit dem Leben der Seele und des Körpers zu dienen, so verhülle dein Antlitz und fürchte dich, auf Gott hinzusehen.

Dann kehre zu den Anliegen des Körpers zurück, stehe auf und iss und trink ein wenig oder erquicke dich an einem schönen Geruch und halte deinen Geist, der ausbrechen will, in seiner Hülle zurück bis zu einer anderen Zeit und freue dich über dein Los und wisse, dass Gott dich liebt.«[1149]

Nach all den mentalen und äußerlichen Vorbereitungen beginnt die eigentliche Prozedur mit der Permutation von Buchstaben, was zur Herbeiführung einer erhöhten inneren Aktivität bei gleichzeitigem Nachlassen der körperlichen Funktionen führt, bis hin zu der glückhaften Möglichkeit des sogenannten »Todes im Kuss«, der hier aber nicht erreicht werden soll. Die Permutationen sollen dem freien Lauf überlassen werden, nachdem sie zunächst, wie unten noch deutlich werden wird, gewissen Regeln folgen. Die Hinwendung zu den Gottesnamen ist sodann ein nächster, höherer Schritt, desgleichen die Deutung, die dem Maße des Verständnisses des Adepten oder den Belehrungen anderer folgen soll. Diese Deutungen sind, dem »intellektuellen Influx« zu verdanken. Es handelt sich dabei nicht, wie Scholem übersetzt, um Interpretationen, die sich mit der »Vernunft« des Adepten vertragen sollen, sondern um Deutungen, die einer überrationalen Vernunft entsprechen.

Wie aus den weiteren Darlegungen 'Abul'afjas deutlich wird, ist das hier Beschriebene nur der erste Akt einer weiteren Kette entsprechender Séancen, die den Mystiker immer zu neuem noch vollkommeneren Gelingen führen soll. Im Folgenden werden nun weitere wichtige Praktiken genannt, welche zu dieser Vervollkommnung führen. Bei diesen Praktiken ist es wichtig, nicht nur Buchstabenkombinationen niederzuschreiben, sondern solche auch laut und unter Gesang zu artikulieren und zwar mit der »wahrhaften Vokalisation« eines jeden Buchstabens. Im zitierten Text folgen nun die permutierten Gottesnamen, die mit einer entsprechenden Vokalisation gesungen werden müssen. Hierbei spielt der aus Ex 14, 19-21 abgeleitete zweiundsiebziggliedrige Gottesname, eine zentrale Rolle. [1150] Dieser zweiundsiebziggliedrige Gottesname stellt sich zunächst wie folgt dar:

1149 Hajje ha-'Olam ha-ba. Nach G. Scholem, Die jüdische Mystik, S. 148-149, die Abweichungen nach Hajje ha-'Olam ha-ba, A. Gros (Hrsg.), I, S.66-68.

1150 Die genannten drei Verse bestehen je aus 72 Buchstaben. Die in der Tabelle aufgeführten Dreiergruppen entstehen nach folgendem Modell aus den Versen I, II und III: 1. Buchstabe

כהת KHT	אכא 'K'	ללה LLH	מהש MHSch		עלם 'LM	סיט SJT	ילי JLJ	והו WHW
הקמ HKM	הרי HRJ	מבה MBH	יזל JSL		ההע HH'	לאו L'W	אלד 'LD	הזי HSJ
ההו HHW	מלה MLH	ייי JJJ	נלכ NLK		פהל PHL	לוו LWW	כלי KLJ	לאו L'W
ושר WSchR	לכב LKW	אומ 'WM	ריי RJJ		שאה Sch'H	ירת JRT	האא H''	נתה NTH
ייז JJS	רהע RH'	חעמ H'M	אני 'NJ		מנד MND	כוק KWK	להח LHH	יחו JHW
מיה MJH	עשל 'SchL	ערי 'RJ	סאל S'L		ילה JLH	וול WWL	מיכ MJK	ההה HHH
פוי PWJ	מבה MBH	נית NJT	ננא NN'		עממ 'MM	החש HHSch	דני DNJ	והו WHW
מחי MHJ	ענו 'NW	יהה JHH	ומב WMB		מצר MZR	הרח HRH	ייל JJL	נממ NMM
מומ MWM	היי HJJ	יבמ JBM	ראה R'H		חבו HBW	איע 'J'	מנק MNK	דמב DMB

Die drei übereinanderstehenden Blöcke mit je vierundzwanzig »Wörtern« (Buchstabenkombinationen werden auch als die drei *Pesukim*, Abschnitte, oder Strophen, genannt. Für die zu erörternde Meditationschoreographie wird der in dem voranstehenden Raster in zweimal drei Blöcken dargestellte Gesamtname neu gegliedert. Dabei werden zunächst alle Zeilen von rechts oben beginnend wie ein einziger Gesamttext betrachtet. Dieser »Text« wird nun in neue Zeilen zu je sechs Wörtern aufgeteilt. Also von Zeile eins die ersten sechs Wörter, sodann die zwei verbliebenen Wörter zusammen mit den vier folgenden der nächsten Zeile und so weiter. So ergeben sich aus den insgesamt zweiundsiebzig »Wörtern« zu je drei Buchstaben (jeweils ein Kästchen) zwölf Zeilen, oder »Verse« zu sechs »Wörtern«. Diese zwölf Zeilen werden in drei Strophen mit je vier Versen aufgeteilt. Diese neu gewonnenen Vers-Zeilen zu sechs Wörtern sollen nun wie unten abgebildet jeweils mit derselben Melodie, das heißt hier mit denselben Vokalen gesungen werden. Die erste Vers-Zeile wird für alle zwölf als Muster wie folgt vokalisiert:

von I, letzter von II und erster von III. Sodann: zweiter von I, der vorletzte von II und der zweite Buchstabe von III etc.

וָהֵוָ יֹלָיֹ סָיֹטֵ עָלָמֵ מהֵשִׁ לָלָהֵ

WaHeWa JoLaJo SaJoTe 'aLaMe MHeSCHi LaLaHe

Dies sind die ersten sechs Wörter der ersten »Vers«-Zeile. Im fünften »Wort« dieses ersten Verses fehlt in der Ausgabe von Gros ein Vokal, der aber gewiss dorthin gehört. Dies geht aus der Bemerkung hervor, die diese Zeile als »sechs Namen aus den heiligen Namen mit achtzehn Atemzügen« qualifiziert, wonach jedem Vokal ein Atemzug entspricht.[1151] Offenbar müssen nun, wie gesagt, mit dieser Vokalisation die übrigen drei Verse der ersten Strophe und unter Umständen alle zwölf Verse des gesamten zweiundsiebziger Namens gesungen werden, also insgesamt zwölf Verse mit je sechs Wörtern mit je achtzehn Vokalen pro Zeile. In der Regel stellt sich, so der Autor, nach dem Durchgang der ersten Strophe, also nach den ersten vier Versen (4x6= 24 Wörter), der göttliche Influxus ein. Dies wird damit begründet, dass das Wort für den Geliebten im Hohenlied, *Dodi*, »mein Geliebter« den Zahlwert 24 hat und es im Hohen Lied heißt »Die Stimme meines Geliebten klopft an« (Canticum 5, 2).

Die Ankunft des Influxus erweist sich als Vision des Metatron, des *Aktiven Intellekts*, der zum Mystiker spricht. Für den Fall, dass sich nach der ersten Strophe der Influxus nicht einstellt, setzt man mit dem ersten Vers der zweiten Strophe mit einer anderen Vokalisation von neuem ein:

נֻתָהֵ הֵאָאָ יֹרֵתָ שאָהֵ רֵיֹיֹ אָוָמֵ

NuTaHe He'a'a JoReTa Sch'aHe ReJoJo 'aWaMe

In Bezug auf die zweite Strophe betont nun 'Abul'afja nochmals nachdrücklich, dass zu jedem Vokal ein je gleich langer Atemzug gehört. Hinzu kommt die Bewegung des Herzens und des Kopfes, wobei nur letztere sichtbar ist. Auch die Kopfbewegung muss den Vokalen entsprechen. So muss zu Beginn der Aussprache des Vokals »o«, des Vokals *Holem*, das über den Konsonanten steht, der Kopf zunächst geradeausgerichtet sein, weder nach rechts oder links noch nach oben oder unten geneigt. Dann aber bei der hingezogenen Aussprache des »o« muss man den Kopf nach oben zum Himmel hin bewegen solange der Atem reicht, und dies mit geschlossenen Augen und geöffnetem Mund. Nach jedem Buchstaben darf man mit drei Atemzügen eine kleine »Atempause« einlegen. Bei der Aussprache des »a«, des Vokals *Kamez,* muss man, dem waagrechten Strich des Vokalzeichens folgend, den Kopf von links nach rechts bewegen. Umgekehrt muss man beim »e«, dem Vokal *Sere,* der Richtung der beiden Punkte folgend den Kopf von rechts nach links bewegen. Beim »i«, dem *Hirek,* schließlich wird der Kopf nach unten bewegt. Mit dem »u«, dem Vokal *Kibbuz* oder *Schurek*, wird der Hals gerade gestellt, ohne eine Bewegung nach den Sei-

1151 Hajje ha-'Olam ha-ba, A. Gros (Hrsg.), I, S. 69.

ten durchzuführen.[1152] Der Sinn dieser, den fünf Vokalen folgenden Bewegungen ist 'Abul'afja zufolge, dass man mit ihnen Gott in den sechs Dimension der Welt zum König ausgerufen hat, »Nach oben und unten gemäß dem o und dem i, nach vorne und hinten gemäß der Gestalt des u und rechts und links gemäß der Gestalt von a und e.«[1153]

Der Gesang der Gottesnamen mit den fünf verschiedenen Vokalen ist demnach von Atem- und Bewegungstechnik begleitet, die zum einen eine symbolische Bedeutung haben und zum anderen den Mystiker in eine mystisch-technische Disziplin zwingen. Einen weiteren, ontologischen Sinn dieser Buchstabenbewegungen, des Gesangs und der unterschiedlichen Vokalisierungen, nennt 'Abul'afja an einer anderen Stelle in seinem *'Or ha-Sechel.* Dort erklärt er, dass der eigentliche, verborgene Gottesname aus den vier Konsonanten *'Alef, Heh, Waw* und *Jod* אהוי besteht, denn aus ihnen werden die beiden höchsten offenbarten Gottesnamen *JHWH* und *'Ehje* gebildet. Dieser verborgene Gottesname אהוי war nötig, weil »Gott seinen Namen verbergen wollte, denn, um an ihm die Herzen der Weisen zu prüfen und an ihm die Kraft ihres Intellekts zu läutern, zu klären und aufzuhellen, war es nötig, ihn zu verdecken und zu verbergen und in der Verborgenheit zu halten. Darum wurde er aus Buchstaben des Verbergens zusammengesetzt.«[1154] Die vier Buchstaben des verborgenen Gottesnamens bilden allerdings keinen festen Namen, damit die Toren ihn nicht erkennen könnten. Vielmehr ist der Sinn dieses Namens erst auf Wegen zu offenbaren, die den Toren unverständlich sind, den Weisen hingegen einsichtig. Diese Wege, den verborgenen Gottesnamen zu offenbaren, sind natürlich die mystischen hermeneutischen Techniken 'Abul'afjas. Denn

> »das Geheimnis des wahrhaften Namens wird nicht ohne Kombinatorik (*Gilgul*) offenbart, die lehrt, dass jede Kombination (*Gilgul*) durch Seine Existenz notwendig ist. Außerdem wird der Name auch nicht ohne die ihm gebührende Vokalisation bekannt, denn durch die Vokalisation erkennt der Mensch das Geheimnis der Bewegungen, und dass Er die Ursache aller Kreis- oder linearen Bewegungen ist. Und darum musst du an ihm [am Gottesnamen] notwendigerweise Kreisbewegungen finden, um zu lehren, dass alle Kreisbewegung notwendig von Ihm verursacht ist. Außerdem musst du in ihm [dem Gottesnamen] auch lineare Bewegungen finden, gleichfalls um zu lehren, dass sie notwendig von Ihm herrühren. Und siehe, die Aussprache des Namens würde ohne die ihm zugehörigen Melodien der Atemzüge nicht vollkommen sein, die über seine Kräfte belehren und darüber, dass alle allgemeinen oder indi-

1152 Ein ausführliches Beispiel für diese Atem- und Bewegungstechnik wird am Ende des Kapitels zu 'Abul'afja den Abschluss bilden.

1153 Hajje ha-'Olam ha-ba, A. Gros (Hrsg.), I, S. 74.

1154 'Or ha-Sechel, A. Gros (Hrsg.), VIII, S. 77.

viduellen Kräfte des Existierenden notwendig von Ihm kommen. Diese Erkenntnis ist es, die im Sinne der göttlichen intellektuellen Kabbala die wahrhafte Erkenntnis des Namens ist.«[1155]

Damit wird deutlich, dass die Erkenntnis Gottes und seines Namens, mit dem er ja identisch ist, nicht durch rationale Spekulation, sondern alleine durch das Ensemble mystischer Techniken erworben werden kann, deren Kern der Umgang mit der Sprache in Schrift, Rezitation und Gesang bildet. Sprache ist hierbei allerdings nicht eine semantisch definierbare Sprache, sondern die regelhafte und inspirierte Kombination der »Atome« der Sprache, das heißt ihrer einzelnen Konsonanten, verbunden mit den Vokalen, welche die Bewegung der Sprache bewirken. Die Endlosigkeit der Kombinationsmöglichkeiten entspricht dabei der Unendlichkeit der göttlichen Möglichkeiten, die kein Mensch je erschöpfen kann.[1156]

1155 'Or ha-Sechel, A. Gros (Hrsg.), VIII, S. 78.

1156 Zum Ganzen vergleiche man noch das Exzerpt aus 'Ozar 'Eden ganus bei Kaplan, Meditation and Kabbala, S. 84-86; A. Gros (Hrsg.), IV, S. 359-366 und 'Or ha-Sechel, Kaplan, S. 88-92; A. Gros (Hrsg.), VIII, S. 103-106.

4. Buchstabenkombinatorische Hermeneutik

4.1 *Hochmat ha-Zeruf* – die Kunst der Buchstabenkombinatorik

Obwohl schon mehrfach von der Buchstabenkombinatorik, insbesondere im Zusammenhang mit den Gottesnamen, die Rede war, sollen hier noch einige Hinweise auf verschiedene Techniken folgen, damit das oben Gesagte noch etwas anschaulicher wird. Wie schon mehrfach betont bildet die alphabetologisch-onomatologische Hermeneutik in den Augen 'Abul'afjas das Zentrum der Kabbala. Ganz programmatisch erklärt er dies in seinem Werk *Hajje ha-'Olam ha-ba*, in dem er die drei Prinzipien oder Fundamente der Kabbala vorstellt:

> »Die Prinzipien der göttlichen Kabbala sind drei. Das erste sind die *geschriebenen Buchstaben,* nämlich 'MSch, BGD KPRT, HWSHTJ LNS'ZK, (אמ"ש בג"ד כפר"ת הוזחט"י לנסעצ"ק), welches [laut dem *Sefer Jezira*][1157] die zweiundzwanzig Buchstaben der Tora sind, mit denen jegliches Geschöpf und jegliches Wort erschaffen wurde, und sie alle sind die Engel der Welt. Siehe, sie sind als einzelne oder alle zusammen das erste Prinzip.
> Das zweite Prinzip wird *Sphäre der Tora* (Rad der Tora, *Galgal ha-Tora*) genannt und wir nennen es *Zeruf ha-'Otijot* (Buchstabenkombinatorik), denn durch ihre Kombination wird jegliches Wort und jegliches Geschöpf zusammengefügt (*mezoraf*).
> Und das dritte Prinzip wird *Heiliger Geist* genannt, und er ist es, welcher das Rad der Tora bewegt. Seine Wirkkraft besteht in den Vokalen, welche die Konsonanten bewegen, wie die Weisen sagen [...]: ›Die Vokale in den Buchstaben gleichen der Seele des Lebensgeistes im Körper des Menschen‹. Das heißt, die Buchstaben kann man ohne die Vokale nicht bewegen (aussprechen).«[1158]

Wie schon oben gezeigt wurde, können diese drei Prinzipien der Kabbala nicht nach Gutdünken des Menschen verwendet werden, vielmehr gibt es dafür bestimmte Regeln. Erst nachdem der Mensch durch die regelhafte Verwendung der Buchstaben des »intellektuellen« Influx teilhaftig wird, kann er in das automatische Schreiben, Reden und Assoziieren übergehen.

Die Regeln der Buchstabenkombinatorik erörtert 'Abul'afja systematisch in seinem *Sefer ha-Zeruf* (Buch der Buchstabenkombinatorik), in dem er drei grund-

1157 'Abul'afja zählt die zweiundzwanzig Buchstaben des Alphabets in der vom Sefer Jezira eingeteilten Gruppierung in drei Mütter, sieben Doppelte und zwölf Einfache auf. Vgl. Kap. Sefer Jezira 2.2.1.

1158 Hajje ha-'Olam ha-ba, A. Gros (Hrsg.), I, S. 58.

legende Methoden der Buchstabenmanipulation erörtert. Diese sind der *Zeruf,*[1159] die Buchstabenverbindung, der *Heschbon*, das ist die Berechnung, und schließlich die *Temura*, die Buchstabenersetzung. Jede dieser drei Methoden zerfällt ihrerseits wieder in Unterkategorien, deren Details hier nicht weiter verfolgt werden können. In der Darstellung der verschiedenen Kombinationsmöglichkeiten der drei Kategorien mit ihren Unterkategorien verzichtet 'Abul'afja auf die Erklärung der ihnen zugrunde liegenden Systeme, betont vielmehr wiederholte Male, dass man dies alles selbst verstehen müsse. So sagt er sogar einmal »Belästige mich nicht mit unnötigen Fragen, schaue vielmehr und stell dir alles in deinen Gedanken vor, dann werden sich dir alle verschlossenen Tore und die in ihnen enthaltenen Teile öffnen.«[1160] Außerdem weist er den Leser seiner Tabellen darauf hin, dass dies nur die groben Umrisse und Grundlagen sind, aus denen sich endlose Kombinationsmöglichkeiten ergeben, so dass,

> »wenn sich ein Mensch auch sein ganzes Leben damit befasst [...] er nur zu einem kleinen Teil von ihnen kommt. Man muss eben, wie gesagt, die Buchstabenverbindung dem Herrn der Buchstabenverbindung überlassen, wie auch die Berechnungen dem Herrn der Berechnungen. Aber dennoch sollen wir nicht ganz davon ablassen, sondern jeder soll gemäß seinem Durst daraus schöpfen, wobei doch der Brunnquell unverändert bleibt, darum führen wir dir nur die Grundzüge vor, die mögen dir genügen, sofern du Verstand und Einsicht hast.«[1161]

Die Buchstabenkombinatorik, das wird hier en passant gesagt, ist die Form der *imitatio dei*, weil in ihr der Mensch das macht, was der Schöpfer gleichfalls tut, um die Schöpfung ins Dasein zu bringen. Für die folgende Darstellung gilt analog, dass sie von den angekündigten Grundzügen wiederum nur einen kleinen Ausschnitt vorführen kann.

4.2 *Zeruf 'Otijot* – Buchstabenverbindung

Grundlage aller Kombinatorik ist das zu Beginn des voranstehenden Kapitels angeführte Zitat aus dem *Sefer Jezira*,[1162] auf das sich 'Abul'afja nachdrücklich beruft, demzufolge Gott durch den *Zeruf ha-'Otijot* (Buchstabenverbindung) alle Geschöpfe hervorgebracht hat. Laut *Sefer Jezira* schuf Gott die Dinge durch die

1159 Das Wort *Zeruf* hat bei 'Abul'afja doppelte Bedeutung. Zum einen bezeichnet es die Kombinatorik allgemein und zum anderen eine ihrer Techniken, nämlich die Buchstabenverbindung.

1160 Sefer ha-Zeruf, A. Gros (Hrsg.), XIII, S. 106.

1161 Sefer ha-Zeruf, A. Gros (Hrsg.), XIII, S. 106.

1162 Dazu vgl. o. Kap. Sefer Jezira 2.2.2.

Verbindung jedes Buchstaben mit jedem, woraus sich insgesamt 231 Kombinationen ergeben. Dies wird in den Texten der Kabbalisten wie folgt dargestellt:

אב בג גד דה הו וז זח חט טי יך כל לם מן נס סע עף פץ צק קר רש שת

אג בד גה דו הז וח זט חי טך יל כם לן מס נע סף עץ פק צר קש רת

אד בה גו דז הח וט זי חך טל ים כן לס מע נף סץ עק פר צש קת

אה בו גז דח הט וי זך חל טס ין כס לע מף נץ סק ער פש צת

או בז גח דט הי וך זל חס טן יס כע לף מץ נק סר עש פת

אז בח גט די הך ול זם חן טס יע כף לץ מק נר סש עת

אח בט גי דך הל ום זן חס טע יף כץ לק מר נש סת

אט בי גך דל הם ון זס חע טף יץ כק לר מש נת

אי בך גל דם הן וס זע חף טץ יק כר לש מת

אך בל גם דן הס וע זף חץ טק יר כש לת

אל בם גן דס הע וף זץ חק טר יש כת

אם בן גס דע הף וץ זק חר טש ית

אן בס גע דף הץ וק זר חש טת

אס בע גף דץ הק ור זש חת

אע בף גץ דק הר וש זת

אף בץ גק דר הש ות

אץ בק גר דש הת

אק בר גש דת

אר בש גת

אש בת

את

Diese Tabelle, die die nach dem *Sefer Jezira* zu erwartenden 231 Kombinationsmöglichkeiten aufführt, weist nach senkrechten Kolumnen betrachtet von rechts nach links folgendes Muster auf:

I. *'Alef* mit allen restlichen 21 Konsonanten, II. Bet mit allen restlichen 20 Konsonanten, III. Gimmel mit allen restlichen 19 Konsonanten. Das Muster ist bis zum vorletzten Buchstaben *Schin* fortzusetzen, das nur noch mit dem Konsonanten Taw versehen werden muss.

Demgegenüber bietet 'Abul'afja für diesen göttlichen Zeruf in den verschiedenen Handschriften und Texten durchaus unterschiedliche Tabellen in Rechteckform mit 22 x 11 = 242 Gliedern. Eine der Versionen, die in der Ausgabe des *Sefer ha-Zeruf* von Gros, entspricht zum Beispiel der von den Handschriften zum *Sefer Jezira* gebotenen.[1163] Kaplan bietet in seiner Darstellung der Kombinationstabellen im Rahmen seiner Ausgabe des *Sefer Jezira* weitere, in Details wiederum abweichende, Darstellungen 'Abul'afjas und außerdem noch andere kabbalistische Modelle.[1164] Ein originäres und einziges Modell wird es dabei nicht geben,

1163 Sefer Jezira, Ed. I. Gruenwald, A Preliminary Critical Edition of Sefer Yezira, in: Israel Oriental Studies 1971, S. 150.

1164 A. Kaplan, Sefer Yetzirah, York Beach 1990, S. 112-124; weitere Beispiele verschiedener kabbalistischer Autoritäten bieten die traditionellen Ausgaben des *Sefer Jezira*, z.B. die Ausgabe Warschau (Neudruck Jerusalem 1962).

weil ja, wie 'Abul'afja sagt, der Möglichkeiten unendliche sind. In seinem *Sefer ha-Zeruf*[1165] stellt sich das Bild zunächst in der folgenden Weise dar, die ein System zunächst nicht erkennen lässt, aber gemäß der Hinweise 'Abul'afjas doch eins hat:

אל	בת	גש	דר	הק	וצ	זפ	הע	טס	ינ	כמ
אב	גת	דש	הר	וק	זצ	חפ	טע	יס	כנ	למ
אג	דת	הש	ור	זק	חצ	טפ	יע	כס	לנ	במ
אד	בג	הת	וש	זר	חק	טצ	יפ	כע	לס	מנ
אה	בד	ות	זש	חר	טק	יצ	כפ	לע	מס	גנ
או	בה	גד	זת	חש	טר	יק	כצ	לפ	מע	נס
אז	בו	גה	חת	טש	יר	כק	לצ	מפ	נע	דס
אח	בז	גו	דה	טת	יש	כר	לק	מצ	נפ	סע
אט	בח	גז	דו	ית	כש	לר	מק	נצ	ספ	הע
אי	בט	גח	דז	הו	כת	לש	מר	נק	סצ	עפ
אכ	בי	גט	דח	הז	לת	מש	נר	סק	עצ	ופ
אל	בכ	גי	דט	הח	וז	מת	נש	סר	עק	פצ
אמ	בל	גכ	די	הט	וח	נת	סש	ער	פק	זץ
אנ	במ	גל	דכ	הי	וט	זח	סת	עש	פר	צק
אס	בנ	גמ	דל	הכ	וי	זט	עת	פש	צר	תק
אע	בס	גנ	דמ	הל	וכ	זי	חט	פת	צש	קר
אפ	בע	גס	דנ	המ	ול	זכ	חי	צת	קש	טר
אצ	בפ	גע	דס	הנ	ומ	זל	חכ	טי	קת	רש
אק	בצ	גפ	דע	הס	ונ	זמ	חל	טכ	רת	יש
אר	בק	גע	דפ	הע	וס	זנ	חמ	טל	יכ	שת
אש	בר	גק	דצ	הפ	וע	זס	חנ	טמ	יל	כת
את	בש	גר	דק	הצ	ופ	זע	חס	טנ	ימ	כל

Will ein Kabbalist dem kombinatorischen Weg 'Abul'afjas folgen, so muss er das System der Kombination kennen und erkennen, um darauf aufbauend seine eigenen Erfahrungen zu machen. Dies zu finden soll zunächst die Aufgabe sein. Das System dieser Tabelle wird erst deutlich, wenn man die in ihr versetzt auftretenden isomorphen Konsonantenkolumnen senkrecht untereinander plaziert, wodurch das Rechteck in zwei Dreiecke zerfällt, ohne dass an der Stellung der Konsonantenfolge in den Zeilen etwas verändert wird. Der Blick auf die folgende Tabelle wird das Gemeinte verdeutlichen.

1165 A. Gros, S. 43f.

	22 21	20 19	18 17	16 15	14 13	12 11	10 9	8 7	6 5	4 3	2 1											
0	כל	ימ	טנ	חס	זע	ופ	הצ	דק	גר	בש	את											
1		כמ	ינ	טס	חע	זפ	וצ	הק	דר	גש	בת											אל
2		למ	כנ	יס	טע	חפ	זצ	וק	הר	דש	גח											אב
3		כמ	לנ	כס	יע	טפ	חצ	זק	ור	הש	דת											אג
4			מנ	לס	כע	יפ	טצ	חק	זר	וש	הת										בג	אד
5			גנ	מס	לע	כפ	יצ	טק	חר	זש	ות										בד	אה
6				נס	מע	לפ	כצ	יק	טר	חש	זת									גד	בה	או
7				דס	נע	מפ	לצ	כק	יר	טש	חת									גה	בו	אז
8					סע	נפ	מצ	לק	כר	יש	טת								דה	גו	בז	אח
9					הע	ספ	נצ	מק	לר	כש	ית								דו	גז	בח	אט
10						עפ	סצ	נק	מר	לש	כת							הו	דז	גח	בט	אי
11						זפ	עצ	סק	נר	מש	לת							הז	דח	גט	בי	אכ
12							פצ	עק	סר	נש	מת						וז	הח	דט	גי	בכ	אל
13							זץ	פק	ער	סש	נת						וח	הט	די	גכ	בל	אמ
14								צק	פר	עש	סת					זח	וט	הי	דכ	גל	במ	אנ
15								חק	צר	פש	עת					זט	וי	הכ	דל	גמ	בנ	אס
16									קר	צש	פת				חט	זי	וכ	הל	דמ	גנ	בס	אע
17									טר	קש	צת				חי	זכ	ול	המ	דנ	גס	בע	אפ
18										רש	קת			טי	חכ	זל	ומ	הנ	דס	גע	בפ	אע
19										יש	רת			טכ	חל	זמ	ונ	הס	דע	גפ	בצ	אק
20											שת		יכ	טל	חמ	זנ	וס	הע	דפ	גצ	בק	אר
21											כת		יל	טמ	חנ	זס	וע	הפ	דצ	גק	בר	אש
22												כל	ימ	טנ	חס	זע	ופ	הצ	דק	גר	בש	את
												22 21	20 19	18 17	16 15	14 13	12 11	10 9	8 7	6 5	4 3	2 1

Die Zeileninhalte und Reihenfolge der Buchstaben innerhalb der Zeilen sind, wie gesagt, dieselben geblieben – abgesehen von Zeile 0, die der Zeile 22 entspricht und hier zur Verdeutlichung des Systems dupliziert und vorangestellt wurde. Durch die Trennung der Zeilenhälften ergeben sich ein zunehmendes und ein abnehmendes Dreieck. Im rechten Dreieck finden sich von Kolumne zu Kolumne von rechts nach links schreitend als erster Konsonant eines jeden Paares die Konsonanten der ersten Hälfte des Alphabets, also von *'Alef* bis *Kaf* in Leserichtung von rechts nach links (ich nenne sie Hauptkolumne). Die ganze Reihe von *'Alef* bis *Kaf* ist komplett in Zeile 22. Der weitere Aufbau des Systems kann anhand der Zeilen 2-21 nachvollzogen werden. Diesen Hauptkolumnen des voranschreitenden Alphabets werden pro Zeile des rechten Dreiecks anscheinend in Zweierschritten je ein weiterer Konsonant als Partner hinzugefügt:

02: '*Alef*-Bet,				
03: '*Alef*-Gimmel,				
04: '*Alef*-Dalet,	*Bet*-Gimmel,			
05: '*Alef*-Heh,	*Bet* Dalet			
06: '*Alef*-Waw,	*Bet*-Heh,	*Gimmel*-Dalet,		
07:'*Alef*-Sajin,	*Bet*-Waw,	*Gimmel*-Heh,		
08:'*Alef*-Het,	*Bet*-Sajin,	*Gimmel*-Waw,	*Dalet*-Heh	
09:'*Alef*-Tet,	*Bet*-Het,	*Gimmel*-Sajin,	*Dalet*-Waw	
10:'*Alef*-Jud,	*Bet*-Tet,	*Gimmel*-Het,	*Dalet*-Sajin,	*Heh*-Waw
11:'*Alef*-Kaf,	*Bet*-Jud,	*Gimmel*-Tet,	*Dalet*-Het,	*Heh*-Sajin

etc.

An dieser Transkription sind zunächst die Hauptkolumnen des Alphabets, hier *'Alef*, *Bet*, *Gimme*l, *Dalet* und *He* zu erkennen. Die Nebenkolumne entwickelt sich demgegenüber als jeweils fortlaufendes Alphabet das vom Konsonanten der Hauptkolumne ausgeht: *'Alef-Bet*, *Gimmel*, *Dalet* etc.(Kolumne I) oder *Gimmel-Dalet-Heh* (Kolumne III) etc. Innerhalb der Zeilen ohne fett abgesetzte Zeilenzählung führt der Hauptkolumnenbuchstabe das Alphabet sukzessive voran, wie zum Beispiel in Zeile 10: *'Alef*, *Bet*, *Gimmel*, *Dalet*, *Heh*, etc. Die Fortführung des Alphabets innerhalb dieser nicht fett nummerierten Zeilen, geht nun rückläufig weiter, zum Beispiel Zeile 10: Waw, *Sajin*, *Het*, *Tet*, *Jud*.

An dieser Stelle soll nun ein Blick auf das rechte, abnehmende Dreieck geworfen werden. Die am Beispiel Zeile zehn zunächst vorwärts, dann rückläufig bis Jud geführte Alphabetreihe wird nun im linken Dreieck auf derselben Zeile fortgeführt und zwar zunächst von rechts nach links voranschreitend: *Kaf*, *Lamed*, *Mem*, *Nun*, *Samech*, *'Ajin*. Die Fortsetzung des Alphabets ergibt sich aus dem rückläufigen Weg derselben Zeile von links nach rechts: *Peh*, *Zade*, *Kof*, *Resch*, *Schin*, *Taw*. In dieser Weise haben alle nicht fett nummerierten Zeilen ein ganzes Alphabet, das im linken Dreieck vor- und rückläufig beginnt, um dann im linken Dreieck wieder zunächst vorläufig und dann rückläufig zu Ende geführt zu werden. Man achte dabei auf einen Unterschied. Im rechten Dreieck sind die isomorphen Hauptkolumnen an erster Stelle des Paares in voranschreitender Reihenfolge gesetzt, während im linken Dreieck die Hauptkolumne vom zweiten Konsonanten des Paares und in rückläufiger Folge vertreten wird, wie die z.B. in Zeile 12 der Fall ist: *Taw*, *Schin*, *Resch*, *Kof*, *Zade*, *Peh*, *'Ajin*, *Samech*, *Nun*, *Mem*, wobei hier ein Schwund von Zeile zu Zeile stattfindet. An dieser Stelle soll nochmals hervorgehoben werden, dass durch sukzessive Zu- und Abnahme der einzelnen Zeilen in jeder Zeile ein vollständiges Alphabet durch die doppelte Vor- und Rückläufigkeit vorhanden ist.

Dieses klare System scheint nun aber durch die fett nummerierten Zeilen gestört zu sein, denn bei ihnen fehlen im rechten Dreieck in Zeile 3, 5, 7, 9, 11, 13,

15, 17, 19 und 21 jeweils der der letzten Hauptkolumne folgende Konsonant. Das heißt, in Zeile drei fehlt im rechten Dreieck der Buchstabe *Bet,* in Zeile fünf fehlt im rechten Dreieck der Buchstabe *Gimmel,* in Zeile sieben fehlt der Buchstabe *Dalet* und so weiter. Diese fehlenden Buchstaben sind nun alle nach einer festen systematischen Folge in das Schlussglied der Gesamtzeile im linken Dreieck untergebracht (fett ausgewiesen). Auch diese dort extern angesiedelten Buchstaben folgen wiederum der Reihe des Alphabets diagonal abwärts steigend: *Bet*, *Gimmel*, *Dalet*, *He*, *Waw*, *Sajin*, *Het*, *Tet*, *Jud*, *Kaf*. Sie alle gehören zur ersten Hälfte des Alphabets (Buchstaben 1-11). Der in Zeile 1 im linken Dreieck zu erwartende fehlende Buchstabe *Lamed* steht hingegen als Nebenelement im rechten Dreieck, denn er gehört zur zweiten Hälfte des Alphabets.

Abschließend muss noch begründet werden, warum in der Tabelle der vorliegenden Erörterung – entgegen der Vorlage – die Zeile 22 als Zeile 0 nochmals vorangestellt wurde. Durch dieses Verfahren soll gezeigt werden, dass das systemimmanente Ende des rechten Dreiecks zugleich den systemimmanenten Ausgangspunkt des linken Dreiecks bildet. Hierbei handelt es sich um die Verbindung, die 'Abul'afja in diesem Zusammenhang stets als »Rad der Buchstaben« hervorhebt, auf dem sich der Mystiker drehen kann, bis er vom Geist erfasst wird.

In anderen Fällen bieten die Handschriften schon besser angeordnete Tabellen, so dass deren Verständnis sowie deren Zyklenform sogleich deutlich wird, wofür hier noch ein weiteres Beispiel, gleichfalls aus dem *Sefer ha-Zeruf,*[1166] angefügt sei:

1166 Sefer ha-Zeruf, A. Gros (Hrsg.), XIII, S. 48.

אב גד הו זח טי כך למם נן סע פף צץ קר שת	א
אב גד הו זח טי כך למם נן סע פף צץ קר ש	אב
אב גד הו זח טי כך למם נן סע פף צץ קר	אב ג
אב גד הו זח טי כך למם נן סע פף צץ ק	אב גד
אב גד הו זח טי כך למם נן סע פף צץ	אב גד ה
אב גד הו זח טי כך למם נן סע פף צ	אב גד הו
אב גד הו זח טי כך למם נן סע פף	אב גד הו ז
אב גד הו זח טי כך למם נן סע פ	אב גד הו זח
אב גד הו זח טי כך למם נן סע	אב גד הו זח ט
אב גד הו זח טי כך למם נן ס	אב גד הו זח טי
אב גד הו זח טי כך למם נן	אב גד הו זח טי כ
אב גד הו זח טי כך למם נ	אב גד הו זח טי כך
אב גד הו זח טי כך למם	אב גד הו זח טי כך ל
אב גד הו זח טי כך למ	אב גד הו זח טי כך למ
אב גד הו זח טי כך ל	אב גד הו זח טי כך למם
אב גד הו זח טי כך	אב גד הו זח טי כך למם נ
אב גד הו זח טי כ	אב גד הו זח טי כך למם נן
אב גד הו זח טי	אב גד הו זח טי כך למם נן ס
אב גד הו זח ט	אב גד הו זח טי כך למם נן סע
אב גד הו זח	אב גד הו זח טי כך למם נן סע פ
אב גד הו ז	אב גד הו זח טי כך למם נן סע פף
אב גד הו	אב גד הו זח טי כך למם נן סע פף צ
אב גד ה	אב גד הו זח טי כך למם נן סע פף צץ
אב גד	אב גד הו זח טי כך למם נן סע פף צץ ק
אב ג	אב גד הו זח טי כך למם נן סע פף צץ קר
אב	אב גד הו זח טי כך למם נן סע פף צץ קר ש
א	אב גד הו זח טי כך למם נן סע פף צץ קר שת

In dieser Tabelle bietet das rechte Dreieck ein Alphabet-Schwund-Modell. Das heißt die erste Zeile beinhaltet das gesamte Alphabet, in der jeweils nächsten wird vom Ende des Alphabets her sukzessive um jeweils einen Konsonanten reduziert. Eine Besonderheit ist die, daß neben den einfachen Konsonanten des Alphabets auch die sogenannten Finalbuchstaben für *Kaf*, *Mem*, *Nun*, *Pe* und *Zade* einbezogen sind. Das linke Dreieck bietet demgegenüber ein Aufwuchs-Modell bei dem von Zeile zu Zeile der nächste Buchstabe des Alphabets hinzugefügt wird. Das Schreiben solcher Tabellen erfolgt wohl nicht in senkrechter Richtung, sondern horizontal Zeile um Zeile. Dadurch wird der Geist des Mystikers in eine Systemspirale gezwungen, die ihn offenbar dem mystischen Ziel entgegenschrauben soll.

Abschließend muss vermerkt werden, dass es auch *Zerufim* von Einheiten mit mehr als zwei Buchstaben oder von ganzen Wörtern geben kann, wie auch durch Umkehrungen und Assoziationen ganz neue Buchstabenfolgen kreiert werden können.

4.3 *Heschbon* – Zahlwert-Berechnungen

Während die *Zerufim* von Buchstaben vom Prinzip des Alphabets und seiner Reihenfolge oder anderweitig begründeten Buchstabenreihung ausgehen, basiert der *Heschbon* auf dem Zahlwert der Wörter. Mehrfach war schon von der *Gematria* die Rede, mit deren Hilfe man Wortidentitäten über deren Zahlwert ermitteln oder schaffen kann. Im Folgenden sollen jene Beispiele erörtert werden, die ohne einen semantischen Sinn ergeben zu müssen, Buchstabenkombinationen zur Erlangung der Ekstase sind, deren System allerdings auf Berechnungen aufgebaut ist. Auch beim *Heschbon* werden sukzessive Reihungen gebildet, deren immer gleiche Rhythmik dem Voranschreiten auf dem Weg zur Ekstase dienen kann. Aber es ist nicht nur diese vordergründige Zielsetzung, die die festen Rhythmen und Ordnungen der Buchstabenformationen vorgibt, vielmehr glaubt der Mystiker damit Ordnungen des Seins nachzubilden, wie gerade an den »Rechnungs«-Kolumnen evident wird, die auf festen Zahlenverhältnissen aufbauen. Diese wiederum unterliegen letztlich einem theologischen Grund, wie aus folgender Bemerkung 'Abul'afjas in seiner Einführung zum Gebrauch der Tabellen deutlich wird:

> »Wisse, mein Bruder, stets kehrt das Ziel dieser Rechnung zum 'Alef zurück, welches die Eins ist. Und beachte dies genau, dann wirst du finden, dass stets alles zum Namen jenes Buchstaben zurückkehrt, mit dem es begonnen hat. Darum ist dies ein Fundament von den Fundamenten der Kabbala, das 'Alef [was zugleich Tausend bedeutet] zur Eins zurückzuführen.«[1167]

Wiewohl nicht alle überlieferten Tabellen wirklich diesem Grundsatz folgen, ist doch klar, dass 'Abul'afja in der Eins nicht nur ein mathematisches Prinzip sieht, das in den Zehnern Hundertern und Tausendern wiederkehrt, sondern, dass damit ein theologischer Monismus in den Blick genommen wird. Dieser Monismus soll auf dem Weg von der Vielzahl zur Einzahl nachgebildet werden. Der ganze

1167 Sefer ha-Zeruf, A. Gros (Hrsg.), XIII, S. 109.

Prozess wird, daran sei erinnert, ein Akt der *imitatio dei* sein. Das folgende Beispiel[1168] spielt mit der Dekade, die aus den ersten neun Ziffern aufgebaut werden kann. In der ersten Zeile des folgenden Diagramms steht zunächst das *'Alef*, das heißt die Eins, das mit der Zahl neun (Buchstabe *Tet*) die Summe zehn ergibt. Diese beiden, *'Alef* und *Tet* (1 und 9) bieten zugleich neun Möglichkeiten mit den übrigen Ziffern zusammen die Zahl Zehn zu bilden. In der zweiten Zeile bildet das *Bet*, die Zwei, zusammen mit der Zahl Acht (Buchstabe *Het*) die Summe zehn, und hat zugleich die Möglichkeit, auf acht Weisen die Zehn zu bilden. Das *Gimmel*, die Drei (Zeile 3) ergibt zusammen mit 7 (Buchstabe *Sajjin*) die Summe 10 und hat sieben Kombinationsmöglichkeiten, um 10 zu bilden. Das *Dalet* hat vier Möglichkeiten und so fort bis zum *Tet*, das mit der Eins die Zehn bildet und zugleich nur eine solche Möglichkeit besitzt. Das ganze stellt sich als ein Meditationsdreieck dar, das von der Eins, dem *'Alef*, ausgeht und tatsächlich zum *'Alef* zurückkehrt:

אחא	אזב	אוג	אהד	אדה	אגו	אבז	אאח	אט
	באז	בבו	בגה	בדד	בהג	בוב	בזא	בח
		גאו	גבה	גגד	גדג	גהב	גוא	גז
			דאה	דבד	דגג	דדב	דהא	דו
				האד	הבג	הגב	הדא	הה
					ואג	ובב	וגא	וד
						זאב	זבא	זג
							חאא	חב
								טא

In Ziffern ausgedrückt:

19	118	127	136	145	154	163	172	181
28	271	262	253	244	235	226	217	
37	361	352	343	334	325	316		
46	451	442	433	424	414			
55	541	532	523	541				
64	631	622	613					
73	721	712						
82	811							
91								

Nach diesem und ähnlich kombinierten Systemen können noch weitere Rechenspiele erstellt werden, die allesamt dazu dienen, den Mystiker in ein System zu

1168 Sefer ha-Zeruf, A. Gros (Hrsg.), XIII, S. 109

zwingen, das nach bestimmten Regeln abläuft und sein Denken bindet, ohne anschauliche Inhalte zu vermitteln, sondern nur die innere Logik von Zahlenreihen dem Denken aufprägt und ihn so gleichsam in die durch Buchstaben beziehungsweise Zahlen organisierte göttliche Schöpfung hineinzunehmen.

Abschließend soll noch eine zyklische Darstellung folgen und der ihr beigegebene Kommentar, um an einem Beispiel anzudeuten, welcher Art die den Buchstaben-*Gilgul* (Kombinatorik) begleitenden Deutungen sein mögen[1169]:

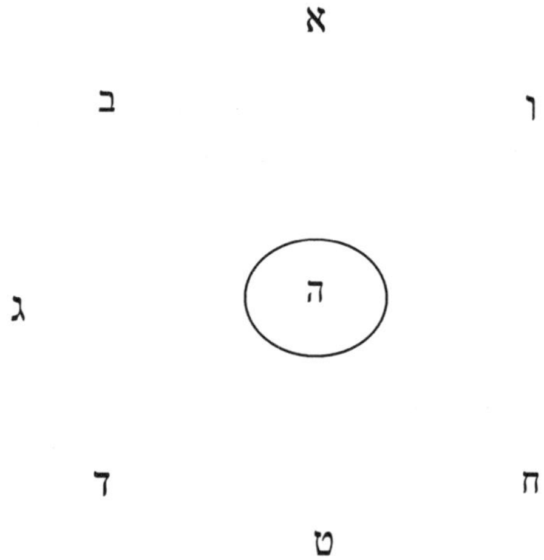

In diesem Diagramm stehen, von oben ausgehend wider den Uhrzeigersinn *'Alef* (1), *Bet* (2), *Gimmel* (3), *Dalet* (4) von da geht die Buchstabenfolge durch den Mittelpunkt zum *Heh* (5) und trifft gegenüber auf das *Waw* (6) und folgt von da dem Uhrzeigersinn *Waw* (6), *Zajin* (7), *Het* (8), *Tet* (9). Das erste Resultat aus dieser Anordnung ist, dass die Summe der sich über den Mittelpunkt gegenüberstehenden Buchstaben jeweils den Zahlenwert 10 ergibt (1+9, 2+8, 3+7, 4+6). Das *Heh* (5) im Mittelpunkt hat keinen Partner.

In seinem Kommentar bemerkt 'Abul'afja, dass das sich im Mittelpunkt befindende *Heh* alle im Kreis stehenden Buchstaben in Bewegung setzt. Ferner fällt auf, dass das *Heh* von den vier Zehner-Summen 1 + 9, 2 + 8, 3 +7, 4 + 6 umgeben ist. Wenn nun der Zahlenwert dieser Summen in hebräische Lettern übertragen wird, so kann dies Folgendermaßen ausgedrückt werden: י"י י"י ה' (JJ JJ H, 4x10+5=45). Dies kann graphisch betrachtet auch als ein *Heh* inmitten von vier *Judim* dargestellt werden, also ייהיי (JJHJJ). Dessen Zahlwert 45 wird hebräisch auch als מ"ה (MaH) dargestellt.

Bei der Betrachtung des gesamten Piktogramms lässt sich feststellen, dass in ihm wegen seiner Summen die Zehn, und das heißt das *Jod* (י), und wegen seines

1169 Sefer ha-Zeruf, A. Gros (Hrsg.), XIII, S. 116.

Mittelpunktes das *Heh* (ה) Zeugnis für JH, das heißt den Gottesnamen JaH Zeugnis ablegt.

Das ganze Schaubild steht zugleich für die Buchstaben *'Alef, Heh, Jod* (אהי) und zwar *'Alef* als dessen Anfang und Fundament, *Heh* als dessen Mittel- und Bewegungspunkt und *Jud* als deren Ziel, das durch die Rechnung ausgedrückt ist. Diese drei Buchstaben sind drei von den vier Buchstaben des verborgenen Gottesnamens (אהוי/'HWJ), von dem oben die Rede war.

Die vier *Judim* (JJJJ) können in Bezug auf ihren Zahlenwert auch durch den zwei Mal ausgeschriebenen Buchstabennamen JuD ersetzt werden: יו"ד יו"ד (JWD JWD=40). Denn sie entsprechen in ihrer ausgeschriebenen Form ebenso dem Zahlwert 40, wie die vier zuvor genannten *Judim*. Aber in ihrer ausgeschrieben Form sind dies doch nur zwei Judim, welche die vier in sich enthalten. Zwei *Judim* aber ergeben den Zahlwert 20. Rechnet man zu ihnen nun noch die beiden anderen essentiellen Buchstaben des Piktogramms, nämlich *'Alef* (1) und *Heh* (5) hinzu, so ergibt das ganze den Zahlwert 26, gerade so wie das ganze Tetragramm JHWH. Schließlich ist auch das MaH (מ"ה) (45), das heißt der oben festgestellte Gesamtwert des Piktogramms (ייהיי, 45) ein Repräsentant des Tetragramms und zwar als phonetische Ausschreibung der vier Buchstaben des Tetragrammaton JU(W)D He' WaW He' (יו"ד ה"א וא"ו ה"א)[1170] die zusammen wiederum den Zahlwert 45 ergeben.

> »Wenn dem so ist, so kannst du daraus folgern, dass 'HJ JHWH JUD He' Wa'W He' (אה"י יהו"ה יו"ד ה"א וא"ו ה"א) alle notwendigerweise existieren. Und forsche, vielleicht hast du Augen zu sehen und Ohren zu hören, denn auf dieses Mysterium als Ganzes weisen die Einsen. Und erforsche diese Sache mit erlesenem Intellekt und du wirst weite Einsichten und hohe Erkenntnisse gewinnen.«[1171]

Diese Meditationen des Piktogramms sind paradigmatisch für alle die Kombinationstabellen begleitenden Meditationen. Ziel ist es dabei, die Einheit in der Vielheit zu entdecken, die Omnipräsenz des Göttlichen, wie es sich in den Buchstaben und Zahlen repräsentiert, die die Grundelemente allen Seins bilden.

1170 Die Edition Gros bietet, sei es als Fehler der Handschrift oder der Edition, in der Ausschreibung des Tetragrammatons ein *'Alef* zu wenig, was nur die Summe 44 ergäbe. Richtig ist der den Zahlenwert 45 umfassende Name, den auch 'Abul'afja an anderen Stellen entsprechend schreibt und wie hier oben von mir korrigiert; vgl. z.B. Sefer ha-Heschek, A. Gros (Hrsg.), XII, S. 52.

1171 Sefer ha-Zeruf, A. Gros (Hrsg.), XIII, S. 116f.

4.4 Die Vokalkombinatorik

Die ganze zuvor beschriebene Buchstabenkombinatorik, die sich auf den schriftlichen Bereich konzentrierte, kann nun auch mündlich durchgeführt werden. Dazu müssen nun die Vokale und ihre Zeichen einbezogen werden, was dazu beiträgt, dass das Bild noch viel reicher und in seiner Durchführung noch mehr dem Charakter einer Litanei ähnelt, der die Ekstase fördert. Ein besonders eindrückliches Beispiel bietet das Buch *'Or ha Sechel*[1172], das hier zum Abschluss stehen soll. Es handelt sich dabei um eine Entfaltung des verborgenen Gottesnamens 'HWJ (אהוי), das heißt der vier Buchstaben, aus denen die beiden zentralen offenbarten Gottesnamen JHWH und 'EHJeH (Ex 3,14) zusammengesetzt sind. Dies wird in der folgenden Litanei derart dargestellt, dass das *'Alef* mit dem Tetragrammaton JHWH ausgefaltet wird, und zwar so, dass das *'Alef* stets mit einem der vier Buchstaben des Tetragramms verbunden wird, woraus insgesamt vier Tabellen entstehen. In jeder dieser Tabellen werden zwei Systeme makkaronisch ineinander verschlungen. In der ersten Tabelle werden in ersten Zeile die Buchstaben *'Alef* und *Jod*, in der zweiten Jod und *'Alef*, in der dritten nochmals *Jod* und *'Alef*, in der vierten *'Alef* und *Jod*, in der fünften *Jod* und *'Alef*, in der sechsten *Jod* und *'Alef*, in der siebten *Jod* und *'Alef*, in der achten *'Alef* und *Jod*, in der neunten *'Alef* und *Jod* und in der zehnten *Jod* und *'Alef* miteinander verbunden und mit den im Folgenden noch zu nennenden Vokalen versehen.
So entstehen vier makkaronische Tabellen, die mit fünf mal fünf Vokalen versehen und gesungen werden. Jede makkaronische Tabelle hat zwei ineinander geschobene Sätze von fünf Mal fünf Paaren, von denen fünf in der Senkrechten und fünf in der Waagerechten stehen.

Die Vokale werden sodann so eingefügt, dass man in den senkrechten Haupt-Kolumnen (erster Buchstabe) stets die Vokalfolge o a e i u erhält. Die erste Nebenkolumne (zweiter Buchstabe) hat gleichfalls diese Vokalfolge, was für die zweiten Buchstaben der waagerechten Zeilen jeweils unterschiedliche Ausgangspunkte schafft, aber ansonsten wird mit rotierendem Ausgangspunkt auch in ihnen die Vokalfolge o a e i u eingehalten.[1173] In der folgenden transkribierten Beispieltabelle wird das hebräische *'Alef* als X wiedergegeben:
Tabelle I, Buchstaben 'Alef (X) und J:

1172 'Or ha Sechel, A. Gros, S. 92f.

1173 Was die Vokalisierung selbst anbelangt so zeigen die Handschriften, Drucke und Zitate in der Literatur eine große Variationsbreite, die systematisch sein kann oder aber auf das Unverständnis der Abschreiber zurückgeht. Ich folge hier der Ausgabe Gros, die in der Anordnung der Konsonanten dem Vorgang der Münchener Handschrift (hebr 92) entspricht, aber eine bessere Vokalisierung gibt. Kaplan, Meditation and Kabbalah S. 90-91 hat die Makkaronisierung aufgelöst und daraus acht getrennte Tabellen gemacht.

XoJo		XoJa		XoJe		XoJi		XoJu	
	JoXo		JoXa		JoXe		JoXi		JoXu
JaXa		JaXe		JaXi		JaXu		JaXo	
	XaJa		XaJe		XaJi		XaJu		XaJo
XeJe		XeJi		XeJu		XeJo		XeJa	
	JeXe		JeXi		JeXu		JeXo		JeXa
JiXi		JiXu		JiXo		JiXa		JiXe	
	XiJi		XiJu		XiJo		XiJa		XiJe
XuJu		XuJo		XuJa		XuJe		XuJi	
	JuXu		JuXo		JuXa		JuXe		JuXi

Die erste Zeile ist dann wie folgt zu lesen: ojo oja oje oji ojo. Die zweite Zeile lautet: jo'o jo'a jo'e jo'i jo'u und so weiter. In den folgenden drei Tabellen werden wie gesagt die Konsonantenpaare *'Alef-Heh* und *Heh-'Alef*, *'Alef-Waw* und *Waw-'Alef* und schließlich *'Alef-Heh* sowie *Heh-'Alef* dargestellt. Die Vokale folgen dem obigen Muster o a e i u. In Bezug auf die Lettern *'Alef-Heh* und *Heh-'Alef* gestaltet sich die Tabelle folgendermaßen:

אֹ יֹ   אֹ יָ   אֹ יֵ   אֹ יִ   אֹ יֻ

יֹ אֹ   יֹ אָ   יֹ אֵ   יֹ אִ   יֹ אֻ

יָאָ   יָאֵ   יָאִ   יָאֻ   יָאֹ

אָיָ   אָיֵ   אָיִ   אָיֻ   אָיֹ

אֵיֵ   אֵיִ   אֵיֻ   אֵיֹ   אֵיָ

יֵאֵ   יֵאִ   יֵאֻ   יֵאֹ   יֵאָ

יִאִ   יִאֻ   יִאֹ   יִאָ   יִאֵ

אִיִ   אִיֻ   אִיֹ   אִיָ   אִיֵ

אֻיֻ   אֻיֹ   אֻיָ   אֻיֵ   אֻיִ

יֻאֻ   יֻאֹ   יֻאָ   יֻאֵ   יֻאִ

In den Kommentaren zu dieser Tabelle schreibt 'Abul'afja auch vor, wie man sie auszusprechen hat:

»Wenn du beginnst, den Buchstaben 'Alef auszusprechen, mit welchem der Vokale auch immer,[1174] halte den Ton gerade so lange wie ein Atemzug ausreicht, nicht länger, denn das 'Alef lehrt über das Mysterium der Einheit.[1175] Auch darfst du diesen Atemzug [der den Ton hervorbringt] keinesfalls unter-

1174 Das heißt an allen Stellen der Tabelle, an denen das 'Alef steht.

1175 Eine Unterbrechung und ein Neueinsatz würde eine Zweiheit in das 'Alef hineintragen.

brechen, bis du mit dessen Aussprache zu Ende bist. Auch sollst du diesen besonderen Atemzug [mit dem Ton] so lange ausdehnen, solange es die Kraft deines Atmens zulässt. Auch singe beim 'Alef und bei allen übrigen Buchstaben mit Furcht, Ehrfurcht und Schrecken, begleitet von Freude der Seele, bei dem Großen, das sie erfasst. Und die Melodie bei der Aussprache jedes Buchstabens soll dem Vokal entsprechen, das heißt beim *Holem* (o) hoch. Dabei sitzest du in weiße frisch gewaschene reine oder neue Gewänder über all deinen Kleidern gehüllt, oder mit dem Tallit (Gebetstuch), die Tefillin auf deinem Haupt, dein Angesicht nach Osten gerichtet, denn von dort geht das Licht in die Welt hinaus. Und du hast fünf Richtungen, in welche du dein Haupt bewegen kannst. Beim Holem (o) beginne in der Mitte des Ostens, läutere deine Gedanken und erhebe dein Haupt langsam beim [singenden] Ausatmen bis du [den Ton] beendet hast und mit dem Haupt oben angelangt bist. Danach beuge dich ein Mal bis zur Erde, und unterbreche zwischen dem Atemzug des 'Alef und dem mit ihm zusammengestellten Buchstaben nur durch einen einzigen kurzen oder langen Atemzug. Zwischen dem Buchstaben des Tetragrammaton und dem [nächsten] 'Alef in der voranschreitenden Reihenfolge oder zwischen dem 'Alef und dem nächsten Tetagramm-Buchstaben in der umgekehrten Reihenfolge, darfst du zwei Mal ohne Ton atmen, aber nicht mehr. Nach dem Abschluss jeder Tabelle darfst du fünf Mal atmen, nicht mehr, jedoch weniger. Wenn du eine Tabelle wiederholtest, oder versehentlich von dieser Ordnung abwichest, beginne diese Tabelle von Neuem, bis du sie richtig vorträgst.

Während das *Holem* (o) beim Singen nach oben zieht, zieht das *Hirek* (i) nach unten und zieht so die obere Kraft herab, um sie dir anzuheften. Und beim Schurek (u) singe weder nach oben noch nach unten, sondern eine mittlere Lage, entsprechend der mittleren Richtung. Beim *Sere* (e) bewege dein Haupt von links nach rechts und beim *Kamez* (a) von rechts nach links.

Wenn du nach Vollendung aller eine Gestalt vor dir siehst, wirf dich sofort vor ihr nieder. Und wenn du eine schwache oder starke Stimme hörst und du verstehen willst, antworte ihr sogleich und sage ›Sprich, mein Herr, dein Knecht hört!‹ Du aber sage nichts, neige dein Ohr, um zu hören, was er dir sagt.«[1176]

Damit soll es der Beispiele zu 'Abul'afjas mystischer Technik genug sein. Abschließend soll noch darauf hingewiesen werden, dass 'Abul'afja natürlich der Überzeugung war, dass die gesamte Buchstabenmanipulation selbstverständlich auch für magische Zwecke tauge. Allerdings lehnte er den magischen Gebrauch der Buchstaben und Namen vehement ab und hält den, der Magie übt, für ver-

1176 'Or ha-Sechel, A. Gros (Hrsg.), VIII, S. 104-105.

flucht. Da aber nun alles, was 'Abul'afja vorträgt durchaus magischen Charakter hat, aber dies ausschließlich dem mystischen Ziel dienen soll, spricht Scholem bei 'Abul'afja von einer »Magie der Innerlichkeit«.[1177] Es besteht aber kein Zweifel, dass dieser Berührungspunkt zwischen Kabbala und Magie es war, der zu der weit verbreiteten irrtümlichen Identifikation von Kabbala und Magie vor allem im nichtjüdischen Raum führte, wofür ich auf die entsprechenden Kapitel in A.E. Waite's *The Holy Kabbalah* verweise.[1178] Aber auch unter den Juden gab es seit dem 15. Jahrhundert die Unterscheidung zwischen der *Kabbala* schlechthin, wie sie im Wesentlichen hier dargestellt wird, und der *Kabbala ma'asit*, der »Praktischen Kabbala«. Letztere wurde im Judentum vor allem die Domäne des *Ba'al Schem*, des »Meisters des göttlichen Namens«, der als ein jüdischer Magier bezeichnet werden kann. Er vollbringt seine Taten aber nicht mit den Kräften des Bösen, sondern mit den heiligen Gottesnamen, wie dies schon im ersten Band zu einem der Hauptvertreter der Hasidut Aschkenas, R. 'El'asar aus Worms erörtert wurde,[1179] und dann vor allem unten in dem ausführlichen Kapitel zu den Ba'ale Schem in Aschkenas vorgeführt werden soll.[1180]

1177 G. Scholem, Die jüdische Mystik, S. 158; u. vgl. auch ders., Der Name Gottes und die Sprachtheorie der Kabbala, in: ders., Judaica III, S. 68; ferner auch M. Idel, The Mystical Experience, S. 41; Hajje ha-'olam ha-ba, A. Gros (Hrsg.), I, S. 111, 18, 53, 54, 94.

1178 Vgl. dazu A. E. Waite, The Holy Kabbalah, London 1924, Hertfordshire 1996, Buch X, S. 437ff; E. Bischoff, Die Elemente der Kabbalah, Berlin 1913 (Neudruck Dreieich/Wiesbaden) 1990, Teil II, Praktische Kabbalah, S. 123

1179 Bd. I, S. 348-354.

1180 Vgl. Kap. Der osteuropäische Hasidismus II.A.1.2ff; vgl. auch J. 'Aricha, Kabbala Ma'asit, Kfar-Saba 1998.

VI. Das sefirotisch-onomatologische Modell – der späte Josef Gikatilla

1. Der späte Josef Gikatilla

1.1 Gikatilla und sein Buch *Scha'are 'Ora*

Fast zwanzig Jahre waren seit der Niederschrift des oben besprochenen Buches *Ginnat 'Egos* durch den damals sechsundzwanzigjährigen Josef Gikatilla vergangen, als dieser, nunmehr fünfundvierzig Jahre alt, im Jahre 1293 sein Buch *Scha'are 'Ora, Tore des Lichtes*, oder mit dem anderen überlieferten Titel *Sefer ha-'Ora, Buch des Lichtes*[1181], verfasste. In den dazwischen liegenden Jahren hat Gikatilla seine Auffassung von der Kabbala, wenn auch nicht grundlegend, so doch wesentlich verändert. Was die Gründe für diese Veränderung seiner Sichtweise waren, ist unbekannt. Nur so viel ist deutlich, dass er offenbar mit dem gleichzeitig schreibenden, allgemein als einer der Verfasser des *Sohar* geltenden, Mosche de Leon in Beziehung stand, dessen Auffassungen denen des späten Gikatillas nahestanden. Die beiden Autoren zitieren sich gegenseitig, wenn auch ohne dies auszuweisen.[1182] Ob es diese Bekanntschaft war, die Gikatillas neue Sichtweise beeinflusste, kann man nur vermuten. Allerdings ist diese Wende Gikatillas schon früher angebahnt, wie sein vor *Scha'are 'Ora* geschriebenes Buch *Scha'are Zedek* und auch zwei weitere handschriftlich erhaltene Vorformen von *Scha'are 'Ora* zeigen.[1183]

1181 Vgl. G. Scholem, Die jüdische Mystik, S. 214.

1182 Vgl. dazu G. Scholem, Die jüdische Mystik, S. 213f.; J. Ben-Schlomo, J.B.A. Gikatilla, Scha'are 'Ora, (Edition und Einleitung), Jerusalem 1981, S. 29-31 (hebr.); zu den weiteren Ausgaben s.u. C. 1.2.

1183 Vgl. M. Idel, in: Sha'are Orah. Gates of Light. Rabbi Joseph, the Son of Abraham Gikatilla. Trsl. with an Introduction by Avi Weinstein, New York 1994, S. XXIXf. Weitere Werke Gikatillas: Sefer Perusch ha-Merkava le-Rabbenu Josef Gikatilla, Jerusalem 1995; Sefer Klale ha-Mizwot (MS); Sefer ha-Meschalim (MS), teilweise publiziert v. Davidson in Sefer ha-Jovel schel ha-Do'ar, S. 116-122; Perusch 'al ha-Tora; Perusch 'al Mirkevet Jechskel; 'Al Sod ha-Nachasch u-Mischpato, teilweise bei G. Scholem, Die jüdische Mystik, S. 437, s. u.; Scha'ar ha-Nikkud und Sod ha-Haschmal, beide in Sefer 'Arse Levanon, Venedig 1601; Perusch 'al Haggada schel Pesach; verschiedene so genannte *Sodot*, gedruckt am Ende von Sefer Hechal H' des R. Jechiel Aschkenasi; verschiedene Texte in Sefer 'Arse Levanon, Ausgabe Wilna 1899; nach: Ben-Schlomo, Scha'are 'Ora, S. 28; u. G. Scholem, Kitve Jad ba-Kabbala, Jerusalem 1930, S. 18.20.35.56; Sod 13 Ma'ajanot ha-Keter, G. Scholem, Kitve Jad, S. 19. 219-225; möglicherweise Hassagot 'al More Nevuchim; und wohl auch das Nachmanides zugeschriebene 'Iggeret ha-Kodesch, H.D. Schewel (Hrsg.), Kitve ha-Ramban, Jerusalem 1963, S. 179-186; dazu G. Scholem, Ha'im hibber ha-Ramban 'et Sefer 'Iggeret ha-Kodesch?, in: Kirjath Sefer 21 (1944), S. 179-186; ders., Reschit ha-Kabbala, Jerusalem 1948, S. 148; eine englisch-

In diesem seinem Buch *Scha'are 'Ora*, das als ein Klassiker der spanischen Kabbala gilt, hat Gikatilla den Schritt von seiner rein onomatologischen Kabbala, die er in dem oben besprochenen *Ginnat 'Egos* vorgetragen hatte, zur sefirotischen Kabbala vollzogen. Letztere hatte der Lehrer Gikatillas, 'Avraham 'Abul'afja, wegen der Vielzahl der *Sefirot*, als eine Art Polytheismus verworfen. Trotz dieser Wende zur Sefirotlehre hat aber Gikatilla seine Onomatologie nicht verlassen. Er hat sie vielmehr – mit einer Reihe von grundlegenden Änderungen – in die Sefirotlehre integriert. Die Gottesnamen sind nunmehr zu Namen der zehn Sefirot geworden und erhalten ihre Funktion vor allem vom sefirotischen System her, was im Folgenden noch deutlicher werden soll. Des Weiteren hat Gikatilla sein kabbalistisches Denken der Mythologie geöffnet, wenn auch nicht in so extremer und dualistischer Weise wie die kastilischen »Gnostiker« um Jakob ha-Kohen und Gikatillas Zeitgenossen um Mosche de Leon in ihren zum Sohar gehörenden Schriften. Ein weiteres wichtiges Moment ist schließlich noch zu nennen, nämlich die Rückholung der Tora als dem zentralen Ort jüdischer Geistesbeschäftigung. Nicht dass die anderen Kabbalisten die Tora verworfen hätten, aber Gikatilla hat in seinem *Scha'are 'Ora* einen Gedanken ins Zentrum gestellt und praktisch durchgeführt, den Nachmanides zwar schon geäußert, aber nicht mit derselben Konsequenz vollzogen hat wie Gikatilla, nämlich, dass die Tora im Grunde nichts ist als ein Gewebe aus Gottesnamen, das aus dem Tetragrammaton hervorgewachsen ist. Darum ist dieses Buch Gikatillas in weitem Maße ein Kommentar zu den biblischen Gottesnamen und anderen Texten, in denen die Gottesnamen verwendet werden.

Was die Grundstruktur des Werkes anbelangt, nimmt Gikatilla, wie der oben besprochene 'Asri'el aus Gerona, die zu seiner Zeit zunehmend verbreitete Literaturgattung des *Perusch 'Eser Sefirot*, des *Kommentars zu den Zehn Sefirot*, auf. In ihm wird der Katalog der Zehn Sefirot von Sefira zu Sefira voranschreitend mit allerlei Kommentierungen und Bemerkungen versehen.[1184] Ein solcher »Perusch 'Eser Sefirot« ist das ganze Buch *Scha'are 'Ora*, in den Gikatilla seine Onomatologie samt Kommentaren zu einzelnen Bibelstellen und Elemente einer mythologischen Kosmologie einzeichnet.

hebräische Ausgabe legte vor S.J. Cohen, The Holy Letter. A Study in Jewish Sexual Morality, trsl. with an introd., Nortvale/London 1993; zur Verfasserschaft ebd., S. 36-43; u. vgl. R. Berger, Sexualität, Ehe und Familienleben in der jüdischen Moralliteratur (900-1900), Wiesbaden 2003 (Jüdische Kultur Bd. 10), sub voce *'Iggeret ha-qodesch*; eine französische Übersetzung: Ch. Mopsik, Lettre sur la santeté – Le secret de la relation entre l'homme et la femme dans la cabale, Lagrasse 1986; ebenso Ma'amar 'al Pnimijut ha-Tora, Schewel (Hrsg.), Kitve, S. 465-470.

1184 Vgl. Kap. Kabbala III.B.2.

Gikatillas Buch ist demnach, wie auch der gleichzeitig entstehende *Sohar*, eine Synthese aus Elementen der nunmehr hundertjährigen Geschichte der Kabbala. In diesem Werk Gikatillas erhielt die Kabbala wie noch nachhaltiger im *Sohar* – die Form, die man gemeinhin mit der spanischen Kabbala identifiziert. Die Kabbala hat hier ihre klassische mehrschichtige Ausformung erhalten, welche die vorausgegangenen zum Teil in alle Richtungen tastenden Versuche auffängt und zu einer eigenen durchaus komplexen Gestalt verbindet. Das Entscheidende dieser neuen Wende zeigt sich vor allem auch daran, dass Gikatilla hier nicht mehr wie noch in seinem *Ginnat 'Egos* oder wie 'Asri'el und die anderen Kabbalisten seiner Zeit das eigene kabbalistische Denken in ein vorgegebenes philosophisches System einspannt. Die Kabbala hat sich spätestens seit diesem Buch Gikatillas zu einer eigenständigen Denkweise entwickelt, die sich nicht mehr mit philosophischen Modellen rechtfertigen musste. Das bedeutet nicht, dass die philosophischen Errungenschaften der jüdisch-kabbalistischen Theologie nunmehr über Bord geworfen wurden. Das Gegenteil ist der Fall. Vielmehr wurden sie nunmehr als Voraussetzungen im Hintergrund gehalten, vor denen sich die Sefirotlehre als nicht mehr zu hinterfragende, nicht mehr begründungsbedürftige Theologie etabliert hatte. Man könnte auch sagen, die mittelalterliche Philosophie ist in der Kabbala nunmehr konsequent judaisiert worden und bleibt nur dem philosophisch Gebildeten als Hintergrundsfolie sichtbar. Am deutlichsten ist dies natürlich bei der herrschend gebliebenen Lehre von der Emanation sowie bei der Lehre von den intelligiblen göttlichen und himmlischen Hierarchien sichtbar, außerdem bei der Auffassung von der Unerkennbarkeit und Unendlichkeit der Gottheit, wiewohl Gikatilla gerade hier einen nicht unbedeutenden Schritt zurück getan hat. Darin nämlich, dass bei ihm das *'En Sof* nicht jenseits der zehn *Sefirot*, das heißt der offenbaren Gottheit, angesiedelt ist, sondern als deren integraler Teil, wenn auch mit einer Öffnung zur Unendlichkeit hin.

1.2 Editionen und Übersetzungen von *Scha'are 'Ora*

Das Buch *Scha'are 'Ora* ist von den Kabbalisten durch die Generationen als bedeutendes Standardwerk der Kabbala betrachtet worden. Dafür sprechen die frühen Drucke in Riva di Trento 1559 und Mantua im Jahre 1561, sodann 1594 und 1600 in Krakau, 1715 und 1721 in Offenbach, außerdem 1739, 1771, 1782 und 1804 in Żółkiew, sowie 1858 in Lemberg, 1883 in Warschau, die 1960 in Jerusalem nachgedruckt wurde – aus dieser Ausgabe wird hier zitiert. Die letzte Ausgabe erschien in einem israelischen Publikumsverlag, *Sifrijat Dorot* und *Mosad Bialik*, herausgegeben von Josef Ben-Schlomo, Jerusalem 1970 und wieder 1981. Schon sehr früh fertigte der Konvertit Paulus Riccius eine lateinische Übersetzung mit dem Titel *Portae Lucis* an, die im Jahre 1515/16 in Augsburg erschienen ist und 1578 wieder in der *Ars Cabalistica* von Pistorius in 1578 in

Basel aufgenommen war. Eine englische Übersetzung legte Avi Weinstein 1994 in San Francisco (et al.) unter dem Titel *Sha'are Orah. Gates of Light* vor, umfassende deutsche Auszüge bietet Johann Maier in seinem Buch *Die Kabbalah*, München 1995.

2. Gott und die Welt

2.1 Ersetzung des aristotelischen Weltbildes durch den Kosmos der Tora und dessen onomatologische Deutung

Die oben genannte »Judaisierung« der Kabbala im Sinne einer stärkeren Rückbindung an die rabbinische Tradition und einer Befreiung aus den Strukturen der Philosophie zeigt sich bei Gikatillas Wende zunächst darin, dass er seine Onomatologie neu verortet. War sie in *Ginnat 'Egos* noch in ein aristotelisch-neoplatonisches Weltbild eingezeichnet, wird sie nunmehr an das jüdisch-rabbinische Offenbarungsmedium schlechthin, an die Tora, zurückgebunden. Nach rabbinischer Auffassung war ja die Tora für den Menschen die Erkenntnisquelle schlechthin. Das philosophische Denken seit Sa'adja hatte ihr die universalen Erkenntnisquellen der Sinneswahrnehmung, der Vernunft und der Schlussfolgerung vorangestellt, Gikatilla dreht dieses Rad zurück und erklärt die Tora wieder zum zentralen Erkenntnisort. Onomatologe, der er in seinem *Ginnat 'Egos* war, ist er auch jetzt noch geblieben, aber die Grundkoordinaten sind nun verändert. Das System, in welches jetzt die Gottesnamen eingezeichnet werden, ist nicht mehr die philosophisch-ptolemäische Kosmologie, sondern der Kosmos der Tora. Das bedeutet, wie schon gesagt, nicht, dass die zentralen philosophischen Grundaussagen hinsichtlich der Gottheit, der Emanation, des Zusammenhangs von intelligiblem und sensiblem Kosmos, nun völlig verlassen seien. Sie bleiben Grundvoraussetzungen, treten aber in den Hintergrund und weichen der Reinstallation rabbinischer Kategorien.

Gebrauchte Gikatilla in *Ginnat 'Egos* die zentralen Gottesnamen als ontologische Terminologie für ein philosophisches Weltbild, so entwirft er nunmehr eine onomatologische »Tora-Logie«, ein kohärentes System, nach dem sich die Tora als ein eigener vollkommener Kosmos darstellt, mit eigener Hierarchie, die zugleich Symbol für eine weiter nicht mehr explizierbare Wirklichkeit steht. Gerade Gikatilla hat sich mit der Frage der Symbolik grundsätzlich auseinandergesetzt und die theoretische Grundlage dafür gelegt, was Scholem mehrfach als die »Symbolik der Kabbala«[1185] apostrophierte, worauf später nochmals zurückzukommen ist.

1185 Vgl. z.B. seinen programmatischen Titel: Zur Kabbala und ihrer Symbolik, Zürich 1960.

Schon der dem Geronenser Kreis angehörige Mosche Ben Nachman (Nachmanides) hat in seinem viel gelesenen Kommentar zur Tora folgende als verbürgte Tradition apostrophierte Auffassung vom Wesen der Tora mitgeteilt:

»Außerdem haben wir eine wahrhafte Tradition, dass die gesamte Tora aus nichts als den Namen des Heiligen, Er sei gesegnet, besteht.«[1186]

Und auch sein Konventikelgenosse 'Esra aus Gerona sagte: »Die fünf Bücher der Tora sind der Name des Heiligen, gelobt sei Er.«[1187] Gikatilla hat diese Ansätze zu einem komplexen System ausgebaut, das zu erkennen und zu verstehen fürderhin das höchste Erkenntnisziel des Menschen sein müsse:

»Wisse, dass alle seine heiligen Namen, welche in der Tora genannt sind, allesamt vom Tetragrammaton (dem vierbuchstabigen Namen), der JHWH ist, abhängen. Und wenn du sagst: Ist nicht der Name *'Ehjeh* die Wurzel und die Quelle? So wisse, dass das Tetragrammaton gleich dem Stamm eines Baumes ist, während der Name *'Ehjeh* die Wurzel dieses Baumes ist, und von ihm entspringen Wurzeln und breiten sich Äste nach allen Seiten aus - und die restlichen Namen gleichen allesamt Ästen und Zweigen, die vom Stamm des Baumes ausgehen, und jeder Ast bringt Frucht nach seiner Art.
Und außer den bekannten Gottesnamen, die man nicht auslöschen darf, gibt es andere Bezeichnungen (*Kinnujim*), die von jedem Namen abhängen, wie etwa die Bezeichnungen für JHWH, welche die folgenden sind: *Nora, Nose 'Awon, 'Over 'al Pescha'*.[1188]
Die Bezeichnungen für *'El* sind: *Gadol, Rachum, Hanun*.[1189]
Und jede dieser Bezeichnungen hat weitere Bezeichnungen, die an jeder dieser Bezeichnungen hängen, und sie sind die übrigen Wörter der Tora.
So finden wir, die ganze Tora ist aus Bezeichnungen gewoben und die Bezeichnungen aus Namen. Und die heiligen Namen hängen allesamt am Tetragrammaton, und alle sind sie in ihm vereint. So findest du, dass die ganze Tora auf das Tetragrammaton gewoben ist. Darum wird sie genannt: ›To-

1186 H.D. Schewel, Perusche ha-Tora le-Rabbenu Mosche Ben Nachman, Jerusalem 1977, 3. Aufl., I, S. 6; u. vgl. G. Scholem, Der Name Gottes und die Sprachtheorie der Kabbala, in: ders., Judaica III, Frankfurt a. M. 1973, S. 28.

1187 Perusch ha-'Aggadot, MS Vatican 294, Bl. 34a; bei 'Asri'el, Perusch ha-'Aggadot, Tischby (Hrsg.), S. 138 (76); und vgl. Jakob Ben Scheschet, 'Emuna u-Vittachon, c. 19, Schewel (Hrsg.), Kitve ha-Ramban, II, S. 418; und G. Scholem, Der Name Gottes, S. 29.

1188 »Furchtbar, der die Sünden trägt, der den Frevel übergeht«; zu diesen den sogenannten 13 Middot des Erbarmens zugehörigen Bezeichnungen oder Attributen vgl. Kap. Kabbala II.1; 2.3.

1189 »Groß, erbarmend, huldvoll«.

> rat JHWH temima‹ d.h. ›Die Tora ist ein vollkommenes Tetragrammaton‹ (Ps 19,18).
> Daraus lernst du: Wenn du die Bedeutung der Heiligen Namen nach ihren Familien verstehst und du die besonderen Bezeichnungen jeder einzelnen von ihnen erfasst, dann wirst du sehen, dass alles an Seinem großen Namen, E.s.g., hängt. Und dann wirst du Verlangen und Lust haben, an Ihm zu haften und Ihn zu fürchten und zu scheuen. ›Und dann wirst du die Furcht vor JHWH verstehen und die Erkenntnis von 'Elohim finden‹ Prov 2,5). Dann gehörst du zu jenen, von denen es heißt: ›Ich werde ihn schützen, denn er kennt meinen Namen.‹ (Ps 91,14).«[1190]

Das vom *Sefer ha-Bahir* in die Kabbala eingeführte Bild vom Weltenbaum ist hier auf die Tora übertragen, wie im Folgenden noch deutlicher werden wird. Neu im Vergleich zu Gikatillas älterer Onomatologie ist, dass die lineare Hierarchie der Gottesnamen von *Ginnat 'Egos*, nach welcher ein Gottesname aus dem anderen emaniert, in *Scha'are 'Ora* hier zu einem hierarchischen Geflecht aller Gottesnamen und Gottesbezeichnungen geworden ist, die man »strukturelle Onomatologie« im Gegensatz zu jener älteren »linearen Onomatologie« nennen kann. Dieses Strukturgeflecht von Gottesnamen und Bezeichnungen und schließlich aller Wörter der Bibel, die im philologischen Sinne weder Namen noch Attribut-Bezeichnungen sind, ist die Tora.

Neben der Baum-Symbolik verwendet Gikatilla hier noch den Begriff von einem Gewebe (*'Ariga*), was tatsächlich dem lateinischen *textus* entspricht. Es ist gewiss die unten noch zu besprechende Einzeichnung der veränderten Onomatologie in das sefirotische Weltenbaum-Gefüge, welche im Vergleich zu Gikatillas früherer Konzeption eine Neubewertung der beiden zentralen Gottesnamen nach sich zog. Während er in *Ginnat 'Egos* nur einen einzigen wirklichen Gottesnamen sieht, nämlich das Tetragrammaton JHWH, der das Wesen der Gottheit ausdrückt und alle anderen Namen als *Kinnujim*, das heißt »Bezeichnungen«, betrachtet, kennt er nun mehrere wirkliche Gottesnamen. Für die Heraushebung einer Mehrzahl von Gottesnamen kann er sich auf die rabbinische Tradition berufen, welche die Gottesnamen in solche unterteilt, die ausgelöscht werden können und solche, bei denen das verboten ist.[1191] In *Ginnat 'Egos* galten alle Namen außer JHWH als sogenannte »Wirknamen«, das heißt im Sinne der philosophischen Definition[1192] als Bezeichnungen, welche das Wirken Gottes in

1190 Scha'are 'Ora, Tor I, S. 3.

1191 »Zehn Namen sind es, die zwar geschrieben, aber nicht ausgelöscht warden, 'El, 'Elohim, JHWH, JaH, 'Adonaj, Schaddaj, Zeva'ot, 'Eloah, 'elohenu, 'Elohechäm«,'Ozar Midraschim, Pirke Rabbenu ha-Kadosch, S. 513,u. vgl. bSchevu'ot 35b; jMegilla 71d.

1192 Vgl. Bd. I, S. 411ff.442ff.

dieser Welt beschreiben, wohingegen das Tetragrammaton das Wesen Gottes repräsentiert. Dies hat sich jetzt geändert. Jetzt sind alle Gottesnamen, das Tetragrammaton eingeschlossen, Namen einzelner *Sefirot* – wie unten noch dargelegt werden wird – und damit zugleich Funktionsnamen der offenbaren Gottheit.

Innerhalb dieses onomatologischen Revirements wurden nun auch die beiden schon in der rabbinischen Tradition als zentral verstandenen Gottesnamen JHWH und *'Ehje* neu verortet. *'Ehje* galt in *Ginnat 'Egos* noch als erste Übergangsstufe von dem abgehobenen und wesenhaften JHWH zu den weiter unten folgenden göttlichen Wirkungen in der Schöpfung. Dies entsprach der linear-vertikalen Onomatologie. Jetzt in der strukturalen Onomatologie, wo die Gottheit als Zehnfaltigkeit konzipiert ist, steht JHWH als Zentrum und Repräsentant der Gesamtstruktur der Sefirot in deren Mitte, während *'Ehjeh* als deren erste Spezifikation und damit Emanator der übrigen Gotteskräfte erscheint. JHWH ist der Stamm des Baumes und *'Ehjeh* dessen Wurzel. Sefirotisch gesprochen: *'Ehjeh* wird der Name der ersten Sefira. Der Name JHWH hat eine doppelte Bedeutung. Zum einen wird er der Repräsentant des gesamten Zehnersystems und ist somit ganz über die zehn Sefirot ausgebreitet – was unten noch darzustellen ist –, und zum anderen ist er als Repräsentant des Systems zugleich dessen Mitte, und das heißt die sechste Sefira, die der Stamm des Sefirotbaumes ist. Darum kann Gikatilla sagen, dass die Tora nichts anderes ist als das entfaltete Tetragrammaton. Und diese Auffassung nutzt Gikatilla zugleich, um ein Gebot der Tradition nunmehr theologisch-onomatologisch zu begründen, nämlich dass Tora-Rollen nur dann für den gottesdienstlichen Gebrauch taugen, solange sie unversehrt sind. Die sogleich noch zu besprechende Projektion der Tora auf die zehn Sefirot dient einer weiteren Bindung an die Tradition, nämlich an die Unterscheidung von positiven und negativen Geboten, das heißt Geboten und Verboten, in der Tora. In ihnen sieht Gikatilla die schon mehrfach angesprochene Unterscheidung von linker und rechter Seite innerhalb der Sefirot:[1193]

> »Wisse, die ganze Tora ist gleichsam das Mysterium der Form von JHWH, E.s.g. Denn wenn, was ferne sei, an ihr nur ein einziger Buchstabe fehlt oder hinzugefügt wird, dann ist sie nicht mehr die Tora des JHWH, weil sie dann nicht mehr die Form des Mysteriums dieses Namens ist. Und du weißt ja schon [...] dass der große Name JHWH, E.s.g., die Hauptsache und Wurzel ist, das heißt der Stamm des Baumes, während all die übrigen heiligen Namen Äste sind, die nach allen Seiten aus dem Baum hervorsprießen und all die übrigen Bezeichnungen sind auf die heiligen Namen, die Äste heißen,

1193 Vgl. Kap. Kabbala I.A.4.2; B 3.1.

aufgewoben. So ist also die ganze Tora das Maß des Mysteriums des Namens JHWH, E.s.g.
Darum bewahre dies sehr gut, denn dies ist ein wichtiges Prinzip, und so verstehst du die *Schriftliche Tora* (*Tora sche bi-khetav*), die das Mysterium seines großen Namens ist, darum wird sie auch *Baum des Lebens* (*'Ez ha-Hajjim*) genannt. [...]
Ich muss dich aber darauf hinweisen, dass die Tora eine Rechte und Linke [Seite] hat, so wie auch der Name JHWH, der ja in der Mitte steht und das ganze Heer des Himmels zu seiner Rechten und Linken. So hat auch die ganze Tora Rechts und Links. Und das ist das Mysterium der positiven und negativen Gebote, die einen zur Rechten, die andern zur Linken und die Tora in der Mitte.«[1194]

Eine hier noch fehlende, aber auch in Gikatillas System gehörende Aussage ist, dass die Tora, wie dies die Rabbinen lehrten,[1195] nicht nur aus der Schriftlichen, sondern auch aus der Mündlichen Tora besteht. Auch diese Doppelung sieht Gikatilla onomatologisch wie sefirotisch repräsentiert. Die onomatologische Beweisführung dafür ist dadurch gegeben, dass das Tetragrammaton JHWH stets mit dem Ideogramm 'Adonaj ausgesprochen wird, man folglich den Gottesnamen JHWH nur in der Verhüllung von 'Adonaj besitzt.[1196] Die sefirotische Beweisführung ist sodann, dass der Name 'Adonaj der Name der zehnten Sefira ist, die in einem bräutlichen Verhältnis mit der sechsten Sefira, das heißt mit der Schriftlichen Tora verbunden ist:

»Diese Midda [d.h. die 10. Sefira] wird stets *Mündliche Tora* genannt. Der Grund dafür ist, dass die Tora von JHWH (VI), welches die *Schriftliche Tora* ist, in dieser Midda (X) ruht, so ist die Mündliche Tora wie ein [Stifts-]Zelt oder [Tora-]Schrein für die Schriftliche Tora. Darum werden alle Mysterien und Geheimnisse und verborgenen Tiefen der Schriftlichen Tora gemäß der Mündlichen Tora erklärt. [...] Und wisse, dass die Mündliche Tora Ausfluss und Emanation ausschließlich von der Schriftlichen Tora empfängt. Und es gibt keinen Weg, in die Schriftliche Tora einzutreten, außer durch die Mündliche Tora. Und das Mysterium dessen ist, dass so wie der Name 'Adonaj keinen Ausfluss und Segen erhält außer von dem Namen JHWH, E.s.g., so

1194 Scha'are 'Ora, Tor V, S. 122.

1195 Vgl. Bd. I., S. 227-234.

1196 Da der Gottesname JHWH nicht ausgesprochen werden darf wurde schon in vorchristlicher Zeit an seiner Stelle immer das Ersatzwort 'Adonaj, Herr, gelesen, was schon die jüdisch-christliche Bibelübersetzung, die Septuaginta, bezeugt, die an dieser Stelle stets Kyrios, Herr, setzt.

> gibt es auch keinen Weg der zur Erkenntnis des Namens JHWH führt, außer durch 'Adonaj. [...] Darum brauchen sich die Schriftliche Tora und die Mündliche Tora gegenseitig und vereinen sich miteinander. Und das Symbol dafür ist dies: ›JHWH ist einer und sein Name ist einer‹ (Sacharja 14,9), das heißt JHWH und 'Adonaj sind in dem Ausruf *Eins* enthalten.«[1197]

Mit diesen Worten formuliert Josef Gikatilla ein Grundprinzip der Kabbala, nämlich dass die Tora nicht einfach ein Offenbarungsbuch, auch nicht nur ein Traditionsprinzip, ist, sondern dass beide zusammen, Schriftliche und Mündliche Tora, ontologische oder besser »theologische« Kategorien sind. Die beiden *Torot* sind zwei Aspekte der einen Gottheit. Die Tora in ihren beiden Teilen ist Gott selbst. Damit ist das alte rabbinische Tora- und Traditionsprinzip hypostasiert, ist zur gegenwärtigen Gottheit selbst geworden, sei es als Gottesname oder als Sefira, die beide dasselbe sind. Das alte rabbinische Geschäft der Toraauslegung ist hier *Gottesdienst* im eminenten Sinn geworden, ein Umgehen mit dem Göttlichen, sakramentales Tun, wie des Weiteren noch deutlich werden soll. Aus dem Gesagten wird zugleich deutlich, dass das Studium der Tora hier mit einer neuen theologisch-ontologischen Begründung zum Mittelpunkt allen menschlichen Bemühens erklärt wird, was im folgenden Kapitel noch eingehend zu betrachten ist.

2.2 Das Studium der Tora – dessen Sinn und Ziel

An mehreren Stellen seines Buches *Scha'are 'Ora* benennt Gikatilla das oben beschriebene Verhältnis des Tetragrammaton zu den übrigen Gottesnamen und Bezeichnungen mit einem Begriff, der in der weiteren Geschichte der Kabbala von großer Bedeutung bleiben wird,[1198] nämlich als »Umkleidung«, *Malbusch*:

> »Wisse, dass der Name JHWH, E.s.g., sich mit den heiligen Namen umkleidet und schmückt. Und alle heiligen Namen halten sich allesamt an der Wahrheit dieses Namens. Und jeder einzelne von ihnen bedeutet eine besondere Sache für sich. Und zwar wie folgt: Wenn der Name, E.s.g., sich über seine Welt erbarmen will und Mitleid mit ihnen haben möchte, dann umkleidet er sich mit dem Kleid (*Malbusch*) der Huld (*Hesed*) und des Erbarmens (*Rachamim*), dann bringt der große Name das Fähnlein[1199] von *Hesed* und

1197 Scha'are 'Ora, Tor I, S. 30.

1198 Zum *Sohar* s. Y. Tishby, The Wisdom of the Zohar, Oxford 1989, III, S. 1077ff.; D. Cohen-Alloro, The Secret of the Garment (Malbusch) in the Zohar, Jerusalem 1987 (hebr.).

1199 Der Begriff wird hier im »militärischen« Sinn einer Lagerordnung verwendet, wie unten noch ausführlich beschrieben wird.

> *Rachamim* (Huld und Erbarmen) hervor. Und auf diesem Fähnlein ist der Name ’El eingraviert. [...] Wenn aber der Name, E.s.g., über die Menschen wegen ihres bösen Tuns zürnt, dann bringt er das Gefäß seines Grimms hervor. Und auf dem Fähnlein des Grimm-Gefäßes ist der Name ’Elohim eingraviert, und dann zahlt er mit Gericht heim und nimmt Rache an den Menschen und bestraft sie [...].«[1200]

Die Zuordnung von Liebe und Strafe zu zwei Gottesnamen ist zwar schon rabbinisch,[1201] dort sind es die Namen JHWH und *’Elohim*, aber in der rabbinischen Terminologie bezeichnen die beiden Namen nur Handlungsweisen Gottes, der einmal streng und einmal milde verfährt. Hier dagegen sind die Namen ontologische Größen, Aspekte der Gottheit selbst, die als Wirkungen nach draußen geschickt werden. Sie stehen außerdem als Beispiele für die anderen Gottesnamen, von denen jeder eine solche besondere Wirkung hat. Die Bedeutung der in diesem Text vorgetragenen Lehre liegt jedoch noch in etwas Weiterem. Hier wird für das Geschäft des Torastudiums und der Toraauslegung ein hermeneutischer Schlüssel vorgestellt. Die Lektüre des biblischen Textes ist nun nicht mehr die Lektüre von Erzählungen und Gesetzen, in denen abwechslungsweise unterschiedliche Gottesnamen verwendet werden, die allesamt nur den einen Gott bezeichnen. Mit dem neuen hermeneutischen Schlüssel wird der Bibeltext zu einem codierten Text erklärt, in welchem jeder Gottesname und jede Gottesbezeichnung bereits mit einem vorgegebenen Code besetzt ist, den man kennen muss, um den Text überhaupt richtig verstehen zu können. Der Kabbalist braucht daher für seine Schriftlektüre ein völlig neues Metaphern- oder besser Symbollexikon, mit dessen Hilfe er den Text entschlüsseln kann. Und ein solches Symbollexikon will Gikatilla mit seinem Buch *Scha‘are ’Ora* dem Bibelleser an die Hand geben. In diesem »Lexikon« beschreibt er die Bedeutung jedes Gottesnamens und jeder Bezeichnung in ausführlichen Darstellungen. Da Gikatilla, wie gesagt, seine neue Onomatologie in die Sefirotlehre einzeichnet und seinen onomatologischen Stoff nach der Hierarchie der *Sefirot* ordnet, bietet er hier zehn onomatologische Kapitel, genannt zehn Tore, wozu unten noch Weiteres zu sagen sein wird.

Hier soll zunächst die Bedeutung der Kenntnis dieses Symbollexikons weiter verfolgt werden. Neben dem neuen Verständnis des Toratextes als Repräsentant des Göttlichen in der Hand des Menschen, hat die Kenntnis der Symbolbedeutungen vor allem auch einen eminent praktischen Sinn, wie Gikatilla in der folgenden Erörterung darlegt:

1200 Scha‘are ’Ora, Tor V, S. 92.

1201 Vgl. Bd. I, S. 238-245.

»Die Definition der Wahrheit und Tradition des Bundes ist es, dass derjenige Mensch, der seine Wünsche in Sachen der Gottesnamen erreichen will, sich mit seiner ganzen Macht um die Tora mühen muss, um die Bedeutung (*Kawwana*) eines jeden Namens von den heiligen Namen, die in der Tora genannt werden, zu erfassen, zum Beispiel 'El, 'Eloah, 'Elohim, Schaddaj, Ze-va'ot. Und der Mensch muss wissen und verstehen, dass jeder dieser Namen gleich einem Schlüssel ist für jegliche Sache, die der Mensch für jegliches und alles in der Welt braucht. Und wenn man über diese Namen nachsinnt, findet man, dass die ganze Tora und die Gebote von ihnen abhängen.
Und wenn man die Bedeutung jedes einzelnen dieser Namen kennt, dann kennt und weiß man die Größe dessen, der sprach und es ward die Welt, und man scheut und fürchtet ihn und hat Lust und Verlangen und Begehren, ihm anzuhaften aus der Erkenntnis seiner Namen, E.s.g., und dann ist der Mensch dem Herrn nahe und sein Gebet wird erhört und darüber sagt die Schrift: ›Ich will ihn schützen, denn er hat meinen Namen erkannt, ruft er mich an, so will ich ihm antworten‹ (Ps 91,14). Die Schrift sagt hier ja nicht, ›ich will ihn erhören, denn er hat meinen Namen *ausgesprochen*‹, sondern ›er hat meinen Namen *erkannt*‹. Die Erkenntnis ist die Hauptsache! Und danach [heißt es im Text erst]: ›ruft er mich an, so will ich ihm antworten‹. Will sagen: Wenn er etwas braucht, dann soll er sich auf den Namen ausrichten (seine Intention, *Kawwana*, ausrichten), von dem jene Sache abhängt.«[1202]

Das Gesagte wird sodann an Beispielen aus der biblischen Vätergeschichte illustriert. So hat zum Beispiel Jakob in der Not den *'El Schaddaj* angerufen (Gen 43), während Daniel sein Gebet um des Tempels willen an *'Adonaj* gerichtet hat (Dan 9). Es ist sicherlich nicht ungerechtfertigt, diese so beschriebene Onomatologie eine Art philosophische Erkenntnismagie zu nennen. Wo der Philosoph nur die nominellen »Wirkattribute« Gottes erkennt und diese mit den biblischen Gottesnamen in Beziehung setzt,[1203] da kann der Kabbalist seine Kenntnis von den Gottesnamen gezielt einsetzen, um seine Wünsche zu erfüllen, denn er kann über die Meditation der Namen die ihnen zugeordneten Wirkungen auslösen. Wohlgemerkt, nicht im magischen Ausruf des Gottesnamens, sondern in der mystischen Kontemplation dieses Namens, in der Ausrichtung seines Denkens auf den Namen. Vor einem solchen »magischen« Gebrauch der Gottesnamen warnt Gikatilla gleich zu Anfang seines Buches nachdrücklich und grenzt seine Meditationsmagie von der Namenmagie der *Ba'ale Schemot* (Meister der Gottesnamen) ab. Nicht dass er bestritte, durch das magische Aussprechen der Namen könne man Wunder wirken, taten dies ja sogar die früheren Weisen in Stun-

1202 Scha'are 'Ora, Tor I, S. 2.

1203 Vgl. Bd. I, S. 411ff.442ff.

den der Not, sondern er hält dies für die Generationen seiner Gegenwart nur nicht mehr erlaubt.[1204] Gikatilla will mit solchen Vorkehrungen nur eine Praxis abwehren, die schon Maimonides bekämpfte,[1205] und die später vor allem im aschkenasischen Raum verbreitet war, eben die Kunst der *Ba'ale Schem.*[1206]

Jetzt erst wird recht eigentlich die Wichtigkeit der Kenntnis von der Bedeutung der Gottesnamen ersichtlich. Erst die Kenntnis der kabbalistischen Nomenklatur und der mit ihr verbundenen innergöttlichen Funktionengeographie ermöglicht es dem Menschen, sich mit der Gottheit in Beziehung zu setzen. Ohne Wissen mag er zwar manches in guter Absicht tun, wird dabei aber wohl oder übel sein Ziel verfehlen, wozu sogleich noch ein besonders drastischer Text Gikatillas folgen wird.

Zunächst ist noch einmal festzuhalten, dass die neue Auffassung von den heiligen Texten diesen eine Bedeutsamkeit zuerkennt, die sie zuvor im Judentum nicht gekannt hatten. Aus dem Studium der Tora kann der Mensch, der auf die sich wandelnden Stellungen und Zuordnungen der Namen in den Texten achtet, die sich wandelnden Konfigurationen der Sefirot und der dadurch entstehenden Wirkungen erkennen. Der Text spiegelt ihm die Wirklichkeit des Seins wider, auf die er sich einstellen und die er sich umgekehrt auch zunutze machen kann. Denn wenn der Mensch eine Namenkonfiguration mit der richtigen Intention (*Kawwana*) liest, kann er bewirken, dass sich in der oberen Welt diese intendier-

1204 Vgl. Scha'are 'Ora, Tor I, S. 1; in Scha'are 'Ora, Tor V, S. 91 sagte Gikatilla sogar einmal, dass das Aussprechen des Tetragrammaton die oberen Welten erzittern lässt.

1205 More Nevuchim I, 61, Mose Ben Maimon, Führer der Unschlüssigen, übers. A. Weiss, Einl. J. Maier, Hamburg 1972, I, S. 226f.

1206 Zu ihnen vgl. Kap. Der osteuropäische Hasidismus II.1.2ff; vgl. ferner K.E. Grözinger, Ba'al Shem oder Ba'al Hazon, Wunderdoktor oder Charismatiker, Zur frühen Legendenbildung um den Stifter des Hasidismus, in: FJB 6 (1978), S. 71-90; Jüdische Wundermänner in Deutschland, in: Judentum im deutschen Sprachraum, ders. (Hrsg.), Frankfurt a.M. 1991, S. 190-221; Jüdische Wunderrabbiner – R. Nathan Adler und sein Kreis, in: Das aschkenasische Rabbinat, Studien über Glaube und Schicksal, J. Carlebach (Hrsg.), Berlin 1995, S. 151-163; Zwischen Wunder und Wissenschaft – der Ba'al Schem von Michelstadt, in: Frankfurter Jüdische Nachrichten, Nr. 94/95, Okt.; Seckel Löw Wormser – der Ba'al Schem von Michelstadt. Zum 150. Geburtstag, in: Aschkenas, Zeitschrift für Geschichte und Kultur der Juden, Nr. 10 (2000), S. 157-176; Wundermann, Helfer und Fürsprecher. Eine Typologie der Figur des Ba'al Schem in aschkenasisch-jüdischen Volkserzählungen, in: Der Magus. Seine Ursprünge und seine Geschichte in verschiedenen Kulturen, A. Grafton, M. Idel (Hrsg.), Berlin 2000, S. 169-192; Tsadik and Ba'al Shem in East European Hasidism, in: Polin 15, Littman Library of Jewish Civilisation, Oxford 2002, S. 159-168; Die Geschichten vom Ba'al Schem Tov, Schivche ha-Bescht, hebräischer und jiddischer Text, herausgegeben, übersetzt (beide Versionen) und kommentiert samt einer ausführlichen Einleitung, ders. u.a. (Hrsg.), Wiesbaden 1997, 2 Bde.

te Konfiguration samt der ihr inhärenten Wirkungen einstellt, die dann nach unten fließen können.

Im dritten Tor seines Buches gibt Gikatilla ein dafür besonders erhellendes Beispiel einer solchen mystischen Exegese, die uns den Ernst erkennen lässt, mit dem man nunmehr auf die verborgenen und offenbaren Beziehungen der Gottesnamen in den Texten achtet:

> »Alle Namen sind im Namen JHWH enthalten, aber von jedem Namen weiß man, was sein Handwerk ist. Wenn es [zum Beispiel] in der Schrift heißt: 'Adonaj kämpft für sie in Ägypten, dann weiß man, dass dies das Mysterium des letzten ›H‹ (ה) des Tetragrammaton ist. Und dieses ist es, welches die Kämpfe des Herrn ficht, und dieses wird 'Adonaj genannt [d.h. die 10. Sefira]. Und alle Kämpfe gewinnt 'Adonaj mit Hilfe des Namens JHWH 'Elohim Zeva'ot[1207] [Sefira 7, Hod] [...] Darum verstehe, dass der Name, der 'Elohim Zeva'ot heißt, seine Kraft in den Namen 'Adonaj ergießt, um die Kämpfe zu fechten.«[1208]

An einer anderen Stelle des Buches bringt Gikatilla ein Gleichnis, das mit unverblümter Drastik die Konsequenz dieses Schrift- und Weltverständnisses zeigt:

> »Alle Seine heiligen Namen die in der Tora genannt werden, alle sind sie im Tetragrammaton enthalten [...] und er ist der Stamm des Baumes und der Rest der Namen sind Äste und Wurzeln und Schätze und Schatzkammern und jeder von ihnen hat eine andere Wirkung als der andere.
> Das gleicht einem Schatzhaus, in dem mehrere Kammern sind. Jede Kammer ist ausgesondert für eine besondere Sache. In der einen Kammer Edelsteine und Perlen, in der anderen Speisen, in einer anderen Getränke und in einer anderen Kleidungsstücke. Und wenn der Mensch Speise braucht, und nicht jenes Zimmer kennt, in dem die Speisen sind, so kann es geschehen, daß er Hungers stirbt, obwohl die Kammern voll allen Guten sind. Und nicht, daß man ihm seine Bitte verwehrt hätte, sondern weil er nicht wußte, in welchem Zimmer die Sache ist, deren er bedarf. Und auf eben diese Weise ist auch das Erfassen Seiner heiligen Namen, E.s.g.: Es gibt Namen, die sind über das Gebet, das Erbarmen und Verzeihen gesetzt, andere über die Tränen, andere über die Ernährung und das Einkommen, andere über die Strenge, andere über die Liebe und andere über die Huld, andere über das Leben, andere über die Heilung, andere über den Wunsch nach Söhnen und Töchtern. Und wenn man beim Gebet sich nicht auf jenen Namen auszurichten versteht, welcher der Schlüssel für sein Bedürfnis ist, wer hat ihm da verursacht, daß er seinen

1207 Zu Deutsch: JHWH, der Gott der Heerscharen.

1208 Scha'are 'Ora, Tor III/IV, S. 67.

Wunsch nicht erlangt? Seine Torheit und sein Mangel an Erkenntnis!«[1209]

Die Schöpfung mit all den vielen Einzeldingen stammt nach der Auffassung Gikatillas und aller Kabbalisten, zum Beispiel, aus den sieben unteren Sefirot ab, die darum auch die sieben Tage der Schöpfung genannt werden. Sie sind es, die sie ohne Unterlass erhalten und darum sind sie für Bitten zuständig, welche die Schöpfung betreffen.

In seinem noch vor *Scha'are 'Ora,* aber nach *Scha'are Zedek* geschriebenen *Scha'ar ha-Nikkud* (»Tor von den Vokalzeichen«) bezieht Gikatilla auch die einzelnen Buchstaben des hebräischen Alphabets und die zugehörigen Vokalzeichen in das onomatologische System ein. Er vergleicht in diesem Traktat die Buchstaben mit einzelnen Arzneimitteln und Drogen, welche ja je unterschiedliche Wirkungskräfte besitzen und die von einem kundigen Arzt vermischt werden können, um eine jeweils geeignete Wirkung hervorzubringen. Und ebenso hat auch der Schöpfer bei der Erschaffung der Welt gehandelt, wobei eben die Buchstaben und Vokale seine »Drogen« waren.[1210]

2.3 Die Onomatologie im Rahmen der *Sefirot*-Lehre

Wie schon mehrfach bemerkt, zeichnete Gikatilla seine umgestaltete Onomatologie nicht mehr wie in seinem Buch *Ginnat 'Egos* in das aristotelisch-neoplatonische Weltbild des Mittelalters ein, sondern in das schon kanonische Züge annehmende System der zehn Sefirot. Mit dieser Umgestaltung werden die Gottesnamen und Bezeichnungen konsequent im göttlichen Bereich der zehn Sefirot verankert. Sie sind nicht mehr wie in Gikatillas linearer Onomatologie von *Ginnat 'Egos* sukzessive Welt-Emanationsstufen, wobei alleine das Tetragrammaton die Gottheit in ihrer Fülle repräsentierte, wohingegen *'Ehjeh* und alle anderen Namen die der Gottheit entströmten Wirkungen sind, das heißt die im aristotelisch-neoplatonischen System vorgegebenen intelligiblen Emanationsstufen. *'Elohim* und die aus ihm abgeleiteten Namen standen dann für die intelligible Welt und das damit gegebene Naturhafte. Ganz anders werden die Namen nun in der strukturellen Onomatologie verwendet. Jetzt sind alle Gottesnamen und Bezeichnungen Symbole der sefirotischen Struktur, gehören also allesamt dem göttlichen Bereich an. Gikatilla tut noch ein Weiteres, er lässt nun sogar Phänomene der erschaffenen Welt ihre Repräsentanz innerhalb der göttlichen Sefirot haben wie etwa die vier Elemente. Die Sefirotwelt, das heißt die offenbare Gottheit selbst, wird nun konsequent zu dem, was bei Plato die Ideenwelt war und noch präziser, die Sefirotwelt übernimmt die Funktion der generativen emanierenden Ideenwelt

1209 Scha'are 'Ora, Scha'are 'Ora, Tor I, S. 4a.

1210 In 'Arse Levanon, Venedig 1601, S. 39b.

der neoplatonischen Philosophie des Mittelalters, also des Intellekts.[1211] In diesem Sinne sagt er einmal: »Wisse und erkenne, dass die Gestaltung aller Formen und Wesen von diesem Ort ihre Form und Gestalt haben [...] auch alle Glieder, welche am Menschen sind, bekommen von diesem Ort die Form ihrer Gestaltung.«[1212] Diese Hereinnahme der neoplatonischen intelligiblen Ideenwelt in das sefirotische System selbst konnte man schon bei 'Asri'el aus Gerona beobachten.[1213] Hier bei Gikatilla wird sie jedoch zum umfassenden Gestaltungsprinzip seines Buches.

Die primären Symbole der göttlich-sefirotischen Struktur sind allerdings, vor den geschöpflichen Dingen wie den vier Elementen, die biblischen Gottesnamen und Bezeichnungen und im weitesten Sinne der gesamte Text der Tora. Hinzu kommen Begriffe aus der Traditionsliteratur wie *Schechina*, *Kneset Jisra'el*, aber auch Dinge aus dem Ritus und Gottesdienst wie die *Tefillin* oder die verschiedenen Schofarintonationen, die zu Neujahr erklingen und dann eben auch irdische Gegebenheiten wie Glieder des menschlichen Körpers. Darum ist es das Ziel des Buches, diese ganzen Symboläquivalenzen aufzuzeigen. All dies wirkt sich überaus konkret auf den Aufbau von *Scha'are 'Ora* aus. Das Buch ist darum in zehn Kapitel beziehungsweise »Tore« gegliedert, von denen jedes einer der zehn Sefirot gewidmet ist – die Sefirot sieben und acht werden wegen ihrer Zwillingsfunktion im Tor III/IV zusammengefasst. In jedem dieser Tore wird sodann unter stetem Rekurs auf den gesamten biblischen Text das vorgeführt, was in der Heiligen Schrift nach Auffassung des Kabbalisten über die einzelnen Sefirot, sprich Namen, gesagt wird. Die dabei erhobenen Aussagen beruhen natürlich auf der vorausgesetzten symbolischen Zuordnung von Gottesnamen und einzelnen Sefirot. Deshalb gliedert sich der Text der einzelnen Kapitel in Unterabschnitte, die zum Beispiel mit den Worten beginnen: »Das ist der Name, welcher 'Adonaj genannt wird«,[1214] »Der Name 'Adonaj wird in der Tora auch mit der Bezeichnung Beracha (Segen) benannt«,[1215] »manches Mal wird er auch Be'er Scheva' genannt«,[1216] »manches Mal wird diese Midda Mekor Majjim Hajjim (Quell des Lebenswassers) genannt«, [1217] »und diese Midda wird Zaddik genannt«,[1218] und dergleichen mehr. Das bedeutet, jedes Kapitel führt den Hauptnamen, die Nebennamen und Bezeichnungen je einer Sefira an und erklärt dann anhand von

1211 Vgl. Bd. I, S. 493ff.512f.534ff.558f.

1212 Scha'are 'Ora, Tore III/IV, S. 79.

1213 Vgl. Kap. Kabbala III. B.3.2.

1214 Scha'are 'Ora, Tor I, S. 6.

1215 Scha'are 'Ora, Tor I, S. 9.

1216 Scha'are 'Ora, Tor I, S. 11.

1217 Scha'are 'Ora, Tor II, S. 35.

1218 Scha'are 'Ora, Tor II, S. 37.

Schrifttexten, was man aus den herangezogenen Schrifttexten für die jeweilige Sefira lernen kann.

Liest man den biblischen Text mit Hilfe dieses nun entstehenden Symbollexikons, dann wird das dort Berichtete zu einer Darstellung der innersefirotischen Ereignisse, er wird ein theosophischer Text, der nicht über Irdisches, sondern nur über Göttliches berichtet.

In diesem Kontext gewinnt eine Besonderheit im neuen Denken Gikatillas eine nennenswerte eigenartige Bedeutung. Wie Gikatilla an mehreren, auch im Folgenden noch zu nennenden Stellen des Buches ausdrücklich sagt, hebt er das *'En Sof* nicht wie seine Vorgänger oder auch sein zeitgenössischer Verfasser des *Sohar* über die zehn Sefirot hinaus. Vielmehr identifiziert er das *'En Sof* mehrfach ausdrücklich mit der ersten Sefira.[1219] Damit erhält das *'En Sof* bei Gikatilla im Gegensatz zu den anderen Kabbalisten gleichfalls einen »Namen« zugeordnet, einen Namen, der in der Tora – nach modernem Verstand nur in Ex 3,14,[1220] bei der Offenbarung am Dornbusch – genannt wird, nämlich *'Ehjeh*, »Ich bin«. Diese Sonderstellung des Namens *'Ehjeh* gibt natürlich zugleich die Möglichkeit, diesen Namen nach seiner Hereinnahme in den Kreis der offenbarten Gottesnamen zugleich wieder im Sinne des philosophischen Gottesbegriffs zu entrücken, in dem Sinne, dass eben dieser Name – auch noch der zweite, das heißt *Hochma* - das Prädikat der Unerkennbarkeit und Unzugänglichkeit erhält: »Die oberste Keter (Krone), die 'En Sof genannt wird und den Namen *'Ehjeh* trägt, ist nicht erfassbar weder einem Engelsfürsten noch einem Engel und auch keinem Propheten in der Welt. Selbst unser Meister Moses der Herr aller Propheten, Friede auf ihn, sprach nur mit dem Namen JHWH [...].«[1221] Der Autor des *Sohar*, der mit Jizchak dem Blinden *'En Sof* über die zehn Sefirot hinaus entrückt, sagt darum nachdrücklich, dass die Bibel an keiner Stelle von *'En Sof* spricht, weil man über es schlechterdings nichts sagen könne. Dieser extremen Position gegenüber ist Gikatilla konservativer und lässt *'En Sof* mindestens bei der Dornbuschoffenbarung als *'Ehjeh* präsent sein, wie er auch im zehnten Tor über *Keter* sehr viel zu sagen weiß, wiewohl gerade in diesem Kapitel die genannte von *'En Sof* und *'Ehje* Identifikation nicht wiederholt wird, wo sie ja gerade zu erwarten gewesen wäre. Auch dieser ersten Sefira ordnet Gikatilla im zehnten Tor eine Reihe weiterer Bezeichnungen zu, so dass die Integration der ersten Sefira im Kreis der übrigen Sefirot wieder vollkommen erscheint.

1219 Scha'are 'Ora, Tor V, S. 126.137. Tor III/IV, 74. Tor II, 63, siehe auch Tor V, S. 87f. Tor IX, 185. Tor V, 129. Bei 'Asri'el von Gerona war ein zuweilen unbestimmtes Changieren zu konstatieren, ob das *'En Sof* über den Sefirot sei oder mit der ersten Sefira eins.

1220 Dies ist von *'Ehje 'ascher 'ehjeh*, Ex 3,13 zu unterscheiden, das Gikatilla im ganzen Buch nicht nennt.

1221 Scha'are 'Ora, Tor V, S. 137; u. vgl. S. 126 u. 3.

Die Handreichung Gikatillas zum Gang durch die biblischen Bücher beruht wie gesagt darin, dass er dem Leser in seinem Buch den neuen hermeneutischen Schlüssel des Kabbalisten zur Öffnung des biblischen Textes an die Hand gibt, und dies sind eben die jeder Sefira zugeordneten Namen und Bezeichnungen. Er tut dies innerhalb seines Textes in der Weise, dass er jedes Kapitel mit der Angabe des grundlegenden Gottesnamens nennt, welcher der jeweiligen Sefira zugehört, um im Folgenden nach der oben genannten Weise weitere Unternamen und Bezeichnungen anzuführen und mit Textauslegung zu biblischen Stellen zu erläutern. Die Grundnamen der Sefirot sind die Folgenden: I. *'Ehjeh*, II. *JaH*, III. *JHWH*, welches *'Elohim* zu lesen ist,[1222] IV. *'El*, V. *'Elohim*, VI., *JHWH*, VII. *JHWH Zeva'ot*, VIII. *'Elohim Zeva'ot*, IX. *'El Haj*, X. *'Adonaj*.

Um dem Leser seines Buches *Scha'are 'Ora* den Überblick zu erleichtern, fügte Gikatilla am Ende eines jeden Tores eine – nicht immer vollständige – Liste mit allen Gottesnamen und Bezeichnungen an, die in diesem Tor besprochen wurden, so dass man ein perfektes kabbalistisches Symbollexikon vor sich hat. Für die Sefira X gibt er 49 Namen beziehungsweise Bezeichnungen und sogar 105, wenn man die für Sefira X im zweiten Tor genannten hinzuzählt, für IX sind es 40, für VIII-VII insgesamt 19, für VI sind es 50, für V gibt er 47, für IV zählt man nur 16, für III sind es 36, für II bietet er 19 und schließlich für Sefira I erstaunliche 25. Allein diese numerische Übersicht sagt etwas über die Bedeutsamkeit der einzelnen Sefirot für den Kabbalisten aus. Es ist die Sefira X, welche als Welterhalterin, als Begleiterin Israels im Exil und als Tor zur Sefirotwelt, dem Menschen am nächsten steht und darum sein größtes Interesse auf sich zieht und somit die meisten Namen bekommt. Sodann deren Pendant, die VI. Sefira, welche als Tetragrammaton ja den Stamm des gesamten Systems bildet. Auffällig ist auch, dass der Sefira V, das heißt *Din* (Gerichtsstrenge), mehr Namen und Epitheta zukommen, als der IV., das heißt *Hesed* (Huld oder Liebe). Die Sefirot VII-VIII kommen zusammen nur auf 19 Einträge, ein Zeichen ihre Blässe, wie bei allen Kabbalisten. Den beiden Sefirot II und I sind wegen ihrer Entrücktheit weniger Epitheta zugeordnet, aber angesichts dieser immer noch erstaunlich viele. Die Sefira III, *Bina*, ist als Mutter der unteren sieben Sefirot und als Gelenk zwischen der oberen Triade und den unteren sieben erwartungsgemäß wieder gut ausgestattet.

Gemessen an der Textmenge ist das Tor zur sechsten Sefira, *Tif'eret*, das umfangreichste, was nach dem oben Gesagten über die Bedeutung des Tetragram-

1222 Wenn im biblischen Text die Gottesnamen *'Adonaj* und JHWH unmittelbar nebeneinander stehen, gilt die masoretische Anweisung, das Tetragrammaton nicht wie üblich mit dem Ideogramm *'Adonaj* auszusprechen, sondern als *'Elohim*, um ein doppeltes *'Adonaj* zu vermeiden. Zur Erinnerung an diese Anweisung wird das Tetragrammaton mit den Vokalpunkten für *'Elohim* versehen, woraus durch Unwissen das europäische *Jehova* wurde.

maton, nicht verwunderlich ist. Es ist dieses Kapitel, in welchem auch die schon angekündigte Gleichung des Tetragrammaton mit dem gesamten Zehnersystem vorgeführt wird. Bevor Gikatilla diese Gleichung im Einzelnen durchführt, betont er zum wiederholten Male die Zentralität des Gottesnamens JHWH für alle übrigen Namen und die Sefirot:

> »Wisse, dass der ausgezeichnete Name, nämlich JHWH, Er sei gesegnet, die Wurzel und die Hauptsache all seiner Namen, E.s.g., ist. Alle Namen hängen an ihm, und all die hohen Sefirot sind in ihn eingeordnet, auch alle Stufen der Welt in je ihrer Art, ebenso alle oberen und unteren Merkavot (Thronwagen) [d.h. Gottes- und Weltstufen], alle werden von ihm getragen. Auch die Buchstaben und Vokale hängen von diesem Namen ab. Und jegliches Gebilde und jegliche Rede steht in ihm, E.s.g., in alle Ewigkeiten.«[1223]

Nach dieser nochmaligen Betonung dessen, dass das Tetragrammaton Fundament und Quelle allen Seins ist, zeichnet er das Tetragrammaton in die zehn Sefirot ein, was traditionsgeschichtlich gesprochen nichts anderes bedeutet als eine Identifizierung der Onomatologie mit der Sefirotlehre. Demnach steht der Buchstabe *J* (י) für die zweite Sefira *Hochma*, das erste *H* (ה) für die dritte, das heißt *Bina*. Das *W* (ו) des Gottesnamens steht für die folgenden beiden Triaden, das heißt sechs Sefirot, was durch den Zahlwert des Buchstabens *Waw*, nämlich sechs, bestätigt wird. Das letzte *H* (ה) des Tetragrammaton steht schließlich für die zehnte Sefira *Malchut*.

Diese Zuordnung der vier Buchstaben zu den Sefirot zeigt an, dass der ersten Sefira, *Keter*, keiner von den vier Buchstaben des Tetragrammaton zukommt,[1224] eben weil sie, wiewohl den zehn Sefirot zugehörig, sich dennoch von den übrigen dadurch unterscheidet, dass sie mit dem *'En Sof* identisch ist. Aus diesem Grund kann sie nicht mit einem definierten und begrenzten, und das heißt erkennbaren, Buchstaben identifiziert werden. Deren Zugehörigkeit zum Zehnersystem ist aber andrerseits dadurch angezeigt, dass ein Hinweis auf die erste Sefira im Tetragrammaton nicht fehlt. Dieser Hinweis ist der nach oben weisende Dorn des Buchstaben Jod in der zweiten Sefira. Dieser Buchstabe, der in der genannten Weise einen Hinweis auf die erste Sefira gibt und selbst zugleich die zweite Sefira repräsentiert, ist nun nicht zufällig der kleinste Buchstabe des Alphabets, denn auch die zweite Sefira steht der ersten noch so nahe, dass sie die Fassungskraft der Menschen übersteigt. Dieser Buchstabe *Jod* ist darum ein »intellektueller formhafter Punkt, den die Geschöpfe nicht erkennen können, denn er

1223 Scha'are 'Ora, Tor V, S. 86.

1224 Die mittleren sechs sind demgegenüber explizit durch waw repräsentiert.

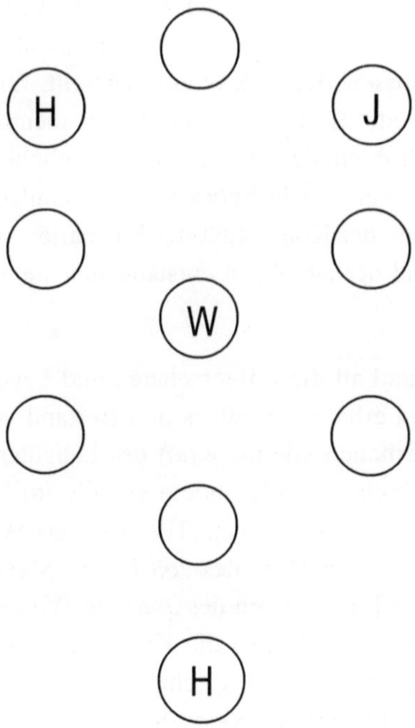

ist vor den Augen allen Lebenden verborgen, und der Mensch hat keine Befugnis, über ihn nachzusinnen, außer ihn im Glauben zu fassen, wiewohl er dessen Sein und wahres Wesen nicht verstehen und erfassen kann.«[1225] Dieses Verfahren steht natürlich in einem gewissen Widerspruch dazu, dass, wie oben schon angezeigt, die beiden ersten Sefirot nun dennoch Namen und Bezeichnungen haben. Dieser Widerspruch lässt sich nur dadurch lösen, dass man annimmt, die vier Buchstaben des Tetragrammaton seien in ihrer Repräsentanz des gesamten Sefirotsystems schlechthinnige Offenbarungsessenz der Gottheit, wohingegen die dann daraus abgeleiteten Namen eine niedrigere Wesensform besitzen. Wie immer man dieses Problem lösen mag, für den Kabbalisten scheint es keines gewesen zu sein.

Da in Gikatillas hier besprochenem System die erste Sefira mit dem Unendlichen, *'En Sof*, identisch ist, wird eine wesentliche Funktion des jüdisch-neoplatonischen Denkens hier auf die zweite Stufe, die zweite Sefira, herabgerückt. Gemeint ist eine Funktion, die ihren Ort am Schwellenpunkt zwischen Unendlichem und Begrenztem hat, nämlich der göttliche »Wille«. Es ist hier der Buchstabe *Jod*, die zweite Sefira, die bei Gikatilla den Willen repräsentiert und nicht wie etwa bei den Geronenser Kabbalisten und im *Sohar* die erste Sefira.[1226]

1225 Scha'are 'Ora, Tor V, S. 86.

1226 Scha'are 'Ora, Tor V, S. 87.88; VI, S. 147; und J. Ben-Schlomo, Josef Ben 'Avraham Gikatilla, Scha'are 'Ora, Band I, Jerusalem 1981, S. 33.

2.4 Die Kette des Seins und die Emanation

In seiner Darstellung der göttlichen, der intelligiblen und sensiblen Welt bietet Gikatilla eine konsequente Emanationslehre, die ohne Brüche und ontologische Sprünge und Disjunktionen eine geschlossene Kette des Seins darstellt. Wiewohl er, wie gerade zuvor bemerkt, die zweite Sefira mit dem Willen identifiziert, macht er aus dem damit verbundenen Problem der Ewigkeit oder Zeitlichkeit der Weltschöpfung kein Aufhebens, sowenig er – anders etwa als der Neoplatoniker Jizchak Jisra'eli[1227] – eine Unterbrechung der Kontinuität der Emanation von der Mondsphäre zu den vier Elementen und der aus ihnen entstandenen sublunaren Welt annimmt:

> »All diese *Merkavot* [Substanzen] und all diese Heerscharen und Lager sind allesamt miteinander verbunden und erhalten Ausfluss und Bestand voneinander, einer vom anderen, und so erhalten alle die Kraft des Leuchtens von *Keter* (Krone, I), und von ihr ernähren sich alle, indem sie alle im Namen JHWH, E.s.g., vereint sind, denn das Mysterium von JHWH ist das Mysterium des Schöpfers des Alls, E.s.g. Und der Dorn des *Jod* ist das Mysterium von *Keter*, und im Namen JHWH ist [dieser Dorn des *Jod*] die Wurzel, und von ihr empfangen alle *Merkavot* und alle Stufen die Kraft des Ausflusses und des Bestehens, eines aus dem anderen. Und alle schauen auf den Namen JHWH und empfangen die Kraft des Lichtes von *Keter*. So gehen alle Stufen aus dem Dorn des *Jod* hervor.
>
> Und darunter empfangen alle die Kraft der Emanation, der eine vom andern, so alle Stufen der Welt, die oberen samt den unteren, in der *Welt der Engel*, in der *Welt der Sphären*, das heißt der Himmel, der Sterne und der Tierkreiszeichen, und in der *Unteren Welt*. Alle sind sie miteinander verbunden, das eine mit dem andern, und das eine nährt sich vom andern. So finden wir, dass alle Stufen Kraft und Bestehen aus dem Dorn des *Jod* von JHWH, E.s.g., empfangen.«[1228]

Die hier gezeichnete Kette des Seins ist allerdings auch bei Gikatilla eine Welt von insgesamt vier Weltstufen. Die obere Welt ist die der Sefirot, sprich der Gottheit. Unter ihr erstreckt sich die Welt der Engel, das heißt die intelligible Welt der Intellekte, ihr folgen die Gestirnssphären und schließlich die sublunare Welt der Erde. Der Fluss der Emanation durchströmt alle vier Weltstufen gleichermaßen. Zwar gleichermaßen, aber, wie Gikatilla mehrfach betont, nicht in gleicher Weise. Denn die Welt der Sefirot ist von den drei unter ihr folgenden Welten dadurch geschieden, dass sie als die *Welt der Einheit* (*'Olam ha-Jichud*)

1227 Vgl. Bd. I, S. 509.

1228 Scha'are 'Ora, Tor V, S. 115.

gilt, während der Rest die *Welt der Trennung* (*'Olam ha-Perud*) darstellt. Das Bindeglied zwischen diesen beiden Welten ist die unterste Sefira, *Malchut* (*Königsherrschaft*), die selbst zwar noch zur Welt der Einheit gehört, aber die Trennung aus sich entlässt.

In dieser Übergangsfunktion hat die zehnte Sefira die Aufgabe *Parnas*, das heißt Ernährer der Welt, zu sein:

»Das letzte *He* [des Tetragrammaton], *Malchut*, ist das Mysterium des letzten großen Ernährers, von dem die Engelwelt, ihre Stellungen und Lager, den Ausfluss, Bestehen, Ernährung und Leben erhalten. So auch die Himmelswelt, Sonne, Mond und Sterne. So auch die Scharen der Erde, die Erze, die Pflanzen und Lebewesen nach ihrer Art. Sie alle erhalten die Kraft des Bestehens, Stehens und Lebens gemäß ihrem Bedarf von der Sefira *Malchut*, welche das Mysterium des zweiten *He* des Namen [JHWH] ist.«[1229]

Gikatilla ist bemüht, das naturwissenschaftliche Wissen seiner Zeit im Sinne seiner Weltentstehungslehre zu interpretieren. Darum geht er auch eigens auf die Herkunft der vier Elemente ein, die nach der Meinung der Philosophen der Zeit die Bausteine der körperlichen Welt waren. Nach Auffassung mittelalterlicher Philosophen gingen die vier Elemente, wie dies zum Beispiel Jizchak Jisra'elis Pseudo-Aristoteles schreibt,[1230] aus der Bewegung der Sphären hervor. Diese Bewegung erzeugt Wärme, woraus das Feuer entstand, durch Entfernung von den Sphären kühlte sich das Feuer ab und wurde Luft, aus ihr schließlich entstanden entsprechend Wasser und Staub. Ihre Vermischung bringt die Körper der sublunaren Welt hervor.

Nach Gikatilla sind die Elemente auf einer erheblich höheren Stufe angesiedelt, nämlich in der sefirotischen Welt, die ja, wie schon vermerkt, die »Ideenwelt« schlechthin ist. Er siedelt sie in den sogenannten »Sieben Tagen der Schöpfung« an, das heißt in den sieben unteren Sefirot:[1231]

»Das Element Wasser ist in der Midda *'El* [*Hesed* = IV] enthalten.
Das Element Feuer ist in der Midda *'Elohim* [*Din* =V] enthalten.
Das Element Wind ist im Namen *JHWH*, E.s.g. [*Tif'eret* = VI] enthalten.
Und das Element Erde ist in der Midda, die *'Adonaj* heißt [*Malchut* = X] enthalten.«[1232]

1229 Scha'are 'Ora, Tor VIII, S. 180.

1230 Vgl. Bd. I, S. 511ff.

1231 Schon die Burgos-Version des *Sefer ha-'Ijjun* gibt den vier Elementen einen ähnlichen intelligiblen Ursprung, nämlich in den »vier Lagern der Schechina«, welche durch die vier Erzengel Michael, Gabriel, Uriel und Rafael repräsentiert werden. S. Verman, Contemplation, S. 230.

1232 Scha'are 'Ora, Tor V, S. 118; u. vgl. S. 119.

Die drei ersten Elemente entsprechen demnach der innergöttlichen Dualität von Liebe (IV) und Strenge (V) und deren Ausgleich in Erbarmen (VI), während das Element Erde (X) mit der Sammlerin der oberen Kräfte und zugleich Schöpferin der Welten identifiziert wird. Der Ursprung der irdischen Elemente sind demnach die entsprechenden göttlichen Aspekte, was die oben schon herausgestellte monistisch-emanative Weltsicht Gikatillas nochmals nachdrücklich unterstreicht.

Den Nachweis dieses umfassenden inneren Zusammenhangs führt Gikatilla an anderer Stelle ein weiteres Mal mit Hilfe der Onomatologie. Dabei führt Gikatilla den alles verbindenden Faden direkt auf das Tetragramm zurück, das ja der Stamm und Inbegriff allen Seins ist. Das Tetragrammaton, so legt er dar, hat ja die vier Buchstaben JHWH, die sich, wenn man das »J« am Anfang fest stehen lässt, in insgesamt drei verschiedenen Konstellationen darstellen lassen: 1. JHWH, 2. JHHW, 3. JWHH. Dasselbe lässt sich durchführen, wenn man den zweiten Buchstaben des Tetragrammaton an die Spitze stellt: 1. HWHJ, 2. HWJH, 3. HHJW. Ebenso kann man schließlich unter Voranstellung des W und des zweiten H verfahren. Gikatilla kommt dabei zu dem Resultat, dass jedem der vier Buchstaben ein »Fähnlein« Permutationen mit je drei Gliedern beziehungsweise Siegeln zugehört, was insgesamt zwölf Siegel ergibt:

Fähnlein I.	*J*HWH	*J*HHW	*J*WHH
Fähnlein II.	*H*WHJ	*H*WJH	*H*HJW
Fähnlein III.	*W*HJH	*W*HHJ	*W*JHH
Fähnlein IV.	*H*JHW	*H*JWH	*H*HWJ[1233]

Diese zwölf Siegel des Tetragrammaton, gegliedert nach vier Fähnlein, entsprechend der israelitischen Lagerordnung in der Wüste (Num 2), haben nun ihre folgenden soziologischen, kalendarischen, astronomischen und räumlichen Entsprechungen:

»Das sind die zwölf Stämme der Jakobssöhne nach vier Fähnlein gegliedert:

Fähnlein I:	Jehuda	Issachar	Sebulon
Fähnlein II:	Ruben	Simeon	Gad
Fähnlcin III:	Efraim	Manasse	Benjamin
Fähnlein IV:	Dan	Ascher	Naftali.

1233 Des Permutationsprinzip geht wie folgt: FI: 1234 - 1243 - 1342. FII: Hier wird zunächst das H vorangestellt, dann die übliche Buchstabenfolge beibehalten und das entfernte J hintangestellt. Nummeriert man die Buchstaben dieser neuen »Namenform« nun wieder mit 1234, so folgen die beiden nächsten Glieder wieder mit der Reihenfolge: 1243 und 1342. FIII: W wird vorangestellt, dann die übliche Buchstabenfolge, nämlich W (zweites) H und von vorne JH. Nummeriert man den neuen Namen wieder mit 1234, so folgen wiederum 1243 und 1342. FIV: Das zweite H wir vorangestellt, der Rest folgt in der üblichen Buchstabenfolge, dies wieder als 1234 nummeriert dem dann 1243 und 1342 folgen.

Dies sind die zwölf Monate nach zwölf Tierkreiszeichen, nach zwölf Richtungen des Raumes,[1234] nach vier Jahreszeiten:

Jahreszeit I:	Nisan	Ijjar	Siwan
Jahreszeit II:	Tammus	'Av	'Ellul
Jahreszeit III:	Tischre	(Mar)Cheschwan	Kislew
Jahreszeit IV:	Tevet	Schevat	'Adar.«[1235]

Aus dem folgenden Text ergibt sich noch die Tierkreiskonstellation:

I. Herrschaft in der Jahreszeit Nisan:	Widder	Stier	Zwillinge
II. Herrschaft in der Jahreszeit Tammus:	Krebs	Löwe	Jungfrau
III. Herrschaft in der Jahreszeit Tischre:	Waage	Krebs	Schütze
IV. Herrschaft in der Jahreszeit Tevet:	Steinbock	Wassermann	Fische.

Zur letzten Tabelle ist nur noch zu bemerken, dass die vier genannten Monatsnamen hier die vier Jahreszeiten bezeichnen, an deren Haupt sie stehen, also Frühjahr, Sommer, Herbst und Winter.

Im Anschluss an diese Entsprechungstabellen hebt Gikatilla noch hervor, dass der Erzvater Jakob die Stämme mit je dem ihnen zugehörigen Siegel des Tetragrammaton gesegnet hat, und dass die zwölf Edelsteine auf dem Brustschild[1236] des Hohenpriesters diese ganze ontologische Struktur gleichfalls widerspiegeln.[1237] Bei der Erörterung des dem Neopythagoräismus nahestehenden *Sefer Jezira* war dargestellt worden, dass der Autor die drei Buchstabengruppen des Alphabets, von drei, sieben und zwölf Buchstaben im Kosmos, in der Zeit und im Menschen als Strukturmerkmale wiederfand. Gikatilla geht noch einen Schritt weiter. Für ihn liegen hier nicht nur Strukturparallelen vor, sondern emanatorische Zusammenhänge, und im Falle des Erzvatersegens außerdem theurgische. Dies wird aus der folgenden Darlegung Gikatillas deutlich:

> »Denn der Name, E.s.g., hat Jakob und seine Söhne in der Ordnung einer vollkommenen Merkava [sefirotische Welt] angeordnet, die mit seinem wahrhaften Namen, E.s.g., eins ist.
> Siehe ich will dir Geheimnisse offenbaren:
> Du weißt ja schon, dass die Tierkreiszeichen (*Massalot*) zwölf sind. Und von ihnen kommt die Kraft zu den zwölf Monaten des Jahres. Jedes Tierkreiszei-

1234 Die Zwölfzahl sind die zwölf Verbindungslinien eines Hexaeders.

1235 Scha'are 'Ora, Tor V, S. 130.

1236 Vgl. Ex 28,15ff.

1237 Vgl. Scha'are 'Ora, Tor V, S. 131.

chen ist den Bedürfnissen seines Monats zugeordnet. Aber den Tierkreiszeichen und Monaten kommt die Kraft, das Bestehen und die Nahrung vom Namen JHWH, E.s.g., zu, und zwar auf folgende Weise:
Wisse, dass die zwölf Tierkreiszeichen am Himmel, von denen sich die unteren Geschöpfe nähren, die Kraft von den zwölf Siegeln bekommen, in denen sich der große Name JHWH, E.s.g., verwesentlicht und eins ist. Und diese zwölf Siegel findest du in vier Lagerfähnlein, und so findest du auch im Jahr vier Jahreszeiten. Und gleichermaßen findest du in Israel zwölf Stämme und vier Lagerfähnlein – in der Form der zwölf Siegel des Namens und seiner Fähnlein.«[1238]

Nach diesem soeben zitierten Text bietet Gikatilla die oben dargestellten Entsprechungstabellen. Und nach ihnen fasst er zusammen und sagt:

»Wenn du diese Tabelle betrachtest und gut studierst, wirst du finden, dass sich von diesen zwölf Siegeln des ausgezeichneten Namens und seinen vier Fähnlein alle Geschöpfe ernähren. [...] So siehst du mit deinen eigenen Augen, dass alles am Namen JHWH, E.s.g., hängt. Und die Form der zwölf Stämme Israels und ihre vier Fähnlein kommen aus der Kraft der Form der zwölf Siegel und ihrer vier Fähnlein. [...]
Und auch die zwölf Tierkreiszeichen am Himmel können auf Erden nichts bewirken, außer gemäß der Kraft das jedes Tierkreiszeichen (*Massal*) vom ausgezeichneten Namen empfängt, denn jedes der zwölf Tierkreiszeichen empfängt die Kraft von seinem Siegel des Namens JHWH, E.s.g., jedes von einem bestimmten Siegel.«[1239]

Um das Verständnis des Lesers sicherzustellen, betont Gikatilla in seiner Darstellung dieser Zusammenhänge noch einmal ausdrücklich, dass zum Beispiel »die Jahreszeit [*Nisan*] den Ausfluss (*Schefa'*) vom Buchstaben *Jod* des ausgezeichneten Namens, erhält, der drei Siegel hat.«[1240] Das oben schon Gesagte, dass Gikatilla in der Welt einen durchgängigen Strom der Emanation sieht, der von der Gottheit ausgeht und die ganze Welt durchzieht, wird also auch bei dieser Erörterung nochmals mit aller wünschenswerten Deutlichkeit unterstrichen. Gikatilla kommt an vielen Stellen seines Buches auf die theologisch-kosmologische Emanationsthematik zurück, beschreibt sie zuweilen mit mehr sefirotischem, zuweilen mit mehr onomatologischem Akzent, aber doch stets so, dass der Emanationsstrom von der ersten Sefira, die zugleich *'En Sof* ist, bis

1238 Scha'are 'Ora, Tor V, S. 130.
1239 Scha'are 'Ora, Tor V, S. 130f.
1240 Scha'are 'Ora, Tor V, S. 131.

herab zu den niedrigsten Seinsstufen reicht.[1241] Was bisher für die kosmische Ebene gezeigt wurde, soll zum Abschluss dieses Kapitels wenigstens noch an einem sefirotischen Beispiel vorgeführt werden. Dazu sagt Gikatilla im ersten Tor zur zehnten Sefira:

»Wisse, dass dies der Name *'Adonaj* ist. Er ist der große Palast, dem allerlei Ausfluss und Emanation zufließt, vom Haupte der *Keter*, die *'Ehje* genannt wird, über *Tif'eret*, die *JHWH* genannt wird. Und in ihr verbinden sich alle Bäche, die aus den dreizehn Stufen von *Keter* herabfließen und von den 32 Pfaden der *Weisheit* und von den 50 Toren der *Bina* (Einsicht) und von den 72 Brücken, die von den Wassern der *Hesed* fließen, und von den 42 Arten von Feuerslohen, die aus *Gevura* kommen. Und von den 70 Kanälen, die durch die mittlere Säule laufen. Und all diese Stufen und Pfade und Tore und Brücken und Feuerarten und Kanäle rollen dahin und erreichen *Nezach* und *Hod*, und sie verbinden sich in der Midda *'El Haj*, die *Jesod* genannt wird. Und von da zum *Brunnen*, das heißt, von der Midda *Jesod* treten sie alle in den oberen Teich ein, der *'Adonaj* genannt wird.«[1242]

Die im Zusammenhang mit der neoplatonischen Emanationslehre viel apostrophierte Metapher der Quelle, die ohne Unterlass Wasser hervorsprudelt, ist hier mit einer Plerophorie eingesetzt, die kaum zu überbieten ist. Allerdings sollte man dabei nicht von Metaphern reden. Für Gikatilla wird mit dieser Begrifflichkeit eine Wirklichkeit beschrieben, für welche die irdischen Phänomene Wasser, Bäche, Teiche etc. Symbole sind, die für eine Wirklichkeit stehen, die anders nicht auszudrücken ist. Symbol und Wirklichkeit sind hier zum Weiteren durch die Emanation miteinander verbunden, welche aus der Welt der »Ideen« und Formen das herabströmen lässt, was in ihr in höchster Form vorhanden ist und auf der Erde in irdischer Gestalt erscheint.

Gikatilla packt in diese Beschreibung sogleich eine ganze Reihe Traditionsmaterial, da sind die 13 *Middot* des Erbarmens Gottes aus Exodus 34, die ganz der ersten Sefira zugehören. Die 32 Pfade der Weisheit kamen ihm aus dem oben schon besprochenen *Sefer Jezira* zu.[1243] Die fünfzig Tore der Weisheit bezeichnen die Fülle der Weisheit, von der Moses auch nur 49 gezeigt wurden.[1244] Die 72 huldvollen Ströme aus *Hesed* (Huld) leiten sich vom Zahlwert dieses Wortes ab und stehen in Beziehung zu dem aus Ex 14,19-20 gewonnenen zweiundsieb-

1241 Vgl. z.B. Scha'are 'Ora, Tor I, S. 8.9; Tor V, S. 80. 125.

1242 Vgl. Scha'are 'Ora, Tor I, S. 32.

1243 Vgl. Kap. Sefer Jezira 4.

1244 bRosch ha-Schana 21b (Übersetzung Goldschmidt, Bd. III, S. 584; u. vgl. L. Ginzberg, The Legends of the Jews, Philadelphia 1968, Bd. IV, S. 130; VI, S. 284; III, S. 149.

zig-buchstabigen Gottesnamen,[1245] die 42 sind gleichfalls ein traditioneller Gottesname mit eben so vielen Buchstaben, der aus Ex 1,1 gewonnen wird. Die 70 Kanäle spielen wohl auf die 70 Gottesnamen an, die Gott nach einer alten mystischen Tradition dem Oberengel Metatron verliehen hatte, und der darum *JHWH ha-katan* , »der kleine JHWH«, hieß.[1246]

2.5 Funktionen der *Sefirot*

Die zehn Sefirot repräsentieren gleichsam die göttliche »Person«, die wenigstens hinsichtlich ihrer unteren Teile »Adam«, Mensch, genannt werden kann.[1247] Und so wie bei einer menschlichen Person jedes Glied am Körper seine spezielle Funktion hat, das Ohr das Hören, die Hand das Greifen, der Fuß das Gehen und so weiter, so hat auch jede der Sefirot am göttlichen »Körper« seine spezielle Funktion.[1248] Gikatilla bietet diesen Vergleich als einen, der für das Verständnis der sefirotischen Struktur unabdingbaren an, wenn er auch zugleich betont, beides, das heißt menschlicher und göttlicher Körper, seien nicht wirklich zu vergleichen, vielmehr sei das Ganze nur als *Siman* (סימן), als Zeichen oder Symbol, für das nicht eigentlich Benennbare zu verstehen.[1249]

Das oben angeführte Gleichnis vom Schatzhaus voller Güter, in dessen verschiedenen Kammern je unterschiedliche Güter zu finden sind, ist ein weiteres Beispiel für dieses funktionale Verständnis der Sefirot-Welt. Das Ziel des gesamten Buches ist es darum, solche Funktionen der einzelnen Sefirot oder zusammenwirkender Sefirotgruppen zu beschreiben. Hier sollen dafür nur noch einige wenige, besonders prägnante Beispiele folgen.

2.5.1 Gottes Herrschaft als Gericht

Ein oft wiederholtes Thema in *Scha'are 'Ora* ist das der göttlichen Herrschaft über die Welt durch das Gericht. Hier bei Gikatilla wird das vorweggenommen, was dann im *Sohar* und in Mosche Cordoveros *Pardes Rimmonim* als breit ausgefächerte himmlische Gerichtshierarchien beschrieben wird, wovon in meinem Buch *Kafka und die Kabbala* ausführliche Beispiele in Übersetzung gegeben

1245 Zu ihm und dem folgenden (42), s. L. Blau, Das altjüdische Zauberwesen, Budapest 1898 (Neudruck: Westmead etc. 1970), S. 137ff.; und J. Trachtenberg, Jewish Magic and Superstition, New York 1974, S. 90ff.

1246 Vgl. Bd. I., S. 344f.

1247 Vgl. Scha'are 'Ora, Tor III/IV, S. 78; I (Hakdama), S. 4.

1248 Vgl. Scha'are 'Ora, Tor I, S. 5.

1249 Vgl. Scha'are 'Ora, Tor I, S. 5; I (Hakdama), S. 4; I, S. 23.

werden.[1250] Auch die häufige Wiederkehr des Themas der sefirotischen Gerichtshäuser rückt diese Vorstellung von Gottes Herrschaft in Gestalt des Gerichtes als zentralen kabbalistischen Topos in den Vordergrund. Hier soll zunächst ein Beispiel für diese Thematik folgen, in welchem die Gerichtsthematik in den Kontext des gesamten sefirotischen Systems gestellt ist, während an vielen weiteren Stellen die drei für das Gericht speziell zuständigen Sefirot *Bina* (III), *Din* (V) und *Malchut* (X) fokussiert werden. Doch hier zunächst die umfassendere Beschreibung:

»Wer das Mysterium der Geheimnisse der Merkava [d.h. der zehn Sefirot] hinsichtlich der Namen und Bezeichnungen kennt, wird das Mysterium des *Oberen Gerichtes* verstehen, auch, welche Midda [Sefira] es ist, die als Verteidigerin und welche als Anklägerin fungiert, und welche zwischen ihnen ausgleicht. Der wird auch verstehen, was wir sagten, dass es unterhalb von *Keter* keine Midda gibt, die nicht mit einer anderen Midda vermischt ist, der wird auch verstehen, wie sich die Merkavot [Sefirot] allesamt eine in die andere ergießen. Der wird auch verstehen, warum die Namen und die Elemente zwar in drei geteilt und doch zugleich vier an der Zahl sind, so auch die Aufteilung der Buchstaben des großen Namens, die zwar drei, aber insgesamt doch vier sind.
Wisse, die Aufteilung der Buchstaben des Namens, E.s.g., zerfällt in drei, die zugleich vier sind, und ebenso die Elemente, sie sind drei und doch zugleich vier. Der Grund dieser Aufteilung bezüglich der Elemente ist der: Das Wasser steht gegenüber dem Feuer und die Luft gleicht zwischen ihnen aus, und die Erde ist das Gefäß, das sie alle drei empfängt. Und gemäß dem, ob eines dieser drei Elemente in der Erde dominiert, geschieht die Wirkung in [und auf] der Erde.
Ebenso entsprechen die drei Buchstaben JHW, sie seien gesegnet, den Namen *'El, JHWH* und *'Elohim*. *'El* steht gegenüber *'Elohim*, und *JHWH* gleicht zwischen ihnen aus, und *'Adonaj*, welches die letzte Midda ist, ist das Gefäß, das diese drei Namen empfängt. Und gemäß der Dominanz eines dieser drei Namen geschieht die Wirkung in *'Adonaj*.
Und zwar so: Wenn die Midda Huld (*Hesed*), das heißt *'El*, über einen oder alle Erdenbewohner erstarkt, so führt die Midda *'Adonaj* es durch, und sie tut demjenigen wohl, gemäß dem, wie das Urteil gefällt wurde, wie oben gesagt. Wenn aber die Midda von *Din* (Gerichtsstrenge), das heißt *'Elohim*, dominiert, so führt *'Adonaj* es durch, und sie straft den, dem es gebührt, gemäß dem, wie das Urteil ausfiel. Und das ist es, was in der Schrift geschrieben

1250 K.E. Grözinger, Kafka und die Kabbala, Frankfurt a. M. (1992) 1994 und die erweiterte vierte deutsche Neuausgabe in Berlin und Wien 2003; jeweils im Anhang.

steht: ›Es sprach der Mann, der 'Adonaj des 'Arez (der Herr des Landes)‹ (Gen 42,30.
Und wenn du dies verstehst, dann verstehst du *Keter 'eljon* (die höchste Krone, I), die *'Ehje* genannt wird, die ganz Erbarmen ist, und die nur ausströmt und nicht empfängt. Und dann verstehst du das Mysterium von *'Adonaj*, der letzten Sefira, die ganz *Din* (Gericht) ist, denn sie empfängt nur und emaniert nicht [auf ihresgleichen] [...].
Das Mysterium der letzten Sefira ist, dass sie empfängt, und nicht auf ihresgleichen emaniert. Aber auf alles, was unter ihr ist, emaniert sie, darum heißt sie *'Adonaj* (Herr).[1251]
Und wenn ich sagte, sie sei ganz *Din* (Gericht), so bedeutet das, sie ist so von ihrem wahren Wesen her, aber wenn sie von den Sefirot über ihr erfüllt wird, dann richtet sich alles nach der jeweiligen Füllung, ist es Huld, dann Huld, wenn *Din* (Gericht), dann Gericht, wenn Erbarmen, dann Erbarmen.«[1252]

Zunächst ist es wert, auf die typische hier verwendete Rede- und Denkweise des Kabbalisten zu achten. Er kann dasselbe in verschiedenen Sprachebenen oder Nomenklaturen sagen, sei es mittels der einzelnen Buchstaben des Tetragrammaton, sei es mittels ganzer Gottesnamen, sei es mittels der Sefirot oder aber in uns verständlicher anthropomorpher Redeweise als Huld, Gericht oder Erbarmen. Dies kann zuweilen, wie schon mehrfach zu beobachten war, mit nur einer der Sprach ebenen geschehen oder aber, wie meist, unter geordneter Parallelität, wobei stets auf die Äquivalenzen hingewiesen wird. Gewöhnlich aber, und dies wird dann in ganz besonderem Maße für den *Sohar* gelten, werden die verschiedenen Terminologien miteinander vermischt, ohne dass der Übergang von der einen zur anderen Sprachebene eigens vermerkt würde. Solche Texte wird dann nur noch der verstehen, der im Symbollexikon des jeweiligen Kabbalisten firm ist.

Doch nun zum eigentlichen Inhalt des Textes: In ihm wird beschrieben, wie die Herrschaft Gottes über die Welt als ein Zusammenspiel verschiedener Sefirot zustandekommt, als ein Wechselspiel der innergöttlichen Kräfte, die je nach Umständen und Mischung eine andere Wirkung nach unten transportieren. Die unterste Sefira ist dann diejenige, welche das innergöttliche Konzert nach unten weitergibt. Sie ist das eigentliche Exekutivorgan, welche die in sie ergossene Mischung der Welt mitteilt. Entscheidend bei diesem Kräftespiel ist dabei zunächst die mittlere Triade, deren Kräfte als Fürsprecher, Kläger und Ausgleicher erscheinen, als Huld und Liebe (IV), als strenges Gericht (V) und als ausgleichendes Erbarmen (VI). Onomatologisch gesprochen sind dies die Gottesnamen 'El, 'Elohim und JHWH. Die erste *Sefira Keter* ist dieser Triade gegenüber reine

1251 Weil sie dadurch »Herr der Welt« ist.

1252 Scha'are 'Ora, Tor I, S. 119.

Liebe und Erbarmen, erst unter ihr beginnt die Vermischung mit dem Gegensatz der Liebe, das heißt dem strengen Gericht. Ihren Anfang hat die Vermischung in *Bina* (III) und ihre Ursache in *Hochma* (II), wozu im Kapitel über die Herkunft des Bösen noch einiges zu sagen sein wird.

Im fünften Tor geht Gikatilla in noch weitere Details des innersefirotischen Gerichtsverfahrens, wobei er dort zugleich zu einer mehr mythologischen Sprache greift. Gerade bei dieser zusätzlichen Verwendung des Mythos, um etwas zu sagen, was auch sefirotisch oder onomatologisch ausdrückbar wäre, wird nochmals unterstrichen, dass die Gottesnamen und Bezeichnungen nicht einfach »Namen« im Sinne des aristotelischen Universalien-Nominalismus sind, sondern dass sie ganz im Sinne des platonisierenden Universalienrealismus als reale und existierende Kräfte verstanden werden und nicht nur als logische Deduktionen des menschlichen Verstandes. Schon aus dem soeben angeführten Text wurde deutlich, dass die drei Sefirot *Hesed* (IV), *Din* (V) und *Rachamim* (VI), vertreten durch die drei Gottesnamen 'El, 'Elohim und JHWH, die eigentlichen Akteure im göttlichen Gericht sind, wobei Gikatilla im sechsten Tor[1253] betont, vor allem die Sefira namens *'Elohim*, das heißt *Din*, trage die Bezeichnung *Bet Din schel Ma'ala*, »Oberes Gericht«. Und dieses Obere Gericht, so fährt er fort, besteht wie weiland im Jerusalemer Tempel aus einem großen Senat von 71 Mitgliedern, dem großen Sanhedrin, und drei weiteren kleinen Senaten von je 23 Mitgliedern. Diesem Oberen Gericht steht sodann das *Bet Din schel Mata* (das »Untere Gericht«) gegenüber, welches die zehnte Sefira ist.[1254] Die erwähnte mythologische Beschreibung des sefirotischen Gerichtsablaufes eröffnet Gikatilla wiederum mit einer Tabelle,[1255] in welcher den drei genannten am Gericht beteiligten Namen je neun Bezeichnungen beigefügt werden, so dass man ein onomatologisches Gerichtsgremium von drei »Namen« zuzüglich drei mal neun »Bezeichungen« erhält:

1253 Scha'are 'Ora, Tor VI, S. 147.

1254 Scha'are 'Ora, Tor I, S. 18; V, S. 106.119.132.

1255 Scha'are 'Ora, Tor V, S. 105.

'Elohim, Links	*JHWH*, Mitte	*'El*, Rechts
Gewaltig (*'Adir*)	Furchterregend (*Nora*)	Groß (*Gadol*)
Richter (*Schofet*)	Schuld vergebend (*Nose 'Awon*)	Erbarmend (*Rachum*)
Rechtsprecher (*Dajjan*)	Missetat übergehend 'Over 'al Pescha'	Gnädig (*Hanun*)
Stark (*Hasak*)	Treue (*Emet*)	Stark (*Hasin*)
Gewaltig an Macht (*Kabir Koach*)	Höhe (*Marom*)	Langmütig (*'Erech 'Appajim*)
Kriegsmann (*'Isch Milchama*)	Erhaben (*Ram*)	Huldreich (*Rav Hesed*)
Held (*Gibbor*)	Huld bewahrend (*Nozer Hesed*)	Heilig (*Kadosch*)
Schuld heimzahlend (*Poked 'Awon*)	Ewig Thronender (*Schochen 'ad*)	Fromm (*Hasid*)
Vergeltung übend (*Meschallem Gemul*)	Heilig (*Kadosch*)	Vergebend (*Soleach*)

Die Zuordnung der je neun Bezeichnungen zu den drei Namen entsprechen dem bisher gezeichneten Bild. Die Bezeichnungen für *'El* auf der rechten Seite wollen allesamt Gottes Liebe und Vergebung ausdrücken, während *'Elohim* die strafenden Attribute erhält. JHWH in der Mitte erhält Attribute, welche den Ausgleich der beiden Extreme ausdrücken wollen. Der aufmerksame Leser wird in dieser Tabelle die schon oben im Kapitel zu den *'Ijjun*-Texten[1256] aufgeführten dreizehn Attribute des Erbarmens Gottes aus Exodus 34,6-7 wiederentdeckt haben. Im Anschluss an diese zunächst nur als Namenliste erscheinende Tabelle beschreibt Gikatilla den Ablauf des sefirotischen Gerichtes, in den alle hier genannten Namen und Bezeichnungen involviert sind:

»Durch diese [Namen] wird jegliches Gerichtsverfahren vollendet, das droben im Großcn Gericht von 71 Mitgliedern durchgeführt wird. Aber auch in den übrigen Gerichten, gleichermaßen in den unteren, dort richtet man mit diesen 30 Beteiligten. Und du musst wissen, dass über das Mysterium dieser Anordnung geschrieben steht: ›Ich sah JHWH auf seinem Throne sitzen und das ganze Heer des Himmels stand bei ihm [zur Rechten und zur Linken]‹ (1. Könige 22,19). [...] Die hier genannten Himmel sind das Mysterium der beiden Namen, die Himmel genannt werden, nämlich 'El und 'Elohim. [...] Also das Heer von 'El und 'Elohim steht vor ihm zur Rechten und zur Linken, wie

1256 Vgl. Kap. Kabbala II.1; 2.3.

oben in der Tabelle dargestellt. Denn die ›Bezeichnungen‹ von 'El argumentieren und wenden [die Sache] zur verdienstlichen Seite [...] und die Bezeichnungen von 'Elohim tragen die Schuld vor [...].
Nachdem diese beiden Abteilungen zur Rechten und zur Linken ihre Argumente vorgetragen haben, verurteilt man den Angeklagten im Gericht der 71 Mitglieder, an einem Ort, der zwischen dem großen Namen JHWH und dem Namen 'Elohim angesiedelt ist. Zwischen diesen beiden Namen ist droben die Quaderhalle[1257] plaziert, das heißt an dem Ort, an dem die ganze Welt gerichtet wird.
Und nachdem die von Rechts und Links argumentiert haben, bezieht man den großen Namen der Mitte, das heißt JHWH, E.s.g., mit ein, um das Urteil zu sprechen, sei es zum Leben, sei es zum Tod, sei es zum Guten, sei es zum Bösen. Dann entscheidet man und fällt das Urteil. Und dann fertigt die Seite, welche 'Elohim heißt, das Urteil aus.
Und dort stehen die Zeugen, die Richter und die Wachleute. Und wenn man das Urteil vollstrecken will, dann schickt man die Urteilsurkunde durch Engel, welche Wachleute genannt werden, zum Unteren Gericht, das *'Adonaj* heißt. Und dann wird das Urteil in der Welt unten vollstreckt.
Und du musst wissen, dass der Ort, an dem man richtet, zwischen JHWH und 'Elohim liegt, und der größere Teil dieses Ortes liegt im Bereich von 'Elohim.
Außer dem Gericht von 71 Mitgliedern gibt es an den Orten, an welchen die Erdbewohner gerichtet werden, noch drei Gerichte von 23 Mitgliedern. Aber es gibt Unterschiede zwischen den verschiedenen Gerichten, denn an manchen Orten richtet man über Tod und Leben, an anderen über Reichtum und Armut. Und mit Gottes Hilfe wirst du noch alles über ihren Zuschnitt erfahren, nämlich, dass man droben im Gericht nicht alle Verfahren durchführt, sondern es gibt oben je zuständige Orte, an denen man je spezielle Verfahren durchführt. Und mit Gottes Hilfe werden wir dich noch über das Mysterium jener Orte in Kenntnis setzen, an denen man die Parteien richtet, und von wo die Gesandten mit den Urteilen in der Hand ausgehen, und dann zum Heer der unteren Himmel gelangen, in denen Sonne, Mond und Sterne samt den Tierkreiszeichen sind, und wie die einen und die anderen das Urteil an den Geschöpfen vollstrecken, gemäß dem, was im Oberen Gericht entschieden wurde. Und unter ihnen ist keiner, der auch nur ein Wort daran ändern kann, was der große Name JHWH, E.s.g., entschieden hat [...].«[1258]

1257 Die Quaderhalle auf dem Jerusalemer Tempelberg war der Sitz des obersten Gerichts (Sanhedrin).

1258 Scha'are 'Ora, Tor V, S. 105.

Dieser Text atmet, wie gesagt, schon ganz die Atmosphäre der mythologischen Gerichtshierarchien des *Sohar* und der ihm folgenden Kabbalisten.[1259] Die gezeichnete Gerichtshierarchie ist zunächst der ehemaligen Jerusalemer Tempel-Gerichtsbarkeit nachgebildet, selbst der dortige Gerichtsort, die Quaderhalle, ist in die Sefirotwelt gehoben.[1260] Allerdings darf man sich von der mythologischen Sprache nicht blenden lassen. Hier ist dennoch pures Mittelalter und nicht das antike Judentum. Dies wird zunächst daran deutlich, dass hier die Himmelssphären samt der Gestirne und der *Massalot*, der Tierkreiszeichen, in die von den sefirotischen Gerichten ausgehenden Ursachenketten eingeschlossen sind. Das göttliche Gericht wirkt trotz der personalistischen Rede und Dramaturgie doch ganz im Sinne des mittelalterlichen Denkens der von intelligiblen Ursachen ausgehenden Ursachenkette. Man kann sagen, das wissenschaftliche Weltbild ist hier mythologisiert worden. Dies zeigt ein nur oberflächlicher Vergleich mit der diesbezüglichen Beschreibung des jüdischen Aristotelikers 'Avraham Ibn Da'ud, der in seiner Erörterung der Theodizeefrage die Rolle der Zwischenursachen ausführlich darstellt, die das Geschehen in der irdischen Welt bewirken.[1261] Die göttlichen Richter greifen trotz ihrer personalistischen Darstellung eben nicht spontan in das irdische Leben ein, sondern bedienen sich der von den Astronomen und Philosophen beschriebenen Ursachenkette des kosmisch-weltlichen Geschehens. Man kann sagen, dass hier das mit der Michavision aus 1. Könige 22[1262] eigens erinnerte biblisch-rabbinische Bild vom göttlichen Hofstaat in das mittelalterliche ptolemäisch-philosophische Weltbild eingezeichnet wurde. Die Besonderheit ist nur die, dass bei den Kabbalisten nicht nur die nachgöttliche intelligible und sensible Welt in eine solche Ursachenhierarchie eingespannt ist, sondern auch der innergöttliche Bereich der Sefirot selbst. Das hierarchische Denken des Mittelalters hat die Gottheit selbst in das hierarchische Gerüst gezwungen, so dass man die in der irdischen Wirklichkeit wahrgenommene Hierarchie auch im himmlisch göttlichen Bereich wiederfinden wollte. Nur dass der platonisch denkende Kabbalist die Ursache und Folge hier gerade andersherum sieht. Die innergöttlichen Einrichtungen und Hierarchien haben der irdischen Wirklichkeit ihren Stempel aufgedrückt. Auch die abstrakte onomatologische Theologie mit ihren Gottesnamen ist hier in die Mythologie und in die Bilder der alten Himmelfahrtsmystiker und Visionäre zurückgeführt, die allerdings selbst

1259 Vgl. dazu mein Werk *Kafka und die Kabbala*, in dem eine ausführliche Darstellung dieser späteren Gerichtsvorstellungen gegeben wird, die bis hinein in Kafkas *Proceß*-Roman wirken.

1260 Zum Jerusalemer Gericht vergleiche man das erste Kapitel des Mischnatraktates *Sanhedrin* und dessen Erörterung im gleichnamigen Talmudtraktat.

1261 Vgl. Bd. I, S. 407ff.

1262 Vgl. Bd. I., S. 87.310ff.

ein solches Changieren zwischen onomatologischer und mythologischer Redeweise schon kannten.[1263]

2.5.2 Die zehnte *Sefira*

Eine überaus reiche Fülle von Funktionen wird der zehnten Sefira *Malchut* zugeschrieben. Als letzte der Sefirot ist sie die Ernährerin der Welt, denn:

> »Vom Namen *'Ehjeh* emanieren allerlei Arten von Ausfluss der Emanation aus der Quelle, die *'En Sof* genannt wird, hin über die Stufen, bis sie zum Namen *JHWH*, E.s.g., gelangen, und von diesem Namen gehen die Kanäle und Flüsse zum Namen *'Adonaj*. Und der Name *'Adonaj* ist das Schatzhaus, in dem es alle Vorrichtungen des Königs gibt, und er ist der große Ernährer für alle Geschöpfe, und er ernährt und erhält alle mit der Kraft von *JHWH*, die in ihm ist.«[1264]

Diese Sefira wird darum auch Herrscherin der Welt[1265] und deren Schöpferin genannt.[1266] Sie ist die Retterin Israels, führt seine Kriege, und holte sie aus Ägypten.[1267] Sie beschirmt Israel wie ein Adler seine Jungen,[1268] sie ist stets bei Israel und hilft ihnen und schafft ihnen Zutritt zu JHWH,[1269] sie ist es auch, die mit Israel ins Exil zieht,[1270] und darum wird sie auch *Kneset Jisrael*, »Gemeinde Israels«, genannt,[1271] Israels Mutter[1272] und schließlich *Schechina*, als beim Menschen gegenwärtige Gotteskraft.[1273] Die zehnte Gotteskraft hat hier jene Rolle eingenommen, die in der Bibel und in der rabbinischen Literatur die Gottheit schlechthin hatte in ihrer Funktion als Schöpfer, Erhalter und Lenker der Welt.

Vorhanden, wenn auch nicht so ausgeprägt wie im *Sohar*, ist außerdem das geschlechtliche Element, nämlich dass die *Schechina* der Ehepartner der sechsten

1263 Vgl. K.E. Grözinger, Musik und Gesang in der Theologie der frühen jüdischen Literatur, Tübingen 1982, S. 323-326.

1264 Scha'are 'Ora, Tor I, S. 8; u.vgl. S. 14.

1265 Scha'are 'Ora, Tor I, S. 21.

1266 Scha'are 'Ora, Tor I, S. 24.

1267 Scha'are 'Ora, Tor I, S. 20.

1268 Scha'are 'Ora, Tor I, S. 22.25.

1269 Scha'are 'Ora, Tor I, S. 28.

1270 Scha'are 'Ora, Tor I, S. 18.28; Tor V, S. 90.95.

1271 Scha'are 'Ora, Tor I, S. 31.

1272 Scha'are 'Ora, Tor VIII, S. 167.

1273 Scha'are 'Ora, Tor I, S. 15.

Sefira, *Tif'eret* ist,[1274] oder man begegnet ihr als geschmückte oder des Schmuckes beraubte Braut.[1275]

2.5.3 Die Weltherrschaft von JHWH

Es war schon altrabbinische[1276] wie auch biblische Auffassung, dass über die 70 in der Völkertafel Gen 10 aufgezählten Völker je ein Engelfürst gesetzt war, der über dieses Volk herrscht und dessen Vollmacht für diese Herrschaft vom Gott Israels stammt. Gikatilla greift diese alte Vorstellung auf und fügt sie in seine eigene mittelalterliche kabbalistische Ontologie ein. Diese Übertragung eines im rabbinischen Denken noch »historisch« personalistischen Konzeptes in die Ontologie hat einige erstaunliche Konsequenzen, die Gikatilla in einer breit dargestellten Völker-Ontologie darlegt. Das zentrale Element dieser Völker-Ontologie ist, dass die himmlischen Völkerfürsten wie Israel selbst in das ganze Geflecht des strukturell aufgefächerten Emanationsstromes eingefügt werden, und dass dabei die geschichtlichen Ereignisse auf Erden, die Auseinandersetzung Israels mit den Völkern, als Resultat sefirotischer Ereignisse erscheint. Die Gemeinsamkeit zwischen Israel und den Völkern der Welt ist die, dass sie alle den göttlichen Namen und Sefirot zugeordnet sind, dass sie mit ihnen verbunden sind und aus ihnen ihre Lebens- und Bestandskraft saugen. Der Unterschied zwischen Israel und den Völkern besteht andrerseits darin, dass alleine Israel direkt vom Großen Namen JHWH abhängt und Zugang zu ihm hat, während die übrigen Völker, vermittelt durch ihre 70 Völkerfürsten, mit den übrigen Namen und Bezeichnungen verbunden sind. Das entscheidende Novum dieser ontologischen Völkerkonzeption besteht darin, dass die Völker samt Israel genuine und notwendige Bestandteile dieser gesamten Weltstruktur sind. Sie alle sind Teil und Zeugen der Königsherrschaft Gottes. Die genannte Sonderstellung Israels wir zunächst wie folgt begründet:

> »Der große Name JHWH, E.s.g., ist der spezielle (*mejuchad*) Name. Und warum wird dieser Name der ›spezielle‹ genannt? Weil er speziell für Israel alleine vorbehalten ist und die übrigen Völker der Welt keinen Anteil an ihm haben. Die Fürsten der übrigen Völker haften (*dvk*) hingegen an den übrigen Namen und an den Bezeichnungen, die gleich Flügeln oder Kleidern für den

1274 Scha'are 'Ora, Tor IX, S. 188.

1275 Scha'are 'Ora, Tor VIII, S. 173. Weitere Beispiele für die vielfältigen Funktionen der zehnten Sefira wie auch der anderen findet man bei J. Maier, Die Kabbalah, München 1995, S. 87ff.224.

1276 Vgl. z.B. bei Ginzberg, Legends, I, S. 181; EJ, Artikel: Nations, The Seventy, Bd. 12, Sp. 882-886.

> Namen JHWH, E.s.g., sind. Und an diesen Bezeichnungen und Kleidern halten sich die Fürsten der Welt fest, und von ihnen nähren sich die 70 Fürsten. Aber keiner von den Fürsten der Völker berührt den Namen JHWH, E.s.g. [...].«[1277]

Schon aus diesen Worten geht hervor, dass die Israeliten zwar eine Vorzugsstellung bezüglich des Namens JHWH genießen, dass aber auch die Völker der Welt eine legitime Position einnehmen und vom heiligen Namen Gottes genießen und von ihm erhalten werden. Diese Stellung der Völker ist nun aber keineswegs eine Anmaßung oder billige Gnade Gottes. Vielmehr ist ihre Existenz ein notwendiges strukturelles Element im Kosmos. Dies zeigt sich zum Beispiel daran, dass auf sie auch in der Zeit der Erlösung, wenn Israel von der Herrschaft der Völker befreit sein wird, nicht verzichtet werden kann:

> »Wenn du nämlich fragst und sagst: Nachdem du dargelegt hast, dass der Name, E.s.g., in der Zukunft [der Heilszeit] sein Gewand und diese Flügel ablegt, dann gehen ja die 70 oberen Fürsten zugrunde und schwinden aus der Welt! Dann aber wäre die Gestalt der oberen Merkava [der Sefirotwelt] beschädigt, gleich einem Körper, dem die Gliedmaßen fehlen, und die Reihe wäre mangelhaft.
> Wisse, dem ist nicht so, wie ich dir erklären will! Wisse, dass der Name, E.s.g., die oberen Anordnungen und die Gestalt der Merkava im Mysterium der 70 Fürsten angeordnet hat, an denen seine Königsherrschaft in ihrer Größe sichtbar wird. Und die Fürsten sind gleich Knechten, die außen vor dem Königspalast stehen, und sie sind bereit, Seinen Willen zu erfüllen. Und an der Fülle der Fürsten und Diener und Knechte wird die Größe des Königs und seiner Herrschaft sichtbar, wie es heißt: ›In der Menge des Volkes liegt des Königs Hoheit; doch fehlt es an Leuten, so ist es des Fürsten Sturz‹ (Prov 14,28). Darum sind alle 70 Fürsten, die außerhalb der innersten Reihe stehen, wie ein Zeugnis für die Größe der Königsherrschaft des Namens JHWH, E.s.g.. Und sie alle sind im Mysterium der Gestalt des Adam (Menschen) [...] denn der große Name gleicht einem Menschen [...] und in der oberen Merkava sind 70 Fürsten rundum angeordnet, und sie sind – für die, welche die Mysterien kennen – im Mysterium der Anordnung einer Gestalt, die Mensch heißt. Und wenn sie alle versammelt sind mit ihren 70 Kronen, dann werden sie alle zusammen Mensch genannt. [...].«[1278]

1277 Scha'are 'Ora, Tor V, S. 95.

1278 Scha'are 'Ora, Tor V, S. 98f.; u. vgl. S. 115: »der Mensch, der die gesamte Merkava umfasst.«

Und alle diese Fürsten, so fährt der Text fort, »richten alle ihre Augen auf den Namen JHWH, dass er ihnen Kraft, Nahrung, Bestand und Auskommen gibt, mit denen sie selbst bestehen und jeder sein Volk ernähren kann.« Dies alles können sie nicht aus eigener Kraft, sondern nur dank des großen Namens. Und er teilt einem jeden von ihnen seine Prämie zu, mit der er sein Volk erhält, und zwar auf dem Wege eines Ausflusses, wie dies im ganzen System nicht anders geschieht.

Das Schicksal der Völker wird wie das Israels jährlich beim himmlischen Neujahrsgericht neu festgelegt.[1279] Dies geschieht in der Weise, dass die Völkerfürsten stellvertretend vor das oben beschriebene himmlische Tribunal treten, um dort die Entscheidung über das Ergehen ihrer Völker und Länder entgegenzunehmen, eine Entscheidung, an der keines der Völker etwas ändern kann, auch nicht durch inständiges Gebet.[1280] Auch in diesem Gerichtsverfahren hat Israel wegen seiner Nähe zum Gottesnamen JHWH eine Vorzugsstellung, insofern als die Israeliten durch Gebet ihr Neujahrsurteil noch zum Guten verändern können.[1281]

Die feste Verankerung der Völkerfürsten im ontologischen System Gikatillas hat noch einige weitere erstaunliche Konsequenzen. Das vor dem Gottesthron in Empfang genommene Urteil reichen die Völkerfürsten an ihr je eigenes Volk weiter, für das sie selbst nun deputierte Richter sind, um ihr Volk im Auftrag des himmlischen Gerichtes zu richten:

> »Und von jenem Fürsten, der über jenes Volk gesetzt ist, wollte JHWH, dass er nun Richter über sein Volk sei, gemäß der Vollmacht, die ihm JHWH, E.s.g., in jenem Jahr gegeben hat. Und weil dieser Fürst nun Richter über jenes Volk ist, wird er *'Elohim* genannt [...].«[1282]

Die Völkerfürsten sind damit onomatologisch ausgestattete Substanzen, die der fünften Sefira, *Din*, entsprechen, der ihrerseits der Name 'Elohim eignet. Zwar betont Gikatilla im Folgenden ein weiteres Mal, dass die Fürsten dies

> » [...] nicht aus sich selbst vermögen und keine Vollmacht besitzen, zum Bösen oder Guten auszuteilen, es sei denn, dass ihnen JHWH die Vollmacht dazu gegeben hat. Und dies vollziehen sie gemäß dem, was JHWH in ihre Hand gegeben hat. Und darum werden die Völkerfürsten *'Elohim* genannt.«[1283]

1279 Vgl. Bd. I, S. 237ff.

1280 Scha'are 'Ora, Tor V, S. 98.

1281 Scha'are 'Ora, Tor V, S. 98.

1282 Scha'are 'Ora, Tor VI, S. 144.

1283 Scha'are 'Ora, Tor VI, S. 145.

Es ist deutlich, die Völkerfürsten sind in eine umfassende Machthierarchie eingefügt, innerhalb derer sie ein notwendiges Glied darstellen.[1284] Erstaunlich sind Gikatillas Formulierungen vor allem im Blick auf die entsprechenden biblischen Texte und die rabbinischen Auffassungen, nach denen die Götter der Völker, die *'Elohim* der Völker, ohne Einschränkung und pauschal als Götzen abqualifiziert und für illegitim erklärt werden. Unter den vielen, die Götzen der Völker verurteilenden Bibeltexten fand jedoch Gikatilla einen, auf den er seine eigenwillige Deutung stützen konnte:

> »Der Prophet (Micha 4,5) sagte: ›Alle Völker gehen ein jedes im Namen seines Gottes, wir aber, wir wandeln im Namen JHWHs, unseres Gottes, in alle Ewigkeit.‹ Da darfst du nicht glauben, dies seien leere Worte von einigen Nichtsnutzen, die da sagen, die Götter der Völker hätten keine Macht und würden nicht Götter ('Elohim) genannt. Vielmehr sollst du wissen, dass JHWH, E.s.g., in die Hand eines jeden Fürsten der Völkerfürsten Macht, Herrschaft und einen Stab gegeben hat, um sein Volk und Land zu richten und zu beurteilen, darum wird der Fürst 'Elohim genannt, weil er Fürst ist, und die Menschen seines Landes richtet.«[1285]

Wie schon oben vermerkt, wird diese Struktur der göttlichen Herrschaft auch in der künftigen Zeit der Erlösung bestehen bleiben, damit die »Merkava« intakt ist. Die Völkerfürsten werden auch dann eine unbedingte Notwendigkeit bleiben samt ihren Völkern. Was verschwinden wird, ist alleine der Glaube der Völker, die hinter ihren *'Elohim* nicht die wahren Machtverhältnisse wahrnehmen. Dann werden sich die Völker zum Gott Israels bekennen.[1286] Bei all dieser gottgewollten Notwendigkeit der Völkerfürsten und ihrer Völker darf indessen nicht die Bedrückung und Not vergessen werden, die in der Realität des Exils von diesen Völkern auf Israel kommt. Diese negativen Seiten der gottgewollten Einrichtung werden im nächsten Kapitel über die Herkunft des Bösen zu erörtern sein.

3. Die Herkunft des Bösen

Den zahlreichen Erklärungen zum Ursprung des Bösen in dieser Welt, die in dieser Geschichte des jüdischen Denkens vorgestellt wurden, fügt Josef Gikatilla eine neue und typisch mittelalterliche hinzu. Er lehnt sich dabei an eine der philosophischen Grundfragen der mittelalterlichen Philosophie an, nämlich wie aus dem Unbegrenzten und absolut Einen, also der ersten Ursache, das Begrenzte

1284 Vgl. noch Scha'are 'Ora, Tor VI, S. 146.

1285 Scha'are 'Ora, Tor VI, S. 145f.

1286 Scha'are 'Ora, Tor V, S. 104.

und Vielfältige hervorgehen konnte. Wesentlich für die Beantwortung dieser Frage war das Axiom, dass eine Ursache nur das bewirken könne, was selbst in ihr vorhanden ist. Der Eine konnte demnach nur eine Einheit, nicht aber eine Vielheit verursachen. Um diesem Problem Herr zu werden, haben die Philosophen eine dialektische Antwort gegeben. Danach denkt Gott, der Eine, stets nur sich selbst, und dadurch ist ein einziger Intellekt entstanden, der eben auch nur eins ist wie seine Ursache. Aber, so wurde dann weiter argumentiert, trotzdem besteht zwischen Gott und diesem Intellekt ein Unterschied. Während nämlich Gott selbst ohne Ursache ist, ist der Intellekt verursacht. Das bedeutet, der Intellekt ist nicht notwendig existent, sondern besitzt die Existenz nur als eine Möglichkeit. Zum Weiteren kann dieser Intellekt ebenfalls sich selbst denken, darüber hinaus kann er aber auch seine Ursache denken. Nach beiden Argumentationsgängen ergibt sich, dass in dem einen Intellekt nun doch ein Aspekt der Zweiheit vorhanden ist, und damit der Ansatzpunkt für eine weitere Multiplikation, woraus sukzessive die Vielheit hervorgehen konnte.[1287]

Zu einer analogen Denkfigur greift auch Gikatilla, um nicht nur die Vielfalt, sondern darüber hinaus die Dualität von Liebe und Strenge innerhalb der sefirotischen Gottheit zu erklären, aus der letztlich die Entstehung des Bösen resultiert. Die bei dieser seiner Argumentation eingeführte Redeweise von einer Vorderseite oder einem Angesicht der Sefirot und deren Rückseite, wird in der weiteren Geschichte der Kabbala noch eine prominente Rolle spielen:

> »Von *Keter* abwärts gibt es keine einfache Midda, die nicht mit ihrer Genossin vermischt wäre, denn die Emanation der *Hochma* (Weisheit, II), die aus *Keter* hervorfloss, hat alle Gegensätze und alle Vermischungen verursacht, wie auch alle Wege der Emanation und die Verbindung der Merkavot [der intelligiblen Substanzen].
> Denn siehe, die *Hochma* steht zwischen *Keter* und *Bina*, und da sie zwischen zwei Sefirot steht, hat sie ein Angesicht (Vorderseite) und eine Rückseite. Das Angesicht schaut zur *Keter* und die Rückseite zur *Bina*. Und da es in ihr nun Vorderseite und Rückseite gibt, ist sie die Ursache aller Gegensätze und Unterschiede und aller Vermischungen in der Welt.
> Und von hier entstanden alle [Gegensätze von] vorne und hinten, weiß und schwarz, rechts und links, oben und unten. Das ist eines der tiefen Mysterien in der Kette der Merkava und der Emanation der Existierenden [Substanzen]. Wer dieses Mysterium versteht, versteht alle Merkavot [intelligiblen Substanzen] und alle Stufen der Emanation, die die Form des Empfangens und Emanierens (Gebens) haben. Und das ist das Mysterium des Androgyn [d.h. des Zweigeschlechtlichen]. [...] So siehst du, jede Stufe hat zwei Aspekte,

1287 Vgl. zu Ibn Da'ud in Bd. I, S. 411ff.

nämlich die Kraft des Empfangens, das heißt den Fluss von dem über ihm Stehenden zu empfangen, und die Kraft des Flusspendens, um das Gut an den ausfließen zu lassen, der unter ihm folgt. Und darum wurden die Merkavot Androgyn genannt, wegen des Aspekts des Empfangens und Spendens. [...] Und wer dies versteht [...] wird verstehen, dass ab *Keter* und darüber alle Middot der Liebe und des Erbarmens und alles Gute vollkommen eins sind, ohne eine geringe oder größere Beimischung von *Din* (Gerichtsstrenge). Und er wird verstehen, dass oberhalb [der Sefira] *Pachad* (Schrecken) [*Din*, V] nicht ein Aspekt von *Din* (Gerichtsstrenge) und nichts Schweres [Ernstes] ist, sondern nur Freude und Jubel und Jubilieren, alles Gute, Strahlen und Licht, in denen es keinerlei *Din* gibt – außer im Aspekt der Rückseite. Und die Rückseite beginnt bei der *Hochma* (II) und unterhalb von ihr. [...] Wenn du dieses große Mysterium verstehst, wirst du begreifen, was ich sage, nämlich dass es unterhalb von *Keter* keinen einfachen Namen gibt, der ganz und vollkommen Huld oder Erbarmen ist, sondern es ist immer ein wenig *Din* beigemischt. [...].«[1288]

Gikatilla zeichnet hier eine Struktur, wie sie jener von den Philosophen gezeichneten analog ist. *Keter* ist bei Gikatilla als *'En Sof* eine absolute Einheit und die Fülle des Guten. Sogleich unterhalb von ihr beginnt ein Aspekt der Dualität, hier als Vorder- und Rückseite beschrieben und als Empfänger und Spender. Diese aspektuale Dualität verdichtet sich in der zweiten Triade, wo aus Vorder- und Rückseite nun wahrhaft rechts und links, *Hesed* und *Din*, geworden sind, allerdings keines in reiner und einfacher Form, denn ab der *Weisheit* ist die Zusammengesetztheit das Gesetz der göttlichen wie der irdischen Welt gleichermaßen. Gerade so sehen es auch Schlomo Ibn Gevirol und Jizchak Jisra'eli. Auch dort war das erste Emanat, der Intellekt, aus der Dualität von Materie und Form zusammengesetzt, allerdings ist bei ihnen der Intellekt die erste außergöttliche Stufe, bei Gikatilla hingegen eine innergöttliche. Allerdings hat auch Ibn Gevirol einen Aspekt dieser Dualität schon in der Gottheit selber finden wollen.[1289] Trotz dieser innergöttlichen Dualität nennt jedoch Gikatilla die Welt der Sefirot den *'Olam ha-Jichud*, Welt der Einheit, im Gegensatz zu allen Weltstufen darunter, die zusammengefasst der *'Olam ha-Perud*, die Welt der Trennung, sind. Angesichts dieses widersprüchlichen Befundes muss man wohl sagen, dass die sefirotische Welt »Welt der Einheit« heißt, weil sie im Gegensatz zur unteren Welt die Fähigkeit zum absoluten *Jichud*, zur absoluten Vereinung, besitzt, was unten im Kapitel zum Thema *Jichud* noch deutlich werden wird.

1288 Scha'are 'Ora, Tor V, S. 114-116.

1289 Vgl. Bd. I, S. 532ff.504.

Das Resultat der Überlegungen Gikatillas ist, dass das Grundprinzip der Weltentstehung, nämlich die Differenzierung in unterschiedliche Substanzen und Individuen, zugleich die Urwurzel für das Böse ist. Diese Differenzierung begann schon innerhalb der Gottheit, die damit auch in dieser Hinsicht das Urbild der gesamten Welt ist.

Nachdem Gikatilla die Herkunft des Bösen an der Wurzel der Weltentstehung erklärt hat, betont er außerdem, dass dies kein Unfall war, sondern eine Notwendigkeit für den Bestand der Welt. Um dies darzulegen, greift Gikatilla auf einen alten rabbinischen Midrasch zurück, der das erstaunliche Phänomen erklären wollte, warum aus so heiligen Ur- und Erzvätern wie Adam, Abraham und Isaak neben guten auch ein böser Nachkomme hervorgegangen ist,[1290] wohingegen schließlich aus Jakob nur zwölf gute Söhne hervorgegangen sind. Die Erklärung des Midrasch war, dass in den Vätern, die auch einen bösen Sohn gezeugt hatten, noch ein Quentchen »Abfall« war, nicht mehr aber in Jakob. Gikatilla greift gerade zu diesem Midrasch, weil er einen weiteren für seine Darlegung hilfreichen Vorteil besitzt. Im Rahmen der schon mehrfach gestreiften platonischen Entsprechungslehre, nach welcher alles in der Welt sein Urbild in den Sefirot hat, haben eben gerade auch die drei Erzväter Abraham, Isaak und Jakob ihre Repräsentanz in den Sefirot, nämlich in den Sefirot *Hesed*, *Din* und *Rachamim*. Ausgestattet mit diesen Voraussetzungen können wir nun Gikatilla selbst argumentieren lassen:

> »Und an jenem Quentchen Abfall, das in Abraham und Isaak verblieben war, halten sich die Völkerfürsten rundherum fest. Denn hätte es in Abraham in Isaak nicht dieses Quentchen Abfall gegeben, dann hätten sich die oberen Fürsten überhaupt nicht an ihnen festhalten können. Da aber, wie bezüglich der Namen und Bezeichnungen schon dargelegt, keiner unter ihnen ganz einfach ist, sondern jeder mit jedem Aspekt vermischt ist, darum halten sie aneinander und vereinen sich miteinander. Und so auch bei Abraham und Isaak (Jizchak). Es besteht eine hohe Notwendigkeit für die Intaktheit (Tikkun) der Merkava und der Fürsten, dass ein Quentchen Unreinheit in ihnen war, damit für die oberen Fürsten Raum war, sich an diesem Quentchen Unreinheit festzuhalten. Denn wenn Abraham und Isaak vollkommen gewesen wären, hätten sich die 70 Fürsten nicht an ihnen festhalten können, und die gesamte Merkava wäre mit einem Mangel behaftet, und die Fürsten abgetrennt gewesen, und sie [die Sefirot] hätten keinen Ort der Verbindung mit den Fürsten gehabt.«[1291]

1290 Aus Adam ging Kain, aus Abraham Ismael und aus Isaak Esau hervor.

1291 Scha'are 'Ora, Tor V, S. 128.

In der Fortsetzung weist Gikatilla eigens nochmals auf die sefirotische Identität von 'El und Abraham sowie von 'Elohim und Isaak hin und resümiert, dass ohne diese abfallbehafteten Väter, sprich Sefirot, die Völkerfürsten keinen Anteil an JHWH hätten haben können.

Die Auftrennung der Sefirot in verschiedene Aspekte und die damit geborene Möglichkeit des Bösen und Unreinen ist das Glück dieser Welt, zugleich aber ihr Unglück, insofern als damit die Möglichkeit des Bösen und der Sünde geschaffen wurde. Die Individuation und die Entstehung von Differenzierungen ist die schon innergöttliche *felix culpa*,[1292] welche die Selbstoffenbarung der Gottheit und die Entstehung der Welt ermöglichte. Die auf diese Weise entstandene unreine Seite innerhalb der Gottheit hat den für die Welt bedeutsamen Effekt, dass erst dadurch die Existenz der Völkerfürsten möglich wurde, ohne die, wie im vorigen Kapitel erörtert, die Größe des Schöpfers nicht sichtbar geworden wäre. Die Existenz des Bösen in der Welt ist demnach für Gikatilla eine *conditio sine qua non* für den *Tikkun* (Ganzheit) der *Merkava*, das heißt der Sefirotwelt, und damit der gesamten Schöpfung.

Diese zunächst positive Seite der *felix culpa* hat nun allerdings eben auch seine böse Seite, insbesondere für Israel. Dies weiß man zwar aus der Geschichte, aber Gikatilla kann dafür auch die kosmischen Zusammenhänge und Abläufe beschreiben.

Die Rolle der Völker in der Welt und ihre Wirkmöglichkeit in der Geschichte findet ihre Realisierung im Umkreis der Sefira, die als Weltherrscherin schlechthin gilt, nämlich der zehnten Sefira *Malchut* oder *Schechina*. Sie ist das Gelenk zwischen der göttlichen Welt der Einheit und der kosmischen Welt der Trennung. Um dieses Gelenk sieht Gikatilla die sogenannten »Lager der *Schechina*« angeordnet, die analog zu den oben schon erwähnten Lagern der Israeliten in der Wüste gleichfalls vier sind. Nach Gikatilla werden diese vier Lager der *Schechina* in der Tora häufig mit den Namen von Bergen benannt. Und solche Berge sieht Gikatilla am Treffpunkt der *Welt der Einheit* und der *Welt der Trennung* versammelt. Da ist zum einen der »Berg Zion«, das ist die neunte Sefira, und der »Berg Moria«, die zehnte Sefira selbst. Diese zehnte Sefira ist des Weiteren zugleich »Jerusalem«, von dem es in Ps 125,2 heißt, es sei von Bergen umringt. Und diese Berge sind schließlich die genannten vier Lager der *Schechina*, die Gikatilla wiederum mit den in Gen 8,4 genannten Bergen Ararat identifiziert. Außer diesen Ararat-Bergen gibt es da noch einen weiteren Berg, nämlich den

1292 Aus dem *Exsultet*-Gebet der katholischen Messe: »O felix culpa, quae talem ac tantum meruit habere Redemptorem«, »O glückliche Schuld, die einen Erlöser verdiente, so groß, so erhaben!«, nach: Lateinisch-deutsches Volksmeßbuch, ed. U. Bomm, Einsiedeln-Köln, S. 428.

Berg Esaus,[1293] der auch *Berg Se'ir* genannt wird. Dieser *Berg Se'ir* ist es nun, der unter den zahlreichen Bergen die Rolle des Anklägers innehat, er ist »von links« und »von draußen«. Mit dieser kosmologischen Konstruktion wird die Realisierung des in der Gottheit angelegten Bösen in den Kosmos hinaus transportiert. Dieses Bergeszenario erinnert an den Hiobprolog, nach dem unter den um den Gottesthron versammelten »Gottessöhnen« auch der Satan anzutreffen war, der die Rolle des himmlischen Anklägers innehatte. Was dort in angelologischer Diktion vorgetragen worden ist, begegnet bei Gikatilla nun in kosmologischen Kategorien. Dieser *Berg Se'ir* ist, laut Gikatilla, der Ursprungsort der *Se'irim*, was nichts anderes bedeutet als der »haarigen« Dämonen. Diese kosmologisch dämonologische Verortung des Bösen am Beginn der eigentlich kosmischen Welt wird von Gikatilla nun auch mit der schon besprochenen Vorstellung von den Völkerfürsten verbunden, und zwar über die Gestalt des Samma'el, der als »Volkesfürst« des Dämonenvolkes gesehen wird.[1294]

Weil den 70 Völkern nun noch ein weiteres »Volk« zugesellt wird, spricht Gikatilla in diesem Zusammenhang nicht nur von 70 Völkerfürsten, sondern von 71, wobei der überschießende Fürst Samma'el der Herr der Dämonen ist. Er gibt den Dämonen die Kraft zu wirken und ebenso dem bösen Planeten Mars (*Ma'adim*).[1295] Damit hat Samma'el wie die anderen Völkerfürsten über den Emanationsweg, der über die Gestirne führt, gleichfalls ein Instrumentarium zur Hand, mit dem er sein Dämonenvolk steuert und ernährt. Aber auch die restlichen 70 Völkerfürsten sind nicht alle neutral. Sie haben unter sich vier Häupter, die sich, wenn immer möglich, zwischen Gott und Israel stellen. Diese vier Häupter sind eine Art Riegel oder Schieber, die sich vor die Kanäle des göttlichen Emanationsflusses stellen, um ihn von Israel weg auf die Völker der Welt umzulenken. Der göttliche Emanationsstrom, der durch die oberen Kanäle fließt, bringt, solange er sich auf Israel ergießt, Gutes in die Welt, strömt er aber auf die Völker der Welt und Samma'el, so wird daraus Böses:

> »Wisse, den 70 Fürsten sind vier Häupter gegeben, um Israel zu bedrängen. Und zur Stunde, da sie sündigen, gehen diese vier Häupter dazwischen hinein und trennen zwischen JHWH und Israel. Und zur Stunde, da sie dazwischen stehen, ist Israel zum Hohn und Spott, zur Schmach und Verödung in der Hand aller Völker. Denn siehe, alle Kanäle, die mit all dem Guten aus JHWH auf Israel sich ergossen, werden verderbt und werden auf die Länder der

1293 Der frevelhafte Esau wird schon im Talmud mit den Römern, den Feinden Israels, identifiziert, u.a. bGittin 17a.

1294 Vgl. dazu Scha'are 'Ora, Tor II, S. 54-56.

1295 Zur negativen Besetzung des Mars vgl. K.E. Grözinger, Ich bin der Herr, dein Gott. Eine rabbinische Homilie zum Ersten Gebot (PesR20), Frankfurt a.M. 1976, S. 33.114-118.

Völkerfürsten ausgegossen. [...] das sind die oberen Fürsten, die den Überfluss von den Kanälen nehmen, die zu Israel führen, die zerbrochen sind und sich nun auf sie ergießen, und dann herrschen sie anstelle Israels. [...] Und wenn die Fürsten der Völker von dem Israel zustehenden Gut voll sind, dann sind ihre Völker reich und voll Überfluss und voll von allem Guten. Darum findest du, dass die Völkerfürsten harren, wann Israel sündigt, so dass sie eintreten zwischen JHWH und Israel, um den Überfluss zu bekommen, der von JHWH auf Israel gekommen war.«[1296]

Es ist wert, an dieser Stelle nochmals auf die rabbinische Konzeption vom Bösen zu verweisen, die ausschließlich anthropologisch ausgerichtet war, nämlich dass das Böse im menschlichen Tun, beziehungsweise in des Menschen freier Entscheidung, Böses zu tun, begründet war.[1297] Bei Gikatilla hat das menschliche Tun zwar noch eine auslösende Funktion, ansonsten aber ist das Böse als kosmisch-angelologische Funktion konzipiert, die nach ihrer Auslösung gleich einer Maschine abläuft. Wo nach der altrabbinischen Tradition allenfalls der Böse Trieb dem Menschen auflauert, um ihn zu verführen und zu einer Entscheidung zum Bösen zu verleiten, da lauern nun Samma'el und vier Häupter der Völker, auch *Klippot* (Schalen) genannt, die darauf aus sind, den Kanal des Flusses aus JHWH umzulenken, damit er sich auf die Völker ergießt. Das Böse ist bei Gikatilla analog zum *Bahir* und den Gnostikern aus Kastilien[1298] ein kosmischer Faktor geworden und nicht nur ein innermenschliches Geschehen.

4. Der Mensch

4.1 Die Gottebenbildlichkeit des menschlichen Körpers als Symbol für den sefirotischen Gott – Die Bedeutung der Symbole

Die mittelalterlichen jüdischen Philosophen der aristotelischen und neoplatonischen Schule definierten den Menschen seinem Wesen nach als Intellekt beziehungsweise rationale Seele. Der Körper war demgegenüber nur ein vorübergehendes Vehikel, das nach dem Tod des Menschen belanglos wird.[1299] Die frühen Kabbalisten konnten sich diesem spiritualistischen Bann offenbar nicht entziehen. Bei 'Asri'el aus Gerona scheint hier im Gefolge des *Sefer ha-Bahir* eine erste Wende eingetreten zu sein, insofern bei ihm sowohl bei der Beschreibung des Menschen wie auch der sefirotischen Welt das Körperliche eine Rolle spielt

1296 Scha'are 'Ora, Tor V, S. 100.

1297 Vgl. Bd. I, S. 273ff.

1298 s. Kap. Kabbala I.A.4-4.3,B.3-3.3.

1299 Vgl. Bd. I, S. 406-584.

und somit der Mensch in seiner körperlich-seelischen Zusammensetzung als Ebenbild Gottes erscheint. Auch bei Gikatilla erfährt das Körperliche des Menschen wieder eine höhere Bewertung, wenn auch in anderer Weise als bei 'Asri'el. Für Gikatilla ist der Körper ein Symbol der göttlichen Sefirotwelt. Diese Auffassung teilt Gikatilla mit dem *Sohar*. Allerdings ist im *Sohar* diese symbolische Analogie noch sehr viel beherrschender und auch massiver ausgedrückt und nimmt Formen an, die Gikatilla in seiner noch sehr vorsichtigen und dezenten Auffassung des Symbolischen gewiss nicht teilen konnte. Immerhin kommt Gikatilla, und damit ahmt er sicherlich den *More Nevuchim* des Maimonides nach, sogleich zum Anfang seines Buches auf die Anthropomorphismen der Bibel zu sprechen, und wie diese richtig verstanden werden müssen:

> »[§1] Wisse diesen wichtigen Grundsatz: Das wahrhafte Wesen des Schöpfers E.s.g., kann von keinem außer Ihm selbst, erfasst werden, auch kennt keiner von den Scharen der Höhe seinen Ort, um wieviel weniger sein wahres Wesen [...]. Und dies ist bei den Oberen so, um wieviel mehr bei den Unteren! [§2] Und wenn dem so ist, was sind dann all die Dinge, über die wir in der Tora lesen, wie [Gottes] Hand, Fuß, Ohr, Auge und dergleichen mehr? Wisse und glaube, dass all diese Dinge, wiewohl sie Gottes wahre Größe aussagen und bezeugen, dennoch kein Geschöpf deren Wesen, das heißt das Wesen von Hand, Fuß, Ohr [Gottes] etc. erkennen und darüber sinnen kann. Und wenn [die Schrift sagt, dass] wir im Ebenbild und in der Ähnlichkeit (*be-Zelem u-Demut*) gemacht sind, so möge es dir nicht in den Sinn kommen, dass dies [in der Gottheit] ein Auge wirklich in der Form eines Auges ist, oder eine Hand in der Form einer wirklichen Hand. Dies sind vielmehr allerinnerste Dinge der wahrhaften Existenz von JHWH, E.s.g., aus denen gemäß der Entscheidung des Namens, E.s.g., die Quelle und der Ausfluss für alles Existierende hervorgeht, aber niemals das Wesen einer Hand gemäß dem Wesen einer [menschlichen] Hand. Beider Gestalt ist nicht gleich, wie es die Schrift sagt: ›Wem wollt ihr mich vergleichen, so dass ich ihm gliche‹ (Jes 40,25). Wisse und verstehe, dass es zwischen Ihm und uns keine Ähnlichkeit von Seiten des Wesens und der Gestalt gibt. Vielmehr sind die Formen der Glieder an unserem Körper in der Absicht gemacht, die Ähnlichkeit von verborgenen hohen Symbolen (*Simanim*) zu besitzen, welche die Erkenntnis nicht erfassen kann, außer in ähnlicher Weise wie das Benennen [von Dingen]. Wie man zum Beispiel schreibt ›Ruben Ben Jakob‹, dann haben ja diese Buchstaben und die Gestalt der Worte ›Ruben Ben Jakob‹, nicht Rubens Gestalt und Wesen. Vielmehr sind diese Worte nur eine Benennung, nämlich der Art, dass dieses hier geschriebene ›Ruben Ben Jakob‹ ein Symbol für jenes bekannte Wesen und jene Gestalt ist, die ›Ruben Ben Jakob‹ heißt.

Und da JHWH, E.s.g., uns auszeichnen wollte, erschuf er den Körper des Menschen mit mehreren verborgenen und sichtbaren Gliedern in der Ähnlichkeit als Symbol für die *Merkava* [d.h. die Sefirot].

[§3] Und wenn der Mensch vermag, eines seiner Glieder rein zu machen, wird dieses Glied gleichsam ein Thron für jene innere hohe Sache, welche gemäß diesem Glied benannt ist, sei es das Auge für das ›Auge‹, sei es die Hand für die ›Hand‹. Und so für alle übrigen. Und zwar wie folgt: Wenn zum Beispiel ein Mensch sich hütet und vorsichtig ist mit dem, was seine Augen sehen, so dass er nicht auf Schändliches und andere tadelnswerte Dinge blickt, sondern auf alles, was Gott und seinem Dienst heilig ist, dann wird dieses Auge gleich einem Thron für jene Sache, die oben Auge genannt wird, und so die Hand, der Fuß oder die übrigen Glieder.«[1300]

Dieser Text ist in vielerlei Hinsicht bedeutsam.[1301] Zunächst legitimiert er die anthropomorphe Redeweise der Bibel und der religiösen Alltagssprache und degradiert sie nicht als uneigentliche Rede für das einfache Volk, wie dies die Philosophen zu tun pflegten.[1302] Nach Gikatillas Auffassung kann und darf man die anthropomorphe Rede von Gott nicht aufgeben, weil sie Dinge benennt, die anders nicht ausgedrückt und benannt werden können. Die anthropomorphe Redeweise darf auch nicht als Metapher oder allegorische Rede verstanden werden, denn sie will mit den verwendeten Begriffen nichts sagen, was auch noch anders aussagbar wäre. Die biblische Redeweise ist schlechthin unersetzbar, weil man das dort so Gesagte nicht anders sagen kann, weil die menschliche Sprache dafür keine anderen Worte besitzt. Die anthropomorphen Begriffe sind demnach die einzig adäquaten. Sie erklären nicht das Wesen Gottes, sondern sind Bezeugungen der innersten Wirklichkeit Gottes. Sie sind Hinweiszeichen, *Siman*, das heißt Symbol für das Göttliche (§2).

Die Notwendigkeit dieser Symbole ist jedoch nicht nur ein Mangel der menschlichen Sprache, der diese Redeweise erfordert, sondern es besteht ein innerer und wesenhafter Zusammenhang zwischen diesen Begriffen und dem damit Ausgedrückten. Begriff und benannte Sache sind deshalb miteinander verbunden, weil Gott die menschlichen Glieder so und nicht anders geschaffen hat, weil sie als solche etwas Wahres und Richtiges über Ihn selbst aussagen. Das bedeutet andererseits nicht, dass diese Begriffe wörtlich im Sinne ihrer irdischen Bedeutung verstanden werden dürfen. Denn der unerkennbare Gott, der für

1300 Scha'are 'Ora, Tor I, S. 3.

1301 Zum Folgenden vgl. B. Huss, Hagdarat ha-Semel schel R. Josef Gikatilla we-Gilgulehu be-Sifrut ha-Kabbala, in: Kolot rabbim. Sefer ha-Sikkaron le-Rivka Schatz-Uffenheimer, ed. R. Elior u. J. Dan, Jerusalem 1996, I, S. 157-176.

1302 Vgl.z.B. Bd. I, S. 438ff.

geschöpfliches Denken unerfassbar ist (§1), hat nichts Irdisches, nichts, was den irdischen Formen und Wesen gleich wäre. Es ist so wie man über Ruben Ben Jakob nicht anders präzis reden kann, ohne seinen Namen zu nennen, wiewohl das gesprochene Phonem oder das geschriebene Graphem nichts mit der realen Form und dem Wesen von Ruben Ben Jakob gemein haben. Wer aber, auf der anderen Seite, diesen Namen schmäht, hat doch Jakob Ben Ruben Schaden zugefügt. Die an den Schriftzeichen und Lauten vollzogene Schmähung trifft dennoch das Wesen von Ruben, wiewohl Schrift und Laut keine Vorstellung von ihm vermitteln und auch nicht er selbst sind. Kurz, die Buchstaben, der Name und die Worte sind ein *Symbol* für Ruben, ein Symbol in des Wortes wörtlicher Bedeutung, nach welcher ein Symbol zwei getrennte Dinge sind, die aber doch zusammenpassen und zusammengehören und zusammengehalten eine Sache ergeben, die beiden ineinander passenden und zueinander gehörenden Hälften einer Medaille.

Im selben Sinn ist es auch zu verstehen, wenn gesagt wird, dass die Sefirot *Hesed*, *Din* und *Rachamim* und *Schechina* den vier Elementen Wasser, Feuer, Luft und Erde entsprechen[1303] oder die Erzväter der Bibel, Abraham, Isaak und Jakob den Sefirot der zweiten Triade oder den Himmelsrichtungen des Weltraumes.[1304] Die vor uns liegende Tora, die Welt um uns her, alles ist, wie die Gliedmaßen unseres Körpers, Symbol für entsprechende Wesenheiten in der sefirotischen Gottheit.[1305] In einem solchen symbolischen Sinn sind die Sefirot dann eben Adam, Mensch, wovon allerdings die erste Sefira, die unendliche, ausgenommen ist.[1306]

Mit einem solchen symbolischen Verständnis hat der Körper des Menschen als Symbol für die Sefirot wieder eine neue Würde gewonnen. Damit steht nicht nur die spirituelle Innenseite des Menschen in einer seinsmäßigen Verbindung zur göttlichen Welt, sondern eben auch die körperliche Außenseite. An ihr und durch sie kann man auf Gott hinweisen, durch sie kann man über ihn reden.

Der symbolische Konnex zwischen Gottheit und menschlichem Körper ist demnach nicht eigentlich ein epistemischer. Er vermittelt keine Erkenntnis über Gottes Wesen im Sinne eines definitorischen Erfassens. Er gibt nur einen nicht weiter zu »begreifenden« Hinweis. Aber nicht nur dies, der symbolische Konnex hat außerdem eine ›praktische‹ Seite, eine theurgisch-sakramentale Seite. Gikatilla drückt das durch das Symbol des Thrones aus (§3). Ein Körperglied, das sich reinigt und lauter ist, wird zum Thron für sein symbolisches Pendant in den Sefirot. Der Körper wird dadurch wieder zu einem unabdingbaren Element in der

1303 Vgl. Scha'are 'Ora, Tor V, S. 117f.

1304 Vgl. z.B. Scha'are 'Ora, Tor II, S. 36.

1305 Vgl. Kap. Kabbala VII. C.a.3.4.

1306 Vgl. Scha'are 'Ora, Tor III/IV, S. 78.

menschlichen Beziehung zu Gott. Nicht nur sein Intellekt oder seine rationale Seele kann in unmittelbaren Gotteskontakt treten und so Gott dienen. Es ist nun auch wieder der Körper. Das Handeln des Körpers ist allerdings nicht im rabbinischen Sinne ein Akt des Gehorsams gegenüber einem Herrn, sondern es ist ein Tun, das in der anderen Hälfte des Symbolon seine Resonanzwirkung auslöst. Die zweite Hälfte der Medaille setzt sich passgerecht auf die erste und wird ihr Thron. Die biblische Lehre vom Menschen als Ebenbild Gottes hat bei Gikatilla eine symbolische Deutung erfahren. Dies ist jedoch eine Symbolik, die zugleich theurgisch-sakramentale Wirkungen entfaltet, gleich der akustischen Resonanz, nach der alle A-Saiten in Resonanz treten wenn ein A erklingt, alle D-Saiten beim D etc. Das Symbol hat eine dynamisch-performative Bedeutung. Durch das Handeln mit der menschlichen Hand wird das entsprechende innergöttliche Pendant affiziert und in Resonanz gebracht. Dies ist eine in der jüdischen Religionsgeschichte absolut neue Deutung der *imago*-Lehre. Es ist der Resonanzcharakter dieser Symbolik, welcher den Menschen zur Theurgie befähigt, was später noch zu besprechen sein wird.

4.2 Wesen und Bedeutung des Leiblichen – die Rolle der Materie

Die im vorigen Abschnitt dargestellte Symbolik des Leiblichen darf indessen nicht zu dem Trugschluss verführen, damit sei die Materie geheiligt. Es ist nicht die Materialität der Körperglieder, die sie zum Symbol des sefirotischen Adam macht, sondern die Struktur des Körpers. Diese Differenzierung wird augenscheinlich, wenn man Gikatillas Äußerungen zur Auferstehung und zum ewigen Heil betrachtet. Die Lehre von der Auferstehung des Fleisches ist gewöhnlich das *Schibbolet* der jüdischen Anthropologie. Dies ist exemplarisch im Fall des Maimonides. Er beteuerte zwar nach entsprechenden Vorhaltungen seiner Gegner, an das Heil der Auferstehung zu glauben, aber letztlich ist dies bei ihm nur ein Tribut an die Tradition und nichts, was dem Wesen seiner Anthropologie entspricht. Seiner Definition des menschlichen Wesens als Intellekt kann nur eine ewige Seligkeit außerhalb des Körperlichen als reines intellektuell-intelligibles Dasein entsprechen. Darum wird sein Bekenntnis zur Auferstehung dadurch wieder marginalisiert, wenn er die Auferstehung als ein nicht der Natur entsprechendes unbegreifliches Wunder darstellt, das nur vorübergehenden Charakter hat und endgültig dann doch wieder durch das höhere, wahre und endgültige Heil in der Körperlosigkeit abgelöst werden wird.[1307]

Betrachtet man nun die diesbezüglichen Auffassungen Gikatillas, so ist zunächst zu konstatieren, dass die Körperlichkeit als Symbol für das Göttliche im Vergleich zu Maimonides wieder eine neue und höhere Würde zurückerhalten

1307 Vgl. Bd. I, S. 471-479.

hat. Und fast könnte man glauben, dass dadurch die alte Hochschätzung des materiellen Leibes, von der die Rabbinen sprechen konnten, wieder vollständig zurückgewonnen wurde. Und tatsächlich gibt es in *Scha'are 'Ora* einen ausführlichen Abschnitt zur Frage der Auferstehung. Im Tor III-IV zu den Sefirot *Nezach* und *Hod* sagt Gikatilla über dieses Sefirotpaar: »Dies ist der Ort, von dem den Toten Israels, vermittelt durch *'El Haj* (IX) das Leben zukommt.«[1308] Dieser Eindruck von der Restitution der alten Auferstehungslehre wird noch dadurch unterstrichen, dass Gikatilla dazu die alte rabbinische Tradition vom *Lus scheba-Schidra*, jenem Knöchelchen am Ende der Wirbelsäule aufnimmt. Dieses kleine unverwesliche Knochenstück ist laut der rabbinischen Lehre das unvergängliche Samenkorn, aus dem in den Tagen der Auferstehung, die ganze Gestalt des Menschen wieder herauswächst.[1309] Nach der Version des Midrasch Wajjikra Rabba[1310] weiß man von diesem Knochen das Folgende zu sagen:

> »Hadrian, mögen seine Knochen zerrieben werden, fragte R. Jehoschua Ben Hananja: Von wo lässt der Heilige, Er sei gesegnet, dereinst den Menschen wieder aufsprossen? Er antwortete: Von dem mandelförmigen Knochen (*Lus*) an der Wirbelsäule! Er sprach zu ihm: Wie kannst du mir das beweisen? Da brachte er einen [*Lus*] vor ihn, warf ihn ins Wasser, und er löste sich nicht auf, mahlte ihn zwischen Mühlsteinen und er wurde nicht zermahlen, warf ihn ins Feuer, und er verbrannte nicht, legte ihn auf einen Holzblock und schlug mit dem Hammer auf ihn. Da ging der Holzblock entzwei und der Hammer zersplitterte und es nützte doch nichts.«[1311]

Gikatilla nimmt diese Tradition auf und sagt:

> »Wisse, dass es einen Knochen in der Wirbelsäule des Menschen gibt, *Lus* (Mandel) genannt, der das Wesen des Menschen ist, seine Hauptsache und Wurzel. Und von ihm kommt wesentlich seine Entstehung, sein Herz, sein Hirn und seine Leber. Und er ist gleich dem Feinmehl und vom Edelsten des Samentropfens, und er ist das Wesen/die Wurzel des Bestehens all der Knochen des Menschen. Und wenn der Mensch stirbt und seine Glieder sich auflösen und seine Knochen verrotten, dann geht dieser Knochen nicht zugrunde und löst sich nicht auf. [...] [Zum Beweis folgen nun auch hier die oben aufgezählten Experimente] [...] Dies ist ein Knochen, der in alle Ewigkeit be-

1308 Scha'are 'Ora, Tor III/IV, S. 70.

1309 Dazu vgl. K.E. Grözinger, Die Totenruhe im Judentum, in: Menora 7 (1993), S. 269.

1310 Midrasch Wajjikra Rabba, Parascha 18,1, Ausgabe: M. Margaliot, Jerusalem 1972, Bd. I-II, S. 394.

1311 Vgl. noch Bereschit Rabba 28, 2, Ausgaben: Albeck, Bd. I, S. 261, Anm. 4.

steht. Er ist es, der die Fülle des Vergnügens und der Köstlichkeiten nach dem Tode des Gerechten empfängt [...] und er ist es, der die Strafen des Frevlers erleidet [...]. Und die Wurzel und Hauptsache dieses Knochens kommt vom *'Ezem ha-Schamajim* (dem Knochen/Wesen des Himmels) [d.h. von den beiden Sefirot Nezach und Hod], und von dort erhält er die Kraft des Bestehens und die Kraft des Bestandes des ganzen menschlichen Körpers.«[1312]

So viel ist aufgrund dieses Textes gewiss, Gikatilla glaubt an die Unvergänglichkeit eines körperlich-materiellen Elements, das seine Kraft aus den Sefirot *Nezach* und *Hod* empfängt. Allerdings spricht Gikatilla hier nicht von einer Auferstehung des Leibes, sondern nur davon, dass dieser unvergängliche körperliche Kern nach dem Tod des Menschen dessen Lohn oder Strafe empfängt. Das bedeutet, Gikatilla glaubt in Analogie zur Lehre von der Unsterblichkeit der Seele an eine Unsterblichkeit des generischen wesenhaften Kerns des menschlichen Körpers, nicht aber an eine Rückkehr in ein leibliches Leben nach dem Muster des einmal gelebten irdischen Lebens. Dieser körperliche Kern ist ein Ausfluss aus den beiden genannten Sefirot und er ist es, der nach dem Tod das Körperliche des Menschen vertritt, nicht aber ein ganzer restituierter Leib. Zu dieser Deutung passt, dass Gikatilla im Tor VI[1313] das Schicksal des Menschen ganz kurz einmal so beschreibt: »So ist auch der Tod des Menschen Leben für ihn, denn er steigt dann zur Stufe der Engel auf.«

Als Analogie zu dieser neuen höheren Stufe des menschlichen Daseins nach dem Tode führt Gikatilla einmal den Tod der geschlachteten Tiere an. Diese werden, wenn sie gemäß den Geboten der Tora geschlachtet und verzehrt worden sind, »von der Stufe des Tieres, das nichts erkennt, zur Stufe des Menschen aufsteigen, die JHWH erkennt und kennt.«[1314] Das neue höhere Leben der Tiere ist keine Restitution des tierischen Leibes in ein tierisches Leben, sondern eine Auflösung des Tierseins und eine Integration in ein völlig anderes, menschliches Sein, im Leib eines Menschen.

Daraus mag man schließen, dass das Schicksal des wesenhaften menschlichen Kerns analog zu einer höheren Stufe des Engeldaseins aufsteigt, ein Glaube, dem schon Pseudo-Bachja in seiner Schrift von der Seele huldigt.[1315] Diese Deutung wird des Weiteren dadurch unterstrichen, dass auch für Gikatilla – ähnlich wie für Maimonides[1316] – der *'Am ha-'Arez*, das heißt der religiös Unge-

1312 Scha'are 'Ora, Tor III/IV, S. 70.

1313 Scha'are 'Ora, Tor VI, S. 141.

1314 Scha'are 'Ora, Tor VI, S. 141.

1315 Vgl. Bd. I, S. 559-562.

1316 Vgl. Bd. I, S. 464.

bildete, »gleich einem Tier ist, das keine *Neschama*-Seele besitzt.«[1317] Diese Bemerkung hat schon zum zweiten konstitutiven Element des Menschseins übergeleitet: Zur menschlichen Seele oder richtiger zu den menschlichen Seelen in der Mehrzahl. Aus alledem folgt, es ist nicht die Fleischlichkeit des Körpers, die seine Würde ausmacht, sondern die Körperlichkeit der Struktur, die ihre innergöttlichen symbolischen Entsprechungen hat.

4.3 Die Lehre von der menschlichen Seele

Die Seelenlehre Gikatillas lehnt sich im Prinzip an die neoplatonischen Konzeptionen der jüdischen Philosophen des Mittelalters an. Er kennt eine dreistufige Psychologie, drei von einander getrennte Seelen unterschiedlicher Qualität, die er mit der bei den Philosophen gängigen Terminologie benennt, von unten nach oben: *Nefesch*, *Ruach* und *Neschama*. Gemeinsam mit ihnen ist ihm auch die Vorstellung, dass dem Menschen diese Seelen aus dem intelligiblen Bereich zuströmen. Aber gerade an dieser Stelle tut sich sogleich ein grundlegender Unterschied auf. Während nach den Philosophen die drei Seelenstufen entweder aus der einen Weltseele oder den drei entsprechenden Weltseelen zukommen,[1318] und das heißt aus dem außergöttlichen geschöpflichen Bereich, kommen sie nach Gikatilla aus einer qualitativ viel höheren, ja unterschiedenen Stufe, nämlich aus der Gottheit selbst, das heißt aus dem sefirotischen Bereich. Dies war analog schon im *Sefer ha-Bahir* und bei ʻAsri'el aus Gerona zu beobachten. Ein weiterer Unterschied ist der, dass die Psychologie Gikatillas – hier im Unterschied auch zu ʻAsri'el – nur noch rudimentär mit der philosophischen Seelenhierarchie von rationaler, animalischer und vegetativer Seele übereinstimmt.[1319] Die drei Seelenstufen sind bei Gikatilla weniger kategoriell verschiedene Stufen des belebten Körpers, Pflanze, Tier und Mensch, sondern sie sind eher Zeichen der spirituell-religiösen Vollendung und Einheit. Die Psychologie Gikatillas ist des Weiteren von der ʻAsri'els dadurch unterschieden, dass sie das Psychische im Bereich der Sefirot nicht auf die unteren sieben beschränkt, die nach ʻAsri'el ja die »Kraft des Erschaffenen« sind. Bei Gikatilla wird die Psychologie vollständig aus der Analogie mit der philosophischen Weltenhierarchie gelöst und stattdessen vollständig in die innersefirotische Emanationskonzeption eingefügt. Der Ort, aus dem die höchste Seelenstufe entspringt, ist die dritte Sefira, *Bina*, die im sogleich folgenden Text mit der Bezeichnung »Teschuva«, Umkehr, Buße, benannt wird:

1317 Scha'are 'Ora, Tor VI, S. 141.

1318 Vgl. Bd. I, S. 414ff.462ff.500.514ff.542ff.559ff.581ff.

1319 So zum Beispiel noch in Scha'are 'Ora, Tor II, 34.

»Diese Sefira [*Bina*, III] wird in der Sprache der rabbinischen Gelehrten *Teschuva* genannt. Und der Grund dafür ist folgender: Die *Neschama*-Seelen emanieren von diesem Ort, die *Ruach*-Seelen hingegen aus *Tif'eret* (VI) und die *Nefesch*-Seelen aus der Sefira *Malchut* (X), und sie sind aneinander gebunden, bis dass sie würdig sind, sich in der Sefira *Bina* zu vereinen. Und zwar wie folgt: Die *Nefesch* ist mit *Ruach* verbunden und die *Ruach* mit *Neschama* und die *Neschama* mit *Bina*. Und wenn, Gott behüte, die *Nefesch* sündigte und der Abtrennungsstrafe (*karet*) schuldig wurde, dann wird sie von der *Ruach*, an der sie sich festgehalten hatte, abgetrennt und sie verliert die Zuteilung des Guten und hat keine Möglichkeit, in die kommende Welt (*'Olam ha-ba*) [das ist die Sefira *Bina*] hinaufzusteigen, denn sie wurde von dem oberen Baum abgeschnitten, an dem sie sich festgehalten hatte. Und das ist das Mysterium des Abschneidens (*karet*), von dem die Tora sagt: ›und dann wird die *Nefesch* von ihrem Volk abgeschnitten‹ (Gen 17,14). Wenn sie aber, nachdem sie gefrevelt hatte, wieder umkehrt und ihren Wandel bessert und ihre Pfade zurechtrückt, dann kann sie sich wieder an dem Ort festhalten, von dem sie zuvor abgeschnitten worden war. Dann ist sie würdig, in die Sefira *Bina* aufzusteigen [d.h. zurückzukehren], die *'Olam ha-ba*, ›Kommende Welt‹, genannt wird. Dann kehrt sie an den Ort zurück, den sie verloren hatte. Und das ist das Mysterium der ›Teschuva‹, der Umkehr, wie die Schrift sagt: ›seine Umkehr nach Rama [zur Höhe], denn dort war sein Haus‹ (1Samuel 7,17). Und da die *Nefesch*-Seelen an die *Ruach*-Seelen gebunden sind, und die *Ruach*-Seelen an die *Neschama*-Seelen und diese an die *Welt des Lebens* (III) gebunden sind, sagt die Schrift: ›Und es sei die *Nefesch* meines Herrn im Bündel des Lebens eingebunden‹ (1Sam 25,29). Aber die *Nefesch*-Seelen, die von ihrem Ort abgeschnitten sind und nicht zurückkehrten, werden mit allerlei schweren Strafen bestraft, nachdem sie vom Ort ihrer Pflanzung abgeschnitten und ausgerissen wurden und dann irren sie und taumeln von Strafe zu Strafe und von Schlag zu Schaden. Und das ist es, was die Schrift sagt: ›und die *Nefesch* deiner Feinde wird er mit der Schleuder schleudern‹ (ebenda). Und das Schleudern gleicht einem Stein, den man mit der Schleuder von einem Ort zum andern schleudert. So wird auch die *Nefesch*, die von ihrem Ort abgeschnitten wurde, von einem Ort zum andern geschleudert, mit allerlei bösen Strafen, welche man die Schleuder nennt.

Und gemäß diesem wirst du verstehen, was das Mysterium der Umkehr ist, von dem die Tora spricht. Das ist die Rückkehr der *Nefesch* an den Ort, von dem sie ausgerissen wurde, und die nun an ihren Ruheort zurückkehrt. [...] Und wodurch kehrt sie zu ihrer Ruhe zurück? Durch die guten Heilmittel, welche die Tora für allerlei Sünden und Vergehen anordnete [...] denn hätte

> nicht die Tora die Wege der Umkehr bekannt gemacht, gäbe es keinerlei Weg zurück [...].«[1320]

Mit den Augen des rabbinisch-talmudisch geschulten Lesers gelesen, könnte man glauben, hier sei von der endzeitlichen Erlösung die Rede, denn nach Auffassung der Rabbinen war ja der *'Olam ha-ba*, die kommende Welt, eine raum-zeitliche Kategorie, das heißt eine von Gott neu geschaffene irdische Welt nach dem Untergang dieser gegenwärtigen Welt, in der fast alles so sein würde wie auf der jetzigen Welt, nur ohne Leid, Not und Schmerz. Aber davon ist hier nicht die Rede. Wie schon bei Maimonides ist der *'Olam ha-ba* bei Gikatilla eine ontologische Größe geworden. Er ist etwas, das nicht erst erwartet werden muss, sondern er ist präsent, seit sich die Gottheit aus dem *'En Sof* in seinen Sefirot offenbart hat, er ist eine Kategorie des Seins, des intelligiblen Seins, ein Teil der schon immer präsenten Gottheit.[1321] Im System Gikatillas ist der *'Olam ha-ba* eine »Bezeichnung« für die dritte Sefira, die damit zum transzendenten Heilsort schlechthin erklärt wird. Aber dieser Heilsort ist nicht nur ein Ziel für die Zukunft der menschlichen Individuen beziehungsweise deren Seelen nach dem Tode, sondern der *'Olam ha-ba* ist schon für die Gegenwart dieses irdischen Lebens da. So sagt es einmal Gikatillas Zeitgenosse Mosche de Leon:

> »*'Olam ha-ba* (die Welt, die kommt) [heißt er], weil dies die Welt ist, die beständig *kommt*, sie strahlt ohne Unterlass Glanz aus und sie ist der Quell, der beständig das Mysterium des inneren Glanzes ausstrahlt, der beständig kommt und nie unterbrochen wird.«[1322]

Ebenso sagt es auch Gikatilla selbst:

> »Weil diese Sefira die Welt des Lebens ist, wird sie *'Olam ha-ba* genannt, und zwar weil sie beständig ihre Segnungen herausfließen lässt und täglich und allezeit, zu jeder Stunde *kommt* und Segnungen in die Welt ergießt, wie es heißt: ›Und ein Fluss geht aus von Eden‹ (Gen 2,10), ›geht aus‹, das heißt

1320 Scha'are 'Ora, Tor VIII, S. 171; eine im Detail abweichende Beschreibung der Seelen- und Sefirotverbindungen in Scha'are 'Ora, Tor I, S. 31.

1321 Vgl. dazu K.E.Grözinger, Das Jenseits – zwischen Geschichte und Ontologie, in: Vom Jenseits, Jüdisches Denken in der europäischen Geistesgeschichte, E. Goodman-Thau (Hrsg.), Berlin 1997, S. 47-59.

1322 The Shekel hak-kodesh of Moses de Leon, A.W. Greenup (Hrsg.), London 1911 (Neudruck: Jerusalem 1969), S. 30.

er bricht niemals ab [...] und er wird *'Olam ha-ba* genannt, weil er hervorgeht und beständig *kommt.*«[1323]

Der oben angeführte Text von der Seelenumkehr beschreibt demnach den Zustand während des irdischen Lebens des Menschen. Danach hat der Mensch drei Seelenstufen, die aus den Sefirot *Bina* (III), *Tif'eret* (VI) und *Malchut* (X) fließen. Das Präsens der Formulierungen ist daher präzise zu verstehen, es wird hier die Gegenwart des irdischen Daseins der Seele beschrieben, bei dem der Emanationsstrom zwischen der Seele und ihrem Ausgangsort in der Regel niemals unterbrochen wird. Auch dies ist eine Vorstellung, die Gikatilla von den platonischen Philosophen etwa vom Schlage Jizchak Jisra'elis übernommen hat. Denn auch nach der Seelenlehre Jisra'elis ist die menschliche Seele keine autonome und separate Substanz, sondern nur eine Ausstrahlung aus der Weltseele, die wie das Licht der Sonne verschiedene Empfänger auf der Erde gleichzeitig trifft.[1324] Ihr Leben, ihr Glück und letztlich auch ihr Dasein haben die menschlichen Seelenstufen alleine dadurch, dass sie stets mit dem Emanationsstrom aus ihrer Quelle verbunden bleiben. Nur dann – und hier ist nur von der untersten Seelenstufe die Rede –, wenn die *Nefesch*-Seele sündigt, wird sie vom Emanationsstrom abgeschnitten, den sie durch die beiden über ihr stehenden Seelenstufen vermittelt bekommt. In diesem Fall wird sie von einer Not in die andere, von einer Strafe zur anderen geschleudert. Dies ist die Folge der Abtrennung von ihrem Lebensquell. Erst wenn die Seele umkehrt, kann sie sich wieder an den Lebensfluss anschließen. Die menschlichen Seelen erscheinen hier demnach gleichfalls nicht als separate Substanzen, sondern als Empfangsgefäße des sie erreichenden psychischen Emanationsstromes. Sie sind oder sollten doch stets mit ihm verbunden bleiben. Und sind sie in dieser Verbindung, dann können sie stets auch bis zum *'Olam ha-ba*, dem Lebensquell, der dritten Sefira hinaufsteigen. Damit ist das menschliche Leben nach seiner psychischen Seite recht eigentlich eine *vita mystica*, bei der die Seele in der Möglichkeit eines steten Auf- und Abstiegs durch den Strom der Emanation zu ihrer Quelle lebt.

Eine etwas abweichende (unten noch zu zitierende) psychologische Konzeption trägt Gikatilla im ersten Tor seines Buches vor. Danach stammen die drei Seelenstufen nicht aus den Sefirot II, VI und X, sondern aus der die sogenannte »mittlere Säule« des Systems bildenden Sefirot I, VI und X. Diese mittlere Säule ist demnach der Haupt-Emanationskanal der sefirotischen Struktur. Darum sagt Gikatilla hier, dass es für den Kontakt der Seele zu ihrer Quelle genügt, wenn sich die *Neschama*-Seele an die zehnte Sefira heftet. Hier wird die hebräische

1323 Scha'are 'Ora, Tor VIII, S. 174.

1324 Vgl. Bd. I, S. 514ff.

Wortwurzel *davak* (haften) verwendet, die zum *terminus technicus* für die *unio mystica* geworden ist, wovon weiter unten noch zu sprechen sein wird.

5. Die Aufgabe des Menschen

5.1 Der Sinn der Gebote

In dem im vorangehenden Abschnitt beschriebenen Kontext der steten Verbindung der Seele mit ihrem Quellort und der Möglichkeit, zu ihm auf- und von dort wieder herabzusteigen, gewinnen auch die Gebote der Tora wieder eine völlig neue existentielle Bedeutung. Waren sie für die Rabbinen ein Mittel zum Erweis des Gehorsams gegenüber Gott und bei den Philosophen ein innerirdisches Heilmittel zur Gesundung der Seele, insofern sie die körperlich-materiellen Behinderungen der Seele in Grenzen halten und den emotionalen Haushalt der Seele in ein heilsames Gleichgewicht bringen, so erscheinen die Gebote bei Gikatilla zwar auch als Remedium für die Seele, das allerdings eine völlig andere Natur hat als in den philosophischen Konzeptionen.[1325] Nach der Auffassung der Philosophen waren die Gebote der Tora therapeutische Anweisungen für die Seele des Menschen und Regulierungen für das gesellschaftliche Leben von der Art, dass sie recht eigentlich von jedem vernünftigen Menschen gefunden werden konnten, weil sie eben vernünftige Maßnamen sind. Demgegenüber nähert sich Gikatilla sehr viel mehr der Position von Jehuda ha-Levi, der in den Geboten der Tora vom Menschen nicht erfindbare und verstehbare Handlungsweisen sah, die allein von Gott gegeben werden konnten und die deshalb keine nachvollziehbaren vernünftigen innerweltlichen Erklärungen hatten.[1326] So auch bei Gikatilla. Nach ihm bewirken die Gebote der Tora das Mysterium des neuerlichen oder auch des beständigen Anschlusses der Seele an ihre metaphysische Quelle, an den Strom des göttlichen Lebens. Die Gebote haben demnach eine Mysterienwirkung, die von der Vernunft der Philosophen nicht erklärt werden kann. Sie vermitteln den geheimnisvollen Kontakt der menschlichen Seele mit der göttlichen Welt, wie dies oben am Beispiel der Umkehr, der *Teschuva*, beschrieben wurde.

1325 Zu ihnen vgl. Band I, S. 393-400.424-430.480-487.610-613.

1326 Vgl. Bd. I, S. 610-613.

5.2 *Devekut*, das mystische Haften an Gott

Im Kapitel über 'Asri'el aus Gerona wurde das Nebeneinander von aristotelischen und neoplatonischen Konzepten der menschlichen Verbindung zur göttlichen Welt konstatiert. Zum einen war es das Denken des Menschen, das sich mit dem göttlichen Denken verbinden kann (aristotelisch) und zum anderen die Seele, die zu ihrem Ursprung zurückstrebt, von dem sie sich ja in der Regel nie ganz trennt (neoplatonisch).[1327] Es ist diese zweite Tradition, der auch der reife Gikatilla anhängt. Und dies ist nach der oben beschriebenen Seelenlehre Gikatillas auch nicht anders zu erwarten, weil ja auch nach ihm die Seele, sofern sie nicht sündigt, in einem steten Konnex mit ihrer Quelle bleibt. Wie schon kurz erwähnt, ist es in diesem Zusammenhang bedeutsam, dass zur Beschreibung der Beziehung der menschlichen Seele zu ihrer transzendenten Quelle auch die Wortwurzel *dvk* (דבק) und ihre Derivate benutzt wird, die zum *terminus technicus* für das mystische Haften des Menschen an der Gottheit avancierte.[1328] So verwendet Gikatilla den Begriff zum Beispiel zur Beschreibung dieses »Normalzustandes« der Seelenverbindung mit ihren Quellorten in der folgenden Bemerkung:

> »Nun musst du bedenken, dass wir ja schon oben in diesem Tor erklärten, dass die *Neschama*-Seele an der Sefira *Bina*[1329] haftet (*deveka*) und die *Ruach*-Seele an der Sefira *Tif'eret*, und die *Nefesch*-Seele an der Sefira *Malchut*.«[1330]

Aber nicht nur die dauernde Verbindung der Seelen mit ihrem Ursprungsort wird mit dieser hebräischen Wortwurzel beschrieben. Auch die glückhafte Beziehung der Sefirot untereinander, wenn sie aus ihrer relativen Separierung zur Einheit zurückfinden, wird mit diesem Begriff benannt:

> »Wenn die zehnte Sefira sich mit der neunten vereint (*mitachedet*) und an ihr haftet (*mitdabbeket*), dann haftet auch ganz Israel am Namen, E.s.g., wie die Schrift sagt: ›Ihr, die ihr an JHWH, eurem Gott, haftet‹ (Dtn 4,4). Und die Schrift hat stets wörtliche Bedeutung: ›JHWH deinen Gott sollst du fürchten und ihm dienen und an ihm haften‹ (Dtn 10,20) das heißt tatsächlich *haften*.

1327 Vgl. zu 'Asri'el Kap. Kabbala III. B.5.3.2.

1328 Zu ihr vgl. G. Scholem, Devekut, or Communion with God, in: ders., The Messianic Idea in Judaism. And other Essays on Jewish Spirtuality, New York 1971, S. 203-227; M. Idel, Kabbalah. New Perspectives, New Haven/London 1988, S. 35ff.; M. Piekarz, Hasidism as a Socio-religious Movement on the Evidence of *Devekut*, in: Hasidism Reappraised, A. Rapoport-Albert (Hrsg.), London/Portland 1996, S. 225-248.

1329 Sie wird hier unter der Bezeichnung *Tehilla*, Lobpreis, abgehandelt.

1330 Scha'are 'Ora, Tor VIII, S. 178.

> Und die Weisen, seligen Angedenkens, sagten. ›Und kann denn ein Mensch an der Schechina haften‹[1331] – ja das ist sehr wohl möglich! Und sie haben alles offenbart, als sie sagten, dass der Mensch an den weisen Meistern haften sollte. Und es ist ja bekannt, wer diese Gelehrten JHWHs sind. Das ist das Mysterium des Haftens der zehnten Sefira an der neunten Sefira. Denn jeder, der es verursacht, dass die *Kneset Jisrael* (X) sich mit der Sefira *Jesod* (IX) vereint, der haftet an ihr und sie an *Jesod* und sie beide zusammen haften an JHWH (VI) im buchstäblichen Sinn.«[1332]

Das Verbum »davak« wird hier unterschiedslos für das Haften der Sefirot untereinander wie für das Haften des Menschen an ihnen verwendet, das bedeutet nach dem oben Gesagten, das Haften seiner Seele an den Sefirot. Das Verbum »davak« benennt mithin eine Verbindungsweise im intelligiblen Bereich, zu dem hier der sefirotische wie der psychische zu rechnen ist. Diese Verbindung stellt im sefirotischen Bereich nicht den Dauerzustand dar, sondern jenen Zustand der glückhaften Vereinung der Sefirot, der im Kapitel über den *Jichud* noch zu beschreiben sein wird. Wichtig zu betonen ist allerdings auch für den hiesigen Zusammenhang, dass dieses Haften auch als »Vereinung«, als Einswerden bezeichnet werden kann. Diese Einswerdung, so kann man sagen, ist im sefirotischen Bereich gleichsam die Aufhebung der die Sefirot differenzierenden Aspekte, etwa von Liebe und Strenge, sofern man so etwas über die »Welt der Einheit« überhaupt sagen kann. Auch die Dauerverbindung der Seelen mit ihrer Quelle kann mit diesem Verbum beschrieben werden, zudem allerdings auch die darüber hinausgehende intensivere vorübergehende Kontaktaufnahme mit der sefirotischen Welt, die sich demnach auch als Einswerdung mit ihr verstehen lassen muss. In Gikatillas onomatologischer Konzeption kann man statt dem Haften an einzelnen Sefirot auch sagen, man hafte an Gottesnamen.

Es ist jene zweite Form des Haftens, also die Intensivierung der Grundhaftung der menschlichen Seele an einzelnen Sefirot, welche nach Gikatilla offenbar das Ziel des religiösen menschlichen Lebens sein soll. Diese Vereinung muss zunächst erst innerhalb des Menschen selbst beginnen, der seine drei Seelenstufen in eine solche Verbindung bringen muss, um dann psychisch geeint, in Kontakt mit den Sefirot zu treten. Dies muss stets über die zehnte Sefira geschehen, denn sie ist das Tor zu den Sefirot, was Gikatilla in seinem dieser Sefira gewidmeten ersten Kapitel (Tor) seines Buches mehrfach betont:

> »Und nachdem wir dir diese Schlüssel zu der [Sefira *Malchut* =] *'Adonaj* übergeben haben, müssen wir dir andeuten, dass so wie es drei Namen im

1331 bKetubbot 11b.

1332 Scha'are 'Ora, Tor VIII, S. 166.

Knoten der [wahren göttlichen] Einheit gibt, nämlich *'Adonaj* (X), *JHWH* (VI) und *'Ehjeh* (I), so fließen auch aus diesen dreien im Menschen die *Nefesch*, *Ruach* und *Neschama*.
Und der Mensch muss die *Nefesch* an die *Ruach* und die *Ruach* an die *Neschama* binden und dann die *Neschama* an *'Adonaj* [...] und *'Adonaj* vereint sich mit den Stufen über ihr. Darum muss sich jeder Mensch mit all seiner Macht bemühen, sich an dem Namen *JHWH*, E.s.g., festzuhalten (*le-hit'aches*) und an ihm zu haften (*le-hitdabbek*) [...] und dieses Anhaften geschieht mittels *'Adonaj*, wie es heißt: ›[JHWH, deinen Gott sollst du fürchten ...] und an ihm sollst du haften (*tidbak*).‹ (Dtn 10, 20).
Und der Name, lehre uns um seines Erbarmens und seiner Huld willen den Weg, an ihm zu haften, und er helfe uns, seinen Willen in dieser Welt zu erfüllen, damit wir des Lebens des *'Olam ha-ba* teilhaftig werden.«[1333]

Was der *'Olam ha-ba* hier bedeutet, wurde schon oben erörtert, er ist der ewig präsente Lebensquell, das heißt die dritte Sefira, zu der die Seele steten Kontakt halten soll, um des lebenspendenden Emanationsstromes teilhaftig zu werden. Wer in dieser Weise an der zehnten Sefira haftet, der gewinnt den von oben ausfließenden Segen,[1334] und Macht in Zeiten der Not.[1335] Die *Devekut*, das Haften an einzelnen speziellen Sefirot lässt deren spezifische Segnungen auf den Menschen herabfließen, so zum Beispiel Einsicht und Leben in dieser Welt aus der Sefira IX.[1336] In diesem Zusammenhang spricht Gikatilla davon, dass auch das menschliche Gebet bei seinem Aufstieg an den Sefirot haftet und so sogar bis *'En Sof* aufsteigen kann.[1337]

5.3 Theurgie und *Jichud*

5.3.1 Die Theurgie

Mehrfach war oben darauf hinzuweisen, dass der Mensch vermittels der *Devekut* an einzelnen Sefirot einen Segensstrom aus diesen auslösen kann, der dann diesem und anderen Menschen zum Segen und Nutzen wird. Es ist indessen nicht alleine das Anhaften, das diesen Effekt auslösen kann. Diese Macht eignet dem gesamten von Gott gebotenen Tun, denn die Gebote der Tora sind von Gott angeordnete Heilmittel, die Sakramenten gleich *ex opere operato*, das heißt allein

1333 Scha'are 'Ora, Tor I, S. 31.

1334 Scha'are 'Ora, Tor I, S. 10.

1335 Scha'are 'Ora, Tor I, S. 21.

1336 Scha'are 'Ora, Tor II, S. 40. 34f.36.

1337 Scha'are 'Ora, Tor II, S. 63.

durch ihre Erfüllung, wirken. Damit kommt dem von Gott gebotenen Handeln eine eminent wichtige Rolle in der Welterhaltung zu. Der Mensch hat nämlich, wie es der folgende Text sagen wird, Macht über die Geschehnisse in der sefirotisch-göttlichen Welt, mit den ihnen entsprechenden Nachwirkungen in der irdischen Welt. Im ersten hier folgenden Beispiel der Darstellung der theurgischen Wirkung des menschlichen Handelns auf die sefirotische Welt greift Gikatilla wieder zu einer mehr mythologischen Redeweise, die jedoch über den eher mechanisch zu verstehenden Sachverhalt nicht hinwegtäuschen darf, nach dem das Tun des Menschen von selbst wirkt, ohne dass es dazu einer Willensentscheidung oder einer Beteiligung einer das Tun anerkennender göttlicher Person bedarf. Im zweiten Tor seines Buches, das der neunten Sefira, hier *'El Haj* benannt, gewidmet ist, sagt Gikatilla:

> »Wisse, dass die Midda *'El Haj* (IX), die *Zaddik* genannt wird, bereitsteht, um zu schauen, zu sehen und die Menschen zu beobachten. Und wenn sie sieht, dass sich die Menschen mit der Tora befassen, und sich selbst reinigen und in Reinheit wandeln wollen, dann breitet sich die Midda *Zaddik* aus und wird weit und füllt sich mit allerlei Ausfluss und Emanation von oben, um sie auf die Midda *'Adonaj* (X) auszugießen, um jenen, die an der Tora und an den Geboten festhalten und sich reinigen, guten Lohn zu geben. Und die ganze Welt wird dann durch diese Zaddikim gesegnet, so auch die Midda *'Adonaj*. [...]
> Wenn aber die Menschen sich verunreinigen und sich von der Tora und den Geboten entfernen und Frevel und Übeltaten vollbringen, dann steht die Midda *Zaddik*, um zu schauen und zu sehen und ihre Taten zu beobachten. Und wenn sie sieht, dass sich die Menschen verunreinigen, Tora und Gebote verwerfen, und Frevel und Gewalttat üben, dann sammelt sich die Midda *Zaddik* ein, tritt hinein und verschwindet weit nach oben, dann werden die Kanäle und Flüsse unterbrochen und die Midda *'Adonaj* wird wie ein trockenes Land, leer und ohne alles Gute [...]. Denn die Unteren haben Macht, oben einiges zu erbauen oder einzureißen und zu zerstören [...] wer dieses Mysterium versteht, wird erkennen, wie groß die Macht der Menschen ist, zu erbauen oder einzureißen.«[1338]

Trotz der personhaft-mythologischen Rede von der die Menschen beobachtenden neunten Sefira lässt doch die übrige Terminologie die Differenz zu einem wirklichen Mythos deutlich genug erkennen. Das Handeln der Menschen löst oben einen mehr oder weniger technischen Ablauf aus, die Kanäle und Becken füllen sich oder bleiben leer. All dies wird dann mit einer entsprechenden technischen

1338 Scha'are 'Ora, Tor II, S. 37f.

Terminologie von der Macht der Menschen, oben zu erbauen oder einzureißen, kommentiert, so dass deutlich ist, dass der Mensch Macht hat, auf die göttlich-sefirotische Struktur einzuwirken. Dies ist nicht ein intrapersonales Geschehen, bei dem der Mensch sucht weniger Gefallen oder Missfallen bei einer göttlichen Person zu erregen. Dies wir im Folgenden noch deutlicher werden.

Die in dem soeben angeführten Text genannten Taten dürfen nicht nur als ethisches Tun verstanden werden, dagegen spricht schon die pauschale Rede von dem Befolgen der Tora und ihrer Gebote, sind doch ein großer Teil dieser Gebote eben nicht ethischer, sondern ritueller Natur. Damit wird nochmals unterstrichen, dass die Wirkung des menschlichen Handelns nach oben nicht nach ethisch-moralischen Maßstäben geschieht, sondern danach, dass es sich hier um göttliche Gebote, Gebote der Tora handelt, was immer deren Inhalt sei. Aus diesem Grunde erwähnt Gikatilla an verschiedenen Stellen des Buches ganz unterschiedliche Gebotserfüllungen, die eine je eigene Wirkung auf die obere Welt ausüben. So etwa der Gebetsgottesdienst und da insbesondere das Sprechen des Priestersegens,[1339] das Torastudium,[1340] die Erfüllung bestimmter liturgischer Beson- derheiten, wie die Aneinanderfügung des *Ge'ulla*-Segens unmittelbar vor der *Tefilla* (18-Gebet),[1341] oder das Sprechen der Kronen-*Keduscha*,[1342] die Erfüllung des Gebotes, am Schabbat drei Mahlzeiten zu essen.[1343]

Um einen Eindruck davon zu vermitteln, wie diese Gebotserfüllungen wirken, beziehungsweise wie Gikatilla die Wirksamkeit der Gebotserfüllung zu erklären und zu begründen versucht, mag hier noch die Erfüllung des rabbinischen Gebotes, täglich einhundert Segenssprüche zu sprechen,[1344] als Beispiel dienen. Zur zehnten Sefira namens *'Adonaj* sagt Gikatilla:

> »Der Name *'Adonaj* ('dnj) ist gleich einem Schatzhaus, das den Fluss aller Segnungen (*Berachot*) und allerlei Emanationen auffängt, und er gleicht einem Teich (*Berecha*) und Auffangbehälter. Darum ist der Name *'Adonaj* ('dnj) von *'Adanej* ('dnj, Fundamente) [gemeint sind die Säulenfundamente

1339 Scha'are 'Ora, Tor I, S. 23.

1340 Scha'are 'Ora, Tor II, S. 41.

1341 Scha'are 'Ora, Tor II, S. 43; zur Sache vgl. Siddur Safa Berura, S. 39-40; u. vgl. I. Elbogen, Der jüdische Gottesdienst in seiner geschichtlichen Entwicklung, Hildesheim u.a. 1995, S. 22-24

1342 Eine Einfügung in das 18-Gebet, das mit den Worten beginnt ›Eine Krone sollen dir geben ...‹, Scha'are 'Ora, Tor X, S. 208; zur Sache vgl. K. E. Grözinger, Ich bin der Herr, dein Gott!, Frankfurt a.M. 1976, S. 39ff.159ff.; A. Green, Keter. The Crown of God in Early Jewish Mysticism, Princeton 1997.

1343 Scha'are 'Ora, Tor II, S. 45.

1344 Vgl. Schulchan 'Aruch, 'Orach Hajjim 46, 3; u. Enzyklopädie 'Ozar Jisra'el, J.D. Eisenstein (Hrsg.), Jerusalem o.J., III, S. 207b; u. vgl. bMenachot 43b.

im Vorhof des Wüstenheiligtums, Mischkan] abgeleitet, in welche die Säulen eingefügt sind. Da findest du, dass 100 Silber-Fundamente im Mischkan gemacht wurden, wie geschrieben steht: ›hundert Fundamente aus hundert Talenten [Silber], ein Talent pro Fundament.‹ (Ex 38,27).
Und diese 100 Fundamente des Mischkan gleichen den 100 Teichen, welche aus dem großen Teich namens *'Adonaj* gefüllt werden. [Richtiger muss es wohl heißen: welche den großen Teich namens 'Adonaj füllen]. Darum muss der Mensch täglich 100 *Berachot* (Segenssprüche) sprechen, um von jeder einzelnen [Sefira] herabzuziehen. Denn die 100 *Berachot* [Segnungen] kommen von diesen Berachot [Segenssprüchen] in den Namen *'Adonaj*. Und wenn man nur eine Beracha weglässt, fügt man Schaden und Makel zu.
Und das Mysterium hängt am Geheimnis von אי"ק בכ"ר ('j"k̲ bk"r) [Eine der Permutationsregeln des Alphabets. Die ersten drei Glieder, *'Alef, Jud, Kof,* haben den Zahlwert 1 und 10 und 100].[1345] Und dies [nämlich die drei: 1.10.100] ist das Mysterium von Kohen (Priester), Levit und Israelit, das seinerseits dem Mysterium von *Nefesch*-Seele, *Ruach*-Seele und *Neschama*-Seele entspricht.
Und gemäß diesem Grundsatz sagte David: ›Segne, meine *Nefesch*, JHWH.‹ (Ps 103,1). Er hat also die Segnungen der *Nefesch* aufgebürdet, und zwar gemäß dem Mysterium der drei oberen Anordnungen: Die *Nefesch* muss täglich 100 *Berachot* sprechen, denn sie entspricht dem Israeliten. Und von den 100 *Berachot* stehen [als Zehntabgabe] 10 der *Ruach*-Seele zu, welche dem Leviten entspricht. Und von den 10 *Berachot* die der *Ruach*-Seele zukommen, gibt sie [als Zehntgabe] eine der *Neschama*-Seele ab, welche dem Kohen entspricht. Da lernst du, wenn die menschliche *Nefesch* nicht täglich 100 *Berachot* spricht, dann bekommt die *Neschama* keine einzige *Beracha*, weil ja die *Ruach*-Seele keine 10 zugekommen sind [...] Und das Mysterium des Zehnten vom Zehnten ist das Mysterium von אי"ק ('jk)[1346], denn gibt es nicht ק (k̲ = 100), dann gibt es auch nicht י (j= 10), und wenn nicht י (j) dann auch nicht א ('= 1). Darum muss der Mensch eifrig sein, 100 *Berachot* zu sprechen, und wenn Gott behüte nur eine fehlt, richtet man Schaden an.«[1347]

Die Wirkweise der Gebote stützt sich demnach auf ontologische Strukturen, die von der Sefirotwelt bis herab in die menschlichen Seelen reichen. Es gibt oben

1345 Die Permutationsregel besagt, dass jeder Buchstabe durch den ihm folgenden ersetzt wird. Und so entstehen aus 'jk die Buchstaben bkr. Die Folge 1.10.100 ergibt also die Buchstaben brk, aus welchen sowohl das Wort Segen, *Beracha*, wie auch Teich, *Berecha*, gebildet werden. Zu den Regeln s. J. Trachtenberg, Jewish Magic and Superstition, New York 1939, S. 264.

1346 Das heißt 1.10.100.

1347 Scha'are 'Ora, Tor I, S. 10.

und unten Entsprechungen, zunächst die drei Seelen, sodann die oberen Anordnungen, die sich hier wohl auf die Sefirot I, VI, und X beziehen.[1348] Außerdem kommt der biblische Text hinzu, der diese verborgenen Beziehungen repräsentiert – die Dreiteilung des Volkes in gemeine Israeliten, Leviten und Priester, und die Zehntpflicht – und schließlich auch die Struktur des *Mischkan*, des Wüstenheiligtums, das wiederum der biblische Text beschreibt. Die hundert Segenssprüche (*Berachot*) entsprechen hundert *Berechot* (Teichen), deren Ausfluss von den hundert *Berachot* (Segenssprüchen) angeregt wird. Der Kommentator M. Delacrut in der hier zitierten Ausgabe meint, dass jede der zehn Sefirot ihrerseits zehn Sefirot in sich trage, woraus folgt, dass wenn sich in der zehnten Sefira die Ausflüsse aus zehn mal zehn Sefirot sammeln, dies hundert ergibt. Der Schaden, der durch die mangelhafte Erfüllung des Gebotes angerichtet wird, betrifft zum einen die menschliche *Neschama* und zum anderen die zehnte Sefira, die weniger empfängt und dann auch das sefirotische Pendant zu den beiden oberen Seelenstufen, das heißt die Sefirot VI und I.

5.3.2 Der *Jichud*

Das wirklich oberste Ziel, das durch das menschliche Handeln erreicht werden soll, ist die Zusammenführung einzelner oder aller Sefirot zum *Jichud*, zur Einheit, die auch als Haften, *Devekut*, der Sefirot aneinander bezeichnet werden kann. Die sefirotische Welt, das haben die bisherigen Erörterungen mehrfach gezeigt, ist keine statische Welt, sondern eine Welt steter dynamischer Bewegungen, bei der die unteren im Verhältnis zu den oberen und die rechten im Verhältnis zu den linken, beziehungsweise linken zu den rechten Sefirot stets in Bewegung sind, die sich als Einung und nachfolgende Trennung und Wiedervereinung darstellt. Es sei an dieser Stelle zum wiederholten Male betont, dass trotz dieser Möglichkeit von Einung und Trennung im sefirotischen Bereich, dieser als ganzer dennoch die Welt der Einheit im Vergleich zu den darunterliegenden Welten genannt wird. Der bei diesen Bewegungen herbeigeführte *Jichud* ist stets ein Zustand des Heils, der Fülle und Intaktheit und ist darum erstrebenswert:

> »An jeder Stelle in der Tora, an der du die Namen יהוה אדני (JHWH 'Adonaj) nebeneinander findest, wisse, dass damit eben jene zwei Sefirot gemeint sind. Und zwar die erste, welche JHWH geschrieben, aber als 'Elohim auszusprechen ist, ist die Sefira Bina (III). Und die zweite ist die Sefira Malchut (X), die tatsächlich *'Adonaj* auszusprechen ist. Und das ist das Mysterium des Schriftverses ›JHWH 'Adonaj ist meine Kraft‹ (Habakuk 3,19).

1348 Vgl. o. 4.3.

Jetzt muss ich dir kundtun, dass wenn sich diese beiden Sefirot miteinander vereinen, dann ist die Welt im Zustand des Tikkun (Heils, Intaktheit) und der Vollkommenheit. Denn dann sind alle Kanäle intakt und die Sefirot sind vereint (*mit'achdot*) und der Segen wird in die Sefira Malchut (X), namens *'Adonaj*, gesandt. Und zwar in zwei verschiedenen Weisen:
An manchen Stellen der Schrift findest du die Reihenfolge אדני יהוה ('Adonaj JHWH), wie zum Beispiel in (Gen 15,2): ›'Adonaj JHWH, was denn willst du mir geben?‹ und an anderen Stellen die Reihenfolge יהוה אדני (JHWH 'Adonaj) wie in (Habakuk 3,19): ›JHWH 'Adonaj ist meine Kraft!‹
Und darin liegt folgendes Mysterium:
[1.] Immer dann, wenn sich die Sefira Malchut (X) schmückt und bereit macht [...] dann lesen wir in der Tora 'Adonaj JHWH, d.h. 'Adonaj zuerst. Dann ist sie bereit, von dort zur Stufe der Bina (III) hinaufzusteigen. [...]. Dies ist das Mysterium des Tikkun der *Schechina* und ihres Sich-Schmückens, um sich mit der Sefira *Bina* zu vereinen.
[2.] Aber wenn immer du die Reihenfolge JHWH *'Adonaj* geschrieben findest, dann bedeutet dies das Mysterium des Ausflusses und der Emanation von oben nach unten, wenn nämlich die Sefira *Bina* sich auf alle Sefirot ergießt, bis die Sefira *Malchut* mit allerlei Ausfluss und Emanation und Segen erfüllt ist.
Das ist die Regel: Immer wenn du *'Adonaj* JHWH findest, ist es das Mysterium, dass sich die *Schechina* unten schmückt, um sich dann mit der *Bina* zu vereinen, um von ihr Ausfluss und Emanation zu empfangen. Und wenn immer du JHWH *'Adonaj* findest, dann ist es das Mysterium des Flusses, der sich von oben nach unten ergießt [...].«[1349]

Hier wird erneut deutlich, inwiefern der biblische Text innersefirotische Vorgänge repräsentiert, hier zwei unterschiedliche Formen des *Jichud* zwischen den beiden entscheidenden Sefirot *Bina* (III) und *Malchut* (X). In beiden Fällen hat diese Vereinung die Konsequenz, dass die zehnte Sefira mit Segen erfüllt wird und damit auch die Welt in einen Zustand der Unversehrtheit und Segensfülle gelangt. Was in dieser Darstellung Gikatillas allerdings zunächst als Zustandsbeschreibung erscheint, ist recht besehen das Ergebnis irdischer Ereignisse. Denn dieser Zustand ist allemale das Endresultat dessen, was in der gesamten biblischen Erzählung mitgeteilt wurde. Es waren also die erzählten Ereignisse des Schrifttextes, welche diesen *Jichud* herbeiführten, und zwar durch das Handeln der biblischen Gestalten, seien es Abraham, Moses, Salomo oder Daniel. Gerade diese Erkenntnis ist entscheidend für den Kabbalisten. Denn diese Erzählungen können als Vorbild und Beispiel auch für die je eigene Gegenwart genommen

1349 Scha'are 'Ora, Tor VIII, S. 167.

werden. Das, was die biblischen Helden vollbrachten, können und sollen auch deren Nachfahren bewirken, nämlich den göttlichen *Jichud* herbeizuführen, sei es durch Torastudium, Gebotserfüllung, Gebet oder Bewahren der Feiertage. Bezüglich letzterer kann man außerdem sagen, dass an ihnen der Zustand solcher *Jichudim* sich auch von selbst einstellt. Dies eben ist es, was die Heiligkeit der Feiertage ausmacht.[1350]

Abschließend muss noch eine Besonderheit erwähnt werden, die für den *Jichud* konstitutiv ist, nämlich dass alle Sefirot – außer der ersten – an den Qualitäten der je anderen Sefirot partizipieren,[1351] weil nur so, so glaubt Gikatilla, ihre Vereinung möglich ist. Diese Feststellung ist für Gikatillas Denken offenbar so wichtig, dass für ihn jeder, der diese Vermischung und gegenseitige Partizipation der Sefirot in Frage stellt, ein Häretiker ist. Und diese Form der Leugnung der Grundlage des *Jichud* bezeichnet Gikatilla mit einer Metapher, die seit jenem sagenhaften Aufstieg der vier rabbinischen Weisen in den Pardes,[1352] das heißt zur *unio* mit dem thronenden Gott, zur Benennung des Vergehens gegen die Heiligkeit der göttlichen Welt verwendet wurde, nämlich das »Abhauen der Zweige der Pflanzung«. Gikatilla versteht diesen Ausdruck nun als »Trennung des *Jichud*«, der eben durch die besagte Leugnung zustande kommt.[1353]

5.4 *Kawwana* – und der Sündenfall

5.4.1 Die *Kawwana*

Am Ende des vorangegangenen Kapitels über den sefirotischen *Jichud* war kurz die Rede davon, dass der *Jichud* im sefirotischen Bereich auf der gegenseitigen Partizipation der Sefirot untereinander beruht, und dass ein Leugnen dieser gegenseitigen Teilhabe das mystische *Abhauen der Zweige der Pflanzung* bedeute. Und in eben diesem Bereich liegt nach Auffassung Gikatillas die Sünde des Ersten Menschen. Man spürt dieser intellektuellen Definition der Ursünde noch die philosophischen »Eierschalen« an, nämlich dass der Mensch nicht durch ein Tun, sondern durch eine falsche Gottesauffasung sündig wurde, wie dies etwa Maimonides in seinen dreizehn Glaubensartikeln voraussetzt.[1354] Diese »intellektuelle« Sünde hat allerdings reale Konsequenzen, und zwar zunächst innerhalb der sefirotischen Welt, und dann auch auf der Erde. Bei dieser Definition der

1350 Vgl. Scha'are 'Ora, Tore II, S. 43.4045.42.63; II-IV, S. 68; .75; VIII, S. 167.173 etc.

1351 Demzufolge ist in der Gerichtsstrenge auch Liebe und in der Liebe auch Gerichtsstrenge enthalten.

1352 Vgl. Band I, S. 311ff.

1353 Vgl. Scha'are 'Ora, Tor V, S. 113.

1354 Vgl. Bd. I, S. 432ff.

Sünde zeigt sich das oben zu 'Asri'el schon angesprochene[1355] und für die weitere Kabbala wichtige Element der Bedeutsamkeit der denkerischen Kontemplation. Im Vorangehenden war schon gezeigt worden, dass die Gebotserfüllung einen eminenten Einfluss auf die sefirotische Welt hat. Daneben spricht aber Gikatilla häufig von der *Kawwana*, das heißt der mentalen Ausrichtung des Menschen auf einzelne Sefirot, beziehungsweise darauf, den *Jichud* herbeiführen zu wollen.[1356] So sagte es Gikatilla auch in dem eingangs angeführten Gleichnis vom Schatzhaus, nach dem es gilt, sein Denken auf jeweils die für das verfolgte Anliegen zuständige Sefira auszurichten, um Erfolg zu haben: »Wenn man aber beim Beten nicht weiß, seine Intention (*Kawwana*) auf jenen Namen auszurichten, welcher der Schlüssel für sein Begehr ist, wer ist dann schuld, dass er sein Begehren nicht erlangt.«[1357] Der Mensch muss darum beim Beten, wie dies Gikatilla im Anschluss nochmals betont, seine Intention auf einen spezifischen Namen ausrichten.[1358] Das Gesagte gilt auch, wenn ein Mensch den oberen *Jichud* herbeiführen will, zum Beispiel, »wenn wir unsere Intention auf den vollkommenen *Jichud* ausrichten, bis wir zum Mysterium des Buchstabens *Jod* gelangen. Und wenn das Denken bis JH (II) gelangt, dann machen wir dort alles im Dorn des *Jod* zu eins.«[1359]

Die Lehre von der *Kawwana*, die man zu Recht im Kontext der Spiritualisierung des Judentums gesehen hat, wie sie etwa die Philosophen, wie Maimonides und allen voran Bachja Ibn Pakuda in seinem Klassiker von den *Herzenspflichten* programmatisch forderte, hat bei den sefirotisch-theosophisch ausgerichteten Kabbalisten vor allem die Bedeutung der denkerischen Verbindung von menschlichem Handeln und sefirotischer Welt. Das heißt, dass das menschliche Handeln von einer Meditation begleitet werden soll, bei der das gerade vollzogene Handeln denkerisch auf die Sefirot bezogen wird.[1360] Dies kann aber auch, wie schon oben bei 'Asri'el deutlich wurde, im kontemplativen Gebet oder in der Liturgie geschehen, insbesondere natürlich beim Bittgebet und dem Gebet, das erklärtermaßen den *Jichud* herbeiführen soll, nämlich die *Schma'*-Rezitation, in der ja die Einheit von JHWH und 'Elohim ausgerufen wird. Die Lehre von der *Kawwana* legt also dem Denken als Begleiterin des Handelns eine eminent wichtige Bedeutung für das theurgische Handeln des Menschen bei.

1355 Dort: S. 32-35.

1356 Vgl. z.B. Scha'are 'Ora, Tor IX, S. 197.

1357 Scha'are 'Ora, Tor I, S. 7.

1358 Scha'are 'Ora, Tor I, S. 8; u. vgl. II-IV, S. 74-76.

1359 Scha'are 'Ora, Tor IX, S. 197.196. Der Dorn des jud ist der Hinweis auf die erste Sefira.

1360 Zur *Kawwana* siehe den bei 'Asri'el genannten Aufsatz von Gershom Scholem zur Kawwana und Y. Tishby, The Wisdom of the Zohar, Oxford 1991, III, S. 941-1016, das Kapitel ›Prayer and Devotion‹.

5.4.2 Der Sündenfall

Im Rahmen einer praktischen Theosophie, wie sie eben zuvor gezeichnet wurde, erscheint es nicht außergewöhnlich, dass nun auch der Sündenfall, der Frevel des Adam, eben eine noetische Sünde ist. Die Sünde Adams war, wie allgemein bekannt, sein Vergehen am Baum der Erkenntnis des Guten und des Bösen.[1361] Die Version Gikatillas von diesem Ereignis geht von der Voraussetzung aus, dass die zehnte Sefira *Malchut* auch die Bezeichnung »Baum der Erkenntnis« hat:

> »Diese Midda heißt in der Schöpfungsgeschichte *'Ez ha-Da'at*, Baum der Erkenntnis. Und an ihr hat sich der Erste Mensch, *'Adam ha-rischon*, versündigt, so dass sie sich zurückzog. Da sie, wie schon dargelegt, alle Farben[1362] empfängt und dann an den Unteren gemäß jener Kraft wirkt, die in sie von den Stufen über ihr geflossen war, sei es Leben, sei es Tod, sei es gut oder böse. Darum sagte die Tora ›Der Baum der Erkenntnis des Guten und des Bösen‹ (Gen 2,10).
>
> Wenn es [der Baum] des Guten ist, warum dann auch des Bösen, und wenn des Bösen, warum dann des Guten?
>
> Dieser Baum wird Baum der Erkenntnis genannt. Und die Wissenden wissen, dass die verborgene Bezeichnung des Namens JHWH, E.s.g., *Da'at*, Erkenntnis, ist. Und diese [zehnte] Midda ist der Baum von JHWH, der *Da'at* genannt wird, denn sie ist sein Palast und Haus. Und in sie senkt er Wurzeln und die Kraft des Segens und der Emanation, und von dort bringt JHWH dem Baum der Erkenntnis alles Gute zu, vermittelt durch die Midda *Zedek* (IX), die *Gut* genannt wird. Wenn aber, Gott behüte, die Kanäle, welche über *Zedek* führen, unterbrochen werden, dann fließt es aus der Midda des strengen Gerichtes in sie, das heißt von der linken Seite, auf der es Dinge gibt, die das Böse in der Welt schaffen. Darum heißt es hier des *Guten* und des *Bösen*.
>
> Und der Erste Mensch hat im *Denken* gesündigt und wurde mit dem Tod dafür bestraft. Und das Symbol dafür ist der Vers (Dtn 30,15) ›Siehe, ich legte heute vor dich das Leben und das Gute sowie den Tod und das Böse.‹ Und (Hosea 6,7): ›Und sie haben wie Adam den Bund übertreten.‹ «[1363]

1361 Genesis 3.

1362 Bei seiner Behandlung der Bezeichnung *'Even ha-Saphir*, Saphirstein, die gleichfalls zur zehnten Sefira gehört, sagte Gikatilla: »Und sie wird Saphirstein genannt, weil sie alle Farben von den übrigen Stufen über ihr empfängt und dann an den Geschöpfen alles und dessen Gegenteil wirkt, manchesmal zum Guten, manchesmal zum Bösen [...].«, Scha'are 'Ora, Tor I, S. 13.

1363 Scha'are 'Ora, Tor I, S. 25f.

Der erste Mensch gehörte offenbar nicht zu den Wissenden, die um die Januskköpfigkeit der *Schechina*, der zehnten Sefira, wissen. Und darum hat er in Gedanken gesündigt. Er hat in seinen Gedanken eine Trennung zwischen dem zugelassen, was tatsächlich beide Aspekte ineinander vereint. Die zehnte Sefira hat beides in sich, Leben und Tod, Gutes und das Böse. Dies hat Adam nicht erkannt, sondern wollte nur eine Seite in der *Schechina* sehen und dadurch hat er eine Trennung herbeigeführt, oder wie Gikatilla mit der alten Formulierung sagt, »er hat die Pflanzungen abgehackt«.[1364] Im fünften Tor (S. 113) geht Gikatilla ausführlich auf diesen Zusammenhang ein. Er sagt da, wer bestreitet, dass in allen Sefirot unterhalb der ersten, je eine Vermischung der gegensätzlichen Qualitäten besteht, der ist wie einer, der die Pflanzungen abhackt und den *Jichud*, das heißt die Einheit trennt.

Der Sündenfall wird bei Gikatilla wie bei 'Asri'el eine Sünde am *Jichud*, als Vergehen an der ursprünglichen Einheit, verstanden. Während dies allerdings bei 'Asri'el auf den Bereich des menschlichen Willens bezogen war, wird dies bei Gikatilla theosophisch-noetisch konzipiert. Es ist das richtige theosophische Wissen um die Einheit der göttlichen Welt, was den Menschen wohlgefällig erscheinen lässt, das falsche Wissen hingegen ist Sünde und führt ihn zum Bösen und letztlich in den Tod.

Diese erste Sünde hatte nach Gikatillas Darstellung katastrophale Folgen. Einem altrabbinischen Midrasch folgend, nach dem die Gottheit, sprich die altrabbinisch verstandene *Schechina*,[1365] ursprünglich auf Erden weilte, aber durch die Sünden der Menschen Stufe um Stufe in den Himmel zurückwich, um dann von den Gerechten ebenso wieder herabgebracht zu werden, lässt Gikatilla die zehnte Sefira gleichfalls ursprünglich auf Erden weilen. Und das bedeutet, dass Himmel und Erde ursprünglich eins waren.[1366] Als dann aber Adam sündigte, wurde diese Einheit zerstört, »die Kanäle zerborsten und die Teiche wurden abgetrennt, die *Schechina* schwand und das Bündel wurde aufgelöst.«[1367] Das bedeutet, der Segensstrom auf die Erde war unterbrochen. Analog dem rabbinischen Midrasch waren es dann die gerechten Erzväter, welche durch ihr Tun und Wissen das Zerstörte wieder heil machten, so dass der Segen wieder fließen konnte.

Auf der anderen Seite war es eine Folge dieser Sünde Adams, dass erst durch diese Zerstörung die oben beschriebenen Völkerfürsten es vermochten, sich am Heiligen festzuhalten, was, wie ja gezeigt, auch seine notwendige und positive

1364 Vgl. Scha'are 'Ora, Tor VIII, S. 167.

1365 Vgl. Bd. I, S. 253-257.

1366 Vgl. Scha'are 'Ora, Tor I, S. 15.

1367 Vgl. Scha'are 'Ora, Tor I, S. 15; u. vgl. VIII, S. 168.

Seite hatte, so dass auch hier die Bewertung der Adamssünde als *felix culpa* angebracht ist.[1368]

Abschließend muss noch darauf hingewiesen werden, dass bei der Darstellung der Adamsünde und ihrer Folgen sich auch bei Gikatilla jenes oben im Kapitel zu den kastilischen Kabbalisten zutage getretene gnostische Element wieder zu Wort meldet. Er glaubt, dass mit der Ursünde in den Menschen ein Makel geworfen wurde, so dass er zum Sauerteig »für alle Fürsten und sogar für die äußeren Mächte der Unreinheit wurde. Und alle warfen in ihn ihren Sauerteig, und das ist die Unreinheit, welche die Schlange in die Eva warf [...].«[1369] Der Körper des Menschen blieb fortan der Teig für jenen Sauerteig, den es seit dem durch das menschliche Tun wieder herauszuläutern galt. Auf das Motiv der Schlange kommt Gikatilla an anderer Stelle erneut zurück, sie liegt im Hinterhalt, um alle zu beißen, die sich nicht an die Gebote halten.[1370] Dennoch behält auch die Schlange, wie die Völkerfürsten, für Gikatilla eine durchaus zweiseitige Bewertung, auch sie ist nicht nur zum Bösen, wie er in einem eigens dazu verfassten nur handschriftlich erhaltenen Traktat darstellt, von dem Scholem aber einen wichtigen Auszug übersetzte, der hier zum Abschluss folgen soll:

> »Wisse, daß die Schlange von Anbeginn ihrer Erschaffung an etwas Wichtiges und Notwendiges für die Harmonie darstellt, solange sie an ihrem Orte stand. Sie war ein großer Diener, der erschaffen war, um das Joch der Herrschaft und des Dienstes zu tragen. Ihr Haupt überragte die Höhen der Erde, und ihr Schwanz reichte in die Tiefe der Hölle. Denn in allen Welten hatte sie einen angemessenen Ort und bildete etwas ungemein Wichtiges für die Harmonie aller Stufen, einer jeden an ihrem Ort. Und das ist das Geheimnis der Himmelsschlange, die aus dem Buch Jezira bekannt ist, die alle Sphären in Bewegung setzt und ihren Umlauf von Osten nach Westen und von Norden nach Süden bewirkt. Und ohne sie hätte keine Kreatur in der ganzen sublunarischen Welt Leben, und es gäbe keine Aussaat und kein Wachstum und keine Anregung zur Fortpflanzung aller Kreaturen. Diese Schlange nun stand ursprünglich außerhalb der Mauern der heiligen Bezirke und war von außen her mit der Außenmauer verbunden, denn ihr Hinterleib hing mit der Mauer zusammen, während ihr Antlitz sich nach außen richtete. Es stand ihr nicht an, nach innen zu treten, sondern ihr Ort und Gesetz war, das Werk des Wachstums und der Fortpflanzung von außen her zu wirken, und das ist das Geheimnis des Baumes der Erkenntnis von Gut und Böse. Darum warnte Gott den ersten Menschen, nicht an den Baum der Erkenntnis zu rühren, so-

1368 Vgl. Scha'are 'Ora, Tor V, S. 127.

1369 Vgl. Scha'are 'Ora, Tor V, S. 127.

1370 Vgl. Scha'are 'Ora, Tor III/IV, S. 68.

> lange noch das Gute und Böse beide in ihm verbunden waren, das eine von innen her, das andere von außen her. Er hatte vielmehr warten sollen, um später die Vorhaut des Baumes, die die erste Frucht darstellt, von ihm abzutrennen. Adam wartete aber nicht, sondern nahm vorzeitig von der Frucht und brachte dadurch ›einen Götzen ins Allerheiligste‹, so daß die Kraft der Unreinheit von außen ins Innere drang [...]. Wisse, daß alle Werke Gottes, wenn sie ein jedes an seinem Orte stehen, an diesem ihnen zugeordneten und vorbestimmten Ort ihrer Schöpfung gut sind, wenn sie sich aber empören und ihren legitimen Ort verlassen, so sind sie böse, und darum heißt es in Jesaja 45,7: ›Der Harmonie herstellt und das Böse schafft.‹«[1371]

In diesem hochmythologischen Text tritt zur Sünde Adams noch ein weiteres Element hinzu, nämlich die Unzeitigkeit, die vor allem in der lurianischen Kabbala eine zentrale Rolle spielen sollte.[1372] Hätte Adam nach dem Gebot der Tora gehandelt, das die Frucht von Bäumen während der ersten drei beziehungsweise vier Jahren verbietet,[1373] dann hätte er keinen Schaden angerichtet. So viel ist auch an diesem Text deutlich, Adam hätte nicht an den Baum rühren sollen, solange Gut und Böse noch eins in ihm waren. Durch sein vorzeitiges Tun hat er anscheinend die Trennung herbeigeführt.

1371 G. Scholem; Die jüdische Mystik, S. 437, nach Ms. Leiden Warner 32.

1372 Vgl. Kap. Kabbala VIII 4.1.2.

1373 Vgl. Lev 19,23-25.

VII. Die grosse Synthese – Der *Sohar*

A. Der *Sohar*

1. Bedeutung und Autorschaft

Der *Sohar* gilt bei Juden wie Nichtjuden als das Buch der Kabbala schlechthin. Er hat im Bewusstsein der Generationen nach seiner Entstehung eine Bedeutung erlangt, die man mit der Bibel und dem Talmud verglichen hat. So kann man aus den Legenden um den Begründer des unten noch zu besprechenden osteuropäischen Hasidismus, Israel Ben 'Eli'eser Ba'al Schem Tov (Akronym: Bescht), erkennen, dass er stets ein Exemplar des *Sohar* bei sich trug.[1374] Der Grund für dieses Verhalten wird aus einer mehrfach variierten Geschichte in der Legendensammlung deutlich. Als während der ukrainischen Bauernaufstände dem Rabbi Baruch, einem Anhänger des Ba'al Schem Tov, Rinder gestohlen wurden, wandte sich dieser um Hilfe an den Bescht. Als der Bote des bestohlenen Rinderhalters beim Bescht ankam, öffnete dieser den *Sohar*, schaute einen Augenblick hinein und sprach:

> »›Ich sehe R. Baruchs Rinder, sie sind noch da, man hat sie nicht gestohlen!‹
> ›Und das steht im *Sohar*?‹, wunderte sich R. Josef.
> ›Das ist es ja, was unsere Weisen, seligen Angedenkens, zu dem Schriftvers 'Und Gott sah das Licht, dass es gut war', sagten. Sie meinten nämlich, 'dass es gut war', verwahrt zu werden, denn mit dem Licht der sechs Schöpfungstage konnte man vom einen Ende der Welt bis zum andern sehen! – Und wo hat der Heilige, Er sei gesegnet, dieses Licht verwahrt? In der Tora! Und wenn die Weisen sagten, 'für die Gerechten', so legten sie es aus: 'für die Gerechten, das sind die Zaddikim, die dereinst in der Welt erstehen werden'. Und jeder, der würdig ist, in der Tora das verborgene Licht zu finden, schaut mit ihm vom einen Ende der Welt zum andern. Glaubst du denn etwa, dass ich nur die Stiere sah? Mit diesem Blick sah ich zugleich ein Ereignis in der heiligen Gemeinde Amsterdam!‹«[1375]

1374 Vgl. K.E. Grözinger, Die Geschichten vom Ba'al Schem Tov, Schivche Ha-Bescht, hebräischer und jiddischer Text, herausgegeben, übersetzt (beide Versionen) und kommentiert samt einer ausführlichen Einleitung von K.E. Grözinger, 2 Bde., 960 S. (Jüdische Kultur Bd. II), Wiesbaden 1997.

1375 K.E. Grözinger, Die Geschichten vom Ba'al Schem Tov, Nr. H 93. Der Bescht kann sich mit dieser Deutung auf den Sohar stützen. Sefer ha-Sohar, ed R. M. Margaliot, Jerusalem 1970, (3 Bde.), I, S. 31a-32b; bei Y. Tishby, Mischnat ha-Sohar, Jerusalem 1971 (2 Bde.), I, S. 412f; engl. Ausgabe: The Wisdom of the Zohar, Oxford 1989 (3 Bde.), II, S. 585f.

Es ist auffällig, dass die hier genannte Tora eben den *Sohar* und nicht ein anderes traditionelles Buch, etwa die Bibel oder den Talmud meint. Von dem hasidischen Rebben Pinchas aus Korez wird überliefert, dass er Gott dafür dankte, dass er in einer Zeit leben durfte, in welcher der *Sohar* schon verbreitet war, darum rief er aus: »Der *Sohar* hot mich derhalten beim [sic!] Jidischkeit!«[1376] Der vom *Sohar* selbst erhobene Anspruch, dass dank seiner die Israeliten aus dem Exil ins heilige Land zurückkehren würden, wird von den späteren kabbalistischen Autoren rühmend wiederholt.[1377]

Natürlich gab es auch erbitterte Gegner des *Sohar*. So schreibt der große Historiker des Judentums Heinrich Graetz (1817-1891) in seiner Geschichte des jüdischen Volkes:

> »Aber bei weitem einflussreicher und verderblicher als diese drei Kabbalisten, Allatif, Abulafia und Gikatilla, wirkte auf die Zeitgenossen und die Nachwelt [der mutmaßliche Verfasser des Buches *Sohar*] Mose de Leon. [...] Ein Mann, bei dem man nur in Zweifel sein kann, ob er ein eigennütziger oder ein frommer Betrüger war; aber täuschen und irreführen wollte er sicher«[1378]
> [Der *Sohar* ist] »Ein Buch ohne Anfang und Ende, von dem man nicht weiß, ob es je ein Ganzes ausgemacht hat... [...] Diese Formlosigkeit, dieser Wirrwarr haben es möglich gemacht, daß gewisse Partien von späterer Hand nachgeahmt wurden.«[1379] [...]
> »Allein der Schaden, den er dem Judentum gebracht überwiegt [...seinen] Gewinn bei weitem. Der Sohar verstärkte und verbreitete einen wüsten Aberglauben [...]. Er erfand oder heiligte einen Wahn, der ängstliche Menschen vor Gram das Leben geraubt hat...«[1380]

Die Gegnerschaft gegen den *Sohar* selbst entzündete sich nicht zuletzt an der Frage der Autorschaft. Ist er wirklich aus dem Kreis der Tannaiten um Schimʿon Bar Jochaj im zweiten nachchristlichen Jahrhundert hervorgegangen, wie nicht nur der Text selbst suggeriert, sondern auch Moses de Leon behauptete und viele Kabbalisten glaubten, oder ist er erst durch den spanischen Kabbalisten Moses

1376 G. Scholem, Die jüdische Mystik, S. 172.

1377 z. B. H. Vital, ʿEz ha-Hajjim, Warschau 1890 (Neudruck Jerusalem o.J) Hakdama 2b; zur Rezeptionsgeschichte des Sohar vgl. Y. Tishby, Mischnat ha-Zohar, I, S. 38ff; The Wisdom of the Zohar I, S. 23ff.

1378 H. Graetz, Geschichte der Juden von den ältesten Zeiten bis auf die Gegenwart, Leipzig o.J., 4. Aufl., VII, S. 199.

1379 H. Graetz, Geschichte der Juden, VII, S. 204.

1380 H. Graetz, Geschichte der Juden, VII, S. 213f.

de Leon (ca. 1240-1305)[1381] selbst verfasst worden? Gerade mit dieser Frage stand oder fiel die Autorität des *Sohar*. War er alte Tradition der Tannaiten, stammte er wirklich von Rabbi Schim'on Bar Jochaj, der sich laut der Legende mit seinem Sohn 'El'asar dreizehn Jahre in eine Höhle in Obergaliläa zurückgezogen hatte, und seinen Schülern, dann durfte auch ein traditioneller Talmudist nicht an ihm vorbeigehen. In diesem Falle war der *Sohar* heilige Tradition die auch dann Beachtung verlangte, wenn sie in vielen Punkten erheblich von den überkommenen Lehrauffassungen der talmudischen Literatur abwich.[1382] War es allerdings nachzuweisen, dass der *Sohar* ein Werk jüngerer Zeit ist, konnte man ihn getrost beiseite lassen oder gar bekämpfen.[1383]

Sogleich mit dem Erscheinen des ersten Faszikels am Ende des 13. Jahrhunderts gab es offenbar heftige Auseinandersetzungen um diese Frage. Dazu ist ein wertvolles Zeugnis erhalten, das aus der Feder des palästinensischen Kabbalisten Jizchak Ben Schmu'el aus Akko[1384] stammt, der nach der Eroberung seiner Heimatstadt im Jahre 1291 durch die Muslime eine Reise in das nördliche Spanien unternahm, um die Herkunft des jüngst aufgetauchten *Sohar* zu untersuchen. Den Text nahm R. 'Avraham Zacuto (ca. 1450-1510) in sein *Sefer Juchasin*[1385] auf und er wurde seit dem an verschiedenen Stellen publiziert.[1386] Zacuto schreibt dort unter anderem:

»R. Jizchak ging nach Spanien, um zu erforschen, wie in seinen Tagen das Buch *Sohar* gefunden wurde, das R. Schim'on und R. 'El'asar in der Höhle geschrieben hätten. [...] Und so erzählte R. Jizchak mit seinen eigenen Worten: ›[...] Ich fragte alle Gelehrten, die von den großen Worten aus ihm in

1381 Zu ihm G. Scholem, Die jüdische Mystik, S. 171ff; ders., Kabbalah,, S. 432-434; ferner das Standardwerk zum Sohar von Y. Tishby, Mischnat ha-Sohar, I, S. 28ff; engl. Ausgabe: The Wisdom of the Zohar, I, S. 13ff; D. Ch. Matt, Zohar. The Book of Enlightenment, Translation and Introduction, Ramsey 1983, S. 3-10; E. Wolfson, The Book of the Pomegranate. Mose De Leon's Sefer ha-Rimmon, Atlanta 1988, S. 3-9; A. Jellinek, Moses Ben Schem-Tob de Leon und sein Verhältniß zum Sohar, Leipzig 1851, wieder in: ders., Kleine Schriften zur Kabbala, Hildesheim Zürich New York 1988.

1382 Zum Verhältnis von Kabbala und Halacha siehe J. Katz, Halacha we-Kabbala, Jerusalem 1984.

1383 Zur sogleich mit der Publikation des Sohar einsetzenden Kritik an der Autorschaft des Sohar siehe Y. Tishby, Mischnat ha-Sohar, I, S. 44-98; The Wisdom of the Zohar, I, S. 30-55.

1384 Sein wichtigstes Werk *Me'irat 'Enajim* wurde von A. Goldreich, Me'irat 'Enajim, Jerusalem 1984 publiziert.

1385 Ausgabe A. H. Filipowski, London Edinburg 1857, S. 88-89.

1386 A. Neubauer, JQR IV (1982), S. 361-368; bei Y. Tishby, Mischnat ha-Sohar, I, S. 29-30; Tischby, The Wisdom of the Zohar, I, S. 13-15; H. Graetz, Geschichte der Juden, Leipzig 1894, VII, S. 427-430.

Händen hielten, woher sie diese wunderbaren Geheimnisse erfahren hatten, die von Mund zu Mund gereicht werden und nicht niedergeschrieben werden konnten. [...] Aber all ihre Antworten auf meine Fragen fand ich ungereimt, der eine sagte so, der andere so. Die einen sagten dass der verlässliche Rav, nämlich Ramban (Mosche Ben Nachman), seligen Angedenkens, [das Buch] aus dem Lande Israel an seinen Sohn nach Katalanien geschickt habe, und dann habe es der Wind nach Aragon getragen, oder nach Alicante, wo es in die Hände des Weisen R. Mosche aus Leon fiel, den man auch Mosche aus Guadalajara nennt. Andere sagten, nie und nimmer habe R. Schim'on Bar Jochaj dieses Buch geschrieben, vielmehr habe R. Mosche den [göttlichen] Schreib-Namen[1387] gekannt und dank seiner Macht habe er diese wunderbaren Dinge geschrieben. Damit er aber einen höheren Preis erzielen könnte, habe er seine Worte an einen großen Baum gehängt und behauptet: Aus dem Buche des R. Schim'on Bar Jochai und Rabbi 'El'asars seines Sohnes und deren Genossen schreibe ich für euch diese Dinge ab.‹ «[1388]

Nach diesem Bericht Rabbi Jizchaks waren zwei wundersame Versionen über das Auftauchen des *Sohar* im nördlichen Spanien im Umlauf. Beide stimmen in den zwei Punkten überein, dass dieser Mosche de Leon das Buch faszikelweise an die Öffentlichkeit brachte, und zwar, so Scholem, in den siebziger bis neunziger Jahren des 13. Jahrhunderts.[1389] Der zweite Punkt ist die Hochschätzung diesem Buch gegenüber, das entweder als tannaitisch und durch den Wind herbeigetragen, oder als durch einen magischen Gottesnamen inspiriert erscheint. Doch damit ist der Bericht Jizchak aus Akkos noch nicht beendet, vielmehr folgen noch einige herbe und anstößige Details:

»Als ich aber in Spanien eintraf und in die Stadt Valladolid kam, in welcher der König weilte, traf ich dort R. Mosche selbst. Und da ich bei ihm Gefallen fand, redete er mit mir und beteuerte mit einem Schwur: ›Gott möge mir dies und das antun, wenn nicht das alte Buch des R. Schim'on Bar Jochaj in meinem Hause in Avila liegt, und wenn du dorthin kommst, will ich es dir zeigen.‹

Mit diesen Worten verabschiedete er sich von mir und reiste nach Arevalo, [...] wo er erkrankte und starb. Als ich dies vernahm, ward ich über die Maßen zornig und machte mich auf nach Avila. Dort traf ich einen angesehenen Greis namens R. David von Pancarbo. Ich fand bei ihm Gefallen und be-

1387 Die Verwendung eines magischen Schreib-Namens ist für die fragliche Zeit mehrfach belegt; dazu M. Idel in der Einleitung zu Ha-Ketavim ha-'ivrijim schel Ba'al Tikkune Sohar we-Ra'ja Mehemna, ed. E. Gottlieb, Redaktion und Einleitung M. Idel, Jerusalem 2003.

1388 Y. Tishby, Mischnat ha-Sohar, S. 29.

1389 G. Scholem, Die jüdische Mystik, S. 204, 206.

schwor in daher, mir zu erklären, ob ihm das Geheimnis um das Buch *Sohar* deutlich sei. [...] Der Mann gab mir zur Antwort: ›Wisse, ich weiß es ganz gewiss, dass ihm das Buch *Sohar* nie und nimmer zugetragen wurde, [...] denn als wir vernahmen, dass er in Arevalo gestorben war, stand ich auf und ging zu einem reichen Mann in jener Stadt, zu einem gewissen R. Josef aus Avila, und sprach zu ihm: Jetzt ist der Tag gekommen, an dem du in den Besitz des Buches *Sohar* kommen kannst, [...] wenn du tust, was ich dir rate. Ich rate dir, ruf deine Frau und gebiete ihr: Nimm ein ansehnliches Geschenk und gib es deiner Magd und schick sie zum Weibe des R. Mosche [,das dieser völlig mittellos zurückgelassen hatte. ...] Und am nächsten Tag gebot er ihr, selbst zu gehen, um ihr zu sagen: Wisse, ich will deine Tochter für meinen Sohn zur Ehe haben, dann wird dir alle deine Tage nicht Brot und Kleidung fehlen. Ich erbitte von Dir dafür nur eines, nämlich das Buch *Sohar*, aus dem dein Mann für die Menschen all dies abgeschrieben hat. [...] Die Frau von R. Mosche schwor und sprach zur Frau von R. Josef: Der Herr tue mir dies und das, wenn dieses Buch je bei meinem Mann war. Alles, was er schrieb, hat er aus seinem eigenen Kopf und Herzen und aus eigenem Wissen und Verstand geschrieben. Und als ich sah, dass er ohne ein Buch vor sich schrieb, fragte ich ihn: Warum sagst du, dass du von einem Buch abschreibst, wo es doch nicht so ist, und du alles selbst erfindest. Wäre es nicht schöner und ehrenvoller für dich zu sagen, dass du es aus deinem eigenen Verstand hervorbringst? Da gab er mir zur Antwort: Wenn ich ihnen dieses mein Geheimnis offenbarte, dass ich es selbst ausdenke, würden sie meine Worte nicht beachten und dafür keinen Pfennig geben. Wenn sie aber hören, dass es aus dem Buch des Rabbi Schim'on Bar Jochaj abgeschrieben ist, der es im Heiligen Geist verfasste, dann werden sie es mit schwerem Geld bezahlen, wie du ja siehst.«[1390]

Auch die hernach separat befragte Tochter bestätigt die Version der Mutter. Der Vater hatte offenbar richtig spekuliert: Das Geld war geflossen, nur hat er es, den Worten Jizchaks zufolge, immer wieder verschleudert. Dennoch gab es, so berichtet Jizchak aus Akko weiter, Menschen, die an die Version des Sohars als tanaitische Quelle glauben wollten.

Natürlich kann auch die Geschichte Jizchaks eine böswillige Erfindung eines Rivalen sein, aber die kritische Erforschung des *Sohar* seit etwa dem 15. Jh. hat eine Reihe von Indizien zusammengetragen, welche die Version des R. Jizchak grundsätzlich bestätigten. Es existiert allerdings noch eine andere Version, die den frühen Kabbala-Forscher A. Jellinek dazu veranlasste eine weitere These aufzustellen. Es gibt Berichte, nach denen in jenen Tagen in Avila ein Prophet

1390 Y. Tishby, Mischnat ha-Sohar, I, S. 29f; F. Luchower, Y. Tishby, The Wisdom of the Zohar, Oxford 1991, I, S. 13-17.

aufgetreten sei, der von Engeln inspiriert eine Schrift »Pela'ot ha-Hochma« (Wunder der Weisheit) verfasst habe. Jellinek meint, Mosche de Leon habe zunächst versucht, den von ihm selbst verfassten ersten Teil des *Sohar* unter dem besagten Titel als Offenbarung dieses Propheten auszugeben, was aber nicht gelungen war, woraufhin Mosche de Leon erst auf den Weg der Pseudepigraphie, der Zuschreibung seiner Texte an alte Autoritäten, verfallen sei, was ja, wie bei den oben besprochenen kabbalistischen Schriften in jenen Jahren kein unbekanntes Phänomen gewesen war.[1391]

Die eigentliche wissenschaftliche *Sohar*-Kritik setzte schon gegen Ende des 15. Jahrhunderts mit 'Elijahu del Medigo (1460-1497) ein, der im Jahre 1496 sein Buch »Bechinat ha-Dat« (Prüfung der Religion) verfasste.[1392] Er wies unter anderem darauf hin, dass Schimʿon Bar Jochaj nicht der Verfasser des *Sohar* sein könne, da dort Autoritäten genannt werden, die nach dessen Tod lebten. Außerdem bestritt er das vorgeblich hohe Alter der Kabbala insgesamt, von der im Talmud nichts zu finden sei. Die nächste Attacke erfolgte aus der Feder von Jehuda 'Arje Leon de Modena (1571-1648), der in seinem Buch »'Ari nohem« (Schnaubender Löwe) weitere Argumente gegen das angeblich hohe Alter des *Sohar* lieferte. Schließlich ist der berüchtigte Jäger der Sabbatianer, Jaʿakov Emden (1697-1776) zu nennen. Emden zählt in seiner Schrift »Mitpachat Sefarim« (Büchertuch)[1393] nicht weniger als 280 Argumente gegen das hohe Alter des *Sohar* auf, die zum Teil bis in die moderne Wissenschaft ihre Gültigkeit behielten. Die wesentlichen Argumente sind:

1. Der Anachronismus der im *Sohar* zusammen auftretenden Personen. 2. Der *Sohar* kennt die hebräischen Vokalzeichen, die aber erst zwischen dem 5.-10. Jahrhundert der Zeitrechnung entstanden. 3. Die Terminologie des *Sohar* verrät an vielen Stellen die Bekanntschaft mit der mittelalterlichen jüdischen Philosophie. 4. Es existieren zahlreiche linguistische Hinweise, wie das soharische Wort *Esnoga*, das dort als *'Esch Nogah*, Glanzfeuer, gedeutet wird, aber nichts anderes als das portugiesische Wort für das jüdische Bethaus ist; oder das Wort *Dormita* für Schlaf, ein eindeutiger Romanismus. Schließlich ist die aramäische Sprache des *Sohar* ein Kunstprodukt, das keinem der überlieferten aramäischen Dialekte entspricht, sondern ein Gemisch mit vielen eigenwilligen Neologismen darstellt.[1394]

1391 H. Graetz, Geschichte der Juden, VII, S. 196; A. Jellinek, Beiträge zur Geschichte der Kabbala, Leipzig 1852, I, S. 30ff; s. zu *Bahir* und den *'Ijjun*-Texten.

1392 Sefer Bechinat ha-Dat le-Rabbi 'Elija Delmedigo me-Kandija, ed. J.J. Ros, Tel Aviv 1984.

1393 R. Reuven (ed.), Mitpachat Sefarim, Jerusalem 1970.

1394 Zu allen Punkten vgl. Y. Tishby, Mischnat ha-Sohar, I, S. 44-107; The Wisdom of the Zohar, I, S. 30-97.

Ein letztes wichtiges Argument für die Verfasserschaft des Mosche de Leon waren schließlich die zahlreichen Übereinstimmungen zwischen den vielen und gewichtigen hebräischen Schriften[1395] des Mosche de Leon und dem *Sohar*.[1396] Wie im Folgenden deutlich werden wird, war damit allerdings noch nicht das letzte Wort gesprochen.

2. Vielfalt des *Sohar* – Zeichen kollektiver Verfasserschaft

Der *Sohar* ist kein Buch aus einem Guss, wie die vorliegenden Editionen auch freimütig dokumentieren. Die drei Bände des Hauptteiles sowie die zwei Ergänzungsbände der hier zitierten Ausgabe von R. M. Margaliot[1397] zählt die Überschriften von wenigstens 19 unterschiedlichen Schriften auf.[1398] Die Titel dieser Traktate werden im Folgenden im Wesentlichen nach den Angaben von Scholem[1399] und Tishby[1400] aufgenommen:

1395 Diese sind: *'Or Saru'a*, ed. A. Altmann, in: Kovez 'al Jad , N.S. 9 (1980), S. 243-244; *Schuschan 'Edut*, und *Sod 'Eser Sefirot Belima*, ed. G. Scholem, Schne Kuntrasim le-RaMDaL, Kovez 'al Jad , N.S. 8 (1975), S. 325-370; *Sefer ha-Rimmon*, E. Wolfson, The Book of the Pomegranate Moses De Leon's, Atlanta 1988; die zweite Hälfte des Buches publizierte D. Kohen-Aloro, Sefer ha-Rimmon le-R. Mosche de-Leon, Jerusalem 1987; *Sefer ha-Nefesch hahachama*, Basel 1608 (Neudruck Jerusalem 1969), als Sefer ha-Mischkal, ed. J. Wijnhoven, Diss. Brandeis-Univ. 1964; *Schekel ha-Kodesch*, ed. A. W. Greenup, London 1911; ed. S. (Ch.) Mopsik, Los Angeles 1996; *Maskijot Kesef*, ed. J. Wijnhoven, MA-These Brandeis Univ. 1961; *Seder Gan 'Eden*, ed. A. Jellinek, in: *Bet ha-Midrasch*, Leipzig 1853-57 (Neudruck Jerusalem 1967), III, 131-140; *Sche'elot u-Teschuvot be-'Injene Kabbala*, ed. Y. Tishby, in: ders., *Hikre ha-Kabbala u-Scheluchoteha*, Jerusalem 1982, I, S. 36-75; *Sefer Mischkan 'Edut*, u.a. MS Berlin Or. 193; D. Kohen Aloro kündigt in ihrem Sefer ha-Rimmon (S.11) eine Edition an; vgl. zu Sefer Mischkan Edut auch: G. Scholem, Eine Unbekannte mystische Schrift des Moses de Leon, in: *MGWJ* 71 (1927) 3, S. 109-123; *Scha'ar Jesod ha-Merkava – Sodot Merkevet Jecheskel*, MS NY JThS 1805, MS Leiden 24; weitere Handschriftenfragmente bei D. Kohen-Aloro, *Sefer ha-Rimmon*, S. 12.

1396 G. Scholem, Die jüdische Mystik, S. 212; Mosche de Leon, Sefer ha-Rimmon, S. 24-31; E. Wolfson, The Book of the Pomegranate. Moses de Leon's Sefer ha-Rimmon, Atlanta 1988, S. 43-55: »It is no exaggeration to say that Sefer ha-Rimmon is replete with dozens and dozens of parallels to the *Zohar.*« (S. 43).

1397 Sohar, Bde. I-III Jerusalem 1970, 5. Aufl.; Tikkune ha-Sohar, Jerusalem 1978, 2. Aufl., Sohar Hadasch, Jerusalem 1994, 3. Aufl.

1398 Je nach Aufgliederung der einzelnen Blöcke kann man auch 21 (Scholem) oder 23 (Tischby, Mischnat ha-Sohar I, S. 17-21) Einheiten zählen.

1399 G. Scholem, Die jüdische Mystik, S. 175-178.

1400 Y. Tishby, Mischnat ha-Sohar I, S. 17-21; The Wisdom of the Zohar I, S. 1-5.

1. Der titellose Hauptteil des *Sohar* ist ein Midrasch zur Tora.

2. *Sifra di-Zeni'uta* (Buch der Verborgenheit) enthält kryptische Kommentare zu den ersten sechs Genesis-Kapiteln.[1401]

3. In *'Idra Rabba* (Die große Versammlung) wird die Versammlung der zehn Genossen der Bruderschaft um Schim'on Bar Jochaj geschildert. Sie tragen eine eigenwillige Theosophie von den *Parzufim* (Gestalten) der Gottheit vor; am Ende der Erörterung sterben drei der Genossen in der Ekstase.[1402]

4. *'Idra Zuta* (Die kleine Versammlung) vertieft das Thema der großen Versammlung; am Ende stirbt Schim'on Bar Jochaj den ekstatischen »Tod im Kuss«.[1403]

5. In *'Idra de-Be-Maschkana* (Versammlung zum Wochenabschnitt des *Mischkan*, Zeltheiligtums) diskutiert Schim'on Bar Jochaj mit drei seiner Genossen vor allem Themen des Gebets in Anlehnung an den genannten Toraabschnitt.[1404]

6. Im Traktat *Hechalot* (Himmelshallen) werden in zwei voneinander getrennten Durchgängen die sieben himmlischen Hallen geschildert, durch welche die Gebete und nach dem Tod die Seele nach oben wandern. Ebenso wird das gesamte Personal des Himmels, darunter die Engel, ihre Funktionen und die Seelen der Verstorbenen, beschrieben.[1405]

7. *Rasa de-Rasin* (Das Geheimnis der Geheimnisse) behandelt die Themen Physiognomik und Chiromantik.[1406]

8. *Sava de-Mischpatim* (Der Greis der Gesetze) beinhaltet die Rede eines geheimnisvollen Greises und Eseltreibers über die Geheimnisse der Seele und der Seelenwanderung.[1407]

1401 Sohar II, 176b-179a.

1402 Sohar III, S. 127b-145a.

1403 Sohar III, S. 287b-296b; eine Übersetzung der Zusammenfassung dieser Texte nach dem Werk *Pardes Rimmonim* von Moses Cordovero findet sich im Anhang des Werkes K. E. Grözinger, Kafka und die Kabbala, Berlin 2003, 2. Aufl., S. 223-232.

1404 Sohar II, S. 127a-146b; nach G. Scholem, Die jüdische Mystik, S. 418, Anm. 14. In den Sohar-Ausgaben wird kein Teil unter dem Titel »'Idra de-Be-Maschkana« ausgewiesen. Der Name eines solchen Buches wird aber in der 'Idra Rabba (Sohar II, S. 127b) genannt. Scholem glaubte den Text mit den hier aufgegebenen Blättern des *Sohars* identifizieren zu können. Dem widersprechen allerdings Y. Liebes in: Ha-Maschiach schel ha-Sohar di-Demuto ha-meschichit schel R. Schim'on Bar Jochaj, in: Ha-Ra'ajon ha-meschichi be-Jisra'el, Jerusalem 1990, ed. S. Ram, S. 153f. So auch R. Meros, Mivnehu schel Sefer ha-Sohar, S. 8, Anm. 30. Den noch unpublizierten Aufsatz, der auf einem Vortrag beim 12. Weltkongress für Jüdische Studien vom 31.7.1997 fußt und die Grundlage eines in Vorbereitung befindlichen Buches ist, hat mir die Autorin freundlicherweise zur Verfügung gestellt; er wird in: PaRDeS, Informationsblatt der Vereinigung für Jüdische Studien e.V. Nr. 11 (2005) erscheinen.

1405 Sohar I, S. 38a-45b; Sohar II, S. 244b-268b.

1406 Sohar II, S. 70a-78a; Sohar Hadasch, S. 35b-37c.

9. *Jenuka* (Das Kind) handelt von einem Wunderkind, das einen Vortrag über die Mysterien der Tora und die Rezitation des Tischgebetes hält.[1408]

10. *Rav Metivta* (Haupt der Jeschiva) ist eine visionäre Paradieseswanderung mit einem Vortrag des dortigen Jeschiva-Oberhauptes über das Schicksal der Seele insbesondere im Jenseits.[1409]

11. *Sitre Tora* (Mystereien der Tora) enthält allegorische Toradeutungen zur Seele und zur Gottheit.[1410]

12. *Matnitin we-Tosefta* (Mischna und Tosefta) enthält mischnaartige Sätze, die gleich einer Himmelsstimme eines Heroldes offenbart werden, Ermahnungen aussprechen und verschiedene Themen verhandeln.[1411]

13. *Sohar 'al Schir ha-Schirim* (*Sohar zum Hohen Lied)* ist ein mystischer Kommentar zu den ersten Versen des Hohenliedes.[1412]

14. *Kaw ha-Midda* (Der Maßstock) enthält eine kabbalistische Deutung zum Schma' Jisra'el.[1413]

15. *Sitre 'Otijot* (Mysterien der Buchstaben) beinhaltet einen Monolog Schim'on Bar Jochajs über die Buchstaben im Gottesnamen und in der Schöpfungsgeschichte.[1414]

16. *Perusch le-Merkevet Jecheskel* ist eine Auslegung zur Merkavavision Ezechiels.[1415]

17. *Midrasch ha-Ne'elam* (Midrasch über das Verborgene) enthält mystisch-allegorische Auslegungen zur Tora, Hohenlied, Ruth und Klagelieder.[1416]

18. *Ra'ja Mehemna* (Der treue Hirte) ist ein Midrasch zur Bedeutung der Gebote (*Ta'ame ha-Mizwot*).[1417] Der *Ra'ja Mehemna* war ohne allen Zweifel eine

1407 Sohar II, S. 94b-114a.

1408 Sohar III, S. 186a-192a.

1409 Sohar III, S. 161b-174a.

1410 Sohar I, S. 74a-75b.76b-80b.88a-90a.97a-102a.108a-111a.146b-149b.151b-152a.154b-157b. 161b-162b; Sohar II, 146a; Sohar Hadasch, Toledot, S. 26c-27a; wa-jeschev, S. 29a-d; 'achare Mot, S. 48a-49c.

1411 Sohar I, S. 62a-b.74a.121a.147a-b.151b-152a.232a-b.232b-234a.251a-b; Sohar II, 4a.12b.68b .74a. 270b; Sohar III, 49.73b.270b; Sohar Hadasch 1d.3a.105a.122b.

1412 Sohar Hadasch. Es handelt sich dabei um die Seiten 60c-61d, die in dieser Ausgabe dem sogleich folgenden Midrasch ha-Ne'elam zugeschrieben werden.

1413 Sohar Hadasch, S. 56d-58d.

1414 Sohar Hadasch, S.1-9.

1415 Sohar Hadasch, S. 37c-41a.

1416 Sohar Hadasch, S. 2d-28d.30b-31a (Tora); Sohar Hadasch II, S. 60b-61d. (Hohenlied).75a-91b (Ruth).91a-93d (Echa); Sohar I, S. 97a-140b; Sohar II, S. 4a-5b.14a-22a (zu Exodus, ohne besondere Kennzeichnung, aber meist Hebräisch).

1417 Sohar II, S. 114a-121a; Sohar III, S. 97a-104a.108b-112a.121b-126a.251a-259b.270b-283a.

eigenständige Schrift, wie neuerdings auch aufgrund eines Handschriftenbefundes nachgewiesen werden konnte.[1418]

19. *Tikkune Sohar* (Vervollkommnungen des *Sohar*).[1419] Dies sind 70 Kommentar-Traktate zu den ersten sechs Kapiteln der Tora, die jeweils mit einer Deutung des Wortes *Bereschit* (Am Anfang) beginnen.

Die hier aufgezählten Schriften, die in den gedruckten *Sohar*-Ausgaben gleich einem Mosaik ineinander verschachtelt sind und so als Schichten eines Gesamtwerkes erscheinen mögen, stehen allerdings nicht beziehungslos nebeneinander, sondern sind zum Teil durch häufige Verweise miteinander verbunden, zitieren oder kommentieren sich gegenseitig, gehören aber zum Teil völlig unterschiedlichen literarischen Gattungen an. Scholem glaubt dennoch, die ausschließliche Verfasserschaft für die ersten siebzehn Nummern durch Mosche de Leon nachweisen zu können und verweigert sich damit der in ähnlichen Fällen zu ziehenden Folgerung, nämlich unterschiedliche Verfasser der einzelnen Texte anzunehmen. »Im Gegenteil erhalten wir ein Bild, das bei aller Buntheit und Mannigfaltigkeit erstaunlich eindeutig ist und die geistige und literarische Physiognomie einer schöpferischen Persönlichkeit, ihren Stärken und Schwächen, in allen Teilen mehr oder weniger gleichmäßig hervortreten lässt. In drei Hauptpunkten lässt sich diese Einheitlichkeit am besten nachweisen; in der Sprache des Buches, in seinem literarischen Stil und nicht zuletzt in den Ideen, die es vertritt.«[1420]

Demgegenüber hat Yehuda Liebes bei einer der Jerusalemer Gershom Scholem Gedenkkonferenzen im Jahre 1988 die These einer kollektiven Verfasserschaft der *Sohar*-Bibliothek vertreten.[1421] Wesentlich ist dabei für Liebes die an

1418 Aus dem Gesamtbestand des selbständigen Raʻaja Mehemna müssen auch die mit »Pikkudim« (Gebote) überschriebenen Texte ausgeschieden werden, die ihm erst von den Mantuaner Druckern zugeschlagen wurden. Zuerst verwies darauf E. Gottlieb, Ma'amare ha-Pikkudinsche-ba-Sohar, in: Mechkarim be-Sifrut ha-Kabbala, Tel Aviv 1976; ausführlich dazu jetzt die Monographie von J.C. Malka, Bi-Netivot Hochmat ha-Kabbala. Taʻame ha-Mizwot be-Mischnat ha-Raʻaja Mehemna, Jerusalem 2004, S. 26ff.

1419 Tikkune Sohar; I, S. 22a-29b; Sohar Hadasch, S. 31a-37c; 93c-122b.

1420 G. Scholem, Die jüdische Mystik, S. 178. Hierzu vergleiche man die hilfreiche Quellensammlung von D. Kohen-Aloro, Kabbalat R. Mosche de-Leon we-Sefer ha-Sohar, Jerusalem (ha-Hug le-Machschevet Israel) 1987.

1421 Y. Liebes, How the Zohar was Written (hebr.), in: J. Dan (ed.), The Age of the Zohar: Proceedings of the Third International Conference of the History of Jewish Mysticism, Jerusalem Studies of Jewish Thought 2 (1982), S. 43-74; gekürzte englische Version in: Y. Liebes, Studies in the Zohar, Albany 1993, S. 85- 138; diese Auffassung ist indessen nicht neu und wurde schon von A. Jellinek vertreten, vgl. A. Jellinek, Moses ben Schem-Tob und sein Verhältnis zum Sohar, Leipzig 1851; wieder in: ders., Kleine Schriften zur Geschichte der Kabbala, Hildesheim, Zürich, New York 1988, Nr. 5, S. 1-53.; J. Jost, Geschichte des Judenthums und sei-

zahlreichen Stellen gemachte Beobachtung, dass die Lehren des *Sohar* und der zahlreichen Schriften Mose de Leons sich zwar in vielem nahe stehen, aber doch nicht identisch sind. Dies gilt insbesondere für die *'Idrot* und den *Midrasch ha-Ne'elam*. Letzterer ist im Übrigen schon durch Zitate belegt, bevor Mosche de Leon seine literarische Karriere begann. Diese Zitate werden dort als Zitate aus »Haggadot« oder »Jeruschalmi« bezeichnet, nicht aber als »*Sohar*«-Zitate.[1422] Auch glaubt Liebes nicht, dass ein einziger Autor innerhalb derselben relativ kurzen Zeit so gegensätzliche und ideologisch verschiedene Werke produzieren kann. Demgegenüber sieht Liebes im *Sohar* das Ergebnis eines kollektiven Prozesses, der in ähnlicher Weise in den Geronenser und kastilisch-gnostischen Kreisen stattfand.[1423] Liebes ist außerdem der Meinung, dass wegen der thematisch-gnostischen und auch personellen Nähe ein direkter Zusammenhang zwischen der *Sohar*-Gruppe und der kastilischen »Gnostiker« anzunehmen ist. Als Mitglieder dieser Bruderschaft benennt Liebes Moses de Leon, Bachja Ben Ascher, Josef Ben Schalom 'Aschkenasi ha-'Aroch, den oben besprochenen Josef Gikatilla, Josef aus Hamadan und David Ben Jehuda he-Hasid. In den Schriften dieser Gelehrten finden sich Parallelen und »Zitate« aus dem *Sohar*, die häufig nicht genau mit den uns bekannten *Sohar*-Texten übereinstimmen. Ein eingehender Vergleich dieser Parallelen, die sich außerdem auf Querbeziehungen zwischen den Schriften der Genannten erstrecken, zeigt, dass sie verschiedene Entwicklungsphasen der jeweiligen Texte repräsentieren, sich gegenseitig kommentieren und in einem regen Austausch miteinander stehen, was schließlich auch das Korpus des *Sohar* selbst betrifft, der als Teil dieses Prozesses und seine resümierende Zusammenfassung erscheint.[1424] Aufgrund all dieser Beobachtungen sagt Liebes: »I wish to suggest the possibility that the Zohar is the work of a whole group that dealt together with the doctrine of the Kabbala, on the basis of a common heritage and ancient texts. This group commenced its activity prior to the writing of the Zohar, and its beginning must be identified with the mid-

ner Sekten, Leipzig 1859, III, S. 75-78: »Wir können daher das Werk nur als eine Sammlung betrachten, in welcher der oder die Urheber noch einzelne neue Bemerkungen und Ansichten, zum Theil allerdings den Rabbinen feindselig, eingeflochten haben; der Zweck derselben war augenscheinlich *heilige Schrift* und die *Überlieferung* mit dem Lichte der jüngeren Kabbalah zu beleuchten, und der Philosophie gänzlich den Boden zu entziehen. [...] Wir halten es nicht für wesentlich zu wissen, ob *Abulafia*, oder ein gelehrter Zeitgenosse in Avila Namens Moseh b. Schem Tob de Leon, oder eine Gesamtheit von Vielen (was uns das Wahrscheinlichste zu sein dünkt) es gewesen sei« (S. 77f)

1422 Y. Liebes, Studies in the Zohar, S. 86f.

1423 Vgl. Kap. Kabbala I. B.1; III.A.1; B.1.

1424 Dazu s. auch. R. Meros, Zoharic Narratives and their Adaptations, in: Hispania Judaica Bulletin, 3 (2000), Jerusalem, S.3-62.

thirteenth-century circle of ›Gnostic Kabbalists‹ in Castile.«[1425] Dazu ist allerdings hervorzuheben, dass auch Liebes Mosche de Leons entscheidende Rolle an diesem Prozess und dessen Publikation nicht in Frage stellt.

Diese Anregungen von Liebes aufnehmend, kommt Ronit Meros – abgesehen von den inhaltlich deutlich verschiedenen Traktaten *Ra'ja Mehemna* und *Tikkune ha-Sohar* – zu einer neuen gattungsgeschichtlichen Anordnung der »Einzelschriften«. In einem noch unpublizierten Kongressvortrag[1426] unterscheidet sie aufgrund formaler Beobachtungen vorläufig[1427] zwischen fünf literarischen Schichten im Gesamtkorpus des *Sohar*: 1. *Mischnajot*, 2. *Sitre Tora*, 3. *Midrasch ha-Ne'elam*, 4. *Sifra di-Zeni'uta* und schließlich 5. »die epische Schicht«. Die Beobachtungen führen jedoch noch weiter. Aufgrund des Handschriftenbefundes wie der Drucke und des internen Verhältnisses wird deutlich, dass die *Mischnajot* und die *Sitre Tora* oft zusammen erscheinen und deren Abgrenzung gegeneinander nicht immer klar ist. Inhaltliche Untersuchungen zeigen, dass die *Sitre Tora* häufig die *Mischnajot*, bei denen sie stehen, kommentieren. Meros schließt daraus, dass die *Mischnajot* eine eigene literarische (Lehrer-) Generation repräsentieren, die *Sitre Tora* dagegen die Schüler-Generation, die sich in den *Sitre Tora* mit den *Mischnajot* ihrer oder ihres Lehrers auseinandersetzen. Mit den Generationen sind nicht unbedingt biologische, sondern eher literarische Generationen gemeint. Entsprechend stehen die unten noch detaillierter zu beschreibende »epische Schicht« und der *Sifra di-Zeni'uta* in einem kommentierenden Verhältnis zueinander. Das heißt, die *epische Schicht* zitiert und kommentiert den *Sifra di-Zeni'uta*. Gleichermaßen bezieht sich die *epische Schicht* auf die *Mischnajot*. Des Weiteren ist schon vor längerer Zeit eine inhaltliche und stilistische Nähe zwischen den *Sitre Tora* und dem *Midrasch ha-Ne'elam* festgestellt worden. Die sichtbar werdende relative Chronologie führt unter Zuhilfenahme von externen Kriterien, bzw. externen Zitierungen, zu folgender Gesamtchronologie der fünf literarischen Korpora: 1. Die *Mischnajot* sind in den sechziger bis siebziger Jahren des 13. Jahrhunderts oder noch früher entstanden. Ihnen ist wahrscheinlich auch der *Sifra di-Zeni'uta* zuzurechnen. 2. Der zweiten literarischen Generation wären demnach der *Midrasch ha-Ne'elam* und die *Sitre Tora* zuzuschreiben, die in den siebziger bis achtziger Jahren des Jahrhunderts anzusetzen ist. 3. Die »epische Schicht« verträte schließlich die letzte und dritte Generation, die mit

1425 Y. Liebes, Studies in the Zohar, S. 88. M. Idel nimmt diese Konzeption von der kreativen exegetisch voranschreitenden Torabruderschaft in seinem Buch Absorbing Perfections. Kabbalah and Interpretation, New Haven & London 2002, S.478, zustimmend auf.

1426 R. Meros, Mivnehu schel Sefer ha-Sohar, unpublizierter Vortrag des 12. Weltkongresses für Jüdische Studien am 31.7.1997. Demnächst auf dt. in Pardes, Informationsblatt der Vereinigung für Jüdische Studien, Potsdam 2005.

1427 Die Untersuchung der zahlreichen Texte ist noch mitten im Gange.

den neunziger Jahren ihre Aktivitäten begann, und sich bis in die Anfänge des 14. Jahrhunderts erstreckte. Für eine längere Entstehungszeit dieser Schicht sprechen unter anderem auch die sichtbaren internen Entwicklungsstufen. Aus alledem ergibt sich eine Entstehungszeit der fünf genannten *Sohar*schichten von etwa vierzig oder mehr Jahren (1370-1410), in denen wenigstens drei auf einander folgende literarische Generationen an der Entwicklung des Gesamtkorpus arbeiteten.

Zur Rekonstruktion dieses Entwicklungsprozesses der fünf literarischen Korpora gehört zugleich ein weiterer wichtiger Gesichtspunkt, der in den unterschiedlichen literarischen Gattungen zu suchen ist. Die *Mischnajot* (Matnitin) sind als Rufe des himmlischen Herolds thematisch angeordnet. Demgegenüber besitzen die *Sitre Tora* und der *Midrasch ha-Ne'elam* die »klassische« Form des auslegenden Midrasch. Hingegen verwob die *epische Schicht* ihre Midrascheinheiten in ein dramatisches Epos. Die Gesamtredaktion des *Sohar* unterwarf schließlich die unterschiedlichen literarischen Gattungen der Gesamtform eines Midrasch und beraubte sie dadurch ihrer eigenen ursprünglichen Dynamik und Gesamtstruktur. Dieser Umformungsprozess mag sich über mehrere sukzessive Stufen erstreckt haben. Außerdem ist zum Gesamtkorpus des *Sohar* noch weiteres Midrasch- und Erzählungsmaterial hinzugefügt worden, das heute zum »titellosen Hauptteil« des *Sohar* gehört. Ein wirkliches Verständnis der einzelnen Schichten des *Sohar*, kann nach Ronit Meros nur dann erlangt werden, wenn man sie wieder voneinander scheidet und separat zu verstehen sucht.[1428]

Der hier gezeichnete Zustand stellt sich aber noch um Wesentliches komplizierter dar, wenn man den vorhandenen Handschriftenbefund betrachtet. Meros ermittelte gut 600 Handschriften[1429], die sich nicht unwesentlich inhaltlich und strukturell voneinander unterscheiden. Diese Handschriften, die sich zum größten Teil selbst nicht als »*Sohar*«-Handschriften verstehen oder bezeichnen, sondern in unterschiedlichem Maß mit dem gedruckten *Sohar* übereinstimmen, wurden von den Redaktoren der beiden Erstdrucke, des *Sohar Hadasch* sowie von späteren Lesern und modernen Wissenschaftlern als der *Sohar*-Literatur zugehörig definiert. Das unterschiedliche Maß an Übereinstimmung mit den gedruckten *Sohar*-Texten stellt sich nun außerdem so dar, dass die Handschriften im Vergleich untereinander unterschiedliche Entwicklungsstufen bestimmter Gedankenzusammenhänge oder Erzählungseinheiten repräsentieren. Sie sind also keinesfalls Entwicklungen eines hypothetischen *Sohar*-Urtextes, sondern allesamt parallele Stränge eines weit gefächerten Deutungs-, Umdeutungs- und Rezeptionsprozesses waren, der sich über mehrere Jahrhunderte erstreckte. Dauerte der maßgebliche Prozess dieser facetten-reichen Umgestaltung dem Urteil Meros

1428 R. Meros, Mivnehu schel Sefer ha-Sohar.

1429 So Meros in einem Jerusalemer Seminar im Institute for Advanced Studies am 27.12.2004.

zufolge vom 11. bis zum 14. Jahrhundert,[1430] so wird die Entwicklungsgeschichte des *Sohar* noch komplizierter, da in diesem Prozess auch sehr viel ältere Traditionen, etwa des rabbinischen Midrasch und der alten Hechalotliteratur, aufgenommen wurden. Hinzu kommt außerdem, dass viele der sogenannten »*Sohar*handschriften« hebräische Texte waren, die erst sukzessive in parallelen Handschriften ins Aramäische übersetzt wurden. Dieser Übersetzungsprozess selbst stellt einen weiteren Schritt des Umdeutungsvorganges dar.[1431] Der Eindruck, dass der *Sohar* in weiten Teilen ein Werk in aramäischer Sprache ist, hängt offenbar weitgehend von der Auswahlpolitik der italienisch-jüdischen Drucker zusammen. Was seit den beiden Erstdrucken des 16. Jahrhunderts aus Cremona und Mantua (beide zwischen 1558-1560) vorliegt ist, demnach ein willkürlicher Griff in einen ausgefächertes System von Rinnsalen und Bächen, die nur durch ein gewisses gemeinsames geistiges Klima miteinander verbunden sind, ansonsten aber individuelle Lösungen und Lehren vortrugen, wie sie zum Beispiel im ersten Teil dieses Bandes bei einzelnen Autoren, Schriften oder Gruppen schon dargelegt wurde. Der gedruckte *Sohar* wäre demnach ein gezielter Ausschnitt aus diesem breiten Spektrum. Die Darstellung einer geschlossenen »Theologie des *Sohar*«, würde demnach den Versuch unternehmen wollen, das Ergebnis dieses Redaktionsprozesses vom 16. Jahrhundert mit all seinen unterschiedlichen Seiten darzustellen. Ein solches Unternehmen muss zu den widersprüchlichen oder einseitigen Bildern führen, die aus der entsprechenden älteren Literatur bekannt sind, von der die oben zitierten Einlassungen Graetzens einen Eindruck vermitteln mögen. Eine adäquate Darstellung »soharischen« Denkens muss darum von einer Harmonisierung Abstand nehmen und versuchen, einzelne in sich stimmige Denksysteme herauszuarbeiten, ohne sie mit den übrigen zwischen den selben Buchdeckeln zusammengebundenen Texten in Übereinstimmung bringen zu wollen. Es wird also ein ähnliches Verfahren vorgeschlagen, wie dies bei der Darstellung der biblischen Theologie, sofern sie nicht dogmatisch, sondern historisch sein will, schon längst Usus ist. Das derzeit von Meros durchgeführte Projekt einer neuen wissenschaftlichen Edition des *Sohar* sucht diesen Einsichten gerecht zu werden, ist aber ein Unternehmen, das noch geraume Zeit in Anspruch nehmen wird. Die folgende Darstellung wird versuchen, diesen Einsichten Rechnung zu tragen und einige wenige exemplarische Blöcke oder Denkeinheiten vorzustellen. Dabei soll eher auf die Differenzen geachtet als unbedingt nach Gleichheit gesucht werden.

1430 R. Meros, Mivnehu schel Sefer ha-Sohar.

1431 Zu dieser Doppelsprachigkeit vgl. jetzt auch, Ha-Ketavim ha-ʿivrijim schel Baʿal Tikkune Sohar we-Raʿja Mehemna, ed. E. Gottlieb, Jerusalem 2003. Dieser Prozess setzte sich nach der Auffassung von Meros im oben erwähnten Seminar vielleicht bis ins 16. Jahrhundert fort.

Der *Sohar* in seiner heutigen Gestalt und wie er in den eingangs beschriebenen Verurteilungen oder Hochschätzungen gesehen wurde, entwickelte sich demnach erst mit der Drucklegung im 16. Jahrhundert zum klassischen Buch der Kabbala.[1432] Einen wesentlichen Beitrag dazu leisteten die Drucker in Cremona (1559-1560) und Mantua (1558-1560), die nach eigenem Zeugnis eine Auswahl aus einer Mehrzahl von Handschriften vornahmen. Ein erstes Unternehmen dieser Art erfolgte jedoch mit einer separaten Ausgabe der *Tikkune ha-Sohar*, die schon 1558 in Mantua veröffentlicht wurden. Die Mantuaner Ausgabe hat den »*Sohar*« bis 1560 in drei Bänden gedruckt[1433] und die *Tikkunim* separat gelassen, was für die meisten folgenden Ausgaben das Grundformat blieb. Die Überschüsse der umfangreicheren Cremoneneser Ausgabe hat man dem Mantuaformat später als Addenda zu den drei Bänden beigegeben. Der im Jahre 1597 in Saloniki publizierte *Sohar Hadasch* ist nicht, wie der Name suggeriert, ein »neuer *Sohar*«, sondern die Edition von weiteren bis dahin noch nicht im Druck erschienenen Schriften beziehungsweise Schriftfragmenten der beschriebenen soharischen Literaturproduktion. Diese Mantovaner Aufteilung, drei plus einem Band und zusätzlichem *Sohar Hadasch*, ist auch die der hier verwendeten Ausgabe von R. Margaliot.[1434]

In der Forschung hat es immer wieder Meilensteine gegeben, die darin bestanden, dass einzelne herausragende Forscher ihr eigenes Lebenswerk oder die

1432 Vgl. R. Meros, Zoharic Narratives, S. 7f.

1433 Als Midrasch zu Genesis (I) zu Exodus (II) und Leviticus bis Deuteronomium (III).

1434 R. Margali'ot, Sefer ha-Sohar, Jerusalem 19703, drei Bände; ders., Tikkune ha-Sohar, Jerusalem 19782; ders., Sefer Sohar Hadasch, Jerusalem 19943. Die Druckgeschichte stellt sich indessen noch etwas komplizierter dar, wie bei Y. Y. Y. Tishby, Mischnat ha-Sohar, I, S. 108ff; The Wisdom of the Zohar, S. 97ff nachzulesen ist. Eine ausführliche systematische Bibliographie zur Kabbala insgesamt bieten J. Dan, E. Liebes, S. Re'em (ed.), The Library of Gershom G. Scholem on Jewish Mysticism. Catalogue, Jerusalem 1999; D. C. Matt, The Zohar. Pritzker Edition, Stanford 2004; Übersetzungen in verschiedene Sprachen z. T. in Auswahl, hebräische Übersetzungen: Y. Ashlag & Z. Brandwein, Sefer ha-Sohar, Jerusalem 1945-1958, 22 vols.; Sefer ha-Sohar, übers. v. Yodel Rosenberg, New York 1926, 5 Bde.; F. Lachower and Y. Tishby, Mischnat ha-Sohar, Jerusalem 1961-1971 (Auswahl). Englische Übersetzungen: M. Berg (ed.), The Zohar by Rabbi Shimon bar Yochai with the Sulam commentary of Rabbi Yehuda Ashlag, Tel Aviv 1999-2003, 23 vols.; H. M. S. Sperling, P. Levertoff, The Zohar, London 1931-1934, 5 vols.; D. C. Matt, The Zohar (Pritzker Edition), Stanford 2004 (bisher zwei Bände.); D. C. Matt, Zohar: The Book of Enlightenment, Mahwah 1983 (Auswahl); F. Lachower, Y. Tishby, The Wisdom of the Zohar, London 1989 (Auswahl). Französische Übersetzungen: Ch. Mopsik, Le Zohar, Paris 1981-1996 (4 Bde.); ders., Le Zohar: Cantiques des Cantiques (1999); Lamentations (2000); Ruth (1987); Deutsche Übersetzungen: E. Müller, Der Sohar, das heilige Buch der Kabbala, Wien 1932 (Auswahl); G. Scholem, Die Geheimnisse der Schöpfung: Ein Kapitel aus dem Sohar, Berlin 1935; Lateinische Übersetzungen: Ch. Knorr von Rosenroth, Kabbala denudata, Sulzbach 1677-1684 (4 Bde.); ders., Sifra di-Zeni'uta, 'Idra rabba, 'Idra zita, Frankfurt a. M. 1684.

Arbeit mehrerer Forschergenerationen zusammenfassten. Damit legten sie eine resümierende Gesamtsicht eines Gegenstandes vor, die für die folgenden Generationen als Maßstab betrachtet wurde. Für die Erforschung der Kabbala sind diese Meilensteine die Werke Gershom Scholems »Die Jüdische Mystik in ihren Hauptströmungen«[1435] und dessen »Ursprung und Anfänge der Kabbala«.[1436] Für den Sohar ist dies das monumentale, maßgeblich von Isaiah (Jeschaʿja) Tishby verantwortete, und zusammen mit Fischel Lachower erarbeitete »Mischnat ha-Sohar« (Die Lehre des Sohar).[1437] Dieser Sohar-»Theologie« sind auch die folgenden Darstellungen in einem großen Maße verpflichtet, weichen jedoch in einem grundsätzlichen Punkt von ihnen ab. Tishby bietet eine systematisch-thematische Darstellung nach theologischen Topoi, wie das auch hier im Wesentlichen geschieht, aber dabei stellt Tishby die innerhalb des Sohar schon längst erkannten unterschiedlichen »Autoren« oder Textblöcke jeweils als denkerische Alternativen zum Hauptteil des Sohar dar. Das heißt, das je eigene Profil der verschiedenen Soharschichten wird Tishbys topologischer Systematik untergeordnet. Diese Darstellung hat, trotz der tiefgreifenden und differenzierenden Analysen Tishbys, den Nachteil, dass der eingangs mit Graetz' so verächtlichen Worten verspottete Eindruck des geistigen Flickenteppichs perpetuiert wird. Bei der folgenden Darstellung sollen wenigstens für die drei Hauptblöcke, den *Midrasch ha-Ne'elam*, den Hauptteil des Sohar sowie den *Ra'ja Mehemna* und die *Tikkune ha-Sohar*, gesonderte Darstellungen gegeben werden. Nur so wird das je eigene Gesamtprofil der einzelnen »Autoren« sichtbar und wird deutlich, inwiefern die einzelnen theologischen Topoi der verschiedenen *Sohar*-Schichten Teil einer mehr oder weniger geschlossenen Gesamtkonzeption sind. Die Notwendigkeit solcher Separierung wird in der Forschung auch zunehmend erkannt und verfolgt, wie die im Einzelnen an gegebener Stelle zu nennende Literatur zeigt. Um es mit kurzen Schlagworten zu verdeutlichen: Während der *Midrasch ha-Ne'elam* eine philosophisch interpretierte rabbinische »Midrasch-Theologie« vorträgt, bietet der Hauptteil des Sohar im Rahmen eines messianischen Epos eine auf Einheit in der Vielfalt ausgerichtete mystische Theologie. Hingegen vertreten *Ra'ja Mehemna* und *Tikkune ha-Sohar* eine zum Teil philosophisch differenzierende und auf Separation und hierarchische Unterscheidung ausgerichtete Sicht der vom Hauptteil vorgetragenen Topoi.

1435 [Erste amerikanische Ausgabe 1941 unter dem Titel »Major Trends in Jewish Mysticism« in New York/Jerusalem, deutsch zuerst 1957 in Zürich, hier nach der Ausgabe Frankfurt a.M. 1967, S. 361.

1436 Berlin 1962; eine hebräische Erstversion erschien als »Reschit ha-Kabbala« 1948 in Jerusalem.

1437 Der erste Band erschien 1949 in Jerusalem, der zweite 1961 ebenfalls dort, die hier zitierte dritte Ausgabe beider Bände 1971 in Jerusalem); englisch: The Wisdom of the Zohar, Oxford 1989 (3 vols).

B. Das philosophisch-rabbinische Modell: Der *Midrasch ha-Ne'elam*

1. Geistiger Ort und Charakter des *Midrasch ha-Ne'elam*

Der *Midrasch ha-Ne'elam*, was mit »Midrasch über das Verborgene« übersetzt werden kann, ist in den bekannten Ausgaben auf mehrere Blöcke im *Sohar Hadasch* und den beiden ersten Teilen des *Sohar* verteilt.[1438] Er ist ein *Midrasch* zu den ersten Wochenabschnitten der Bücher Genesis, Exodus, zum Hohenlied, Ruth und den Klageliedern. Der *Midrasch ha-Ne'elam* unterscheidet sich in seiner Theologie deutlich von allen übrigen *Sohar*-Schichten. Auch sein Stil gleicht viel mehr dem alten rabbinischen Midrasch, als den übrigen Teilen des *Sohar*. Schmuel Belkin, weiland Präsident der traditionellen Yeshiva University, wollte im *Midrasch ha-Ne'elam* einen alten palästinischen Midrasch sehen, der nur viel alexandrinisches, das heißt philonisches, Gut aufgenommen habe.[1439] Allerdings erweist sich das sogenannte alexandrinische Material als typische mittelalterliche Philosopheme, wie unten noch deutlich werden wird.

Im Zentrum dieses vom rabbinischen Midrasch abweichenden Gedankengutes des *Midrasch ha-Ne'elam* steht vor allem die Lehre von der Seele, ihrer Herkunft, ihrem Ergehen, ihren Aufgaben in dieser Welt und der abschließenden Rückkehr in ihre ursprüngliche Heimat. Daneben spielt die kosmologische Spekulation eine zwar bescheidenere, aber doch deutlich beschreibbare Rolle, wohingegen die Gotteslehre, das Zentralthema der übrigen Teile des *Sohar*, hier nur sehr undeutlich angesprochen wird. So findet sich im *Midrasch ha-Ne'elam* nicht die ausgeprägte Lehre vom *'En Sof*, der ersten Ursache, die unerkennbar und unerfassbar ist, und sich in den zehn *Sefirot* offenbart, die dann ihrerseits die Welt hervorbrachten. Der oder die Autoren des *Midrasch ha-Ne'elam* sprechen demgegenüber recht unbefangen von Gott als Weltschöpfer. Aber gerade in diesem Aspekt der Lehre kündigt sich das Neue gegenüber dem alten rabbinischen Midrasch an, insofern im *Midrasch ha-Ne'elam* Gott die Welt nicht alleine erschafft, sondern sich dafür eines Schöpfungsmittlers bediente. Die Lehre von der vermittelten Schöpfung und den verschiedenen Schöpfungsstufen zeigen den *Midrasch ha-Ne'elam* auf halbem Wege zu der Lehre von den *Sefirot*. Dies soll im Folgenden zunächst eingehender betrachtet werden.

1438 Vgl. o. 2. Vielfalt des Sohar.

1439 Vgl. Z. Werblowsky, Philo and the Zohar, in: JJS X (1959), S. 25ff. 113ff, insbes. S. 26.

2. Die Schöpfung

2.1 Rabbinische Kosmologie in maimonidischer Deutung

Zu Beginn der Schöpfungslehre des *Midrasch ha-Ne'elam* steht das Bibelzitat aus den Sprüchen 3,19, das im Zusammenhang der jüdischen Schöpfungslehren schon mehrfach auftauchte und noch häufiger eine Rolle spielen wird: »Mit Weisheit (*Hochma*) hat der Herr die Erde gegründet, mit Einsicht (*Tevuna*) den Himmel bereitet und mit seinem Wissen (*Da'at*) die Tiefen gespalten.« Die drei hebräischen Begriffe *Hochma*, *Bina* (hier als *Tevuna* aufgenommen) und *Da'at*, die im biblischen Kontext göttliche Qualitäten bezeichneten und von Gott bei der Erschaffung der Welt einsetzt wurden, die also Modalbegriffe seines schöpferischen Handelns sind, werden im *Midrasch ha-Ne'elam* fast unmerklich zu drei Hypostasen oder Substanzen im Sinne der mittelalterlichen Philosophie. Dieser Wandel schlägt sich in der Folgenden Passage des *Midrasch ha-Ne'elam* nieder:

> »Mit diesen drei Dingen wurde die Welt erschaffen, und auf zweien steht sie, nämlich auf *Tevuna* (Einsicht) und *Da'at* (Erkenntnis).«[1440]

Die drei intellektuellen Fähigkeiten Gottes, werden, wie dies der weiter zu verfolgende Text des Midrasch zeigt, von der Kategorie des Epistemologisch-Intellektuellen zu kosmologisch-theologischen Kategorien umgemünzt:

> »R. Jizchak sagte: Der Heilige, Er sei gesegnet, hob die Weisheit empor, die sein Name ist, um ihn seinen Knechten, den gerechten (*Zaddikim*) kundzutun. Die beiden andern aber [*Tevuna* und *Da'at*] blieben in der Welt stehen und erhalten sie. [...] Was bedeutet dies, dass durch diese beiden die Welt gelenkt wird? [...] Sie lenken die Welt, weil die Himmel durch die *Tevuna* und die Tiefe durch *Da'at* erschaffen wurden. Die Weisheit aber ist der Name Gottes, der *Hochma* genannt wird. Und außerdem lehren wir: Er und die Weisheit sind ein einziges.«[1441]

Der Stil dieser Erörterung des *Midrasch ha-Ne'elam* ist auch für den Hauptteil des *Sohar* typisch. Die intendierten Aussagen werden nicht kurz und bündig in einem klaren Satz formuliert, sondern langsam, Stufe um Stufe voranschreitend, enthüllend und sogleich wieder zurücknehmend und verschlüsselnd, wobei die hier vorgelegte Übersetzung den gesamten Vorgang auszugsweise auf das Minimum verkürzte. Dieser Stil hat den Vorteil, dass auf den verschiedenen Stufen einzelne Dicta vorgetragen werden, die im Sinne der Tradition völlig unproble-

1440 Sohar Hadasch, S. 3d.

1441 Sohar Hadasch, S. 3d.

matisch erscheinen müssen, aber erst durch die Verkettung untereinander einen überraschend neuen und revolutionären Sinn bekommen. Für das übersetzte Textstück heißt das Folgendes: Der Traditionssatz, Gott habe mit der Weisheit die Welt erschaffen, wird in einem zweiten Durchgang dahingehend gedeutet, dass die Weisheit Gottes Name sei, was jedem Traditionsverhafteten akzeptabel erscheinen muss. Wenn dann schließlich der schon von den Hechalotmystikern formulierte Satz[1442] angefügt wird, Gott und sein Name seien eins, dann ergibt die ganze Kette das Ergebnis: Gott hat mit seinem eigenen Wesen die Welt erschaffen, das entweder kausal oder substantiell die Ursache der Welt ist.

Diese Aussage scheint jedoch sogleich wieder zurückgenommen zu werden, wenn gesagt wird, es seien ja die *Tevuna* und die *Da'at*, die tatsächlich in der Welt stehen und sie leiten. Wo ist dabei die Weisheit verblieben? Aus einer weiteren hernach noch anzuführenden Erörterung des *Midrasch*[1443] wird deutlich, dass der Unterschied zwischen Weisheit (*Hochma*) und Einsicht (*Tevuna*) darin besteht, dass die *Tevuna* aus etwas anderem abgeleitet wurde. Das bedeutet, dass die durch die *Tevuna* erschaffenen Himmel wie auch die Erde nur ein Geschöpf zweiter Ordnung sind, denn ihre Erzeuger, *Tevuna* und *Da'at*, sind aus etwas anderem entstanden. Was ist dieses andere? Dieses andere ist das, wofür sodann die höher angesiedelte *Weisheit* zuständig ist und das der *Midrasch ha-Ne'elam* an mehreren Stellen das erste Geschöpf Gottes nennt. Damit sind der Thron Gottes und die Engel gemeint, die wiederum miteinander gleichgesetzt werden.[1444] Dort, in der angelischen Thronwelt ist die *Weisheit* verborgen und sie ist dem Menschen nur mittels der Weisheit zugänglich. Hinter dieser Welt der *Weisheit* verbirgt sich das, was die mittelalterlichen Philosophen den *mundus intelligibilis* nannten, die Welt der Intelligenzen, an deren oberster Stelle auch bei ihnen meist die Weisheit oder der Intellekt steht.[1445] Der Autor des *Midrasch ha-Ne'elam* sagt dies jedoch nicht so deutlich, sondern hüllt dies wiederum in eine Midrascherörterung. Zum ersten Genesisvers »Am Anfang schuf Gott Himmel und Erde« lässt der Midrasch einen seiner Sprecher, Rabbi Jehuda, fragen:

> »Warum nannte der Heilige, Er sei gesegnet, die Erschaffung von Himmel und Erde zuerst? Wurden denn nicht zuvor der Thron der Herrlichkeit und die Engel erschaffen?
> [Die Antwort auf diese Frage nach der Erstnennung von Himmel und Erde trotz deren Zweitrangigkeit lautet:] Das tat Er, damit der Mensch nicht über

1442 Vgl. Bd. I, S. 343.

1443 Sohar Hadasch, S. 4a.

1444 Sohar Hadasch, S. 7d.

1445 Vgl. Bd. I, S. 451-453.494-496.504-506.

Dinge grübelt, die vor den Augen verborgen sind und die Er von vorneherein offenbarte.
Und Rabbi meinte: Um den Menschen zu zeigen, dass sie keine Weisheit haben und darum nicht würdig sind, dass ihnen die Geheimnisse der Tora offenbart würden.«[1446]

Man darf hier jedoch sogleich hinzufügen, dass wenn der Mensch schließlich Weisheit erworben hat, er diese unsichtbare Welt sehr wohl erkunden kann. Damit fügt sich dieser Midrasch organisch in das mittelalterliche philosophische Denken ein. Denn auch dieses meinte, dass die intelligible Welt der Intellekte und intelligiblen Substanzen eben nur dem Intellekt zugänglich ist.

Der Zusammenhang dieses *Midrasch* mit der philosophischen Spekulation, vor allem des Maimonides, wird umso deutlicher, wenn man die Entstehung und Beschreibung des ersten Geschöpfes näher betrachtet:

»Am Anfang aller Geschöpfe erschuf er die Form der heiligen Engel. Sie sind der Anfang aller Geschöpfe, die aus dem Glanz Seines herrlichen Lichtes emanieren (*ne'ezalim*). Und ihrer Namen sind zehn. Und in diesen Namen ist das Element *'Elohim* enthalten. Und darum lehrt die Schrift: *Be-Reschit bara 'Elohim* – am Anfang schuf er die *'Elohim*, das heißt, Er [...] schuf die Form der Engel, die *'Elohim* genannt werden. Und sie sind das Urelement aller übrigen Geschöpfe. Und aus diesem Urelement wurden hernach im Geheimnis der *Tevuna* (Einsicht) die Himmel erschaffen, und die *Tevuna* ist eine Sache, die aus einer anderen entstand, denn sie entstammen aus dem Mysterium des Lichtes, der Form der Engel, das heißt, sie [die Himmel] sind ein Bauwerk, das aus dem Urelement hervorging.«[1447]

Dieser *Midrasch* übernimmt die platonisierende Deutung des hebräischen Wortes für »schaffen«, *bara*, im Sinne von »emanieren«.[1448] Die Emanation erfolgt hier aus einer mit der Metapher Licht benannten göttlichen Substanz, die zunächst den *mundus intelligibilis*, das heißt traditionell gesprochen, die Engelwelt hervorbrachte. Dass diese Welt aus zehn Einheiten besteht, ist eine direkte Übernahme der zehn aristotelisch-maimonidischen »Separaten Intellekte«, die ja auch Maimonides als Engel bezeichnete.[1449] Deshalb können sie mit dem für traditionelle Ohren merkwürdigen Terminus »Form der heiligen Engel« versehen werden, denn für die Philosophen sind die separaten Intellekte eben reine Formen

1446 Sohar Hadasch, S. 6d.
1447 Sohar Hadasch, S. 4a.
1448 Vgl. Bd. I., S. 494f.508f.
1449 Vgl. Bd. I., S. 452.

ohne Materie. In seinem *Sefer ha-Madda'* und im *More Nevuchim* erklärt Maimonides:

> »[Unter den Arten der Geschöpfe gibt es schließlich jene, die] erschaffen sind als Formen ohne Materie, das sind die Engel. Denn die Engel haben keinen Körper und Leib, sondern sie sind absolute, separate Formen. [...] Und die unterschiedlichen Namen der Engel drücken ihre Rangordnung aus, [...] denn alle diese zehn Namen, mit welchen die Engel benannt werden, entsprechen ihren zehn Stufen.«[1450]
>
> »[Wir haben schon erklärt,] daß die Engel keine Körper sind, und dasselbe sagt auch Aristoteles. Er gibt ihnen nur einen andern Namen. Er nennt sie stofflose Vernunftwesen, wir aber nennen sie Engel. Wenn er aber auch sagt, daß die stofflosen Vernunftwesen Mitteldinge sind zwischen Gott und dem Seienden, und daß durch ihre Vermittlung sich die Sphären bewegen, deren Bewegung die Ursache des Werdens alles Werdenden ist, so steht auch dies in allen heiligen Büchern, so daß du schlechterdings nicht bemerken wirst, daß Gott irgend eine Tat anders als durch einen Engel vollbracht hat.«[1451]

Der Verfasser des *Midrasch ha-Ne'elam* verwendet konsequenterweise weiter unten im Text noch die anderen Fachtermini für diese Engel-Wesen, nämlich *Muvdalim* (»Separate« Intellekte) und *Muskalim* (Intellekte).[1452] Der hebräische Übersetzer des Maimonides, Samuel Ben Jehuda Ibn Tibbon, gibt im Anhang seiner Übersetzung des *More Nevuchim* ein Glossar für die neuen von ihm verwendeten hebräischen philosophischen Termini. Zu dem Stichwort »Sechel 'asiri«, *Zehnter Intellekt*, welcher der sogenannte »Aktive Intellekt« ist, führt Ibn Tibbon aus:

> »Es gibt neun Himmelssphären, sieben von den sieben Planeten, die achte ist die der Fixsterne und die neunte ist die gestirnlose Sphäre. Letztere umrundet mit ihrer natürlichen Bewegung die gesamte Welt ein Mal am Tage, und mit dieser Bewegung versetzt sie zwangsläufig die übrigen Sphären mit sich in

1450 Sefer ha-Madda' 2,3, Mischne Tora, Jerusalem 1972, S. 2b; deutsche Ausgabe: Mose ben Maimon, Das Buch der Erkenntnis. Sefer ha-Madda, hrsg. v. Chr. Schulte, E. Goodman-Thau, Berlin, 1994.

1451 Mose ben Maimon, More Nevuchim II, 6, deutsche Übersetzung: Mose ben Maimon, Führer der Unschlüssigen, Übertragen von Adolf Weiss, Leipzig, 1923, II, S. 54, neu herausgegeben von J. Maier, Hamburg 1972 und 1995; zu Rambams Lehre von den Separaten Intellekten vgl. auch Z. Blomberg, Ha-Sechalim ha-nivdalim be-Mischnato schel ha-Rambam, in: Tarbiz 49 (1971), S. 216-225.

1452 Sohar Hadasch, S. 8d. Hier soll nochmals ausdrücklich auf die Darstellung der *Zehn Separaten* Intellekte durch Maimonides verwiesen werden. Bd. I., S. 452f, nach More Nevuchim II, 4.

> die Kreisbewegung. Die Meinung der Philosophen ist aber, dass jede dieser Sphären eines eigenen unabhängigen Intellekts bedürfe, welcher die Ursache ihrer eigenen Bewegung ist. [...] Demnach sind es neun Intellekte der Sphären. Außerdem brachte sie die philosophische Spekulation dazu, zu lehren, dass es unbedingt eines Intellekts bedürfe, der den niederen Individuen ihre Form verleiht, und ihn nannten sie den ›Zehnten [Intellekt]‹.«[1453]

Der Autor des *Midrasch ha-Ne'elam* versucht durch ein weiteres Argument die hier sichtbare Zusammengehörigkeit seiner Lehren mit der aristotelisch-platonischen Philosophie des Mittelalters zu betonen. Dabei vollzieht er gewissermaßen die Gleichung der von ihm im angeführten Zitat genannten Weisheit, die in der intelligiblen Welt ihren Ort hat, mit den *Zehn Separaten Intellekten*. Er lehrt im Namen R. 'Eli'esers, eines Schülers von Jochanan Ben Sakkaj:

> »Ich sah das Erste Licht, dessen Wege zehn sind. Auf zehn geht es und im Geheimnis der zehn lenkt es alles und mit zehn Zeichen vollbringt es seine Taten. [...] Da sprach [Jochanan Ben Sakkaj] zu ihm: 'Eli'eser, mein Sohn: Ich sah mehr als nur einen heiligen Engel, denn mit zehn wurde die Welt erschaffen und mit zehn wird sie gelenkt, mit zehn heiligen Thronen, mit zehn Toraworten, mit seinen zehn Pfaden, mit zehn oberen Welten. Und Einer ist über allen, gesegnet sei Er.«[1454]

Der Lehrer versucht dem Schüler zu vermitteln, dass die Zehnzahl nicht nur zehn Aspekte des einen Wesens ausdrückt, sondern zehn Wesen meint, mit denen die Welt erschaffen wurde. Diese Diskussion changiert hier zwischen einer mehr platonischen und einer mehr aristotelischen Position. Schon in einem vorigen Kapitel[1455] wurde darauf hingewiesen, dass die mittelalterlichen Platoniker, der plotinischen Lehre folgend, an die Spitze ihrer Emanationshierarchie den Intellekt stellten, der bei ihnen als *'Olam ha-Sechel*, Welt des Intellekts, figuriert. Abweichend von Plotin, die aristotelische Lehre von den zehn separaten Intellekten mit Plotins Lehre amalgamierend, lehrten sie nun, dass die Welt des Intellekts eine Zusammenfassung der zehn aristotelischen Intellekte sei, die demnach tatsächlich zehn sind. Die Position des Schülers kann als eine nominalistische bezeichnet werden, während der Lehrer eine mehr realistische Position vertritt. Das heißt, der Schüler denkt an zehn Aspekte des einen Intellekts, während der

1453 Sefer More Nevuchim le-ha-Rav Mosche Ben Maimon... be-Ha'atakot... Schmu'el 'Ibn Tibbon, Neudruck Jerusalem 1960, Perusch ha-Millot, S. 5d.

1454 Sohar I, S. 127d.

1455 Kap. Kabbala IV.2.1; V.2.2.

Meister von zehn Substanzen spricht, die als *'Olam ha-Sechel* zusammengefasst sind.

Wenn Maimonides als Aristoteliker statt von einer Ursachenkette von einer Emanationskette spricht[1456], ist der Autor des *Midrasch ha-Ne'elam* einen deutlichen Schritt weiter zum Platonismus gerückt und lässt die zehn vermittelnden »Engel« aus dem Glanz des Gotteslichtes emaniert sein. Damit bewegt er sich in unmittelbarer Nähe zu den jüdischen Neoplatoniker 'Avraham Ibn 'Esra, dessen Kosmologie Moritz Eisler wie folgt darstellt: Er läßt »aus Gott vorerst die Weisheit [...] emaniren; durch die Weisheit sind die Wesen alle aus Gott dem Unbestimmbaren hervorgegangen. Aus dieser Weisheit kommt *Bina* [...] und aus der *Bina* kommt *Da'at*.[1457] [...] Diese geistigen Wesen bilden die oberste Welt, das Reich der Engel oder der Geister...«[1458]

Der *Midrasch ha-Ne'elam* bietet demnach eine Verbindung dieser neoplatonischen mit der aristotelisch-maimonidischen Position. Die neoplatonische Lehre von der Emanation wird an vielen weiteren Stellen des *Midrasch ha-Ne'elam* aufgenommen und mit den oben beschriebenen Vorstellungen verbunden.[1459] Besonders klar erscheint die neoplatonische Lehre im folgenden Text:

> »R. Tanchum sagte: Die nahe stehenden Engel[1460] empfangen die Macht des Ausflusses des oberen Lichtes als erste. Und von ihnen steigt es zu jenen herab, die weniger nahe stehen, und von ihnen zu den noch ferneren und von da zu den Himmeln und all ihren Heerscharen und von ihnen auf die Menschen.«[1461]

Statt von dem Ausfluss des Lichtes, das aus der obersten Emanation auf die folgenden ausströmt, kann der Autor auch sagen, dass dieses erste Emanat die weiteren Stufen gebiert.[1462] Diesem Duktus entsprechend lehrt der Midrasch, dass die Erde gleich einer Schwangeren alles auf ihr Lebende hervorbrachte,

1456 Vgl. Bd. I., S. 447f.

1457 Eisler schreibt aschkenasisch »Daas«.

1458 M. Eissler, Vorlesungen über die jüdischen Philosophen des Mittelalters, Wien 1876 (Reprint New York, 1966 u. 1972), I, S. 116.

1459 Vgl. z. B. auch Sohar Hadasch, S. 7d; 15b.

1460 Diesen Terminus verwendet der arabischen Philosoph Ibn Ruschd (Averroes) für die Separaten Intellekte; so auch bei Al Ghazali, den der Autor des Midrasch ha-Ne'elam durch Maimonides vermittelt, fast wörtlich übernimmt; vgl. More Nevuchim II, 4, Ausgab. Weiss II, S. 48; hebr. Ausgabe More Nevuchim II, 4, ha-Mal'achim ha-mitkarevim, S. 20b; und Z. Blomberg, Ha-Sechalim ha-nivdalim be-Mischnato schel ha-Rambam, in: Likkute Trabiz, Mikra'a be-Heker ha-Rambam, Jerusalem 1985, S. 393-402, ed. J. N. Epstein und M. Idel.

1461 Sohar Hadasch, S. 16c.

1462 Sohar Hadasch, S. 14a.

denn »am Tage als die Erde erschaffen wurde, wurde sie schwanger mit allem, was sie nachher gebar.«[1463] Unter ihnen befinden sich in erster Linie die vier Urelemente, Feuer, Luft, Wasser und Erde, die ihrerseits ihre Abkömmlinge gebaren.[1464] Der Verfasser des *Midrasch* glaubt, dass auf diesem Wege des Gebärens alles entstand, nachdem die Gottheit von Allem je nur einen Urtypus hervorbrachte, der dann die weiteren Exemplare seiner Gattung gebar. So wurde als das erste Land das Land Israel als Prototyp, und als erster Mensch der paradiesische Erste Adam (Mensch) als Urexemplar hervorgebracht.[1465] In Anlehnung an einen alten rabbinischen Midrasch, nach welchem Gott sich mit seinen Schöpfungswerken über die Erschaffung des Menschen beraten hatte, weshalb es dort heißt »Lasset uns einen Menschen machen« (Gen 1,26), vertritt der *Midrasch ha-Ne'elam* die weitergehende Auffassung, dass Himmel, Erde und Wasser Gottes Werkmeister waren, die alles ihnen zugehörige selbst erschufen: »Durch diese dreie wurde jegliches Werk der Schöpfung erschaffen, von jedem nach seiner Art.«[1466] Der Schöpfungsprozess setzte sich bis zum sechsten Schöpfungstag fort, mit dem die Schöpfung des Menschen herannahte. Als die drei „Werkmeister" sich daran machen wollten, den Menschen zu erschaffen, sprach Gott zu ihnen: »Kein einziger von euch kann dieses Geschöpf alleine erschaffen [...], vielmehr verbindet euch alle miteinander und ich mit euch, dann wollen wir zusammen den Menschen machen.«[1467] Diese Besonderheit der Menschenschöpfung macht dessen Sonderstellung im Kosmos aus, die in einem späteren Kapitel erörtert wird.

2.2 Schöpfung aus dem Nichts oder Emanation aus dem göttlichen Sein

Die bisherigen kosmologischen Erörterungen des *Midrasch ha-Ne'elam* haben die Weltenstehung als Emanation aus dem göttlichen Licht dargestellt und zugleich eine Nähe zu den kosmologischen Lehren des Maimonides offenbart. Im ersten Band dieses Buches wurde deutlich, dass Maimonides zwar von der platonischen Emanationslehre beeinflusst war, in Sachen der Schöpfung der Welt aus dem Nichts dann aber dennoch eine klare Position zugunsten einer *creatio ex nihilo* bezog, wenn auch nicht aufgrund rationaler, sondern religiöser Gründe.[1468] Im zweiten Buch des *More* erklärt er in einer über alle Zweifel erhabenen Deutlich-

1463 Sohar Hadasch, S. 13d; vgl. ebda. S. 10a.

1464 Sohar Hadasch, S. 13d.

1465 Sohar Hadasch, S. 10a.

1466 Sohar Hadasch, S. 16b.

1467 Sohar Hadasch, S. 16b.

1468 Vgl. Bd. I, S. 454-461.

keit: »...Die Ansicht jedes Menschen, der an die Lehre Moses glaubt, geht dahin, daß Gott die Welt in ihrer Gesamtheit, nämlich alles Seiende außer Gott, aus dem völligen Nichts ins Dasein gerufen« hat.[1469] Wie nun verhält sich der Autor des *Midrasch ha-Ne'elam* in diesem Glaubensdilemma? Er hat für dieses Problem von geradezu dogmatischer Bedeutung eine Lösung gefunden, die von allen anderen *Sohar*-Schichten abweicht und ihn auch hierin als einen Mann der Mitte zeigt, der zwischen Philosophie und esoterischer Theologie steht. Die von ihm vorgetragene Lehre zur Frage der *creatio ex nihilo* bildet zugleich die organische Grundlage für seine Lehre von der Erschaffung und dem Wesen des Menschen. Bei dieser Abrundung seiner Schöpfungslehre geht der Autor von einer grundlegenden Gespaltenheit allen Seins aus, die sodann auch das Wesen des Menschen bestimmt. Der entscheidende Passus zu dieser Problematik findet sich in den Partien des *Midrasch ha-Ne'elam*, die der *Sohar Hadasch* überlieferte:

> »R. Tanchum eröffnete seinen Vortrag mit dem Schriftvers ›So spricht der Herr-Gott, der Schöpfer der Himmel, und der sie auspannt u.s.w. ...‹ (Jesaja 42, 5).
>
> Als der Heilige, E.s.g., seine Welt *erschuf*, erschuf er sie aus *Nichts* [...] und *machte* aus ihnen *etwas Wirkliches*. Und an jeder Stelle, an der das Wort *bara* (ברא, schaffen) verwendet wird, bedeutet dies, dass Er etwas aus *Nichts* erschuf. [...]
>
> Da erwiderte Rav Hisda: Und wurden denn die Himmel aus *Nichts* erschaffen, nicht vielmehr aus jenem oberen Licht? Ja, beteuerte R. Tanchum! So ist es! Aber der *Körper* des Himmels entstand aus dem Nichts, während seine *Form* aus *etwas Wirklichem* entstand – so auch der Mensch! So findest du ja auch beim Himmel das Wort *Schaffen* (*Beri'a*) und danach das Wort *Machen* (*'Asija*). Mit *Schaffen* meint er, dass die Himmel aus *Nichts* erschaffen wurden, und mit *Machen* meint er, dass Er den Himmel aus *etwas Wirklichem* gemacht hat, nämlich aus dem oberen Licht.«[1470]

Der Autor des *Midrasch ha-Ne'elam* bedient sich hier des mittelalterlichen Philosophems von Materie und Form, speziell in dessen neoplatonischer Ausrichtung, die in Materie und Form getrennte, reale Universalien und nicht nur analytisch nominale sieht. Das heißt, dass Materie und Form auch unabhängig und nicht nur in der Verbindung voneinander existieren können, wie das der strenge Aristotelismus glaubte. Die jüdischen Philosophen des Mittelalters vertreten hinsichtlich dieser Frage keine radikale aristotelische Position. Beide Lager, das

1469 Mose ben Maimon, More Nevuchim II, 13, Führer der Unschlüssigen, Übersetzung Weiss, II, S. 89.

1470 Sohar Hadasch, S. 17b.

platonische, wie auch das aristotelische sahen in der Engelwelt, sei diese die Welt der zehn Separaten Intellekte, oder die Welt der drei Hypostasen von Intellekt Psyche und Natur, eine Welt der reinen Formen ohne Materie.[1471] Dies führte bei Maimonides dazu, dass er auf der einen Seite von einer *creatio ex nihilo* sprechen konnte, und auf der andern Seite eine Formenkette aus der Gottheit emanieren lässt, die letztlich alle Formen in der Welt hervorbrachte:

> »Wenn wir die Formen der natürlichen Dinge, die dem Werden und Vergehen unterliegen, genau untersuchen, bemerken [wir], daß ihnen unbedingt eine andere Form vorhergegangen sein muß, die diesen Stoff bereitete, so daß er diese Form annehmen mußte. Dieser zweiten Form muß aber gleichfalls eine andere vorangegangen sein, bis wir zu einer letzten Form gelangen, welche für das Dasein dieser mittleren Formen notwendig ist, welche die Ursachen dieser nächsten Form sind, und diese letzte Form in allem Seienden ist Gott!«[1472]

Auch Maimonides kann diesen Vorgang der sukzessiven Überformung mit dem platonischen Emanationsterminus als »ergießen« (*schafa'*) oder als »Erguss« (*Schefa'*) bezeichnen. Also spricht er zum einen von einer *creatio ex nihilo* und zugleich von einer Formen-Emanation. Allerdings ist für Maimonides dabei kein Geist-Materie-Dualismus involviert, denn nach seiner Meinung schuf Gott die Urmaterie, bestehend aus Materie und Form, woraus er dann alles Übrige bildete. Materie und Form traten damit zugleich und gemeinsam ins Dasein und wurden danach durch die Formenkette weiter geformt.[1473] Der *Midrasch ha-Ne'elam* nimmt diese Denkfigur auf, überträgt in sie aber in einen Materie-Form-Dualismus. Die Formen entstehen aus etwas Wirklichem, das heißt dem göttlichen Licht, während der Körper aus dem Nichts hervorgebracht wurde. Hier wird also nur die Materie aus dem Nichts erschaffen, während die Form aus dem Ewigen emaniert – bei Maimonides wurden Materie und Form der Urmaterie gemeinsam aus dem Nichts erschaffen.

Der Autor des *Midrasch ha-Ne'elam* stellt sich diesen Vorgang durchaus als zwei hintereinander folgende Schritte vor. Erst wird der Körper aus Nichts erschaffen, dann wird in ihm, oder über ihn die Form ausgespannt, oder es wird ihm eine Seele eingehaucht. Gerade die letztere Wendung macht den Sachverhalt

1471 Bei Jizchak Jisra'eli und Ibn Gevirol gibt es zwar eine intelligible Materie, die allerdings in der intelligiblen Welt ohne die Körperform existiert, Vgl. Bd. I, S. 504-.507-510.534-539.

1472 Mose ben Maimon, More Nevuchim I, 69, Führer der Unschlüssigen, Übersetzung Weiss, I, S. 266f.

1473 Vgl. Mose ben Maimon, More Nevuchim II, 17, Führer der Unschlüssigen, Übersetzung Weiss II, S. 114.

vollends deutlich. In einer Auslegung zu dem schon oben genannten Jesajavers »So spricht der Herr-Gott, der Schöpfer der Himmel, und der sie auspannte« (Jes 42,5). Dazu erklärt der Midrasch:

> »Er erschuf ihren Körper aus dem Nichts, und danach spannte er sie aus wie ein Zelt. [...] R. Jizchak sagte: Er ergoss in sie alle Formen und Kräfte, die in ihnen ruhten.«[1474]

Der Text geht im Folgenden unversehens in die Erörterung der Erschaffung des Menschen über, für den sich eine analoge Situation ergibt. Damit wird unmissverständlich klar, was der Midrasch sagen will. So wie der Mensch aus Leib und Seele zusammengesetzt ist, so auch die gesamte Schöpfung. Sie hat eine göttliche Innenseite, die der Midrasch mit dem philosophischen Begriff »Form« bezeichnet, und eine Nichtgöttliche Außenseite, das Körperliche, das aus dem Nichts erschaffen wurde. Der dem alten Platonismus inhärente Dualismus von Idee und Hyle ist hier zum umfassenden Körper-Form Dualismus geworden. Dabei steht der Körper hier für die Materie und wird nicht als eine eigene Form betrachtet, der die körperlose Materie schon formte, wie dies Ibn Gevirol vertrat.[1475]

Blickt man von hier nochmals auf die eingangs erörterte Emanationslehre des *Midrasch ha-Ne'elam* zurück, so muss präzisierend festgestellt werden, dass nur die formhafte Innenseite der Welt an der Emanation des göttlichen Lichtes teilhat, während der aus dem Nichts erschaffene Körper allenfalls von der göttlichen Form überformt wird. Hinter dieser Auffassung steht deutlich die zum Beispiel von Avraham Ibn Da'ud formulierte Lehre von Materie und Form,[1476] nach der die Form die die Materie belebende Innenseite ist. Der Unterschied zu ihm besteht allerdings darin, dass bei dem Aristoteliker Ibn Da'ud das ganze einem abstrakten Kosmos mit seinen ihn bewegenden intelligiblen Ursachen zugehört, während der *Midrasch ha-Ne'elam* sich der philosophischen Vorstellungen bedient und sie in eine personalistische Theologie und Kosmologie einzeichnet.[1477]

1474 Sohar Hadasch, S. 17c.

1475 Vgl. Bd. I, S. 536-539.

1476 Vgl. Bd. I, S. 408-410.

1477 Tishby kommt in seiner Analyse des Midrasch ha-Ne'elam zu einer etwas abweichenden Einschätzung: »Der Midrasch ha-Ne'elam beschränkt die Emanation auf die Bereiche der Merkava und der Engel, und von da an abwärts bindet er die Entstehung der Dinge an wirkliche Schöpfungsabläufe, bei dem Seiendes aus Seiendem wie auch aus Nichtseiendem entsteht.« Tischby, Mischnat ha-Sohar, I, S. 386; The Wisdom of the Zohar, II, S. 554-555.

3. Der Mensch

3.1 Gott und Welt als Schöpfer des Menschen

Der Mensch als irdisches Geschöpf hat an dem soeben gezeichneten Dualismus von Materie und Form Anteil und ist insofern ein natürliches irdisches Geschöpf. Während nun aber die Landtiere von der Erde hervorgebracht wurden, die Wassertiere vom Wasser und die fliegenden Wesen vom Himmel, gibt es jedoch auch hinsichtlich dieser irdischen Natürlichkeit des Menschen eine erste Besonderheit, die der oben schon kurz angeführte Midrasch andeutet. Nachdem die drei Werkmeister Himmel, Erde und Wasser ihr Werk vollendet hatten, fährt der Midrasch fort:

> »Als aber der sechste Tag nahte, waren alle [drei] bereit, ihr Werk wie an den übrigen Tagen auszuführen. Da sprach der Heilige, E.s.g., zu ihnen: Kein einziger von euch kann dieses Geschöpf, wie die übrigen Geschöpfe bisher, alleine erschaffen, vielmehr verbindet euch alle miteinander und ich mit euch, dann wollen wir zusammen den Menschen machen. Denn ihr könnt ihn nicht alleine machen. Vielmehr sei der Körper von euch dreien und die Seele sei von mir. Darum rief sie der Heilige, Er sei gesegnet, und sprach: ›Lasset uns einen Menschen machen‹ (Gen 1,26) – ich und ihr! Ich die Seele und ihr den Körper.«[1478]

Der Autor überträgt hier die mittelalterliche Vorstellung von der Herkunft der menschlichen Seele aus dem intelligiblen, meist angelischen Bereich, und der üblichen irdischen Materialität des Körpers in die alte biblisch-rabbinische Schöpfungstheologie. Man könnte sagen, dass hier der rabbinischen Anthropologie ein mittelalterlich-philosophisches Kleid übergezogen wird. Diese Beurteilung rechtfertigt sich zum Beispiel im Vergleich mit dem im ersten Band behandelten Pseudo-Bachja, nach dem die aus Gott emanierte Seele bei ihrem Abstieg in die Welt von der Materie umkleidet wird.[1479] Bachja argumentiert eher wie ein rabbinischer Neoplatoniker, während sich der Autor des *Midrasch ha-Ne'elam* wie ein philosophischer Schöpfungstheologe artikuliert. Durch die Übernahme der alten personalistischen Redeweise inhäriert diesem Leib-Seele Dualismus im *Midrasch ha-Ne'elam* etwas Gottgewolltes und ist nicht etwas, das einfach den kosmischen Gegebenheiten entspricht, in denen alles aus Materie und Form besteht.

Die genannte Arbeitsteilung zwischen Himmel, Erde und Wasser einerseits und der Gottheit andererseits bei der Erschaffung des Menschen hat nach Auf-

1478 Sohar Hadasch, S.16b.

1479 Bd. I, S. 559f.

fassung des *Midrasch ha-Ne'elam* entsprechende Auswirkungen auf die Lehre von der Ebenbildlichkeit des Menschen. Jede Seite der Gestalter des Menschen schuf den Menschen in seinem Bilde, so dass der Mensch eine doppelte Ebenbildlichkeit erhielt. Mit seiner Seele ist er das Ebenbild Gottes und mit seinem Leib das Ebenbild von Himmel, Erde und Wasser. Die biblische Lehre vom Menschen als *imago dei* wird entsprechend so ausgelegt:

> » ›In unserem Bild und in unserer Ähnlichkeit‹ (Gen 1, 26), das heißt, dass er uns ähnlich sieht mit dem Leib, der von euch genommen ist, um euch zu erkennen und euch ähnlich zu sein, entsprechend jenes, das von mir genommen wurde, nämlich die Seele, damit er sich von den Dingen dieser Welt trenne und sein Verlangen und Streben nach den oberen Heiligen ausgerichtet sei. Außerdem ›in unserem Bilde und in unserer Ähnlichkeit‹ bedeutet, dass der Körper, der von euch genommen ist nicht dauernd bestehen wird wie ihr, das heißt wie jene Geschöpfe, die ihr hervorgebracht habt, weil sie Staub sind, wie alle Geschöpfe. Aber die heilige Seele, die ich in ihn lege, sie wird ewiglich bestehen, denn sie ist kein Körper und gleicht im Bestehen mir.«[1480]

Die gespaltene Ebenbildlichkeit des Menschen realisiert sich in einer ontologischen und einer ethischen Seite. Der Körper ist aus Staub, wie alle irdischen Geschöpfe, und daher nur von begrenzter Dauer. Die Seele hingegen ist insofern Ebenbild Gottes, als sie wie Er ewig bestehen wird – dies ist die ontologische Seite. Die ethische Seite besteht für den Körper in der Hinwendung zum Materiellen und Irdisch-Sächlichen, das er erkennt und dem er ähnlich werden will. Dagegen verfolgt die Seele gerade das gegenteilige Ziel, die Weltabwendung und das Streben nach den überirdischen Heiligen, nach der Engelwelt. Mit dieser Anthropologie unterscheidet sich der *Midrasch ha-Ne'elam*, so sehr er sich in das Gewand eines rabbinischen Midrasch kleidet, an einem entscheidenden Punkt von der rabbinischen und biblischen Anthropologie. Nach biblischer und rabbinischer Auffassung kam der Tod wegen des Ungehorsams gegenüber Gottes Gebot über den Menschen. Das gilt für den ersten Adam wie auch für jeden einzelnen Menschen. Der Tod des Menschen ist nach biblisch-rabbinischer Auffassung also ein Resultat des Ungehorsams und wird somit ethisch begründet. Im Midrasch ha-Ne'elam wird der Tod des Menschen ontologisch begründet und hat nichts mit seinem ethischen Verhalten zu tun. Der Körper ist Staub und daher per definitionem – wie alle übrigen Geschöpfe auch – nur eine gewisse Zeit lebensfähig. Der menschliche Tod zeigt sich als ein Teil des schöpfungsweiten Naturgeschehens und unterscheidet sich in nichts vom Tod der Tiere. In biblisch-rabbinischer Sicht hingegen war der menschliche Tod vom natürlichen Tod ver-

1480 Sohar Hadasch, S. 16b.

schieden, war nicht in des Menschen irdischer Natur begründet, sondern in seinem ethischen Verhalten. Die ethische Anthropologie und Weltsicht der Rabbinen ist einer teilweise naturwissenschaftlichen beziehungsweise philosophischen gewichen.

Unter dem Aspekt der *imago*-Lehre weicht der *Midrasch ha-Ne'elam* von den übrigen Teilen des *Sohar* ab. Auch in Letzteren wird, wie unten noch deutlich werden soll, von einer doppelten, einer leiblichen und einer psychischen Ebenbildlichkeit des Menschen gesprochen, aber beide haben im übrigen *Sohar* ihr Pendant in der Gottheit selbst, in dessen Gestalt und in dessen einzelnen Seelenquellen.

Zum adäquaten Verständnis der bislang dargestellten leiblich-seelischen Dualität des Menschen muss allerdings noch differenzierend die Frage gestellt werden, ob diese von Gott gegebene Seele den Menschen belebt, oder ob nicht schon die irdischen Handwerksmeister Gottes einen lebensfähigen Menschen nach dem Vorbild der Tiere zustande gebracht hätten. Diese Frage erörtert der *Midrasch ha-Ne'elam* zum zweiten Schöpfungsbericht in Gen 2,7 »Und Gott bildete den Menschen aus Staub von der Erde und hauchte in seine Nase die *Nischmat Hajjim* (Odem des Lebens) und so wurde der Mensch zu einer *Nefesch hajja* (einem lebenden Wesen).« Natürlich erkennt der Autor des *Midrasch ha-Ne'elam* in der *Nischmat Hajjim* des biblischen Textes, wie seit der hellenistischen und rabbinischen Zeit üblich, die »Seele des Lebens« und nicht einfach dessen belebenden Atem.[1481] Aber der Autor des *Midrasch ha-Ne'elam* deutet den Schriftvers Gen 2,7 noch in einem ganz anderen Sinn. Die beiden Begriffe des Schrifttextes, *Nischmat Hajjim* und *Nefesch hajia* deutet er auf zwei unterschiedliche psychische Entitäten:

> »R. 'Ela'asar sprach: Komm und Schau! Es steht ja geschrieben: ›Und er hauchte in seine Nase die *Nischmat Hajjim.*‹ Das ist die heilige Seele, die aus dem Thron der Herrlichkeit des oberen Königs geschnitten wurde. Und was steht da noch geschrieben? ›Und der Mensch wurde zu einer *Nefesch hajja.*‹ [...] Das ist die Kraft, die dem Vieh, den Tieren und den Fischen gegeben wurde, welche aus der Erde erschaffen wurde, wie es heißt: ›Und die Erde bringe *Nefesch hajja* hervor.‹ (Gen 1,24).«[1482]

Der Mensch verfügt demnach neben der heiligen, von Gott gegebenen, Seele (*Neschama*) noch eine zweite, die *Nefesch*, die aus der Erde, aus dem natürlichen Schöpfungsprozess herrührende animalisch-vegetative Seele. Es handelt sich da-

1481 Vgl. Bd. I, S. 202-205.263-273. Zur Psychologie des Midrasch ha-Ne'elam vgl. auch Y. Tishby, Mischnat ha-Sohar, II, S. 31-40; The Wisdom of the Zohar, II, S. 703-712.

1482 Sohar Hadasch, S. 10c.

bei um eine Seele, wie sie auch den Tieren eignet – man kann das *Nefesch hajja* in der Tat auch als »Seele eines Tieres« übersetzen. Die aus dem Staub der Erde stammende Seele, welche den Menschen wie die Tiere belebt, wird mit dem Körper zugrundegehen.[1483] Mit dieser Lehre reiht sich der *Midrasch ha-Ne'elam* in den mehrstimmigen Chor mittelalterlicher Psychologie ein, nach dem in verschiedener Weise eine höchste Seele oder Seelenstufe nur deshalb mit dem Körper in Kontakt stehen kann, weil es da noch eine niedrigere »Seelenstufe« gibt, die den Kontakt zum Körper vermittelt. So spricht etwa Ibn Gevirol von einer »anima« und einem »spiritus« die zwischen dem Intellekt und dem Körper vermitteln.[1484] Bei Jizchak Jisra'eli übernimmt der »Geist« (*Ruach*), die Mittlerfunktion zwischen den drei intelligiblen und überirdischen Weltseelenstufen einerseits und dem menschlichen Körper andererseits.[1485] Pseudo-Bachja sieht die vom Himmel herabsteigende Seele von einem »Astralleib« umhüllt, der den Kontakt zwischen dem Intelligiblen und dem Materiellen herstellt.[1486] R. 'Avraham Ibn 'Esra schließlich versteht die beiden unteren Seelenstufen als Vermittler zwischen der höchsten Seelenstufe und dem Körper. In seinem Kommentar zu Exodus 23,25 lehrt er zum Beispiel:

> »Der Körper des Menschen stammt aus der niederen Welt, und die oberste Seele (*Neschama*) ist an ihn gebunden. Es gibt aber Mittelstufen zwischen der *Neschama* und dem Körper. Nämlich zwei Kräfte, die im Hebräischen mit *Ruach* (Geist) und *Nefesch* bezeichnet werden.
> Die *Neschama* ist nämlich die Weise (Weisheit/Klugheit), und sie sitzt im Hirn des Hauptes, und aus ihr kommt die Kraft für alle Empfindungen und die willentlichen Bewegungen.
> Die *Ruach* ist im Herzen, in ihr beruht das Leben des Menschen. Sie will herrschen und alles überwinden, was sich ihr entgegenstellt, und sie ist eine zornige Seele. [...]
> Die *Nefesch* ist in der Leber. Sie begehrt nach Essen [...] und Beischlaf.«[1487]

Demnach wird der Mensch wie die Tiere durch die Erdenseele belebt, während ihn die göttliche Seele von den Tieren unterscheidet. Wie bei Maimonides der

1483 Sohar Hadasch, S. 11a.

1484 Vgl. Bd. I, S. 542.

1485 Vgl. Bd. I, S. 516.

1486 Vgl. Bd. I., S. 559f.

1487 'Avraham Ibn 'Esra, Perusch ha-Tora, zu Ex 23,25 s. Mikra'ot gedolot u. ed. A. Weiser, Jerusalem 1976, 1977, 2002.

Intellekt den Menschen über die Tiere erhebt, so erhebt im *Midrasch ha-Ne'elam* die göttliche den Menschen über die Tiere.[1488]

Das psychologische Bild wird indessen noch ein weiteres Mal differenziert. In mehreren dem *Midrasch ha-Ne'elam* zugeordneten Texten wird diese grundsätzliche Seelendualität von göttlicher Seele und Tierseele zu einer Trias aufgefächert. Gelegentlich zerfällt die göttliche Seele in zwei Aspekte oder die Tierseele wird in zwei Kräfte aufgeteilt. Dieser etwas verwirrende Befund erhält seine Erklärung dadurch, dass der Autor seine Psychologie in eine umfassende Entsprechungslehre einordnen will, deren Grundstruktur die Trias ist. Da die menschliche Seele nach dieser Entsprechungslehre dem dreiteiligen Kosmos und den drei Weltschöpfungskräften entsprechen soll, muss die zweiteilige Seele zu einer Trias aufgegliedert werden. Dies geschieht durch die beiden genannten Möglichkeiten. So sagt er in einer Auslegung zum ersten Genesisvers:

> » ›Am Anfang‹ als Er, sein Name sei gesegnet, [...] die ganze Welt erschuf, bereitete Er sie mit *Hochma* (Weisheit), *Tevuna* (Einsicht) und *Da'at* (Erkenntnis). Und ihnen entsprechend schuf Er drei Welten: Die Obere Welt, die Untere Welt und die Mittlere Welt.
>
> Und in die Untere kleine Welt (Mikrokosmos) gab er die Gestalt aller dreier, nämlich die *redende Form*, die *vegetative Form* und die *intellektuelle Form.*«[1489]

Der *Midrasch* stellt sich drei Triaden vor: Die drei schon erörterten Weltschöpfungskräfte Gottes, die drei Welten und die drei anthroplologischen Kräfte des Menschen, dem Mikrokosmos. Der dreistufige Weltenbau ist in der mittelalterlichen Philosophie die übliche Aufteilung. Die *obere Welt* ist der intelligible Kosmos, der aus zehn separaten Intellekten (aristotelisch) oder aus den Emanationshypostasen Intellekt, Psyche und zuweilen Natur besteht. Die *mittlere Welt* ist die Welt der Gestirnssphären und die *untere Welt* schließlich ist die sublunare irdische Welt. Es fällt allerdings sogleich auf, dass der *Midrasch ha-Ne'elam* zwar von drei Welten spricht, damit aber offenbar etwas anders meint, da mit der unteren kleinen Welt der Mensch gemeint ist. Die obere Welt ist laut dem Midrasch über die drei schöpferischen göttlichen Kräfte *Hochma, Tevuna* und *Da'at*[1490] die Welt der Engel, was in etwa der aristotelischen Sicht entspricht, während die mittlere Welt, oben als »die Tiefe« apostrophiert, die gesamte Körperwelt inklusive der Gestirnssphären darstellt.

1488 Vgl. Bd. I., S. 462ff.

1489 Sohar Hadasch, S. 6d.

1490 Vgl. o. 2.1.

Dieser doppelten Dreiheit soll nun im *Midrasch ha-Ne'elam* auch der menschlichen Seele entsprechen, deshalb wird die oben beschriebene Zweiteilung der menschlichen Seele auch als dreigliedrige dargestellt. Darum spricht der Midrasch hier von einer »sprechenden Form«, einer »vegetativen Form« und einer »intellektuellen Form«. Allerdings sind nach der im Mittelalter allgemein akzeptierten dreigliedrigen philosophischen Psychologie die »sprechende« und die »intellektuelle« Form der Seele miteinander identisch und werden in der Hierarchie über der animalischen und der vegetativen Seele angeordnet. Diese Struktur wurde hier aufgegeben. Man kann nur vermuten, dass der zitierte Text des *Midrasch ha-Ne'elam* in der »vegetativen Form« die animalische und vegetative der Philosophen zusammenfasst. Was aber bedeutet dann die Trennung der ehemaligen obersten rationalen Seele in eine sprechende und intellektuelle Seele?

In einer weiteren Erörterung der Psychologie geht der Midrasch auf diesen Unterschied ein, nachdem er zuvor die allgemeine Tierseele nennt, die auch der Mensch besitzt:

> »Zwar hat Gott, E.s.g., den Menschen, der *Untere* [*Kleine*] Welt genannt wird, entsprechend der Oberen *der Großen* Welt erschaffen, und hat in ihn zum Bestehen die Seele, welche den ganzen Körper bewegt, gegeben. Darum aber unterschied er ihn von allen Geschöpfen, die unten mit ihm sind.
> Und wodurch unterscheidet sich der Mensch von den übrigen Geschöpfen? Durch jene Seele! Und welche ist dies? Dies ist die *sprechende Seele*!
> Da fragte R. Jehuda den R. Dositaj: Welche ist dann jene Seele im Menschen, welche rationale (*sichlit*) genannt wird, und was ist ihr Ort? Da erwiderte er: [...] Wenn der [Mensch] heranwächst und die Dinge in dieser Welt sieht und mit seinem Herzen erwägt, das heißt aus der Kraft dieser Seele, und er so die Wunder des Schöpfers erkennt, die Neu-Erschaffung der Welt, das Leuchten der Lichter, Abend und Morgen, und dass alles an Gottes Kraft, E.s.g., hängt, dann müht er sich aus eigener Kraft zu erforschen und eine heilige klare Erkenntnis zu erlangen, dann hat er die *intellektuelle Seele*, weil er forscht, um zu erkennen und die Weisheit zu erkunden.«[1491]

Aus diesen Worten geht hervor, dass die »intellektuelle (rationale) Seele« etwas ist, das der Mensch erst erwirbt, nach dem die Kraft der *sprechenden Seele* zuvor schon einsetzte. Ohne Zweifel stehen die sprechende und die intellektuelle Seele in dem gleichen Verhältnis wie der maimonidische potentielle und aktualisierte Intellekt des Menschen. Die erworbene intellektuelle Seele des Menschen ist dann nichts anderes als der »Erworbene Intellekt« der aristotelischen Lehre, der

1491 Sohar Hadasch, S. 6d.

Maimonides zufolge den Aspekt des Menschen bildet, der seinen Tod überdauert[1492] In einer weiteren Erörterung solcher Entsprechungen stellt der *Midrasch ha-Ne'elam* die Erkenntnis der Engel, sodann die Erkenntnis der Himmel und schließlich die des Menschen den drei Seelenstufen des Menschen als Entsprechungen gegenüber. Der Erkenntnis der Engel entspricht hierbei die der »intellektuellen Seele«, die der Himmel der »sprechenden Seele« und die menschliche, aus dem Staub herrührende Erkenntnis wird mit der »Tierseele« gleichgesetzt.[1493] Diese Entsprechungstabelle weist demnach die klare Struktur der drei Weltstufen auf, denen die drei Seelenstufen des Menschen gegenüber gestellt werden.

Wie schon gesagt, teilt der Verfasser, um eine Dreierentsprechung zu gewinnen, gelegentlich auch die Tierseele in eine begehrende und eine festhaltende Kraft auf, die dann der einheitlichen göttlichen Seele gegenüberstehen.[1494] Es soll nochmals betont werden, dass es sich dabei nur um Variationen der grundsätzlichen Zweiteilung in natürlich-irdische Seele und göttliche Seele handelt.

3.2 Der Sündenfall und der Verlust der göttlichen Seele

Die bisherige Erörterung der Psychologie des *Midrasch ha-Ne'elam* hat gezeigt, dass der Mensch zwar durch die ihm von Gott geschenkte Seele zum Menschen wird, dass dieser Mensch allerdings von seinen nichtgöttlichen Erzeugern gleichfalls eine Seele erhielt, die ihn wie die Tiere am Leben erhalten kann. Die sich hier auftuende Möglichkeit unterschiedlicher Qualitätsstufen des »menschlichen« Daseins hat sich der Autor des *Midrasch ha-Ne'elam* zu Hilfe genommen, um eine Lehre zu formulieren, die an die augustinische Erbsündenlehre erinnert. Um die historische Dualität des Menschseins zu explizieren, verwendet der Autor denselben biblischen Text, aus dem er den ontologischen Seelendualismus ableitete, nämlich Gen 2,7: »Und Gott bildete den Menschen aus Staub von der Erde und hauchte in seine Nase die *Nischmat Hajjim* und so wurde der Mensch zu einer *Nefesch hajja.*« In der erneuten Aufnahme des Textes deutet er die Anordnung der beiden psychologischen Begriffe des biblischen Textes als eine chronologische Anordnung:

> »R. Jizchak sagte: Die Tora beklagte sich über den Menschen und rief: Der Heilige., E.s.g., erschuf den Menschen und gab ihm eine heilige Seele, damit er das Leben der kommenden Welt habe. Er aber ist durch seine Schuld wie-

1492 Vgl. Bd. I, S. 475.

1493 Sohar Hadasch, S. 8d; ähnlich Heinrich Cornelius Agrippa von Nettesheim, Die *Magischen Werke*, Wiesbaden 1982, S. 162.464.498.

1494 Sohar I (MhN), S. 109b-d.

der zu jener *Nefesch hajja* zurückgekehrt, die für das Vieh und das Getier aus der Erde geschnitten wurde. [...] Er selbst hat es verursacht, dass er zu jener aus der Erde geschnittenen Seele (*Nefesch hajja*) zurückkehrte.«[1495]

Hat nach biblisch rabbinischem Verständnis der Sündenfall des Ersten Menschen ('Adam ha-rischon) allenfalls die Möglichkeit zur individuellen Sünde und damit die des menschlichen Todes in die Welt gebracht, die den einzelnen Menschen nur dann betrifft, wenn er selbst wieder sündigt, so ist nach Auffassung des *Midrasch ha-Ne'elam* im Sündenfall etwas viel Grundsätzlicheres geschehen. Der Erste Mensch hat durch seine Sünde den Besitz der göttlichen Seele verwirkt und ist auf das Stadium des Tierischen zurückgefallen. Damit ist das menschliche Leben nach dem Sündenfall – gleich dem der Tiere – nur noch irdisch-naturhaftes Leben. Um zum eigentlich menschlichen Leben zurückzukehren bedarf es demnach einer entscheidenden Wende, die der Mensch mit Hilfe einer göttlichen Gnadengabe selbst vollziehen kann:

»R. Jochanan sagte: Der Heilige, E.s.g., sprach: Ich habe dir die Lebensseele (*Nischmat Hajjim*) eingehaucht, die aus meinem Thron geschnitten ist und die ihrem Besitzer das Leben schenkt. Du aber bist zu jener *Nefesch hajja* zurückgekehrt, die ich für das Vieh geschaffen habe. Bei deinem Leben, von nun an werde ich sie jedem wiedergeben, der sich mit meiner Tora befasst und sie bewahrt. Ihm gebe ich die Neschama zurück, die aus meinem Thron geschnitten ist und ihrem Besitzer das Leben schenkt. Aber jeder, der sich nicht mit meiner Tora befasst, dessen Teil ist jene *Nefesch hajja*, die er erwählte, damit er zugrunde gehe.«[1496]

Diese Gottesrede beantwortet mehrere Fragen zugleich. Zunächst sagt sie etwas über das Wesen des Sündenfalls. Dies war nach der Bibel und der rabbinischen Lehre ein Akt des Ungehorsams gegenüber dem Gebot Gottes, eine Gebotsübertretung. Ganz anders verhält es sich hier: Die Gottesrede beschreibt die Ursünde als Rückkehr des Menschen zur Tierseele. Der Text spricht ausdrücklich von einer Wahl des Menschen. Der Rückfall in die Tierseele ist die Sünde und die Sündenfolge zugleich. In dieser Definition des Sündenfalls wirkt deutlich das philosophische Klima nach, das den *Midrasch ha-Ne'elam* auf Schritt und Tritt prägt. Konkret gesprochen ist diese Wahl des Menschen eine Abkehr von der Weisheit Gottes, weg vom »rationalen« Wesen und Spezifikum des Menschen und eine Hinwendung zum Tierischen. Ganz ähnlich beschreibt der Rationalist Maimonides den Sündenfall als eine Hinwendung des Menschen zum Tierischen

1495 Sohar Hadasch, S. 10c.

1496 Sohar Hadasch, S. 10c.

und als ein Nachgeben gegenüber den Begierden, die dazu führten, dass ihm alles entzogen wurde.[1497]

Die nächste Frage, die der Text beantwortet, ist die nach den Umständen, unter denen man die heilige Seele wieder erwerben kann. Die heilige Seele erwirbt man, indem man sich mit der Tora befasst.[1498] Es entspricht der Logik dieser Auffassung, dass der Mensch diese Seele dann frühestens mit seiner Tora-Reife erhält, die man mit der *Bar-Mizwa*-Feier erlangt. Demnach sagt R. 'El'asar im *Midrasch ha-Ne'elam*:

> »Bis zum dreizehnten Lebensjahr müht sich der Mensch mit jener *Nefesch hajja* ab. Vom dreizehnten Jahr an, wenn er sich bemüht, gerecht zu sein, gibt man ihm jene heilige Seele, die aus dem Thron der Herrlichkeit [...] geschnitten ist.«[1499]

Damit ist schließlich auch die letzte Frage beantwortet, nämlich wer überhaupt diese heilige Seele besitzen kann. Natürlich nur der, der sich mit der Tora befasst. Die Nichtjuden und die ungebildeten Juden, die nicht an Gott glauben und sich nicht mit der Tora befassen, haben R. Kruspedai zufolge[1500] nur die Tierseele und nicht die von Gott stammende heilige Seele.[1501] Diesen Zustand des nicht mit der göttlichen Seele beseelten Menschen bezeichnet der *Midrasch ha-Ne'elam* auch mit dem Begriff »Golem«: »Als der Heilige, E.s.g., den Ersten Menschen erschuf, war er zunächst ein Golem – bis Er die *Neschama* in ihn warf.«[1502] Hier wird eine andere Golem-Definition benutzt, als sie R. 'El'asar aus Worms verwendete.[1503] Nicht nur für R. 'El'asar aus Worms, sondern auch für die reichhaltige Golem-Literatur, ist der Golem der noch unbelebte Lehmklumpen, der durch die Buchstabenmagie zum Leben erweckt werden muss. Hier im *Midrasch ha-Ne'elam* ist der Golembegriff kein ontologischer, sondern ein psychologischer. Fast alle Menschen sind Golems, weil sie wegen fehlender Torabeschäftigung und Gottesglaubens nicht der heiligen Seele teilhaftig sind. Außerdem befinden sich alle Menschen wieder im Zustand des Golem, sobald sie in den Schlaf fallen, da die heilige Seele nachts den Körper verlässt, um in die

1497 Mose ben Maimon, *More Nevuchim* I, 2, Führer der Unschlüssigen, Übersetzung Weiss, I, S. 35.

1498 Dies sagt der Midrasch ha-Ne'elam auch ohne Bezug auf das Alter von dreizehn Jahren, was sich auf das *Bar Mizwa* Alter des Mannes bezieht. Das heißt die allgemeine Aussage könnte auch auf Frauen bezogen sein, die sich mit der Tora befassen. Vgl. Sohar Hadasch S. 10c.

1499 Sohar Hadasch, S. 10c.

1500 Sohar Hadasch, S. 10d.

1501 Sohar Hadasch, S. 11c.

1502 Sohar I (MhN), S. 121c.

1503 Bd. I, S. 353; zur entsprechenden Literatur vgl. dort.

göttliche Welt hinaufzusteigen.[1504] Immer wenn der Mensch sündigt, fällt er, wie der Erste Adam, in diesen Zustand zurück und verliert die göttliche Seele. Diese letzte Wendung unterstreicht nochmals den doppelten anthropologischen Dualismus, der zum einen eine heilige und eine natürliche Seite des Menschen kennt, und zum andern zwei Klassen von Menschen ausmacht, die aber nicht ein für alle Male festgelegt sind, sondern zwischen denen jeder Mensch hin und her gerissen werden kann. Wenn immer der Mensch sündigt, fehlt ihm die göttliche Seele, da nur ein Mensch im Zustand des Golem sündigt: »R. Jizchak sagte: Der *Mensch* sündigt nicht, er sündigt nur, wenn er ein Golem ist, nicht aber Mensch.«[1505] Umgekehrt vermag nur die heilige Seele, die *Nischmat Hajjim*, den Menschen zum Guten führen und lenken; nur dank der heiligen Seele hat der Mensch Anteil an der *Kommenden Welt.*[1506]

4. Aufgabe und Ziel des Menschen in der Welt

4.1 Die Bedeutung der Gebote

Das Erfüllen der Gebote der Tora ist nicht in erster Linie ein Akt des Gehorsams gegenüber Gott, sondern dient vor allem dazu, den Menschen für die Aufnahme der heiligen Seele zuzubereiten. Die Aussagen hinsichtlich der Gebotserfüllung schwanken im *Midrasch ha-Ne'elam* indessen zwischen der Aussage, dass sie die Voraussetzung für den Empfang der heiligen Seele ist und jener, dass es gerade die heilige Seele ist, die den Menschen zur Torabefolgung befähigt.[1507] Auf alle Fälle gehören die Gegenwart der göttlichen Seele und die körperliche Gebotserfüllung stets zusammen – wie immer das kausale Verhältnis sein mag.[1508] Aber wie bei der intellektualistischen Philosophie des Maimonides steht auch beim Autor des *Midrasch ha-Ne'elam* die Erkenntnis Gottes im Vordergrund; sie ist es, die letztlich das Heil des Menschen bewirkt. Über die Gerechten, die gleich Vögeln in den vor der Welt verborgenen und diese zugleich ernährenden himmlischen Garten Eden aufsteigen, sagt der *Midrasch*: »Der Heilige, E.s.g., macht ihnen Flügel, gleich Vögeln, damit sie nach oben fliegen in der Erkenntnis und der Weisheit, damit er sie so hinaufsteigen lasse an jenen Ort, den er ihnen verborgen hat.«[1509] Die Tendenz, die Erkenntnis Gottes als die eigentliche Aufgabe des Menschen in den Vordergrund zu rücken, wird nicht als

1504 Sohar I (MhN), S. 122b.

1505 Sohar I (MhN), 121a; u. vgl. Sohar Hadasch, S. 21c.

1506 Sohar Hadasch, S. 24a; S. 11a;

1507 Sohar Hadasch, S. 11a.

1508 Sohar Hadasch, S. 17d.

1509 Sohar Hadasch, S. 13c; u. vgl. Sohar Hadasch, S. 17d;

eine mühevolle Pflicht dargestellt, sondern entspricht dem ureigensten Wesen der heiligen Seele:

> »Alles, was der Heilige, E.s.g., erschaffen hat, sei es das Obere, sei es das Untere, alles strebt dem ihm Gleichartigen zu und müht sich, zu dem ihm Gleichen zu gelangen. Der Körper strebt nach seiner Art zur Erde, aus welcher er genommen ist, und die *Neschama* strebt nach nichts anderem als nach dem Ort, aus dem sie genommen ist.«[1510]

Das Erlangen von Weisheit ist demnach für die heilige Seele nicht eine Gehorsamspflicht sondern der ureigenste Drang zur Selbsterlösung. Dass dieser Drang der Selbsterlösung in der Verbindung von kathartischem Tun und die Seele beflügelnder Erkenntnis ein Erbe der mittelalterlichen Philosophie ist, wurde schon im ersten Band dieser Darstellung gezeigt.[1511] Dann erst, wenn sich die heilige Seele aus den irdischen Banden löst, wird sie – wie dies auch Maimonides lehrte – dereinst im ewigen Leben Gott ganz erkennen und an ihm haften (*davak*).[1512]

4.2 Prophetie und Wissen

Das Thema der Prophetie offenbart ein weiteres Mal die Nähe des *Midrasch ha-Ne'elam* zur mittelalterlichen Philosophie, insbesondere der des Maimonides. Die maimonidische Lehre von der Prophetie sieht in dem überirdischen intelligiblen *Aktiven Intellekt* die Quelle der Prophetie. Er ergießt den Intellekt über den ihm sich entgegenstreckenden Menschen, der dadurch zugleich seiner natürlichen Erfüllung entgegengeht, nämlich einer Erkenntnis, die jener des Aktiven Intellekts entspricht.[1513] Die Quelle der Prophetie ist aber zugleich die Quelle der Schöpfung und Lenkung der irdischen Welt, denn sie vereint in sich kosmologische wie epistemologisch-anthropologische Aufgaben.[1514] Derselben Struktur begegnet man im *Midrasch ha-Ne'elam*, nur ist sie dort in die alte biblisch-rabbinische Schöpfungsmythologie eingezeichnet.

Ausgehend von der rabbinischen Differenzierung zwischen *Gan* (Garten) und *'Eden* spricht auch der *Midrasch ha-Ne'elam* von einem irdischen »Garten« und einem himmlischen »'Eden«. Der irdische Garten, so liest man im *Midrasch ha-Ne'elam* des ersten *Sohar*-Bandes,[1515] wird pro Stunde vier Mal von einem Trop-

1510 Sohar Hadasch, S. 18b.

1511 Vgl. z. B. Bd. I, S. 498, 517, 544, 560, 583.

1512 Sohar Hadasch, S. 10a; zu Maimonides vgl. Bd. I, S. 467. 471-479.

1513 Vgl. Bd. I, S. 468-471.

1514 Vgl. Bd. I, S. 451ff.

1515 Vgl. Bd. I, S. 125b.

fen aus dem oberen *'Eden* beträufelt, das heißt pro zwölfstündigem Tag insgesamt von 48 Tropfen. Die stündlich vier Tropfen erzeugen die vier Ströme, die nach der biblischen Beschreibung (Gen 2, 10ff) aus dem himmlischen Paradies hervorgehen, und die nach dem *Midrasch ha-Ne'elam* den irdischen Garten Eden tränken. Und von eben diesen Tropfen des himmlischen *'Eden* empfangen auch die Propheten ihren Geist und ihre Weisheit:

> »Achtundvierzig Propheten erstanden den Israeliten, und jeder von ihnen nahm als seinen Teil ein klein wenig von einem dieser 48 Tropfen des *'Eden*. Und wenn nun jeder Prophet, der von einem Tropfen nahm, davon auf die Stufe des Heiligen Geistes gelangte [...] um wie viel mehr der *Erste Mensch*, der von allen 48 Tropfen nahm. Daraus kannst du lernen, wie groß seine Weisheit war.«[1516]

Die Identifikation von Prophetie und Weisheit ist für das philosophische Denken des Mittelalters typisch. Die Prophetie ist demnach zwar ein herausgehobener Stand, aber im Prinzip keiner auf nur wenige Individuen eingeschränkter, wenn dies de facto so ist. Die Prophetie ist nach der philosophischen Definition die höchste vom Menschen erreichbare und als Ziel gesetzte Erkenntnis und Weisheit.[1517] So erscheint es auch hier. Die Teilhabe an der Prophetie ist kein gelegentlich auftretendes Charisma, sonder ein Teilhaben an dem täglichen Ausfluss aus der Fülle des himmlischen *'Eden*. In diesem Sinne sagt der *Midrasch* in der Fortsetzung: »Von dem, was aus dem *'Eden* herabströmt wird die Weisheit in der Welt vermehrt und zwar bei denen, die unter ihm stehen und von seinen Wohltaten genießen und noch mehr, wenn sie sich danach sehnen.«[1518]

4.3 Toramystik und abgestuftes ewiges Heil

Die Möglichkeit eines mystischen Erlebens wird nun im *Midrasch ha-Ne'elam* in die zuvor beschriebene ontologische Gegebenheit eingefügt. Der himmlische *'Eden* ist der Ort der Seligkeit, an dem die Seelen der verstorbenen Gerechten weilen[1519] und aus dem der Weisheit stiftende prophetische Geist fließt. Maimonides, der statt vom himmlischen *'Eden*, vom *Aktiven Intellekt* spricht, erklärt,

1516 Sohar I (MhN), S. 125b; die ansonsten außergewöhnliche Hochschätzung Adams taucht auch gelegentlich in der rabbinischen Literatur auf, vgl. dazu bPesachim 54a; Midrasch Bereschit Rabba 8, Ausg. J. Theodor, Ch. Albeck, Jerusalem 1965, I, S. 63; Bereschit Rabba 24, I, S. 234; Schocher Tov Ps 19.

1517 Vgl. Bd. I, S. 419-422.468-471.

1518 Sohar I (MhN), S. 125d.

1519 Sohar Hadasch, S. 13c. 21a, beide s. sogleich im Folgenden.

dass die sich über den Menschen ergießende Vernunft das Band zwischen Gott und Mensch bildet und es die Aufgabe des Menschen ist, dieses Band zu festigen.[1520] Entsprechend wird auch im *Midrasch ha-Ne'elam* der menschlichen »intellektuellen« Aktivität die Funktion zugeschrieben, das Band zu aktivieren und eine Verbindung zwischen dem irdischen Menschen und dem himmlischen *'Eden* zu ermöglichen:

> »Rav Jehuda sagte im Namen von Rav: Zur Mitternacht, wenn der Heilige, E.s.g., in den Garten 'Eden tritt, dann geht ein Feuerstrom zwischen den Flügeln der Räder der *Hajjot* [an der *Merkava*][1521] hervor und geht durch die ganze Welt und stößt unter die Flügel der Hähne. Und zu jener Stunde schlägt er in Furcht seine Flügel zusammen und kräht. Und dies geschieht zu Mitternacht. Und der, welcher Weisheit in seinem Herzen hat, aufwacht und aufsteht, um sich mit der Tora zu befassen, dessen Stimme steigt hinan und wird im Garten 'Eden gehört und der Heilige, E.s.g., lauscht ihr. Da sprechen die Gerechten zu Ihm: Herr der Welt, wer ist dieser. Und Er erwidert und sagt: Der soundso, in dem eine heilige Seele wohnt, befasst sich mit der Tora. Lauscht allesamt, denn dies bereitet mir mehr Wohlgefallen, als alle Lieder und Preisgesänge, die oben erklingen.«[1522]

Der Exeget unterscheidet hier nicht zwischen Garten und *'Eden*, sondern meint mit dem Gesamtausdruck jenen himmlischen Garten 'Eden. Die Form dieses mystischen Erlebens kann gemäß den im ersten Band[1523] gegebenen Definitionen der theurgischen Überbrückungsmystik zugeordnet werden. Mensch und Gott bleiben räumlich getrennt, aber die menschliche Aktivität dringt in den göttlichen Bereich vor und verursacht dort Auswirkungen. Die Folge für den Menschen wird im Anschluss an die oben abgebrochene Gottesrede dann zwar traditionell formuliert, ist aber doch als »Rückwirkung« der menschlichen Aktivität zu verstehen: »In dieser Stunde lauschen die Genossen deiner Stimme, die angenehm ist. Und da dies so ist, ›lass mich hören und erhebe deine Stimme‹ mit meiner Tora, dann gebe ich dir Lohn und Huld in der kommenden Welt.«[1524] Der Mensch festigt durch das Lernen der Tora das Band der Weisheit zu Gott und hat dabei die Gewissheit durch seine Stimme mit Gott verbunden zu sein, was ihm

1520 Vgl. Bd. I, S. 467.

1521 Hiermit ist die Merkava gemeint, die der biblische Prophet Ezechiel in seiner Vision beschreibt. Vgl. Ez. 1.

1522 Sohar Hadasch, S. 13c; vgl. K.E. Grözinger, Musik und Gesang in der Theologie der frühen jüdischen Literatur, Tübingen 1982, S. 115f.

1523 Bd. I, S. 33-36; u. s.die Einführung zu diesem Band.

1524 Sohar Hadasch, S. 13c.

zugleich den Weg zur Quelle der Weisheit in der Kommenden Welt, in den Garten ʻEden, sichert.

Wie bei Maimonides wird der endgültige Eingang in die Welt der Weisheit bei der Trennung der heiligen Seele vom Körper erfolgen. Zu dessen Beschreibung greift der Autor des *Midrasch ha-Ne'elam* auf die Bilder der alten Hechalotmystik zurück, nach der der Mystiker bei seiner Himmelsreise eine Reihe von Toren durchschreiten muss, um seine Würdigkeit zu erweisen.[1525] Hier soll davon ein Auszug geboten werden:

»Sieben Tore haben die Seelen der Gerechten zu durchschreiten, bis sie an den Ort ihres Aufstiegsziels gelangen. Und an jedem Tor stehen Wächter.
Durch das erste Tor tritt die Seele (*Neschama*) bei der Höhle Machpela ein, die nahe beim Garten ʻEden liegt. Über dieses Tor wacht der *Erste Mensch*. Ist sie würdig verkündet er und ruft: Machet Raum, tritt ein in Frieden. Und sie geht durch das erste Tor.
Das zweite Tor ist eines der Tore des Gartens ʻEden bei den Cherubim und beim Flammenden Schwert. Ist sie würdig, tritt sie in Frieden ein, wenn aber nicht, empfängt sie dort ihre Strafe und wird im Feuer der Cherubim gerichtet. [...] Ist sie würdig, gibt man ihr eine Tafel zum Zeichen, dass sie eintreten darf, und dann betritt sie den Garten ʻEden, welcher auf der Erde liegt. Dort gibt es eine Glanz-Wolkensäule [...], die unten befestigt ist und bis nach oben zu den Toren des Himmels reicht. Ist die Seele würdig aufzusteigen, steigt sie durch diese Säule empor. Ist sie aber nicht würdig, bleibt sie dort und genießt dort von dem oberen Gut. [...] Ist sie aber würdig, steigt sie in jener Säule hinauf, bis sie zum dritten Tor gegenüber dem Himmel *Sevul* gelangt. Dort erreicht sie das dortige Jerusalem und dessen Wächter. Ist sie würdig, öffnet man ihr und sie tritt ein. Ist sie nicht würdig, schließt man die Tore, drängt sie hinaus und nimmt ihr die Tafel weg.[...] Ist sie aber würdig aufzusteigen, tritt sie ein [...] und preist den Heiligen, E.s.g., im oberen Tempel und Michael, der große Fürst, bringt sie als Opfer dar. [...]
Michael geht mit ihr bis zum vierten Tor, zum fünften und sechsten [...] bis sie zum siebten Tor gelangen, das ist *'Aravot*. Dort sind die Schätze des guten Lebens und die Seelen aller Gerechten und dort werden sie zu Engeln. [...] und sie preisen vor dem Heiligen, E.s.g., und nähren sich vom Glanz der Herrlichkeit, dem leuchtenden Licht. Und dort ist die Ruhe, das Erbteil und das Wohlsein der kommenden Welt, das kein Auge je gesehen hat, außer Gott allein.«[1526]

1525 Vgl. Bd. I, S. 310ff.

1526 Sohar Hadasch, S. 21a.

Damit ist die heilige Seele in ihre Heimat zurückgekehrt und wird dort ewig bleiben. Wie bei der endgültigen Heilskonzeption des Maimonides, so ist auch hier weder vom Leib des Menschen noch von der Auferstehung der Toten die Rede.[1527] Der Autor des *Midrasch ha-Ne'elam* zeigt sich hierin konsequent. Er ist letztlich nur an der heiligen Seele interessiert. Ist sie in den göttlichen Bereich zurückgekehrt, spielt der Körper keine Rolle mehr. Die Anthropologie des *Midrasch ha-Ne'elam* basiert ausschließlich auf der psychisch-intelligiblen Ebene. Der Abstieg in den Leib bleibt Episode.

4.4. Ein Zugeständnis an die Ethik

Das hier sichtbare Interesse an der heiligen Seele wird allerdings nicht konsequent beibehalten. Dies wird deutlich, wenn man die Frage stellt, warum es in dem soeben zitierten Text einer Abstufung in der Heiligkeit der Seelen bedurfte, die nur unterschiedlich weit hinaufsteigen können. Oben wurde ja die Auffassung vertreten, dass die heilige Seele an der Sünde des Leibes, des Golem, nicht teilhat. Demnach müssten die heiligen Seelen aus ihrer Erdenfahrt allesamt rein und hochheilig hervorgehen, so dass es eigentlich keiner solcher Prüfungen an den Himmelstoren brauchte und alle gleich weit nach oben steigen dürften. Immerhin ist hier nicht vom Gehinnom die Rede, in welchem nach rabbinischem Verstand die Seelen geläutert werden.[1528] Das Schlimmste, das der Seele zu stoßen kann besteht darin, dass sie im Feuer der Cherubim einem Läuterungsbrand ausgesetzt wird. Es überwiegt demnach der Gedanke von der Reinheit der heiligen Seele. Wozu also dennoch die Abstufung? Es scheint, dass hier die Notwendigkeit, eine Ethik begründen zu können, ihren Tribut gefordert hat. Immerhin war es ja die Aufgabe der heiligen Seele in dieser Welt, den Leib zu lenken. In dieser Aufgabe nun scheint der Autor mehr oder weniger erfolgreiche Seelen gesehen zu haben und will mit der Lehre von der gestuften Heiligkeit die ethische Anspannung aufrechterhalten. Auch für eine heilige Seele ist es lohnend, die ihr übertragene Leitungsaufgabe mit Vollkommenheit zu erfüllen. Erneut wird hierin die Parallele zur Philosophie deutlich. In der intellektuellen Entfaltung des Menschen gibt es keinen Haltepunkt; selbst wer schon eine Menge an Erkenntnis erworben hat, muss doch stets die Erweiterung seiner Erkenntnis anstreben.

1527 Vgl. Bd. I, S. 471-479.

1528 Vgl. Bd. I, S. 244.263.265.267f.

5. Der soharische *Midrasch zu Ruth* und sein Verhältnis zum *Midrasch ha-Ne'elam* und zum Hauptteil des *Sohar*

Der *Midrasch ha-Ne'elam* zur Tora erweist sich als ein philosophisch geprägter rabbinischer Midrasch, der, wie unten noch deutlich werden wird, durch grundsätzliche Differenzen von den übrigen Schichten des *Sohar* getrennt ist. Anders stehen die Dinge im *Midrasch ha-Ne'elam* zum Buch Ruth.[1529] Über ihn sagte Scholem in seiner Darstellung der jüdischen Mystik zunächst, er sei »von genau dem gleichen Charakter wie« der *Midrasch ha-Ne'elam* zur Tora.[1530] In seiner zusammenfassenden Darstellung unter dem Titel »Kabbalah« schränkt er dies allerdings etwas ein und meint »similar in style and content«, was Tishby in seinem monumetalen *Mischnat ha-Sohar* wörtlich übernimmt.[1531] Diese Charakterisierung trifft sicherlich auf die äußere Erscheinungsform dieses Midrasch zu, aber genauer besehen beginnt mit diesem *Midrasch zu Ruth* ein neues Kapitel in der Kabbala des *Sohar.* In gewisser Weise gilt dies auch für den *Midrasch ha-Ne'elam zum Hohenlied* und *'Echa*. Der für den *Midrasch ha-Ne'elam* konstatierte philosophische Charakter ist hier nicht zu finden, stattdessen finden sich mehrere Anspielungen auf die Sefirot, die man im Midrasch ha-Ne'elam vermisst.[1532] Am deutlichsten wird die neue Entwicklung an der Psychologie des Midrasch Ruth, die darum hier als symptomatisch für die gesamte neue Ausrichtung dieser Schrift als Beispiel für das Gesagte dienen soll.

Auch im *Midrasch Ruth* steht das Thema der Seele an prominenter Stelle des gesamten Textes. Aber die Psychologie ist jetzt eine völlig neue und von einem Dualismus anderer Art geprägt. Der *Midrasch zu Ruth* ist das Zeugnis einer klaren Tendenz in Richtung eines mythologischen, fast gnostischen Dualismus, so dass dieser Text deutlich näher an den übrigen Teilen des *Sohar* steht. Im Midrasch zu Ruth ist der platonische Dualismus von Materie und Geist, von heiliger Engelseele und irdischer Tierseele und Körper aufgegeben. Dieser gleichsam vertikale, himmlisch-irdische Dualismus weicht hier einem horizontalen Dualismus, welcher von der bei den kastilischen Gnostikern schon so prominenten Dualität von linker und rechter Seite geprägt ist, der gleichfalls den Sohar zur Tora charakterisiert. Die Psychologie des Midrasch Ruth ist in diesen rechts-links-Dualismus eingespannt. Laut ihm besitzt der Mensch insgesamt vier Seelenteile, die den vier Buchstaben des Tetragrammaton entsprechen. Die Seelenstufen *Neschama der Neschama* und *Neschama* entsprechen den beiden ersten Buchsta-

1529 Er ist im Übrigen in der Ausgabe Margalioth nur als *Midrasch Ruth* ausgewiesen.

1530 G. Scholem, Die jüdische Mystik, S. 177.

1531 Y. Tishby, Kabbalah, Jerusalem 1974, S. 217; Y. Tishby, Mischnat ha-Sohar, S. 18; Wisdom, I, S. 2.

1532 Im *Midrasch zum Hohenlied*, Sohar Hadasch, S. 60d.61b; im Midrasch zu 'Echa, Sohar Hadasch, S. 91b.92d.

ben des Gottesnamens *Jud* und *He*, während die beiden weiteren Seelenstufen *Ruach* und *Nefesch* den letzten beiden Buchstaben, *Waw* und *He*, entsprechen. Dieses hierarchische Übereinander der vier Seelenstufen wird jedoch dadurch verändert, dass die beiden unteren Seelenstufen *Ruach* und *Nefesch* von einem horizontalen Dualismus überlagert und verdoppelt werden. Es gibt demnach einen *Ruach-Nefesch*-Paar von der linken Seite und ein zweites von der rechten. Das Paar von der linken wird sodann als »Tierseele« charakterisiert, wohingegen das Paar von der rechten Seite als »intellektuelle« Seele gekennzeichnet wird. Diese beiden Paare, das tierische und das intellektuelle Seelenpaar, repräsentiert demnach offenbar die Seele des natürlichen Menschen, wohingegen *Neschama der Neschama* und *Neschama* die zusätzlichen Seelenstufen des religiösen Israeliten darstellen, eine Konstellation, die in dieser Darstellung schon mehrfach begegnete und noch begegnen wird.[1533] Mit den Worten des Midrasch zu Ruth:

> »Der Heilige, E.s.g., erschuf den Menschen in der Welt und gab in ihn seinen Namen JHWH. [Das letzte] *H* ist die *Nefesch*, *W* ist *Ruach* , [das erste] *H* ist die *Neschama* und *J* ist die *Neschama der Neschama*. Und er nannte *J"H* ›Vater‹ und ›Mutter‹ und *W"H* ›Sohn‹ und ›Tochter‹. So wie er *Ruach* und *Nefesch* vom Heiligen erschuf, so erschuf er *Ruach* und *Nefesch* von der Linken Seite. Und so wie der Wein auf seiner Hefe liegt so auch die intellektuelle (*sichlit*) *Ruach* und *Nefesch* auf der tierischen *Ruach* und *Nefesch*. Und warum wird sie ›tierisch‹ genannt, weil sie von der linken Seite [oder: des Samma'el][1534] und der Schlange stammt, welche männlich und weiblich sind. ... Der unreinen Seite aber hat Gott seinen Namen nicht gegeben.«[1535]

Die Konzeption des *Midrasch ha-Ne'elam* zur Tora kann hier noch, als übereinander einer natürlichen und einer göttlichen Seele erkannt werden, die von den beiden *Neschamot* auf der einen und den beiden *Ruach* und *Nefesch* auf der anderen Seite vertreten sind. Gänzlich davon abweichend ist jedoch die horizontale Aufteilung der natürlichen Seele aus *Ruach* und *Nefesch* in ein rechtes und ein linkes Paar. Neu ist auch, die onomatologische Verankerung aller vier Hauptseelenstufen im göttlichen Namen.

In dieser Psychologie macht sich der die weiteren Teile des Sohar prägende Dualismus von Heilig und Unrein, Rechts und Links, bemerkbar. Darüber hinaus ist der Midrasch, wie der zitierte Text zeigt, sehr viel stärker von der Onomatologie und der dualistischen Mythologie geprägt, die sich hier mit Samma'el und Schlange präsentieren. Auch der Zusammenhang mit der sefirotischen Welt,

1533 Vgl. Kap. Kabbala V.3.1; VIII.4.1.

1534 so eine andere Lesart.

1535 Midrasch Ruth, Sohar Hadasch, S. 75a.

vertreten durch die vier Buchstaben des Gottesnamens und die beiden menschlichen Paare, Vater und Mutter sowie Sohn und Tochter, ist nun ein wichtiges psychologisches Ingredienz. Dies wird noch in den Ausführungen zum Hauptteil des Sohar dargelegt werden.

Das menschliche Leben ist laut diesem Midrasch einem Kampf von linkerbund rechter Seite ausgesetzt, außerdem spielt, in Anlehnung an den rabbinischen Midrasch *Pirke de-Rabbi 'Eli'eser*, nun zur Erklärung der Herkunft des Bösen auch das sexuelle Motiv der Begattung Evas durch die Schlange eine bedeutende Rolle. Die Wirkungen des Bösen äußern sich unter anderem im »Bösen Auge«, in Zauberei und in Dämonen. Kurz, dieser Midrasch steht sehr viel näher an den gnostizierenden Teilen des übrigen *Sohar*. Außerdem spielt in diesem Midrasch neben der Lehre von den Gottesnamen das gesamte Alphabet eine wichtige Rolle. Dieses wird zu dem die Welt durchströmenden göttlichen Kraftfluss, was den Weg für Alphabetmagie und Theurgie mittels der göttlichen Namen eröffnet. Allerdings fehlt hier noch eine ausgeprägte Lehre von den Sefirot, die, wie in dem zitierten Text, allenfalls angedeutet wird.[1536] Der Midrasch zu Ruth ist mithin auf halbem Weg vom Midrasch ha-Ne'elam zum gnostischen Sohar zur Tora.

1536 z.B. Sohar Hadasch, S. 87c.

C. Das literarisch-mythologische Modell

a. Der *Sohar* zur *Tora*

1. Die literarische Form des *Sohar*

1.1 Der Hauptteil des *Sohar* – ein mystischer Roman

»Der Sohar ist in pseudepigraphischer Form geschrieben, man könnte fast sagen wie ein mystischer Roman.«[1537] Es ist diese Eigenart, die den Sohar vor allen anderen kabbalistischen Texten auszeichnet und von ihnen unterscheidet. Zwar ist der Sohar in seiner gedruckten Form als Midrasch zu den fünf Büchern der Tora angelegt, aber diese äußere Form ist durch einen erzählerischen Rahmen zusammengehalten, der seinesgleichen in der kabbalistischen Literatur sucht. Laut diesem Rahmen ist es eine Gruppe von nicht zufälligerweise zehn Mystikern, die sich bei ihren vorzüglich im galiläischen Bergland um den See Genezaret, aber auch in Cäsarea am Meer und in Lod stattfindenden Begegnungen und Wanderungen die Geheimen Lehren der Kabbala vortragen. In diesen doppelten Rahmen, der Erzählungen über den Mystikerzirkel einerseits und den Midrasch zur Tora andererseits, sind nun eine enzyklopädische Fülle von Themen der Tradition verwoben, die den Sohar in dieser Hinsicht als mystischen Gegenentwurf zum Talmud erscheinen lassen könnten. Der Themen- und Formenreichtum innerhalb des Sohar bringt es auch mit sich, dass nicht alle Reden, Midraschim und Erzählungen »Kabbala« im technischen Sinn repräsentieren, sondern allgemeine jüdische Tradition in Verbindung mit den Mysterien der Kabbala darstellen. Das Besondere des Sohar ist darum viel weniger die kabbalistische Lehre, sondern seine literarische Form. Was die kabbalistischen Lehren im Einzelnen anbelangt, erscheint der Sohar in weitem Maße als das Sammelbecken von hundert Jahren Kabbala und noch weiterer Jahrhunderte jüdischer mystischer Traditionen. Dieses Enzyklopädische ist es darum auch, das den Sohar so überaus unübersichtlich erscheinen lässt, weitgehend inkohärent und oft schwer verständlich. Allerdings hat man die erzählerische Form des Sohar in der wissenschaftlichen Erforschung meist nur als literarisches Mittel verstanden, als eine Rahmenerzählung, deren Ziel es ist, eine narrative Klammer um das eigentliche und Wesentliche, nämlich die homiletischen Midraschim und Einzeltraditionen zu bilden, gleichsam nur als ein technisches Hilfsmittel.[1538] Die Untersuchung von Yehuda Liebes »The Messiah of the Zohar: On R. Simeon Bar Yohai as a Messi-

1537 Vgl. G. Scholem, Die Jüdische Mystik, S. 172.

1538 Vgl. G. Scholem, Die Jüdische Mystik, S. 171-189; Y. Tishby, Mischnat ha-Sohar, I, S. 25-28; The Wisdom of the Zohar, I, S. 9-12.

anic Figure«[1539] eröffnete ein neues Kapitel in der Beurteilung der »Rahmenerzählung« des Sohar-Hauptteiles. An den Erzählungen der beiden *'Idrot*, das heißt der »Großen Versammlung« (*'Idra rabba*) und der »Kleinen Versammlung« (*'Idra suta*), konnte Liebes zeigen, dass die Erzählung der Versammlungen gleichermaßen von Bedeutung waren, wie die in sie eingeflochtenen Reden. Die Sitzordnung der Versammelten, die Reihenfolge, in der sie ihre Reden hielten, schließlich der Tod von drei Genossen am Ende der großen Versammlung und der von Schim'on Bar Jochaj am Ende der kleinen, sind Stufen des *Tikkun*, das heißt der Zubereitung der göttlichen sefirotischen Welt und damit der Vorbereitung der Ankunft des Messias, wozu unten noch weiteres zu sagen sein wird. Ronit Meros zog aus diesen Beobachtungen die Konsequenz, die sogenannte Rahmenerzählung des Sohar nach literaturkritischen Gesichtspunkten zu untersuchen, um zu den im Folgenden aufzuzählenden Resultaten zu gelangen.[1540]

1.2.1 Das »Messianische Epos« des *Sohar*

Von den zahlreichen Erzählungen des Sohar hat Meros all jene zusammengefasst,[1541] die den folgenden Kriterien entsprechen: 1. Die Helden der Erzählung gehören zu der Zehnergruppe um Schim'on Bar Jochaj, welche zu Beginn der *'Idra Rabba* namentlich aufgeführt werden,[1542] das heißt, R. Schim'on Bar Jochaj, sein Sohn R. 'El'asar, R. 'Abba, R. Jehuda, R. Josi Bar Ja'akov, R. Jizchak, R. Hiskija Bar Rav, R. Hijja, R. Josi und R. Jajsa. 2. Die Erzählungen müssen in sich abgeschlossen sein und, wie dies bei solchen Erzählungen im Sohar die Regel ist, homiletische Midraschim enthalten. Das Ganze wird durch Einleitungs-[1543] und Abschlussformen,[1544] zuweilen auch durch dramaturgische Zwi-

1539 Die hebräische Version erschien zunächst unter dem Titel: Y. Liebes, in: ders., Ha-Maschiach schel ha-Sohar – li Demuto ha-meschichit schel R. Schim'on Bar Jochaj, in: ha-Ra'ajon ha-meschichi be-Jisra'el, ed. S. Re'em, Jerusalen 1982, S. 87-236; Y. Liebes, The Messiah of the Zohar. On R. Simeon Bar Yohai as a Messianic Figure Studies in the Zohar, Albany 1993, S. 1-84.

1540 Alles in dem schon genannten unpublizierten Aufsatz »Mivnehu schel Sefer ha-Sohar« von Ronit Meros.

1541 R. Meros, Mivnehu schel Sefer ha-Sohar, S. 3.

1542 Sohar III, S. 127b.

1543 Die Einleitung zählt nicht nur die Personen und ihre Rollen auf, sondern nennt zuweilen auch Ort und Zeit des Geschehens.

1544 Die Abschlusstücke enthalten Preisreden auf R. Schim'on und andere Teilnehmer, Abschlussgesten wie Küsse und Tadel. Letzteres ist besonders gegen jene gerichtet, die der neuen Botschaft nicht lauschen wollen. Seltener treten auch übliche jüdische Formeln in Erscheinung, wie z.B. in Bezug auf die Messiaserwartung.

schenstücke[1545] abgerundet. Erzählung und Midrasch gehören organisch zusammen. Zur Benennung einer solchen Einheit wählte Meros den der Theaterdramaturgie entstammenden Begriff des »Bildes«, der Szene.[1546] Unter den nach diesen Kriterien ausgesuchten »Szenen« gibt es solche, die mehr oder weniger intensiv ausgearbeitet sind und sich vor allem durch das Maß der Verflechtung von Midrasch und Erzählung voneinander unterscheiden. Schließlich gibt es solche, die eine besonders facettenreiche Ausgestaltung erfuhren und die darum fast als eigenständige Größen erscheinen. Zur letzteren Gruppe gehören vor allem die beiden *'Idrot*[1547] die Erzählungen über den *Jenuka* (Das Kind),[1548] oder *Sabba de-Mischpatim* (Der Greis des Gerichtes).[1549]

Innerhalb der reicher ausgestalteten Szenen sind direkte oder indirekte relative Chronologien eingearbeitet, nach denen man eine Abfolge der dramatischen Einheiten erstellen kann. Dadurch wird ein gesamter Geschehensablauf sichtbar, der sich insgesamt zu einem Drama in mehreren Bildern oder Szenen fügt. Meros bezeichnet die so sichtbar werdenden, zusammengehörigen Texte innerhalb des Sohar als »Epische Einheit«. Wegen ihrer sogleich zu benennenden messianischen Thematik darf man diese Einheit mit guter Berechtigung das »Messianische Epos« des Sohar nennen.

Das Epos erzählt die Geschichte von R. Schimʿon Bar Jochaj und seiner Bruderschaft, die zugleich mit der Geschichte des gesamten Kosmos verwoben ist. Das gesamte Drama hat drei Akte gemäß den drei Epochen der Geschichte der Bruderschaft. Der erste Akt berichtet vom Entstehen der Bruderschaft und der Festigung der Führerrolle von Schimʿon Bar Jochaj. Der zentrale Akt stellt die Zeit der Führerschaft von Schimʿon Bar Jochaj dar. Er beginnt mit dem Auszug von Schimʿon Bar Jochaj aus der Höhle, in der er dreizehn Jahre mit seinem Sohn 'Elʿasar verborgen war, und endet mit dem Tod Schimʿon Bar Jochajs am Ende der »Kleinen Versammlung« (*'Idra suta*). Der dritte Akt schließlich schildert die Auseinandersetzung der Bruderschaft mit dem Tod ihres Meisters. Das alles bestimmende Thema des Dramas ist die messianische Mission von Schimʿon Bar Jochaj, die Liebes in seinem zuvor genannten Aufsatz ausführlich beschrieben hat.[1550] Die wesentlichen Stufen des mittleren Aktes beschreiben die innere geistige Entwicklung R. Schimʿons, die ihre entsprechenden kosmischen Auswir-

1545 Sie nennen im Stil der Eingangsformeln neu hinzutretende Personen, Änderungen in Ort und Zeit.

1546 R. Meros, Mivnehu schel Sefer ha-Sohar, S. 3.

1547 'Idra rabba, Sohar III, S. 127b-145a; 'Idra suta, Sohar III, S. 287b-296b.

1548 z.B. Sohar III, S. 186a-192a.

1549 Sohar II, S. 94b-114a.

1550 Y. Liebes, Ha-Maschiach schel ha-Sohar.

kungen hat. In sie werden sukzessive auch die Schim'on umgebenden Genossen und die übrigen auftretenden wundersamen Gestalten einbezogen.

1.2.2 Die drei Akte des »Messianischen Epos« im Einzelnen

Im Folgenden sollen die drei Akte, die die Entwicklungsphasen der Bruderschaft und die Erarbeitung des messianischen Zieles darstellen, erörtert werden. Die Diskussion stützt sich im Wesentlichen auf die Ausarbeitungen von Meros und wird mit Textbeispielen angereichert.

1.2.3 Der erste Akt

Während des ersten Aktes gilt R. Schim'on Bar Jochaj noch nicht als Führer der Gruppe, weshalb er auch seine messianische Mission noch nicht sichtbar aufgenommen hat. In dieser Phase gibt es zwar drei herausragende Gestalten in der Bruderschaft, nämlich R. Pinchas Ben Ja'ir, Schim'on Bar Jochaj und seinen Sohn 'El'asar. Als Führer der Bruderschaft erscheint in dieser Phase noch R. Pinchas wie aus der Szene« »Die Tamariske des Pinchas Ben Ja'ir« hervorgeht. In dieser Szene geschehen der Bruderschaft mehrere Wunder, eines davon ist dies, dass drei Tamarisken aufsprießen, die die Bruderschaft beschirmen und zu deren Fuß ein Wasserquell entspringt. Die drei Tamarisken symbolisieren die drei genannten herausragenden Genossen und dennoch wird die gesamte Szene »Tamariske des Pinchas Ben Ja'ir« genannt. Nach Meros kann dies als ein untrügliches Zeichen für dessen Führerschaft gewertet werden.[1551] Am Ende einer sich über mehrere Geschichten und Homilien von Schim'on und Pinchas erstreckenden Erzählung preist Pinchas zum Schluss seiner letzten Homilie diejenigen, die sich mit der Tora befassen:

> » ›Wohl denen, welche sich mit der Tora befassen, sie sind mächtige Bäume in dieser Welt.‹ Da sahen sie, was der Heilige, E.s.g., tat, Er pflanzte jene Bäume. Wohl diesem Weg! Aber nicht nur einen Baum, sondern drei mächtige Bäume mit nach allen Seiten ausgebreiteten Zweigen, machte uns der Heilige, E.s.g. Möge es dem Himmel gefallen, dass diese Bäume und diese Quelle niemals von diesem Ort verschwinden werden. Und sie, wie auch die Wasserquelle, sind bis heute dort und die Menschen nennen sie Pflanzung von Pinchas Ben Ja'ir.«[1552]

1551 R. Meros, Mivnehu schel Sefer ha-Sohar, S. 6.

1552 Sohar III, S. 202b.

Meros erläutert dazu:

> »Dieser erklärte Führer versteht zwar schöne Predigten zu halten, aber dennoch ist seine Stellung nicht höher als die von R. Schim'on Bar Jochaj. Er selbst erkennt das, denn als er (in eben jener Szene) Schim'on Bar Jochaj nach langem Suchen findet, küsst er ihn zum Zeichen der Freude und zum Segen. Hätte er aber ein Gefühl der Überlegenheit gehabt, hätte er ihn wie ein Vater seinen Sohn oder ein Lehrer seinen Schüler auf sein Haupt geküsst, hätte er sich aber als Schüler vor seinem Lehrer gesehen, hätte er ihm die Hände geküsst. Aber R. Pinchas küsst ihn auf den Mund und verkündet so ihrer beider spirituelle Gleichrangigkeit, er sagt über Rabbi Schim'on: ›ich küsste den Mund des Herrn, der mit den Spezereien des Gartens 'Eden gewürzt‹, und erklärt im Vorübergehen, dass ›der Mund des Herrn‹ die Schechina repräsentiert. Daraus folgt, dass sowohl R. Pinchas wie auch Rabbi Schim'on auf der Stufe der Schechina stehen.«[1553]

Später floh Rabbi Schim'on Bar Jochaj wegen der römischen Religionsverfolgung[1554] mit seinem Sohn 'El'asar in die Höhle, was die Phase seiner Vervollkommnung eröffnet, denn »Elia, zum Guten sei seiner gedacht, kam täglich zwei Mal zu ihnen und belehrte sie«:

> »R. Schim'on Bar Jochaj ging und floh in die Wüste von Lod und verbarg sich in einer Höhle, er und sein Sohn R. 'El'asar. Da geschah ihnen ein Wunder, ein Johannisbrotbaum und ein Wasserquell kamen hervor. Sie aßen von dem Johannisbrotbaum und tranken von jenem Wasser. Und Elia, zum Guten sei seiner gedacht, kam täglich zwei Mal zu ihnen und belehrte sie. Und niemand wusste von ihnen.«[1555]

Nach Ablauf von dreizehn Jahren ist die Zeit der Vollendung für Schim'on Bar Jochaj herbeigekommen. In jenen Tagen ist der mit der Bruderschaft alleine zurückgebliebene R. Pinchas mit dem blinden R. Rechumaj am Gestade des See von Genezareth, als dieser davon spricht, dass Bar Jochai eine Perle besitzt, die, wenn sie ihren Behälter verlässt, wie das Licht der Sonne die Welt erleuchtet. Dieses Licht reiche von der Erde bis zum Himmel und erleuchte die ganze Welt »bis der Alte der Tage« (*'Attik Jomin*) auf seinem Throne sitze wie es sich gebührt.

1553 R. Meros, Mivnehu schel Sefer ha-Sohar, S. 6.

1554 Vgl. bSchabbat 33b.

1555 Sohar Hadasch, S. 59c; vgl. Y. Tishby, Mischnat ha-Sohar, I, S. 23; The Wisdom of the Zohar, I, S. 151.

Darum, so der Blinde zu Pinchas: »Gehe, mein Sohn, geh dieser Perle nach [...], denn die Stunde ist dir geneigt«:[1556]

»Da ging er vor ihm hinaus und stellte sich hin, um zusammen mit zwei Männern in seiner Begleitung ein Schiff zu besteigen. Da erblickte er zwei Vögel, die über den See hinausflogen. Er rief ihnen zu: Ihr Vögel, ihr Vögel, die ihr über den See fliegt, habt ihr den Ort gesehen, an dem der Sohn von Jochaj sich aufhält? Er hielt ein wenig inne und sagte daraufhin: Geht und bringt mir Antwort! Sie flogen davon über den See dahin und verschwanden. Kaum war er [aus dem Boot] gestiegen, kamen die Vögel und im Schnabel des einen ein Zettel, auf dem stand: Siehe, Bar Jochaj ist aus der Höhle gegangen, er und R. 'El'asar, sein Sohn! Er ging zu ihm und fand ihn verändert, sein Körper war voller Rostflecken. Da weinte R. Pinchas und sprach: Wehe, dass ich dich so sehen musste! Bar Jochaj aber sagte: Heil meinem Teil, dass du mich so gesehen hast! Denn hättest du mich nicht so gesehen, so wäre ich nicht [auf] solch [hoher Stufe!]«[1557]

Das Licht, oder eine Feuersäule, die von der Erde bis zum Himmel reichen, so Meros,[1558] ist im Sohar stets ein Zeichen des herannahenden Messias, wie zum Beispiel in der folgenden apokalyptischen Ankündigung: »Dann wird man eine Feuersäule sehen, die von Oben bis Unten reicht. [...] In jener Zeit wird der König Messias erwachen und aus dem Garten 'Eden hervorgehen, aus jenem Ort, der das ›Vogelnest‹ genannt wird.«[1559] Rabbi Schim'on Bar Jochaj geht demnach, wie aus noch weiteren Indizien deutlich ist, als Messias aus der Höhle hervor.

1.2.4 Der zweite Akt – Rabbi Schim'on Bar Jochajs messianische Mission

Die zweite Phase der messianischen Sendung Schim'ons beginnt, wie der zuletzt zitierte Text zeigt, in Niedrigkeit und stellt ihn als den befleckten, leidenden Messias dar.[1560] Dadurch wird er mit er der *Schechina* identifiziert, die ja für die Exilszeit Israels, wie später noch deutlich werden wird, als eine im Staube Da-

1556 Sohar I, S. 11a-b.

1557 Sohar I, S. 11a-b; vgl. Y. Tishby, Mischnat ha-Sohar, I, S. 27; The Wisdom of the Zohar, I, S. 11-12.

1558 R. Meros, Mivnehu schel Sefer ha-Sohar, S. 7.

1559 Sohar II, S. 7b; vgl. bSchab 33b.

1560 Liebes will Schim'on allerdings nicht als Messias selbst, sondern nur als dessen Wegbereiter sehen, Y. Liebes, The Messiah of the Zohar, S. 4.

niederliegende beschrieben wird. Während der ganzen zweiten Phase der Messianität Schim'ons, vor seiner Erhöhung, am Ende seines Lebens, bleibt er auf der Stufe der *Schechina*. Diese eigentliche messianische Zeit Bar Jochajs wird nach den angeführten Worten R. Rechumajs am See Genezareth dauern, bis *'Attik Jomin* auf seinem Thron sitzt, wie es sich gebührt. Dieser innergöttliche Zustand, wird laut den Erzählungen des »Messinanischen Epos« während der Sitzung der »Kleinen Versammlung« (*'Idra suta*) erreicht werden, wonach Schim'on bar Jochaj sogleich zu Ende der Versammlung stirbt. Zwischen diesen beiden Szenen, dem Auszug aus der Höhle und der Inthronisation des *'Attik Jomin* mit dem Tod Schim'on Bar Jochajs vollbringt Schim'on zahlreiche Wunder und kosmische *Tikkunim* (Strukturierungen). Ebenso werden in den Homilien der Genossen und ihrer Gäste wunderbare Mysterien offenbart, die zuvor nicht enthüllt werden durften.

Für den Verlauf dieser zentralen Epoche in der Geschichte der Bruderschaft zählt Meros mehrere Stufen auf.[1561] Zunächst stößt ein neuer Genosse zur Bruderschaft, R. Hijja der Große,[1562] der bei seiner Begegnung mit der Gruppe von einem bloßen Halachisten zu einem Mystiker und Eingeweihten konvertiert. Während R. Hijja nach seiner Konversion als auf der Stufe der *Schechina* stehend bezeichnet wird, wird R. Schim'on *Zaddik* genannt. Er ist also nun um eine Stufe höher, auf die Ebene der neunten Sefira *Jesod* gerückt, die *Zaddik* genannt wird.

Eine weitere, entscheidende Stufe ist die messianische[1563] »Große Versammlung« (*'Idra rabba*), bei der Rabbi Schim'on und seine Genossen die Sefira *Schechina* (X) und *Tif'eret* (VI) ihrem *Tikkun* (vollkommenen Strukturierung) zuführen. Liebes resümiert diesen komplizierten Restaurationsprozess, der sich durch die Versammlung, die Vorträge und schließlich den Tod von dreier der Genossen vollzieht, wie folgt:

> »Der Tikkun (die Wiederherstellung, Anordnung) geschieht in zwei Schritten: Im ersten Schritt werden zunächst das männliche und das weibliche Prinzip durch Toravorträge getrennt ihrem Tikkun zugeführt. Zum Zwecke des Tikkuns des männlichen Prinzips (= Se'ir 'Anpin)[1564] müssen die Worte der Tora zunächst hinaufsteigen und sich mit dem *Alten Heiligen* [Sefira I] verbinden. Und dank dieser Verbindung wird der Tikkun durchgeführt (wobei für den Tikkun des weiblichen Prinzips sich die Worte der Tora zuvor mit

1561 R. Meros, Mivnehu schel Sefer ha-Sohar, S. 8.

1562 Sohar II, S. 14a-15a.

1563 Y. Liebes, The Messiah of the Zohar, S. 4.

1564 Mit dem *Se'ir 'Anpin* ist der Kurzmütige gemeint, der das Kollektiv der sechs unteren *Sefirot* oberhalb der weiblichen Schechina umfasst. Kap. Kabbala VIII.3.3.

dem männlichen Prinzip verbunden haben mussten). Erst nachdem diese zwei Gestalten (Parzufim, die männliche und die weibliche)[1565] jede für sich ihren Tikkun erlangt haben, tritt der endgültieg Tikkun ein, der in der Paarung (*Ziwwug*) von Männlich und Weiblich besteht.“[1566]

Nach dem ekstatischen Tod dreier Genossen am Ende der großen Versammlung werden die sieben verbleibenden Genossen als die sieben Arme der *Menora* beschrieben, die dank der mittleren, der siebten, Leuchte leuchten, nämlich Rabbi Schim'on Bar Jochaj, der nunmehr die Stufe der Sefira *Bina* erreicht hat:

> »Zehn sind hineingegangen und sieben gingen heraus. Rabbi Schim'on war erfreut, aber Rabbi 'Abba war betrübt. [...] Seit jenem Tage wichen die Genossen nicht mehr aus dem Haus von R. Schim'on. Und wenn ihnen Rabbi Schim'on Mysterien offenbarte, waren diese dort. Und Rabbi Schim'on rief: Sieben sind wir, die Augen des Herrn, wie geschrieben steht ›diese sieben sind die Augen des Herrn‹ (Sacharja 4,10), und dies ist über uns gesagt!
> Da sprach Rabbi 'Abba: Wir sind sechs Leuchten, die dank der siebenten leuchten. Du bist die siebente von allen! Denn ohne die siebte haben die sechs keinen Bestand, denn alles hängt von der siebten ab!
> Rabbi Jehuda nannte ihn ›Schabbat‹, weil alle sechs Tage von ihm gesegnet werden, wie geschrieben steht ›Schabbat für den Herrn‹ (Ex 20, 10), ›Heiligtum des Herrn‹ (Ex 16, 23). So wie der Schabbat dem Herrn heilig ist, so ist auch Rabbi Schim'on Schabbat und heilig für den Herrn.«[1567]

Die sechs Leuchten, die von der siebenten erleuchtet werden, können sich J. Tishby zufolge nur auf die Sefirot IV-IX beziehen. Die siebente, das heißt die Ernährerin der sechs übrigen, kann dann nur die Sefira *Bina* sein, mit der Schim'on identifiziert wird.[1568] Ist diese Deutung richtig, hat Schim'on Bar Jochaj seit seinem Auszug aus der Höhle eine Höherentwicklung von der Qualität der *Schechina* bis zur *Bina* erfahren, bald wird er geeignet sein, als Thron für *'Attik Jomin*, ein Ensemble der drei ersten Sefirot, zu dienen. Dieses Stadium wird in der »Kleinen Versammlung« (*'Idra suta*) erreicht werden.

1565 Die Zehn Sefirot werden in den *'Idrot* zu drei Gestalten (*Parzufim*) konfiguriert, den Alten Heiligen (auch » der Langmütige«, *Sefirot* I-III) und der Kurzmütige (*Sefirot* IV-IX) und dessen Weib (Sefira X). Vgl. Kap. Kabbala VIII.3.3.

1566 Y. Liebes, Ha-Maschiach schel ha-Sohar, S. 187; engl: Y. Liebes, The Messiah of the Zohar, S. 60. Hier nach der hebräischen Version zitiert.

1567 Sohar III, S.144b ('Idra rabba).

1568 Vgl. Y. Tishby, Mischnat ha-Sohar, I, S. 31; The Wisdom of the Zohar, I, S. 16.

Die Kleine *'Idra* ist die letzte Versammlung der Bruderschaft zu Lebzeiten R. Schim'ons, denn an deren Ende stirbt Schim'on selbst in der Ekstase. Die Versammlung war von R. Schim'on bewußt auf diesen Tag gelegt worden, denn er wusste sehr wohl, dass diese Versammlung, bei der er den Genossen sein Vermächtnis hinterlässt, die Krönung und das Ende seiner irdischen Laufbahn sein würde:

> »An jenem Tag, an welchem Rabbi Schim'on aus dieser Welt abscheiden wollte, und an dem er seine Vermächtnis vortrug (seine Dinge ordnete), versammelten sich die Genossen im Hause Rabbi Schim'ons. Es waren R. 'El'asar, sein Sohn, Rabbi 'Abba und die übrigen Genossen bei ihm, und das Haus war voll.«[1569]

Nach einigen Anordnungen zu den Personen, die bleiben oder noch hinzu gerufen werden sollten, fährt der Text fort:

> »Da sprach Rabbi Schim'on: Dies ist eine Stunde des Wohlgefallens und ich will ohne Scham in die ›Kommende Welt‹ eingehen. Und siehe ich will vor der *Schechina* heilige Worte offenbaren, die bis zu dieser Stunde noch nicht offenbart wurden, damit man nicht sage, dass ich mit einem Versäumnis aus der Welt gehe. Bisher waren sie in meinem Herzen verborgen, um mit ihnen in die künftige Welt einzugehen. Solange ich sie euch vortrage soll es R. 'Abba niederschreiben und mein Sohn 'Eli'eser erforschen und die übrigen Genossen sollen es in ihrem Herzen erwägen. [...] Bei der [Großen] Versammlung sprachen alle Genossen und ich unter ihnen, heute aber will ich alleine reden und alle sollen meinen Worten lauschen, die Oberen wie die Unteren. Heil mir an diesem Tag!«[1570]

R. Schim'on entfaltet nun in einem langen und weitschweifigen Diskurs die Themen, die schon in der Großen Versammlung, jedoch nicht in allen Details verhandelt worden waren. Bei seinen letzten Worten, zu denen das Wort *Hajjim* (Leben) gehörte, sinkt Schim'on tot dahin:

> »Rabbi 'Abba berichtete: Kaum hatte die ›Heilige Leuchte‹ das Wort *Hajjim* ausgesprochen, verstummten seine Worte. Ich aber schrieb noch und gedachte, noch vieles zu schreiben, jedoch ich hörte nichts mehr. Ich erhob nicht mein Haupt, denn es strahlte ein helles Licht, so dass ich nicht schauen konn-

1569 Sohar III, S. 284b, Eröffnung der 'Idra suta; deutsche Übersetzung bei E. Müller, Der Sohar. Das heilige Buch der Kabbala, Wien 1932, S. 386ff.

1570 Sohar III, S. 284b-285a.

te und erzitterte. Da hörte ich eine Stimme die rief: ›denn Länge der Tage und Jahre des Lebens [und Heil werden sie dir mehren‹] (Prov 3,2). Und eine zweite Stimme rief: ›Leben hat er von dir verlangt, du gabst es ihm; Länge der Tage in Ewigkeit‹ (Ps 21,5). Jenen ganzen Tag ließ das Feuer nicht vom Hause ab und keiner konnte sich ihm nahen, denn das Licht und Feuer umgaben es. Den ganzen Tag lag ich am Boden und klagte. Erst nachdem das Feuer gewichen war, sah ich, dass die Heilige Leuchte, das Allerheiligste, aus der Welt verschieden war, eingehüllt lag er auf seiner Rechten mit lächelndem Antlitz. Dann erhob sich Rabbi 'Eli'eser sein Sohn, und küsste seine Hand, während ich den Staub seiner Füße leckte.«[1571]

Es folgt eine Beschreibung der Totenklage und der Bestattungsvorbereitungen, die in einen Streit mündet, dass er in Meron und nicht an einem anderen Ort begraben werden soll. Da geschieht ein letztes Wunder:

»Als die Bahre hinausgetragen wurde, erhob sie sich in die Luft und ein Feuer brannte vor ihm her. Und sie hörten eine Stimme: Auf, kommet und versammelt euch zur Hochzeit (*Hillula*) des Rabbi Schim'on: ›Er komme in Frieden, sie mögen ruhen auf ihren Lagern‹ (Jes 57, 2). Als aber der Sarg in die Grotte gebracht war, hörten sie in der Grotte eine Stimme: ›Das ist der Mann, der die Erde erschüttert und Reiche erbeben macht.‹ (Jes 14, 16). Wie viele Anklagen im Himmel verstummen heute dank deiner, Rabbi Schim'on Bar Jochaj, dessen sich sein Herr täglich rühmt. Glücklich sein Los, so oben wie unten! Viele obere Schätze sind ihm aufbewahrt! Von ihm gelten die Worte: ›Und du gehe zum Ende und ruhe und verharre bis zu deinem Geschick am Ende der Tage.‹ (Dan 12, 13).«[1572]

Mit diesem wunderbaren Ende ist Rabbi Schim'on Bar Jochaj erhöht und die am See verheißene Inthronisation des *'Attik Jomin*, des höchsten Aspekts der sefirotischen Gottheit, erfüllt.

1571 Sohar III, S. 296b; dt. E. Müller, Der Sohar, das heilige Buch der Kabbala, Wien 1932, S.388ff.

1572 Sohar III, S. 296b, E. Müller, Der Sohar, S. 390.

1.2.5 Der dritte Akt – die verwaiste Bruderschaft – und der messianische Prozess

Die Bruderschaft bleibt verstört zurück und sieht, dass sie den Edelstein verlor, durch den sie Mysterien sehen durften, und der sie selbst mit nach oben hob.[1573]

> »Die dritte Phase des Lebens der Bruderschaft bietet allerdings die Gelegenheit, die eigene mit der kosmischen Geschichte zu verbinden. In einigen Szenen [...] wird der messianische Prozess beschrieben, der zum Ende der Geschichte führt. Unter den ersten Anzeichen werden die Licht- oder Feuersäule genannt, die zwischen Himmel und Erde stehen, und danach wird die Säule und der Messias verborgen und eine Zeit der Finsternis kommt über die Welt! In dieser Zeit beschleunigen sich die messianischen Vorkommnisse, zu denen wiederholte Offenbarungen des Messias gehören, Kriege in den oberen Welten (die wie Kriege zwischen himmlischen Mächten erscheinen) und schließlich Kriege auf dieser Welt. Nach längeren Zeitabschnitten treten noch weitere Ereignisse ein, wie die Auferstehung der Toten im Ausland wie im Lande Israel.«[1574]

Ein letzter Hinweis von Meros[1575] rundet die gesamte Erzählung des messianischen Epos ab: Beim Tode von Rabbi Schimʿon hat der Messias offenbar noch nicht seine letzte Mission erfüllt – auch nicht im Sinne des Sohar, der ansonsten sehr traditionelle Messiasszenerien beschreibt. Das letzte Zitat aus Daniel 12 am Ende der oben angeführten Erzählung vom Tod R. Schimʿons gewinnt angesichts dessen eine neue Bedeutung. Es ist offenbar R. Schimʿon selbst, der als Messias wieder erwartet wird!
Damit wird das messianische Epos beendet. Leider ist dieser rekonstruierte Aufbau des Epos das im Zuge des Wachstumsprozesses der Soharliteratur und deren Redaktion als Midrasch zur Tora bis zur Unkenntlichkeit in den verschiedenen Wochenabschnitten untergegangen und darum nicht mehr wahrgenommen worden.

Wie immer man zu dieser Gesamttheorie eines verstreuten messianischen Epos steht, so hat sie doch den Vorteil, dass sie die inneren Strukturen der genannten Erzählungen ernst nimmt, deren inneren Querverweise, die eine dramatische Chronologie erkennen lassen, aufnimmt und so einen kohärenten Erzählfaden im Dickicht des Gesamttextes erkennen lässt. Hinzu kommt, so Meros, dass die so zusammengestellten Texte auch inhaltlich und theologisch miteinan-

1573 R. Meros, Mivnehu schel Sefer ha-Sohar, S. 8f; Sohar III, S. 216b; Y. Tishby, Mischnat ha-Sohar, I, S. 37; The Wisdom of the Zohar, I, S. 22; Sohar I, S. 219a-b.

1574 R. Meros, Mivnehu schel Sefer ha-Sohar, S. 9.

1575 R. Meros, Mivnehu schel Sefer ha-Sohar, S. 9.

der übereinstimmen. Dies im Einzelnen darzustellen ist eine erst noch durchzuführende Arbeit, die hier nicht zu leisten ist.[1576]

Im Folgenden sollen aus dem sogenannten Hauptteil des *Sohar*, der das »Messianische Epos« umschließt, verschiedene Themenkreise sowie die in ihnen auftretenden Meinungsdifferenzen dargestellt werden.

2. Die Entsprechungslehre als hermeneutischer Schlüssel zum Verständnis des *Sohar*

2.1. *'Adam kadmon* – Tora – Kosmos und Mensch als Makro- und Mikroanthropos

Die Lehre von der allumfassenden Entsprechung von offenbarter Gottheit, in Gestalt des *'Adam kadmon* (Urmensch),[1577] von Tora, Kosmos und Mensch ist der hermeneutische Schlüssel zum Verständnis der Sohar-Texte und der Theologien des *Sohar*. Die schriftliche Tora wird im Rahmen dieser Entsprechungslehre als gesamter Text, aber auch als Sammlung einzelner Gebote verstanden, die der Mensch zu erfüllen hat. Demzufolge findet sich die globale Entsprechung hier auch im Detail wieder. So zum Beispiel bei dem Gebot, ein bewegliches Heiligtum zu errichten: »Und den Mischkan (Zelt-Wohnung) sollst du aus zehn Teppichen machen« (Ex 26, 1). Dazu sagt der Sohar:

> »Siehe, hier ist das Geheimnis des *Jichud* (Einheit) enthalten. Denn die intakte Struktur (*Tikkun*) des *Mischkan* (Zelt-Wohnung) besteht aus mehreren Stufen, über die geschrieben steht ›und der *Mischkan* war eins‹ (Ex 26, 6), damit sichtbar werde, dass alle Teile des Körpers, das Mysterium eines einzigen Körpers sind. Im Menschen gibt es mehrere obere und untere Glieder, die ei-

1576 Während G. Scholem im Sohar im Gegensatz zur lurianischen Kabbala keine messianische Thematik finden will (vgl. G. Scholem, Ra'ajon ha-Ge'ulla ba-Kabbala, in: ders., Devarim be-Go, Tel Aviv 1975, S. 191-216; ders, The Messianic Idea in Kabbalism, in: ders., The Messianic Idea in Judaism, New York 1971, S. 37-48), eine Linie, der auch Y. Tishby folgt (Y. Tishby, The Wisdom of the Zohar I, S. 9-12.), hat Y. Liebes in den beiden *'Idrot* messianische Ereignisse sehen wollen, in denen Schim'on Bar Jochai immerhin als Wegbereiter des Messias erscheine und durch die 'Idra den *Tikkun* vorbereite. Aber auch in den übrigen Teilen des *Sohar*-Hauptkorpus sieht er ausgedehnte messianisch-ausgedehnte Stücke, in denen Messianismus und Theosophie eine Verbindung eingegangen seien, insofern als in der messianischen Zeit der sefirotische *Jichud* (Einheit) und *Siwwug* (hieros gamos) in vollendetem Zustand sei. Der Messias selbst habe hierbei keinen aktiven Part, sondern sei eher Symbol für den heilen sefirotischen Zustand. Auch kenne der Sohar die Vorstellung von einer neuen Tora in der messianischen Zeit (Sohar III, S. 164b; Y. Liebes, Ha-Maschiach schel ha-Sohar.)

1577 Mit *'Adam kadmon* ist die anthropomorphe Gestalt der Zehn Sefirot gemeint.

nen innen verborgen, die andern sichtbar außen, und sie alle werden ›ein Körper‹ genannt, und der Mensch wird ›einer‹ in einer einzigen Verbindung genannt.
So auch hier. Der *Mischkan* besteht aus lauter Teilen – in der Art wie oben. Und wenn alle in eins verbunden sind, dann heißt es: ›Und der *Mischkan* war eins‹ [gerade wie in der Art des Menschen[1578]].
Die Gebote der Tora sind lauter Teile und Glieder im oberen Geheimnis. Und wenn sie alle sich in eins verbinden, dann sind sie allesamt ein Geheimnis.
Das Geheimnis des Mischkan, der aus Gliedern und Teilen besteht, sie alle sind wie das Geheimnis des Menschen, wie die Gebote der Tora. Denn siehe die Gebote der Tora sind allesamt im Geheimnis des Menschen, männlich und weiblich, denn wenn sie sich vereinen sind sie das eine Geheimnis des Menschen. Wenn man auch nur ein Gebot von der Tora wegnimmt, so ist das wie wenn man die Gestalt des Glaubens[gegenstandes][1579] verringert, denn siehe alle sind Teile und Glieder an der Gestalt des Menschen, darum ist alles im Geheimnis der Einheit (*Jichuda*).«[1580]

Der *Sohar* zählt hier mehrere Entsprechungsebenen auf, deren Grundmuster der Mensch als Einheit ist, der dennoch aus vielen Gliedern besteht. Diese verschiedenen Ebnen sind das Heiligtum, die Tora, die Sefirot welche durch ›in der Art wie oben‹ zunächst nur angedeutet sind, und schließlich noch der Mensch. All diese vielgliedrigen Wesenheiten sind jedoch trotz ihrer Vielgliedrigkeit jeweils »eins«, oder sie stehen im Mysterium beziehungsweise im Geheimnis der Einheit. Die hier aufgezählten Entsprechungen sind allerdings nicht nur strukturelle, sondern auch wesenhafte Analogien, die alle im Geheimnis des Eins-Seins miteinander verbunden sind. Darum leiden die andern Teile Schaden, wenn eines von ihnen beschädigt wird. Dargelegt wird dies an der Tora, die vollkommen erfüllt werden muss. Denn die Verletzung auch nur eines Gebotes beschädigt im selben Maße das göttliche Pendent, den Gegenstand des Glaubens, den *'Adam kadmon*, wie die sefirotische Zehnfaltigkeit genannt wird.[1581] Schon hier wird das theurgische Grundprinzip der *Sohar*-Kabbala sichtbar: Wer die ganze Tora

1578 So fügt eine andere Version hinzu.

1579 Die Gestalt des Glaubensgegenstandes meint die Zehn Sefirot.

1580 Sohar II, S. 162b.

1581 Die zehn Sefirot in Gestalt des *'Adam kadmon* sind für den Kabbalisten der Gegenstand des Glaubens schlechthin, denn dies ist die offenbare Gottheit.

erfüllt, bewirkt die Ganzheit, und Einheit des *'Adam kadmon,*[1582] aramäisch *'Adam kadma'a.*

Der Kosmos, der in dem zitierten Sohar-Abschnitt noch nicht behandelt wird, wird in einer Parallelstelle ausführlich einbezogen:

> »Komm und sieh: Jeder, der sich mit der Tora befasst, erhält die Welt und jegliches Werk in seiner heilen Struktur (*Tikkun*) wie es sich gebührt. Es gibt keinen Teil am Menschen, dem nicht ein Geschöpf in der Welt entspräche. Denn so wie der Mensch in viele Teile geteilt ist, und diese alle in Stufen übereinander angeordnet sind, und sie dennoch ein Körper sind, so ist es auch in der Welt: Alle Geschöpfe sind Teile über Teilen, die übereinander angeordnet sind, und wenn sie alle richtig angeordnet sind (*mittakknan*), dann sind sie wahrhaftig ein Körper.
>
> Und alles ist im Bilde der Tora, denn die Tora besteht aus Teilen und Kapiteln, die übereinander angeordnet sind, und wenn sie richtig angeordnet sind, sind sie ein Körper. [...] In der Tora sind alle oberen Geheimnisse versiegelt, die nicht erfasst werden können.[1583] In der Tora sind all jene offenbarten und nicht offenbarten Dinge enthalten. In der Tora sind alle oberen und unteren Dinge, alle von dieser und der kommenden Welt, doch niemand nimmt sie wahr und erkennt sie.«[1584]

Die Tora ist das Urbild der Welt. Diese Aussage kann aber nur dann in seiner Bedeutungsvielfalt verstanden werden, wenn man weiß, dass die Tora eben nicht nur ein Buch ist, nicht nur ein besonderes Buch, sondern viel mehr, nämlich Struktur und Repräsentanz des Göttlichen in der Welt, dem alles nachgebildet ist. Der gewöhnlich auf die Gottheit selbst bezogene Vers der *Merkava*-Vision Ezechiels »und auf der Gestalt des Thrones die Gestalt im Aussehen eines Menschen« (Ez 1,26) identifiziert der Sohar an einer anderen Stelle deshalb als die Schriftliche Tora.[1585] Diese Auslegung bestätigt die obige Aussage über den Wesenszusammenhang von Tora und Gottheit und macht deutlich, dass die Tora und die Gottheit nicht voneinander geschieden sind. Andererseits lehrt der Sohar, wie dies schon Nachmanides feststellte,[1586] dass die Tora nichts anderes ist, als

1582 Der hebräische Ausdruck wird nach Y. Tishby nur in den Spätschichten des Sohar verwendet (Y. Tishby, Mischnat ha-Sohar, I, S. 156). Dies wird allerdings angesichts der oben genannten neueren Erkenntnisse bezüglich der Sprachen des Sohar sicherlich neu zu bewerten sein.

1583 Ich folge hier: The Zohar (Pritzker Edition), Translation and Commentary by D.C. Matt, Stanford 2004, Bd. II, S. 258.

1584 Sohar I, S. 134c.

1585 Sohar I, S. 71b.

1586 Kap. Kabbala VI.1.1.

der Name Gottes.[1587] Dabei sind der Name Gottes und die offenbarte Gottheit selbst identisch. Tishby führt in diesem Zusammenhang eine Zusammenfassung dieser Auffassungen von Menachem Recanati an:

> »Die Gebote sind eine einzige Sache, und sie hängen alle an der oberen Merkava [d.h. an den Zehn Sefirot], ein jedes an dem Glied das seinem Werk obliegt. Und so hängt jedes Gebot an einem Teil der Merkava. Wenn dem so ist, so ist der Heilige, Er sei gesegnet, ohne die Tora nur eine Seite und die Tora ist nichts außer Ihm, und Er ist nichts außer der Tora. Darum sagten die Weisen der Tora ›die Tora ist der Name Gottes‹.«[1588]

Daraus ergibt sich für die Sohar-Kabbalisten, dass man aus der Tora eben nicht nur den Willen Gottes erfahren kann, sondern dass man an der Tora die Gottheit selbst erkennen kann. Natürlich ist die Tora, die der Mensch in Händen hält nicht einfach die unverstellte Gottheit. Nein, die Tora in der Hand und im Mund des Menschen ist die im Gewand der Tora verborgene Gottheit. Der Sohar vergleicht dies mit den Engeln, die ja auch unsichtbare körperlose Wesen sind, und die, wenn sie ihre himmlische Mission auf Erden erfüllen wollen, zuvor ein Gewand anlegen, damit sie in der unteren Welt bestehen können und andererseits die untere Welt sie ertragen kann. Dies gilt analog für die Tora. Ihre Erzählungen sind nur das Gewand für das, was ihr eigentliches, durch das Gewand verborgene Wesen ist.[1589] Ein weiterer Vergleich ist jener mit einem Menschen, dessen Wesen, das heißt seine Seele, sich unter einem Körper und dieser wiederum unter den Kleidern verbirgt. Und ebenso verhält sich es schließlich auch beim »oberen Menschen«, d.h. bei den Sefirot.[1590] Jetzt ist deutlich, warum der Sohar ein Kommentar zur Schrift sein will. Er möchte unter dem Gewand der Erzählungen und Gebote den eigentlichen Kern, nämlich die wahrhaft göttliche Tora, die Gestalt des *'Adam kadmon*, enthüllen. Dies aufzudecken ist eines der Hauptanliegen des Sohar, hinter dem die Systematik der Darstellung zurücktritt. Eine

1587 Sohar III, S. 35b (schemini); dazu vgl. Y. Tishby, Mischnat ha-Sohar, I, S. 144f; The Wisdom of the Zohar I, S. 283; vgl. ferner Mischnat ha-Sohar I, S. 206f; The Wisdom of the Zohar I, S. 283 nach Sohar II, S. 200a, Die Sefirot IV-IX sind die Schriftliche Tora, die Sefira X verkörpert die Mündliche, während die Sefira II die Urtora und III deren ›Verschriftlichung‹ symolisiert.; G. Scholem, Der Sinn der Tora in der jüdischen Mystik, in: ders.; Zur Kabbala und ihrer Symbolik, Zürich 1960, S. 49-116, hier S. 57,59; M. Idel; Absorbing Reflections, Kabbalah and Interpretation, New Haven & London 2002, Kapitel »The Book that Contains and Maintains All«, S. 111ff.

1588 M. Recanati, Sefer Ta'ame ha-Mizwot, Basel 1580 1581, S. 3a. Eine noch erhältliche Ausgabe ist der Neudruck der Ed. Przemysl 1888 (Brooklyn o.J.)

1589 Sohar III, S. 152a.

1590 Sohar III, S. 152a.

systematische Darstellung, wie sie im Folgenden gegeben wird, widerspricht daher in gewisser Weise dem eigentlichen Anliegen des Sohar, das eher eine Reise durch die Texte der Bibel sein will, bei der man auf Schritt und Tritt die Funken Gottes aufblitzen sieht. Der Reisecharakter der Sohar-Texte ist auch in der Rahmenerzählung manifest, die zahlreiche Reisen beschreibt, bei denen man unversehens göttlichen Offenbarungen begegnet. Ein schönes Beispiel für diese wundersame Reise durch den biblischen Text bietet G. Scholems Übersetzung des Beginns der Auslegung zur Schöpfungsgeschichte im *Sohar* in dem alten Schockenbändchen »Die Geheimnisse der Schöpfung«.[1591]

Die Aussagen der Tora sind den Autoren daher Enthüllungen über das Sein des *'Adam kadmon*, die offenbarte Gottheit. Dies wird im Folgenden noch darzustellen sein. Zuvor muss allerdings die Frage beantwortet werden, wie es mit der nicht offenbarten Gottheit steht, die der Sohar gemäß der schon oben beschriebenen kabbalistischen Tradition als *'En Sof*, als »Unendliches«, bezeichnet.

3. Die Gottheit

3.1 Der Verborgene Gott – *'En Sof* – das Unendliche

Die bisherigen Ausführungen über die Entsprechung von Unten und Oben, von Tora und den weiteren genannten Seinsbereichen, lassen die Frage berechtigt erscheinen, ob das Gesagte auch für das *'En Sof* gilt. Ein anonymer Zeitgenosse der Sohar-Autoren, der Verfasser des *Ma'arechet ha-'Elohut* (Anordnung der Gottheit) äußert sich darüber in einer Klarheit, die auch für den *Sohar* gilt: »Wisse, dass das *'En Sof* [...] weder in der Tora noch in den Propheten, noch in den Schriften und auch nicht in den Worten der Weisen, seligen Angedenkens, auch nur angedeutet wird. Nur die Kabbalisten erhielten darüber einen winzigen Hinweis.«[1592] Der Sohar formuliert diesen Gedanken fast ebenso radikal, wenn er sagt, dass selbst die erste Sefira, welche dem *'En Sof* am nächsten steht, nur ein einziges Mal in der Tora genannt wird:

> »Der Name des *Uralten* (*'Attika*) ist verborgener als alle anderen. Er wird in der Tora nur ein einziges Mal genannt: [...] ›Ich schaute, bis ein Thron aufgestellt wurde und der Uralte (*'Attik Jomin*) sich setzte.‹ (Daniel 7, 9)«[1593]

1591 G. Scholem, Die Geheimnisse der Schöpfung. Ein Kapitel aus dem Sohar, Berlin 1935. (Nachdruck Frankfurt a.M. 1971.)

1592 Ma'arechet ha-'Elohut, Mantua 1558 (Neudruck Jerusalem 1963) c. 7, Anfang, S. 82b; vgl. nach Y. Tishby, Mischnat ha-Sohar, I, S. 99; The Wisdom of the Zohar, I, S. 87.

1593 Sohar III, S. 130a.

Das bedeutet, wenn schon die erste Sefira nur ein einziges Mal mit ihrem Namen in der Tora genannt wurde, um wie viel weniger das *'En Sof*. Darum versäumt es der Sohar kaum, wenn er seinerseits das *'En Sof* nennt, ihm eilends Attribute der Unerkennbarkeit und Unerfassbarkeit beizufügen, zum Beispiel: »'En Sof ist nicht erkennbar«[1594] oder:

> »Oberhalb des Denkens [*Hochma*, Sefira II], wer kann sich da noch Vorstellungen machen, es gibt keine Weisheit, die [hier] noch fragen und um wie viel weniger das 'En Sof erkennen könnte. Denn an ihm ist nicht eine Spur von einem Hauch. Nach ihm kann man nicht fragen, keine Vorstellung, die irgend einen Gedanken davon fassen könnte.«[1595]

Diese Aussagen von der Unerkennbarkeit des *'En Sof*, die auch in den Spätschichten des Sohar ihre Fortsetzung finden,[1596] sind Zeugnis dafür, in welchem Maße sich der mittelalterlich philosophische Gottesbegriff im Denken der mittelalterlichen Juden durchgesetzt hatte.[1597] Zwar konnte man sich mit einem solch abstrakten und unzugänglichen Gott nicht zufrieden geben, wie hier ein weiteres Mal deutlich werden wird, aber man konnte doch nicht an ihm vorbeigehen, war es ja gerade die Unerfassbarkeit Gottes, die ein Zeichen seiner Größe ist. Diese Größe des *'En Sof* ist so erhaben, dass nicht einmal seine eigenen offenbarten Sefirot ihn zu erfassen vermögen.[1598] Die oben angeführten Lehren der Entsprechung von unten und oben betreffen demnach niemals das *'En Sof* selbst, sondern nur die offenbarten Sefirot. Das *'En Sof* ist unbenennbar, hat keinen Namen, denn die Gottesnamen der Bibel beziehen sich allesamt auf die Sefirot. Auch die nach der mittelalterlichen Ontologie unabdingbare Voraussetzung des Seins, die Form, wird dem 'En Sof abgesprochen,[1599] weil es eben noch oberhalb des Seins steht, das erst auf einer späteren, noch zu nennenden Stufe einsetzt. Mosche de Leon, der wenn auch nicht ausschließliche Verfasser des Sohar, so doch wesent-

1594 Sohar II, S. 239a; u. vgl. Sohar III, S. 130a.

1595 Sohar I, S. 21a; u. vgl. Sohar I, S, 15a-b; I, S. 65a, Y. Tishby, Mischnat ha-Sohar, I, S. 176f; The Wisdom of the Zohar, I, S. 324f.

1596 Ra'aja Mehemna, Sohar III, S. 225a, Y. Tishby, Mischnat ha-Sohar, I, S. 121; The Wisdom of the Zohar, S. 259: »Er erfasst alles und nichts erfasst ihn. Er wird nicht mit dem Namen JHWH oder den übrigen Namen genannt, erst wenn sich sein Licht über sie ausbreitet, wenn er sich aber von ihnen zurückzieht, hat er von seinem Wesen her keinerlei Namen.«

1597 Vgl. Bd. I, S. 379-384. 410-414.438-446.528-532. Die Frage nach der Notwendigkeit trotz der Unerkennbarkeit an ein *'En Sof* zu glauben hatte schon 'Asri'el aus Gerona gestellt und beantwortet (Vgl. Kap. Kabbala III. B.3.1.) Die meisten Kabbalisten stellen diese Frage jedoch nicht mehr explizit.

1598 Sohar II, S. 42b.

1599 Sohar II, S. 42b.

lich an seiner Entstehung Beteiligte und dessen wichtigster Promulgator, fasst diese Verpflichtung auf den philosophischen Gottesbegriff in der Einleitung seines *Sefer Schekel ha-Kodesch* in folgende poetische Worte, ohne jedoch den Terminus *'En Sof* zu verwenden:

> »Er, Er sei gesegnet, ist Einer und Einzig in seiner Erhabenheit, denn alle Welten können ihn nicht fassen und kein Geschöpf kann ihn begreifen und nicht wissen, was er ist, denn Er, Er sei gesegnet, ist Einzig in seiner Erhabenheit, erhaben und erhöht und einzig in der Einheit, so dass kein Denken und Sinnen ihn denken und ihm nachsinnen kann. Denn keine Erkenntnis und kein Sinnen kann seine wunderbare Erhabenheit mit irgend etwas Ähnlichem und irgend einer Form wie die Formen und Vorstellungen der Menschen vergleichen, welche in ihrer Seele die Form ihres Genossen sich vorstellen und in ihr Herz einprägen, obwohl er seine Gestalt noch nie gesehen hat. Gott bewahre dass ein solcher Gedanke im Herzen des Menschen sei, denn Ihn, Er sei gesegnet, kann man sich nicht vorstellen und mit keiner Form oder Gestalt vergleichen. [...] Denn Er ist getrennt von allem Geschehen und körperlichen Dingen dieser Welt.«[1600]

Die Rezeption des philosophischen Gottesbegriffs als einer Wesenheit die grenzenlos, unerfassbar und vor allem eine absolute Einheit ist, hat den Kabbalisten zugleich das schon von den Philosophen erörterte Problem beschert, wie denn dieser Unbegrenzte und absolut Eine die Vielfalt und Begrenztheit hervorbringen konnte: »Das 'En Sof kann nicht erkannt werden und kann auch kein Ende und keinen Anfang erschaffen, wie dies das uranfängliche *'Ajin* (Nichts, Sefira I) vermochte, das Anfang und Ende hervorbrachte.«[1601] Die von den Kabbalisten, inklusive dem Sohar, vorgeschlagene Lösung war, worauf schon mehrfach hingewiesen wurde, wie bei den Philosophen die der Mittelstufen, wenn auch in der schon beschriebenen und hier noch weiter zu erörternden spezifischen Weise der Sefirot. Das bedeutet, auch für den Sohar war der Unerkennbare und Eine doch jener der letztlich alles hervorbrachte. Darum verwendet der Autor der soharischen Spätschicht *Ra'aja Mehemna* konsequent die aristotelische Terminologie und nennt das *'En Sof* die »Ursache aller Ursachen« oder die »Ursache über allen Ursachen«.[1602]

1600 Sefer Schekel ha-Kodesch, ed.Ch. Mopsik, Los Angeles 1996, S. 1-3; ed. A.W. Greenup, London 1911 (Neudruck Jerusalem 1968/9, S. 4.)

1601 Sohar II, S. 239a.

1602 Ra'aja Mehemna, Sohar II, S. 114b.119b; Sohar III, S. 81b.82b.83a.109b. 122b.225a. 239a. 243a. Ra'aja Mehemna, bzw. den ihr verwandten Tikkune ha-Sohar, sind dann auch jene verwandten Texte im Sohar zuzuschreiben, die nicht als Ra'aja Mehemna ausgewiesen sind. Sohar

3.2 Die *Sefirot* – Selbstoffenbarung Gottes

'Asri'el aus Gerona hatte in seinen philosophierenden Beweisführungen für 'En Sof und Sefirot darauf hingewiesen, dass 'En Sof und Sefirot nicht zwei verschiedene Gottheiten sind, sondern zwei unterschiedliche Aspekte derselben Gottheit.[1603] Dies ist es, worauf auch der Sohar mit allem Nachdruck hinweist, wenn er sagt:

> »Komm und sieh! Der Heilige, Er sei gesegnet, brachte zehn Kronen hervor, heilige obere Kronen, mit denen er sich krönte und in die er sich kleidete, und Er ist sie und sie sind Er, so wie die Flamme mit der Kohle eins ist. Da gibt es keine Trennung!«[1604]

Durch diese widersprüchliche Redeweise unterscheiden sich die Kabbalisten von den Philosophen. Da wird zunächst von durchaus verschiedenen, von Gott hervorgebrachten Entitäten gesprochen, die der Emanator hervorbringt, die sodann aber im nächsten Zug mit ihm selbst wieder identifiziert werden. Hier zeigt sich auch ein Unterschied zu 'Asri'el aus Gerona, der ein mehr philosophisch geschulter Kabbalist ist, und die beiden Seiten der Gottheit als unterschiedliche Aspekte, Vollkommenheit ohne Mangel und Vollkommenheit mit Mangel, beziehungsweise Unbegrenztheit ohne Begrenzung und Unbegrenztheit in der Begrenzung, definiert, um die sefirotische Theologie dem menschlichen Denken nahe zu bringen. Demgegenüber liebt der Sohar die mythologische Sprache und die homiletische Plausibilität, die sich der anthropomorphen Anschauung bedient.

Die Selbstumhüllung der Gottheit in den Sefirot oder Kronen, wie sie hier genannt werden, ist für den Sohar ebenso wichtig wie für die mittelalterlichen Philosophen die intelligiblen Zwischenstufen zwischen der ersten Ursache und der Welt. Ohne diese Mittelstufen waren zwei grundsätzliche Probleme unlösbar. Das eine ist die Hinwendung der Gottheit zur Welt, das heißt vor allem die Erschaffung der Welt, das zweite ist die Möglichkeit des Menschen, sich Gott zuzuwenden oder überhaupt Wissen und Erkenntnis von ihm zu haben. Das erstere soll später noch diskutiert werden. Das letztere formuliert der Sohar an einer Stelle, die die Stufen der Verborgenheit Gottes im Zusammenhang der Möglichkeit beschreibt, wie und wo Gott zu erkennen ist:

I, S. 22b-23a (vgl. Tikkune Sohar Hadasch, S. 115b; Y. Tishby, Mischnat-ha-Sohar, I, S. 119f., The Wisdom of the Zohar, I, S. 250); II, 42b; vgl.. J.C. Malka, Bi-Netivot Hochmat ha-Kabbala, Jerusalem 2004, S. 35f.

1603 Vgl. Asriel Kabbala III. B.3.1 u. 3.2.

1604 Sohar III, S. 70a.

> »Drei Welten hat der Heilige, E.s.g., in denen er verborgen ist.
> Die erste Welt ist jene oberste vor allem verborgene, in die keiner blickt und die keiner erkennt, außer jenem, der in ihr verborgen ist.
> Die zweite Welt, die mit jener obersten verbunden ist, ist jene, an der man ihn erkennen kann, wie geschrieben steht: ›Öffnet mir die Tore der Gerechtigkeit [dass ich in sie trete und den Herrn lobe.] Das ist das Tor zum Herrn.‹ (Ps 118, 19-20). Das ist die zweite Welt.
> Die dritte Welt ist jene unter diesen beiden, in der es die Trennung gibt. Dies ist die Welt, in der die oberen Engel weilen, und in der sich der Heilige, gesegnet sei Er, zuweilen findet und zuweilen nicht findet. [...] Das ist die Welt, in der er sich nicht beständig befindet.«[1605]

Für die erste Welt, das ist die Welt des 'En Sof, gilt, dass sie der Erkenntnis unzugänglich ist. Die zweite Welt hingegen, ist die Welt der Sefirot, die der menschlichen Erkenntnis zugänglich ist. Sie steht, das wird hier ein weiteres Mal betont, mit der ersten in inniger Verbindung. Wie schon 'Asri'el und Gikatilla,[1606] so versteht auch der Sohar sie als die Welt der absoluten Einheit. Dies ergibt sich aus der Qualifizierung der dritten Welt als Welt der »Trennung«. Erst durch die Umhüllung der Gottheit, wird sie der menschlichen Erkenntnis zugänglich. Die Stufen von 'En Sof bis zur Engelwelt sind Stufen der voranschreitenden Differenzierung der Einheit in die Vielheit der Trennung. Die Sefirot bilden hier, analog zu dem von 'Asri'el gezeichneten Übergang, die Mittelstellung zwischen vollkommener Einheit und totaler Trennung. Die Sefirot sind die Differenzierung und »Trennung« in der Einheit und stehen so zwischen beiden, haben an beiden Anteil und können, gemäß dem mittelalterlich-philosophischen Denkmuster, zwischen beiden vermitteln.

Im Vergleich zu den später noch zu diskutierenden platonisch-emanatistischen Aussagen, die eigentlich eine Dauerimmanenz der Gottheit auch in den unteren Welten voraussetzen, zeigt sich hier das unsystematische unphilosophische Denken der Sohar-Kabbala, die unterschiedliche Aspekte des Denkens herausstellen will, ohne deren philosophische Konsistenz und Stringenz zu beachten. Gott steigt in diesem Text wie eine Person gelegentlich in den Engelhimmel herab, um sich später wieder aus ihm zurückzuziehen. Eine ähnliche personalistische Inkonsequenz tritt später beim Thema *Schechina* auf, die gleichermaßen in sehr personalistischen Kategorien beschrieben wird, die dem Sohar wichtiger sind als philosophische Existenzaussagen.

Den Vorgang, der schließlich in die Weltschöpfung mündete, zuvor aber die Sefirot und die Engelwelt hervorbrachte, betrachtet der Sohar in erster Linie als

1605 Sohar III, S. 159a.

1606 Vgl. Kap. Kabbala III. B.3.1; IV.2.4.

Selbstoffenbarung der Gottheit. Darum kann auch die Entstehung der Sefirotwelt expressis verbis als Selbstoffenbarungsprozess des 'En Sof dargestellt werden. Oft wird auch die erste Sefira, das *Nichts*, an dieser Stelle genannt, da es dem 'En Sof in seiner Unerkennbarkeit noch sehr nahe steht. So in der folgenden Darstellung dieser Selbstoffenbarung, die ein Midrasch zu Jesaja 40,26 »Erhebet eure Augen zur Höhe und seht *wer* (*mj*) *jene* (*'lh*)[1607] erschuf« ist:

> »Als das Verborgenste von allem Verborgenen sich offenbaren wollte, machte es zuerst einen Punkt und er wurde zum *Gedanken* (*Machschava*, II). In ihn zeichnete Er alle Zeichnungen und ziselierte in ihn alle Gravuren und gravierte in die verborgene *Heilige Leuchte* (II) die Gravur eines verborgenen *Allerheiligsten* (III), ein tiefverborgenes Bauwerk, das aus dem Gedanken hervorging und ›wer?‹ genannt wurde. Das ist der Beginn des Bauwerks, das besteht und doch nicht besteht, tief im Namen verborgen und wurde darum nur ›wer?‹ genannt. Er wollte sich offenbaren und mit einem Namen genannt werden und darum kleidete er sich in eine edle Bekleidung (*Levusch*), die leuchtete, und ›erschuf jene‹ (Jes 40,26), und jene erlangten einen Namen. Da verbanden sich die Buchstaben [von ›wer?‹ (*mj*, מי) mit denen von ›jene‹ (*'lh*, אלה)] und sie wurden vollkommen im Namen 'Elohim (*'lhjm*, אלהים). Solange er ›jene‹ (*'lh*) nicht erschaffen hatte, erreichten sie nicht den Namen 'Elohim. [...] Und in diesem Geheimnis wird die Welt erhalten.«[1608]

Wie eingangs schon bemerkt, sucht der Autor im biblischen Text Erkenntnisse über die Gottheit. Sie findet er hier in den Worten » ›wer‹ hat ›jene‹ erschaffen«, die er gegen den Schriftsinn so deutet, dass das Wort »wer« das Subjekt und das Wort »jene« das Objekt der Schöpfungstätigkeit ist. Also der *mj* (wer) hat *'lh* (jene) erschaffen. Das Fragepronomen mj (mi) wird im Text mit der dritten Sefira *Bina* identifiziert. Bina selbst ist noch so verborgen, dass sie noch keinen Namen hat, und gleichsam nur in der Frage »wer?« angedeutet werden kann. Das Plural-Demonstrativpronomen »jene« ('elle) verweist auf die nach *Bina* folgenden sieben unteren Sefirot, auf die nun tatsächlich schon hingedeutet werden kann: »jene«! Aber weder die sieben unteren Sefirot noch die halbverborgene *Bina* sind für sich genommen ein Name, mit dem die Gottheit benannt und offenbart werden könnte. Erst beide zusammen genommen ergeben den Gottesnamen *'Elohim*, denn setzt man die Buchstaben beider Pronomina zusammen, entsteht daraus der Gottesname *'Elohim*. Die Erzeugung der zehn Sefirot schuf demnach den Gottesnamen, oder besser das Gottesappellativ »'Elohim«, das heißt »Gott«. Nun ist Gott offenbart.

1607 'elle

1608 Sohar I, S. 2a.

Auch an dieser Stelle muss man auf die logische Inkonsistenz der Aussagen des Sohar verweisen, denn schon die ersten drei Sefirot haben, wie später noch deutlich werden soll, eigene Gottesnamen. Hier ging es eben darum, die Entstehung der Sefirot durch die Deutung eines biblischen Textes als Selbstoffenbarung Gottes oder seiner Benennung, seines »Namens«, darzustellen.

3.3 Das Hervorgehen der *Sefirot*

Die neoplatonischen jüdischen Philosophen des Mittelalters wie Jizchak Jisraeli und Schlomo Ibn Gevirol, die der Emanationsdoktrin dieser Schule folgten, hatten besondere Mühe mit dem Übergang von der Gottheit selbst, dem Einen, zu der ersten Emanationshypostase, weil ein ungebrochener Übergang zwischen diesen beiden die Konsequenz mit sich brachte, dass das Emanat wie der Emanator seit ewig existiert. Viel wurde darum an dieser Stelle von den Philosophen erklärt, um die neoplatonische Lehre von der Ewigkeit der Welt mit dem Schöpfungsgedanken des biblisch-rabbinischen Judentums in Einklang zu bringen. Da wurde mit dem Willen des Emanators argumentiert, der die Emanation zu einem bestimmten Zeitpunkt einsetzen ließ, oder aber sprach man von einem Schöpfungsakt, der das erste Emanat hervorbrachte, von dem aus dann erst die Kette der Emanation begann.[1609] Ein anderes Problem der Emanationslehre war der Pantheismus, oder zumindest eine abgestufte Göttlichkeit der Welt, die doch zumindest seit Saʿadja, andeutungsweise auch schon früher, als aus dem Nichts von Gott erschaffen galt.[1610] Ein ähnliches Ringen ist auch im Sohar zu erkennen, der die Emanation der ersten Sefira mit einem vieldeutigen Schwall von Worten umgibt und unterschiedliche Konzeptionen ineinander verschachtelt, um diesem schwierigen Komplex Herr zu werden.

Ein erstes wichtiges Indiz für die delikate Übergangszone ist, dass die erste Sefira zwar nicht *'En Sof* aber immerhin *'Ajin*, »Nichts« genannt wird. Die Abgehobenheit der ersten Sefira findet zuweilen ihren Ausdruck darin, dass sie selbst als anfanglos, als eine ewig bestehende Aura des 'En Sof verstanden wird. Den Beginn der Emanation beschreibt daher der Sohar nicht eigentlich als eine Emanation aus dem 'En Sof, sondern als ein Einwirken des 'En Sof auf seinen ihn umgebenden Ur-Äther (*'Awir Kadmon*), aus dem die zweite Sefira als der erste Anfang hervorgeht. Der Ur-Äther, das Nichts, bringt demnach, angeregt durch das 'En Sof, die zweite Sefira als erstes Emanat hervor, die darum *Reschit*, Anfang, genannt wird. Dies sagt nach dem Verständnis des Kabbalisten ja auch die Tora, die mit dem Wort *Reschit* beginnt. Diesen Anfang der Genesis deutet der Sohar deshalb wie folgt:

1609 Vgl. Bd. I, S. 496-498.510f.532-534, vgl. auch S. 459-461.

1610 Vgl. Bd. I, S. 375-378.454-461.507-510.534-536.

» ›Am Anfang‹ (*be-Reschit*) – als der Wille des Königs zu wirken begann, grub er Zeichen in die himmlische Aura [, die ihn umstrahlte]. Eine dunkle Flamme entsprang aus dem allerverborgensten Bereich aus dem Geheimnis des ›Ungrunds‹ *'En Sof*, wie ein Nebel, der sich im Gestaltlosen bildet, eingelassen in den Ring [jener Aura], nicht weiß und nicht schwarz, nicht rot und nicht grün und von keinerlei Farbe überhaupt. Erst als jene Flamme Maß und Ausdehnung annahm, brachte sie leuchtende Farben hervor. Ganz im Innersten der Flamme nämlich entsprang ein Quell, aus dem Farben auf alles Untere sich ergossen, verborgen in den geheimnisvollen Verborgenheiten des *En Sof*. Der Quell durchbrach und durchbrach doch nicht den ihn umgebenden Äther [der Aura] und war ganz unerkennbar, bis infolge der Wucht seines Durchbruchs ein verborgener höchster Punkt aufleuchtete. Über diesen Punkt hinaus ist nichts erkennbar, und darum heißt er *Reschit*, Anfang, das erste Schöpfungswort [von jenen zehn, durch die] das All [geschaffen ist].«[1611]

Salomo Ibn Gevirol hatte die erste Substanz, den Intellekt, der aus Materie und Form besteht, aus dem Wesen und dem Willen des Einen entspringen lassen.[1612] Der Sohar spricht hier vom Willen, dem ersten Anreger, und einer dunklen Flamme aus dem Allerverborgensten Bereich, die sich in der Aura auswirken, welche die erste Sefira ist. Sie ihrerseits bringt dann die zweite und die weiteren Emanate hervor, so wie der gabirolsche Intellekt, die weiteren Hypostasen emaniert. Es liegt nahe, hier einen Einfluss von Gabirol auf die Schöpfungstheologie des Sohar zu vermuten, worauf schon Scholem hingewiesen hat.[1613] Auf alle Fälle ist hier ein ähnliches Interesse zu erkennen, nämlich die genannten schöpfungstheologischen Klippen zu umschiffen.

Der Anfang des Existierenden ist demnach die zweite Sefira *Hochma*, die hier als »Reschit« (Anfang) erscheint. Davor wird von der Quelle gesprochen, die durchbricht und doch nicht durchbricht. Auch hierbei verwendetet der Text eine Formulierung, die zwar eine Emanation meint, deren Konsequenz er dann aber nicht wirklich gelten lassen will und sie sogleich wieder zurücknimmt, weil der Quell eben doch nicht durchbricht.

1611 Sohar I, S. 15a, Übersetzung von G. Scholem, Die Geheimnisse der Schöpfung, S. 45; Frankfurt a.M. 1971, S. 49.

1612 Vgl. Bd. I, S. 535.532-534.528-532.

1613 G. Scholem, Kabbalah, Jerusalem 1974, S. 93.

3.4 Beschreibungssprachen für die Emanation der *Sefirot* – Symbolreihen

Die Beschreibung der Emanation der weiteren Sefirot, also der sich offenbarenden Gottheit, ist im Sohar so vielfältig wie die sich nachher entfaltende Wirklichkeit der unteren Sefirot. Der Grund und die Möglichkeit für diese vielfältigen Redeweisen ist darin zu suchen, dass das oben schon beschriebene Verhältnis von Entsprechung der oberen und der unteren Welten hier im Sinne der neoplatonischen »Ideenlehre« aufgenommen wird, nach der die intelligible Welt die Welt der Formen ist. Zugleich führt der Sohar damit die Tradition des Sefer ha-Bahir fort, der jeder der Gotteskräfte eine Mehrzahl an Bezeichnungen aus den unterschiedlichsten Bereichen der Welt zugeschrieben hatte.[1614] Dieser Vorgang nimmt die platonische Vorstellung der Entsprechung von oberer und unterer Welt allerdings in der Weise auf, dass nunmehr die intelligible Welt mithilfe der sichtbaren irdischen Formen beschrieben werden kann, wie dies ja analog die im ersten Band zitierte Theologie des Aristoteles sehr drastisch durchführte.[1615] Für die Autoren des Sohar bedeutet dies, dass sämtliche auf der Erde vorkommenden Kategorien und Lebensbereiche geeignet sind, als Sprachmaterial für die Beschreibung der Sefirotwelt zu dienen, da sie deren Urbild und deren Formenwelt ist. Das heißt, alle auf der irdischen Welt vorkommenden »Formen« sind geeignet als Benennung für die einzelnen Sefirot zu dienen. Dabei werden die verschiedenen Seinsbereiche der irdischen Welt zuweilen separat zur Beschreibung der Sefirotwelt herangezogen, häufiger aber treten sie miteinander vermischt auf, so dass die Sohar-Texte von einer zur anderen Terminologie springen, was dem Unkundigen die Lektüre erheblich erschwert. Es ist für das Verstehen der Sohar-Texte hilfreich, wenn die Sprachebenen zunächst getrennt voneinander sichtbar gemacht werden, auch wenn sie in dieser Reinheit im Sohar selbst kaum auftreten. Die meist gebrauchten Sprachebenen und Terminologieressourcen sind:

1. Die Sprache der Schriftauslegung

Bei ihr wählt der Autor, wie dies oben schon deutlich wurde, einen Text aus der Schrift und deutet die in ihm vorkommenden Termini, Begrifflichkeiten oder Personen auf die unterschiedlichen Sefirot und findet deren Beziehungen zueinander im syntaktischen Beziehungsgeflecht des Schrifttextes wieder.

2. Die neoplatonische Philosophie

Aus den Denksystemen und Texten der mittelalterlichen neoplatonischen, auch der aristotelischen Philosophie schöpften die Autoren des Sohar, wie die ihnen vorangegangenen Kabbalisten, die Emanationsterminologie mit den dort geläufi-

1614 Vgl. Kap. Kabbala I.3.1.2; 3.1.3.

1615 Vgl. Bd. I, S. 512f.

gen Bildern des sich verströmenden Lichtes oder Quellwassers und der intelligiblen Weltstufen.

3. Die Alphabetologie

Von der altjüdischen Mystik und der hier beschriebenen Kabbala des zwölften und dreizehnten Jahrhunderts vorbereitet, bot sich den Sohar-Autoren das alphabetologische Sprachrepertoire an, um die Entfaltung der Gottheit und der gesamten Schöpfung zu beschreiben.

4. Die Onomatologie

Eng mit der vorangehenden Sprech- und Denkweise ist die der Onomatologie, das heißt die Beschreibung der sefirotischen Welt in den Kategorien der Gottesnamen verbunden. Danach kann ein Gottesname zum einen das gesamte sefirotische System repräsentieren, oder jede der Sefirot erhält einen ihr eigenen Gottesnamen.

5. Die Anthropologie

Sehr intensiv und kühn wird im Sohar die anthropomorphe Sprache zur Beschreibung der sefirotischen Welt sowohl auf der individuellen wie auch auf der sozialen Ebene verwendet. Infolgedessen wird die Sefirotwelt einerseits als individueller Urmensch, *'Adam kadmon*, andererseits auch als soziales Wesen dargestellt, in dem die Kategorien Männlich (Sefirot II und VI) und Weiblich (Sefirot III und X), Vater (II) und Mutter (III), Sohn (VI) und Tochter (X) existieren. Der Prozess der Emanation wird hierbei als fortgesetzte Zeugungen und Geburten verstanden.

6. Die Kosmologie

Die kosmologische Redeweise symbolisiert zum Beispiel die Sefirot *Tif'eret* (VI) und *Malchut* (X) mit den beiden Hauptgestirnen des Himmels, Sonne (VI) und Mond (X), von denen die Sonne eigenes Licht besitzt, während der Mond nur leuchtet, wenn er von der Sonne angestrahlt wird.[1616] Entsprechend ist die Sefira VI der Tag und die Sefira X die Nacht.[1617] Beide werden auch mit Himmel und Erde benannt, weil sie eben in diesem gebenden und empfangenden Verhältnis zueinander stehen. Die vier Himmelsrichtungen werden auf die Sefirot *Hesed* (IV, Süden), *Gevura* (V, Norden), *Tif'eret* (VI, Osten) und *Malchut* (X, Westen) aufgeteilt, weil der Süden warm ist und Liebe ausstrahlt, weil seit einer

1616 z.B. Sohar I, S. 181a-b; Y. Tishby, Mischnat ha-Sohar I, S. 246; The Wisdom of the Sohar, I, S. 403; Sohar III, S. 45b; Y. Tishby, Mischnat ha-Sohar, S.257f.; The Wisdom of the Zohar, I, S. 416f.

1617 Sohar I, S. 30b-31a; Y. Tishby, Mischnat ha-Sohar, I, S. 208-209; The Wisdom of the Zohar, I, S. 360-362.

alten biblischen Tradition[1618] aus dem Norden das Böse kommt, aus dem Osten das Licht aufstrahlt und der Westen, der Ort der Untergang der Sonne, kein eigenes Licht hat. Auch die vier Elemente werden hier verortet, Wasser ist *Hesed*, Feuer *Gevura*, Wind/ Hauch ist *Tif'eret*, und Erde/Staub *Malchut*, etc. Die Farben, die man bei 'Asri'el aus Gerona schon findet, sind im *Sohar* als Weiß für *Hesed*, Rot für *Gevura*, Grün für *Tif'eret* vertreten.[1619]

7. Das Traditionsinventar

Selbstverständlich können auch Werte der jüdischen Tradition als Repräsentanten der sefirotischen Welt auftreten, die Schriftliche Tora ist Sefira VI, die Mündliche X, die biblischen Väter: Abraham ist *Hesed* (IV), Isaak *Gevura* (V), Jakob *Tif'eret* (VI), Moses ist *Nezach* (VII), Ahron ist *Hod* (VIII), Josef der Zaddik (IX) und David die *Malchut* (X). Die biblischen Frauen sind mit Lea für *Bina* (III) sowie Rachel, Mirjam und Esther für *Malchut/Schechina* (X) vertreten. Auch der Tempel, sein Inventar und das Gebet verwendet der Sohar analog.

In der Fachliteratur wird die Verwendung dieser »irdischen« Requisiten zur Beschreibung der göttlichen Welt unter dem Stichwort des »mystischen Symbols« erörtert. Scholem erklärt dazu: »Im mystischen Symbol wird eine Wirklichkeit, die in sich selbst, vom Menschen her gesehen, keinen Ausdruck hat, unmittelbar in einer anderen Wirklichkeit transparent. Erst von ihr her bezieht sie ihren Ausdruck, insbesondere wenn sie sich mit einem formulierbaren, ja sichtbaren Inhalt ausstattet, wie zum Beispiel dem christlichen Kreuz oder dem jüdischen siebenarmigen Leuchter. Der zum Symbol gewordene Gegenstand bleibt dann in seiner ursprünglichen Form und in seinem ursprünglichen Gehalt bestehen. Er wird nicht sozusagen entleert, um einen anderen Gehalt aufzunehmen, sondern in ihm selber, aus seiner eigenen Existenz heraus, erscheint an ihm jene andere Wirklichkeit, die sich anders gar nicht mitteilen kann. Steht also in der Allegorie ein Ausdrückbares für ein anderes Ausdrückbares, so steht im mystischen Symbol ein Ausdrückbares für etwas, was der Welt des Ausdrucks und der Mitteilung entrückt ist. [...] Ein verborgenes Leben, das keinen Ausdruck hat, findet ihn im Symbol.«[1620] Jesaja Tishby, der gleichfalls die Differenz zwischen Allegorie und Symbolik betont, erläutert, dass die Allegorie die sichtbaren Dinge nur auf dem Wege der Ausleihe auf ihre Beschreibungen der Gottheit überträgt, wobei keine wesentliche Beziehung zwischen dem beschreibenden Begriff und der beschriebenen Wesenheit besteht. Bei der Allegorie »besteht zwischen den beiden Inhalten ein analoges oder nur zufälliges assoziatives Verhältnis und nicht

1618 Vgl. Kap. Kabbala I.4.2.

1619 Vgl. G. Scholem, Farben und ihre Symbolik in der jüdischen Überlieferung und Mystik, in: ders. Judaica III, Frankfurt a.M. 1973, S. 98-151.

1620 G. Scholem, Die jüdische Mystik, S. 29.

mehr, wie im Gleichnis sich Bild- und Sachseite zueinander verhalten. [...] Zwischen dem Symbol und dem Symbolisierten besteht hingegen eine dauernde Wesensbeziehung, denn die symbolische Natur ist dem Symbol selbst von allem Anfang seines Entstehens an eingepflanzt.«[1621]

Moshe Idel hat sich in seinem umfassenden Buch zur kabbalistischen Hermeneutik »Absorbing Perfections«, wenn auch etwas einseitig, mit den beiden genannten Autoren auseinandergesetzt. Er fasst die beiden oben skizzierten Symboldefinitionen unter dem gemeinsamen Nenner zusammen, dass sie die Notwendigkeit zur Symbolsprache in einer »noetic insufficiency« begründet sehen, »namely the impossibility of the human mind, and perhaps of human experience in general, to encounter and express an entity understood as the ultimate. [...] The symbolized entity can neither be apprehended nor expressed in itself, but solely by means of the symbol.«[1622] Diese Art der Symbolsprache nennt Idel die »referentielle« oder auch »repräsentative«, weil sie etwas Anderes repräsentiert oder es auf sich bezieht. Was er bei diesen Definitionen vermisst, ist die zusätzliche Möglichkeit des Symbolischen, »performatives« oder »manipulatives« Symbol zu sein. »If there is an organic link between the symbols and their source, as is the he case in some of the Kabbalistic views of the symbol, the link works not only downward but also upward: the symbol as divine presence within the lower world is not only the feeble reflection of the supernatural into the mundane but also the beginning of an ontological chain that facilitates the transmission of the human influence on high.«[1623] Sprich, das Symbol ist Medium zur Theurgie. Die grundsätzlichere Auseinandersetzung mit den beiden genannten Autoren, beginnt jedoch da, wo Idel gegenüber der von ihm als »Pansymbolismus« kritisierten Auffassung, nach der sich die Symbolsprache der gesamten Wirklichkeit für ihre Symbole bedienen könne, einen anderen Ort des Symbolreservoirs in den Mittelpunkt stellt. Nachdem er feststellte, dass zum Beispiel ein für die in Europa lebenden mittelalterlichen Autoren so fern liegender Ort wie Jerusalem einen hohen Symbolwert besitzt, hingegen die Orte und Städte der eigenen Gegenwart überhaupt nicht als Symbole dienen, kommt er zu der Auffassung, dass es nicht die irdische Realität ist, die zum Symbol wird, sondern der Text der Tora. Das heißt, Jerusalem ist deshalb zum Symbol geworden, weil es im Text der Tora und in der Tradition mit Bedeutung ausgestattet war, nicht wegen seiner irdisch-geographischen Realität.[1624] Diese Abwendung von der irdischen »Realität« und Hinwendung zum Kanon der Tradition als Quelle der

1621 Y. Tishby, Mischnat ha-Sohar, I, S. 146; The Wisdom of the Zohar, S. 284f.

1622 M. Idel, Absorbing Pefections, Kabbalah and Interpretation, New Haven & London 2002, S. 274.

1623 M. Idel, Absorbing Pefections, Kabbalah and Interpretation, S. 276.

1624 M. Idel, Absorbing Pefections, Kabbalah and Interpretation, S. 287.

Symbolik widerspricht nach Idel natürlich auch Scholems Behauptung, dass es geschichtliche Symbole gebe, wofür die »Exilssymbolik« der lurianischen Kabbala, welche Scholem auf die Vertreibung der Juden aus Spanien zurückführt, Scholems wichtigstes Beispiel ist. Auch die Auffassung, dass die Symbole auf innere Erfahrungen und mystische Erlebnisse zurückzuführen sind, wird damit in Frage gestellt.

Idels Hinweis auf die symbolschaffende Kraft der Schriftauslegung, die als Reservoir dient, um die damals entstandene »dekadische Theosophie« in der Tradition zu begründen, ist ganz gewiss wichtig, allerdings scheint sie mir nicht angetan, alle in der soharischen Symbolik aufgenommenen Symbole zu erklären, dies vor allem, was die anthropomorphen Symbole und die Sexualsymbolik anbelangt. Immerhin haben die eingangs beschriebenen Äußerungen der Sohar-Literatur von einer umfassenden Entsprechung von Oben und Unten gesprochen, die eine Begrenzung der Symbolfindung durch die Toraexegese nicht nahe legen, wenn auch deren prägende Präsenz nicht geleugnet werden kann, ja vielleicht als Leitfaden anerkannt werden muss.

Boʿas Huss hat die Frage der kabbalistischen Symbolik an der Definition des Symbols erörtert, die der späte Josef Gikatilla, ein Mitglied des mutmaßlichen Soharkreises, in der Einleitung zu seinem *Scha'are 'Ora* gegeben hatte.[1625] Huss stellt dort fest, dass die vier Grundvoraussetzungen der Scholem-Tishbyschen Definition des kabbalistischen Symbols im letzten Jahrzehnt allesamt in Frage gestellt worden sind. Diese vier Voraussetzungen sind: 1. Die Zentralität des Symbols in allen Richtungen der kabbalistischen Literatur.[1626] 2. Eine klare Unterscheidung zwischen Symbol und Allegorie, wobei die Symbolik für die Kabbala charakteristisch, dagegen die Allegorie Charakteristikum der Philosophie

1625 B. Huss, Hagdarat ha-Semel schel R. Josef Gikatilla we-Gilguleha be-Sifrut ha-Kabbala, in: Kolot rabbim. Sefer ha-Sikkaron le-Rivka Schatz-Oppenheimer, ed. R. Elior u. J. Dan, Jerusalem 1996, I, S.157-176.

1626 Dagegen hatten argumentiert: M. Idel, Kabbala, New Perspectives, S. 200ff, 218, 233; R. Elior, Ha-Sikka ha-metaforit ben ha-'El le-'Adam u-Rezifutah schel ha-Mamaschut hahesjonit be-Kabbalat ha-'Ari, in: Divre ha Kenes ha-benle'umi ha-reviʿi [...] le-Secher Gershom Schalom, Kabbalat ha-'Ari, Jerusalem 1992; Y. Liebes, Mitos leʿumat Semel be-Sohar u-ve-Kabbalat ha-'Ari, in: 'Eschel Be'er Schevaʿ, 4 (1956), S. 192-209; M. Idel, 'Al Toledot Musag ha-»Zimzum« ba-Kabbala u-va-Mechkar, Divre ha-Kenes ha-benle'umi ha-reviʿI [...] le-Secher Gershom Schalom, Kabbalah ha-'Ari, Jerusalem 1992, S. 94.

sei.[1627] 3. Die symbolisierte Wesenheit kann nicht anders ausgedrückt werden als durch das Symbol.[1628] 4. Die epistemologische Funktion des Symbols.[1629]

Die Infragestellung dieser vier Grundvoraussetzungen der Definition des Symbols bei Scholem und Tishby hat zu folgendem Ergebnis geführt: 1. Nicht alle Kabbalisten denken und sprechen in Symbolen. 2. Auch Kabbalisten sprechen in Allegorien und die Grenzen zwischen Allegorie und Symbol sind fließend. 3. Die symbolisierte Wesenheit kann auch anders als mit diesen Symbolen benannt werden, oder die Symbole bekommen ihre Bedeutung gerade vom Symbolisierten her und nicht sie sind es, welche ihre Bedeutung auf das Symbolisierte übertragen. 4. Das Symbol soll nicht in erster Linie die »Erkenntnis« des Symbolisierten ermöglichen, sondern es dient vor allem der Theurgie.

Zu letzterem Punkt bringt Huss die oben schon ausführlich besprochene Definition Gikatillas aus der Einleitung in die *Scha'are 'Ora*, nach welcher das Symbol eine dynamisch-performative Bedeutung hat.[1630] Das heißt, das Symbol dient vor allem dazu, die Fähigkeit des Menschen zur Theurgie festzustellen und zu begründen. Zwischen dem Symbol und dem Symbolisierten besteht demnach nicht ein epistemischer Zusammenhang, sondern ein dynamisch-performativer. Die Handlung mit einem der menschlichen Glieder hat Auswirkungen auf jene obere Sache, die mit dem Namen dieses menschlichen Gliedes benannt wird. Dies ist gleichsam der »wesenhafte« Zusammenhang, er ist nicht einer des *Wesens*, sondern einer der Resonanzfähigkeit.

Huss zeigt, dass die Ausführungen von Gikatilla in der weiteren kabbalistischen Literatur vielfach aufgenommen und nach verschiedenen Richtungen gedeutet werden, nach der theurgisch-performativen, nach der mystischen, das heißt mystische Erfahrung ermöglichenden, und auch nach der metaphorischen, aber derart, dass nicht das menschliche Glied seinen Namen dem göttlichen leiht,

1627 Dagegen: F. Talmage, Apples of Gold – The Inner Meaning of Sacred Texts in Medieval Judaism, in: A. Green (ed.), Jewish Spirituality, New York 1988, I, S. 343; M. Idel, Kabbalah, New Perspectives, S. 218-222.

1628 Dagegen: M. Idel, Kabbalah, New Perspectives, S. 218ff; Y. Liebes, Mitos le'umat Semel be-Sohar u-ve-Kabbalat ha-'Ari; A. 'Elkajjam, Ben Referenzialism le-Bizua': Schte Gischot be-Havanat ha-Semel ha-kabbali be-Sefer »Ma'arechet ha-'Elohut «, in: Da'at 24 (1990), S. 14-15; E.R. Wolfson, By Way of Truth – Aspects of Nahmanides ›Kabbalistic Hermeneutic‹, AJS Review 14 (1989), S. 116-117; ders., Through a Speculum that Shines – Visions and Imagination in Medieval Jewish Mysticism, Princeton 1994, S. 58.

1629 Dieser Funktion gegenüber habe das Symbol oft eine performativ-magische Funktion, wozu sogleich noch einiges zu sagen sein wird; I. Gruenwald, Ha-Mistika ha-jehudit be-Ma'avar mi-Sefer Jezira le-Sefer ha-Bahir, in: Divre ha-Kenes ha-benle'umi ha-scheni le-Toledot ha-Mistika ha-jehudit, Reschit ha-Mistika ha-jehudit be-Eropa, Jerusalem 1987, S. 35-36; M. Idel Kabbalah, New Perspectives, S. 176f; A. 'Elkajjam, Ben Referenzialism le-Bizua', S. 6, 29.

1630 Vgl. Kap. Gabbala VI.4.1.

sondern umgekehrt, das menschliche nach dem göttlichen benannt ist. Ebenso wird schließlich die Deutung als Gleichnis vorgetragen.
Summa summarum kann man sagen, dass bezüglich der kabbalistischen Symbolik keine generalisierenden Aussagen gemacht werden können, sondern mit unterschiedlichen Verständnissen und Funktionen des Symbols zu rechnen ist. Die hier getroffene Wahl des Terminus »Beschreibungssprachen« soll dieser Vielfältigkeit der kabbalistischen Redeweisen Rechnung tragen. Im Folgenden sollen sollen wenigstens einige Beispiele dieser symbolischen Redeweisen etwas detaillierter vorgeführt werden.

3.4.1 Die neoplatonische und aristotelische Tradition

Während der *Midrasch ha-Ne'elam* den in der mittelalterlichen Philosophie gebräuchlichen Terminus für die Emanation, nämlich *'zl* (*'azal*) und seine Derivate verwendet, wird dieser im Hauptteil des *Sohar* vermieden. Demgegenüber ist im *Sohar zur Tora* die Metapher des sich verströmenden Lichtes und Wassers und die ihr entsprechenden Termini für den Emanationsprozess geläufig.[1631] So zum Beispiel in einer Auslegung des ersten Schöpferwortes »Es werde Licht!«:

> » ›Und es ward Licht‹ (Gen 1, 3). Ein Licht das schon vorhanden war. Dieses Licht ist das verborgene Geheimnis, eine Ausbreitung, die sich verbreitete, und aus dem verborgenen Geheimnis des verborgenen oberen Äthers (Sefira I) hervorquoll. Es quoll zuerst hervor und brachte aus seinem Geheimnis einen verborgenen Punkt (Sefira II) hervor.«[1632]

Ähnlich an einer Stelle, die von der Welterschaffung spricht:

> »Als der Heilige, E.s.g., die Welten erschaffen wollte, ließ er ein verborgenes Licht hervorgehen (Sefira I). Und aus diesem Licht gehen und leuchten all jene Lichter hervor, die sich offenbarten. Und aus diesem Licht gingen hervor und strömten aus und wurden gemacht die übrigen Lichter, und dies ist die obere Welt.
> Und wieder strömte dieses obere Licht aus und machte einen Werkmeister, der nicht leuchtet (Sefira X), und der machte die untere Welt.«[1633]

Die obere Welt der Sefirot entsteht demnach, wie dies aus den neoplatonischen Schöpfungstraktaten, zum Beispiel bei Jizchak Jisra'eli, Pseudo-Empedokles und

1631 Vgl. Y. Tishby, Mischnat ha-Sohar I, S. 135; The Wisdom of the Zohar, S. 273.
1632 Sohar I, S. 16b.
1633 Sohar I, S. 156a.

Ibn Gevirol,[1634] bekannt ist, als eine Emanation aus dem obersten, göttlichen Licht. Auch die Quellmetaphorik ist im Sohar zu finden, etwa als Auslegung zu Psalm 104,10-11, der das Motiv vorgibt: »Der da Wasserquellen in Bäche ergießt, [...] dass alles Getier gesättigt wird.« Der Sohar lehrt dazu:

> »Zur Stunde, da die oberste Weisheit an ihre Gravuren schlug, [...] da öffnete sie sich und es quoll aus ihr ein Fluss hervor, der alle oberen Tore erfüllte. Gleich einem Born und Wasserquell, der einen Kanal erfüllt. Und von da ergießen sich sprudelnde Bäche und sie strömen nach allen Seiten [...] obere heilige Ströme von Balsam. Und alle ernähren sich vom Überquellen des oberen heiligen Baches, der hervorgeht und quillt.«[1635]

Die Wassermetaphorik wird in der Fortsetzung des Textes noch weitergeführt, bis sich die Wasser in die vier in der Paradiesesgeschichte (Gen 2, 10) genannten Ströme ergießen. Der Sohar deutet sie auf die vier *Hajjot* (tiergleichen Engelwesen) am Throne der Ezechielvision, auf dem nach soharischer Vorstellung der *'Adam kadmon* thront. Die vier Ströme, die sich trennen, sind der Beginn der Welt der Trennung, also die geschaffene Welt.

Der Autor der soharischen Spätschichten *Tikkune ha-Sohar* und *Ra'ja Mehemna* wird demgegenüber zu einer mehr aristotelischen Position greifen, was in dem entsprechenden Kapitel noch deutlich werden wird.

3.4.2 Die anthropomorphe Redeweise

Die biblische Lehre vom Menschen als Ebenbild Gottes hat das Denken der Sohar-Autoren nachhaltig geprägt. In besonderer Weise gilt dies, dem allgemeinen Interesse des Sohar entsprechend, hinsichtlich seiner göttlichen und urbildlichen Seite. Dabei wird die biblische Grundstelle in Gen 1,26-28 bezüglich ihrer Aussage, der Adam sei männlich und weiblich erschaffen worden, ebenso ernst genommen, wie diejenige von der geschlechtlichen Vermehrung des Menschen. Für die Vorstellung, dass es innerhalb der göttlichen Welt männliche und weibliche Aspekte gibt, konnte sich der Sohar schon auf den *Sefer ha-Bahir* stützen, der diesen Gedanken in die Kabbala eingeführt hatte.[1636] Dass das Menschsein zu seiner Erfüllung außerdem nur im Rahmen seiner sozialen und genealogischen Komponente erfüllt wird, ist in der biblischen Schöpfungsgeschichte durch den Vermehrungsbefehl Gottes immerhin schon angedeutet. 'Asri'el aus Gerona hat diesen Gesichtspunkt der sozialen Komponente des Menschseins aufgenommen

1634 Vgl. Bd. I, S. 494.504.529.

1635 Sohar III, S. 181a.

1636 Vgl. Kap. Kabbala I. A.3.1.3.

und ausformuliert, daraus jedoch noch keine theosophische Konsequenz gezogen. Nach seiner Auffassung ist der Mensch nur vollkommen und einer, wenn Vater und Mutter, Sohn und Tochter eins sind.[1637] Auf die Gottheit übertrug er diesen Grundsatz noch nicht. Diese Übertragung nimmt allerdings der Sohar vor und lässt neben den beiden Geschlechtern zusätzlich die familiären Relationen von Vater, Mutter, Sohn und Tochter in den zehn Sefirot vertreten sein. Außer dieser geschlechtlichen und sozial-genealogischen theosophischen Anthropologie bietet der Sohar allerdings noch verschiedene anatomisch-anthropologische Versionen zur Darstellung des *'Adam kadmon*, die im Folgenden noch erörtert werden. Schließlich muss noch auf die Besonderheit verwiesen werden, dass zuweilen das gesamte sefirotische System als Kollektiv, oder nur Untergruppen desselben beziehungsweise nur einzelne Sefirot als »Adam« bezeichnet werden. Man könnte sagen, die offenbare Gottheit ist in allen ihren Aspekten »Adam«, Mensch, und das Menschsein ist in seiner göttlichen Version die höchste Form des Seins. Dass in einem solchen System, dem irdischen Abbild eine entsprechend herausgehobene Rolle zukommt, ist nahe liegend und von den verschiedenen Soharschichten in unterschiedlicher Weise dargestellt worden. Dies wird im Folgenden noch deutlich werden. Zunächst sollen allerdings einige Beispiele für die genannten theosophischen Anthropologien vorgestellt werden.

3.4.2.1 Die sozial-genealogische Redeweise

Die Darstellung der familialen oder sozio-genealogischen Anthropos-Gestalt der Gottheit wird in der Klimax des messianischen Epos der »Kleinen Versammlung« (*'Idra Suta*)[1638] von Schim'on Bar Jochaj vorgetragen und als Höhepunkt der Offenbarung der theosophischen Mysterien apostrophiert:

> »R. Schim'on erhob frohgemut seine Hände und sprach: Gewiss ist jetzt die Stunde der Offenbarung, und alles muss in dieser Stunde geschehen. Es wird gelehrt: Als der *Heilige Hochbetagte* (*'Attika Kadischa, I*), der Verborgenste von allem Verborgenen, sich vollenden wollte (*tkn*), vollendete er alles in der Art von Männlich und Weiblich. Nachdem sie nun als Männlich und Weiblich vollendet wurden, gibt es keinen Bestand außer in der Weise von Männlich und Weiblich.[1639]

1637 Vgl. Kap. Kabbala III. B.5.3.

1638 Zu den *'Idrot* und ihrer Symbolik vgl. P. Giller, Reading the Zohar. The Sacred Text of the Kabbalah, Oxford 2001.

1639 Der Text scheint korrupt, ich folge hier im Wesentlichen Y. Tishby, Mischnat ha-Sohar I, S. 191f; The Wisdom of the Zohar, I, S. 341f.

Und jene *Weisheit* (*Hochma, II*), welche das Gesamte von allem ist, als sie aus dem *Heiligen Hochbetagten* hervorging und aufleuchtete, leuchtete sie nicht anders als männlich und weiblich auf. Denn diese *Weisheit* ergoss sich und brachte die *Einsicht* (*Bina, III*) aus sich hervor und so waren da Männlich und Weiblich. *Weisheit* ist der *Vater* und *Einsicht* ist die *Mutter*. *Weisheit* und *Einsicht* wurden mit einem einzigen Gewicht gewogen, Männlich und Weiblich. Und ihretwegen besteht alles aus Männlich und Weiblich, und wenn nicht so, haben sie keinen Bestand.[1640]
Dieser *Anfang* [*Hochma*] ist der Vater von allem, Vater aller Väter. Da verbanden sie sich miteinander und leuchteten ineinander, *Weisheit*, der Vater, und *Einsicht*, die Mutter. [...] Als sie sich verbanden, zeugten sie, und die *'Emuna* (Glaube) [die Welt der unteren Sefirot, IV-X] strömte hervor.
In der Haggada[1641] aus dem Hause des R. Jeijba wird gelehrt: Was ist *Binah*[1642] (BJNH, בינה)? Folgendes: Als sich *J* [= Hochma] mit *H* [= Bina] verband, wurde sie schwanger und brachte einen Sohn (*Ben*, *BN*, בן) hervor und gebar. Und deshalb heißt sie *BJNaH*, das ist *BeN JaH*. Die Vollkommenheit von allem ist, wenn sie beide zugegen und verbunden sind, und der Sohn (*Ben*) zwischen ihnen ist, dann ist in ihrer Vollendung die Vollkommenheit von allem, nämlich Vater und Mutter, Sohn und Tochter.«[1643]

Nach den beiden *'Idrot* (Versammlungen), die an keiner Stelle das *'En Sof* erwähnen, beginnt die Selbstoffenbarung und Zurechtstellung der Gottheit mit dem »Heiligen Hochbetagten« (nach Daniel 7, 9), das heißt der ersten Sefira. Sie hat ihre Selbstverwirklichung dann erreicht, wenn sie die sozial-genealogisch vollkommene Menschengestalt als Vater und Mutter, Sohn und Tochter erlangt hat. Das Elternpaar sind die zweite und dritte Sefira, *Hochma* und *Bina*, das Kinderpaar sind die sechste (inklusive der fünf sie umgebenden, also IV-IX) und die zehnte Sefira. Die Tochter wird nach dem in der Darlegung formulierten Grundsatz der Zweigeschlechtlichkeit zugleich mit dem »Sohn« ins Dasein gebracht. Die Emanation der Sefirot unterhalb des oberen »Elternpaares« kommt systemgemäß durch einen Zeugungsakt und Geburt zustande, was auch für den Bestand der Welt so gesagt werden kann. Die Voraussetzung für das sozial-genealogische Paradigma ist die zweigeschlechtliche Paarigkeit. Allerdings hat diese Paarigkeit über das hier Gesagte hinaus ein eigenes Profil und eigene Schwerpunkte, so

1640 Dasselbe gilt bezüglich des Menschen, s. Sohar I, S. 55b, dt. bei E. Müller, Der Sohar, S. 120; III, S. 296a; E. Müller, Der Sohar, S. 121f.

1641 Sammlung von Schriftauslegungen.

1642 An dieser Stelle wird das sonst weggelassene *He* (ה) des Hebräischen ausnahmsweise mitgeschrieben, damit die linguistische Operation deutlich wird.

1643 Sohar III, S. 290a.

dass es gerechtfertigt ist, dies im folgenden Abschnitt nochmals getrennt zu betrachten.

Ein weiteres, im Rahmen des onomatologischen Paradigmas noch zu erörterndes Motiv ist die Repräsentanz einzelner Sefirot durch die Buchstaben des Tetragrammaton, JHWH, im vorliegenden Fall von *Jud* und *Heh* für die zweite und dritte Sefira. Diese Repräsentanz zugrundelegend, verwendet der Autor die alphabetologische Hermeneutik der De- und Rekonstruktion eines Wortes. Dadurch beweist er, dass *Binah* die Mutter des Sohnes von »J« und »H«, sprich der Sefirot *Hochma* und *Binah*, ist. *Binah* (BJNH) zerlegt und restrukturiert ergibt BN JH, das heißt *Ben* und JH. Demzufolge trägt *Binah* die Kraft von Sefira II (Vater) und III (Mutter) sowie die des Sohnes in sich – der seinerseits zugleich mit der Tochter ins Dasein tritt. Die Vollkommenheit der selbstoffenbarten Gottheit und damit auch aller Welten ist dann erreicht, wenn der obere Mensch in dieser Vierfältigkeit vollständig ist.

3.4.2.2 Die sexual-symbolische Redeweise

Der im vorigen Abschnitt zitierte Text aus der »Kleinen Versammlung« hatte schon davon gesprochen, dass der Prozess der Emanation ein Prozess des Zeugens und Gebärens ist, der mit der Verbindung der Vater- und Muttergestalt beginnt. In diesem Zusammenhang greift der Sohar zu noch deutlicheren Formulierungen, die den Hinweis notwendig erscheinen lassen, dass es sich bei diesem Prozess um eine Substanzweitergabe und nicht nur ein Verursachen handelt. So sagt der Sohar über die zweite Sefira, *Hochma*, die zugleich das *Reschit*, des ersten Wortes des biblischen Schöpfungstextes ist: »Da verströmte sich das *Reschit* (Anfang II) und machte sich eine *Halle* (III) zu seinem Ruhm und Preis, und dort hinein ergoss es den heiligen Samen, um zum Nutzen der Welt zu zeugen.«[1644] Später wird der hier einsetzende Prozess folgendermaßen beschrieben:

> »Jetzt gebar jene *Halle*, womit sie durch den heiligen Samen geschwängert worden war, und gebar noch im Verborgenen. Der aber, der geboren wurde, dessen Stimme wurde draußen vernommen.«[1645]

Der Geborene ist der Sohn, der zugleich der Repräsentant und die Mitte der unteren Sefirot ist. Die Geburtssymbolik wird in der *'Idra Suta* (Kleine Versammlung) noch durch den Vorgang des Säugens ergänzt, was in der lurianischen Kabbala dann ausführlich aufgenommen werden wird. Im Zusammenhang der Sexualsymbolik spricht R. Schim'on Bar Jochai von den beiden innersefiro-

1644 Sohar I, S. 15a.

1645 Sohar I, S. 16b.

tischen Geschlechtspaaren, von Vater und Mutter, Sohn und Tochter und weist dabei auf einen wesentlichen Unterschied im Beziehungsverhalten der beiden Paare hin. Während das obere Paar in steter Verbindung bleibt und darum der Segensfluss aus ihm niemals abbricht, gibt es bei dem unteren Paar Zeiten der Trennung, die für die Welt, die vom Ausfluss des unteren Paares lebt, Zeiten des Mangels sind. In dieser Erörterung verwendet R. Schim'on die schon erwähnte Repräsentanz der Sefirot durch die vier Buchstaben des Gottesnamens JHWH, die für die Sefirot *Hochma (II), Bina (III), Tif'eret (VI) und Schechina (X)* stehen. Die Rede Schim'ons ist eine Auslegung zu Gen 2,10: »Und ein Fluss geht aus 'Eden hervor, um den Garten zu tränken, und dort trennt er sich und wird zu vier Häuptern.«:

> »Wer ist dieser *'Eden*? Das ist die obere *Hochma* (II) und sie ist ›J‹. ›Um den Garten zu tränken‹ – dieser *Garten* ist das ›W‹. [...] Und alles ist im ›J‹ enthalten, darum wird es *Vater* von Allem genannt, Vater der Väter, Anfang von Allem. [...] An seinem Ort ist nichts offenbar und nichts erkennbar, bis er sich mit *'Imma* (der Mutter, III) verbindet und er in *'Imma* angedeutet wird. Das Alles umfassende wird durch sie erkannt und ist in ihr angedeutet, der Anfang und das Ende von allem, in dem alles verborgen ist. [...] ›J‹ ist in jener *Hochma* enthalten. ›H‹ ist *'Imma*, die wir *Bina* nennen. ›W‹ und ›H‹ sind die beiden Kinder, die von *'Imma* gekrönt werden. [...]
> Nun müssen wir auf *Bina* (Einsicht) schauen, die [im Buch der Sprüche][1646] auch *Tevuna* (Einsehen) genannt wird. Warum wird sie dort *Tevuna* und nicht *Bina* genannt? *Tevuna* wird sie genannt, wenn sie die beiden Kinder, *Ben* (Sohn) und *Bat* (Tochter) säugt, welche ›W‹ und ›H‹[1647] sind – und in dieser Stunde wird sie *Tevuna* genannt. [...]
> Im Buche des Rav Hamnuna, dem Alten, sagte er: Der König Salomo ist die erste Anordnung, die offenbar wird, weshalb er [im Hohenlied 1,15] sagt ›Siehe, du bist schön, meine Freundin (Gattin)‹. Daraus folgt, dies ist er!
> Die zweite Anordnung wird ›Braut‹ genannt. Diejenigen, die sagen, dass sich beide Stellen auf die untere Frau beziehen, irren! Denn das erste ›H‹ [das heißt die Sefira *Bina*, II] wird nicht ›Braut‹ genannt. Hingegen wird das zweite ›H‹ [die Sefira Schechina, X] zu gewissen Zeiten ›Braut‹ genannt. Denn oft ist das Männliche nicht mit ihr verbunden und entfernt sich von ihr, wie es heißt ›Einer Frau im Zustand des unreinen Monatsflusses sollst du dich nicht nähern‹ (Levitikus 18, 19). Wenn die Frau aber rein wird, und der Mann

1646 »Ja, wenn du der Einsicht (Bina) rufst, nach dem Einsehen (Tevuna) die Stimme erhebst.« Prov 2,3.

1647 Dieses H bezeichnet das zweite H im Tetragrammaton, während das erste für *'Imma* steht.

kommt, um sich mit ihr zu verbinden, dann wird sie ›Braut‹ genannt. Dann ist sie tatsächlich Braut!
Aber bei jener ›Mutter‹ (*'Imma*) [ist dies anders], ihrer beider Begehren (Liebe) wird niemals unterbrochen, als eines gehen sie hinaus und als eines bleiben sie zusammen. Nie lassen sie voneinander ab und nie trennen sie sich voneinander. Darum auch heißt es ›ein Fluss geht aus 'Eden hervor‹. Er geht beständig hervor und reißt niemals ab. ....
Hier aber [bei der unteren Frau] heißt es ›Braut‹. Denn wenn der Mann kommt, um sich mit ihr zu verbinden ist sie ›Braut‹ und geht als wirkliche Braut einher.«[1648]

R. Schim'on entfaltet zunächst die schon genannte Lehre von der Repräsentanz der sefirotischen Welt durch die vier Buchstaben des Tetragrammatons, die für die wesentlichen Sefirot *Hochma* (II), *Bina* (III), *Tif'eret* (VI) und *Schechina* (X) stehen. Der ersten Sefira kommt wegen ihrer Verborgenheit nicht einmal ein eigener Buchstabe zu, sie wird allenfalls durch die nach oben weisende Spitze des Buchstabens *Jod* (י) angedeutet,[1649] während die mittleren sechs Sefirot (IV-IX) durch den Buchstaben *Waw* (W) vertreten werden, dessen Zahlwert ja sechs ist. Die beiden *He* des Tetragrammaton repräsentieren die zwei Frauen, die auch die obere (III) und untere Schechina (X) genannt werden. Nur wenn beide Paare miteinander verbunden sind, ist der Gottesname JHWH, das heißt die Sefirotwelt heil und ganz. Die stete Verbindung des ersten Paares ist auch onomatologisch nachweisbar, da Jah ein eigener Gottesname ist, nicht aber WH. Hier ist mithin in onomatologischer, wie in sozial-genealogischer Diktion je dasselbe gesagt – die Verbindung der vier Elemente, onomatologisch oder anthropologisch ausgedrückt, ist der vollkommene *Jichud*.

Der nächste Argumentationsgang erklärt, dass *'Imma* die unteren Kinder nicht nur gebiert, sondern auch säugt. Ist die *Bina* die Mutter, wird sie im Zustand des Säugens aspektual anders gesehen und daher mit einer anderen Nominalform derselben Wortwurzel benannt, nämlich *Tevuna*.

Eine weitere synonyme biblische Terminologie, dieses Mal aus dem Hohenlied, in dcm die Geliebte zuweilen ›Freundin‹ oder ›Gattin‹ und ›Braut‹ genannt wird, bildet die Grundlage für eine Deutung auf die zwei Frauen des sefirotischen Systems. Die eine der beiden, nämlich die obere, ist stets ›Gattin‹ und wird nie von ihrem Gatten getrennt, wohingegen die untere Frau als ›Braut‹ viele schmerzliche Trennungen von ihrem Bräutigam erleiden muss.

Gerade diese schmerzliche Situation der unteren Frau, der *Schechina*, steht im Zentrum der soharischen Theurgie. Denn alles kommt darauf an, dass die

1648 Sohar III, S. 290b ('Idra suta); vgl. auch Sohar III, S. 10b; III, S. 65b.

1649 Vgl. Kap. Kabbala VI.2.3.

Braut wieder ›rein‹ wird und sich ihrem Bräutigam hingeben kann. Von dieser Verbindung hängen Wohl und Wehe aller Welten und der Gottheit selbst ab. Diese Vereinung herbeizuführen ist die zentrale Aufgabe des Menschen in der Welt. Denn die Vereinung wird durch sein Tun und Wollen erreicht.[1650]

Die Liebeslyrik des Hohenliedes wird, wie nicht anders zu erwarten, bevorzugt auf das untere Paar bezogen. Schon die alte rabbinische Literatur sah die Liebe zwischen Gott, dem »Heiligen, E.s.g.«, und der Gemeinde Israels (*Knesest Jisrael*) im Hohenlied abgebildet.[1651] Dieses Liebespaar wird nun im Sohar auf das innergöttliche Paar übertragen. Der *Heilige, E.s.g.* übernimmt als die sechste Sefira die Rolle des König, während die Gemeinde Israels die sefirotische »Ek-

1650 Zur soharischen Sexualsymbolik vgl. auch: D. Abrams, Sexual Symbolism and Merkava Speculation in Medieval Germany, Tübingen 1997; D. Ariel, Die jüdische Mystik ... mit einem Vorwort v. K.E.Grözinger, München 1993, S. 143-165; C. Coulmas, Principes masculine et feminine dans le *Zohar*, ou La Rigeur d'une methode, in: Cahiers d' études juives 1 (1989), S. 41-70; M. Fishbane, Israel and the »Mothers«, in: The Other Side of God: A Polarity in World in Religions, ed. P. Berger, New York 1981, S. 28-47; A. Green, »Bride, Spouse, Daughter: Images of the Feminine in Classical Jewish Sources«, in: On Being a Jewish Feminist, ed. S. Heschel, New York 1983, S. 248-260. Zum Feminismus vgl. auch: D. Abrams, The Female Body of God in Kabbalistic Literature. Embodied Forms of Love and Sexuality in the Divine Feminine, Jerusalem 2004 (hebr.); Green, A., *Shekhinah*, the Virgin Mary and the Song of Songs: Reflections on a Kabbalistic Symbol in Its Historical Context, in: AJS Review 26 (2002), S. 1-52; M. Idel, Eros in der Kabbalah: Zwischen gegenwärtiger physischer Realität und idealen metaphysischen Konstrukten, in: Kulturen des Eros, ed. D. Clemens u. T. Schabert, München 2001, S. 59-102; ders., Sexual Metaphors and Praxis in the Kabbalah; in: The Jewish Family: Metaphor and Memory, ed. D. Kraemer, Oxford 1989, S. 197-224; Ch. Mopsik, La Controverse d'amour dans le Zohar: Moment critique de l'émanation et modèle idéal, in: La Controverse et ses formes, ed. A. Le Boulluec, Paris 1995, S. 71-97; P. Schäfer, Daughter, Sister, Bride and Mother: Images of the Feminity of God in the Early Kabbalah, in: Journal of the American Academy of Religion 68 (2000) S. 221-242; ders., Tochter, Schwester, Braut und Mutter; Bilder der Weiblichkeit Gottes in der frühen Kabbala, Saeculum 49,2 (1998) S. 259-279; der., Mirror of His Beauty: Feminine Images of God from the Bible to the Early Kabbalah, Princeton 2002; E. Wolfson, Beautiful Maiden without Eyes: Peshat and Sod in Zoharic Hermeneutics, in: The Midrashic Imagination: Jewish Exegesis, Thought and History, ed. M. Fishbane, Albany 1993, S. 155-203; ders., Circle in the Square: Studies in the Use of Gender in Kabbalistic Symbolism, Albany 1995; ders., Through a Speculum that Shines: Vision and Imagination in Medieval Jewish Mysticism, Princeton 1994; ders., Woman – The Feminine as the Other in Theosophic Kabbalah: Some Philosophic Observations on the Divine Androgyne, in: The Other in Jewish Thought and History: Constructions of Jewish Identity and Culture, ed. L. Silberstein & R. Cohn, New York 1994, S. 166-204; weitere hebr. Titel bei D. Abrams, The Female Body, Jerusalem 2004. Eher impressionistisch ist G. Langer, Die Erotik der Kabbala, Prag 1923 (München 1989, Dreieich 2005).

1651 Vgl. Bd. I, S. 301ff.338.

klesia«, das innergöttliche Israel, verkörpert. Die emotionalen Verse des Hohenliedes »Sage mir, du, den meine Seele liebt: Wo weidest du? « (Cant. 1,7) und » Habt ihr ihn gesehen, den meine Seele liebt« (Cant. 3,3) deutet der Sohar als Dialog zwischen dem himmlischen Paar:

> »Diese Verse spricht die *Kneset Jisrael* zum *Heiligen König*: ›Sage mir, den meine Seele liebt‹ (Cant 1,7) und ›Habt ihr ihn gesehen, den meine Seele liebt?‹ (Cant. 3,3). Und über den Heiligen König ist gesagt: ›Du, den meine Seele liebt, wie wirst du weiden?‹ (Cant 1,7)
> Im Buche von Hamnuna dem Alten sagt er: Immer wenn die *Kneset Jisrael* bei ihm ist, ist Er, der *Heilige, E.s.g.*, gleichsam in Vollkommenheit und weidet in Wohlgefallen für sich von jenem Saugen der Milch von der oberen Mutter. Und von diesem Saugen, das er saugt, tränkt und säugt er alle übrigen. Und wir lernten, dass Rabbi Schimʿon sagte: Immer wenn die *Kneset Jisra'el* beim *Heiligen, E.s.g.*, ist, ist der *Heilige, E.s.g.*, in Vollkommenheit und in Freude, und er ist voller Segensfülle, die von ihm auf alle übrigen hinausgeht. Und immer wenn die *Kneset Jisra'el* nicht beim *Heiligen, E.s.g.*, ist, dann sind die Segnungen gleichsam ihm und den anderen vorenthalten. Und das Geheimnis dessen ist: An jedem Ort, an dem sich nicht Männlich und Weiblich befinden, sind keine Segnungen!
> Und darüber klagt und weint der *Heilige, E.s.g.*: ›Brüllen, ja brüllen wird er über seiner Aue‹ (Jer 25, 30), und was ruft er? Wehe, dass ich meinen Tempel zerstörte und mein Heiligtum verbrannte, etc.[1652] Und wenn die *Kneset Jisra'el* ins Exil geht, ruft sie vor ihm: ›Sage mir, den meine Seele liebt‹, du bist der Geliebte meiner Seele, du bist es, dem alle Liebe meiner Seele gehört. ›Wie wirst du weiden?‹ Wie wirst du dich ernähren aus dem tiefen Bach, der nie versiegt? Wie wirst du dich von dem Licht des oberen *'Eden* ernähren. [...] ?Wie wirst du all jene andern ernähren, die beständig von dir getränkt werden, und auch ich werde täglich von dir ernährt und getränkt, und ich tränke all jene Unteren, und auch Israel wird von mir ernährt.«[1653]

Nach der Klage der exilierten, das heißt von ihrem Geliebten getrennten, *Kneset Jisrael* tröstet sie der *Heilige, E.s.g.* (VI) damit, dass solange es auf der Erde *Zaddikim* geben wird, die sich mit der Tora befassen, die *Schechina* im Exil durch sie ernährt werden wird. Damit erhält das menschliche Tun eine welterhaltende Bedeutung. Denn wenn immer das untere Paar getrennt ist, versiegt der lebenspendende Fluss für die Welt und kann nur durch das menschliche Handeln wieder in Gang gesetzt werden. Dieser Aspekt wird an späterer Stelle noch wei-

1652 bBerachot 3a.

1653 Sohar III, S. 17a-b.

ter verfolgt werden. Hier ging es zunächst darum, zu zeigen, dass die eheliche Beziehung des unteren Brautpaares für die Erhaltung der Welt entscheidend ist, und dass nach der Auffassung des Sohar diese Beziehung des Paares im Hohelied reflektiert wird.

Die Erotik dieser Liebesbeziehung wird allerdings auch in sexuell anatomischen Kategorien dargestellt, wobei dem männlichen Zeugungsglied, das als Zeichen des Bundes die Beschneidung trägt, eine besonders hohe Wertschätzung zukommt. Der Sohar identifiziert den Phallus mit der neunten Sefira, die den rechten und linken Strang des Sefirotbaumes bündelt und vereint nach unten an die zehnte Sefira, die *Kneset Jisra'el* oder *Schechina*, weitergibt:

> » ›Es ist nicht gut, dass der Mensch alleine sei‹ (Gen 2,18). Über die Zeit, da er alleine ist, ist dieses ›nicht gut‹ geschrieben. Und darum ist beim zweiten Schöpfungstag [bei dem eine Trennung durchgeführt wurde, Gen 1,6-8] kein ›dass es gut ist‹ geschrieben. [Dazu heißt es auch in der Schrift:] ›Groß ist JHWH und hochgelobt, [in der Stadt unseres Gottes. Sein heiliger Berg, schön ragend, ist die Wonne der ganzen Erde, der Berg Zion hoch im Norden.]‹ (Ps 48,2-3). So wie wir sagten: ›Schön ragend, ist die Wonne der ganzen Erde‹, das heißt das Lob ihrer ehelichen Vereinung (*Siwwuga*). ›Hoch ragend‹ das ist der *Heilige, E.s.g.* (VI), und der *Zaddik* (IX) ›ist die Wonne der ganzen Erde‹ [und Erde ist die *Kneset Jisra'el* (X)]. So ist es eine Freude aller und die *Kneset Jisra'el* empfängt den Segen. ›Gott hat in ihren Palästen als Hort sich kundgetan‹ (Ps 48,4). Diese sind *Nezach* (VII) und *Hod* (VIII), denn dort werden alle Segnungen gesammelt, die Sammlung [aller] Freuden. Von dort gehen sie hinaus durch jene Stufe, welche *Zaddik* (IX) genannt wird und dort werden die Segnungen gesammelt, um jene *Heilige Stadt* (X) zu erfreuen, damit man von dort aus den Segen empfinge.«[1654]

Der Segensfluss vom *Heiligen König* (VI) fließt hier über den bekannten anatomischen Weg der weiblichen Erde, der unteren Braut, zu. In einem analogen Stück[1655] verherrlicht der Autor den »Rosch Zaddik«, das Haupt des *Zaddik*, der auch das »Heilige Diadem« (*'Atara kaddischa*) genannt wird, und der mit den Phallus krönt und der sefirotischen Frau die Quellströme zufließen lässt. Der glückhafte Zustand des Zusammenseins der beiden Paare wird im Rahmen der anthropologischen Redeweise gewöhnlich als *Siwwug*, »Beischlaf«, »Paarung«, beschrieben, und der Segen, der dabei über das »Zeugungsglied«, also über die

1654 Sohar III, S. 5a-b.

1655 Sohar I, S. 162a; vgl. auch Sohar III 26a.

Sefira *Jesod* (IX) der *Schechina*, der Braut (X), zufließt, ergießt sich durch sie über die ganzen Welten.[1656]

3.4.2.3 Die anatomisch-anthropologische Redeweise

Die seltsamste anthropomorphe Redeweise ist in den beiden *'Idrot*, der »Großen Versammlung« (*'Idra rabba*)[1657] und der »Kleinen Versammlung« (*'Idra suta*)[1658] anzutreffen. Diese eigenartigen Lehren der *'Idrot* wurden im 16. und 17. Jahrhundert der Ausgangspunkt für die hoch komplizierten Ausgestaltungen der anthropomorphen Lehren durch Jizchak Luria sein, die im nächsten Teil dieses Buches zu erörtern sind. Die *'Idrot* des Sohar beschreiben in diesen Stücken die sefirotische Welt durch drei Gestalten oder *Parzufim* (Angesichte, Gestalten), die in ihrem Grundgedanken auf die antiken Lehren vom *Schi'ur Koma*[1659] zurückgehen und sich als Auslegung zu den Beschreibungen des Geliebten im Hohenlied geben. In ihnen wird die Gottheit als riesiger Anthropos beschrieben, dessen Gliedmaßen und Organe die göttlichen Eigenschaften darstellen. Im Sohar konzentrieren sich diese Beschreibungen bis auf wenige noch zu nennenden Ausnahmen im Wesentlichen auf die Beschreibung des wunderbaren Kopfes des göttlichen Anthropos. Eine weitere Besonderheit ist die, dass der göttliche Anthropos aus zwei, beziehungsweise drei Gestalten oder *Parzufim* besteht, nämlich einer höchsten Gestalt, die nur aus einem Kopf besteht, darunter einem zweiten Haupt, das allerdings einen ganzen Körper krönt und schließlich dem »Weib«, der Paargenossin des unteren Anthropos. Der obere Anthropos heißt nach Daniel 7,9 entweder *'Attik Jomin*, (Hochbetagter), *'Attika kaddischa* (Heiliger Uralter) oder einfach *'Attika* (Uralter). Außerdem trägt er nach Ex 33,6 den Titel *'Arich 'Anpin* (Hebräisch *'Erech 'Appajim*, Langmütiger, oder Langgesichtiger). Der untere Anthropos wird hingegen als *Se'ir 'Anpin* (Kurzmütiger, Kurzgesichtiger) bezeichnet. Die dritte, weibliche Gestalt trägt schließlich den Titel *Nukba* (Weib).

Die genaue Abgrenzung des *'Arich 'Anpin*, der mehrfach als drei Häupter in sich umfassend beschrieben wird,[1660] ist nicht klar erkennbar. So kann zum Beispiel Tishby erklären: »Verglichen mit dem System der zehn Sefirot repräsentiert

1656 Sohar III, S. 61b-62a; Y. Tishby, Mischnat ha-Sohar, I, S. 212f, The Wisdom of the Zohar, I, S. 365f; u. vgl. Sohar II, S. 200b; Sohar III, S. 100b.

1657 Sohar III, S. 127b-145a.

1658 Sohar III, S. 287b-296b; u. vgl. auch Sohar II, S. 122b-123a; Sohar III, 129b. Diese Texte rechnet Liebes (Y. Liebes, How the Zohar was Written, S. 108) u.a. zu den Vorstufen der *'Idrot*.

1659 Zu ihnen vgl. Bd. I, S. 335-340.

1660 Sohar III, S. 288a-b.

›'Attika kaddischa‹ die Sefira Keter, und ›Se'ir 'Anpin‹ umfasst die übrigen von Hochma bis Malchut.«[1661] Demgegenüber führt Giller aus *'Attika kaddischa* sei ein Amalgaman aus den Sefirot *Hochma, Bina* und *Da'at.*[1662] Zur internen Trinität dieses Hochbetagten bemerkt Tishby zur weiteren Verwirrung, dieser sei »der verborgene Bereich von 'En Sof und Keter, der im Bilde von drei Häuptern gezeichnet wird: das unerkennbare Haupt, welches 'En Sof ist, das oberste Haupt, nämlich Keter, welche an 'En Sof haftet, das verborgene Hirn, ein Aspekt von Hochma innerhalb von Keter, aus dem die Sefira Hochma emaniert.«[1663] Hierzu muss allerdings vermerkt werden, dass 'En Sof in den 'Idrot nirgends erwähnt wird, man unter Umständen hier also mit einer Konzeption ohne 'En Sof zu rechnen hat.

Die Beschreibungen der beiden oberen Parzufim, *'Attika kaddischa* und *Se'ir 'Anpin* befassen sich zunächst, wenn auch nicht völlig gleichläufig, mit dem Schädel der beiden, seinen Höhlungen, den Haaren, der Stirn, den Augen, der Nase, den Ohren und vor allem sehr ausführlich mit dem Bart. Für Se'ir 'Anpin wird dann wenigstens noch kurz der Rest des ganzen Körpers erwähnt. Aus dem langen Traktat der »Kleinen Versammlung« können hier nur exemplarische Ausschnitte wiedergegeben werden. Zu Beginn der Rede, die R. Schim'on Bar Jochaj als Vermächtnis vor seinem ekstatischen Tod hält, sagt er:

> »Er und seine gesamte heilige Gemeinschaft sind herbeigekommen, um mit Freuden den Preis, die verborgenen Worte und den Lobpreis des *'Attika kaddischa* (des Heiligen Hochbetagten), des Verborgensten von allen Verborgenen, zu hören. Er ist abgesondert und sondert sich ab von allem und ist doch nicht abgesondert, denn siehe, alles haftet (*mitdabbek*) an Ihm und Er haftet an allem, Er ist alles, der Alte von allen Alten, der Verborgenste von allen Verborgenen, der vollendet ist (*'ittakken*) und doch nicht vollendet. Vollendet, um allem Bestand zu geben, nicht vollendet, weil er nicht vorfindlich ist. Wenn er vollendet ist, bringt er neun Lichter hervor, die von ihm, von seiner Vollendung, aufleuchten. [...] *'Attika kaddischa* offenbart sich in ihnen, in jedem einzelnen, weil sie die Vollendungen (*Tikkunin*) des *'Attika kaddischa* sind. [...]
> *Der Schädel* (*Gulgolta*) des *weißen Hauptes* hat keinen Anfang und kein Ende. Die Frucht der Pflücker breitet sich aus und leuchtet von ihm hervor, und davon werden die Gerechten, welche sich nach der Kommenden Welt seh-

1661 Y. Tishby, Mischnat ha-Sohar I, S. 110f, 157; The Wisdom of the Zohar, I, S. 245.297. Zugleich vermerkt Y. Tishby an der ersten Stelle, dass in den übrigen Teilen des Sohar ›Se'ir 'Anpin‹ mit der Sefira *Tif'eret* identifiziert wird.

1662 P. Giller, Reading the Zohar. The Sacred Text of the Kabbalah, Oxford 2001, S. 105.

1663 Y. Tishby, Mischnat ha-Sohar I, S. 184; The Wisdom of the Zohar, I, S. 334, Anm. 264.

nen, vierhundert Welten erben. Von dieser Frucht der Pflücker träufelt der weiße Schädel jeden Tag Tau auf *Se'ir 'Anpin* (den Kurzmütigen), an den Ort, der Himmel genannt wird,[1664] und an ihm werden die Toten dereinst belebt werden. [...] Drei Häupter sind ineinander eingezeichnet, das eine ist die verborgene *Weisheit* (*Hochmeta*), [...] das obere Haupt, *'Attika kaddischa*, das Verborgenste von allem Verborgenen, das Haupt der Häupter, das Haupt das keines ist, man kann nicht erkennen und es ist nicht erkennbar, was in diesem Haupt ist, [...] und darum wird *'Attika Kaddischa Nichts* (*'Ajin*) genannt. [...]

Die Stirn (*Mizcha*), die sich am *'Attika kaddischa* offenbart, wird *Wille* (oder: Wohlgefallen, *Razon*) genannt. Denn das obere Haupt, das höchst verborgene, das nicht erkennbar ist, hat an der Stirn eine wohlduftende liebliche und vollendete Form hervorgebracht. [...] Diese Stirn wird Wille genannt, und wenn dieser Wille offenbart wird, dann besteht Wohlgefallen über Wohlgefallen in allen Welten. [...]

Die Augen des Hauptes des *'Attika kaddischa* sind zwei, die als eines gewogen werden, die stets wachsam sind und niemals schlafen, wie geschrieben steht: ›Nicht schlummert noch schläft der Hüter Israels‹ (Ps 121,4), das heißt *Jisra'el kaddischa* [sprich: *'Attika kaddischa*], und darum hat er keine Lider noch eine Bedeckung auf dem Auge. [...] Dieses Auge ist gänzlich ein rechtes und hat kein linkes. Die unteren Augen [des *Se'ir 'Anpin*] hingegen haben rechts und links, zwei mit zwei verschiedenen Farben. [...]

Die Nase (*Hutma*). In der hohlen Röhre dieser Nase weht der Hauch (*Rucha*) des Lebens für *Se'ir 'Anpin*. [...] Und dieser Hauch geht aus dem verborgensten Hirn hervor und heißt Hauch des Lebens. Und durch diesen Hauch wird man in den Tagen des Messias die Weisheit erkennen. [...]

Im Bart (*Dikna*) des *'Attika kaddischa* hängt alle Herrlichkeit von allem. Er wird der Glück[sstern] (Schicksal, *Masla de-kulla*) von allem genannt. Aus diesem Bart kommt das Glück der Herrlichkeit von allen Herrlichkeiten, das Glück der Oberen und der Unteren, alle blicken auf diesen Glück[sstern]. An diesem Glück[sstern] hängt das Leben von allen und der Lebensunterhalt von allen. An diesem Glück[sstern] hängen Himmel und Erde, segensreicher Regen; in diesem Glück[sstern] liegt die Vorsehung für alle, an ihm hängen alle oberen und unteren Heerscharen. Dreizehn mächtige Quellen mit dem Ausfluss des Guten hängen an dem Bart, dieses herrlichen Glück[ssterns] und alle fließen sie dem *Se'ir 'Anpin* zu. [...]

Dieser *'Attika kaddischa*, der Verborgenste der Verborgenen, der nicht genannt und nicht gefunden wird, weil er das oberste Haupt aller Häupter ist,

1664 d.h. auf die sechste Sefira *Tif'eret*.

wird nur als ein Haupt ohne Körper genannt, um allem Bestand zu geben.«[1665]

Dies mag genügen, um die Frage zu stellen, was die Intention solcher in der Tat verwunderlichen Ausführungen ist. In ihnen werden offenbar nach Orten in der Anatomie des menschlichen Schädels geforscht, welche die Quellen der Segnungen des gesamten und insbesondere des menschlich irdischen Lebens sind. Diese Erkenntnisse werden analog auf den Schädel des göttlichen Anthropos übertragen. Demzufolge bildet der Schädel des Anthropos die Quelle des Hauches, mit dem die Toten dereinst wieder belebt werden. Das Wohlergehen, bedingt durch das göttliche Wohlgefallen, kommt von seiner Stirn, die der Welt zugewandt ist; das eine lidlose Auge ist das stets wachsame Auge Gottes, das nicht rechts und links kennt, sondern nur die rechte Seite der Liebe. Der Hauch der Nase ist der Lebensodem und die Quelle der für die Messiaszeit verheißenen Weisheit. Eine besondere Faszination strahlt augenscheinlich der Bart aus, der zum Schicksalsbringer der ganzen Welt erklärt wird. Dies hängt offenbar mit seinen zahlreichen Haaren zusammen, die als Ausflussröhren des göttlichen Fluxus betrachtet werden. Den Barthaaren werden auch in der »Großen Versammlung« breite Erörterungen gewidmet, bei denen unter anderem etwa darauf verwiesen wird, dass die Baarthaare des *'Attika kaddischa* weicher sind, als die des *Se'ir 'Anpin*, weil in letzteren – wie bei dessen Augen – Gerichtsstrenge und Liebe vereint sind, während bei *'Attika* nur Liebe waltet.[1666] Darum wird der Verlauf der Barthaare für den *'Attika* in dreizehn und für den *Sa'ir* nur in neun Anordnungen (*Tikkunim*) gezeichnet, durch die der Strom der Fülle nach unten geleitet wird.[1667] Damit wird deutlich, dass dem wundersamen Verlauf der Bartstränge eine große Bedeutung beigemessen wird. Denn der Bart, so heißt es in *'Idra rabba*, ist die Vollendung des Angesichts.[1668] In Bezug auf die Funktionszuteilung der einzelnen Gesichtselemente erklärt Giller:

> »As the human face looks out and interacts with the world around, so the faces of *Arikh* and *Zeir* interact with the reality that they emanate. Each aspect of the face has a function that parallels its function on the human visage. Just as the ears and eyes take in information, and the mouth, nose, and brow express emotion, so the divine countenances perform these functions. The brow of each countenance acts as an active agent of divine judgement (*Din*)

1665 Sohar III, S. 28aff.

1666 Giller, Reading the Zohar, S.117.

1667 'Idra Rabba, Sohar I, S. 131a.139a; 'Idra rabba, Sohar III, S. 136a-b. Hinter der Zahl dreizehn stehen gewiss die oben erörterten dreizehn *Middot* des Erbarmens Gottes. Vgl. Kap. Kabbala II.1.

1668 Sohar III, S. 139a.

(*Zohar III* 136a-b). The eyes and nose similarly express joy and rage at the acts of humankind, while the ears of *Zeir* serve as a conduit for their prayers and entreaties (*Zohar III* 138a-b).«[1669]

Aus alledem darf die Schlussfolgerung gezogen werden, dass der Mensch und sein wunderbarer Körper den Autoren der *'Idrot* als das Vollkommenste in der Welt gilt, so dass sie sich die Herkunft des irdischen Menschen und der gesamten Welt aus nichts Feinerem und Edlerem als eben einer Anthroposgestalt vorstellen konnten. In dieser Auffassung wurden sie natürlich durch die lange Tradition der biblischen Lehre vom Menschen als *imago dei* und die Mikrokosmoslehren des Mittelalters nur bestärkt.[1670] Ebenso wie sich schon die antiken Autoren des *Schi'ur koma* in Anlehnung an das Hohelied in die wunderbare Gestalt der Gottheit vertiefen konnten, so folgen ihnen nun auch die Kabbalisten, denen tausend Jahre später eine noch längere Tradition sowie das neue Denken von Philosophie und Kabbala Pate standen.

Zuletzt muss noch Folgendes angemerkt werden: Der oben zitierte, längere Textauszug formuliert, wie noch an weiteren Stellen der *'Idrot*, das in seiner Eindeutigkeit sonst seltene pantheistische Credo: »Denn siehe, alles haftet (*mitdabbek*) an Ihm und Er haftet an allem, er ist alles!«

3.4.2.4 Der Körper von *Se'ir 'Anpin*

Für den Körper von *Se'ir 'Anpin*, also der Sefirot IV-IX, die sich als ein einziges *Parzuf* (Gestalt) konfigurieren, gilt, was nach Meinung der Kabbalisten in Anlehnung an Gen 1,27 auch für den Menschen zutrifft, dass er nur dann ein ganzer Körper ist, wenn Männliches und Weibliches verbunden sind: »Wenn der Mann sich mit der Frau verbindet, sind sie ein ganzer Körper, und dann sind alle Welten in Freude, denn sie alle empfangen den Segen von einem ganzen Körper«.[1671] Dies ist dann der Fall, wenn die »Matrona« am »König« haftet, »darum, bei wem nicht Männlich und Weiblich zugegen sind, wird nur ›halber Körper‹ ge-

1669 Giller, Reading the Zohar, S. 111.

1670 Zuweilen werden auch noch die inneren Organe des Menschen mit in die anthropomorphe Symbolik einbezogen, so dass z.B. das Hirn für die Sefirot *Hochma* und *Bina*, das Herz für *Tif'eret* und die Leber für *Malchut* stehen; vgl. dazu Sohar II, S. 153a; Y. Tishby, Mischnat ha-Sohar I, S. 156f, The Wisdom of the Zohar, I, S. 296. Im Sohar III, S. 224a-b stehen dagegen Hirn und Herz für *Tif'eret* und *Malchut*, während die Leber und Haut der Leber für Samma'el und Lilit stehen; Y. Tishby, Mischnat ha-Sohar I, S. 157, Anm. 1.; The Wisdom of the Zohar I, S. 306, Anm. 131.

1671 Sohar III, S. 296a ('Idra suta).

nannt.«[1672] Die Frau bezieht ihre Anmut vom Manne, während sich in der Frau »alle vereinen, die unten sind. Von ihr saugen sie, und durch sie kehren sie zurück, und sie wird Mutter aller genannt.«[1673]

Für den männlichen Teil des Körpers gilt, dass er durch eine Dualität von links und rechts, Leben und Liebe sowie Tod und Strenge, geprägt ist. Sie bilden die beiden Arme, die sich allerdings verbinden können und dann *Tif'eret* (Herrlichkeit, VI) genannt werden. In diesem Zustand existiert der Körper in seiner Vollendung und wird zu einem »großen lieblichen Baum«. Nach diesen Bemerkungen kehrt die *'Idra suta* nochmals zu sehr konkreten anatomischen Details am Körper des *Se'ir 'Anpin* zurück:

> »Und wiederum breitet sich der Körper in zwei Schenkeln aus, und zwischen ihnen verbinden die beiden Nieren und die beiden Hoden, in denen sich jeglicher Ausfluss, Größe und Macht des Mannes und seines Körpers sammeln, denn jegliche Macht, die von ihnen ausgeht, geht in den Mund der Mutter. Darum werden sie Heerscharen (*Zeva'ot*) genannt, und sie sind *Nezach* (VII) und *Hod* (VIII). [...] Das Glied des Mannes ist der Abschluss des ganzen Körpers und wird *Jesod* (IX) genannt, und das ist die Stufe, welche die Frau beglückt. Und jegliches Begehren des Mannes nach der Frau geht durch diesen *Jesod* in die Frau hinein, an den Ort, der *Zion* (X) genannt wird. Denn dort ist der verborgene Ort der *Nukba* [der Gattin des *Sa'ir*], wie die Gebärmutter der Frau.«[1674]

3.4.2.5. Die *Schechina*

Die *Schechina* oder *Kneset Jisra'el* trat schon bei der Erörterung des bigeschlechtlichen Repertoires der Sefirot auf. Sie ist die Braut der sechsten, Sefira »König«, beziehungsweise des »Heiligen, E.s.g.«, oder in der Sprache der *'Idrot*, das »Weib« des *Se'ir 'Anpin*. Mit Hilfe der genannten zum Teil in der idyllischen Sprache des Hohenliedes einhergehenden und den damit verbundenen erotischen und mütterlichen Konnotationen ist die Topik der Schechina im Sohar breit ausgestaltet. Im Folgenden sollen noch einige weitere wichtige Grundzüge angeführt werden.

Als unterste Sefira des Zehnersystems hat die *Schechina* in allererster Linie eine Vermittlerfunktion zwischen der göttlichen Welt der Einheit und der geschöpflichen Welt der Trennung. Sie ist das Bindeglied zwischen Gott und der Welt schlechthin und zwar in kosmologischer wie auch in anthropologisch-

1672 Sohar III, S. 296a ('Idra suta).

1673 Sohar III, S. 296a ('Idra suta).

1674 Sohar III, S. 296a ('Idra suta).

religiöser Hinsicht. Sie ist die Gesandte Gottes in dieser Welt, muss hier dessen Aufträge verrichten, wofür ihr der himmlische Hofstaat, die Engel, zur Verfügung steht. Für die Menschen ist sie das Tor zum göttlichen König, an dem es kein Vorbeikommen gibt:

> »Rabbi 'Abba sprach: Wie viele Tausende und Abertausende Lager von Heiligen hat der Heilige, E.s.g., mit erhabenem Gesicht und solche mit Augen, Bewaffnete, Sänger und Spieler, Erbarmungsreiche und Strafende. Und über sie alle hat er die *Matronita* (Herrin, Sefira X) gesetzt, um vor Ihm in der Halle zu dienen. Ihnen gegenüber hat die *Matronita* bewaffnete Scharen. Von sechzig Seiten stehen die bewaffneten Lager um sie her mit einem Schwert umgürtet. Die einen gehen hinaus, die andern treten ein, mit sechs Flügeln fliegen sie durch die ganze Welt. Vor allen geht eine Glut von zuckendem Feuer [...] um sie zu behüten. Und das ist es, was geschrieben steht: ›Und die Lohe des zuckenden Schwertes, um den Weg zum Baum des Lebens zu behüten‹ (Gen 3, 24). Wer ist der Weg zum Baum des Lebens? Das ist die große *Matronita*, die der Weg zu jenem großen und mächtigen Baum des Lebens ist. [...]
>
> Komm und sieh! [...] Der Heilige, E.s.g., bereitete vor sich eine heilige Halle, [...] eine heilige Stadt, [...] genannt Jerusalem, die Heilige Stadt. Wer zum König eintritt, tritt nur von dieser Heiligen Stadt aus ein, von ihr führt der Weg zum König. [...] Jede Gesandtschaft, die der König aussenden will, geht durch das Haus der *Matronita* hinaus, und jede Botschaft an den König von unten tritt zuerst in das Haus der *Matronita* hinein und von dort zum König. Die *Matronita* ist also die Gesandte für alle, von oben nach unten und von unten nach oben. [...] Und entspricht es etwa der Ehre des Königs, dass die *Matronita* hingeht und ihm die Kriege führt und als Gesandte geht?
>
> Das gleicht einem König, der mit einer wundervollen *Matronita* geschlafen hat. Da schätzte der König ihre Ehre höher als die aller Matronen auf der Welt und er sprach: Alle sind wie Mägde vor dieser meiner *Matronita*, sie überragt alle. Was soll ich ihr geben? Mein ganzes Haus soll in ihren Händen sein. Da sandte der König einen Herold aus [um zu verkünden]: Von nun an sind alle Dinge des Königs in die Hand der *Matronita* übergeben! Was tat er? Der König übergab alle seine Gerätschaften und all seine Soldaten, all seine Edelsteine und Schatzhäuser in ihre Hand. Er sprach: Von nun kann jeder der, der mit mir sprechen muss, dies nur tun, wenn er es zuvor ihr, der *Matronita* kundgetan hat.

So tat auch der Heilge, E.s.g., vor lauter Liebe und Zuneigung zur *Kneset Jisra'el* (X). Er übergab alles in ihre Hand und sprach: Im Vergleich zu ihr gelten alle übrigen wie Nichts!«[1675]

Wo die bisherigen Kabbalisten, außer den gnostisch-kastilischen, theosophisch-philosophische Traktate schrieben, schwelgen die Autoren des Sohar in einem mythologischen Pathos, das für Generationen die Herzen der Leser gewann. Die Liebe zur Mythologie zeigt sich zum Beispiel auch da, wo in Zeiten von Dürreperioden auf der Erde die *Schechina* aus Erbarmen für die Welt zwar vom Ausfluss von oben geschwängert ist, aber der Geburtsweg wegen der Sünden der Menschen verstopft ist. In solchen Zeiten, so sagt der Sohar, erbarmt sich der Heilige, E.s.g., angesichts ihrer Klagen und schickt eine Schlange, der der Kreißenden zwei Mal in die Scham beißt und so den Geburtsweg frei macht. Das nun ausströmende Blut wird zunächst von der Schlange und später von allen Tieren der Berge und des Wassers aufgeleckt. Daraufhin kann sie gebären und neue Fülle kann auf die Erde herabströmen.[1676] Hochmythologisch ist auch die Rivalität zwischen der *'Eschet Hajl* (der tapferen Frau), also der *Schechina*, und der *'Eschet Senunim* (dem Hurenweib), der Lilit, die sich stets zwischen die Schechina und den König drängen will.[1677] Dieses Verhältnis wird an späterer Stelle diskutiert.

3.4.2.6. Die *Schechina* als Mutter Israels – das Exil der *Schechina*

»Rabbi 'Eli'eser saß vor seinem Vater. Da sagte er zu ihm: Wenn es einen Verteidiger in der Welt gibt, findet man ihn bei der *Matronita*, und wenn es eine Anklage in der Welt gibt wird sie bei der *Matronita* gefunden! Warum? Er sagte zu ihm: Das gleicht einem König, der einen Sohn von einer Matronita hatte. Solange der Sohn den Willen des Königs tat, hatte der König seinen Wohnort bei der Matronita, wenn aber der Sohn den Willen des Königs nicht befolgte, entfernte der König seinen Wohnort von der Matronita. So auch der *Heilige, E. s. g.* (VI), und die *Kneset Jisr'ael* (Gemeinde Israel, X). Solange Israel den Willen des *Heiligen, E.s.g.*, tut, hat der *Heilige, E.s.g.*, seinen Wohnort bei der *Kneset Jisra'el*, wenn aber Israel den Willen des *Heiligen E.s.g.*, nicht befolgt, hat der *Heilige, E.s.g.*, seinen Wohnort nicht bei der *Kneset Jisra'el*. Was ist der Grund dafür? Weil Israel der Erstgeborene des

1675 Sohar II, S. 50b-51a; vgl. Y. Tishby, Mischnat ha-Sohar I, S. 241f; The Wisdom of the Zohar I, S. 398f.

1676 Sohar III, S. 249b; vgl. Y. Tishby, Mischnat ha-Sohar I, S. 239; The Wisdom of the Zohar I, S. 395f.

1677 Sohar III, S. 97a (Ra'ja Mehemna); Y. Tishby, Mischnat ha-Sohar I, S. 240; The Wisdom of the Zohar, I, S. 396f.

Heiligen, E.s.g., ist, wie geschrieben steht: ›Mein Erstgeborener Israel‹ (Ex 4, 22); und die Mutter ist die *Kneset Jisra'el*, wie geschrieben steht: ›Verwirf nicht die Tora deiner Mutter‹ (Prov 1, 8).

Komm und sieh, solange Israel ferne vom Schloss (*Hechal*) des Königs ist, entfernt sich gleichsam die *Matronita* mit ihnen. Was ist der Grund? Weil die *Matronita* den Sohn nicht zuvor genügend gezüchtigt (geschlagen) hat, damit er auf dem geraden Weg wandelt – denn der König selbst züchtigt den Sohn nicht, sondern legt alles in die Hände der *Matronita*, das Schloss zu leiten und den Sohn zu züchtigen und ihn auf dem Weg der Wahrheit dem König entgegenzuführen.«[1678]

Israel erscheint hier als »Gottessohn« in der Weise, dass Israel der Sohn der sechsten und zehnten Sefira, des unteren innergöttlichen Paares, ist. Da die Statthalterin des sefirotischen Königs zugleich die Mutter Israels ist, übernimmt sie die Verantwortung für die Erziehung des Sohnes, den sie mit Liebe, Verteidigung, und Strafe (Anklage) auf den richtigen Weg zu bringen hat. Sie ist es aber auch, die mit dem ungezogenen Sohn in die Königsferne, ins Exil zieht. Schon in einem oben angeführter Text[1679] war vom Exil der *Schechina* die Rede, das vor allem als eine Folge der Tempelzerstörung in Jerusalem angesehen wird, die wegen der Sünden Israels erfolgte. Das Exil der *Schechina* bewirkt einen Mangelzustand auf der Erde, unter dem vor allem Israel zu leiden hat. Wie dieser Mangel auch in der Zeit vor der Wiedererrichtung des Tempels und der Rückkehr Gottes auf den Zion behoben und überbrückt werden kann, wird in einem späteren Kapitel über die Theurgie besprochen werden.

Wenn in der neueren Forschung versucht wird, die Vorstellung von einer himmlischen Mutter der irdischen Gemeinde Israels aus der christlichen Mariologie abzuleiten,[1680] die eben auch im 13. Jahrhundert eine Blüte erfuhr, so muss dazu bedacht werden, dass die weiblichen Gestalten schon im *Sefer ha-Bahir*[1681] auftauchen. Obwohl das Werk spätestens in der zweiten Hälfte des 12. Jahrhunderts entstand, lässt es in dieser Hinsicht Einflüsse der noch viel älteren gnosti-

1678 Sohar III, S. 74a, Y. Tishby, Mischnat ha-Sohar, I, S. 258f; The Wisdom of the Zohar, I, S. 417.

1679 Sohar III, S. 17a-b, vgl. Ob. Kap. 3.4.2.2.

1680 P. Schäfer, Daughter, Sister, Bride and Mother: Images of the Feminity of God in the Early Kabbalah, in: Journal of the American Academy of Religion 68 (2000), S. 221-241; ders., Tochter, Braut und Mutter. Bilder der Weiblichkeit Gottes in der frühen Kabbala, in: Saeculum 49 (1998), S. 259-279; ders., Mirror of His Beauty: Feminine Images of God from the Bible to the Early Kabbalah, Princeton 2002; vgl. auch D. Abrams, Ha-Guf ha-'elohi ha-naschi ba-Kabbala. 'Ijjun be-Zurot schel 'Ahava gufanit u-Minijut naschit schel ha-'Elohut, Jerusalem 2004.

1681 Vgl. Kap. Kabbala I. A.3.1.3-3.1.4.

schen Tradition erkennen. Dessen ungeachtet ist natürlich die Vorstellung einer göttlichen Mutter und jüdischen »Ekklesia«, das heißt *Kneset Jisra'el*, innerhalb der göttlichen Welt zu eben derselben Zeit, in der die christliche Mariologie aufblühte beachtenswert. Aber dabei sollten die erheblichen Unterschiede zwischen der himmlischen Maria und der sefirotischen *Schechina* nicht unbeachtet bleiben.[1682]

3.4.2.7 Die sprachlich-onomatologische Redeweise

Wie oben schon konstatiert, erweist sich das Hervorgehen der Sefirot aus dem *'En Sof* als ein Akt der Selbstoffenbarung der Gottheit. Da die Offenbarung im jüdischen Denken seit biblischer Zeit in erster Linie eine Wortoffenbarung war, ist es eher selbstverständlich, dass auch die sefirotische Selbstoffenbarung im Sohar als Wort- oder Sprachoffenbarung dargestellt wird. Zu der tradierten Vorstellung der göttlichen Wortoffenbarung trat aber der eingangs beschriebene Grundsatz hinzu, dass die sefirotische Welt und die aus ihr hervorgegangene irdische Welt sich als Ur- und Abbild entsprechen: »Als der Heilige, E.s.g., die Welt erschuf, erschuf er sie im Bilde des Oberen, so dass diese [untere] Welt ein Abbild (*Dijukana*) der oberen Welt ist. Und all jene oberen Aspekte (Farben) richtete er ihnen unten ein, so dass die Welten sich miteinander verbinden und aneinander haften könnten.«[1683] Diese Entsprechung von göttlicher und menschlicher Sprache veranlasste die Sohar-Autoren, die Entfaltung der göttlichen Sprache in Analogie zu jener der menschlichen darzustellen. Wie letztere sich vom Gedanken über die Stimme bis zum artikulierten Wort entfaltet, so auch die göttliche Sprache:

1682 Vgl. dazu H. Völkening, Shekhina und Maria. Zwei weibliche himmlische Gestalten im mittelalterlichen Judentum und Christentum, Magisterarbeit Potsdam 2001, S. 116. Ihr Resultat lautet: »Die Unterschiede zwischen der Shekhina und Maria sind zumeist mit ihrer verschiedenen wesensmäßigen Einordnung verknüpft. So wird bei Maria ihr exemplarisches Menschsein betont, vor allem ihre Tugenden konstituieren ihre geachtete Stellung, während eine entsprechende Herausstellung bei der göttlich konnotierten (oder mit Göttlichem verknüpften) Shekhina nicht notwendig ist. So kann es als in der menschlichen Konsequenz und Internalisierung der Auffassungen nicht wie bei Maria hier um eine *Imitatio* gehen, da die Shekhina zur Gottheit gehört, sondern um die theurgische Beeinflussung. Während Maria in die himmlische Sphäre entrückt wurde, ist für die Shekhina eine entgegengesetzte Richtung zu konstatieren, sie ist der Ausdruck des unerlösten Zustandes innerhalb der Gottheit. Vor allem die negativen Konnotationen im Umkreis der Shekhina (besonders ihre Ambivalenz im Zohar) haben im Hinblick auf Maria keine Parallele, die nur aufgrund ihres herausgehobenen Menschseins in ihre Mittlerposition für den Menschen gelangen konnte.«

1683 Sohar II, S. 212a.

»Das *Denken* (II) ist der Anfang von allem. Und weil es Denken ist, ist es drinnen verborgen und nicht erkennbar. Wenn dieses Denken sich ein wenig weiter ergießt (ausbreitet), kommt es an den Ort, an dem der Geist weilt. Und wenn es dort ankommt, wird es *Einsicht* (*Bina*, III) genannt, welches nicht mehr so verborgen wie zu Anfang ist. Obwohl aber auch sie noch verborgen ist, ergießt sich dieser Geist und bringt eine *Stimme* (Sefira *Tif'eret* ,VI) hervor, die *Feuer* (Sefira *Gevura*, V), *Wasser* (Sefira *Hesed*, IV) und *Luft* (*Rucha,* VI) enthält – die Norden, Süden und Osten sind. Und diese Stimme ist die Zusammenfassung der übrigen Kräfte. Und diese Stimme spricht zur *Rede* (X) und diese bringt ein geordnetes Wort hervor. Denn die Stimme ist vom Ort des Geistes gesandt und kommt, um ein Wort zu reden, um klare Worte hervorzubringen. Und wenn du auf diese Stufen blickst, das heißt Denken, Einsicht, Stimme und Rede, so sind sie alle eins, und das Denken ist der Anfang von allen und es gibt da keine Trennung, vielmehr sind alle eins, ein Bündel, denn das Denken selbst ist mit dem *Nichts* (I) verbunden und trennt sich niemals von ihm. Und das ist es was [der Prophet Sacharja 14, 9] sagt: ›JHWH ist einer und sein Name ist einer.«[1684]

Die Entfaltung der Sefirot stellt sich demnach als eine Entfaltung vom noch unerkennbaren, undifferenzierten Denken über die differenzierende Einsicht dar, die sich dann mittels von Wärme, Feuchtigkeit und Wind zur Stimme konkretisiert. Diese wird zur Rede differenziert, aus der die verständlichen Worte hervorkommen. Die Vielfalt der Ingredienzien darf aber nicht deren völlige Einheit aus dem Blick verlieren. Das Paradigma der Sprache dient den Sohar-Autoren dazu, die für das mittelalterliche Denken so typische Konzeption der Vielfalt in der Einheit der göttlichen Welt zu beschreiben.

Eine weitere Konzeption des Sprachlichen ist hier zu nennen, die den am Ende des soeben zitierten Textes formulierten Grundsatz expliziert, nämlich dass der Name Gottes, das heißt das Tetragramm, in den Sefirot einer ist. Diese Vorstellung übernahm der Sohar vom Sefer ha-Bahir und führt sie in der Weise aus, die auch Gikatilla in seinem Scha'are 'Ora vorgetragen hat,[1685] so dass J für *Sefira* I und II, H für III, W für IV-IX und H für X steht. Dem System gemäß wird auch hier von einer Entfaltung des Gottesnamens über mehrere Stufen hin gesprochen. Rabbi Schim'on bar Jochaj lehrt seinem Sohn daher Folgendes:

»'Eli'eser, mein Sohn, von nun an musst du vorsichtig sein, den Heiligen Namen wie es sich gebührt zu schreiben. Denn jeder der den Heiligen Namen nicht wie es sich gebührt zu schreiben weiß, um den Knoten des Glaubens als

1684 Sohar I, S. 246b.

1685 Vgl. Kap. Gabbala III. B.3.2.

einen einzigen Knoten zu knüpfen und den Heiligen Namen zu vereinen, über den heißt es: ›Das Wort des Herrn hat er verachtet und seine Gebote übertreten, ausrotten sollst du ihn etc.‹ (Num 15,31), auch wenn er nur eine Stufe verringert oder die Verbindung eines einzelnen der Buchstaben [abschwächt]: Komm und sieh: *Jud* (י) (II) am Anfang ist die Gesamtheit von allem, verborgen von allen Seiten, die Pfade sind nicht geöffnet, es ist die Umfassung von Männlich und Weiblich. Die obere Spitze des *Jud* verweist auf das *Nichts* (I). Hernach bringt das *Jud* den Fluss hervor, der von ihm ausgeht und von ihm schwanger wird, und dies ist *He* (ה). Über dieses [He=II] ist gesagt: ›Ein Fluss geht aus von 'Eden‹ (II, Gen 2,10). ›Geht aus‹ [als Präsens] und nicht ›ging aus‹ [steht hier geschrieben], weil er [der Fluss=III=Bina] sich niemals von ihm [II=Hochma] trennen will. Darum heißt es ›meine Gattin‹ (Cant 1,9).[1686] Wenn du aber sagst hier in [der Genesis] steht ›Fluss‹, das heißt einer, aber es sind doch drei [Buchstaben, die aus *Jud* hervorgehen]? Gewiss, denn *Jud* hat drei hervorgebracht und in dreien ist alles umfasst. *Jud* hat jenen Fluss hervorgebracht und zwei Söhne [IV+V], welche die Mutter [III] säugt, denn sie war mit ihnen schwanger geworden und hat sie hervorgebracht. Danach der [Buchstabe] *He* auf diese Weise: *He* und jene beiden Söhne, die unter Vater und Mutter stehen. Nachdem sie geboren hatte, brachte sie noch einen männlichen Sohn hervor und stellte ihn vor sich hin, ihn muss man als *Waw* (ו) schreiben. Dieser empfängt das Erbe von Vater und Mutter und erbt zwei Teile.[1687] Und von ihm wird die Tochter ernährt, und darum muss man danach *Waw-He* (ו"ה) zusammen schreiben, so wie das erste *He* als *Jud-He* (י"ה) zusammengeschrieben wird, ohne dass man sie trennen dürfte.«[1688]

Diese Darstellung entspricht, wie zum Teil schon die vorangehenden, der am meisten verbreiteten Redeweise der Sohar-Texte, in denen die in dieser Darstellung getrennt behandelten Sprachparadigmen ohne Unterscheidung ineinander verwoben sind. Die onomatologische Entfaltung des Tetragrammatons wird hier mit Hilfe der geschlechtlich-soziologischen und der bibelexegetischen Redeweise erörtert. Die onomatologische Entfaltung des Tetragrammatons wäre auch rein linguistisch möglich gewesen, wie die oben bei dem frühen Gikatilla dargestellten linguistischen Entfaltungsschritte zeigten.[1689] Die Sohar-Autoren lieben diese vermischte Polysymbolik mehr als die nach den verschiedenen Paradigmen systematisch getrennte Darstellung. Oft wechselt der Text dabei unvermittelt von

1686 *Bina* (III) ist die Gattin von *Hochma* (II).

1687 die beiden IV und V.

1688 Sohar III, S. 65b.

1689 Vgl. Kap. Kabbala IV.4.1.

einer zur anderen Sprachebene, ohne deren ganze Konnotationen expressis verbis in den Erörterungszusammenhang einzubeziehen. Diese Aufgabe muss seitens des Lesers geleistet werden, wenn er dem Sinn der Erörterung folgen möchte. Man braucht zum Verständnis der Sohar-Texte darum eigentlich ein »Metaphernlexikon«, welches die einzelnen Begriffen erklärt und sie in das komplexe sefirotische System einordnet.[1690]

Erwähnenswert ist noch, dass die erste Sefira in dem obigen Zitat trotz seiner Abgehobenheit und vielbeschworener Unbenennbarkeit mit einem Namen bedacht wird. Es handelt sich dabei um die im Dornbusch offenbarte und in dieser Darstellung schon mehrfach erörterte Manifestation[1691] *'Ehje* (Ich werde sein), in dem alles unerkennbar verschlossen ist.[1692] Im Anschluss an eine der oben zitierten Passage ähnlichen Erörterung wird schließlich jeder einzelnen Sefira mit entsprechenden Begründungen ein biblischer Gottesnamen zugeordnet: JH (II), JHWH mit der Vokalisation von *'Elohim* (III), *'El* (IV), *'Elohim* (V), JHWH (VI), *Zeva'ot* (VII und VIII),[1693] *'El Haj* (IX) und *'Adonaj* (X).[1694]

In den Einleitungsworten seiner Ausführung über den Rhythmus der Geburt und der Entfaltung des Tetragramms ermahnt Rabbi Schim'on die Leser, dass aus den ontologisch-onomatologischen Einsichten auch rituelle Konsequenzen gezogen werden müssen. Durch den richtigen Schreibrhythmus der vier Buchstaben, zwei plus zwei, entspricht man der Ordnung der oberen Welt und fördert so deren Stabilität. Die Niederschrift von JHWH im Rhythmus von JH+WH wirkt nach oben – in diesem Falle zur Festigung der beiden Paare (II+III) und sohn und Tochter (VI-X).

Die Schriftauslegung ist, wie oben bemerkt, eine wichtige Quelle der Symbolfindung der Kabbalisten. Dabei spielen natürlich die zahlreichen Gottesnamen des biblischen Textes eine herausragende Rolle. Sie stehen jeweils, wie dies insbesondere Josef Gikatilla in seinen *Scha'are 'Ora* systematisch dargestellt hat,[1695] für eine spezifische Sefira. In dem folgenden Beispiel einer solchen Zuordnung, nämlich des Tetagrammatons zu *Tif'eret* (VI, der Heilige, E.s.g., König), und des Gottesappelativs *'Elohim* zur *Matronita* (X, *Schechina*) wird deut-

1690 Leider liegt ein solches bislang nur als Rudiment vor, Y. Liebes, Perakim be-Milon Sefer ha-Sohar, Jerusalem 1977; hilfreich ist D. Frisch, Sefer 'Ozar ha-Sohar ha-schalem, Jerusalem 1976f., insbesondere der Teil Helek ha-Kabbala im vierten Band, der nach den zehn *Sefirot* geordnet ein alphabetisches Symbolregister bietet.

1691 Vgl. Bd. I, S. 65.445; Bd.II Kap. Kabbala IV.4.2 etc.

1692 Sohar III, S. 65b.

1693 Diese beiden wenig profilierten Sefirot wurden mit dem Pluralnamen *Zeva'ot* (*Heerscharen*) zusammengefasst. Sie changieren je nach Konstellation zwischen JHWH *Zeva'ot* und *'Elohim Zeva'ot*, d.h. zwischen Liebe und Strenge.

1694 Sohar III, S. 10b-11b.

1695 Vgl. Kap. Kabbala VI.2.1; 2.3.

lich, dass die verschiedenen Redeweisen Alternativen zur Beschreibung ein und derselben göttlich-sefirotischen Welt darstellen. War das Ziel der personalistisch-anthropomorphen Redeweise, zu zeigen, dass der »König« (VI) und die »Matronita« (X), im *Siwwug* miteinander verbunden sind, so kann der Sohar dasselbe Verhältnis auch onomatologisch formulieren. Der Text gehört der Schicht der sogenannten »Pikkudim«, der Gebote, an:

> »Das vierte Gebot ist, zu wissen, dass *JHWH* zugleich *'Elohim* ist, wie geschrieben steht ›und heute sollst du wissen und es dir zu Herzen nehmen, dass *JHWH* zugleich *'Elohim* ist‹ (Dtn 4, 39)[d.h. du sollst dir zu Herzen nehmen] und den Namen *'Elohim* mit dem Namen *JHWH* zusammenzufassen, und zu wissen dass sie einer sind und keine Trennung zwischen ihnen besteht.«[1696]

Im Anschluss wird die Ausführung mit der kosmologischen Symbolreihe wiederholt. Das kleine Licht, der *Mond* (Sefira X), soll im Wissen der Mensch mit dem großen Licht, der *Sonne* (Sefira VI), vereint sein. Mit der Topologie der Wüstenwanderung der Israeliten (Ex 13,21) ausgedrückt, bedeutet dies, dass die *Wolke des Tags* (VI) und die *Feuersäule des Nachts* (X) als Offenbarung des einen selben Gottes zu begreifen sind. In Ex 13,21 steht nämlich: »JHWH geht vor euch her, tags in der Wolkensäule [...] und nachts in einer Feuersäule.« – Beides repräsentiert denselben Gott.

Die biblischen Gottesnamen und Ausdrücke sind Symbole der genannten Sefirot, die es als Einheit zu erkennen gilt. Abschließend sei nochmals betont, dass in der Sprachwirklichkeit des Sohar die hier getrennt verhandelten Symbolreihen meist unvermittelt ineinander übergehen und vollkommen miteinander vermischt werden, wie dies ja die angeführten Texte schon zur Genüge demonstrierten.[1697]

4. Der Kosmos

4.1 Die Schöpfung

Gershom Scholem fasst die Schöpfungsauffassung der Sohar-Autoren mit folgenden Worten zusammen: »In der Tat sind es auch nicht zwei verschiedene Akte der Schöpfung, die die Theogonie und Kosmogonie darstellen, sondern es sind letzten Endes nur zwei Gesichter desselben Vorgangs. Die Schöpfung spiegelt immer, auf jeder Stufe, in der unter den Sefiroth stehenden Welt der Merka-

1696 Sohar I, S. 12a.

1697 Als besonders schönes Beispiel sei noch auf Sohar III, S. 65a-b verwiesen; Y. Tishby, Mischnat ha-Sohar I, S. 193-196; The Wisdom of the Zohar, I, S. 344-347.

ba und der Engel, in den verschiedenen Himmeln und in der Welt der vier Elemente, die innere Bewegung des göttlichen Lebens wider. Die ›Spuren‹ des Innersten sind noch in jedem Äußersten anzutreffen; überall ist die gleiche Wellenbewegung, der gleiche Rhythmus. Der Akt, der jenseits und diesseits der Zeit sich im Heraustreten des verborgenen Gottes zum Sich-Manifestierenden vollzieht, der vollzieht sich auch in der zeitgebundenen Wirklichkeit jeder anderen Welt. Die Schöpfung ist nichts als eine äußere Entwicklung jener Kräfte, die in Gott selbst aktiv und lebendig sind. Nirgends ist hier ein Sprung, eine Diskontinuität, und da, wo aus dem Licht der *Schechina* die ›Paläste‹ (*Hechalot*) der Merkaba-Welt emanieren, gibt es nicht etwa irgend etwas wie eine neue Schöpfung aus dem Nichts, eine *creatio ex nihilo.* [...] ›Meditiere über diesen Sachverhalt, und du wirst verstehen, dass Gottes wahres Dasein mit allen Welten verbunden und verkettet ist und alle Wesenheiten miteinander verbunden und verflochten sind, aber aus seinem wahren Dasein ausgehen.‹«[1698] Scholem nennt das ganze einen eingeschränkten »Pantheismus«. In den Worten des Sohar hört sich dies zum Beispiel so an:

> »Als der Heilige, E.s.g., die Welten erschaffen wollte, da ließ er ein *Verborgenes Licht hervorgehen* (I). Und von diesem Licht erstrahlen und gehen all jene Lichter hervor, die offenbart wurden. Aus diesem Licht gingen und strömten sie heraus und daraus entstanden die übrigen Lichter. Und dies ist die Obere Welt.
> Und wiederum verströmte sich dieses obere Licht und machte einen Werkmeister, ein *Licht das nicht leuchtet* (X) und machte die Untere Welt. Und weil es ein Licht ist, welches nicht leuchtet, musste es sich nach oben verbinden und musste sich nach unten verbinden. Und in der Verbindung nach unten verbindet es sich, um durch die Verbindung nach oben zu leuchten. Und dieses *Licht, welches nicht leuchtet*, bringt durch die Verbindung nach oben all die vielfältigen Heerscharen und Lager hervor [...] und alles, was es auf der Erde gibt, gibt es auch oben. Und es gibt in dieser Welt nicht das Kleinste, das nicht an etwas anderem dort oben hinge, das über es gesetzt wäre, so dass wenn das Unten erregt wird auch jenes erregt wird, das Oben über es gesetzt ist, denn alles verbindet sich in Eins, eines mit dem andern.«[1699]

Die *Schechina*, die durch den Mond symbolisiert wird, der nur dank des Sonnenlichtes leuchtet, bildet das Gelenk zwischen den beiden Emanationsstufen und

1698 G. Scholem, Die Jüdische Mystik, S. 243, mit einem Zitat aus Moses de Leons *Sefer ha-Rimmon*, MS. Brit. Mus.47b.

1699 Sohar I, S. 156c.

dadurch ist sie zugleich der Werkmeister der untersefirotischen Welt.[1700] Dieser »Demiurg« ist kein eigenständiger Schöpfer, wie die gnostische Sofia. Die *Schechina* bewerkstelligt den gottgewollten Prozess der Weitergabe des obersten Lichtes, woraus die Welt entsteht. Die offenbare Gottheit, das heißt die Sefirot und die darunter liegende Welt bilden eine einzige durchgängige Kette des Seins. Die Unteren Wesen sind von den Oberen abhängig, aber zugleich, und darin beruht die Grundlage der Theurgie, gibt es durch die Anregung von unten bei den Oberen eine Resonanz, die sich wiederum nach unten auswirkt.

So wie die Sefira *Bina* (III) die sieben unteren Sefirot hervorbringt, die wegen ihrer Aufgabe der Weltlenkung auch die ›Sieben Tage der Schöpfung‹ genannt werden, so bringt die *Schechina* die unteren Welten hervor: »Es gibt oben ein Werk und unten ein Werk, weshalb die Tora mit dem Buchstaben *Bet* beginnt [dessen Zahlwert zwei ist]. Das untere Werk besteht im Bilde des oberen: Diese [*Bina*, III] machte die obere Welt, und jene [*Malchut*, X] machte die untere Welt.«[1701]

In seiner hebräischen Schrift *Schekel ha-Kodesch* betont Moses de Leon den aus dem Gesagten resultierenden pantheistischen Grundsatz mit Nachdruck. Auch wenn er nicht als der alleinige Verfasser des *Sohar* gelten kann, gehört er doch als entscheidendes Glied in die Kette seiner Autoren, so dass es gerechtfertigt ist, diese Klarstellung aus seiner Feder hier anzufügen:

> »Tatsächlich sind die Welten miteinander verbunden, die eine mit der anderen, und Er, Er sei gesegnet, ergoss sein wirkliches Sein in sie, und das Geheimnis dieser Ergießung ist, dass es ein einziges Sein (*Mezi'ut*) und ein einziges Wesen (*Hawwaja*) ist. Und gemäß dem Abstieg der Welten und der Verringerung ihrer aufeinander folgenden Stufen, ergießt sich das strahlende Licht seines wahren Seins. Und obwohl es ein einziges Licht in allen Welten ist, und das Geheimnis eines einzigen Seins, besteht doch durch den Mangel in der Qualität des Baues dieser Welt im Vergleich zur oberen, ein Mangel an der Helligkeit des Lichtes aus dem Strom des wirklichen oberen Denkens.«[1702]

Hier spiegelt sich das klassische neoplatonische Bild von dem einen Emanationsstrom wider, der das gesamte Sein durchzieht, aber mit der Entfernung von der Quelle an Intensität nachlässt. Es handelt sich also um ein einziges Sein in hierarchischer Quantitäts- und damit auch Qualitäts-Abstufung.

1700 Vgl. Y. Tishby, Mischnat ha-Sohar, I, S. 383; The Wisdom of the Zohar, II, S. 551.

1701 Sohar I, S. 240b u. vgl. Sohar I, S. 29b; Y. Tishby, Mischnat ha-Sohar, I, S. 382; The Wisdom of the Zohar, II, S. 550.

1702 Sefer Schekel ha-Kodesch, ed. Ch. Mopsik, Los Angeles 1996, S. 104.

Was für die Beschreibung der Sefirotemanationen galt, trifft mutatis mutandis auch für den Rest der Schöpfung zu, das heißt sie kann in unterschiedlichen Redeweisen beschrieben werden. Sehr verbreitet ist die Aufnahme der reichhaltigen Schöpfungshaggada des alten rabbinischen Midrasch. Dazu gehört der verbreitete rabbinische Midrasch von den Buchstaben des Alphabets, die einzeln vor den Schöpfer treten, damit er mit ihnen die Schöpfung gestalte,[1703] außerdem die Midraschim darüber, was in Gottes Gedanken aufstieg, als er die Welt erschaffen wollte, so zum Beispiel die Buße, ohne welche die Welt nicht bestehen könnte und dergleichen mehr.[1704] Diese alten Midraschim wurden durchaus in die sefirotische Lehre eingezeichnet. Dies trifft auch auf die Midraschim über die *'Even Schetija*, den Gründungsstein im Jerusalemer Allerheiligsten, zu, von dem sich die Welt wie von einem Nabel ausbreitete.[1705] Dieser Gründungsstein wird hier auf die *Schechina* gedeutet. Auch die Vorstellung, dass die Sefirot und die Welt aus einer voranschreitenden Verschalung entstanden, die sich um den inneren göttlichen Lichtpunkt, die *Hochma*, lagert, tritt hier in Erscheinung: »Vom Anfang des obersten Punktes bis zum Ende aller Stufen ist alles eines im andern, so dass die eine Stufe die Schale der andern ist.«[1706]

Eine der Redeweisen, die alphabetologische, verdient es, hier noch etwas ausführlicher dargestellt zu werden. In der *'Idra Suta* wird zwei Mal darauf hingewiesen, dass die Sefira *Hochma* (Weisheit, II) der Anfang von allem, und, wie oben gezeigt, auch der der Sprache ist. Damit bildet sie zugleich das Urreservoir der zweiundzwanzig Buchstaben des hebräischen Alphabets. »Die *Hochma* ist der Anfang von allem, von ihr gehen 32 Wege aus, und die Tora ist in ihr, die aus 22 Buchstaben besteht und aus zehn Worten.«[1707] Diese zweiunddreißig Wege der Weisheit sind die im *Sefer Jezira* genannten,[1708] die hier allerdings nicht zweiundzwanzig Buchstaben und zehn Zahlen, sondern zweiundzwanzig Buchstaben und zehn Worte darstellen. Demzufolge ist alles ins Sprachliche übertragen. Dabei bezeichnen die zehn Worte sowohl die zehn Schöpfungsworte, wie auch die zehn Worte der Selbstvorstellung Gottes am Sinai, also die zehn Gebote, was in kabbalistischem Verstande im Grunde dasselbe ist. An der zweiten Stelle wird diese Lehre von der Urweisheit als der Quelle der 22 Buchstaben

1703 Sohar I, S. 2b-3a; Y. Tishby, Mischnat ha-Sohar, I, S. 392-396, The Wisdom of the Zohar, II, S. 562-567.

1704 Sohar I, S. 90a; Y. Tishby, Mischnat ha-Sohar, I, S. 396f; The Wisdom of the Zohar, II, S. 568-569.

1705 Sohar II, 222a-b; Sohar I, S. 231a-b; Y. Tishby, Mischnat ha-Sohar, I, S. 398-401; The Wisdom of the Zohar, II, S. 570-572.

1706 Sohar I, S. 19b-20a; Y. Tishby, Mischnat ha-Sohar, I, S. 327f; The Wisdom of the Zohar, S. 494-496.

1707 Sohar III, 290a.

1708 Vgl. Kap. Sefer Jezira 4.

mit jener schon besprochenen von der Gesamtrepräsentation der zehn Sefirot durch das Tetragrammaton verbunden.[1709] Nach dieser Lehre steht der Buchstabe *Jud* für die *Hochma*, mit der Konsequenz, dass das »Jud«, graphisch der kleinste Buchstabe des Alphabets, der Urpunkt der *Hochma* und damit die Quelle der Buchstaben wird. »Komm und sieh: Dieser Anfang [*Hochma*], welcher Vater genannt wird, besteht aus dem *Jud*, welches von dem heiligen ›Glücksstern‹ (*Massal*, I) abhängt, und darum enthält *Jud* alle übrigen Buchstaben. *Jud* ist der Verborgenste von allen übrigen Buchstaben.«[1710] In den *Sitre Tora* (Mysterien der Tora), eine der früheren Soharschichten, ist an einer Stelle die Rede davon, dass nicht nur die 22 Buchstaben samt den fünf Finalbuchstaben durch den Prozess der Emanation entstanden, sondern der Gottesname von 42 Buchstaben, der im Folgenden eine zentrale Rolle spielen wird.[1711]

Aus diesen Buchstaben nun, so lehrt auch der Sohar, wurde die Welt erschaffen. Dabei ist allerdings nicht, wie dies später die hasidischen Meister lehren, an eine sukzessive Buchstabenemanation gedacht, aus der dann die Welt entsteht,[1712] sondern an die ersten 42 Buchstaben der Schöpfungsgeschichte, die im Wege des *Zeruf*, der Buchstabenverbindung, die Welt erzeugen.[1713] Diese ersten 42 Buchstaben der Tora, vom Buchstaben *B* des Wortes *Be-ReSchiT* bis zum Buchstaben *B* des Wortes *wa-BoHu*, gelten als der zweiundvierzigbuchstabige Gottesname.[1714] Über ihn sagt der Sohar:

> »Komm und sieh: Mit zweiundvierzig Buchstaben wurde die Welt graviert und in ihnen hat sie ihren Bestand, und sie alle sind ein Diadem des Heiligen Namens. Und wenn sie miteinander verbunden werden, steigen sie mit seinen Buchstaben nach oben und nach unten, und werden in den vier Richtungen der Welt gekrönt, und so konnte die Welt bestehen. Danach gingen die Buchstaben hinaus und erschufen die Welt, oben und unten, in der Welt der Einheit (*Jichud*) und in der Welt der Trennung (*Perud*). Sie wurden ›Berge der

1709 Vgl. Kap. Kabbala VI.2.3.

1710 Sohar III, S. 290b; u. vgl. Sohar III, S. 10b. Hier wird diese Quellfunktion des *Jud* anhand der graphischen Form des Buchstabens beschrieben.

1711 Sohar I, S. 101a, Sitre Tora; vgl. auch Sohar I, S. 15b, übers. bei G. Scholem, Die Geheimnisse der Schöpfung, S. 47-49.

1712 Vgl. Kap. Der osteuropäische Hasidismus B.2.

1713 Diese Buchstaben entsprechen den 42 Buchstaben des in den Gebetbüchern abgedruckten Gebetes »'Ana be-Koach«, aus deren Verbindung der zweiundvierziger Name entsteht; Y. Tishby, Mischnat ha-Sohar, I, S. 391, The Wisdom of the Zohar, II, S. 561, J. Trachtenberg. Jewish Magic and Superstition, New York 1974, S. 94.

1714 Zu diesen aund anderszahligen Gottesnamen siehe J. Trachtenberg, Jewish Magic and Superstition, S. 90ff.

Trennung‹[1715] genannt. Sie werden getränkt, wenn die Seite des *Südens* [Sefira *Hesed*, IV], sich ihnen nähert. Dann strömen die Wasser aus, und dank dieser Kraft, die oben quillt, ist alles in Freude. Wenn dann das *Denken* (II) zum *Willen der Freude* (I), dem Verborgensten aller Verborgenen hinaufsteigt, kommt und quillt aus ihm ein Glanz, so dass sie sich einander annähern [...]. Und diese 42 Buchstaben sind ein oberstes Geheimnis, durch welches die obere und die untere Welt erschaffen wurden. Sie sind der Bestand und das Mysterium aller Welten. [...]

Es steht geschrieben ›und in die Brusttasche für den Rechtsspruch sollst du die *'Urim* und *Tummim* legen‹ (Ex 28, 30). Schon haben sie ja erklärt: ›die *'Urim* (Lichter),[1716] welche leuchten, das ist das Geheimnis des *Leuchtenden Kristalls* (VI), das ist die Gravur der Buchstaben des Heiligen Namens im Geheimnis der zweiundvierzig, durch welche die Welten erschaffen wurden, und in ihn sind sie eingesenkt. ›Und die *Tummim*‹, das ist das Geheimnis dieser Buchstaben, wenn sie in dem *Nichtleuchtenden Kristall* (X) enthalten sind, und sie wird von den zweiundsiebzig eingravierten Buchstaben geleitet, welche das Geheimnis des Heiligen Namens [von zweiundsiebzig Buchstaben] ist. Und sie alle werden *'Urim* und *Tummim* genannt.«[1717]

Der etwas verschlüsselt formulierte Text, der mit seiner Begrifflichkeit der Buchstabenverbindung und des Krönens in der Tradition des *Sefer Jezira* steht,[1718] erwähnt insgesamt drei Buchstabengruppen, die in der Welterschaffung aktiv sind. Es handelt sich dabei zunächst um die Buchstaben des »Heiligen Namens«, die hier gewiss das Tetragramm bilden, in dem sich das ganze sefirotische System manifestiert. Aus ihm sind dann wohl die 42 Buchstaben des mit dieser Zahl benannten Gottesnamens entstanden, die als Krone des Tetragramms dienen und durch ihre gemeinsame Auf- und Abwärtsbewegung die Welt erhalten. Dieser zweiundvierzigbuchstabige Gottesname ist in die *Sefira* sechs eingraviert, die als »Sonne« mit eigenem Licht, der »Leuchtende Kristall« genannt wird. Wenn dieser Name sodann auf die tiefere *Sefira Schechina* einwirkt, die wegen ihres Mangels an eigenem Licht dem »Mond« entspricht und daher »Nichtleuchtender Kristall« heißt, entfaltet sich der Name zu einem buchstabenreicheren, wohl in einem niedrigeren Rang stehenden Namen von zweiundsiebzig Einheiten zu je drei Buchstaben.[1719] In der Fortsetzung des Textes wird ferner bemerkt, dass

1715 Can 2, 17, Kluft, hier nach Gen 15,10 als »Trennung« gedeutet.

1716 'Urim, das biblische Losorabel, wird hier als »Lichter« gedeutet.

1717 Sohar II, S. 234b; Y. Tishby, Mischnat ha-Sohar, I, S. 391f; The Wisdom of the Zohar, II, S. 561f.

1718 Vgl. Kap. Sefer Jezira 2.2.1.

1719 Dieser Gottesname wird aus Ex 14, 19-21 abgeleitet, wo sich genau 3x72 Buchstaben finden, die, zu 72 Dreiergruppen zusammengefasst, den zweiundsiebziggliedrigen Gottesnamen erge-

wenn die Buchstaben in die *Schechina* eingesenkt sind, von ihr weitere Buchstaben aufstrahlen »und diese Buchstaben der heiligen Namen gehen auf das Geheimnis der Tora über, und alle Welten kommen (wurden geschaffen) im Geheimnis dieser Buchstaben.«[1720]

4.2 Die Weltstufen

Der zuletzt angeführte Text gibt das Weltbild des Hauptteiles des *Sohar* klar wieder. Da gibt es, wie schon in Josef Gikatillas *Scha'are ha-'Ora* einen *'Olam ha Jichud* und einen *'Olam ha-Perud*, das heißt oben die »Welt der Einheit', das ist die sefirotische Welt, und unten die »Welt der Trennung«, das ist alles unterhalb der *Sefirot*. Diese beiden Welten stehen zueinander in einem Verhältnis von Urbild und Abbild:

> »Als der Heilige, E.s.g., die Welt erschuf, gravierte er die Gravuren des *Geheimnisses des Glaubens* (*Rasa di-Mehemanuta*) [das ist die Sefirotwelt] in die Geheimnisse der Reinen Oberen. Er gravierte Oben und Unten, alles in einem einzigen Geheimnis, und machte die *untere Welt* im Bilde der *oberen Welt*, eine steht der anderen gegenüber, so dass sie alle eins sind in einer einzigen Einheit.«[1721]

Natürlich sind untere und obere Welt gegliedert, aber grundsätzlich existieren nur diese beiden Kategorien der Welt, anders als bei den Philosophen. Diese Unterteilung weicht von der bei den Philosophen verbreiteten Dreiteilung der Welt ab, nach der es zunächst die intelligible Welt der Intellekte (Aristoteliker) oder von Intellekt, Weltseele und Natur (Platoniker) gab. Ihr folgte als zweite Stufe die Welt der Gestirnssphären und schließlich die sublunare irdische Welt.[1722] Die beiden Welten des Sohar stehen in einem bis ins Detail gehenden Verhältnis von Ur- und Abbild, wie dies analog die mittelalterliche sogenannte Theologie des Aristoteles beschrieb.[1723] Danach gibt es für alles was es oben gibt, unten ein Pendant.[1724] Im Übrigen kennt der Hauptteil des *Sohar* keine systematische Hierarchie, wenn er auch in den oben als »Hechalot« genannten

ben. Der zweiundsiebzigliedrige Gottesname wird nach Y. Tishby auf die *Sefirot Hesed* (IV), *Gevura* (V) und *Tif'eret* (VI) bezogen; Mischnat ha-Sohar, I, S. 391, The Wisdom of the Zohar, II, S. 562, Anm. 16.

1720 Sohar II, S. 234b.

1721 Sohar I, S. 38a.

1722 Vgl. Bd. I, S. 451-454.491-496.502-506.

1723 Vgl. dazu Bd. I, S. 513.

1724 Sohar II, S. 20a.

Teilen des *Sohar* eine ausführliche Beschreibung der reinen und unreinen himmlischen Hallen gibt.[1725] Anders stellt sich die Gliederung des Kosmos in den Spätschichten des *Sohar*, *Ra'ja Mehemna* und *Tikkune ha Sohar* dar, die unten im kosmologischen Teil zu diesen beiden Schriften skizziert werden wird.

5. Die Herkunft des Bösen in der Welt

5.1 Die platonisierende Lösung

Im Rahmen einer Kosmologie, die in weitem Maße der neoplatonischen Tradition verpflichtet ist, stellt sich natürlich die Frage, woher denn in einer Welt, die nichts anderes als ein Ausfluss aus der guten Gottheit ist, das Böse kommt. Die dem neoplatonischen Denken adäquateste Lösung wäre gewesen, das Böse am Ende des Emanationsstromes, oder besser jenseits von dessen Reichweite anzusiedeln, als nicht Seiendes und damit dem Guten Entzogenes. Eine andere Möglichkeit besteht darin, das Böse in dem voranschreitenden Nachlassen des Emanationsstromes zu suchen, wobei das Böse allenfalls als das weniger Gute erscheint, das aber letztlich Teil am Guten hat. Dies ist eine Lösung, die später von dem Begründer des osteuropäischen Hasidismus formuliert werden wird.[1726] Immerhin bietet der Sohar an einer Stelle eine Darstellung der sich entfaltenden Schöpfung, die das Entstehen des Bösen als eine notwendige Konsequenz des sich differenzierenden Emanationsprozesses erscheinen lässt. Dabei wird jede folgende Stufe der Emanation als Umkleidung der vorausgegangenen verstanden. Als anschauliches Beispiel für diese Weltsicht haben sich die Kabbalisten der Nuss bedient, in deren Inneren der gute Kern ruht, der aber von einer Reihe voranschreitend ungenießbarer Schalen umgeben wird, die ihn aber zu seinem Schutz umhüllen. In diesem Bild erscheint das Ungenießbare und damit das Böse als eine unvermeidliche Notwendigkeit, um das Gute zu bewahren und zu offenbaren:

> »Als der König Salomo, laut dem Wort der Schrift ›ich stieg in den Nussgarten hinab‹ (Cant 6,11), in die Tiefen der Nuss vordrang, nahm er eine Nussschale (*Klippa*) und betrachtete all jene Schalen und erkannte, dass alle Vergnügungen jener [unreinen] Geister, die Schalen der Nuss, nur dazu da sind, um sich an die Menschen zu heften und sie zu verunreinigen. [...]

1725 Die Epitome dieser Hechalotbeschreibung in Mosche Cordoveros *Pardes Rimmonim* habe ich im Anhang meines Buches »Kafka und die Kabbala«, Berlin-Wien 2003, S. 225-237 ausführlich übersetzt.

1726 Vgl. Kap. Der osteuropäische Hasidismus II. B.3.

Und all das brauchte der Heilige, E.s.g., um in der Welt zu schaffen und damit die Welt einzurichten. Und alles ist ein Kern in der Mitte, den eine Reihe von Schalen verdecken. Die ganze Welt ist in dieser Weise gemacht, oben wie unten: Vom Haupt des Geheimnisses des obersten Punktes bis zum Ende aller Stufen ist allenthalben das eine im andern, so dass eine Stufe die Schale für die nächste ist und so weiter.

Der *erste Punkt* (II) ist das innere Licht, für dessen Lauterkeit, Feinheit und Reinheit es kein Maß gibt sie zu erkennen, bis eine Emanation von ihm ausging, die eine *Halle* (III) war, um den *Punkt*, das wegen seiner Lauterkeit unerkennbare Licht, zu bekleiden. Die Halle, die eine Umkleidung (*Levusch*) für jenen verborgenen Punkt ist, ist ein Licht ohne Maß, aber dennoch ist er nicht so fein und lauter wie jener erste Punkt, der verborgen und verschlossen ist. Von dieser Halle ging eine Emanation hervor, das *erste Licht* (IV), und diese Emanation ist eine Umkleidung für jene Halle. [...] Von hier und weiter emaniert eines aus dem andern und eines umkleidet das andere, das eine ist der Kern, das andere die Schale. Und wiewohl das eine Umkleidung ist (*Levusch*), wird es doch zum Kern der nächsten Stufe.

Und alles ist hier unten nach diesem Vorbild gemacht, bis schließlich der Mensch auch in diesem Bilde (*Zelem*) in dieser Welt ist, Kern und Schale, Geist und Körper. Und all das dient zur Einrichtung (Vervollkommnung) der Welt.

Als noch die *Sonne* (VI) und der *Mond* (X) als eines zusammenhafteten, leuchtete der *Mond* in voller Kraft. Als er sich aber von der *Sonne* trennte, und über seine Scharen gesetzt wurde, und er sich verringerte, wurde auch sein Licht schwächer, und es wurden Schalen über Schalen (*Klippot*) erschaffen, um den Kern zu bergen, und all das dient zur Vervollkommnung (Erhaltung, *Tikkun*) des Kerns. [...] All das dient der Vervollkommnung der Welt.«[1727]

Die in der Kabbala negativ konnotierten Schalen als Ursache des Bösen erscheinen hier dennoch als Emanate des ursprünglichen Lichtes. Sie sind nötig für den gesamten Weltenbau und die offenbare Gottheit. Sie sind die differenzierenden Stufen, die Vielfalt der Welt, die aber allesamt dem einen Ziel dienen, den Kern zu bewahren. Kern und Schale sind hier aber zugleich nicht absolute Größen, sondern relative, jede Schale ist zugleich Kern für die nächste Umhüllung. Also nichts ist absolut Schale, sondern ist zugleich auch Kern. Die Schalen, die im Eingang des Textes mit den unreinen Geistern gleichgesetzt, und in dem ausgelassenen Abschnitt als Dämonen bezeichnet werden, sind zwar Dämonen, aber doch wieder nur Schale und Kern und für den *Tikkun ha'Olam*, für die Voll-

1727 Sohar I, S. 19b-20a.

kommenheit und den Bestand der Welt, unabdingbar. Diese Lösung des Problems des Bösen ist in seinem Kern neoplatonisch, insofern es nichts absolut Böses gibt, aber doch ein relativ Böses, bedingt durch seine Entfernung von der Emanationsquelle.

5.2 Die prozessuale Lösung – Vorformen der Emanation

Die im vorangehenden Abschnitt gezeichnete hierarchisch monistische Sicht ist allerdings nicht die dominierende im Sohar. Vielmehr herrscht hier jener Geist vor, der mit dem *Sefer ha-Bahir* begann, und von den kastilischen Gnostikern um die Brüder Kohen zu einem ersten Höhepunkt eines gnostischen Dualismus geführt wurde. Der Sohar steht maßgeblich in dieser Tradition, weshalb Liebes gar die Ursprünge der Sohar-Autoren in jenem kastilisch gnostischen Kabbalistenkreis sah.[1728] Bei ihren Darlegungen zum Ursprung des Bösen in der Welt treten die Autoren des Sohar gleichsam oder tatsächlich in die von den kastilischen Kabbalisten geführte Debatte ein, worauf schon Tishby hingewiesen hatte.[1729] Dabei spielen in der Erörterung der Herkunft des Bösen zwei Konzepte eine zentrale Rolle. Zum einen ist dies die Verbindung der Entstehung des Bösen mit der Vorstellung, dass es innerhalb der Gottheit die Strenge des Gerichts (*Din*) gibt, dass also die Wurzel des Bösen innerhalb der Gottheit selbst liegt, und zum andern die Auffassung, dass bei der Selbstentfaltung der Gottheit in der sefirotischen Welt eine Art überschüssiger »Abfall« entstanden ist, der ausgeschieden wurde und den Kern des Bösen bilden konnte.

Der schon im rabbinischen Midrasch formulierte Gedanke, dass Gott bevor er diese Welt erschuf, einige andere Welten machte, die er aber wieder zerstörte, weil sie ihm nicht gefielen, hatten die kastilischen Kabbalisten in dem oben zitierten Traktat als verunglückte Emanationsprodukte des Zwischenemanators Mesuchi'el aufgenommen.[1730] Die beiden soharischen *'Idrot*[1731] treten in diese Diskussion ein, setzen die Problematik allerdings an einer sehr viel höheren Stelle an. Bei Jizchak ha-Kohen waren die verfehlten Emanationen aus dem Agenten der dritten Sefira hervorgegangen, im Sohar hingegen – und damit näher an der alten Midraschformulierung – sind sie ein Produkt der ersten Sefira *'Attika Kaddischa*. Zur Darstellung des Vorgangs wählt die *'Idra* einen Abschnitt aus dem genealogischen Kapitel der Genesis über die Esau-Nachkommen

1728 Y. Liebes, The Messiah of the Zohar, in: ders., Studies in the Zohar, Albany 1993, S. 16-19.

1729 Y. Tishby, Mischnat ha-Sohar, I, S. 296; The Wisdom of the Zohar II, S. 459.472, Anm. 55.

1730 Vgl. Kap. Kabbala I. B.2.1. Mesuchi'el war aus der dritten Sefira emaniert und hat dann eine eigene Seitenemanation hervorgebracht, unter der es böse Kräfte gab, die er auf Geheiß einer Himmelsstimme wieder zerstören mußte.

1731 Sohar III, S. 135a-b;292a.

(Gen 36). Dort werden in den Versen 31-39 sieben Könige Edoms aufgezählt, die regierten bevor es einen König in Israel gab. Ein achter König schließlich folgte, von dessen Tod nichts berichtet wird, von dem aber in Abweichung zu den übrigen Fällen gesagt wird, dass er eine Frau namens Mehetav'el hatte. Nach dem oben schon genannten Grundsatz, dass die biblischen Texte innergöttliche Vorgänge beschreiben, leitet die *'Idra rabba* daraus das Folgende ab:

»Im ›Buch des Verborgenen‹ (*Sifra di-Zeni'uta*) wird gelehrt: Bevor der *Alte der Alten* (*'Attika de-'Attikin*) seine Anordnungen (*Tikkunim*) zubereitete, baute er Könige, gravierte er Könige und maß Könige ab, aber sie hatten keinen Bestand, so dass er von ihnen abließ und sie bis auf später verschloss. Das ist es, was geschrieben steht ›Dies sind die Könige, die im Lande Edom regierten‹ (Gen 36,31). ›Im Lande Edom‹, das heißt, der Ort, an dem alle *Dinim* (strengen Gerichtsurteile) sind. Und all diese Könige hatten keinen Bestand, bis das weiße Haupt, der *Alte der Alten* selbst seine Vollendung (*Tikkun*) erlangt hatte. Nachdem er aber selbst vollendet war, vollendete er alle Anordnungen der Oberen und der Unteren. [... Aber], solange er nicht selbst in seinen Anordnungen vollendet war, waren all jene nicht vollendet, die der Vollendung bedurften und so wurden alle Welten zerstört. Das ist es, was geschrieben steht: ›Und es herrschte Bela' Ben Be'or in Edom‹ (Gen 36,32). ›Er herrschte in Edom‹, das ist ein bedeutendes Mysterium, nämlich der Ort, an dem alle *Dinim* (strengen Gerichtsurteile) hängen und angebunden sind. [...] Als nämlich der König Bela' aufstieg, um in ihm sich niederzulassen, blieb und konnte er nicht bestehen und alle Welten wurden zerstört. Was ist der Grund? Weil der *Mensch* [das heißt das ausgewogene System der Sefirot] noch nicht vollendet angeordnet war, denn die Vollendung des *Menschen* in seiner Gestalt enthält alles, und dann kann alles sich in ihm niederlassen. Und weil diese Vollendung des Menschen noch nicht erreicht war, konnte er nicht bestehen und sich niederlassen und sie wurden vernichtet. Glaubst du aber, dass sie wirklich vernichtet wurden? Sie alle sind doch im *Menschen* enthalten? Vielmehr wurden sie aufgehoben und von dieser [Stufe des] Tikkun weggenommen, bis die Vollendung der Gestalt des *Menschen* erreicht war. Und als diese Gestalt kam, waren sie alle in ihr enthalten und sie kamen zu einem anderen Bestehen: Manche von ihnen wurden versüßt [das heißt, angenehm gemacht], manche wurden versüßt und doch nicht versüßt und wieder andere wurden überhaupt nicht versüßt.

Und wenn du sagst, es steht doch geschrieben ›und er starb‹ (Gen 36,33-39), das heißt sie wurden ganz vernichtet, [so muss man erwidern]: Nicht so, sondern, jeder, der von einer früheren Stufe herabsteigt, von dem sagt man, er sei gestorben. [...] Und als der *Mensch* vollendet war, wurden sie mit anderen Namen benannt und wurden in ihm zum Bestehen versüßt und blieben beste-

> hen, alle allerdings mit anderen Namen, außer dem einen, von dem gesagt wird: ›Und der Name seiner Frau war Mehetav'el, Tochter der Matred der Tochter der Mesahav‹ (Gen 36, 39). Warum? Weil diese nicht wie die übrigen vernichtet wurden, weil sie Mann und Frau waren, wie die Palme, die nur wächst, wenn Männlich und Weiblich zusammen sind. Und weil sie Männlich und Weiblich zusammen waren, steht von ihnen kein Tod geschrieben und sie blieben bestehen. Aber sie konnten sich erst niederlassen als die Gestalt des *Menschen* vollkommen war. Als aber die Gestalt des Menschen vollendet war, wurden sie in einem neuen Bestehen beständig und konnten sich niederlassen.«[1732]

Es war nötig, diesen Text so ausführlich zu zitieren, weil er später eine der wichtigen Grundlagen für die Neudeutung der Kabbala durch Jizchak Luria wurde. Für den Sohar kann zunächst konstatiert werden, dass die sieben Könige, die starben, eine Emanation des strengen Rechtsprinzips der Gottheit waren, die allerdings in dieser Form nicht bestehen konnten, weil sie noch keinen Ausgleich in einem entsprechenden Gegenüber hatten, das hier als das weibliche Prinzip bezeichnet wird. Erst im Gegenüber von Männlich und Weiblich und in deren ausgeglichener Verbindung kann eine Versüßung, eine Ausbalancierung des strengen Rechts, erfolgen und Stabilität erreicht werden. Der soharische Midrasch von den sieben verstorbenen Königen ist im Grunde eine Neuinterpretation des alten rabbinischen Schöpfungsmidrasches, in dem davon die Rede ist, dass die Welt nur dann Bestand haben konnte, nachdem der Schöpfer die beiden Prinzipien von Gerichtsstrenge und Liebe miteinander verband, und sich gegenseitig in der Balance halten ließen.[1733] Die Wiederbelebung und neue Existenz der gestorbenen, beziehungsweise gefallenen Könige, wird dann in deren tieferen Stellung unterhalb der unteren sieben Sefirot stattfinden, die als *Sa'ir* und *Nukba*, als Mann und Frau, schon oben erörtert wurden.[1734]

Die konzentrierte Gerichtsstrenge des »Landes Edom« konnte keinen Bestand haben, bis sie durch ein Pendant ausgeglichen wurde und in der Paarigkeit von Mann und Frau in Erscheinung trat. In diesem »Tikkun« (Vervollkommnung) wurden die strengen Gerichte teilweise ganz neutralisiert (»gesüßt«), in der Sefira *Hesed* (IV), neutralisiert und doch nicht neutralisiert in der Sefira *Din* (V) und dann verblieb noch ein nicht neutralisierter Teil, welcher das unausgewogene Böse ist, während das ausgewogene, das heißt neutralisierte, Böse als Gerichtsstrafe Gottes die Menschen trifft. Insgesamt erscheint das Böse hier als

1732 Sohar III, S. 135a-b ('Idra rabba); Y. Tishby, Mischnat ha-Sohar, I, S. 183f; The Wisdom of the Zohar, I, S. 332f.

1733 Vgl. Bd. I, S. 245.

1734 S.o. Kap. 3.4.2.3-4.

Unausgewogenheit, die zerstörerisch wirken muss, wohingegen das ausgewogene »Böse« stabilisierend wirken kann und als konstruktives Element fungiert.

5.3 Die dualistisch-mythologische Lösung

Weitaus verbreiteter ist im Sohar allerdings eine andere Konzeption zur Erklärung der Herkunft des Bösen, die ebenfalls einen der Gesprächsfäden der kastilischen Gruppe aufnimmt, nämlich die Konzeption einer »Linken Emanation«, die neben der rechten heiligen Emanation entstand. Nicht nur in Bezug auf die Rezeption dieser Emanation als purem Faktum, sondern auch in der Frage nach ihrem Ursprungsort erscheinen die Sohar-Autoren als Teil jener innerkabbalistisch gnostischen Diskussion, wie hernach noch deutlich werden soll. Hier zunächst das bloße Faktum:

> »Komm und sieh: Der Heilige, E.s.g., brachte droben zehn Kronen hervor, heilige Diademe, mit denen er sich krönt und in die er sich kleidet. Er ist sie und sie sind Er, wie die Flamme, die mit der Kohle verbunden, da gibt es keinerlei Trennung!
> Ihnen gegenüber gibt es unten zehn Kronen, welche nicht heilig sind, und sie sind am Schmutz unter dem Fingernagel eines heiligen Diadems, das *Hochma* (Weisheit) genannt wird, angebunden, darum werden sie Weisheiten genannt. Und es wird gelehrt:[1735] Diese zehn verschiedenen Weisheiten stiegen in die Welt hinab und alle wurden sie in Ägypten aufgesogen, außer einer einzigen, die sich über die ganze Welt ausbreitete. Sie alle sind Weisen des Zaubers, und durch sie kannten die Ägypter die Zauberkünste mehr als alle übrigen Erdenbürger.«[1736]

Das Verhältnis dieser zehn unreinen Kronen, beziehungsweise Sefirot, zur heiligen Emanation wird hier als Haften am Schmutz der Fingernägel der untersten Sefira *Malchut* qualifiziert, die gut gnostisch auch als die untere Weisheit bezeichnet wird. Der Sohar lehrt diesbezüglich, dass es bei der Emanation einen Rest gab, der nicht in die Heiligkeit aufging, sondern als schmutziger Rest, als Abfall, an deren Rand haftet. Hier wird der Ausgangspunkt der unreinen Kronen und deren direkter emanatorischer Zusammenhang mit der heiligen Emanation nicht angesprochen, sondern nur ein bestehender Zustand beschrieben, aber durch den oben genannten Diskussionszusammenhang und die noch folgenden Belege ist klar, dass dieser »Schmutz« ein Abfallprodukt des gesamten Emanationsprozesses ist. Dieses Abfallprodukt stellt sich als der ungestaltete Rest der

1735 bKidd 49b.

1736 Sohar III, S. 70a.

heiligen Emanationsstrukturen dar, der allerdings für die Gestaltung entsprechender unreiner Strukturen stark genug war.

Die Diskussion um den Ausgangspunkt der linken Emanation, die im Sohar *Sitra 'Achra*, die andere Seite, genannt wird, ist theologisch von großer Bedeutung. Die obige Darstellung vom Tod der Könige lässt das Böse, die *Dinim*, direkt aus der ersten Sefira hervorströmen, was dann allerdings zum besagten Fehlschlag führte. Aber immerhin wird auch dabei der wichtige Grundsatz gewahrt, dass die bösen Kräfte nicht präexistent waren, nicht also wie in der Gnosis des iranischen Typs von je her als gleiche Macht den guten Kräften gegenüberstanden. Solange, wie hier das Böse als eine Emanation aus der obersten Gottheit erfolgt, ist der alles überwölbende Monismus recht eigentlich gewahrt, und der Dualismus als Phänomen niedrigen Ranges unterhalb der einen Gottheit angesiedelt. Aber gerade hierin stellt sich dann die Frage, von welcher Stufe die Emanation des Bösen ausgeht, als eine Frage der hierarchischen Wertigkeit. Jizchak ha-Kohen hatte sie von der dritten Sefira, der Bina, beziehungsweise deren Agenten Mesuchi'el ausgehen lassen. Demgegenüber setzte schon sein Schüler Mosche von Burgos den Quellort des Bösen hierarchisch auf die fünfte Sefira *Gevura* (*Din*) herab.[1737] Die Sohar-Texte stehen noch mitten in dieser Debatte, denn es gibt auch Hinweise in ihnen, die das Böse gleichfalls bei der Bina ansetzen.[1738] Ansonsten lässt der Sohar das Böse aus der fünften Sefira entspringen. Voraussetzung für beide Positionen ist die seit dem *Sefer ha-Bahir* eingeführte Unterscheidung von linker und rechter Seite innerhalb des Sefirotbaumes, von denen die Rechte die Liebe Gottes und die Linke die Gerichtstrenge Gottes vertritt. Die schon mehrfach betonte Notwendigkeit einer Ausgeglichenheit zwischen Männlich und Weiblich fügt einen weiteren Akzent zu dem vom Bahir ererbten Ausgleichsschema zwischen Links und Rechts durch die Mitte hinzu. Die Spannung zwischen den beiden Attributen Gottes, Liebe und Gericht, ist es darum, welche in einem Moment des fehlenden Ausgleichs zur Emanation der *Sitra 'Achra* führte:

> » ›Und Gott sprach, es sei eine Feste inmitten der Wasser etc.‹ (Gen 1,6). Hier ist im Detail das Geheimnis der Trennung zwischen den *oberen Wassern* (III) und den *unteren Wassern* (X) als Geheimnis der *linken Seite* (V) ausgesprochen. Und an dieser Stelle wurde die Auseinandersetzung im Geheimnis der Linken geschaffen. Denn bis dahin erstreckte sich das Geheimnis der *Rechten* (IV) und ab da das Geheimnis der Linken, und darum vermehrte sich der Streit zwischen ihr und der Rechten. Die Rechte ist die Vollendung von allem, darum ist über sie ›alles‹ geschrieben, denn an ihr hängt alle Vollkommenheit. Als die Linke erwachte, erwachte der Streit. Und in diesem

1737 Vgl. Kap. Kabbala I. B.2.1.

1738 So die Texte der *'Idra rabba*, Sohar III, S. 142a.

Streit verstärkte sich die Flamme des Zorns, und aus diesem Streit ging der *Gehinnom* [*Sitra 'Achra*] hervor. Denn der Gehinnom erwachte an der Linken und an ihr haftet er.«[1739]

Die hier genannten Seiten des Sefirotbaumes gehören zu den sieben unteren Sefirot, die zugleich die sieben in Genesis 1 genannten Schöpfungstage repräsentieren. Da beim zweiten Schöpfungstag (Gen 1, 6-8) das sonst wie ein Refrain wiederholte ›und Gott sah dass es gut war‹ fehlt, ist dies für den kabbalistischen Exegeten ein Zeichen, dass hier das Böse seinen Ausgang nahm. Erst als dann der dritte Tag herankam, das heißt die sechste Sefira, wurde der Streit aufgehoben, weil sie in dem Streit ausglich.[1740]

Die zehn unreinen Kronen stehen dem eingangs angeführten Text zufolge den zehn heiligen Kronen gegenüber, beziehungsweise entsprechen ihnen, und werden deshalb auch *'Elohim 'acherim*, »anderer Gott« oder fremder Gott, genannt.[1741] Diese Entsprechung beschränkt sich nicht auf die Zehnzahl, sondern besitzt noch weitere Züge, so dass der Sohar sagen kann, dass die zehn unheiligen Sefirot, die heiligen im wahrsten Sinne nachäffen, um ihnen möglichst gleich zu erscheinen.[1742] Die unheilige Seite hat demnach wie die heilige unterhalb der Sefirot sieben Hallen. In diesen Hallen der beiden Seiten halten sich die dienstbaren Geister jeder Seite auf, die guten hier, die bösen dort.[1743] Die Imitierung der *Sitra de-Keduscha* (Heilige Seite) durch die *Sitra 'Achra* erstreckt sich auch auf die für den Sohar bedeutungsvolle Zweigeschlechtlichkeit. An der Spitze des unreinen Systems steht der zur Hypostase mutierte einstige Todesengel Samma'el, der bei den kastilischen Gnostikern als Haupt der sieben Anklagefürsten figurierte.[1744] Im unteren Bereich der *Sitra 'Achra* befindet sich als Nachahmung der Schechina die ehemalige Dämonin Lilit,[1745] die auch schon bei Jizchak ha-Kohen als Samma'els weibliches Pendant galt:[1746]

1739 Sohar I, S. 17a; vgl. Sohar II, S. 149b, Y. Tishby, Mischnat ha-Sohar, I, S. 321; The Wisdom of the Zohar, II, S. 488.

1740 aaO.

1741 Sohar II, S. 149b; Y. Tishby, Mischnat ha-Sohar, I, S. 322; The Wisdom of the Zohar, II, S. 489.

1742 Sohar III, S. 189a.192b.268b.

1743 Eine zusammenfassende Darstellung dieser Hallen bietet Mosche Cordovero in seinem *Pardes Rimmonim*, die ich auszugsweise im Anhang meines »Kafka und die Kabbala« in Übersetzung vorlegte; K.E. Grözinger, Kafka und die Kabbala, Berlin-Wien 2003, S. 223-232. Vgl. Auch Sohar II, S. 244b-269a; Sohar I, 38a-45b.

1744 Vgl. Kap. Kabbala I. B.2.2.

1745 zu Lilit s. Kap. Kabbala I. B.3.2; 3.3.

1746 Vgl. Kap. Kabbala I. B.2.2.

»Aus der mächtigen Mittagsflamme [des göttlichen Gerichts ...] sprosste eine schamvolle Pflanze, die zugleich Männlich und Weiblich umfasste, rot wie die Lilie, und sie strömte nach vielerlei Seiten und Pfaden. Der Mann wird Sammael genannt, sein Weib ist stets in ihm umfangen. So wie es auf Seiten der Heiligkeit Mann und Weib gibt, so sind auch auf der ›Anderen Seite‹[1747] Mann und Weib, eines im anderen umfangen. Das Weib von Sammael wird Schlange genannt, das Hurenweib, das Ende allen Fleisches, das Ende der Tage. Zwei böse Geister haften zusammen, der Geist des Mannes ist spitz, der Geist des Weibes verströmt sich auf Wegen und Pfaden, und sie haftet am Geist des Mannes. Sie schmückt sich mit allerlei Geschmeide wie eine derbe Hure und steht an den Häuptern der Wege und Pfade, um die Menschen zu verführen. Tor, der sich ihr naht. Sie fasst ihn, um ihn zu küssen, schenkt ihm alten Wein, getränkt mit Schlangengift. Sobald er trinkt, irrt er ihr nach. Und wenn sie sieht, dass er ihr vom Wege der Wahrheit weg nachgeirrt ist, entblößt sie sich all des Schmuckes, den sie für diesen Toren angelegt hatte.
Und so schmückt sie sich, um die Menschen zu verführen: Ihre Haare sind rot wie eine Rose, das Gesicht weiß und rot, an den Ohren sechs Ringe, um ihren Hals liegen ägyptische Kordeln aus den herrlichen Stoffen der Vorzeit, ihr Mund leicht und anmutig geöffnet, ihre Zunge spitz wie ein Schwert, glatt wie Öl sind ihre Worte, ihre Lippen anmutig rot wie Rosen, süßer als aller Honig der Welt, Purpur ist ihr Kleid in neununddreißig Weisen.
Der Tor irrt ihr nach, trinkt von seinem Becher Wein und hurt mit ihr, von ihr verführt. Was tut sie? Sie lässt ihn im Bette schlafen, und sie steigt nach Oben und verklagt ihn mit falscher Zunge und holt sich die Erlaubnis, wieder hinabzusteigen. Wacht er auf, der Tor, und gedenkt mit ihr zu scherzen wie zuvor, da tut sie ihr Geschmeide ab und wird zum starken Helden, der vor ihm steht im Feuergewand. Mit schrecklicher Furcht lässt er Leib und Seele erzittern, ihre Blöße voll schrecklicher Augen, das geschliffene Schwert voll bitterer Tropfen in der Hand. Er tötet den Toren und wirft ihn in die Hölle.«[1748]

Samma'el und Lilit verfügen, wie die heilige Seite, über ein Heer von diensteifrigen Helfern, die dazu da sind, um Verführung, Not und Strafe in die Welt zu bringen. Hier muss allerdings zunächst noch ein weiteres Element der Nachahmung genannt werden, das sich aus der Zweigeschlechtlichkeit der *Sitra 'Achra* wie von selbst ergibt. Wie auf der heiligen Seite, so wird auch hier durch die Vereinung der Pole, den innersefirotische *Jichud*, der Ausfluss der sefirotischen

1747 Vgl. G. Scholem, Sitra achra; Gut und Böse in der Kabbala, in: Von der mystischen Gestalt der Gottheit, Frankfurt a. M. 1995, S. 49-82.

1748 Sohar, I, S. 148 a.

Kräfte nach unten in Gang setzt – hier handelt es sich allerdings um den schlechten Ausfluss. In einer Beschreibung der *Sitra 'achra* in der Gestalt des von Nebukadnezar in seinem Traum geschauten Standbildes aus unterschiedlichen Metallen und Ton (Daniel 2,31-33) kommt der Sohar mehrfach auf die Bedeutung der Sexualität der *Sitra 'achra* zu sprechen. So werden unter anderem die Sefirot sieben und acht der *Sitra 'achra* als zwei Säulen dargestellt, welche die Schenkel der Menschgestalt der *Sitra 'achra* darstellen:

> »Zwischen den beiden Säulen geht eine Säule hervor, die Finsternis der Finsternis, und alle [zuvor genannten] Farbnuancen [der Metalle des Standbildes] sind an ihr sichtbar. Und diese Säule ist die Vorhaut, welche den Mann zum Weib führt, um sich geschlechtlich zu vereinen, und eines zu sein. [... Diese mittlere Säule ist in mehrere Stufen und Knoten untergliedert:] Der zweite Knoten heißt Grimm. Dieser Knoten bewegt sich von Ort zu Ort und lenkt alle übrigen Knoten. [...] Sie alle gewinnen ihre Kraft durch diesen Knoten. Er ist es, der alle Plagen in die Welt bringt. Denn wenn er sich mit jener anderen Stufe verbindet, um das Weib zu kosen, dann stürzen alle Plagen in die Welt, alle Bedrängnisse und Nöte, denn sie beide können ohne einander nicht herrschen. Und alle Stufen sind dem Weib zur Herrschaft übergeben, um die Welt zu bedrängen. Und würde nicht der eine auf der andern reiten und würden sie sich nicht miteinander verbinden, könnten sie nicht herrschen.«[1749]

Die »Andere Seite« stellt sich als eine weit aufgefächerte Hierarchie aus Strafengeln, Dämonen und Geistern dar, die ihr Werk in der Welt dank dieser oberen »bösen Liebe« vollbringen. Gelegentlich stellt der Sohar die *Sitra 'achra* auch im Mythos der großen Schlange dar, welche die Welt beherrscht. In einem schwer deutbaren Stück des *Sifra di-Zeni'uta*, das von der Schöpfung handelt und allem Anschein nach eine Vorform des oben schon besprochenen Mythos von den Königen in Edom ist, die als defekte Vorform der Emanation wieder zerstört wurden, nimmt der Sohar sogar die klassische gnostische Formel von der Schlange auf, die sich in den Schwanz beißt: »Gravierte Gravuren im Aussehen einer langen Schlange, die sich nach zwei Seiten ausbreitet, ihren Schwanz in ihrem Maul, der Kopf wird von den Schultern gehalten, und wütet und grimmt.«[1750] Dort wird Samma'el als der männliche Drache dargestellt und Lilit als der weibliche. Der männliche Drache beherrscht die sieben Ströme des Nil,

1749 Sohar II, S. 243a-b; Y. Tishby, Mischnat ha-Sohar, I, S. 309-316; The Wisdom of the Zohar, II, S. 475-482.

1750 Sohar II, S. 176b; vgl. Y. Tishby, Mischnat ha-Sohar, I, S. 304; The Wisdom of the Zohar, II, S. 467.

die voller Schlangen sind und alle siebzig Jahre bewegt er seinen Schwanz und lässt dadurch die ganze Welt erzittern.[1751] An anderer Stelle des Sohar heißt es:

> »Unten gibt es einen großen Drachen (Schlange) auf der linken Seite, der in all jenen Flüssen [die von der heiligen Emanation der Schechina ausgehen] schwimmt. Und er kommt mit der Kraft seiner Flossen, die hart sind wie Eisen, er kommt heran und schöpft und verunreinigt den Ort [die Schechina]. Dann verdunkeln sich all jene Lichter [die sieben unteren Sefirot der heiligen Seite] vor ihm. Sein Maul und seine Zunge schleudern Feuerslohen hervor, seine Zunge ist scharf wie ein mächtiges Schwert, bis es ihm gelingt in das Heiligtum innerhalb des Meeres [beides Ausdrücke für die Schechina] einzudringen. Dann verunreinigt er das Heiligtum und die Lichter werden dunkel und sie ziehen sich vom Meer (X) zurück. [...] Diese Schlange ist der Tod der Welt, sie dringt in das innerste Verborgene des Menschen von der linken Seite. Es gibt aber auch eine andere Schlange des Lebens von der rechten Seite. Beide gehen sie mit dem Menschen.«[1752]

In der Darstellung der Mächte des Bösen sind die Autoren des Sohar wie ihre kastilischen Genossen bereit, die Tore des Mythos weit zu öffnen, um das Erschauern vor dieser Macht gebührlich zu fördern. Das Böse befindet sich im ständigen Kampf mit der heiligen Seite, dringt gar in sie ein, und zeigt insgesamt ein Bild, wie es von der Gnosis nur all zu bekannt ist. Aber auch unten im Menschen eröffnet das Böse sein Schlachtfeld. Wie schon in der Zweigeisterlehre aus Qumran ringen die gute und die böse Seite im Menschen, hier vertreten durch die beiden schon rabbinischen Triebe, den Bösen und den Guten Trieb.[1753] Allerdings sind aus den beiden anthropologischen Kräften im Sohar zwei transzendent-mythische Kräfte geworden, welche im Menschen die beiden miteinander ringenden transzendenten Mächte vertreten.

Eine letzte Form der dualistischen Erklärung der Herkunft des Bösen ist jene, welche sich an die oben schon genannte Emanationslehre als Verschalung anschließt. Danach besteht das Reich des Bösen aus vier Emanationsringen oder Schalen, welche sich unmittelbar um die *Schechina* legten. Die Namen der vier Schalen werden aus der Vision des Propheten Ezechiel (Ez 1,4) hergeleitet. Von außen nach innen, zur *Schechina* hin, sind es Folgende: Sturmwind (*Ruach*

1751 Sohar II, S. 34a-35b; Y. Tishby, Mischnat ha-Sohar, I, S. 334-339; The Wisdom of the Zohar, II, S. 501-507, vgl. Ferner das Ophitische Diagramm Kap. Kabbala I. A.2.2.

1752 Sohar I, S. 52a; Y. Tishby, Mischnat ha-Sohar, I, S. 333; The Wisdom of the Zohar, II, S. 500f; vgl. ferner Sohar II, S. 238b: Wenn die *Sitra 'Achra* erstarkt, wird die Heilige Seite schwach und umgekehrt.

1753 Vgl. Bd. I, S. 273ff.

Se'ara), Große Wolke (*'Anan gadol*), Züngelndes Feuer (*'Esch mitlakachat*) und Glanz (*Nogah*). Die letzte, innerste, die *Schechina* direkt umgebende *Klippat Nogah* ist durch die Besonderheit ausgezeichnet, dass sie wegen ihrer Nähe zur *Schechina* nicht nur Finsternis ist, sondern heilige Funken aus der guten Emanation enthält. Ihre Zwischenstellung zwischen Licht und Finsternis bescheerte ihr in der späteren Kabbala und im Hasidismus noch eine bedeutsame Karriere.[1754]

6. Der Mensch

6.1 Der Mensch – als Ebenbild Gottes

6.1.1 Das körperliche Ebenbild

»Was die Stellung des Menschen in der Welt anbelangt vertritt der Sohar eine absolut anthropozentrische Position. Der Mensch gilt als die Krone der Schöpfung und als deren Ziel, als zentrale Säule für Erhaltung der Welt.[1755] ›Rabbi Jizchak sagte zu Rabbi Jehuda: Wir haben ja gelehrt, dass der Heilige, E.s.g., als er die Welt erschuf, er die untere Welt im Bilde der oberen machte. [...] Da sagte Rabbi Jehuda: Gewiss ist dies so, und den Menschen erschuf er über allem, [...] denn auf ihm ruht der Bestand der Welt, so dass alle in einer einzigen Vollkommenheit bestünden‹[1756] [...] Die Herrschaft des Menschen liegt in seinem Wesen und auch in seinem äußerlichen Aussehen, durch die heilige Gestalt, die ihm aufgeprägt ist.«[1757]

Der Sohar nimmt hiermit, allerdings in einer bis dahin nicht gekannten Weise, die alte biblische Lehre vom Menschen als Ebenbild Gottes auf. In der *imago*-Lehre des Hauptteils des Sohar und der ihm folgenden Kabbalisten flossen eine ganze Reihe von Traditionen zusammen. Da sind zunächst die philosophischen Positionen vom Menschen als Mikrokosmos, wie sie zum Beispiel Schabtaj Donolo (geb. 913) in seiner Schrift vom Menschen, als Ebenbild Gottes vertrart,[1758] dann vor allem die Lehre vom mystischen *corpus divinum* der alten

1754 Vgl. Sohar II, 203a-b; Sohar Hadasch, Jitro, S. 61a-b; Y. Tishby, Mischnat ha-Sohar, I, S. 300f, 323-325; The Wisdom of the Zohar, II, 463., 490-492.

1755 Vgl. auch Sohar I, S. 97a-b; deutsch bei E. Müller, Der Sohar, S. 103f.

1756 Sohar I, S. 205b.

1757 Y. Tishby, Mischnat ha-Sohar, II, S. 3; The Wisdom of the Zohar, II, S. 677; u. vgl. Müller, Der Sohar, S. 108.

1758 Rabbi Schabtai Donolo, Der Mensch als Gottes Ebenbild, ed. A. Jellinek, Leipzig 1854 (Neudruck Jerusalem 1969, in: ders., Ginse Hochmat ha-Kabbala), hebr. Text und Einführung; vgl. ferner S. Horovitz, Der Mikrokosmos des Josef Ibn Saddik, Breslau 1903 (Neudruck o.O. o.J.) hebr. Text und Einleitung; vgl. Bd. I, 520f.

Hechalotmystik,[1759] sowie die Lehre von der doppelten Ebenbildlichkeit des Menschen im *Midrasch ha-Ne'elam.*[1760] Schließlich kam noch als entscheidender Faktor der eingangs beschriebene gnostische Anthroposmythos hinzu, der die Selbstoffenbarung der Gottheit als zweigeschlechtlichen *'Adam kadmon* (Urmensch) beschreibt.[1761]

Dieses mystische *corpus divinum*, der *'Adam kadmon*, erschuf nun seinerseits auf dem Wege der Emanation die Welt und den Menschen. Dabei ergoss sich sein kreativer Ausfluss in zwei durchaus verschiedene Bereiche: Zum einem in den kosmisch-somatischen Bereich und zum andern in den psychischen Bereich der menschlichen Seelen. Wesentlich ist nun allerdings, dass in beiden Bereichen das Gesetz der Ebenbildlichkeit in Bezug auf den *'Adam kadmon* gilt:

> »Das Bild (Dijukana) des Menschen ist das Bild der Oberen und der Unteren, die in ihm umfasst sind, denn dieses Bild umfasst die Oberen und die Unteren – so hat der *Heilige Alte* (*'Attika kaddischa*) seine Gestaltung und die Gestaltung des *Se'ir 'Anpin* in dieser Gestalt angeordnet. [...] Diese obere Anordnung wird Mensch (*'Adam*) genannt, und darum heißt [es in Gen 1,27] *'et ha-'Adam* (den Menschen), weil er Männlich und Weiblich umfasst.«[1762]

Der Mensch, von dem hier die Rede ist, meint ohne Zweifel den körperlichen Menschen in seiner Zweigeschlechtlichkeit. In der Beschreibung der Offenbarungsgestalten der beiden *'Idrot*, des *'Attika kaddischa* und des *Se'ir 'Anpin,*[1763] wurde bereits konstatiert, dass dort von einer Gottesgestalt die Rede ist, die dem menschlichen Körper nicht ähnlicher sein kann. In den entsprechenden Passagen werden Schädel, Augen, Ohren, Bart, Mann und Weib mit einem Realismus beschrieben, die die Annahme nahelegt, dass die im Sohar genannte Form der Gottebenbildlichkeit des Menschen sich auf den Körper bezieht. Diese Ebenbildlichkeit wird aber in dem oben von Gikatilla angeführten Sinne als eine symbolische Ebenbildlichkeit zu verstehen sein.[1764] Diese soll zunächst ohne Blick auf die psychische imago-Vorstellung erörtert werden.

Vorab ist zu betonen, dass der Mensch für die Sohar-Autoren sowohl qua *soma*, als auch qua *psyche* ein imago dei ist![1765] Daraus folgt, der Mensch hat

1759 Vgl. Bd. I, S. 335-340, die Lehre vom *Schi'ur Koma*.

1760 Vgl. Kap. Kabbala VII. B.3.1.

1761 s.o. Kap. C.a.2; 3.4.2ff.

1762 'Idra rabba, Sohar III, S. 141b.

1763 Vgl. o. Kap. C.a.3.4.2.3-4.

1764 Vgl. Kap. Kabbala VI.4.1; vgl. auch M. Idel, Kabbala, New Perspectives, S. 185.

1765 Vgl. Y. Tishby, Mischnat ha-Sohar, I, S. 114 (zu Ra'ja Mehemna), 146.156; The Wisdom of the Zohar, I, S. 249.285.296.

nun wie der Kosmos auch durch seinen Körper im Sinne der Mikrokosmosvorstellung Anteil an der somatischen Ebenbildlichkeit mit dem corpus divinum. Weiterhin gilt, dass der Mensch, im somatischen Sinne, nur in der Einheit von Mann und Frau Ebenbild des göttlichen Leibes sein kann – gerade so, wie im *'Adam kadmon* das Männliche und das Weibliche in einer Einheit umschlossen und nur so vollkommen sind. Ein Mann ohne Frau ist, somatisch gesprochen, darum nicht *imago dei*![1766]

Wenn hier von körperlicher Ebenbildlichkeit die Rede ist, so muss dies allerdings insofern eingeschränkt werden, dass damit, wie dies Gikatilla lehrte, die Struktur des Körpers, seine Glieder und nicht eigentlich dessen Materie gemeint sind. Diese differenzierende Sicht, die das Fleisch des Menschen sogar der *Sitra 'Achra* zuschreibt, stellt der Sohar an einer Stelle folgendermaßen dar:

> »Der Bau des menschlichen Körpers ist wie folgt: Die *Ruach*-Seele kommt vom *Heiligen Geist* (X), die *Neschama*-Seele vom *Baum des Lebens* (VI). Nach dem der *Heilige Geist* seine Kraft hinzugegeben hatte, gaben sogleich ihre *Merkavot* [die der Schechina, d.h. dem *Heiligem Geist* zugehörigen Engel] ihre Kraft hinzu. Ihre Kraft sind die Knochen und die Glieder, sie alle kommen von ihrer Seite, gemäß ihrer Anordnung übereinander. Die *Sitra 'Achra* gibt das Fleisch, von ihrer Seite kommt das Fleisch und sonst nichts. Ihre *Merkavot* [die Engel der *Sitra 'Achra*] geben die Sehnen und die Adern, um dem Fleisch Blut zuzuführen. Nachdem diese ihre Kraft hinzugegeben haben, geben die Himmel ihre Kraft hinzu. Und was ist diese? Die Haut, die gleich dem Himmel [über der Erde] über alles gespannt ist. Danach verbinden sich Himmel und Erde und geben die vier Elemente hinzu, Feuer, Wasser, Luft und Staub, um jene zu schützen und alles zu bedecken. Später nimmt jeder wieder den Anteil zurück, den er gab und der Mensch ist wieder vernichtet. Die Anteile des *Heiligen Geistes* und seiner *Merkavot* aber bleiben [nach dem Tod] bestehen, das heißt, die *Ruach*-Seele des *Heiligen Geistes* bleibt [im Garten 'Eden][1767] bestehen und die *Neschama*-Seele steigt hinauf. Die Knochen der *Merkavot* des *Heiligen Geistes* bleiben bestehen. Darum sind die Hauptsache des Körpers die Knochen [...], nicht so das Fleisch. Solange das Fleisch der Sitra 'Achra besteht, kann jener Satan Anklage führen, ist aber das Fleisch verschwunden, hat er keine Macht mehr anzuklagen, denn er hat nichts mehr, worauf er sich stützen kann.«[1768]

1766 Vgl.Y. Tishby, Mischnat ha-Sohar, I, S.158; The Wisdom of the Zohar, I, S. 298 und Sohar III, S.290a.

1767 Y. Tishby zur Stelle.

1768 Sohar III, S. 170a; Y. Tishby, Mishnat ha-Sohar, II, S. 111f; The Wisdom of the Zohar, II, S. 794.

Hier wird eine Art Schöpfungsbericht vorgetragen, wie er in ähnlicher, aber doch typisch verschiedener Weise im *Midrasch ha-Ne'elam* in Erscheinung trat.[1769] Der Anteil »Gottes« bei der Erschaffung des Menschen wird nun den beiden Seiten der Sefirot, den heiligen Engeln die Bildung der Struktur, den Himmeln die Haut und – das ist gänzlich neu – der bösen dämonischen Seite das Fleisch zugeschrieben. Zwar war das Thema dieses kleinen Schöpfungsberichtes nicht die Frage der Gottebenbildlichkeit des Menschen, aber er zeigt doch zugleich, dass das Fleischliche, der Herrschaftsbereich der *Sitra 'Achra*, gewiss nicht das Ebenbild des oberen Menschen ist, wohl aber die Struktur, die Gliedmaßen. In mittelalterlicher Diktion könnte gesagt werden, dass dies auf die Körperform, nicht aber auf die Materie des Körpers zutrifft.

Dennoch bleibt im Hauptteil des *Sohar* der Körper gegenüber der Seele sekundär »weil der Wille des Heiligen E.s.g., nur durch die Seele befriedigt wird, nicht aber durch den Körper. Denn die Seele ähnelt der oberen Seele und der Körper ist nicht ausersehen, sich oben zu vereinen, wiewohl das Bild (*Dijukan*) des Körpers im oberen Geheimnis besteht.«[1770] Mir erscheint es allerdings nicht gerechtfertigt, dass Tishby an dieser Stelle auf die hebräische Schrift »Sefer ha-Nefesch ha-hachama« von Mosche de Leon verweist und daraus auf die Position des Sohar schließt. Mit aller Schärfe billigt Mosche de Leon hier die Gottebenbildlichkeit ausschließlich der Seele zu, keinesfalls aber dem Körper.[1771] Demgegenüber ist meines Erachtens das richtig, was M. Hellner-Esched[1772] konstatiert: »Das Bild seines Körpers und das Bild seiner Seele werden im Sohar als Parallelen verstanden, die dem Aufbau der Sefirot entsprechen.«

Diese Deutung wird durch einen weiteren Topos gestützt, der ein Novum der *Sohar*-Anthropologie ist, aber sein Pendant bei den *Haside Aschkenas* hat.[1773] Es handelt sich dabei um die Vorstellung vom »Zelem«, einem individuellen himm-

1769 Vgl. Kap. Kabbala VII. B.2.1.

1770 Sohar I, 140a-b; vgl. Y. Tishby, Mischnat ha-Sohar, II, S. 7; The Wisdom of the Zohar, II, 680.

1771 Vgl. Sefer ha-Nefesch ha-hachama, ed. Basel 1608 (Neudruck Jerusalem 1969), Teil I, S.C1d-C2a.

1772 M. Hellner-Esched, 'Al Sefat ha-Hawwaja ha-mistit ba-Sohar. Ha-Sohar be-'Ene 'azmo. Diss. Jerusalem 2001, S. 17. Sie verweist dazu auf E. Wolfson, Circle in the Square; Studies in Use of Gender in Kabbalistic Symbolism, Albany 1995, S. 81; vgl. ferner M. Idel Kabbalah, New Perspectives, S. 222-234.

1773 Vgl. Y. Tishby, Mischnat ha-Sohar, II, S. 92; The Wisdom of the Zohar, II, S. 772; M. Güdemann, Geschichte des Erziehungswesens und der Cultur der abendländischen Juden, Wien 1880, II, S. 206.

lischen Urbild eines jeden Menschen, das zugleich als Gewand seiner Seele dient und zwischen Leib und Seele vermittelt:[1774]

»Zur Stunde da sich der Mensch heiligt, um sich mit seiner Frau in heiliger Absicht zu paaren, erwacht ein mann-weiblicher heiliger Geist über ihm. Da gibt der Heilige, E.s.g., einem über die Schwangerschaft der Menschen gesetzten Boten einen Wink und übergibt ihm jenen Geist und tut ihm kund, wo er ihn hingeben soll. [...] Und der Heilige, E.s.g., befiehlt jenem Geist alles, was er ihm zu gebieten hat. [...] Dann steigt der Geist und eine *Zelem* (Bild) mit ihm hinab, jenes *Zelem* das in des Menschen Gestalt oben steht. In diesem *Zelem* wächst der Mensch und in diesem *Zelem* schreitet der Mensch in dieser Welt. [...] Solange dieses *Zelem* bei ihm ist, hat der Mensch in dieser Welt Bestand. Zwei sind es, miteinander verbunden. [...]
Und im Zauberbuch des 'Aschmedaj fanden wir, dass derjenige, der auf den Wegen der linken Seite zaubern und sich an sie heften will, sich bei Kerzenschein oder an einen Ort, an dem seine beiden *Zelamim* (Bilder) sichtbar sind, hinstellen und die für diese Zaubereien vorgesehenen Worte sprechen soll. Dabei soll er die unreinen Kräfte bei ihrem unreinen Namen rufen, und seine *Zelamim* denen bereitstellen, die er gerufen hat. Und er soll sagen, dass er mit seinem Willen ihnen zur Verfügung steht. Dieser Mensch verlässt damit die Herrschaft seines Schöpfers und übergibt das ihm Anvertraute [*Zelem*] der unreinen Macht. Durch diese Zaubersprüche, die er sagte und durch die er seine *Zelamim* ihnen bereitstellte, werden zwei Geister offenbart und mittels seiner *Zelamim* mit Menschengestalt ausgestattet. Und sie offenbaren ihm dann Dinge, um zu den je bestimmten Zeiten Gutes oder Böses zu bewirken. Diese beiden Geister, die bis dahin keine Körper hatten, haben nun die beiden *Zelamim* und sind dadurch hergestellt. [...] Und der, welcher die Herrschaft seines Schöpfers verließ übergab das ihm Anvertraute an die unreinen Mächte. [...]
Und wenn die Tage herannahen, da der Mensch diese Welt verlassen soll, dann kommt jener böse Geist, der stets an ihm gehaftet hatte, und nimmt jenes erhabene *Zelem*, wodurch er selbst hergestellt wird, und geht davon und

1774 Vgl. G. Scholem, Zelem, in: ders, Von der mystischen Gestalt der Gottheit Zürich 1962, S. 249-271; ders., Levusch ha-Neschamot we-›Haluka de-Rabbanan‹, Tarbiz 24 (1955), S. 290-306; wieder in: Schedim, Ruchot we-Neschamot, Mechkarim de-Demonologija me'et Gershom Schalom, be-'Arichat E. Liebes, Jerusalem 2004, S. 215-238; D.Z. Banet, Haluka de-Rabbanan, ›Hibbur Jafe min-ha-Jeschu'a u-mesoret ha-'islamit, in: Schedim, Ruchot we-Neschamot, Mechkarim de-Demonologija me'et Gershom Schalom, S. 239-244, außerdem ein Brief zum Thema von D. Sadan, S. 245.

das *Zelem* kehrt nie mehr zu jenem Menschen zurück. Dann weiß er, dass er von allem ausgeschlossen ist.
Komm und sieh: Wenn die Seele in die Welt hinuntersteigen soll [...] steht jenes heilige *Zelem* bei ihr, bis sie in die Welt hinausgeht. Und wenn sie hinausgeht, gesellt sich ihr dieses *Zelem* bei und ist mit ihr zusammen und wächst mit ihr. [...] Und in diesem *Zelem* finden sich die Tage des Menschen und an ihm hängen sie.«[1775]

Das *Zelem* des Menschen, oder seine beiden *Zelamim*, sind das himmlische Urbild und die Form des späteren Körpers des Menschen, zugleich aber auch das Kleid der Seele im Körper. An anderer Stelle im Sohar wird dieses Urbild des Menschen *Dijukana*, Gestalt, genannt das »in der Gestalt des [im Zeugungsakt entstehenden] Menschen« über dem Paarungsakt der Eltern schwebt.[1776] »Und hätte das Auge die Macht dies zu sehen, würde der Mensch über seinem Haupt ein Bild (*Zelem*) sehen, gezeichnet in der Gestalt des Menschen. Und in dieser Gestalt wird der Mensch geschaffen.«[1777]

Auch wenn die Vorstellung von diesem *Zelem* an den Astralleib[1778] des jüdischen Neoplatoniker Pseudo Bachja[1779] erinnern mag, den die Seele bei ihrem Abstieg durch die Gestirnssphären anlegt, ist sie doch nicht mit diesem zu verwechseln, denn der Zelem-Leib ist ein heiliger himmlischer Leib der Seele und nicht ein Leib, der der Seele nach dem Verlassen ihrer himmlischen Heimat erst schalenweise übergestülpt wird. Diese Heiligkeit des *Zelem* bildet den Grund dafür, weshalb das *Zelem* den Menschen verlässt, wenn er sündigt.[1780] Desgleichen verschwindet das *Zelem,* wenn der Mensch im jährlichen himmlischen Gericht zwischen Neujahr und *Jom Kippur*[1781] zum Tod verurteilt wurde.[1782] Das

1775 Sohar III, S. 43a-b; Y. Tishby, Mischnat ha-Sohar, II, S. 105f; The Wisdom of the Zohar, S. II, 787f.

1776 Sohar III, S. 104a-b; vgl. auch Sohar I, S. 90b-91a; Y. Tishby, Mischnat ha-Sohar, II, S. 60-63; The Wisdom of the Zohar, II, S. 741-744.

1777 Sohar III, S. 104b; vgl. auch Sohar I, S. 233b, dt. bei Müller, Der Sohar, S. 110; u. vgl. Sohar I, 90b-91a; Sohar II, S. 13a-b; Sohar II, S. 161b; Y. Tishby, Mischnat ha-Sohar, II, S. 60-66.; The Wisdom of the Zohar, II, S. 741-747.

1778 Zum Astralleib vgl. außer neben der in Bd. I, S. 559, Anm. 1724 genannten Literatur: A. Beasant, Man and his Bodies, London 1896; E. R. Dodds, Proclus, The Elements of Theology, Oxford 1933; F. Cumont, After Life in Roman Paganism, New Haven 1922.

1779 Vgl. Bd. I, S. 559f; D. Cohen-Alloro, The Secret of the Garment in the Zohar (Hebr.), Jerusalem 1987.

1780 Sohar I, S. 71a; Sohar I, S. 13b.

1781 Vgl. dazu Bd. I, S. 237.

1782 Sohar I, S. 220a. 257b; Y. Tishby, Mischnat ha-Sohar, II, S. 91, The Wisdom of the Zohar, II, S. 771.

ist auch der soharische Kontext für den aus dem »Zauberbuch« angeführten Kasus, der sein Pendant natürlich in der deutschen Faustlegende hat, nach der Dr. Faust dem Satan seine Seele verpfändet. Schließlich beginnt dreißig Tage vor dem Tod eines Menschen sich sein *Zelem* zu verdunkeln und sein *Dijukan* bleibt aus, was Tishby als das Verschwinden des Schattens deutet, den er als eine Reflektion des *Zelem* deutet.[1783]

Auch bei der Vorstellung vom *Zelem* stellt dessen Gestalt, seine Urbildhaftigkeit, und nicht dessen »Materie« das Wesentliche dar, wie dies auch für die Ebenbildlichkeit des menschlichen Körpers mit dem *'Adam kadmon* gilt.

Der eigentliche Grund für die im Vergleich zum übrigen mittelalterlichen philosophischen Denken neuerliche Hochschätzung des Körperlichen und dessen Einbeziehung in die *imago*-Theologie ist gewiss jene Auffassung, von der oben schon die Rede war und als performative Symbolik bezeichnet wurde.[1784] Das heißt, der Körper muss darum im Ebenbild des göttlichen *corpus* geschaffen sein, weil er nur so, auf dem Wege der Resonanz des Entsprechenden zur Theurgie befähigt ist und durch sein körperliches Handeln innerhalb der Sefirot den Jichud herbeiführen kann:

> »Ich habe ihn [den Menschen] erschaffen [...] gemäß der oberen Anordnung, weil der Mensch auf der Erde lebt und er Meine [sefirotische] Herrlichkeit anordnen (vollenden),[1785] muss. Darum habe Ich in ihn Anordnungen wie in der oberen Herrlichkeit gegeben. [...] All diese oberen Anordnungen gab Ich in den Menschen, damit er auf Erden im Bilde der oberen Herrlichkeit sei.«[1786]

Nach dieser Lehre braucht der Mensch gerade auch seinen Leib, damit er mit ihm, dank der Entsprechung von Mikrokosmos und *corpus divinum*, theurgisch-sakramentale Handlungen vollziehen kann. Der Körper ist also Träger des gesamten, sakramental verstandenen Toragehorsams, während die Seele den kontemplativen und ekstatischen Part übernimmt, was unten noch deutlich werden soll.

1783 Y. Tishby, Mischnat ha-Sohar, II, S. 165; The Wisdom of the Zohar, II, S. 848, Sohar I, S. 217b.

1784 Vgl. Kap. Kabbala VI.4.1; VII.C.a.3.4.2.

1785 D.h. den *Tikkun*, die vollendete Anordnung, herbeiführen.

1786 Sohar II, S.155a.

6.1.2 Das psychische Ebenbild

Die psychische Ebenbildlichkeit des Menschen mit den Sefirot wird in einem Text des Sohar ausgesprochen, der diese wiederum mit der menschlichen Aufgabe begründet, dass er die obere Herrlichkeit, die Sefirot, in die vollkommene Anordnung bringen muss: » ›Für meine Herrlichkeit (*Kavod*) habe ich ihn erschaffen‹ (Jes 43, 7), das heißt wegen dieser meiner Herrlichkeit, um sie mittels starker Säulen vollkommen anzuordnen (*le-takken*) und sie zu schmücken, mit dem unteren Schmuck und der unteren Anordnung, damit meine Herrlichkeit im Verdienst der *Zaddikim* (Gerechten) auf Erden emporgehoben werde. Darum habe ich ihn im Bilde der oberen Herrlichkeit erschaffen.«[1787] Die drei Seelen des Menschen, *Nefesch*, *Ruach* und *Neschama,* werden in den weiteren Ausführungen dieses Textes allerdings nicht genannt, sondern mit den drei Verben aus Jes. 43,7 »ich erschuf ihn, bildete ihn und machte ihn« nur angedeutet. Mithilfe eines parallelen Textes aus der hebräischen Schrift von Mosche de Leon mit dem Titel »Ha-Nefesch ha-hachama«, »Die weise Seele«,[1788] in dem diese drei Verben ausdrücklich mit den drei Seelenstufen *Nefesch, Ruach* und *Neschama* benannt werden, kann Tishby belegen, dass hier in der Tat die psychische Ebenbildlichkeit des Menschen als Ebenbild der drei Sefirot *Hesed* (IV), *Gevura* (V) und *Tif'eret* (VI) vorgetragen wird.[1789] Es sind demnach diese drei Seelen, welche den Menschen zum psychischen Ebenbild Gottes machen und ihn zur Einflussnahme auf die Sefirotwelt befähigen. Konkret besteht die Einflussnahme darin, die gegensätzlichen Eigenschaften Gottes, Liebe (IV) und Gericht (V) im Erbarmen (VI) zum Ausgleich zu bringen. Neben der genannten Zuordnung der drei Seelenstufen zu den Sefirot *Hesed*, *Gevura* und *Tif'eret*, bietet der Sohar noch eine andere, häufiger belegte Entsprechung, nämlich die von *Nefesch* und *Malchut* (X), *Ruach* und *Tif'eret* (VI) sowie *Neschama* und *Bina* (III).[1790]

1787 Sohar II, S. 155a; Y. Tishby, Mischnat ha-Sohar, II, S. 55-57, The Wisdom of the Zohar, II, S. 736-738.

1788 Moses de Leon, Ha-Nefesch ha-hachama, Basel 1608 (Neudruck Jerusalem 1969).

1789 Y. Tishby, Mischnat ha-Sohar, II, S. 14f; The Wisdom of the Zohar, II, S. 687f, Moses de Leon, Ha-Nefesch ha-hachama, Teil I, Bogen II, S. 4b – Bogen 3, S. 1a.

1790 Y. Tishby, Mischnat ha-Sohar, II, S. 15; The Wisdom of the Zohar, II, S. 688; Sohar I, S. 206a, 50b-51b, 83a-b, (Y. Tishby, Mischnat ha-Sohar, II, S. 51-52; The Wisdom of the Zohar, II, S. 731-732); Sohar I, S. 206a.

6.2 Die Herkunft der Seelen

Der *Sefer ha-Bahir* hatte den Gedanken in die Kabbala eingeführt, dass die Seelen der Menschen aus den Sefirot, dem Seelenbaum, hervorgehen: »Ich bin es, der diesen Baum gepflanzt hat, dass alle Welt sich an ihm ergötze [...], und von dort gehen die Seelen aus.«[1791] Der Sohar leitet den Ausgang der Seelen aus diesem Sefirotbaum einmal aus einem Jesajavers ab: »So spricht Gott ('El) JHWH, der die Himmel geschaffen und ausgespannt und die Erde befestigt hat samt ihrem Gespross, der die *Neschama* (Odem) gibt dem Volk auf ihr und *Ruach* (Geist) denen, die auf ihr wandeln.« (Jes 42, 5). »JHWH, der Schöpfer des Himmels« wird bei dieser Auslegung als Symbol für die Sefira VI gedeutet, während »der die Erde befestigt und all ihr Gespross« auf die zehnte Sefira, »das ist die Heilige Erde (Land), das Bündel des Lebens«. Schließlich wird »der die Neschama dem Volk auf ihr gibt« auf die Zehnte Sefira bezogen, welche den Menschen ihre Seele gibt. Resümierend lehrt Rabbi Jizchak: »Alles ist oben, denn siehe, von dort gehen die Seelen in diese *Erde* (X) und sie bringt sie hervor und gibt sie allen, weil jener Fluss (IX), der hervorströmt, die Seelen in diese Erde hineinführt, und sie nimmt sie und gibt sie allen.«[1792] Danach sind die Seelen ursprünglich in der sechsten Sefira, fließen dann durch die neunte Sefira in die zehnte, von der sie schließlich in die Welt hinausgehen. Die Kombination dieser drei Sefirot bei der Hervorbringung der Seelen, legt die anthropomorphe Redeweise der Sexualsymbolik zur Beschreibung des gesamten Vorgangs nahe. Danach ist, wie oben schon dargestellt, die sechste Sefira der Gatte, die zehnte die Frau und aus ihrer Paarung wird die Frau mit den Seelen schwanger, um sie schließlich zu gebären: »Die Seelen haben Vater und Mutter«.[1793] Hier sei wenigstens ein Beispiel dafür angeführt:

> »Komm und sieh: Alle Seelen der Welt sind eine Frucht des Tuns des *Heiligen, E.s.g.*, (VI), alle in einem einzigen Geheimnis. Und wenn sie in die Welt hinuntersteigen, trennen sie sich in eine männliche und eine weibliche Seite. Aber zunächst sind sie als Männliche und Weibliche miteinander in eins verbunden.
>
> Komm und sieh: Das Verlangen der *Frau* [*Nukba*, Sefira X] nach dem Mann (*Dechora,* VI) erzeugt eine Seele und das Verlangen des Mannes nach der

1791 Übersetzung G. Scholem, Das Buch Bahir, Leipzig 1923 (Neudruck Darmstadt 1970), § 14γ, S. 17; Ausgabe R. Margaliot, Sefer ha-Bahir, Jerusalem 1978 (M), S. 22.; vgl. Kap. Kabbala, I. A.3.1.1.

1792 Sohar I, S. 205b; Y. Tishby, Mischnat ha-Sohar, II, S. 53; The Wisdom of the Zohar, II, S. 733.

1793 Sohar II, S. 12a, vgl. auch Sohar II, S. 219b-220a; Y. Tishby, Mischnat ha-Sohar, II, S. 57; The Wisdom of the Zohar, II, S. 738, Sohar I, S. 13a-b.197a.209a.

> Frau erzeugt eine Seele und zugleich Wohlgefallen, weil das Verlangen des Mannes nach der Frau und seine Einswerdung (*'Itdabbkuta*) mit ihr eine Seele hervorbringt und zugleich das Verlangen der Frau mit einschließt, und sich ihr ergießt. So ist das untere Verlangen mit dem oberen Verlangen zusammen, wodurch ein einziges Wohlgefallen entsteht, ohne Trennung. Und so wird alles umfangen, die *Frau* wird vom *Manne* schwanger und das Verlangen beider ist vereint, und deshalb ist alles in eins umfangen. Und wenn die Seelen hinausgehen, gehen männlich und weiblich zusammen hinaus. Wenn sie dann später [in die Welt] hinabsteigen, trennen sie sich, die nach dieser und jene nach jener Seite, und der *Heilige, E.s.g.* (VI), bringt sie hernach als Paar zusammen. Und darum ist die Zusammenführung der Paare in niemandes Vollmacht gegeben als in die des *Heiligen, E.s.g.*, denn er kennt ihre Paarung und kann sie geziemend verbinden.«[1794]

Das Paarungsverlangen, das vom sefirotischen Mann ausgeht, gilt als höherwertig als jenes, das nur von der Frau herrührt, denn das von oben kommende Verlangen erzeugt nicht nur Seelen, sondern zugleich Wohlgefallen, weshalb die dabei gezeugten Seelen längere Dauer auf Erden haben.[1795] Weil die Seelen aus einer bigeschlechtlichen Paarung hervorgehen, erben sie zugleich die Aspekte beider Seiten. Die gelungenen Ehen auf Erden sind die, in denen die beiden vor dem Abstieg in die Welt getrennten Seelenhälften von ihrem »Vater« wieder zusammengeführt werden.

In dem soeben erörterten Zitat über die Geburt der Seelen aus der oberen Mutter hieß es, dass die Seelen der Menschen aus der sechsten Sefira der zehnten eingeschwängert wurden, wobei nicht auf die im Mittelalter geläufige Dreiteilung der Seele reflektiert wird. Anders stellen sich die Dinge jedoch dar, wenn von den drei hierarchisch übereinander stehenden Seelen gesprochen wird, die nach der verbreiteten philosophischen Psychologie mit den drei biblischen Begriffen *Nefesch, Ruach, Neschama* benannt werden. In diesem Zusammenhang wird die Frage erörtert, aus welcher Sefira die jeweiligen Seelenteile stammen. Im Sohar gibt es dazu keine eindeutige Position. Tishby nennt zwei Soharstellen, an denen die schon von Gikatilla vertretene Auffassung vorgetragen wird, nach der die höchste Seelenstufe »Neschama« aus Bina (III), »Ruach« aus *Tif'eret* (VI) und »Nefesch« aus *Malchut* (X) stammen. Allerdings sind Tishby zufolge die beiden Soharstellen, obwohl nicht als solche ausgewiesen, dem Verfasser der *Tikkune ha-Sohar* zuzuschreiben.[1796] An anderen Soharstellen wird »Neschama« *Tif'eret* (VI) oder *Jesod* (IX) zugeschrieben, während »Nefesch« gar dem Engel-

1794 Sohar I, S. 85b; vgl. Sohar I, S. 208a.

1795 Sohar I, S. 209.

1796 Sohar Hadasch, S. 33b-34c; Sohar II, S. 94b.

bereich entstammen soll,[1797] oder aber »Neschama« kommt aus *Hochma* (II) oder *Bina* (III).[1798] Jene Texte, nach welchen die »Neschama« nur aus *Tif'eret* stammt, lassen »Ruach« aus »Malchut« und »Nefesch« aus einem untergöttlichen Bereich entspringen.

6.3 Die Seelen im menschlichen Körper

Obwohl die Dreiteilung der Seele und die zugehörige Terminologie der mittelalterlichen jüdischen Philosophie entstammt, besitzen die drei Seelenteile nicht mehr dieselben Qualitäten wie dort. Während die drei Seelen der Philosophen mit rationaler, animalischer und vegetativer Seele eine klare Funktionsbeschreibung besaßen, welche den Menschen in eine Hierarchie aller Lebewesen, Pflanzen, Tiere und Mensch stellten, sind die Funktionen der Seelenteile im Sohar davon gänzlich unterschieden. Während im Sohar die Nefesch-Seele für alle körperlichen Funktionen zuständig ist,[1799] verfügt die *Neschama*-Seele, die oberste in der Hierarchie, nicht mehr über dieselbe rationale Funktion. Sie hat nach manchen Texten vielmehr die höchsten religiösen Funktionen auf sich gezogen, nämlich die Gotteserkenntnis – die von der rationalen Gotteserkenntnis der philosophischen Seele zu unterscheiden ist – die des Toralernens, der Gebotserfüllung und der Theurgie.[1800] Die zwischen den beiden stehende *Ruach*-Seele hat demgegenüber keine eigene Aufgabe, sondern ist für die Vermittlung zwischen den beiden an den Extremen stehenden Seelenstufen zuständig.[1801] Im folgenden *Sohar*-Abschnitt stellen sich die Dinge allerdings etwas anders dar:

> »Die *Nefesch-Seele* ist ein unteres Erwachen, sie steht dem Körper nahe und ernährt ihn, der Körper hält sich an ihr fest und sie ist am Körper festgehalten. Danach wird sie durch das Erwachen dieser *Nefesch-Seele*, die sich am Körper festhält vervollkommnet, und wird zu einem Thron, auf dem die *Ruach-Seele* ruhen kann. [...] Und nachdem sie beide vervollkommnet sind (*nit-*

1797 Sohar I, S. 81a (Sitre Tora); entsprechend Sohar II, S. 99b; selbst »Ruach« wird einmal dem unterirdischen Bereich zugeschrieben; Sohar I, 62a.

1798 Sohar II, S. 174a; vgl. auch Sohar I, S. 186b; Sohar II, S. 95b; Y. Tishby, Mischnat ha-Sohar, II, S. 24; The Wisdom of the Zohar, II, S. 696f.

1799 Sohar I, S. 83a-b; Y. Tishby Mischnat ha-Sohar, S. 51f; The Wisdom of the Zohar, II, S. 731.

1800 Sohar II, S. 182a; Y. Tishby, Mischnat ha-Sohar, II, S. 594f; The Wisdom of the Zohar, III, S. 1344f., vgl. auch Sohar I, S. 186b; Sohar II, S. 155a-b; Y. Tishby, Mischnat ha-Sohar, II, S. 55f., The Wisdom of the Zohar, II, S. 736-738.

1801 Y. Tishby, Mischnat ha-Sohar, II, S. 12.

kenu) sind sie fähig die *Neschama-Seele* zu empfangen, denn die *Ruach-Seele* wird zu einem Thron für die *Neschama-Seele*, so dass sie auf ihr ruht.«[1802]

Zwar wird auch hier gesagt, dass die Nefesch-Seele den Körper ernährt und gänzlich an ihn gebunden ist, aber darüber hinaus wird ihr doch die Anfangsmotivation auf dem Weg zur Vervollkommnung der Seele zugeschrieben. Diese Vervollkommnung stellt sich als der sukzessive Erwerb der beiden höheren Seelen-Stufen dar, eine Auffassung die auch anderwärts im Sohar belegt ist.[1803] Ein Mensch, der alle drei Seelenstufen besitzt, gilt als Freund Gottes und Frommer, bei dem die *Schechina* weilt. Sündigt er aber, weichen *Schechina* und *Neschama* wieder von ihm.[1804] Ein Mensch muss demnach nicht zwangsläufig alle drei Seelenstufen besitzen, es genügt ihm schon die eine Seelenstufe, das heißt die *Nefesch*-Seele, wie dies mutatis mutandis auch der *Midrasch ha-Ne'elam* darstellte.[1805] Der Erwerb der weiteren Seelenstufen ist das Voranschreiten auf dem Weg der religiösen Vollkommenheit.

Abschließend sei noch vermerkt, dass die Seelen der Proselyten, wenn sie nach dem Tod in ihre Heimat zurückkehren, nur bis zur *Schechina* hinauf gelangen, während die Seelen der Israeliten, die aus *Tif'eret* (VI) oder einer noch höheren *Sefira* stammen, weiter hinaufsteigen.[1806] Woraus folgt, dass die Nichtjuden, ähnlich wie dies Jehuda ha-Levi in seinem *Kusari* schon sagte,[1807] nicht die höheren Seelenstufen besitzen.

7. Die Tora und das Ziel des Menschen

7.1 Die Tora als Symbol und *corpus divinum*

Im Zusammenhang mit der Erörterung der verschiedenen Redeweisen oder Symbolketten, mit denen der Sohar die Sefirotwelt beschreibt, insbesondere im Abschnitt über den *'Adam kadmon* und die Mikro-Makro-Anthroposvorstellung wurde bereits deutlich, dass die Tora, als eines dieser Symbole nicht einfach ein

1802 Sohar I, S. 83b; Y. Tishby, Mischnat ha-Sohar, II, S. 52; The Wisdom of the Zohar, S. 732.

1803 Sohar I, S. 205b-206a; Y. Tishby, Mischnat ha-Sohar, II, S. 53-55; The Wisdom of the Zohar, S. 733-735, sowie in dem dem *Midrasch Ruth* (zu ihm vgl. Kap. Kabbala VII. B.5) zugehörigen Stück *Sohar Hadasch*, S. 38c-d; Y. Tishby, Mischnat ha-Sohar, II, S. 49-51; The Wisdom of the Zohar, S. 729-731.

1804 Sohar III, S. 46b; Y. Tishby, Mischnat ha-Sohar, II, S. 598; The Wisdom of the Zohar, III, S. 1347.

1805 Kap. Kabbala VII. B.3.2.

1806 Sohar I, S. 13b; Sohar II, S. 87a; Sohar III, 14a-b.

1807 Vgl. Bd. I., S. 601-609, vgl. ferner unt. Kap. Kabbala VIII.4.1.

Buch unter Büchern, oder auch nicht nur die dem Moses am Sinai übergebene schriftliche und mündliche Offenbarung ist.[1808] Selbst mit dem Hinweis auf die Vieldeutigkeit der Tora als der von Gott gegebenen Offenbarung, in der alles enthalten ist, was der Mensch wissen muss,[1809] ist das Wesentliche dieser neuen Auffassung von Tora noch nicht erkannt, wenn natürlich auch der Sohar der Auffassung ist, dass in der Tora alles enthalten ist, wenn auch nicht als Lehrstücke so doch in symbolischer Weise. Und gerade damit ist der große Graben im Vergleich zur älteren rabbinischen Auffassung aufgerissen, denn nach rabbinischer Auffassung war alles dem Menschen *Wissenswerte* in der Tora enthalten, während nach der Auffassung des Sohar alles in der Welt Vorhandene *symbolisch* in der Tora präsent ist:

> »Jeder, der sich mit der Tora befasst, erhält die Welt und erhält jegliches Werk in seiner ihm gemäßen Vollendung (*Tikkun*). Und so hast du kein einziges Glied am Menschen, dem nicht ein anderes Geschöpf in der Welt entspräche. Denn so wie der Mensch in viele Teile aufgeteilt ist, die stufenweise übereinander stehen und angeordnet sind, und dennoch einen Körper bilden, so auch die Welt: Alle Geschöpfe sind Glieder über Gliedern, die übereinander stehen. Und wenn sie alle wohl angeordnet sind, sind sie ein Körper. Und alles ist im Bilde der Tora. Denn die Tora besteht aus Gliedern über Gliedern, die übereinander stehen, und wenn sie wohl angeordnet sind, werden sie ein Körper. [...] In der Tora sind alle versiegelten oberen Mysterien, welche [die Menschen] nicht erfassen können. In der Tora sind alle oberen Dinge, die offenbar und nicht offenbar sind. In der Tora sind alle oberen und unteren Dinge, alle Sachen dieser Welt, alle Sachen der kommenden Welt, und doch achtet keiner darauf und erkennt sie.«[1810]

Zunächst scheint diese Auffassung in enger Verwandtschaft mit der altrabbinischen Lehre zu stehen, nach der in der Tora alles Wissenswerte enthalten ist und man mit dem Torastudium die Welt erhält.[1811] Wenn dies dann allerdings mit der allumfassenden Entsprechung begründet wird, so zeigt sich, dass in der Tora nicht nur Wissenswertes vorhanden ist, sondern die Dinge selbst in einem besonderen Aggregatzustand, den wir Symbol zu nennen pflegen. Demzufolge sind

1808 Vgl. Bd. I, S. 227-234.

1809 Vgl. Bd. I, S. 227-234; und vgl. K. E. Grözinger, Jüdische Schriftauslegung, in: *Schrift Sinne. Exegese, Interpretation, Dekonstruktion*, hrsg. im Auftrag der Guardini Stiftung von P. Chiarini u. H. D. Zimmermann, S. 11-36.

1810 Sohar I, S. 134c-135a; Y. Tishby, Mischnat ha-Sohar, II, S.399f; The Wisdom of the Zohar, S. 1123f.

1811 Vgl. Bd. I, S. 257-262.

die Dinge der gesamten Welt, wie auch die Glieder des menschlichen Körpers in der Tora wahrhaft vorhanden, allerdings nicht, zum Beispiel, in dem dem menschlichen Auge zugänglichen materiellen Zustand. Hier macht sich die neoplatonische Lehre von der Präsenz aller Formen auf allen Weltstufen geltend, allerdings jeweils in der dieser Weltstufe eigenen Qualität, im Intellekt intellektuell, in der Seele seelisch, in der Natur natürlich.[1812]

Die hier dargestellte Lehre von der Entsprechung, in der auch von den oberen Mysterien die Rede war, schließt natürlich die Welt der Sefirot mit ein und damit die offenbarte Gottheit selbst. Darum konnten die Israeliten, noch bevor sie die Tora am Sinai in Empfang nahmen, in die Wüste gehen, um die Tora zu suchen:

> » ›Und sie gingen drei Tage in der Wüste und fanden kein Wasser‹ (Ex 15,22). Und Wasser ist ja nichts anders als die Tora. [...] R. Jeijsa sagte: Und wer sollte ihnen denn hier die Tora geben, denn bis dahin war sie ihnen doch noch nicht übergeben? Da sagte R. ’El‘asar : Sie gingen in die Wüste hinaus, um zu schauen. Der Heilige, E.s.g., gab den Glanz seiner Herrlichkeit (*Jekara*) dahin und sie gingen, um ihn zu sehen, fanden ihn aber nicht. Und wir haben ja gelehrt, dass der Heilige, E.s.g., *Tora* genannt wird, und Wasser ist nichts als die Tora, und die Tora ist nichts anderes als der Heilige, E.s.g.«[1813]

Demzufolge sind die Tora, die offenbarte Herrlichkeit Gottes und der »Heilige, Er sei gesegnet«, sind eins. Die Tora in den Händen der Menschen ist Gott. Und wieder darf man, cum grano salis, sagen, dass die Tora Gott in einem der Erde angemessenen Aggregatszustand verkörpert. Sie ist Symbol Gottes und damit Gott in seiner irdischen Präsenz. Derselbe Gedanke kann gemäß der Austauschbarkeit der Symbole auch onomatologisch formuliert werden. Danach ist die Tora nichts anderes als der Name Gottes, ein einziger Name Gottes und zugleich sind die zehn Sefirot Gottes Name.[1814] Entsprechend heißt es im Sohar »Jeder, der die Wege der Tora bewahrt und sich mit ihr befasst, ist wie einer, der sich mit dem Heiligen Namen befasst, wie wir lehrten: Die Tora als Ganzes ist der Name des Heiligen E.s.g., [...] sie ist ein einziger Heiliger Name.«[1815] Der eingangs aus Sohar II, S. 162b zitierte Text[1816] zur Entsprechung von *Mischkan* und oberer Welt hatte auch die Tora aufgezählt, die in der Struktur der zehn Glieder aufgebaut ist. Gleichermaßen erklärt der soeben erwähnte Text, dass die Tora, wie die Sefirotwelt, aus »Zehn Worten« besteht. »So wie der Name des Heiligen, E.s.g.,

1812 Vgl. Bd. I, S. 494; vgl. auch Sohar II, S. 156b.

1813 Sohar II, S. 60a.

1814 Sohar II, S. 90b; vgl auch Sohar III, S. 71b.

1815 Sohar II, S. 124a; vgl. Sohar II, S. 87a.90b; ferner auch Sohar II, S. 13b.35b-36a.298b.

1816 Vgl. ob. C.a.2.

mit zehn Worten graviert wurde, so wurde auch die Tora mit zehn Worten graviert.«[1817] Desweiteren besteht die Tora nach Auffassung des Sohar nicht nur aus einem, sondern zugleich auch aus vielen Gottesnamen.[1818] Im übrigen sei hier nochmals daran erinnert, dass auch die traditionellen Aspekte der Tora als Schriftliche- und Mündliche Tora[1819] in den Sefirot ihr Urbild haben, erweitert durch die noch undifferenzierte Ur-Tora (II), sodann die Schriftliche Tora (VI) und schließlich die Mündliche Tora (X). Tora und Sefirot haben noch die weitere Gemeinsamkeit, dass sie beide sich wie das Wort der gesprochenen Sprache über die Stufen infifferenzierter Gedanke (*Hochma*, II) differenzierter Gedanke (*Bina*, III), Stimme (*Tif'eret*, VI) und Wort (*Schechina*, X) entfalten. Auf Seiten der Tora sind die entsprechenden Stufen die Urtora (II), die *Schriftliche Tora* (VI) und die *Mündliche Tora* (X).[1820]

Die Tora als Repräsentantin der Gottheit in der Welt ist in dieser Welt, wie die Engel bei ihren Missionen auf der Erde, nicht in ihrer reinen unverhüllten Weise zu finden, sondern, gemäß dem neoplatonischen Qualitätsstufenmodell, nur in einer der Erde angemessenen Verhüllung:

> »Die obere und die untere Welt sind mit einem Maß gemessen, so ist Israel unten und die hohen Engel sind oben. Die Engel, über die geschrieben steht ›der seine Engel zu Winden macht‹ (Ps 104,4) legen, wenn sie hinabsteigen, ein Kleid (*Levusch*) dieser Welt an. Denn würden sie kein dieser Welt entsprechendes Kleid anlegen, könnten sie in dieser Welt nicht bestehen und diese Welt könnte sie nicht ertragen. Und wenn dies schon bei den Engeln gilt, um wie viel mehr bei der Tora, welche die Engel und alle Welten erschaffen hat und deretwegen sie bestehen. Wenn sie in diese Welt herabsteigt, muss sie sich die Kleider dieser Welt anlegen, denn sonst könnte diese Welt sie nicht ertragen. Darum sind die Erzählungen der Tora das Kleid der Tora. Wer nun glaubt dass dieses Kleid die tatsächliche Tora ist und nicht vielmehr eine andere Sache, dessen Geist möge platzen, und er möge keinen Anteil an der Kommenden Welt haben. [...] Komm und sieh: Es gibt ein Kleid, das alle sehen. Die Einfältigen, wenn sie einen Menschen in einem Gewand sehen, das ihren Gefallen findet, schauen sie nicht tiefer. Aber die Bedeutung des Gewandes liegt doch im Körper und die Bedeutung des Körpers in der Seele. So auch die Tora, sie hat einen Körper, nämlich die Gebote der Tora, sie sind ihr Körper. Dieser Körper ist mit Kleidern umhüllt, das sind die weltlichen Geschichten [in der Tora]. Die Toren in dieser Welt

1817 Sohar II, S. 90b.
1818 Sohar II, S. 55b.
1819 Vgl. Bd. I., S. 227-234.
1820 Sohar II, 85a.161b; Sohar III, S. 113a.261a.

> schauen nur auf diese Kleider und wissen nicht mehr und schauen nicht, was unter dem Kleid liegt. Diejenigen, die mehr wissen, schauen nicht auf die Kleider, sondern auf den Körper unter den Kleidern. Die Weisen aber, die Diener des höchsten Königs, die am Berg Sinai standen, schauen jedoch nur auf die Seele, die das Wesen (Hauptsache) von allem ist, die wirkliche Tora. Und in der künftigen Zeit sind sie geladen, die Seele der Seele der Tora zu schauen. [...] Die genannte Seele ist *Tif'eret Jisra'el* (I), welche die wirkliche Tora ist, während die Seele der Seele der Heilige Alte (*'Attika kadischa*) ist, und das eine hängt am anderen.«[1821]

Es entspricht dem neoplatonischen Denken, dass die verschiedenen Stufen der Tora nur Umhüllungen oder niedrigere Aggregatszustände der eigentlichen intelligiblen Tora sind, die ihrerseits über hierarchische Stufen verfügt. Wie die schöne Sophia in Leone Ebreos *Dialoghi d'amore*[1822] ihren Gesprächspartner dazu aufruft, sich nicht bei der irdischen Schönheit aufzuhalten, sondern von ihr den Blick auf die höchste Schönheit zu lenken, welche in der irdischen nur verhüllt ist, so auch der Kabbalist, dem die Tora nur das Eintrittstor auf dem Weg zur Seele und Seele der Seele der Tora sein soll. Gewiss nicht zufällig greift auch der Sohar zum Beispiel der Geliebten, die im Haus ihres Vaters verborgen ist, und sich dem Liebhaber gelegentlich durch einen Spalt des Fensters zeigt, wovon die Umstehenden nichts bemerken, was aber die Liebesglut des Geliebten nur entfacht.[1823]

In der Darstellung der Traditionsrezeption der *'Ijjun*-Literatur[1824] wurde darauf hingewiesen, dass die Kabbalisten dieser Gruppe eine Anzahl von »Wegen« entwickelten, um die Tradition auszulegen und dass in diesem Kontext die Entstehung der Lehre vom vierfachen Schriftsinn, zuerst bei Mosche de Leon nachweisbar, entstanden war. Das dafür schließlich gewählte Akronym PaRDeS (Paradies) ist allerdings erst in den späten Soharschichten *Ra'ja Mehemna* und *Tikkune Sohar* zu finden und wird dort in einem eigenartig verkehrten Sinn verwendet. Die Sache selbst findet sich jedoch schon im Hauptteil des Sohar, der mit der Lehre vom vierfachen Schriftsinn den Weg der Annäherung des Menschen an die verhüllte Tora beschreibt. Die vierfältige Hermeneutik ist der Weg zur Seele der Tora. In einer Auslegung der Eingangsverse des ersten Psalms, in dem

1821 Sohar III, S. 152a; Y. Tishby, Mischnat ha-Sohar II, S. 402; The Wisdom of the Zohar, III, S. 1126.

1822 Vgl. Bd.I, S. 568f; u. vgl. S. 582; Kap. Der osteuropäische Hasidismus III.6.3.

1823 Sohar III, S. 99a; Y. Tishby, Mischnat ha-Sohar, I, S. 65; The Wisdom of the Zohar, I, S. 196f.; G. Scholem, Der Sinn der Tora in der jüdischen Mystik, in: ders., Zur Kabbala und ihrer Symbolik, Zürich 1960, S. 49-116. insbes. S. 77f.

1824 Vgl. Kap. Kabbala II.3.

der beständige Toraleser mit einem Baum verglichen wird, der an Wasserbächen gepflanzt ist, lehrt der Sohar:

> »Wer Tag und Nacht sich mit der Tora befasst, ist nicht wie ein trockener Baum, sondern wie ein ›an Wasserbächen gepflanzter Baum‹ (Ps 1,3). So wie ein Baum Wurzeln hat und Schalen und Kern, Zweige, Blätter, Blüten und Früchte – sieben Arten entsprechen den siebzig – so haben auch die Worte der Tora den Literalsinn (*Pschat*) des Verses, den *Drasch* (Midraschbedeutung), den *Remes* (Hinweis), der auf die Weisheit deutet, *Gematriot*, verborgene Geheimnisse, verschlossene Geheimnisse, eines über dem andern, untauglich und tauglich, unrein und rein, verboten und erlaubt.«[1825]

Hier tauchen wenigstens drei der oben genannten technischen Bezeichnungen für die vier Schriftsinne des »Pardes« auf, aber der Fächer ist hier, durchaus im Rahmen der von den *'Ijjun*-Texten vorgegebenen Vielfalt, aus homiletischen Gründen auf sieben Glieder aufgefaltet, um eine Entsprechung zu den unteren sieben *Sefirot* zu gewinnen, die die »Schriftliche Tora« (VI) umkleiden, und zugleich einen Anschluss an die rabbinische Lehre von den siebzig Bedeutungen der Tora zu gewinnen.[1826] An anderen Stellen des Sohar trifft man dagegen tatsächlich auf einen vierfachen Schriftsinn.[1827] Zwar wird hier nicht das ausdrücklich mystische Programm von *Pardes* verkündet, nachdem zum Heil des Menschen die Toraauslegung gemäß allen vier Schriftsinnen vonnöten ist, wie dies aus dem oben[1828] zitierten Text von Mosche de Leon hervorgeht, aber doch eine entsprechende Tendenz angezeigt. Der Weg zum richtigen Toraverständnis schließt die Betrachtung der Kleider und des Körpers nicht aus, vielmehr kann und soll man über sie zum Kern vordringen. Wer allerdings bei Kleid und Körper stehen bleibt, der gehört zu den Toren dieser Welt. Das kabbalistische esoterische Verständnis der Tora ist das Ziel, denn nur dort trifft man auf den König in seiner vollen Herrlichkeit.

1825 Sohar III, 202a.

1826 Vgl. dazu K.E. Grözinger, Jüdische Schriftauslegung, in: *Schrift Sinne. Exegese, Interpretation, Dekonstruktion*, hrsg. von P. Chiarini u. H. D. Zimmermann, S. 11-36.

1827 Sohar III, S. 99a; Tishby, Mischnat ha-Sohar, I, S. 65; The Wisdom of the Zohar, I, S. 196.

1828 Vgl. Kap. Kabbala II.3.

7.2 Die Gebote – Theurgie und *Devekut*

Die Gebote Gottes sind die Gebote der Tora und zwar in deren weitestem Sinn als Schriftliche und Mündliche Tora.[1829] Damit trifft auf die Gebote all das zu, was im vorausgehenden Abschnitt gesagt wurde. Sie sind Glieder der Tora »im oberen Mysterium«, wie dies der oben schon angeführte Text über die Entsprechung von Zeltheiligtum, Tora und menschlichem Körper formulierte.[1830] Die Gebote sind Symbole der offenbaren Gottheit, das heißt der Sefirot, und dies nicht nur im »referentiellen«, sondern noch sehr viel mehr im »performativen« Sinn.[1831] Demzufolge hat das Gebot nicht nur qua Gebot Gottes, als etwas das in der Tora oder Tradition geschrieben oder formuliert wird, symbolische Kraft, sondern auch und gerade als vom Menschen erfülltes oder übertretenes Gebot. Was hierbei auf Erden geschieht hat seine unmittelbare Wirkung im Symbolisierten, am oberen Menschen, dem *'Adam kadmon.* Dazu heißt es an einer Stelle im Sohar:

> »Es wird gelehrt: Als [am Berge Sinai] das Wort ›Ich [bin der Herr, dein Gott]‹ (Ex 20,1) erklang, waren all jene Gebote der Tora, die im Heiligen König eins sind, in eben diesem Wort enthalten. So wie wir lehren: Alle Gebote der Tora sind im Körper des heiligen oberen Königs vereint, die einen im Haupt des Königs, die anderen im Leib, andere in den Händen des Königs, wieder andere in seinen Füßen, keines ist außerhalb des Körpers des Königs. Darum, derjenige, der an einem dieser Gebote der Tora frevelt, ist wie einer der wider den Körper des Königs frevelt.«[1832]

Der menschliche Frevel wider das Gebot richtet an dem durch das Gebot symbolisierten göttlich-sefirotischen Bereich Schaden an. Das biblische Gebot »wer Menschenblut vergießt, dessen Blut wird durch den Menschen vergossen, denn Gott hat den Menschen nach seinem Bilde gemacht« (Gen 9, 6) bietet sich geradezu zur Bestätigung dieser Auffassung an, wie dies R. Hijja im Sohar formuliert: »Wer Blut vergießt, ist, als würde er die obere Gestalt und das obere Bild verringern, das heißt er vermindert nicht [nur] die [irdische] Gestalt, sondern jene

1829 Vgl. Bd. I., S. 227-234.

1830 Vgl. o. Kap. C.a.2.; zur kabbalistischen Theurgie vgl. G. Scholem, Tradition und Neuschöpfung im Ritus der Kabbalisten, in: ders. Zur Kabbala und ihrer Symbolik, Zürich 1960, S. 159-207.

1831 Vgl. Kap. Kabbala VI.4.1; VII C.a.3.4.

1832 Sohar II, S. 85b.

andere. [...] Der obere Mensch wird beschädigt [...] das eine hängt am anderen.«[1833]

Im ersten Band dieser Darstellung[1834] wurde die neue Einstellung der mittelalterlichen Philosophen zu den Geboten der Tora erörtert, die es nicht hinnehmen wollten, dass die Gebotserfüllung nur ein Akt des Gehorsams gegenüber Gott sein sollte, dessen tieferer Sinn sonst nicht erkennbar wäre, oder wie dies die antike rabbinische Literatur formulierte, den Menschen nicht interessieren sollte.[1835] Sie entwickelten darum die Disziplin der sogenannten *Ta'ame ha-Mizwot*, das heißt, die »Gründe für die Gebote« zu finden, die allesamt oder doch weitestgehend einen dem Menschen einsehbaren Sinn haben mussten. Die von den Philosophen gesuchten und vorgetragenen Gründe der verschiedenen Gebote lagen nun allesamt im anthropologischen und soziologischen Bereich. Man erkannte in ihnen Regelungen zum Wohle des Individuums oder der Gesellschaft, also rational einsehbare Gründe. Die Kabbalisten, die sich in dieser Hinsicht dem neuen Denken der Philosophen anschlossen, suchten ebenfalls nach Gründen für die Gebote, ihre Gründe hatten jedoch keinerlei innerweltlichen Bezug, sondern waren ausschließlich auf den *'Adam kadmon*, die sefirotische Welt, bezogen. Die Gebote wurden nach dieser Auffassung nun wahrhaft »um Gottes willen« erfüllt.

Die oben angeführten Beispiele sprachen zunächst nur von dem Schaden, den menschliche Handeln oder Unterlassen in der sefirotischen Welt anrichtet. Dies berücksichtigt allerdings nur eine Seite der Sache, wesentlicher ist es, dass der Mensch durch sein Tun einen positiven Einfluss auf die Sefirot ausüben kann und muss. In einer Auslegung zu »*JH* ist sein Name« (Ps 68,5) wird »JH« gemäß der geläufigen onomatologischen Identifikation von Sefirot und Gottesnamen, mit der zweiten Sefira *Hochma* identifiziert. Der Sohar kommentiert dies Folgendermaßen:

> »Wenn dieser Name vervollkommnet (angeordnet, *'ittaken*) ist, dann ist alles in Vollkommenheit und alle Welten in großer Freude. In diesem Namen sind die Oberen und die Unteren enthalten, in ihm sind die sechshundertunddreizehn Gebote der Tora enthalten, welche das Ganze aller oberen und unteren Geheimnisse ist, das gesamte der oberen Welt des Männlichen (VI) und das gesamte der unteren Welt des Weiblichen (X). Und alle Gebote sind Glieder und Körperteile, an denen man das Geheimnis des Glaubens [d.h. die zehn Sefirot] erkennen kann. Wer aber die Geheimnisse der Gebote der Tora nicht

1833 Sohar II, S. 90a; Y. Tishby, Mischnat ha-Sohar, II, S. 434; The Wisdom of the Zohar, III, S. 1160.

1834 Vgl. Bd. I, S. 393-400.424-430.480-487.517-519.546-553; vgl. auch Y. Tishby, Mischnat ha-Sohar, II, S. 430; The Wisdom of the Zohar, III, S. 1156.

1835 Vgl. Bd. I, S. 393.

beachtet und betrachtet, der wird nicht erkennen und sehen, wie die Glieder des oberen Geheimnisses angeordnet (vervollkommnet) werden. Die Glieder des Körpers [des *'Adam kadmon*] werden allesamt durch das Geheimnis der Gebote der Tora angeordnet (vervollkommnet).«[1836]

Es ist demnach die Gebotserfüllung im Wissen um deren geheime Bedeutung, also deren symbolische Beziehung zur Sefirotwelt, die die Sefirotwelt ihrem *Tikkun* zuführt und den Menschen zur Theurgie, zur Einwirkung auf die göttliche Welt, befähigt.[1837] Noch gewagter heißt es an anderer Stelle, dass derjenige, der die Gebote der Tora erfüllt, »ihn oben herstellt« und macht.[1838] Das Wort *Tikkun*, das zeigten schon die unterschiedlichen Übersetzungsvarianten, hat mehrere Bedeutungsnuancen, die aber alle einen ausgeglichenen, vollkommenen und gottgewollten Zustand beschreiben. Für die Sefirot bedeutet dies, deren Ausgeglichenheit hinsichtlich der polaren Gotteseigenschaften Gerichtsstrenge und Liebe und vor allem, in der anthropomorph-sexuellen Diktion, die Vereinung der männlichen und weiblichen Gotteskräfte, in erster Linie der Sefirot sechs und zehn.

Letzteres geschieht insbesondere während des zentralen Gebetes der täglichen synagogalen Liturgie, bei der Ausrufung der Einheit Gottes im *Schma' Jisrael*: »Höre Israel, JHWH, unser Gott (*'Elohenu*) ist ein JHWH!« (Dtn 6,4). Gemäß der soeben schon angesprochenen onomatologischen Identifikation steht JHWH für die Sefira VI, den männlichen »König« und *'Elohenu* ('Elohim) für die weibliche Sefira X, die Matronita. Sie beide sollen, im Wissen um das Mysterium der Gebote, im *Schma'*-Gebet als Einheit ausgerufen werden. Den ganzen Vorgang schildert der Sohar in einer Weise, die man in Anlehnung an ein gnostisches Sakrament als genannte Gnosis, als »Brautgemach«[1839] bezeichnen kann:

»Zur Stunde da Israel das Mysterium der Einung (*Jichud*) des *Schma' Jisra'el* mit vollkommener Intention vollzieht, geht aus der Verborgenheit der oberen Welt (I-III) ein Leuchten hervor, und dieses Leuchten schlägt an den *Funken der Schwärze*[1840] und dieser teilt sich in siebzig Lichter. Und diese

1836 Sohar II, S. 165b.

1837 Vgl. zum Ganzen G. Scholem, Tradition und Neuschöpfung im Ritus der Kabbalisten, in: ders. Zur Kabbala und ihrer Symbolik, S. 159-208.

1838 Sohar III, S. 113a.110b.

1839 Vgl. Kap. Kabbala I. A.2.3.

1840 Es handelt sich hier um eine Art Lichtstrahl, der aus dem *'En Sof* hervorgeht und die Ordnung der Sefirot steuert, Y. Tishby, Mischnat ha-Sohar, II, S. 312 z. St.; The Wisdom of the Zohar, III, S. 1023, Anm. 59.

siebzig Lichter flammen in den siebzig Zweigen des *Baumes des Lebens* (VI).[1841]
Dieser Baum lässt sodann Düfte von Balsam aufsteigen und alle Bäume des *Gartens 'Eden* (X) beginnen dann ebenfalls zu duften und sie preisen ihren Herrn. Denn wenn dann die *Matronita* (X) sich bereitet (schmückt) (*'ittekanat*), in den Traubaldachin (*Huppa*) zu ihrem *Gatten* (VI) hineinzutreten, dann verbinden sich all jene oberen Glieder in einem einzigen Verlangen und Streben, um eins zu werden ohne jegliche Trennung.
Nun bereitet sich ihr *Gatte* (VI) auf sie vor, sie unter den Baldachin zu führen in einer einzigen Verbindung, um sich mit der *Matronita* zu vereinen. Darum wecken wir sie und rufen ›Höre Jisra'el‹, das heißt [›Höre‹ Matronita] bereite dich vor, denn siehe dein Gatte [Jisra'el] kommt zu dir wohl vorbereitet,[1842] bereit, dir entgegen.
[Dann ist] ›JHWH (VI) 'Elohenu (X) ein JHWH‹ (Dtn 6 4), in einer einzigen Einheit und einem einzigen Verlangen, ohne jede Trennung und all jene Glieder werden eins und gehen in einem einzigen Verlangen hinein.
Wenn dann die Israeliten rufen ›ein JHWH‹, [geschieht dies] im Verlangen der sechs Enden [Tif'eret und die sie umgebenden Sefirot], dann werden diese sechs Enden eins.[1843] [...] In dieser Stunde macht sich die *Matronita* bereit und schmückt sich und ihre Bediensteten führen sie mit sanftem Flüstern zu ihrem Gatten hinein und sprechen: ›Gesegnet sei der Name der Herrlichkeit seiner Königsherrschaft in alle Ewigkeit‹.[1844] Diese [Responsion] wird geflüstert, weil sie so zu ihrem Gatten hineingeführt werden muss. – Wohl dem Volk, welches das weiß und das so die obere Anordnung des [Gegenstandes] des Glaubens zubereitet. [...]
Dann führt man sie unter Flüstern zu ihm hinein. Warum unter Flüstern? Damit sich kein *Fremder* in diese Freude einmischt. [...] «[1845]

1841 Die *Sefira Tif'eret*, welche in der Mitte der sieben unteren *Sefirot* stehend, diese zusammenfasst. Jede von diesen *Sefirot* enthält ihrerseits wiederum zehn *Sefirot*, woraus sich die Gesamtzahl siebzig ergibt, Y. Tishby z. St.

1842 Y. Tishby zur Stelle: mit seinen Geschmeiden.

1843 Das *Schma'*-Bekenntnis besteht aus sechs Worten, worauf weiter unten im Text nochmals hingewiesen wird. Sie symbolisieren die nun zu vereinenden Enden.

1844 Auch diese dem *Schma'* folgende geflüsterte Responsion besteht aus sechs Wörtern. Die Responsion wird geflüstert, damit das Hineinführen der Braut leise geschieht, und so die *Sitra 'Achra*, die Böse Seite, nichts davon spürt, sich eindrängt und stört. Dies wird aus einer unten folgenden Bemerkung deutlich.

1845 Sohar II, S. 133b; Y. Tishby, Mischnat ha-Sohar, II, S. 312f.; The Wisdom of the Zohar, III, S. 1023.

In diesem Text wird der Ablauf der synagogalen *Schma'*-Rezitation mit seinen hintereinander folgenden Sätzen und Benediktionen als Mysterienhandlung dargestellt. Jedes gesprochene Wort und jeder Satz der synagogalen Betergemeinde bewegt die in der Sefirotwelt vollzogene Mysterienhandlung voran. Die Menschen sind es, welche diesen innersefirotischen *Hieros Gamos*, diese »Heilige Hochzeit«, durch ihre Worte ermöglichen oder vollführen. Natürlich kann das nur geschehen, wenn, wie dies oben schon gesagt wurde, die Beter das Geheimnis der Gebote – hier das der täglichen *Schma'*-Rezitation – kennen. Das heißt, das gesprochene Wort muss von der wissenden Meditation, der *Kawwana,* begleitet werden.

Derselbe Effekt des Brautgemaches wird auch dem Torastudium, insbesondere bei Nacht,[1846] aber auch anderen Handlungen zugeschrieben, wie zum Beispiel der Vollendung des Tempels durch Salomo[1847] und überhaupt jeder Gebotserfüllung: »Das gleicht einem König, der einen Sohn von einer Matronita hatte. Und wenn immer der Sohn den Willen des Königs befolgte, nahm er seine Wohnung bei der Matronita. [...] So auch der *Heilige, E.s.g.*, (VI) und die *Kneset Jisra'el* (X, die sefirotische ›Gemeinde Israels‹). Immer wenn Israel den Willen des *Heiligen, E.s.g.*, erfüllt, nimmt er seine Wohnung bei der *Kneset Jisra'el.*«[1848] Umgekehrt verlässt der König die Matrona, wenn Israel sündigt, dann ist sie im Exil. Auch das erste biblische Gebot, nämlich zur Fruchtbarkeit und Vermehrung (Gen 1,28), wird mit der heiligen Hochzeit des Himmels in Bezug gesetzt. Dann nämlich, wenn oben in der Nacht zum Schabbat der *Hieros Gamos* stattfindet, sollen auch die Menschen, einer alten talmudischen Anweisung folgend, sich ehelich vereinen, um so die Seelen, welche bei der himmlischen Hochzeit gezeugt werden, durch die eigene Paarung direkt auf das gezeugte Kind herabzuziehen.[1849] Ein nicht in heiliger Intention erfolgter Beischlaf zieht hingegen eine Seele von der *Sitra 'Achra* auf das Kind.[1850]

Die himmlische Verbindung bringt Segen in die Welt, darum ist eines der wichtigsten Ziele der Gebotserfüllung, dank der Wirkung von unten nach oben, den Segensfluss des Himmels auszulösen und auf die Erde herabzulenken. Dies gilt für alle Gebotserfüllungen, so zum Beispiel schon für das auf dem Altar im Jerusalemer Tempel dargebrachte Opfer, das nach der Tempelzerstörung durch das Gebet ersetzt wurde: Diesbezüglich lehrt der *Sohar* Folgendes:

1846 Sohar, I, S. 8a; zum *Jichud* des *Schma'* vgl. auch Sohar I, S. 12a.

1847 Vgl. Sohar III, S. 74b.

1848 Sohar III, S. 74a.

1849 Sohar II, S. 89a-b; Y. Tishby, Mischnat ha-Sohar, II, S. 637ff; The Wisdom of the Zohar, III, S. 1390ff; Sohar III, S. 49b-50a; Y. Tishby, Mischnat ha-Sohar, II, S. 649; The Wisdom of the Zohar, III, S. 1403ff.

1850 Sohar III, S. 49b-50a, vgl. auch vorangehende Anmerkung.

»Die Gebete haben sie [die Gelehrten nach der Tempelzerstörung] anstelle des täglichen Opfers angeordnet.
Komm und sieh: Durch die Anregung von unten, wird auch das Obere angeregt. [...] Und durch den Rauch von unten wird die Lampe (X) oben entzündet. Und wenn diese Lampe leuchtet, dann leuchten alle übrigen Lampen, und davon werden alle Welten mit Segen erfüllt. So findet man, dass die Anregung durch das Opfer die Welt erhält und den Segen für alle Welten bringt. Wie das? Wenn der Rauch hinaufzusteigen beginnt, erfreuen sich (oder: werden angeordnet) jene Gestalten, welche über die Welt gesetzt sind [Sefirot IV-X], um angeregt zu werden, und sie werden zur Sehnsucht nach oben erregt. [...] Sie erregen sich für jene Stufen, die über ihnen stehen, bis dort die Erregung erwacht und der König (VI) sich mit der Matronita (X) verbinden will. Und aus dem unteren Verlangen quellen die unteren Wasser, um die oberen Wasser in Empfang zu nehmen. Denn siehe, die oberen Wasser sprudeln nur durch die Anregung und das Verlangen von unten, und dann heftet sich das Verlangen an und die unteren Wasser quellen, um die oberen Wasser zu empfangen und die Welten werden gesegnet und alle Lampen leuchten und so sind die Oberen und die Unteren voller Segen.«[1851]

Der Sohar nimmt hier die schon in der rabbinischen Literatur durch eine deutliche Erotik geprägte Vorstellung von den oberen und unteren Wassern auf, die als männliche und weibliche Wasser verstanden wurden.[1852] Die weiblichen Wasser werden im Sohar als die Anregung von unten dank der Erfüllung der Gebote verstanden. Die Anregung von unten, vermittelt durch die *Schechina*, regt den Gatten zur Paarung an, wodurch neuer Segen für alle Welten gezeugt wird.

7.3 *Devekut* – das Haften an der Gottheit

G. Scholem hat in seiner Darstellung der »Jüdischen Mystik« eine theosophische von einer ekstatischen Schule der Kabbala unterschieden, eine Differenzierung, die Mosche Idel in seinem Werk »Kabbala, New Perspectives« noch weiter zugespitzt hat, wobei er den Sohar eindeutig der theosophisch-theurgischen Richtung zuordnet.[1853] In einer Jerusalemer Dissertation hat die Schülerin von Y. Liebes und M. Idel Melila Hellner-Eshed[1854] hinsichtlich des Sohar dieser klaren

1851 Sohar I, S. 244.

1852 z.B. Pirke de Rabbi Eli'eser, c. 23.

1853 M. Idel, Kabbala, New Perspectives, S. XII.

1854 M. Hellner-Eshed, 'Al Sefat ha-Hawaja ha-mistit ba-Sohar, Diss. Jerusalem 2001; vgl. auch E. Wolfson, Through a Speculum that Shines, Vision and Imagination in Medieval Jewish Mysti-

Aufteilung widersprochen und für den Sohar eine Verbindung von theurgischer und ekstatischer Mystik reklamiert. Sie spricht für das mystische Ereignis im Sohar von einer »mystischen Welle« zu der beide oben genannten Formen der Gotteserfahrung gehören.[1855] Die »Welle« tritt bevorzugt beim Studium der Tora oder beim Gebet auf und kann beide Elemente nebeneinander beinhalten. Allerdings ist dabei die Beschreibung der *Devekut*, das heißt des Haftens an der göttlichen Welt, nicht so pointiert und präzise formuliert, dass man ein eindeutiges Bild erlangen kann, zumal der Begriff der »Devekut« im Sohar auch nicht unbedingt mystisch zu nennende spirituell-emotionale Formen religiöser Betätigung wie Gottesliebe und Gottesfurcht bezeichnen kann.

Es war gewiss die stark erotisch geprägte Symbolik des Sohar und die Hochschätzung des Beschneidungsbundes, welche die Sohar-Autoren zu der Auffassung führten, die Beschneidung als eine der wesentlichsten Voraussetzungen zu betrachten, um die Devekut am »Körper« des Königs zu erreichen.[1856] Über diese Voraussetzung lehrt der Sohar:

> »Wohl dem Menschen, der dieses Erbe erbt und bewahrt. Denn durch dieses heilige Erbe haftet (*'itdabbek*) der Mensch am Heiligen, E.s.g., und dies um so mehr, wenn er Gebote der Tora erworben hat, dann streckt der König seine Rechte aus, und er haftet am Körper des Heiligen. Und darüber steht bezüglich der Israeliten geschrieben: ›Ihr, die ihr an JHWH, eurem Gott haftet‹ (Dtn 4, 4).«[1857]

Die erotische Diktion der *Devekut* wird auch mit Begriffen wie Küssen, Umarmen und Paarung beschrieben. So etwa beim ersten Beter, der morgens in die Synagoge kommt, wo die *Schechina*, d.h. die weibliche zehnte Sefira auf ihn wartet:

> »Heil dem heiligen Volke, dessen Herr sie hereinzukommen bittet und sie herbeiruft, um sie sich nahe zu bringen, wenn das heilige Volk sich verbinden und ins Bethaus kommen will. Und jeder, der als erster kommt, der wird mit der Schechina verbunden in einer Verbindung. Komm und sieh! Jener erste im Bethaus, heil seinem Teile, denn er steht auf der Stufe des Zaddik [IX. Er ist das Symbol des Phallus, mittels dessen sich der König, VI, mit der Schechina, X, paart] bei der Schechina. Und das ist das Geheimnis der Schriftwor-

cism, Princeton 1994, S. 329-331; H. Pedaja, 'Achusim ba-Dibbur, le-Beruro schel ha-Defus ha.nevu'I ha-mitpa'el 'ezel Rischone ha-Mekubbalim, in: Tarbiz 68 (1996), S. 565-636.

1855 Hellner-Eshed, 'Al Sefat ha-Hawaja ha-mistit ba-Sohar, S. 121-124.

1856 Vgl. Hellner-Eshed, 'Al Sefat ha-Hawaja ha-mistit ba-Sohar, S. 108.

1857 Sohar II, S. 87b.

> te: ›Die mich suchen, werden mich finden‹ (Prov 8,18), der ist zur höchsten Stufe hinaufgestiegen. Und wenn du sagst: Es wird doch gelehrt:[1858] Zur Stunde, da der Heilige, Er sei gesegnet, ins Haus der Versammlung kommt und dort keine zehn Männer findet, wird er erbost! Und da sagst du, dass mit dem einen, der zuerst kommt, die Schechina sich verbindet und er auf der Stufe des Zaddik steht? [... Der Einwand wird ausgeräumt und dahingehen korrigiert:] Wenn einer früh kommt und in der Synagoge ist und die Schechina kommt und ihn antrifft, dann wird das angerechnet, als seien alle da [...] Sogleich verbindet sich die Schechina mit ihm. Und sie sitzen in der [ehelichen] Paarung (*Siwwuga*), und sie unterhält sich mit ihm und setzt ihn an die Stelle des Zaddik.«[1859]

Auch den Jeschivastudenten, den Schülern der Talmudakademie, und den übrigen frommen Männern wird verheißen, dass die *Schechina* in der Zeit, in der sie von ihren Frauen getrennt sind, an deren Stelle tritt:[1860] »Wenn er sein Gebet und seinen Preisgesang [beim Abschied] gesprochen hat, dann ruht die Schechina auf ihm, geht er dann hinaus, dann paart sie sich (*'isdawwagat*) mit ihm, *damit da Männlich und Weiblich sei.*«

1858 bBerachot 6b.

1859 Sohar II, S. 131 a.

1860 Sohar I, 49b.

b. *Ra'ja Mehemna* und die *Tikkune ha-Sohar*

1. Literarische Form und Charakter der beiden Werke

Die beiden in den Sohar integrierten beziehungsweise ihm angehängten Schriften *Ra'ja Mehemna* (Der treue Hirte), womit Moses gemeint ist, sowie die *Tikkune ha-Sohar* (Vervollkommnung des Sohar) erkannte schon Scholem als von den übrigen Teilen des Sohar radikal abweichende Texte.[1861] Seiner literarischen Form nach ist der *Ra'ja Mehemna* eine Schrift, die der Gattung des *Sefer ha-Mizwot* (Buch von den Geboten) entspricht, in welchem einzelne Gebote der Tora besprochen werden. Die Vorläufer dieser Literatur sind die philosophischen Gebotsbegründungen,[1862] die in Maimonides Werk *Sefer ha-Mizwot* ihren ersten Höhepunkt erfuhren,[1863] und mit dem *Sefer Ta'ame ha-Mizwot* von Joseph aus Hamadan[1864] sowie dem *Sefer Ta'ame Mizwot*[1865] von Menachem Recanati (um 1300) ihre ersten bekannten kabbalistischen Klassiker fanden.[1866] Entsprechend kreisen die Erörterungen des *Ra'ja Mehemna*, die als Debatten zwischen den verstorbenen Meistern Moses, Elia, Schim'on Bar Jochaj sowie der *Schechina* und dem »Heiligen, E.s.g.«, in der himmlischen *Jeschiva* (Akademie) konstruiert wurden, um den mystischen Sinn der Gebote. Auch die *Tikkune ha-Sohar* spielen im gleichen gelehrten himmlisch-akademischen Milieu, sind ihrer literarischen Form nach allerdings als Midrasch-Traktate zu dem ersten Wort der Bibel, *Bereschit*, »Am Anfang«, gestaltet. Davon finden sich insgesamt siebzig an der Zahl, was eine bewusst erzielte Anzahl ist, denn aus den Texten selbst ließe sich problemlos eine noch viel größere Anzahl separater Abschnitte gliedern. Den tieferen Sinn dieser Anzahl erklären die Autoren allerdings sogleich zu Beginn der Einleitung des Werkes in Anlehnung an eine alte rabbinische Midraschtradition von der Siebzigfältigkeit der Tora[1867]:

1861 G. Scholem, Die jüdische Mystik, S. 178.

1862 Bd. I, S. 393ff.424ff.480ff.517ff.610ff.

1863 Von den verschiedenen traditionellen Ausgaben sei wenigstens eine genannt: Sefer ha-Mizwot (Machon Hatam Sofer) Jerusalem 1968. Der arabische Text wurde samt einer Übersetzung ins Hebräische ediert von: J. Kafih, Jerusalem 1971; eine kritische Ausgabe des hebräischen Textes besorgte Chaim Heller, Jerusalem-New York 1946; englische Übersetzung: Sefer Hamitzwot, The Book of Commandements, Ch. B. Chavel, London-New York 1967.

1864 S. M. Meier (ed.), Joseph of Hamadan, Sefer Ta'amey ha-Mizwot, Diss. Brandeis Univ. 1974; A. Altmann, in: The Ta 'ame hamisvot, Attributed to Isaac bin Farhi, and its Author (hebr.), Kirjat Sefer 40 (1965), S. 256-276.

1865 Stellvertretend werden folgende Ausgaben genannt: M. Recanatis, Sefer Ta'ame ha-Mizwot, Przemyśl 1888 (Neudruck: Brooklyn o.J.); S. Lieberman (ed.), Sefer Ta'ame ha-Mizwot, London 1962.

1866 Zu weiteren Texten dieser Gattung vgl. M. Idel, Kabbalah, New Perspectives, S. XIII-XV.

1867 Bemidbar Rabba, Par naso, 13, 16.

»*Tikkune ha-Sohar*, das sind die siebzig Angesichter (Deutungen) der Tora, welche Rabbi Schim'on Bar Jochaj zu dem Wort *Bereschit* aus den Geheimnissen der Tora auslegte.«[1868]

Entsprechend beginnen viele der siebzig Traktate mit einer Zerlegung des Wortes *Bereschit* unter Berücksichtigung der verschiedenen rabbinischen Techniken der Hermeneutik,[1869] an die sodann die unterschiedlichen Deutungen angeschlossen werden. So wird zum Beispiel das Wort im ersten *Tikkun* als *b-Reschit* aufgeteilt und dann erklärt, dass dies das Tor sei, durch welches die *Zaddikim* eingehen, während die Nicht-*Zaddikim* nicht eingelassen und von dort verstoßen werden. Diese Deutung interpretiert demzufolge den Buchstaben *b* als Zahl zwei und versteht darunter zwei Arten von *Reschit* (Anfang), also zwei verschiedene Arten von Toren.[1870] Im dritten *Tikkun* werden aus dem Begriff die Buchstaben für das Wort *JiR'aT*, Gottesfurcht extrahiert und ausgelegt,[1871] im siebenten hingegen ordnen die Autoren alle Buchstaben von *Bereschit* neu an und bilden daraus die Begriffe *JaReJ BoSCHeT* (der die Schmach fürchtet), wobei die »Schmach« auf *Samma'el*, das Haupt der *Sitra 'Achra*, der bösen »Anderen Seite«, gedeutet wird.[1872] Im weiteren Verlauf der Auslegung wird dann im Stile der altrabbinischen hermeneutischen Technik der *Petira*, also einer sukzessiven Gleichsetzung der Begriffe des auszulegenden Textes mit theologisch-sefirotischen Größen, der Text als Spiegel sefirotisch göttlicher Vorgänge ausgelegt. Diese hier nur angedeutete exegetische Methode beraubt die Texte beider Werke häufig der Kohärenz, der Systematik und Durchsichtigkeit, die wohl auch kaum angestrebt wird. Die Texte der beiden Werke stellen sich demnach eher als inspirierter Leitfaden zum Gang durch die biblischen Texte dar, in denen auf die beachtenswerten Mysterien am Wege hingewiesen wird, ohne damit ein Gesamtsystem vorführen zu wollen. Wenn im Folgenden dennoch einige systematische Grundgedanken der beiden Werke vorgestellt werden, geht dies an ihrer eigenen Zielsetzung vorbei, die man wie gesagt, am ehesten als schriftbegleitende Meditation über die theosophischen Geheimnisse der Gottheit bezeichnen kann.

Während die *Tikkune ha-Sohar* seit Beginn ihrer Druckgeschichte in Mantua (1558) als eigenständiges Werk in Erscheinung traten,[1873] war der *Ra'ja Mehemna* oft bis zur Ununterscheidbarkeit mit dem Haupttext des *Sohar* verschlungen.

1868 *Tikkune ha-Sohar*, Hakdama, S. 1a.

1869 Vgl. dazu K.E. Grözinger, Jüdische Schriftauslegung, in: *Schrift Sinne. Exegese, Interpretation, Dekonstruktion*, S. 11-36.

1870 *Tikkune ha-Sohar*, S. 18a.

1871 *Tikkune ha-Sohar*, S. 18b.

1872 *Tikkune ha-Sohar*, S. 24a.

1873 Vgl. Y. Tishby, The Wisdom of the Zohar, I, S. 97, Mischnat ha-Sohar, I, S. 108.

Neuerdings hat nun vor allem I. Malka,[1874] gestützt auf vorausgehende Forschungen von E. Gottlieb,[1875] aufgrund von Handschriften, die nur den *Ra'ja Mehemna* bieten, dessen Unabhängigkeit nochmals unterstrichen und in ausführlichen Tabellen rekonstruiert.[1876] Auch Tishby[1877] bespricht zu den einzelnen Themen seiner *Sohar*-Darstellung den *Ra'ja Mehemna* darum stets getrennt. Beide Werke können als Schriften ein und desselben Autors betrachtet werden, die über ihrer formalen Unterschiedlichkeit eine gemeinsame kabbalistische Lehre vertreten. Die von E. Gottlieb identifizierten und edierten früheren hebräischen Schriften dieses anonymen Autors, den M. Idel in das ausgehende 13. oder beginnende 14. Jahrhundert datiert, unterscheiden sich hingegen von den beiden aramäischen, *Ra'ja Mehemna* und *Tikkune ha-Sohar* in vielerlei Punkten, was auf Einflüsse von R. Josef aus Hamadan[1878] zurückzuführen ist.[1879]

2. Gott – *'En Sof* und die *Sefirot*

Der Autor der *Tikkune ha-Sohar* und des *Ra'ja Mehemna* greift zur Beschreibung der zehn *Sefirot* und deren Verhältnis zum *'En Sof* zu einer mehr aristotelischen Konzeption.[1880] Das *'En Sof* selbst nennt er meist *'Ilat 'al kol ha-'Ilot,* »Ursache über allen Ursachen«, aber auch einfach *'Ilat ha-'Ilot*, »Ursache der Ursachen«, wobei Letzteres zuweilen auch die erste *Sefira Keter* im Unterschied zur allerersten Ursache bezeichnet. *Keter* wird häufig auch *'En Sof* genannt.[1881] Mit dem Terminus *'Ila* greift der Autor den klassisch gewordenen Ausdruck für die aristotelischen Ursachen auf, fügt ihm aber eine spezifische kabbalistische Variante hinzu. Nach Maimonides ist Gott die »Ursache aller Ursachen«, das heißt die *prima causa*, die erste Ursache der Ursachen.[1882] Demgegenüber will der Autor der beiden hier verhandelten Soharschichten mit der zuweilen für das *'En Sof* verwendeten Bezeichnung *'Ilat 'al kol ha-'Ilot* (Ursache über allen Ursa-

1874 I. Malka, Bi-Netivot Hochmat ha-Kabbala, Jerusalem 2004.

1875 E. Gottlieb, Ma'amare ha-»Pikkudin« sche-ba-Sohar, in: ders., Mechkarim be-Sifrut ha-Kabbala, ed. J. Hacker, Tel-Aviv 1976, S. 215-230; zu den Schriften, die demselben Autor zuzuschreiben sind vgl. E. Gottlieb (ed.), The Hebrew Writings of the Author of *Tiqqunei Zohar* and *Ra'aya Mehemna*, zum Druck bearbeitet v. M. Idel, S. Reem u. M. Oron, Jerusalem 2003 (hebr.).

1876 Vgl. zur Selbständigkeit auch die Monographie von P. Giller, The Enlighetened Will Sihine, Symbolization and Theurgy in the Later Strata of the Sohar, Albany 1993.

1877 Y. Tishby, Mischnat ha-Sohar, The Wisdom of the Zohar.

1878 R. Josef ha-ba mi-Schuschan ha-Bira

1879 Vgl. M. Idel, Einführung zu E. Gottlieb, The Hebrew Writings, S. 29ff.

1880 Vgl. Y. Tishby, Mischnat ha-Sohar, I, S. 112-117; The Wisdom of the Zohar, I, S. 246-251.

1881 Vgl. I. Malka, Bi-Netivot, S. 36.

1882 Vgl. Bd. I, S. 446.

chen) deutlich machen, dass die Gottheit in Gestalt des *'En Sof* weit über die aristotelische Ursachenkette hinausgehoben, nicht also *primus inter pares* (Gleiches unter Gleichen) ist, während die erste *Sefira* als »Ursache der Ursachen« die erste der Ursachen ist, das heißt eine von den zehn *Sefirot*. Damit soll gesagt werden, dass dass allererste Prinzip des *'En Sof* unvergleichlich ist, es ist nicht das zählbar erste Glied einer Ursachenkette, sondern einzig und ohne entsprechenden vergleichbaren Nachfolger,[1883] »denn es gibt keinen über ihm und unter ihm keinen seinesgleichen.«[1884] Mit dieser Terminologie wird die schon bei 'Abulʿafja vorgenommene Parallelisierung der *Sefirot* mit den zehn Separaten Intellekten der aristotelischen Philosophie wieder aufgenommen. Daraus folgt zugleich, und dies ist der wesentliche Unterschied zur übrigen *Sohar*-Theologie, dass die *Sefirot* nicht Gottes Wesen sind, sondern nur von ihm zur Weltlenkung erschaffene Instrumente oder Gefäße, in die er seine unendliche Fülle ergießt, eine Differenz, welche die späteren Kabbalistengenerationen nachhaltig beschäftigte.[1885] Diese instrumentale Konzeption der Sefirot unterstreicht zum Beispiel der soeben herangezogene Text,[1886] wenn er die Frage erörtert, wie man denn von Gott sagen könne: »Ich töte und ich belebe« (Dtn 32,39). Seine Antwort lautet: »Mittels der Sefirot! ›Ich belebe‹, von der rechten Seite her das Leben, und von der linken Seite der Tod.«[1887] Die rechte und linke Seite der *Sefirot* sind die schon von der kastilisch-gnostischen Kabbalisten her bekannten Seiten der sefirotischen Gottheit von Gottesliebe und Gottesgericht,[1888] die auch der *Sohar* übernommen hat.[1889] Deutlicher wird die instrumentale Konzeption der *Sefirot* in einem Text des *Ra'ja Mehemna*, der die *Sefirot* mit den von einem Töpfer hergestellten Töpfen vergleicht, die das Wasser nur fassen können, solange sie heil sind, wenn sie der Töpfer allerdings zerschlägt, fließt das in ihnen enthaltene Wasser wieder in seinen Ursprung zurück. In der Auslegung dieses Gleichnisses

1883 Zu dieser Unterscheidung der beiden obersten Ursachen vgl. Sohar I, S. 22b. Der Text gehört, wiewohl im Druck nicht ausgewiesen, zu den *Tikkune ha-Sohar*, die theologisch mit dem Raʿja Mehemna übereinstimmen. Die Zuordnung kann aufgrund von *Tikkune ha-Sohar hadasch*, S. 115b, wo dieser Text wieder aufgenommen wurde, wie auch durch seine inhaltliche Aussage vorgenommen werden.

1884 Sohar I, S. 22b.

1885 Vgl. J. Ben-Schlomo, Torat ha-'Elohut schel R. Mosche Cordovero, Jerusalem 1965; B. Sack, Torat ha-Sod schel R. Schlomo ha-Levi 'Alkabez, Diss. Univ. Brandeis 1977, S. 51-62; dies., Be- Schaʿare ha-Kabbala schel Rabbi Mosche Cordovero, Jerusalem 1995, S. 13ff. Zu den Vorläufern dieser instrumentalen Deutung der Sefirot, welche sich von der essentiellen des Hauptteils des Sohar unterscheidet, vgl. Idel, Kabbalah, New Perspectives, S. 141-144.

1886 Sohar I, S. 22b.

1887 Sohar I, S. 22b.

1888 Vgl. Kap. Kabbala I. B.2; 3.

1889 Vgl. Kap. Kabbala VII. C.a.5.3.

nennt der Verfasser, wie zuvor schon vermerkt, das *'En Sof* selbst nur »Ursache der Ursachen«:

> »So machte auch die *Ursache der Ursachen* zehn *Sefirot* und nannte die *Keter* (Krone, I) ›Quelle‹, denn in ihr ist kein Ende an der Fülle seines Lichts, und darum nannte er sich selbst *'En Sof.* Und er hat weder Ähnlichkeit noch Form, und für ihn gibt es kein Gefäß, das ihn fassen könnte, so dass er auch nur irgendwie erkennbar wäre. [...] Danach machte er ein kleines Gefäß nämlich das *J[ud]*, das von ihm erfüllt wurde, und er nannte es ›Quell der Weisheit‹. Und durch dieses nennt er sich weise und jenes Gefäß nannte er *Hochma* (Weisheit). Danach machte er ein großes Gefäß und nannte es ›Meer‹, dieses nannte er *Bina* (Einsicht) und sich selbst nannte er in ihm ›einsichtig‹. Er ist weise aus sich selbst und hat Einsehen aus sich selbst, aber die *Weisheit* wird so nicht aus ihr selbst genannt, sondern wegen jenes Weisen, der sie aus seiner Quelle erfüllt. Auch die *Einsicht* wird so nicht aus ihr selbst genannt, sondern wegen jenes Einsichtigen der sie erfüllt, denn würde er aus ihr weichen, wäre sie ausgetrocknet. [...] Danach ›zerschlug er ihn zu sieben Bächen‹ (Jes 11,15) und machte die sieben teuren Gefäße und nannte sie: *Gedulla* (Größe), *Gevura* (Macht), *Tif'eret* (Herrlichkeit), *Nezach* (Sieg), *Hod* (Hoheit), *Jesod* (Fundament), *Malchut* (Königtum). Und er nannte sich ›groß‹ in der *Größe*, ›liebend‹ in der *Liebe* [Hesed, alternativer Name für Sefira Gedulla], ›Mächtiger‹ in der *Macht*, ›Herrlicher‹ in der *Herrlichkeit*, ›Sieger in Kriegen‹ in *Sieg der Siege*, und in *Hoheit* nannte er sich ›Hoheit unseres Schöpfers‹, und in *Fundament* nannte er sich ›Zaddik‹ [Gerechter, alternativer Name für *Jesod*], auf den alles gestützt ist, alle Gefäße und alle Welten, und in *Königtum* nannte er sich König. [...] Alles steht in seiner Vollmacht, den Gefäßen die Fülle zu nehmen oder hinzuzufügen, wie es sein Wille ist. Und über ihm ist kein Gott, der ihm hinzufügte oder ihn verminderte.«[1890]

Die *Sefirot* sind demnach Gottes Instrumente, in die er sich ergießen, oder aus denen er sich zurückziehen kann, sie sind aber nicht er selbst, nicht Gott. Sie sind die Instrumente mit denen er sich in der Welt manifestiert und in sie eingreift. Vergleichbar sind sie in ihrer Funktion mit den maimonidischen Wirkattributen. Mit solchen Wirkattributen, so Maimonides, kann man zwar Gott liebend, streng, König oder Vater nennen, ohne dadurch jedoch etwas über Gottes Wesen auszusagen, denn die Attribute bezeichnen nur Gottes Wirkungen in dieser Welt.[1891] Ähnlich definiert der Ra'ja Mehemna die *Sefirot.* Sie unterscheiden sich allerdings von den maimonidischen Attributen dadurch, dass jene nur nominal exis-

1890 Sohar II, S. 42b-43a (Ra'ja Mehemna).

1891 Vgl. Bd. I, S. 438-445.

tieren, das heißt in der menschlichen Sprache, während sie für den Autor des Ra'ja Mehemna immerhin wirklich existierende Geschöpfe sind. In Letzterem ähneln sie eher den maimonidischen *Separaten Intellekten*, die allerdings »emanierte Ursachen« sind und nicht vom Schöpfer geschaffene Instrumente. Kurz, die *Sefirot* sind hier, wie das bei den Kabbalisten formuliert wird, nicht »Wesen« (*'Azmut*) sondern »Gefäße« (*Kelim*). Die späteren Kabbalisten, die den *Sohar* als ein geschlossenenes Werk betrachteten, hatten mit dieser theologischen Differenz zwischen Hauptteil, *Ra'ja Mehemna* und *Tikkune ha-Sohar* (*Tikkunim*) erheblich zu ringen, wie dies zum Beispiel an Mosche Cordoveros Harmonisierungsversuchen deutlich wird.[1892]

3. Die Welt – als vierstufige Hierarchie

Das gemeinhin für die Kabbala angeführte Bild eines vierstufigen Weltenbaus aus *'Olam ha-'Azilut, 'Olam ha-Beri'a, 'Olam ha-Jezira* und *'Olam ha-'Asija* ist erst in den beiden Spätschichten *Ra'ja Mehemna* und *Tikkune ha-Sohar* belegt,[1893] allerdings in einer von der später »kanonisch« gewordenen Form[1894] abweichenden Gestaltung. Die Namen der vier Welten »Emanation«, »Schöpfung«, »Bildung« und »Werk« sind zunächst aus Jesaja 43,7 exegetisch gewonnene Benennungen des vierstufigen Weltenbaus. Dort heißt es: »Alles, was auf meinen Namen genannt wird, habe ich zu meiner Ehre ›geschaffen‹ (*barati*), ›gebildet‹ (*jazarti*) und ›gemacht‹ (*'asiti*).« Die drei hier genannten Verben gaben die nominalisierten Benennungen der unteren drei Weltstufen, denen dann nur noch mit Hilfe des neoplatonischen Emanationsterminus *'azal* das entsprechende Nomen als Bezeichnung der obersten Sefirotwelt vorangestellt wurde - das geläufige Kürzel für diese Weltstufen ist *'aBiJa''* (אבי"ע). Die vier Weltstufen sind nach der Darstellung der beiden Soharschichten je in zehn *Sefirot* gegliedert, die jede für sich in der Gestalt eines Menschen gebildet sind.[1895]

> »Die Ursache über allem leuchtet in den zehn *Sefirot* von *'Azilut* und in den zehn Sefirot von *Beri'a* und leuchtet in den zehn Klassen der *Engel* [= 'Olam ha-Jezira] und in den zehn *Sphären der Himmel* [='Olam ha-'Asija], und er ist an keinem Ort verschieden.«[1896]

1892 Vgl. dazu J. Ben-Schlomo, Torat ha-'Elohut schel Mosche Cordovero, Jerusalem 1965, S. 100ff.

1893 Vgl. z.B. Tikkune Sohar, Tikk. 67, S. 98b.

1894 Zu dieser Form vgl. Mosche Cordovero, Pardes Rimmonim, Scha'ar 16; G. Scholem, Die jüdische Mystik, S. 298f.

1895 Vgl. Tikkune Sohar, Tikk., 67, S. 98b.

1896 Vgl. Tikkune Sohar, Hakdama, S. 3b; Malka, Bi-Netivot, S. 40.

Die kosmologische Stellung dieser vier so benannten Weltstufen wird indessen nicht einheitlich identifiziert. Einmal sind sie 1. die erste Dekade von *Sefirot*, 2. der Thron der Herrlichkeit, 3. die Engelwelt und 4. die Scharen Samma'els.[1897] Ein anderes Mal sind die beiden letzten Stufen die Engel und die Sphären.[1898] Die größte Schwankungsbreite der Identifikation erfährt die vierte Stufe, die mal als die Welt der unreinen Mächte, mal als Welt der Gestirnssphären und zuweilen als der Ort von bestimmten Engeln definiert wird. Die Erde, die später in die Stufe der ʿAsija einbezogen werden soll, ist in den beiden Soharschichten in den vier genannten Weltstufen nicht enthalten.[1899] Malka stellt außerdem fest, dass die unteren drei Weltstufen von einem konsequenten Dualismus durchzogen sind. Demzufolge steht den reinen heiligen *Sefirot* der drei unteren Stufen jeweils ein unreines Pendant der *Klippot* (Schalen) gegenüber.[1900]

Dieser Weltenbau lässt sich zum Beispiel an dem folgenden Textausschnitt erkennen, in dem die Grundlagen der Kunst der Physiognomik, der Kunst aus dem Äußeren des Menschen auf sein Inneres zu schließen, erörtert werden. In diesem Text, der die Charaktereigenschaften des Menschen an dessen Augenfarben abliest, schließt der Autor vom Menschen, dessen Augapfel in drei Farben schillert, auf die kosmische Struktur:

> »Die drei Farben sind der ›'Adam Kadmon‹ (Urmensch) von der reinen Seite. Aber es gibt auch einen anderen ›'Adam‹ von der unreinen Seite. Und nicht nur dies, es sind sogar drei ›Menschen‹ ('Adam): Der *'Adam der Beri'a*, der *'Adam der Jezira* und der *'Adam der 'Asija* von der reinen Seite. Und es gibt noch einen von der unreinen Seite, dies ist der *'Adam Belija'al* (der Nichtsnutze Mensch), der Sündenmann, der Böse Trieb. Der gute Mensch ('Adam) ist der Gute Trieb. Denn die Früheren sagten schon: ›Das eine gegenüber dem anderen machte Gott‹ (Kohelet 7,14).«[1901]

Aus der Erörterung des Autors ist seine kosmologische Lehre klar abzulesen. Ganz oben in der Hierarchie steht der *'Adam kadmon*, der Urmensch, welcher die *'Azilut-Welt* (Welt der Emanation) ist, das heißt die höchste der von *'En Sof*

1897 Sohar II, S. 43a; Y. Tishby, Mischnat ha-Sohar, I, S. 389; The Wisdom of the Sohar; II, S. 558.

1898 Tikkune ha-Sohar Hakdama I, S. 3b; Y. Tishby, Mischnat ha-Sohar, S. 389; The Wisdom of the Zohar, II, S. 558; ausführlich zum Thema J.S. (Ch.) Malka, Bi-Netivot Hochmat ha-Kabbala. Taʿami ha-Mizwot be-Mischnat ha-Raʿja Mehemna, Jerusalem 2004, S.40-60.

1899 Y. Tishby, Mischnat ha-Sohar, I, S. 390; The Wisdom of the Zohar, II, S. 558; Malka, Bi-Netivot, S. 53.

1900 Malka, Bi-Netivot, S. 56.

1901 Sohar hadasch, Par. Jetro, S.33c.

hervorgebrachten Welten, die sich in einem ganz reinen und unvermischten Zustand präsentiert. Unter dieser höchsten Welt, dem *'Adam kadmon*, befindet sich ein anderer »Mensch«, der in drei Menschgestalten untergeteilt ist, in den »Beri'a-Menschen«, den »Jezira-Menschen« und den »'Asija-Menschen«. Aber nicht nur dies, der dreiteilige untere Mensch ist außerdem in eine reine und eine unreine Seite gespalten, so dass unter dem *'Azilut-Menschen*, der höchsten kosmologischen Stufe, drei Menschenpaare stehen, deren unreine Hälfte als *'Adam-Belija'al*, »Nichtsnutz«, bezeichnet wird. Daraus folgt, dass alle drei unteren Weltstufen vom Bösen umfangen und mit ihm verbunden sind.

Im *Ra'ja Mehemna* und den *Tikkunim* wird eine Systematisierung sichtbar, die die Welten und, wie nachher noch deutlich werden soll, auch die menschlichen Seelen in ein umfassendes Entsprechungsverhältnis zueinander zu bringt, was aber an keiner Stelle des Werkes expressis verbis ausgeführt wird. Zu dieser Systematik gehört auch, dass die drei unteren Weltstufen, zugleich in einem doppelten Ebenbildverhältnis zu je drei *Sefirot* der *'Azilut-Welt* stehen. Der Grundtext der *imago*-Lehre in Gen 1,26 spricht von *Zelem* (Ebenbild) und *D^{e}mut* (Ähnlichkeit). Diese Doppelheit deutet der Autor der *Tikkunim* so, dass in der Azilutwelt folgende Relationen bestehen: *Hochma* (II) ist Abbild (*Zelem*) von Keter (I), während *Bina* (III) die Ähnlichkeit (D^{e}mut) von Keter ist. Die sogenannte Mittelsäule, bestehend aus *Tif'eret* (VI), *Jesod* (IX) und *Malchut* (X), ist Abbild (Zelem) von Hochma. Die drei unteren Welten sind sodann doppeltes Abbild der *Azilut*-Welt: *Beri'a* ist *Zelem* von *Keter* (I), *Jezira* ist *Zelem* von *Hochma* (II) und *'Asija* ist *Zelem* von *Bina* (III). Des weiteren sind die drei Welten Abbild – wohl D^{e}mut – der Mittelsäule von 'Azilut, d.h. von Tif'eret (VI), Jesod (IX) und Malchut (X).[1902]

Der kosmologische Dualismus von reiner und unreiner Seite spiegelt sich in den beiden Trieben des Menschen, dem Guten und dem Bösen Trieb, wider. Die anthropologische Lehre der Rabbinen über die zwei Triebe des Menschen[1903] wurde hier allerdings grundlegend verändert, da die beiden Triebe hier nicht mehr, wie bei den Rabbinen ausschließlich dem Menschen innewohnende Triebkräfte sind, sondern mit der ontologisch-kosmischen Dualität identifiziert werden. Es sind demnach kosmische Triebkräfte, die auf den Menschen einwirken. Eine analoge Struktur wird sich an späterer Stelle in der Psychologie dieser Soharschichten zeigen.

1902 Tikkune ha-Sohar, Tikkun 70, S. 120a.

1903 Vgl. Bd. I, S. 273-278.

4. Der Mensch

Wie die gesamte kosmische Hierarchie besteht auch der Mensch aus Körper und Seele. Jede Stufe des Kosmos bildet den Körper für die nächst höhere Ebene, die ihrerseits die Seele für die unter ihr stehende Stufe ist. Im kosmischen Bereich ist diese Trennung allerdings nur aspektual, aber de facto ist alles eins. Anders verhält es sich beim Menschen, bei dem eine Trennung zwischen Körper und Seele besteht. »Das eine ist Materie und das andere Intelligibel (*Sechel, Intellekt*). Dieses ist das Leben und jenes der Tod.«[1904] Entsprechend werden hier die Seele, oder besser die Seelen, als das Wesentliche des Menschen verstanden. Auch der Autor dieser Soharschriften übernimmt das geläufige Bild von den drei Seelenstufen mit den damals gebräuchlichen biblischen Termini. Allerdings sind seine drei Seelenstufen, wie auch im Hauptteil des *Sohar*, nicht mehr die aristotelisch-platonischen Stufen des Vegetativen, Animalischen und Rationalen. Im *Ra'ja* und den *Tikkunim* stellen sie sich vielmehr als kosmische Entsprechungen im Menschen dar.

Die drei Seelenstufen des Menschen, *Neschama, Ruach* und *Nefesch* sind den drei kosmischen Weltstufen *Beri'a, Jezira* und *'Asija* zugeordnet. Diese drei Weltstufen wirken über die ihnen zugehörigen Seelen des Menschen auf dessen Handlungsfähigkeiten ein:

> »Komm und sieh, es sind drei Partner, nämlich der *'Adam der Beri'a*, der *'Adam der Jezira* und der *'Adam der 'Asija*. Der *'Adam der Beri'a* ist die *Neschama*, mit ihr denkt der Mensch, sie wird gewiss ›Welt des Denkens‹ (*Machschava*) genannt. Die *Ruach* ist der *'Adam der Jezira*, das ist die ›Welt der Rede‹. Wenn sich das Denken in sie kleidet, denkt sie in ihr und zeichnet Bilder mit Linien und Gestalten. Und obwohl sie sie [*Neschama*] denkt, dürfen sie aus dieser Kraft, mit der sie gesprochen wurden, noch nicht aus der Möglichkeit in die Wirklichkeit gebracht werden, bis sich *Neschama* und *Ruach* mit der *Nefesch* bekleiden, und mit ihr bringen sie alles in die Wirklichkeit hinaus, denn die *Nefesch* ist die *Welt der Tat* [*Ma'ase* entspricht *'Asija*]. Und [die *Neschama*] schlägt mit der *Ruach* an die Stirn und zeichnet Linien, sie schlägt an die Augen und macht Falten, schlägt an die Augen und macht Farben, schlägt an sein Gesicht und macht Farben und Strukturen. Dann steigt sie hinab und schlägt an die Hände und zeichnet Linien, schlägt an die Glieder des gesamten Körpers und bringt Gestalten hervor. Und das ›Denken‹ [*Neschama*] und die *Ruach* haben keine Macht ohne die *Nefesch* die Kraft für eine Tat aufzubringen.«[1905]

1904 Sohar II, S. 118b (Ra'ja Mehemna).

1905 Sohar Hadasch, Jitro, S. 34b (Tikkune ha-Sohar, vgl. G. Scholem, Die jüdische Mystik, S. 32.

Die drei Seelen des Menschen werden hier mit den drei Weltstufen identifiziert. Sie sind es die gemeinsam das Denken des Menschen in die Wirklichkeit der Tat umsetzen, gerade so wie dies auf der kosmologischen Ebene geschieht. Der Mensch ist demnach psychologisch das vollkommene Ebenbild der drei unteren Weltstufen.

Die gesamte soeben angeführte Erörterung steht im Kontext einer physiognomischen Darstellung des menschlichen Körpers, aus der hervorgeht, warum aus der Physiognomie und den Handlinien und der gesamten Gestalt des Menschen etwas auf seine Innenseite geschlossen werden kann.[1906]

An einer anderen Stelle der Tikkunim werden die drei Weltstufen als der Ursprung der Seelen bezeichnet, und zwar geht die Neschama-Seele aus der *Beri'a*-Welt, die *Ruach*-Seele aus der *Jezira*-Welt und die *Nefesch*-Seele aus der *'Asija*-Welt hervor. Die rabbinische Lehre von der zusätzlichen Sabbatseele[1907] wird hier schließlich so aufgenommen, dass an Schabbat und Feiertagen den Israeliten alle drei Seelen aus der *'Azilut*-Welt zuströmen.[1908] In einem Abschnitt, der von den Soharherausgebern zwar der Schrift *Sava de-Mischpatim*[1909] zugeschrieben wird, der aber im selben Geist wie die beiden hier verhandelten Soharschichten geschrieben ist, werden die drei Sabbatseelen aus der *'Azilutwelt* als sukzessiv erlangte Seelen entsprechend der Vervollkommnung des Menschen dargestellt. Nach dieser Lehre erlangt der Mensch auch seine gewöhnlichen Seelenstufen erst Schritt für Schritt je nach seiner spirituellen Entwicklung:

> »Komm und sieh: Wenn der Mensch geboren wird, gibt man ihm eine *Nefesch* von Seiten des Viehs, von Seiten der Reinheit, das heißt von Seiten jener, die ›Heilige Ofannim‹ genannt werden [, die der 'Asija Welt entspricht]. Hat er mehr erlangt, gibt man ihm die *Ruach* von Seiten der ›Heiligen Hajjot‹ [die der Jezira Welt entspricht]. Hat er noch mehr erlangt, gibt man ihm die *Neschama* von Seiten des Thrones [die der Beri'a Welt entspricht]. Diese drei sind die Magd, der Knecht und die Dienerin der *Königstochter* [das ist die Schechina, X, der 'Azilut Welt].

1906 Vgl. dazu G. Scholem, Ein Fragment zur Physiognomik und Chiromatik aus der Tradition der spätantiken jüdischen Esoterik, in: Liber Amicorum: Studies in honour of Prof. C.J. Bleeker, Leider 1969, S. 175-193; hebr. Version, Hakarat Panim we-Sidre Sirtutin, in: Schedim, Ruchot we-Neschamot, Mechkarim be-Demonologija me'et Gershom Scholem, ed. E. Liebes, Jerusalem 2004, S. 246-301.302-305; I. Gruenwald, Physiognomy, Chiromancy and Meloscopy, in: ders.: Apocalyptic and Merkavah Mysticism, Leiden Köln 1980.

1907 Vgl. bBeza 16a.

1908 Tikkune ha-Sohar, S. 23a, Tikkun 6.

1909 Zu ihr vgl. Kap. Kabbala VII. A.2.

> Erlangt er mehr, gibt man ihm die *Nefesch* in der Weise der 'Azilut, von Seiten deren *einziger Tochter* [d.h. der Schechina von 'Azilut], [diese Nefesch] wird Tochter des Königs genannt. Erlangt er mehr gibt man ihm die *Ruach* von 'Azilut, von seiten deren *Mittelsäule* [Sefira VI], [diese Ruach] wird Sohn des Heiligen E.s.g., genannt. [...] Erlangt er noch mehr, gibt man ihm die *Neschama* [von 'Azilut], von Seiten derer *'Abba* und *'Imma* [Sefirot II und III]. Das ist es, was geschrieben steht: ›Und er hauchte in seine Nase die *Neschama* des Lebens‹ (Gen 2,7). Was ist dieses ›Leben‹? Das sind die Buchstaben *J* und *H* [des Tetagrammatons ...] und dadurch wird in diesem Menschen JHWH vollkommen, das heißt, wenn er noch mehr erlangt gibt man ihm JHWH in Vollkommenheit seiner Buchstaben JUD He' Wa'W He' (יו"ד ה"א וא"ו ה"א) – und dies ist der Mensch in der Weise der höchsten 'Azilut, und er wird das Ebenbild seines Herrn genannt. Und über ihn heißt es: ›und herrschet über die Fische im Meer‹ etc. (Gen 1,28). Dies ist seine Herrschaft über alle Himmel und alle Ofannim und Serafim und Hajjot und alle Heerscharen und Mächte, sei es oben oder unten.«[1910]

Die Ebenbildlichkeit des Menschen mit der Transzendenz ist ein Ziel und eine Aufgabe, welche der Mensch erst nach dauerndem Streben erlangt. Diese Ebenbildlichkeit stellt sich als psychische Ebenbildlichkeit dar, nach welcher der Mensch Seelen aus den drei unteren Weltstufen und obendrein drei Seelen aus den verschiedenen Stufen der *'Azilut*-Welt besitzt. Da, wie oben schon gezeigt wurde, das Zehnersystem der Sefirot zugleich durch die vier Buchstaben des Tetragrammatons repräsentiert wird, kann diese Gottebenbildlichkeit auch onomatologisch ausgedrückt werden, das heißt, der Mensch ist ein vollkommenes Tetragrammaton und damit *imago dei* im Sinne der Ebenbildlichkeit mit den göttlichen Gefäßen. Als solches hat er auch göttliche Herrschermacht über alle Mächte und himmlischen Heerscharen. Festzuhalten bleibt allerdings, dass auch hier der Mensch nicht Ebenbild des verborgenen *'En Sof*, sondern der ersten Offenbarungsdekade und des gesamten Kosmos ist. Es handelt sich im übrigen um keine bloße Spielerei, dass das Tetragrammaton in diesem Text zugleich in einer phonetisch wiedergegebenen Pleneschreibung dargestellt wird, denn diese besteht eben wiederum aus zehn Buchstaben, wodurch die Identität mit den zehn Sefirot ein weiteres Mal erwiesen ist.[1911] Die zu erlangenden Stufen erreicht der Mensch durch die Erfüllung der Gebote.[1912]

1910 Sohar II, S. 94b.

1911 Y. Tishby, The Wisdom of the Zohar, II, S. 712-714, Mischnat ha-Sohar, II, S. 40-4, beschreibt die durchaus noch etwas kompliziertere Psychologie dieser Soharschichten in einer etwas abweichenden Weise und spricht von einer intellektuellen und einer animalischen Seelentriade des Autors. Ich würde demgegenüber, im Lichte des oben dargestellten, eher von

5. Die Tora und ihre Gebote

Die Anthropologie des *Ra'ja Mehemna* und der *Tikkune ha-Sohar* hatte die eigenartige Struktur einer doppelten triadischen Seelenstruktur erkennen lassen. Nur der Mensch, der in seiner spirituellen Entwicklung weit fortgeschritten ist, gewinnt über die untere Seelentriade hinaus, die den unteren Weltstufen 'Asija, Jezira und Beri'a entspricht, noch eine Seelentriade, die der 'Azilut-Welt entspringt. Diese Zweistufigkeit hat in der Lehre von der Tora ihre Analogie, insofern der Autor der beiden Soharschichten eine innerweltliche reale von einer überweltlichen utopischen Tora unterscheidet.[1913] Die in der irdischen Welt offenbare Tora ist die *Tora der Beri'a*, während die überirdische vollkommene Tora, wie die entsprechende Seelentriade des Menschen, die *Tora der 'Azilut* ist, und nur sie ist es, welche mit der Gottheit eins ist. Es ist nun gerade die irdische Tora, die dem *Beri'a* Bereich entstammt, die in dieser Welt mittels der Gebote zwischen böse und gut, zwischen rein und unrein, oder zwischen erlaubt und verboten unterscheidet. Diese Trennungen gibt es in der *Tora der 'Azilut* nicht, in der alles eine Einheit bildet. Damit wird der irdischen Tora im Vergleich zur *'Azilut*-Tora eine untergeordnete Position zugewiesen. Dieses Verhältnis der beiden *Torot* (Plural von Tora) wird dadurch unterstrichen, dass der Sündenfall den begrenzten Aspekt der *Beri'a*-Tora erforderte. Der begrenzte Aspekt der irdischen Tora entspricht darum zugleich dem Aspekt der *Schechina* im Exil.[1914] Die beiden *Torot* werden vom Autor der beiden Spätschichten des *Sohar* schließlich mit den beiden Paradiesesbäumen, dem Baum des Lebens und dem der Erkenntnis von Gut und Böse identifiziert. Der eine vertritt die Einheit und das Leben, der andere die irdischen Trennungen, auf welche diese Tora einzugehen hat. Schließlich artikuliert der Autor die Auffassung, dass die ersten von Moses vom Sinai gebrachten Tafeln die Tora der *'Azilut* beinhalteten, während – wegen der Sünde mit dem Kalb – die zweiten Tafeln die *Beri'a Tora* offenbarten.[1915]

Dies ist nun der Kontext in dem auch *Ra'ja Mehemna* und die *Tikkunim* von den verschiedenen Sinnschichten der Tora sprechen, die schon oben für den

zweistufigen, spirituellen Hierarchie sprechen, die über zwei Mal drei Schritte erreicht wird, aber nichts mit der philosophischen Terminologie von animalischer und vegetativer Seele zu tun hat.

1912 Vgl. Tikkune ha-Sohar, S. 83b, Tikkun 47.

1913 Vgl. dazu G. Scholem, Der Sinn der Tora in der jüdischen Mystik, in: Zur Kabbala und ihrer symbolik, Zürich 1960, S.90-96; Y. Tishby, The Wisdom of the Zohar, III, S. 1089-1112; Mischnat ha-Sohar, II, S. 375-398.

1914 Die zehnte Sefira, die Schechina, ist durch die Sünde der Menschen von den übrigen Sefirot getrennt, das heißt sie ist im Exil. Vgl. Kap. Kabbala VII. C.a.3.4.2.6.

1915 Sohar I, S. 26b-27a. Dieser Text gehört zu den Tikkunim.

Hauptteil des *Sohar* und im Kontext der *'Ijjun-Texte* erörtert wurden.[1916] Während nun der Hauptteil des *Sohar* nach dem Vorbild der *'Ijjun-Texte* gerade in der Pflege der vielen oder vier Sinnschichten und deren nachdrücklich behaupteter Einheit das eigentliche Ziel und denn Sinn der Verständnisebenen der Tora sahen, schlägt der Autor des *Ra'ja Mehemna* und der *Tikkunim* Töne an, die aus den beiden Ebenen Gegensätze werden lassen, die zwar nebeneinander bestehen und in der irdischen Welt nach dem Sündenfall wohl auch nötig sind, von denen jedoch die utopisch mystische Sinnschicht der *'Azilut-Tora* die eigentlich anzustrebende ist. Dieses Bild ergibt sich aus einer Erörterung des Autors zu den vier Paradiesesflüssen, die er mit den vier gelehrten Rabbinen identifiziert, die in den Pardes, das heißt in den himmlischen Garten vor Gott, eingegangen sind. Wie im ersten Band schon dargestellt[1917] ist diese Formel, vom Aufstieg in den *Pardes* seit jener im Talmud und der *Hechalot*-Literatur angeführten Episode die Beschreibung des Eintrittes in die mystische Klimax. Vermutlich war es Mosche de Leon,[1918] der diese Formel auf die Toraexegese übertrug und den Eintritt in das mystische »Paradies« als Auslegung der Schrift nach ihren vier Sinnschichten verstand. Der Autor des *Ra'ja Mehemna* und der *Tikkunim* folgt Mosche de Leon und dem Hauptteil des Sohar in dieser exegetischen Deutung des *Pardes*, verkehrt sie aber in ihrer Zielsetzung. Während der Letztere gerade im Zusammenhalten der vier Schriftsinne den Weg zum mystischen Ziel sahen, glaubt der Erstere, dass nur ein einziger Sinn zum Ziele führt, während die anderen ins Dickicht der Schalen verstricken:

> » ›Von dort teilt er sich in vier Häupter‹[1919] (Gen 2,10), das sind die Viere, die in den Pardes eintraten. Einer geht in den Pischon, das ist der *Pi schone Halachot* (der Mund der Halachot lehrt). Der zweite geht in den Gichon, und dort ist er begraben. Das ist es was geschrieben steht ›jeder der auf dem Gachon (Bauch) kriecht‹ (Lev 11, 42) [gemeint ist ein unreines, nicht koscheres Tier. ...] und das ist der *Remes* (Hinweis) als Andeutung für den Weisen. Der dritte geht in den Hiddekel, das ist *had kal* (spitz und leicht). Das ist die scharfe, leichte Sprache des *Derasch* (Midraschauslegung). Und der vierte geht in den Prat, und das ist der Kern, in dem die Fruchtbarkeit und Vermehrung ruht.

1916 Vgl. Kap. Kabbala II.3.

1917 Bd. I, S. 310-325.

1918 Vgl. Kap. Kabbala II.3.

1919 Er teilt sich in die Flüsse Pischon, Gichon, Aschur und Prat (Euphrat).

Ben Soma und Ben 'Assaj, welche in die Schalen (Klippot) der Tora eintraten, litten an ihnen Schaden. Aber über Rabbi Akiva, der in den Kern eintrat, heißt es ›er trat in Frieden ein und kam in Frieden heraus‹ «.[1920]

Der Autor verkehrt die übliche Terminologie der vier Schriftsinne von *Peschat* (Wortsinn), *Remes* (Hinweis), *Derasch* (Midraschdeutung) und *Sod* (Mysterium) in bezeichnender Weise. Statt des Wortsinnes (*Pschat*) spricht er von der Halacha, der *Remes* (Hinweis) für die Weisen, der gemeinhin für die philosophische Deutung steht, wird mit dem zum Verzehr untauglicher Kriechtiere identifiziert, der Derasch ist spitz und leicht und alleine der letzte Sinn, der *Sod* (das Mysterium) wird hier als der Kern der Tora apostrophiert. Und nur Rabbi 'Akiva, der alleine zum Kern der Tora strebte, ging heil hinein und kam heil wieder heraus. Die anderen Auslegungen führen allesamt ins Dickicht, in die Schalen, die Klippot, die im Rahmen des *Sohar* unbedingt negativ besetzt sind. Diese negative Einstellung gegenüber dem Wortsinn der Tora und gegenüber der halachischen Exegese mündet beim Verfasser der *Tikkunim* in entsprechende Weherufe, in denen die mystische Exegese als die einzig legitime herausgestellt wird:

» ›Sie werden mich anrufen und ich will ihnen nicht antworten‹ (Prov 1,28), das sind die, welche verursachen, dass die Kabbala und die Weisheit von der Mündlichen und der Schriftlichen Tora weicht. [...] Sie sagen, dass es nur den Wortsinn (Pschat) in der Tora und im Talmud gibt. Gewiss ist dies, als würden sie den Ausfluss aus jenem Fluss und aus jenem Garten verhindern. Wehe ihnen, es wäre besser sie wären nie in dieser Welt erschaffen worden [...] und es wird ihnen angerechnet, als würden sie die Welt ins Chaos zurückstürzen. Sie verursachen Armut in der Welt und die Verlängerung des Exils.«[1921]

Diese und ähnliche antitalmudische und antihalachische Äußerungen des *Ra'ja Mehemna* und der *Tikkunim* haben bei den Historikern der Kabbala die Frage entstehen lassen, ob der Verfasser dieser beiden Schriften ein Antinomist gewesen sei. Graetz[1922] sah hier eine klare antitalmudische Position, während J. Baer eher Aussagen im Sinne einer Spiritualisierung der Religion, nicht aber Antinomismus erkennen wollte.[1923] Scholem formuliert vorsichtiger und erklärt: »Aber es wäre falsch, von einem antinomistischen und antitalmudischen Charakter dieser Stellen zu sprechen. Der Autor macht sich keineswegs zum Anwalt einer

1920 Sohar I, S. 26b; u. vgl. G. Scholem, DerSinn der Tora, S. 81f; P. Giller, The Enlightened Will Shine, S. 69-71.

1921 *Tikkune ha-Sohar*, S. 82a, Tikkun 43.

1922 H. Graetz, Geschichte der Juden, Leipzig 18943, VII, S. 210.440f.

1923 J. Baer, Ha Reka' ha-histori schel ha-Ra'ja Mehemna, in: Zion 5 (1940), S. 10-44.

Abschaffung des talmudischen Gesetzes, das für ihn tatsächlich die historische Form darstellt, unter der die Tora gegeben worden ist und die für ihn volle Gültigkeit und Legitimität besitzt. Die detaillierten Erörterungen über Halachisches in diesen Schriften sind in durchaus positivem Sinne und ohne Ranküne geschrieben. Es kann aber kaum bezweifelt werden, dass für die Zeit der Erlösung der Autor in der Tat die unverstellte Offenbarung und Wirksamkeit jenes utopischen und reinen Aspektes der Tora erwartete.«[1924] Demgegenüber sieht Tishby angesichts der eindeutig positiven Einschätzungen des Gesetzes auf der einen Seite und jenen antihalachischen Ausfällen auf der anderen keine Möglichkeit eines sinnvollen Ausgleichs.[1925] Dennoch beschließt er das einschlägige Kapitel mit den Worten: »In other words, the difference between the age of exile and the age of the Messiah will lie in the changed status of the Mishnaic law. My view, in brief, is that the author of the *Raya Mehemna* had antinomian tendencies, but was careful not to express himself entirely negatively, even with respect to the Messianic age. But his anti-Talmudic tendencies were much more extreme, and he tried to undermine rabbinic religious authority, even in the state of exile.«[1926]

Die Position des anonymen Autors der beiden Schriften lässt sich am besten daran erkennen, dass er der Auffassung ist, dass der Mensch durch die Gebotserfüllung theurgische Wirkungen hervorbringen kann. Darunter fällt vor allem der *Ziwwug*, die geschlechtssymbolisch dargestellte Vereinung des sefirotischen Paares, der Sefirot VI und X. Besonders beliebt ist bei ihm die onomatologische Darstellung des zu erreichenden *Jichud*, insbesondere durch die makkaronische Formel J'AHDONHJ (יאהדונהי), bei welcher die Namen der beiden involvierten Sefirot JHWH für VI und *'Adonaj* für X onomatologisch-graphisch vereint sind. Außerdem werden die innersefirotischen Bewegungen und Zustände hier häufig mittels der graphischen Form der Akzent- und Vokalzeichen dargestellt. Zusätzlich zum *Jichud* (Vereinung) bewirkt die Gebotserfüllung durch den Menschen, dass die Gottheit in seinen Gliedern wohnt und er dadurch zu ihrem Abbild wird.[1927] Die Opposition zu diesem richtigen mystisch-theosophischen Gebrauch der Gebote ist demnach nicht grundsätzlicher Art, sondern nur deren exoterisches Verständnis nach dem einfachen Wortsinn, demzufolge es nur gilt, den Willen Gottes möglichst richtig zu erfüllen, ohne dass deren theurgische Wirkmöglichkeit ins Auge gefasst wird. Also ist die Gebotserfüllung mit theurgischer Intention ist gut, ohne sie ist sie untauglich und schädlich.

1924 G. Scholem, Der Sinn der Tora, S. 96; ähnlich P. Giller, The Enlightened Will Sine, S. 79.

1925 Y. Tishby, The Wisdom of the Zohar, III, S. 1109; Mischnat ha-Sohar, II, S. 395.

1926 Y. Tishby, The Wisdom of the Zohar, III, S. 1112; Mischnat ha-Sohar, II, 397.

1927 S. D. C. Matt, The Mystic and the *Mizwot*, in: A. Green (ed.), Jewish Spirituality. From The Bible Through the Middle Ages, New York 1987, I, S. 367-404; hier S. 391 mit Verweis auf Tikkune ha-Sohar, S. 132a, Tikkun 70.

VIII. Das kosmosophisch-wissenschaftliche Modell – Jizchak Lurja

1. Die »Schriften des 'Ari« – das Geflecht der Editionen

Als Jizchak Lurja, der »göttliche Rabbi Jizchak« (Akronym: 'Ari),[1928] nach nur dreijähriger Wirksamkeit als Lehrer eines Kreises von Kabbalisten im palästinischen Safed im Jahre 1572 im Alter von nur 38 Jahren starb, hinterließ er eine neue Sicht jüdischer Theologie, Kosmologie und Anthropologie, die sein Schüler Hajjim Vital Kalabrese in voluminösen Werken für die Nachwelt niedergeschrieben hat. Die Vielzahl der unter dem Rubrum *Kitve ha-'Ari* (Schriften des 'Ari) überlieferten Texte ist zunächst überaus verwirrend, wegen ihrer teilweisen Überlappung, Parallelität bei gleichzeitiger Abweichung und damit einhergehender Widersprüchlichkeit und Varianz. Dieses Problem löst sich, wenn man beachtet, dass die lurianischen Texte in wenigstens vier unterschiedlichen Redaktionen aus verschiedenen Arbeitsphasen Hajjim Vitals hervorgingen, die dann noch von anderen Kabbalisten in eigenen Redaktionen publiziert wurden.[1929]

1.1 Die erste Niederschrift – *Mahadura Kamma*

Die erste Niederschrift der Lehren des 'Ari, welche Vital sogleich nach dem Tode seines Meisters im Jahre 1572 begann, trug den Titel *'Ez Hajjim* (Baum des Lebens) und liegt nur handschriftlich vor. In der eigenen Redaktion Hajjim Vitals war sie in acht Tore (*Schmone Sche'arim*) gegliedert: Teil I.: 1.Was ich von der Handschrift meines Lehrers selbst abschrieb. 2. Traktate (*Hakdamot*), die ich aus dem Munde meines Lehrers hörte. 3. Auslegungen zum *Sohar*, den *Tikkune Sohar* und den talmudischen Gelehrten. 4. Auslegungen zu Schriftversen. Teil II.: 5. Erläuterung der *Kawwanot* (Begleitmeditationen) der Gebete, Werke und Gebote. 6. Erläuterung der Gründe der Gebote, den Toraperikopen folgend. 7. Tor vom Heiligen Geist. *Jichudim* (Einungsmeditationen) und Riten, um den Heiligen Geist zu empfangen. Anordnungen (*Tikkunim*) zur Wiedergutmachung von Sünden. Prosopomantie.[1930] 8. Vortrag zu den *Gilgulim* (Seelen-

1928 »Ha-'elohi Rabbi Jizchak« 'ARJ.

1929 Ich folge hierbei R. Meros, Ge'ulla be-Torat ha-'Ari, Diss. Jerusalem 1988; vgl. auch J.M. Hillel, Kuntras Katevuni le-Dorot, Jerusalem 1992. Zum Verhältnis der Traditionen vgl. noch R. Meroz, Faithful Transmission versus Innovation: Luria and his Disciples, in: Gershom Scholem's *Major Trends in Jewish Mysticism* 50 Years After, ed. P. Schäfer u. J. Dan, Tübingen 1993, S. 257-274.

1930 Zur Prosopmantie vgl. The Art of Metoposcopy: A Study in Isaac Luria's charismatic knowledge, in: Essential Papers on Kabbalah, ed. L. Fine, New York 1995; K.E. Grözinger, Sünden-

wanderungen). Die Wurzeln der Seelen von Propheten, Tanna'iten (Mischnagelehrte) und 'Amoräern (Talmudgelehrte).

Diese erste Niederschrift liegt aber in zahlreichen Drucken unter der Bezeichnung »Acht Tore« (*Schmone Sche'arim*) in einer redaktionellen Bearbeitung des Vital-Sohnes Schmu'el (Samuel) Vital vor. Anstelle der Gliederung nach Autoren und Themen hat Schmu'el Vital eine leicht verbesserte Sachordnung eingeführt. Die acht Tore (*Scha'ar*) tragen nun die Titel: 1. *Scha'ar ha-Hakdamot* (Tor der Einführungstraktate). 2. Tor der Worte Raschbis (Rabbi Schim'on Bar Jochai, enthält Auslegungen zum *Sohar*). 3. Tor v*on de*n Worten der Weisen (des Talmud) 4. Tor zu den Schriftversen. 5. Tor zu den Geboten. 6. Tor von den *Kawwanot* (Einungsmeditationen). 7. Tor vom Heiligen Geist. 8. Tor vom *Gilgul* (Seelenwanderung).

Eine weitere handschriftlich vorliegende Redaktion dieser Ausgabe stammt von Benjamin ha-Levi und 'Elischa Vestali (bzw. Guastali), die auf der Grundlage heimlicher Abschriften aus Vitals Redaktion während dessen Krankheit entstand.[1931]

propheten. Halachaprophetie im Judentum Osteuropas, Frankfurter Judaistische Beiträge 15 (1987), S. 7-46;

1931 Vgl. R. Meros, Ge'ulla be-Torat ha-'Ari, S. 45. Hier werden folgende Ausgaben verwendet: Sefer 'Ez Hajjim, Jerusalem 1910 (Neudruck Jerusalem o.J.; ist das von M. Poppers redigierte Derech 'Ez ha--Hajjim); Sefer 'Ozrot Hajjim, Jerusalem o.J.; aus der Sidrat Kitve ha 'Ari, Tel Aviv, Bne Brak: Mevo Sche'arim (1961); Scha'ar ha-Pesukim (1962); Scha'ar ha-Mizwot (1962); Scha'ar Ruach ha-Kodesch (1963); Scha'ar ha-Gilgulim (1963); Scha'ar ha-Kawwanot [...]; Sefer Scha'ar ha-Jichudim, Krakau 1783; Sefer Scha'are Keduscha, Jerusalem ('Eschkol) o.J.; Ketavim hadaschim me-Rabbenu Hajjim Vital, Jerusalem (Machon 'Ahavat Schalom) 1988; Sefer Kanfe Jona (R. Mosche Jona, zugeschrieben R. Menachem 'Asarja mi-Fano) Jerusalem 1998; Sefer 'Adam Jaschar (Ja'akov Zemach) Krakau 1888 (Neudruck Jerusalem, 1971); Sefer Likkute Tora, Nevi'im u-Ketuvim, und Sefer Ta'ame Mizwot, Wilna 1880 (Neudruck Jerusalem 1972); Rabbi Hajjim Vital, Sefer Hesjonot, ed. A.S. 'Eschkoli, Jerusalem 1954; Sefer Hesjonot, Mosdot Schuvi Nafschi, Jerusalem 2002; engl. Übersetzung: Jewish Mystical Autobiographies. Book of Visions and Book of Secrets, transl. by M.M Faierstein, New York, Mahwah 1999; Siddur me-ha 'Ari [...] ha nikra Kol Ja'akov, von Ja'akov Koppel Lifschitz, Slawita 1804 (Neudruck Jerusalem 2004); S.A. Horodezky, Torat ha-Kabbala schel R. Jizchak 'Aschkenasi - 'Ari we-R. Hajjim Vital, Tel Aviv 1947 (Neudruck Jerusalem o.J.)

1.2 Die zweite Niederschrift – *Mahadura Tinjana*

Die zweite Niederschrift ist eine von Hajjim Vital in eine Genisa[1932] abgelegte Version, welche R. 'Avraham 'Asulai im Jahre 1618 auf einem Friedhof in Jerusalem gefunden hat. Sie wurde von R. Ja'akov Zemach unter dem Titel *'Ozrot Hajjim* redigiert und stellt im Wesentlichen eine Kurzversion der ersten Niederschrift dar. Sie liegt als Druck und in einer handschriftlichen Version vor.[1933]

1.3 Die dritte Niederschrift – *Mahadura Mezi'a*

Diese Niederschrift ist unvollständig geblieben und von Hajjim Vital eher nur als Plan konzipierte Version, die teilweise handschriftlich vorliegt, aber durch ihre Struktur auf die späteren Ausgaben einwirkte.[1934]

1.4 Die vierte Niederschrift – *Mahadura Batra*

Auch diese Version entstammt der schon genannten Genisa und wurde sowohl von R. 'Avraham 'Asulai als auch von R. Ja'akov Zemach redigiert. R. 'Avraham 'Asulai beschränkte sich auf die Auslegungen zum *Sohar*, die unter den Titeln *'Or ha-Hamma* (Licht der Sonne) und *'Or ha-ganus* (Das verborgene Licht) vorliegen.[1935] Der größte Teil des letzten Werkes gilt als verschollen, jedoch konnten sich einige handschriftliche Teile erhalten.[1936]

Ja'akov Zemach redigierte den Fund in acht Schriften als 1. *'Ozrot Hajjim*[1937] (Schatzhäuser Hajjims/ des Lebens). 2. *Kehillat Ja'akov* (Gemeinde Jakobs). 3. *Scha'ar Nevu'a we-Ruach ha-Kodesch* (Tor der Prophetie und des Heiligen Geistes, gedruckt als *Scha'ar ha-Jichudim,* Tor der Einigungen)[1938] 4. *Scha'ar ha-Gilgulim* (Tor der Seelenwanderung)[1939] 5.*'Adam Jaschar* (Der aufrechte Mensch). 6. *'Olat tamid* (Das tägliche Opfer). 7.-8. Zwei inzwischen verschollene Bände zu den Soharauslegungen, von denen einer den Titel *Sohar ha-Rakia'* (Glanz des Himmels) trug. Ja'akov Zemach gab insgesamt drei Ausgaben dieser

1932 Eine Genisa ist eine Kammer für abgenutzte heilige Schriften, die vor allem wegen der in ihnen enthaltenen Gottesnamen nicht einfach zum Abfall geworfen werden dürfen. In der Genisa werden sie bis zu ihrer Beerdigung auf einem jüdischen Friedhof aufbewahrt.

1933 Angaben bei R. Meros, Ge'ulla be-Torat ha-'Ari, S. 45ff.

1934 R. Meros, Ge'ulla be-Torat ha-'Ari, S.47f.

1935 'Or ha-Hamma, Jerusalem 1876.

1936 R. Meros, Ge'ulla be-Torat ha-'Ari, S. 49.

1937 Diese wurden bereits oben unter 1.1. genannt.

1938 Davon Kapitel 1-7.

1939 Das Werk wurde unter dem Titel *Sefer ha-Gilgulim* gedruckt (Frankfurt a.M. 1684), c. 1-36.

Werke heraus,[1940] wobei er sie in unterschiedlicher Weise neu gruppierte und zusammenfasste.[1941]

Die vierte Niederschrift liegt auch in einer Bearbeitung von Vital selbst wohl unter dem Titel *'Ez Hajjim* vor, in welcher er gegenüber der ersten Ausgabe leichte Umgruppierungen vorgenommen hatte.[1942]

Nach dem Aufbau dieser vierten Niederschrift Vitals publizierte R. Me'ir Poppers (gest. 1662) eine Ausgabe unter den beiden Titeln *Nof 'Ez Hajjim* (Krone des Lebensbaumes) und *Pri 'Ez Hajjim* (Frucht des Lebensbaumes), die zusammen auch in acht »Äste« (Kapitel) untergliedert sind. Separat redigierte er die sogenannten *Hakdamot* (Einführungstraktate) unter dem Titel *Derech 'Ez ha-Hajjim* (Weg zum Baum des Lebens). Letzteres ist die heute unter dem Titel *'Ez Hajjim* geläufige Druckausgabe. Angemerkt werden muss, dass in diesen auf Vital zurückgehenden Texten auch einige von Lurja selbst geschriebene kleinere Texte enthalten sind.[1943]

Neben diesen Werken muss noch das von Vital stammende *Sefer Hesjonot*, Buch der Visionen, genannt werden, in dem Vital von Träumen und Visionen berichtet, die seinen Ort im Geflecht der Seelenwanderungen bestimmen und seine hohe Würde ausdrücken. Außerdem muss auf sein Buch *Scha'are Keduscha* verwiesen werden, das eine Art Handbuch für den mystischen Weg von der ethischen Läuterung bis zur *unio mystica* darstellt.[1944]

1.5 Schriften von anderen Tradenten

Neben Hajjim Vital sind noch andere Tradenten zu nennen, die direkte und indirekte Schüler Lurjas waren. Von R. Josef Ibn Tabul, dessen Schriften zum Teil verloren gegangen sind, konnte sich sein gedruckter *Drusch Hefzi bah*[1945] und eine Reihe handschriftlicher Texte erhalten.[1946] Schließlich muss das Werk *Kanfe Jona* (Flügel der Taube) von R. Mosche Jona, erwähnt werden, das später unter Zuschreibung an Menachem 'Asarja mi-Fano gedruckt wurde.

Von einem unbekannten Redaktor aus der Schule Israel Sarugs stammt der *Sefer ha-Likkutim* (Sammelwerk) und weitere handschriftlich erhaltene Texte.[1947]

1940 Die Ausgaben erschienen in den Jahren 1641-43, 1644-45 und 1645-46.

1941 Vgl. R. Meros, Ge'ulla be-Torat ha-'Ari, S. 55.

1942 Vgl. R. Meros, Ge'ulla be-Torat ha-'Ari, S. 57.

1943 Vgl. R. Meros, Ge'ulla be-Torat ha-'Ari, S. 70-74.

1944 Vgl. dazu Kap. Kabbala V.3.3.

1945 Das Werk wurde unter Vitals Namen zu Beginn des Buches *Simchat Kohen* von R. Mas'ud ha-Kohen 'Alhadad abgedruckt.

1946 Vgl. R. Meros, Ge'ulla be-Torat ha-'Ari, S. 81-89.

1947 Vgl. dazu R. Meros, Ge'ulla be-Torat ha-'Ari, S. 92-94.

2. Lurjas Lehre – Mythos oder »Wissenschaft«?

Die ausführlichen kosmologischen Texte Vitals in seinen Werken *'Ez Hajjim* und *'Ozrot Hajjim*[1948] sind eine grandiose Kasuistik des Weltentstehungsprozesses, die man mit der Entfaltung und Aufgliederung von polymeren Kohlenstoffketten in den schematischen Darstellungen der modernen Chemie vergleichen kann. Grundlage und Ziel dieser oft nur sehr schwer durchdringbaren Texte, die man vielleicht am besten als eine esoterisch-mystische Naturwissenschaft bezeichnen kann, ist es, in systematischer Weise die Differenzierung des einen absolut unterschiedslos gleichen und alles umfassenden göttlichen Lichtes in die überaus facettenreiche Vielheit der irdisch-kosmischen und anthropologischen Wirklichkeit zu beschreiben.

Aus den Darstellungen Gershom Scholems kennt der Leser die wesentlichsten Schritte dieses Prozesses, der über den *Zimzum* (Selbstkontraktion Gottes aus seiner eigenen Mitte), *Ha'azala* (Emanation des Gotteslichtes in den entstandenen Freiraum), *Schevirat ha-Kelim* (Bruch der Gefäße, die das Licht begrenzen sollten) und schließlich zum *Tikkun* (Neuemanation einer stabileren Lichtkonfiguration mit gleichzeitiger Läuterung der im Bruch gefallenen Lichtfunken) führte. Diese unten noch detaillierter beschriebenen kosmogonischen Grundstufen der lurianischen Schöpfungslehre verstand Gershom Scholem als einen gnostischen Mythos,[1949] der die katastrophale Entstehung des Bösen im Rahmen der Kosmogonie und dessen Überwindung im *Tikkun*, also der Herauslösung der Lichtfunken aus den Schalen des Bruches, beschreibt. Zugleich deutet Scholem diesen »Mythos« als eine Antwort auf die große Katastrophe des mittelalterlichen Judentums, nämlich die Vertreibung der Juden aus Spanien im Jahre 1492. Entsprechend konstatiert er am Ende seines Kapitels über Lurja: »Wir können abschließend die lurianische Kabbala als eine mystische Deutung des Exils und der Erlösung ansehen, ja wenn man will als einen großen Mythos des Exils.«[1950] Es ist nicht zu bestreiten, dass das Thema der Entstehung und Verortung des Bösen in Lurjas Kabbala eine wichtige Rolle spielt und dass es im Rahmen seiner Kosmologie einen Bereich – so sollte man statt »Reich« adäquater sagen[1951] – des Bösen gibt, der dem Lichtbereich gegenüber steht. Diese zweifellos gnostische Grundstruktur wird allerdings in Lurjas, beziehungsweise Hajjim Vitals Schriften in einem durchaus unmythologischen Duktus vorgetragen, der nicht dem Geist der Gnosis verpflichtet ist.

1948 Vgl. dazu o. 1.1 u. 1.2.

1949 Vgl. z.B. G. Scholem, Die jüdische Mystik in ihren Hauptströmungen, Frankfurt a. M. 1967.

1950 G. Scholem, Die jüdische Mystik, S. 314.

1951 So Y. Tishby, der von einer Mamlechet ha-Klippot (Königreich der Klippot) spricht, Torat ha-Ra', S. 62.

Die neuere Kabbalaforschung tendiert indessen aufgrund der Diktion, der verwendeten Sprachbilder und Metaphern in der Hauptmasse der lurianischen Texte dahin, von einem fast naturwissenschaftlich anmutenden Versuch Lurjas zur Beschreibung der Weltentstehung und der Weltstruktur zu sprechen oder doch zumindest solche Tendenzen innerhalb der lurianischen Texte zu erkennen.[1952] Denn an unzähligen Stellen verweisen die kosmologischen Beschreibungen Vitals bzw. Lurjas zur Begründung der dort dargestellten Abläufe auf die dem Menschen aus der Natur bekannten Phänomene und die irdische Empirie. Aus den Vorgängen in der Natur und der physikalischen Welt, so betonen sie, kann man lernen, wie Flüssigkeiten und das Licht in ihrer Fülle und zerstörerischen Macht mittels physikalischer Mittel wie Rohrverengungen, Filter, schmaler Öffnungen, räumlicher und zeitlicher Entfernung und Aufteilung abgeschwächt und so ihrer zerstörerischen Macht beraubt und zum Zwecke der Menschen und eines stabilen Weltenbaus verwendet werden können. Genau dieselben physikalisch-technischen Mittel zur Begrenzung und Aufteilung des Lichtes sieht Lurja im intelligiblen Bereich der Schöpfung am Werke. Darin folgt er der kabbalistisch platonischen Auffassung, dass die materiellen Dinge in der Welt nur Abbild höherer Realitäten sind. Es sind nach dieser Auffassung dieselben in der Welt zu beobachtenden physikalischen Vorgänge, die aus großen und mächtigen Einheiten eine Vielzahl differenzierter und gebändigter begrenzter Individuen machen, welche auch die göttliche Einheit zur kosmischen Vielfalt aufgliedern.

Weil auch der Mensch ein Teil dieser physikalischen Welt ist, kann Lurja, nach dem schon zum Sohar gezeichneten Vorgang,[1953] den Weltentstehungsprozess auch mit anthropologischen Bildern und Termini beschreiben: Die erste Emanation konfiguriert sich anthropomorph als ein *'Adam Kadmon*, als ein Ur-Mensch, aus dem die weiteren Emanationen nach Regeln erfolgen, die auch für die Vermehrung des irdischen Menschen gelten, nämlich Zeugung, Schwangerschaft, Gebären, Säugen und Aufzucht. Kurz, alle in der irdischen Welt wahrnehmbaren physischen Vorgänge sind ein Spiegel für die gesamte theogonische Kosmogonie. Neben den anthropologischen und physikalisch-technischen Wahr-

1952 Vgl. dazu die hebräischen Beiträge von K.E. Grözinger, Jesodot u-Megamot be-Ti'ure ha-Kosmologija be-Kitve ha-'Ari (Grundlagen und Intention der kosmologischen Beschreibungen in den lurianischen Texten), S. 37-46; J. Dan, Kabbalat ha-'Ari ben Mythos u-Mada' (Die lurianische Kabbala – zwischen Mythos und Wissenschaft), S. 9-36; und R. Elior, Ha-Sika ha-metaforit ben ha-'El le-'Adam u-Rezifutah schel ha-Mammaschut ha-hesjonit be-Kabbalat ha-'Ari (Die metaphorische Beziehung zwischen Gott und Mensch und die Kohärenz der visionären Wirklichkeit in der Lehre Jizchak Lurjas), S. 47-58, alle in: Lurianic Kabbalah, Jerusalem Studies of Jewish Thought X (1992).

1953 Vgl. Kap. Kabbala VII. C.a.2; 3.4.2-3.4.2.4.

nehmungsbereichen treten zur Darstellung dieses Prozesses noch weitere irdische Gegebenheiten, die unten noch erwähnt werden sollen.

Für die Beschreibung dieses kosmischen Differenzierungsprozesses aus der unterschiedslosen und unendlichen göttlichen Einheit in die Vielheit der begrenzten Wesenheiten bediente sich die lurianische Schule zunächst zweier grundsätzlich verschiedener, sich geradezu widersprechender Redeweisen oder Prinzipien. Die eine Darstellungsweise, zu welcher die soeben schon kurz skizzierten technisch-physikalischen und ihr verwandte Terminologien gehören, steht dem mittelalterlichen Universalienrealismus nahe. Danach existieren die von der menschlichen Logik erkannten Grundeinheiten der Welt, wie zum Beispiel Materie und Form, auch unabhängig voneinander. Demgegenüber ist die zweite Darstellungsweise eher dem Nominalismus verpflichtet, nach welchem die von der menschlichen Analyse unterschiedenen Aspekte nur im menschlichen Denken unterschieden sind, nicht aber in der ontologischen Wirklichkeit. Im Unterschied zur philosophischen Diskussion werden jedoch bei Lurja die beiden verschiedenen Prinzipien nicht nur auf die intelligiblen Universalien bezogen, sondern durchgehend und unterschiedslos auf die gesamte sensible und intelligible Welt. Das heißt, Realismus oder Nominalismus sind für die Schule Lurjas Sichtweisen, die die gesamte Wirklichkeit betreffen, die sichtbare wie die unsichtbare. Man könnte also sagen, in Lurjas System wurde eine realistische mit einer nominalistischen Ontologie verbunden. Beide beschreiben dieselbe Sache, aber in einer jeweils andern Art, und ergänzen sich dadurch notwendigerweise.

Ziel beider Darstellungsweisen ist es, mit den ihnen jeweils zur Verfügung stehenden Mitteln darzustellen, wie im Rahmen eines absoluten Monismus eine Differenzierung in eine Vielzahl von Individuen möglich ist, ohne dass dadurch der Monismus in Frage gestellt wird. Mit anderen Worten, die lurianischen Texte versuchen, mit einer realistischen und mit einer nominalistischen Weltsicht das Paradox zu beschreiben, wie es innerhalb der absoluten Einheit Gottes, innerhalb des alle Welten erfüllenden Gotteslichtes, dennoch eine Unterscheidung und damit eine Welt neben Gott geben kann.

Dieses Paradox von einer Vielheit als Einheit wird mittels gängiger, sich aber eigentlich gegenseitig ausschließender physikalischer und philosophischer Redeweisen beschrieben, die darum letztlich als uneigentliche Sprechweisen für etwas gelten müssen, das mit menschlichen Denkkategorien schließlich doch nicht ausreichend beschrieben werden kann. Zu den physischen räumlichen Kategorien gehören zum Beispiel die Formulierung vom »umgebenden Licht« (*'Or mekif*) und »inneren Licht« (*'Or pnimi*), das bei allen Stufen der Emanation auftritt. Weitere, den räumlichen Kategorien entlehnte Differenzierungsmöglichkeiten, mit denen Lurja die Weltentstehung beschreibt, sind außerdem Gefäße (*Kelim*), die im Rahmen des Emanationsprozesses erzeugt wurden, damit sie das weitere Gotteslicht auffangen können. Weitere räumliche Kategorien, welche

Lurja durch den Emanationsprozess entstehen lässt, sind oben und unten, vorne und hinten oder linear und zirkular. Außer solchen räumlichen Kategorien gibt es noch die schon erwähnte anthropologische, die psychologische, temporale und linguistische, mit deren Hilfe die Differenzierung der Einheit dargestellt werden kann. Sie alle werden dann in einem zweiten Beschreibungsgang als nicht wirklich existent, sondern nur als Hinsichten, als *Bechina* (Aspekt) der einzig existierenden Substanz bezeichnet und in ihrem Realismus wieder negiert. Diese Darstellungsweisen sollen im Folgenden exemplarisch vorgestellt werden.

2.1 Die räumlich-realistische Darstellungsweise des Paradoxon von der Vielheit in der Einheit

Der Beginn der Schöpfung war der lurianischen Lehre zufolge bekanntlich der *Zimzum*, die Selbstkontraktion Gottes. Durch diese Selbstkontraktion des ‚*'En Sof* aus seiner eigenen Mitte entstand ein absolut gleichförmiger Hohlraum inmitten der Unendlichkeit, gleich einer Hohlkugel in der Mitte der Fülle des Lichts.

> »Wisse, bevor die Emanationen[1954] emaniert wurden und das Erschaffene[1955] erschaffen war, erfüllte ein höchstes einfaches Licht alle Wirklichkeit, so dass es überhaupt keinen freien Ort im Sinne eines leeren, hohlen Raums gab, sondern alles war von jenem einfachen Licht des *'En-Sof* erfüllt. Und es gab weder den Aspekt (*Bechina*) von Anfang noch von Ende, sondern alles war ein einfaches Licht, von absoluter Gleichheit – das ist das Licht des *'En-Sof*. Und als es in seinem einfachen Willen aufstieg, die Welten zu erschaffen und die Emanationen zu emanieren, um damit die Vollkommenheit seiner Werke, seiner Namen und seiner Attribute erkennbar zu machen, welches der Grund für die Erschaffung der Welten war [...], da kontrahierte sich das *'En-Sof* am mittleren Punkt, wahrhaft in der Mitte seines Lichts. Es kontrahierte das Licht und es entfernte sich nach allen Seiten rund um den Mittelpunkt. Dadurch blieb um den Mittelpunkt ein freier Platz, ein leerer, hohler Raum übrig, nämlich so:
>
> 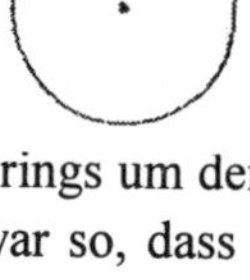
>
> Diese Kontraktion (*Zimzum*) war rings um den leeren [virtuellen] Mittelpunkt von absoluter Gleichheit, und zwar so, dass der leere Raum die Form einer vollkommenen sphärischen Kugel hatte, nach allen Seiten in absoluter

1954 Die Emanationen sind der *'Adam kadmon* und die *'Azilut*-Welt.

1955 Das Erschaffene sind die Welten *Beri'a*, *Jezira* und *'Asija*.

Gleichheit. Er war nicht eine viereckige Form mit Ecken und rechten Winkeln, weil sich das *'En-Sof* in der Form einer vollkommenen Kugel von allen umgebenden Seiten in sich selbst zusammengezogen hatte. Der Grund dafür war, dass das Licht des *'En-Sof* von vollkommener absoluter Gleichheit ist, deshalb musste es sich gleichmäßig nach allen Seiten kontrahieren und konnte sich nicht von einer Seite mehr als von den übrigen Seiten in sich zusammenziehen.

Es ist ja aus der Geometrie bekannt, dass keine Form so vollkommen ist, wie der Kreis [bzw. die Kugel], was auf viereckige Formen mit Ecken und herausragenden rechten Winkeln nicht zutrifft, eben so wenig bei Dreiecken und entsprechenden anderen Formen. Deshalb war es nötig, dass die Kontraktion des *'En-Sof* die Form einer Kugel hatte, damit sie in allen Dimensionen gleich war.«[1956]

Nicht zuletzt der Verweis auf die Geometrie und der Hinweis auf den philosophischen Grundsatz, dass eine einfache Ursache nur eine einfache Wirkung erzielen kann, machen deutlich, dass Lurja/Vital hier nicht die Ausdrucksformen des gnostischen Mythos verwenden, sondern die einer kosmosophischen Wissenschaft. Die alles erfüllende Gottheit musste erst Raum frei geben, damit etwas anderes außer ihr Platz haben konnte, und innerhalb dieses Raumes mussten, wie später noch zu zeigen sein wird, erst die Dimensionen des Raumes und seine Abmessungen erzeugt werden. Auch die für die weitere Kosmologie Lurjas so zentralen Begriffe des »umgebenden Lichts« sowie des »inneren Lichts« sind physikalische Kategorien. Ersteres beschreibt zunächst die Befindlichkeit des *'En Sof* innerhalb dieser neuen Wirklichkeit nach dem *Zimzum*, nämlich als das diesen Hohlraum »umgebende Licht«, *'Or Mekif.* Später, nachdem der Emanationsprozess in den Hohlraum zustande gekommen sein wird, wird das dort hineingeströmte Licht des *'En Sof* das »innere Licht«, *'Or pnimi* sein. Die ersten aus der absoluten Gleichheit der Gottheit in diesen ebenfalls absolut gleichförmigen Hohlraum ausgeströmten Emanationsformen können nach den Vorgaben der aristotelisch-platonischen Philosophie des Mittelalters[1957] wiederum nur einfache und gleichförmige Wesenheiten sein. Demzufolge entstanden innerhalb der Hohlkugel konzentrische Emanationskugeln, die Sefirot der Kabbalisten, die nach dem platonischem Vorgang an Emanationskraft, das heißt an Quantität abnehmen, je weiter sie sich von der Emanationsquelle des alles umgebenden *'En Sof* entfernen und je weiter innen sie liegen. Ihre uranischen Ausläufer sind

1956 Sefer 'Ez Hajjim, Hechal I, Scha'ar I, [Warschau 1910] Neudruck Jerusalem, S. 11c.

1957 Vgl. z.B. Abraham Ibn Da'ud: Die Einheit Gottes kann nur eine Einheit aus sich hervorbringen, *'Emuna rama*, Ed. S. Weil, Berlin 1919, S. 80; Ed. N.M. Samuelson, The Exaltet Faith, Cranbury-London, Ontario 1986, S. 173.

die Sphären der Gestirne.[1958] Für diese ring- oder kugelförmigen Emanationsstufen, die wegen dieser Gestalt *'Iggulim* (Ringe) heißen, ist also das »umgebende Licht«, das größere und höherwertige als das weiter innen liegende *'Or pnimi*, das »innere Licht«. Das »umgebende Licht« ist das größere, ist die Fülle und die Quelle des Lebens. Das innere Licht hingegen ist kleiner, abgeschwächt und geringer.[1959] Jeder der konzentrischen Ringe gibt das Licht an den ihm nach innen folgenden weiter und empfängt selbst das Licht von dem ihn umgebenden Ring. Jeder der Ringe hat nun zwei Aspekte er ist als Spender des Lichtes an die nachfolgende Emanationsstufe *'Or mekif*, »umgebendes Licht«, und als Empfänger des Lichtes von oben *'Or pnimi*, »inneres Licht«. Das bedeutet, jeder von ihnen ist demnach zugleich größeres und kleineres Licht, auch wenn die Quantität insgesamt nach innen abnimmt.

Diese Doppelqualifizierung eines jeden dieser Ringe, von denen jeder in gewisser Hinsicht zugleich »Umgebendes« und »Inneres« ist, erfährt noch weitere logische Distinktionen, welche die von Außen nach innen schreitende Verminderung durch eine gegenläufige Distinktion ergänzt. Dazu wird die Unterscheidung von Gefäß und Wesen (Essenz), also Gefäß und Inhalt jeder Sefira eingeführt. Denn während für jede dieser ringförmigen Sefirot ja gilt, dass das umgebende, das äußere Licht (*'Or mekif*), größer ist, als das innere Licht (*'Or pnimi*), so trifft für das Gefäß der Sefira selbst wiederum das Gegenteil zu. Für die Gefäße, welche die Sefirot von außen begrenzen, gilt nämlich: Die Innenseite des Gefäßes ist größer, d.h. qualitativ höher, als die Außenseite des Gefäßes. Vital begründet dies mit der Haushaltsrealität herhalten muß, in welcher die Innenseite der Keramik stets besser gearbeitet ist, als die Außenseite, obwohl das Gefäß von seiner Außenseite von dem größeren *'Or mekif* und von der Innenseite von dem kleineren *'Or pnimi* bestrahlt wird.[1960]

Das soll genügen, um die Atmosphäre der lurianischen Erörterungen anzuzeigen, die wissenschaftlich im Sinne des mittelalterlichen Denkens und nicht mythologisch gnostisch ist. Hinzu tritt ein letzteres: Gegen Ende dieser Erörterungen der räumlichen Relationen und Distinktionen nennt der Autor noch den eigentlichen Grund für den *Zimzum*, der wiederum demselben Geist angehört. Durch den Rückzug des *'En Sof* aus sich selbst entstand eine *Begrenzung*. Mit diesem Akt wurde erst die Möglichkeit für die Entstehung der *Kelim* (Gefäße)

1958 Vgl. 'Ez Hajjim, Hechal I, Scha'ar I, 'Anaf III, S. 12d-13a.

1959 Vgl. 'Ozrot Hajjim, Tunis 1913, Bl. 1b.

1960 Die von Außen nach Innen absteigende Qualität der Sefirot-Ringe, nach welcher stets das Außen *größer* als das Innere ist, gilt für die Sefirot untereinander. Hingegen ist im Blick auf jede einzelne Sefira die Innenseite *größer* als die Außenseite.

geschaffen, die die Voraussetzung allen begrenzten Raumes, aller begrenzten Wesenheiten und damit allen natürlichen Lebens bildet.[1961]

In einer früheren Passage des zuvor zitierten Textes wird aber eine weitere Begründung für den *Zimzum* gegeben, der in Scholems Deutung eine wichtige Rolle spielt: »Die Sache dieses Zimzum ist nämlich, dass die Wurzel der *Dinim* (strengen Urteile) offenbart würde, um hernach die Weise des Gerichts (*Middat ha-Din*) in der Welt einzusetzen.«[1962] Scholem versteht die Stelle dahingehend, dass durch den *Zimzum* die »verstreuten Elemente der richtenden Gewalt im Grunde des göttlichen Wesens zusammengezogen« und »als solche erkennbar« werden.[1963] Diese, aus einer späteren Version in den zitierten Text eingeschobene Begründung[1964] hat ihre Parallele in einer Reihe weiterer Texte, so auch im *Sefer Mevo Sche'arim*. Dort wird der *Zimzum* selbst als *Din* definiert. Darum:

> »Von der Zeit des beginnenden *Zimzum* des *'En Sof*, um den besagten Hohlraum herzustellen, begann sich die Wurzel des *Din* (Gericht) ein wenig zu offenbaren, wiewohl der Aspekt des Din erst ab der *'Azilut* [-Welt] und darunter genannt werden darf, denn dort begannen die Gefäße offenbart zu werden, und das Hauptwesen des *Zimzum* (Kontraktion) und der Begrenzung geschieht durch die Gefäße (*Kelim*). Und was wir hier ansprechen, ist die Wurzel des *Din*, die im Vergleich zum *'En Sof* absolut verschwindend ist, denn hier ist alles einfache Liebe (*Rachamim*). Der *Zimzum* geschah also, damit die Gefäße des *'Adam kadmon* sich offenbaren und entstehen könnten.«[1965]

Die Weltstufen entfernten sich in der hier angedeuteten Weise immer weiter vom *'En Sof* »so dass sich der *Din* (Gericht) offenbaren und Stufe um Stufe verdicken konnte, bis der Abfall der Schlacken in der letzen von allen, das ist die *'Asija*-Welt, ausgeläutert war. [...] Wenn aber das *'En Sof* in allen Welten gleich geleuchtet hätte, wäre der Din nicht offenbar geworden und alle Welten wären nur als eine einzige Welt erschienen.«[1966] Dieser Läuterungsprozess, so schließt der Traktat weiter unten, »war das Ziel und die Absicht des Emanators.«[1967] Der Redaktor des Textes, Hajjim Vital oder dessen Sohn Samuel, fügt weiter oben

1961 'Ez Hajjim, Hechal I, Scha'ar I, 'Anaf III, S. 13a.

1962 'Ez ha-Hajjim, Hechal I, Scha'ar I, 'Anaf III, S. 11d.

1963 G. Scholem, Die jüdische Mystik, S. 288.

1964 Vgl. R. Meros, Ge'ulla be-Torat ha-'Ari, S.231. Derselbe Text in der Edition von Ja'akov Zenach, Adam Jaschar, Krakau 1885 (Neudruck Jerusalem,1971), S. 1d. hat den besagten Passus nicht.

1965 Sefer Mevo Scha'arim, Jerusalem 1961,S. 3a..

1966 Sefer Mevo Sche'arim, S. 4a..

1967 Sefer Mevo Sche'arim, S. 6a..

kommentierend hinzu, dass die Wurzel des Din nach seiner Ansicht in jenem mittleren Punkt des *'En Sof* gelegen habe.[1968]

Ist es gerechtfertigt hier von einem Mythos für die Entstehung des Bösen zu sprechen? Ich glaube eher nein. Vielmehr, und das zeigt der Zusammenhang, muss man daraus schließen, dass die Entstehung der Welt aus den Gefäßen zunächst als Begrenzung beschrieben wird und diese physikalische Thematik im Sinne der parallelen und austauschbaren Sprachebenen nun auch in die Sprache des Ethischen übertragen wird. Wurde zuvor in physikalischer Redeweise von »Begrenzung« gesprochen, so kann nun komplementär in ethischer Hinsicht der Terminus *Din*, »Gericht«, eingeführt werden. Die Möglichkeit des Gerichtes ist damit kein Verhängnis, sondern eine Notwendigkeit der Weltentstehung. So sagt es auch Vital: »Das Gericht leuchtet nicht anders, als in der Bemessung und Abwägung, gemäß dem wie jedem nach seinem Tun gebührt, so finden wir, der ganze *Zimzum* ist nichts als Din (Gericht).«[1969] Und Tishby kommentiert »Das lehrt uns, dass die Wurzel des Din, und damit die Wurzel des Bösen, eine notwendige Begleiterscheinung aller Existenz außerhalb des 'En Sof ist.«[1970]

Selbst wenn man, wie Vital andeutet, die Wurzel des *Din* schon vor dem *Zimzum* innerhalb des *'En Sof* verorten muss, ist dies im Rahmen des mittelalterlichen Kausaldenkens, das sich gerade zuvor ja auch für Lurja bestätigt hat, nichts Ungewöhnliches. Die Konsequenz des Kausalnexus verlangt geradezu, dass der vom *'En Sof* bewirkte *Zimzum*, der zugleich *Din* (Begrenzung) ist, in potentia auch in der Ersten Ursache sein muss. Dies bestätigt ausdrücklich R. Josef Ibn Tabul,[1971] einer der bedeutenden Schüler Lurjas in seinem Werk *Drusch Hefzi bah*:

> »Das, was den Rückzug [des 'En Sof beim Zimzum] verursachte, ist die Macht des Din (Gerichtes). Denn alles, was es unten gibt, muss notwendigerweise oben in der höchsten Fülle der Liebe (*Rachamim*) [das ist im 'En Sof] seine Wurzel haben. Denn wolltest du bestreiten, dass dort die Wurzel des *Din* ist, gäbe es einen Makel in seinem Gesetz, Er sei gesegnet. Denn Er

1968 Sefer Mevo Sche'arim, S. 3b.

1969 Sefer Mevo Sche'arim, Scha'ar 1, S. 1b.

1970 Y. Tishby, Torat ha-Ra' we ha-Klippa be-Kabbalat ha-'Ari, Jerusalem 1975, S. 56; vgl. ferner E. Torchinov, The Doctrine of the Origin of Evil in Lurianic and Sabbatean Kabbalah and in the »Awakening of Faith« in Mahayana Buddhism, in: Kabbalah, Journal for the Study of Jewish Mystical Texts, Los Angeles 2000; D. Wexelman, The Jewish Concept of Reincarnation and Creation: Based on the Writings of Chajim Vital, Northvale (et al.) 1999.

1971 Zu R. Josef Ibn Tabul und den anderen Schülern Lurjas vgl. R. Meroz, Faithful Transmission versus Innovation: Luria and his Disciples, in: Gershom Scholems Major Trends in Jewish Mysticism, 50 Years After, ed. P. Schäfer and J. Dan, Tübingen 1993, S. 257-274 (mit einer ausführlichen Bibliographie zu Lurja).

wird nicht uneingeschränkt vollkommen genannt, solange ihm irgendetwas fehlt. Und wenn wir bestreiten, dass es dort *Din* gegeben hat, dann muss Er, Gott bewahre, als unvollkommen gelten. Darum gibt es dort [im 'En Sof] mit Gewissheit *Din*.«[1972]

Diese, ganz dem mittelalterlichen philosophischen Denken entsprechenden Erklärung für die »Gerichte« und damit die Ursache des Bösen in der Welt ist also weniger als gnostischer Mythos zu bezeichnen, sondern als eine notwendige Konsequenz eines wissenschaftlichen Denkens zu betrachten, das den ethisch moralischen Bereich mit demselben Maß misst, wie den kosmologisch-physikalischen.

Mit dem *Zimzum* und den in der Hohlkugel entstandenen zirkularen Emanationen ist nach Lurja allerdings der Raum gleichsam erst in potentia, als reine Möglichkeit entstanden. Zu dessen Überführung in die Wirklichkeit bedurfte es der Raumdimensionen, die man nach der aufsteigenden Hierarchie von Linie, Fläche und Kubus sich als linearen Vorgang dachte. Darum bedurfte es zusätzlich zur zirkularen Emanation auch einer linearen. Nach Lurja trat darum an einer Stelle der *Zimzum*-Hohlkugel ein gerader Strahl aus dem *'En Sof* hervor, der den Hohlraum bis an dessen gegenüberliegende Seite durchschnitt, sie dort aber nicht berührte, wodurch Oben und Unten, Anfang und Ende entstanden. Dies ist die Emanation des *Joscher*, der Geraden. Im Innern dieser geraden Linie ergoß sich nun gleichfalls das Licht des *'En Sof* in seinem linearen Aspekt. Während nun aber bei der Zirkularemanation sich die Emanation aus dem umgebenden 'En Sof von Außen nach Innen ausbreitet, schreitet die Linearemanation als Prozess einer Umschalung von Innen nach Außen voran, vom Zentrum zur Peripherie. Somit ist für die Linearemanation das Innen die Fülle und der Quell der Emanation, die nach außen voranschreitend an Emanationskraft und Qualität verliert. Das Licht des 'En Sof durchdringt somit sowohl vom Zentrum her wie

1972 Drusch Hefzi bah, S. 1c; zit nach Y Tishby, Torat ha-Ra‘ we-ha-Klippa be-Kabbalat ha-'Ari, Jerusalem 1975 (Nachdruck Mif‘al ha-Schichpul) Diesen philosophischen Gedanken stellt Ibn Tabul allerdings auch etwas bildhafter dar, wiewohl auch dies nicht mythisch zu nennen ist: »Und jene Kraft [des Din] war in seiner gesamten Existenz vermischt. [...] Und als es in seinem Willen aufstieg, seine Welt zu emanieren, sammelte Er alle Wurzeln des Din, die in ihm verborgen waren, das heißt er ließ sie etwas offenbarer werden. [...] Und dieses Licht sammelte sich an einem Ort, während sich das Erbarmen / Liebe sich vom Ort dieser Wurzeln entfernte. Wie ein Staubkorn im Meer keine Trübung verursacht und nicht wahrgenommen wird. Wenn man aber das Wasser sieht, wird der dort eingemischte Staub sichtbar. So auch hier. Das Din bleibt innerhalb der vollkommenen Liebe verborgen, wenn es aber an einen Ort gesammelt wird und alle Macht des Din an einen Ort versammelt ist, verdickt sie sich und als Folge davon entfernt sich das Licht des 'En Sof, Er sei gesegnet.« Drusch Hefzi bah, nach Y. Y. Tishby, Torat ha-Ra‘, S.56.

von der Peripherie das ganze Sein und bildet zwei widerläufige Qualitätshierarchien, die von den beiden Extremen Außen und Innen ausgehen. Diese beiden Qualitätshierarchien gehen aber nicht aneinander vorbei oder liegen nebeneinander, sondern sie werden von denselben ontologischen Stufen repräsentiert. Das *'En Sof* ist das Innerste und das Äußerste zugleich, Innen und Außen sind dasselbe, wenn auch unter anderen Aspekten:

> »Wisse, das Licht des ,'En Sof ist das Innere und das Äußere. Das ›Innere Licht‹, *'Or pnimi*, dringt nach außen und das ›Umgebende Licht‹, *'Or mekif*, schreitet nach innen, und durch sie bestehen alle Welten.«
> »So finden wir: Das Licht des 'En Sof leuchtet in allen Welten in zweierlei Weise, von innen und von außen. Von außen umgibt es alle Welten und von innen ist es das Innerste des 'Adam kadmon, welcher das Innerste [der Emanierten] ist und der sich mit allen Welten umkleidet.«[1973]

Die beiden Emanationsweisen, die zirkulare und die lineare, sind demnach nicht zwei voneinander zu trennende unabhängige Vorgänge oder gar Gegensätze. Nein, sie beide gehören zusammen und sind die beiden Aspekte ein und derselben Sache, gleich *potentia* und *actus*, Möglichkeit und Wirklichkeit. Der möglicherweise entstehende Eindruck eines Nacheinanders der beiden Aspekte widerspricht dem nicht. Denn hier war nicht an ein zeitliches, sondern an ein logisches Nacheinander gedacht. Die fünf Hauptstufen der lurianischen Emanationshierarchie, die Welt des *'Adam kadmon,* und die aus dem soharischen *Ra'ja Mehemna* übernommenen *'Azilut-, Beri'a-, Jezira- und 'Asija-* Welten bestehen jeweils aus beiden Aspekten aus *'Iggulim* und *Joscher,* Zirkular- und Linearemanation.

Es ist eine Besonderheit der lurianischen Theosophie, dass sie den vier aus dem *Ra'ja Mehemna* übernommenen vier Weltstufen, deren erste, die *'Azilut*-Welt die offenbare Gottheit selbst ist, noch eine weitere Welt voranordnet, der nun der Name *'Adam kadmon*, Urmensch, zugeordnet wird. Dieser *'Adam kadmon* ist die erste und höchste Emanation aus dem *'En Sof* und wird später zum Hauptemanator der vier weiteren Weltstufen samt den ihnen vorangehenden Emanationsstufen, welche schließlich zum Bruch führen. Die fünf Weltstufen der zirkularen Emanation stufen sich vom äußeren Rand des Hohlraumes zur Mitte, während die der linearen sich vom Zentrum nach außen aufbauen. Damit ist die Welt von außen und von innen vom *'En Sof* umgeben, während die vier Weltstufen *'Azilut*, *Beri'a*, *Jezira* und *'Asija* gleichsam innerhalb des Emanators *'Adam kadmon* ihren Raum haben. In den Worten Vitals/Lurjas:

1973 'Ez Hajjim, Hechal 'Abia', Scha'ar 42, S. 94d; Sidrat Kitve ha-Ari, Jerusalem 1961ff., II, S. 318.

»So ist die lineare *'Asijawelt* die Äußerste aller inneren Welten. Und die zirkulare *'Asijawelt*, welche die innere lineare *'Asijawelt* umgibt, ist der innerste Zirkel aller [äußeren] umgebenden Welten. Somit ist das innere lineare Licht der *'Asijawelt* am weitesten vom inneren Licht des *'En Sof* entfernt [...]. Und das zirkulare Licht, welches die [lineare] *Asijawelt* [von außen] umgibt ist am weitesten vom Licht des *'En Sof* entfernt, welches die Welten umgibt.«[1974]

Graphisch stellt sich dieses gegenläufig ineinander verschlungene Weltbild so dar:

In der zirkularen Emanation folgen einander von außen nach innen der *'Adam kadmon* (gewellt), die *'Azilut*-Welt (gepunktet), die *Beri'a*-Welt (gezackt), die *Jezira*-Welt (schwarz) und die *'Asija*-Welt (gekreuzt), wohingegen in der linearen Emanation dieselbe Reihenfolge von innen nach außen verläuft.

Mit diesen reziprok gegensätzlichen Beschreibungen des Weltenbaus kommt die physikalisch-räumliche Darstellungsweise des eingangs genannten Paradoxes der Vielfalt in der Einheit, d.h. der Unterscheidung in der Unterschiedslosigkeit, an ihre Grenzen. Darum ist es nunmehr angezeigt, als eine Art Korrektur und Interpretation dieses räumlich dargestellten Paradoxes die zweite lurianische Redeweise für die Beschreiung der Einheit in der Vielfalt vorzustellen.

1974 'Ez Hajjim, Hechal 'Abia', Scha'ar 42, S. 94d.

2.2 Die aspektual-nominalistische Darstellungsweise des Paradoxon von der Vielheit in der Einheit

Die zweite Redeweise, das Paradox der Vielheit in der umfassenden Einheit des Göttlichen darzustellen, lehnt sich an den philosophischen Nominalismus des Mittelalters an. Die jüdischen Aristoteliker des Mittelalters haben im Rahmen ihrer Attributenlehre jegliche Wesensattribute für die Gottheit in Abrede gestellt, wobei man sich allerdings unter anderem die sprachliche Lizenz erlaubte, Gottes Leben, Weisheit, Allmacht und Willen als mit seinem Wesen identisch zu erklären,[1975] um diese wichtigen Gottesattribute nicht leugnen zu müssen. Demgegenüber wurden die sogenannten Wirkattribute Gottes als für Gottes Einheit unverfänglich betrachtet, weil sie nicht Gottes Wesen berührten, sondern nur dessen Wirkungen in der Welt der Kategorien beschrieben. Geteilter Meinung war man allerdings hingegen hinsichtlich der sogenannten Relationsattribute, die Gott z.B. als Vater, König, Herr und dergleichen bezeichnen. Maimonides lehnt sie kategorisch ab,[1976] weil zwischen grundsätzlich Verschiedenem keine Relation bestehen könne, während sie sein aristotelischer Vorgänger, Abraham Ibn Da'ud, zulassen wollte. Ibn Da'ud meint in seinem philosophischen Werk *'Emuna rama* gleichfalls, man dürfe Gott in keinem Falle Wesensattribute zuschreiben sowenig wie akzidentielle Attribute, die eine Vielfalt in die Gottheit hineintrügen, hingegen sei gegen die Relationsattribute nichts einzuwenden. Er sagt dazu:

> »Man kann IHM jedoch jene akzidentiellen Attribute zuschreiben, die seinem Wesen keine Vielfalt hinzufügen, sondern die nur eine Relation und Beziehung zwischen IHM, Er sei gesegnet, und den übrigen seienden Wesen bezeichnen. Etwa wenn wir sagen, dass ER, Er sei gesegnet, die Ursache der Existierenden sei. Dergleichen Attribute kann man IHM viele zuschreiben, denn sie bewirken keinerlei Vielheit in seinem Wesen. So wie man z.B. von einem Menschen sagen kann, dass dieser Mensch der Sohn eines anderen oder der Vater eines weiteren und der Onkel eines dritten und der Bruder eines vierten, der Freund eines fünften und der Feind eines sechsten ist, so dass er viele Beziehungen hat, zu allen Menschen auf der Erde, dass er z.B. weiser ist als alle, heldenhafter oder bedeutender – all das ist nicht verboten, denn diese vielen Beziehungen verursachen keine Vielheit im Wesen des so Bezeichneten. Desgleichen wenn wir dem Schöpfer, E.s.g., viele Attribute zu-

1975 Vgl. Sa'adja Ga'on, 'Emunot we-De'ot, II, 18, 'Emunot we-Deot oder Glaubenslehre und Philosophie von Saadja Fajjumi. Aus dem Hebräischen mit theilweiser Benutzung des Arabischen übersetzt von Dr. Julius Fürst, Leipzig 1845, S. 145f; vgl. ferner Maimonides, *More Nevukhim*, III, 35, Führer der Unschlüssigen, Übers. u. komm. v. Adolf Weiss, Leipzig 1923-23 (Neudruck Hamburg 1972).

1976 Vgl. Bd. I, S. 442; More Nevuchim, I, 52, Weiss, S. 165f.

schreiben, die nur eine Relation zwischen IHM und den anderen Existierenden oder den intelligiblen Wesen sind. Dies schadet Seiner absoluten Einheit nicht!«[1977]

Analog dieser Attributierung Gottes mit Relationsattributen beschreibt Jizchak Lurja beziehungsweise sein Schüler Hajjim Vital alles Existierende als Relationen letztlich zum *'En Sof.* Der zentrale Begriff Lurjas um diese Relationen der Dinge untereinander und zur Gottheit zu benennen ist das Wort *Bechina*, das man am besten als *Aspekt* oder *Hinsicht* übersetzt.

Bei seinen Beschreibungen der zahlreichen Emanationsstufen der Vielheit aus dem Einen spricht Vital häufig vom Entstehen von *Bechinot*, von verschiedenen Aspekten. Er will damit anzeigen, dass das emanierende Licht in seiner Substanz dasselbe Licht bleibt, aber nunmehr in einer neuen Relation zur Emanationsquelle steht, oder einen neuen Aspekt angenommen hat. So erklärt er z.B., dass das Licht, das sich in den Hohlraum des *Zimzum* ergoß, die beiden *Bechinot* »kreisförmig« und »gerade« habe[1978], wobei durch Letzteres die beiden Aspekte, beziehungsweise Relationen »Oben« und »Unten« entstanden. In Bezug auf die zirkularen Emanationen wurde schon deutlich, dass das die zirkularen Sefirot erfüllende Licht das »innere Licht« und das sie umgebende das »umgebende Licht« ist. An anderer Stelle werden nun diese beiden Lichter die »Aspekte« oder *Bechinot* von »innerem Licht« und »umgebendem Licht« genannt. In entsprechender Weise werden die Gefäße, welche das Licht auffangen, zuweilen auch als Aspekt »Gefäß« bezeichnet.

Die erste Emanation, die sich als *'Adam kadmon* konstituierte und den offenbaren Gott repräsentiert, wird gleichfalls *Bechina* »*'Adam kadmon*« genannt. Seine Augen, Ohren, Nase und Mund und sein Körper verkörpern ebenfalls *Bechinot.* Obgleich der Autor dennoch davon spricht, dass das Licht mit zunehmender Entfernung vom Emanator sich verdickt, gröber wird, so betont er doch, dass dies nicht bezüglich des Aspektes (*Bechina*) der »Essenz« des Lichtes gilt, der unverändert gleich bleibt.[1979]

Der nominalistische Charakter der mit *Bechina* bezeichneten Differenzen wird besonders deutlich, wenn ein und dieselbe individuelle Entität (Wesenheit) nach verschiedenen Kategorien benannt wird, die nur als *Bechinot* eben dieser einen Sache qualifiziert werden. So beinhaltet nach Lurja zum Beispiel jede Wesenheit den Gottesnamen in seinen vier unterschiedlichen arithmetischen

1977 Vgl. Bd. I, S. 410f; 'Emuna rama, Samuelsson, S. 334; u. vgl. dort, S. 146-48.

1978 'Ozrot Hajjim, fol.. 1a..

1979 'Ozrot Hajjim, fol. 2a. Die Essenz bleibt unverändert, wird allenfalls quantitativ weniger, wie oben bereits gesagt wurde. Lurja darf bei derartigen widersprüchlichen Äußerungen allerdings nicht mit dem strengen Maßstab der Philosophie gemessen werden.

Wertigkeiten, d.h. die Gottesnamen, deren Zahlwerte nach der *Gematria* 72, 63, 45 und 52 betragen.[1980] Diese vier »Benennungen« jeder Entität sind jedoch weiterhin mit vier linguistischen Kategorien identisch. Diese linguistischen Kategorien sind die vier Grundbausteine der biblischen Sprache, die Akzente, die Vokale, die Krönchen der Buchstaben und die Buchstaben selbst. Schließlich wird bezüglich des Emanators, des *'Adam kadmon*, und dessen anthropomorpher Gestalt noch erklärt, dass die Schädeldecke dieses Anthropomorph zugleich mit der jeweils ersten der zuvor genannten Größen, d.h. dem 72-wertigen Gottesnamen und den Akzenten, identisch ist, oder dass die *Bechina* »Schädeldecke« zugleich die *Bechina* des 72-iger Namens und der Akzente darstellt.

Aus all dem ist zu folgern: Das, was aus der menschlichen Anschauung als getrennte Dinge erkannt wird, Gottesnamen, Schriftzeichen, Körperteile, sind alles jeweils nur verschiedene *Bechinot*, verschiedene Aspekte oder Hinsichten, ein und derselben Sache. Das bedeutet, dass nur ein einziges Sein mit einer Unzahl von Aspekten oder *Bechinot* existiert. Diese Aspekte, die zum einen als getrennte Realitäten erscheinen und nach der ersten, der »realistischen« Redeweise auch als solche benannt werden, sind andererseits doch nicht wirklich verschieden, sondern sind nur Aspekte oder Hinsichten, die vom Standpunkt des Betrachters abhängig sind.[1981]

So gibt es neben der Sicht von der Erde aus die Möglichkeit der gegensätzlichen Betrachtungsweise von der Peripherie her. Nach diesen beiden gegensätzlichen Hinsichten erscheint das, was der einen Sicht der innerste Kern ist, als äußerste Schale und umgekehrt. Diese beiden Hinsichten verhalten sich aber zueinander nicht wie Irrtum und Wahrheit. Beide Hinsichten sind gültig und richtig. Sie sind nötig, um in der unterschiedslosen Einheit Unterschiede und die Vielfalt zu bekommen. Die Epistemologie wird hier zur Ontologie und die Ontologie wird in die Epistemologie zurückgenommen.

Neben diese grundsätzlich gegensätzliche Polung der Aspekte oder Hinsichten tritt, wie schon erwähnt, die relative Stufung. Keine der genannten Schalen ist auch aus der Sicht nur einer Seite eindeutig. Jede der ringförmigen Sefirot ist jeweils zugleich Schale und Kern. Für das Außenliegende ist sie Kern und für das Innenliegende ist sie Schale. Das bedeutet, jeder Ring hat, auch nur von einer Seite gesehen, an den Qualitäten oder Aspekten Schale und Kern Anteil. Nimmt man nun noch die Bipolarität der Hinsichten hinzu, so ist dieselbe Schicht auch in ihren soeben genannten Relationen doppeldeutig. Für die drei konzentrischen Kreise A, B, und C (wobei A den kleinsten und C den größten Radius hat) ist der

1980 Diese vier Namen ergeben sich durch unterschiedliche Ausschreibungen der vier Buchstaben des Tetagrammaton. Der 63-iger Name lautet: יוד הי ואו הי,der 45-iger: יוד הא ואו הא, der 52-iger: יוד הה וו הה ,der 72-iger: יוד הי ויו הי .

1981 Vgl. 'Ez Hajjim, Hechal 'Adam kadmon, Scha'ar 1, S. 12a..

Kreis B aus der Sicht des Zentrums Kern für C und Schale für A. B (wie alle andern Schalen) besitzt die Qualitäten Kern und Schale. Aus der anderen Sicht dagegen, von der Peripherie her gesehen ist die Schicht B die Schale für C und der Kern für A. Was vorher Kern war ist nunmehr Schale und umgekehrt. Und B selbst, das vorher für Außen Kern und für Innen Schale war ist jetzt für das vorige Außen die Schale und für das vorige Innen der Kern.

Diese zweifache Doppelung der Aspekte oder Relationsattribute für jede der Schichten zeigt zunächst, dass die Vielfalt in der Einheit eine Vielfalt der Aspekte oder Relationen ist, also die Vielfalt in der umfassenden Einheit nur als Vielfalt der Aspekte gezeichnet werden soll. Die Vielfalt ist nach der Darstellung Lurjas und Vitals eine epistemologische Vielfalt im Sinne des Nominalismus, nicht aber eine ontologische im Sinne des Realismus. Lurja versucht nun aber in der Verbindung der beiden Redeweisen die Quadratur des Kreises: Er spricht von einer realen physischen Welt und löst sie zugleich in einen Aspektualismus auf. Wieder könnte man sagen: Es ist nur eine Frage des Standpunktes. Aus der irdisch menschlichen Sicht erscheint alles real unterschieden und aus der Sicht des göttlichen Lichtes ist alles nur Relation und Aspekt. Diese Doppelsicht ist aber, wie gesagt, bei Lurja nicht als Irrtum und Wahrheit zu verstehen. Die realistische Sichtweise ist auch nicht im Sinne späterer hasidischer Denker als Sichtweise des beschränkten Menschen gegenüber der Sicht Gottes zu begreifen, an der auch der wahre Mystiker teilhat. Nach einer solchen akosmistischen Sicht, wie sie zum Beispiel die unten beschriebenen HaBaD-Hasidim vertreten,[1982] ist die physische Welt nur Schein und die göttliche Einheit das wahre und einzige Sein. Nicht so für Lurja. Er sieht in beiden Sichtweisen notwendige Voraussetzungen für die Welt. Sie beide sind nötig für die Existenz der Vielheit in der Einheit. Ohne »Schein« gibt es kein »Sein« neben Gott.

Die Unterscheidung ist absolut nötig, denn ohne sie wäre alles Gottes Einheit und damit nicht Welt. Diese Unterscheidung erzeugt die Welt, obwohl die Unterschiede gleichsam nur nominalistisch relational sind, andrerseits sind sie doch real, wenn auch verkehrbar. Um es einmal extrem zu formulieren: Die Vielfalt der Welt ist nur Schein und eine Illusion vor der Einheit Gottes, aber es bedarf dieser Illusion, denn ohne sie gäbe es keine Individuen. Die Illusion ist in Wahrheit Wirklichkeit und die Wirklichkeit Illusion. Lurja sagt das so nicht. Aber es ist die Konsequenz der Verbindung und Identifizierung der beiden widersprüchlichen Redeweisen.

Es scheint, dass in der weithin äußerst pessimistischen Weltsicht der lurianischen Kabbala, in der das Böse oft in geradezu mythisch dualistischer Weise

1982 Vgl. Kap. Der osteuropäische Hasidismus V. A.1.

gesehen wird,[1983] doch wieder der altrabbinische Optimismus zum Vorschein kommt. Schon die antike rabbinische Schriftauslegung im Midrasch gab den Worten der Schöpfungsgeschichte eine zweiseitige Deutung. Wenn es dort heißt »Und Gott sah alles, was Er gemacht hatte, und siehe es war *tov me'od* (sehr gut)« (Gen 1,31), so deuten dies manche der alten Ausleger dahingehend, dass *tov me'od* nichts anderes als *tov mot* bedeutet: »Gut ist der Tod«.[1984]

3. Gott und Welt

3.1 Der theogonisch-kosmogonische Prozess

Wie bereits angedeutet, will die lurianische Theogonie und Kosmogonie in ihrer »universalienrealistischen« Darstellungsweise den Prozess der Differenzierung der Vielfalt aus der Einheit des göttlichen Lichtes darstellen. Dabei gilt der Grundsatz, dass alles, was auf der Erde existiert, auch in den himmlischen Bereichen zu finden ist, allerdings in einer ganz spezifischen Weise. Wie keine Richtung zuvor hat die lurianische Schule das mikro-makrokosmische Denken mit einer Konsequenz durchgeführt, wie es im philosophischen Bereich allenfalls von Schabbtai Donolo (913-ca. 982)[1985] und Josef Ibn Zaddik (gest. 1149)[1986] hinsichtlich der Entsprechung von Mensch und Welt, durchdacht wurde. Über den oben genannten linearen Aspekt der ersten Emanation nach dem *Zimzum* erklärt Vital, er sei:

> »wie das Aussehen eines Menschen, mit Haupt, Armen, Schenkeln, Körper und Füßen.«[1987]
> »So sind ja alle Welten zusammen, wie auch jede einzelne von ihnen, für sich genommen in der Gestalt des unteren Menschen geschaffen, und dies ist das

1983 Vgl. G. Scholem, Die jüdische Mystik; u. Y. Tishby, Torat ha-Ra' we-ha-Klippa be-Kabbalat ha-Ari, Jerusalem 1960.

1984 Bereschit Rabba 9,5, ed. J. Theodor und Ch. Albeck, Jerusalem 1965, I, S. 70.

1985 Vgl. seinen Perusch Na'ase Adam be-Zalmenu, ed. A. Jellinek, Der Mensch als Gottes Ebenbild, Leipzig 1854 (Neudruck in: Ginse Hochmat ha-Kabbala me'et A. Jellinek, Jerusalem 1969); vgl. dazu K.E. Grözinger, Der Mensch als Ebenbild Gottes im Wandel der jüdischen Tradition, in: Nordisk Judaistik 10, 2 (1989), S. 63-74.

1986 Sefer ha-'Olam ha-katan, Der Mikrokosmos des Josef Ibn Saddik, ed. S. Horovitz, Breslau 1903.

1987 'Ez Hajjim, Hechal I, Scha'ar 1, 'Anaf 2, S. 11c.

Geheimnis von ›Lasset uns einen Menschen machen in unserem Bilde und in unserer Ähnlichkeit (Gen 1,26).‹«[1988]

Die lurianische Theologie und Kosmologie ist durch ein strenges Entsprechungsprinzip geprägt, das mit dem soeben zitierten Wort charakterisiert wird. Die gesamte emanierte Welt wird als eine Menschengestalt gedacht und ebenso jeder ihrer Teile. Daraus folgt, dass auch die Teile der Teile wiederum als Menschgestalten gegliedert sind. Die ehemals soharische und vorsoharische Gliederung der göttlichen Selbstoffenbarung und der aus ihr emanierten Welt in eine anthropomorphe Gestalt von zehn Sefirot wird bei Luria in dem oben angedeuteten anthropomorphen Duktus neu angeordnet. Jede Einheit von zehn Sefirot, deren jede einzelne wiederum aus zehn Sefirot besteht – ad infinitum – wird bei ihm in ein Kompositum von fünf sogenannten *Parzufim* gegliedert. Der Singular *Parzuf* ist, wie das christlich trinitarische *Prosopon*, als Person oder Gestalt zu übersetzen.[1989] Nach Abschluss des gesamten Emanationsgebäudes ist jede Konfiguration von zehn Sefirot auf allen Ebenen nunmehr in die fünf »Personen« *'Arich 'Anpin, 'Abba, 'Imma, Se'ir 'Anpin* und *Nukba de-Sa'ir*, also den »Langmütigen«, »Vater«, »Mutter«, den »Kurzmütigen« und das »Weib des Kurzmütigen« restrukturiert. Die ersten drei »Personen«, *'Arich 'Anpin, 'Abba* und *'Imma* entsprechen den bisherigen drei ersten Sefirot *Keter, Hochma* und *Bina,* die nunmehr je eine eigene »Personen« darstellen. Demgegenüber sind die Sefirot IV bis IX, zu einer Person namens *Se'ir 'Anpin* zusammengefasst, eine Person bilden. Das letzte Parzuf, *Nukba de-Sa'ir* (Frau Nukba de-Sa'ir) wird wiederum von einer einzigen Sefira gebildet, nämlich der zehnten (*Malchut*). Diese Fünferstruktur, die im Detail noch durch weitere Untergliederungen differenziert werden kann, gilt nunmehr auch für die Gesamtemanation im Hohlraum des Zimzum. Darum wird bei Lurja den aus den *Sohar*-Spätschichten übernommenen vier Weltstufen *'Azilut, Beri'a, Jezira, 'Asija*[1990] noch eine fünfte vorangestellt, die nunmehr den Titel der ehemals vierten oberen Weltstufe, *'Adam kadmon*, trägt. Dieser *'Adam kadmon*, der in seiner doppelten Struktur als zirkulare und lineare Emanation oben schon besprochen wurde, ist nunmehr innerhalb des *Zimzum*-Raumes der Hauptemanator aller weiteren Stufen. Noch mehr – er füllt den gesamten *Zimzum*-Raum aus, so dass die vier tieferen Weltstufen ihren

1988 Sefer Scha'are Keduscha, Jerusalem (Eschkol), S. 76; vgl. ferner R. Elior: Ha-Sikka ha-metaforit ben ha-'El le-'Adam.

1989 Seit dem Konzil von Chalcedon im Jahre 451 wird zur Bezeichnung der drei göttlichen Hypostasen, Vater, Sohn und Heiliger Geist, der Begriff des Prosopon verwendet; vgl. u.a. Lexikon für Theologie und Kirche, Freiburg 1936, VIII, S.97f; C. Braun, Der Begriff Person in seiner Anwendung auf die Lehre von der Trinität und Incarnation, Mainz, 1876.

1990 Vgl. Kap. Kabbala VII. C.b.3.

Ort innerhalb des *'Adam kadmon* finden müssen, was die obige Graphik der Zirkular- und Linearemanation veranschaulicht. Die Strukturierung der zehn Sefirot in fünf *Parzufim* dient ausschließlich dem Ziel eine stabile Konfiguration des Weltenbaues zu gewinnen. Diese Stabilität wird im Laufe des Emanationsprozesses für die dem *'Adam kadmon* folgenden Stufen allerdings erst sukzessive erlangt. Diesen Strukturierungsprozess zu beschreiben ist einer der Hauptinhalte der in zahllose Distinktionen untergegliederten lurianischen Texte. Während beim *'Adam kadmon* diese Fünfer-Struktur von Anfang an vorhanden, aber wegen dessen abgehobener Position doch eigentlich noch nicht ausgesagt werden kann, wird sie bei der *'Azilut-Welt* erst nach dem dazwischengetretenen »Bruch der Gefäße« erreicht.

Insgesamt ist die Theo- und Kosmogonie ein Prozess, der in dialektischen Schritten voranschreitet. Die dialektischen Oppositionen dieses Prozesses entsprechen den beiden Grundkategorien mit deren Hilfe dieser Prozess beschrieben wird, nämlich zum einen die Physik der Flüssigkeiten – das heißt hier des emanierenden Lichtes – und zum andern die Fortpflanzungskategorien des Menschen. Zum physikalischen Inventar gehören das Voranschreiten und das Zurückkehren der Emanation, die als *'Or jaschar* und *'Or hoser*, »voranschreitendes« und »zurückkehrendes Licht«, beziehungsweise als *Hitpaschtut* und *Histalkut*, »Ausbreitung« und »Rückzug« oder auch als *Joscher* und *'Iggulim*, »lineare« und »zirkulare« Emanation beschrieben werden. Zu diesen physikalischen Emanationsformen gehört außerdem der *Zimzum*. Darunter wird der Rückzug des Lichtes verstanden, welcher sich nicht nur als Initialgeschehen ereignet, sondern sich auf verschiedenen Stufen des kosmischen Prozesses wiederholt. Darüber hinaus hat der Begriff »Zimzum« noch eine zweite Bedeutung, nämlich den Aspekt der Einschränkung und Abschwächung der Emanationskraft gemäß der neoplatonischen Theorie, die in der lurianischen Darstellung durch Ösen, verjüngte Kanäle, Filter und Siebe erfolgt.[1991] Da der Hauptemanator nun der große *Anthropos 'Adam kadmon* ist, gehören zu den Druckabschwächungsmechanismen auch die verschiedenen Körperöffnungen des Emanators, wie z.B. Ohren, Nasenlöcher, Mund und Augen, aber auch dessen Poren und Haare, schließlich auch das den Ober- und Unterleib trennende Zwerchfell, Zeugungs- und Geburtskanäle und die Milchkanäle der Mutterbrust:

> »Da das Licht des 'En Sof sehr groß ist, konnten sie [die unteren Welten] es nicht empfangen, außer vermittels dieses 'Adam kadmon. Ja sogar von diesem *'Adam kadmon* selbst konnten sie es erst empfangen, nachdem das Licht

1991 Vgl. K.E. Grözinger: Jesodot u-Megamot be-Tiure ha-Kosmologija be-Kitve ha-'Ari (Grundlagen und Ziele in den kosmologischen Beschreibungen der lurianischen Schriften), in: Kabbalat ha-'Ari, ed. R. Elior, Y. Liebes, Jerusalem 1992, S. 37-46.

durch die Löcher und Fenster in ihm hervortrat, nämlich durch die Ohren, die Augen, die Nase und den Mund.«[1992]

Zu den physikalischen Reduktionen des Emanationsstromes gehört des Weiteren die Zergliederung und Aufteilung der Lichtmengen in kleinere und voneinander geschiedene Quantitäten, wofür die Erzeugung von Gefäßen konstitutiv ist, denn in ihnen werden portionierte Lichtmengen aufgefangen.

Ein anderes Element zur Quantifizierung des sich aufgliedernden Emanationsstromes ist die zeitliche Gliederung. Die Emanation ist kein kontinuierlich ausfließender, sondern ein zeitlich gegliederter Strom. Dazu gehören zum Beispiel das Ausströmen des Lichtes und die nachfolgende Zurücknahme, also der *Zimzum*, dem wiederum ein neuerlicher Ausfluss folgt. Die anthropologischen Rhythmen sind die Zeugung (*Siwwug*), die Schwangerschaft (*'Ibbur*), die Geburt (*Leda*) und das Säugen (*Jenika*). Ein wichtiges Element des Geburtsvorganges ist auch der vorangehende Blutfluss und die Nachgeburt, mit welchen der »Abfall« ausgeschieden wird, was zur Bildung der *Klippot* (Schalen) beiträgt.

Eines der Elemente, in welchem der räumliche, wie der temporale Gliederungsprozess miteinander verbunden sind, ist letztlich der so genannte »Bruch der Gefäße« (*Schevirat ha-Kelim*), der in diesem Kontext weniger als »Katastrophe« denn als technisch-zeitliches Mittel verstanden werden kann, um das »Gericht« zu offenbaren, oder den »Abfall« auszuscheiden, der zu natürlichen Prozessen dazugehört. Der Bruch schafft eine räumlich-quantitative Zerteilung des Lichtes und setzt zugleich einen zeitlichen Halte-, Rückkehr- und nachfolgenden Neuemanationspunkt des Emanationsgeschehens. Dieser Vorgang des Bruchs wird anthropologisch mit dem aus dem Sohar übernommenen Gedanken vom Tod der Könige Edoms beschrieben.[1993] In lurianischer Diktion bedeutet der Tod dieser Könige, dass die Gefäße bei ihrem Bruch nicht ausgelöscht wurden, sondern dass sie in eine andere Welt wechselten, die eine Stufe tiefer liegt. Der Wechsel der Welten ist mit dem Tod gleichzusetzen, wie dies in Bezug auf die menschlichen Seele der Fall ist, die den Körper verlässt, um in ihre himmlische Heimat zurückzukehren. Und so wie der im Grab zurückbleibende Körper ja schon nach rabbinischer Auffassung nicht ganz »tot« ist und nach der Lehre des Sohar sogar eine beständige »Knochenseele« (*Hevel de Garme*) zurückbehält, die ihn latent am Leben hält und später seine Auferstehung ermöglicht, so vegetieren auch die im Bruch um eine Weltstufe tiefer gefallenen Gefäßscherben

1992 'Ozrot Hajjim, S. 1b.

1993 Nach Gen 36,31-39; vgl. Kap. Kabbala VII. C.a.5.2.

weiter. In ihnen bleiben 288 Funken zurück,[1994] die später den *Tikkun* (Restitution) der Gefäße ermöglichen sollen.

Der gesamte Prozeß des *Zimzum*, der Neuemanation, deren sukzessive Abschwächung der Bruch der Gefäße sowie ihre Wiederherstellung (*Tikkun*) erweisen sich demnach als eine technisch-anthropomorphe Strategie, um aus der stabilen unendlichen Einheit des *'En Sof* eine ebenso stabile begrenzte Vielfalt zu erzeugen. Auch wenn dies als katastrophal erscheinen mag, so ist der gesamte Prozess nichts anderes als eine ›Zerstörung um des Aufbaus willen‹, wie Lurja und Vital dies formulieren.[1995] Von Mythos kann man hier allenfalls reden, wenn dieser gesamte Apparat in Gestalt einer sich ausdifferenzierenden Menschengestalt dargestellt wird, doch hier bleibt die Sprache eher technisch bis skurril und nicht eigentlich mythologisch. Dies soll an wenigen Beispielen für die zentralen Schritte des Vorganges dokumentiert werden und dann abschließend nochmals die Frage nach den Gründen des Bruches gestellt werden, in dem gewöhnlich der mythologische Kern des Ganzen gesehen wird.

Zum Verständnis der nachfolgenden Beschreibung der Emanationsströme muss noch vorausgeschickt werden, dass die Darstellung des Prozesses zugleich mit einer onomatologischen Komponente erfolgt. Dabei wird die Essenz des göttlichen Lichtes wiederum mit dem Tetragrammaton identifiziert. Dessen sich graduell abschwächende und ausdifferenzierende Emanationsformen erscheinen als die vier phonetisch ausgeschriebenen Formen des Tetragrammatons. Dabei wird der Gottesname JHWH als *Jud He Waw He* ausgeschrieben, wofür sich im hebräischen Alphabet vier graphische Varianten anbieten. Die vier graphischen Varianten haben nach der Gematria je einen unterschiedlichen Zahlwert, wodurch man in hierarchischer Reihenfolge zu den vier ausgefalteten Tetragrammata mit den Zahlwerten von 72, 63, 45, und 52 gelangt:

Der 72-wertige Name: יו"ד ה"י וי"ו ה"י,
der 63-wertige: יו"ד ה"י וא"ו ה"י,
der 45-wertige: יו"ד ה"א וא"ו ה"א,
und schließlich der 52-wertige: יו"ד ה"ה ו"ו ה"ה.[1996]

Diese vier onomatologisch-sprachlichen Erscheinungsformen des emanierten Lichtes werden außerdem den Zeichen der biblischen Sprache zugeordnet. So

1994 Die Zahl 288 wird aus deiner Deutung von Gen 1,2 abgeleitet: Dort heißt es: »Und der Geist Gottes schwebte (MeRaCHeFeT) über den Wassern«. In zwei Teile zerlegt, kann man aus *MeRaCheFeT* den Satz *MeT RaCHaF* bilden, der »ist gestorben« (RaChaF) bedeutet. Der Wert von RCHF (רחפ) entspricht der Zahl 288.

1995 S.u. 3.2.2 3.2.3.

1996 Vgl. u.a. 'Ozrot Hajjim, S. 1b: In lateinischer Transkription erscheinen die Namen Folgendermaßen: 72: JWD HJ WJW HJ, 63: JWD HJ W'W HJ, 45: JWD H' W'W H', 52: JWD HH WW HH.

entspricht der zweiundsiebziger Name den Akzentzeichen, der dreiundsechziger Name den Vokalzeichen, der fünfundvierziger Name den Buchstabenornamenten (Krönchen) und schließlich der zweiundfünfziger Name den Konsonantenzeichen. Jeder der vier ausgefalteten Namen ist seinerseits aus allen vier Aspekten zusammengesetzt, die sich im späteren Emanationsprozess unterschiedlich verhalten.

Die vier zahlwertigen Lichtarten werden nun den verschiedenen Schädelpartien des 'Adam kadmon zugeordnet. Das 72-iger Licht hat seinen Ort im Schädel oberhalb der Augen und repräsentiert das Hirn. Aus den Ohren, Nasenlöchern und Mund und Augen strömt das 63-iger Licht. Nach dem Bruch der Gefäße, der im Bereich des 63-iger Licht erfolgte, kehrt dieses 63-iger Licht nach oben zurück, paart sich mit dem 72-iger Licht des Schädels und erzeugt dadurch das 45-iger Licht, das nun nach dem Bruch der Gefäße aus der Stirn des *'Adam kadmon* strömt, um den Bruch einem *Tikkun* (Restitution) zuzuführen. Bei diesem Restitutionsprozess, versucht das 45-iger Licht aus dem gefallenen 63-iger Licht das Restituierbare herauszuläutern, wodurch das 52-iger Licht entsteht.[1997] Diese Skizze des hochkomplizierten Vorgangs ist sehr vereinfacht, da das gezeichnete Geschehen teilweise nur den Unteraspekten der vier Namen[1998] zustößt, während die übrigen Aspekte anderweitig voranschreiten.
Die Beschreibungen des Emanationsstromes aus den Kopföffnungen des *'Adam kadmon* können als Meditationstexte verstanden werden, bei denen dieses wunderbare Geschehen visualisiert wird. Hier sollen einige Beispiele auszugsweise angeführt werden, die einen Eindruck von diesen oft skurril erscheinenden Beschreibungen vermittelt:

> »Siehe, das ›innere Licht‹ (*'Or pnimi*) im Inneren des 'Adam kadmon trat durch die erwähnten Löcher nach draußen. Über den Hauch, der aus dem Kopf durch die Löcher seiner Haare hervorgeht, dürfen wir nicht sprechen [...]. Darum wollen wir mit dem Hauch, der aus dem Aspekt der Ohren hervorgeht anfangen, welcher ein Aspekt des 63-iger Gottesnamens ist [...].
> Aus den Löchern seiner Ohren geht das Licht aus dem Innern des 'Adam kadmon hervor und es ist leicht zu verstehen, dass es sich bei seinem Austritt ein wenig verdickt. [...] Und nachdem das Licht aus den Ohrlöchern hervorgegangen war, aus dem rechten und dem linken, ergießen sie sich vom Ohr hinab, bis zur Stelle, wo der Bart zusammenwächst, wobei sie sich längs der seitlich an den Wangen wachsenden Barthaare ausbreiten. Ihnen gemäß ergießt sich das Licht bis zum Vereinigungspunkt der Barthaare, wo sich nun

1997 'Ozrot Hajjim, S. 1-17a.

1998 Jeder der vier Namen besteht aus zehn Lichtern oder Sefirot. Die oben skizzierten Vorgänge betreffen dann zuweilen nur einige und nicht alle Sefirot dieses Namens.

die aus den beiden Ohren strömenden Lichter ebenfalls vereinen – allerdings nicht vollständig. Es bleibt ein kleiner Raum zwischen ihnen. [...]
Und siehe, in diesem Licht gibt es den Aspekt (*Bechina*) von zehn vollständigen Sefirot, vom rechten Ohr herrührend zehn Sefirot des Aspektes *'Or mekif* (umgebendes Licht) und vom linken des Aspektes *'Or pnimi* (inneres Licht). Und diese beiden Aspekte zusammen ergeben zehn vollständige Sefirot. [...] Allerdings war bei diesen Lichtern noch keinerlei Aspekt eines Gefäßes offenbart. Diese zehn Sefirot traten derart hervor, dass das *'Or pnimi* und das *'Or mekif* noch sehr weit voneinander getrennt waren, denn anders hätten sie das Licht nicht aufnehmen können. Darum kamen sie aus den weit entfernten Ohren, aus dem linken und dem rechten, hervor. [...]
Daraus ergab sich noch etwas Weiteres. Durch das Zusammenschlagen dieser beiden Lichter, *pnimi* und *mekif*, wurde die Möglichkeit der Gefäße geboren [...] Die Lichter selbst blieben aber noch ganz ohne Gefäße. [...]
Danach trat [...] das Licht aus der Nase des 'Adam kadmon hervor. [...] Auch dieses floss aus zwei Löchern hervor, rechts und links, wie beim Ohr. Und dieses Licht strömte bis zur Brust des 'Adam kadmon herab [...] Hier haben sich das *'Or mekif* (umgebendes Licht) und das *'Or pnimi* (inneres Licht) einander mehr angenähert, als bei den Ohrlichtern. Dennoch blieben sie zweigeteilt und verbanden sich nicht und hatten darum auch noch nicht den Aspekt von Gefäßen. [...]
Und danach traten [...] die Aspekte der Lichter aus dem Mund des 'Adam kadmon hervor. Hier haben sich die hervorgehenden Lichter vollkommen miteinander verbunden, denn sie entströmen einer einzigen Öffnung. Der Grund dafür ist, dass das Vermögen, die Lichter aufzunehmen zunimmt, je weiter sie sich entfernen und nach unten ausbreiten. Darum ist hier nichts mehr zu befürchten, wenn sich *'Or mekif* und *'Or pnimi* miteinander verbinden. Und da diese beiden nunmehr miteinander verbunden sind, konnte von hier an der Aspekt (*Bechina*) der Gefäße ins Dasein treten.« [1999]

Dieses Beispiel veranschaulicht den konkreten anthropomorphen metaphysischen Realismus der lurianischen Theosophie und Kosmologie. Die Strukturen des menschlichen Angesichts mit seinen unterschiedlichen Öffnungen werden als ontologische Struktur begriffen, aus der sich Zug um Zug eine Verdichtung und stabile Konsolidierung der Emanationsstrukturen ergibt.

Im Laufe dieses Emanationsprozesses aus dem Haupt des *'Adam kadmon* entstehen insgesamt drei voranschreitend differenzierte und konsolidierte Emanationsstufen, die Luria mit den eigenartigen Begriffen *'Akudim*, *Nekudim* und *Berudim* bezeichnet, die nach Genesis 31,10 die gestreiften, gesprenkelten und

1999 'Ozrot Hajjim, S. 1c-2b.

gescheckten Schafe bezeichneten. Die *'Akudim* sind die Mundlichter, welche sich als zehn Lichter innerhalb eines Gefäßes organisierten und welche den *'Adam kadmon* bis zu dessen Nabel erfüllen, während die Lichter aus den Ohren nur bis zum Ende des Bartes, und die Nasenlichter bis zur Brust gelangten. Die nächste Emanationsstufe der *Nekudim* – sie sind die aus der älteren Kabbala bekannte *'Azilut*-Welt – sollte nunmehr die Differenzierung der Lichtes in zehn Sefirot innerhalb von zehn Gefäßen erreichen. Während dieses voranschreitenden Differenzierungsvorgangs kam es nun zu dem viel zitierten Bruch der Gefäße. Zunächst wird gesagt, dass die entstehenden Gefäße der *Nekudim-'Azilut*-Welt aus unterschiedlichen Lichtquellen hervorgegangen sind, weshalb sie sich beim Prozess des Bruches auch unterschiedlich verhielten. Die Gefäße der drei oberen Sefirot, *Keter, Hochma* und *Bina* der enstehenden *'Azilut*-Welt sind aus dem Ohr- Nasen- und Mundlicht geflossen, während die sieben unteren Gefäße ihr Licht nur aus Nase und Mund des *'Adam kadmon* bezogen, deshalb minderwertiger Konsistenz waren und zerbrachen. Die drei oberen Gefäße sanken nur um eine Stufe hinab. Die Gesamtstufe der *Nekudim*-Emanation ist eine Emanation aus den Augen des *'Adam kadmon*, der dabei für die Gefäße der drei oberen Sefirot auf Ohr- Nasen- und Mundlicht der *'Akudim* schaute,[2000] während er für die sieben unteren eben nur auf deren Nasen- und Mundlicht, weshalb sie wie gesagt schwächer wurden. Darum geschah nun Folgendes:

> »Als das Licht von *Keter* (I) als erstes in sein Gefäß einströmte, waren die übrigen Lichter ob seiner Stärke wie nichts vor ihm, darum konnte das *Keter*-Gefäß sie allesamt aufnehmen und war nicht zerbrochen. Ebenso beim Ausströmen des Lichtes von *Hochma* (II). [...] Und so beim Licht von *Bina* (III), in welchem die Lichter der sieben unteren enthalten waren. Dieses Licht strömte in sein Gefäß, welches es aufzunehmen vermochte und nicht zerbrach. [...]
> Als aber die sieben unteren Lichter hinausströmten [...] und in ihre Gefäße eintreten wollten, vermochten diese sie nicht zu ertragen, sie starben und zerbrachen.«[2001]

2000 Das Licht aus den Augen streift bei seiner Emanation die Lichter der vorangegangenen Emanationsstufen der *'Akudim*. Diese Lichter waren solche, die aus Ohren, Nase und Mund des *'Adam kadmon* geströmt waren. Für die Bildung der drei oberen Nekudim werden alle drei Lichtgattungen herangezogen, für die sieben unteren nur die von Nase und Mund. Deshalb waren die sieben unteren *Nekudim* minderwertiger und konnten zerbrechen.

2001 'Ozrot Hajjim, S. 8a f.; vgl. ferner Mevo Sche'arim, S. 21b f. 24a f; 'Ez Hajjim, S. 5b.38b. 39a.40a ff. Hier wird auch der Bruch der Gefäße noch sehr viel differenzierter dargestellt, als in den zuvor genannten Texten.

Der Grund für die Unfähigkeit, das einströmende Licht zu ertragen war der, dass die unteren sieben Sefirot, beziehungsweise ihre Gefäße, alle gleich groß waren, sie darum nur ihr eigenes Quantum aufzunehmen fähig waren und so vor dem einströmenden Überfluss zerbarsten. Diese Beschränktheit der unteren Gefäße resultiert aus der Tatsache, dass ihnen im Gegensatz zu den drei oberen Gefäßen das Ohrenlicht aus der *'Akudim*-Emanationsstufe ermangelte. Anhand der Darstellung wird deutlich, dass die Autoren bestrebt sind, für den Bruch der Gefäße rationale Argumente im Rahmen ihrer Logik zu finden und sie nicht den Eindruck eines verhängnisvollen Einbruchs im Sinne einer Mythologie des Bösen aufkommen lassen möchten.

3.2 Die Gründe für den Bruch der Gefäße

Die bisherige Beschreibung der Emanationsprozesse bis zum Bruch der Gefäße ließ als dessen Ursache ausschließlich physisch-mechanische Gründe erkennen. Jescha'ja Tishby führt in seiner Erörterung der drei grundsätzlich verschiedenen Begründungen für den Bruch der Gefäße gleichfalls als erste Erklärungsmöglichkeit die rein »mechanistische« Erklärung auf, die in vier Unterargumente zerfällt.[2002] Neben der physikalisch-mechanistischen Erklärung gibt es laut Tishby noch die kathartische, nach welcher der Bruch ein Selbstläuterungsprozess des Heiligen ist, und schließlich die teleologische Erklärung, nach der der Bruch die menschliche Willensfreiheit ermöglicht und zugleich ein göttliches Strafinstrument schafft.

3.2.1 Die mechanistische Lösung

Die physikalische-mechanistische Lösung bietet vier Gesichtspunkte an, welche zum Bruch der Gefäße führten. Der erste ist der, dass die *Nekudim-'Azilut*-Emanation im Gegensatz zu der oben beschriebenen Emanation des 'Adam kadmon nicht als duale Emanation, das heißt nicht als zirkulare und lineare zugleich emanierte, sondern alleine als zirkulare, was den Emanationsbau instabil werden ließ. Die zirkulare Emanation ist nämlich nur der psychische Aspekt des entstehenden *'Azilut*-Menschen, dem somit der stabilisierende »Körper« fehlte.[2003] Ein stabiler Zustand jeder Weltstufe ist erst erlangt, wenn sie gleich dem *'Adam kadmon* als Zirkular- und Linearemanation errichtet ist. Bei der *'Azilut*-Emanation ist dies sukzessive geschehen, weshalb ein stabiler Bau entstand.

2002 Y. Tishby, Torat ha-Ra, S. 39ff.

2003 Y. Tishby, Torat ha-Ra, S. 39 nach 'Ez Hajjim, Scha'ar 8, Perek 1, S. 35b; Scha'ar ha-Hakdamot, S. 10c.; u. vgl. Mevo Sche'arim Scha'ar 2, Helek 2, Perek 3, S. 33a.

Die zweite Argumentationslinie spricht davon, dass die unteren sieben *Sefirot*-Gefäße, die dem Bruch verfielen, im Gegensatz zu den drei oberen *Sefirot* nicht strukturiert, das heißt nicht miteinander verbunden, hervorgingen. Die drei oberen Sefirot wurden in den drei Linien Rechts, Links und ausgleichende Mitte emaniert, während die unteren Sefirot ohne Strukturierung einfach sukzessive über- beziehungsweise untereinander emanierten, ohne strukturelle Verbindung. Diese fehlende strukturelle Verbindung der unteren sieben Sefirot ist der Grund für die Schwächung der Fassungskraft ihrer Gefäße.[2004] Ein anderes Argument ist, dass von diesen unteren sieben Sefirot nur die Äste, nicht aber deren Wurzeln hinausgingen, ihnen also die Aspekte der ersten drei Sefirot, der Wurzeln, fehlten.[2005] Die vierte Erklärung ist die oben schon genannte, nämlich dass die unteren Lichter nur Anteile an Nasen- und Mundlicht, nicht aber vom höheren Ohrenlicht haben, weshalb sie zwangsläufig schwächer sind.[2006]

3.2.2 Die kathartische Lösung

»Eine Erklärung völlig anderer Art, wird mit der Begründung des Herausläuterns der Schlacken gegeben. Laut dieser Begründung fand sich die Wurzel der *Klippa* (Schale) schon vor dem Bruch in den Gefäßen.«[2007] Diese Deutung kann Tishby mit Lurjas Auslegung zum Buch der Sprüche belegen. Hier beruft Lurja sich für das Zerbrechen auf die Halacha, nach welcher das Zerbrechen von Tongefäßen deren kultische Reinheit wieder herstellt:

> »Wir haben ja schon erklärt, dass bei der *'Azilut* [-Welt] die Schale der Frucht voranging, darum bedurfte es des Bruches, um die *'Azilut* rein zu machen und zu läutern gemäß dem Geheimnis der Tonscherbe, deren Zerbrechen deren Reinigung ist.«[2008]

Dieser Bruch der Gefäße zum Zwecke der Läuterung wird in *'Ez Hajjim* allerdings nicht als unvorhergesehene Katastrophe, sondern als geplante Maßnahme

2004 Y. Tishby, Torat ha-Ra, S. 39f, 'Ez Hajjim Scha'ar 9, Perek 8, S. 47a.

2005 Y. Tishby, Torat ha-Ra, S. 40; Mevo Sche'arim Sch. 2, Hel. 2, Per. 3, S. 33b.

2006 Y. Tishby, Torat ha-Ra, S. 41; 'Ez Hajjim Scha'ar 8, Perek 2, S. 36c.

2007 Y. Tishby, Torat ha-Ra, S. 41.

2008 Sefer Likkute Tora, Nevi'im u-Ketuvim, Wilna 1880 (Neudruck Jerusalem 1972), S. 136b. Zur Reinigung durch Zerbrechen vgl. u.a. Maimonides, Mischne Tora, Hilchot Mikwa'ot, c. 1: »Alle Gefäße (Kelim), die verunreinigt wurden, werden durch die Mikwa (Tauchbad) wieder rein, außer Keramik- und Glasgefäße. Darum wird über das Zerschmettern von Keramikgefäßen gesagt: ›Dies sollt ihr zerbrechen, denn es wird nur durch das Zerbrechen (Schevira) rein‹.«

beschrieben, die ein bestimmtes Ziel hat, wie dies zum Beispiel auch für den wiederholten *Zimzum* der Fall ist. Hier stellen Vital und Lurja die Frage, warum denn die Gefäße nicht geordnet hinausgegangen seien, um dem Lichtstrom standhalten zu können:

»Siehe, der Grund dafür, dass sie nicht in geordneter Weise (*'al Derech ha-Tikkun*) hinausgingen, so dass sie hernach keinen Bruch und nachfolgenden Tikkun (Restitution) brauchten, ist der: Das beabsichtigte Ziel war, den Aspekt der außerhalbliegenden Schalen (*Klippot*) hervorzubringen. Denn diese braucht die zu schaffende Welt, um den Gerechten Lohn und den Frevlern Strafe zu geben. Darum sind die oben genannten Nekudot [die Emanation aus den Augen] ohne Ordnung hinausgegangen, damit deren Gefäße das Licht nicht fassen könnten und zerbrächen, denn ihr Zerbrechen ist ihre Reinigung, denn dadurch wurde die Unreinheit und die Schlacken aus ihnen geläutert und die Klippot entstanden. Sie sind die Unreinheit, wie es in Seinem Sinne, Er sei gesegnet, war.«[2009]

Auch hier wird zunächst vorausgesetzt, dass die Unreinheit in den Schalen war, bevor diese zerbrachen, und dass der Bruch zu ihrer Läuterung vonnöten war. Tishby konstatiert hier einen Mythos der »Selbstheiligung der Gottheit«[2010] und spricht von einer Katastrophe innerhalb der göttlichen Welt. Aber wieder stellt sich die Frage, ob man hier von einem Mythos sprechen soll, wo das Bild eines gezielten Prozesses dargestellt wird, bei dem es eingeplante Rückzüge gibt, die für das Erreichen der nächsten Bauphase vonnöten sind.

In einer anderen Darstellung des Bruches weisen die Autoren auf den Ursprung dieser Unreinheit und der Schalen in den »strengen Gerichten« hin, die sich in den sieben zerbrechenden Sefirot konzentriert hatten.[2011] Schon oben war deutlich geworden, dass der erste *Zimzum*, der Selbstrückzug der Gottheit, zum einen zunächst eine physisch-technische Notwendigkeit ist, um Raum für die Welt zu schaffen, zum anderen dieser Vorgang zugleich einen ethisch-moralischen Aspekt besitzt, nämlich den der strengen Gerichte.[2012] Beides sind nicht voneinander zu trennende Vorgänge, sondern nur unterschiedliche Aspekte ein und derselben Sache, die einmal kosmologisch und dann moralisch-ethisch ausgedrückt werden. Hier manifestiert sich der Versuch das Böse in der Welt mit den Mitteln des mittelalterlich kausalen und lurianisch-prozeduralen Denkens darzustellen. Darauf verweist auch die Zwecksetzung des Vorgangs, wie er in

2009 'Ez Hajjim, Scha'ar 11, Perek 5, S. 52a.

2010 Y Tishby, Torat ha-Ra', S. 43, 47, 59.

2011 Scha'ar Ma'amare ha-Raschbi, Pikkude, S. 33b; nach Y. Tishby, Torat ha-Ra', S. 41.

2012 So auch Y. Tishby, Torat ha-Ra', S. 54; vgl. dazu ferner Y. Tishby, Torat ha-Ra', S. 56.

der zuletzt angeführten Passage aus *'Ez Hajjim* beschrieben wird. Der Vorgang der Reinigung der Gefäße ist der Versuch, ein sukzessives Entstehen der bösen Kräfte aus der Einheit Gottes prozedural zu erklären. Mit dieser Interpretation des Bruches wird jene Erklärungsformel angedeutet, die Tishby als die teleologische Erklärung bezeichnet.

3.2.3 Die teleologische Lösung

Im Gegensatz zur kathartischen Erklärung, in welcher Tishby einen gewagten, fast häretischen Mythos sehen will, ist die teleologische Begründung nach Auffassung Tishbys eine Art orthodoxe Zurücknahme des dualistisch-mythischen Bildes von der göttlichen Selbstreinigung.[2013] Die teleologische Erklärung des Bruches will, nach Tishby, dessen Ursache nicht in der Notwendigkeit der Selbstläuterung der Gottheit sehen, nach welcher also das Böse schon zuvor existiert und durch den Bruch hinausgeschleudert wird, sondern in einer Zwecksetzung die der entstehenden Welt gilt. Der Bruch ist inszeniert, um, wie oben schon gesagt, ein Vergeltungsinstrument für Gerechte und Frevler in die Hand Gottes zu geben. Daneben existiert jedoch noch ein weiteres Ziel, das laut dieser Argumentation durch den Bruch erreicht werden sollte:

> »Wir haben ja schon erläutert, wie die Heiligkeit jener verstorbenen und vernichteten ›Könige‹ [das heißt der zerbrochenen sieben Sefirot] geläutert wurde, und wie aus den Schlacken die Klippot (Schalen) entstanden. Der Grund dafür ist, damit es in der Welt die Wahlfreiheit, Willen sowie Lohn und Strafe gäbe. Dies war seine Absicht, als er die ›Könige‹ schuf, um sie sterben zu lassen.«[2014]

Wieder ergibt sich hier dasselbe Bild: Der Bruch der Gefäße dient dazu, um die Entstehung eines irdischen, hier eines anthropologischen und ethischen Phänomens zu erklären. Im Vergleich zu auch im Judentum belegten mythologischen Erklärungen für die Entstehung des Bösen wie etwa dem Engelfall[2015] oder dem angelologischen Dualismus in Qumran[2016] oder den sehr ausgiebig mit mythischen Personen operierenden gnostischen Kabbalisten[2017] inklusive dem Sohar, erweist sich das Denken der lurianischen Schule wiederum als sehr »wissenschaftlich« und mechanistisch und hat allenfalls den Hauch des Mythischen, ist

2013 Y. Tishby, Torat ha-Ra', S. 49.
2014 'Ez Hajjim, Scha'ar 38, Drusch 1, S. 65b.
2015 Vgl. Bd. I, S. 185-187.
2016 Bd. I, S. 187-189.
2017 Vgl. Kap. Kabbala I. B. 2; 3.

aber kaum als ein Mythos zu bezeichnen. Da die drei Erklärungsmodelle in den Texten selbst häufig miteinander verbunden und miteinander vermischt sind, sollte man zögern hier konkurrierende Modelle sehen zu wollen. Näher liegt, wie dies im Zusammenhang von *Zimzum* und *Din* offenbar wurde, von unterschiedlichen Aspekten ein und desselben Vorgangs zu sprechen. Die lurianische Theogonie, Kosmogonie und, wie später noch deutlich werden wird, Anthropologie, sind alle aus demselben Denkduktus entwickelt, so dass Fragen der Kosmologie, Anthropologie und Ethik auf dieselben oder analoge Ursprungsprozesse zurückgeführt werden, die als verschiedene Aspekte in den einzelnen Bereichen wahrgenommen werden.

3.3 Der *Tikkun* – die Restitution nach dem Bruch der Gefäße

Die Beschreibung der Prozesse, die zur Restitution der zerbrochenen und gesunkenen Sefirot, ihrer Gefäße und Welten führen, füllen unzählige Seiten der lurianischen Werke. Dabei spielen eine Vielzahl von Prinzipien ineinander – darunter Schriftexegese, Soharauslegung, Systematik der Differenzierung nach Zahl und Geschlecht und räumlichen Richtungen samt den anthropomorphen Fortpflanzungszyklen und ausgewogener Lichtverteilung, die in ihrer Komplexität letztlich kaum zu durchschauen sind. Hier können darum nur ein paar wenige Schneisen in das Dickicht gelegt werden, welche den hervorstechenden Charakter dieses Denkens anschaulich machen.

Das wesentliche neue Element der Restrukturierung der Sefirotwelt bei Lurja besteht darin, dass die zehn Sefirot in fünf Personen, oder *Parzufim*, strukturiert werden. Dies sind der *'Atik Jomin*[2018] (I), *'Abba* (Vater, II), *'Imma* (Mutter, III), *Se'ir 'Anpin*[2019] (IV-IX) und *Nukba de Sa'ir*[2020] (X). Diese Fünferstruktur kehrt im gesamten Makrokosmischen *Zimzum*-Raum wieder, in dem, wie schon erwähnt, den vier traditionellen Welten *'Azilut, Beri'a, Jezira, 'Asija* noch der *'Adam kadmon* vorangestellt wurde. Diese fünf Stufen entsprechen zugleich den fünf Seelen, welche sowohl im Makro- wie im Mikroanthropos anzutreffen sind.[2021] Jede dieser fünf Welten besteht nun ihrerseits aus zehn Sefirot, von denen jede einzelne wieder in zehn Untersefirot geteilt ist, was sich bei der Lichtverteilung zum Beispiel dahingehend auswirkt, dass die Sefirot und Untersefirot zu verschiedenen Teilen auf die nächst tieferen Stufen verteilt werden können. Hinzu kommt die Differenzierung in Vorder- und Rückseite eines jeden

2018 *'Atik Jomin* heißt so viel wie »der an Tagen Alte« und wird auch als *'Arich 'Anpin* »der Langmütige, Geduldige« bezeichnet.

2019 Der Kurzmütige, d.h. der Ungeduldige und Strenge.

2020 Das Weib des Kurzmütigen.

2021 Vgl. Mevo Sche'arim, Scha'ar 6, Helek 2, Perek 10, S. 307b.

Parzufs, die ihrerseits wieder aus zehn Sefirot bestehen. Ein zentrales zusätzliches Gliederungselement bilden die durchgängige Zweigeschlechtlichkeit von Männlich und Weiblich, sowie die Einbeziehung der vier verschiedenwertigen ausgefalteten Tetragrammata (72, 63, 45, 52) und deren Äquivalente in der biblischen Sprache, also die Akzente, Vokale, Schmuck-Krönchen und Buchstaben. Hinzu kommt noch die intensive Soharauslegung vor allem der beiden *'Idrot* (Versammlungen).[2022]

Letztere hat dazu geführt, dass das oberste *Parzuf* (göttliche Person), *'Atik Jomin* in zwei *Parzufim* aufgeteilt wurde, nämlich in *'Atik Jomin* und *'Arich 'Anpin*. Die Geschlechtersystematik erforderte zugleich die Bigeschlechtlichkeit auf allen Ebenen, so dass das Fünfersystem durch vier Paare überlagert wird. Das ergibt dann folgendes Bild: *Parzuf* I: *'Atik Jomin* und seine *Nukba* (Weib), *'Arich 'Anpin* und seine *Nukba*; *Parzuf* II: *'Abba* (Vater) mit seinen weiblichen Aspekten; *Parzuf* III: *'Imma* (Partnerin von *'Abba*) mit ihren männlichen Aspekten; *Parzuf* IV: *Se'ir 'Anpin* (nur männlich); *Parzuf* V: *Nukba des Sa'ir* (Weib, von Parzuf IV, nur weiblich). Dieses System kann durch weitere Paare ausdifferenziert werden, wenn man die Vorder- und Rückseiten der *Parzufim* einbezieht. Dadurch geht aus *'Abba* und *'Imma* das Paar *Israel* und *Lea* hervor, welches in den drei oberen Sefirot des *Se'ir 'Anpin* angesiedelt ist, während die unteren drei Sefirot als *Se'ir 'Anpin Ja'akov* bezeichnet werden, dessen Gattin *Rachel* die zehnte Sefira ist. Die Rückseite dieser Gattinnen bilden die beiden Nebenfrauen *Silpa* und *Bilha*,[2023] die den verdoppelten 'Og, König von Baschan,[2024] zum Gatten haben.[2025] Hieraus ist ersichtlich, dass die Differenzierung des Systems durch eine weitere Aufteilung in Paare mit Hilfe der Schriftexegese weiter vorangetrieben wird.

Diese bigeschlechtliche Struktur entstand nach dem Bruch, als das aus den Augen strömende 45-wertige Licht des *'Adam kadmon* das Licht der gefallenen Sefirot läuterte und sich davon in Gestalt des 52-wertigen Lichtes eine weibliche Partnerin schuf. Das Licht dieser beiden Namen (das 45-wertige Tetragramm als männliches und das 52-wertige Tetragramm als weibliches Licht) baut nun die *Tikkun*-Welt der zerstörten *'Azilut*-Welt wieder auf. Dabei werden die männlichen und weiblichen Lichtanteile in einem komplizierten System auf die restitu-

2022 s. Kap. Kabbala VII. C.a.3.4.2.3f.

2023 Nach Gen. 30,3;9 handelt es sich um die Mägde der beiden Erzmütter, die sie ihren Gatten zur Frau gaben.

2024 Num 21,33; Dtn. 3.

2025 Vgl. z.B. Mevo Sche'arim Scha'ar 6, Helek 2, Perek 5, S. 297a. In 'Ez Hajjim, Hechal 6, Scha'ar 36, Scha'ar 4, S. 58a ff. bilden Jakob und Lea sowie Israel und Rachel Paare. Vgl. ferner Y. Jacobsson, The Aspect of the »Feminine« in the Lurianic Kabbalah, in: Gershom Scholem's Major Trends in Mysticism 50 Years after, Tübingen 1993, ed. P. Schäfer u. J. Dan.

ierte *'Azilut*-Welt verteilt, die nach Gen 31,10 nun als *Berudim*, »Gescheckte«, bezeichnet wird. Die Grundlage dieser Verteilung der männlichen und weiblichen Lichtanteile auf die restituierte *'Azilut*-Welt besteht darin, dass jeder dieser beiden Namen (45/52) aus zehn Sefirot besteht, von denen jede wiederum in zehn Sefirot zerfällt, die nun gesplittet auf die neu zu bildenden Paare der *Parzufim* emanieren. Die folgende Tabelle zeigt zunächst die männliche und weibliche Namen-Dekade, deren zehn Untersefirot hier schon nach dem nachfolgenden Verteilungsmodus untergliedert sind:

Männlich, Name 45			Weiblich, Name 52	
I	10		I	5+5
II	10		II	3+7
III	5+5		III	4+6
IV	10		IV	1+9
V	10		V	1+9
VI	10		VI	1+9
VII	10		VII	1+9
VIII	10		VIII	1+9
IX	10		IX	1+9
X	10		X	1+9

Alle Untersefirot, die mit der Zahl »zehn« versehen sind, gehen als gesamter Block auf eines der unteren *Parzufim* über, während die Additionsgruppen nach dem angegebenen Maß auf verschiedene *Parzufim* aufgeteilt werden:

Parzuf	**Sefirot**	**Sefirot**	**Parzuf**
ʻAtik Jomin, männlich	M: I,10	W: I, 1-5; II, 1-3; III, 1-4; IV-X, 1	Nukba de-ʻAtik
ʼArich ʼAnpin, männlich	M: II, 10	W: I, 6-10	Nukba de-ʼArich
ʼAbba, männlich	M: III, 1-5; W: II, 4-10	M: III, 6-10 W: III, 6-10	ʼImma, weiblich
Saʻir, männlich	M: IV-X	W: IV-X, 2-10	Nukba de Saʻir, weiblich

Die ersten vier Einheiten, *ʻAtik Jomin* (der Langmütige), *seine Nukba* (Weib) sowie *ʼArich ʼAnpin* (der Kurzmütige) und seine *Nukba* sind zusammen ein Parzuf, das den Gesamtnamen *ʻAtik Jomin* trägt. Die beiden folgenden, *ʼAbba* (Vater) und *ʼImma* (Mutter) sind je ein *Parzuf* für sich, ebenso die beiden letzten *ʼSeʻir* (ʼAnpin) (der Kurzmütige) und seine *Nukba.* Es ergeben sich mithin fünf *Parzufim,* die zugleich als vier Geschlechtspaare gegliedert sind. Die ersten beiden Paare sind in einem *Parzuf* vereint, die beiden folgenden Paare sind hingegen je zwei sich verbindende *Parzufim.*

Die drei ersten Parzufim, *ʻAtik*, *ʼAbba* und *ʼImma*, als die obere Triade, beziehen ihre Lichtanteile fast ausschließlich von den drei oberen Sefirot der beiden Spenderdekaden – die einzige Ausnahme macht *Nukba de-ʻAtik,* welche von den unteren Sefirot des weiblichen Spenders die jeweils erste Untersefira (*Keter*) erhält.

Die Aufteilung der männlichen und weiblichen Anteile aus den beiden Spenderdekaden zeigen in doppelter Hinsicht eine voranschreitende Separierung von Männlich und Weiblich, was zugleich als absteigende Hierarchie zu bewerten ist. Im ersten *Parzuf,* ʻ*Atik,* sind die beiden Paare noch miteinander vereint. Auf der nächsten Ebene erscheinen zwei getrennte Paargenossen, die aber, wie die Texte betonen, dennoch in steter Verbindung stehen. Dagegen steht das letzte Paar, *Saʻir* und *Nukba de-Saʻir,* in weitaus stärkerer Trennung und kann sich nur gelegentlich vereinen. Dieser klaren Hierarchielinie läuft eine zweite teilweise widerläufige entgegen. Im ersten aufs engste verbundenen Paar von *ʻAtik* sind die weiblichen und männlichen Teile völlig getrennt. Der weibliche Partner, *Nukba de-ʻAtik,* hat weibliche Anteile aus allen zehn Sefirot der weiblichen Spenderdekade, von den unteren sieben allerdings jeweils nur die höchste. Die Partnerin des zweiten Paares (*Nukba de-'Arich*) im ersten *Parzuf* hat schon erheblich weniger weibliche Spenderanteile, die auch von einem niedrigen Niveau stammen. Beim nächsten Paar, *'Abba* und *'Imma*, die zwei getrennte *Parzufim* darstellen, aber doch in inniger Verbindung stehen sollen, haben sowohl der männliche wie der weibliche Partner gleichermaßen männliche und weibliche Spenderelemente. *'Abba* verfügt jeweils über die höheren Anteile von beiden. Im letzten Paar schließlich, werden auch die männlichen und weiblichen Spenderanteile völlig getrennt auf das je männliche beziehungsweise weibliche Parzuf verteilt.

Die genaue Verteilung der männlichen und weiblichen Lichtanteile der beiden Spenderdekaden erfolgt nach einem System, das die graduierte Trennung von Männlich und Weiblich vorantreibt. Das Resultat besteht darin, dass in den unteren Hierarchien der *Parzufim* die männlichen und weiblichen Partner zunehmend weniger über Gemeinsamkeiten verfügen, die aus einer Lichtquelle stammen. Durch die in den unteren Paaren wachsenden Differenzen wird die „eheliche Verbindung" mit höherem Aufwand belastet, wofür, wie später noch deutlich werden soll, die menschliche Hilfe vonnöten sein wird.

Dieser hier vorgeführte Ausschnitt der Restrukturierung der *Tikkun*-Welt ist nur ein Tropfen im Meer der lurianischen Erörterungen, die allesamt eine solche Systematik entfalten, deren Logik oft nur sehr schwer nachzuvollziehen ist, aber von den Autoren mit einer Gewissheit vorgetragen wird, die an naturwissenschaftliche Weltbeschreibungen im chemisch-physikalischen Bereich erinnert. Man ist geneigt, das ganze als Ergebnis visionärer Erlebnisse verstehen zu wollen, wogegen allerdings die genannte Systematik sprechen mag. Denn oft wird der Leser aufgefordert, die angefangene Beschreibung nach der vorgegebenen Systematik selbst zu Ende zu führen, was den Beschreibungen einen Stempel des Bewußten gibt, das mit entsprechendem Wissen und menschlicher Aktivität ausgeführt werden kann.

Die vielfältigen, durch die verstreuten und organisierten Partikel entstandenen Verbindungen der metaphysischen Wesenheiten entfalten im weiteren Voranschreiten der Emanation bis herab zu letzten Weltstufe, wie auch während der bestehenden Welt, die noch immer im *Tikkun*-Prozess begriffen ist, eine reiche und schillernde Beziehung zueinander, die in ihrer Komplexität durch die komplexen Verteilungsmechanismen vorgeprägt ist.

3.4 Der Bereich der Schalen – die *Klippot*

Schon oben wurde darauf hingewiesen, dass es angemessener ist vom *Bereich* der *Klippo*t zu sprechen als von deren *Reich*. Die Begründung dafür ist zum einen darin zu suchen, dass die Schalen, trotz zuweilen in Erscheinung tretender gnostischer Obertöne, sich doch zuallererst als eine geplante retrospektive oder prospektive Notwendigkeit und Entscheidung des göttlichen Selbstoffenbarungsprozesses manifestieren und zum anderen an deren geordneten Struktur. Diese zielgerichtete Ordnung wirkt sich vor allem dadurch aus, dass der Bereich der Schalen nach deren Ausgliederung durch den Bruch der Gefäße nicht zu einem chaotischen unkontrollierbaren Reich des Bösen wird, sondern dass auch dieser Bereich in den systematischen Neustrukturierungsprozess einbezogen erscheint. So werden auch die *Klippot* dem Prozess des *Tikkun* unterzogen und erhalten eine spiegelbildliche Struktur der heiligen Emanation. Dementsprechend steht dem *'Adam de-Keduscha*, dem »Heiligen Menschen« der *'Adam Belija'al*, der »Nichtsnutze Mensch« gegenüber.[2026] Allerdings verläuft der *Tikkun* des *Klippot*-Menschen dem der heiligen Emanation zuwider. Wird der heilige Bereich von oben nach unten voranschreitend dem *Tikkun*, also der Restrukturierung, zugeführt, so geschieht dies für die Schalenwelt gerade in umgekehrter Richtung, worin allerdings ein noch unten deutlicher werdendes Rivalitätsverhältnis zwischen Guter und Böser Seite zum Ausdruck kommt. Die Vollkommenheit der Ausstrukturierung der heiligen Emanation ist oben stärker und vollkommener, das heißt abgeschlossener, als nach unten hin, während dies für die unreine Seite der *Klippot* gerade umgekehrt ist. An dieser Stelle muss ausdrücklich darauf hingewiesen werden, dass bei der Restrukturierung der *Klippot*-Welt diese über dieselbe Struktur, wie die heilige Emanation verfügt, und sie beide nicht durch eine »räumliche« Distanz getrennt sind, sondern von oben und unten aufeinander zu und ineinander verwachsen. Dabei ist der Verschlingungsgrad in den höheren Ebenen geringer als weiter unten:

> »Wisse, auch bei den *Klippot* gibt es die Aspekte *'Azilut, Beri'a, Jezira 'Asija.* Und in jeder dieser Welten gibt es fünf Parzufim aus jeweils zehn Sefirot, gerade so wie es bei der Heiligen Seite ist. [...] Wisse, obwohl es in allen vier Welten den Aspekt der *Klippot* gibt, gibt es doch einen Unterschied zwischen ihnen. Denn in der heiligen *'Azilut*-Welt (Welt der Emantion) überwiegt das Gute im Vergleich zur *'Azilut*[-Welt] der Unreinheit, wie hier auch das Heilige mit dem Unreinen nicht vermischt ist. In der heiligen *Beri'a*-Welt überwiegt zwar auch das Heilige das Unreine der Klippot von Beri'a, aber sie

2026 'Ez Hajjim, Scha'ar 42, Perek 3, S. 90c.

> sind miteinander vermischt. In der *Jezira*-Welt sind gut und böse gleichauf und sie sind miteinander vermischt. In der *'Asija*-Welt schließlich überwiegen die Klippot die *'Asija* der Reinheit, und sie sind zugleich auch miteinander vermischt. Darum gibt es in der *'Asija*-Welt nichts, das nicht aus Gutem und Bösem zusammengesetzt wäre, so dass Heiligkeit und Klippot wahrhaft miteinander vermischt sind.«[2027]

Die durchaus pessimistische Auffassung, dass in unserer irdischen Welt Gutes und Böses stets miteinander vermischt sind, also nichts ausschließlich Gutes oder Böses existiert,[2028] wird hier wiederum dem systematischen Denken in graduierten Schritten unterworfen, das einen stufenweisen Übergang vom absolut Guten zum stets Vermischten darstellt. Alles geschieht in quantifizierter Weise, was ein Weltbild ergibt, das zwar zwei Pole kennt, aber eben doch insgesamt nur die eine Welt sieht, in welcher Liebe und Gericht miteinander partizipieren.

Nach dem viel zitierten Grundsatz »Das eine entsprechend dem andern machte Gott«[2029] existieren auch im Bereich des *Se'ir 'Anpin* der *Klippot Parzufim* beiderlei Geschlechts, nämlich Samma'el als Mann und Lilit als Weib. Letztere wird durch die zehnte Sefira der *Klippot* repräsentiert. Gleich den Paaren der Nebenfrauen im Heiligen Bereich, die oben erwähnt wurden, trifft man auch hier auf die Nebenfrauen Malka, 'Agrat und Na'ama, allesamt biblische Frauen, die schon in der älteren Tradition dämonische Züge angenommen hatten.[2030]

Nach dem Bruch der Gefäße, in welchem Reinheit und Unreinheit zunächst voneinander getrennt wurden, werden beide Seiten dem *Tikkun* – also einer stabilen und tragfähigen Struktur – zugeführt, die allerdings erst allmählich heranwächst und noch nicht vollendet ist. An den Berührungsflächen der beiden Strukturbereiche entsteht ein ständiges Wogen, ein Hin und Her, das in erster Linie vom Handeln der Menschen abhängig ist. Die *Klippot* saugen aus den heiligen *Sefirot*, vor allem aus den *Dinim* (Gerichten), aus denen sie entstanden waren, ihre Lebenskraft. Dabei kann es sogar zu erneuten Metamorphosen der *Dinim* zu *Klippot* kommen. So wird zum Beispiel sogar Lilit, die im lurianischen System zur zehnten Sefira der Unreinheit mutierte, als eine solche Metamorphose des *Parzuf* Lea bezeichnet, die zu den *Dinim* gerechnet wird.[2031] Die luriani-

2027 'Ez Hajjim Hechal 7, Scha'ar 48, Perek 3, S. 110a.

2028 Dies ist ein Auffassung, die der erste jüdische Philosoph des Mittelalters, Sa'adja Ga'on, vertreten hatte. Vgl. Saadja Fajjumi, Emunot we-Deot, IX, 2, Emunot we-Deot oder Glaubenslehre und Philosophie von Saadja Fajjumi. […] übersetzt von Dr. Julius Fürst, Leipzig 1845 (Neudruck, Hildesheim-New-York 1970), S.459.

2029 Kohelet (Prediger) 7,14.

2030 Mevo Sche'arim, Scha'ar 6, Helek 2, Perek 5, S. 298b f; 'Ez Hajjim Hechal 7, Scha'ar 48, Perek 2, S. 109-110b.

2031 Vgl. Y. Tishby, Torat ha-Ra', S. 80f.

sche Kabbala stellt diesen statisch-dynamischen Vorgang auch durchaus in gnostisierenden Farben als eine Art Kampf zwischen den ineinander verschlungenen Seiten dar.[2032] In diesem Zusammenhang spricht Tishby von einer mythologisch-dualistischen Konzeption, wie sie zum Beispiel in einem homiletischen Stück aus den *Likkute ha-Tora* angedeutet wird. Dort wird die in der Bibel beschriebene Reise Abrahams nach Ägypten (Gen 12,10-20), bei der Sara in den Harem des Pharao gebracht wird, auf diesen listenreichen Kampf zwischen den beiden Seiten gedeutet:

> »Zur Zeit, da ein Mensch über den andern herrschte, ist dies die Herrschaft der Klippot über den Menschen der Heiligen Seite, um ihm Böses anzutun zugunsten der Klippa, denn er gedachte, von der Heiligkeit zu genießen. Aber im Gegenteil: Die heiligen Funken, welche mit ihnen [den Klippot] vermischt waren, welche ja aus den verstorbenen Königen [d.h. den zerbrochenen Gefäßen] stammten, die hefteten sich nun an das Heilige und trennten sich [von den Klippot]. So verloren sie [die Klippot] sogar das, was sie zuvor besaßen.«[2033]

Die beiden Seiten versuchen sich demnach das ihnen innewohnende Licht zu rauben, die *Klippot*, um am Leben zu bleiben und stärker zu werden, die Heilige Seite, um das ihr Gehörende zurückzuerhalten und dadurch die Erlösung des gefangenen Lichtes und damit der Welt zu erreichen.

Abschließend muss hier noch eine etwas abweichende Konzeption der Stellung der *Klippot* erwähnt werden, die für die Anthropologie eine wichtige Bedeutung haben wird. Nach dieser Version legen sich die *Klippot* als vier Schalen um die Heilige Welt, wobei die innerste dieser Schalen, als Übergangsglied zwischen der Heiligkeit und den vollständig unreinen *Klippot* dient. Diese vierte innere *Klippa* heißt *Klippat Nogah*, die »Schale des Glanzes«. Sie ist dadurch gekennzeichnet, dass in ihr Gut und Böse vermischt sind und sie zuweilen vollkommen gut oder vollkommen böse sein kann.[2034]

2032 Y. Tishby, Torat ha-Ra‘, S. 85.

2033 Sefer Likkute Tora, Nevi'im we-Ketuvim, Wilna 1880 (Neudruck Jerusalem 1972), S. 23a.

2034 Vgl. Y. Tishby, Torat ha-Ra‘, S. 69f.; ‘Ez Hajjim, Scha‘ar 49, Perek 2, S. 111b.

4. Der Mensch

4.1 Der natürliche und der israelitische Mensch

Die Beschreibung des Menschenbildes wird von Vital und Lurja mehrfach in die Beschreibung des gesamten Kosmos eingefügt. Dadurch zeigen die Autoren zum einen erneut ihre tiefe Abhängigkeit von der mittelalterlichen Philosophie[2035] und verweisen zum andern auf einen Zusammenhang, der für das lurianische Denken essentiell ist, nämlich die Notwendigkeit der Erschaffung des Menschen für den kosmischen *Tikkun*. In einem solchen Zusammenhang im Buch *Mevo Sche'arim* sieht man die Autoren einen Weg beschreiten, den vor ihnen schon der Philosoph Jehuda ha-Levi[2036] beschritten hatte, der den Versuch unternahm, die Lehre von der Erwählung Israels mit Hilfe ontologischer Kategorien zu begründen. Das Resultat ist hier, wie dort, dasselbe und mündet darin, dass ein ontologischer Unterschied zwischen Israel und den Völkern konstruiert wird. Darum ist die lurianische Anthropologie in zwei Teilen darzustellen, der eine handelt vom natürlichen Menschen und der andere vom »erwählten« Menschen.

Die Darstellung des natürlichen Menschen beginnt Vital mit der grundsätzlichen Unterscheidung der Himmel, womit die Zehn Sphären gemeint sind,[2037] und der »Erde«, welche mit den vier Elementen identifiziert werden. In beiden Bereichen gibt es die Zusammensetzung von Materie und Form, von Körper und Seele. Ihnen liegt die einfache ungeformte Materie zugrunde, die im Sphärenbereich »Hyle« und im Erdbereich »Tohu«[2038] genannt wird. Wird das irdische *Tohu* von einer Form, das heißt einer Seele, überformt, wird es zu »Bohu«, zu »Es ist etwas in ihm«. Daraus entstehen dann die vier Elemente.

Die irdischen Geschöpfe sind die Gattungen Minerale, Pflanzen, Lebendiges (Tiere) und Sprechendes (Rationales). Sie gelten alle als Geschöpfe der Erde und sind darum aus den vier Elementen zusammengesetzt. Alle vier irdische Daseinsbereiche haben eine Seele, der erste die »zusammenfügende Seele«, welche Form und Materie zusammenhält, die nächsten sukzessive zusätzlich die vegetative Seele, die animalische Seele und schließlich die rationale oder sprechende Seele. Jede nächst höhere Stufe enthält jeweils die unter ihr stehenden Stufen.

Hinsichtlich der menschlichen, der »sprechenden Seele« wird zunächst festgestellt, dass sie auch »rationale Seele« genannt wird. Diese rationale Seele lässt sich nun in einen »praktischen Intellekt« und einen »theoretischen Intellekt«

2035 Die Autoren verweisen dazu auf ein Werk »Sefer ha-Teva'im« (Buch der Naturkunde), 'Ez Hajjim, Scha'ar 50, Perek 10, S. 117b.

2036 Vgl. Bd. I, S. 601-609.

2037 Vital folgt hier der oben besprochenen neoplatonischen Tradition, die zehn und nicht neun Sphären zählt; vgl. Kap. Kabbala IV.2.1;V2.3.

2038 Nach Gen 1,2: »Die Erde war Tohu und Bohu«.

untergliedern. Der praktische Intellekt zerfällt weiter in den »wirkenden Intellekt«, der das menschliche Tun steuert, und den »denkenden Intellekt«, der die praktischen Arbeiten plant. Der theoretische Intellekt ist im Gegensatz zum praktischen nicht auf das körperliche Tun ausgerichtet, sondern nur auf die Belange der Seele und der Wissenschaften und besitzt schließlich die Fähigkeit des Willens und der Imaginationskraft (Phantasie).[2039] Die natürliche Seele des Menschen einschließlich ihrer Untergliederungen, deren Vervollständigung man der lurianischen Kabbala zufolge im Alter von 13 Jahren erlangt,[2040] wird auch als »elementare Seele« bezeichnet, weil sie aus der Form und Materie der vier Elemente entstand. Diese menschliche Seele, also die rationale Seele der mittelalterlichen Philosophie, wird wegen ihrer Herkunft und »Beschränktheit« einfach auch die »Tierseele« (*Nefesch ha-behemit*) oder »Koach ha-Guf« »Kraft des Körpers« genannt. Sie dient zugleich als Umkleidung der höheren Seelen, ohne die jene höheren Seelen nicht mit dem Körper in Kontakt treten könnten.[2041]

Von der natürlichen, rationalen Seele, die von Lurja als »Tierseele« bezeichnet wird, ist die »wahre rationale *Nefesch* (Seele)«, die übernatürliche Seele, zu unterscheiden. Sie ist ausschließlich auf die Gebote und die Erfüllung des Gotteswillens ausgerichtet. Als die unterste von den eigentlichen »spirituellen« Seelen des Menschen stammt sie aus den zehn Sphären der *'Asija*-Welt, also aus dem »Himmel«. Nach der »wahren rationalen Nefesch« erwirbt der Mensch durch seine religiösen Aktivitäten die nächst höhere Seele, die »rationale *Ruach*«, welche in der *Jezira*-Welt ihren Ursprung hat. Anschließend folgt die »*Neschama*« aus der *Beri'a*-Welt und schließlich die »*Hajja*« aus der *'Azilut*-Welt. Wer all diese vier Seelen errungen hat, wird »Sohn Gottes« genannt. Die fünfte, die »*Jechida*«-Seele wird in diesem Zusammenhang nicht erörtert, wiewohl sie zum vollkommenen Menschen hinzugehört, wie Vital dies in seinem mystischen Handbuch *Scha'are Keduscha* erklärt:

> »Zunächst tritt in [den Menschen] die *Nefesch* aus dem Himmel namens *Wilon*, und sie reicht von dort bis zum obersten Himmel der *'Asija-Welt*, und dies alles wird *Nefesch von 'Asija* genannt. Sie wird ›intellektuelle heilige *Nefesch*‹ im Menschen genannt. Sie selbst wird wiederum in fünf Kräfte zerteilt, nämlich in *Jechida, Hajja, Neschama, Ruach und Nefesch*. [...] Und danach empfängt er die *Ruach* aus der *Jezira-Welt*, die ihrerseits in die genann-

2039 Mevo Sche'arim, Scha'ar 6, Helek 2, Perek 10, S. 304b- 307c; 'Ez Hajjim Scha'ar 50, S. 116d-117d.

2040 'Ez Hajjim, Scha'ar 50, Perek 9, S.116d. Entsprechend beginnt wohl der Eintritt der spirituellen *Nefesch* ab dem 13. Lebensjahr, wenn der Jude zur Gebotserfüllung verpflichtet ist, vgl. 'Ez Hajjim, Scha'ar 26, Perek 4, S. 16c.

2041 Mevo Sche'arim, Scha'ar 6, Helek 2, Perek 9, S. 304a; 'Ez Hajjim, Scha'ar 50, S. 116d, 117d.

> te Aufteilung zerfällt. [...] Und in dieser Weise [verhält es sich mit] der *Neschama* aus der *Beri'a-Welt*, der *Hajja* aus der *'Azilut-Welt* und der *Jechida* aus dem *'Adam kadmon*.«[2042]

Demnach handelt es sich bei der Seelenstruktur des vollkommenen übernatürlichen Menschen um ein Abbild und hierarchischen Ausfluss aus den fünf Stufen der emanierten Welt. In diesem Sinne wird an anderer Stelle erklärt, dass alle Lichter des »'Adam kadmon« *Jechida*-Seele sind, die von »'Azilut« *Hajja*, und entsprechend die von »Beri'a« *Neschama*, von »Jezira« *Ruach* und von »'Asija« *Nefesch*.[2043] Andererseits existieren auch eine Reihe von Texten, nach denen die höchste dieser Seelen, *Jechida*, dem irdischen Menschen nicht aus dem *'Adam Kadmon*, sondern wie *Hajja* aus der *'Azilut*-Welt zukommt.[2044]

In der Beschreibung des stufenweisen Erwerbs der fünf übernatürlichen Seelen macht Vital allerdings deutlich, dass der Besitz dieser übernatürlichen Seelen ein Privileg des Israeliten darstellt. Der israelitische Mensch gilt Vital als eine Menschen-Schöpfung sui generis, die nach dem allgemeinen Menschen erschaffen wurde.[2045] Entsprechend erklärt er im *'Ez Hajjim*:

> »Und siehe, der Emanator, sein Name sei gesegnet, wollte, dass auf dieser unteren Erde die ganzen vier Welten, *'Azilut*, *Beri'a*, *Jezira* und *'Asija,* zusammengefasst seien. Und dies ist so in seinem Volk Israel, das er erwählte, damit sie hier unten alle vier Welten miteinander verbänden. Und der Grund dafür ist, dass sie die Kraft hätten, alles zu Läuternde aus dem Baum der Erkenntnis des Guten und des Bösen, aus den vier Aspekten der [vier] Welten *'Azilut, Beri'a, Jezira, 'Asija* zu läutern.«[2046]

Demzufolge befähigt die mikrokosmische Seele der Israeliten als *imago* der vier Welten sie dazu ,das Werk des Tikkun zu vollbringen. Das Ziel dieser Aufgabe besteht darin aus den »Baum der Erkenntnis des Guten und Bösen« genannten Welten, in denen *Klippot* und Heiliges in dem oben beschriebenen Maße vermischt sind, durch Tora und Gebote das von den *Klippot* festgehaltene Licht herauszuläutern.

Die lurianische Seelenlehre hat über die bislang beschriebene Unterscheidung hinaus ihr Gepräge jedoch vor allem durch die Lehre vom Protoplasten, dem

2042 Scha'are Keduscha, Ed. 'Eschkol, Jerusalem (o.J.), Helek 3, Perek 2, S. 78f.

2043 Sefer 'Adam Jaschar, Krakau 1895 (Neudruck Jerusalem 1971), S. 83a.

2044 So z.B. Scha'ar ha-Kawwanot, 'Injan Sukkot, Drusch 7, S. 316b-317a.

2045 Vgl. Scha'are Keduscha, Ed. 'Eschkol, Jerusalem (o.J.), Helek 3, Perek 2, S. 78f.

2046 'Ez Hajjim, Scha'ar 50, Perek 1, S. 114a.

'Adam ha-Rischon, erhalten, die in einem eigenen Kapitel dargestellt werden soll.

Die fünf spirituellen Seelen des irdischen, wie auch der sefirotisch-kosmischen Menschen, sind nicht direkt in den Körper gehüllt, sondern jede von ihnen hat als Gewand ein sogenanntes *Zelem,* ein »Ebenbild«, das – wie der Mensch selbst aus 613 Teilen besteht. [2047] Diese 613 Körperteile des Zelem stellen zugleich Engel dar, die zusammengefasst den von den Rabbinen konzipierten »Guten Trieb« des Menschen verkörpern, und denen 613 böse Teile gegenüberstehen, die den »Bösen Trieb« bilden.[2048] Die Triebe des Menschen, die im »Ebenbild« ihren Ort haben oder mit diesem gleichzusetzen sind,[2049] sind demnach »Engel«, deren Herkunft aus der oben schon genannten *Klippat ha-Noga* rührt. Darum kann auch der »Böse Trieb« des Menschen – wie die *Klippat ha-Noga* selbst – zuweilen vollkommen gut oder vollkommen böse sein.[2050]

4.1.1 Der Erste Mensch – *'Adam ha-Rischon*

Die wichtigste Aussage zum Verständnis der Erschaffung des Menschen besteht darin, dass Gott ihn zur Krönung und Vollendung des kosmologischen *Tikkun*-Prozesses geschaffen hat. Vom »Emanator« war dem Menschen die Aufgabe zugedacht, nach dem Bruch der Gefäße durch sein Handeln die Vollendung der *Tikkun*-Welt herbeizuführen: »Es ist bekannt, dass das Ziel der Erschaffung des Ersten Menschen war, durch ihn und sein Tun den *Tikkun* der Oberen Welten herbeizuführen.«[2051] Nachdem der Erste Mensch im Sündenfall an dieser Aufgabe gescheitert war, wurde diese Aufgabe an die Erben seiner Seele übertragen. Die Erben sind, wie unten noch deutlich werden wird, die Israeliten. Ihnen kommt darum als Kollektiv diese Aufgabe zu, an der aber jeder einzelne Israelit gemäß seinem Seelenteil arbeiten muss. Die Beerbung der adamitischen Seele durch die Israeliten ist nur darum nötig geworden, weil der Adam im Sündenfall nicht nur den Tikkun der Welt versäumte, sondern sowohl den gesamten Kosmos wieder auf eine niedrige *Tikkun*-Stufe herabzog, wie auch seiner eigenen Statur an Leib und Seele Schaden zufügte.

2047 Vgl. dazu G. Scholem, Zelem - die Vorstellung vom Astralleib, in: ders., Von der mystischen Gestalt der Gottheit, Frankfurt a.M. 1973, S. 270.312f.; ʻEz Hajjim, Schaʻar ha-Zelem, Schaʻar 26, Perek 1, S. 14b-15a.

2048 Zur Rabbinischen Vorstellung von den beiden Trieben vgl. Bd. I, S. 273-277.

2049 ʻEz Hajjim, Schaʻar ha-Zelem, Schaʻar 26, Perek 1, S. 15a.

2050 Schaʻar ha-Pesukim, Sidrat Kitve ha-Ari, Jerusalem, S. 6b; vgl. ferner Y. Tishby, Torat ha-Ra, S. 97.

2051 Schaʻar ha-Pesukim, Bereschit, S. 6b.

4.1.2 Der Sündenfall

Der Sündenfall, für dessen Wesen unterschiedliche Definitionen in der lurianischen Kabbala existieren, wird vor allem gemäß dem gesamten hier sichtbar gewordenen Konzept der Kosmogonie und der darin dem Menschen zugedachten Rolle nicht eigentlich als moralische Verfehlung und Verweigerung des Gehorsams dargestellt, sondern als ein fehlerhafter Akt in dem behutsamen, zeitlich und räumlich fein gegliederten Prozess des *Tikkun*:

> »Und wir wissen, dass er [der 'Adam] dadurch gesündigt hat, dass er vom Baum der Erkenntnis, also von dem Ort, an dem die Draußenstehenden [d.h. die Schalen des Bösen] haften, gegessen hat, bevor die *Mochin*[2052] (Lichtteile)[2053] von Seiten [der oberen Weisheit], d.h. von der Seite des Vaters [in den Baum der Erkenntnis][2054] gekommen waren, wodurch das Haften der Schalen (*Klippot*) beendet worden wäre. Und nicht nur dies, er sündigte auch darin, dass der die [oberste Sefira namens] *Keter* (Krone) von Se*'ir Anpin* (der Kurzmütige)[2055] vor der Zeit groß machen wollte [...] Und durch all dies hat er großen Schaden angerichtet.«[2056]

Die Ursünde erscheint hier nicht als ein moralisches Vergehen, vielmehr hat der Adam den für das Wachsen der Konfigurationen geeigneten zeitlichen Rhythmus nicht eingehalten; er hat das ihm auferlegte Werk »nur« zu früh begonnen. Er wollte vom Baum der »Erkenntnis des Guten und Bösen«, welches die *'Asija-*

2052 Wörtlich: Hirnteile oder Kerne, gemeint sind Lichtteile der oberen Sefirot, hier von der Sefira *Hochma*.

2053 *Moach*, wörtlich Kern oder Hirn. Mit *Mochin* sind Lichter gemeint, die von den drei oberen Sefirot jeder Dekade stammen, welche ja der »intellektuelle« Teil des sefirotischen Menschen sind.

2054 *Se'ir 'Anpin*, d.h. Sefira IV-IX.

2055 Vgl. die vorangehende Fußnote.

2056 Scha'ar ha-Pesukim, Sidrat Kitve ha-Ari, Jerusalem, S. 6b; vgl. ferner Y. Tishby, Torat ha-Ra, S. 97. Tishby zählt noch weitere Definitionen der Ursünde auf: 1. Eine erste moralische: Das Verlangen Adams nach der 'Asija-Welt, an welcher er ursprünglich keinen Anteil hatte und von der er trotz des göttlichen Verbots genießen wollte. 2. Der eheliche Verkehr mit seiner Frau Eva vor dem Schabbat, was über dessen theurgische Wirkung auch oben einen schädlichen unzeitigen Siwwug (eheliche Vereinung) brachte (Sefer Likkute Tora, Hukkat, S. 86b). 3. Adams Verkehr mit der »Anderen Seite« in Gestalt von Lilit, der »Ersten Eva« (Sefer ha-Likkutim, 'achare Mot, S. 47b, nach Y. Tishby, Torat ha-Ra, S. 94). 4. Eva hat versucht, die »Weintrauben« der *Dinim* (der strengen Gerichte) von denen die *Klippot* leben, auszupressen, und dabei den Satz daraus zu entfernen, wovon sie sodann tranken ('Ez Hajjim Scha'ar 38, Perek 4, S. 62c). 5. Adam half den *Klippot*, indem er die Völker der Welt dem Heiligen nahe bringen wollte (Sefer ha-Likkutim, Tehillim, S. 88c, Y. Tishby, Torat ha-Ra, S. 95).

Welt ist, genießen, bevor die Schalen von dort endgültig entfernt waren, was dann allerdings katastrophalen Folgen hatte. Die durch das unzeitgemäße Handeln des Adam eingetretenen Schäden sind demzufolge wieder »technischer« Art. Die hochkomplizierten, an einen bestimmten Zeittakt gebundenen Konfigurierungen blieben dadurch nicht nur unverwirklicht, sondern erlitten neue gravierende Schäden. Dabei verhält es sich wie bei einem Baufehler, der auch an den schon fertiggestellten Teilen größere Schäden nach sich zieht. Alle Weltstufen senkten sich mit der Folge, dass die unterste, die irdische Welt, sich bis in den Bereich der Schalen abgesenkt hat, und sich darauf hin erneut Licht und Finsternis, Gutes und Böses in unserer Welt miteinander vermischten. Ziel des *Tikkun* muss es daher sein, diese Vermischung durch das Heben der Funken aus den Schalen zu beseitigen. Auch dies wird die Aufgabe des Menschen sein, der nun aber auch selbst eine neue Konstitution angenommen hat.

Die Folgen der Ursünde betrafen nämlich nicht nur den Weltenbau, sondern auch die Statur des Menschen selbst, vor allem aber seine psychische Statur. Nach der Lehre Jitzchak Lurjas hatte der Erste Mensch nämlich eine überaus mächtige und reich gegliederte Makroseele, die im Sündenfall Schaden genommen hat.

Was dieser Schaden ist und wie sich dies auf die Welt und die Menschheitsgeschichte ausgewirkt hat, wird nur verständlich wenn man wenigstens einen kurzen Einblick in die adamitische Psyche getan hat – eine Notwendigkeit die auch Hajjim Vital in seiner Darstellung des Sachverhaltes nachdrücklich betont:

> »Die Sache des Gilgul (Seelenwanderung) in äußerster Kürze, was jeder Mensch unbedingt wissen muss, nämlich wie er sich verhalten muss, um sich selbst den Tikkun zu schaffen.
> Es ist ja bekannt, dass es vier Weltstufen gibt *'Azilut, Beri'a, Jezira, 'Asija*[2057] [als Akronym: 'Abj'a]. Und jede dieser Welten besteht aus fünf *Parzufim* [fünf göttlich-sefirotischen Personen]: *'Arich 'Anpin* (der Langmütige), *'Abba* und *'Imma* (Vater und Mutter), *Se'ir 'Anpin* und *Nukba de-Sa'ir* (der Kurzmütige und das weibliche Pendant des Kurzmütigen).
> Jedoch sind sie nicht alle gleich [...]. Es ist auch bekannt, dass aus allen Aspekten, die in den vier Welten *'Abj'a* enthalten sind, die Seelen der Men-

2057 Sie sind den philosophischen Weltstufen der mittelalterlichen Philosophen vergleichbar, also dem *mundus intelligibilis*, der Welt der Himmelssphären und schließlich der sublunaren Welt. Die hebräischen Benennungen folgen aus der Auslegung von Jes 43,7: Alles was mit meinem Namen und zu meiner Ehre genannt wird, ich habe es geschaffen (*barati*), gebildet (*jazarti*) und gemacht (*'asiti*). Der vierte Begriff stammt aus Num 11,17, wo Gott davon spricht, dass er seinen Geist auf die 70 Ältesten Israels fließen lassen wird. Hier wird das Verbum *'azal* verwendet, das im Mittelalter zum terminus technicus für die Emanation wurde.

schen hervorgehen, gemäß dem Mysterium: ›Söhne des Herrn, eures Gottes, seid ihr‹ (Dtn 14,1).

So finden wir, dass die Seelen wahrhaftig den Welten gleichen, im Großen, wie im Kleinen. Und zwar so:

Die Seelen, die aus der *'Azilut*-Welt stammen, zerteilen sich ebenfalls in fünf Aspekte entsprechend den fünf Parzufim von *'Azilut*. Die, welche aus *'Arich 'Anpin* fließen, heißen *Jechida*-Seele, die aus *'Abba* hingegen *Hajja*-Seele. Die aus *'Imma* heißen *Neschama*-Seele, und die aus *Se'ir 'Anpin* sind die *Ruach*-Seelen und die aus *Nukba de-Sa'ir* die *Nefesch*-Seele. Sie alle sind Teil der *'Azilut*-Welt.

Hernach gibt es die geringeren, nämlich die, welche aus der *Beri'a-Welt* strömen. Sie nennt man die *Beri'a-Neschama*-Seelen.

Und aus *Jezira* die *Jezira-Ruach*-Seelen.

Und aus *'Asija* die *'Asija-Nefesch*-Seelen.

So weit die Grobeinteilung.

Und im Detail ist es wie folgt:

Die Seelen, die aus dem *'Arich-'Anpin* von *'Azilut* hervorströmen, zerfallen in fünf Aspekte: Der aus [Sefira I, d.h.] *Keter* innerhalb des *'Arikh 'Anpin* heißt *Jechida*-Seele der *Jehida*-Seele. Der aus [Sefira II, d.h.] *Hochma* innerhalb von *'Arich 'Anpin*, heißt *Hajja*-Seele der *Jechida*-Seele. Der aus [Sefira III, d.h.] Bina innerhalb von *'Arich 'Anpin* heißt *Neschama*-Seele der *Jechida*-Seele. Der aus den sechs Mittelsefirot [entspricht *Se'ir 'Anpin*] innerhalb des *'Arich 'Anpin* heißt *Ruach*-Seele der *Jechida*-Seele. Und aus [Sefira X, d.h.] *Malkhut* innerhalb des *'Arich 'Anpin* heißt *Nefesch*-Seele der *Jechida*-Seele.

Und alle die genannten fünf Teile werden insgesamt *Jechida*-Seele genannt.

Und entsprechend zerteilt sich die *Hajja*-Seele aus dem Parzuf *'Abba* in der *'Azilut*-Welt in fünf Aspekte. Und sie alle heißen zusammen *Hajja*-Seele.

So auch die fünf Teile der *Neschama*-Seele aus *'Imma* innerhalb der *'Azilut*-Welt. Auch sie alle heißen *Neschama*-Seele.

So auch die fünf Teile der *Ruach*-Seele aus *Se'ir 'Anpin* innerhalb der *'Azilut*-Welt. Sie alle heißen *Ruach*-Seele.

Und so die fünf Teile der *Nefesch*-Seele aus *Nukba de-Sa'ir*. Sie alle heißen *Nefesch* von *'Azilut*.

Und in dieser Weise [findet sich die Untergliederung] auch in den drei weiteren Welten *Beri'a, Jezira, 'Asija*. Jeder von deren fünf Teilen ist vergleichbar den verschiedenen Parzufim von *'Azilut*, und zwar folgendermaßen:

Die Seelen aus *'Arikh-'Anpin* von *Beri'a* heißen *Jechida*-Seele von *Beri'a*. Und die aus *'Abba* heißen *Hajja*-Seelen, die aus *'Imma* heißen *Neschama*-Seelen, die aus *Se'ir 'Anpin* heißen *Ruach*-Seelen. Und die aus *Nukba de-Sa'ir* schließlich *Nefesch*-Seelen der *Neschama*-Seele von *Beri'a*. Und alle

diese fünf Teile aus den fünf Parzufim von *Beri'a* heißen Neschama von *Beri'a*.
Und so die Seelen der fünf Parzufim von *Jezira*: *Jechida*, *Hajja*, *Neschama*, *Ruach*, *Nefesch*. Alle heißen sie *Ruach*-Seele von *Jezira*.
Und so die Seelen aus den fünf Parzufim von *'Asija*: *Jechida, Hajja, Neschama, Ruach, Nefesch*. Alle heißen sie *Nefesch*-Seele aus *'Asija*.
So hast du die Erklärung der Seelen im Groben und im Detail.
Und siehe, alle oben beschriebenen Seelenaspekte waren im *Ersten Menschen* enthalten. Und er bestand aus 248 Gliedern und 365 Sehnen [zusammen 613] auch hinsichtlich seiner Seelen, und zwar so, dass jeder der erwähnten Teile gemäß der beschriebenen Struktur geteilt ist.
Und zwar wie folgt:
Siehe der Teil *Jechida* von *'Azilut* zerteilt sich in 613 Glieder und Sehnen, und jedes Glied und jede Sehne bildet eine Wurzel.
Und so auch *Hajja* oder *Neschama* oder *Ruach* oder *Nefesch* von *'Azilut*. Jeder Aspekt von ihnen zerfällt in 613 Wurzeln.
Ebenso zerfällt jeder Aspekt der fünf Parzufim von *Beri'a* in 613 Wurzeln, und sie alle heißen *Neschama*-Seele aus *Beri'a*.
Und so auch alle Aspekte der fünf Parzufim von *Jezira*.
Und so schließlich alle fünf Parzufim von *'Asija*.«[2058]

Der Übersichtlichkeit halber, sei das Ganze in der folgenden Tabelle nochmals dargestellt:

2058 Scha'ar ha-Gilgulim, S. 36; eine französische Übersetzung publizierte E. Jégut, revidiert v. F. Secret, Traité des Révolutions des Âmes, Milano 1987.

’Azilut	[Jechida/Hajja]
’Arich - Jechida von ’Azilut	Keter - Jechida von Jechida Hochma - Hajja von Jechida Bina - Neschama von Jechida Sa‘ir ’ - Ruach von Jechida Nukba - Nefesch von Jechida
’Abba - Hajja von ’Azilut	Keter - Jechida von Hajja Hochma - Hajja von Hajja Bina - Neschama von Hajja Sa‘ir ’ - Ruach von von Hajja Nukba - Nefesch von Hajja
’Imma - Neschama von ’Azilut	Keter - Jechida von Neschama Hochma - Hajja von Neschama Bina - Neschama von Neschama Sa‘ir - Ruach von Neschama Nukba - Nefesch von Neschama
Sa‘ir - Ruach von ’Azilut	Keter - Jechida von Ruach Hochma - Hajja von Ruach Bina - Neschama von Ruach Sa‘ir ’ - Ruach von Ruach Nukba - Nefesch von Ruach
Nukba - Nefesch von ’Azilut	Keter - Jechida von Nefesch Hochma - Hajja von Nefesch Bina - Neschama von Nefesch Sa‘ir ’ - Ruach von Nefesch Nukba - Nefesch von Nefesch

Beri’a	Neschama
’Arich etc., alle fünf	alle 5 v. allen 5 wie oben

Jezira	Ruach
’Arich etc., alle fünf	alle 5 v. allen 5 wie oben

‘Asija	Nefesch
’Arich etc., alle fünf	alle 5 v. allen 5 wie oben

Die Tabelle zeigt in fetter Schrift die vier Weltstufen (linke Kolumne) und rechts daneben, gleichfalls fett, die ihr je zugeordnete Seelenstufe. Die fünf Seelenstufen des Menschen entsprechen in einer Reihe von lurianischen Texten den fünf Weltstufen *'Adam kadmon*, *'Azilut*, *Beri'a*, *Jezira*, *'Asija*. Zuweilen wird allerdings, wie im vorliegenden Text, aus dem *'Adam kadmon* kein Seelenteil abgeleitet, stattdessen werden die beiden obersten Seelen, *Jechida* und *Hajja*, beide der nächstliegenden Weltstufe, *'Azilut*, zugeordnet. Mit dieser gelegentlichen Einschränkung gilt, daß der Erste Mensch über fünf Seelen, die den Weltstufen entsprechen verfügt. Jede dieser Welten zerfällt nun in die oben besprochenen fünf *Parzufim*. Diesen fünf *Parzufim* entsprechen wiederum fünf Seelen zweiter Ordnung, also (linke Kolumne) Jechida von *'Azilut*, *Hajja* von *'Azilut* und so weiter. Schließlich ist auch jedes dieser fünf Haupt-*Parzufim* von *'Azilut* ein weiteres Mal in fünf Unter-*Parzufim* untergegliedert, denen (rechte Kolumne) wiederum die fünf Seelen zugeordnet sind. Das ergibt also für *'Azilut* fünf mal fünf Seelen, summa summarum 25 Seelen. Diese 25 Seelen bilden zusammen die *'Azilut*-Seele des Ersten Menschen, wobei nicht deutlich wird, ob hier wegen der Doppelzugehörigkeit von *Jechida* und *Hajja* zu *'Azilut* auch die Seelenzahl zu verdoppeln ist.

Die folgenden drei Welten und ihre zugehörigen Seelen sind in gleicher Weise gegliedert, so dass man insgesamt auf vier Mal 25 Seelen, also 100 Seelen, gelangt, wobei man richtiger von Teilgliedern der einen Adam-Seele sprechen sollte. Für den Fall der möglichen Doppelung bei *'Azilut*, der hier *Jechida* und *Hajja* zugehören, käme man gar auf 125 Teile.

Mit dieser ebenmäßigen Gliederung der Adamsseele ist die Aufgliederung allerdings noch nicht abgeschlossen. Jedes der Haupt- und Unter-*Parzufim* ist im Adam 613 Mal vertreten, da der Adam gemäß der traditionellen Vorstellung[2059] aus 613 Körperteilen besteht. Jedem von diesen Körperteilen entspricht eine ganze Seele, also ein vollständiger Satz an Seelen in der oben beschriebenen Aufteilung. Diese 613 Seelensätze werden *Seelenwurzeln* oder *Großwurzeln* genannt.

Es ist diese facettenreiche Adam-Seele, die aus den Weltstufen herkommend, den Ersten Menschen ausmacht, und die nach dem Sündenfall in unterschiedlicher Weise sich auf die Adam folgenden Menschen ergießt. Zunächst bildete die Seelenstruktur Adams als durchaus kompliziertes, aber doch ebenmäßiges Abbild der Gottheit und des Kosmos, als Ebenbild Gottes und des Kosmos zugleich, einen psychischen Mikrokosmos. Erst durch die Adamssünde wurde die Ebenmäßigkeit aufgehoben, der wunderbare Seelenbau des Ersten Menschen zerteilte sich in zahllose Seelenfunken, von denen ein Teil nun im Wege der Seelenwan-

2059 Vgl. Bd. I., S. 282.

derung den zerteilten Menschen in der Welt repräsentiert, und aus denen er wieder restituiert werden muss:

»Wisse, als der Erste Mensch sündigte, litten alle Funken seiner drei [unteren] Seelenstufen *Nefesch*-Seele, *Ruach*-Seele und *Neschama*-Seele Schaden.«[2060]

Dieser Schaden wird in der Fortsetzung des oben angeführten Traktats über die Seelenstruktur des Ersten Menschen wie folgt beschrieben:

»Und außerdem ist es möglich, dass sich jeder der genannten Teile [des intakten Seelengeflechts des Adam] in weitere Details zerlegt. Und dies geschah durch die Sünde des Ersten Menschen und der übrigen Geschöpfe.
Und damit es verständlich wird, will ich einen Teil davon erklären und von ihm kann auf die übrigen geschlossen werden.
Wir wollen mit der *Nukba de-Sa'ir* der *'Asija*-Welt beginnen.
Siehe *Nukba de-Sa'ir* von *'Asija* enthält 613 Glieder und Sehnen, sie werden die 613 ›Großwurzeln‹ genannt – d.h. weniger können es nicht sein. Und jede dieser dreizehn Großwurzeln hat nicht weniger als 613 Funken, von denen jeder als vollkommene Seele bezeichnet wird, sie heißen auch 613 ›Großfunken‹.
Und schau, durch den Sündenfall teilten sie sich in noch weitere Details, derart, dass die 613 Großwurzeln sich bis in 600.000 ›Kleinwurzeln‹ zerteilen können, aber nicht mehr – weniger können es aber wohl sein. Es muss auch nicht sein, dass sich jede Großwurzel in gleich viele Teile zerteilt, alles je nach der Größe des Schadens.
Es gibt z.B. Großwurzeln, die sich in tausend Kleinwurzeln teilen, oder aber in hundert oder dergleichen. Jedoch alle 613 Großwurzeln zusammen können sich in nicht mehr als 600.000 Kleinwurzeln zerteilen. Und so auch bei den 613 Funken in jeder der 613 Großwurzeln, aber jeder der Funken zerteilt sich in weitere Funken. So gibt es Großfunken die sich in tausend Kleinfunken teilen, andere in hundert und dergleichen. Alle die 613 Großfunken zusammengenommen zerteilen sich jedoch in nicht mehr als 600.000 Kleinfunken.«[2061]

An anderer Stelle wurde der vom Ersten Menschen an seiner eigenen Seele angerichtete Schaden detaillierter dargestellt:

2060 Scha'ar ha-Gilgulim, Hakdama 3, S. 16b.

2061 Scha'ar ha-Gilgulim, S. 36-37.

»Alle im Ersten Menschen enthaltenen Seelen zerfielen in drei Kategorien [...] nämlich:
1. Die erste Kategorie ist die oberste von allen, sie wird *Höchster Glanz* genannt. Er wurde dem Ersten Menschen wieder weggenommen. Über diesen Anteil erlangten die Schalen [d.h. das Böse] keine Herrschaft. Sie entfernten sich nur von ihm wegen seiner Sünde, die er begangen hatte. [...]
2. Die zweite Kategorie ist geringer als jene. Sie verblieb zwar im Adam auch nach seiner Sünde. Auch über sie erlangten die Schalen keine Herrschaft. Diese beiden Kategorien waren vor dem Sündenfall eine einzige. Sie trennten sich erst nach dem Fall.
3. Noch geringer als jene beiden ist die dritte – und das sind alle übrigen Seelen [...] Über sie erlangten die Schalen (*Klippot*) durch den Sündenfall des Menschen Herrschaft. Und sie wichen von ihm und stürzten in die Tiefen der Schalen. Ihr Tikkun, [d.h. ihre Wiederherstellung oder Restitution] ist nicht beendet, bis dass der Messias Ben David kommt. [...] Und wenn alle diese in die Welt gekommen und wiederhergestellt sein werden, dann kommt der Messias ben David.«[2062]

2062 Scha'ar ha- Pesukim, Bereschit, Drusch 3, S. 14b-15a; vgl. auch das mystische Tagebuch von H. Vital, IV § 52, S. 203ff der Ausgabe von A.Z. Eshkoli, Jerusalem 1954; in der kommentierten Neuausgabe des »Schuvi Nafschi« Instituts, Jerusalem 2002, S. 368ff; in der Übersetzung von M. Faierstein, Jewish Mystical Autobiographies, Book of Visions and Book of Secrets, New York-Mahwah 1999, S. 219ff. Die Vorstellung von den in die *Klippot* gefallenen Seelenfunken des Adam, die im Laufe der Geschichte von dort herausgeläutert werden müssen und erst mit der Ankunft des Messias erfolgreich restitutiert werden, diente der sabbatianischen Theologie und Messianologie als Ansatzpunkt. In der sabbatianischen Rezeption und Deutung dieser Lehre war es dem Messias Schabtaj Zwi vorbehalten, die letzten Funken aus den Klippot zu läutern. Aus diesem Grund musste der Messiasprätendent nach sabbatianischer Vorstellung zum Islam übertreten und durch seinen Tod in die Unterwelt der *Klippot* hinabsteigen, um dort die letzten Seelenfunken herauszuholen und zu erlösen. Vgl. dazu G. Scholem, Sabbatai Zwi. Der mystische Messias, Frankfurt a.M. 1992; ders., Mechkare Schabta'ut, ed.Y. Liebes, Tel Aviv 1991; ders., Erlösung duch Sünde (Judaica 5) Frankfurt a.M. 1992, eingeleitet u. übersetzt v. M. Brocke; Y. Liebes, Sod ha-'Emuna ha-Schabta'it, Jerusalem 1995; J. Barnaj, Schabta'ut, Hebetim hevratijim, Jerusalem 2000; R. Elior (ed.), Ha-Halom we-Schibro. Ha Tenu'a ha-schabta'it be-Maroko. Toledotehah u-Mekorotehah, Tel Aviv 1984; S. Werses, Haskala we-Schabta'ut. Toledotaw schel Ma'arak, Jerusalem 1988; Zur Nachfolgebewegung des Frankismus: M. Balaban, le-Toledot ha-Tenu'a ha-frankit, Tel Aviv 1934; K.S: Davidowicz, Jakob Frank, Der Messias aus dem Ghetto, Frankfurt a.M. Berlin u.a. 1998; J. Doktór (ed. u. kommentiert), Księga Słów Pańskich. Ezoteryczne wykłady Jakuba Franka, Warschau 1997.

Diese in die Schalen gestürzten Seelenfunken, sowie die vom Adam durch Zeugung weitergegebenen und die nach oben zurückgekehrten Seelen bilden das übernatürliche Seelenmaterial für die Israeliten. Dieses muss nun im Wege der sukzessiven Inkarnation und Reinkarnation, also im Gilgul, geläutert und in den Ersten Menschen restituiert werden. Wichtig ist, dass die aus derselben Wurzel im Adam stammenden Seelen bei ihren Wanderungen eine besondere Verantwortung füreinander tragen können und sollen, um sich bei ihrer *Tikkun*-Aufgabe gegenseitig zu helfen und zu stützen. Ist dieser Seelentikkun gelungen, dann ist der Erste Mensch in seiner ursprünglichen Gestalt wiederhergestellt. Damit ist die Vorraussetzung für den Auftritt des Messias geschaffen, der eher nur als Symbol des Geleisteten, denn als aktiver Retter auftritt.

4.2 Der *Gilgul* – die Seelenwanderung

Die oben beschriebene Gesamtseele, das Seelengeflecht des Ersten Menschen vor und nach dem Fall ist das übernatürliche Seelenmaterial, das ursprünglich ganz im Ersten Adam enthalten war.[2063] Während nun die Erzväter Abraham, Isaak und Jakob noch über das Seelenmaterial in seiner Vollständigkeit verfügten, wurde es nach Jakob zunächst auf die siebzig Seelen der Israeliten verteilt, welche nach Gen 46, 27 nach Ägypten ins Exil gezogen waren und dann auf die 600.000 Israeliten, die laut Ex 12, 37 Ägypten verließen.[2064] Ganz ähnlich hatte schon Jehuda ha-Levi die Besonderheit der Israeliten in einer Erbsukzession dargestellt, die vom Adam bis zu den zwölf Stämmen und allen Israeliten reicht.[2065] Bei Jehuda ha-Levi war es die Befähigung zur Rezeption des göttlichen Fluidums, des *'Injan ha-'Elohi*, welche die Israeliten in einer besonderen Erbfolge vom Ersten Menschen empfingen, bei Lurja ist es die beschriebene übernatürliche Adamsseele, die in einer selektiven Linie der Erbfolge auf das Volk Israel überging.

Wenn nun ein einzelner Israelit geboren wird, so tritt bei seiner Geburt zunächst nur die unterste Seelenstufe, die *Nefesch* in ihn ein. Wenn er sich gut führt, kommt bei seinem dreizehnten Geburtstag die nächst höhere Stufe hinzu, die *Ruach*. Wenn er sich auch ab diesem Termin, ab dem er als vollwertiger

2063 Die Lehre von der Seelenwanderung setzte bereits mit dem Sohar ein, wenn auch mit einer noch anderen Konzeption; vgl. R. Elior, The Doctrine of Transmigration in Galy Raza, in: Essential Papers on Kabbalah, ed. L. Fine, New York 1995; D.P. Pinson, Reincarnation and Judaism: The Journey of the Soul, Northvale (et al.) 1999; G. Scholem, Seelenwanderung und Symphatie der Seelen in der jüdischen Mystik, in: ders. Von der mystischen Gestalt der Gottheit, Frankfurt a.M. 1973, S. 193-248.

2064 Scha'ar ha-Gilgulim, Hakdama 11, S. 37a.

2065 Vgl. Bd. I, S. 605-609.

Mensch gilt, durch gute Werke auszeichnet, erhält er zum Abschluss seines zwanzigsten Lebensjahres auch die *Neschama*. Hat er aber bis dahin seine *Ruach*-Seele nicht vollkommen dem *Tikkun* zugeführt, bleibt er ohne *Neschama*, so auch zuvor ohne *Ruach*, wenn er die *Nefesch* nicht hergestellt hatte.

Falls dieser Mensch bei seinem Tod noch nicht einmal die *Nefesch* erfolgreich zu restituieren vermochte, muss diese *Nefesch* so oft in weiteren Gilgulim in dieses Leben zurückkehren, bis diese Aufgabe bewältigt wurde. Aber auch nach diesem in einem oder mehreren *Gilgulim* erlangten Erfolg zur Herstellung der ersten Seelenstufe muss er zunächst wieder sterben und wird dann erst im nächsten Leben auch der *Ruach* zuteil. Dasselbe Verfahren gilt zum Erwerb der nächst höheren Stufe, der *Neschama*. Wenn schließlich alle drei Stufen den vollkommenen *Tikkun* erlangt haben, dann braucht dieses Seelentrio des einen Menschen nicht wieder in den *Gilgul* zurückkehren.[2066] Man muss beachten, dass bei dieser Psychologie der alte jüdische Grundsatz von der einmaligen Zusammengehörigkeit eines Körpers mit seiner Seele preisgegeben wurde. Die verschiedenen *Gilgulim* finden jeweils in ganz unterschiedlichen Körpern statt, was Vital und Lurja nachdrücklich betonen,[2067] so dass die gemeinsame Verantwortung von Körper und Seele für das Tun des einen Menschen, beziehungsweise der einen Seele, die der rabbinischen Literatur so eminent wichtig war, [2068] aufgehoben ist. Der Körper wird auswechselbar, er wird zu einem vorübergehenden Vehikel auf einer von vielen Stationen der großen Seelenreise.

4.3 *Gilgul* als Schlüssel zum Verständnis der individuellen und kollektiven Geschichte

Die Geschichte der Restitution der Adam-Seele über zahllose Einzelwanderungen ihrer Teile wird für den lurianischen Menschen zum zentralen Schlüssel des Verständnisses der eigenen Existenz und Geschichte.[2069] Für ihn ist es von größter Bedeutung, seinen Ort in dieser großen Wanderbewegung zu erkennen und sein Handeln danach auszurichten. Es ist wichtig zu wissen, was es noch zu läutern gilt, um das Rad der *Gilgulim* möglichst schnell verlassen zu können. An dieser Stelle muss allerdings angemerkt werden, dass die lurianische Seelenwan-

2066 Scha'ar ha-Gilgulim, Hakdama 2, S. 13a.

2067 Scha'ar ha-Gilgulim, Hakdama 7, S. 30b.

2068 Vgl. Bd. I, S. 263-273.

2069 Zum Folgenden vgl. K.E. Grözinger, Jüdische Geschichtsschreibung zwischen Mythos und Moderne – eine Verortung der Differenz, in: *Zeitenwenden, Festschrift für A. Herzig*, hrsg. v. J. Deventer, S. Rau, A. Conrad, Münster Hamburg-London 2002, S. 53-70.

derungslehre im Unterschied zur frühen buddhistischen Lehre[2070] nicht dem Ziel der Auslöschung des Menschseins dient, sondern im Gegenteil zu dessen Restituierung und Apotheose. Denn der kollektive Mensch ist in der Wiederherstellung des gefallenen Kosmos der Partner Gottes. Seine Rückführung in den einen Menschen *'Adam* bedeutet den Abschluss der Erlösung und die Erreichung des vollkommenen *Tikkun*, in welchem dieser Mensch der vollwertige Partner Gottes sein wird.

Das Thema der Seelenwanderung hat im Gefolge der lurianischen Kabbala eine große Verbreitung gefunden und sich in zahlreichen volkstümlichen *Gilgul*-Erzählungen Ausdruck verschafft, von denen, begonnen mit der Legende um den Begründer der lurianischen Kabbala, Jizchak Lurja,[2071] vor allem die Legenden des osteuropäischen Hasidismus überaus reich sind.[2072] In ihnen wird, gemäß den theoretischen Traktaten Vitals, von Migrationen in Mineralen, Pflanzen, Tieren und Menschen erzählt.[2073]In diesen Legenden werden Männer verherrlicht, welche als Psychagogen und Seelenhelfer, den Seelen den Weg aus dem *Gilgul* weisen oder gar vermitteln.

Der Mythos von der Wanderung der Adam-Seelen dient dem lurianischen Frommen demnach dazu, die individuelle Geschichte und die Geschichte des Volkes Israel zu verstehen. Dies wird durch eine Reihe von psychohistorischen Traktaten, wie auch durch die genannten volkstümlichen Legenden belegt.[2074] Was aber bei solchen Geschichtsbetrachtungen von Interesse ist, ist in erster Linie die Seelengeschichte, die sich von den Tagen Adams bis in die eigene Gegenwart rekonstruieren lässt. Das besondere Augenmerk gilt dabei den Fragen der seelischen Vorgeschichte, den vorausgegangenen *Gilgulim*, dem gegenwärtigen Entwicklungsstand der Seele, beziehungsweise den im eigenen oder anderen Körpern versammelten Seelenfunken, den aus Status und Zustand der Seelen

2070 Vgl. H. V. Glasenapp, Die Weisheit des Buddha, Wiesbaden o.J., S. 50ff.; H. Zander, Geschichte der Seelenwanderung in Europa, Darmstadt 1999, S. 38f.

2071 Vgl. dazu K. E. Grözinger, Kafka und die Kabbala, Frankfurt a.M. Berlin Wien 1994, S. 101-126.206-10, das Kapitel über die Tiergeschichten, S. 122-145.233-236.; sodann M. Benajahu, Sefer Toledot ha-'Ari, Jerusalem 1967, deren ältere Kurzform, Schivche ha-'Ari, z.B. Warschau 1875 (Neudruck Israel); eine deutsche Bearbeitung dieser älteren Version legte Ch. Bloch vor: Kabbalistische Sagen, Leipzig 1925 (Neudruck u.a. Leipzig 1990); J. Dan, Ha-Sippur ha-'ivri bi-Jeme ha-Benajim, Jerusalem 1974, S. 238-251. Zu den hasidischen Erzählungen vgl. K. E. Grözinger, Die Geschichten vom Ba'al Schem Tov, Schivche Ha-Bescht, hebräischer und jiddischer Text, herausgegeben, übersetzt (beide Versionen) und kommentiert samt einer ausführlichen Einleitung, 2 Bde., 960 S. (Jüdische Kultur Bd. II), Wiesbaden 1997.

2072 Zu ihnen vgl. Kap. Der osteuropäische Hasidismus I.2; II. A.1.2-1.2.6.

2073 Vgl. Scha'ar ha-Gilgulim, Hakdama 22, S. 58-63.

2074 Vgl. K. E. Grözinger, Kafka und die Kabbala, das Kapitel über die Tiergeschichten, S. 122-145.233-236.

sich ergebenden Konsequenzen oder Erklärungen der eigenen Charaktereigenschaften sowie die Ursachen für die Qualität der Beziehungen zu den Mitmenschen.

Wie intensiv diese Art der Geschichtsforschung einen Kabbalisten der Schule Lurias bewegen kann, demonstriert in eindrucksvoller Weise das mystische Tagebuch von Hajjim Vital. Das Tagebuch Vitals mit dem Titel *Sefer Hezjonot* ist eine Sammlung von Träumen anderer über Vital und von Träumen Vitals selbst und schließlich eine Sammlung von Diagnosen des Seelenstandes Vitals durch Jitzchak Luria. Dieses Wissen war Vital wichtig, weil daraus unmittelbare Konsequenzen für sein Selbstverständnis, für seine Lebensaufgabe, die Einsicht in die Beziehungen zu seinen Mitmenschen und seinen Ahnen in der israelitisch-jüdischen Geschichte folgten. Viele Male wendet sich deshalb Vital an seinen noch lebenden und später verstorbenen Meister mit der Bitte, dass er ihm Auskunft über alle diese Fragen gebe.
So befragte er einmal seinen Lehrer,

> »dass er mir kundtue, wer meine Seele ist. Er wollte mir indessen nicht alle Details mitteilen, doch gab er mir diese mehr allgemeine Auskunft:
> Zunächst war ich Rabbi Vidal de Tolosa, der Verfasser des Buches *Maggid Mischne,*[2075] und sein Name war derselbe wie meiner.[2076] Danach war ich der Gilgul eines Mannes namens R. Jehoschua Soriano. Er war ein greiser reicher Mann, der viele Almosen gab und frühmorgens und spätabends in der Synagoge war.
> Danach war ich im Gilgul als ein dreizehnjähriger Jüngling namens 'Avraham, der im Alter von 14 Jahren starb. Und schließlich kam ich in meinen gegenwärtigen Gilgul, in dem ich Hajjim heiße, wie jener erste Don Vidal, der Verfasser des *Maggid Mischne*.
> Auch sagte er [Luria], der Grund für meinen gegenwärtigen Gilgul sei der, dass ich in einem vorausgegangenen Gilgul kaum an die Weisheit des *Sohar* geglaubt hatte. Aus seinen Worten verstand ich, dass dies jener Gilgul von Don Vidal gewesen sein muß, er wollte dies aber nicht selbst bestätigen. Außerdem sagte er, das Wichtigste, wofür ich nun im gegenwärtigen Gilgul den Tikkun erarbeiten müsse, sei, mich mit dem *Sohar* zu befassen. Und er sagte, da ich im Gilgul des Don Vidal ein scharfsinniger und herausragender Philosoph gewesen sei, habe ich im gegenwärtigen Gilgul keine große Lust auf die Philosophie. Schließlich fügte er hinzu, dass all die genannten Gilgulim nur

2075 Es handelt sich hierbei um einen philosophischen Kommentar zu Maimonides philosophischem Hauptwerk More Nevukhim, „Führer der Verwirrten".

2076 Vidal=Vital=Hajjim.

meine *Nefesch*-Seele beträfen, während es in meiner *Ruach*-Seele und *Neschama*-Seele Beziehungen zu anderen Gilgulim gebe.«[2077]

So seltsam dem modernen Leser diese Analyse erscheinen mag, darf doch der Ernst, mit dem dies vorgetragen wird, nicht übersehen werden. Wie noch aus weiteren ähnlichen, detaillierten Seelen-Diagnosen hervorgeht, haben die Anhänger Lurias sich mit ungeteilter Hingabe der Aufklärung der eigenen Seelensituation und Position innerhalb des weltumspannenden Seelendramas bemüht, wie unten noch weiter deutlich werden wird.

Aus dem soeben mitgeteilten Text aus Vitals mystischem Tagebuch wird deutlich, dass der Kabbalist lurianischer Provenienz sich als gegenwärtiger Mensch nicht mit der einfachen Tatsache begnügt, dass er eine Wiederverkörperung vorausgegangener Leben ist, sondern dass er glaubt, sich selbst in seinen Eigenarten und Besonderheiten in früheren Individuen wieder zu erkennen. Aus der konkreten Verortung der eigenen Seelengenealogie kann der so Diagnostizierte konkrete Schlußfolgerungen für sein gegenwärtiges Leben ziehen. Die Seelengenealogie gibt ihm Hinweise auf das von ihm zu erfüllende Lebensziel, erklärt ihm seine Vorlieben und Abneigungen etwa gegenüber unterschiedlichen Wissensgebieten und lässt ihm seine gegenwärtige Veranlagung als Sühneleistung für Verfehlungen und Einseitigkeiten in früheren *Gilgulim* annehmen. Schließlich erklärt sie ihm seine inneren Widersprüchlichkeiten, die aus unterschiedlichen *Gilgul*-Genealogien gespeist werden. Selbst seine Ungeschicklichkeit im Umgang mit Messern und scharfen Gegenständen weiß Vital aus seiner *Gilgul*-Genealogie zu erklären. Die Tatsache, dass er sich stets in die Finger schneidet, kein Blut sehen kann und deshalb niemals selbst schächtet oder als *Mohel*, d.h. Kindsbe- schneider tätig wird, sieht er in seinen vorausgegangenen *Gilgulim* begründet. So erkennt er sich zunächst als ein *Gilgul*-Nachkomme des biblischen Juval, der Metallschleifer war, dann in einem späteren *Gilgul* als *Mohel*, der einen Kindstod zu verantworten hatte, oder allgemein als Abkömmling aus der Seelenwurzel des Brudermörders Kain.[2078] Weil Vital sich ebenfalls zu den *Gilgul*-Nachkommen des Tannaiten Rabbi 'Akiva (50-135 n.d.Z.) rechnet, der ihm besonders nahe steht, geschieht ihm wiederum alles, was auch jenem widerfahren ist, weshalb auch Vitals Frau aus dem Seelenfunken von Rabbi 'Akivas Gattin stammt.[2079]

2077 Sefer Hezjonot IV § 2, Eshkoli, S. 134f; für eine längere Kette der Gilgulim Vitals vgl. ebda. § 5, S. 136f.

2078 Vgl. Sefer Hezjonot, Eschkoli IV § 16, S. 152; § 21, S. 157; § 51, S. 203; § 8, S. 141; Scha'ar ha-Gilgulim, S. 132.

2079 Sefer Hezjonot, Eschkoli, IV § 31, S. 168.

So wie Vitals Frau ihm durch die *Gilgul*-Geschichte zubestimmt war, so lassen sich auch der Freundeskreis Vitals im Lichte der *Gilgul*-Genealogie erst richtig verstehen, insbesondere deren Verhalten ihm gegenüber, deren Treue oder Untreue.[2080] In Analogie dazu lässt sich ein *Gilgul*-Psychogramm sämtlicher in Safed lebender Zeitgenossen Vitals erstellen, aus dem deren Eigenarten erklärbar sind:

> »R. Mosche, mein Bruder, Gott möge ihn behüten, ist aus meiner Wurzel[2081] [...] und zwar aus der Unterwurzel R. Jehudas Ben R. Hijjas [...] und sein Gebet, wenn er es mit Hingabe spricht, wird erhört wie das R. Jehudas. [...] Da er aber eine gewisse Sünde in diesem oder im vorigen Gilgul begangen hat, ist seine Erkenntnis und sein Wissen stumpf, und darum auch hört er nicht auf meine Worte. [...]
> R. Avraham ha-Levi Mughrabi kommt aus der Wurzel unseres Erzvaters Jakob, Friede sei auf ihm, jedoch stammt er aus der weiblichen Seite im Sinne eines ins Weibliche verkehrten Gilgul, darum ist er so vergeßlich und lernt weder Kabbala noch Philosophie gut.«[2082]

Die *Gilgul*-Verwandtschaft eines Menschen lässt sich durch alle Epochen der Geschichte bis auf den Ersten Menschen, Adam, und seine Nachkommen Kain und Abel verfolgen.[2083] Es sind bevorzugt charakterologische Eigenarten, welche durch die Gilgul-Genealogie begründet werden, aber nicht nur sie, auch das Zusammenkommen von Menschen, deren Auseinandersetzungen, deren biographische Umbrüche und Veränderungen können anhand dieses Wissens interpretiert werden:

> »Wisse, wenn sich in einer Generation zwei Seelen aus derselben Wurzel in zwei leiblichen Brüdern oder in zwei Freunden finden, dann hassen sie sich und zanken natürlicherweise miteinander, denn jeder will mehr fassen und saugen als der andere, und sie beneiden sich aufgrund ihrer Natur, ohne es zu wissen.«[2084]

Wie der Zank, so ist auch eine besondere Verantwortung und Hilfsverpflichtung unter den Seelen derselben Wurzel zu konstatieren. Alle aus einer Wurzel »tra-

2080 Vgl. Sefer Hezjonot, Eschkoli IV § 59, S. 220; § 53, S. 207f.

2081 Das ist nicht selbstverständlich, da biologische und seelische Verwandtschaft nicht identisch sind.

2082 Vgl. Sefer Hezjonot, Eschkoli, Appendix, S. 250-252.

2083 Vgl. Sefer Hezjonot, Eschkoli IV § 9, S. 142ff; Scha'ar ha-Gilgulim, S. 104ff.

2084 Vgl. Sefer Hezjonot, Eschkoli IV § 50, S. 200.

gen füreinander Verantwortung, damit alle den Tikkun erlangen«.[2085] Dies geschieht oft in der Weise, dass sich die Seelen Verstorbener auf dem Wege der »Einschwängerung« (*'Ibbur*) in einem lebenden Menschen vorübergehend einnisten, um sich selbst helfen zu lassen, oder dem Lebenden zu helfen. Dies ist auch die Weise wie Frauenseelen zuweilen in das *Gilgul*-Geschehen einbezogen werden, von dem sie ansonsten verschont sind.[2086] Der Grund für die Verschonung der Frauen vor dem *Gilgul* ist, dass ihre Sünden im »leichter erträglichen« *Gehinom* (Fegefeuer) gesühnt werden können. Die Männer hingegen sind durch ihre Gebotserfüllung und ihr Torastudium vor dem *Gehinom* geschützt und müssen darum in das radikale Sühneverfahren des *Gilgul* zurückkehren. Die Einschwängerung von Frauenseelen geschieht nur von solchen Seelen, die beim Sündenfall nach oben zurückgewichen waren. Sollte aber die Frau, bei der sie eingeschwängert ist, eine Tochter gebären, kann es sein, dass diese *'Ibbur*-Seele dann doch in der neugeborenen Tochter einen *Gilgul* miterleben muss. Erwähnung verdient noch die Auffassung, dass die Unfruchtbarkeit einer Frau ihren Grund darin hat, dass eine männliche Seele in einen Frauenleib inkarniert worden ist.[2087]

5. Aufgabe und Ziel des Menschen in der Welt

5.1 Der Gottesdienst als *Tikkun* und Mystik

Die oben beschriebenen Welten, deren heilige und nicht heilige böse Seite, sind keine statischen Gebilde, sondern lebendige Organismen. Die vier Weltstufen und die sie umgebenden *Klippot*, befinden sich in ständigen Auf- und Abwärtsbewegungen. Einzelne *Sefirot* oder Sefirotgruppen, beziehungsweise deren Vorder- und Rückseiten steigen auf oder ab und suchen den endgültigen stabilen Tikkun zu erlangen. Auf- und Abstieg der *Sefirot* hängt dabei sowohl vom Kalender wie auch teilweise vom Handeln der Menschen ab. Schabbat und Feiertage sind Zeiten des Aufstiegs und des innergöttlichen Wohlgefallens, aber auch bestimmte Tages- und Nachtzeiten, so dass die irdische Zeit als eine Folge der innersefirotischen Bewegungen innerhalb der vier Weltstufen erscheint.[2088] Das

2085 Vgl. Sefer Hezjonot, Eschkoli IV § 40, S. 181; vgl. IV § 53, S. 210; Scha'ar ha-Gilgulim, S. 38b. Zur lurianischen Form und anderen Modellen jüdischer Geschichtsschreibung vgl. K.E. Grözinger, Jüdische Geschichtsschreibung zwischen Mythos und Moderne – eine Verortung der Differenz, in: Zeitenwenden, Festschrift für A. Herzig, hrsg. v. J. Deventer, S. Rau, A. Conrad, Münster-Hamburg-London 2002, S. 53-70.

2086 Scha'ar ha-Gilgulim, Hakdama 9, S. 33a.

2087 Scha'ar ha-Gilgulim, Hakdama 9, S. 33a.-b.

2088 Vgl. z.B. Scha'ar ha-Kawwanot, S. 124a-126b; Sefer ha-Jichudim, S. 4b.

menschliche Handeln ist der zweite wesentliche Faktor für diese Bewegungen der sefirotischen Welten. Durch sein Tun kann und soll der Mensch sowohl die einzelnen Welten, als auch die noch im Bereich der Schalen gefangenen Lichtfunken nach oben heben, um sie in den heiligen sefirotischen Bereich zu integrieren. Dies gilt zum Beispiel für das das Gebot des Gebets:

> »Das Ziel des Gebotes zu beten ist es, täglich von den sieben Gestorbenen Königen Edoms [den zerbrochenen Gefäßen][2089] das Läuterbare herauszuläutern. Mit jedem Gebet werden neue Funken herausgeläutert, die zuvor und bis zu diesem Augenblick nicht herausgeläutert worden [...] und nicht aufgestiegen waren.«[2090]

Das Emporheben der Funken im Gebet und Gebot wird häufig als Emporheben der »Weiblichen Wasser« (*Majin nukbin*) bezeichnet. Sie bilden das weibliche Pendant zu den »Männlichen Wassern« (*Majin dukrin*), welche der männliche Same sind. Mit dieser Terminologie wird die die lurianische Kabbala beherrschende sexualanthropologische Symbolik aufgenommen, nach welcher die oben schon genannten sefirotischen Paare die Welt durch ihre *Siwwugim*, die geschlechtlichen Vereinigungen, erhalten und mit stets neuem Segen versorgen.[2091] Die Anregung zu solchen *Siwwugim* von Seiten der »Weiblichen Wasser« kommt nun hauptsächlich von unten durch die menschliche Gebotserfüllung und des Menschen theurgische Praktiken. Diese theurgischen Praktiken werden als *Kawwanot* (Gebotsmeditationen), *Tikkunim* (Restitutionsmeditationen, die zur Sühnung begangener Sünden dienen) und *Jichudim* (Vereinungen von Sefirot und menschlicher Seelen) bezeichnet. Dies sind Meditationen, bei denen die Sefirot gehoben und zum *Siwwug* angeregt werden sollen, wodurch dann der

2089 Vgl.o. 3.1.

2090 Scha'ar ha-Kawwanot, Helek 2, Seder Schabbat, S. 9a-b, 10a, 45b, 49b. An den beiden letzteren Stellen ist insbesondere von menschlichen Seelenfunken die Rede. Vgl. auch 'Ez Hajjim, Scha'ar 36, Perek 3, S. 57c; und vgl. ferner die Einleitung des Siddur me-ha-'Ari, Kol Ja'akov, Slawita 1804 (Neudruck Jerusalem 2004), Blatt 9b. Zum Ganzen vgl. noch L. Fine, The Contemplative Practice of Yihudim in Lurianic Kabbalah, in Jewish Spirituality from the Sixteenth Century Revival to the Present, ed. A. Green, New York 1989, S. 86-92; S. Magid, Conjugal Union, Mourning and Talmud Torah in R. Isaac Luria's Tikkun Hazot, in: Da'at 36 (1996); D.C. Matt, The Mystic and the Mizwot, in: Jewish Spirituality: From the Sixteenth Century Revival to the Present, ed. A. Green, London 1987.

2091 In Scha'ar ha-Gilgulim, S. 69-74, 167-168 zählt Vital fünf verschiedene *Siwwugim* auf: 1. *Se'ir 'Anpin* (entspricht Israel) mit Rachel (X), 2. Ja'akov (Unteraspekt von *Se'ir 'Anpin*) mit Rachel (X), 3. Ja'akov mit Le'a (Nebenaspekt von Rachel, X), 4. Israel mit Le'a, 5. Ja'akov mit Le'a. Hinzugerechnet werden müssen noch die steten *Siwwugim* der oberen drei *Parzufim* mit ihren Unteraspekten.

Influx von oben nach unten ausgelöst wird.[2092] Außerdem werden dabei die kosmischen wie auch die psychischen Funken gehoben, die die genannten »Weiblichen Wasser« darstellen. Ein wesentliches Element dieser drei nicht leicht voneinander zu unterscheidenden Praktiken besteht in der Onomatologie. Letztere kreist dabei bevorzugt um die vier verschiedenwertigen Ausfaltungen des Tetagrammaton, das 72-wertige, das 63-wertige, das 45-wertige und das 52-wertige Tetragrammaton, aber auch um weitere »Gottesnamen«, die mittels hermeneutischer Techniken permutiert und gewonnen werden.[2093] Diese theurgischen Meditationen gelten als das Wesentliche des lurianischen Gottesdienstes und nehmen eine wichtigere Position ein, als das Torastudium.[2094] Hier kann nur ein kurzer Ausschnitt aus einer dieser Meditationsübungen vorgeführt werden, der zugleich die Vorbereitungen zum eigentlichen Meditationsgeschehen aufzählt:

> »Zu Beginn musst du nach Mitternacht im Stehen folgendes Gebet sprechen: ›Es möge dein Wille sein, JHWH, unser Gott und der Gott unserer Väter, dass du nun dank meiner eine Zeit des höchsten Wohlgefallens offenbarst‹. Und du weißt ja schon, dass dann der höchste Wille (Wohlgefallen) nach Mitternacht erwacht, und dies ist die Stirn des *'Arich* [*'Anpin*] in welchem ja bekanntlich die Sefira *Jesod* (IX) von *'Atik* [*Jomin*] verborgen ist. Und dort gibt es den Aspekt (Bechina) eines *Siwwug* (Geschlechtsakt). [...] Dann gehe in die Einsamkeit, schließe deine Augen und wende dein Denken vollkommen von dieser Welt ab. Dann richte deine Intention (*Kawwana*) darauf aus, als würdest du mit deinen Augen drei Tetragrammata sehen; JWD HJ WJW HJ, JWD HJ WJW HJ, JWD HJ WJW HJ (drei Mal: יו"ד ה"י וי"ו ה"י) das ist [drei Mal] das 72-wertige Tetragrammaton.[2095] Und dies sind die dreizehn Weisheiten des Hauptes[2096] von *'Arich* [*'Anpin*].
> Und richte dich darauf aus, die 12 [Buchstaben] *Jud* in den drei Namen bis zu den 13 Fasern der Haare von *'Arich* herabzuziehen. Ziehe diese 12 *Judim* alleine herab und dann werden sie dort zum Aspekt der 12 Fasern des Haares. [...] Danach richte dich aus, die 12 [Buchstaben] *Waw* [...] von den drei Namen herabzuziehen.«[2097]

2092 Vgl. z.B. Scha'ar ha-Jichudim, Perek 7 , S. 7c.

2093 Vgl. Kap. Kabbala V.4.

2094 Sefer ha-Jichudim, S. 4c.

2095 Vgl. o. Kap. 3.1.

2096 Gemeint sind die weißen Hautstellen zwischen den Haaren des Schädels von *'Arich 'Anpin*, die in dreizehn Anordnungen gegliedert sind, gemäß den dreizehm Attributen des Erbarmens (Ex 34,6-7), die in *'Arich 'Anpin* ihren Ort haben. Scha'ar ha-Kawwanot, Scha'ar Drusch ›waja'avor‹ Drusch 1, S. 42d.

2097 Sefer ha-Jichudim, Perek 5, S. 8c f.

Der meditative Vorgang wiederholt im Grunde die oben beschriebenen Emanationsprozesse, die zum Aufbau der *Tikkun*-Welt führten, wobei das Licht aus Kopf und Haaren des Emanators zum Bart und weiter hinab fließt. Der Lichtstrom ist mit den ausgefalteten Gottesnamen identisch, darum bewirkt die Meditation dieser Namen das Geschehen am anthropomorphen sefirotischen Menschen. Als Resultat wird dann die Erleuchtung des Mystikers erwartet. Denn all dies soll der Mensch tun »damit ein großes Licht auf dich ausgegossen wird, so dass du auf diese Weise erlangen kannst, was du willst.«[2098] Eine besondere Form solcher mystischer *Jichudim* ist der *Jichud* während der Prostration auf dem Grab eines Verstorbenen, – denen hernach noch ein eigenes Abschlusskapitel gewidmet werden soll.

Die Herbeiführung der innergöttlichen *Siwwugim* (Paarungen) ist eines der zentralen Ziele der Gebotserfüllung, die aber nur erreicht werden, wenn sie von den entsprechenden *Kawwanot* (Meditationen) begleitet wird. Dies gilt beispielsweise für das Segnen des Brotes der sabbatlichen Abendmahlzeit. Lurja ordnete dafür an, dass man bei dieser Gelegenheit zwölf Brote auf dem Tisch liegen haben solle, entsprechend den zwölf Schaubroten im Tempel zu Jerusalem. Zu Beginn der Zeremonie spricht man den üblichen Segen: »Gesegnet seist du JHWH, unser Gott, König der Welt, der Brot (Lechem) aus der Erde (Ha-'Arez) hervorbringt (Ha-mozi').« Lurja beschreibt den Ritus wie folgt:

> »Nimm die beiden obersten Brote von den vier in der Mitte liegenden, halte sie mit beiden Händen zusammen, damit sie zusammenhaften, [...] so dass sie wie ein Brot aussehen. [...] Und denke nun, dass das Brot in deiner rechten Hand der Buchstabe ›J‹ des Tetragrammaton ist und das in deiner Linken der Buchstabe ›W‹, dann spreche den Brotsegen. Und bei dem ›H‹ von ›Ha-mozi'‹ (der hervorbringt) richte dein Denken auf die höchste *Mutter* ('Imma) und beim ›H‹ von ›Ha-'Arez‹ (der Erde) denke an *Malchut* [die untere Mutter, X]. Und beim Wort Brot (Lechem) denke an *Tif'eret* [VI, der männliche Partner von Malchut]. [...] Und danach brich von dem rechten Brot, welches dem ›J‹ des Tetragrammaton entspricht und der Sefira Hochma [II, der männliche Partner von 'Imma], von dem die erlesenste Nahrung von allen hervorgeht. Von ihm breche zuerst ein olivengroßes Stück ab und iss es selbst und denke, dass diese Portion dem ›J‹ des Tetragrammaton entspricht, welches ja der *Se'ir 'Anpin* ist. Danach breche ein Ei-großes Stück ab und gib es deiner Frau und denke dass es dem letzten Buchstaben des Namens 'ADoNaJ [X], das ist das Weib von *Se'ir 'Anpin*, entspricht. Und denke, dass sie nunmehr

2098 Scha'ar ha-Jichudim, Perek 7, S. 9c. (Hoz. Nekor Jajjim) Jerusalem o.J.

sich verbinden und ein einziger Name werden J'HDWNHJ (יאהדונה"י). Und danach gib den übrigen dabeisitzenden Mahlteilnehmern davon.«[2099]

Das Sprechen des Segens und der begleitende Ritus des Brotverteilens führt laut dem obigen Text die beiden sefirotischen Paare zusammen, deren irdisches Pendant das am Tisch sitzende Ehepaar darstellt. Ritus und Buchstaben samt der begleitenden Meditation bringen somit den sefirotischen *Siwwug*, die eheliche Vereinigung der göttlichen *Sefirot* oder *Parzufim* herbei, die als Folge die Ergießung des göttlichen Segensflusses nach sich ziehen.

Derartige *Jichudim* können allerdings nicht nur zu mystischen Zwecken verwendet werden, sie können auch dem Schutz des Menschen in den unterschiedlichsten Situationen und anderen Nutzanwendungen dienen.[2100]

5.2 Die mystische Vereinung mit den Seelen der Toten – Gräberkult

Eine besondere Variante des *Jichud* tritt bei der Prostration auf den Gräbern verstorbener *Zaddikim* in Erscheinung, bei welcher der innersefirotischen Vereinung eine Verbindung von einer oder drei Seelenstufen des Mystikers mit den entsprechenden Seelenstufen des in dem jeweiligen Grab bestatteten *Zaddik* vorangeht, die durch den theurgischen *Jichud* eigens in die Überreste des Bestatteten ins Grab zurückkehren und sie »beleben«. Die dabei zu befolgenden Meditationen verlaufen in einem ähnlichen Duktus wie in den zuvor beschriebenen, hinzu kommt allerdings die Intention, sich mit den verschiedenen Seelenstufen des Verstorbenen zu verbinden.[2101] Die *unio mystica* wird bei diesem Grabritus zu einer *unio* der Seelen des Lebenden, der sich auf dem Grab ausstreckt, mit den Seelenstufen des Verstorbenen, die dann nach ihrer Verbindung gemeinsam nach oben in die göttliche Welt oder in ihre Wurzel im »Adam«, dem Ersten Men-

2099 Scha'ar ha-Kawwanot, 'Injan ha-Schulchan, S. 85a-b.

2100 Vgl. Scha'ar ha-Jichudim, S. 7b (Dämonenvertreibung), S. 11a, (Schutz von Reiter und Pferd).Hajjim Vital hat selbst überaus mächtige Neigungen zu solcher Magie besessen. Vgl. dazu G. Boss, Hayyim Vital's ›Practical Kabbalah and Alchemy‹. A 17th Century Book of Secrets, in: The Journal of Jewish Thought and Philosophy 4 (1994), S.55-112.

2101 Zum Ganzen vgl. B. Hus, Pulchan Kivre ha-Zaddikim be-Kabbalat ha-'Ari, in: Machanajjim 14 (2003), S. 123-134. Zu den älteren jüdischen Bräuchen der Grabverehrung im Heiligen Land vgl. die Dissertation von E. Reiner, 'Alija we-'Alija le-Regel le 'Erez Jisra'el, Jerusalem 1988, S. 217-319; P. Giller, Recovering the Sanctity of Galilee. The Veneration of Sacred Relics in Classical Kabbalah, in: The Journal of Jewish Thought and Philosophy 4 (1994).

schen,[2102] hinaufsteigen. Dabei werden dem Menschen auch neue Geheimnisse kundgetan und er erfreut sich in einem höchsten »Vergnügen«, denn »dann haftet (dvk) während des Jichud-Ritus seine *Nefesch*, seine *Ruach* und seine *Neschama* an den entsprechenden drei Seelen jenes Zaddik. Siehe dann haftet seine Seele ohne jeden Zweifel an dessen Seele.«[2103]

2102 Scha'ar ha-Jichudim, S. 11a.3d.4c-d.7c.10b-c; Scha'ar Ruach ha-Kodesch, S. 109b-110a. 75a.74a-b; Scha'ar ha-Gilgulim, S.140b; ebenda S. 181a-185b ff gibt Vital eine ausführliche Topographie der galiläischen Heiligengräber.

2103 Scha'ar Ruach ha-Kodesch, S. 110a.

Der osteuropäische Hasidismus – Ein anthroposophisch-mystisches Modell der Kabbala

I. Voraussetzungen zum Verstehen des Hasidismus

1. Unterschiedliche Deutungen des Hasidismus – M. Buber und G. Scholem

»Der Chassidismus stellt, soweit ich es verstehe, den Versuch dar, diejenigen Gehalte der Kabbala, die populärer Wirkung fähig sind, lebendig zu erhalten, ohne jedoch jenes Element des Messianismus, dem sie ihre populäre Wirkung während der vorangegangenen Periode am nachhaltigsten verdankt, mit zu übernehmen.« Dies war die Einschätzung von Gershom Scholem im letzten Kapitel seiner bis heute maßgeblich gebliebenen Darstellung der Geschichte der Kabbala in seinem Buch *Die Jüdische Mystik in ihren Hauptströmungen*[2104]. Diese Auffassung vom Wesen des osteuropäischen Hasidismus steht noch ganz unter dem Eindruck der Arbeiten von Martin Buber, der den Hasidismus in seinen zahlreichen Schriften vor allem dem deutsch lesenden Publikum bekannt machte. Die Abhängigkeit Scholems von Buber zeigt sich insbesondere daran, wenn Scholem weiter unten sagt:

> »Hier sei noch einmal zu der Frage zurückgekehrt, was eigentlich im Chassidismus vor sich gegangen ist und was nicht. Einmal, dass hier auf geographisch beschränktem Raum und während einer überraschend kurzen Zeit eine ebenso überraschend große Zahl wahrer Heiliger von Aufsehen erregender Individualität innerhalb des Ghettos erschienen sind. Die unglaubliche Intensität, mit der sich schöpferisch-religiöse Kraft im Chassidismus zwischen 1750 und 1800 manifestierte, hat einen Reichtum an einzigartigen religiösen Typen hervorgebracht, der, soweit wir urteilen können, selbst den der klassischen Periode von Safed weit übertrifft. Im ursprünglichen Chassidismus spielte sich wirklich so etwas wie ein Aufstand der religiösen Produktivität gegen unlebendig gewordene Werte ab.
>
> Andererseits aber ist es ebenso erstaunlich, dass diesem Ausbruch mystischer Religion keine entsprechenden fundamental neuen religiösen Gedanken, keine neue Theorie der mystischen Erkenntnis gegenüberstehen. Wenn man mich fragen würde, was die neue Lehre dieser Mystiker sei, von denen doch deutlicher als von allen früheren feststeht, dass sie mystische Erfahrung aus erster Hand besaßen, welche im Prinzip neuen Ideen sie der alten Kabbala

2104 G. Scholem, Die jüdische Mystik, S. 361.

> zugefügt hätten, so würde ich um eine Antwort einigermaßen verlegen sein.«[2105]

Vor allem die Heraushebung der charismatischen Persönlichkeit, gepaart mit der Herabstufung der Lehre, verrät die Handschrift Martin Bubers. Er war es, der den Hasidismus vor allem als eine Bewegung der religiösen Persönlichkeit darstellte, bei der das lehrhafte Element in den Hintergrund gerückt sei. Vielmehr komme im Hasidismus alles auf die Intention des Handelns an, nicht aber auf den Gegenstand der Tat, nicht was man tue sei entscheidend, sondern wie man es tut.[2106] Scholem zitiert in diesem Zusammenhang das auch für Buber wichtige Diktum eines hasidischen Heiligen, der sagte: »Ich bin nicht zum ›Maggid‹ von Meseritz gegangen, um Tora von ihm zu lernen, sondern um zu sehen, wie er seine Schuhbänder knüpft.«[2107]

Martin Buber vertrat daher die Auffassung, dass ein wirkliches Verständnis des Hasidismus nur aus den hasidischen Erzählungen zu gewinnen sei, weil in ihnen das wahrhafte hasidische Leben beschrieben werde und weil für die Hasidim das Wesentliche eben die Weisen des menschlichen Handelns und nicht die Lehren seien. Buber hat deshalb in der hasidischen Legende, in der dieses Handeln dargestellt sei, die wichtigste literarische Hinterlassenschaft der Hasidim gesehen. Demgegenüber seien die Homilien nur eine wenig kreative Fortschreibung der kabbalistischen Tradition. Die Homilien gelten Buber allenfalls als zweitrangiger Kommentar im Vergleich zu den Erzählungen, die hasidisches Leben aus erster Hand repräsentierten:

> »Weil der Chassidismus in erster Reihe nicht eine Kategorie der Lehre, sondern eine des Lebens bedeutet, ist unsere Hauptquelle zu seiner Erkenntnis seine Legende, und erst nach ihr kommt seine theoretische Literatur. Diese

2105 Vgl. G. Scholem, Die jüdische Mystik, S. 370.

2106 Zu Bubers Deutung des Hasidismus vgl. K.E. Grözinger, Martin Bubers Chasidismus-Deutung, in: Dialog mit Martin Buber, Arnoldshainer Texte Bd. 7, hrsg. v. W. Licharz, Frankfurt a. M., S. 231-256; ders., Chassidismus und Philosophie – ihre Wechselwirkung im Denken Martin Bubers, in: Martin Buber (1878-1965), Arnoldshainer Texte Band 57, hrsg. v. W. Licharz, H. Schmidt, Frankfurt a. M., Vol. I, S. 281-294; ders., Martin Buber und die jüdische Tradition, in: Das Freie Jüdische Lehrhaus – eine andere Frankfurter Schule, hrsg. v. R. Sesterhenn, München/Zürich, S. 33-42; R. Schatz-Uffenheimer, Die Stellung des Menschen zu Gott und Welt in Bubers Darstellung des Chassidismus, in: M. Buber, ed. P.A. Schilpp u. M. Friedmann, Stuttgart 1963, S. 275-302 u. unten die diesbezüglichen Aufsätze Scholems.

2107 Vgl. G. Scholem, Mystik, S. 377, nach Seder ha-Dorot he-hadasch, S. 35.

darf zu einem gewissen Teil als Kommentar zu dem gelebten Leben angesehen werden, jene als der Text.«[2108]

In Martin Bubers Augen ist der Hasidismus eine antignostische Weltanschauung, in der die »Trennung zwischen dem ›Leben in Gott‹ und dem ›Leben in der Welt‹, das Urübel aller ›Religion‹, in echter, konkreter wahrhafter Einheit überwunden« wird.[2109] Buber vertrat die Auffassung, dass der Hasidismus vor allem eine Form der Selbstverwirklichung des Menschen im irdischen Lebensraum ist:

> »Der Mensch kann dem Göttlichen nicht nahe kommen, indem er über das Menschliche hinauslangt; er kann ihm nahekommen, indem er der Mensch wird, der zu werden er, dieser einzelne Mensch da, erschaffen ist. Dies erscheint mir als der ewige Kern des chassidischen Lebens und der chassidischen Lehre.«[2110]

Scholem, der wie gesagt, anfänglich unter dem Einfluss Bubers stand, hat sich von dieser existentialistischen Interpretation und Sichtweise Bubers schrittweise entfernt. Er hat zunehmend die eigenständigen neuen Lehren des Hasidismus wahrgenommen und als Weiterentwicklung und Veränderung ursprünglich kabbalistischer Topoi begriffen.[2111] Demnach stellt sich ihm der Hasidismus im Sinne der älteren Kabbala als eine im Grunde platonische Weltsicht dar, nach der die Hasidim, im Gegensatz zu Bubers Darstellung, sehr wohl zwischen dem Leben in dieser Welt und dem Leben in Gott unterschieden:

> »Die Hasidim lehren uns nicht, das Leben, wie es ist, zu genießen, vielmehr geben sie uns den Rat, oder besser: stellen an uns die Forderung, aus dem ›Leben wie es ist‹ das beständige Leben Gottes herauszuziehen, ja ich möchte geradezu sagen, zu destillieren. Diese ›Extraktion‹ ist aber, und das ist der springende Punkt, ein Akt der Abstraktion. Es ist nicht das flüchtige Hier und

2108 M. Buber, Ursprung und Bedeutung des Chassidismus, S. 253; Die chassidische Botschaft, Werke, München Heidelberg 1963, III, S. 760 u. vgl. 936; u. vgl. Grözinger, Martin Bubers Chassidismus-Deutung, S. 231.

2109 Werke, Die chassidische Botschaft. Spinoza, Sabbatai Zwi und der Baalschem, c.1, II, S.748.

2110 Werke, Der Chassidismus und der abendländische Mensch, III, S. 947.

2111 Dazu vgl. K.E. Grözinger, Gershom Scholems Darstellung des Hasidismus und seine Auseinandersetzung mit Martin Buber, Frankfurter Judaistische Beiträge *(FJB)* 12 (1984), S. 105-127; u. ders., The Buber-Scholem Controversy About Hasidic Tale and Hasidism – Is There A Solution?, in: G. Scholem's Major Trends in Jewish Mysticism 50 Years After: proceedings of the Sixth International Conference on the History of Jewish Mysticism, hrsg. v. P. Schäfer u. J. Dan, Tübingen 1993, S. 327-336.

> Jetzt, auf das sich die Freude richtet, sondern die ewige Einheit und Gegenwart der Transzendenz«[2112]
> »Das Hier und Jetzt wird transzendiert und verschwindet, wo das göttliche Element in der Kontemplation erscheint.«[2113]

Scholem erkannte demnach, dass für die Hasidim das irdische Leben seinen Wert nur deshalb besitzt, weil in ihm die Transzendenz verborgen gegenwärtig ist. Und nur wenn der Mensch vermag, durch die Schalen der Äußerlichkeit durchzublicken und hinter ihnen alleine die Gottheit zu sehen, ist sein Verhältnis »zur Welt« das richtige. Demgegenüber hat Martin Buber in seiner Deutung des Hasidismus konsequent das jenseitig Spirituelle, die göttliche Lebenskraft, die in allem waltet und alles erhält, ja die nach extremeren hasidischen Auffassungen zufolge das einzig wirklich Seiende ist, ausgeklammert. Die pantheistische Grundstimmung der hasidischen Lehren, nach denen in allem Konkreten und Materiellen das Göttliche präsent ist, hat Buber stets auf das konkret Materielle verkürzt. Wo die Hasidim sich dem konkret Materiellen zuwenden, um es zu durchschauen und hinter ihm das einzig wahre Seiende sehen, sieht Buber nur das vor Augen Liegende und erklärt es selbst zum Ort des Göttlichen. Eine richtige Begegnung mit dem Materiellen und Alltäglichen wird für Buber so zum Gottesdienst, wohingegen nach der sachlich richtigen Auffassung Scholems der Hasid nur dank der pantheistischen Allpräsenz Gottes dem Materiellen nicht ausweichen muss, sondern trotz dessen äußerlichen Materialität auch hier der immanenten Transzendenz begegnen kann. Für Buber ist der Gottesdienst in der weltlichen Dinglichkeit – so ein zentraler Gedanke des Hasidismus – stets ein Dienst an der Dinglichkeit:

> »Die Umwelt, die ich als natürliche erfahre, die Situation, die mir schicksalhaft zugeteilt ist, was mir Tag um Tag begegnet, was mich Tag um Tag anfordert, hier ist meine wesentliche Aufgabe und hier die Erfüllung des Daseins, die mir offen steht. Denn hier, wo wir stehen, gilt es, das verborgene göttliche Leben aufleuchten zu lassen [...]. Und wüssten wir um die Geheimnisse der oberen Welten, wir hätten nicht so viel wirklichen Anteil am wahren Dasein, als wenn wir im Gang unseres Alltags ein uns obliegendes Werk mit heiliger Intention verrichten.«[2114]

2112 G. Scholem, Martin Bubers Deutung des Chassidismus, Judaica I, Frankfurt a.M. 1963/1968, S. 189; Martin Buber's Hasidism, in: Commentary, 32,4 (1961), S. 305-316, hier S. 312.313; wieder in: G. Scholem, The Messianic Idea in Judaism, London 1971, S. 228-250.240.241.

2113 G. Scholem, Judaica I, S. 191; vgl. Buber, Die Erzählungen der Chassidim, Manesse, Zürich 1949 S. 18; u. K. E. Grözinger, Martin Bubers Chassidismus-Deutung, S. 252.

2114 Werke, III, S. 736.

Demgegenüber darf für die Hasidim selbst der Gottesdienst in der materiellen Dinglichkeit, wie dies unten deutlich werden wird, nur ein Gottesdienst trotz der Materialität der Welt sein, hinter der, wenn man sie recht betrachtet, ja immer Gott zu finden ist.[2115]

Scholem hat nach seiner Distanzierung von der Sichtweise Bubers konsequenterweise die hasidische Homilie, das heißt die von den Hasidim hervorgebrachten Midraschim und Traktate, als die wichtigere Quelle zur Erkenntnis des Hasidismus erachtet und in den Vordergrund gestellt.[2116] Die moderne Hasidismus-Forschung ist dieser Auffassung Scholems gegen Martin Buber zu recht gefolgt und stützt sich in der Darstellung des Hasidismus im Wesentlichen auf die Homilienliteratur, wie dies auch hier geschehen wird.[2117]

2. Die Bedeutung der »hasidischen Erzählungen«

Die Gershom Scholem folgende Hasidismusforschung hat über der Entscheidung zugunsten der Homilienliteratur die Frage der hasidischen Erzählung, die unbestritten dennoch eine wichtige Rolle im Hasidismus spielt, zunächst fast vollständig aus den Augen verloren und sich ganz auf die Darstellung der Lehren des Hasidismus aufgrund der Homilienliteratur konzentriert. Es war dann Joseph Dan, der sich der Frage der Bedeutung der Erzählung im Hasidismus erneut näherte.[2118] Er stellte die grundsätzliche Frage, die für Martin Buber natürlich gleichfalls von großer Bedeutung war, weshalb im Rahmen der hasidischen Bewegung eine innerhalb des Judentums bis dato ungekannte Explosion der Hervorbringung und Verbreitung von Erzählungen in mündlicher wie dann auch in gedruckter Form erfolgte.[2119]

Dan unternahm den Versuch, dieses Phänomen der massenhaften Erzählungsproduktion mit Hilfe einer von der Kabbala ererbten und durch die Hasidim

2115 Vgl. K.E. Grözinger, Martin Bubers Chassidismus-Deutung.

2116 Vgl. G. Scholem, Judaica I, S. 178; ders., Martin Buber's Hasidism, in: Commentary, S. 309; ders., The Messianic Idea, S. 235.

2117 Die von Buber so hoch eingeschätzten, von ihm sehr selektiv ausgewählten und drastisch veränderten Legenden können demnach nicht als Zeugnis für die Theologie des Hasidismus dienen. Sie sind hingegen ein Zeugnis für Bubers eigenen existentialistischen Neohasidismus. Zur Bewertung der Legenden in der neueren Forschung siehe im Folgenden.

2118 J. Dan, Ha-Sippur ha-hasidi, Jerusalem, 1975.

2119 J. Dan, Ha-Sippur ha-hasidi, S. 3. Die folgenden Ausführungen sind der Einleitung meiner Edition und Übersetzung der grundlegenden hasidischen Legendensammlung entnommen: K.E. Grözinger, unter Mitarbeit von R. Berger, V. Faber, V. Lipphardt u. S. Senkbeil, Die Geschichten vom Ba'al Schem Tov, Schivche Ha-Bescht, hebräischer und jiddischer Text, herausgegeben, übersetzt (beide Versionen) und kommentiert samt einer ausführlichen Einleitung, 2 Bde., 960 S. (Jüdische Kultur Bd. II), Harrassowitz Wiesbaden 1997, S. XVI ff.

verbreiteten Mythologie zu erklären, nach der eine menschliche Figur es vermochte, die himmlische mit der irdischen Welt zu verbinden. Gemeint ist die Gestalt des *Zaddik*, von der man glaubte, sie sei fähig, den segensreichen Strom des Gotteslichtes vom ›Himmel‹ auf die Erde herabzuleiten.[2120] Jedoch, die Erzählungen mit einer solchen Thematik stehen im Gesamtkorpus dieser ostjüdischen »hasidischen« Erzählungen eher in der Minderzahl da. Diese Thematik kann darum nicht wirklich als Erklärung für die Vielzahl der in dieser Zeit publizierten und verbreiteten Erzählungen dienen. Einen anderen Grund für den eruptiven erzählerischen Ausbruch ab der Mitte des 19. Jahrhunderts sieht Dan in der Befreiung der Erzählung von der Last der Belehrung, d.h., dass im Hasidismus die Erzählung nicht mehr allein durch ihre didaktische Funktion, sondern qua Erzählung, als Literatur einen eigenen Wert erhalten habe. Dan glaubt, dass die Hasidim im Gegensatz zu den älteren jüdischen Erzählern ihre Geschichten nicht zum Zwecke der Belehrung erzählten und alleine darin die Berechtigung zum Geschichtenerzählung gesehen hätten, sondern dass im Hasidismus die Erzählung unabhängig von ihrem Lehrinhalt ihre Würde und Berechtigung erfahren, und so die Freiheit zur Entfaltung nur nach literarischen Kriterien erhalten hätte.[2121] Aber auch diese Deutung kann vor den Erzählungen selbst wie auch vor den geradezu gegenteiligen Auffassungen der Sammler dieser Geschichten, die sie in ihren Vorworten zum Ausdruck bringen, keinen Bestand haben. Sie sammelten zur Belehrung und zur Förderung der Gottesfurcht. Kein Geringerer als R. Nachman von Bratzlaw, der Urenkel des Bescht, meinte, dass »das Wesentliche seiner Erweckung zum Dienst an Gott, E.s.g., wahrhaftiglich von den Erzählungen über die Zaddikim herrührte«.[2122] Die ostjüdischen Erzählungen wollen – wie alle früheren jüdischen Erzählungen – belehren und eine Botschaft vermit-

2120 J. Dan, Ha-sippur ha-hasidi, S. 3-39. Zu diesem Topos als zentralem hasidischem Anliegen vgl. M. Idel, Hasidism, Between Ecstasy and Magic, Albany 1995.

2121 J. Dan, Ha-sippur ha-hasidi, S. 4, dazu auch G. Nigal, *Ha-Sipporet ha-hasidit*, Toledoteha we-Nos'eha, Jerusalem 1981, S. 14, 57. Ein Grund für die explosionsartige Vermehrung der gedruckten Volkserzählungssammlungen ab dem letzten Drittel des vorigen Jahrhunderts ist außerdem vielleicht außerhalb der jüdischen Religionsgeschichte im engeren Sinne zu suchen: Aus den Vorworten vieler Sammler solcher erzählerischer Volksbücher geht hervor, dass mit der Veröffentlichung religiös-erbaulicher Unterhaltungsliteratur der zunehmenden Verbreitung profaner Unterhaltungsliteratur in breiteren Kreisen Einhalt geboten werden sollte. Vgl. z. B. Sefer Mif'alot ha-Zaddiqim he-hadasch, Pjetrkov 1901, S. 3; vgl. auch G. Nigal, Ha-*Sipporet*, S. 13. Von den finanziellen Vorteilen, die sich für die Autoren und Sammler religiös verbrämter volkstümlicher Erzählungen aus der Beteiligung am allgemeinen Florieren der Unterhaltungsliteratur ergaben, sprechen diese Vorworte verständlicherweise nicht.

2122 Sihot ha-Ran, Jerusalem 1944, S. 138; vgl. Ch. Schmeruk, Peraqim fun der jiddischer Literatur-Geschichte, Tel Aviv 1988, S. 220; und vgl. Rosman, Le-toledotaw schel Makor histori, in: Zion 58 (1993), S. 194 ff.

teln. Doch diese Botschaft ist, und darin kann Dan zugestimmt werden, in den wenigsten Fällen spezifisch hasidisch. Denn diese sogenannten hasidischen Erzählungen vermitteln nicht die hasidischen Lehren – allenfalls kann man in ihnen hier oder da hasidische Lehrelemente entdecken, sofern man die hasidischen Lehren aus deren Hauptquellen kennt.[2123] Die Hauptquellen sind die hasidischen Homilien der Midraschbücher, in denen im Stile der altjüdischen Predigt und Schriftauslegung die hasidischen Theologien – und es gibt durchaus unterschiedliche – entwickelt werden. Darum kann G. Nigal ohne Vorbehalte zugestimmt werden, wenn er konstatiert: »Man kann offenbar sagen, es gibt nichts in den hasidischen Erzählungen, das man nicht schon in ihren Vorläufern finden kann, weder in deren Inhalt noch in deren Form.«[2124]

Den Grund für die im Schwange des Hasidismus hervorgebrochene Erzählungsflut ist nach meiner Auffassung hingegen eher darin zu suchen, dass der Hasidismus bereitwilliger als das rabbinische Judentum die traditionellen Formen der jüdischen Volksfrömmigkeit und damit der Volkserzählung aufgenommen und mit einer Hochschätzung ausgestattet hat, zu der die elitären Kreise der rabbinisch Gebildeten sich nicht herablassen wollten. Die Hochschätzung der Volkserzählung mit ihren eigenen religiösen Standards ist nur die eine Seite der Rehabilitierung der volkstümlichen Religiosität durch den Hasidismus. Die Hasidim verliehen der Volkserzählung erklärtermaßen die Weihe legitimer religiöser Erbauungsliteratur. Die weitestgehende Formulierung einer solchen Neuschätzung der volkstümlichen Erzählung steht bereits in der ältesten und wichtigsten hasidischen Legendensammlung, den *Schivche ha-Bescht*: »Jeder, der Geschichten zum Preis der Zaddikim erzählt, gleicht einem, der in das Studium des göttlichen Thronwagens versunken ist«.[2125] Hier wird das Erzählen von Geschichten der traditionell höchsten Stufe mystischer Erkenntnis im Judentum

2123 Einen wichtigen neuerlichen Versuch, in den Erzählungen genuin hasidische Lehrelemente zu entdecken hat Susanne Galley in ihrem Buch Der Gerechte ist das Fundament der Welt. Jüdische Heiligenlegenden aus dem Umfeld des Chassidismus, Wiesbaden 2003, vorgelegt. Sie sieht in den Legenden Zeugnisse dafür, in welchem Maße die Theorie der Homilie vermochte, sich im alltäglichen Leben umzusetzen, und dies vor allem hinsichtlich der Verehrung der heiligen Person des Zaddik; vgl. dort S. 468.

2124 G. Nigal Ha-sipporet, S. 15. R. Elior, Der Ba'al Schem Tov zwischen Magie und Mystik, in: K.E. Grözinger, Die Geschichten des Ba'al Schem Tov, S. XXXV-LX. Sie zeigt dort, dass die Schivhe ha-Bescht Teil des allgemeinen geistigen Milieus des aschkenasischen, insbesondere des östlichen Judentums im 18. u. teilweise noch im 19. Jahrhundert sind.

2125 K.E. Grözinger, (Schivche ha-Bescht) Die Geschichten vom Ba'al Schem Tov, Schivche Ha-Bescht unter Mitarbeit von R. Berger, V. Faber, V. Lipphardt u. S. Senkbeil, sowie einem Beitrag von R. Elior, Wiesbaden 1997, Hebräisch (H) - Jiddisch (J) - Deutsch, H 218.

gleichgesetzt.[2126] Noch wichtiger mag gewesen sein, dass man glaubte, durch das Erzählen von Wundergeschichten werde die in den Buchstaben und Wörtern der Erzählung ruhende Macht erweckt, welche die göttliche Wurzel der Wunder anregt, um so entsprechende Wunder zu wiederholen, wie dies im Namen von R. Jechiel Michel von Slotschov überliefert wird. Dies ergibt sich aus der schon von Gershom Scholem wiedergegebenen Geschichte, nach der Mosche Lejb aus Sassow durch das Erzählen einer Wundertat des Bescht jenes Wunder wiederholte.[2127] Auch der Enkel des Baʿal Schem Tov (Akronym: BeSCHT), Rabbi 'Efraim aus Siedlkov, erzählte über seinen Großvater:

»Ich hörte und sah von meinem Herrn, Vater und Großvater, [...] dass er Geschichten und weltliche (dämonische) Dinge erzählte, und dadurch diente er dem Herrn in seiner Weisheit [...] und er kleidete in sie seine reine Weisheit und diente durch sie dem Herrn.«[2128]

Der Urenkel des Bescht und Begründer der nach ihm benannten Richtung des Hasidismus, Rabbi Nachman aus Bratzlaw, erklärt zu Beginn seiner eigenen Erzählungssammlung, worin das Besondere dieses Gottesdienstes durch Geschichtenerzählen bestand:

»Geschichten, welche die Menschen erzählen, tragen in sich verborgene und erhabene Dinge. Nur sind die Geschichten verdorben worden, denn es fehlt ihnen viel. Auch wurden sie nicht in der richtigen Reihenfolge erzählt, denn was an den Anfang gehört, erzählen sie am Ende und umgekehrt und dergleichen. Dennoch gibt es in Wahrheit in den Geschichten, welche die Menschen erzählen, hohe verborgene Dinge. Und [mein Urgroßvater], der Baʿal Schem Tov, konnte durch das Erzählen von Geschichten [höchste mystische] Einungen (*Jichudim*) vollbringen. Wenn er sah, dass die obern Kanäle [des göttlichen Flusses] zerstört waren und man sie nicht durch Gebet wiederherstellen konnte, dann einte er sie und stellte sie wieder her durch Geschichtenerzählen.«[2129]

2126 Dazu vgl. G. Scholem, Die Jüdische Mystik, Frankfurt a. M. 1967, S. 43-86; I. Gruenwald, Apocalyptic and Merkava mysticism, Leiden/Köln 1980; K. E. Grözinger, Formen jüdischer Mystik, in: D. S. Ariel, Die Mystik des Judentums, München 1993; vgl. ferner Bd. I, S. 306-310.310-325.

2127 Bei G. Scholem, Die jüdische Mystik, S. 384; eine abweichende, kürzere Version erzählt Jisrael Rischiner in seinem Werk Kneset Jisrael, Warschau 1906, fol. 12a, engl. Übers. bei M. Idel, Hasidism, Between Ecstasy and Magic, S. 185 f., dort weiteres Material.

2128 Degel Machane Efraim, Par. Wajjeschev, 21b, bei J. Dan, Sippur, S. 47.

2129 Nachman mi-Bratzlaw, Sippure Maʿasijot, Neudruck Brooklyn 1972, S. 6; u. vgl. K. E. Grözinger, Die Apotheose der Sprache. Literatur und Text als religiöses Handeln im Judentum, in:

Mit der Anerkennung der Erzählungen – und nicht nur solcher über die hasidischen »Rebbes« – als Form religiöser Kommunikation und als Form des Gottesdienstes, hat ein breites Spektrum volksreligiöser Anschauungen Aufnahme in einen anerkannten religiösen Kontext bekommen, wie es in dieser Weise im Umkreis der gelehrten Lehrhausdiskussion der Talmudhochschulen und der traditionellen rabbinischen Stände nicht mehr möglich schien. Gerade dieser Vorwurf der Distanz des gelehrten Rabbinerstandes zu den einfachen Volksmassen spielte von Anfang an eine große Rolle in der hasidischen Homilienliteratur, insbesondere in den ersten hasidischen Texten des Bescht-Schülers Jakob Josef aus Polonnoje die von 1780 an aus der Druckerpresse gingen.[2130]

Die Anerkennung oder Tolerierung dieser volksreligiösen Vorstellungen durch die Hasidim samt ihrer Darstellung in der literarischen Form der jiddischen und hebräischen Erzählung darf nun nicht zu dem Missverständnis verleiten, in diesen Erzählungen sei hasidisches Leben in seiner unverwechselbaren Fülle dargestellt, wie das der Leser von Martin Bubers Hasidismusarbeiten glauben mag.[2131] Die moderne Erforschung des Hasidismus steht bis heute, wie bereits angemerkt, zu Recht auf der Seite von Gershom Scholem in seiner Auseinandersetzung mit Martin Buber über die Frage, ob man das Wesen des Hasidismus aus den gelehrten Homilien oder aus den volkstümlichen Erzählungen erkennen könne. Die Antwort auf diese Frage kann keinem Zweifel unterliegen. Die Lehren des Hasidismus, seine Theologien, Weltanschauungen und seine Mystik kann man nur aus den hasidischen Midraschim, Traktaten oder Aphorismen kennenlernen.[2132] Erst der an der Homilienliteratur geschulte Blick vermag zu erkennen, wie das eine oder andere typisch hasidische Theologumenon und

K.E. Grözinger, J. Rüpke (Hrsg.), Literatur als religiöses Handeln?, Berlin 1999, S.219-236; u. Ch. Schmeruk, Perakim fun der jiddischer Literatur-Geschichte, S. 250.

2130 Dazu vgl. S. H. Dresner, The Zaddik, NY 1960; G. Nigal, Manhig wa-'Edah, Jerusalem 1962; ders.: Torot Ba'al ha-Toledot, Jerusalem 1974; vgl. auch K. E. Grözinger, Chassidismus, in: Theologische Realenzyklopädie XVI, S. 377-386; vgl. ferner unten IV.4.

2131 Man vgl. etwa Bubers Worte: „Weil der Chassidismus in erster Reihe nicht eine Kategorie der Lehre, sondern eine des Lebens bedeutet, ist unsere Hauptquelle zu seiner Erkenntnis seine Legende ... Es ist töricht einzuwenden, die Legende übermittle uns nicht die Wirklichkeit des chassidischen Lebens. Natürlich ist die Legende keine Chronik, aber sie ist *wahrer* als die Chronik...", M. Buber, Werke, München-Heidelberg 1963 III, S. 760; vgl. dazu K.E. Grözinger, Chassidismus und Philosophie – ihre Wechselwirkung im Denken Martin Bubers.

2132 Zum Ganzen dieser Auseinandersetzung vgl. K.E. Grözinger, Martin Bubers Chassidismus-Deutung; ders., Gershom Scholems Darstellung des Hasidismus und seine Auseinandersetzung mit M. Buber, in: FJB 12 (1984); ders., The Buber-Scholem Controversy about Hasidic Tale and Hasidism – Is there a Solution?, in: Gershom Scholem's Major Trends in Jewish Mysticism 50 Years After, ed. P. Schäfer and J. Dan, Tübingen 1993, S. 327-336.

Motiv sich Eingang in den Strom der Volkserzählung verschaffte[2133] in einer Weise, wie dies in der langen Geschichte der jüdischen Erzählung schon immer geschehen ist. Neue theologische Gedanken brauchen meist eine gewisse Zeit, bis sie in der Volkserzählung ankommen, gewöhnlich auf der Ebene der Erzähl-Motive und gelegentlich, bei völlig neuen theologischen Themen, auch in gänzlich neuen Erzählformen.

Die hasidische Bewegung hat offenbar der in Osteuropa verbreiteten Erzählungstradition ihre Tore geöffnet, weshalb ja die Mehrzahl dieser sogenannten hasidischen Erzählungen wenig spezifisch Hasidisches bieten. Nur hier und da sind, wie gesagt, hasidische Motive in die traditionellen Erzählformen aufgenommen worden. Wirklich neue Erzählformen, vergleichbar der neuen lurianischen Erzählungsgattung von der Seelenwanderung und vom Sünden aufdeckenden Propheten[2134], die auch in der hasidischen Erzählung wieder eine große Rolle spielten, scheinen die Hasidim nicht geschaffen zu haben – abgesehen von der vor allem in den *Schivche ha-Bescht* anzutreffende Erzählung vom Anrufen des himmlischen Gerichtes, das entweder von der Erde aus oder nach dem Aufstieg in die himmlischen Gerichtshallen erfolgt.[2135] Dementsprechend wird der Aufstieg vor das himmlische Gericht als besonderes Anliegen und besondere mystische Begabung des Bescht in einem allgemein für authentisch gehaltenen Bescht-Brief an seinen Schwager R. Gerschon Kutover ausführlich beschrieben.[2136] Erwähnenswert ist außerdem die den Hasidismus stark prägende Vorstellung, dass die *Devekut*, das Anhaften an der Gottheit, die Gottesversunkenheit, das höchste hasidische Ideal ist, und dass viele alltägliche Handlungen und Verrichtungen dadurch, dass sie in *Devekut* geschehen, zu religiösem Handeln vom

2133 Die hasidische Vorstellung vom Anhaften an Gott (Gottesversunkenheit – *Devequt*) spiegelt sich z. B. in H 128, H 28, H 70; der Brauch des *le-Hajjim*-Trinkens in seiner spezifisch hasidischen Ausprägung ist verarbeitet in *Sifte Zaddiq*, Przemyszlan 1840, S. 46-47; folgende Angaben nach K.E. Grözinger, Die Geschichten vom Ba'al Schem Tov: Tabakrauchen, H 64, H 151, H 155b, H 172, H 197, H 240; Wichtigkeit des dritten Schabbatmahles H 28, H 31,H 52, H 62, H 65, H 98e. H 125, H 129, H 147, H 174, H 175, H 188, H 197, H 232, H 247, H 258, H 262.

2134 Vgl. K.E. Grözinger, Kafka und die Kabbala, erw. Neuausgabe, Berlin Wien 2003, Kap. Tiergeschichten, S. 122-145; ders., Sündenpropheten. Halachaprophetie im Judentum Osteuropas, FJB 15 1987, S. 17-46

2135 Vgl. K.E. Grözinger, Die Geschichten vom Ba'al Schem Tov, J 45, H 260, H 263, H 61 und K. E. Grözinger, Kafka und die Kabbala, Frankfurt a. M. 1992, S. 53ff.; Frankfurt a. M. 1994, S. 4 ff.; Berlin-Wien 2003, S. 47ff.; vgl. ferner unten II. A. 1.2.6.

2136 Gedruckt im Anhang zu Jakob Josef aus Polna'as (Polnoj) Buch Ben porat Josef, Pietrkov 1884, S. 127b-128b; englische Übersetzung bei N. Lamm, The Letter of the Besht to R. Gershon of Kutov, in: Tradition 14/4 (1974), S. 110-125; Auszug in Deutsch bei S. Dubnow, Geschichte des Chassidismus, Jerusalem 1969, I, S. 105-108.

höchsten Range werden. Dies zeigt sich etwa am Erzählen von alltäglichen Belanglosigkeiten durch den Bescht[2137] oder am Pfeiferauchen,[2138] die in *Devekut* geübt, mächtige mystische und magische Wirkungen hervorbringen.

Eine wichtige Frage zur Beurteilung der Rolle der Erzählung im Hasidismus ist die Frage nach dem Status der Magie innerhalb des Hasidismus, weil eine Großzahl dieser Erzählungen von magischen Handlungen berichtet. In diesem Zusammenhang hat Moshe Idel mit allem Nachdruck auf die Verbindung der Magie zum Zweck der Erlangung irdisch-materieller Ziele mit dem mystischen Erlebnis im Hasidismus hingewiesen und darin geradezu das Zentrum hasidischer Theologie erblicken wollen.[2139]

Ein weiteres, die eigentümliche Gestalt der hasidischen Frömmigkeit prägende Element erkennt Idel darin, dass die mystisch-magische Fähigkeit der religiösen Führer, der *Zaddikim*, immer auf den sozialen Kontext der hasidischen Gemeinde bezogen ist. Damit ist das mystisch-magische Handeln stets an eine soziale Verpflichtung gebunden. Manche der im Folgenden angeführten Erzählungen werden durch diese von Idel hervorgehobene Deutung hasidischer Theologie sehr viel näher an die ursprünglichen spezifisch hasidischen Vorstellungen herangerückt, als dies oben den Erzählungen eingeräumt wurde. Das heißt, Erzählungen mit magischen Elementen wären demnach Ausdruck typisch hasidischer Frömmigkeit.

Die Mehrzahl der ostjüdischen »hasidischen« Erzählungen ist aber dennoch einem breiten Spektrum von Themen gewidmet, das das gesamte Leben der ostjüdischen Gesellschaft umfasst, ohne jedoch die spezifisch hasidischen theologischen Topoi zu berühren.

Im Wesentlichen sind es fünf Themenbereiche, denen die hasidischen Erzählungen zugeordnet werden können.[2140]

1. Geschichten von der materiell-physischen Diesseitssicherung, das heißt Geschichten von der Rettung aus individuellen und kollektiven Nöten, wie Krankheit, Kinderlosigkeit, fehlender Lebensunterhalt oder Verfolgung, meist mittels übernatürlicher Hilfsmittel.[2141]

2137 Vgl. K.E. Grözinger, Die Geschichten vom Ba'al Schem Tov, J 58b. H = hebräische Version; J = jiddische Version.

2138 K.E. Grözinger, Die Geschichten vom Ba'al Schem Tov, H 64, H 151, H 155b, H 172, H 197, H 240.

2139 J. Dan, Hasidism; *vgl.* auch Z. Mark, Dibbuk u-Devekut be-Schivche ha-Bescht: He'era le-Fenomenologija schel ha-Schiga'on be-reschit ha-Hasidut, in: Be-Ma'agale Hasidim. Kovez Mechkarim le-Sichro schel Professor Mordechai Wilenski, ed. I. Etkes, D. Asaf, I. Bartal, E. Reiner, Jerusalem 2000, S. 247-286.

2140 K.E. Grözinger, Die Geschichten vom Ba'al Schem Tov, S. XXII-XIII.

2141 Vgl. bei K.E. Grözinger, Die Geschichten vom Ba'al Schem Tov, z. B. die Erzählungen H 106, H 131, H 148 u. H 172, H 118, H 108, H 278. Auch wo der jiddische Text eine Parallel-

2. Geschichten von der spirituellen Diesseitsbewältigung und Jenseitssicherung, z. B. Theodizeegeschichten,[2142] Befreiung von übernatürlichen Wesen und Mächten, wie zum Beispiel Dämonen und Dibbuks,[2143] Sündenprophetien, in denen ein Heiliger die Sündenbefleckung von Dingen und Menschen decouvriert,[2144] Belehrung und Hilfe zum Eingang in den Garten Eden,[2145] Anrufung des himmlischen Gerichtes,[2146] Anhängergewinnungen,[2147] Bußerzählungen,[2148] Geschichten von himmlischen Gerichtsverfahren, in denen der *Zaddik* interveniert.[2149]

3. Darstellung der religiösen Normen, zum Beispiel Tugenderzählungen, in denen der Lohn für ein frommes Leben dargestellt wird,[2150] Versuchungserzählungen, in denen der Lohn für bestandene Versuchungen moralischer Art beschrieben wird,[2151] und Geschichten, die von der gerechten Bestrafung der Frevler berichten.[2152]

4. Geschichten vom Heiligen in dieser Welt, von seiner Entdeckung und dessen Bewahrung, Geschichten von der Bedrohlichkeit heiliger Menschen und Orte, von heiligen Zeiten, Riten, Orten,[2153] und von deren Bedeutung für das tägliche Leben. Eine weitere hierher gehörende Gruppe erzählt von der Gegenwart des

version enthält, wird hier und im Folgenden, wie auch im gesamten Anmerkungsapparat und im Register, nur die hebräische Version der Geschichte angegeben. Die jiddische Version lässt sich über die synoptische Tabelle und Querverweise im Kopf der Erzählungen leicht finden. Wo dennoch eine Erzählung aus J angegeben wird, weicht diese entweder signifikant von der Version in H ab, oder es existiert keine Version in H.

2142 K.E. Grözinger, Die Geschichten vom Ba'al Schem Tov, H 277, H 132, H 157.

2143 K.E. Grözinger, Die Geschichten vom Ba'al Schem Tov, H 35, H 106, H 148.

2144 K.E. Grözinger, Die Geschichten vom Ba'al Schem Tov, H 27, H 213, H 169, H 170, H 193, H 181 H 245; vgl. dazu K. E. Grözinger, Sündenpropheten, Halachaprophetie im Judentum Osteuropas, FJB 15, S. 17-46.

2145 K.E. Grözinger, Die Geschichten vom Ba'al Schem Tov, H 125, H 24, H 89, H 144.

2146 K.E. Grözinger, Die Geschichten vom Ba'al Schem Tov, J 45, H 260, H 263, H 61.

2147 K.E. Grözinger, Die Geschichten vom Ba'al Schem Tov, H 41, H 103.

2148 K.E. Grözinger, Die Geschichten vom Ba'al Schem Tov, H 114.

2149 K.E. Grözinger, Die Geschichten vom Ba'al Schem Tov, H 260, H 263, H 108, H 278, H 195b.

2150 K.E. Grözinger, Die Geschichten vom Ba'al Schem Tov, H 200, H 49a, H 68, H 171, H 172, H 138, H 146, H 50

2151 K.E. Grözinger, Die Geschichten vom Ba'al Schem Tov, H 94

2152 K.E. Grözinger, Die Geschichten vom Ba'al Schem Tov, H 22.

2153 K.E. Grözinger, Die Geschichten vom Ba'al Schem Tov, H 28, H 97, H 206, H 126, H 136, J 174;

Sinai,[2154] das heißt der mystischen Wiederholung der Sinaioffenbarung. Ferner existieren Geschichten vom Heiligkeitsfrevel, in denen die Folgen des frevlerischen Verhaltens gegenüber dem Heiligen beschrieben wird.[2155]

5. Biographisch-chronistische Erzählungen, die entweder Anekdoten oder wirklich historische Reminenzen bieten.[2156]

Die Geschichten dieser fünf Themenbereiche weisen kaum spezifisch hasidische Themen auf, sondern sind größtenteils Fortführungen der älteren jüdischen Erzähltration. Allenfalls neu und hierbei auf Geschichten vom Bescht beschränkt, sind die unter Punkt 2 genannten Erzählungen von himmlischen Gerichten, in welchen der Ba'al Schem Tov direkt von der Erde aus oder im Zuge von Himmelsaufstiegen eingreift. Die Einbettung in die ältere Erzähltradition wird hinsichtlich einer Gruppe von Erzählungen wegen des Beinnamens *Ba'al Schem Tov*, den der Gründer der Gruppe trägt, unten dargestellt werden.[2157] Diese Erzählungen vom *Ba'al Schem Tov* gehören, wie dort deutlich werden wird, den hier genannten Gruppen 1. und 2. zu.

3. Historische und soziale Voraussetzungen

3.1 Die Erforderlichkeit einer sozialhistorischen Betrachtung

Im Gegensatz zu den früheren Epochen, die in dieser Darstellung erörtert werden, muss beim Hasidismus ausführlicher auf die historischen und soziologischen Voraussetzungen eingegangen werden. Denn hier geht es zunächst nicht um einzelne Denker, die ihre Ansichten zur Deutung und Entfaltung des jüdischen Denkens beigetragen haben, sondern um das Phänomen einer Massenbewegung, die dem Judentum Osteuropas binnen weniger Jahre ein völlig neues Gesicht gegeben hat. Diese Veränderung ist nicht alleine als die denkerische Leistung der im Folgenden zu besprechenden Charismatiker, Mystiker und Lehrer zu verstehen, sondern hat seine Gründe zugleich in tiefgreifenden gesellschaftlichen Umbrüchen, die einerseits ein Vakuum entstehen ließen, in das die neue Bewegung vorstoßen konnte, andererseits Vorläuferformationen schufen,

2154 K.E. Grözinger, Die Geschichten vom Ba'al Schem Tov, H 54, H 56, H 59, H 55; vgl dazu: K.E. Grözinger, Die Gegenwart des Sinai. Erzählungen und kabbalistische Traktate zur Vergegenwärtigung des Sinai, FBJ 16, S. 143-183.

2155 K.E. Grözinger, Die Geschichten vom Ba'al Schem Tov, H 220, H 255, H 262, H 214, H 207, H 90.

2156 K.E. Grözinger, Die Geschichten vom Ba'al Schem Tov, H 150a, H 273

2157 Vgl. unt. II. A.2.1-7.

an welche die neue Bewegung sowohl soziologisch wie auch hinsichtlich zentraler Lehren anknüpfen konnte.

Die wirtschaftliche und gesellschaftliche Situation der jüdischen Gemeinden im polnischen Königreich des 18. Jahrhunderts war durch eine starke Polarisierung zwischen wenigen Reichen auf der einen und vielen Armen auf der anderen Seite geprägt. Sie fand ihren umfassenden Ausdruck darin, dass die politische Leitung der Gemeinden zunehmend von dieser Polarisierung beherrscht wurde, insofern die Reichen die entscheidenden Ämter einnahmen und mit Hilfe der polnischen Magnaten, in deren Diensten sie als Pächter standen, auch das Rabbineramt beherrschten und weitgehend mit finanziellen Mitteln und politischen Beziehungen ausgestattet waren.[2158] Um den vielfältigen Benachteiligungen aus dieser Situation zu entrinnen hatten sich zahlreiche Konventikel und Bruderschaften gebildet, die eigene Formen der Solidarität pflegten und religiöse Gemeinschaften, wie zum Beispiel Beterzirkel, Studiengruppen, unterhalb der Ebene der Gemeindeverwaltung bildeten, und die wegen ihrer dezentralen Aktivitäten oft von den offiziellen Gemeindeverwaltungen bekämpft, beziehungsweise verboten wurden. Zu dieser Art von Zusammenschlüssen gehörten auch Gruppen, die sich selbst *Hasidim* nannten oder von den Außenstehenden so bezeichnet wurden. Gerade sie waren in vieler Hinsicht Vorläufer und Basis für die um und nach dem Bescht entstehenden Gruppen von Hasidim, die bald darauf die neue hasidische Bewegung formten.

2158 Vgl. dazu B. Dinur, Be Mifne ha-Dorot, Jerusalem 1955, dort das Kapitel Reschitah schel ha-Hasidut we-Jesodoteha ha-sozialijim we ha-meschichijim, S. 83-227, auszugsweise übersetzt in Essential Papers on Hasidism, ed. G. D. Hundert, als: The Origins of Hasidism and Its Social and Messianic Foundations, S. 86-208, New York u. London 1991; vgl. ferner M. Rosman, Founder of Hasidism. A Quest for the Historical Ba'al Schem Tov, Berkeley Los Angeles London 1996; J. Weiss, Some Notes on the Social Background of Early Hasidism, in: der., Studies in Eastern European Jewish Mysticism, ed. D. Goldstein, Oxford 1985, S. 3-26; ders., A Circle of Pneumatics in Pre-Hasidism, in: ders., Studies, S. 27-46; G.D. Hundert, The Conditions in Jewish Society in the Polish-Lithunian Commonwealth in the Middle Decades of Eighteenth Century, in: Hasidism Reappraised, ed. A. Rapoport-Albert, London Portland 1966, S. 45-50; M. J. Rosman, Social Conflicts in Miedzyboz in the Generation of the Besht, in: Hasidism Reappraised. S. 51-62; S. Ettinger, Hasidism and the Kahal in Eastern Europe, in: Hasidism Reappraised, S. 63-75; A. Rapoport-Albert, Hasidism after 1772: Structural continuity and change, in: Hasidism Reappraised, S. 76-140; I. Etkes, The Zaddik: The Interrelationship between Religious Doctrine and Social Organisation, in: Hasidism Reappraised, S. 225-250; J. Katz, Reschit Hitporerutah schel ha-Hevra ha-mesoratit, in: Zaddik wa-'Eda. Hebetim historijim we-hevratijim be-Heker ha-Hasidut, ed. D. 'Asaf, Jerusalem 2001, S. 33-48; A. J. Heschel, The Circle of the Ba'al Shem Tov. Studies in Hasidism, ed. S. H. Dresner, Chicago 1985.

3.2 *Hasid* und *Hasidim* – zum Begriff und seiner Geschichte

Das Wort *Hasid* ist so alt wie die uns bekannte israelitisch jüdische Religionsgeschichte und in allen Epochen anzutreffen. In der biblischen Sprache bezeichnet der Begriff *Hasid* einen Menschen, dem man stets vertrauen kann, einen der nicht betrügt und übervorteilt, der barmherzig mit den Mitmenschen verfährt. Ein solcher biblischer Hasid zeichnet sich durch ein besonderes Gottvertrauen aus. Die Gemeinde der *Hasidim* sind die Getreuen Gottes, die sich zum Gotteslob im Tempel versammeln.[2159] Ein wesentlich anderes Bild findet man in der nachbiblischen Zeit des zweiten Jahrhunderts vor der Zeitrechnung in der Phase der Religionsverfolgung durch die seleukidischen Herrscher.[2160] In dieser Zeit begegnet uns eine soziologisch greifbare Gruppe von Menschen, in den griechischen Texten *Asidaioi* (*Hasidim*) genannt, die im passiven Widerstand – später auch aktiv zusammen mit den makkabäischen Kämpfern – sich dem seleukidischen Religionsverbot widersetzten.[2161] In der späteren talmudischen Literatur begegnet man hingegen wieder einzelnen *Hasidim* und Kreisen, die nicht als klar umrissene Bewegung oder gar politische Gruppierung erscheinen. Schon die Mischna weiß von so den genannten »früheren Frommen«, den »*Hasidim rischonim*«, die als Einzelne oder kleinere unorganisierte Gruppen bekannt waren und durch ihre besonders intensive fromme Lebensweise auffielen. Diese frommen Männer pflegten laut der *Mischna* vor jedem Gebet eine Stunde zu verharren, um ihr Denken auf Gott auszurichten.[2162] Im Umgang mit ihren Mitmenschen fielen diese *Hasidim* dadurch auf, dass sie auf eigene Rechtsansprüche, etwa ihnen zustehende Geldzahlungen oder sonstige Entschädigungen, verzichteten, die ihnen eigentlich zustanden, gerade so wie dies die neutestamentliche Bergpredigt fordert. Außerdem zeichneten sie sich dadurch aus, dass sie die Gebotserfüllung, wie zum Beispiel das Halten des Schabbat, überaus ernst nahmen. Die Quellen berichten von ihren sehr intimen Kontakten zur göttlichen Welt, und dass sie deshalb mit außerordentlichen spirituellen Gaben ausgestattet waren. So galten sie als Wundertäter, deren Gebet stets Gehör fand; sie sahen die

2159 Vgl. Theologisches Handwörterbuch zum Alten Testament, ed. Jenni u. C. Westermann, Art. Hasid von H. J. Stoebe, I, S. 600-621; L. Gulkowitsch, Die Bildung des Begriffes Hasid, in: Acta Seminarii Litt. Juaeorum Univ. Tartuensis; B 32,4 (1934); N. Glueck, Hesed in the Bible, Cincinnati 1967; H. J. Stoebe, Die Bedeutung des Wortes Hesed im Alten Testament, Vetus Testamentum 2 (1952), S. 244-254; L. Jacobs, The Concept of Hasid in the Biblical and Rabbinic Literature, JJS VIII (1957), S. 143-154.

2160 Vgl Bd. I, S. 158f.

2161 Zu ihnen vgl. M. Hengel, Judentum und Hellenismus, Tübingen 1973, S. 319ff; E. Schürer – M. Black – G. Vermes, The History of the Jewish People in the Age of Jesus Christ, Edinburgh 1973, I, S. 157; vgl. Makkabäer 2, 27-38.42; Josephus Flavius, Antiquitates XII, 6,2.

2162 mBerachot 5, 1.

Zukunft voraus und wurden durch Besuche des himmlischen Propheten Elia gewürdigt.[2163] Das während der talmudischen Zeit entwickelte Ideal des *Hasid*, also des Menschen, der in der für alle vorbildlichen Tugend, der *Hasidut* (*Middat Hasidut,* Tugend der Frömmigkeit) wandelte, scheint sich bis in das hohe Mittelalter mehr oder weniger unverändert tradiert zu haben.

Erst im Deutschland des 12. und 13. Jahrhunderts – vielleicht unter dem Einfluss der provençalisch-katalanischen Kabbalisten – wurde dem Phänomen *Hasid* eine neue Komponente hinzugefügt, nämlich die einer spekulativ mystischen Theosophie, die zugleich mit einer asketischen Büßerhaltung gepaart war. Die Ideale der einzelnen hasidischen Frommen der talmudischen Zeit wurden nunmehr wieder zu einem gesellschaftlichen Programm. Dieses gesellschaftliche Programm wurde entweder von einer soziologisch greifbaren Bewegung oder auch nur von Einzelnen formuliert und manifestiert sich vor allem in dem Jehuda he-Hasid und seinem Vater Schmuel he-Hasid zugeschriebenen *Sefer Hasidim.*[2164] Ob die sogenannten *Haside 'Aschkenas*, die Frommen aus Deutschland, wirklich eine »Sekte« waren oder eben nur von einzelnen Frommen repräsentiert wurden, ist in der Forschungsliteratur umstritten.[2165] Unabhängig von dieser mutmaßlichen Bewegung der *Haside 'Aschkenas* scheint es jedoch immer und überall in vielen jüdischen Gemeinden einzelne Hasidim gegeben zu haben, die sich durch ihre strengere Frömmigkeit vom normalen Gemeindefrommen unterschieden.

Die nächste Phase ist die dem osteuropäischen Hasidismus unmittelbar vorangehende Periode. In ihr trifft man auf die zuvor schon erwähnten Konventikel der *Hasidim* in Osteuropa.[2166] Diese wohl in vielen Ortsgemeinden anzutreffenden hasidischen Gruppen, zuweilen in von den Ortsgemeinden finanzierten Klausen (*Klajs*), fügten sich zum einen in das reich gestaltete osteuropäische

2163 Zu ihnen vgl. G. B. Sarfatti, Pious Men, Men of Deeds and the Early Prophets (Hebr.), in: *Tarbiz* 26 (1956), S. 126-153; A. Büchler, Types of Jewish-Palestinian Piety from 70 BCE to 70 CE, London 1922; d. og. Arbeiten von Jacobs und Gulkowitsch; F. Böhl, Geboterschwerung und Rechtsverzicht als ethisch-religiöse Normen in der rabbinischen Literatur, Freiburg 1971, J. Wohlgemut, Der Begriff der Frömmigkeit in den talmudischen Synonyma, in: Jeschurun XII (1926), S. 225ff.

2164 Vgl. Kap. Die esoterische Theologie der aschkenasischen Hasidim ... 5. u. K. E. Grözinger, Art. Sefer Chassidim, in: Enzyklopädie des Märchens Bd. 12, 2, Göttingen 2006.

2165 Vgl. Kap. Die esoterische Theologie ...1.

2166 Vgl. dazu B. Dinur, Be-Mifne ha-Dorot, s.o.; vgl. auch J. Heilperin, Jehudim we-Jahadut be-Misrach-'Eropa, Jerusalem 1968, dort das Kapitel: Havurot la-Tora u-la-Mizwot we-ha-Tenu'ah ha-hasidit be-Hitpaschtutah, S. 313-332; J. Weiss, A Circle of Pneumatics in Pre-Hasidism, in ders., Studies in Eastern European Jewish Mysticism, Oxford 1985, S. 27-42; ebenda: Some Notes on the Social Background of Early Hasidism, S. 3-26; A. J. Heschel, The Circle of the Baal Shem Tov, ed. S. H. Dresner 1985.

Konventikelwesen ein, zeichneten sich aber zum anderen durch spezifische Eigenarten aus.[2167] Diese Gruppen frommer Männer, die nicht in überörtlichen Organisationen zusammengeschlossen waren, sind anscheinend unabhängig voneinander entstanden und lösten sich auch wieder auf. Was diese verstreuten Gruppen allerdings verband, war die außerordentlich fromme und strenge Lebensführung, die sich unter anderem an den alten talmudischen Idealen orientierte. Ein weiteres Element, das Studium der Kabbala, insbesondere die der lurianischen Ausrichtung mit ihren zahlreichen Neuerungen in Ethik und Kultus, trug maßgeblich dazu bei, dass aus den individuellen *Hasidim* Gruppen und Zirkel entstehen konnten.

Die lurianische Kabbala hatte im Laufe der Zeit eine Reihe von vereinfachenden Bearbeitungen erfahren, die eine beachtliche Breitenwirkung entfalteten. Die bekannteste und am weitesten verbreitete von ihnen waren die *Schne Luchot ha-Brit* des Jesaja Horowitz (1565-1630).[2168] Eine andere war Zwi Hirsch Koidanovers *Kav ha-Jaschar*, das 1705 in einer hebräisch-jiddischen Ausgabe zuerst in Frankfurt am Main erschien.[2169] Diese Moralliteratur stellte eine ganze Reihe von Forderungen und Ermahnungen auf, die nicht ohne Gemeinschaft mit Gleichgesinnten zu erfüllen waren. So schrieb etwa Natan Hanover in seinem Buch *Scha'are Zion*[2170] dass das Studium der Kabbala eine Pflicht sei und zwar auch für die, welche keine begabten Leser sind.[2171] Auch Rabbi Benjamin Wolf

2167 Vgl. o. 3.1.

2168 Zum genannten Werk s. Horowitz, Isaiah, Shney Luchot Habrit on the written Torah. Translated and annotated by Eliyahu Munk. 3. Vol. Jerusalem New York 1999; (EJ) Jechiel Michael Ben Avraham Epstein, Kizzur Scheloh, Fürth 1683,ders., Ez Haim. Jidd. Übertragung des Kizzur Schelah von Wolf Gerschel von Prag, Frankfurt 1720; über ihn E. Newman, Life and Teachings of Jsaiah Horowitz, London 1972; M. Horowitz, Frankfurter Rabbinen, Frankfurt a.M. 1891; zur Moralliteratur s. J. Dan, Sifrut ha-Musar we-ha-Drusch, Jerusalem 1975; I. Zinberg, A History of Jewish Literature, Cleveland/London 1972; M. Waxman, History of Jewish Literature, New York London 1960, II, S. 273-300

2169 Dies ist eine popularisierte Version des Buches Jesod Josef von Josef aus Dubnow, dem Lehrer Kaidanovers. Zu Kav ha-Jaschar vgl. K. E. Grözinger, Kafka und die Kabbala 2003; M. Idel, On Rabbi Zvi Hirsch Koidanover's Sefer Qav Ha-Yashar, in: Jüdische Kultur in Frankfurt am Main von den Anfängen bis zur Gegenwart, Wiesbaden 1997, ed. K. E. Grözinger, S. 123-134. Eine neuere Ausgabe: Kaidanover, Zvi Hirsch: Sefer Kav ja-Jaschar ha-schalem. 2 Vol. Jersalem 1993.

2170 Scha'are Zion, Wien 1804, S. 22a.

2171 Für sie wurden auch jiddische Übersetzungen des Sohar angefertigt: Simon Akiba Bär ben Josef Henoch, Sefer Maase ha-Schem (Sefer Maase Adonai), 2 Bände. Frankfurt a.M. 1691, 1722; ders., Abir Jaakov, Sulzbach 1700; Zvi Hirsch ben Jerechmiel Hotsch, Nachalath Zevi (Taitsch Sohar), Frankfurt a.M. 1711.

schrieb in seinem *Tohorat kodesch*[2172]: »Wir fanden in vielen kabbalistischen Büchern, dass sie zum Studium dieser Weisheit ermahnen, denn ein jeder ist verpflichtet, sie zu studieren.« R. Mosche aus Satanow geht sogar so weit zu behaupten, dass die wahre Buße ohne Kenntnis der Kabbala nicht zu erlangen ist:

> »In diesem bitteren Exil kann kein Mensch von ganzem Herzen zu Gott umkehren, wenn der Herr nicht ein wenig seine Augen für die Weisheit der Kabbala öffnet, so dass er wenigstens die Worte des Sohar an einigen Stellen versteht.«[2173]

All diese Worte sind schon Hinweis genug dafür, dass es angezeigt ist, sich einen Lehrer zu suchen, der einem hilft, wenigstens dieses Minimum an Voraussetzungen für ein frommes Leben zu meistern. Darüber hinaus weisen die Moralprediger darauf hin, dass das Studium der Kabbala bevorzugt in der Gruppe erfolgen soll,[2174] und zwar vor allem deshalb, damit man nicht eigene Deutungen erfindet, sondern sich in die überkommene Tradition einweisen lässt.

Im Rahmen dieses Gruppenstudiums der kabbalistischen Literatur begannen sich allmählich neue Lehrautoritäten zu etablieren, die in dieser Form bisher im Judentum kaum eine Rolle gespielt hatten. Hier wurde nicht der im Talmud bewanderte Rabbiner gebraucht, sondern Menschen, die sich mit der esoterischen Literatur befassten. Sie rekrutierten sich in einem großen Maße aus dem sogenannten zweiten rabbinischen Stand, nämlich den Kinderlehrern (*Melamed*) und den ansässigen oder umherziehenden Predigern (*Maggid*). Vor allem verschob sich aber nun das erstrebte Ziel des Lernens. Der traditionelle Fächerkanon, Mischna, Talmud und Rechtsliteratur musste den Schriften der Kabbala, dem Sohar, den lurianischen Schriften und der von ihnen beeinflussten Moralliteratur, weichen.[2175] Aber wenn dennoch die traditionellen Schriften, vor allem die *Mischna*, auf der Tagesordnung standen, so wurde ihnen jetzt ein völlig neuer mystischer Sinn unterlegt. Denn man glaubte, dadurch die gebrochene *Merkava* (Thronwagen), also die Welt der Sefirot, zusammenzufügen, die Ursünde des Adam wieder gut zu machen und die *Schechina* aus dem Exil zu befreien zu

2172 Tohorat kodesch, Amsterdam 1933, S. 54a, bei B. Dinur, Be-Mifne, S. 163.

2173 Mischmeret ha-Kodesc*h*, Musar le-Seder ha-Limmud, Hanhagot Jom א, B. Dinur, Be-Mifne, S. 163

2174 B. Dinur, Be-Mifne, S. 164.

2175 B. Dinur, Be-Mifne, S. 165.

können. Durch diesen Akt der umfassenden Restitution sollte zugleich die Ankunft des Messias beschleunigt werden.[2176]

Um dieses Ziel zu erreichen, bildeten sich an zahlreichen Orten Mischna-Studienzirkel, zu denen auch Männer gehörten, die sich ein Leben lang nicht mit dem Studium der Schriften befasst hatten. Der wahre Sinn solcher Bruderschaften offenbarte sich etwa da, wo deren Mitglieder sich am Sterbebett oder Totenlager eines Genossen versammelten, um ihm mit Mischnalernen den Weg in den Garten Eden zu bahnen. Die erste hasidische Legendensammlung, die *Schivche ha-Bescht* bieten ein überaus plastisches Beispiel für das gesamte hier beschriebene sozioreligiöse Milieu:

»Vom Rav unserer Gemeinde habe ich gehört:

Es war einmal ein nicht gerade armer Mann aus der heiligen Gemeinde Mesritsch. Als die Tage seines Alters näherrückten, dachte er bei sich. ›Was habe ich getan, all die Tage meines Lebens, und was wird mit mir werden! All meine Jahre habe ich mit Nutzlosem und mit Tand vertan, ohne Tora und ohne gute Werke.‹ Er wusste nicht, was tun.

Da kam ihm der Gedanke, heimlich Almosen zu geben, und er steckte täglich einen Taler in den Gebetsbeutel eines dort lebenden R. Jizchak. Von nun an fand R. Jizchak ein ums andre Mal das Geld und fragte sich: ›Wer mag das sein, der das Geld in meinen Beutel steckt?‹ Er bat den Lehrhausdiener, acht zu geben, wer während des Gebetes an seinem Gebetsbeutelchen hantierte. ›Aber sag es keinem außer mir!‹

Der Lehrhausdiener hielt die Augen offen, und bald hatte er herausgefunden, wer sich am Tefillinbeutel von R. Jizchak zu schaffen machte. Gleich nach dem Gebet ließ er es R. Jizchak wissen. Von nun an versuchte R. Jizchak, den Mann an sich zu ziehen, und begann, mit ihm die sechs Ordnungen der Mischna zu lernen. Jedes Kapitel, das sie beendet hatten, wurde so lange wiederholt, bis es ihm leicht vom Munde ging.

Erst danach nahmen sie sich das nächste Kapitel vor, bis er schließlich alle Kapitel der Mischna mit ihm gemeistert hatte. Nach der Mischna studierten sie den *'En Ja'akov*[2177] in der selben Weise. Nachdem er dann die Mischna

2176 B. Dinur, Be-Mifne, S. 166. Er nennt für das Letztere folgende Quellen: R. Mordechai me-Wilkatsch, Scha'ar ha-Melech, Solkowo 1777, I, cap. 4; R. Kopel Lifschitz aus Mesritsch, Siddur Kol Ja'akov, Slawita, S. 15b; R. Berechja Berech mi-Kalimintov, 1831, Sera' berech schlischi, Berachot Ia; R. 'Elie'ser Rokeach mi-Brodi/Amsterdam, Ma'ase Rokeach 'al ha-Mischnajot; R. Me'ir Poppers, 'Or ha-jaschar c. 15 § 12.

2177 Der Quell Ja'aqovs, eine Sammlung haggadischer, d. h. erzählerisch-erbaulicher Partien beider Talmudim, insbesondere des babylonischen. Von Ja'aqov Ben Schlomo Ibn Habib (Spanien),

und *'En Ja'akov* beendet hatte, war er schon ein wenig ein Gelehrter und studierte selbst die Bücher der Moral und der Gottesfurcht, und auch den Sohar. Am Ende erkaufte er sich sogar die Mitgliedschaft in einer Mischnagenossenschaft, und so lernte er bis zum Tage seines Todes.
Und als er vor seinem Tode auf das Krankenlager fiel, kam R. Jizchak ihn besuchen und nötigte ihn, mit Handschlag zu versichern, dass er ihm nach seinem Tod von Zeit zu Zeit erscheine.
In jener Stadt war es Brauch, dass beim Todeskampf, wenn die Seele aus dem Körper scheidet, die ganze Mischnagenossenschaft sich um das Krankenbett versammelte und Mischna lernte, desgleichen in den dreißig Trauertagen. So lernten sie für seine Seele die Mischna vom Anfang bis zum Ende.
Als der Tote nach den dreißig Tagen bei R. Jizchak erschien, befragte der ihn nach seiner Ruhestätte, und er erwiderte: ›Mein Ruheplatz ist im Garten Eden bei den Gerechten. Ich konnte wahrhaftig noch zu Lebzeiten alles sühnen, nur eines ist an mir geblieben, was mir zurechtzubringen nicht gelungen war. Doch die Genossenschaft mit ihrem Lernen hat auch das für mich gesühnt!‹
Von nun an besuchte der Tote R. Jizchak regelmäßig. R. Jizchak befragte ihn zu Soharstellen, und er offenbarte ihm, wie man sie im Garten Eden deutet.
Einmal verriet R. Jizchak eine solche Deutung, die ihm der Tote offenbart hatte, einem andern, da blieb der Tote lange aus. Allein, wegen des Handschlags war er schließlich gezwungen, erneut zu kommen, und R. Jizchak fragte ihn: ›Warum bist du so lange ausgeblieben?‹ ›Weil du eine der Erklärungen anderen verraten hast‹, gab er zurück. ›Von nun an will ich keinem mehr etwas verraten‹, beteuerte nun R. Jizchak, ›nur komm ohne Säumen weiterhin zu mir!‹ So kam er wieder regelmäßig.
Ein ander Mal geschah es, dass er abermals lange Zeit nicht wie gewohnt bei ihm erschien. Und als er endlich kam, klagte R. Jizchak: ›Warum bist du dieses Mal so lange nicht erschienen? Ich habe doch nichts verraten.‹ ›Wisse‹, erwiderte der Tote, ›man hat mich in die obersten Welten aufsteigen lassen, und es ist mir eine bittere Last, von dort hierher herabzusteigen, deshalb säumte ich. Alleine um des Handschlags willen bin ich nochmals zu dir gekommen. Drum bitt ich Euch, Exzellenz, Ihr wollet mir den Handschlag jetzt erlassen!‹
Und R. Jizchak hat ihn von seiner Pflicht entbunden.«[2178]

Wesentlich für die kabbalistischen Studiengemeinschaften war, dass ihre Mitglieder sich selbst dazu anhielten auf dem Weg der *Hasidut* zu wandeln.[2179] Das

1460-1516, zuerst erschienen in Saloniki 1516, dem Exilort des Verfassers. Diese Talmudauszüge sind der leichter verständliche Teil des Talmud.

2178 K.E. Grözinger, Die Geschichten vom Ba'al Schem Tov, H 114, S. 117.

bedeutet, dass man bezüglich der Sünde in hohem Maße sensibilisiert sein und auch versehentlichen Möglichkeiten zu Übertretungen aus dem Wege gehen musste, denn es heißt: »Mit seinen Frommen (*Hasidim*) nimmt es Gott besonders genau.«[2180] Hinzu kommt die Forderung sich in extremer Demut zu üben, die sich vor allem aus dem Bewusstsein der menschlichen Anfälligkeit für die Sünde speist. Ein Hasid dieser Zeit trauert und weint noch im Alter über die Sünden seiner Jugend und ist stets zum Sündenbekenntnis bereit. Alles was ein Hasid tut, dient einzig dem Ziel, Gott mit seiner *Schechina* wieder zu vereinen. Nicht eigene menschliche oder irdische Interessen und Ziele bestimmen sein Tun, sondern alleine das »Schicksal« der Gottheit: »›Erkenne ihn in all deinem Tun‹ (*be-kol ma'asecha da'ehu*), das heißt, dass dein Tun, der Einheit (*Jichud*) des Heiligen, Er sei gesegnet, dient.«[2181] Seit dem 16. Jahrhundert ist dafür eine gängige Formel verbreitet, die man vor jeder religiösen Handlung spricht: »*Le-schem Jichud ha-Kadosch baruch hu 'im Schechinateh*«, »Um der Vereinung des Heiligen, Er sei gesegnet, mit seiner Schechina willen«[2182]. Damit sollen die Sefirot *Tif'eret* (VI) und *Schechina* (X) miteinander verbunden werden, die die männlichen und weiblichen Aspekte im sefirotischen System repräsentieren.

Ein weiteres Charakteristikum der vorhasidischen von der Kabbala Lurjas geprägten Frömmigkeit des 18. Jahrhunderts ist die extreme Askese, die bis zur Selbstzerstörung führen kann. Auch hierfür bietet die Legende um den Ba'al Schem Tov ein beredtes Beispiel. Der später vertrauteste und treueste Schüler der Bescht, der Rabbiner Ja'akov Josef aus Polna'a, gehörte, bevor er ein Schüler des Bescht wurde, zu diesen vorhasidischen Frommen. Über ihn wird folgende dramatische Begebenheit erzählt:

> »Und mit dem Fasten des Rav, R. Jakob Josef, hatte es sich so verhalten: Er fastete nach den Fastenanordnungen des Kana,[2183] d.h., er fastete Tag für Tag

2179 Schulchan 'Aruch 'al Derech ha-'Emet, Nagid u-Mizwa, Solkowo 1793, S. 3b. 4b.

2180 Schulchan 'Aruch, ebenda.

2181 *Sefer Musar*, für Sonntag, §§ 4.6, B. Dinur, Be-Mifne, S. 166.

2182 Vgl. unten B.5.2.

2183 Wörtlich: *Teschuvat(ot) ha-Kana*, d. h. nach dem Buch des Kana, einem kabbalistischen Werk des 14. Jahrhunderts, dessen betreffendes Kapitel die Überschrift Teschuvat ha-Qana trägt, Ed. Krakau 1884, S. 22. Die asketisch-weltabgewandten Fastenanordnungen dieses Buches wurden nicht zuletzt durch die weitverbreitete nachmittelalterliche Moralliteratur, wie etwa die Zwei Tafeln des Bundes (*Scheloh*) von Jesaja Horowitz (z. B. Warschau, I, Masekhet ta'anit, S. 53) und Reschit Hochma (*Anfang der Weisheit*) von 'Elijahu de Vidas, Venedig 1579, propagiert. Es handelt sich dabei um eine 40tägige bis sechsjährige Fastenperiode, in der man sich von der Welt und allen Geschäften und von der Gesellschaft zurückzieht, in steter Todesbereitschaft, unter Vermeidung des Genusses von Fleisch und jeglicher tierischer Produkte, von Wein und Gemüsen. Erlaubt ist nur wenig Brot mit Wasser. Der Schlaf wird auf ein Minimum

und jeden Monat ein Mal von Schabbat zu Schabbat – und keiner von den Seinen wusste etwas davon, nur eine Jungfer, die Tochter seiner Schwester. Mit ihr hatte er die Regelung getroffen, dass niemand außer ihr alleine ihm zu essen bringe und sie die Speise hernach auch wieder nach draußen trage, damit die Hausgenossen nichts bemerkten.
So fastete er fünf Jahre lang. Und im sechsten Jahr, als er gerade ein Wochenfasten hielt, hörte der Bescht unterwegs einen himmlischen Herold rufen: ›Schnell, eile geschwind zu ihm, denn noch heute wird er seinen Verstand verlieren!‹ Der Bescht fuhr sogleich in großer Hast zu ihm, so dass ihm vor lauter Hetze auf dem Weg ein zehn Rotgulden teures Pferd einging. Beim Rav angekommen, sagte er zu ihm: ›Ein Pferd von zehn Rotgulden ist mir deinetwegen auf dem Weg gestorben, es sei zur Sühne an deiner Statt!‹ Da aß R. Jakob Josef auf der Stelle und gehorchte ihm auch weiterhin.«[2184]

Die Legende berichtet, dass dies offenbar noch nicht das Ende der Selbstkasteiungen Ja'akov Josefs war und überliefert im Anschluss an diese Erzählung einen eindringlichen Mahnbrief an den Schüler, das Fasten einzustellen:

»Zu Händen meines Geliebten, des Geliebten meiner Seele, der großen Leuchte, der rechten Säule, dem mächtigen Hammer,[2185] dessen Frömmigkeit allseits bekannt, dem vollkommenen und wunderbaren Weisen, der Wunderbares tut, der eingeschlossen in meinem Herzen, mir enger vertraut als ein Bruder, unserem Lehrer Josef ha-Kohen!
Siehe, das Siegel aus deiner heiligen Hand habe ich erhalten. Nur einen Blick warf ich auf die beiden ersten Zeilen, in denen Ihr schriebet, dass Eure Exzellenz glaubt, es sei vonnöten, dass Ihr fastet, und ich habe mich in meinem Inneren erregt über die Stimme, die das ruft!
Siehe, ich wiederhole mit den Verboten der höchsten Wächterengel,[2186] mitsamt dem Heiligen selbst, Er sei gesegnet, und seiner göttlichen Gegenwart, der Schechina, dass Ihr Euch nicht in solche Gefahr begebet. Denn dies ist das Werk der schwarzen Bitternis und der Traurigkeit. Aber die Schechina, die Gottesgegenwart, kommt nicht bei Traurigkeit, sondern allein bei Freude

reduziert, man lernt beständig Tora, denkt stets an Gott und übt Selbstzerknirschung. Voraussetzung dafür ist auch das in K.E. Grözinger, Die Geschichten vom Ba'al Schem Tov, H 67 beschriebene Rückerstatten unrechten Gutes. Zum *Buch des Kana* vgl. M. Kuschner-Oron, Hapeli'a we-ha-Kana, Jerusalem 1980.

2184 K.E. Grözinger, Die Geschichten vom Ba'al Schem Tov, H 69, S. 67.

2185 Nach bBerachot 28b.

2186 Dan 4,14.

am Gebot, wie Eurer Exzellenz ja wohl bekannt[2187] – Dinge, die ich schon mehrfach wiederholte, und es seien diese Worte in Eurem Herzen!
Auch rate ich bezüglich Eurer Gedankengänge, die Euch dahin führen: ›Gott sei mit Dir, Du mächtiger Held‹,[2188] an jedem Morgen, zur Stunde, da Ihr lernt, versenket Euch in die Buchstaben [der Tora] in vollkommener Gottesversunkenheit, hingegeben dem Dienst an Eurem Schöpfer, gesegnet sei Er und gesegnet sei sein Name. Dann werden die bitteren Gerichtsurteile in ihrer Wurzel in Süßigkeit verwandelt. Dadurch erleichtert Ihr Euch von den bitteren Gerichtsurteilen.[2189] ›Und versag dich nicht deinem Fleische‹[2190] durch übermäßiges Fasten, Gott bewahre, das nicht geboten und nicht vonnöten! Und wenn Du auf meine Stimme hörst, wird Gott mit Dir sein! Damit lass ich's bewenden und sage Schalom, von mir, der ich stets Deinen Frieden suche!«[2191]

Dieses Schreiben des Bescht zeigt zwei Dinge: Zum einen die gesellschaftlichen Kreise, aus denen sich der nachherige Beschtsche Hasidismus rekrutierte, und zum anderen, dass gerade an dieser entscheidenden Stelle der Beschtsche Hasidismus mit der lurianischen Askese gebrochen hat und an seine Stelle das Paradigma der Freude setzte.

Neben dem Fasten spielten noch weitere Formen der Selbstkasteiungen eine Rolle, darunter das Baden in eiskaltem Wasser und das Rollen im winterlichen Schnee,[2192] die unter dem Einfluss des mittelalterlichen *Sefer Hasidim* standen.[2193] Diese asketische vom *Sefer Hasidim* und von der lurianischen Kabbala geprägte Form des vorbeschtschen Hasidismus hat sich noch lange parallel zum Beschtschen Hasidismus gehalten. Franz Kafka berichtet, dass sein Großvater noch eine solche Askese praktizierte.

»Ich heiße hebräisch Amschel, wie der Großvater meiner Mutter von der Mutterseite, der als ein sehr frommer und gelehrter Mann mit langem weißem

2187 Denn der Satz ist ein Zitat aus bSchabbat 30b.

2188 Ri 6,12; Ex 18,19.

2189 Der Bescht beschreibt hier die hasidische Meditationstechnik für Studium und Gebet zugleich, nach der in den Buchstaben der Schrift Gottes wesenhaftes Licht leuchtet, in das man sich hineinbegeben soll. Damit wird nach hasidischem Verstand das erreicht, was die Kabbalisten »das Süßen der Gerichtsurteile in ihrer Wurzel« nannten, nämlich, dass in der Rückführung der strafenden Zornesgerechtigkeit in die unterschiedslose Einheit der höchsten Gottesstufen das Gericht von der Gottesliebe umfangen und von ihr verschlungen wird.

2190 Jes 56,7.

2191 K.E. Grözinger, Die Geschichten vom Ba'al Schem Tov, H 70, S. 67.

2192 B. Dinur, Be-Mifne, S. 167.

2193 Vgl. Kap.Die esoterische Theologie …5.

> Bart meiner Mutter erinnerlich ist, die sechs Jahre alt war, als er starb. Sie erinnert sich, wie sie die Zehen der Leiche festhalten und dabei Verzeihung möglicher dem Großvater gegenüber begangener Verfehlungen erbitten musste. Sie erinnert sich auch an die vielen, die Wände füllenden Bücher des Großvaters. Er badete jeden Tag im Fluss, auch im Winter, dann hackte er sich zum Baden ein Loch ins Eis.«[2194]

Ein anderes Merkmal dieser lurianisch geprägten *Hasidim* ist der Rückzug in die Einsamkeit und die Vermeidung der Gesellschaft der Nichthasidim. Vor sei- nem Durchbruch, ist auch der Bescht diesen Weg gegangen:

> »Nach der Hochzeit [des Bescht mit Gerschons Schwester] versuchte der Rav, unser Lehrer Rabbi Gerschon,[2195] mit ihm [dem Bescht] zu lernen, damit er vielleicht ein wenig von der Tora erfasse, doch er verstellte sich, als ob er nichts begreifen könne.
> Da sprach der Rav zu seiner Schwester: ›Dein Mann ist mir wahrhaft eine große Schande. Willst du dich von ihm scheiden lassen, so ist's gut, wenn aber nicht, kaufe ich dir ein Pferd und du magst mit ihm von dannen fahren und irgendwo eine Bleibe suchen, denn ich kann deine Schande nicht mehr ertragen‹. Sie gab ihm recht, und so zogen die beiden dahin, wohin der Weg sie führte, bis der Bescht ihr einen Wohnort fand und selbst die Einsamkeit in den hohen Bergen suchte.
> Sie ernährte sich davon, dass sie zwei oder drei Mal in der Woche mit Pferd und Wagen zu ihm kam, dann grub er Lehm, den sie zur Stadt fuhrwerkte. Dies war ihr Lebensunterhalt!

2194 F. Kafka, Tagebücher 1910-1923, M. Brod (Hrsg.), Frankfurt a. M. 1973, S. 133; die Familie Kafka scheint sich gerne solcher frommer kabbalistischer Vorfahren erinnert zu haben. Über den Urgroßvater schreibt Kafka ebenda, S. 134: »Ein noch gelehrterer Mann als der Großvater war der Urgroßvater der Mutter, bei Christen und Juden stand er in gleichem Ansehen, bei einer Feuersbrunst geschah infolge seiner Frömmigkeit das Wunder, dass das Feuer sein Haus übersprang und verschonte, während die Häuser in der Runde verbrannten.« Zu solch kabbalistischem Feuerschutz, bei dem mit magischen Gottesnamen die Engel beschworen werden, vgl. K. E. Grözinger, Jüdische Wundermänner in Deutschland, in: ders. (Hrsg.), Judentum im Deutschen Sprachraum, Frankfurt a. M. 1991, S. 190-221.

2195 R. Gerschon Kutover war ein hochgebildeter Rabbiner und Gerichtsvorsteher und wider willen Schwager des Bescht, den er als eine Schande für die Familie empfand, weil der Bescht, wie aus mehreren Bemerkungen der frühen hasidischen Literatur hervorgeht, keine zünftige rabbinische Bildung besaß; vgl. dazu die Legenden in K.E. Grözinger, Die Geschichten vom Ba'al Schem Tov, H 19, S. 21; H 28, S. 31; H 33, S. 36; H 244, S. 234.

Der Bescht aber fastete in großen Wochenfasten,[2196] und wenn er essen wollte, grub er eine Mulde in die Erde, goss in sie Mehl und Wasser und ließ den Teig von der Sonne backen. Das war alles, was er nach seinen Fasten aß, und allezeit war er in Einsamkeit.«[2197]

Es war noch ein weiteres Element, das der frühe Beschtsche Hasidismus von den ihm vorangehenden lurianisch-hasidischen Zirkeln übernahm, nämlich beim gemeinsamen Gebet nicht nach dem gebräuchlichen aschkenasischen Ritus zu beten, sondern nach dem sefardischen. Während dies bei den wenigen Klaus-*Hasidim* geduldet wurde, konnte dies bei einer werdenden Volksbewegung nicht akzeptiert werden, da damit die Synagogengemeinschaft aufgekündigt wurde.[2198] Der Grund für die Übernahme des sefardischen Ritus durch einige lurianisch geprägte Hasidim ist darin zu suchen, dass Jizchak Luria seine kabbalistischen Meditationen (*Kawwanot*) auf diesen Ritus abgestimmt hatte und man mit den Meditationen eben auch den entsprechenden Grundtext verwenden musste. Noch mehr, auch die äußerliche Form des Betens bei den Anhängern des Bescht hatte seine Vorläufer in den lurianischen vorhasidischen Kreisen der Frommen, nämlich die große Hingabe, das Weinen und auch Schreien beim Gebet, das außerdem von ausgeprägter physischer Gestik begleitet wurde.[2199] Es gibt noch weitere Bräuche, die aus diesen Kreisen in den späteren Hasidismus eingedrungen sind, so das gemeinsame Mahl, das von Worten der Tora begleitet wurde, das Tragen weißer Kleider am Schabbat – ein Zeichen der Sefira »Hesed«, die ganz Huld und Liebe ist – sowie die Verwendung neuer gegossener und geschliffener Schächtmesser, welche die alten geschmiedeten Messer ablösten.[2200]

2196 Vgl. K.E. Grözinger, Die Geschichten vom Ba'al Schem Tov, H 3.

2197 K.E. Grözinger, Die Geschichten vom Ba'al Schem Tov, H 20.

2198 Dasselbe geschah zur gleichen Zeit in Frankfurt a.M. um den lurianischen Hasid R. Nathan Adler. Vgl. dazu K. E. Grözinger, Jüdische Wunderrabbiner – R. Nathan Adler und sein Kreis, in: Das aschkenasische Rabbinat, ed. J. Carlebach, Berlin 1995, S. 151-163; R. Elior, Rabbi Nathan Adler of Frankfurt and the Controversy Surrounding him, in: Mysticism, Magic and Kabbalah in Ashkenazi Judaism, ed. K. E. Grözinger/J. Dan, Berlin 1995, S. 223-242.

2199 B. Dinur, S. 167f.

2200 Vgl. Ch. Schmeruk, Maschma'utah ha-hevratit schel ha-Schechita ha-hasidit, in: *Zion* 20 (1955), S. 47-72; wieder in: Zaddik wa-'Eda, ed. D. 'Asaf, Jerusalem 2001, S. 160-185; zur Atmosphäre solcher kabbalistischer Kreise, deren Gunst der Bescht suchte, siehe die sehr instruktiven Aufsätze von A. J. Heschel, The Circle of the Baal Shem Tov. Studies in Hasidism, ed. H. Dresner, New York 1985.

II. Alphabetologisch-panentheistische Mystik – Jisra'el Ben 'Eli'eser *Ba'al Schem Tov*

A. Der Stifter der Bewegung, Jisra'el Ben 'Eli'eser *Ba'al Schem Tov*

1.1 Der *Ba'al Schem Tov* – Legende oder Wirklichkeit

»Die historische Gestalt des Schöpfers des Chassidismus tritt uns von dichtem Nebel umhüllt entgegen, von dem Nebel der Legenden, die das Volk zur Verherrlichung seines Lieblingshelden geschaffen hat. Ein lichter Schleier, gewoben von der Phantasie seiner Zeitgenossen und der nachfolgenden Generationen, entzieht unseren Blicken das wahre Antlitz des Bescht [Akronym für *B*a'al *SCH*em *T*ov],[2201] so daß es zuweilen scheinen mag, als hätte dieser Mann nie gelebt und gewirkt, als sei seine ganze Lebensgeschichte erfunden worden, um mit seinem Namen eine die gesamte jüdische Welt aufwühlende religiöse Bewegung zu decken.«[2202]

Mit diesen denkwürdigen Worten beginnt die noch heute grundlegende Darstellung der Geschichte des Chassidismus von Simon Dubnow.[2203] Entsprechend dem Jesus der christlichen Kirche erscheint demnach der Gründer dieser ostjüdischen Bewegung, sich einer seriösen historischen Nachforschung zu entziehen. Die wichtigste Quelle für das Leben des Stifters dieser religiösen Erweckungsbewegung ist nach wie vor das Büchlein *Schivche ha-Bescht*, die ›Legende vom Ba'al Schem Tov‹, das 1814 in einer hebräischen und 1815 in einer jiddischen Version erschien.

Die schon 1908 von Martin Buber herausgegebene teilweise Nacherzählung[2204] einiger wenigen Erzählungen aus den *Schivche ha-Bescht* und anderen Sammlungen ist typisch für die verbreiteten Darstellungen des Lebens von Israel ben 'Eli'eser Ba'al Schem Tov (Bescht, ca. 1700-1760). Sie ist eine dem Geschmack Bubers und seiner Zeit angepasste Legende eines gottbegeisterten Ekstasikers. Für Buber und andere Gelehrte nach ihm war vor allem der Berufsti-

2201 Neben Bescht bieten die Texte auch *BeSCH* für Ba'al Schem.

2202 Der folgende Abschnitt ist der Einleitung in meine Ausgabe der *Schivche ha-Bescht* übernommen; K.E. Grözinger, Die Geschichten vom Ba'al Schem Tov.

2203 Simon Dubnow, Geschichte des Chassidismus, Berlin 1931 (Neudruck Jerusalem 1969, I, S. 75.).

2204 Die Legende des Ba'al-Schem, Frankfurt a.M. 1908; vieles aus den Schivche ha-Bescht hat Buber auch in das Kapitel »Israel Ben Elieser, Der Baal-Schem-Tow«, in seinem gleichsam abschließenden Werk Die Erzählungen der Chassidim, Zürich 1949 (Manesse), übernommen.

tel Ba'al Schem, d. h. ein mit volkstümlichen Kuren, Amuletten und vor allem mit Gottesnamen (*Schem*) heilender und helfender Wundermann, ein Problem. Buber und in unseren Tagen noch Elie Wiesel wollen die mit diesem Titel verbundene magische Seite des Bescht zugunsten der von ihnen gerühmten spirituell-charismatischen Fähigkeiten herabreden, weil sie in Jisra'el Ben 'Elie'ser einen charismatischen Lehrer und Weisen verehren wollen, nicht aber einen auch ihnen eher verächtlichen Wundermann.[2205] Der erste große moderne Historiker des Judentums, Heinrich Graetz, sah demgegenüber im Ba'al Schem vor allem einen Vertreter einer finsteren Unvernunft, die gleichermaßen gegen die Aufklärung wie gegen den Talmudismus gerichtet war und drohte, das Judentum zu zerstören.[2206]

Wieder andere betrachten den Bescht in erster Linie als einen Rebellen gegen das rabbinische Establishment seiner Zeit, als den Führer des intellektuellen »Proletariats« der rabbinisch und kabbalistisch gebildeter Eliten, denen die Erringung eines Rabbineramtes nicht gelungen war und die als Wanderprediger, Schreiber oder Schächter ihr kärgliches Leben verdienen mussten.[2207] War der Bescht also ein Sozialrevolutionär oder ein *homo religiosus*? In der Forschungsliteratur wird die Frage häufig erörtert, ob der Bescht ein *'Am ha-'Arez*, d.h. ein ungebildeter Dummkopf, oder in Wirklichkeit ein gebildeter Mystiker war. Diese

2205 Vgl. z. B. M. Buber, Die Erzählungen der Chassidim, Zürich 1949 (Neudruck), S. 29-31; E. Wiesel, Chassidische Feier, Freiburg, Basel, Wien 1988, S. 24. Bubers Unterscheidung von Ba'al Schem und Ba'al Schem Tov ist völlig grundlos, beides bedeutet dasselbe. In der jiddischen Version der Schivche ha-Bescht wird der als Magier ausgewiesene R. Adam gleichfalls mit dem Titel Ba'al Schem Tov benannt, Erzählung J 10. Es wird dort also (u. J 54) der Titel Ba'al schem tov auch dem vorhasidischen Wundermann beigelegt. Dergleichen findet man auch in der außerhasidischen Literatur, insbesondere in den magischen Handbüchern, z. B. bei Benjamin Benisch Ba'al Schem Tov in seinen Schriften 'Amtahat Binjamin, Wilhermsdorf 1735 und Sefer Schem tov katan, Sulzbach 1706. Das Adjektiv *tov* ist mithin kein Spezifikum des hasidischen Meisters, das ihn vor anderen Standesgenossen dieses Titels auszeichnen würde, wie dies Martin Buber, z. B. in Die Erzählungen der Chassidim, Zürich 1949, S. 30f, aber auch S. Dubnow, Geschichte des Chassidismus, Jerusalem 1969, I, S. 86, und noch E. Wiesel, Chassidische Feier, Freiburg-Basel-Wien 1988, S. 24. behaupten. Der »Gute Name« ist gleichfalls der Gottesname und nicht der »Gute Ruf« eines Menschen, wie Buber deutet, wenn er sagt: »Inhaber des guten Namens... ein ›Vertrauensmann des Volkes‹", a.a.O. Diese Tendenz der Umdeutung des Ba'al Schem-Titels ist schon in der Erzählsammlung Sippurim Nora'im, Lemberg 1875, aus der Feder von R. Jakob Kidner zu erkennen. Er gehörte zum HaBaD-Hasidismus, der diese Abschwächung des magischen Aspektes am Bescht sogar in die *Schivhe ha-Bescht* hineintrug, wie unten noch erörtert wird; vgl. G. Nigal, Magic, Mysticism and Hasidism, Northvale 1994.

2206 H. Graetz, Geschichte der Juden, Leipzig (1870) 1900, XI, S. 96.

2207 Vgl. R. Mahler, A History of Modern Jewry, London 1971, S. 447f, S. 456-58.

einzelnen Interpretationen lassen sich – je nach persönlichen Vorlieben oder nach dem Zeitgeist – ohne Mühe aus den eingangs von Dubnow charakterisierten Quellen herauslesen. Elie Wiesel zum Beispiel hat in seiner „Chassidischen Feier“ aus der Not eine Tugend gemacht und die schwierige Quellenlage zum Mythos verklärt: Der Bescht »hinterließ den professionellen Forschern auch nicht das Geringste brauchbare biographische Material. Besessen von der Ewigkeit, vernachlässigte er die Geschichte und ließ sich von der Legende tragen.« »Hier war es der Phantasie geglückt, über das Wissen – der Historiker – zu triumphieren.«[2208]

Die beschriebene Forschungslage hat sich mit der Perestroika im Osten Europas grundlegend geändert. Seit die Archive, vor allem in Polen, sich für westliche Wissenschaftler öffneten, beginnen neue Quellen zu fließen – und seien es auch nur Steuerlisten und Rechnungen. Gerade sie aber scheinen gegenüber schöngeistigen Phantasien älterer oder neuerer Interpreten am wenigsten anfällig. So war es auch im Falle des Bescht eine so banale Liste wie jene, die aus dem in Krakau liegenden Archiv der Adelsfamilie Czartoryski stammt, die neues Licht in die Anfänge der Geschichte des Hasidismus brachte. Es handelt sich dabei um die Grundsteuerliste der Stadt Międzybórz, die unter anderem Eintragungen aus den Jahren 1739-63 enthält, also gerade jener Jahre, in denen der Ba'al Schem Tov nach den bisherigen Zeugnissen in der damals aufstrebenden Ortschaft lebte. In diesem Grundsteuerregister wird ein Haus nahe der Synagoge als steuerfreie Liegenschaft, samt deren Bewohnern, ausgewiesen. Dort heißt es unter anderem:

1739: *Dom kahalski wnim Moszko duchowny* (Haus der Gemeindeverwaltung [*kahal*], in ihm der Geistliche Moszko)
1740: *Dom kahalski seu kantorski wnim kabalista* (*kahal*- oder Kantors-Haus, in ihm der Kabbalist)
1742: *Balsem w domu kahalskim* (der Ba'al Schem im *kahal*-Haus)
1758: *Balsam* (der Ba'al Schem)
1760: *Balszam Doktor liber* (der Ba'al Schem, der Doktor, ist frei)
1763: *Herszko w domie kahalnym* (Herszko im *kahal*-Haus).[2209]

Da der Bescht Jahre 1760 verstarb und einen Sohn Hirsch[2210] (Herszko) hinterließ, ist es über jeden Zweifel erhaben, dass wir hier auf den sagenhaften ›Be-

2208 E. Wiesel, Chassidische Feier, Freiburg Basel Wien 1988, S. 16-17.

2209 Das Material wurde aufgefunden und publiziert von M. Rosman, »Mesibos we-Rabbi Jisra'el Ba'al Schem Tov«, in: Zion 52 (1987), S. 177-189; und wieder in: ders., Founder of Hasidism, A Quest for the Historical Ba'al Shem Tov, Berkeley, Los Angeles, London 1996.

2210 Zu ihm vgl. K.E. Grözinger, Die Geschichten vom Ba'al Schem Tov, H 70, H 182, H 186, H 194, H 276.

gründer‹ des osteuropäischen Hasidismus gestoßen sind. Er lebte demnach in den Jahren 1740-1760 steuerfrei (liber) im Hause der jüdischen Gemeindeverwaltung, eine Vergünstigung, die anschließend noch sein Sohn genoss. Eine weitere Steuerliste aus Międzybórz zählt eine Reihe von Personen auf, die, wie man aus der Formulierung der Liste schließen kann, zum Haushalt des Bescht gehörten. Hier werden einige Personen aufgeführt, die uns auch in den Legenden der *Schivche ha-Bescht* begegnen, wie zum Beispiel der zweite »Schreiber« des Bescht, der in den Listen als »Herszko Pisarz Balszema Pergaminnik« (Hirsch/Zwi, Schreiber des Ba'al Schem, Pergamentmacher) geführt wird oder der bekannte Schwiegersohn des Bescht, Jechiel 'Aschkenasi.[2211] Schließlich führt der vom polnischen Administrator zu genehmigende Haushalt der jüdischen Gemeinde Międzybórz die aus den *Schivche ha-Bescht* wohlbekannten beiden engen Vertrauten des Bescht, David Furkes und Wolf Kuzes,[2212] mit weiteren drei Personen auf, die von einem wöchentlichen Salär der Gemeinde in Höhe von einem beziehungsweise zwei *zloty* (Gulden) lebten. Aus letzterem kann man im Zusammenhang mit der obigen Steuerliste schließen, dass der Bescht, nach dem dort genannten Geistlichen[2213] Moszko, der von der Gemeinde alimentierte »Kabbalist« war, der zusammen mit den fünf anderen Geldempfängern eine öffentlich finanzierte, im Lehrhaus studierende Kabbalistengruppe bildete, an deren Spitze offenbar der Bescht selbst gestanden hat. Diese von der jüdischen Öffentlichkeit finanzierte Studienkreis kabbalistisch Gebildeter ist mit den privat finanzierten Klausen vieler aschkenasischen Gemeinden vergleichbar, wie sie in Brody,[2214] in Kutov,[2215] oder auch in Frankfurt am Main existierten.[2216]

Der Bescht kam also offenbar im Jahre 1740 schon als angesehener Kabbalist und Ba'al Schem (Meister des Gottesnamens)[2217] in die prosperierende Stadt Międzybórz und übernahm dort eine in die Gemeindestruktur eingebundene

2211 Vgl. K.E. Grözinger, Die Geschichten vom Ba'al Schem Tov, J 148.

2212 Wulff Kucego (Se'ev/Wolf, Schwiegersohn des Kuz), in Schivche ha-Bescht als Wolf Kuzes/Kizes belegt, und Dawidko Purkow, in SHB als David Furkes, vgl. K.E. Grözinger, *Die Geschichten vom Ba'al Schem Tov,* H 54, H 57, H 61, H 137, H 146, H 150, H 156, H 174, H 197, H 202, H 222, H 226, H 238, H 239, H 265, und vgl. zu weiteren Personen Rosman, *Founder*, S. 163.

2213 Der Ausdruck stammt von polnischen (christlichen) Steuerbeamten.

2214 Vgl. K.E. Grözinger, Die Geschichten vom Ba'al Schem Tov, H 200.

2215 Zu Kutov vgl. J. Weiss, A Circle of Pneumatics in Pre-Hasidism, in: ders., Studies in Eastern European Jewish Mysticism, Oxford 1985; und M. Rosman, Founder, S. 27ff; H 155 (Lemberg); zu einer entsprechenden privaten Klause in Ostraha; vgl. K.E. Grözinger, Die Geschichten vom Ba'al Schem Tov, J 179; H 90b.

2216 Dazu siehe E. Reiner, Hon, Ma'amad hevrati, we-Talmud Tora: ha-Kloyz ba-Hevra ha-jehudit be-Misrah 'Eropa, in: Zion 58 (1993), S. 287-328.

2217 Der Ba'al Schem ist ein mit Wunderkuren und Gottesnamen heilender Wundertäter.

Funktion eines angesehenen Kabbalisten und Ba'al Schem. Aus diesem und aus weiteren Zeugnissen kann man schließen, dass der Bescht, der diese Position bis zu seinem Tode innehatte, offenbar kein Aufrührer gegen die traditionelle Gemeindestruktur war, von deren Unterstützung er ja lebte, sondern ein auch von den Christen angesehener Ba'al Schem war, der zugleich einem von der jüdischen Gemeinde unterstützten Kabbalistenzirkel vorstand.[2218]

Diese wenigen aus den polnischen Quellen bislang bekanntgewordenen Daten waren eine Sensation für die Erforschung des osteuropäischen Hasidismus. Sie sind gleichsam der archimedische Punkt, von dem aus die Rekonstruktion der Biographie des Bescht und die Entstehung der gesamten Bewegung einsetzen muss. Aus ihnen geht hervor, dass der Bescht kein Außenseiter der ostjüdischen Gesellschaft war, dass er in den Rahmen der sozialen Tradition eingebunden war, sich als öffentliche Person in die Belange der Gemeinde einmischen konnte und dort nachweislich auch Gehör fand.[2219] Diese Elemente, die sich auch in den Erzählungen finden, können dabei hilfreich sein, die Spreu vom Weizen zu scheiden. Der Bescht spielte offenbar eine ähnliche Rolle, wie der Ba'al Schem von Michelstadt im Odenwald oder wie – wenigstens zu Anfang – Nathan Adler in Frankfurt am Main.[2220]

Von einer prinzipiellen Opposition gegen eine neue »Sekte« von *Hasidim*, wie sie ab 1772 in den verheerenden Bannsprüchen aus Wilna und Brody gegen eine von der Allgemeinheit abweichende Religiosität und Organisation zu erkennen war, ist zu Lebzeiten des Ba'al Schem offenbar noch nichts zu spüren, auch nicht davon, dass sich um den Bescht eine größere Gefolgschaft gebildet hätte.[2221] Solches hätte, wie im Falle des Frankfurter Nathan Adler etwa zur selben Zeit (1741-1800), gewiss zu größeren Auseinandersetzungen mit der Ortsgemeinde und gar zur Vertreibung aus der Stadt geführt, wogegen die oben angeführte Steuerliste spricht. Das, was der Forschung ab den späten sechziger Jahren

2218 Vgl. Rosman, Founder, S. 180.

2219 Vgl. Rosman, Founder, S. 116ff, S. 178-184.

2220 Zu ihnen siehe K. E. Grözinger, Der Ba'al Schem von Michelstadt und die Frankfurter Kabbalisten; ders., Jüdische Wunderrabbiner – R. Nathan Adler und sein Kreis; R. Elior, Rabbi Nathan Adler of Frankfurt and the Controversy Surrounding him; K. E. Grözinger, Seckel Löw Wormser – der Ba'al Schem von Michelstadt. Zum 150. Geburtstag, in: Aschkenas, Zeitschrift für Geschichte und Kultur der Juden, Nr. 10 (2000), S. 157-176.

2221 Zu solch unterschiedlichen Thesen zum Wesen des Bescht vgl. M. Rosman, The Quest for the Historical Ba'al Shem Tov, in: Tradition and Crisis Revisited, ed. B.D. Coperman, Cambrigde Mass.; ders., Founder, S. 11ff.173; ferner folgende Aufsätze in dem Sammelband Essential Papers on Hasidism. Origins and Present, ed. G.D. Hundert, New York London 1991; M.J. Rosman, Miedzyboz and Rabbi Israel Baal Shem Tov (S. 209-225); S. Ettinger, Hasidic-Mitnaggedic Polemics in the Jewish Communities of Eastern Europe: The Hostile Phase (S. 244-271).

des 18. Jahrhunderts deutlich als bekämpfte und abweichlerische Massenbewegung, als Sekte der *Hasidim*, wahrnimmt, ist eine Entwicklung, die sich – wie im Christentum – offenbar erst nach dem Tode der von der späteren Tradition ausgerufenen Stiftergestalt einstellte.[2222]

1.2 Rabbi Jisra'el Ben 'Eli 'eser als *Ba'al Schem* und die Tradition der aschkenasischen *Ba'ale Schem*

Der Stifter des Hasismus trug den Titel *Ba'al Schem*. Er reiht sich mit dieser »Berufs«-Bezeichnung in eine lange Reihe von »Ba'ale Schem« im aschkenasischen Raum ein, die ihre ideologisch-theologische Grundlage im Wesentlichen in der von den *Haside 'Aschkenas* rezipierten antiken Onomatologie haben.[2223] Die Träger der *Hasidut 'Aschkenas* selbst, die Familie der Kalonymiden, haben ihrerseits die auch familiär mit ihnen verbundenen[2224] Vorläufer in den von der *Megillat 'Achima'az* oder *Sefer Juchasin*[2225] genannten Ba'ale Schem aus dem 11.-12. Jh. im Norden Italiens. Die *Megillat 'Achima'az* beruft sich für ihre onomatologisch-praktischen Informationen auf den sagenhaften 'Abu 'Aharon, der aus Bagdad ins Exil ziehen musste, weil er verbotenerweise mit Hilfe eines »Namens« einen Löwen zwang, statt des von diesem getöteten Esels, das Mühlrad zu drehen.[2226]

Alle in der Geschichte der aschkenasischen *Ba'ale Schem* auftretenden Typen des Wunderheilers, die im Folgenden skizziert werden sollen, greifen auf

2222 Zu der grundlegenden Veränderung zwischen der Zeit des Bescht und der seiner Nachfolger vgl. A. Rapoport-Albert, Hasidism after 1772: Structural Continuity and Change, in: Hasidism Reappraised, ed. dies., London-Portland 1996, S. 76-140; weitere Literatur zum historischen Bescht: G. Scholem, Demuto ha-historit schel R. Jisrael Ba'al Schem, in: Molad 18 (1960-1962, S. 335-356 (wieder in: ders. Devarim be-go, Tel Aviv 1976, S. 287-324 und Zaddik we-'Eda, S. 66-92; G. Nigal, Demut ha-Bescht we-Haguto, in: ders., Mechkarim ba-Hasidut ('Osef Ma'amarim), Jerusalem 1999, S. 13-24; ders., Ledat ha-Hasidut, Jerusalem 2004, hier das Kap.4: Madregotaw schel ha-Bescht, S. 51-54; H. Pedaja, Ha-Ba'al Schem Tov, R. Ja'akov Josef mi-Polna'a we-ha-Maggid mi-Mesritsch: Kawwe Jesod le-Gischa tipologit datit, in: Da'at 45 (2000), S. 25-73.

2223 Vgl. Bd. I. S. 341-354; zu Tradition und Berufsbild des Ba'al Schem vgl. auch G. Nigal, Magic, Mysticism, and Hasidism. The Supernatural in Jewish Thought, Northvale-London 1994.

2224 Vgl. I. Marcus, Die politischen Entwicklungen im mittelalterlichen deutschen Judentum, ihre Ursachen und Wirkungen, in: K. E. Grözinger, Hg., Judentum im deutschen Sprachraum. Frankfurt a. M. 1991, S. 60-88.

2225 Megillat 'Achima'az, ed. B. Klar, Jerusalem 19743.

2226 Vgl. dazu G. Nigal, Magic, Mysticism, and Hasidism. The Supernatural in Jewish Thought, S. 1-7.

eine gemeinsame Basis zurück: Die onomatologische Tradition und Ideologie. Sie besteht im Wesentlichen darin, dass sie glauben mit Hilfe der göttlichen Namen, in denen die schöpferische Kraft Gottes ruht, selbst kreativ Wunder wirken zu können. Nach dieser mystisch-magischen Tradition hat Gott mittels seiner Namen, die sogar aus einzelnen Buchstaben des hebräischen Alphabets bestehen können, nicht nur die Welt erschaffen, sondern er ist selbst mit seinem eigenen Namen identisch.[2227] Gott selbst ist nichts anderes als sein Name, wie das zuerst von Gershom Scholem veröffentlichte Werk *Ma'ase Merkaba* ausdrücklich feststellt: »Er ist Sein Name, und Sein Name ist er. Er ist in Sich, und Sein Name ist in Seinem Namen.«[2228] Wo immer der Name Gottes ist, ist göttliche Macht, sei es in den Namen der Engel oder in den Händen eines Menschen, der diese heiligen Namen kennt.[2229] Dies ist, in wenigen Worten umrissen, der Grundgedanke und Grundstein der aschkenasischen Ba'al Schem-Tradition. Der Meister des Namens ist Teilhaber Gottes, denn mittels der heiligen Namen gebraucht er die göttliche Macht. Hier ist hervorzuheben, dass sich eine Magie, die auf dieser linguistischen Theologie basierte, trotz aller Diskussionen in der alten rabbinischen Literatur über die Legitimität der Magie,[2230] nicht im Verborgenen halten musste, nachdem diese Theologie im Judentum einmal akzeptiert war. Eine solche Magie der Namen war weit entfernt davon, häretisch zu sein. Denn die Macht der heiligen Namen vorzuführen, bedeutete, die Macht Gottes selbst zu demonstrieren.[2231] Daher hatte die Magie der *Ba'ale Schem* nichts mit der

2227 Vgl. Bd. I, S. 341-345; und ob. Kap. Kabbala IV.3.

2228 G. Scholem, Gnosticism, Merkabah Mysticism, and Talmudic Tradition, New York 1965, S. 114. Siehe auch P. Schäfer, Synopse zur Hekhalot-Literatur, Tübingen 1981, § 588.

2229 Für eine umfassende Darstellung siehe meinen Aufsatz The Names of God and the Celestial Powers: Their Function and Meaning in the Hekhalot Literature, in: Proceedings of the First International Conference on the History of Jewish Mysticism, Early Jewish Mysticism, hg. von J. Dan, Jerusalem 1987, S. 53-69; und dt. »Die Namen Gottes und der himmlischen Mächte – ihre Funktion und Bedeutung in der Hekhalot-Literatur«, FJB 13, S. 23-41.

2230 Dazu siehe meinen Aufsatz Wundermann, Helfer und Fürsprecher. Eine Typologie der Figur des Ba'al Schem in aschkenasisch-jüdischen Volkserzählungen, in: Der Magus. Seine Ursprünge und seine Geschichte in verschiedenen Kulturen, hrsg. v. A. Grafton, M. Idel, Berlin 2001, S. 169-192.

2231 Vgl. K. E. Grözinger, Jüdische Wundermänner in Deutschland, in: ders. (Hg.), Judentum im deutschen Sprachraum, Frankfurt a. M. 1991, S. 190-221; G. Nigal, Magic, Mysticism, and Hasidism. The Supernatural in Jewish Thought; J. Dan, Torat ha-Sod schel Hasidut 'Aschkenas, Jerusalem 1968, S. 193, 219 u. 221. Nigal, aaO. weist auf die ersten außeraschkenasischen Belege für den Terminus Ba'al Schem, nämlich in einem Responsum des babylonischen Gelehrten Hai Ga'on, bei Jehuda Ha-levi (Kusari c. 3) und bei Maimonides, *Mischne Tora*, Hilchot Mesusa 5, 4, sie alle stellen die Möglichkeit der Ba'al Schem Kräfte in Abrede und be-

Macht des Bösen oder dem Teufel zu tun. Das wird besonders dann deutlich, wenn man den Ton vergleicht, in der die gleiche Geschichte einmal vom deutschen Dr. Faustus und ein andermal vom jüdischen Rabbi Adam von Bingen erzählt wird: Der deutsche Magus wirkt seine Wunder mit Hilfe eines Paktes mit dem Teufel, dem »verfluchten Lügen- und Mordgeyst«; der Rabbi wirkt die gleichen Wunder mittels heiliger Namen zur Ehre des Gottes Israels. Auf diesen Unterschied soll im Folgenden noch eingegangen werden.

Die im nichtphilosophischen Judentum des Mittelalters weitgehend akzeptierte Lehre von der Macht der Gottesnamen ist der gemeinsame Nenner aller vom 11.-21. Jahrhundert auftretenden *Ba'ale Schem*. Dennoch sind im Laufe dieser langen Geschichte nicht unerhebliche Veränderungen im Selbstverständnis der *Ba'ale Schem* beziehungsweise in der Sicht des Publikums aufgetreten, die mit der sich verändernden Geistes- und Theologiegeschichte des aschkenasischen Judentums und seiner christlichen Umwelt verbunden waren. Vom Beginn der *Ba'al-Schem*-Tradition bis ins 19. Jahrhundert lassen sich insgesamt sieben Typen von Ba'ale Schem ausmachen, deren Aufgaben unterschiedlich gedeutet wurden. Der Stifter des Hasidismus, Israel Ben Eli'eser Ba'al Schem Tov, wie auch die gegenwärtig etwa in Israel wirkenden Wunderrabbis, fügen sich in diese Reihe ein und haben an den unterschiedlichen Deutungen ihres Amtsverständnisses Anteil. Im Folgenden werden darum zunächst die verschiedenen Phasen kurz vorgestellt und in einem zweiten Schritt Beispiele aus den Legenden des Bescht angeführt, die diesen einzelnen Typen zugordent werden können. Daraus wird deutlich, dass das Bild, das die Legende vom Ba'al Schem Tov zeichnet, durchaus widersprüchlich ist.[2232]

1. Der erste Ba'al Schem-Typus wird von den Lehren der *Haside 'Aschkenas* gespeist. Ihre Basis ist die Theologie des *Sefer Hasidim* und des 'El'asar von Worms, die im Deutschland des 12. und 13. Jahrhunderts ihre Wirkung zu entfalten begannen. Die Erzählungen, in denen ein Ba'al Schem wunderbare Taten bewirkt, stammen allerdings erst aus dem 14. und 15. Jahrhundert.
2. Der zweite Typus ist der Renaissancetypus eines Magiers, der im 16. und 17. Jahrhundert mit seinen christlichen Kollegen konkurriert.
3. Der nächste Typus des Ba'al Schem zeichnet sich durch eine gewisse Form der Professionalisierung aus, nach welcher der Ba'al Schem, beginnend mit dem 16./17. Jahrhundert, ein professioneller Funktionsträger innerhalb der jüdischen Gesellschaft wird.

kämpften sie, wohingegen im aschkenasischen Judentum der Titel und seine Ideologie eine positive Bewertung erfuhren, Nigal, Magic, S. 3f.

2232 Vgl. dazu K. E. Grözinger, Ba'al Shem oder Ba'al Hazon, Wunderdoktor oder Charismatiker, Zur frühen Legendenbildung um den Stifter des Hasidismus, in: FJB 6 (1978), S. 71-90.

4. Der vierte Typus entwickelt sich unter dem Einfluss der lurianischen Kabbala. Die bedeutendste Veränderung, die sich in dieser Phase ergibt, ist die Verwandlung des Magiers in einen Arzt und Propheten, der die Sünde und rituelle Unreinheit aufdeckt und beklagt. Hier sind R. Abraham Abusch aus Lissa sowie Frankfurt a.M. und R. Nathan Adler aus Frankfurt a. M. und der Ba'al Schem von Międzybórz zu nennen, die allerdings alle drei bis vier verschiedene Typen des Amtsverständnisses in sich vereinen.

5. Ausgehend von den Legenden über den Begründer der lurianischen Kabbala, Jizchak Lurja, entsteht ein anderer Typ eines Helfers, der als »messianischer Psychagoge« bezeichnet werden kann. Er dient dem Menschen als Interpret und Erlöser in Fragen, die die Seelenwanderung (*Gilgul*) betreffen.

6. Auch der Ba'al Schem Tov aus Międzybórz, der Begründer des osteuropäischen Hasidismus, bereichert die Typologie um ein neues Element. Diesen Typus kann man den »Advokatentypus« des Ba'al Schem nennen – er ist ein Anwalt und Verteidiger seiner Mitmenschen vor dem himmlischen Gericht.

7. Der letzte Typus stellt praktisch eine konsequente Weiterentwicklung des dritten Typus des professionellen Ba'al Schem dar. Der charakteristischste Zug dieses letzten Vertreters der aschkenasischen Ba'ale Schem ist die vollkommene Trennung zwischen der professionellen Ideologie eines Ba'al Schem und der persönlichen Theologie oder Weltanschauung des Amtsträgers. Dieser Typus wird durch den aufgeklärten Sekel Löb Wormser, dem Ba'al Schem von Michelstadt, repräsentiert. Dieser an der Schwelle zur Moderne stehende Ba'al Schem markiert im westlichen Europa praktisch das Ende der aschkenasischen Ba'al Schem Figur. Im Osteuropa vor der Schoah, sowie im Israel und den USA des beginnenden 21. Jahrhunderts lebt die Gestalt, wenn auch mit anderer Amtsbezeichnung, als Rebbe oder *Zaddik*, indessen noch weiter.

Jeder dieser sieben verschiedenen Ba'al Schem-Typen repräsentiert die Mentalität und die sozio-religiösen Anschauungen seiner Generation. Wenn man die aschkenasischen Erzählungen über die *Ba'ale Schem* sorgfältig liest, erkennt man nicht nur, dass sie unterschiedliche Ideologien repräsentieren, sondern dass sie zugleich eng mit den unterschiedlichen Mentalitäten und den geistigen Strömungen ihrer Zeit verbunden sind, die in den nicht-folkloristischen Quellen des Judentums dokumentiert sind. Diese mit den Anschauungen sich wandelnde Bedeutungs- und Aufgabenveränderung soll nun für jeden der genannten sieben Typen des Ba'al Schem demonstriert werden. Im Anschluß werden dann Beispiele aus der Legende des Bescht dem jeweiligen Ba'al Schem-Typus zugeordnet.

1.2.1 Der hasidisch-aschkenasische Typus des *Ba'al Schem*

Diesen Typus wird durch einen kleinen Zyklus von Erzählungen über Schmu'el den Hasid, den Begründer der *Hasidut 'Aschkenas* (Frommen von 'Aschkenas), gezeichnet, die im 12. und 13. Jahrhundert in den Städten Worms und Speyer sowie in Regensburg an der Donau blühte.[2233] Die Erzählungen selbst lassen sich allerdings erst in das 14. oder den Beginn des 15. Jahrhunderts datieren, also gut zweihundert Jahre nachdem der historische Schmu'el der Fromme in Speyer am Rhein gelebt und gewirkt hatte. Schriftlich überliefert sind diese Erzählungen in dem jiddischen *Ma'ase Buch* (*Maise Buch*), das zuerst 1602 in Basel erschienen war, sowie in seinen hebräischen und jiddischen Vorläufern.[2234] Besonders wichtig ist in diesem Zusammenhang ein kleines Frankfurter Manuskript, das nur Erzählungen über R. Samu'el (Schmuel) enthält und damit beweist, dass der Samuel-Zyklus von dem Zyklus des *Ma'ase Buches* über R. Jehuda den Frommen unabhängig ist. Diese Samuel-Legenden[2235] zeigen einen jüdischen Pietisten im Geiste des *Sefer Hasidim*[2236], der hauptsächlich innerhalb der jüdischen Gesellschaft agiert, sich durch Bescheidenheit und Tugendhaftigkeit auszeichnet und der sich seiner und anderer Menschen Sündhaftigkeit in hohem Maße bewusst ist.[2237]

Es lassen sich nur drei Anlässe ausmachen, bei denen dieser Typus des Ba'al Schem zu magischen Hilfsmitteln Zuflucht nimmt, die ansonsten möglichst nicht eingesetzt werden sollten. Beim ersten Anlass zwingt er einen Dämon die Seele eines toten Zauberers in dessen Körper zurückzubringen; der zweite ist die Erschaffung eines Golem; und beim dritten zwingt er einen Löwen, ihm sein für das Pessachfest benötigtes Mehl sicher nach Hause zu tragen. Die beiden letzten Fälle sind hier die interessanteren, da die Erzählung von der Erschaffung des

2233 Vgl.ob. Kap. Die esoterische Theologie 1.

2234 Siehe dazu S. Zfatman, Ma'ase Buch – Kawwim li-Demuto schel Genre be-Sifrut Jiddisch ha-jeschana, in: Ha-Sifrut 28 (1979), S. 126-152; N. Brüll, Beiträge zur jüdischen Sagen- und Spruchkunde im Mittelalter, in: Jahrbücher für Jüdische Geschichte und Literatur 9 (1889); J. Meitlis, Das Ma'assebuch. Seine Entstehung und Quellengeschichte, Berlin 1933 (Reprint Hildesheim/Zürich/New York 1987); Jiddische Ausgabe, Basel 1602, Frankfurt a.M. 1703; eine deutsche Paraphrase von B. Pappenheim, Allerlei Geschichten. Maasse-Buch. Buch der Sagen und Legenden aus Talmud und Midrasch, Frankfurt a. M. 1929; U. Diederichs (Übers.), Das Ma'assebuch. Altjiddische Erzählkunst, München 2003.

2235 Nrn. 158-165, Appendix 182 in der Gaster-Edition; Diederichs, S. 406-429.

2236 Zu ihm vgl. oben Kap. Die esoterische Theologie ... 5.1.; K. E. Grözinger, Jüdische Wundermänner in Deutschland, in: ders. Judentum im deutschen Sprachraum, S. 190-221.

2237 Zu diesem bescheidenen und skrupelhaften Typus siehe z. B. Sh. A. Singer, Medieval Jewish Mysticism. Book of The Pious, Northbrook 1971; I. G. Marcus, Piety and Society: The Jewish Pietists of Medieval Germany, Leiden 1981.

Golem den legitimen Gebrauch der heiligen Gottesnamen zeigt und die Erzählung vom Löwen diesen deutlich einschränkt.

Die im *Ma'ase Buch* erzählte Geschichte von dem Löwen und dem Pessachmehl zeigt, dass der Gebrauch der heiligen Namen Einschränkungen unterlag:

> »Rabbi Samuel der Fromme ging einmal zu einer Mühle, um für seinen Vater, Rabbi Kalonymos, den Pessachweizen zu mahlen, und während er in der Mühle den Weizen mahlte, gab es einen Wolkenbruch, und die Wasser stiegen so hoch, dass die Esel das Mehl nicht heim tragen konnten, ohne dass es nass geworden wäre und für Pessach nicht mehr zu gebrauchen wäre. R. Samuel war sehr verärgert und wusste zuerst nicht, was er tun sollte. Dann machte er von dem Namen Gottes Gebrauch, und es erschien ein riesiger Löwe, größer als ein Kamel. Er legte dem Löwen den Mehlsack auf den Rücken, nahm auf dem Sack Platz und ritt so auf dem Rücken des Löwen durch das Wasser, bis zum Haus seines Vaters.«[2238]

Aber als Samuel zu Hause ankam, tadelte ihn sein Vater, denn er erkannte, dass sein Sohn den heiligen Namen benutzt hatte. Daher wurde er sehr zornig und sagte zu ihm: »Du hast eine schwere Sünde begangen, als du den Löwen mit Hilfe des [göttlichen] Namens erschaffen hast, und zur Strafe für diese große Sünde wirst du niemals Kinder haben.«[2239] Um seine schwere Sünde zu sühnen, muss Schmuel der Hasid sieben Jahre der Wanderschaft im Exil auf sich nehmen.

Dieser Vorfall zeigt, dass der Gebrauch der heiligen Namen Gottes nicht für jeden Zweck erlaubt ist, besonders nicht, um persönlichen Nutzen daraus zu ziehen. Diese Beschränkung entspricht exakt der Position des *Sefer Hasidim*. Die Autoren dieses Volksbuchs sprechen frei und offen über die Macht und die Nützlichkeit der heiligen Namen, mit deren Hilfe alles erreicht werden kann. Andererseits gibt es im *Sefer Hasidim* ernste Warnungen vor einem Missbrauch der heiligen Namen. Man darf sie demnach nur in Fällen gebrauchen, in denen es keine andere Hilfe gibt und keine anderen Mittel zu Gebote stehen, und selbst dann sollte es im Verborgenen geschehen.[2240]

Die hebräische Version der Schmuel-Legende erzählt noch von einem weiteren Einsatz des Gottesnamens, der in der jiddischen Version getilgt wurde:

2238 Jidd. Edition Frankfurt a. M 1703, Nr. 173, S. 67d; B. Pappenheim Nr. 161, S. 170.Diederichs, S. 414ff.

2239 Jidd. Edition Frankfurt a. M 1703, S. 67d; B. Pappenheim S. 170.Diederichs, S. 414ff.

2240 Vgl. K. E. Grözinger, Jüdische Wundermänner in Deutschland, S. 194-198; Sefer Chasidim, hg. von J. Wistinetzki und J. Freimann, Frankfurt a.M. 1924, S. 433 f., § 1817; und J. Dan, Torat ha-Sod, S. 74.

»Rabbi Samuel der Hasid, erschuf einmal ein menschliches Wesen und schrieb [das hebräische Wort] *'Emet* auf seine Stirn. Dieses menschliche Wesen konnte jedoch nicht sprechen, da die Fähigkeit zu sprechen allein in der Hand Gottes liegt. Und dieses menschliche Wesen, das er erschaffen hatte, begleitete und diente R. Samuel wie ein Diener seinen Herrn alle Tage solange er auf seiner Exilsfahrt war.«[2241]

In dieser ersten aschkenasischen Golemlegende[2242] findet sich – anscheinend in völligem Gegensatz zu der zuvor zitierten Legende von dem Löwen – keine Spur eines Tadels an dieser magischen Handlung. Wie ist dies zu verstehen?

Zieht man die Schriften von 'El'asar aus Worms zu Rate, dann wird deutlich, dass die Erschaffung eines menschlichen Wesens nach der Lehre der *Haside 'Aschkenas* als Höhepunkt des hasidischen mystischen Lebens gilt. Der Akt der Erschaffung eines Homunkulus ist für die Vertreter der *Hasidut 'Aschkenas* die höchste Form der *imitatio dei*. Durch die Verwendung der Namen Gottes, der mittels der heiligen Namen die Welt erschuf und durch sie über seine Schöpfung herrscht, erlangt der Mensch den Gipfel seines Menschseins und wird dadurch zum Ebenbild Gottes.[2243] In seinem Kommentar zum *Sefer Jezira (Buch der Schöpfung)*[2244] verlangt 'El'asar von jedem frommen Juden:

»Wer den *Sefer Jezira* studiert, muss sich zuvor reinigen und weiße Kleider anlegen. Man darf [den *Sefer Jezira*] nicht allein studieren, sondern nur zu zweit oder zu dritt, denn es steht geschrieben: ›und die Leute, die sie in Haran gemacht hatten‹ (*Gen* 12, 5). Und es steht geschrieben: ›Zweie sind besser daran als nur einer‹ (*Prediger* 4, 9), und es steht geschrieben: ›Es ist nicht gut, dass der Mensch allein sei. Ich will ihm eine Hilfe schaffen, die zu ihm passt‹ (*Gen* 2, 18). Daher auch beginnt [die Heilige Schrift] mit dem Buchstaben *Bet* [das bedeutet zwei]: *be-Reschit bara*, ›am Anfang schuf‹.
Wer also den *Sefer Jezira* studiert, muss jungfräuliche Erde von einem Ort in den Bergen nehmen, wo niemand bisher gegraben hat. Und er soll die Erde mit lebendigem Wasser verkneten, und er soll einen Golem machen und soll beginnen, die Alphabete der 221 [Pforten] zu permutieren,[2245] jedes Glied für

2241 Ms. Frankfurt, abgedruckt in S. Zfatman, Ma'ase Buch, Kawwim, S. 140. Vgl. auch Ms. Brüll, Beiträge.

2242 Weitere Texte und Erzählungen zu Golemschöpfungen s. bei M. Idel, Golem, Albany 1990.

2243 Vgl. K. E. Grözinger, Between Magic and Religion – Ashkenazi Hasidic Piety, in: K. E. Grözinger u. J. Dan (Hg.), Mysticism, Magic and Kabbalah in Ashkenazi Judaism, Berlin 1995, S. 28-43; und Bd. I., S. 348-354.

2244 Vgl. Bd. I, S. 348ff u.o. Kap. Die esoterische Theologie … 4.

2245 s.o. Kap. Sefer Jezira 2.2.2.

> sich, jedes Glied mit dem entsprechenden Buchstaben, der im *Sefer Jezira* erwähnt ist. Zu Beginn permutiert er das Alphabet und danach muss man es mit den Vokalen 'o 'a 'e 'i'(o) '(e) (אֹאַאֵאִאֳאְ) permutieren.[2246] Und stets soll der Buchstabe des [göttlichen] Namens mit den anderen Buchstaben verbunden werden, und so das ganze Alphabet. Anschließend folgt die Permutation von 'aj (אַי) und dann 'ij (אִי)und dann 'uj (אֻי) und danach 'ej (אֵי) dann 'w (או) 'h (אה) und die übrigen. Anschließend muss man b (ב) und entsprechend c (ג) einsetzen. Jedes Glied mit dem Buchstaben, mit dem es bekannt (geschaffen) wurde. Man soll dies tun, wenn man rein ist.«[2247]

Die Erschaffung eines Menschleins, die in keiner Legende über Schmu'el he-Hasid (Samuel den Frommen) erzählt wird, gehört nach diesem Kommentar 'El'asars zum mystischen Programm der *Haside 'Aschkenas*. Sie bildet die Klimax des mystischen Weges in welcher der Mystiker durch einen Akt der *imitatio dei* als schöpferischer Mensch zum Ebenbild des Schöpfers wird. Auch beim oben als ersten Fall genannten Gebrauch des Gottesnamens handelt es sich um einen legitimen Zauber. In einem von drei christlichen Zauberern dem Schmu'el aufgezwungenen Zauberkampf, schicken zwei der *Galachim*, der christlichen zaubernden Geistlichen, die Seele ihres dritten Genossen in ein fernes Land, um von dort für Schmu'el ein Buch herbeizubringen. Als die Seele des inzwischen tot darniederliegenden Zauberers nach drei Tagen zurückkehrte und den Leichnam wieder beleben wollte, verhindert dies Schmu'el durch seine Zaubermacht, die dadurch als die überlegene erwiesen wird. Erst nach diesem Eingeständnis der Herausforderer weist Schmu'el den herbeigezwungenen Dämon an, die Seele in dem toten Körper fahren zu lassen, der dadurch wieder belebt wurde.[2248] Von den christlichen Zauberern wird eigens festgestellt, dass sie für ihre Kunst den »Namen der Unreinheit« gebrauchen. Damit wird unterstrichen, dass die Macht der »heiligen Namen«, derer sich Schmu'el bediente, die größere ist. Die Verwendung des heiligen Namens lässt sich in diesem Fall als Akt des *Kiddusch ha-Schem* verstehen, als Heiligung des Namens, der nach dem *Sefer Hasidim* als erlaubt gilt.[2249]

Die Erzählungen über Schmu'el den Hasid entwerfen gleichfalls das Bild des idealen Juden im Sinne der *Haside 'Aschkenas*: Er ist ein frommer und demüti-

2246 Das heißt, mit den Vokalen *Cholem*, *Patach*, *Chirek*, *Sere*, *Chatef Kamatz* und *Schwa*.

2247 Hier nach der neuen Edition Sefer Sode Razzaja ha-schalem, erw. Ed. Z. Elimelech von Dinow, von A. Barsani, Jerusalem 2004, Perusch al Sefer Jesira, S. 295 u. s. Ms. München 81, S. 278; vgl. M. Idel, Golem, Albany 1990, S. 56.

2248 Siehe N. Brüll, Beiträge zur jüdischen Sagen- und Spruchkunde im Mittelalter, in: Jahrbücher für Jüdische Geschichte und Literatur 9 (1889), S. 25.

2249 Siehe Sefer Chasidim, ed. Wistinetzki, S. 434, § 1817.

ger Mann, der die heiligen Namen nur in seltenen Fällen und, wenn möglich, im Geheimen verwendet, dem aber gestattet, und der sogar aufgefordert ist, die heiligen Namen in einem Akt des *Kiddusch ha-Schem* und in einem Akt der *imitatio dei* zur Erschaffung eines Golems zu gebrauchen. Dieser ideale Jude lebt sein demütiges Leben vorzugsweise innerhalb der Grenzen der jüdischen Gemeinschaft und produziert sich nicht vor seiner Umwelt.

In den *Schivche ha-Bescht* wird der Bescht in einigen Erzählungen diesem Typus eines Ba'al Schem gerecht, der sich als einfacher Lehrhauswärter verdingt und nur bei Nacht lernt, wenn die anderen schlafen.[2250] Zu Beginn seiner Laufbahn führt er ein zurückgezogenes und kümmerliches Leben,[2251] doch schließlich wird von ihm auch ein Zauberwettkampf berichtet, in dem es gleichfalls um den Erweis der stärkeren Religion geht:

> »In Mesibis amtete beim Kommissar ein Pfaffe, der die Juden in der Stadt fürchterlich bedrängte. Das Stadtvolk bat deshalb den Besch[2252], darum zu beten, dass man ihn aus der Stadt vertreibe. Der Besch weigerte sich indes: ›Ich will mich nicht mit ihm anlegen, er ist ein großer Zauberer. Gleich, wenn ich mit ihm beginne, wird er's merken!‹ Drum ließ er die Sache mit dem Pfarrer sein. Allein, der Pfarrer ließ nicht ab, den Leuten in der Stadt arg mitzuspielen. So kamen sie erneut mit Jammern und mit Klagen über den Pfarrer vor den Besch. Da seufzte er: ›Was soll ich mit euch machen. So will ich's eben tun, ganz behutsam fang ich's an.‹ Er begann zunächst mit Beten, was der Pfarrer auch gleich spürte. Und als der Ba'al Schem einmal an einer Kornmühle vorüberfuhr, ließ der Pfarrer seine Pferde samt dem Wagen ins Wasser stürzen. Der Besch stellte eilends Pfeiler auf, damit kein Wasser nachfloss. Dann legte man Bretter aus, so dass die Leute auf den Damm herübersteigen konnten. Danach dingte man einen Mann, den Wagen mit den Pferden hochzuziehen.
>
> Ein ander Mal fuhr der Besch einen Berg hinauf und traf auf den Pfarrer, der ihm den Berg herab entgegenfuhr. Da rief der Besch: ›Heut ist es gut! Denn

2250 K.E. Grözinger, Die Geschichten vom Ba'al Schem Tov, H 10, S. 14; auch Schmu'el he-Hasid verstellt sich bei einem Besuch im Lehrhaus in Rom, so dass alle glauben, er sei ein 'Am ha-'Arez (ein Ungebildeter). Ma'ase Buch Frankfur a. M. 1703, Nr. 170, S. 66d; Pappenheim S. 167; Diederichs S. 406.

2251 K.E. Grözinger, Die Geschichten vom Ba'al Schem Tov, H 37, S. 39: »Danach zog der Bescht in die heilige Gemeinde Tlust, wo er gleichfalls Kinderlehrer wurde. Und obwohl er es in seinem Haus nicht zu einem Minjan brachte, sammelte er Leute bei sich zusammen und betete mit ihnen. Vor Armut trug er nur einen Kamelhaarüberrock, und durch die Löcher seiner Schuhe schauten seine Zehen. Vor dem Beten ging er stets in die Mikwe, selbst im Winter, im Tevet, und beim Beten troff dann von ihm der Schweiß in Tropfen groß wie Bohnen.«

2252 Akronym für Ba'al Schem. Der jiddische Text bevorzugt diese Form vor Bescht.

wär' es umgekehrt, dass ich den Berg herunterführe und ihn beim Aufstieg träfe, wäre es für mich nicht gut. Heute wird er, mit Gottes Hilfe, stürzen!‹ Und so ist's gekommen! Der Fürst der Stadt gebot, ihn aus seinem Amt zu jagen und ihm seine Habe wegzunehmen. Und jeder konnte von ihm fordern, was er ihm schuldete und was er ihm gestohlen hatte. So fuhr der Pfarrer, von allen verspottet, aus der Stadt, mit nur einem Pferd und in großer Schmach und Schande. «[2253]

Der Gebrauch des Gottesnamens wird hier, wie in den meisten Erzählungen dieser Sammlung nicht ausdrücklich erwähnt, dennoch bleibt die Geschichte ein Zweikampf nach demselben Muster wie die von Samuel. Wollte der Bescht zuerst gar nicht den Kampf aufnehmen, so zeigt er dann durch seinen Sieg doch, in welcher Religion die größere Macht geborgen ist.

1.2.2 Der Renaissancetypus des *Ba'al Schem*

Der nächste Typus des Ba'al Schem, der ab dem 17. Jahrhundert nachzuweisen ist, unterscheidet sich vom vorangestellten Typ durch das Heraustreten aus der selbstgenügsamen Bescheidenheit, ist ein selbstbewusster, stolz an die Öffentlichkeit tretender Magier, der die Öffentlichkeit sucht und nicht zuletzt die christliche. Diesen neuen Typus des Ba'al Schem repräsentieren die allesamt jiddisch überlieferten Erzählungen über den Sohn Schmu'els, Jehuda he-Hasid, die ebenfalls im *Ma'ase Buch* stehen.[2254] Dieser Renaissancetypus tritt außerdem in den Erzählungen des *Ma'ase Nissim* des Juspa Schammes von Worms auf,[2255] sowie in den Rabbi 'Adam Erzählungen[2256] und schließlich in der ebenfalls mit der Stadt Worms verbundenen Erzählung über Mejer Schatz und die Ba'ale Schem von jenseits des Flusses Sambation.[2257]

In diesen Erzählungen herrscht ein völlig anderes geistiges Klima als in den Erzählungen über Rabbi Schmu'el he-Hasid. Die neuen Helden, wie zum Beispiel Jehuda he-Hasid, verwenden die heiligen Namen ganz unverhohlen nach Bedarf und ohne zu Zögern in jeder sich bietenden Situation. Der Ba'al Schem der Renaissancezeit verwendet nicht nur die heiligen Namen, wann immer ihm

2253 K.E. Grözinger, Die Geschichten vom Ba'al Schem Tov, J 86, S. 90.

2254 Siehe Gaster-Edition, Nrn. 166-183, Ma'ase Buch (Frankfurt a. M. 1703) Nr. 178, S. 69d; Pappenheim, S. 177-207; Diederichs, S. 429-499.

2255 Ich verwende die Amsterdamer Ausgabe von 1723. Der Erstdruck erfolgte 1696 in Amsterdam.

2256 Siehe Ch. Schmeruk, Ha-Sippurim al R. Adam Ba'al Schem we-Gilgulehem be-Nuscha'ot Sefer Schivche ha-Bescht, in: *Zion* 28 (1963), S. 86-105.

2257 Siehe Y. Riwqind, Di Historishe Alegorye fun R. Meyer Shatz, in: Filologische Schriftn 3 (1929), Sp. 1-41.

danach ist, sondern er tut dies wider die Empfehlung des *Sefer Hasidim* in aller Öffentlichkeit. Dabei sucht er die Kraft der Gottesnamen gerade vor einem nichtjüdischen Publikum zu präsentieren, vorzugsweise in der Gegenwart von Repräsentanten der christlichen politischen Ordnungsmacht, wie Bürgermeistern, Bischöfen und selbst dem Kaiser, aber auch vor den Schülern seiner eigenen Jeschiva, analog dem deutschen Doktor Faustus, der seine magischen Künste gleichfalls an Adelshöfen und vor seinen Universitätsstudenten zum besten gab. Der neue Typus des Ba'al Schem steht damit im völligen Gegensatz zum vorherigen introvertierten Typus. Rabbi Jehuda, dem Ba'al Schem der Renaissancezeit, scheint es vor allem darum zu gehen, seiner nichtjüdischen Umgebung die Macht des jüdischen Ba'al Schem zu demonstrieren. Als Rabbi Jehuda zum Beispiel zeigen wollte, wie die Toten nach ihrem Ableben bestraft werden, näherte er sich dem Leichnam eines Verstorbenen »mit einem Brief, in dem die heiligen Namen geschrieben standen, und warf ihn auf den Leichnam. Daraufhin erhob sich der tote Körper, und alles Volk rannte voller Entsetzen davon.«[2258] Der Tote war anschließend in der Lage, von seinen Foltern und Qualen in der anderen Welt zu berichten.

In einem anderen Fall erweckte Rabbi Jehuda einen christlichen Dieb wieder zum Leben, der von einem seiner Kumpane aus Habgier ermordet worden war. Rabbi Jehuda tat dies, um dem Toten die Möglichkeit zu geben, seinen Mörder zu identifizieren und dadurch einen Juden zu retten, der dieses Verbrechens fälschlich beschuldigt wurde. In der Erzählung heißt es: »Der fromme Jehuda schrieb ein Amulett mit heiligen Namen darauf und legte es dem Toten in die Hand. Der Tote erhob sich, drehte sich um und sah den Mörder, der sich hinter einem anderen Mann verbarg, [und er identifizierte ihn].«[2259] Erzählungen dieser Art gibt es mehrere.

In einer der Geschichten über Rabbi Jehuda wird das letztliche Ziel der Erzählungen deutlicher, in denen der Renaissancetypus als Protagonist jüdisch magischer Macht in Erscheinung tritt. Dabei handelt es sich um die Demonstration der Macht und Überlegenheit des jüdischen Magiers über einen christlichen Bischof. Der Bischof von Salzburg begab sich laut einer Erzählung nach Regensburg mit der Absicht, den frommen Jehuda umbringen zu lassen, und sprach dort zu Jehuda in heuchlerischer Freundlichkeit:

»›Werter Meister, ich habe viel von deiner großen Kunst gehört, und dass es auf der ganzen Welt niemanden gibt, der es dir gleich tun kann. Daher bin ich gekommen, um dich zu bitten, mir einige deiner Wundertaten vorzuführen,

2258 Ma'ase Buch (Frankfurt a. M. 1703), Nr. 182, S. 72b; Pappenheim, S. 186; Diederichs, S. 449.
2259 Ma'ase Buch (Frankfurt a. M. 1703), Nr. 183, S. 72d; Pappenheim, Nr. 176, S. 187; Diederichs, S. 453.

damit auch ich vor anderen Fürsten und edlen Herren dein Loblied singen kann.‹ Der fromme Mann erwiderte: ›Ich will dir meine Geschicklichkeit gerne beweisen. Schau aus diesem Fenster, und du wirst viele raffinierte und schöne Dinge sehen.‹ Der niederträchtige Mann steckte seinen Kopf durch das Fenster, und Rabbi Jehuda ließ mit Hilfe der Namen das Fenster höher und schmaler werden, so dass er seinen Kopf nicht mehr herausziehen konnte und beinahe erdrosselt wurde.«[2260]

Eine ähnliche Tendenz findet sich in den aus dem 17. Jahrhundert stammenden jiddischen Erzählungen über Rabbi 'Adam von Bingen. Durch seine magischen Kunststücke erringt Rabbi 'Adam die Gunst von Kaiser Maximilian II. und er lädt – wie der deutsche Dr. Faust einen Fürsten – den Kaiser zu einem wunderbaren Bankett ein. Um diese Einladung gebührend ausrichten zu können, zaubert er ein ganzes Schloss samt seiner Dienerschaft in die enge Judengasse zu Prag herbei.[2261] Im Verlauf des Banketts lässt R. 'Adam – wiederum ähnlich wie Faust und der andere deutsche Renaissancemagier, der Würzburger Abt Johannes Trithemius,[2262] – den biblischen Feldherrn Joab aus einer auf dem Tisch stehenden Kanne steigen und über die prachtvoll geschmückte Tafel reiten.[2263] Die Versionen unterscheiden sich hauptsächlich darin, dass Faust und Trithemius den erschrockenen Bankettgästen Alexander den Großen oder andere antike Heroen erscheinen lassen.[2264] Das entscheidende Kriterium ist jedoch, dass R. 'Adam mittels der heiligen Namen Gottes arbeitet, während Doktor Faust seine Macht dem sündhaften Pakt mit dem »verfluchten Lügen- und Mordgeyst« verdankt.

Die gleiche Geschichte wird von einem Wormser Baʿal Schem berichtet, der dieses Kunststück mit der Kanne und dem Reiter vor den Augen seiner Jeschiva-Studenten vollführte.[2265] Ein anderes Kunststück, das vom Renaissancetypus des Baʿal Schem recht häufig berichtet wird, besteht darin, aus Hauswänden Wein

2260 Maʿase Buch (Frankfurt a. M. 1703), Nr. 187, S. 77b; Pappenheim Nr. 179, S. 193-195; Diederichs, S. 467ff.

2261 Vgl. Das Volksbuch vom Doctor Faust, hg. von R. Petsch, Halle 1911, Nr. 441, S. 89 f. Diese und andere Geschichten über R. Adam wurden erneut abgedruckt in K. E. Grözinger, Die Geschichten vom Baʿal Schem Tov, H 11-H 17 (J 10-J 16).

2262 Siehe W. E. Peuckert, Pansophie, 1936, S. 82 f.

2263 Siehe Ch. Schmeruk, Ha-Sippurim, S. 102 f.

2264 Vgl. Das Volksbuch vom Doctor Faust, Nr. 33, S. 76.

2265 Für die jüdische Erzählung siehe deren englische Übersetzung in: I. Zinnberg, A History of Jewish Literature, Cleveland/London 1972, Bd. VII, S. 200 f.; für die deutsche Erzählung: Das Volksbuch vom Doctor Faust, Nr. 49, S. 95 (hier ist es Helena, die beim Bankett der Studenten erscheint).

fließen zu lassen.[2266] Diese Art der Vorführung wäre von einem Ba'al Schem hasidisch-aschkenasischen Typs niemals toleriert worden, doch decken sich solche Praktiken sehr gut mit den damals weit verbreiteten Vorführungen von Zauberkunststücken im Stile der deutschen Fausttradition oder der europäischen Weinmagie.

Die bereits erwähnte Ähnlichkeit zwischen dem deutschen Doktor Faust und dem jüdischen Renaissance-Ba'al Schem ist wichtig genug, um noch einmal eigens betont zu werden. Beide vollführten ihre Kunst oder ihre Kunststücke einerseits vor dem christlichen Adel und andererseits vor den Studenten der Universität beziehungsweise der *Jeschiva*. Daher kann der Renaissancetypus des jüdischen Ba'al Schem als wahres Ebenbild der deutschen Magier der Renaissancezeit gelten.

Dieser neue, extrovertierte und prahlerische Ba'al Schem war sicherlich eine Reaktion auf die neue geistige Situation in Deutschland, in der sich die christlichen Gelehrten immer stärker für die jüdischen Lehren vom kabbalistischen Gebrauch der Namen zu interessieren begannen, sie studierten und sogar lobten. Es war die Zeit, in der Johannes Reuchlin (1455-1522) seine kabbalistischen Abhandlungen schrieb,[2267] die Zeit von Pico della Mirandola (1463-1494), Paul Riccius (gest. 1541) und Cornelius Agrippa von Nettesheim (1487-1535), der sein Werk *De occulta philosophia* 1531 veröffentlichte.[2268] Gut hundert Jahre später publizierte Knorr von Rosenroth (1636-1689) eine Sammlung lateinischer Übersetzungen kabbalistischer Texte. In jenen Tagen Zeit ließ die Prinzessin Antonia von Württemberg in der kleinen Kirche von Teinach im Schwarzwald ihr kabbalistisches Triptychon aufstellen (1673).[2269]

2266 Vgl. K. E. Grözinger, Jüdische Wundermänner in Deutschland, S. 207; und ders., Legenden aus dem Frankfurt des 18. Jahrhunderts – Umbrüche und Unruhen, in: K. E. Grözinger (Hg.), Jüdische Kultur in Frankfurt a.M. von den Anfängen bis zur Gegenwart, Wiesbaden 1997.

2267 Vgl. K.. E. Grözinger, Reuchlin und die Kabbala, in: Reuchlin und die Juden, ed. A. Herzig, J.H. Schoeps, Sigmaringen 1993, S. 175-188; Ch. Zika, Reuchlin und die okulte Tradition der Renaissance, Sigmaringen 1998; Johannes Reuchlin. Sämtliche Werke, Bd. I, De verbo mirifico, Stuttgart Bad Cannstatt 1996, ed. W. W. Ehlers, H.-G. Roloff, P. Schäfer; Johannes Reuchlin, On the Art of the Kabbala. De Arte Cabalistica, trsld. M. and S. Goodman. Lincoln London 1993.

2268 Vgl. The Kabbalah Unveiled Containing the following Books of the Zohar, The Book of the Zohar, Zhe Book of Conceated Mystery, The Greater Holy Assambly, The Lesser Holy Assambly, tsld. into English from the Latin S. L. Macgregor Mathers, London Boston Henley 1981.

2269 Häussermann, F.: Die Kabbala in Würtemberg. IJUT, (1971/72) S. 79-81; J. Beck, Die Lehrtafel der Prinzessin Antonia von Württemberg in der Dreifaltigkeitskirche zu Teinach, calw 1930, 1958; E. Harnischfeger, Mystik im Barock. Das Weltbild der Teinacher Lehrtafel, Stuttgart 1980.

Das Interesse vieler Christen an jüdischen Praktiken der Magie hatte offenbar zur Folge, dass sich ein neues jüdisches Selbstwertgefühl entwickelte und die Juden einen Stolz auf ihre magisch-kabbalistischen Fähigkeiten entwickelten. Von diesem gesteigerten jüdischen Selbstbewusstsein erfahren wir von christlichen Autoren, die den Juden nicht wohl gesonnen waren und das Judentum und seine Mystik angriffen. André Cesalpin (1519-1603) schrieb in seiner *Investigation péripatétique des démons*: »Die Kabbala gilt als eine heilige Kunst zur Beschwörung der höheren Mächte. Ihr widmen sich vor allem die Hebräer, in dem Glauben, durch dieses Mittel habe Moses mit Gott gesprochen und Wunder gewirkt. Doch es steht nicht in unserer Gewalt, die göttlichen Mächte hervorzurufen.«[2270]

Ähnlich äußerte sich auch Caspar Peucer, Melanchthons Schwiegersohn (1525-1602): »Nach dem Vorbild der Pythagoräer und der Chaldäer haben die höchsten Rabbiner der Juden diese Arithmomantie ausgearbeitet, bei der sie sich der heiligen Namen des wahren Gottes, der guten Engel und der Namen des Teufels bedienen. Zu diesem Zweck haben sie zwei Geheimwissenschaften entwickelt, [...] die heiligen Namen Gottes beschmutzend und schändend.«[2271]

In seiner Arbeit über die magische und neuplatonische Interpretation der Kabbala in der Renaissance gelangt Moshe Idel hinsichtlich von Johanan Alemanno (ca. 1435-1504)[2272] zur gleichen Einschätzung: »Alemannos Aufwertung des Elements der Magie scheint nicht nur das Resultat einer inneren Entwicklung der jüdischen Tradition gewesen zu sein, sondern auch das Produkt eines äußeren Einflusses, der Alemanno dazu brachte, die positive Einstellung der jüdischen Quellen gegenüber der Magie zu betonen. Meiner Ansicht nach handelte es sich bei diesem äußeren Einfluss um die neuplatonischen Schule in Florenz.«[2273]

Dies war, so glaube ich, das geistige Klima, in dem der bisher bescheidene und zurückhaltende Ba'al Schem seine jüdische Enklave verließ und die Szene des europäischen Magiers betrat.

Gerade diese Tradition der Renaissance hat in den Schivche ha-Bescht einen nachhaltigen Einfluss hinterlassen, insofern an deren Anfang der gesamte Zyklus

2270 F. Sécret, Les kabbalistes chrétiens de la Renaissance, Mailand 1985, S. 301; E. Benz, Die christliche Kabbala, Zürich 1958; P. Roland, La Kabbale, Paris 1987; Ch. Wirszubski, Pico della Mirandola`s Encounter with Jewish Mysticism, Jerusalem 1989.

2271 F. Sécret, Les kabbalistes chrétiens de la Renaissance, S. 301.

2272 R. Patai, The Jewish Alchemists, Princeton 1994, S. 293-297.

2273 M. Idel, The Magical and Neoplatonic Interpretation of the Kabbalah in the Renaissance, in: B.D. Cooperman (Hg.), Jewish Thought in the 16th Century, Cambridge (Mass.)/London 1993, S. 212.

der Erzählungen über Rabbi 'Adam,[2274] mit dem Hinweis aufgenommen wurde, dass der Bescht seine gesamten magischen Künste den esoterischen Schriften dieses »Ba'al Schem« der Renaissance aus Bingen und Prag bezogen hatte.[2275] Vor allem die jiddische Version der *Schivhe ha-Bescht* hat diese magischen Elemente ohne Einschränkung übernommen. Dagegen versucht die hebräische Version, sie zwar durch moralische Bemerkungen und Änderungen herabzuspielen, aber doch nicht zu eliminieren.

Hier sei nur eine kurze Erzählung der Rabbi 'Adam Traditionen aus den *Schivha ha-Bescht* angefügt, das in seiner Aussage dem Geist des Hasidismus eigentlich diametral entgegensteht:

> »R. Adam war ein bitterarmer Mann und wohnte in einem winzig kleinen Haus. Er und sein Weib, besonders aber sie, gingen in zerlumpten und zerfetzten Kleidern, und eines Tages sagte sein Weib zu ihm: ›Ich schäme mich, dass ich so zerlumpt und so zerfetzt in die Synagoge gehe.‹
> Er gab zurück: ›Wann immer du zur Synagoge gehst, geh zum Kasten in die Kammer, dort kannst du dir alle Kleider nehmen, nach denen der Sinn dir steht, nur sollst du sie, wenn du vom Bethaus heimkommst, wieder in den Kasten legen!‹
> So tat sie es viele Jahre! Wenn sie zur Synagoge gehen wollte oder auf den Markt, ging sie in die Kammer zu dem Kasten und nahm ein Kleid heraus, wie ihr Sinn gerade stand. Und wenn sie von der Synagoge oder vom Markt zurückgekommen war, legte sie es wieder ab.
> Tag für Tag kam sie zur Synagoge mit anderen Kleidern, und die Leute waren sehr verwundert, woher sie so teure Kleider hatte, war er doch ein bettelarmer Mann.
> Drum fragten sie sein Weib, und sie verriet es ihnen.«[2276]

Der Herausgeber der hebräischen Version der *Schivche ha-Bescht* empfanden den unübersehbaren Gegensatz dieser Erzählung zur Haltung des Hasidismus dieser irdischen Welt gegenüber. Wie unten noch deutlich werden wird, forderte der Hasidismus nicht die Hinwendung zu den Gütern dieser Welt, sondern eine strikte Abwendung und einzige Ausrichtung auf die transzendente Gottheit. Die hebräische Version lässt die Frau zwar zunächst ein schönes Kleidungsstück aus

2274 K.E. Grözinger, Die Geschichten vom Ba'al Schem Tov, H 11-17 ; J 10-16.

2275 K.E. Grözinger, Die Geschichten vom Ba'al Schem Tov, J 54, S. 50: » Alle Machttaten und Wunder, die der Besch vollbrachte, rührten samt und sonders von den Schriften her, die ihm vom Ba'al Schem Tov R. Adam zugekommen waren. Diese Schriften aber hat der Besch im Stein eines Berges eingeschlossen. Der Besch hatte den Stein beschworen, der tat sich auf und schloss sich wieder, und die Schriften blieben darin verborgen.«

2276 K.E. Grözinger, Die Geschichten vom Ba'al Schem Tov, J 11, S. 9.

dem Schrank nehmen, fügt aber hinzu: »R. Adam aber drang in sie und bat, sie möge die Jacke zurückhängen, denn, so meinte er: ›Besser ist es für uns, Not in dieser Welt zu leiden!‹ Da hörte sie auf ihn und brachte die Jacke wieder in die Kammer.«[2277]

1.2.3 Die Professionalisierung des *Ba'al Schem*

Im Gefolge der zuvor geschilderten Entwicklung der Renaissance scheint noch eine weitere Veränderung im Bild des Ba'al Schem eingetreten zu sein, die als Professionalisierung bezeichnet werden kann.[2278] In seinen beiden vorherigen Entwicklungsstadien war der aschkenasische Ba'al Schem ein charismatisches und spontan agierendes Individuum, das von heiligen Namen Gebrauch machte. Ab dem 17. Jahrhundert ist zu beobachten, dass aus dem Ba'al Schem ein professioneller Heiler und Helfer wird, der offensichtlich einen ganz normalen Platz in der Hierarchie der jüdischen Berufe, wie etwa dem des Rabbi, des Kantors oder des Schächters, einnimmt. Ein Indiz für die Professionalisierung des Ba'al Schem scheint die Tatsache zu sein, dass mit dem Beginn des 18. Jahrhunderts eine verstärkte Publikation von in hebräischer Sprache gedruckten Büchern über Magie zu verzeichnen ist, wie dem *Schem tov katan* (Sulzbach 1706), dem *'Amtahat Binjamin* (Wilmersdorf 1716), dem *Toledot 'Adam* (Solkowo 1720) oder dem *Mif'alot 'Elohim* (Solkowo 1724). Natürlich bedeutet das Erscheinen dieser Bücher im Druck nicht, dass sie erst in dieser Zeit geschrieben worden wären. Die Existenz handgeschriebener Zauberbücher, die vom Meister zum Schüler weitergegeben wurden, ist aus zahlreichen Dokumenten bekannt. Dazu gehören die Gerichtsprotokolle über Hirsch Fränkel, den Rabbi von Ansbach, der 1713 von der fränkischen Obrigkeit wegen seiner kabbalistischen Aktivitäten zu einer lebenslangen Kerkerstrafe verurteilt wurde.[2279] Solche handgeschriebenen Zau-

2277 K.E. Grözinger, Die Geschichten vom Ba'al Schem Tov, H 14, S. 16.

2278 So sieht es auch I. Etkes in seinem hebräischen Aufsatz, Mekomam schel ha-Magija u-Va'alej ha-Schem ba-Hevra ha-aschkenasit be-Mifne ha-Me'ot ha-17-18 (Die Stellung der Magie und der Meister des Namens in der aschkenasischen Gesellschaft Ende des 17. und Anfang des 18. Jahrhunderts), in: Zion 60 (1996), S. 69-104.

2279 Vgl. G. Nigal, A Baal Shem Condemned to Life Sentence. The Tragedy of R. Hirsch Fraenkel (Hebräisch und Deutsch), Ramat Gan 1993; besonders aufschlussreich für diese Phase sind die Tagebücher des Ba'al Schem von London und seines Dieners, s. M. Oron, Mi-Ba'al Sched le-Ba'al Schem. Schmu'el Falk, ha-Ba'al Schem mi-London, Jerusalem-Tel Aviv 2002; u. die Exorzismusberichte und Ezählungen bei G. Nigal, Sippure Dibbuk be-Sifrut Jisra'el, Jerusalem 1994; und das Kapitel Dibbuk we-Devekut be-Schivche ha-Bescht, bei Z. Mark, Mistika we-Schiga'on bi-Jezirat Nachman me-Braslav, Tel Aviv 2003.

berbücher werden auch in den Überlieferungen erwähnt, die die Frankfurter Baʿale Schem des 18. Jahrhunderts betreffen.[2280]

Von einem professionellen Baʿal Schem in Frankfurt am Main berichtet zum Beispiel auch das Buch *'Ohel 'Avraham*:[2281]

> »Als Rabbi Abraham noch in Janow weilte, pflegte er die verschiedenen Dörfer aufzusuchen, und alle Juden kamen und versammelten sich um ihn. Eines Tages, bevor er Janow verließ, fragte er Rabbi Josef aus dem Dorf Osdak: Ich bitte dich, von mir ein handgeschriebenes Buch anzunehmen, das dir ermöglichen wird, zu helfen und [die Kranken] zu behandeln [...]. Rabbi Josef nahm das Buch an, und es gelang ihm, vielen Menschen zu helfen. Später geriet das Buch in die Hände eines Gelehrten, der aber keinen Erfolg hatte. Später erhielt der Bruder dieses Gelehrten, der selbst kein Gelehrter war, dieses Buch, und er wiederum wirkte sehr erfolgreich.«[2282]

Dieser und ähnliche Berichte belegen eindeutig die Existenz einer professionellen Tradition, die auf handgeschriebenen und von Hand zu Hand weitergegebenen Rezeptbüchern für Wunder und Heilungen basierte. Daher muss die wachsende Zahl gedruckter Handbücher für den Wundermann die mit Beginn des 18. Jahrhunderts auf den Markt kamen, nicht überraschen.

Ein weiteres Anzeichen für die Entwicklung eines professionellen Baʿal Schem ist ein kleines jiddisches *Maʿasebüchlein*, das 1660 die Druckerpresse verließ und den Titel trägt: *Majse Bichl schel Ruech be-Kirje kedoische Korez* (*Erzählungen über einen Geist in der Heiligen Gemeinde von Korez*).[2283] Dieses Büchlein, das von S. Zfatman-Biller erneut veröffentlicht wurde, ist die poetische Version eines Berichtes über einen Exorzismus. Daneben entstanden auch seit dem 16. Jahrhundert Berichte über Exorzismen in nichtpoetischer Form und sind von G. Nigal in einem Band gesammelt worden.[2284] Die ursprünglich in Prag gedruckte poetische Version des genannten *Majse Bichl* erzählt von einer armen Jungfrau, die von einem bösen Geist terrorisiert wurde. Als sie es nicht mehr aushalten konnte, »hobn si geschikt noch den Rabe 'Avru'em Baʿal Schem [...], den er is mesugel gewen zu selche injonem« – »schickten sie nach dem Rabbi Abraham Baʿal Schem, denn er war ein Spezialist in diesen Dingen.«

2280 Vgl. K.E. Grözinger, Legenden aus dem Frankfurt des 18. Jahrhunderts; ders., Jüdische Wunderrabbiner – R. Nathan Adler und sein Kreis; ders., Der Baʿal Schem von Michelstadt und die Frankfurter Kabbalisten.

2281 Pietrkov, Reprint Israel 1967/68.

2282 'Ohel 'Abraham 10b.26a.

2283 Vgl. Zfatman-Biller, Jerusalem Studies in Jewish Folklore 2 (1982).

2284 Vgl. G. Nigal, Sippure Dibbuk be-Sifrut Jisra'el, Jerusalem 1994.

Und als dieser Baʿal Schem bei seinem Exorzismusversuch keinen Erfolg hat, bringen die Mitglieder der Gemeinde die Jungfrau zu anderen Baʿale Schem:

»Und as der oilem hot die zore ojf der besile gesehn,
do hobn sei ton le kirje kedoische Lubertov gehn
dortn hobn di Baʿale Schemes ir arbet
geton mit tehore zu fartreibn dem ruech vun der neschume tehore.]«
»Und als die Leute die Not der jungfräulichen Maid sahen, schickten sie sie zur Heiligen Gemeinde von Lubertov, wo die Baʿale Schem ihre Arbeit in Reinheit verrichteten, um den Geist aus der reinen Seele herauszutreiben.« [2285]

Diese poetische Erzählung in jiddischer Sprache scheint anzuzeigen, dass man sich in Fällen, wo Menschen an psychischen und physischen Krankheiten litten, in derselben Weise an den nächsten Baʿal Schem wandte, wie man heute gewohnt ist, einen Arzt aufzusuchen.

Außer dieser Erzählung im *Majse Bichl* sind noch andere signifikante Belege für die Professionalisierung des Baʿal Schem bekannt. Das wichtigste Zeugnis stammt von Pinkas 'Elija Horwitz (1765-1821), einem begeisterten und einflussreichen Verehrer der profanen Wissenschaften. In seiner Enzyklopädie der Wissenschaften, dem *Sefer ha-Brit*, macht er sich in einer längeren, dem Baʿal Schem gewidmeten Passage über die ungebildeten Juden lustig, die in Fällen einer geistigen Störung zu einem Zauberer oder einem Baʿal Schem gehen und ihn um Hilfe bitten, statt einen normalen Arzt zu konsultieren. Aber nach seiner Attacke gegen den Baʿal Schem fährt Pinkas Horwitz fort:

»Es gibt jedoch auch Fälle, wo sich ein böser Geist an ihn [den Patienten] klammert [...]. In diesem Falle braucht er wirklich einen Baʿal Schem. [Nun zählt der Autor Zeichen auf, die von solch einer wirklichen Besessenheit zeugen, wie die Kenntnis von Dingen, von denen der Patient nichts wissen konnte, etc.] Einen solchen Fall sollte man zu einem Baʿal Schem bringen, der ein Experte ist und dessen Amulette erprobt sind [...], und wenn der Patient zu einem Baʿal Schem kommt [...], der die heiligen Namen kennt, dann wird dieser den Geist mittels der Namen aus ihm vertreiben, denn ihn plagt unzweifelhaft ein böser Geist.«[2286]

Ein Baʿal Schem war daher, allgemein gesprochen, in der damaligen jüdischen Gesellschaft eine ebenso geachtete Person, wie es heute ein Arzt ist. Moshe

2285 Vgl. Zfatman-Biller, Jerusalem Studies in Jewish Folklore 2 (1982), S. 40.

2286 Sefer ha-Berit, Jerusalem 1990, S. 293 f. Vgl. auch G. Nigal, Sippure Dibbuk, S. 268, und D. B. Ruderman, Kabbalah, Magic and Science, Cambridge (Mass.)/London 1988, S. 56.

Rosman hat in seinem Buch über den Begründer des osteuropäischen Hasidismus nachgewiesen, dass Israel Ba'al Schem ein Ba'al Schem dieses Typs war, an den sich Juden und Christen gleichermaßen bei Krankheit und allen Arten von Not wendeten.[2287] In Międzybórz war er eine geachtete Person und lebte, wie schon erwähnt, dort auf Kosten der Gemeinde in einem den Juden dieser Stadt gehörendem Haus. Seine privilegierte Lebensweise in dieser Stadt war von der Art, wie kleine Städte und Dörfer sie Medizinern anbieten würden, damit sie sich als Arzt des Ortes niederlassen und arbeiten.

Zahlreiche Legenden um den Stifter des osteuropäischen Hasidismus fügen den Bescht ohne Vorbehalte in dieses Berufsbild ein.[2288] Er hatte, nach der Legende, ab seinem sechsunddreißigsten Lebensjahr eine Art fliegende Praxis, in der er zuweilen zwei Schreiber beschäftigte und ihm Amulette (*Kame'ot*) zu schreiben.[2289] Die folgende Geschichte zeigt zum Beispiel, wie man sich an den Fachmann für Dämonenfragen wandte, ihn bestellte und er sein Handwerk ausführte:

> »Einmal kam zu ihm ein Steuerpächter von einer kleinen Stadt, den hatte man behext. Von allem, was man in seinem Haus über Nacht stehen ließ, sei es Güter in Gefäßen oder Geld in einer Tasche, war am Morgen nur noch die Hälfte übrig.
>
> Als er beim Bescht eingetroffen war, befahl der Bescht seinem Schreiber, dass er Schutzzettel[2290] für alle Zimmer schreibe, dann fuhr er mit dem Steuerpächter zu dessen Haus.

2287 M. Rosman, Founder of Hasidism, S. 11-26.173-186.

2288 K. E. Grözinger, Die Geschichten vom Ba'al Schem Tov; hierher gehören u. a. die Nummern: H 34.38.39.45.129.121.142.156.234.

2289 K.E. Grözinger, Die Geschichten vom Ba'al Schem Tov, H 30, S. 34.

2290 Amulette. In dem verbreiteten kleinen Büchlein *Schimmusch Tehillim*, »Anwendung der Psalmen« (8.-11.Jahrhundert), findet man etwa folgende Anweisungen: »Ps 126 ist gut für Frauen, deren Kinder sterben. Schreibe dieses Lied auf ein Amulett, außerdem [die Namen der Engel] Sanoj, Sansanoj und Samangelof in der letzten Zeile, und gib dies an die vier Seiten des Hauses.« „Ps 144 für den Armbruch, und er ist gut zum *Schutz* vor Schadendämonen und Dämonen". »Ps 104, dieser Psalm ist gut, um den Schädigerdämon zu töten.« Vgl. auch G. Scholem, Kabbalah, Jerusalem 1974, S. 359; zu hebräischen Amuletten s. E. Davis u. D.A. Frenkel, The Hebrew Amulet. Biblical-medical-general, (hebr.), Jerusalem 1995; T. Schrire, Hebrew Amulets, their decipherment & interpretation, London 1966; G. Scholem, Havdala de-R. 'Akiva. Mekor la-Mesoret ha-Magia ha-jehudit bi-Tekufat ha-Geonim, in: *Tarbiz* 50 (1981), S. 243-281, wieder in: Schedim, Ruchot u-Neschamot. Mechkarim be-Demonologia me'et Gershom Schalom, ed. E. Liebes, Jerusalem 2004, S. 145-182; J. Aricha, Kabbala Ma'asit, Kefar-Sava 1998; J. Trachtenberg, *Jewish Magic and Superstition. A Study in Folk Religion*, New York 1974.

Dort angekommen, häufte er die Schutzzettel auf den Tisch und ging zum Markt. Da sahen die Hausbewohner, dass der Geist wie ein Gewittersturm von einer Ecke des Hauses zur anderen brauste, bis er sich schließlich löste und nach draußen raste.
Das Haus war von einem großen Hof umgeben, von dem eine kleine Pforte nach draußen führte. Und als der Bescht vom Markt zurückkam, erschien ihm der Geist gleich einem riesigen Kosaken bei der Pforte. Je mehr der Bescht nun sich dem Hof näherte, desto kleiner wurde der Dämon, und als er schließlich den Hof erreicht hatte, war der Dämon, diese Schale,[2291] ganz verschwunden. Und an eben dieser Stelle schlug der Bescht einige von den Schutzzetteln an.
Nachdem ihm die Hausbewohner erzählt hatten, wie der Geist umhergebraust war und dann das Haus verließ, untersuchte er, wie es seinem Brauch entsprach, noch Bett und Zimmer und sah auch zwischen die Fässer, die dort standen, um den Dämon zu vertreiben, dann trat er die Heimfahrt an.
Kaum war der Bescht abgereist, kam weinend die Müllerin zum Steuerpächter und schrie in ihrer Sprache:[2292] ›Ich bin klug, aber du bist noch klüger!‹ – denn der Dämon war wütend und schnaubend in ihr Haus gekommen – ›Ich war nicht zu Hause, und er tötete zwei [ihr dienstbare] Gespenster.‹«[2293]

Zu den Hilfs- und Heilmitteln eines solchen Ba'al Schem gehörten auch die sonst üblichen volksmedizinischen Kuren wie Aderlass, die berühmte Hühnersuppe (das jüdische »Penizillin«)[2294] und dergleichen mehr. Zu diesem Typus gehören darum auch jene Erzählungen, die von Rivalitäten mit professionellen Medizinern berichten, deren Behandlungsmethoden allgemein akzeptiert waren.[2295]

2291 Das hebräische Wort *Klippa* (Schale) war nach der lurianischen Kabbala ein Abfallprodukt des Bruchs der Gefäße und als solches Sitz des Bösen. Von da an konnte der Begriff zur Bezeichnung aller bösen Phänomene angewandt werden.

2292 Die Worte sind polnisch: Ja mądra ale ty mądrzejszy.

2293 K.E. Grözinger, Die Geschichten vom Ba'al Schem Tov, H 39, S. 34. Die Zufügung in eckiger Klammer ist nötig, weil die Klage der Müllerin nur Sinn hat, wenn ihr dabei Schaden zugefügt wurde. Dazu vergleiche man die Erzählung H 219. Laut der jiddischen Version tötet der Dämon die beiden Kinder der Frau.

2294 So wird in jüdischen Medizinerkreisen diese Suppe spaßhaft genannt.

2295 K.E. Grözinger, Die Geschichten vom Ba'al Schem Tov, zum Beispiel H. 45.82.143.179. 255.270.

1.2.4 Der lurianisch-kabbalistische Typus des *Ba'al Schem* – als Sündenprophet

Der oben beschriebene professionelle Typus des Ba'al Schem existierte, solange der Beruf des Ba'al Schem in Europa ausgeübt werden konnte. Dennoch war die Figur des Ba'al Schem in Bezug auf ihre Tätigkeit und Aufgabe weiteren Interpretationen und Transformationen ausgesetzt. Im 18. Jahrhundert fielen dem Ba'al Schem professionellen Typs aufgrund einer vollkommen veränderten Weltanschauung neue Aufgabenbereiche zufielen. Während die Arbeit des professionellen Ba'al Schem auf die materiellen Probleme dieser Welt ausgerichtet ist, wie Krankheit, körperliches und psychisches Leid sowie materielle Schäden, sind die neuen Aufgaben spiritueller Art und beschäftigen sich mit den Themen der Sünde und Sühne.

Dieser neue Typus des Ba'al Schem tritt in den Erzählungen über Rabbi Abraham Abusch aus Lissa und R. Nathan Adler auf,[2296] die beide in Frankfurt am Main lebten. Diese Transformation lässt sich für die gleiche Zeit auch an der Person des Jisra'el Ben 'Elie'ser Ba'al Schem Tov aus Międzybórz zeigen. Die neuerliche Veränderung ist auf die Lehren der lurianischen Kabbala zurückzuführen. Einen besonders starken Einfluss entwickelte sie in ihrer populären Form, wie sie im moralischen Schrifttum jener Tage verbreitet wurde und in verschiedenen Ländern eine große Leserschaft fand. Dazu gehören auch Bücher wie das bereits oben genannte *Kav ha-Jaschar*, das zuerst 1705 in Frankfurt am Main gedruckt wurde.[2297] Dieser Weltanschauung zufolge sinddie Hauptprobleme des Menschen nicht mehr körperlicher oder materieller, sondern spiritueller Art. Die neuen Gefahren, die die Menschen bedrohen, sind nun Gefahren der Seele, die während ihres Erdendaseins von ständigen Versuchungen heimgesucht wird und ihre spirituelle Unreinheit zur Folge haben. Die veränderte Situation verlangt nach einem anderen Helfer-Typus als den des für diesseitige Probleme spezialisierten Ba'al Schem. Jetzt bedarf es eines Erlösers in spirituellen Dingen.

Eine eindrückliche Beschreibung dieses mit der lurianischen Kabbala aufgekommenen pessimistischen Weltverständnisses gibt die folgende kurze Homilie aus dem *Kav ha-Jaschar*:

2296 Vgl. R. Elior, R. Nathan Adler and the Frankfurt Pietists. Pietist Groups in Eastern and Central Europe during the Eighteenth Century, in: K. E. Grözinger (Hg.), Jüdische Kultur in Frankfurt am Main von den Anfängen bis zur Gegenwart, Wiesbaden 1997, S. 135-177; u. ebda., K.E. Grözinger, Legenden aus dem Frankfurt des 18. Jahrhunderts. Umbrüche und Unruhen.

2297 Zur Moralliteratur dieser Zeit vgl. I. Zinberg, A History of Jewish Literature, Cleveland London 1972, J. Dan, Sifrut ha-Musar we-ha-Drusch, Jerusalem 1975; M. Idel, On Rabbi Zvi Hirsh Koidanover's Sefer Qav ha-Yashar, in: K.E. Grözinger (Hg.), *Jüdische Kultur in Frankfurt am Main*, S. 123-133.

»Jona, der das Schiff bestieg, ist ein Beispiel und Gleichnis für die menschliche Seele, die sich in den Körper des Menschen begab. Und der Mensch ist in dieser Welt einem Schiff vergleichbar, das mitten auf dem Meer treibt, von Gefahren bedroht. Auf die gleiche Weise werden die Menschen in dieser Welt von vielen schweren Schicksalsschlägen und Nöten heimgesucht, wie ein Schiff. Und Gott hat viele Boten und Ankläger, die täglich über den Menschen vor dem himmlischen Gericht wegen seiner Sünden richten. Aber die Menschen scheren sich nicht darum. Sie häufen Sünden auf Sünden und glauben, dass sie nicht gerichtet werden. Als ob der Himmel, wovor Gott uns behüten möge, all ihre bösen Taten nicht erkennen [und in Erinnerung behalten] würde.«[2298]

Ein wesentlicher Punkt dieser von der lurianischen Kabbala[2299] beeinflussten Beschreibung der *conditio humana* ist, dass der Grund für die menschliche Sünde in der Unreinheit gesehen wird, die überall lauert und von der der Mensch, wie von Staub und Schmutz, allerorten umgeben ist, so dass sie ihn jederzeit infizieren kann. Die Sünde wird geradezu als etwas Materielles begriffen, und doch erkennt der Mensch sie für gewöhnlich nicht und schwebt daher stets in großer Gefahr:

»Du sollst wissen, dass jede Sünde einen Grund hat, die den Menschen veranlasst, sie zu begehen. So gibt es eine Ursache, die Männer zu der Sünde verleitet, nach Frauen zu schauen, die ihnen verboten sind. Die erste Ursache ist, wenn ein Mann auf unreine Dinge blickt und sich an ihnen erfreut [...]. Und indem er diese Dinge ansieht, zieht er den Geist der Unreinheit, der sie umgibt, auf sich selbst. Und dies veranlasst ihn später, noch schlimmere Dinge zu betrachten, und dies lässt ihn straucheln. Deshalb rieten die Weisen seligen Angedenkens den Männern, ihre Frauen an den Tagen ihrer Menstruation nicht einmal anzusehen. Denn an diesen Tagen ist die Frau vom Geist der menstruellen Unreinheit umgeben. Und indem ihr Ehemann sie ansieht, zieht er die Unreinheit auf sich selbst, und sie befällt seine Augen. Der Beweis dafür ist: Wenn eine Frau, die ihre Monatsblutung hat, in einen neuen Spiegel blickt, dann besudelt ihr Bild den Spiegel mit einem Fleck, den niemand jemals mehr entfernen kann.«[2300]

2298 Kav ha-Jaschar, Lemberg o.J., Kap. 39.

2299 Ein Vorläufer dieser weltabgewandten Frömmigkeit ist der oben in Kap. Die esoterische Theologie ...5. kurz skizzierte *Sefer Hasidim*, der den *Haside 'Aschkenas* zugehört.

2300 Kav ha-Jaschar, Kap. 2; dazu vgl. R. Berger, Sexualität, Ehe und Familienleben in der jüdischen Moralliteratur (900-1900), Wiesbaden 2003.

Mit der Popularisierung der asketischen lurianischen Kabbala in der Moral-Literatur scheint sich die Werthierarchie in der jüdischen Bevölkerung von der materiellen Welt auf den spirituellen Bereich verlagert zu haben. Natürlich bestanden die alten Probleme des Alltagslebens, wie etwa Krankheit, Armut und Unfreiheit, noch immer, und mit ihnen auch das Bedürfnis nach einem Baʿal Schem alten Typs, der in diesen Kümmernissen Hilfe bot. Aber mit dem Aufkommen der mit der lurianischen Theologie verbundenen Vorstellungen entwickelte sich offensichtlich ein verstärktes öffentliches Bewusstsein von der Sündhaftigkeit und moralischen Unvollkommenheit des Menschen, das dem Geist verwandt war, aus dem heraus einige Jahrhunderte zuvor der *Sefer Hasidim* geschrieben worden war. Daher erweiterten die Baʿale Schem von Frankfurt und Międzybórz im 18. Jahrhundert ihr Tätigkeitsfeld auch auf den spirituellen Bereich. Die Baʿale Schem deckten nun die Sünden, die rituelle Unreinheit und die moralischen Verfehlungen ihrer jüdischen Mitbürger auf, um sie so vor Schäden an ihrer Seele zu bewahren, beziehungsweise ihnen sühnende Reinigungskuren verordnen zu können. Als Beispiel mag folgende kurze Erzählung aus den *Schivche ha-Bescht* dienen:

> »Rabbi Elimelech kam einmal zu seinem Nachbarn, einem Silberschmied, und sah dort einen Ring. Er nahm ihn in die Hand und warf ihn sogleich weg. Er sagte, dieser Ring sei mit Geld bezahlt worden, das aus Zinsgewinnen stammte. Der Silberschmied forschte nach und stellte fest, dass dies so war.«[2301]

Der Baʿal Schem dieses Typs ist ein moralischer Rigorist, ein Prophet, der die verborgenen Sünden und Zustände ritueller Unreinheit seiner Brüder und Schwestern enthüllt und ihnen Strafen auferlegt, um in erster Linie ihre moralischen Krankheiten und Leiden zu heilen. Mit anderen Worten hat der Baʿal Schem hat nun charismatische und geistlich-seelsorgerliche Kräfte erworben und Aufgaben übernommen.[2302]

Unter dem Einfluss der lurianischen Kabbala erhielt die Figur des Baʿal Schem also eine weitere Funktion. Der professionelle Baʿal Schem erwarb zusätzliche bisher nicht zu seinem Berufsfeld gehörende Qualifikationen, die seiner früheren materialistischen Ausrichtung, den Menschen in ihrer materiellen Not zu helfen, eigentlich widersprachen. Die Tätigkeit eines Baʿal Schem lurianisch-kabbalistischen Typs ist nicht auf diesseitige materielle, sondern auf spirituelle

2301 K. E. Grözinger, Die Geschichten vom Baʿal Schem Tov, H 170, S. 148.

2302 Siehe auch meinen Aufsatz Baʿal Shem oder Baʿal Hazon, Wunderdoktor oder Charismatiker. Zur frühen Legendenbildung um den Stifter des Hasidismus, FJB (1978), S. 71-90, in dem ich die Vermischung dieser beiden Traditionen erörtere.

jenseitige Bedürfnisse gerichtet. Die Vermischung dieser beiden Traditionen war deshalb möglich, weil die alte Vorstellung von den wirkmächtigen Gottesnamen auch von der lurianischen Kabbala geteilt wurde, wenn dort wie nun auch hier deren Wirkungsbereich auf der spirituell anthropologischen und theosophischen Ebene gesehen wurde.

Die lurianische Interpretation der Ba'al Schem Figur führte jedoch auch dazu, dass die technische Exklusivität der heiligen Namen in den Fällen, wo der Ba'al Schem neuen Typs sich auf dem traditionellen professionellen Gebiet betätigte und seinen Klienten bei ihren Alltagsproblemen half, aufgebrochen wurde und die heiligen Namen insofern an Wert verloren. In den Erzählungen über den Renaissancetypus des Ba'al Schem lautet die typischste und am meisten wiederholte Formel: »und er sprach den Namen«. Als lurianischer Typus verwendet der Ba'al Schem zunehmend andere Mittel um seine Wirkungen zu entfalten. Dazu gehören das Lesen heiliger Texte, insbesondere die des *Sohar*, das Gebet und schließlich auch das Eintauchen in das rituelle Bad, die *Mikwe*. Ein Zeichen dafür, dass man von den magischen Namen immer weniger technischen Gebrauch machte, ist das Phänomen, dass der Ba'al Schem bei seinen Amuletten nicht mehr die Namen Gottes oder der Engel verwendete, sondern – wie es von R. Naftali Cohen aus Frankfurt[2303] ebenso erzählt wird wie von Jisrael Ben 'Elie'ser aus Międzybórz[2304] – seinen eigenen privaten Namen als Machtmittel gebrauchte. Es scheint, dass sich die Macht eines Ba'al Schem von nun an aus der individuellen Kraft seiner außergewöhnlichen Persönlichkeit speist, statt aus der externen göttlichen Macht der heiligen Namen. Dies passt offensichtlich besser zum neuen Tätigkeitsfeld des Ba'al Schem lurianischen Typs, der hauptsächlich bestrebt ist, Menschen von ihren Sünden und ihrer rituellen Unreinheit zu »heilen«.

In den *Schivche ha-Bescht* ist der lurianische Typ als Charakterisierung des Bescht überaus häufig anzutreffen.[2305] Es folgt ein Beispiel, das den typischen Fall zeigt, dass alle glauben, in einer sündenfreien und legalen Situation zu leben, während der Sündenprophet diese Illusion zerstört und entsprechende Bußen verordnet:

2303 Vgl. Ohel Abraham, S. 51.

2304 Vgl. in meinem Buch Kafka und die Kabbala, 1994, S. 155, erw. Neuausgabe Berlin Wien 2003, S. 171. Dieses Phänomen wird auch diskutiert bei M. Idel, Jewish Magic from the Renaissance Period to Early Hasidism, in: J. Neusner, E.S. Frerichs und P.V. McCracken Flesher (Hg.), Religion, Science, and Magic, In Concert and in Conflict, New York Oxford 1989, S. 100-106.

2305 Dazu vgl. meinen Aufsatz: Sündenpropheten. Halachaprophetie im Judentum Osteuropas; u. K. E. Grözinger, Die Geschichten vom Ba'al Schem Tov, H 43.48.169.170.193.202.213.271.

»Auf einer Reise war der Buscht einmal zu Gast beim Rav einer Gemeinde. Und weil er über Schabbat dort bleiben sollte, sagte der Rav zu seiner Frau: ›Sieh zu, ihm Ehre zu bereiten, er ist ein großer und berühmter Mann!‹
›Wir haben ja, mit Gottes Hilfe, Fleisch gekauft‹, meinte die Frau, ›zur Ehre unsres Gastes wählen wir davon die besten Stücke aus!‹
Und wie sie ging, um nach dem Fleisch zu sehen, fand sie nicht ein Stückchen mehr. Gebrochenen Herzens lief sie zu ihrer Nachbarin, ob man vielleicht von ihr etwas borgen könne. Aber auch bei ihr war alles, was sie vorbereitet hatte, fort, ebenso bei einer dritten.
Wie sie nun mit ihrem Mann beriet, was zu machen sei, schaute sie auf und sah den Schächter der Stadt am Fenster vorübergehen.[2306] Sie erzählte ihm ihren ganzen Kummer, alles, was ihr widerfahren war. Der Schächter aber sagte: ›Vor zwei, drei Stunden hab' ich ja ein zartes Rind geschlachtet!‹ ›Oh‹, rief der Bescht dazwischen, ›ich würde gern den Kopf verzehren! Kann man ihn ganz bringen und hier ausnehmen, wie geboten?‹[2307]
›Gut‹, rief der Schächter, stand auf, eilte und brachte den Kopf ins Haus des Rav.
Der Bescht fing mit dem Schächter an zu plaudern: ›Die Leute sagen, dass es an den Zähnen ein Unterscheidungsmerkmal und darüber Meinungsverschiedenheiten gibt. Prüfe mal und zähl die Zähne!‹ Der Schächter öffnete das Maul des Rinderkopfes, steckte die Hand hinein und wollte seine Zähne zählen. Kaum hatte er die Hand hineingesteckt, schnappte der Rindskopf zu, und er vermochte nicht, die Hand wieder herauszuziehen. Der Kopf zerquetschte ihm die Hand, er konnte es kaum ertragen und schrie vor Schmerz.
›Was hast du denn, dass du so schreist‹, fragte ihn der Bescht, ›er lebt doch nicht!‹ Nun fuhr der Bescht ihn an und schrie: ›Frevler, bekenne!‹ Da bekannte der Schächter seine Sünde – dass er nämlich nie die Lungen der Tiere prüfte und stets für koscher erklärte, was ihm passte, und für *trefe* [gerissen, d. h. zum Verzehr untauglich], wie's ihm gefiel. Dann verordnete ihm der Bescht für seine Sünde eine Buße.«[2308]

Der Bescht wird in dieser und in ähnlichen Geschichten demnach nicht als der freundliche Helfer aus allerlei weltlichen Nöten gezeichnet, sondern im Gegenteil als ein rituell-moralischer Rigorist, der den Menschen um des ewigen Heiles willen ihre irdische Ruhe raubt.

2306 Von hier bis zum Ende gleicht die Geschichte einer entsprechenden, die Jakob Emden über Jonathan Eibeschütz erzählte, vgl. G. Nigal, Magia, Mistiqa we-Hasidut, Tel Aviv 1992, S. 26f (c. 1), englische Ausgabe Magic, Mysticism and Hasidism, Northvale 1994, S. 22.

2307 Vor dem Verzehr müssen die Sehnen und das Fett entfernt werden, die nach den *Kaschrut*-Regeln der Schlachtung verboten sind.

2308 K. E. Grözinger, Die Geschichten vom Ba'al Schem Tov, H 271, S. 267.

1.2.5 Der psychagogische Typus des *Ba'al Schem*

Der Ba'al Schem begann sich in Osteuropa infolge des Einflusses der lurianischen Kabbala auf einem weiteren Feld zu betätigen. Diese Art der Tätigkeit beinhaltet eine messianische Funktion und ist noch weiter vom traditionellen Typus des Ba'al Schem entfernt, dessen Ziel es ist, den Menschen dabei zu helfen, ihr Leben in dieser Welt zu bewältigen und zu meistern. Im Gegensatz zu einem solchen weltlichen Helfer verfolgt der Ba'al Schem psychagogischen Typs das Ziel, den Seelen zu helfen, das diesseitige Leben zu verlassen, sicher in den Garten Eden zu gelangen und von der Seelenwanderung erlöst zu werden. Der erste Hinweis auf die neue Tätigkeit eines Ba'al Schem in der Erlöserfunktion erscheint in den Legenden über Jizchak Lurja, dem Begründer der nach ihm benannten Kabbala.[2309] In den Erzählungen über den Ba'al Schem Tov von Międzybórz wird dieser neuen Betätigungsweise ein breiter Raum gewidmet.[2310] In ihrem Brennpunkt steht das Wissen um die Seelenwanderung menschlicher Seelen in Menschen, Tieren und Mineralien. Der »Ba'al Schem« dieses Typs kann als messianischer Psychagoge bezeichnet werden, da er einerseits die menschlichen Schicksale zu deuten weiß, indem er Ereignisse, Sünden und Verstrickungen der Seelen in ihrer früheren Inkarnation aufzudecken vermag und damit gegenwärtige Leiden der Menschen erklärt, und andererseits über das Wissen verfügt, wie er diese Seelen mittels heiliger Wörter, Namen und durch Bußanordnungen von der Seelenwanderung (*Gilgul*) erlösen kann.[2311] Es lassen sich zwei grundsätzlich verschiedene Typen der Erzählungen vom Gilgul unterscheiden. Die eine versucht im Rückgriff auf Verstrickungen in einem früheren Leben gegenwärtiges Unglück zu erklären (Ereignisdeutung), während die andere einer in einem nichtmenschlichen Wesen wandernden Seele begegnet, die durch einen rituellen Akt, wie Schlachten, Verzehren, Beten oder Aussprechen heiliger Namen aus der Wanderung befreit oder zumindest auf eine höhere Stufe gehoben wird (Erlösungserzählung). Die Ereignisdeutung, die bei den Erzählungen über Jizchak Luria eine bedeutende Rolle spielt,[2312] ist indessen in den Schivche ha-Bescht nicht belegt; hier steht dagegen die Erlösungserzählung ganz im Vordergrund. Der Bescht wird in den *Schivche ha-Bescht* also nur als messianischer Seelenerlöser gezeichnet. Aus den Schivche ha-Bescht sollen im Folgenden zwei unterschiedliche Beispiele angeführt werden, eines bei dem der Bescht direkt interveniert, und ein zweites, bei dem er einen seiner Schüler als nötiges Instru-

2309 Siehe Sefer Toledot ha-'Ari, hg. von M. Benajahu, Jerusalem 1967.

2310 K.E. Grözinger, Die Geschichten vom Ba'al Schem Tov, zum Beispiel H 24.89.125.132.144. 174.277.

2311 Für eine detailliertere Erörterung verweise ich auf das Kapitel »Tiergeschichten« in meinem Buch über Kafka und die Kabbala. Berlin Wien 2003, S. 122-145.

2312 Vgl. dazu K.E. Grözinger, Kafka und die Kabbala, das Kapitel »Tiergeschichten«.

ment einsetzt. Angemerkt werden muss noch, dass die wandernden und vom Beschet zu erlösenden Seelen in Tieren aber auch in Menschen angetroffen werden können. Hier zunächst eine Erlösungserzählung, in welcher der Bescht eine in einem Frosch wandernde Gelehrtenseele erlöst. Auch bei der Erlösungserzählung muss die Vorgeschichte geklärt werden:

»Einmal[2313] ging der Rav [d. h. der Bescht] tief versunken in Gedanken drei Tage und drei Nächte und wusste nichts davon. Endlich bemerkte er, dass er in einer großen Wüste irrte, fern von seinem Ort.

Er wunderte sich sehr, dass er in eine solche Wüste geraten war – doch gewiss war dies nicht ohne Grund. Wie er so sann, kam ihm ein riesengroßer Frosch entgegen, so groß, dass er fast nicht erkannt hätte, was für ein Tier dies war. Er fragte ihn: ›Wer bist du?‹

Ein Gelehrtenschüler sei er, der in diesem Frosch die Seelenwanderung durchlaufe, gab er zurück. (Der Bescht sprach: ›Ein Gelehrtenschüler bist du!‹ Und alleine schon durch dieses Wort hob er ihn hoch empor). Dann fuhr

2313 Das MS Mondschein (M) bietet hier einen wesentlich kürzeren Text. In ihm fehlt die Bußthematik sowie der Hinweis auf Jizhak Lurja. Der Vergleich mit H ist ein sprechendes Beispiel für die theologisch-ideologische Anreicherung des Erzählstoffes. Zu vermerken ist außerdem, dass diese Erzählung in MS M an anderer Stelle steht, nämlich zwischen H 172 und H 173. Der Text von MS M: »Der Rav unserer Gemeinde erzählte mir die folgende Geschichte: Der Bescht saß einmal auf einem Felsvorsprung, da kam ihm ein riesengroßer Frosch entgegen, so groß, dass er fast nicht erkennen konnte, was für ein Tier dies war. Er fragte es : ›Wer bist du?‹ Ein Gelehrtenschüler sei er, der in diesem Frosch die Seelenwanderung durchlaufe, gab das Tier zurück – und der Bescht wiederholte seine Antwort : ›Ein Gelehrtenschüler bist du!‹ Und alleine schon durch dieses Wort hat der Bescht ihn hoch emporgehoben. Schon fünfhundert Jahre, [fuhr der Frosch mit seiner Erzählung fort], wandre er auf diese Weise an einem Ort, an dem es keine Menschen gebe und ihm keiner den Tikkun verschaffe. Und er erzählte weiter, warum er verstoßen wurde. Einmal habe er die Handwaschung gering geachtet und diesen Ritus nicht wie es der Brauch vollzogen. Und als ihn der Satan deshalb verklagte, sagte man zu ihm: ›Wenn du vermagst, ihn mit einer weiteren Verfehlung zu Fall zu bringen, dann wird ihm auch die erste angerechnet.‹ Gleich stellte ihn der Satan mit einem anderen Vergehen auf die Probe, er strauchelte und bestand die Versuchung nicht. Er wiederholte es und tat's ein drittes Mal. Da ging das Urteil aus, ihn zu verstoßen. Und worin bestand die Verstoßung? Dass man verfügte, er müsse zum Säufer werden. Und als Säufer schwelgte er in der Sünde, bis er fast die ganze Tora übertreten hatte. Und als er schließlich starb, war das Urteil über ihn ergangen, dass er in einem Frosch die Seelenwanderung erleiden und auch dass er an einem Ort verweilen müsse, an dem es keine Menschen gibt, damit nicht, wenn dort gelegentlich ein Jude einen Segen spräche oder auch nur einen guten Gedanken fasste, das Kleinod aus dem Wertlosen gezogen und der Funke emporgehoben würde. Der Bescht aber hob ihn empor, so dass der Leib des Frosches tot liegen blieb. Dies war das erste Mal, dass ein solcher *Tikkun* vor den Bescht gekommen war.«

der Frosch in seiner Erzählung fort: Bereits fünfhundert Jahre wandere er auf diese Weise. Und obwohl schon der 'Ari, Jizchak Luria, das Angedenken dieses heiligen Gerechten sei zum Segen, allen Seelen den *Tikkun*[2314] brachte, hatte er doch ihn, wegen der Größe seiner Frevel, fortgestoßen, dass er an einem Ort verweile, an dem es keine Menschen gab und ihm so keiner den *Tikkun* verschaffen könne.

Er fragte weiter, was sein Vergehen gewesen sei. Einmal, gab der Frosch zur Antwort, habe er die Handwaschung gering geachtet und diesen Ritus nicht, wie es der Brauch war, vollzogen hatte.[2315] Da verklagte ihn der Satan. Er wurde aber abgewiesen: ›Man kann ihn nicht wegen eines einzigen Vergehens bei Gericht anklagen, außer wenn eine Verfehlung die andere nach sich zieht.[2316] Wenn du vermagst, ihn mit einer weiteren Verfehlung zu Fall zu bringen, dann wird ihm auch die erste angerechnet. Gedenkt er aber dann des Herrn und tut ihretwegen Buße, wird er auch von dieser rein.‹

Gleich stellte der Satan ihn mit einem anderen Vergehen auf die Probe, er strauchelte und bestand die Versuchung nicht. Er wiederholte es und tat's ein drittes Mal, und so fort, bis er fast die ganze Tora übertreten hatte.

Da ging das Urteil aus, ihn zu verstoßen und seine Umkehr fortan nicht mehr anzunehmen. In Wirklichkeit hätte man ihn, wie wir ja wissen, dennoch angenommen, hätte er nur das Tor der Buße bedrängt, es ist ja doch die Him-

2314 Der Begriff *Tikkun* ist ein Terminus technicus der lurianischen Kabbala und bedeutet so viel wie ›Wiederherstellung‹, ›Restituierung‹. Ihrer bedarf die gesamte in einer Urkatastrophe gebrochene Schöpfung, insbesondere aber die Adamsseele, die im Sündenfall zerbrach, und nun, in unzählige Seelensplitter zerstoben, das menschliche Seelenmaterial darstellt. Diese Seelensplitter müssen nun auf dem Wege der Transmigration geläutert und schließlich in die große Adamsseele reintegriert werden. Dieser Prozess der Läuterung der Seelenteile und ihre Rückführung in die Makroseele Adams ist der *Tikkun*. Ausführlicher vgl. o. Kap. Kabbala VIII.3.3 und ferner G. Scholem, Gilgul; Seelenwanderung und Sympathie der Seelen in: ders., Von der mystischen Gestalt der Gottheit, Frankfurt a. M. 1973; und vgl. noch H 89, dort wird eigens auf die Reintegration der drei menschlichen Seelenstufen Nefesch, Ruach, Neschama hingewiesen, die der allgemeinen Seelenrestitution vorausgehen muss. Die Vorstellung von drei Seelenstufen rührt aus der platonischen Philosophie: vegetative, animalische, rationale Seele. Zu Jizhak Lurja als *tikkun*-Bringer vgl.u. zu H 63. Der Tod des Wirtstieres einer Seele bringt die Befreiung der Seele aus dem *Gilgul*, der Seelenwanderung; vgl.u. H 125, H 132, H 174, H 277 und öfter, vgl. außerdem K.E. Grözinger, Kafka und die Kabbala, 1992, S. 114ff, (1994) S. 101ff (2003) S. 122ff.; G. Nigal, Magia, c. 4; ders., Magic, c.4, S. 67ff.

2315 bSota 4b: »R. Serika sagte im Namen von R. A.: Jeder, der die Handwaschung leicht nimmt, wird aus der Welt gerissen.«

2316 Vgl. mAvot 4,2.

melsstimme ausgegangen, die gerufen hat: ›Kehret um, abtrünnige Söhne, außer Acher!‹[2317]
Die Strafe für seine Sünde war, dass er verstoßen wurde; hätte er aber mit Drängen Buße getan, wäre er gewiss angenommen worden, denn es gibt nichts, das vor der Buße steht und sie aufhalten könnte.[2318] Der Satan aber verführte ihn und ließ ihn zum Säufer werden, so dass ihm keine Zeit mehr blieb, über Buße nachzusinnen, und so beging er allen Frevel dieser Welt.
Und weil die Ursache seiner Sünden die erste Sünde, die Missachtung der Waschung, war, wurde er seit seinem Tod zur Seelenwanderung in einen Frosch eingeleibt, der stets im Wasser haust. Auch musste er an einem Ort verweilen, an dem es keine Menschen gab, denn hätte dort ein Jude selbst nur im Vorübergehen einen Segen ausgesprochen oder auch nur einen guten Gedanken gefasst, hätte er das Kleinod aus dem Kot gezogen.
Der Bescht aber wirkte einen Tikkun für seine Seele und hob sie hoch, so dass der Frosch tot liegenblieb.«[2319]

Nachdem die Seele dank der gewirkten Sühne und Hilfe aus dem Frosch befreit war, war auch die Aufgabe der fleischlichen Herberge erfüllt und sie starb. Dies ist das gewöhnliche Ende solcher Tier-*Gilgulim*, wie auch die beiden Fälle in der folgenden Erzählung zeigen.

Die zweite Erzählung nimmt den für die lurianische Psychologie wichtigen Gedanken auf, dass zwischen den der Seelenwanderung unterworfenen Seelen Seelenverwandtschaften existieren können,[2320] die in den seltensten Fällen zugleich leibliche Verwandtschaft involvieren muss. Die seelenverwandten Seelen können und sollen sich bei ihrer Selbstläuterungsaufgabe gegenseitig helfen. Darum setzt der Bescht in der folgenden Geschichte eine Mittelsperson ein, die als Seelenverwandte hilft:

»Einer der Schüler des heiligen Rav, unseres Lehrers Jechiel Michel von Slotschov, fuhr einmal zu seinem Meister. Jedoch, kaum war er dort eingetroffen, befahl ihm der Rav [der Bescht]: ›Sogleich fahr' wieder heim!‹ Verwirrt gehorchte ihm der Schüler, wiewohl er nicht verstand, weshalb und warum ihm der Rav geboten hatte, heim zu fahren, wo er doch so große Sehnsucht hatte, auf Schabbat bei ihm zu bleiben.

2317 Jer 3,14, bHagiga 14b,15a-b; bQidduschin 39b; jHagiga 2,1 (77b).
2318 Vgl. jPea 1,1.
2319 K. E. Grözinger, Die Geschichten vom Ba'al Schem Tov, H 24, S. 24.
2320 Vgl. Kap. Kabbala VIII.4.2-4.3.

Auf der Fahrt nach Hause gesellte sich ein kleiner hübscher Hund zu ihm. Er gefiel ihm sehr, und er nahm ihn mit sich auf den Wagen und vergnügte sich mit ihm während seiner Reise.

Als sie an eine Furt gelangten, sprang der Hund ins Wasser, um durchzuschwimmen. Weil er aber nicht gut schwimmen konnte, tauchte er plötzlich unter, kam wild zappelnd wieder hoch und quälte sich so lange, bis er ertrank.

Der Schüler des Rav litt wegen des armen Hundes großen Schmerz, da er ihm so sehr ans Herz gewachsen war. Wie er so am Wasser stand, zogen die Fischer einen Riesenfisch in ihrem Netz herauf. Und da er nicht mehr weit von seinem Hause und der Schabbat nicht mehr ferne war, kaufte er den Fisch.

Zu Hause angekommen, bereitete er den Fisch dem Schabbat zu Ehren zu, wobei er all seine Intention einsetzte.[2321]

Und nach dem Tauchbad kostete er ein wenig von dem Fisch, wie die Weisen, seligen Angedenkens, sagten: ›Der ihn kostet, gewinnt das Leben.‹[2322]

Kaum hatte er gekostet, wurde er ein andrer Mensch. Sein Angesicht begann zu leuchten, und den ganzen Schabbat waren all seine Gebete wie die eines großen Heiligen. Bei jeder Mahlzeit offenbarte er Geheimes und Verborgenes der Tora, Worte, die noch kein Ohr vernommen hatte, was alle, auch ihn selbst, verwunderte. Doch als er das Abendgebet und die Havdala[2323] am Schabbatausgang gesprochen hatte, war er wieder wie zuvor, was ihn nur noch mehr verwirrte.

Gleich am nächsten Tag fuhr er erneut zum Rav, und der begrüßte ihn mit den Worten: ›Des Meisters Eintagsschüler!‹[2324]

Er bat den Rav, ihm zu erklären, was das zu bedeuten habe.

›Wisse‹, erwiderte der Rav, ›dein Vater, seligen Angedenkens, hatte eine Sündenschuld auf sich geladen und war deshalb in der Seelenwanderung in jenen Hund eingeleibt.‹ Und weil allein das Herz die Bitternis der Seele kennt,[2325] hatte der Schüler solchen Schmerz empfunden, als der Hund er-

2321 H verwendet hier zweimal die Wurzel *tkn*, die in der Regel lurianischer Terminus technicus für die mystische Restitution etwa von Seelen in der Seelenwanderung ist. Vgl. K. E. Grözinger, Die Geschichten vom Ba'al Schem Tov, H 24, H 89, H 125, H 44, H 232, H 237.

2322 Aus dem schabbatlichen Mittelstück des Achtzehngebetes im Musafgebet. Das Objekt ist dort allerdings der Schabbat. Schibbale ha-Leket, Buber, S. 60 (Par. 82). Hier als Zitat aus der Pesikta de-Rav Kahana, Ed. D. Mandelbaum, New York 1962, S. 163. In Schibbale ha-Leket lautet die Stelle: »Wer ihn kostet, hat das Leben, etc., d.h. wer ihn (den Schabbat) mit allerlei Speisen und Leckerbissen verschönt. Und manche leiten von hier ab, dass man von seinen Speisen schon am Schabbatvorabend etwas kosten soll!«

2323 Schabbat-Schlußsegen.

2324 bHagiga 5b.

2325 Vgl. Prov 14, 10.

> trank, nachdem er ihn zuvor so lieb gewonnen hatte. Und dadurch wurde die Seele des Vaters emporgehoben und vermochte, in jenen Fisch eingeleibt zu werden,[2326] den die Fischer fingen. Und weil er, der Sohn, ihn zu Ehren des Schabbat so besonnen zubereitet hatte, gab man der Seele im Gilgul das Recht, sich seiner, des Sohnes, Seele im Wege der Seelenschwängerung anzuhaften. Darum seien ihm den ganzen Schabbat lang solche wundersamen Dinge widerfahren. Nach der Havdala jedoch stieg jene Seele an den ihr bestimmten Ort empor, und er selbst war wieder wie zuvor.«[2327]

Der Bescht hatte also den Schüler sogleich nach Hause geschickt, damit ihm all dies widerfahre und dadurch ist ein *Tikkun*, eine Verbesserung und Auslösung der im *Gilgul* wandernden Seele des Vaters geschehen. Wenn es hier der Sohn ist, der als Seelenverwandter seinem verstorbenen Vater hilft, so ist dies eher die Ausnahme, weil nach der lurianischen Lehre die biologische und psychologische Verwandtschaft nicht auf gleichem Wege vererbt wird.[2328]

1.2.6 Der Advokatentypus des *Ba'al Schem*

Der Advokatentypus des Ba'al Schem wurde offenbar durch Jisra'el Ben 'Elie'ser Ba'al Schem Tov selbst entwickelt.[2329] Dieser Fürsprecher der Menschen vor dem himmlischen Gericht[2330] ist wieder ein Helfer in allen Fällen materieller Not und hängt insofern mit dem professionellen Typus zusammen, dem er eigentlich auch zuzurechnen ist. Doch zwischen dem Advokatentypus einerseits und dem Ba'al Schem des Renaissancezeit sowie dem professionell agierenden Ba'al Schem andererseits besteht ein wesentlicher Unterschied. Der Ba'al Schem des Advokatentypus hilft nicht, indem er heilige Namen ausspricht, sondern dadurch, dass er wie die alten Hechalotmystiker[2331] zu den himmlischen Palästen

2326 Der als reines, verzehrbares Tier höher steht als der Hund.

2327 K. E. Grözinger, Die Geschichten vom Ba'al Schem Tov, H 277, S. 276.

2328 Vgl. Kap. Kabbala VIII. 4.2-4.3.

2329 Vgl. I. Etkes, Ha-Bescht ke-Mistikan u-Va'al Besora be-'Avodat ha-Schem (Der Ba'al Schem Tov als Mystiker und Botschaftsverkünder im Dienste Gottes), in: Zion 61 (1996), S. 421-454; u. ders., Der Rabbi Isra'el Ba'al Schem Tov. Seine beiden Funktionen als professioneller Magier und Beschützer der Juden, in: Der Magus. Seine Ursprünge und seine Geschichte in verschiedenen Kulturen, ed. A. Grafton u. M. Idel, Berlin 2001.

2330 Diesen habe ich ebenfalls detailliert in meinem Buch Kafka und die Kabbala geschildert; Frankfurt a.M. 1994, S. 46-52.89-100., Berlin Wien 2003, S. 47-52.100-110.

2331 Vgl. Band I, S. 310-325. Dafür, dass der Bescht diese Literatur kannte, zeugen die Schivche ha-Bescht. Bei der Initiation seines späteren Nachfolgers Dov Ber aus Mesritsch ist von einem Buch die Rede das mit großer Gewissheit eben eine der *Hechalot*-Schriften ist: »Auf dem Tisch vor ihm lag ein Buch, und er gebot mir, ihm daraus vorzulesen. Das Buch war in kurze

emporsteigt, um dort vor den verschiedenen himmlischen Gerichten zugunsten der leidenden Menschen zu plädieren. Er tut dies, weil er glaubt, dass alles Leid und alle materielle Not die Folge himmlischer Urteilssprüche sind, die er durch seine Fürsprache zu ändern versucht.[2332]

Diese neue Entwicklung des Ba'al Schem als himmlischer Fürsprecher lässt sich nicht nur anhand des eher indirekten Zeugnisses der Legenden nachweisen. Das erweiterte Aufgabenfeld kann darüberhinaus anhand zweier Briefe anschaulich dargestellt werden, die aus des Bescht eigener Hand stammen. Das eine Schreiben des Bescht entstand ungefähr im Jahre 1752 und war an seinen im Heiligen Land lebenden Schwager R. Gerschon Kutover gerichtet. Der beauftragte Überbringer des Briefes, der Bescht-Schüler R. Ja'akov Josef aus Polna'a, war daran gehindert worden, nach 'Erez Jisra'el zu reisen, weshalb dieser R. Gerschon nie erreicht hat. Stattdessen hat Ja'akov Josef den Brief als Anhang seines zweiten Buches *Ben Porat Josef*, Korez 1781 publiziert.[2333] Dieser Brief berichtet von zwei sogenannten durch eine Beschwörung herbeigeführten Seelenaufstiegen (*'Alijat Neschama*) des Bescht in die himmlischen Regionen, die er seinen Angaben zufolge jeweils zu Neujahr der Jahre 1746 und 1749 unternommen hat. Der Brief ist die Reaktion des Bescht auf die Nachricht, dass sein früheres Schreiben, das er wohl bald nach R. Gerschons Auswanderung ins Heilige Land[2334] gleichfalls an R. Gerschon sandte, diesen nicht erreicht hatte. In jenem

Stücke aufgegliedert, von denen jedes so begann: ›R. Jischmael sagte, Metatron, der Fürst des Angesichtes, sprach zu mir‹. Aller Wahrscheinlichkeit nach handelt es sich um den so genannten 3. Henoch; vgl. H. Odeberg, *3* Enoch or The Hebrew Book of Enoch, ed. trsld. H. Odeberg 1928 (Neudruck NY 1973); vgl. I. Gruenwald, Apocalyptic and Merkavah Mysticism, Leiden/Köln 1980; G. Scholem, Die Jüdische Mystik; K. E. Grözinger, Musik und Gesang in der Theologie der frühen jüdischen Literatur, Tübingen 1982, S. 281ff; P. Schäfer, Übersetzung der Hekhalot-Literatur, Tübingen 1987ff; P. Schäfer, Synopse zur Hekhalot-Literatur, Tübingen 1981; auch I. Etkes, Ba'al ha-Schem, Jerusalem 2000, S. 88-106 weist zu Recht auf diese Tradition in deren Rahmen der Bescht als als Fürsprecher für sein Volk gezeichnet wird. Frankfurt a. M. S. 46ff; Berlin Wien, S. 47ff.

2332 Für einige entsprechende Erzählungen siehe ebenfalls mein Buch Kafka und die Kabbala.

2333 Der Brief wurde sodann ein weiteres Mal durch Frenkel und Bauminger puliziert. D. Frenkel pulizierte den Text ein weiteres mal aufgrund einer Handschrift, Michtavim me-ha-Bescht z"l we-Talmidaw, Levov 1823; 1971 druckte Mordechai Sh. Bauminger das Schreiben ein weiteres Mal und zwar – wie er glaubte – vom Autographen: Le-'Iggeret ha-Bescht, in: *Sinai* 68, 198-200 (1971); zu ihnen s. A. Rubinstein, 'Iggeret ha-Bescht le-R. Gerschon mi-Kutov, in: *Sinai* 67 120-139 (1973); alle Angaben nach: M. Altshuler, Ha-Sod ha-meschichi schel ha-Hasidut, Haifa 2002, S. 240f; u. s. I. Etkes, Ba'al ha-Schem. Ha-Bescht – Magia, Mistika, Hanhaga, Jerusalem 2000, S.88f.

2334 Gerschons Auswanderung ins Heilige Land erfolgte im Jahre 1747. Der nicht angekommene erste Brief des Bescht an Gerschon wurde vom Bescht im Jahre 1749 geschrieben.

Brief war offenbar nur von dem Ereignis des Jahres 1746 berichtet worden. Jetzt in dem zweiten, im Jahre 1752 verfassten Brief hat er den Inhalt jenes ersten verschollenen Briefes aus dem Gedächtnis wiederholt und zugleich den Bericht von dem zweiten Seelenaufstieg angefügt.[2335] Der erste, gänzlich verschollen geglaubte Brief des Bescht ist erst im Jahre 1982 von Jehoschua Mondschein aufgrund eines Jerusalemer Manuskriptes gefunden und publiziert worden.[2336] Er schildert in der Tat den ersten Himmelsaufstieg des Bescht aus dem Jahre 1746, der durch das zweite Schreiben in doppelter zum Teil abweichender Version vorliegt.

Beide Briefe berichten über zwei bedeutsame aber unterschiedliche Begebenheiten im Himmel. Im ersten Fall handelt es sich um die Fürsprache des Bescht für die Menschen seiner Zeit, der zweite erörtert die an den Messias gerichtete Frage des Bescht, wann der Zeitpunkt des messianischen Kommens sein werde.

In seinem Bericht über den ersten Himmelsaufstieg des Neujahrstages von 1746 (5507 jüdischer Zählung) erzählt der Bescht, dass er im unteren himmlischen Garten Eden unzählige Seelen von Lebenden und Toten im Aufsteigen angetroffen habe, die, als sie den Bescht sahen, ihn anflehten:

> »Gott hat dich mit einem höheren Verstand begnadet, damit du derlei Dinge begreifst und erkennst, so komm denn mit uns hinauf und stehe uns bei. Die große Freude, von der sie erfasst wurden, bewog mich nun, zuzustimmen und mit ihnen hinaufzugehen. Und ich erblickte in einer Vision, dass Samma'el (der Satan) mit grenzenloser Freude sich hinaufschwang, um seines Anklägeramtes zu walten,[2337] und er verrichtete sein Werk, indem er viele Seelen dazu verdammte, die Zwangstaufe und sodann einen qualvollen Tod zu erleiden. Da erzitterte ich vor Grauen, gab meine Seele buchstäblich preis und bat meinen Herrn und Meister [den Propheten 'Achija von Schilo],[2338] dass er mit mir gehe, denn es ist eine schwere Gefahr, sich in die obere Welt zu begeben. [... Der Bescht gelangt schließlich in die Halle des Messias und wird zu einem Gespräch vorgelassen. Danach fährt er fort:] Dort [fragte ich] im Gebet auch, weshalb der Herr solches getan hat und was der große Zorn zu bedeuten habe, so dass dem Satan viele Seelen aus Israel zur Ermordung ausgeliefert wurden, auch solche, die sich hatten taufen lassen und dann dennoch ermordet wurden. Und man gab mir die Erlaubnis den Satan selbst zu befra-

2335 Eine auszugsweise Übersetzung bei S. Dubnow, Geschichte des Chassidismus, I, S.105-108.

2336 In: J. Mondschein, Sefer Schivche ha-Bescht. Faksimil mi-Ktav Jad ha-Jechidi ha-noda' lanu we-Schinuje Nusachaw. Mavo we-Nispachim, Jerusalem 1982.

2337 Vgl. Bd. I, S. 237.

2338 Vgl. zu ihm s.u. II. A.1.4.

gen. Und ich fragte ihn weshalb ihm das gut erschien und was er sich dabei dachte, dass sie sich taufen ließen und dann doch getötet wurden. Und er antwortete mir: Ich tat es um des Himmels willen!
Und so war es auch. Denn um unserer großen Sünden willen gab es hernach in der heiligen Gemeinde Soslov einen Pogrom gegen mehrere Menschen, von denen zweie die Religion wechselten und hernach dennoch getötet wurden, während der Rest in großer Heiligkeit den Namen des Himmels [durch das Martyrium] heiligten und einen qualvollen Tod erlitten. Und hernach gab es einen erneuten Pogrom in der heiligen Gemeinde Sibtovke und in der heiligen Gemeinde Dunawitz und da haben sie sich nicht taufen lassen, nachdem sie das vorgenannte Geschehen in Soslow gesehen hatten. Alle haben ihre Seele zur Heiligung des Namens [Gottes] hingegeben und sind den Märtyrertod gestorben. Sie haben die Versuchung bestanden und um dieses Verdienstes Willen wird unser Messias kommen und Rache für uns nehmen und den Boden seines Volkes sühnen.«[2339]

Auch beim zweiten Himmelsaufstieg, der sich im Jahr 1749 ereignete, setzt sich der Bescht vor dem himmlischen Gericht für die verfolgten Juden seiner Zeit ein und erreicht zumindest eine »Erleichterung« der bevorstehenden Verhängnisse. In beiden Fällen trifft man auf die gleiche Situation wie in der ausführlichen Legende in den *Schivche ha-Bescht*, nach welcher der Bescht, dieses Mal zum *Jom Kippur*, in den Himmel aufsteigt, um den Anklagen des Satans zu begegnen.[2340] Wie immer der Erfolg des Bescht bei diesen Interventionen zu bewerten ist, wichtig ist, dass mit diesem Schreiben ein authentisches Selbstzeugnis des Bescht über seine »Tätigkeit« als Advokat vor dem himmlischen Gericht vorliegt. Die beiden Aufstiegsberichte zeigen überdies eine große Nähe zu einem entsprechenden Bericht in den *Schivche ha-Bescht*, der damit gleichsam durch den Bescht autorisiert ist.[2341]

Der Bescht kann bei den himmlischen Gerichten allerdings auch von der Erde aus ohne Himmelsaufstieg vor den himmlischen Gerichten Fürsprache einle-

2339 Version Korez: Nach der Synopse der drei Versionen der Schreiben von J. Mondschein, Schivche ha-Bescht, S. 233-237, hier S. 234ff, auch abgedruckt bei I. Etkes, Ba'al ha-Schem, S. 292-301, hier S.294ff.

2340 K. E. Grözinger, Die Geschichten vom Ba'al Schem Tov, H 61, S. 58ff; siehe auch in meinem Kafka und die Kabbala das Kapitel »Der ekstatische Himmelsaufstieg«, (1992), S. 53ff; (1994), S. 46ff; (Berlin Wien 2003), S. 47ff.

2341 Vgl. K. E. Grözinger, Kafka und die Kabbala, hier das Kapitel »Der ekstatische Himmelsaufstieg«, Berlin Wien 2003, S. 47-52. K. E. Grözinger, *Die Geschichten vom Ba'al Schem Tov*, H 61, S. 50-53.

gen. So zum Beispiel in der folgenden Geschichte. Sie handelt von einer frommen Frau, die den Baʿal Schem Tov für einen Ehebrecher um Hilfe bittet:

> »Gegen Abend kam die fromme Rivele erneut zum Bescht und sagte: ›Es gibt da einen sterbenskranken Arzt, betet für ihn, dass er am Leben bleibt, es ist gefährlich!‹ Er erwiderte: ›Was tut's, es ist dann halt ein Ehebrecher weniger auf dieser Welt!‹
> ›Wer sagt, dass er wirklich ein Ehebrecher ist?‹, entgegnete die Frau. Er fragte die Leute, die um ihn standen: ›Ist es die Wahrheit, was ich sage?‹ ›Ja, die Wahrheit‹, gaben sie ihm recht. Allein, sie ließ nicht ab und hielt dagegen: ›Erstens haben sie es nicht gesehen wie 'wenn man den Schminkstift in das Schminkrohr steckt'.[2342] Und außerdem kennt er die Gesetze nicht und weiß nicht um die Schwere dieser Schuld. Denn hätte er's gewusst, hätte er nicht gesündigt.‹[2343]
> Der Bescht aber hatte in Wahrheit die Anklage gegen den Kranken im Himmel wohl gehört und wiederholte sie nun vor der Frau, damit sie ihn verteidige. Und wirklich wurde ihre Verteidigungsrede oben im Himmel angenommen, und der Arzt genas von seiner Krankheit.«[2344]

Der Baʿal Schem Tov des professionellen Typs würde in einem Krankheitsfall zu allen Arten von Namen und Amuletten gegriffen haben. In diesem Fall hingegen werden diese Mittel zum Teil ersetzt durch den Topos einer Gerichtsverhandlung mit Anklage und Verteidigung. Die neue Interpretation der Fähigkeiten eines Baʿal Schem durch den Bescht geht offenbar auf die Tatsache zurück, dass der Bescht ein Mystiker war, der einen häufigen oder ständigen Kontakt mit dem Göttlichen propagierte und selbst realisierte. Das eine Mittel, um dies zu erreichen, war der Aufstieg in den Himmel, das andere die *Devekut*, das Haften am Göttlichen, das der Bescht dadurch praktizierte, indem er sich an die Buchstaben

2342 Nach dem hier aus dem Talmud (bMakkot 7a; bBava mezi'a 91a) zitierten Grundsatz haben R. 'Akiva und R. Tarfon bei Prozessen über Inzestverbrechen, die nach dem biblischen Gebot mit dem Tode bestraft werden sollen (Lev 20; vgl. Kap. 18), das Todesurteil dadurch verhindert, dass sie die Zeugenaussagen erst dann gelten ließen, wenn die Zeugen das Geschlechtsvergehen so gesehen hatten, wie man den Schminkstift im Schminkrohr verschwinden sieht. Vgl. noch Maimonides, Jad, »Hilkhot 'Issure Bi'a«, I, 19.

2343 Das jüdische Strafrecht setzt bei einer Verurteilung wissentliche Kenntnis des Verbotes und der angedrohten Strafe voraus. Vgl. The Principles of Jewish Law, ed. M. Elon, Jerusalem 1975, S. 473,= *EJ* s.v. »Penal Law«, von H. Cohen; vgl. Maimonides, *Jad*, »Hilkhot 'Issure Bi'a«, I, 1-3.

2344 K. E. Grözinger, Die Geschichten vom Baʿal Schem Tov, H 118, S. 121.

des hebräischen Alphabets heftete, wozu unten noch weiteres zu sagen sein wird.[2345]

1.2.7 Die vollständige Trennung zwischen der professionellen Tätigkeit eines *Ba'al Schem* und seiner persönlichen Weltanschauung

Wenn wir nun zur letzten Phase des aschkenasischen Ba'al Schem im westlichen Europa kommen, die genauer betrachtet eigentlich sein Abgesang ist, dann sehen wir, dass die im 19. Jahrhundert aufkommende Aufklärung im Westen nicht mehr geeignet war, dem Ba'al Schem eine zusätzliche neue Dimension zu verleihen. Die Legenden um den letzten bekannten aschkenasischen Ba'al Schem, Seckel Löb Wormser aus Michelstadt (1768-1847), präsentieren dem Leser ein ziemlich verwirrendes Bild. In ihnen finden sich die Wundergeschichten, die bei dieser literarischen Gattung erwartet werden, Geschichten über Hilfe und Heilung von Juden, über ihre Verteidigung und Rettung mittels der übernatürlichen Kräfte des Ba'al Schem. Aber zur gleichen Zeit lässt der Autor der Legenden um den Ba'al Schem von Michelstadt den Leser wissen, dass der Michelstädter Ba'al Schem jedermann mit seiner profunden Kenntnis von Leibniz, Kant, Schelling und anderen klassischen Philosophen überraschte und mit seinem Wissen all jene beeindruckte, die ihre Abkehr von der Religion ihrer Väter dadurch beweisen wollten, dass sie mit ihrer modernen Bildung prahlten.[2346]

Die Tagebücher des Seckel Löb Wormser[2347] enthalten zahlreiche Notizen über die modernen Wissenschaften, darunter Pädagogik und philosophische Ideen unterschiedlicher Herkunft. Er zitiert häufig theologische und allgemeine Enzyklopädien, ebenso wie Werke von Historikern der Bibelforschung, der Religion und der Philologie. Keiner, der diese hochgebildeten Tagebücher liest, käme auf die Idee, dass ihr Autor ein Ba'al Schem war, denn diese Tagebücher sind Zeugnisse eines Juden, der die traditionelle jüdische Gelehrsamkeit und das traditionelle jüdische Äußere mit dem Wissen der Moderne zu verbinden suchte. Sie zeigen einen Menschen, der in Einklang mit dem Geist des Zeitalters der Aufklärung sein Vertrauen auf die allgemeine Erziehung, die Bildung und auf die Macht der menschlichen Vernunft setzt.

Andere Tagebücher von Seckel Löb Wormser könnten demgegenüber jedoch als Geschäftsberichte eines professionellen Ba'al Schem bezeichnet werden. In diesen Tagebüchern liefert Seckel Wormser einen kompletten Bericht über seine

2345 Vgl. I. Etkes, Ha-Bescht ke-Mistikan.

2346 Vgl. Judaeus (Herz Naftali Ehrmann), Der Baalschem von Michelstadt, Frankfurt a.M. 1907 (Neudruck Basel 1928), S. 140f.

2347 Die Manuskripte befinden sich im Zentralarchiv für die Geschichte des jüdischen Volkes, HM 1049 A.B.C., 1050 A.B.C.

Tätigkeit als Ba'al Schem, nennt Namen und Wohnort seiner Kunden ebenso, wie die von ihm verschriebenen Heilmittel und die in Rechnung gestellten und eingenommenen Geldbeträge.[2348] Der Leser dieser so unterschiedlichen Tagebücher erhält den Eindruck, er habe es mit zwei vollkommen verschiedenen Personen zu tun. In den Geschäftsberichten finden sich überhaupt keine kabbalistischen Reflexionen über den Gebrauch der heiligen Namen. Das Heilmittel, das Wormser am meisten verordnet, ist das Lesen der täglichen Abschnitte aus der Bibel und dem Talmud. Es existieren nur sehr wenige Beispiele, bei denen er traditionelle magische Mittel verwendet. Doch sticht bei diesen Geschäftsberichten ein seltsames Phänomen ins Auge: Seckel Wormser erwähnt mit keinem Wort Amulette, doch auf fast jeder Seite bemerkt er, dass er einem Kunden eine »*Kabbala tova*« geschickt hat. In den meisten Fällen ließe sich dies als eine Quittung für erhaltene Bezahlung übersetzen, doch macht eine genauere Prüfung dieser Erwähnungen solcher Quittungen deutlich, dass eine »Kabbala«, ein technischer Begriff im Geschäftsleben, hier offensichtlich dem gleichen Zweck diente, wie das traditionelle Amulett. Aber der letzte Ba'al Schem wagte anscheinend nicht, dieses klassische professionelle Instrument bei seinem traditionellen Namen zu nennen – ganz im Gegensatz zu der Legendenbildung um ihn, die freimütig zugibt, dass der Ba'al Schem von Michelstadt Amulette verteilte. Der letzte Ba'al Schem wollte seine Amulette anscheind nicht, wie jeder von ihm erwartet hätte, als solche bezeichnen, sondern nannte sie einfach »gute Quittung«. Das heißt, er praktizierte einen Beruf, den er selbst nicht mit seinem gebräuchlichen Namen bezeichnen wollte, während Herz Naftali Ehrmann, der Autor der Legenden um Wormser, diese traditionelle Berufsbezeichnung ganz selbstverständlich gebrauchte. Der Geist des letzten, im September 1847 verstorbenen Ba'al Schem in Deutschland, scheint daher in ideologischer Hinsicht gespalten gewesen zu sein. Auf der einen Seite verdiente er seinen Lebensunterhalt in einem Beruf, der zur magischen Tradition gehörte, während er auf der anderen Seite nach modernem und aufgeklärtem Wissen strebte. Daher war Seckel Wormser weder der geeignete Mann noch hatte er die geeignete Theologie oder Weltanschauung, um die ehrwürdige Tradition des aschkenasischen Ba'al Schem mit neuem Sinn erfüllen zu können. Darum fand die Tradition des aschkenasischen Ba'al Schem in der Gestalt des aufgeklärten Seckel Wormser im Westen Europas zwangsläufig ihr Ende.

Doch wurden und werden die traditionellen Tätigkeiten des Ba'al Schem in den Ländern Osteuropas und außerhalb Europas, zum Beispiel in Israel, den

2348 Siehe die Zitate in K. E. Grözinger, Der Ba'al Schem von Michelstadt und die Frankfurter Kabbalisten, in: Menora, Jahrbuch für deutsch-jüdische Geschichte, ed. J.H. Schoeps, K. E. Grözinger u.a. (1996), S. 324-340; und K. E. Grözinger, Seckel Löw Wormser – der Ba'al Schem von Michelstadt, Zum 150. Geburtstag, in: Aschkenas 10 (2000), S. 157-176.

USA oder an anderen Orten, in denen traditionellere jüdische Gemeinden leben, noch immer ausgeübt. Selbst heute kann man noch die sogenannten »Quitteln« finden. Es handelt sich dabei um kleine Bittbriefe an den Ba'al Schem, die auf den Gräbern des Ba'al Schem von Michelstadt, des Ba'al Schem Tov und des Rabbi Nachman von Brazlaw liegen oder die auf andere Gräbern heiliger Männer in Be'er Scheva, der israelischen Stadt im Negev oder anderen Orten des Heiligen Landes, gelegt werden. Zusammengefasst lässt sich konstatieren, dass die hasidischen Rebbes bis in die heutige Zeit ungebrochen als *Ba'ale Schem* tätig waren und in sich stets zwei oder mehr der hier dargestellten Typen vereinigten, obwohl diese Berufsbezeichnung bei den Hasidim außer Brauch kam und auf den Gründer der Bewegung beschränkt blieb.[2349]

Im September des Jahres 2004, am Vorabend des jüdischen neuen Jahres 5765 fand sich im Briefkasten vieler Jerusalemer Wohnungen ein sieben mal sieben Zentimeter großer beidseitig bedruckter Werbezetten, der ein Bild des 'Admor[2350] von Rachlin und der folgenden Aufschrift enthielt:

> »Der verehrte heilige 'Admor von Rachlin, Schelita,[2351] gibt Rat und Segen für alle Bereiche des Lebens. Er empfängt Klienten von Sonntag bis Donnerstag, in Jerusalem nachmittags, in Tel Aviv in den Abendstunden. Im ganzen Land besteht die Möglichkeit Gruppensitzungen von 30 Personen bei Ihnen zu Hause zu organisieren. Der verehrte heilige Admor von Rachlin, Schelita, wird dann kommen und Rat und Segen austeilen. Er hilft, mit Gottes Hilfe, in Sachen von Gesundheit, Einkommen, Partnerfragen, Hausfrieden, Fruchtbarkeit, Berufswahl, Traumdeutung und spirituellen Fragen, Kindererziehung, richtiger Partnerwahl und Geschäftsangelegenheiten.
> Zur Terminabsprache: [hier folgt eine Rufnummer].
> Bitte bringen sie Porträtbilder aller in die zu behandelnde Angelegenheit involvierter Personen.«

So weit die dem professionellen Ba'al Schem entsprechende Geschäftswerbung auf der Vorderseite des Zettels. Die Rückseite widmet sich der spirituellen Betreuung der Angesprochenen:

> »Hasidut Rachlin. Meditation der G'ttespräsenz gemäß dem Vers ›Den Namen [JHWH] habe ich stets vor Augen‹ [...].

2349 Siehe J. R. Mintz, Hasidic People. A Place in the New World, Cambridge (Mass.)/London 1992.

2350 Abkürzung für: 'Adonenu Morenu Rabbi, Unser Herr, Lehrer und Rabbi.

2351 Abkürzung für: *Sche jichjeh le-'Orech Jamim tovim, amen* (Er lebe lange und gut, Amen.)

> Als Weg um zu sofortiger Vereinung/Anhaftung (*Devekut*) an G'tt zu gelangen, wird jeder Jüdin und jedem Juden folgendes vorgeschlagen: Schließe deine Augen und male in Gedanken die Buchstaben des Namens G'ttes auf deine Stirn: J-H-W-H. Denke über den Schöpfer der Welt nach und darüber, dass du Verbindung und Vereinung (*Devekut*) mit ihm wünschst, und seinen Willen tun willst. Wenn es dir schwer fällt, dir alle Buchstaben vorzustellen, dann male dir einen nach dem andern aus und fange nochmals von vorne an. Kostenlose Artikel können unter der Rufnummer: [...] bestellt werden, oder die Bücher des Admor von Rachlin über die folgende Internetadresse heruntergeladen werden: www.rachlin.org.il«

Die Praxis, sich die Buchstaben des Tetragrammaton vor dem inneren Auge präsent zu halten, um so in stetem Kontakt oder in stetem Bewusstsein der Gottesnähe zu sein geht auf Psalm 16, 8-9 zurück: »JHWH halte ich mir stets vor Augen, steht er mir zur Rechten, so wanke ich nicht. Darum freut sich mein Herz und frohlockt meine Seele, auch mein Leib wird sicher wohnen.« Jizchak Luria hat dies in dem Sinne aus gelegt, dass man sich die Buchstaben des Gottesnamens vorstellen solle. Diese Praxis wird von verschiedenen Frommen seit jener Zeit berichtet. Der Genosse und Rivale des Bescht, Nachman Kosover, hat offenbar sogar einen Mann dafür bezahlt, ihn stets an den Gottesnamen zu erinnern, wenn er in Gesellschaft von anderen Menschen war,[2352] was der Bescht nach einer kleinen Erzählung in den *Schivche ha-Bescht* einmal ausnützte, um Nachman zu übertölpeln:

> »Da sprach unser Lehrer, der Rav, Rabbi Nachman:
> ›Israel, ist es wahr, was du sagst, dass du die Gedanken der Menschen kennst?‹
> ›Ja‹, war seine Antwort. ›Dann weißt du ja, was ich jetzt gerade denke!‹ Der Rav erwiderte: ›Es ist dir doch bekannt, dass die Gedanken nicht stehen bleiben, sondern über tausend Dinge schweifen und ständig wechseln. Wenn du also deine Gedanken auf eine Sache konzentrierst, kann ich's dir sagen!‹ Unser Lehrer, Rav Nachman tat, wie er ihn gebeten hatte. Da sprach der Bescht: ›Es ist der Gottesname JHWH, an den du denkst!‹
> Rav Nachman entgegnete: ›Das war ja leicht herauszufinden, weil ich an ihn doch ständig denken muss, wie in der Schrift geschrieben steht: 'Und JHWH habe ich stets vor Augen'.[2353] Und wenn ich alle anderen Gedanken fahren

2352 Zu beidem siehe A. J. Heschel, Rabbi Nahman of Kosóv: Companion of the Baal Schem, in: ders., The Circle of the Baal Schem. Studies in Hasidism, S.118.

2353 Ps 16,8. Das Tetragrammaton vor Augen zu halten, galt in den vorhasidischen Mystiker- und Asketenkreisen außerdem als Mittel, die fremden Gedanken fernzuhalten; vgl. J. Weiss, The

lasse, um mich auf einen einzigen zu konzentrieren, muss ich ja den Gottesnamen JHWH vor Augen haben!‹
›Es gibt ja doch viele Gottesnamen‹, entgegnete der Bescht, ›und du konntest einen beliebigen in deinen Gedanken fassen!‹ Da gab Rav Nachman zu, er habe recht, und nun sprachen sie gemeinsam über geheime Lehren der Tora!«[2354]

1.3 Der Hasidismus und die Messiaserwartung – der Bescht und der Messias

Wer im Jahr 2004 durch das moderne Jerusalem ging und sah, dass in den Tagen vor der jüdischen Jahreswende über Nacht an vielen Säulen der Straßenbrücken und an Häuserwänden metergroße Plakate mit dem Bild des im Jahre 1994 verstorbenen Führer der *ChaBaD-Hasidim*, R. Menachem Mendel Schneurson, auftauchen, die die weithin lesbare Aufschrift »Der König Messias« (*Melech ha-Maschiach*) und »Es lebe unser Herr, Lehrer und Rabbi, der König Messias in alle Ewigkeit« (*Jechi 'Adonenu Morenu we-Rabbenu Melech ha-Maschiach le-'Olam wa-'Ed*), [2355] der mag die Frage müßig finden, ob der Hasidismus eine messianische Bewegung sei. Doch so einfach liegen die Dinge nicht. In den vierziger bis sechziger Jahren des zwanzigsten Jahrhunderts fand zwischen den großen Gelehrten und Erforschern des Hasidismus, unter ihnen Simon Dubnow,[2356] Martin Buber,[2357] Gerschom Scholem,[2358] Ben-Zion Dinur[2359] und Jesaja Tishby[2360] eine heftige literarische Debatte zu dieser Frage statt. Auch Martin Bubers großer historischer Roman *Gog und Magog*[2361] nimmt diese Frage auf und zeigt Aspekte der heftigen Auseinandersetzung zwischen den Schulen von Jakob Jizchak Horowitz, dem »Seher von Lublin«, und Jakob Jizchak, dem

Beginnings of Hasidism (hebr.), in: *Zion* 16 (1951), S. 90: »Wenn der Mensch in seinen Gedanken sich das Tetragrammaton ausmalt, dann zerbricht er alle bösen und fremden Gedanken«, so Menahem Mendel aus Przemysl als Tradition von Jizhak Lurja.

2354 K.E. Grözinger, Die Geschichten vom Ba'al Schem Tov, H 252, S. 247.

2355 Es fehlen nicht die entsprechenden Internetadressen www.chabad.net und www.hageula.com.

2356 S. Dubnow, Geschichte des Chassidismus, I, S. 108.

2357 The Origin and Meaning of Hasidism, New York 1960, S. 107.111.

2358 G. Scholem, The Neutralization of the Messianic Element in Early Hasidism, in: Journal of Jewish Studies 20 (1969), S. 25-55; wieder in: The Messianic Idea in Judaism and other Essays, New York 1971, S. 176-202.

2359 B. Dinur, Be-Mifne ha-Dorot, Jerusalem 1955.

2360 Y. Tishby, Ha-Ra'ajon ha-meschechi we-ha-Megamot ha-meschichijot be-Zmichat ha-Hasidut, in: Zion 32 (1967), S. 1-45.

2361 M. Buber, Zwischen Zeit und Ewigkeit. Gog und Magog. Eine Chronik, Heidelberg 1944 (1969).

»Heiligen Juden von Pschyscha«, um die Frage, ob man die Ankunft des Messias herbeizwingen könne, oder ob man geduldig die Entscheidung Gottes abwarten müsse.

Als messianisch pflegt man eine Bewegung dann zu bezeichnen, wenn sie die alte jüdische Hoffnung auf die nationale Erlösung des Volkes Israel nicht nur, wie zum Beispiel jede synagogale Gemeinde im täglichen Gebet aufnimmt und um die baldige Ankunft des Messias betet, sondern wenn sie überzeugt ist, der Messias weile schon unter den Lebenden, wenn sie glaubt seinen Namen schon zu kennen, wenn ein Messiasprätendent auftritt, der die unmittelbar bevorstehende Erlösung ankündigt und eine entsprechende Gefolgschaft gewinnt.[2362] Man kann außerdem dann von einer messianischen Bewegung reden, wenn sie meint, das Datum der Ankunft des Messias zu kennen, oder berechnen zu können und dann entsprechende Vorkehrungen trifft oder wenn sie glaubt, durch bestimmte Handlungen das Kommen des Messias beschleunigen zu können. Ein zentrales Charakteristikum des Messianischen ist es, dass die erwartete Veränderung sich im Bereich des Politischen und Historischen ereignet. Messianisch ist eine Bewegung, wenn sie glaubt, dass ein politischer Führer aus dem Haus und Geschlecht des Königs David auftritt, um das Volk Israel in das gelobte Land zurückzuführen, um sie von politischer und nichtjüdischer Herrschergewalt zu befreien. Dies zumindest sind die zentralen Voraussetzungen eines jüdischen Messianismus.[2363] Wo auf die Gestalt eines Messias verzichtet wird, kann man allenfalls von utopischen Vorstellungen messianischer Art sprechen.

Demgegenüber ist der Hasidismus als eine mystische Bewegung im Grunde ein ahistorisches, unpolitisches und bevorzugt individualistisches Phänomen. Sie strebt keine Erlösung im historisch-politischen Raum an, denkt auch nicht an eine kollektive Erlösung, sondern sucht in erster Linie den Kontakt des Individuums mit der göttlichen Welt. Der Kontakt mit der Gottheit stellt für die Einzelseele die Form einer individuellen Erlösung aus der Geschichte und aus den historischen Begrenzungen dar.

Nach diesen Definitionen kann die Frage gestellt werden, ob der Hasidismus, beziehungsweise einzelne hasidische Denker und Fromme, eine messianische Bewegung darstellen oder eine solche bilden wollten. Wichtig ist dabei im Auge zu behalten, dass das Mystische und das Messianische zwei unterschiedliche Kategorien sind, die Gemeinsamkeit allenfalls darin zu sehen ist, dass auch das mystische wie das messianische Bestreben soteriologische Seiten hat oder haben kann. Auf der Basis dieser notwendigen Differenzierungen wird nun die oben

2362 Vgl. A. H. Silver, A History of Messianic Speculation in Israel Messianic from the First Through the Seventeenth Centuries, Gloucester (Mass.) 1978; A. S. Eschkoli, Ha Tenuot ha-meschichitjot be-Jisra'el, Jerusalem 1956.

2363 Vgl. die entsprechenden Definitionen bei M. Altshuler, Ha-Sod ha-meschichi, S. 166-169

erwähnte Debatte um das Messianische im Hasidismus klarer zu durchschauen sein.

Simon Dubnow hatte die Frage des hasidischen Messianismus in seiner zweibändigen »Geschichte des Chassidismus«[2364] aufgeworfen. Der Hintergrund für seine Fragestellung war die bereits oben erwähnte messianische Stelle des »Heiligen Briefes« (*'Iggeret ha-Kodesch*) den der Bescht an seinen Schwager Gerschon Kutover gerichtet hatte. Demzufolge nahm dieser Text innerhalb der gesamten Diskussion eine zentrale Position ein. Über das Geschehen nach seiner Ankunft in der himmlischen Halle des Messias schreibt der Bescht in diesem Brief unter anderem:

> »Da fragte ich den Messias: ›Wann kommt Ihr, Herr?‹ Und er antwortete mir: ›Daran wirst du es erkennen: Wenn deine Lehre bekannt und in der Welt offenbar sein wird und deine Quellen nach draußen dringen [mit dem], was ich dich gelehrt habe und du empfangen hast, so dass auch sie mystische Einungen und Aufstiege vollziehen können wie du! Dann werden alle Schalen [Klippot, Kräfte des Bösen] vernichtet sein und es wird eine Zeit des Wohlgefallens und der Erlösung kommen. Darüber wunderte ich mich sehr, doch war ich sehr betrübt, wegen der Länge der Zeit, wann dies wohl sein würde. Aber von dem, was ich dort lernte, nämlich drei Wirkmittel (*Segulla*) und drei heilige Namen, die leicht zu lernen und zu erklären sind, wurde mein Sinn beruhigt und ich dachte: Dadurch wird es möglich sein, dass auch meine Zeitgenossen auf meine Stufe und zu meiner Weise kommen, das heißt dass sie Seelenaufstiege vollführen können, um dort oben zu lernen und zu antworten wie ich. Es wurde mir aber nicht die Erlaubnis gegeben, dies zu meinen Lebzeiten zu offenbaren ...«[2365]

Dubnow führt dazu aus:

> »Das Sendschreiben des Bescht enthält zugleich eine Lösung des Problems des Messianismus im Rahmen der chassidischen Lehre. Das nationale Element des Messianismus tritt hier vor dem religiösen, vor dem Prinzip der *individuellen* Erlösung, vor dem des Seelenheils des Einzelnen völlig in den Hintergrund. Sobald sich die chassidische Lehre ausbreiten und die Stufe der Heiligkeit, zu der der Bescht emporgestiegen ist, von vielen erreicht werden wird, wird auch die Zeit der Gnade und Erlösung anbrechen – so verkündete

2364 Tel Aviv 1930/31. (Neudruck Jerusalem 1969)

2365 Dem Bescht wurde von den Himmlischen allerdings verboten das hier gelernte weiterzugeben. *Ben Porat Josef*, ed. Pietrkov 1883/4, S. 255; vgl. die oben genannte Literatur zum Sendschreiben.

die Heilsbotschaft. Wohl empfand der Bescht schweren Kummer darüber, dass die Ankunft des Messias ›in eine so weite Ferne gerückt ist‹, doch fand er Trost in den ihm als Geheimnis anvertrauten ›Wundermitteln‹, in Geheimmitteln also, die zur Vereinigung mit Gott durch sinnerfülltes Gebet u. dgl. Anleiten sollten. Daraus folgte, dass die Verbreitung des Chassidismus als der alleinige Pfad der Erlösung zu gelten habe, und dass die Zaddikim, die Hüter des ›Geheimnisses‹, die einzig wahren Erlöser seien, die dem Messias den Weg ebnen.«[2366]

Gershom Scholem, der von einer Eliminierung des messianischen Elements im Hasidismus sprach – später wird er von der Neutralisierung des messianischen Elements sprechen[2367] – fällte dieses Urteil vor allem mit dem Wissen um die historische Situation nach dem Scheitern der messianischen Bewegung um Schabtai Zwi. Die Ereignisse um Schabtai Zwi waren in der Frühphase des Hasidismus noch virulent, obwohl der von weiten Teilen der Judenheit umjubelte Messiasprätendent schon im Jahre 1676 gestorben war. Immerhin ist in Jakob Frank (1726-1791), der vor allem in den Gebieten des entstehenden Hasidismus wirkte, ein Nachfolger, ja eine Reinkarnation aufgetreten, der das messianische Fieber wieder belebte.[2368] Für Scholem, der erkannt hatte, dass es im Hasidismus eine ganze Reihe von Vorstellungen gab, die er mit der sabbatianischen Ideologie teilte oder ihnen zumindest nahestehen,[2369] lag darum die Schlussfolgerung nahe, dass die Hasidim eine Reihe sabbatianischer Topoi aufnahmen, allerdings unter der Ausklammerung beziehungsweise Neutralisierung des messianischen Elements: »Die Elimination des Messianismus als einer akuten Macht sowie das Bestreben, die Verbindung von Mystik und Apokalyptik, die sich als von so weittragender, aber auch gefährlicher Macht erwiesen hatte, wieder aufzuheben

2366 Geschichte des Chassidismus, I, S. 108f.

2367 G. Scholem, Die jüdische Mystik, S. 361; G. Scholem, The Neutralization of the Messianic Element in Early Hasidism, in: *JJS* 20 (1969), S. 25-55; wieder in: ders., The Messianic Idea in Judaism and Other Essays, New York 1971, S. 176-202.

2368 Zu ihm vgl. K.S. Davidowicz, Jakob Frank, der Messias aus dem Ghetto, Frankfurt a.M. Berlin 1998.

2369 Dazu vgl. J. Weiss, Reschit Zemichatah schel Derech ha-hasidit, in: *Zion* 16 (1951), S. 46-105; G. Scholem, R. Adam Ba'al Schem, in: *Zion* 6 (1941), S. 89-93; G. Scholem, Die Lehre vom ›Gerechten‹ in der jüdischen Mystik, in: ders., *Von der mystischen Gestalt der Gottheit*, Frankfurt a.M. 1973; vgl. auch G. Scholem, Gilgul, Seelenwanderung und Sympathie der Seelen, in: ders., Von der mystischen Gestalt der Gottheit, Frankfurt a. M. 1973, S. 193-248; ders., Devekut, or Communion with God, in: Review of Religion 14 ((1949/50), S. 115-139, insbes. S. 133; wieder in: ders., The Messianic Idea in Judaism and other Essays, New York 1971.

und dennoch nicht auf den Weg zu den Massen zu verzichten [...] das scheint mir der eigentlich entscheidende Punkt zum Verständnis des Chassidismus.«[2370]

Diesen Einschätzungen gegenüber hat Ben-Zion Dinur gerade in der von Dubnow kommentierten Messias-Stelle einen Beweis dafür gesehen, dass der Hasidismus von Anfang an eine messianische Bewegung gewesen sei. In seinen unter dem Titel »Be-Mifne ha-Dorot«, »Am Wendepunkt der Generationen« gesammelten Aufsätzen[2371] trägt einer die Zwischenüberschrift »Die messianisch-prophetische Aufgabe des Bescht.«[2372] In diesem Abschnitt kommentiert Dinur den obigen Messiaspassus aus dem Brief des Bescht mit den Worten:

> »Die Aufgabe des Bescht wird laut dem Brief darum als prophetisch-messianisch aufgefasst. Er hat nicht nur allgemeine prophetische Gesichte, das heißt ›aus der Ferne zu sehen und himmlische Boten zu hören, wie sich dies als wahrhaft herausstellte‹,[2373] sondern es war ihm eine prophetisch-messianische Sendung auferlegt, nämlich durch die Verbreitung seiner in der Prophetie erlangten Lehren den Weg der Erlösung vorzubereiten. So ist ihm in Wirklichkeit die Aufgabe des Elia auferlegt, denn ›vor der endgültigen Vollkommenheit, kommt die Verkündung des Elia, [...] bevor der Messias kommt‹.«[2374]

Auch der Scholem-Schüler Jescha'ja Tischby hält die hasidische Bewegung für eine messianische und zeigt dies an dem Buch »*Sefer 'Or ha-me'ir*« von R. Se'ev Wolf aus Mesritsch, das er als ein radikal messianisches Werk beschreibt. Als eines der zentralen Anliegen des Buches nennt er die Aufgabe der Zaddikim und aller übrigen Menschen, die Erlösung zu beschleunigen: »Die Erfüllung der Aufgabe, das Herbeikommen der Erlösung zu beschleunigen, obliegt hauptsächlich den Zaddikim jeder Generation, aber alle Israeliten, selbst die Einfachsten des Volkes, können und müssen an der Erfüllung dieses Zieles mitarbeiten.«[2375]

In einer erneuten Deutung des Beschtbriefes, die auf der Grundlage der kurz zuvor gefundenen Handschrift des ersten oben genannten Schreibens erfolgte, kommt Mor Altshuler zu einer noch extremeren Deutung und glaubt zwei Versuche des Bescht nachweisen zu können, den Messias herbeizuzwingen. Der erste

2370 G. Scholem, Die Jüdische Mysti*k*, S. 361.

2371 B. Dinur, Be-Mifne ha-Dorot, Jerusalem 1955.

2372 B. Dinur, Be-Mifne ha-Dorot, S. 181.

2373 So sagt dies der Schüler des Bescht Ja'akov Josef laut Dinur in Zafnat Pa'aneah, S. 28a; Ben Porat Josef, S. 63a.

2374 nach Me'or 'Enajim, Par. Pinchas. B. Dinur, Be-Mifn*e*, S. 183.

2375 Y. Tishby, Ha-Ra'ajon ha-meschichi we-ha-megamot ha-meschichijot be-zmichat ha-Hasidut, in: Zion 32 (1967), S.1-45; wieder in: ders. Hikre Kabbala we-Schluchoteha, Bd. II, Jerusalem 1993, S. 514-519; u. vgl. bei J. Dan, Ha-Meschichijut ha-moderni*t*, Israel ('Universita meschuderet) 1999, S.131-133.

Versuch war demnach die misslungene Reise des Bescht ins Heilige Land im Jahre 1740, von der die *Schivche ha-Bescht*, wenn auch in sehr kryptischer Weise, erzählen.[2376] Das Jahr 1740 galt nach der Berechnung von ʿImmanuel Hai Ricci (1688-1743) und R. Jizchak Hajjim ha-Kohen min-ha-Hasanim als Jahr der Erlösung.[2377] Dies spiegelt sich auch in der folgenden Erzählung der *Schivche ha-Bescht* wieder, die gleichfalls in das Jahr 1740 fällt:

> »R. Elieser aus Amsterdam fuhr R. Nachman aus Horodenkas wegen ins Heilige Land. Denn er sagte: ›Wenn wir beide uns im Heiligen Land befinden, werden wir den Erlöser bringen!‹[2378]
> Als er schließlich im Heiligen Land angekommen war, zog ihm alles Volk der Stadt entgegen. R. Schimschon, den Sohn R. Nachmans, den er unter ihnen sah, fragte er: ›Wo ist dein Vater?‹ ›Er ist ins Ausland weggefahren!‹, war die Antwort. Da klagte R. Elieser: ›Wehe, wehe, nur seinetwegen bin ich hergekommen!‹
> Als R. Nachman hörte, dass R. Elieser ins Heilige Land gefahren sei, hastete er mit großer Eile dorthin zurück. Doch unserer vielen Sünden wegen starb R. Elieser, bevor er zurückgekommen war.«[2379]

Das nachhaltige Drängen des R. Gerschon, der Bescht möge doch möglichst bald zu ihm ins Heilige Land reisen, das aus dem »*'Iggeret ha-Kodesch*« erkennbar ist, mag demselben Anliegen entsprungen sein, das Kommen des Messias zu beschleunigen. Selbst die Reise Gerschons ins Heilige Land im Jahre 1747 könnte messianische Gründe haben, denn auch das Jahr (5)508 (1747-1748) entspricht einigen messianischen Berechnungen.[2380] So fügt sich schließlich der Himmelsaufstieg des Bescht mit der Messiasfrage zu Beginn des Jahres (5)507 d. h. im Herbst 1746 in diese Reihe, von dem Altshuler glaubt, er sei ein weiterer und letzter Versuch des Bescht gewesen, den Messias herbeizubringen. Dies sieht sie in der Version der Messiasfrage sowie in der Antwort jenes ersten Briefes des Bescht bestätigt. Dort heißt es, dass der Bescht die Freude im Himmel, der er bei

2376 K.E. Grözinger, Die Geschichten vom Ba'al Schem Tov, H 23, S. 26.

2377 M. Altshuler, Ha-Sod ha-meschichi, S. 31.

2378 Die Vorstellung, dass die Begegnung zweier bestimmter Personen könne den Messias herbeibringen, ist ein Motiv, das in der kabbalistischen Literatur auch sonst begegnet, vgl. Die Erzählungen des Rabbi Nahman von Brazlaw, übers. und komm. M. Brocke, München/Wien 1985, S. 276.

2379 R. Elieser fuhr im Juni 1740 nach Palästina und starb bald darauf, 1741, in Safed. Vgl. N. M. Gelber, Toledot Jehude Brody, Jerusalem 1955; J. Heilperin. Ha-'Alijot ha-rischonot schel ha-Hasidim le-'Erez Jisra'el, Jerusalem 1947.

2380 M. Altshuler, Ha-Sod ha-meschichi, S. 31; A. Morgenschtern, Mistika u-Meschichijut me-'Alijat ha-Ramchal 'ad ha-Ga'on mi-Wilna, Jerusalem 1999, S. 85-89.

seinem Aufstieg begegnete, darauf hindeutet, dass ihr Grund die nahe Ankunft des Messias sei und er deshalb die Frage an den Messias richtet, wann mit seiner Ankunft zu rechnen sei. Die Stelle des ersten Briefes lautet der Deutung Altshulers zufolge:[2381]

> »Wann kommt der Herr? Und seine Antwort lautete: HaRaM[aTaH].[2382] Man kann es nicht offenbaren.«[2383]

Das Wort »HaRaMaTaH« interpretiert Altshuler, wie im Hebräischen möglich und üblich, als Zahl und kommt somit auf das Jahr 5645 (1885). Damit wäre dem Bescht seitens der himmlischen Instanzen deutlich gemacht worden, dass er selbst die Erlösung nicht mehr erleben würde. Aus diesem Grund habe er die Pläne, ins Heilige Land zu reisen auch endgültig aufgegeben. Demgegenüber seien die Reisen von mehreren hasidischen Gruppen ins Heilige Land unter der Führung von R. Menachem Mendel aus Witebsk und R. Abraham aus Kalisk im Rahmen der weit verbreiteten messianischen Reisen zu verstehen, die allesamt dem Ziel dienten, die Ankunft des Messias zu beschleunigen oder zu einem der berechneten Termine schon im Heiligen Land zu sein.[2384]

Moshe Idel hingegen nimmt den Faden von Dinur dahingehend auf, dass der Bescht diesem Schreiben zufolge eine messianische Mission habe. Idel sieht diese Mission allerdings nicht wie Dinur als eine prophetische, sondern mehr als eine magische. Dem Bescht werden und wurden im Himmel Heilmittel (*Segullot*) und Beschwörungsformeln offenbart, mit denen er helfen, Himmelfahrten vollziehen und *Jichudim* bewirken kann. Mit diesen Tätigkeiten soll er Vorbild für alle Menschen sein. Denn alle sollen und können wie er werden, und dann wird die menschliche Natur in einen messianischen Erlösungszustand verwandelt. Nur fragend hält Idel es auch für möglich, dass der Bescht sich gleichsam mit dem Messias identifiziert.[2385] Der unmittelbare Schüler des Bescht, R. Menachem Mendel aus Tschernobyl, verwandelte laut Idel die von ihm gezeichnete Situation, nach der der Bescht als Prototyp für alle Israeliten dargestellt wird, zu einem messianischen Mythos. So wie für R. ’Asri‘el aus Gerona der Messias die wiederhergestellte Adamsgestalt ist,[2386] so stellt sich auch Menachem Mendel den Messias vor. Allerdings konzipiert er diese Messiasfigur in Anlehnung an die lurianische Adamsgestalt, die bei Menachem Mendel jedoch das Kollektiv

2381 M. Altshuler, Ha-Sod ha-meschichi, S, 26f.

2382 Nach 1Samuel 7, 15-17: הרמ[תה], »nach Ramah«.

2383 Nach M. Altshuler, Ha-Sod ha-meschichi, S. 26f.

2384 M. Altshuler, Ha-Sod ha-meschichi, S. 132-151.

2385 M. Idel, Messianic Mystics, New Haven & London 1988, S.212-220.

2386 Vgl. oben Kap. Kabbala III. B.5.2.

aller Israeliten ist.[2387] Das bedeutet, jeder Israelit muss an seiner eigenen Vervollkommnung arbeiten, wodurch die Adamsgestalt restituiert wird, und sie ist dann der Messias, das Kollektiv Israels. Dieser Vorstellung zufolge ist jeder Jude dazu aufgefordert durch seine eigene Vervollkommnung an der Erlösung mitzuwirken. Durch diese Vervollkommnungen des Individuums kann das Kollektiv Israel die Adamsgestalt restituieren und in der Person des Messias die Erlösung herbeiführen. Insofern, so schließt Idel, schuf der Hasidismus eine Intensivierung der religiösen Praxis als Teil der Mitgestaltung am messianischen Drama. Idel betont schließlich, dass es im Hasidismus durchaus unterschiedliche messianische Modelle wahrzunehmen gilt.[2388]

Die Geschichte des Hasidismus zeigt – und dafür ist der aktuelle HaBaD-Messianismus ein weiteres Beispiel – dass sich eine individualmystische geschichtsabgewandte Theologie einerseits und ein aktiver, der Geschichte zugewandter Messianismus andererseits nicht ausschließen, sondern nebeneinander gepflegt werden können.[2389] Allerdings konstatiert Josef Dan, dass die heutige messianische HaBaD-Bewegung sich von den mystischen akosmistischen Lehren der ersten Generationen der Lubawitscher Bewegung, die die Welt vor dem wirklich existierenden göttlichen Nichts nur als Schein betrachtenden, weit entfernt hat. Schließlich habe sie mit dem letzten Rebben, Menachem Mendel Schneurson, eine massive Wende zu einer personenzentrierten politischen Bewegung vollzogen,[2390] die ihr einen fast ordensähnlichen Charakter verlieh.

1.4 Die Offenbarungsquellen und Lehrer des Bescht

Wie das vorangegangene Kapitel über das Berufsbild eines Ba'al Schem zeigte, weist die Selbstbezeichnung des Bescht als Ba'al Schem ihn nicht unbedingt als rabbinisch Gelehrten aus. Martin Buber[2391] und auch Simon Dubnow[2392] folgten darum einer schon in der hasidischen Literatur selbst begonnenen Tendenz, die Bedeutung dieses Titels für das Selbstverständnis des Bescht herabzuspielen und meinten, der Bescht habe seine Karriere zwar mit diesem Beruf begonnen, ihn

2387 Vgl. Sefer Ba'al Schem Tov II, S. 231 § 8.

2388 M. Idel, *Messianic Mystics*, S.221-234.241.

2389 Vgl. M. Idel, Messianic Mystics, dazu s. auch A. Morgenstern, Mistika we-Meschichijut me-'Alijat ha-RaMHa"L. Morgenstern sieht vor allem im Publikationstermin des 'Iggeret ha-Kodesch im Jahre 1780 und in den Israel-Einwanderungen der *Hasidim* deutliche Zeichen eines frühen hasidischen Messianismus.

2390 J. Dan, Ha-Meschichiut ha-modernit, S. 189ff.

2391 M. Buber, Die Erzählungen des Chassidim, Zürich 1949, S. 29-31.

2392 S. Dubnow, Geschichte des Chassidismus, Berlin 1931 (Neudruck Jerusalem 1969), § 10, S. 84-92.

dann aber zunehmend durch ein charismatisches Selbstverständnis als Lehrer ersetzt. Demgegenüber hat Gerschom Scholem in seinem grundlegenden Aufsatz über die historische Gestalt des Bescht die wohlbegründete Auffassung vertreten, der Bescht habe beide Selbstverständnisse zeit seines Lebens stets miteinander vereint.[2393]

Die *Schivche ha-Bescht* geben allerdings selbst einen untrüglichen Hinweis dafür, dass es für das Verständnis mancher Zeitgenossen des Bescht einen Widerspruch zwischen diesen beiden Positionen – des Ba'al Schem und des mystischen Charismatikers – gegeben hat. So heißt es über die beiden späteren engsten Vertrauten des Bescht: »Als der Bescht einst in die heilige Gemeinde Mesibos gekommen war, galt er nichts in den Augen der Hasidim R. Se'ev Kuzes und R. David Furkes, weil er sich Ba'al Schem[2394] nennen ließ, und sie meinten, ein solcher Titel stehe einem Zaddik nicht an.« Die oben nachgezeichnete Geschichte der Ba'ale Schem zeigt indessen, dass der Ba'al Schem in Aschkenas ein durchaus hohes Ansehen besaß und dieser Beruf einerseits und rabbinische Bil-

2393 G. Scholem, Demuto ha-historit schel R. Jisra'el Ba'al Schem u. wieder in: Devarim be-go; und vgl. Zaddik wa-'Eda, ed. D. 'Asaf, Jerusalem 2001, S. 66-92.

2394 So MS M. H liest »Bescht«, was ja nur die Abkürzung für dasselbe ist. Diese Position steht im Gegensatz zur Hochschätzung der Ba'al Schem-Betätigung, wie sie noch im 18. Jahrhundert im Westen, etwa in Frankfurt a. M., anzutreffen ist. Vgl. dazu K. E. Grözinger, Jüdische Wunderrabbiner, R. Nathan Adler und sein Kreis; ders., Der Ba'al Schem von Michelstadt und die Frankfurter Kabbalisten; ders., Jüdische Wundermänner in Deutschland. Bezeichnend für das gewandelte Bewusstsein gegenüber dem Ba'al Schem ist die Beschreibung des Bescht durch den Mitnagged (Hasidimgegner) David Makow, die er zwischen 1810-1814 niederschrieb: »Jisra'el Mesiboser, der im Jahre 1759 [korrekt wohl 1760] starb ... Ich erinnere mich, dass er als nicht Gelehrter bekannt war, sondern nur als Ba'al Schem, der Amulette schreibt. Und er studierte überhaupt nicht, denn er konnte es nicht. Stets ging er auf die Märkte und Plätze mit dem Zeichen des Stolzes im Mund, der Pfeife mit dem Rohr, und schwatzte mit den Frauen und mischte sich unter sie. Und wenn ein Weib zu ihm kam mit einer Sorge, fühlte er ihr den Puls, wie mir eine alte weise Frau erzählte. Und wer die Zukunft wissen wollte, erfragte sie von ihm [als Beispiel folgt die Geschichte von den Pächtern bei Radziwills (Die Geschichten, H 234b)] ... auch reiste er zu den Adligen, um sie für Geld zu heilen.«, ed. von M. L. Wilenski, The Polemic of Rabbi David of Makow Against Hasidism, in: *PAAJR XXV* New York (1956), S. 147f. M. Wilenski, Hasidim u-Mitnagdim. Le-Toledot ha-Pulmus sche-benehem ba-Schanim 1772-1815, Jerusalem 1970, II, S. 241; vgl. auch S. Dubnow, Geschichte des Chassidismus, I, S. 125. Auf die geachtete Stellung der Ba'ale Schem im gesamten aschkenasischen Judentum des 18. und 19. Jahrhunderts weist neuerdings auch M. Rosman, Founder of Hasidism, S. 11-26 mit allem Nachdruck hin. Die in dieser Erzählung ausgedrückte Kritik betrachtet Rosman als spätere Auffassung, die insbesondere aus dem Habad-Hasidismus rühren mag, der ja Einfluss auf sie Redaktion der Schivche ha-Bescht hatte. Die Kritik am Ba'al Schem Beruf mag laut Rosman rationalistischer Natur sein oder aber mystischer, welche das Hauptinteresse auf die *unio mystica*, nicht auf weltliche Interessen, gelenkt sehen wollte.

dung andererseits sich nicht ausschließen mussten. Allerdings wurden schon zuvor einige Zeugnisse dafür angeführt, dass der Bescht im Sinne des rabbinischen Bildungskanons als durchaus ungebildet erscheinen konnte. Die Lektüre der von ihm überlieferten Zeugnisse zeigt jedoch, dass er zwar in der Rechtsliteratur nicht unbedingt bewandert war, dafür aber die haggadische und mystische Literatur in seinem Denken doch eine wichtige Rolle spielte. Es ist ja auch auffällig, dass vom Bescht im Gegensatz zum damaligen gesellschaftlichen Brauch kein Lehrer genannt wird. Demgegenüber werden dem Bescht übernatürliche Offenbarungsquellen zugeschrieben, die, das muss betont werden, auch von rabbinischen Gelehrten etwa vom Schlage eines Josef Karo, dem Verfasser des bis heute bedeutsamsten Rechtskodex, dem *Schulchan 'Aruch*, oder von Jakob aus Marvège, nicht verschmäht wurden.[2395]

Die *Schivche ha-Bescht* erzählen ausführlich über die Himmelsaufstiege des Bescht.[2396] In diesem Zusammenhang ist das eigene Zeugnis des Bescht wichtig, das er in dem schon mehrfach genannten Schreiben an seinen Schwager, Rabbi Gerschon Kutover, abgelegt hat. Dort berichtet der Bescht von mehreren Himmelsaufstiegen und davon, wie er vom Messias persönlich Belehrungen erhalten hat:

> »Und ich stieg hinan, Stufe um Stufe, bis ich in die Halle des Messias gelangte, in welcher der Messias mit allen Tannaiten und Gerechten, auch den sieben Hirten,[2397] Tora lernt. Dort sah ich eine über die Maßen große Freude und ich wusste nicht, was diese Freude bedeutet, und glaubte, dass die Freude ihren Grund in meinem Ableben aus dieser Welt habe. Doch man sagte mir hernach, dass ich noch nicht tot sei, denn es sei ihnen [oben] ein großer Genuss, wenn ich drunten [mystische] Einungen durch ihre Lehren vollbringe.«[2398]

Im Anschluss folgt das oben schon ausführlich zitierte Zwiegespräch zwischen dem Bescht und dem Messias.[2399] In diesem Brief erhebt der Bescht den Anspruch, von den im Himmel versammelten Gelehrten und dem Messias selbst unterwiesen worden zu sein, also neue himmlische Lehre empfangen zu haben. Auch der Inhalt der dort empfangenen Lehre lässt sich erkennen. Es handelt sich

2395 Vgl. dazu R.J.Z. Werblowski, Josef Karo Lawyer and Mystic. Philadelphia 1980; G. Scholem, Die Jüdische Mystik, S. 112, zu J. v. Marvège; u. R. Elior, R. Josef Karo we-R. Jisra'el Ba'al Schem Tov. Metamorfosa mistit u-Temura ruchanit, in: Tarbiz 65 (1996), S. 671-710.

2396 Vgl. Kap. Der osteuropäische Hasidismus II. A.1.2.6 sowie die ausführliche Darstellung in meinem Kafka und die Kabbala, Kapitel »Der ekstatische Himmelsaufstieg«, (1994), S. 46ff., (2003), S. 47ff.

2397 Abraham, Isaak, Jakob, Moses, Ahron, Josef, David.

2398 Ben Porat Josef, ed. Pietrkov 1883/4, S. 255.

2399 Vgl. 1.3.

dabei um heilige Namen und *Segullot*, also magische Hilfsmittel, beziehungsweise esoterisch-kabbalistisches Wissen.

Jedoch ist noch ein weiterer himmlischer Lehrer des Bescht bekannt. Im Zusammenhang eines in den Schivche ha-Bescht erzählten Himmelaufstiegen des Bescht, erklärt der Bescht, er sei im Himmel zu seinem Rabbi gelaufen, um ihn um Hilfe zu bitten. Dort wird sogleich vermerkt, dass die Identität dieses Rabbi in dem Buch seines Schülers Ja'akov Josef aus Polna'a aufgedeckt sei. In der Tat spricht Ja'akov Josef an mehreren Stellen seiner Bücher davon, dass der im Himmel weilende biblische Prophet 'Achija von Schilo der Rabbi des Bescht gewesen sei, den der Bescht selbst in seinem mehrfach zitierten Schreiben erwähnt.[2400]

Scholem bringt in seinem Aufsatz über den historischen Bescht schließlich noch eine weitere übernatürliche Offenbarungsquelle, die Traumanfrage,[2401] die im mittelalterlichen Judentum nicht ungewöhnlich war. Der erklärte Gegner des Hasidismus, R. Schlomo Heilperin, dessen Vater in der Nähe des Geburtsortes Okup des Bescht Gemeinderabbiner war, berichtet folgende Begebenheit aus seiner Kindheit:

»[Aus der Zeit] als ich noch ein Knabe war, erinnere ich mich des berühmten Rabbi, unseres Lehrers Jisra'el Ba'al Schem, seligen Angedenkens, der in der Weisheit Gottes bewandert war, dass dieser eine Traumanfrage gemacht hat.

2400 Vgl. o. 1.3. In dem Buch *Toledot Ja'akov Josef*, zuerst erschienen 1780. Der Autor nennt den Propheten als Lehrer des Bescht an mehreren Stellen, z. B. dort, Balaq, S. 154d: »'Ahija aus Schilo lernte von Moses ... und war unter denen, die aus Ägypten zogen und hernach ein Mitglied des Gerichtshofes des Königs David ... er war der Lehrer [*Rabbi*] des Propheten 'Elija und der meines Lehrers [d. h. des Bescht].« Vgl. dazu G. Nigal, Moro we-Rabbo schel R. Jisra'el Ba'al Schem Tov, in Sinai 71 (1972), S. 150-159; A. Rubinstein, 'Al Rabbo schel ha-Bescht we-'al ha-Ketavim sche-mehem lamad ha-Bescht, in: *Tarbiz* 42 (1979), S. 146-158. Gemeint ist der biblische Prophet Achija aus Schilo (vgl. 1Kön 11,29f; 12,15; 14,4ff; 15,29), der nach rabbinisch-kabbalistischer Tradition ein Lehrer des Elia (jEruv 5,1, S. 22b) und in aller Toraweisheit und insbesondere in der mystischen Lehre bewandert war (*Midrasch Tanhuma*, S. Buber, Wilna (Neudruck Jerusalem 1964), I, S. 55, Ps 5; bSanhedrin 102a; L. Ginzberg, *Jewish Encyclopedia*, II, S. 389; ders., The Legends of the Jews, Philadelphia 1968, Index. Auch der Rationalist Maimonides weiß in der Einleitung zum *Mischne Tora* zu berichten, dass 'Achija ein Levit war, mit den Israeliten aus Ägypten kam und noch Moses hörte. Ansonsten lernte er von David, während Achija der Lehrer von Elia war. Der Bescht beruft sich also nicht, wie in der jüdisch-rabbinischen Tradition üblich, auf irdische Toralehrer und auf die überkommenen Schriften, sondern wie vor allem die Mystiker und Kabbalisten auf direkte himmlische Belehrung. Achija unterwies den Bescht, wie man himmlische Urteile mildert und zur »Anhaftung« an Gott (*Devekut*) kommt und half ihm im Himmel weiter, vgl. außerdem noch K.E. Grözinger, Die Geschichten vom Ba'al Schem Tov, H 128, H 195a.

2401 Vgl. G. Scholem, Die jüdische Mystik, S. 111-112.

> Und darin zeigte man ihm, dass mein Vater und Lehrer, seligen Angedenkens, die Seele des Rabbi Alfassi war. Und weil R. Alfassi[2402] keinen Kommentar zum [Talmudtraktat] *Kedoschim* geschrieben hat, kam mein Herr und Meister [d.h. sein Vater], um [diesen Makel] wieder gutzumachen. So sagte er wörtlich.«[2403]

Die Informationen die dem Bescht hier vom Himmel mitgeteilt werden sind Auskünfte über den Stand der Seelen in der Seelenwanderung. Diese Informationen gehören zum oben beschriebenen Amtsverständnis eines psychagogischen Retters und Helfers, die er zur Deutung menschlicher Schicksale und zur Erlösung der Seelen aus der Seelenwanderung braucht. Also auch hier entspricht die himmlische Lehre nicht dem rabbinischen Kanon, sondern dem mystisch-kabbalistischen.

1.5 Die Bescht-Worte in den Werken der Schüler

Da der Bescht keine eigenen Schriften hinterlassen hat, ist die Forschung für die Rekonstruktion seiner Lehren auf die Zitate in den Werken seiner Freunde, Schüler und Schülersschülern angewiesen. Die auf diese Weise tradierten Texte sind meist kurze Sentenzen und Homilien im Stile des antiken Midrasch, in denen Zitat und eigene Deutung eng miteinander verwoben sind. Die meisten Zitate überliefert sein engster Vertrauter Ja'akov Josef aus Polna'a in verschiedenen Werken.[2404] Er markiert die Worte des Bescht stets mit der Einleitung: »Ich hörte von meinem Lehrer« oder »Wie ich im Namen meines Lehrers schrieb« und mit der Schlussformel »Die Worte aus dem Munde des Weisen sind anmutig«, so dass man sie meist richtig abgrenzen kann. Oft allerdings taucht dasselbe Zitat im Werk eines anderen hasidischen Autors in abweichendem Wortlaut auf, so dass die Rekonstruktion der Lehren des Bescht nach der Stimmigkeit und internen Plausibilität vorgenommen werden muss. Dafür stehen immerhin zwei relativ gute Hilfsmittel zur Verfügung. Schon im Jahre 1784 ist in ółkiew eine erste Anthologie der Zitate des Bescht unter dem Titel *Keter Schem Tov* erschienen. Sie wird von der zweibändigen umfassenden Anthologie *Sefer Ba'al Schem Tov* übertroffen, die aus der Hand von Schim'on Menachem Mendel Wodnik stammt.[2405]

2402 Jizchak Alfassi, Talmudkodifikator des 11. Jahrhunderts.

2403 Nach G. Scholem, Demuto ha-historit, in: Devarim be-go, S. 294.

2404 Vgl. u. Kap. IV.1.

2405 Die Anthologie war zuerst 1937/8 in Lodz erschienen und wird hier aus einem Nachdruck in Tel Aviv o. D. zitiert.

B. Die Lehren des Bescht

1. Gemeinsame hasidische Grundpositionen

Die verschiedenen hasidischen Theologien entfalten sich in einem Spannungsfeld zwischen einem neoplatonisch geprägten Monismus[2406] und einem aus den verschiedenen Schichten der Kabbala gespeisten gnostischen Dualismus.[2407] Das neoplatonische Denken im Hasidismus ist von den klassischen Elementen dieser Weltsicht geprägt: Einerseits eine voranschreitende sich abschwächende Emanation aus der Gottheit in die Welt und andererseits ein daraus resultierender Pantheismus oder genauer Panentheismus, nach dem Gott zwar nicht in der Welt aufgeht, sie aber doch in all ihren Teilen erfüllt. Für die platonisierenden Konzeptionen ist alles real Seiende gut, da es göttlichen Ursprungs ist. Das Verhältnis des Menschen zur Welt ist daher ambivalent. Sofern in ihr, beziehungsweise unter ihrer Oberfläche, die Gottheit gesehen wird, ist sie gut. Wo sie jedoch als unabhängiges, von Gott getrenntes Sein verstanden wird, ist sie böse. Ziel des Menschen muss es daher sein, wider oder hinter aller Materialität des Seins die Gottheit zu erkennen, um sich ihr zuzuwenden. Das dualistisch-gnostische Denken im Hasidismus ist in erster Linie das der lurianischen Kabbala, nach der die Gottheit zunächst durch einen Akt der Selbstbeschränkung (*Zimzum*) Raum für ein nicht mit der göttlichen Fülle identisches Sein schuf. Danach hat sich bei der Emanation des Gotteslichtes in diesen gottleeren Raum ein gewollter oder ungewollter Bruch ereignet, der der Ursprung des Bösen und des Bereiches der Finsternis ist.[2408] Erst nach der vom Menschen zu leistenden Befreiung der im Bruch gefallenen göttlichen Lichtfunken aus dem Bereich der Finsternis, wird die ursprünglich von Gott gewollte Welt des *Tikkun*, der Vollkommenheit und Restitution, wieder hergestellt. Zwischen diesen beiden extremen Positionen – der platonischen und der gnostischen – haben sich die hasidischen Theologien entwickelt. Abhängig von den individuellen Vorstellungen des jeweiligen Autors neigen sie mal mehr nach der einen oder der anderen Seite.

Kennzeichnend für das hasidische Denken ist jedoch, dass die hier kurz skizzierten und oben ausführlich beschriebenen theosophischen Weltbilder zwar stets vorausgesetzt werden, aber nicht das Zentrum des Interesses bilden. Mit Gershom Scholem kann konstatiert werden: »Im Chassidismus erscheint die Kabbala nicht mehr als Theosophie, oder, besser gesagt, die Theosophie mit all ihren komplizierten Theorien macht […] nicht länger das Zentrum des religiösen Denkens aus. […] Wirklich wichtig ist nur noch der Weg, die Mystik des persönli-

2406 Dazu vgl. K. E. Grözinger, Neoplatonisches Denken in Hasidismus und Kabbala, in: FJB 11 (1983), S. 57-89, u. Bd. I, S. 488ff zum jüdischen Neoplatonismus.

2407 Vgl. o. Kap. Kabbala I. A u. B; VII.5.3; VIII.3.2.2-3.4.

2408 Vgl.o. Kap. Kabbala VIII.3.

chen Lebens. Fast alle Begriffe der Kabbala erhalten Beziehung auf solche Werte des persönlichen Lebens. [...] Bubers Wort in dem ersten seiner chassidischen Bücher, der Chassidismus sei ›Ethos gewordene Kabbala‹, trifft diesen Sachverhalt sehr gut«.[2409] Man sollte diese Formulierung Bubers jedoch dem Hasidismus angemessen abwandeln und sagen der der »Hasidismus ist Individualmystik gewordene Kabbala.« Denn das Zentrum des frühen Hasidismus ist nicht die Ethik, sondern die individuelle Mystik.

2. Gott und das Entstehen der Welt

Für die Frage, wie die Welt entstanden sei, sieht sich der Bescht wie alle jüdischen Denker auf das erste Kapitel der Tora verwiesen, wo offenbar eine klare Antwort gegeben wird: *Be-Reschit bara 'Elohim 'et ha-Schamajim we-'et ha 'Arez.* »Am Anfang schuf Gott den Himmel und die Erde.« Die als »am Anfang« übersetzten Worte *be-Reschit* wurden traditionell, aber grammatikalisch durchaus möglich, als »mit Reschit« übersetzt, wobei dann die Frage beantwortet werden musste, was denn dieses *Reschit* sei, mit dessen Hilfe Gott die Welt erschaffen hat. Dem altrabbinischen Verständnis zufolge ist, wie schon bei Ben Sira, das *Reschit* die Tora.[2410] Der *Sohar* sieht darin die erste *Sefira*: »Über diesen ersten Punkt hinaus ist nichts erkennbar, und darum heißt er Reschit, Anfang, das erste Schöpfungswort [von den zehn, durch die] das All [geschaffen ist].«[2411]

Das *Targum Jeruschalmi*, das allen klassischen Rabbinerbibeln beigegeben ist, gibt eine andere Lösung, die die spätere Deutungsgeschichte, darunter auch die der Hasidim, nachhaltig beeinflussen sollte. Das *Targum* übersetzt die ersten Worte der Bibel folgendermaßen: »Mit *Weisheit* hat Gott Himmel und Erde geschaffen und vollendet.« Was nun diese »Weisheit« im einzelnen sei, hat die nachfolgenden Exegeten in hohem Maße beschäftigt und ihnen die Möglichkeit eröffnet, an dieser Stelle das anzusetzen, was nach ihrer Auffassung die Welt im Innersten und Äußersten zusammenhält.

Wie schon an der rabbinischen Deutung sichtbar wurde, ist diese Schöpfungsweisheit keinesfalls ein physikalisches oder sonstiges natürliches Prinzip, sondern etwas, das im jeweiligen Verständnis der jüdischen Religion eine zentrale Stelle einnimmt. Bci den Rabbinen steht die Ethik der Tora im Vordergrund. Maimonides sieht in der wissenschaftlich philosophischen Erkenntnis den zent-

2409 G. Scholem, *Die jüdische Mystik*, S. 374.

2410 BerR 1,4, Th. Albeck, I, S. 2; M. Hengel, Judentum und Hellenismus, vgl. Bd. I, S. 170f.

2411 Sohar I, S. 15a; Y. Tishby, *Mischnat ha-Sohar* I, S. 163-164; u. vgl. G. Scholem, Die Geheimnisse der Schöpfung, Frankfurt a. M., S. 49.

ralen Punkt.[2412] Im *Sohar* übernimmt neben der ersten auch die zweite *Sefira* diese Bedeutung, die den Namen *Weisheit* trägt, und so weiter.

Der Ba'al Schem Tov beteiligt sich an dieser Diskussion und gibt auf die Frage nach dem göttlichen Schöpfungsinstrument eine eigene Antwort:

> »Es ist ja wohl bekannt, dass der Buchstabe *'Alef* die Weisheit und das Denken ist [...] und mit diesem hat Gott die Himmel erschaffen, denn alle 22 Buchstaben des Alphabetes sind Kleider, der eine für den Anderen. Denn das *'Alef* kleidete sich in den Buchstaben *Bet*, *Bet* ist ja zwei Mal *'Alef*, *Gimmel* ist drei Mal *'Alef* und so weiter. [...][2413]
> Der Beginn der Schöpfung geschah durch den Buchstaben *'Alef*, der die Weisheit ist, und Er hat alles mit der Weisheit erschaffen, wie es heißt: ›Alle hast du mit Weisheit gemacht‹ (Ps 104, 24).
> Und die Buchstaben ergossen sich von oben nach unten, und damit erschuf er alle Geschöpfe, das heißt, durch die 22 Buchstaben, von *'Alef* bis *Taw*.
> Und jedes [Geschöpf], das durch einen Buchstaben erschaffen wurde, der dem Emanator (*Ma'azil*) näher steht, ist höher, so dass das, was aus dem letzten Buchstaben, dem *Taw*, erschaffen wurde, das niedrigste aller Geschöpfe ist. [...]
> Die Geistigkeit Gottes ist im Buchstaben *'Alef*. Und Er hüllte sich in ihn und erschuf ein Licht aus dem Buchstaben *'Alef*, und das ist das Licht der Emanation (*'Azilut*). Hernach hüllte er sich mit dem Buchstaben *'Alef* in den Buchstaben *Bet* und erschuf die *Beri'a-Welt.* [2414] [...] Danach hüllte er sich wiederum mit dem Buchstaben *Bet* in den Buchstaben *Gimmel* und erschuf die Welten unterhalb der Beri'a-Welt, bis er sich in den Buchstaben *Taw* hüllte und die unteren Welten erschuf. [...] In den 22 Buchstaben von *'Alef* bis *Taw* ist seine Geistigkeit, Er sei gesegnet, [...] denn der Heilige, E.s.g., hat sich in diese 22 Buchstaben gehüllt und gekleidet und erschuf die Erde, d.h. die ma-

2412 Vgl. K.E. Grözinger, Between Magic and Religion – Ashkenazi Hasidic Piety.

2413 Die von Ja'akov Josef verwendete Segensformel ist tatsächlich die längere: Es sei seiner gedacht zum Leben in der kommenden Welt.

2414 Sie ist seit der Spätschicht des *Sohar, Ra'ja Mehemna* (vgl. o. Kap. Kabbala VII.C.b.) und vor allem dank der Ausarbeitung von Mosche Cordovero in seinem *Pardes Rimmonim* c. 16 die zweite der vier Weltstufen im Weltbild der Kabbalisten; vgl.. G. Scholem, Die jüdische Mystik, S. 444, EN 85; ders., in: Tarbiz II, S. 415-442, III, S. 33-66. Die *'Azilut*-Welt sind die göttlichen zehn *Sefirot*, die *Beri'a*-Welt die Welt des Gottesthrones, die *Jezira*-Welt, die Welt der Engel und die *'Asija* –Welt die Sphären später auch samt der Erde.

teriellen Dinge der Erde, durch 400 Verhüllungen,[2415] von *'Alef* bis *Taw*, welches die unterste Erde ist, unter der nichts mehr folgt.«[2416]

Die hier im Namen des Bescht vorgetragene Schöpfungstheologie ist eine Kombination von zwei Traditionen. Die eine ist die neoplatonische Emanationskosmogonie und die andere ist die Schöpfungstheologie der antiken jüdischen Onomatologie,[2417] die in der Theorie vom Rad der Buchstaben im *Sefer Jezira*,[2418] der Emanationslehre des 'Avraham 'Abul'afja,[2419] des frühen Gikatilla[2420] und des *Sohar*[2421] eine weitere Entwicklung erfuhr. Das Ergebnis ist, dass die neoplatonische Emanationstheorie hier als Buchstabenemanation dargestellt wird. Die Fülle der Gottheit hat sich in der Gestalt des Buchstabens *'Alef* zum Emanator des gesamten Alphabets und damit der gesamten Welt gemacht. Das *'Alef*, in dem sich die Fülle der Gottheit verbirgt, ist das Schöpfungsinstrument Gottes, ist die Weisheit, mit welcher er die Welt erschaffen hat – und das heißt in Analogie zu den mittelalterlichen Platonikern[2422] – emaniert hat. Die voranschreitende Emanation wird hier in das Bild einer voranschreitenden Selbstverhüllung der Gottheit durch ihre eigene Emanation gezeichnet, womit der geläufige neoplatonische Topos von der nachlassenden Emanationsqualität mit zunehmender Entfernung von der Emanationsquelle umschrieben wird.[2423] Jede dieser Verhüllungen ist ein weiteres Stück Welt.

Für den Bescht stellt sich die Welt als ein emaniertes Alphabet dar, das seinerseits nicht weniger als die sich durch ihr eigenes Licht und ihre eigene Geistigkeit verhüllende Gottheit ist. Die Buchstaben sind nach dieser Auffassung also nicht nur Schöpfungswerkzeuge Gottes, sondern sie sind mehr als dies, nämlich die Welt und zugleich göttliches Emanat.

2415 400 ist der Zahlwert des Buchstabens Taw.

2416 Bei Jakob Josef aus Polna'a in Toledot Ja'akov Josef, Brooklyn o.D., Bereschit, S. 8d, vgl. noch ebenda *Wajeze*, S. 28d; Appendix mit Worten des Bescht, S. 195b; Sefer ha-Bescht I, S. 150 Anm. 83; II, S. 174 Anm. 29.

2417 Vgl. Bd. I, S. 341ff.

2418 Vgl. Kap, Sefer Jezira 2.2.2.

2419 Vgl. Kap. Kabbala V.2.4.

2420 Vgl. Kap. Kabbala IV.1.2;2.2;3.2.

2421 Vgl. Kap. Kabbala VII.C.a.3.4.2.7.

2422 Vgl. Bd. I, S. 491ff.

2423 Vgl. Bd. I, S. 496.508.

Die Göttlichkeit der Buchstaben sowie ihre Existenz als vielgestaltige Welt, unterstreicht der Bescht in einer weiteren von Ja'akov Josef angeführten Aussage des Bescht:[2424]

»So wie es zweiundzwanzig Buchstaben in den Worten der Tora und des Gebetes gibt, so gibt sie es auch in allen materiellen und dinglichen Sachen dieser Welt, denn durch sie wurde die Welt erschaffen und alles was in ihr ist, [...] nur sind die Buchstaben eben durch die Materie der Dinge dieser Welt mit mehreren Bedeckungen, Umkleidungen und Schalen umkleidet. Und in den Buchstaben ruht die Geistigkeit des Heiligen, E.s.g., denn seine Herrlichkeit, sie sei gesegnet, erfüllt die ganze Welt und alles, was in ihr ist. *Kein Ort ist leer von Ihm*, [...] nur ist dies in Verborgenheit. Und wenn die Leute der Erkenntnis davon wissen, dann ist für sie diese Verborgenheit keine Verborgenheit mehr und es ist da keine Veränderung [neben dem einen Gott].«[2425]

Dies ist das panentheistische Manifest des Bescht. Es gibt danach recht betrachtet eigentlich nichts als das Sein Gottes. Was man in dieser Welt vor sich sieht sind nur die Verhüllungen Gottes in seinen Emanationen und sie sind nur aus der Sicht des Betrachters eine Pluralität, denn aus der »Sicht Gottes« gab es durch die Emanation in ihm keine Veränderung. Der Bescht verwendet hier nicht eine wirklich pantheistische Formel, wohl aber die im Hasidismus zum Schlagwort gewordene panentheistische Formulierung *'En 'atar panuj mineh*, »Kein Ort ist leer von Ihm«. Sie ist die klassische neoplatonische Formel, die in dieser Form in den hebräischen Exzerpten aus Ibn Gevirols »Lebensquell« auftreten.[2426] Die epistemologische Seite dieser Worte und ihre Bedeutung für das Verständnis vom Bösen in dieser Welt wird später noch erörtert werden.

Wieder und wieder kommt der Bescht auf seine Auffassung der Welt als Gottessprache, als göttlicher Text, zurück. Die Welt um ihn her besteht nur aus hebräischen Wörtern, in denen die göttliche Lebenskraft dank der Einwohnung seines Geistes, oder Geistigkeit (*Ruchanijut*) wie der Bescht formuliert, ruht. Auch dafür hat er einen sprachlichen Beweis gefunden. Mit einer im rabbinischen Midrasch überaus geläufigen *'al tikre*-Deutung (lies nicht so, sondern so) liest der Bescht statt *'Alef* das Wort *'Aluf*, das als »der Oberste« übersetzen kann. Damit wurde eine Midraschgleichung von *'Alef* mit Gott selbst gefunden: »Von

2424 Der Herausgeber des *Sefer ha-Bescht* verweist darauf, dass bei Ja'akov Josef der Bescht nicht eigens als Autor vermerkt ist, aber in einem anderen Werk, dem *Leket 'Imre Pninim* ist dies sehr wohl geschehen. Das Dictum entspricht tatsächlich dem Denken des Bescht.

2425 Sefer Ba'al Schem Tov, I, Bereschit §11, S. 39.

2426 Vgl. Bd. I, S. 530-532.

meinem, Lehrer hörte ich, dass das ’Alef das Mysterium des *’Aluf*, des Obersten, der Welt ist, der dort verborgen und umschlossen ist.«[2427] Die Buchstaben als Gottes Geist und göttliche Lebenskraft brachten nach der Auffassung des Bescht die Welt nicht nur hervor, sondern sie sind das innerste Wesen der existierenden Welt und tragen diese bis in die Gegenwart und darüber hinaus. Würden diese Buchstaben auch nur einen Augenblick aus der Welt schwinden, würde die gesamte Welt ins Nichts zurückfallen. Mit anderen Worten gesagt, beinhalten die wesenhaft seienden Buchstaben auch die die Welt täglich erhaltende Kraft.

Der Gedanke der welterhaltenden und weltbelebenden Kraft der Buchstaben wird in einer Reihe von Äußerungen des Bescht beschrieben, in denen er die alte rabbinische Tradition von den zehn Schöpferworten[2428] mit jener im *Sefer Jezira* verbindet, wonach die Vielfalt der Dinge durch wechselnde Buchstabenkombinationen entstanden ist. Das Ganze wird nun allerdings unter dem Oberthema der bislang beschriebenen Buchstabenemanation verhandelt:

» ›Und Gott sprach: Es sei eine Feste [inmitten der Wasser]‹ (Gen 1,6).
Es steht [weiterhin] geschrieben:
›In Ewigkeit, Herr, steht dein Wort am Himmel‹ (Ps 119, 89).
Und der Ba‘al Schem Tov, möge des Gerechten und Heiligen zum ewigen Leben gedacht werden, hat dies so ausgelegt:
Dein Wort, das du gesprochen hast: ›Es sei eine Feste inmitten der Wasser‹ usw., diese Worte und diese Buchstaben, sind aufgerichtet und stehen in Ewigkeit inmitten der Himmelsfeste, und sie sind von allen Himmeln in Ewigkeit umkleidet, um sie zu beleben, wie geschrieben steht: ›Das Wort unseres Gottes steht auf ewig‹ (Jes 40, 8). Seine Worte leben und bestehen in Ewigkeit, denn würden die Buchstaben auch nur einen Augenblick verschwinden, Gott bewahre, und in ihren Ursprung zurückkehren, wären alle Himmel Null und Nichts, als wären sie nicht gewesen, [...] und so bei allen Geschöpfen, in den oberen und den unteren Welten; sogar diese materielle und mineralische Welt – würden aus ihr die Buchstaben der zehn Schöpfungsworte, mit denen die Erde in den sechs Tagen der Schöpfung erschaffen wurde, auch nur einen Augenblick weichen, würde sie zu Null und Nichts zurückkehren wie vor den sechs Schöpfungstagen. Das ist es, was der ’Ari (Jizchak Lurja), möge des Gerechten [...] gedacht werden, sagte, dass es sogar in den Mineralen wie Steinen und Staub Anteil von Seele und Geist und Lebenskraft gibt, das heißt die Verkleidung der Buchstaben der zehn Schöpfungsworte, die das Mineral beleben und existieren lassen, damit es aus dem Null und Nichts [...] in die Existenz tritt.

2427 Toledot Ja‘akov Josef, wajjeze, S. 28d.
2428 Vgl. Bd. I, 331.

Auch wenn das Wort *Stein* in den zehn [Schöpfungs-]Worten der Tora nicht genannt wird, ergießt sich dennoch die Lebenskraft in den Stein, und zwar durch Buchstaben-Verbindungen und –Vertauschungen mittels der 231 Tore des Buchstabenrades, vorwärts und rückwärts, wie im *Sefer Jezira* beschrieben,[2429] bis sich aus den zehn Worten die Buchstabenverbindung ›Stein‹ herabkettet und ergießt – und dies ist die Lebenskraft des Steines – und so bei allen Geschöpfen in der Welt.«[2430]

Das was in der Schöpfung wirklich existent ist und ihr Wesen ausmacht, das sind die Buchstaben der göttlichen Sprache. Ohne sie und ohne ihre stete Präsenz gibt es keine Welt. Das, was wir vor Augen haben, ist nur die Verhüllung dieser wesentlichen Essenz. Die Schöpfung ist, wie man dies in der Abwandlung einer Formulierung Gershom Scholems sagen kann, nichts als ein einziger göttlicher Text.[2431] Die Welt ist Sprache und durch kreative Buchstabenverbindung entstanden. Wenn hier von dem Nichts die Rede ist, aus dem die Welt hervorgegangen sei, so hat dies nur temporale, nicht aber ursächliche Bedeutung. Denn die Ursache der Welt ist eben die göttliche Sprache und nicht das Vakuum. Sie hat vor der Rede Gottes nicht existiert, aber sie ist aus dieser Rede hervorgegangen, in welcher der göttliche Geist ruht. Alles was existiert, ist belebt. Das schließt auch die Minerale mit ein, da der lebenspendende Geist Gottes – abhängig von dem Maß der Herabkettung und Abstufung – in allem pulsiert.

Der Bescht formuliert diesen Gedanken an einer Stelle einmal etwas überspitzt und stellt die Verhüllung der Gottheit in den Buchstaben der Welt als ein Trugbild dar, so dass das wahrhaft sehende Auge nur Gott erkennen wird. Demzufolge wäre die Wahrnehmung der Welt als wirkliche Existenz lediglich eine Täuschung.[2432] Der Bescht fasst diesen Gedanken in das viel zitierte und in der hasidischen Literatur variierte Gleichnis vom König, der in seinem Palast sitzt und den die Menschen aufsuchen sollen:

»Von meinem Lehrer, möge seiner zum Leben in der kommenden Welt gedacht werden, hörte ich folgendes Gleichnis, das er [am Neujahrstag] vor dem Schofarblasen erzählte:

2429 Vgl. Kap. Sefer Jezira 2.2.2.

2430 *Sefer Ba'al Schem Tov*I, bereschit, § 48, S. 55.

2431 Der Name Gottes und die Sprachtheorie der Kabbala, in G. Scholem, Judaica III, Frankfurt a.M. 1973, S. 50. Scholem verwendet den Ausdruck bezüglich der Tora als Gewebe von Gottesnamen.

2432 Dies wird später ein zentraler Topos des Habad-Hasidismus, Vgl. R. Elior, The Paradoxical Ascent to God, The Kabbalistic Theosophy of Habad Hasidism, Albany 1993, S. 49-57.

> Es war einmal ein großer und weiser König, der mittels einer Augentäuschung Mauern, Türme und Tore erscheinen ließ. Dann befahl er den Menschen, durch die Tore und Türme zu ihm zu kommen. Er hatte auch befohlen an jedem der Tore die Schätze des Königs auszubreiten. So kam es, dass die einen bis zum ersten Tor kamen und dann wieder umkehrten und andere u.s.w. Bis schließlich sein geliebter Sohn kam, der sich sehr bemühte, um zu seinem Vater, dem König, zu gelangen. Der sah, dass es da keinerlei Trennung gab, die ihn von seinem Vater trennte, denn das alles war nur eine Augentäuschung. Und die Auslegung ist ja klar!«[2433]

Ja'akov Josef aus Polna'a, der das Gleichnis in dieser Kurzform überliefert, fügt die als selbstverständlich ausgelassene Auslegung selbst hinzu:

> »Und so schrieb ich an anderer Stelle, was ich von meinem Lehrer, seligen Angedenkens, gehört hatte, nämlich: Durch die Erkenntnis des Menschen, dass die Herrlichkeit Gottes (*Kavod*) die ganze Welt erfüllt und alle Bewegungen und Gedanken von Ihm, E.s.g., kommen, zerstieben alle Freveltäter[2434] etc. Also sind alle Engel und alle Hallen, alle gleichsam aus Seinem Wesen, E.s.g., erschaffen und gemacht sind, wie bei einer Heuschrecke, deren Kleid aus und von ihr selbst ist. So trennt da keine Trennung und kein Vorhang zwischen dem Menschen und Ihm, und zwar dank dieser Erkenntnis.«[2435]

Vielfach wurde in der Literatur darauf hingewiesen,[2436] dass es ein Spezifikum des hasidischen Denkens sei, das theosophische und kosmologische Interesse zugunsten eines anthropologischen verschoben zu haben. Dasselbe lässt sich bei der in diesem Gleichnis vorgetragenen Weltsicht erkennen. Das zentrale Interesse ist dabei nicht eigentlich auf die Welt als solche gerichtet und was sie ihrem Wesen nach sei, sondern viel mehr darauf, wie der Mensch diese Welt betrachtet. Von ihm, von seiner Erkenntnis nämlich, hängt es ab, was die Welt ist. Lässt er sich wie die übrigen Besucher des Palastes von der Augentäuschung in die Irre führen, dann scheint die Welt etwas Wirkliches zu sein und eine eigene Existenz zu besitzen. Ist er aber von dem Wunsch beseelt, ganz zu Gott zu kommen und bei ihm zu sein, dann ist die Welt nur eine Täuschung und nicht wirklich exi-

2433 Ja'akov Josef, Ben Porat Josef, Pietrkov 1883, S. 70c, Sefer Ba'al Schem Tov II, S. 236 Anm. 3.

2434 Damit ist alles Böse gemeint.

2435 Ben Porat Josef, Pietrkov S. 70c.

2436 Vgl. G. Scholem, Martin Bubers Deutung des Chassidismus, in: Judaica I, S. 182; ders., Die jüdische Mystik, S. 377; M. Idel, Hasidism. Between Ecstasy and Magic, Albany 1995, S.3.

stent. Darum erscheint es nicht als eine Überinterpretation des treuen Schülers Ja'akov Josef, wenn er sich auf seinen Lehrer, den Bescht, stützt und die Auffassung vertritt, dass die Wahrnehmung der Welt als separate Existenz im Grunde Sünde ist:

> »In den *Tikkune* [*ha-Sohar*][2437] steht geschrieben: ›Ich, JHWH, habe mich nicht verändert‹ (Mal 3,6), aber für die Frevler hat sich der Heilige, Er sei gesegnet, verändert und hat sich hinter mehreren Verhüllungen und mehreren Bedeckungen und Schalen, nämlich *Tohu* und *Bohu* und Finsternis,[2438] verborgen. [...] Denn ich habe von meinem Lehrer, seligen Angedenkens, gehört, dass wenn der Mensch weiß, dass sich der Heilige, E.s.g., dort verbirgt, dann ist dies kein Verbergen, denn ›dann zerstieben alle Frevler‹ (Ps 92,10).«[2439]

Die aus der Gottheit über die Sprache emanierte Welt hat die Gottheit nicht verändert. Dieses Emanat ist eine vorgetäuschte Verhüllung Gottes, die durch die richtige Erkenntnis des Menschen sich als Trugbild erweist, so dass man recht betrachtet eigentlich nur Gott sehen kann. Das richtige Sehen zeigt, dass es eigentlich keine Welt, sondern nur Gott allein in seiner Unveränderlichkeit gibt. Damit ist die gesamte Kosmologie zur Anthropologie umgemünzt worden. Die Lehre über die Welt ist in ihrem Grunde eine Lehre über das richtige Sehen des Menschen, an dem sich seine Gerechtigkeit und Sündhaftigkeit scheiden. Diese hier geforderte Einstellung zu den Dingen dieser Welt wird dann auch die Frage nach der Herkunft und dem Wesen des Bösen bestimmen.

3. Herkunft und Wesen des Bösen in der Welt

Die oben dargestellte Schöpfungslehre betont nicht nur die Allimmanenz des Göttlichen in dieser Welt, sondern hebt zugleich hervor, dass mit der zunehmenden Ergießung der Gottheit in diese Welt in Form der Buchstaben nach dem neoplatonischen Vorgang die Qualität der Emanationsstufen stetig abnimmt. Damit ist gesagt, dass alles Existierende am Göttlichen partizipiert und darum per definitionem nicht böse sein kann. In der Konsequenz des Platonischen bleibt für die Erklärung des Bösen nur noch die privative Definition, nämlich, dass das Böse das Nichtseiende ist, das nicht am Gut des Seins teilnimmt. Der Bescht wählte demgegenüber einen anderen Weg, der allerdings auch nicht dem Dualismus der älteren Kabbala folgt. Der Bescht vertrat im Gegensatz zum Plato-

2437 Tikkun 26, ed. R. Margaliot, Jerusalem 19782, S. 71b.

2438 Nach Gen 1,2.

2439 Toledot Ja'akov Josef, Brooklyn o.D., S. 8.c; Sefer Ba'al Schem Tov II, S. 239 § 7.

nismus die Auffassung, dass auch das Böse in dieser Welt aus dem göttlichen Sein lebt. Der Schüler des Bescht bemerkt am Ende des oben zitierten Traktates von der Buchstabenemanation, dass sich die Gottheit, nachdem sie alles, vom *'Alef* bis zum *Taw*, dem letzten Buchstaben, emaniert hatte, sich ein weiteres mal verhüllte und so die Möglichkeit des Bösen in der Welt schuf: »Danach hat sich der Heilige, E.s.g., erneut in einigen Verhüllungen und Schalen verborgen, in *Tohu* und *Bohu* und in der Finsternis.«[2440] Demnach ist das Böse, wie überhaupt alles in der Welt anzutreffende, eine Verhüllung der Gottheit selbst, die, wie noch deutlich werden wird, einen adäquaten Umgang erfordert. Aus den folgenden Worten des Bescht wird deutlich, dass einerseits Gott in allem Bösen weilt, dass es andererseits aber am Menschen liegt, ob das Böse böse bleibt, oder gleich allem in der Welt letztlich nur eine Täuschung ist. In diesem Sinn bemerkt Ja'akov Josef:

> »Von meinem Lehrer habe ich gehört: In jeglicher Not des Menschen, sei es im Materiellen oder im Geistigen, ist, wenn der Mensch darauf achtet, auch in dieser Not der Name [d. h. Gott] selbst, E.s.g., zugegen, allerdings in Verhüllung. Und wenn er dies erkannt hat, wird die Verhüllung weggezogen und die Not aufgehoben, und so bei allen bösen Verhängnissen.«[2441]

In Analogie dazu wird unter Heranziehung der geläufigen Immanenzformel gesagt:

> »Durch die Erkenntnis des Menschen, mit welcher er erkennt und glaubt, dass die Herrlichkeit des Namens [Gottes], E.s.g., die ganze Erde erfüllt, und jegliche Bewegung und jeder Gedanke, alles von Ihm, Er sei gesegnet, kommt, dann ›zerstieben alle Frevler‹[2442] (Ps 92, 10).«[2443]

Das bedeutet, dass sich alles Böse in der Welt unter der Erkenntnis der Immanenz Gottes durch den Menschen auflöst. Wo Gott in der Welt gesehen wird, ist nichts anderes mehr real. In dem oben angeführten alphabetologischen Schöpfungstraktat wurde die Vorstellung artikuliert, dass die ganze Schöpfung aus den zehn in Genesis 1 genannten Schöpferworten entstand, wobei alle Dinge, die dort nicht genannt sind, durch Buchstabenpermutationen aus den zehn Worten abgeleitet und so erschaffen wurden. Demzufolge ist alles Seiende auf der sprachlichen Ebene miteinander verwandt und kann durch Buchstabenkombinatorik ineinander verwandelt werden. Dasselbe gilt natürlich auch für das Böse, das, wie die übrigen Geschöpfe, eine Verhüllung Gottes ist. Das schon genannte bevor-

2440 Toledot Ja'akov Josef, S. 8d.

2441 Sefer Ba'al Schem Tov I, S. 91 § 141, Toledot Ja'akov Josef, wajakhel S. 74b.

2442 Unter »Frevler« wird alles Böse verstanden.

2443 Sefer Ba'al Schem Tov I, S. 156 § 114; vgl. auch II, S. 241 § 12; II, S. 26 § 10.

zugte Interesse des Bescht an der Anthropologie, in deren Dienst er letztlich auch die Kosmologie einordnet, gilt auch für die Erörterung des Bösen. Das Böse erscheint ihm, wie schon in der vorangehenden und zeitgenössischen Moralliteratur, demnach zuallererst in Gestalt der so genannten »Fremden Gedanken«.[2444] Es handelt sich dabei um Gedanken, die den Menschen beim Gebet und Studium der Tora stören und ablenken, oder im weitesten Sinne, um das Trachten nach Übertretungen der Gebote, wobei das Sexuelle einen prominenten Platz einnimmt.[2445] Der Bescht erklärt im Zusammenhang des alphabetologischen Schöpfungstraktates, nach welchem sich die Gottheit ins *'Alef* und dann in alle Buchstaben, bis herab zum *Taw* verhüllte »und dort verhüllt er sich in die ›Fremden Gedanken.«[2446]

Nach Auffassung der Kabbalisten ist der Ursprung der Fremden Gedanken die Seite des Bösen, die »Andere Seite« (*Sitra 'achra*), die sich zugleich von ihnen ernährt. Darum musste es nach Auffassung der Kabbalisten und der von ihnen beeinflussten Moralliteratur die vordringlichste Aufgabe sein, die Fremden Gedanken mit ihren Verführungen zu verdrängen. Ein wichtiges Mittel dafür war die körperliche Abtötung in strenger Askese, zum Beispiel das eiskalte Tauchbad, das unter anderem auch von einem Genossen des Bescht, R. Nachman Horodenker, praktiziert wurde.[2447] Im Gegensatz dazu beschreitet der Bescht einen anderen Weg. Seinen Vorstellungen zufolge können die Bösen Gedanken durch die Erkenntnis der Gottesimmanenz, aber auch durch das Wissen um die alphabetologischen Zusammenhänge[2448] aller seienden Dinge gleichsam aufgelöst werden. In diesem Sinn lehrt der Bescht:

2444 Zu ihnen vgl. Y. Tishby und J. Dan, Torat ha-Hasidut we-Sifrutah, in: Ha-'Enziklopedia ha 'ivrit, Jerusalem-Tel Aviv 1965, Bd. 17, S. 784-786; J. Weiss, Reschit Zemichatah schel ha-Derech ha-hasidit; M. Piekarz, Bime Zemichat ha-Hasidut, Megamot ra'ajonijot be-Sifre Derusch u-Musar, Jerusalem 1978, S. 269-279; I. Etkes, Ba'al ha-Schem, S. 154-158.

2445 Vgl. Piekarz, Reschit Zemichatah, Register, Machschavot sarot; K. E. Grözinger, Kafka und die Kabbala, (1994) S. 83ff., (2003) S. 94ff.

2446 Sefer Ba'al Schem Tov I, S. 44 § 22; vgl. ebda. I, S. 152 §110.

2447 Vgl. I. Etkes, Ba'al ha-Schem, S. 155; J. Weiss, Reschit Zemichatah schel Derech ha-hasidit, in: Zion 16 (1951), S. 89.

2448 Wie sehr der Bescht von diesen inneren sprachlich fundierten Zusammenhängen überzeugt war, zeigt eine kleine Erörterung in welcher er die sexuelle Begierde und den Ehebruch als gefallene Liebe (*Hesed*; חסד) Gottes darstellt. Alphabetologisch erweist er diesen inneren Zusammenhang dadurch, dass er die irdische Lust mit dem biblischen Ausdruck 'Erwat ha-'Arez (ערות הארץ) »Scham /Genital des Landes«, Zahlwert 972, bezeichnet. Die kabbalistische Pleneschreibung des Wortes *Hesed* hat denselben Zahlwert, wodurch die innere Gleichung der göttlichen und verdorbenen Liebe aufgezeigt ist: HJT SM<u>K</u> DLT (חי'ת סמ'ך דל'ת, Zahlwert 972), Sefer Ba'al Schem Tov II, S. 114 § 27.

»Wenn dem Menschen ein Fremder Gedanke einfällt, dann denke er daran, dass alles von den Buchstaben kommt, und sie sind ja heilig, nur dass sie nun in seinen Gedanken zu Unsinn verbunden wurden. Darum, wenn er diese Buchstaben in heilige Worte verwandeln kann, dann ist es sehr gut – entweder durch die Umstellung der Wörter des Fremden Gedankens, oder durch die Trennung der Wörter in zwei Hälften, wie auch durch die Deutung als Akronyme, und dies ohne Unterbrechung seiner *Devekut* (Gottesanhaftung).«[2449]

Im Gegensatz zu seinen kabbalistischen Vorgängern empfiehlt der Bescht, die Fremden Gedanken, und damit das Böse generell, nicht zu verdrängen, sondern sie in ihren heiligen Ursprung zurückzuführen und zu verwandeln. Dadurch kann der Mensch die verderbten Buchstabenverbindungen wiederherstellen, als die sich die Fremden Gedanken erweisen. Das Böse ist demnach nicht mehr etwas eigentlich Bedrohliches, sondern etwas Heilungsbedürftiges.[2450] Es liegt in der Hand des Menschen, das Verderbte durch seine meditative alphabetologische Hermeneutik wiedergutzumachen und in seine Wurzel emporzuheben. Der Mensch vollführt damit das, was auch der Schöpfer bei der Erschaffung der Welt gemacht hat, nämlich aus den zehn gesprochenen Schöpfungsworten durch die alphabetologische Hermeneutik weitere Geschöpfe hervorzubringen. Jedoch handelt es sich hierbei um verderbte Geschöpfe, die durch diesen kreativen Prozess wieder der Heiligkeit zugeführt werden müssen. Einem von Ja'akov Josef zitierten Wort des Bescht zufolge wird Gott selbst in der Zeit der Erlösung auf dieselbe Weise das Heil herbeibringen. Bei der Entwicklung dieses Gedankens stützt sich der Bescht auf eine Talmudstelle,[2451] in der davon die Rede ist, dass Gott dereinst den Todesengel Sama'el (סמאל), der mit dem Bösen Trieb des Menschen identifiziert wird, schlachten werde.[2452] Nach Auffassung des Bescht wird die Erlösungstat Gottes aufgrund der Sprachlichkeit der gesamten Schöpfung auf alphabetologischen Wege erfolgen. »Die Sache mit der Schlachtung des Bösen Triebes in der Zukunft wird so geschehen, dass Er aus ihm [Sama'el] das Böse herausnimmt, welches das *Mem* ist. Und dann bleibt nur noch Sa'el (סאל) übrig und dies ist Gottes Name, E.s.g.«[2453] Inwiefern Sa'el Gottes Name ist, zeigt eine

2449 Sefer Ba'al Schem Tov I, S. 148 § 106.

2450 In diesem Sinne sagt der Bescht»Und wenn dem Menschen im Gebet ein böser fremder Gedanke aufsteigt, kommt er zu diesem Menschen nur, damit er ihn heilt (*takken*) und nach oben hebt.«, Sefer Ba'al Schem Tov I, S. 157 § 116; vgl. II, S. 220 § 5; I, S. 163 § 120; gelegentlich greift der Bescht in diesem Zusammenhang auch auf die überkommene Redeweise vom Heben der Funken aus den Schalen zurück, z. B. Sefer Ba'al Schem Tov I, S. 158 § 116; I, S. 163 § 120; I, S. 155-156 §§ 112-113.

2451 bSukka 52a.

2452 Vgl. Bd. I., S. 275.

2453 Sefer Ba'al Schem Tov I, S. 96 § 149.

parallele Stelle:[2454] Der Zahlwert von Sa'el ist 91 und der Zahlwert von JHWH und 'Adonaj (אדני , יהוה) zusammen ist gleichfalls 91. Sa'el verkörpert, mithin den *Jichud*, die Vereinung, zweier Gottesnamen, sefirotisch gesprochen die Vereinung des innersefirotischen Ehepaares *Tif'eret* und *Malchut*. Diese Möglichkeit, aus Bösem etwas Gutes zu machen spiegelt sich in der vom Bescht gelehrten Formel wieder: Das »Böse ist ein Thron für das Gute.«[2455] Betonenswert ist noch ein Weiteres, nämlich dass man sich von den fremden Gedanken nicht in seiner *Devekut* stören lassen darf. Die Verwandlung des Bösen in etwas Gutes kann somit Teil der höchsten Gotteserfahrung sein.

Die Möglichkeit, dass das Böse ein Thron für das Gute ist, hat indessen nicht nur eine kontemplative, sondern auch eine ethisch-didaktische Seite. So soll man die eigenen Begierden und sündigen Lüste nicht einfach durch Askese und Selbstbeherrschung verdrängen oder unterdrücken, sondern soll sie zum Ausgangspunkt der eigenen Höherentwicklung zum Dienst an Gott umwidmen.[2456] Dazu erzählt der Bescht ein anschauliches Gleichnis:

> »Das gleicht einem König, der einen Sohn hatte, den er mit allerlei für ihn nötigen Weisheiten belehren wollte. Darum dingte er für ihn mehrere Gelehrte, damit sie mit ihm lernten, aber es gelang ihm nicht, auch nur eine Weisheit zu erlernen. Eines Tages sah der Königssohn eine Jungfer und empfand Verlangen nach ihrer Schönheit. Einer der Gelehrten beklagte sich darüber bei dem König, doch der erwiderte: ›Wenn es so ist und er ein Verlangen spürt, auch wenn es fleischlich ist, so kann er auch dadurch zu allen Weisheiten gelangen‹. So befahl er, die Jungfer an den Hof des Königs zu bringen. Und der König gebot ihr, dass wenn der Sohn sie begehrte, sollte sie ihm nicht zu willen sein, bevor er nicht eine Weisheit erlernte. Und so tat sie. Und danach sagte sie zu ihm, er solle noch eine Weisheit erlernen, so dass er auf diese Weise alle Weisheiten erlernte. Und als er weise geworden war, da war er der Jungfer überdrüssig und wollte eine ihm ebenbürtige Königstochter heiraten.«[2457]

Das Böse soll demnach Ausgangspunkt zum Guten sein, denn im Bösen selbst, auch in der Sünde, ist Gott verborgen. Auch dies vermag der Bescht alphabetologisch zu begründen. Denn das hebräische Wort für Sünde heißt *HeT*, oder richtiger, es wird so ausgesprochen, obwohl das Wort mit einem weiteren Konsonanten in der Mitte geschrieben wird, der aber quiesziert, das heißt, lautlos

2454 Toledot Ja'akov Josef wajjakhel, S. 75a; Sefer Ba'al Schem Tov I, S. 96 Anm. 131.

2455 Sefer Ba'al Schem Tov II, S. 7 § 9.

2456 Sefer Ba'al Schem Tov II, S. 67 § 2.3.

2457 Sefer Ba'al Schem Tov II, S. 67 § 4.

bleibt. Der genannte Buchstabe ist das *'Alef*, von dem wir ja schon hörten, dass es dem *'Aluf*, dem Obersten entspricht. Also ist in חאטא, in *He't*, in der Sünde, Gott verborgen.[2458]

4. Der Mensch

Der Mensch als Teil der Schöpfung Gottes hat, wie nicht anders zu erwarten, an deren sprachlicher Natur teil. Auch dies kann der Bescht anhand eines Verses aus der Genesis ableiten. Es handelt sich dabei um jene markante Stelle, nach welcher Gott alle Tiere des Feldes und unter dem Himmel vor den Menschen brachte, um zu sehen welche Namen er ihnen gebe (Gen 2, 19-20) »und der Mensch rief allem Vieh und allen Vögeln unter dem Himmel und allen Tieren des Feldes Namen zu«. Der Bescht kommentierte diesen Vers wie folgt:

> »Der Name des Menschen ist das Wesen seiner Lebendigkeit, ebenso von allem Vieh, den Vögeln und den Tieren, gemäß dem Wert der Funken der Buchstaben der Tora, so ist ihr Name.«[2459]

Für den Bescht, der ja, als zünftiger Ba'al Schem wirkte, war diese Einsicht offenbar von besonderer Bedeutung. Denn er vertrat die Auffassung, dass man im Falle von Not und Krankheit den Menschen von seinem Wesen her heilen müsse. Die Heilung muss am Namen des Menschen einsetzen, da in ihm sein Wesen geborgen ist. So wenigstens berichtet es der Autor des Kommentars *'Ateret Zwi* zum Sohar:[2460]

> »Es ist bei uns eine Tradition von unseren Vätern, dass das Wesen der *Nefesch*-Seele und der *Neschama*-Seele des Menschen sein Name ist, nämlich die Kraft der Buchstaben-Verbindung, mit deren Hilfe ihm auferlegt ist, am *Tikkun* (der Wiederherstellung) der Welt zu arbeiten. [...] Und so habe ich es im Namen des Ba'al Schem Tov übermittelt bekommen, nämlich, dass dies bekanntermaßen für das Gebet gilt, insbesondere für das Gebet über Kranken damit keinerlei Not über den Menschen komme. Und dies geschieht durch die Nennung des Namens des Kranken, mit dem man einen *Jichud* (Einung) herbeiführen muss, um das Gerichtsverhängnis, das an den Buchstaben seines Namens hängt, zu versüßen [d.h. zum Guten zu wenden]. Dies dadurch, dass man aus den Namen *'Elohim* oder *'Adonaj* und dergleichen, aus denen die

2458 Sefer Ba'al Schem Tov II, S. 221 § 8.

2459 Sefer Ba'al Schem Tov I, S. 89 § 136.

2460 Zu Sohar Wajjeze 153b. Gemeint ist wohl der Kommentar 'Ateret Zwi, Lvov; nach Sefer Ba'al Schem Tov I, S. 89 § 134.

Gerichtsverhängnisse, Gott behüte, saugen, die Namen *JHWH* oder *'Ehjeh*, d.h. die Namen des Erbarmens macht, und all dies durch Buchstabenkombinationen.«[2461]

Die Heilung des Menschen an seinem Wesen und der Schutz dieses Wesens werden dadurch erreicht, indem man die Verbindung des menschlichen Namens mit den Gottesnamen löst, die die Aspekte des göttlichen Gerichtes bezeichnen, und ihn stattdessen mit den Namen der Liebe und des Erbarmens Gottes in eine neue Verbindung bringt. Krankheit und Not des Menschen erscheinen demnach, wie schon die Fremden Gedanken, als ein in Unordnung geratenes Sprachgeflecht, das es wieder zurechtzurücken gilt.

Bescht zufolge gehört nicht nur der Name des Menschen zu seinem Wesen, sondern auch seine Sprachfähigkeit. Mit dieser Vorstellung greift er einen Gedanken der mittelalterlichen Philosophie auf und variiert ihn: »Der Geist im Menschen und seine Lebenskraft, dies ist die Kraft der Rede in ihm.«[2462] In Übereinstimmung mit den Philosophen ist er der Auffassung, dass die Sprachbegabung zum Wesen des Menschen gehört. Der Philosophie zufolge hängt die Sprachfähigkeit allerdings mit der rationalen oder intellektuellen Begabung des Menschen zusammen. Dagegen führt sie der Bescht auf die bleibende Verbindung des Menschen mit der Wurzel der Sprache zurück, die in der göttlichen Sprache zu suchen ist. Darum hat die Rede des Menschen nach Auffassung des Bescht nicht nur eine kommunikative Bedeutung oder Funktion, sondern sie ist zugleich Quelle und Spenderin der göttlichen Lebenskraft:

> »Denn wenn der Mensch Worte spricht, dann sind diese selbst seine Lebenskraft, und er lässt seine Lebenskraft in diesen Worten aus sich hervorgehen, dies aber nur, weil die Lebenskraft des Menschen stets mit ihrer Wurzel verbunden ist. Darum ziehen diese Worte selbst auf ihn neue Lebenskraft aus der Wurzel, und dank dessen lebt er stets, auch wenn bei jeder Rede Lebenskraft aus ihm herausströmt, weil eben jede Rede ihm zugleich neue Lebenskraft gibt.«[2463]

Man kann aus diesen Worten folgern, dass der Mensch ohne Sprache, ohne gesprochene Sprache, nicht leben kann. Das Sprechen, das Worte machen, im weitesten Sinne das Verbinden von Buchstaben stellt den Menschen in den kreativen Strom der Sprache, erhält ihn am Leben erhält und lässt ihn zugleich Lebenskraft

2461 Sefer Ba'al Schem Tov I, S. 89 § 134.

2462 Sefer Ba'al Schem Tov I, S. 89 § 104.

2463 Sefer Ba'al Schem Tov I, S. 75 § 93.

verströmen. Darum können solche Worte auch Furcht einflößen.[2464] Noch mehr aber trägt der Mensch mit seinen Worten, die er spricht, eine Verantwortung für die gesamte Welt. Er muss sie um des Himmels willen sprechen, »um die Rede zu erwecken, mit der die Welt erschaffen wurde, um die obere Rede auf alle Welten ausströmen zu lassen.«[2465] Jedoch ist die Rede der Menschen in der Gegenwart eine Rede im Exil und völlig auf die leiblichen Begierden ausgerichtet. Dies trifft auch auf die Worte des Gebetes zu, die – wie oben dargestellt – von fremden Gedanken gefangen sind.

5. Die Aufgaben des Menschen in dieser Welt

5.1 Der Gottesdienst in der Dinglichkeit – *'Avoda ba-Gaschmijut*

Die oben beschriebene Behandlung der bösen und der Fremden Gedanken durch den Bescht zeigte, dass es dem Bescht vor allem darum ging, die Trennung von Gut und Böse als zweier gegensätzlicher und sich ausschließender Kategorien aufzuheben und zur Erkenntnis zu führen, dass richtig besehen, das Böse letztlich nicht von dem alles durchdringenden göttlichen Guten geschieden ist. Diese Sicht der Dinge musste sich nun auch auf die Bewertung eines Bereiches auswirken, der rabbinisch gesehen, eigentlich nicht als böse, sondern eher als religiös neutral oder bedeutungslos zu betrachten ist, nämlich die Alltagswirklichkeit. Sie ist gemäß dem grundsätzlich optimistischen Weltbild der Rabbinen[2466] nicht schlecht, gehört aber nicht zum Gottesdienst, dem Bereich, in dem die hauptsächliche Aufgabe des Menschen dieser Welt angesiedelt ist. Nach rabbinischer Auffassung besteht der Ort des Gottesdienstes in der Gebotserfüllung und im Torastudium. Der berufliche und häusliche Alltag sind von ihm eher ausgeschlossen. Dies gilt in noch viel stärkerem Maße für die dualistische Weltsicht der Kabbala, der frühen ebenso wie der späteren lurianischen, in der darum eine weltabgewandte asketische Frömmigkeit das Leben des Menschen bestimmt. Für den Bescht musste sich der Bereich des Alltags, der wie alles in der Welt voll der Gottesgegenwart ist, durchaus anders darstellen, wie sogleich die folgende konsequente Anwendung dieses Gedankens zeigt:

> » ›Voll ist die Erde seiner Herrlichkeit‹ (Jes. 6,3).
> Es gibt nichts Großes noch Kleines, das von Ihm getrennt ist, denn Er findet sich in allem Existierenden. Darum kann der vollkommene Mensch allerhöchste Einungen einen – sogar in seinem dinglichen Handeln, sei es Essen,

2464 Sefer Ba'al Schem Tov I, S. 76 § 95.

2465 Sefer Ba'al Schem Tov I, S. 76 § 98.

2466 Vgl. Bd. I, S. 274.

Trinken, Beischlaf, Handel und Wandel, oder die Geschäfte zwischen den Menschen. […] Denn das ist es, was in der Schrift geschrieben steht: *Erkenne* ihn auf all deinen Wegen (Prov 3, 5), in dem Sinne [wie von Adam geschrieben steht] ›Und Adam *erkannte* sein Weib Eva‹ (Gen 4,1), und das ist ja nichts anderes als Vereinigung (*Jichud*) und Paarung.«[2467]

Das hebräische Verbum *jada'*, das gewöhnlich »erkennen« bedeutet, wird hier im Sinne des geschlechtlichen »Erkennens« gedeutet, das die Verbindung der beiden getrennten Geschlechter bedeutet. So soll auch der Mensch, bei allem was er tut »erkennen«, das heißt alles mit dem Göttlichen verbinden, damit, wie der Paralleltext sagt, der Mensch »seine Erkenntnis auf alles dinglich Materielle ausrichtet, um es emporzuheben und zu verbinden und das Zelt zusammenzufügen, damit es eines ist.«[2468] Dies ist in der Tat eine antignostische Position, wie Martin Buber zu recht konstatierte, aber eben nicht in einem irdisch weltlichen Sinn, sondern in dem Sinn, dass die immanente göttliche Transzendenz in allem das Verbindende ist.

Wie soll nach Auffassung des Bescht die Verbindung konkret erfolgen, »damit das Zelt eines wird?« An verschiedenen Stellen erklärt der Bescht, man müsse dazu das Handeln mit dem Denken verbinden. Diese Formel griff Martin Buber auf und deutete sie dahingehend, man solle bei seiner weltlichen Arbeit sein ganzes Sinnen und Trachten auf diese Arbeit richten, sich nicht von Nebengedanken, wie den zu erwartenden Gewinn, ablenken lassen. Durch diese kontemplative Ausrichtung auf die Arbeit werde laut Buber das weltliche Tun geheiligt.[2469] Dies ist aber eine verkürzende und falsche Deutung dessen, was der Ba'al Schem wirklich meinte. Das Denken, von bei ihm die Rede ist, meint nicht ein auf den innerweltlichen Zweck gerichtetes Denken, sondern ein Denken, das durch die weltlichen Zwecke hindurch auf die einzige hinter ihnen stehende Realität, die göttliche Präsenz, blickt.

Der Bescht erläutert dies anhand einer schon aus der älteren kabbalistischen Tradition übernommenen Erzählung vom Urvater Henoch, der nach der antiken mystischen Tradition zum Oberengel Metatron erhöht worden war.[2470] Dieser Tradition zufolge war der Urvater ein Schuster, der seine Intention in einem solchen Maße auf die menschliche Aufgabe, den *Jichud* herbeizuführen, ausge-

2467 Sefer Ba'al Schem Tov I, S.113 § 189; wiewohl sich Ja'kov Josef in diesem Zitat nicht auf den Bescht beruft, kann diese Zuordnung nach Sefer B'al Schem Tov I, S. 79 § 112 und I, S. 112 § 186 gewiss bestehen.

2468 Sefer Ba'al Schem Tov I, S. 112 § 186.

2469 Vgl. K. E. Grözinger, Martin Bubers Chassidismus-Deutung, S. 240-243.

2470 Vgl. Bd. I., S. 320.

richtet hatte, dass er mit jedem Stich seiner Schusternadel, mit dem er das Oberleder mit der Sohle verband, *Jichudim* erzielte:

> »›Und Henoch wandelte mit Gott‹ (Gen 6,9). Unsere Meister, seligen Angedenkens, sagten: Henoch war ein Schuster, und mit jeder einzelnen Naht vereinte er den Heiligen, E.s.g., mit seiner Schechina. [...]
> Im Namen meines Lehrers hörte ich die Auslegung des Verses ›Alles, was deine Hand zu tun findet, tue mit deiner Kraft.‹ (Koh 9,10)[...] Die Sache mit Metatron, der mit jeder Naht den Heiligen, E.s.g., mit seiner Schechina vereinte, [...] war so:
> Das Denken wird 'En Sof genannt und JHWH, und das Tun ist 'ADoNaJ. Und wenn man beim Vollbringen einer Tat das Tun mit dem Denken verbindet, wird dies Jichud, Vereinung, des Heiligen, E.s.g., mit seiner Schechina genannt.«[2471]

In diesem kleinen Midrasch sind zwei ältere Traditionen miteinander verbunden und mit Hilfe einer Auslegung zu Kohelet 9, 10 einer neuen Deutung zugeführt. Die eine Tradition ist die Verwendung des theurgischen *Mizwa*-Segens der vom *Jichud* (Vereinung) der beiden Sefirot *Tif'eret* (VI, der Heilige, E.s.g) und *Malchut* (X, *Schechina*) spricht, und die andere ist die schon genannte Henoch-Metatron-Legende. Beide Traditionen sollen im Folgenden getrennt voneinander betrachtet werden.

5.2 Der theurgische *Mizwa*-Segen

Die Rabbinen der Antike hatten den bis heute üblichen Brauch eingeführt, vor einer Gebotserfüllung den Weihesegen (*Beracha*) zu sprechen: Gesegnet seiest Du Herr, unser Gott, König der Welt, der uns mit seinen Geboten geheiligt hat, und uns gebot das Gebot N.N. zu erfüllen.« Die Kabbalisten hatten nun, wie oben bereits erklärt,[2472] die Gebotserfüllung mit der Lehre von den Sefirot verbunden und die Aufgabe des Menschen darin gesehen, durch die Gebotserfüllung innerhalb der Sefirot einen *Jichud*, eine Vereinigung, herbeizuführen. Die Vereinigung bezieht sich in erster Linie auf dic männliche Sefira *Tif'eret*, auch »der Heilige, Er sei gesegnet« (VI) genannt, und seine Paargenossin *Schechina* (X)

2471 Sefer Ba'al Schem Tov I, S. 107 § 179, nach Toledot Ja'akov Josef, wajera 20a; u. vgl. Zafnat Pa'aneach, New York o.J., S. 118c; Ben Porat Josef, Pietrkov 1884, S. 55d; Keter Schem Tov, Ausgabe Brooklyn 1987, S. 7a, § 42 und bei M. Idel, Hanoch – Tofer Min'alim haja, in: Kabbala. Journal for the Study of Jewish Mystical Texts, Los Angeles V (2000), S. 265-286, hier S. 278; Sefer Ba'al Schem Tov I, S. 111 § 182.

2472 Vgl. Kap Kabbala I. A.6.; VII. C. a.7.2; b.5.

und beabsichtigt, durch den *Jichud* den Segensergusses auf die Welt zu eröffnen. Der *Sohar* drückt dies folgendermaßen aus:

> »Elia sprach: Getreuer Hirte, gewiss ist es so. Aber weil du mit jedem Gebot dich bemühen sollst, den Heiligen, E.s.g., mit seiner Schechina zu vereinen, mit allen oberen und unteren Lagern, so vereinen sich der Heilige, E.s.g., und seine Schechina und all seine Lager durch deinen Geist und zwar bei jedem einzelnen Gebot.«[2473]

Der Systematiker der älteren Kabbala, Rabbi Mosche Cordovero,[2474] vertrat dem Zeugnis seines Schülers 'Eljahu de Vidas zufolge die Meinung, man müsse vor dem religiösen Handeln diese Absicht mit folgenden Worten formulieren: »Diese Tat oder dieses Gebot vollführe ich, um die Schechina mit dem Heiligen, Er sei gesegnet, zu vereinen.«[2475] Die lurianische Kabbala hat diese Formel aufgenommen und z. T. erweitert[2476] und der Anhänger dieser Kabbala, ʿImanu'el Haj Ricci[2477] hat dann die folgende Forderung aufgestellt, die alsbald in eine Vielzahl von Gebetbüchern eingegangen ist: [2478]

> »Vor jedem Gebot, das man erfüllt, oder vor jedem Gebet, das man spricht, muss man sagen: *Le-Schem Jichud Kudscha berich hu' u-Schechinateh* (Um der Vereinung des Heiligen, Er sei gesegnet, und seiner Schechina willen), denn dies ist unser wesentliches Ziel.«[2479]

Damit wird das Ziel der Gebotserfüllung und des Gebetes als eine theurgische Einwirkung auf die Sefirotwelt erklärt, die darauf ausgerichtet ist, das innergöttliche Paar zu vereinen. Eine ausführlichere und anschauliche Formel soll man laut dem Gebetbuch *Sefer Tefilla* beim häuslichen *Kiddusch* (Weihesegen) am Schabbat sprechen:

2473 Sohar II, Raʿja Mehemna, S. 119a; u.s. III, S. 109b.

2474 Zu ihm s. B. Sack, Be-Schaʿare ha-Kabbala schel R. Mosche Cordovero, Jerusalem 1995; I. Ben-Schlomo, Torat ha-'Elohut schel R. Mosche Cordovero, Jerusalem 1965.

2475 Dazu und zum Folgenden vgl. M. Hallamish, Ha-Kabbala ba-Tefilla u-va-Halacha u-va-Minhag, Ramat Gan 2000, S. 45-70, hier S. 50; nach 'Eljahu de Vidas, Reschit Hochma, Nunkacz 1968 (Neudruck Brooklyn o.J.), Ahava c. 9, S. 85a; Keduscha c. 16, S. 198b.

2476 Vgl. z. B. Schaʿar ha-Mizwot, Jerusalem 1905, S. 1b (Hallamish aaO., S. 52; Schaʿar Ruach ha-Kodesch, Jerusalem 1966, S. 51; G. Scholem, Jüdische Mystik, S. 302; S. 445, Anm. 97.

2477 Zu ihm A. Morgenstern, Mistika u-Meschichijut, Jerusalem 1999, S 19ff.

2478 Vgl. z. B. Ha-Taklitor ha-torani, Siddur Tefilla, Nusach Sefarad, Seder Hanachat ha-Tefillin.

2479 Sefer Mischnat Hasidim, Livorno 1721/2 (Neudruck Brooklyn 1975), Masechet Kelalot ha-Mizwot, Bereschit S., 132a; vgl. noch Y. Tishby, Mischnat ha-Sohar, S. 434; L. Jacobs, Hasidic Prayer, London 1975 (1972), S. 140-142.

»Um den Heiligen, E.s.g., mit seiner Schechina zu vereinen, mit Furcht und Liebe, mit Liebe und Furcht, um die vier Buchstaben JH und WH in einer vollkommenen Einheit zu verbinden, im Namen von ganz Israel, um die Schechina aus dem Staub aufzurichten und die Geliebten zu vereinen, und Kronen und Schmuck für die heilige Schechina zu bereiten, und den oberen Menschen [d.h. den *'Adam kadmon*, die Zehn *Sefiro*t], den oberen Baum vollkommen zu machen.«[2480]

Hier ist der personal-mythologischen Formulierung außerdem eine onomatologische beigegeben, die von der Vereinung der vier Buchstaben des Gottesnamens spricht, von denen die ersten beiden für das obere Paar *'Abba* (II, Vater) und *'Imma* (III, Mutter) und die letzten beiden für das untere Paar stehen, *Ha-Kadosch Baruch Hu'* (VI, Tif'eret) und *Schechina* (X).[2481] Die Einbeziehung des oberen Paares ist ein Zeichen für die noch höhere Vollkommenheit des erreichten *Jichud*.

Die Bedeutung dieser kabbalistischen Gebotserfüllungsformel war und ist den Hasidim sehr wohl bekannt.[2482] Ihre traditionelle Verwendung wird darum im *Sefer Ba'al Schem Tov* auch dem Bescht selbst zugeschrieben, gehört aber nach Nennung der dortigen Primärquelle, *Likkutim Jekarim,* eher der Schule des Maggid aus Mesritsch an. Sie soll hier als Kontrast angeführt werden, um die neue Wendung, die der Bescht der Formel gegeben hat, um so deutlicher hervortreten zu lassen:

»Der Grund dessen, dass man die Worte spricht ›*Le-Schem Jichud Kudscha berich Hu' u-Schechinateh*‹ ist der, dass man die Sefira *Tif'eret* (VI, Herrlichkeit, *Kudscha berich Hu'*) zu *Malchut* (X, Königtum, Schechinateh) führt, damit sich der *Heilige, E.s.g.*, (VI) mit *Malchut* (X), das heißt der untersten Stufe, der Welt des Wortes, verherrlicht. Sie ist die Stufe, die alle Welten belebt, [... denn das Wort des Heiligen, E.s.g., belebt die Welten unablässig.

Und wenn der Mensch ein Gebot erfüllt, verherrlicht sich der Heilige, E.s.g., in *Malchut*, das heißt in seinem Wort, das in den Welten weilt. Dann bringt

2480 Seder Tefilla, Sefarad, Seder Lel Schabbat; u. vgl. ebda Siddur Tefilla, Nusach Sefardi, Seder Petach 'Eljahu; beide nach ha-Taklitor ha-torani. Jerusalem 2004/5.

2481 Dazu vgl. o. Kap. Kabbala VI.2.3.

2482 Vgl. Hallamish, Ha-Kabbala ba-Tefilla ba-Halach u va-Minhag, Ramat Gan 2000, S.43-70 u. S. Gris, Sifrut ha-Hanhaga. Toledoteha u-Mekomah be-Hajje Haside R. Jisra'el Ba'al Schem Tov, Jerusalem 1989, S. 302.

der Mensch die *Malchut* zum Heiligen, E. s. g. [...] und das ist der *Jichud* des *Heiligen, E.s.g.*, und seiner *Schechina.*«[2483]

Nach dieser vorhasidischen kabbalistischen Verwendung der Formel ist es also die Aufgabe des Menschen durch die Erfüllung eines in der Tora befohlenen Gebotes die beiden entscheidenden *Sefirot*, das göttliche Paar, zu vereinigen, wodurch Gott, sich zum Wohle der Welt verherrlichen kann.

Bevor nun die Deutung des Bescht erörtert wird, muss die Henochlegende kurz berücksichtigt werden.

5.3 Die Legende vom Urvater Henoch als Schuster

Einige wenige enigmatische Worte der Bibel bescherten dem Urvater Henoch eine unvergleichliche Karriere in der jüdischen Literatur. In Gen 5,24 heißt es über ihn: »Henoch wandelte mit Gott, und auf einmal war er nicht mehr da, denn Gott hatte ihn hinweg genommen.« Die unvergleichliche Laufbahn Henochs beginnt mit den apokryphen Henochapokalypsen und erfährt in der Hechalotliteratur[2484] ihren ersten Höhepunkt, in der von der Erhöhung Henochs zum Oberengel Metatron berichtet wird.[2485] Demgegenüber erfuhr diese Karriere in der mittelalterlichen Literatur ein eigenartiges Vorspiel, über dessen Details wir nunmehr dank eines weitgreifenden Aufsatzes von Mosche Idel wohl informiert sind.[2486] Die bekannten Versionen der kabbalistischen Henochlegende verbindet das gemeinsame Element, der Henochfigur den Beruf des Schusters und seiner Tätigkeit die Erlangung der höchsten religiösen Ziele zuzuweisen.

In der ältesten, von Jizchak aus Akko (13.-14. Jh.) überlieferten Version, in der die Frage gestellt wird, wodurch Henoch seine spätere Erhöhung zum Oberengel verdient hatte, wird folgende Begründung gegeben:

»Ich fragte meinen Lehrer, R. Jehuda Aschkenasi, den Prediger (*Darschan*) seligen Angedenkens: Was war es, wodurch Henoch all dies verdiente [...]. Er sagte: Er hat es erhalten, weil Henoch ein Schuster war, der Schuhe nähte. Und bei jedem Loch, das er mit der Ahle ins Leder stach, hat er aus ganzem Herzen und mit ungetrübter Intention den Namen (Gott), E.s.g., gesegnet,

2483 Sefer Baʿal Schem Tov I, S. 175 § 140.

2484 Vgl. Bd. I, S. 193f.214ff.320.

2485 Zu Henoch und seiner Bedeutung vgl. u.a. R. Elior, Enoch Son of Jared and the Solar Calendar of the Priest hood in Qumran, in: *Von* Enoch bis Kafka, Festschrift für K. E. Grözinger zum 60. Geburtstag, ed. M. Voigts, Wiesbaden 2002, S. 25-42.

2486 M. Idel, Hanoch – Tofer Minʿalim haja.

> und hat so Segen auf den emanierten Metatron[2487] herabgezogen. Und niemals hat er zu segnen vergessen, bei keinem einzigen Loch. So tat er stets, bis er vor lauter Liebe nicht mehr da war, denn Gott hatte ihn hinweg genommen, und es wurde ihm zuteil, Metatron genannt zu werden, und seine Stufe ist sehr hoch.«[2488]

In der hier wiedergegebenen Form der Legende sieht Idel zurecht ein antielitäres Element, ein Plädoyer für die Gottesliebe des einfachen Menschen gegenüber der sehr elitären halachischen und kabbalistischen Religiosität der Zeit. Diese Ausgangsform der kabbalistischen Legende wurde jedoch im Laufe der folgenden Jahrhunderte von verschiedenen Autoren in durchaus unterschiedliche Interpretationszusammenhänge gestellt und damit mit neuem Sinn ausgestattet. Von diesen Bedeutungserweiterungen soll an dieser Stelle nur die Deutung des großen Scholastiker der älteren Kabbala, R. Mosche Cordovero, anführt werden, die als Hintergrund für die Neudeutung durch den Bescht von Wichtigkeit ist. Cordovero verband als erster die Tradition des sefirotischen *Jichud* mit der Henochlegende und schuf damit den Ausgangspunkt für die dramatische Neuformulierung durch den Bescht. Cordovero sagt:

> »Durch sein irdisches Tun macht der Mensch, dass die Merkava, das heißt die Sefirot, zu einer wird. Und so war es bei Metatron. Man sagte über ihn, dass er zu seiner hohen Stufe gelangte, weil er Schuh-Näher war und bei jedem Loch, das er mit der Ahle stach, einen Segen zugunsten der Oberen sprach etc. Denn er vereinte *Malchut*, die Schuh genannt wird, mit *Tif'eret* mittels all der Röhren von *Tif'eret*, worauf die [ins Leder gestochenen] Löcher hinweisen.«[2489]

Bezeichnenderweise apostrophiert sowohl die Version des Jizchak von Akko, als auch die von Cordovero das menschliche Handeln nicht als Gebotserfüllung, sondern als ein alltägliches handwerkliches Tun, das allerdings von einer frommen menschlichen Gesinnung und entsprechenden liturgischen Formeln begleitet wird. Jedoch wird in beiden Texten nur angedeutet, dass die Handlungsweise des Henoch eine Option für alle Menschen ist. Wie sich im Folgenden noch zeigen

2487 Demnach war Metatron vor seiner Verbindung mit dem irdischen Henoch eine himmlische emanierte Kraft.

2488 Sefer Me'irat ʿEnajim, ed. A. Goldreich, Jerusalem 1981, S. 47.398-399; bei M. Idel, Hanoch – Tofer Minʿalim haja, S. 266f.

2489 Pardes Rimmonim, Jerusalem (Munkacz) 1962, Schaʿar 22, cap. 4, S. 108b; eine nicht gleiche, aber doch verwandte Version bei Josef Karo, Maggid Mescharim, Jerusalem 1960 (Ausg. 'Ora), mi-Kez, S. 42a.

wird, versteht der Bescht in seiner Version diese Andeutung als eindeutige Aufforderung und Pflicht für alle Menschen.[2490]

5.3.1 Die Deutung der Henochlegende durch den Bescht

Mit der Erörterung der beiden beim Bescht verbundenen Traditionen ist die Voraussetzung für das Verständnis seiner eigenen Deutung der Henochlegende geschaffen. In diesem Kontext ist der vom Bescht zusätzlich angefertigte Rahmenmidrasch zu Kohelet 9, 10 wichtig, der in den Äußerungen des Bescht mehrfach wiederkehrt. In einer anderen Kurzversion der Beschtschen Deutung von Koh 9,10 wird sehr präzise gesagt, was der Bescht hinter dem Zusammennähen des Schusters Henoch sieht:

> » ›Alles, was deine Hand zu tun findet, tue mit deiner Kraft‹ (Koh 9, 10) Henoch Metatron bewirkte mit jeder Naht einen Jichud des Heiligen, E.s.g., mit seiner Schechina [...] und dadurch verbindet er das materielle Tun der unteren Welt durch das Denken ... mit der oberen, geistigen Welt. Und dadurch erfüllt er das Gebot ›Erkenne ihn auf all deinen Wegen‹ (Prov 3,5).«[2491]

2490 Demgegenüber wird die Henochtradition in der dem Hasidismus unmittelbar vorangehenden lurianischen Kabbala auf die Ebene des historiosophischen Mythos verschoben, nach dem das Tun des Henoch einer einmaligen heilsgeschichtlichen Situation zugehörte und eine Teilrestitution der Adamssünde herbeiführen konnte. Nach dieser Version ist eine Vorbildfunktion des Henoch für alle Menschen völlig ausgeschlossen, dies umso mehr, als nach der sinaitischen Toraoffenbarung ohnehin eine gänzlich veränderte Situation als zur Zeit des Henoch eingetreten ist. Vgl. M. Idel, Hanoch-Tofer Min'alim haja, S. 272-275.

2491 Sefer Ba'al Schem Tov I, S. 111 § 182; Moshe Hallamish, Ha-Kabbala ba-Tefilla, weist allerdings darauf hin, dass schon Moses Cordovero an den erwähnten Stellen gleichfalls von allen Handlungen der Menschen, nicht nur von der Gebotserfüllung spricht. Ja die Verbindung mit dem Koheletvers bietet auch er schon in seinem Kommentar zum *Sohar*: » ›Auf all deinen Wegen erkenne ihn‹, sogar bei weltlichen Dingen hege man die Absicht auf den oberen Jichud. Wenn man ein Haus baut spreche man: Siehe, das Haus ist die Schechina, und ich baue ein Haus, das der Schmuck der Schechina ist, und wenn ich als Mensch darin wohne, dann ist Tif'eret (VI) in der Malchut (X);« es folgen noch weitere Beispiele, 'Or Jakar, Jerusalem 1986, Bd. 14, S. 51; dazu vgl auch B. Sack, Be-Scha'are ha-Kabbala schel Rabbi Mosche Cordove*ro*, Be'er Scheva' Jerusalem 1995, S. 225; auf R. Mosche Hajjim Luzzatos Einfluss verweist, Y. Tishby, 'Ikvot R. Mosche Hajjim Luzzato be-Mischnat ha-Hasidut, in: Zion 43 (1978), S. 201-234; auch Jesaja Horovitz in seinen »Schne Luchot ha-Brit« Lehrt die 'Avoda ba-Gaschmijut: »Und ich meine, dass es nicht genug ist, wenn man sagt: Im Namen Gottes tue ich diese alltägliche Arbeit (Mel'acha Gaschmijut), sondern man sage es in den Worten, wie bei der Gebotserfüllung, nämlich le-Schem Jichud ha-Kadosch baruch hu' ...«, Schne Luchot ha-Brit, S. 60b.

Der Ausführung des Bescht zufolge ist der Mensch dazu aufgefordert in allem und überall Gott zu dienen. Dies geschieht dadurch, dass man das körperliche alltägliche Tun mit einem noch näher zu definierenden Denken verbindet, wie dies auch Henoch tat, der hier deutlich als Vorbild für alle Menschen dargestellt wird. Das entscheidend Neue an der beschtschen Deutung ist darin zu sehen, dass er den *Jichud*, der ursprünglich im sefirotischen Bereich erreicht werden sollte, nun auf der Handlungsebene des Menschen ansiedelt. Die nach dem theurgischen *Mizwa*-Segen begangene Gebotserfüllung sollte nach Auffassung der Kabbalisten einen *Jichud* in der sefirotischen Welt zur Folge haben. Cordovero übertrug in seiner Version der Henochlegende diese Wirkung von der Gebotserfüllung auf das handwerkliche Tun des Henoch, der mit seinem alltäglichen Handwerksgeschäft den sefirotischen *Jichud* erreichte. Auch der Bescht spricht hier nicht von der Gebotserfüllung, sondern vom Alltagshandeln. Des Weiteren gestaltet sich der *Jichud* beim Bescht nicht mehr als ein innersefirotischer Vorgang ›hoch oben am Himmel‹, sondern erweist sich als ein anthropologisches Ereignis. Der *Jichud* ist die Verbindung des irdischen Handelns des Menschen mit seinem eigenen Denken, was im und am Menschen vollzogen wird. Demzufolge ist der Bescht der Auffassung, dass durch das alltägliche Handeln dasselbe Ziel wie durch die Gebotserfüllung erreicht werden kann. Jedoch ist dieses Ziel nicht mehr sefirotischer, sondern anthropologisch-epistemologischer Natur. Damit erhält das alltägliche Handeln – vorausgesetzt es wird mit dem entsprechenden Denken verbunden – dieselbe religiöse Dignität wie die Gebotserfüllung.

Im Folgenden muss nun die Art des Denkens näher bestimmt werden, das mit der alltäglichen Handlung verbunden werden soll. Martin Buber hatte seine Deutung des Hasidismus gerade an dieser Stelle verankert und, wie oben schon dargestellt, daraus geschlossen, dass im Hasidismus der Alltag dadurch geheiligt wird, dass man seine ganze Konzentration (*Kawwana*) auf das jeweils zu verrichtende Werk ausrichtet. Gerade darin liegt aber die entscheidende Verkürzung der hasidischen Auffassung durch Buber. Denn das vom Bescht geforderte Denken, das die Alltagshandlung zum Gottesdienst werden lassen kann, ist eben nicht ein auf das Materielle, sondern ein auf die Transzendenz ausgerichtetes Denken. Dies wird schon aus den oben angeführten Worten deutlich: »Das Denken wird *'En Sof* genannt und JHWH, und das Tun ist *'ADoNaJ*. Und wenn man beim Vollbringen einer Tat das Tun mit dem Denken verbindet, wird dies Jichud, Vereinung, des Heiligen, E.s.g., mit seiner Schechina genannt.«[2492] Eine

2492 Sefer Ba'al Schem Tov I, S. 107 § 179, nach Toledot Ja'akov Josef wajera 20a; u. vgl. Zafnat Pa'aneach, New York o.J., S. 118c; *Ben Porat Josef*, Pietrkov 1884, S. 55d; Keter Schem Tov, Ausgabe Brooklyn 1987, S. 7a, § 42 und bei M. Idel, Hanoch – Tofer Min'alim haja, in: Kab-

weitere vom Bescht überlieferte Version der Henochlegende wird an dieser Stelle noch etwas deutlicher:

» ›Alles, was deine Hand [zu tun] findet‹ (Koh 9, 10), das heißt jedwedes Tun, ›tue es mit deiner Kraft‹ (ebda.), mit der Kraft deiner Seele und deines Denkens sollst du es tun, um den Heiligen, E.s.g., mit seiner Schechina zu verbinden, ›denn nicht‹ (ebda.), denn wenn du nicht glaubst, dass die Gegenwart des Namens (Gottes), E.s.g., in allen Dingen ist, und du mit allem was es in der Welt gibt, Jichudim vollbringen kannst, mit allen Arbeiten, Handel und Wandel, Essen und Trinken; und wenn du daran nicht glaubst und dies nicht tust, und dies als flüchtig erachtest und davor flüchtest, dann ist in der Tat dein ›Schaffen und Planen und deine Erkenntnis und Weisheit in der Unterwelt, wohin du gehst.‹ (ebda.)«[2493]

Das Denken, das das menschliche Handeln begleiten soll, um es als Gottesdienst zu gestalten, ist das erkennende Denken, das in allem die Immanenz der Gottheit begreift. Dann wird das irdische Handeln und Geschehen als stets mit der Gottheit verbunden erkannt, und gemäß der Deutung des Bescht die hohe Stufe Henochs erreicht. In Analogie zu den Fremden Gedanken hebt das Wissen um die Gottesgegenwart in allem die Trennung der Dinge auf und lässt sie als gotterfüllt erscheinen. Es soll nicht das Werk in seiner eigenen Würde gesehen werden, wie das Martin Buber verlangte, vielmehr besteht die Würde des Werkes darin, dass in ihm die Transzendenz präsent ist, und dieses Geschehen ohne diese göttliche Präsenz eigentlich wie nichts und völlig unbedeutend ist. Den entscheidenden Faktor nimmt die menschliche Erkenntnis ein. Demzufolge ist eigentlich alles gut und göttlich, sofern der Mensch dies aber nicht erkennt, wird es böse und zu einer nur irdischen nichtgöttlichen und eingebildeten Realität. Es ist also die menschliche Erkenntnis, die darüber entscheidet ob etwas böse und profan, oder gut und gotterfüllt ist. Nicht die Wirklichkeit ändert sich, sondern deren Wahrnehmung durch den Menschen. Die Qualität der Welt und des Bösen wird demnach epistemologisch bestimmt; die richtige Erkenntnis macht sie gut, die falsche schlecht. Gottesdienst in der Dinglichkeit ist demnach das normale alltägliche Handeln des Menschen unter der Voraussetzung, dass der Mensch hier überall Gott begreift und die irdischen Dinge nicht als getrennte und eigene Existenzen wahrnimmt. Diesen Erkenntnisvorgang bezeichnet der Bescht nun mit der kabbalistischen Tradition als *Jichud*, als die Vereinigung der beiden *Sefirot Tif'eret* und *Schechina*.

bala. Journal for the Study of Jewish Mystical Texts, Los Angeles V (2000), S. 265-286, hier S. 278; Sefer Ba'al Schem Tov I, S. 111 § 182.

2493 Sefer Ba'al Schem Tov I, S. 107, Anmerkung 154, nach Hechal ha-Beracha.

5.4 Der *Jichud* nach der traditionellen kabbalistischen und der beschtschen Auffassung

Aus den bisherigen Darlegungen wird auch der zentrale Begriff der Kabbala, der *Jichud*, die Vereinung, völlig neu gedeutet. Der Auffassung der älteren Kabbala zufolge ist der *Jichud*, wie es noch deutlich die Begleittexte zum Gebotssegen erkennen lassen, ein Vorgang, der sich in der göttlichen Welt, im Bereich der *Sefirot*, abspielt. Dies gilt auch dann, wenn der Vollzug dieser sefirotischen Vereinigung durch das theurgische Handeln der Menschen ausgelöst wird. Der *Jichud* ist darum in der älteren Kabbala ein rein theosophischer Begriff und bezeichnet entweder die Vereinung der beiden innersefirotischen Paare *Vater* und *Mutter* (II und III), die von *Sohn* und *Tochter* (*Tif'eret*) und *Schechina* (VI und X), oder die Vereinung aller *Sefirot*. Dies verhält sich beim Bescht, auch wenn er sich teilweise der Sprache der älteren Kabbala bedien, ganz anders. Die ursprünglich zwei unterschiedenen Aktionsebenen, hier irdisches theurgisches Handeln als Ursache und dort der *Jichud* als innergöttliche Wirkung, sind beim Bescht aufgehoben und zu einer Ebene verschmolzen. Der *Jichud* ist in dem beschriebenen Erkenntnisvorgang umschlossen und findet nun auf der menschlichen Handlungsebene statt. Der Bescht drückt dies in einer überaus kurzen, aber prägnanten Formulierung in einer Auslegung eines Sohartextes aus. Im *Sohar* heißt es: »Das erste aller Gebote ist es, Ihn zu erkennen, im Allgemeinen und im Detail.« Dazu bemerkt der Bescht unter anderem: » Das ›erkennen‹ ist der Jichud, wie es in der Schöpfungsgeschichte (Gen 4,1) heißt ›Und der Adam (Mensch) erkannte Eva, seine Frau‹.«[2494] Der *Jichud* ist nun ein epistemologischer Begriff geworden. Die richtige Erkenntnis der totalen Gottesimmanenz ist der *Jichud*. Er findet durch und in der Erkenntnis des Menschen statt.

Der erotische Bezugstext für den Erkenntnisbegriff wirkt indessen auch in dieser Hinsicht nach. Diese vom Menschen geforderte Erkenntnis ist kein abstrakter philosophischer, sondern ein höchst emotionaler Vorgang, den der Bescht unter Aufnahme der erotischen Konnotationen folgendermaßen beschrieben hat:

> »Es gibt auch *Jichudim* in allem Reden und allen irdischen Erzählungen, wie ich im Namen meines Lehrers hörte, nämlich dass er selbst sich mit der Schwester der Herrin (*Schechina*) durch das Geschichtenerzählen vereint.«[2495]

Wie oben schon festgestellt wurde, wird die *Schechina* auch als die »Welt des Wortes« bezeichnet. Es scheint demnach, dass die hier genannte Schwester der

2494 Sefer Ba'al Schem Tov II, S. 16 § 3.

2495 Sefer Ba'al Schem Tov I, S. 79 § 112, *Toledot Ja'akov Josef*, Schemot, S. 40c.

Schechina eben das zu ihr zugehörige göttliche Wort ist, mit dem sich der Bescht vereint. Der Herausgeber der Anthologie der Bescht-Worte, Menachem Mendel Wadnik, weist in diesem Zusammenhang zu Recht auf einen anderen Midrasch des Bescht hin,[2496] aus dem hervorgeht, dass »das Reden eine Art der Annäherung [an Frauen] ist, die zum Beischlaf führt.«[2497] Mit dieser emotionalen Beschreibung der Gotteserkenntnis ist ein Thema verbunden, von dem Gershom Scholem erklärte, dass es das Zentrum des Hasidismus schlechthin sei, nämlich die *Devekut*, die mystische Verbindung mit der Gottheit.[2498]

5.5 *Devekut – unio mystica* – Ziel Aller oder nur Weniger?

Gershom Scholem eröffnet seinen klassisch gewordenen Aufsatz zur »Devekut, or Communion with God«[2499] mit den in der neueren Forschung nicht ganz unumstrittenen Diktum:

> »Every discussion of Hasidic doctrine has to start with a basic question, namely. Is there a central point on which Hasidism is focused and from which its special attitude can be developed? I think there can be little doubt that there is, indeed, such a focal point, the discussion of which will take us right into the heart of the problem. This is the doctrine of *devekut*, the practical application of which has determined the spiritual physiognomy of Hasidism.«[2500]

Ohne Zweifel bildete das Erreichen der *Devekut* von Anbeginn ein zentrales Ziel der hasidischen Religiosität. Jedoch ist die Frage zu beantworten, in welchem Maße sie als eine Aufgabe und erreichbare Möglichkeit für jeden einzelnen Hasid angesehen wurde. Scholem ist in diesem Punkt schwankend. Zunächst erklärt

2496 Sefer Ba'al Schem Tov II, S. 182 § 62.

2497 Sefer Ba'al Schem Tov I, S. 80, Anm. 91.

2498 Vgl. G. Scholem, Devekut, or Communion with God, in: ders., The Messianic Idea in Judaism. And Other Essays on Jewish Spirituality, New York 1971, S. 203-227; das selbe auch in G. D. Hundert (Hg.), Essential Papers in Hasidism. Origins to Present, New York and London 1991, S. 275-298. M. Idel, Kabbala, New Perspectives. New Haven London 1988, S. 35-73.

2499 M. Idel, The Messianic Idea in Judaism. And Other Essays on Jewish Spirituality, New York 1971, S. 203-227; das selbe auch in G. D. Hundert (Hg.), Essential Papers in Hasidism, S. 275-298; u. vgl. M. Pechter (Pachter), The Concept of Devekut in the Homiletical Ethical Writings of Sixteenth Century Safed, in: I. Twersky (ed.), Studies in Medieval Jewish History an Literature (2 Vols.) Cambridge, Mass. 1979-84, vol II; wieder in: Roots of faith and Devekut. Studies in the History of Kabbalistic Ideas, Los Angeles 2004, als Devequt in Sixteenth Century Safed, S. 235-316.

2500 M. Idel, The Messianic Idea, S. 203.

er mit Nachdruck, dass das Konzept der *Devekut* als solches nicht eigentlich neu sei, was durch die hier erfolgte Darstellung des jüdischen Denkens bestätigt wird,[2501] dass allerdings deren Position in der religiösen Hierarchie verändert worden sei. Während in der älteren Kabbala die *Devekut* das Endziel eines langen mystischen und asketischen Bemühens gewesen sei, habe sie der Bescht an den Anfang des religiösen Weges gestellt und damit praktisch für jedermann zur religiösen Grundpflicht gemacht. Dieser Auffassung hat Ada Rapoport-Albert widersprochen[2502] und auf die elitistische Natur dieser Forderung verwiesen, die kaum von jedermann zu erfüllen war; ein Einwand, den auch Scholem im Verlauf seines Aufsatzes anerkennt. Besonders nachdrücklich hat Mendel Piekarz Scholem widersprochen.[2503] Piekarz verweist auf die dem Hasidismus vorangehende und zeitgenössische Moralliteratur, in der wichtige Äußerungen zur *Devekut* im Hasidismus schon vorweggenommen und von den Lehrern der Hasidim, insbesondere Ja'akov Josef aus Polna'a, bewusst aufgenommen wurden. Aus diesem Grund kann den Hasidim hinsichtlich der spezifischen Stellung der *Devekut* keine Priorität zugesprochen werden. Piekarz Darstellung zufolge übernahmen die Hasidim ebenfalls die schon vorgegebene Auffassung von der *Devekut* als einer Frömmigkeitsform für eine zahlenmäßig geringe Elite. Da die Elite das gemeine Volk lediglich in mittelbarer Weise an der *Devekut* teilhaben lasse, folgert Pieckarz, dass die Zentralität der *Devekut* so nicht gegeben, an ihrer Stelle vielmehr die Lehre vom *Zaddik* zu sehen sei. Schließlich betont er, dass der tatsächlich häufig gebrauchte Begriff *Devekut* in der hasidischen Literatur nicht immer eine mystische Kategorie bezeichne, sondern oft nur Hingabe, Eifer, Gottesfurcht und ähnliche emotionale Frömmigkeitsformen bezeichne. Vieles des von Piekarz Genannten wird im Verlauf der weiteren Erörterungen wieder aufgegriffen werden und seine Bestätigung finden.

Doch zurück zu Scholem. Er verweist in seinem genannten Aufsatz außerdem auf seine mehrfach geäußerte Meinung, dass mit der *Devekut* beim Bescht – im Gegensatz zum Maggid aus Mesritsch – keine *unio mystica*, sondern allen-

2501 Vgl. Bd. I, S. 523.582f. u. 520-523; Bd. II Kap. Kabbala III. B.5.4.1; VI. 5.2 etc.

2502 A. Rapoport-Albert, God and the Zaddik as the two Fokal Points of Hasidic Worship, in: G. D. Hundert (Hg.), Essential Papers in Hasidism, S. 299-329.

2503 In seinem Buch Between Ideology and Reality. Humility, Ayin, Self-Negation and Devekut in the Hasidic Thought, Jerusalem 1994 (Ben Ideologija le-Mezi'ut. 'Anawa, 'Ajin, Bittul mi-Mezi'ut u-Devekut be-Machschavtam schel Rasche ha-Hasidut), hier besonders das vierte Kapitel: »Devekut« - Ma'amadah u-Maschma'utah 'ezel Rasche ha-Hasidut u-Moreha; dasselbe schon in seinem englischen Aufsatz Hasidism as a Socio-religious Movement on the Evidence of Devekut, in Hasidism Reappraised, ed. A. Rapoport-Albert, London-Portland 1996, S. 225-248; vgl. Auch G. Nigal, 'Al Mekorot ha-Devekut be-Sifrut Reschit ha-Hasidut, in: Kirjat Sefer 46 (1971), S. 343-348.

falls eine »communio« gemeint sei.[2504] Erwähnenswert ist in diesem Zusammenhang außerdem Scholems Hinweis auf den Torakommentar des Geronenser Kabbalisten Moses Ben Nachman (RaMBaN, 1194-1270), in dem dieser Dtn 11, 22, die Grundstelle für alle Lehren von der *Devekut*, in einer Weise auslegt, die den Formulierungen des Bescht sehr nahe kommt. Moses Ben Nachman versteht die *Devekut* dort als stete Ausrichtung des Denkens auf Gott, so dass man selbst, wenn man mit anderen Menschen spricht, seine Konzentration nicht auf die Gesprächspartner auszurichten vermag, weil man fortwährend in der Gegenwart Gottes steht. Solche auf Gott ausgerichtete Menschen können darum bereits in diesem irdischen Leben am ewigen Leben teilnehmen.[2505] Beide von Scholem vorgetragenen Auffassungen von der hasidischen *Devekut* und deren Kritik seitens Rapoport-Alberts und Piekarz' müssen nun an den Äußerungen des Bescht selbst geprüft werden.

5.5.1 Die *Devekut* nach der Auffassung des Bescht

Die bisherigen Ausführungen zur *Devekut* in der vorliegenden Darstellung haben gezeigt, dass das Weltbild des jeweiligen Autors ausschlaggebend für die Lehre von der *Devekut* ist. Für die Hechalotmystiker, die in räumlich personalen Kategorien dachten, bedeutet die *Devekut* die Teilnahme an der Liturgie des in den Himmel gestiegenen Mystikers vor dem Thron Gottes.[2506] Bei dem mittelalterlichen Philosophen Dunasch Ibn Tammim haftet der menschliche Intellekt am göttlichen Intellekt an. Dementsprechend lässt der von der aristotelischen Philosophie beeinflusste 'Asri'el aus Gerona, das menschliche Denken bis zur *Sefira Hochma* (II, Weisheit) emporsteigen,[2507] während sein platonisierender Kollege von der *Devekut* der Seele an der oberen Seele spricht. Hingegen lässt Josef Gikatilla die Seele des Menschen an den verschiedenen *Sefirot*[2508] haften. Angesichts dieses Befundes ist zu erwarten, dass die Vorstellungen von der *Devekut* beim Bescht aufs engste mit seiner alphabetologischen Schöpfungslehre verbunden sein müssen. Um diesen Zusammenhang herzustellen, war dem Bescht die biblische Geschichte von Noahs Arche gerade willkommen, da das hebräische Wort für Arche, *Teva*, zugleich auch »Wort« bedeutet. Dem Bescht zufolge erhält Noah von Gott folgende Anordnung:

2504 M. Idel, The Messianic Idea, S. 213f.222.

2505 Perusche ha-Tora le-Rabbenu Mosche ben Nachman, ed. H. Schewel, Jerusalem 1960, II, S. 395; vgl. auch M. Maimonides, Führer der Verwirrten, III, 51; Weiss, S. 343ff.

2506 Vgl. Bd. I, S. 310ff.

2507 Vgl. Kap. Kabbala III. B.5.4.1u. ferner K. E. Grözinger, Neoplatonisches Denken Hasidismus und Kabbala, FJB 11 (1983), S. 57-89.

2508 Vgl. o. Kap. Kabbala VI.4.3 u. 5.2.

» ›Eine Lichtöffnung (ZoHaR) aber sollst du an der Arche (Teva) machen und zur 'Amah (Elle) hin sollst du sie von oben her vollenden‹[2509] (Gen 6,16) etc.

Rabbi Jisra'el Baʿal Schem, seligen Angedenkens, sagte: Eine Lichtöffnung mache dem Wort (*Teva*) (das der Mensch beim Torastudium und Gebet spricht), damit das Wort erleuchtet wird (MaZHiR). Denn in jedem Buchstaben gibt es Welten und Seelen und Gottheit, und sie steigen hinan und verbinden sich und vereinen sich miteinander und mit der Gottheit. Und danach vereinen sich die Buchstaben und verbinden sich und es entsteht ein Wort (*Teva*) und hernach werden sie zu wahrhaften *Jichudim* in der Gottheit. Und der Mensch muss seine Seele in all die genannten Aspekte hinein geben. Dann vereinen sich alle Welten in eins, und sie steigen hinan und es entsteht große Freude und großes Entzücken, ohne Maß.«[2510]

Wie erwartet, ist die Gottheit in den Buchstaben präsent; sie verbinden sich zu Wörtern, in denen gleichfalls die Gottheit leuchtet. In diese göttlichen »Archen« soll der Mensch seine Seele hinein geben, so dass sie mit allen Buchstaben zusammen eine Einheit bildet und dadurch den Zustand der Glückseligkeit erreicht. Die Identifikation von Gottheit und Buchstaben formuliert der Bescht gelegentlich nahezu häretisch, wenn er meint, das Gebet müsse nicht an »Gott«, sondern an die Buchstaben gerichtet werden: Im Gebet »soll man von den Buchstaben erbitten, das heißt von dem Mysterium des Gotteslichtes in ihnen« oder »tatsächlich von den Buchstaben soll man erbitten.«[2511]

Fehlt in dem soeben zitierten Text zu Noahs Lichtluke noch der erwartete terminus technicus *Devekut*, so taucht er dagegen in der folgenden Passage auf. Der Text spricht vom Menschen im Zustand der *Katnut*, der Kleinheit, aus dem heraus er wieder in die *Gadlut*, die Größe, kommen soll. Die Kleinheit ist die Situation, in der man nicht in der Gottesanhaftung steht, wohingegen der Zustand der Devekut als Größe bezeichnet wird. Beides sind Termini der lurianischen Kabbala und bezeichnen dort die günstigen und die ungünstigen sefirotischen Konstellationen. Beim Bescht sind beide Begriffe aus dem Bereich der Theosophie in den der Anthropologie überführt worden:

» ›Die Augen des Weisen sind in seinem Haupt‹ (Kohelet 2, 14), damit er erkennt und versteht: Wenn die Zeit geeignet ist, um seine Intention auf das innerste Mysterium auszurichten und sich zu entzücken, ist es gut. Wenn er a-

2509 Die Übersetzung dieses unklaren Verses folgt hier dem vom Bescht unterlegten Sinn.

2510 Sefer Baʿal Schem Tov I, S. 119 § 15; I, S. 123 § 17; dazu s. M. Idel, Hasidism: Between Ecstasy and Magic, S. 149-170 u. I. Etkes, Baʿal ha-Schem, S. 158-160.

2511 Sefer Baʿal Schem Tov I, S. 123 §21 und S. 124 §22.

ber sieht, dass er im Mysterium der Kleinheit ist, dann kann er seine Intention nicht darauf ausrichten, weil dann die Fremden Gedanken sich seiner bemächtigen. Dann soll er wie ein eintägiger Säugling aus einem geschriebenen Text beten, wie dies mein Lehrer von sich selbst bezeugte, dass er einmal in einem anderen Land in diesem Zustand war, so dass von ihm all das Genannte entwichen war. Da heftete (*medabbek)* er sich selbst an die Buchstaben etc. – und er sagte, wenn man aus einem geschriebenen Text betet und sich an die Buchstaben heftet (*medabbek*), dann hebt man die untere Welt (den Aspekt der ʻAsija) empor [...] und er gebot jedem einzelnen so zu tun – bis er wieder zu seiner hohen Stufe zurückgekehrt war.«[2512]

Die Buchstaben, an die der Mensch sich heften soll, um mit Gott in Beziehung zu treten, sind weder Symbole noch Metaphern, sondern konkrete Buchstaben, die in ausgeschriebener Form umso präsenter sind. Mit Hilfe der Buchstaben, vor allem der des Gebetstextes, kann der Mensch die Gottesferne überwinden und sich an die Gottheit selbst heften. Dies wird im Folgenden deutlich:

»Von meinem Lehrer habe ich gehört: Wenn man sieht, dass Verhängnisse über einem hängen, dann lerne man am Morgen mit *Deveka* (=Devekut, Anhaftung) und Lust und hefte (*jidbok*) sich selbst an das Innere des Lichtes von 'En Sof an, das in den Buchstaben ist.«[2513]

Die direkte Kontaktaufnahme mit der Gottheit, die in den Buchstaben des Gebets präsent ist, ermöglicht es, das den Menschen bedrohende Unglück in der Einheit des Göttlichen zu neutralisieren. Möchte sich der Mensch in die *Devekut* mit der Gottheit, mit *'En Sof*, begeben, so muss er sich der Innenseite der hebräischen Buchstaben zuwenden, in denen Gott sich den kosmologischen Lehren des Bescht zufolge befindet. *Devekut* findet schlichtweg an den Buchstaben statt. Entsprechend definiert es Jaʻakov Josef einmal im Namen des Bescht:

»Die Sache der *Devekut* an Ihm, sein Name sei gesegnet, geschieht durch die Buchstaben der Tora und des Gebetes, nämlich dass man sein Denken und sein Inneres an das Innere und die Geistigkeit heftet (*dvk*), die in den Buchstaben ist, im Mysterium [der Worte] ›Er küsse mich mit den Küssen seines Mundes‹ (Hoheslied 1,2), in Devekut (Haftung) des Geistes am Geist.«[2514]

2512 Sefer Baʻal Schem Tov I, S. 129 § 46; Ketonet Passim, ed. G. Nigal, Jerusalem 1985, S. 298.

2513 Sefer Baʻal Schem Tov II, S. 20 § 5.

2514 Sefer Baʻal Schem Tov II, S. 175 § 40; der Maggid formuliert dies so: »Die Devekut ist, wenn man ein Wort ausspricht es dann lange hinzieht, weil man wegen der Devekut sich nicht von ihm trennen will ...«, Likkutim Jekarim, Jerusalem 1974, S. 4a, bei I. Etkes, Baʻal ha-Schem, S. 159; s. J. Weiss, Talmud Tora be-Reschit ha-Hasidut, in: ha-*Do'ar* 44 (1965), S. 615-617;

Im Lichte dieser Bedeutung des Toratextes erhält das traditionelle Torastudium einen neuen Sinn. Es geht nicht darum, dass der Mensch hier den Willen Gottes begreift[2515] oder das göttliche Gebot des Torastudiums befolgt. Das Torastudium wird vielmehr einer völlig neuen Kategorie zugeordnet; es wird mystische Beschäftigung. Die alten Rabbinen bezeichneten die höchste Stufe des Torastudiums, das Studium das nicht im eigenen Interesse und ohne sonstige Absichten betrieben wird, als Studium *li-Schmah*, um seines eigenen Namens willen, ein Studium um seiner selbst willen.[2516] Der Bescht glaubt gerade im mystischen Interesse am Torastudium die Erfüllung des Ideals eines Studiums um seiner selbst willen erkennen zu können. In einer Beschreibung des mystischen Torastudiums fügt er noch einen weiteren Gedanken hinzu, der sich als Erbe der mittelalterlichen Philosophie erweist. Es handelt sich dabei um die Auffassung, der Prophet sei ein Mystiker und das prophetische Ereignis ein mystischer Akt.[2517] Hier zeigt sich eine durchaus eigennützige Zweckbestimmung des Torastudiums, das der Bescht als die höchste Stufe des Lernens »um seiner selbst willen« bezeichnet:

> »Von meinem Lehrer habe ich empfangen, dass das Wesentliche des Torastudiums und des Gebetes ist, dass man sich selbst an das Innere und die Geistigkeit des Lichtes von *'En Sof* heftet, das in den Buchstaben der Tora und des Gebetes ist. Und dies wird Studium um seiner selbst willen genannt. Und darüber sagte R. Me'ir:[2518] Jeder der sich mit der Tora um ihrer selbst willen befasst, gewinnt vieles und man offenbart ihm die Mysterien der Tora etc. Das heißt dass er aus der Tora die Zukunft und alles, was in ihr geschehen wird, erkennt. Und er weiß, wie mit der Tora und dem Dienst am Namen (Gott), E.s.g., umzugehen ist, und obendrein sieht er die oberen Welten –

ders., Talmud Tora le-Schitat R. Jisra'el Bescht, in: Tif'eret Jisra'el, Sefer ha-Jovel li-khevod ha-Rav R. Jisra'el Brodi, London 1967, S. 151-169.

2515 Es ist nicht wichtig dass man den Inhalt der Worte versteht, sondern »R. Jisra'el Ba'al Schem sagte: Wenn der Mensch in der Tora liest und die Lichter der Buchstaben in der Tora sieht, auch wenn er die Akzente nicht richtig versteht, wenn er nur mit großer Liebe und Entflammung liest, nimmt es der Name (Gott), E.s.g., nicht so genau mit ihm, auch wenn er die Worte nicht richtig ausspricht.« ; Sefer Ba'al Schem Tov I, S. 125 § 30.

2516 Vgl. R. Goetschel, Torah lishmah as a Central Concept in the Degel mahaneh Efrayim of Moses Hayyim Ephraim of Sudylkow, in: Hasidism Reappraised, ed. A. Rapoport-Albert, S. 258-267.

2517 Vgl. Bd. I., S. 419ff.468ff.524ff.

2518 mAvot 6,1.

dergleichen hörte ich aus dem Mund meines Lehrers. Die Worte des Weisen sind wohlgefällig.«[2519]

So wie für die mittelalterlichen Philosophen das intellektuelle Studium zur Prophetie, das heißt zur Erfüllung des menschlichen Daseins führte, so erreicht man dieses Ziel nach Auffassung des Bescht durch das mystische Studium der Tora. Dieses ermöglicht ihm die *Devekut*, die eben der Zustand des Propheten ist.

Die Devekut ist nach der Auffassung des Bescht nicht eine von verschiedenen Formen des Gottesdienstes, oder ein Ziel der persönlichen Frömmigkeit, das irgendwann am Ende eines gottergebenen Lebens steht. Sie ist vielmehr die wahre Form des Gottesdienstes. In einem Kommentar zu der vielzitierten Stelle Gen 15,6 nach welcher es der Glaube war, der Abraham von Gott zur Gerechtigkeit angerechnet wird, sagt der Bescht: »Der Glaube an Ihn, Er sei gesegnet, das ist die *Devekut* (Deveka) und sie ist die äußerste Vollkommenheit.«[2520] Eine noch extremere Formulierung überliefert das so genannte Testament des Ba'al Schem Tov: »Sogleich wenn sich der Mensch vom Namen [Gott] , E.s.g., trennt, übt er schon Götzendienst; es gibt nichts dazwischen.«[2521] Das bedeutet, dass selbst die traditionelle Religiosität ohne *Devekut* dem Götzendienst zugerechnet wird. Die *Devekut* stellt demnach nicht nur die zentrale religiöse Forderung dar, sondern bezeichnet einen Zustand, den der Mensch nie verlassen sollte. Es ist darum nicht verwunderlich, dass der Bescht gerade in diesem Zusammenhang den alten Begriff des Zaddik neu definiert. Nach der rabbinischen Auffassung ist der Zaddik ein Mensch, der dank seines Handelns und Erfüllens der Gottesgebote vor dem himmlischen Tribunal als gerecht, als *Zaddik*, erklärt wird.[2522] Demgegenüber definiert der Bescht den *Zaddik* von der Fähigkeit zur *Devekut* her. *Zaddik* ist, wer fähig zur *Devekut* ist. Diese Definition ist ein erster Vorbote für die spätere technische Verwendung des Begriffes *Zaddik*. Diese späte technische Verwendung bezeichnet den Führer der hasidischen Gemeinde als *Zaddik*, weil man nur ihn für befähigt hält in die *Devekut* einzutreten.[2523] Der Bescht formuliert dieses neue Paradigma des *Zaddik* aber noch nicht im Sinne eines religiösen Spezialisten, sondern in Bezug auf jeden Juden, von dem die *Devekut* erwartet

2519 Sefer Ba'al Schem Tov II, S. 174 § 36; u. vgl. Sefer Ba'al Schem Tov I, S. 175 § 39; Me'ir Margaliot in seinem Sod Jachin und Bo'as, Satumare o.D., S, 4a, nach R. Scha"z-Uffenheimer, Ha-Hasidut ka-Mistika, Jesodot Kwietistijim ba- Machschava ha-hasidit ba-Me'a ha-18, Jerusalem 1968, S. 158 Kap. 12 B'ajat Limmud Tora ba-Hasidut, vgl. Hasidism as Mysticism, Jerusalem 1993, c. 14, S. 312.

2520 Sefer Ba'al Schem Tov I, S. 213 § 29 u. vgl. die zugehörige Anm. 40.; Toledot Ja'akov Josef, schelach, S. 132a.

2521 Ziw'at ha-Rivasch, Brooklyn 1975, S. 24 § 76.

2522 Vgl. Bd. I, S. 238f.

2523 Vgl. u. IV.4.3-4.3.3; V. B.3.1.

werden kann. Aber schon der folgende Text zeigt an, wie schwierig dieses Ziel tatsächlich zu erreichen ist:

> »Die Hauptsache für die Vollkommenheit eines jeden Zaddik ist, dass seine *Devekut* nicht unterbrochen wird, auch nicht einen Augenblick, selbst nicht, wenn er mit den Menschen über die weltlichen Angelegenheiten reden muss. In diesem Fall sehe er zu, dass er über die Sache in einer Weise redet, dass seine Devekut, Gott bewahre, nicht unterbrochen wird. Sogar wenn er ein Gebot erfüllt, sei er überaus vorsichtig, dass ihm beim Nachdenken über die Durchführung des Gebotes seine *Devekut* nicht abhanden kommt.«[2524]

Anstößiger könnte der Paradigmenwechsel gegenüber der rabbinischen Frömmigkeit kaum formuliert werden, die der vollkommenen Konzentration auf die Erfüllung und korrekte Durchführung des Gebotes das höchste Lob zollt.

Dem Bescht war aus eigener Erfahrung wohl bewusst, dass er mit der Forderung einer fortwährenden *Devekut* nichts Leichtes verlangte. Das Verharren in der *Devekut* erfordert die höchste Konzentration des Menschen, was eine kräfteraubende Anstrengung bedeutet. In diesem Sinne sagte er einmal:

> »Obwohl man das Morgen- und *Musafgebet* (Morgenzusatzgebet) am Schabbat noch mit *Devekut* beten konnte, kann man dies zu *Mincha* (Nachmittagsgebet) vor lauter Schwäche, die der Leib und das Hirn erleiden, nur noch mit geringerer *Devekut*.«[2525]

Eine kleine Anekdote aus den *Schivche ha-Bescht* weiß diesbezüglich von der eigenen Schwierigkeit des Bescht zu berichten:

> »Vom Rav der heiligen Gemeinde Polnoj habe ich gehört, dass der Bescht, wegen seiner *Devekut*, nicht mit den Menschen reden konnte und wirre sprach.
> Aber sein wohlbekannter Rabbi[2526] lehrte ihn, jeden Tag das Kapitel ›Wohl denen, die vollkommen wandeln‹[2527] und noch einige besondere Psalmen aufzusagen. Auch lehrte er ihn eine Kunst, dank derer er mit den Menschen reden konnte, ohne dass seine *Devekut* unterbrochen wurde. Von da an sagte er täglich diese Psalmen auf.«[2528]

2524 Sefer Ba'al Schem Tov I, S. 78 § 107.

2525 Sefer Ba'al Schem Tov I, S. 178 § 149.

2526 Der himmlische Prophet Achija von Schilo, vgl. K.E. Grözinger, Die Geschichten vom Ba'al Schem Tov, H 61, H 110 und die entsprechenden Anmerkungen u.o. II. A.1.4.

2527 Ps 119.

2528 K.E. Grözinger, Die Geschichten vom Ba'al Schem Tov, H 128, S. 112.

Die *Devekut* soll demnach nicht auf die Zeit des Gebetes beschränkt bleiben, sondern möglichst ununterbrochen auch die unvermeidlichen Geschäfte des Alltags begleiten, wie dies schon Nachmanides in ähnlicher Weise forderte. Man hat die dafür erforderliche Kunst einmal Bewusstseinsspaltung genannt, da der Mensch mit andern redet und Geschäfte vollführt, aber zugleich mit seinem eigentlichen Denken bei Gott ist.

Die Schwäche, die den Menschen infolge der fortwährenden Konzentration befallen kann, ist allerdings keine Schwäche des Anfängers oder überhaupt der begrenzten Kräfte des Menschen, sondern sie ist ein konstitutives Strukturmerkmal der *Devekut*. Denn je mehr die Kraft des Menschen zur *Devekut* wächst, um so höher ist der Kraftaufwand, den dieser Zustand einem abfordert. Auf die Frage, weshalb es im Zustand der Gottesanhaftung und im Empfinden, dass man dem Schöpfer nahe ist, geschehen kann, dass die *Devekut* unterbrochen wird und man sich dem Schöpfer ferne fühlt, antwortete der Bescht mit folgendem Gleichnis:

> »Wenn ein Vater seinen Sohn das Gehen lehren will [...], nimmt er seinen Sohn, stellt ihn vor sich hin, öffnet die Arme um ihn her, damit das Kind nicht zu Boden fällt, und so schreitet das Kind zwischen den ausgebreiteten Armen seines Vaters. Wenn aber das Kind nahe an den Vater herangekommen ist, entfernt sich dieser Stück um Stück nach hinten, damit das Kind weitergeht, wobei es sich wieder und wieder dem Vater nähert. Und auf diese Weise lernt das Kind gut zu gehen. Würde sich der Vater aber nicht entfernen, würde das Kind nur wenige Schritte tun. [...]
> Das ist auch die Weise des Heiligen, E.s.g., mit seinen Geschöpfen. Wenn der Mensch in der Devekut am Schöpfer entflammt, und dieser sich nicht von ihm entfernen würde, gäbe es keine machtvolle und beständige Devekut. Aber nun, da Er sich immer wieder von ihm entfernt, muss der Mensch in seiner Devekut von Mal zu Mal erstarken, denn jedes Mal, wenn er sich vom Herrn ferne fühlt, muss er das Anhaften mehr als zu Beginn erneut erringen, und dadurch gewinnt er Schritt um Schritt an Vereinung und Stärkung seiner Devekut.«[2529]

Die mystische Vereinung mit Gott, die *Devekut*, ist demnach kein einmal erreichter Dauerzustand, sondern ein dauerndes Voranschreiten, ein nicht ablassendes Ringen um die Gottesannäherung. Im Sinne Scholems kann konstatiert werden, dass nach der Lehre des Bescht die *Devekut* keine Verschmelzung des Ich mit der Gottheit darstellt, in der das Ich des Menschen aufgehoben wird. Sie ist vielmehr ein stetes Ringen um die Gottesnähe, das in Schwingungen verläuft, wobei bei fortdauernder Bewegung der Kraftaufwand zunehmend wächst. Nicht

2529 Sefer Baʿal Schem Tov I, S. 116 § 7.

in einem gelassenen Ruhen, sondern in der Aufbietung aller körperlichen und seelischen Kräfte scheint der Genuss der *Devekut* zu liegen.[2530] Die irdische Begrenzung des Menschen fordert ihren Tribut, da man von dieser Anstrengung ausruhen muss und sie selbst an einem Schabbat nicht bei allen Gebetszeiten mit gleicher Macht erhalten kann.

Die bislang angeführten Texte des Bescht zur *Devekut* lassen sie als eine mystisch-kontemplative Disziplin erscheinen, die sich von jener nur wenig unterscheidet, die in den oben beschriebenen Kreisen der vorhasidischen Studiengruppen verbreitet war und auch in der verbreiteten Moralliteratur propagiert wurde.[2531]

Demgegenüber geht Immanuel Etkes[2532] einen neuen Weg und stellt die *Devekut* des Bescht als mystisch-ekstatisches Erlebnis dar. Danach ist die *Devekut* ein ekstatisches Erlebnis, das von körperlichen Begleiterscheinungen, wie zum Beispiel starker Gestik, lauten Schreien, Schweißausbrüchen und Zittern begleitet und später auch als Himmelsreise beschrieben wird.[2533] Der grundlegende Unterschied zwischen der hier dargestellten *Devekut* als kontemplativer *unio* und dem ekstatischen Himmelsaufstieg, den Etkes als *Devekut* versteht, ist vor allem in den herangezogenen Quellen begründet. Etkes stützt sich für die ekstatischen Erlebnisse des Bescht zunächst ausschließlich auf die Legenden der Schivche ha-Bescht und führt dann wenige Beispiele aus der Homilienliteratur an, die sich tatsächlich auf das in den Legenden beschriebene beziehen können.[2534] Das oben

2530 Der Bescht nennt den Zustand der Devekut nachdrücklich ein Vergnügen (*Ta'anug*) und begründet gerade auch damit die Notwendigkeit einer Unterbrechung, weil ein andauerndes Vergnügen keines mehr sei, Sefer Ba'al Schem Tov I, S. 117-118 § 10. Ein weiterer Grund für die Unterbrechung ist der, dass die Seele des Menschen eigentlich ständig bei Gott sein will und den Körper am liebsten für immer verlassen will, durch die Unterbrechung und ihre Bindung an die körperlichen Bedürfnisse wird sie aber weiter im Körper gehalten, damit der Mensch nicht stirbt, Sefer Ba'al Schem Tov I, S. 117 § 11.

2531 Zu diesen ideologischen Vorläufern der Lehren von der Devekut s. die oben schon genannten Arbeiten von G. Scholem und A. Rapoport-Albert, außerdem: J. Weiss, Reschit Zmichatah schel ha-Derech ha-hasidit; M. Piekarz, Bi-jme Zmichat ha-Hasidut, Megamot ra'ajonijot be-Sifre Derusch u-Musar, Jerusalem 1978.

2532 Ba'al ha-Schem, ha-Bescht – Magia, Mistica, Hanhaga, Jerusalem (2000) 2001, S. 122-160.

2533 Vgl. o. II. A.1.2.6.

2534 Denselben Weg geht die unter der Betreuung von M. Idel gefertigte Dissertation von Z. Mark, Mistika we-Schiga'on be-Jezirat R. Nachman mi-Braslaw, Tel Aviv 2003. Er sieht aufgrund der »Dibbuk«-Erzählungen in den *Schivche ha-Bescht*, von den Erzählungen Besessener, die zugleich prophezeien, eine Gemeinsamkeit zwischen dem Phänomen der Besessenheit und der ekstatischen *Devekut* und kommt mit Idel zu dem Resultat, dass man zwischen Mystik und Magie nicht trennen dürfe. Er sagt dies in dem programmatischen Kapitel: Dibbuk we-Devekut be-Schivche ha-Bescht ... ,S. 18-46; er beruft sich auf M. Idel, Jewish Magic from

angeführte alphabetologisch-kontemplative Material, das heißt die Versenkung in die Buchstaben des Alphabets, interpretiert Etkes als Technik zur Erlangung der *Devekut*, die dann in eigener Dynamik zu den ekstatischen Begleiterscheinungen führt und später vom Maggid aus Mesritsch bekannt sind. In Bezug auf die von Etkes vorgenommene Identifikation der *Devekut* als Himmelsaufstieg muss allerdings betont werden, dass die *Schivche ha-Bescht* für die Himmelsaufstiege und das ekstatische Beten des Bescht gerade nicht den terminus technicus *dvk* oder *Devekut* verwenden. An den beiden einzigen Stellen, an denen in der Legendensammlung der Begriff *dvk* verwendet wird, wird er eher oder doch ganz deutlich in dem oben beschriebenen Sinn der meditativen Buchstabenmystik verwendet, wie hier noch angefügt werden soll. Es handelt sich dabei um einen Brief des Bescht an seinen Schüler Ja'akov Josef, in dem er den Versuch unternimmt, dessen Fastenpraxis zu korrigieren. Er schreibt dort unter anderem:

> »Auch rate ich bezüglich Eurer Gedankengänge, die Euch dahin [d. h. zum Fasten] führen: ›Gott sei mit Dir, Du mächtiger Held‹,[2535] an jedem Morgen, zur Stunde, da Ihr lernt, heftet (*jidbok*) Euch an die Buchstaben [der Tora] in vollkommener *Devekut*, hingegeben dem Dienst an Eurem Schöpfer, gesegnet sei Er und gesegnet sei sein Name. Dann werden die bitteren Gerichtsurteile in ihrer Wurzel in Süßigkeit verwandelt. Dadurch erleichtert Ihr Euch von den bitteren Gerichtsurteilen. ›Und versag dich nicht deinem Fleische‹,[2536] durch übermäßiges Fasten, Gott bewahre, das nicht geboten und nicht vonnöten ist! Und wenn Du auf meine Stimme hörst, wird Gott mit Dir sein! Damit laß ich's bewenden und sage Schalom, von mir, der ich stets Deinen Frieden suche!
> So spricht Israel Bescht!«[2537]

Diese Formulierungen des Bescht sind eindeutig ein Zeugnis für die alphabetsmystische Form der *Devekut* im oben beschriebenen Sinn, können also nicht für die ekstatische Auffassung herangezogen werden. Dennoch sind die Beobachtungen von Etkes zweifellos wichtig, doch sollten sie nicht mit dem Konzept der Devekut verwechselt werden. Wenn die Legenden der Schivche ha-Bescht einen historischen Kern enthalten, dann wohl die von Etkes herausgestellte ekstatische Gebetspraxis des Bescht, die ihm Seelenaufstiege ermöglichte und ihn dadurch zugleich zum himmlischen Gerichtsadvokaten befähigten. Diesen Vorgang nennt

the Renaissance Period to Early Hasidism, in: J. Neusner et. al (eds.) Religion, Science and Magic: In Concert and in Conflict, New York 1989, S. 82-117; vgl auch ders., Hasidism Between Ecstasy and Magic.

2535 Ri 6,12; Ex 18,19.

2536 Jes 58,7.

2537 K.E. Grözinger, Die Geschichten vom Ba'al Schem Tov, H 70, S. 68.

der Bescht in seinem Schreiben an seinen Schwager Gerschon Kutover nicht »Devekut«, sondern *Haschba'at 'Alijat ha-Neschama* , »Beschwörung zu einem Seelenaufstieg«.[2538] Auch finden die drei in seinem Brief und den Schivche ha-Bescht beschriebenen Seelenaufstiege ausschließlich an den hohen Herbstfeiertagen, also der himmlischen Gerichtszeit,[2539] statt, sind demnach als Ausnahmesituationen zu betrachten und nicht mit der vom Bescht propagierten Dauerdevekut gleichzusetzen. Demgegenüber ist die häufig geforderte *Devekut* ein Haften am immanenten Gotteslicht des *'En Sof*, und ist kontemplativer Natur. Sie findet hier auf Erden statt, wo das Gotteslicht präsent ist, während sich die Seelenaufstiege und die damit verbundenen Begegnungen mit jenseitigen Gestalten in den verschiedenen Himmeln ereignen.

Die vom Bescht gezeichnete Allgegenwart Gottes in der Welt hat ihre Parallele in der Lehre von der *Devekut.* Die Omnipräsenz Gottes ist für den Menschen Angebot, Anlass und Verpflichtung zur fortwährenden Hinwendung des Menschen auf Gott. Wenn die Gottheit nicht im fernen Himmel thront, sondern dem Menschen überall entgegentritt, gibt es keinen profanen Freiraum des Irdischen, sondern nur die Alternative, die allgegenwärtige Gottheit in den Dingen zu ergreifen, oder sich in der Sünde der Trennung zu befinden. Beides, Präsenz und Annäherung des Menschen, beschreibt der Bescht mit Hilfe der kabbalistischen Sprachtheorie, die ihm aber weniger aus kosmologischen Gründen, sondern aus anthropologisch-mystischen bedeutsam ist. Aus der Sprachlichkeit der Welt erwächst dem Menschen seine religiöse Verpflichtung, die vor allem im Gebet und im Torastudium, darüber hinaus aber auch im Alltag und bei allen irdischen Verrichtungen möglich und geboten ist.

5.5.2 *Devekut* und körperliches Vergnügen – Allgemeingut oder Gelehrtenprivileg?

In der populären Literatur über den Hasidismus sowie in den Darstellungen Martin Bubers spielt das Thema der Freude eine prominente Rolle. Anhand eines Gleichnisses des Bescht soll die Rolle der Freude im Hasidismus erörtert werden. Das Gleichnis und seine Auslegung berührt zugleich eine weitere Frage, die in der Auseinandersetzung um die Stellung der *Devekut* im Hasidismus eine zentrale Rolle spielt: Wird die *Devekut* von allen Hasidim oder nur von den begabten *Zaddikim*, den Rebbes, oder Gelehrten gefordert? Wie die weiteren Ausführungen zeigen werden, gilt es in dieser Frage zwischen den einzelnen Autoren zu differenzieren, da weder das Konzept der *Devekut*, noch deren Stellung in der

2538 Den zweiten Aufstieg nennt er nur »Seelenaufstieg«, vgl. bei Mondschein, Schivche ha-Bescht, S. 233-237; bei I. Etkes, Ba'al ha-Schem, S. 294.

2539 Vgl. Bd. I, S. 238f. u. K. E. Grözinger, Kafka und die Kabbala.

hasidischen Gesellschaft bei allen Autoren identisch ist. Zunächst soll dem Gleichnis des Bescht Aufmerksamkeit zuteil werden. Es stellt sich als Erörterung des biblisch-rabbinischen Gebotes der Schabbatfreude und deren Konkretisierung im Verzehr guter Speisen und Getränke dar und versucht die Frage zu beantworten, ob die Schabbatfreude auch ein körperliches und nicht nur ein geistiges Vergnügen sein soll:

> »Von meinem Lehrer hörte ich: Dies gleicht einem Königssohn, der in die Ferne in ein Dorf zu nichtsnutzen Leuten gesandt worden war. Und nachdem er lange Zeit dort verbracht hatte, erreichte ihn ein Brief von seinem Vater, dem König. Da wollte er sich freudig darüber gebärden, doch er fürchtete, die Dorfbewohner würden ihn verspotten und sagen: ›Was für ein besonderer Tag ist heute; was soll die Freude?‹ Was tat der Königssohn? Er rief die Dorfbewohner zusammen und kaufte ihnen Wein und andere Rauschgetränke, bis sie vor lauter Wein in Freude taumelten. Da fand er Gelegenheit, sich ausgelassen über seinen Vater zu freuen. [...]
> Die Auslegung ist ja klar: Die Seele schämt sich am Schabbat über die Vergnügungen ihres Vaters, des Königs, über den Königen, des Heiligen, E.s.g., vor dem Körper, der einem Dörfler gleicht. [Diese Freude rührt] von der zusätzlichen Schabbat-Seele,[2540] die der Seele ein Friedensbrief von ihrem Vater ist. Darum hat die Tora geboten, den Körper am Schabbat und an Feiertagen zu vergnügen, denn dann, wenn der Körper vergnügt ist, dann hat die Seele Freiraum, sich an der Freude der Devekut am König, dem Heiligen E.s.g., zu freuen.«[2541]

Anhand dieses Gleichnisses und seiner Auslegung wird die Einstellung des Bescht zur Welt und ihrer materiellen Seite besonders deutlich. Die körperlichen Freuden am Schabbat sind ein ausdrückliches Gebot des Talmud. Das Gebot der Freude auch an der materiellen Seite der Welt deutet der Bescht lediglich als Lizenz und Hilfsmittel für die eigentliche, spirituelle Freude am Schabbat. Wenn also schon diese gebotene Schabbatfreude an der weltlichen Materialität nur der höheren spirituellen Freude dienen soll, um wie viel weniger kann dann die nicht gebotene Freude am Materiellen den Sinn der Beschtschen Botschaft ausmachen, wie dies Martin Buber verstehen wollte. Damit ist auch die viel berufene Freude der Hasidim an ihren adäquaten Ort gestellt. Nicht die Freude an der Welt, sondern die Freude an Gott und seiner Nähe, soll trotz der hinderlichen Materialität der Welt gesucht werden. Um es überspitzt zu formulieren: Dies ist keine Freude an der Welt, sondern eine Freude trotz der Welt.

2540 Nach der rabbinischen Tradition erhält jeder Jude am Schabbat eine zusätzliche Seele; vgl. ʻEn Jaʻakov, Masechet Beza 3.

2541 Toledot Ja'akov Josef, tavo S. 191a; Sefer Baʻal Schem Tov I, S. 72 Anm. 69.

Ein weiterer wichtiger Punkt dieses Textes ist der Gegenstand, von dem hier die Rede ist. Ohne Zweifel spricht das Gleichnis ausschließlich vom menschlichen Individuum und erörtert das Verhältnis zwischen seinen beiden wesentlichen Bestandteilen, dem Leib und der Seele. Das hier genannte Individuum meint jeden einzelnen Juden, da das Gebot der Schabbat-Freude und die Beseelung durch eine zusätzliche Sabbatseele, für alle Juden gilt. Daraus darf geschlossen werden, dass dem Bescht zufolge das Gebot der *Devekut* für alle Juden gilt.

In einer Auslegung dieses Gleichnisses durch den Maggid Mendel aus Bar heißt es allerdings:

> »Dieses ganze Gleichnis betrifft tatsächlich das Gebot des Schabbat-Vergnügens für den materiellen Körper mit Essen und Trinken, damit der *Zaddik* Freiraum hat, sich an der zweiten Freude zu erfreuen, nämlich an der Freude der Devekut am Herrn, E.s.g.«[2542]

Nach dieser Deutung ist es alleine der *Zaddik*, der zur *Devekut* befähigt ist. Hierbei stellt sich allerdings die Frage, ob der *Zaddik* noch der gewöhnliche jüdische Fromme wie im rabbinischen Denken ist, oder ob er schon zum terminus technicus für den hasidischen Führer verändert wurde. Letzteres ist sicher für Ja'akov Josef nachzuweisen, noch nicht aber für den Bescht. Darum entspricht, wie später noch deutlich werden wird, die Einschränkung der Fähigkeit zur *Devekut* auf den *Zaddik* als Gemeindeoberhaupt der dezidierten Auffassung von Ja'akov Josef.[2543] M. Piekarz versucht diese Auffassung schon beim Bescht nachzuweisen, achtet aber bei seinen Erörterungen weniger auf die Differenzierung zwischen dem Bescht und seinem Schüler.[2544] Die Unklarheit ist gewiss darin begründet, dass die Lehren des Bescht eben nur durch Vermittlung, vor allem durch Ja'akov Josef, erhalten wurden. Betrachtet man allerdings die Struktur des Denkens beider Meister, wie sie hier nachgezeichnet wird, so wird deutlich, dass das Modell von *Zaddik* und Gemeinde als zweier Pole eindeutig das System des Ja'akov Josef darstellt, während der Duktus des Denkens beim Bescht diese Polarisierung so nicht kennt oder zumindest nicht in dieser Klarheit.

2542 Toledot Ja'akov Josef, kedoschim, S. 96b; Sefer Ba'al Schem Tov I, S. 71f § 86. Die Version des durch den Maggid Mendel tradierten Gleichnisses weist in einigen Formulierungen Differenzen auf.

2543 Vgl. u. Kap. IV.4.3-4.3.3.

2544 Vgl. Ben Ideologia le-Mezi'ut, S.173ff.

5.6 Die Historisierung und Individualisierung der lurianischen Funkenlehre durch den Bescht

In den bisherigen Ausführungen stellte sich das Weltbild des Bescht als eine platonisierende Einheitslehre dar, nach der es letztlich nur eine einzige wahre Wirklichkeit gibt, die in der guten, alles erfüllenden Gottheit gesehen wird. Unter diesem Gesichtspunkt erweisen sich alle anderen Wahrnehmungen nur als Augentäuschungen. Aus diesem Grund wurde das Böse in dieser Welt relativiert und als eine Verdrehung der guten Gottesworte verstanden, die es nur zurechtzurücken gilt. Konsequenterweise hängt es darum vollständig von der menschlichen Erkenntnis ab, ob etwas als böse wahrgenommen wird, was es letztlich doch nicht ist. Dieser Auffassung scheint nun die vom Bescht häufig verwendete lurianische Funkenlehre entgegenzustehen, die, wie bei deren Darstellung im Rahmen der lurianischen Kabbala schon deutlich wurde, [2545] ausgesprochen dualistisch ist. Nach dieser lurianischen Lehre befinden sich sowohl die göttlichen Lichtfunken, die beim Bruch der Gefäße während des kosmogonischen Prozesses in die Tiefe stürzten, wie auch die adamitischen Seelenfunken, die den *Gilgul* nicht nur in Körpern von Menschen und Tieren, sondern auch in Pflanzen und Mineralen erleiden, in den Fängen der finsteren Schalen, die sich durch sie am Leben erhalten. Demzufolge muss das Ziel des Menschen darin bestehen, das Licht aus den Schalen und den niedrigen *Gilgul*-Stufen zu befreien, um dadurch für den Kosmos und den Ersten Adam den *Tikkun*, sprich die Wiederherstellung, zu bewirken und damit zugleich dem objektiv vorhandenen Bösen die Existenzkraft zu entziehen.

Wenn sich nun der Bescht in einer ganzen Reihe von Texten dieser doppelten Funkenlehre bedient, scheint er sein eigenes System zu konterkarieren. So etwa im folgenden Beispiel:

> »Der Baʿal Schem Tov, seligen Angedenkens, sagte, dass vom Herrn alle Schritte des Menschen geleitet werden. Denn wenn der Herr, E.s.g., einen Menschen mittels eines Bedürfnisses, das dieser empfindet, an einen bestimmten Ort führt[...], dann will der Herr, E.s.g., *den Menschen dort wieder herstellen (ihm den Tikkun bereiten)*, nämlich die heiligen Funken an diesem Ort emporzuheben [...] und es ist der Wille des Herrn, dass er dorthin geht, nicht das Bedürfnis des Menschen. Und wenn er die heiligen Funken emporhebt, dann wird ein *Jichud* der beiden Namen JHWH und ’ADoNaJ herbeigeführt.«[2546]

2545 Vgl. o. Kap. Kabbala VIII.3.-3.4.

2546 Sefer Baʿal Schem Tov I, S. 209 § 20. Die beiden Namen stehen, wie schon mehrfach gesagt, für die Sefirot VI (Tifʾeret) und X (Malchut). Onomatologisch dargestellt führt dies zu der makkaronischen Formel dieser beiden Namen, die man häufig auf Amuletten und sogenannten

Dem ersten Eindruck zufolge adaptiert der Bescht die lurianische Funkenlehre: Der Mensch kommt an einen Ort, hebt dort die gefallenen Funken empor und bewirkt dadurch einen göttlichen *Jichud*.[2547] Bevor der erste Eindruck zurechtgerückt wird, soll noch auf einen weiteren auffälligen Bezug zur Funkenlehre des Bescht hingewiesen werden, der wiederum sehr lurianisch klingt. Danach ist alles, was einen Menschen umgibt, seine Familie, sein Gesinde, sein Vieh, seine Gerätschaften, mit Funken erfüllt, die der Mensch heben muss:

> »R. Jisra'el Ba'al Schem Tov, Friede auf ihn, sagte: Wenn die Menschen essen und trinken und sich anderer Menschen bedienen, dann bedienen sie sich jener Funken, die sich in all diesen finden. Darum muss sich der Mensch seiner Gerätschaften erbarmen und all dessen, was er besitzt, nämlich wegen der darin befindlichen Funken, damit er sich *seiner* heiligen Funken erbarmt.«[2548]

Der lurianischen Funkenlehre zufolge besteht die Aufgabe des Menschen darin sowohl im kosmischen wie im anthropologisch-urmenschlichen Bereich die Funken aus den Dingen und Lebewesen dieser Welt zu heben, um damit den Kosmos sowie die Makroseele des ersten Adam wiederherzustellen, sie dem *Tikkun* zuzuführen.[2549] Die in beiden hier angeführten Texten kursiv gesetzten Worte zeigen jedoch, dass es dem Bescht nicht auf die Welt und den ersten Adam ankommt, sondern auf das Individuum. Dieses Individuum wird an den verschiedenen Orten komplettiert; es sind seine heiligen Funken, die er da vorfindet und die er zu seiner individuellen Restitution bedarf. Die lurianische Rede von der Herbeiführung des kosmischen und anthropologischen Tikkun scheint beim Bescht zu einer Lehre der individuellen Vorsehung Gottes erweitert worden zu sein. Wo immer der Mensch hingeht, was immer ihn umgibt, ist ein Angebot Gottes, aus dem er sich zu seiner Selbstvervollkommnung bedienen kann und soll. Der Mensch muss aus den Dingen und Ereignissen seiner Umgebung die Funken seiner eigenen Seele einsammeln:

> »Jeder Zaddik hat heilige Funken, die zur Wurzel seiner Seele gehören, die er restituieren und emporheben muss. Sogar in all seinen Dienern, seinem Vieh

Schiwiti-Tafeln am Vorbeterpult findet; s. z. B. Schedim, Ruchot u-Neschamot. Mechkarim be-Demonologia me'et G. Schalom, ed. E. Liebes, Tafel 5 nach S. 170; E. Davis, D. A. Frenkel, Ha-Kame'a ha-'ivri, mikra'i - refu'i – kelali, Jerusalem 1995, Temuna 281.282.

2547 Zur nachlurianischen Funkenlehre siehe L. Jacobs, The Uplifting of Sparks in Later Jewish Mysticism, in: *Jewish Spirituality II, From Sixteenth-Century Revival to The Present*, ed. A. Green, New York 1987, S. 99-126.

2548 Sefer Ba'al Schem Tov I, S. 269 § 5.

2549 Vgl.o. Kap. Kabbala VIII.5.-5.2; 3.3-3.4.; 4.2.

und seinen Geräten hat es heilige Funken, und er muss sie restituieren und in ihre Wurzel emporheben.«[2550]

Auch aus diesem Votum wird deutlich, dass der Bescht den *Zaddik* noch nicht im späteren Sinne als Gemeindeführer versteht. Daher gilt das hier Gesagte für jeden Juden. Allerdings, so lehrt der Bescht, gibt es für das Umherirren und die Suche an unterschiedlichen Orten eine Alternative, nämlich im Torastudium. Denn mit der Tora, das heißt mit ihren Buchstaben, wurde alles erschaffen. Darum kann man auch durch das Lernen seine Funken oder *Hijjut*, die Lebenskraft, einsammeln. Vor dem Menschen liegen also zwei Wege und ein Ziel, wobei beide mit einander verbunden sein können. Aber:

»es gibt solche, die sich an verschiedene Orte begeben müssen, um an jedem Ort, zu dem sie gelangen, die eigene *Hijjut*, das heißt Lebenskraft, zu restituieren. Darum geschieht es zuweilen, dass man eigentlich die Absicht hatte, an einen bestimmten Ort zu reisen, und schließlich zu einem anderen Ort gelangt. Und dies ist kein Zufall, vielmehr geschah es, weil der Reisende an diesem Ort auch etwas von seiner von ihm gefallenen *Hijjut* restituieren muss. Manches Mal muss man dort nur essen, trinken oder sich freuen. Und man muss diese Restitution durchführen, damit man Frieden hat.«[2551]

In dem folgenden Paragraphen,[2552] der den ganzen Vorgang sehr ausführlich schildert, gebraucht der Tradent im Namen des Bescht auch den zu erwartenden Begriff, nämlich dass dies alles in *Haschgacha pratit*, unter der persönlichen Vorsehung durch Gott, geschieht: »Denn so hat es die Weisheit Gottes, E.s.g., entschieden, was zur Vervollkommnung seiner Seele nötig ist.«[2553]

So wie der Bescht die Alphabetologie benutzt um die Allpräsenz der Gottheit in den Dingen zu beschreiben, so verwendet er die lurianische Funkenlehre, um die Präsenz Gottes in der individuellen Geschichte des Menschen darzustellen. Der Mensch ist räumlich und geschichtlich stets von der Gottespräsenz umgeben: Der räumlichen Gottespräsenz wendet er sich in der Devekut zu, der geschichtlichen Allgegenwart durch das Heben der Funken seiner eigenen Seele, zu denen Gott ihn führt. Der Raum und das Geschehen um ihn sind von der Gottheit durchwaltet.

2550 Sefer Baʿal Schem Tov I, S. 211 § 24.

2551 Sefer Baʿal Schem Tov I, S. 210 § 22; u. vgl. § 21, S. 209, all dies geschieht »um seine Seele zu vervollkommnen«; u. vgl. Sefer Baʿal Schem Tov II, S. 189 § 2 (we-sehu).

2552 Sefer Baʿal Schem Tov I, S. 211 § 23.

2553 Sefer Baʿal Schem Tov I, S. 209 § 21.

III. Weltflüchtige Nichtungsmystik – Dov Ber, der Maggid aus Mesritsch

1. Die Person und ihre literarische Hinterlassenschaft

Dov Ber Friedmann, der so genannte Maggid aus Mesritsch, oder nur als der Maggid Bezeichnete, gilt als Nachfolger des Ba'al Schem Tov und eigentlicher Begründer der hasidischen Bewegung, für die der Ba'al Schem Tov als zentrale Identifikationsfigur nur der Vorläufer war. Dov Ber (1704-1772), beim Tod des Bescht fünfzigjährig, wurde von vielen, aber nicht allen, früheren Weggefährten als die führende Figur anerkannt. Er weilte, ebenso wie der getreue Schüler des Bescht, Ja'akov Josef, selbst eine kürzere Zeit als Schüler unter ihnen. Wie die Nachfolgefrage geregelt wurde, bleibt letztlich hinter der Legende verborgen.[2554] Der Maggid gilt deshalb als der tatsächliche Begründer der Bewegung, da er systematisch Schüler um sich sammelte und diese später als Sendboten hinausschickte, um an vielen Orten des Ansiedlungsrayons[2555] hasidische Zellen zu bilden. Zu seinen Schülern gehörten die später bedeutenden Gestalten des Hasidismus, wie Levi Jizchak Berditschewer, Nachum Tschernobyler, Se'ev Wolf aus Schitomir, Elimelech von Lisensk und Jechiel Michel von Zloczow, Ahron von Karlin, Mendel von Witebsk, Abraham Kolusker und Schne'ur Salman aus Ljosna (oder Liadi), die selbst aus großer Entfernung an den Hof des Mesritscher Maggid gekommen waren, um dort die neuen hasidischen Lehren kennenzulernen. Dem Maggid wird die Gründung des ersten hasidischen Hofes zugeschrieben, der mit dem HaBaD-Biographen Immanuel Schochet auch als die erste hasidische »Academy« bezeichnet werden kann. Dem widerspricht mit Nachdruck neuerdings Mor Altshuler in ihrem Werk über das messianische Geheimnis der hasidischen Bewegung.[2556] Sie bestreitet, dass der Maggid ein »Erbe« irgendeiner Art vom Bescht antreten konnte und meint, dass der erste hasidische »Hof« von R. Jechiel Michel, dem Maggid von Zloczow, frühestens im Jahre 1772 gegründet wurde. Dafür muss sie allerdings das allgemein als vertrauens-

2554 S. S. Dubnow, Geschichte des Chassidismus, Jerusalem 1969 (Berlin 1931), I, S.136; und die »wissendere« Darstellung des der HaBaD-Bewegung angehörenden J. I. Schochet, The Great Maggid. The Life and Teachings of Rabbi Dov Ber of Mezhirech (2 Vols.), Brooklyn 1978, I, S. 85-93.

2555 Im Zuge der polnischen Teilungen, 1772, 1793, 1795 und der russischen Anexionen türkischer Gebiete legten die russischen Regierungen unter Katharina II. und Alexander I. diese annektierten Regionen als für Juden erlaubte Siedlungsgebiete innerhalb des russischen Reiches fest, nachdem seit dem Ende des 15. Jahrhunderts Juden das Wohnrecht in Russland verboten war.

2556 Ha-Sod ha-meschichi schel ha-Hasidut, Jerusalem (Haifa) 2002, S. 36-39.

würdig anerkannte Zeugnis des Salomon Maimon in dessen Autobiographie[2557] als Fiktion disqualifizieren. Hier berichtet Maimon von einem schabbatlichen Besuch am Hofe des Maggid in Mesritsch, bei dem dieser eine seiner wohl üblichen Stegreifpredigten beim Schabbatmahl hielt. Diese Predigt kann als gute Illustration der Vortragssituation gelten, in der der Maggid die bis heute erhaltenen Homilien vermittelte.

Der Maggid selbst hinterließ nichts Schriftliches. Dennoch konnten sich seine Lehren durch die Mitschriften der Vorträge erhalten, die seine Schüler anfertigten. Der Maggid selbst hat seinen Schüler Schlomo Lucker, der dann die erste Ausgabe der Schüler-Niederschriften publizierte, nachdrücklich aufgefordert, seinerseits solche Niederschriften anzufertigen.[2558] Die erste Publikation dieser Niederschriften, die auf eine handschriftliche Sammlung Levi Jizchaks aus Berditschev zurückgeht, veröffentlichte Schlomo aus Luck im Jahre 1781 in Korez unter dem Titel *Maggid Devaraw le-Ja'akov*, die auch unter dem Nebentitel *Likkute 'Amarim* zitiert wird. Auf das dieser Ausgabe zugrunde liegende Handschriftenkonvolut gehen weitere Editionen, zum Teil mit anderer Anordnung und Zusätzen zurück, die unter anderen 1795/6 als *Likkute Jekarim,*[2559], 1884/5 als *Kitve Kodesch* in Warschau erschienen, außerdem *'Or ha-'Emet*, Husiatin 1898/9, *Schemu'a tova*, Warschau 1937/8 und *'Or Tora*, Korez 1803/4. Neben diesen Drucken gibt es zwei weitere Handschriften, die in der hier verwendeten Ausgabe des *Maggid Devaraw le-Ja'akov* von Rivka Scha"z (Schatz)-Uffenheimer eingearbeitet sind. Als weitere Quelle für die Lehren des Maggid kann ein kleines, unter dem Titel »Testament des Ba'al Schem Tov« publiziertes Büchlein genannt werden, das jedoch eindeutig aus der Schule des Maggid stammt, und nur wenige Traditionen des Bescht aufgenommen hat.[2560]

2557 Salomon Maimons Lebensgeschichte. Mit einer Einleitung und mit Anmerkungen neu herausgegeben von D. J. Fromer, München 1911, zuerst Berlin 1792 (3), c. 19, S. 202ff; eine verkürzte Ausgabe erschien im Berliner Schocken Verlag. Salomon Maimon, Geschichte des eigenen Lebens (1754-1800), Berlin 1935, S. 97ff.

2558 Maggid Devaraw le-Ja'akov le Maggid Dov Ber mi-Mesritsch, ed. R. Scha"z-Uffenheimer, Jerusalem 1976, S. 3.

2559 J.A. Benjacob, Ozar ha-Sepharim, Wilna 1980, nennt ein Likkute Jekarim (auch Likkutim Jekarim), das von Schmu'el Segal in Lemberg 1792 publiziert wurde. R. Scha"z-Uffenheimer, Maggid Devaraw, nennt diese Ausgabe nicht.

2560 Zawa'at ha-Rivasch o.O. 1793, hier zitiert nach der Ausgabe von J.'I. Schochet, Brooklyn 1975. Der Herausgeber dieser Ausgabe der HaBaD-Hasidim (dazu s. V. A.) verweist darauf, dass schon der »Alte Admor«, d. h. Schne'ur Salman aus Liadi die Meinung geäußert habe, das Büchlein sei nicht das Testament des Bescht, und er selbst unterstreicht dies durch den Nachweis, dass die meisten Texte des Büchleins ihre Parallelen in den Schriften des Maggid haben (nur 16 oder 21 sind dem Bescht selbst zugeschrieben), S. VII-XI; u. s. S. Gris, 'Arichat

An dieser Stelle muss noch darauf hingewiesen werden, dass der Maggid den Bescht nur höchst selten zitiert, und sofern er ihn doch tradiert, bezeichnet er ihn im Gegensatz zu Ja'akov Josef aus Polna'a (Polonnoje) nicht als seinen Lehrer. Offenbar versteht sich der Maggid nicht als ein Schüler des Bescht, sondern als ein eigenständiger Denker. Die folgende Erörterung bestätigt diesen Eindruck und zeigt den überaus großen Unterschied zwischen den Lehren des Bescht und denen des Maggid.

2. Die Schöpfung mittels des *Zimzum*

Das Denken des Maggid wurzelt wesentlich tiefer in der Tradition der lurianischen Kabbala, als die des Ba'al Schem Tov. In dieser spekulativen Kosmosophie, Theosophie und »Anthroposophie« ist der Maggid zu Hause. Sie wird in vielen seiner Texte aufgenommen und erörtert, zitiert oder auch nur vorausgesetzt. Ein genaues Hinsehen offenbart jedoch bald, dass der Maggid trotz des ersten Anscheins nicht wirklich ein Anhänger der lurianischen Kabbala ist, sondern dass ihm deren Lehren gleichsam nur als Ausgangspunkt oder als Bausteine seines eigenen Denkens dienen. Das Interesse des Maggid ist gegenüber der von ihm aufgenommenen Tradition in eigenartiger Weise verschoben. Oft beginnt er einen theosophischen Gedanken zu entwickeln, um dann unvermittelt vom Menschen zu sprechen, so, als ob das auch zuvor sein Thema gewesen wäre. Es fällt dabei auf, dass er die theosophischen Stücke meist nur anführt, um ein im Grunde anthropologisches Thema zu verhandeln, ohne jedoch auf den theosophischen Zusammenhang verzichten zu wollen. Man kann darum mit gutem Recht die Lehre des Maggid als eine Art theosophischer Anthropologie charakterisieren, in der die Theosophie nach anthropologischen Gesichtspunkten umgestaltet oder als Sprachmaterial für anthropologische Lehren herangezogen wird. Der Übergang vom einen zum andern, von der sefirotischen zur anthropologischen Darstellung, ist allem Anschein nach bewusst und gewollt fließend. Für diese schillernde Verschränkung der Gotteslehre, Kosmologie und Anthropologie kann sich der Maggid allerdings auf die kabbalistische Tradition stützen. Denn auch für sie gilt ja, dass sich die Zehneinheit der göttlichen Welt auf allen Ebenen des Seins widerspiegelt und demzufolge also auch der Mensch ein Abbild der göttlichen Welt ist.

In seiner Lehre von der Entstehung der Welten denkt auch der Maggid an das Geschehen einer Emanation, aber im Gegensatz zum Bescht sieht er diese nicht als einen Prozess voranschreitender, die Lichtkraft sukzessive mindernder, Umhüllung der im Buchstaben *'Alef* anwesenden Gottheit. Zwar geht auch der Mag-

Zawa'at ha-Rivasch, in: *Kirjat Sefer* 52 (1977); ders. Sifrut ha-Hanhaga. Toledoteha u-mekomah be-Hajje Haside R. Jisra'el Ba'al Schem Tov, Jerusalem 1989, S. 149-181.

gid von einer abnehmenden Intensität des Emanationslichtes von Stufe zu Stufe aus, allerdings fasst er den Vorgang in den aus der lurianischen Kabbala übernommenen Begriff des *Zimzum* (Einschränkung). In der lurianischen Kabbala hatte der Begriff zwei grundsätzlich zu unterscheidende Bedeutungen.[2561] Die seit Scholems Arbeiten bekanntere, ist die des Rückzuges der Gottheit aus ihrer eigenen Fülle, um einen Raum für die Schöpfung zu schaffen. Die zweite Bedeutung meint die aus der neoplatonischen Tradition bekannte Verschlankung der Lichtfülle mit zunehmender Entfernung von der Emanationsquelle.[2562] Der zweite *Zimzum* ist in den lurianischen Texten allerdings meist in dem komplizierten Gewirr hochtechnischer Erörterungen versteckt, welche die Verminderung des Lichtes mit quasi technischen Mitteln beschreiben, deren Ziel es ist, die Lichtkraft in einem solchen Maße einzuschränken, dass die Unteren die Lichtfülle ertragen könnten, und nicht neuerlich die Gefahr eines Bruches entsteht. Die zweite Bedeutung des Begriffes *Zimzum* ist für den Maggid zum zentralen Schöpfungsbegriff geworden, den er jedoch in eigenwilliger Weise neu definiert, und mit einer Fülle neuer Konnotationen bereichert. War der Begriff *Zimzum* dieser zweiten Art bei Lurja zunächst nur negativ, als Einschränkung der Lichtfülle zur Schonung der Unteren gedacht, so bekommt er beim Maggid eine positive Wendung, indem gerade die Einschränkung zur großen Chance und Möglichkeit, ja fast zum wesentlichen Heilsgut wird. Die Zentralität des *Zimzum* für den Maggid tritt besonders klar hervor, wenn man ihre Stellung im Rahmen der Schöpfungslehre mit jener des *'Alef* beim Bescht vergleicht.

Der Bescht deutet die altrabbinische Formel, nach der Gott die Welt mit *Reschit*, der »Weisheit«, erschaffen hat, dahingehend, dass dieses *Reschit* mit dem ersten hebräischen Buchstaben *'Alef*, dem Schöpfungswerkzeug Gottes, identisch ist.[2563] Auch der Maggid nimmt diese alte rabbinische Tradition auf, deutet die Weisheit aber nicht als *'Alef*, sondern als Ort des göttlichen *Zimzum*, der im folgenden Text als Verbum, *mezamzem* auftaucht:

> » ›Mit Weisheit hat der Herr die Erde gegründet‹ (Prov 3,19), d.h. weil der Name (Gott), E.s.g., sich selbst einschränkt (*mezamzem*) und in der Weisheit weilt.
>
> Und es steht geschrieben: ›Mit *Reschit* [hat Gott den Himmel und die Erde erschaffen]‹ (Gen 1,1) - und der Targumist übersetzte: [die Worte *be-Reschit* als] ›mit Weisheit‹, denn mit ihr hat er alles erschaffen, was er erschuf.«[2564]

2561 Vgl. o. Kap. Kabbala VIII.3.1.

2562 Vgl. Bd. I, S. 496.506.

2563 Vgl. o. Der osteuropäische Hasidismus II. B.2.

2564 Maggid Devaraw Le-Ya'akov, ed. R. Schatz-Uffenheimer, S. 91/92 § 60; S. 9 § 1, Jerusalem 1976.

Der Maggid lehrt im Gegensatz zum Bescht mit dieser Auslegung zu Genesis 1,1 nicht, dass Gott als Sprache in der Welt immanent ist, sondern bei ihm lautet die Formel: Gott ist als *Zimzum*, d. h. als Einschränkung, in der Welt zugegen und mittels dieser Einschränkung, *Zimzum*, hat er die Welt erschaffen. Die Selbsteinschränkung ist Gottes Weisheit, mit welcher er die Welt erschaffen hat. An anderer Stelle erklärt der Maggid: »Und der Heilige, E.s.g., [...] schränkte sich ein, und Zimzum wird Weisheit genannt.«[2565]

In diesem kleinen Midrasch erscheint der *Zimzum* zunächst durchaus nur ein kosmologischer Begriff zu sein. Aber um zu verstehen, was diese Einschränkung Gottes wirklich bedeutet, muss der Vorgang noch genauer betrachtet werden. Dazu soll der Deutung des Maggid zunächst ein kleiner Abschnitt Hajjim Vitals *'Ez Hajjim* gegenübergestellt werden. In diesem kleinen Abschnitt werden die beiden Bedeutungen des *Zimzum* nach dem Verständnis Lurjas angeführt:

> »Nachdem wir dir die obigen Ausführungen vorgetragen haben, kannst du verstehen, weshalb der *Zimzum* (Einschränkung), mit dem sich das *'En Sof* in der Mitte seines Lichtes eingeschränkt [nach den Seiten zusammengezogen] hat vonnöten war, nämlich um einen leeren Hohlraum übrig zu lassen.
> Und dies geschah, um den Aspekt[2566] der Gefäße zu erzeugen. Denn durch einen *Zimzum* des Lichtes und seine Verringerung war die Möglichkeit für die Entstehung und Offenbarung des Gefäßes geschaffen. Denn wenn das Licht überhand nimmt, wird das Gefäß wegen seiner geringen Kraft, das starke und große Licht aufzunehmen, aufgelöst. Es bedarf also zuerst eines *Zimzum* (Einschränkung) und einer Verringerung des Lichtes, und dadurch wird die Existenz des Gefäßes offenbart.«[2567]

Der kaum zu bemerkende Umschwung zum zweiten *Zimzum*-Begriff geschieht im zweiten Absatz des zitierten Abschnitts, der nicht mehr vom Rückzug des Lichts, sondern von seiner sukzessiven Abschwächung spricht. Beide Bedeutungen des Begriffes *Zimzum* sind hier ganz klar kosmologischer, beziehungsweise theologischer Natur, insofern sich das göttliche Licht über zwei *Zimzumim* aus der unbegrenzten göttlichen Urfülle in begrenzte kosmische Gefäße transformiert. In beiden Fällen ist der Begriff privativer, negativer Natur, d. h. die Lichtfülle wird zunächst aus der Mitte des Gottesfülle abgezogen und dann beim Aus-

2565 Maggid Devaraw § 1, S. 9.

2566 In der Physik würde man den hier verwendeten Begriff *Bechina* mit Aggregatszustand übersetzen können, dahingehend, dass das eine Wesen, hier die Gottheit, in verschiedenen Erscheinungsformen auftritt und sichtbar wird.

2567 'Ez ha-Hajjim, Scha'ar I, 'Anaf III, Ausg. (Ha-Machon Jehuda Patja), Jerusalem 2003, S. 10; Ausgabe Jerusalem 1863, 12d.

strömen in den entstandenen Hohlraum geringer, weil nur eine quantitative Verringerung des göttlichen Lichtes beschränkte kosmische Strukturen erzeugen kann. Man betrachte demgegenüber eine der Darlegungen des Maggid, die dieses Thema erörtern:

> »Siehe, der Vogel, der Geier genannt wird, schwängert sein Weibchen alleine durch Betrachten und Anschauen. Daraus haben wir einen starken Beweis dafür, dass wenn der Mensch an irgendein Ding oder an irgendeinen Ort denkt, seine gesamte Lebenskraft ausschließlich auf diese Sache oder diesen Ort eingeschränkt (konzentriert, *mezumzam*) ist, und er ausschließlich dort ist. [...]
> Und siehe, als Israel in dem vorzeitlichen Gedanken [des Schöpfers] aufstieg, da stand das Vergnügen und die Freude, das Er dereinst an Israel haben würde, vor Ihm, Er sei gesegnet, und gerade dies ist das Wesen des *Zimzum*, und jeder der verständig ist, wird dies verstehen. Denn das war es, als er begann an das Vergnügen zu denken, das er dereinst von Israel empfangen würde, die ja jetzt begrenzte Wesen sind und eine Grenze haben. Und an jedem Ort, auf den das Denken gerichtet ist, dort hin ist die Lebenskraft eingeschränkt (konzentriert, *mezumzam*).
> Und so ist es eben hier. Als [Israel] in Gedanken aufstieg, hat Er sich gleichsam eingeschränkt (*zimzem*) und dadurch entstand Israel. Denn hätte es nicht diesen *Zimzum* gegeben, hätten die Welten nicht sein können, in denen nun Israel ist. Doch da es den *Zimzum* gab, da konnten die Welten es ertragen und alles ist entstanden.«[2568]

Der *Zimzum*, von dem der Maggid hier spricht, hat nicht mehr die negativ privative Bedeutung, sondern, wie durch die alternative Übersetzung schon angedeutet, eine durchaus positive. Der *Zimzum* ist die Konzentration des Schöpfers auf das, was ihm am wichtigsten war und weshalb er die Welt erschaffen hat. In dieser Konzentration ist er gleichsam ganz präsent; dort ist seine Schöpferkraft, die darum in begrenzter Form in Erscheinung tritt, weil der Gegenstand der Konzentration, Israel, begrenzt ist. Der kosmologische *Zimzum* der lurianischen Kabbala, der über einen physikalisch-technischen Charakter verfügte und wegen der Schwäche der empfangenden Weltstrukturen nötig war, ist hier ganz anders beschrieben und begründet. Der Grund für den *Zimzum* ist nun eher in Gott zu suchen. Er will sich auf das kleine Israel konzentrieren, weil er an ihm einst Vergnügen haben wollte. Der weitere Grund für den Zimzum ist ein anthropologischer. Es ist nicht die Schwäche der entstehenden kosmologischen Struktur, die nicht überlastet werden darf und daher eine Einschränkung erforderlich machte, sondern die Begrenztheit des Liebesobjektes, seine anthropologische

2568 Maggid Devaraw § 62, S. 99; vgl. noch § 79, S. 135.

Beschaffenheit, auf das Gott sich konzentriert. Das theosophisch-kosmologische Interesse ist hier einem anthropologischen oder dialogischen gewichen, insofern hier die Beziehung Gottes mit Israel das beherrschende Interesse ist. Dies wird nochmals unterstrichen durch das vom Maggid für den *Zimzum* vielfach verwendete Gleichnis von einem Vater, der mit seinem Kind, oder einem Lehrer, der mit seinen Schülern kommunizieren und sich so an ihnen erfreuen will. Beide, Vater und Lehrer, müssen ihren großen Verstand einschränken, um mit den Kindern reden zu können. Der Vater betreibt allerlei ›Närrischkeiten‹, damit das Kind sich erfreut und so der Vater seine Freude daran hat:

> »Wie ein Vater, der seinen Sohn mit Nüssen spielen sieht, da spielt auch er aus lauter Liebe mit ihm – obgleich dies für den Vater Torheit und Kinderei ist, dennoch, aus lauter Liebe zu seinem Sohn, dass er Vergnügen von ihm haben soll, schränkt er seinen großen Verstand ein und weilt in Kleinheit, damit es der Kleine ertragen kann.
>
> Denn wenn er mit ihm nach seinen [ganzen] Verstande verfahren würde, könnte es der Sohn nicht fassen (ertragen) und der Vater hätte kein Vergnügen von ihm.«[2569]

Damit ist Wesentliches ausgesprochen. Der Maggid ist nicht wie die alte Kabbala des Sohar an den inneren Geheimnissen der Gottheit interessiert, auch nicht wie Lurja an dem Prozess der Selbstreinigung des *'En Sof*, ihrer sukzessiven Entfaltung als *'Adam kadmon* und den Schritten des Wiederaufbaues des Weltganzen vor und nach dem Bruch der Gefäße. Ihm geht es offenbar um das Vergnügen, das die Gottheit, oder besser der Gottvater, von seinem Kind haben will, und der dafür den Weg der *Zimzumim* beschreitet. Nach Lurja ist der *Zimzum* in seiner neoplatonischen Bedeutung eine notwendige Maßnahme zur Restitution nach dem Bruch der Gefäße. Der *Zimzum* besiegelt für Lurja gleichsam den quantitativ-qualitativen Unterschied zwischen der göttlichen und der irdischen Welt. Für den Maggid hingegen besiegelt der *Zimzum* nicht den Unterschied, oder stellt ihn nicht her; für den Maggid ist der *Zimzum* eher das Medium, um die Distanz zwischen den beiden Bereichen, zwischen der Gottheit und der Welt zu überbrücken.

Diese heilvolle Note am *Zimzum*-Begriff des Maggid wird durch eine andere Formulierung noch unterstrichen: »Es ist ja bekannt, dass die Welten dadurch entstanden, dass Er sich einschränkte [...] und seine unendliche Größe [dahinten] ließ und sich einschränkte und die Welten erschuf«.[2570] Alles dies geschah »aus

2569 § 132, S. 229; u. vgl. § 153, S. 252; § 191, S. 297; Schüler Lehrer: § 101, S. 178; § 122, S. 201.

2570 Maggid Devaraw, § 82, S.141.

Liebe, denn sie hat all die *Zimzumim* verursacht«.[2571] Gerade diese letzten Worte zeigen an, dass die abstrakt philosophisch-sefirotische Spekulation der älteren Kabbala beim Maggid eine durchaus personenbezogene anthropomorphe Note erhält, wodurch sie letztlich gänzlich verändert wird.

Wenn die Menschen mit dem Schöpfer kommunizieren können, dann hat er, der Gottvater, sein Vergnügen und den Zweck des *Zimzum* erreicht. Die neoplatonisch gefärbte mystisch theosophische Terminologie dient dem Maggid in erster Linie dazu, um das alte Thema der Liebe Gottes zu seinen Kindern, zu Israel, oder des Königs zu seinem Volk zu illustrieren. Die Vorstellung vom *Zimzum* ist beim Maggid zum Bindeglied zwischen der unbegrenzten Gottheit und der begrenzten Welt, beziehungsweise zum Menschen, geworden. Damit hat der *Zimzum* die Stelle eingenommen, die beim Bescht das *'Alef* innehatte, und die seit der alten Weisheitsliteratur und dem Targum zu Gen 1,1 die Weisheit einnahm. Die Weisheit war der alten Literatur die Schöpfungsmittlerin schlechthin; in der talmudischen wurde sie mit der Tora identifiziert;[2572] in der Kabbala mit der zweiten Sefira, die zugleich die erste dem Menschen erfassbare ist. Bei diesem Traditionsbestand liegt es nur nahe, dass der Maggid die schöpfungsmittlerische Weisheit mit dem *Zimzum*, identifizierte. Dem Begriff der Weisheit wurde nun eine Bedeutung zugeschrieben, die ein wirkliches Novum darstellt. Das wesentliche Charakteristikum der Weisheit ist nun die Fähigkeit zur Mitteilung des Unbegreiflichen und Unfasslichen durch Einschränkung und Verkleinerung des Mitteilenden und Kommunizierenden. Der Maggid erläutert das an den schon genannten Gleichnissen vom Vater und Sohn und an dem anderen von Lehrer und Schüler sowie einem weiteren von einem von König und Knecht. Alle drei umschreiben Wesentlichen immer dasselbe.

Im Gleichnis von Vater und Sohn kann der Vater sich dem Sohn nur mitteilen, wenn er von seiner Größe ablässt und auf das Kinderspiel eingeht. Der Lehrer kann seine grenzenlose Weisheit und sein Wissen nur mitteilen, wenn er sie stückweise in beschränkte Worte und Erklärungen fasst, und ebenso der König, der seinem Knecht seine Wünsche mitteilen will.Das, was beim Juniorpartner ankommt, ist immer nur das Beschränkte, das ihm aber Lehre, Mitteilung und auch Leben bedeutet. Aber gerade dieses beschränkte Ankommende ist die Weisheit. Auf den Punkt gebracht ließe sich sagen, dass die Weisheit hier als Verkleinerung zum Zweck der Mitteilung und Kommunikation definiert wird.

Diese Neudefinition der Weisheit gilt, wie später noch zu erörtern sein wird, entsprechend auch für deren anthropologische Bedeutung: Auch die menschliche Weisheit ist Verkleinerung: »Die Väter hielten sich an die Eigenschaft der Weis-

2571 Maggid Devaraw, § 122, S. 202.

2572 S. Bd. I., S. 170f.

heit, welche ja Verkleinerung ist.«[2573]

Gott ist in der Schöpfung als Weisheit, als *Zimzum*, zugegen. So wie beim Bescht der in das *'Alef* gehüllte Gott sich durch das Alphabet hin in die Welt hinein emaniert, so ist es beim Maggid die Weisheit (*Hochma*) des *Zimzum*, die sich von der ersten Stufe der Offenbarung des Göttlichen bis hin zu den tiefsten Stufe hinabzieht, denn:

> » ›Der Herr hat mit Weisheit die Erde gegründet‹ (Prov 3, 19), d.h. der Name (Gott) schränkt sich ein (*mezamzem*)und weilt in der Weisheit. [...] Und das ist über die höchste Weisheit gesagt. Und von da fließt sie hinaus von Stufe zu Stufe bis zum Ende aller Stufen, und an deren Ende offenbart sich wiederum die Weisheit. [...] Und diese Weisheit wird in dieser Welt erkannt und gesehen, nämlich in den Bedürfnissen aller Dinge, was er für seine Welt und sein Vergnügen braucht. Und das ist die Vitalität (Lebenskraft) und Daseinskraft jener Sache. Und der Verständige versteht, dass dies so ist in allen Einzelheiten jeglicher Welt – nämlich, dass ihr Anfang Seine Weisheit ist, und an deren Ende wird wiederum die Weisheit offenbart, und das ist die Weisheit der unteren Welt bis ans Ende aller Stufen.«[2574]

Der Maggid erfasst in dieser Schöpfungskonzeption die Vitalität dieser Welt nicht über deren Sprachlichkeit und die Buchstaben des Alphabets, sondern über die Weisheit Gottes, und das ist der *Zimzum*, der als die Lebenskraft der Dinge überall präsent ist. Auch wenn der Maggid – wie unten noch dargelegt werden soll – gelegentlich die Alphabettradition des Bescht aufnimmt, geschieht dies in der abgewandelten Form, dass die Buchstaben aus der oberen Weisheit hervortreten und zwar als weitere *Zimzumim*, gleich der Sprache des Lehrers, die dessen Wissen nur verkleinert mitteilen kann.[2575]

3. Die Weisheit als das *Nichts*

Die Konzeption der Weisheit als Einschränkung (*Zimzum*) und Verkleinerung hat den Maggid offenbar veranlasst, den Begriff des *Zimzum* bis zu dessen extremem Ende weiterzudenken und die Weisheit mit dem »Nichts« zu identifizieren. Dieser Schritt wurde dem Maggid durch eine Vorstellung der älteren Kabbala vermittelt. Nach der Auffassung der alten Kabbala stand an erster Stelle der Sefirot die Krone (*Keter*), die zugleich den Namen des »Nichts« des *'Ajin* trug. Diese Bezeichnung trug die erste Sefira indessen nicht, weil sie die totale Nega-

2573 Maggid Devaraw § 154, S. 254.

2574 Maggid Devaraw § 60, S. 91.

2575 Maggid Devaraw § 132, S. 227; § 101, S. 179.

tion des Seins wäre, sondern im Gegenteil, weil sie in sich die Fülle des Emanators trägt, und als solche unerkennbar, unerfassbar ist. Wenn demnach die Kabbalisten von einer Schöpfung aus dem Nichts sprachen, bedeutete dies nicht das Hervorbringen eines Seienden aus dem Nicht-Seiendem, sondern die Hervorbringung eines begrenzten Seienden aus der unbegrenzten Fülle des *'En Sof*, das sich über das *Nichts* der ersten Sefira mitteilte.[2576] Das *Nichts* galt demnach in der Kabbala als höchste Schöpferpotenz. Da nun aber in der Kabbala die zweite Sefira den Namen *Hochma* trug und der Maggid in der *Hochma* das »Nichts« erkannte, scheute er sich nicht, die zweite Sefira *Hochma* entgegen der älteren Tradition mit dem Nichts zu identifizieren.

Dies wird die Brücke gewesen sein, die den Maggid nun zu seiner weiterführenden Deutung des *Zimzum* als Nichts führte. Da für sein bisher vorgestelltes Denken gerade in der Einschränkung Gottes die Schöpfermacht lag, hat sich wohl die Schlussfolgerung angeboten, das Nichts als die konsequenteste Konzeption des *Zimzum* zu erachten. So gelangte er zu der doppelten Gleichung: Das »Nichts« ist die Weisheit[2577] und die Weisheit ist der *Zimzum*.

Die vor allem seit Sa'adja Ga'on und von Maimonides vehement vertretene Lehre von einer Schöpfung aus dem Nichts[2578] hat beim Maggid nun folgende Bedeutung erhalten: Aus dem Nichts, beziehungsweise der Weisheit oder den *Zimzum*, hat Gott die Welt erschaffen. Es handelt sich dabei um die Gottheit, die sich selbst einschränkte. Dieses Nichts ist also nicht der Gegensatz zum Sein, sondern die im *Zimzum* präsente Gottheit. Dieses Nichts hat, wie oben dargestellt, nicht nur die Welt hervorgebracht, sondern ist Tag für Tag die Lebenskraft dieser Welt.

Um die stete Wirkung des Nichts in der Welt verständlich zu machen, greift der Maggid auf einen Gedanken der mittelalterlichen jüdischen Philosophie zurück, der von Aristoteles stammt, nämlich den Vorgang der *Steresis*, der »Entwerdung«. Schon der erste mittelalterliche Aristoteliker Abraham Ibn Da'ud (RABaD, ca. 1110-1180)[2579] hat in seinem Buch *'Emuna rabba* diesen Sachverhalt beschrieben. Danach liegt allem in der Welt Existierenden eine Urmaterie, die so genannte Hyle zugrunde, die selbst noch nicht eigentlich existierend ist, solange sie noch keine Form angenommen hat. Erst durch die Überkleidung mit einer Form tritt sie ins Dasein. Dennoch muss diese Hyle vorausgesetzt werden. Denn wenn zum Beispiel sich das Urelement Wasser in Luft verwandelt, so wird die neue Form der Luft nicht von der vorausgegangenen Form des Wassers ge-

2576 Vgl. dazu o. Kap. Kabbala III. B.3.1.; u. G. Scholem, Schöpfung aus Nichts und Selbstverschränkung Gottes, in: ders., Über einige Grundbegriffe des Judentums, Frankfurt a.M. 1970.

2577 Maggid Devaraw §§ 6.22.100.154.

2578 Vgl. Bd. I., S. 375.460.

2579 Vgl. Bd. I., S. 407ff.

tragen, weil die Luft nicht wässrig ist. Also muss erst das Wasser die Form des Wassers ablegen. Aus diesem Vorgang der Entwerdung des Wassers muss etwas zurückbleiben, das nun die Form der Luft aufnehmen kann. Zur Veranschaulichung bietet 'Avraham Ibn Da'ud z.B. das Gold, das abwechslungsweise zu einer Münze oder einem Ring umgegossen wird.[2580] Bevor nun aus der Münze ein Ring wird, muss das Gold erst die Münzform ablegen, um hernach die Ringform annehmen zu können. Dieses Beispiel muss, so die Meinung der mittelalterlichen Denker, auch für die Urelemente Feuer, Luft, Wasser und Erde gelten, die analog von einer Urmaterie getragen werden. Gehen sie ineinander über, so steht, gemäß dem Beispiel vom Gold, zwischen den Überformungen stets die Entformung, die Steresis.[2581] Ibn Da'ud führt unter seinen Beispielen für diesen Vorgang unter anderem eines an, das auch vom Maggid rezipiert wird. So sagt Ibn Da'ud:

> »Wir sehen den Vogel aus dem Ei sich entwickeln; doch tiefer betrachtet, haben beide eine gemeinsame Materie. Denn die Eiform hört auf und der Vogel entsteht.«[2582]

In diesem von den Philosophen beschriebenen Vorgang der Entwerdung sieht der Maggid einen Beweis für seine Auffassung, dass dem Bestand der Welt und ihrer Details das Nichts als die sie tragende und kreative Kraft zugrunde liegt. Er legt dies in fast philosophischer Diktion dar:

> »Kein Ding kann sich aus einer Gestalt in die andere verwandeln. So zum Beispiel das Ei, aus dem ein Küken wird. Es muss zunächst die Gestalt des Eies völlig verlieren [...] und erst dann kann eine andere Gestalt aus ihm werden.
> Und so ist es in allem. Alles muss zuerst durch die Stufe des Nichts kommen und erst dann kann es eine neue Sache werden. So auch bei allen Wundern, welche die Regeln der Natur brechen. Erst muss die Sache in die Sefira des Nichts gehoben werden und dann ergießt es sich von dort als ein Wunder.«[2583]

In einem zweiten Text verwendet der Maggid das Gleichnis vom Weizenkorn, dessen Form in der Erde erst »genichtet« werden muss. Diese Nichtung, so lehrt

2580 Vgl. Bd. I, S. 408.

2581 Hebräisch: He'eder.

2582 Das Buch Emunah Ramah oder: Der erhabene Glaube, übs. Simson Weil, Berlin 1919, I, 3, S. 15.

2583 Maggid Devaraw § 30, S. 49; vgl. § 178, S. 277; § 60, S. 91.

der Maggid »ist die reine Materie, die Hyle – und dies ist bekanntlich die Weisheit [...] und dann, [wenn das Korn zu Nichts geworden ist], kann die Kraft des Wachstums in es kommen und es sprießen mehrere Körner aus ihm.«[2584]

Wenn substantiell Neues in der Welt geschaffen werden soll, muss zwischen dem Alten und dem Neuen die kreative Durchgangsstufe des »Nichts« durchschritten werden. Aber es sind nicht nur die Neu- und Umschöpfungen, die des »Nichts« bedürfen, auch die Erhaltung der schon vorhandenen Welt kann nicht ohne das Nichts geschehen. In ihr gibt es bekanntlich unzählige Gegensätze, die sich gegenseitig aufheben würden, Feuer und Wasser, Hitze und Kälte, wäre da nicht zwischen ihnen das Nichts, in dem die Gegensätze aufgehoben sind, und sie darum verbindet und so zugleich als getrennte Phänomene erscheinen lässt. Auch diese Auffassung erläutert der Maggid mit Hilfe der antik-mittelalterlichen Physik. Nach ihr sind alle Dinge in der Welt aus den vier Urelementen Feuer, Luft, Wasser und Staub (Erde) zusammengesetzt,[2585] die sich ja doch gegenseitig aufheben müssten, aber offensichtlich doch zusammengehalten werden. Dazu erklärt der Maggid:

> »In jedem Ding sind vier Elemente, Feuer, Luft, Wasser und Staub. Und siehe, Feuer und Wasser sind Gegensätze, wie können sie da ineinander enthalten sein? Gewiss muss da etwas sein, das sie verbindet, damit das Wasser nicht das Feuer vernichtet und umgekehrt. Darum bedarf es einer Sache, die sie verbindet, damit sie in ihrer Existenz nicht aufgehoben werden. Und die Sache, die sie verbindet heißt ›Nichts‹!
> Und es ist ja bekannt, dass die Kraft der Ursache im Verursachten ist, und die Ursache ist die Kraft Gottes, die in dieser Sache wirkt [...] darum ist hier gewiss das ›Nichts‹.«[2586]

Die welterhaltende Kraft Gottes ist wie die weltschaffende Kraft das göttliche »Nichts«, das als die immerzu wirkende Ursache der Welt und ihres Bestandes in Erscheinung tritt. Gott ist in der Welt als die Kraft des Nichts immanent; das Nichts, das die kontrahierte Gottheit ist, ist die Gottheit im *Zimzum*.

2584 Maggid Devaraw § 78, S. 134; vgl. D. C. Matt, 'Ajin: The Concept of Nothingness in Mystical Judaism, in: *Tikkun* 3,3 (1988), Repr. in: R. K. C. Forman (ed.), *The Problem of Pure Consciousness*, New York-Oxford 1990, S. 121-159; wieder in: Essential Papers on Kabbalah, ed. L. Fine, New York 1995, S. 67-108; R. Elior, The Paradigms of Yesh and Ayin in Hasidic Thought, in: Hasidism Reappraised, ed. A. Rapoport-Albert, London-Portland 1996, S. 168-179.

2585 Vgl. Bd. I, S. 408.505.

2586 Maggid Devaraw § 154, S. 253; u. vgl. § 60, S. 91f; § 178, S. 277.

4. Die Individuation als die Ursache des Bösen

Wenn das Nichts, wie im vorangehenden Kapitel dargestellt, kraft seines vereinheitlichenden Wesens die Gegensätze in dieser Welt stets aufhebt, musste sich die Frage stellen, wie es dann denn möglich wurde, dass es in dieser Welt dennoch Individuen gibt, die sich voneinander unterscheiden und – wie auch die Menschen – auf dieser Individualität beharren. Der Maggid hat diese Frage gestellt und sie mit Hilfe eines weiteren lurianischen Topos beantwortet. Der Topos vom »Bruch der Gefäße«, *Schevirat ha-Kelim*,[2587] ist ebenfalls ein zentraler Vorgang in der lurianischen Kosmologie. Diesem Topos zufolge hatte das *'En Sof* nach dem *Zimzum* durch die Emanation des Lichtes im kosmischen Hohlraum mit dem Aufbau kosmischer Strukturen begonnen. Bei diesem Prozeß wurde ein Teil des emanierten Lichtes zu Gefäßen, die das nachströmende Licht in einer wohl konfigurierten Struktur auffangen sollten. Jedoch waren die Strukturen zu schwach, um die nachfolgende Lichtfülle aufzuhalten. Sie zerbrachen, das Licht strömte zurück und die Scherben der Gefäße fielen als sogenannte Schalen, *Klippot*, in die Tiefe. Aus diesen Schalen und den an ihnen haftenden Lichtfunken entstand der dualistisch konzipierte Bereich des Bösen und der Finsternis.

Der Maggid nahm diesen Zusammenhang auf, veränderte ihn aber von Grund auf. Die Gemeinsamkeit mit dem lurianischen Denken blieb die zentrale Terminologie des Bruches und die mit ihm verbundene Erklärung der Herkunft des Bösen in der Welt. Alles Übrige wurde völlig neu konzipiert. Zunächst gab der Maggid den gnostischen Dualismus Lurjas auf und setzte einen epistemologisch-mystischen Dualismus an seine Stelle. Danach gibt es kein ontologisch eigenständiges Böses in der Welt, sondern nur ein prozedurales, das vom Erkenntnisstand der Menschen abhängt. Hier erinnere man sich an das oben erwähnte Gleichnis des Bescht vom König und Königsohn, der in den Palast eindrang, um seinen Vater zu sehen, oder an den Umgang mit dem Bösen in Form der Fremden Gedanken.[2588] Der nächste zentrale Unterschied zu Lurja besteht darin, dass dem Maggid zufolge nicht die entstehende Lichtstruktur des emanierten Kosmos zerbrach, sondern das »Nichts«. Das Nichts, das die absolute Einheit ist und in dem die Unterschiede aufgehoben sind, ist der Gegensatz zu den zahllosen Individuen in dieser Welt. Zwischen diesen beiden steht der Bruch. Die Einheit des Nichts zerbricht in die Vielheit der Individuen. Der Bruch ist das Individuationsprinzip.

Damit wurde der »Bruch der Gefäße« für den Maggid neben dem *Zimzum* und dem *Nichts* zum zweiten zentralen Schöpfungsbegriff. Allerdings, und hier besteht der wesentliche Unterschied zu Lurja, war der Bruch nach dem Maggid

2587 Vgl. o. Kap. Kabbala VIII. 3.-3.3.

2588 Vgl. o. Kap. Der osteuropäische Hasidismus II. B.2-3.

nichts, was den Schöpfungsprozess aufgehalten hatte, sondern er war ein Vorgang, der ihn erst ermöglichte. Denn solange alles im Nichts war, gab es nur das eine göttliche Sein im *Zimzum*. Erst durch den Bruch dieser göttlichen Einheit des Nichts entstand eine Vielheit unterscheidbarer Dinge und Individuen. Darum kann der Maggid paradoxerweise formulieren:

> »Der Bruch war nötig für die Welt! Denn würde jede Sache und Eigenschaft an der Wurzel [des Nichts] haften und so in seinen eigenen Augen gleich Nichts sein, dann könnten alle Welten nicht bestehen. Zum Beispiel die [untere] Welt des Werkes ('Olam ha-'Asija),[2589] wenn sie stets am Schöpfer haften würde, ohne ihn einen Augenblick zu vergessen, dann wäre sie in ihrer Existenz ausgelöscht und würde an ihrer Wurzel, dem Nichts haften. Desgleichen würden sie [,die Individuen in dieser Welt,] auch keine Taten vollbringen, denn sie hielten sich für nichts. Auch aus lauter Furcht und Scham vor der Wurzel wäre ihre Existenz ausgelöscht und sie würden an ihrer Wurzel, dem Nichts, haften. Und so in allen Welten. Darum war der Bruch nötig! Denn durch ihn entstand das Vergessen der Wurzel und jeder konnte seine Hand erheben und Taten vollbringen.«[2590]

In dem hier Dargestellten liegt für den Maggid das große Paradox der Welt. Will man etwas sein, ein eigenes »Ich«, muss man seine Wurzel, das heißt die Gottheit, vergessen. Denkt man an Ihn, so ist man Nichts. Es ist nicht zufällig, dass der Maggid als Resultat des Bruches nicht die »Entstehung« der Vielfalt nennt, sondern das »Vergessen«. Die Vielfalt in der Welt ist demnach nicht eigentlich eine ontologische Gegebenheit, sondern eine epistemologische. Da wo Vielfalt gesehen und behauptet wird, da wird sie wahrgenommen, aber dies ist zugleich ein Vergessen der Wurzel. Da wo die Wurzel wahrgenommen wird, löst sich die Vielfalt in der Einheit des Nichts auf. Die Konsequenzen dieser Auffassung für das religiöse Leben und das richtige menschliche Verhalten werden an späterer Stelle erörtert; hier sollen zunächst noch weitere Aspekte dieser Weltanschauung verfolgt werden.

In der Fortsetzung der soeben angeführten Homilie treibt der Maggid das Paradox der Weltexistenz noch weiter auf die Spitze. Seinen Ausführungen zufolge besteht das Wesen des Bruches darin, dass ein jeder sagt: »Ich bin ein König«. Doch dieses Attribut, wie auch das des bloßen »Ich«, kommt alleine Gott zu; nur er ist ein Ich und König. Der Bruch hat demnach zur Folge, dass durch ihn andere neben Gott die göttlichen Attribute, Ich und König, für sich in Anspruch nehmen. Die schon in der Bibel formulierte Sünde des Menschen, wie Gott sein zu

2589 Zu ihm s.o. Kap. Kabbala VII. C.b.3.

2590 Maggid Devaraw § 73, S. 126.

wollen,[2591] ermöglicht die Welt, also die Vielfalt. Dieser eigene Ich-Anspruch, Zeichen des Bruches der Gefäße, ist demnach im wahrhaften Sinne eine *felix culpa*; ohne sie gäbe es keine Welt und doch ist sie sündig. Auch war der Bruch und damit die Sünde der Individuation notwendig, da Gott ja alles in die Wege geleitet hatte, um an Israel ein Vergnügen haben zu können. Man kann also sagen, die Existenz der Welt, die ein selbständiges Sein haben will, ist ihre Sünde, aber ohne diese Sünde wäre sie nicht da. Es sei hier an die auch von Martin Buber in seine Sammlungen aufgenommene Geschichte von den beiden Schülern des Maggid erinnert, von denen der eine des Nachts an die Tür des anderen klopft, von seinem Freund im Haus aber abgewiesen wurde. Er hatte nämlich auf die Frage von drinnen, wer draußen sei, mit »Ich« geantwortet, worauf der Freund im Hause rief: »Wer ist es, der sich vermisst, sich ›Ich‹ zu nennen, wie es Gott alleine zusteht?«[2592]

Aus alledem ergibt sich, dass für den Maggid der Bruch der Gefäße zugleich die Ursache der Welt selbst wie des Bösen in ihr ist. Ähnlich dem oben zur lurianischen Kabbala Beschriebenen, ist aber das Entstehen des Bösen beim Maggid kein Seiteneffekt der Weltenstehung, sondern eine unabdingbare Voraussetzung. Das Gute und das Böse sind im Denken des Maggid dialektisch miteinander verschlungen.

Abschließend soll nochmals die positive Seite der *Schevira*, des Bruches, betrachtet werden. Dazu führt der Maggid ein im Sohar nur angedeutetes[2593] Gleichnis an und fügt es hier in einen völlig anderen Kontext ein:

> »Das gleicht einem Schneider, der ein ganzes Tuch Stoff nahm und dies in kleine und kleinste Stücke zerschnitt. Wer kein Fachmann ist, wird sagen, er hat es verdorben, aber wer versteht, dass das eine Stück für den Ärmel oder ein anderes Körperteil ist, der kennt dies und versteht alles, nämlich dass man so verfahren und es in Stücke schneiden muss.
> So war auch Gott, Er sei gesegnet, anfangs ganz allein, und danach schuf er die Welten. Und noch war ›nicht erkennbar, das Hohe vor dem Niedrigen‹ (Hiob 34, 19), das heißt, bei dem Geringen ist die Herrschaft noch nicht erkannt worden, und es bedurfte des Bruches, damit das Licht erkannt werden konnte.«[2594]

In diesem Text wird der Bruch vollkommen positiv formuliert. Das Zerschneiden des Tuches alleine bringt das schöne vielgliedrige Gewand hervor, das der Schnei-

2591 Gen 3,5.

2592 Martin Buber, Erzählungen, S. 326

2593 Sohar, Ra'ja Mehemna III, S. 27b.

2594 Maggid Devaraw § 22, S. 36.

der nähen will. Ohne diesen Bruch gibt es keine Unterschiede, keine verschiedenen Eigenschaften, auch keine differenzierende Sprache und nicht Materielles in der Welt. Nur durch den Bruch der Einheit kann die Größe Gottes erkannt werden, denn alleine die Differenz hat erkennende Wesen neben Gott hervorgebracht.[2595]

Die Spannung zwischen dem die Unterschiede aufhebenden kreativen Nichts und dem die Unterschiede hervorbringenden Bruch bestimmt die Welt und das menschliche Leben. Damit ist das irdische Dasein in einen dauernden Urwiderspruch gestellt, der zugleich Glück und Sünde bedeutet und erst mit der Rückkehr in das alles nichtende und ausgleichende Nichts aufgehoben wird. *Zimzum* und *Schevira* sind im Denken des Maggid zwei komplementäre Gegensätze, ohne welche die Welt kein Dasein hätte. Der *Zimzum* als das kreative Nichts der göttlichen Einheit, und der Bruch als die Auflösung der Einheit in die Vielheit der Individuen. Im Nichts ruht die Gottheit, das Gute, in der Vielheit ist das widergöttliche Ich-Sein-Wollen, das ist die Sünde. Das Ganze ist im Sinne der alten neoplatonischen Kosmologie nur aus dem Einen hervorgegangen, um alsbald in es zurückzukehren. Und eben das ist das Vergnügen, das Gott nach der Auffassung des Maggid von dieser Welt haben wollte. Ihre Rückkehr gleicht der Rückkehr des verlorenen Sohnes, die dem Vater ein größeres Vergnügen bereitet, als der immer zu Hause Gebliebene, denn, so sagt auch der Maggid, ein dauerndes Vergnügen ist kein Vergnügen, sondern dies ist im Wechsel begründet. Darum musste die Welt, bevor sie zum Vater zurückkehren konnte, erst aus der Einheit des Vaters hinausgehen.[2596]

5. Der *Zimzum* im Gewand der onomatologisch-alphabetologischen Tradition

Wollte man sich mit dem oben Dargestellten begnügen, würde dies eine Verkürzung der Schöpfungstheologie des Maggid bedeuten, obwohl bisher die Ideen des Maggid diskutiert wurden, die wirklich neu sind und ihn auszeichnen. Die alphabetologischen Lehren des Bescht und die alte kabbalistische Tradition der Identität von Tora und Gottheit wirkten zu sehr nach, als dass sich der Maggid ganz von ihnen trennen konnte oder gar wollte. Denn wie später noch deutlich werden wird, kommt ihm die Alphabet-Tradition zur Beschreibung des für ihn zentralen mystischen Gebetes sehr entgegen, so dass die Aufnahme der älteren »Sprach-Tradition« nicht nur ein Tribut an die früheren Lehrer war. Allerdings übernimmt er diese Sprach-Tradition meist nicht unverändert, sondern fügt suk-

2595 Vgl. noch Maggid Devaraw § 28, S. 45; § 51, S. 74; § 21, S. 35; § 177, S. 275; § 87, S. 151; § 173, S. 271.

2596 Maggid Devaraw § 73, S. 127.

zessive die ihm wichtigen Gedanken des *Zimzum* und der *Schevira* (Bruch) in sie ein. So in dem folgenden Schöpfungstraktat:

> »[Im Sohar] steht geschrieben: ›Die Tora und der Heilige, E.s.g., sind gänzlich Eines‹ (Sohar II, S. 60a). Niemand kann nämlich das Wesen seiner Gottheit, E.s.g., ertragen, außer mittels der Tora. Und so schuf er mit der Tora die Welt, das heißt mit den Buchstaben, wie sie sagt: ›Es werde Licht, und es ward Licht‹ (Gen 1,3).Und dies war für Ihn, E.s.g., ein *Zimzum*, indem er sich in die Buchstaben einschränkte (*zimzem*) und die Welt erschuf.
> Und so wie ein redender Mensch nicht von den Buchstaben getrennt ist, die er sagt – nur der Körper ist abgesondert, nicht aber die Lebensessenz[2597] – so ist Er, E.s.g., gleichsam nicht von den Buchstaben abgesondert. Und niemand kann seine Gottheit ertragen, außer vermittels der Buchstaben. Und darum heißt es (*Tikkune Sohar* 3b) ›Er und das von ihm Bewirkte sind Eins.‹ «[2598]

Zunächst nimmt der Maggid die vorsoharische und soharische Identifikation von Gott und seiner Tora auf, um dann wie der Bescht die Buchstabenschöpfung zu erörtern. Aber gerade letztere versteht der Maggid bezeichnenderweise wieder als *Zimzum*, als Einschränkung Gottes in den Buchstaben der Tora.[2599] Während beim Bescht die Buchstabenlehre vor allem dem Ziel der Erklärung der Vielfalt aus der Einheit dient, ist sie für den Maggid eine Darstellung seines zentralen Schöpfungsbegriffes, des *Zimzum*. Das Behältnis des *'En Sof* im *Zimzum*, die Tora, wird darum auch »Weisheit« genannt.[2600] Die Tatsache, dass die vor Augen liegende und ausgesprochene Tora begrenzt ist, vergleicht der Maggid mit dem menschlichen Sprechen, bei dem der Mensch zunächst als *Denker* sein *Denken* in Gang setzt, aus dem schließlich das gesprochene *Wort* resultiert. Der *Denker*, das *Denken* und das *Wort* sind drei voneinander zu unterscheidende Wesenheiten und sind dennoch untrennbar miteinander verbunden. Das Element, das die drei Wesenheiten miteinander verbindet und nach Auffassung des Maggid auch die Urelemente zusammenhält, ist das Nichts, welches zugleich die *Hyle* ist. In derselben Weise verbindet das Nichts auch das *'En Sof* und die verschiedenen Teile der Tora miteinander.[2601] Entsprechend verwendet der Maggid auch in diesem Zusammenhang den zweiten, für ihn wichtigen kosmologischen Begriff, die *Schevira*. Wie oben deutlich wurde, löst der Bruch die Einheit des

2597 Oder: Lebenskraft, Hijjut.

2598 Maggid Devaraw § 132, S. 227.

2599 Dazu s. noch Maggid Devaraw § 192, S. 303; § 126, S. 217; § 116, S. 189.

2600 Maggid Devaraw § 134, S. 235.

2601 Maggid Devaraw § 56, S. 83f.

Nichts auf und führt dazu, dass die entstandenen Individuen sich von der göttlichen Wurzel entfernen und einen sündigen Anspruch auf eigenes Sein erheben. Diese Struktur überträgt der Maggid auf das, was schon der Bescht als die »Fremden Gedanken« bezeichnete und seiner Vorstellung nach verderbte und verdrehte Buchstaben sind. Der Maggid spricht hier analog von Buchstaben aus dem Bruch, die ihre göttliche Herkunft bestreiten und göttliche Eigenschaften für sich selbst beanspruchen, so zum Beispiel bei der irdischen Liebe, die im Grunde eine gebrochene göttliche Liebe ist, oder auch die irdische Schönheit, die eine gebrochene Schönheit göttlichen Ursprungs ist.[2602] Das neue Denken des Maggid, seine Grundstrukturen samt deren Terminologie, geben bei ihm demnach auch der überkommenen Tradition eine neue Gestalt.

6. Der Mensch in der Welt

Der Mensch – und der Maggid handelt dabei gemäß dem Weltschöpfungsziel nur von Israel – ist wie die übrige Welt ein Teilergebnis des Bruches. Als solcher Teil der Welt ist er einer von denen, die den widergöttlichen Anspruch des Ich-Seins erheben. Die von Gott gewollte Bestimmung des Menschen besteht darin, keinen Anspruch auf das Ich-Sein zu erheben und stattdessen in das göttliche Nichts zurückzukehren. Eben dafür hat er die Welt überhaupt erst erschaffen; aus der Rückkehr des Menschen erwächst das Vergnügen, das er von ihr haben will. Der dem Menschen vorgezeichnete Weg in dieser Welt ist darum der Weg aus der Vielheit zurück zur Einheit, der Abschied vom eigenen Ich, hin zu jenem, dem es allein gebührt »Ich« zu sein, weg von dem Bestreben, ein getrenntes Sein zu besitzen, hin zum wahrhaften Sein des Nichts. Wie das im Einzelnen geschehen soll, wird im Folgenden dargelegt werden. Demnach beschreibt der Maggid die gottgewollte Rückkehr des Menschen zu seiner Wurzel auf einer kosmologischen, einer anthropologischen und einer mystischen Ebene.

6.1 Die kosmologische Aufgabe – die Nichtung der Welt

Wie die bisherige Erörterung zeigte, ist die lurianische Kabbala die terminologische Folie für das Denken des Maggid. Beide Auffassungen sehen die Bestimmung des Menschen darin, die Welt aus ihrem unerlösten Zustand ihrer Erlösung zuzuführen. Der Maggid hat die kosmische Aufgabe des Menschen allerdings von ihrer gnostisch-dualistischen Qualität befreit und ihr eine neoplatonischen Färbung gegeben. Ein Vergleich der Ziele des Menschen, die er bei Lurja auf der einen und beim Maggid auf der anderen Seite erreichen soll, macht dies in ganz

2602 z. B. Maggid Devaraw § 29, S. 48; § 161, S. 258f; § 173, S. 271.

besonderer Weise deutlich. Nach Jizchak Lurja besteht das Ziel des Menschen darin, die durch Bruch und Adamssünde beschädigte Welt zu restituieren, den *Tikkun* herbeizuführen und damit eine vollkommene und makellose Welt herzustellen. Demgegenüber fordert der Maggid, dass der Mensch die Welt ins Nichts zurückführen soll, dass er die Welt nichten soll. Gegensätzlicher könnte das Ziel des Menschen in dieser Welt und die erhoffte Erlösung der Welt kaum formuliert werden. Dieser grundsätzliche Unterschied zwischen den beiden Denkern bleibt auch da erhalten, wo der Maggid einen weiteren Topos der lurianischen Kosmologie, den Topos der gefallenen Funken, verwendet, die der Mensch heben soll. Doch sollen zunächst die Zielformulierungen des Maggid näher betrachtet werden:

> »Das Ziel (der Zweck) der Erschaffung des Menschen ist es, die Welten in ihre Wurzel emporzuheben, das heißt, dass er sie ins Nichts zurückbringt, wie es zuvor war, und zwar durch Tora, Gebet und gute Werke, um sie so an Gott, Er sei gesegnet, zu heften.«[2603]

Diese Beschreibung der menschlichen Aufgabe spricht zwar wie die lurianische Soteriologie vom Emporheben. Aber hier werden nicht Funken aus dem Bereich der Schalen in einen zu heilenden Kosmos gehoben, sondern die Welt als ganze soll ins Nichts gehoben, und das heißt in ihrem Sein kontemplativ aufgehoben werden. In diesem Sinne lehrt der Maggid sogar:

> »Größer ist das Werk der Zaddikim als die Erschaffung von Himmel und Erde. Nämlich weil die Erschaffung von Himmel und Erde ein Schaffen des Seienden aus dem Nichtseienden war, die *Zaddikim* aber aus Seiendem Nichtseiendes machen. Denn aus allen Dingen, die sie tun, sogar so materiellen wie Essen, heben sie heilige Funken empor – so aus der Speise, und so aus jeglicher Sache, und auf diese Weise machen sie aus Seiendem Nichts.«[2604]

Hier nimmt der Maggid den Terminus vom Funkenheben expressis verbis auf. Aber wiederum ist der Unterschied deutlich. Nach der lurianischen Vorstellung werden die kosmologischen, wie auch die anthropologischen Seelen-Funken, aus dem niederen Schalenbereich, beziehungsweise aus niedrigen Existenzformen, auf die Ebene des Menschen gehoben und gelangen von dort in die höheren Emanationsstufen beziehungsweise in die Makroseele des *'Adam ha-rischon*.[2605]

2603 Maggid Devaraw § 66, S. 109.

2604 Maggid Devaraw § 9, S. 24; u. vgl. § 190, S. 294f.

2605 Vgl. o. Kap. Kabbala VIII.3.3; 4.1.2-4.2.

Dadurch werden der kosmische und der anthropologische Urmensch wiederhergestellt. Beim Maggid führt das Funkenheben demgegenüber nicht zur Wiederherstellung der beiden genannten Makro-Gestalten, sondern zur Rückführung der Weltfunken ins Nichts, zu deren Aufhebung in der Einheit des göttlichen Nichts.

Das Medium des Funkenhebens war bei Lurja vor allem die Gebotserfüllung, wozu auch das Essen gehörte, sofern es durch die entsprechenden Gelegenheiten und Riten eine Gebotserfüllung darstellte. Die entscheidende Ingredienz für den lurianischen Kabbalisten bestand dabei in der Meditation der *Kawwanot*, von denen hier wenigstens ein kleiner Ausschnitt gegeben werden soll:

> »Die *Kawwana* des Essens von wenigstens der Größe einer Olive, wie [dies für] den Brotsegen nötig ist: Man muss die Funken, die durch den Bruch der Gefäße und die Seelen, die durch die Sünde des Ersten Menschen gefallen waren, vom Mineralischen zum Pflanzlichen, vom Pflanzlichen zum Animalischen und vom Animalischen zum sprachbegabten Lebewesen [d. h. dem Menschen] emporheben. Und dadurch werden die heiligen Funken geläutert und steigen von den *Klippot* (Schalen) zur Heiligkeit auf. Und man muss seine *Kawwana* (Intention) auf den Namen 'EL (אל 31) HWJH[2606] (יהוה 26) ausrichten, was zusammen den Zahlwert von *'Ochel* (אוכל 57) hat, und dazu [die Vokalbuchstaben, die verwendet werden, um das Tetragramm plene zu schreiben, so dass daraus der Zahlwert 72 entsteht יוד הי ויו הי]: ודייוי , die zusammen den Zahlwert 46 ergeben und zusammen [mit *'Ochel*] haben sie den Zahlwert von *Mason* מזון = 103, das heißt Speise, [oder auch alphabetologisch 57 = זן und 46 = מו, das sind die Buchstaben von *Mason*, מזון].«[2607]

Das Heben der gefallenen Lichtfunken durch die vier Seinsstufen, Minerale, Pflanzen, Tiere und Mensch, und von da an höher, wird im lurianischen System der *Kawwanot* (Meditationen) durch kontemplativ durchgespielte onomatologische Gleichungen erreicht.

Der Maggid hat, wie schon der Bescht und die meisten Hasidim, von diesem komplizierten *Kawwanot*-System Lurjas Abschied genommen und an seine Stelle die Begeisterung, die *Devekut* (das Haften am Göttlichen), oder das Haften des Denkens an Gott gesetzt. Die Gebotserfüllung und das Torastudium ist nach hasidischer Auffassung ohne die *Devekut* wirkungslos, wohingegen sogar das normale Handeln im Alltag, welches von der *Devekut* begleitet wird, eine ent-

2606 Der Autor schreibt statt JHWH HaWaJaH – eine übliche Form, um das Tetragramm zu bezeichnen.

2607 Siddur me-ha-'Ari, s"l, ha-nikra be-Schem Kol Ja'akov, ... [von] Ja'akov Koppel, Slawuta 1804 (Neudruck Jerusalem 1972), S. 112b.

sprechende Wirkung im religiösen Sinn entfaltet.[2608] Die wesentliche Aufgabe des Menschen in dieser Welt besteht nach Auffassung des Maggid darin, die Funken des Bruches, sprich die Individuen, ins Nichts zu heben. *Dafür* soll der überlieferte religiöse Ritus dienen, allerdings wird statt der technischen lurianischen *Kawwanot* hier der mystische Aufschwung des Menschen, sein eigenes Haften am Nichts, gefordert, welches die Kraft zur Hebung der Funken bereitstellt. Die Macht der Tora und der Gebote liegt demnach in der mystischen Fähigkeit des Menschen, selbst das Tor des Nichts zu betreten:

> »Das Ziel (der Zweck) der Erschaffung des Menschen ist, dass er die Welten in ihre Wurzel emporhebt. Das heißt, dass er sie ins Nichts zurückführt [in den Zustand] wie zuvor, und zwar durch Tora, Gebet und gute Werke, und sie so an Gott heftet. Und dies geschieht in der Weise, dass er sich selbst in der Stufe des Nichts hält. [...] Und dadurch macht er den Bruch wieder heil, das heißt der Sturz der Welten wird wieder geheilt und sie steigen hinan durch den Menschen, der auf der Stufe des Nichts ist. [...] Und dies, wenn der Mensch auf der Stufe des Nichts ist. [...] Dann steigt das Innere der Welten auf, nämlich die Worte, die der Mensch lernt oder betet oder als Gebotssegen spricht, denn das Wort ist das Innere. [...] Wenn der Mensch auf der Stufe des Nichts ist, dann steigen die Worte in die Welt des Wortes[2609] empor. [...] Die Außenseite der Welten wird allerdings erst heil gemacht, wenn, so Gott will, der Erlöser kommt [...], aber dem Menschen ist es nicht gegeben sie emporzuheben.«[2610]

Der *Tikkun*, die Heilung der Welt besteht demnach nicht in ihrer Rekonstruktion, sondern in ihrer Nichtung. Der Maggid stellt allerdings fest, dass dies vorläufig nur die geistige Innenseite der Welt betrifft, während die physische Welt bis zum Kommen des Messias auf ihrer gefallenen Stufe weiterexistiert. Nicht alle Hasidim haben diese nüchterne Situationsbeschreibung akzeptiert. Es gab im Gefolge des Maggid extremere Stimmen, die – ähnlich dem Bescht – die Unwirklichkeit des Materiellen behaupteten, und die Sichtbare Welt als Schein und Trugbilder verstanden. Darum sprechen solche Hasidim, vor allem die unten noch zu be-

2608 Vgl. o. (Bescht) u. R. Schatz-Uffenheimer, Ha-Hasidut ka-Mistika. Jesodot kwietistijot ba-Machschava ha-hasidit be-Me'a ha-18, Jerusalem 1968, S. 54-56.131, engl.: Hasidism as Mysticism. Quietistic Elements in Eighteenth Century Hasidic Thought, Princton-Jerusalem 1993, S. 111-115.218; u. s. 'Or ha-'Emet 77b; Likkute 'Amarim 15a; M. Kallus, The Relation of the Baal Shem Tov to the Practice of Lurjanic Kavvanot in Light of his Comments on the Siddur Rashkov, in: Kabbalah – Journal for the Study of Mystical Texts 2 (1997), S. 151-167.

2609 Dies ist sefirotisch gesprochen die zehnte Sefira *Malchut*.

2610 Maggid Devaraw § 66, S. 109-110; vgl. noch § 73, S. 126f.

sprechende der HaBaD-Bewegung, von dem *Bittul ha-Jesch*, der Aufhebung des Existierenden. Der Maggid artikuliert sich demgegenüber gemäßigter, und fordert nur die Nichtung der Innenseite des Existierenden.[2611] Das Heben der Funken, das bei Lurja klar als messianische Aufgabe des Menschen beschrieben wurde, zeigt sich hier als ein individualmystischer Vorgang, der zwar auch Auswirkungen auf die Welt hat, – aber eben nur auf deren Innenseite – und daher vom Außenstehenden nicht wahrgenommen werden kann.

6.2. Die Nichtung der Welt als epistemologisch-psychologischer Vorgang

Am Ende des vorangehenden Abschnitts wurde deutlich, dass nach Auffassung des Maggid die Nichtung der Welt durch den Menschen nicht die materielle Außenwelt betrifft, sondern deren Innenseite. Wie kann man sich dies vorstellen? Der Maggid gibt dafür klare Leitlinien an die Hand. Die Aufgabe des Menschen ist es demnach, die Dinge dieser Welt nicht in ihrem irdisch-materiellen, sondern im göttlichen Bezugsfeld zu sehen. Dadurch wird ihr Rang in der Seinshierarchie festgestellt und deutlich, dass sie angesichts der göttlichen Fülle, angesichts der göttlichen Ursächlichkeit, Schönheit, Größe und so weiter als Nichtse erscheinen müssen, an die man sich nicht zu halten braucht. Für die Dinge dieser Welt muss erkannt werden, dass sie ohne Gott nicht sind, dass Er alleine es ist, der sie sein lässt und ihnen die Kraft des Daseins gibt. Betrachtet der Mensch die Dinge der Welt als Nichtse, dann verbindet er sie durch seine Erkenntnis mit dem göttlichen Nichts und verschafft ihnen dadurch – paradoxerweise – zusätzliche göttliche Kraft. Bestaunt er jedoch diese Dinge als eigenständige und liebens-, hassens- oder verehrungswürdige Wesen, dann trennt er sie vom göttlichen Nichts, verstärkt den Bruch und damit auch das Böse in der Welt. Das heißt die kontemplative Nichtung der Welt ist in erster Linie ein epistemologischer und als Folge davon ein emotionaler Vorgang:

> » ›Dein Auge sei auf das Feld gerichtet, welches man erntet‹ (Ruth 2, 9). Das bedeutet: ›Wer guten Auges ist, der ist gesegnet‹ (Prov 22,9).
> Das Auge wird Weisheit genannt, und in der Tat ist das Schauen die unterste Stufe der Weisheit. Und der, welcher guten Auges ist, das heißt, gute Weisheit besitzt, der bringt Segen in die Sache, die er anblickt. Denn wenn er eine Sache anblickt, dann weiß er, dass diese Sache vor Ihm, E.s.g., wie Nichts ist.

2611 So Schne'ur Salman aus Liadi, der Begründer der HaBaD-Bewegung, s. N. Mindel, Rabbi Schneur Zalman, Vol II. The Philosophy of CHABAD, Brooklyn 1974, S. 20; u. vgl. R. Elior, HaBaD: The Contemplative Ascent to God, in: Jewish Spirituality. From the Sixteenth-Century Revival to the Present, ed. A. Green, New York 1987, S. 157-205.

Das heißt dass sie ohne Seine Gottheit, E.s.g., die in dieser Sache weilt, tatsächlich Null und Nichtig ist. Das heißt die Kraft des Wirkers ist im Gewirkten und ohne ihn ist sie Nichts. [...] Und durch sein Schauen in dieser Weise zieht der Mensch aus der Gottheit, sie sei gesegnet, aus der Lebensquelle, zusätzliche Lebensessenz in diese Sache, denn er heftet (*dvk*) diese Sache an das vollkommene Nichts, aus dem alles Existierende ausgehauen wurde, vom Nichts zum Sein (*me-'Ajin le-Jesch*). Und das ist es [was der Schriftvers sagt]: ›Wer guten Auges ist, der ist gesegnet‹, nämlich für diese Sache.
Und so auch umgekehrt. Wer üblen Auges ist, wenn er auf diese Sache blickt und sie bestaunt, wie schön sie doch sei, macht diese Sache zu einem Wesen für sich selbst, und ›der ist ein Verleumder, der den Obersten (*'Aluf*) abtrennt‹ (Prov 16, 28), denn durch dieses sein Schauen wird bekanntlich jene Sache von der Wurzel und der Lebensessenz, das heißt von der Gottheit, abgeschnitten.
Durch dieses Schauen macht der Mensch ein ›Gefäß‹ und dadurch kommt das böse Auge.[2612] Denn der Bruch [der Gefäße] geschah im Wesentlichen dadurch, dass jeder sagte: Ich bin ein König [das heißt, ein eigenständiges Wesen.]«[2613]

Der Bruch der Gefäße, der für Lurja ein kosmologisch-physikalisches Geschehen war, wird hier zu einem Vorgang der menschlichen Erkenntnis. Während die falsche Erkenntnis in der Welt eigenständige Existenzen wahrzunehmen glaubt, projiziert die richtige Erkenntnis alles in die Einheit des göttlichen Nichts zurück. Die Nichtung der Welt meint also die Erkenntnis, dass aus der Perspektive des göttlichen Nichts, in dem die göttliche Fülle ruht, die gesamte Welt nichts ist.

Die emotionale Folge dieser richtigen oder falschen Erkenntnis wird durch das im obigen Text genannte »Staunen« über die schönen Dinge in dieser Welt schon angedeutet. Der Maggid geht auf diese, die Erkenntnis emotional applizierende Seite des Nichtungsvorgangs, beziehungsweise dessen Gegenteil, noch ausführlicher ein. Er erörtert sie anhand der Dinge, die ihm entweder schön erscheinen und ihn anziehen, oder für den Menschen schrecklich sind und ihn in Furcht versetzen. Die Wirkungskraft, die die beiden Extreme auf den Menschen haben, speist sich nach seiner Meinung ausschließlich aus der göttlichen Lebenskraft in den Dingen. Weiß man dies, so können weder die Faszination, noch der Schrecken dieser Dinge den Menschen aus dem Gleichgewicht bringen, vielmehr kann er sich Gott als die Quelle aller Existenzkraft bewusst machen und sein Denken auf ihn ausrichten. Solange die Dinge durch eine falsche Erkenntnis im

2612 welches die Dinge als eigenständige Wesen betrachtet.

2613 Maggid Devaraw § 73, S. 124f.

Zustand des Bruches belassen werden, üben sie ihre Macht über den Menschen aus. Sobald man sie allerdings erkennend in das göttliche Nichts zurückhebt, verlieren sie ihre Macht vor der einzig realen Macht des göttlichen Nichts.[2614] Dieses Denken empfiehlt der Maggid im Umgang mit den Fremden Gedanken. Während der Bescht in den Fremden Gedanken eine verdrehte Sprache sieht, die man alphabetologisch-kontemplativ in eine positive Ordnung transformieren soll, verwendet der Maggid auch hier das Paradigma vom Bruch, der durch die menschliche Erkenntnis des göttlichen Nichts in den Dingen geheilt werden muss. Der Unterschied besteht also darin, dass der Bescht den *Tikkun* der Sprache, die Rekonstruktion des Existierenden, zu erreichen versucht, der Maggid hingegen an die kontemplative Nichtung und Aufhebung des Bruches denkt und die Rückführung der Dinge in die göttliche Einheit des Nichts propagiert.[2615]

Zuweilen greift der Maggid auf eine sefirotische Sprechweise zurück, der zufolge die irdischen Attribute kontemplativ mit den entsprechenden Sefirot verbunden werden müssen.[2616] Noch häufiger aber formuliert er den »Nichtungsprozess« in sehr traditioneller neoplatonischer Sprache,[2617] nach welcher der Mensch, wenn er die Schönheit dieser Welt wahrnimmt, sie nicht zum Zentrum seines Denkens machen soll. Vielmehr soll er danach trachten, sich der einzigen wirklichen Schönheit, die in Gott ihren Ursprung hat, zuzuwenden, um an ihr zu haften.[2618] In dem der hasidischen »Moralliteratur «[2619] (*Sifre ha-Hanhagot*)[2620] zugehörigen *Zawa'at ha-Rivasch* (Testament des R. Jisra'el Ba'al Schem) gibt der Maggid eine praktische Anweisung, wie im Falle der Begegnung mit dem Schönen in dieser Welt zu verfahren sei, die ähnlich von den muslimisch-neoplatonischen »Lauteren Brüdern« praktiziert wurde:[2621]

2614 Vgl. Maggid Devaraw § 146, S. 246f; in Wahrheit ist alles Eins, oben und unten, aber durch die Gefäße, d h. durch den Bruch erscheint hier unten alles geteilt, aber die Lebensessenz ist in allem nur eine, Maggid Devaraw § 62, S. 101.

2615 Vgl. Maggid Devaraw § 107, S. 185; § 26, S. 43.

2616 Vgl. Maggid Devaraw § 15, S. 29; § 26, S. 42f.

2617 Man vergleiche die entsprechenden Ausführungen in Leone Ebreos *Dialoghi d'amore* im ersten Band dieses Buches, S. 582.

2618 Vgl. Maggid Devaraw § 15, S. 29; § 74, S. 129; § 26, S. 42f.

2619 Gemeint ist jene Literatur, die Anleitung sowohl für das ethische wie für das rituelle Leben gibt. Zu ihr s. S. Gris, Sifrut ha-Hanhagot. Toledoteha u-Mekomah be-Hajje Haside R. Jisra'el Ba'al Schem tov, Jerusalem 1989.

2620 Vgl. Z. Gris, *Sifrut ha-Hanhagot*, Jerusalem 1989.

2621 Vgl. Enzyklopädie der Lauteren Brüder, in: F. Dieterici, Die Philosophie bei den Arabern im 10. Jahrhundert n.Chr., Die Lehre von der Weltseele bei den Arabern im X. Jh., Leipzig 1872 (Hildesheim 1969), S. 82.

»Wenn man unversehens und plötzlich auf eine schöne Frau blickt, dann erwäge man in seinen Gedanken Folgendes: Woher hat sie diese Schönheit? Hätte sie denn noch dieses Angesicht, wenn sie tot wäre? (Sie wäre dann doch eine Ausgeburt der Hässlichkeit!) Von wo also hat sie diese Schönheit? Diese kommt ihr gewiss von der Kraft Gottes zu, die sich in sie ergießt. Sie hat ihr die Kraft der Schönheit und Röte verliehen! Da finden wir, dass die Wurzel der Schönheit die Kraft Gottes ist!
Und warum sollte ich mich da nach dem Teile ziehen lassen? Es ist besser für mich, mich an die Wurzel und den Wurzelgrund aller Welten zu heften (*lehitdabbek*), denn dort sind alle Schönheiten!
Und ebenso, wenn man auf die übrigen materiellen Sachen blickt, wie zum Beispiel auf ein Gefäß (und dergleichen), da denke man: Woher hat das Gefäß seine Anmut und Form? Darum, die Materie ist der Abfall, während die Anmut und die Form das Geistige und die Lebenskraft dieses Gefäßes sind. Und auch dies ist ein Teil der Gottheit von droben.«[2622]

Hier wird der Mensch dazu aufgefordert, die Schönheit in dieser Welt allenfalls dazu benutzen, um sich von ihr auf die Quelle aller Schönheit verweisen zu lassen und sich dann an diese Wurzel zu heften. Keinesfalls soll er seine Gedanken auf die vermeintlich schönen Dinge dieser Welt selbst ausrichten, die, wie es zu Anfang dieser Homilie heißt, überhaupt zu meiden sind und nicht angeschaut werden sollen.

Dasselbe gilt auch für die menschliche Emotion, die menschliche Freude an den Dingen. Gerade an diesem Punkt zeigt sich eine bedeutende Differenz zum Bescht. In der Erörterung des »Gottesdienstes in der Dinglichkeit« (*'Avoda ba-Gaschmijut*) wurde deutlich, dass der Bescht den Menschen geradezu aufruft, sich den Dingen dieser Welt zuzuwenden, nicht um diese zu genießen, sondern um dort der göttlichen Innenseite zu begegnen und *Jichudim* zu vollführen. Auch der Maggid glaubt, man könne immer und überall den mystischen Akt und die religiöse Aufgabe des Menschen erfüllen. Der Maggid sieht in dieser Begegnung mit dem Irdisch-Materiellen allerdings eher etwas Unvermeidliches, dem man am besten ausweichen sollte. Man kann in dieser Welt nicht ohne diese Konfrontation mit dem Materiellen leben und muss dann in der Begegnung mit ihm den Bruch heilen. Aber noch besser ist es eben, wenn sich der Mensch von diesen Dingen fern hält und stets vom Materiellen getrennt ist. Der Maggid nennt diese Abwendung das »Ablegen der Dinglichkeit« oder der »Materialität« (*Hitpasch-*

2622 Zawa'at ha-Rivasch, Brooklyn 1975, § 90, S. 16a (31); die ganze Homilie in, K. E. Grözinger, Neoplatonisches Denken in Hasidismus und Kabbala, in: Frankfurter Judaistische Beiträge 11 (1983), S. 58f; vgl. auch Maggid Devaraw §15, S. 29f; § 74, S. 129; Zawa'at ha-Rivasch § 101, S. 18a (35); § 120, S. 21b (42);

tut ha-Gaschmijut). Das Streben nach dem Ablegen der Dinglichkeit, das es im Folgenden noch zu diskutieren gilt, soll möglichst immer geübt werden. Die veränderte Grundeinstellung im Umgang mit der Materialität der Welt wird am oben schon angeführten Gleichnis[2623] vom Königsohn in der Gefangenschaft deutlich, das sich beim Bescht wie auch beim Maggid findet. Beim Bescht hat die weltliche Freude immerhin noch den instrumentalen Sinn, den Körper fröhlich zu machen, damit die ihm innewohnende Seele ohne Scham ausgelassen sein kann. Demgegenüber ist die weltliche Freude beim Maggid eher eine unvermeidliche Fessel an diese materielle Welt, wie aus seiner folgenden Version dieses Gleichnis erhellt:

> »Ein Gleichnis von einem Königssohn, der bei einem der Knechte, einem Rohling, der wildes Benehmen und Saufen mochte, gefangen war. Der Königssohn wollte seine Gedanken stets an seinen Vater binden, damit er beim König in Erinnerung bliebe. Was tat der Sohn? Er verband sich stets mit dem Vergnügen, dem sein Vater in der Weise des Königs hingegeben war, und so war sein Denken stets mit dem seines Vaters verbunden.
> Der rohe Knecht aber wollte sich betrinken gehen und dem Wein frönen, aber er fürchtete, dass der Gefangene fliehen könnte. So nahm er ihn zum Trinken mit. Und beide gaben sich dem Trinken hin und waren vergnügt, doch hatten sie nicht dieselbe Intention. Der Königssohn nämlich, obwohl er freudig mit in die Schenke ging, hatte sein Trachten nicht auf die materielle Seite des Trinkens ausgerichtet, denn dadurch wurde sein Denken nicht mit dem Denken seines Vaters verbunden, denn es war nicht die Art des Königs, dem Wein zu frönen. Darum war die Absicht des Sohnes, dadurch nur vergnüglich zu werden und sich zu freuen, damit sich sein Denken an das seines Vaters band, und er bei seinem Vater in Erinnerung bliebe. Die Freude des Knechtes beim Besuch in der Schenke aber galt allein dem materiellen Wein.
> Und dies ist die Auslegung:
> Der Mensch soll stets an der geistigen Freude haften (*davuk*), auch wenn ihm Vergnüglichkeiten dieser Welt, wie Schabbat und Feiertage, widerfahren. Dann sei sein Vergnügen stets ein geistiges Vergnügen an der Sache, denn sie ist die Lebensessenz der Sache, und nicht am Materiellen. Denn dadurch dass er am geistigen Vergnügen haftet, ist er bei Gott, E.s.g., in Erinnerung, denn auch Er, E.s.g., haftet an einem geistigen Vergnügen, das wir nicht erfassen können.«[2624]

2623 Vgl. o. Kap. Der osteuropäische Hasidismus II. B.5.5.2.

2624 Maggid Devaraw § 74, S. 128.

Der Kontakt zur göttlichen Welt ist in der soeben zitierten Version des Maggid ganz in das Bemühen des Menschen gestellt. Beim Bescht kommt demgegenüber dem Königssohn eine himmlische Botschaft zu, die ihn vor Freude schier bersten lässt. Der Königssohn des Maggid steht in einer Daueranstrengung, die er außerhalb wie innerhalb der Schenke bewältigen muss. Er geht nicht, wie der Beschtsche Held selbst ins Wirtshaus, sondern wird zwangsläufig dorthin verschleppt. Nach dem Maggid ist der Mensch nicht an das konkrete Hier und Jetzt verwiesen, um mit seinem Denken an der Transzendenz das göttliche Geschäft zu verrichten, sondern er ist gehalten auch dann, wenn er sich dem Irdischen nicht entziehen kann, dem göttlichen meditativen Geschäft zu obliegen. Über die grundsätzlich veränderte Situation kann auch der Hinweis auf die Bereitwilligkeit des Sohnes mit in die Schenke zu kommen nicht hinwegtäuschen. Im Folgenden soll die innere Beteiligung des Menschen an der kontemplativen Nichtung der Welt betrachtet werden.

6.3 Das anthropologische Nichts – die menschliche Weisheit

Schon die bisher angeführten Quellentexte aus den Homilien des Maggid haben dem Menschen eine zentrale Rolle bei der Rückführung der Welt in ihren Ursprung zugeschrieben. Dazu gehört auch die an den Menschen ergehende Aufforderung, sich selbst an die Stufe des Nichts zu halten. Es geht hierbei um die zentrale Voraussetzung für die Wirksamkeit des menschlichen Handelns.[2625] Die hier geforderte Selbstnichtung des Menschen als Befähigung zur Nichtung der Welt hat zwei Seiten, eine ethisch-moralische und eine mystische. Zunächst soll die ethische Seite betrachtet werden, die zugleich einen starken sozialen Akzent besitzt.

Bei der Darstellung des menschlichen »Nichts« kehren all jene Termini und deren Identifikation wieder, die auch in der Schöpfungslehre des Maggid schon begegnet waren. Das heißt, auch hinsichtlich des Menschen gilt, dass das menschliche Nichts, der Zimzum und die Weisheit identisch sind und der Mensch in seinem Denken und Tun einen Akt der *imitatio dei*, eine Nachahmung des Schöpfergottes zu vollziehen habe. Die Selbstverkleinerung (*Zimzum*) des Menschen bedeutet konkret, dass der Mensch sich selbst für unbedeutend hält, dass er genügsam ist und sich mit dem zufrieden gibt, was er hat. Des Weiteren soll er sich auch in der Gesellschaft entsprechend verhalten und sich stets geringer als seine Glaubensgenossen erachten. Je mehr sich der Mensch selbst nichtet, desto mehr nähert er sich Gott. Nach der Auffassung des Maggid kann dies am Beispiel der biblischen Väter erkannt werden:

2625 Z. B. Maggid Devaraw § 66, S. 109.

»Auch bei den Zaddikim selbst gibt es Unterschiede. So sprach Abraham ›Ich bin Staub und Asche.‹ (Gen. 18, 27), und David sagte ›Ich bin ein Wurm und kein Mensch‹ (Ps. 22, 7), aber Moses unser Meister, Friede auf ihm, rief ›Was sind wir denn?‹ (Ex 16, 7) und ward so zum ›Nichts‹. [...] Darum hat er, im Gegensatz zu den übrigen Propheten vor und nach ihm, das Wesen der Gottheit erkannt.
Und so alle Zaddikim. Je mehr sie sich an die Gottesfurcht, das heißt an die Weisheit, hefteten, desto größer war ihre Erkenntnis.«[2626]

Als exemplarischen Weisen dieser Art führt der Maggid den Erzvater Jakob vor, der sich an die Gottesfurcht hielt, die den Menschen klein werden lässt. Er war es auch, der gegenüber seinem Bruder Esau völlige Anspruchslosigkeit an den Tag legte, » ›Ich habe ja alles‹ (Gen 33,11), denn er gab sich damit zufrieden, was er hatte, denn er war auf der Stufe der Weisheit, welches die Stufe des Nichts ist.«[2627] Selbst das Gebot der Beschneidung wird im Lichte dieser Tugend der Nichtung oder Verkleinerung gesehen: »Weil sich die Väter in der Tugend der Weisheit hielten, die ja Verkleinerung ist, wurde ihnen das Gebot der Beschneidung gegeben, bei der ja das Überflüssige abgeschnitten wird, nämlich die Vorhaut, ʿoRLaH (ערלה), und dies sind die selben Buchstaben wie LeRaʿaH (לרעה, zum Bösen), das heißt er begnügt sich mit dem Wenigen, welches eine Verkleinerung ist.«[2628] Die angeführte Buchstabengleichung (Vorhaut – Böses) fügt noch den für den Maggid selbstverständlichen Gedanken ein, dass das Überflüssige das Böse ist, oder dem Bösen dient. Die hier mehrfach zitierte Homilie geht schließlich zum gesellschaftlichen Aspekt der »Weisheit« über und erklärt, dass die Verbindung zu den Mitmenschen nur dann zustande kommen kann, wenn sich der Mensch gegenüber seinen Genossen als Nichts betrachtet.

Das menschliche Bewusstsein, selbst nichts zu sein, soll sich allerdings nicht nur im mitmenschlichen Bereich und der gesellschaftlichen Selbstachtung erweisen, sondern in eine grundsätzliche Selbsteinschätzung münden, die Rivka Schatz-Uffenheimer dem mystischen Quietismus zuordnet.[2629] So wie die ganze Welt nur dank der göttlichen Lebensessenz besteht, so kann auch der Menschen ohne diese nicht existieren. Das bedeutet, dass man nicht nur das eigene Leben

2626 Maggid Devaraw § 132, S. 229.

2627 Maggid Devaraw § 132, S. 230.

2628 Maggid Devaraw § 132, S. 230.

2629 Ha-Hasidut ka-Mistika S.22-31; Hasidism as Mysticism, S. 67-79 u. J. Jacobson, Toratah schel ha-Hasidut, Tel-Aviv 1986, S. 95-106 u. vgl. R. Margolin, Mikdasch ’Adam. Ha-Hafnama hadatit we ‘Izuv Hajje ha-Dat ha-pnimijjim be-Reschit ha-Hasidut, Jerusalem 2005; E. Underhill, Mystik, Münden 1928, S. 417-423; J. Bernhard, Zur Soziologie der Mystik, in: Süddeutsche Monatshefte 1928, 1. Heft.

der göttlichen Lebenskraft verdankt, sondern auch das eigene Tun und Handeln der göttlichen Kraft zuschreiben soll, ohne die man nicht fähig ist auch nur die Hand zu rühren. Diese quietistische Position ist beim Maggid allerdings dialektisch mit der Macht des Menschen über Gott verquickt. So wie das spielende Kind in dem oben schon genannten Gleichnis durch sein Spiel vermag, das Interesse des Vaters auf sich zu lenken, ihn dazu zu bewegen sich zu den kindischen Spielereien herabzulassen und teilzunehmen, so kann der *Zaddik* auch das Auge Gottes, beziehungsweise den Intellekt Gottes auf sich lenken und in sein Handeln einbeziehen. Wie das möglich ist, erklärt er folgendermaßen, nämlich:

»...wenn man denkt, dass man Staub ist und ohne die Kraft Gottes keine Tat vollbringen kann. So dass das, was der Mensch tut, ein Tun Gottes ist. Das heißt, dass der Mensch selbst nichts tun kann, wenn nicht Gott es tut.«[2630]

In der Literatur ist es allerdings umstritten, ob der Maggid hiermit wirklich eine Position im klassisch quietistischen Sinn entwickelt, nach der der menschliche Wille und jegliche menschliche Aktivität ausgeschlossen werden, und stattdessen eine absolute Gleichgültigkeit gegenüber den Dingen dieser Welt angestrebt werden sollten. Die stärksten Vorbehalte kommen von der Seite Idels, der das aktiv-magische Element des Hasidismus hervorhebt, das stets komplementär neben quietistischen Auffassungen gestanden habe.[2631] Josef Weiss hat eine vermittelnde Position eingenommen, nämlich dass nach der Auffassung des Maggid die menschliche Passivität gegenüber dem Wirken Gottes im Menschen auf das Sprechen beim Torastudium und Gebet beschränkt sei.[2632] Dafür scheint das folgende Gleichnis vom *Schofar* (Widderhorn) ein Beleg zu sein, das entsprechende Analogien in anderen quietistischen Systemen hat:

»Der Mensch denke, dass die *Welt des Wortes* (der Sprache) in ihm spricht, so dass er ohne sie nicht sprechen kann. [...] So auch sein Denken, das ohne die *Welt des Denkens* nichts verrichtet. Also dass der Mensch wie ein *Schofar* ist, aus dem nur das hervorkommt, was in ihn hinein geblasen wird, und wenn der Bläser sich von ihm entfernt, dann kommt kein Ton heraus. So auch der Mensch, wenn Er, Er sei gesegnet, Gott behüte, fern von Ihm ist, dann kann er weder reden noch denken.«[2633]

2630 Maggid Devaraw § 1, S. 12.

2631 Hasidism. Between Ecstasy and Magic, S. 221f.

2632 Via Passiva in Early Hasidism, in: J. Weiss, Studies in Eastern European Jewish Mysticism, Oxford 1985, S. 69ff.

2633 Maggid Devaraw § 106, S. 184.

Die *Welt des Denkens* ist kabbalistisch gesprochen die Sefira *Bina* (III) und die Welt des Wortes die Sefira *Malchut* (X). Das heißt, dass das Denken und Reden des Menschen ganz von der göttlichen Welt beeinflusst sind. Dies würde in der Tat eine Deutung im Sinne von Weiss erlauben, nach der sich die menschliche Passivität auf das Wort bei Torastudium und Gebet beschränkt.

Dieser Auffassung kann unter der folgenden Einschränkung beziehungsweise Modifikation zugestimmt werden. Schon oben wurde festgestellt, dass die Aufgabe der Menschen darin besteht, die Welt ins Nichts zurückzuführen. Dazu gehört nach dem bereits zitierten Text aus *Maggid Devaraw* § 66 auch das Halten der Gebote, das ein aktives Handeln darstellt, solange die Welt durch den Menschen nur in ihrer Innenseite erlöst wird. Denn dem Maggid zufolge, wird das Äußere der Welt erst mit dem Kommen des Erlösers emporgehoben. Selbst das Emporheben der Innenseite der Welt, zu der der Mensch aufgerufen und befähigt ist, ist an die Aktivität der Gebotserfüllung gebunden. Der Maggid erklärt das mit der mittelalterlichen Formel, dass alle Dinge eine *causa materialis* (die Materie), eine *causa formalis* (die Form), eine *causa efficiens* (den Erzeuger) und eine *causa finalis* (den Zweck) haben. Will nun der Mensch die ihm aufgetragene innere Hebung und Nichtung der Welt vollführen, muss er im Erfüllen des Gebotes alle vier Ursachen zusammenbringen:

> »Auch wenn wir sehen, dass der Körper des Menschen keinen Aufstieg erfährt, sondern wie zu Beginn [des mystischen Emporhebens] an seinem Ort stehen bleibt, so ist es doch nur die äußerlich materielle Ausführung (causa materialis) des Gebotes, durch welche die Tat an ihn gebunden wird, während er selbst, der handelnde Mensch, deren Ausführer (causa efficiens) ist und er fügt [der *causa materialis* und der *causa efficiens*] die beiden weiteren [Ursachen] hinzu, nämlich den Zweck (das Ziel, *causa finalis*) und die Form (*causa formalis*). Und hernach führt er sie zum Wort des Gebotes empor, denn dann, wenn er das Gebot erfüllt, ruht das Wort auf dem Gebot. Denn dann erfährt die Innenseite der Welt einen Aufstieg, das heißt, das Wort, das der Mensch beim Lernen, Beten und Gebotssegen spricht. Und das Wort ist die Innenseite. Darum erfährt es mit Leichtigkeit einen Aufstieg zu Gott, E.s.g., und zwar mittels der *Kawwana* (Intention) des Täters.«[2634]

Die Rückführung der Welt in die göttliche Wurzel ist nach dieser Darlegung des Maggid nicht nur ein kontemplativer geistiger Akt, sondern involviert auch das körperliche Tun und das Sprechen des Menschen, der über der Gebotserfüllung den Gebotssegen spricht. Dies bedingt die Materialität der Welt, von der die physische Gebotserfüllung ein Teil ist. Dieses Verhältnis von Materie und Wort

2634 Maggid Devaraw § 66, S. 109.

wird dem Maggid zufolge so lange Bestand haben, bis der Erlöser kommt. Das göttliche Wirken im Menschen, das Wort, ist demnach der Teil des gesamten Ensembles, der den irdischen Teil mit dem überirdischen verbindet. Das bedeutet, dass die Aufgabe des Menschen in der Welt die physische Gebotserfüllung (*causa materialis*) bleibt, für die er als Täter die *causa efficiens* ist. Die Verbindung der konkreten Gebotserfüllung mit der Gottheit geschieht jedoch durch das Wort als dem überirdischen Teil. Hinsichtlich dieses überirdischen Anteils an der richtigen Gebotserfüllung scheint der Mensch gleich dem genannten *Schofar* zu sein, der nur das wiedergibt, was in ihn hineinströmt. Einen physischen Quietismus scheint der Maggid demnach nicht gefordert zu haben, wohl aber das Bewusstsein, dass in den entscheidenden Teilen der Rückführung der Welt in ihre Wurzel der göttliche Influx das Entscheidende ist. Der Mensch kann und muss sich als Gefäß vorbereiten, damit der göttliche Influx in ihn hineinströmen kann. Ein ähnliches »Kooperationsmodell« tritt auch bei der sogleich folgenden Darstellung der mystischen Seite des Nichtungsauftrages in Erscheinung. Während dieser mystischen Nichtung des Menschen gibt es in der Tat extrem quietistische Phasen, die aber nicht den Endpunkt des Prozesses, sondern einen Kulminationspunkt bilden, in dem sich das gesamte mystische Geschehen umkehrt und den Menschen als gleichsam magisch wirkenden Gottesmann entlässt.

6.4 Zwei Stufen der *Devekut* – die Rückbindung an die Wurzel und die Selbstnichtung

Der Höhepunkt des individuellen religiösen Lebens besteht im Gang des Menschen ins mystische Nichts. Exemplarisch dafür kann das vom Maggid zitierte talmudische Diktum stehen: »Wer leben will, der töte sich selbst.«[2635] Bezeichnenderweise bezieht der Maggid diesen Satz vor allem auf die Situation des Gebetes. Seinem Verständnis zufolge wird die Intensität des Gebetes erst erreicht, wenn der Mensch sein Denken von allem Übrigen abzieht und sich vollkommen auf Gott konzentriert, das heißt auf die Lichter in den Buchstaben, mit denen er sich in *Devekut* verbinden soll. Dies gelingt nur dann, wenn man sich im Gebet vollkommen seiner Materialität entkleidet. Die Entkleidung von der Materialität, hebräisch *Hitpaschtut (me-) ha-Gaschmijut* genannt, kann als »Selbsttötung« bezeichnet werden. Wie sich der Maggid das im Einzelnen vorstellt, soll im Folgenden noch deutlicher werden.

Terminus und Sache der Ablegung der Materialität oder Leiblichkeit sind im Rahmen der jüdischen Religionsgeschichte nicht neu. In der Vorstellung des Ablegens der Leiblichkeit zum Zwecke des Seelenaufstiegs in den körperlosen transzendenten Bereich und im Verlangen der Seele oder des menschlichen Intel-

2635 bTamid 32a; in Maggid Devaraw § 205, S. 329.

lekts nach den göttlichen Substanzen kommt der scharfe leib-seelische Dualismus zum Ausdruck, wie er im Judentum seit der Rezeption der griechischen Philosophie im jüdischen Mittelalter verbreitet war.[2636] Die Seele, die aus der göttlichen oder angelischen Substanz in die irdische Welt herabgestiegen war, hat kein sehnlicheres Ziel als die irdischen Hüllen wieder abzustreifen und in ihre himmlische Heimat zurückzukehren. In einigen der im ersten Band dieses Buches angeführten Texten wird das Ablegen der körperlichen Unreinheit oder einfach der Körperlichkeit ausdrücklich als Voraussetzung für die Rückkehr der Seele in ihre Heimat genannt.[2637] An dieser Stelle soll nur ein Beispiel wiederholt werden, das in mancherlei Hinsicht dem Denken des Maggid besonders nahe steht. Die schöne Sophia stellt in Leone Ebreos *Dialoghi d'amore* ebenfalls die Frage nach der Möglichkeit der *Devekut* während des irdischen Lenbens und erhält von ihrem Gesprächspartner Philo folgende Antwort:

> »Es ist jedoch nicht leicht schon in diesem Leben dieses Glück zu erlangen, und wenn es erlangt wird, es lange [oder für immer] festzuhalten, weil unser Intellekt in dieser Welt noch immer an die schwache körperliche Materie gebunden ist. Darum konnten einige von jenen, die in ihrem Leben eine solche *Devekut* erlangt hatten, diese nicht beständig festhalten, wegen der Bande des Körpers, sondern sie kehrten nach der *Devekut* an Gott zurück, um die körperlichen Dinge wie zuvor wahrzunehmen, und erst am Ende ihrer Tage ließ die Seele, welche an Gott haftete, den Körper völlig fahren, und so an Gott haftend empfingen sie dauerndes höchstes Glück.
> Und die Seele, nachdem sie die Bande des Körpers getrennt hat und in dieser Vollkommenheit ohne Schatten verweilt, ergötzt sich in alle Ewigkeit in der glückseligen *Devekut* im göttlichen Glanz, so wie sich die höchsten Engel und die Separaten Intellekte und die himmlischen Körper und die sie bewegenden Geister, jedes nach seiner Stufe und seiner Vollkommenheit, in Ewigkeit vergnügen.«[2638]

2636 Vgl. dazu Bd. I., S. 500-502.514-516.542-546.559-561.581-584; u. o. Kap. Asriel Geronensis S. 56ff bei FN 155.

2637 S. 500.544.560.538; dasselbe kann auch vom Intellekt statt der Seele gesagt werden, z.B. Salomo Ibn Gevirol, Fons Vitae III, 56, c. Baeumker Avencebralis (Ibn Gebirol) Fons Vitae, Münster 1895, S. 204.

2638 *Wikkuah* (Lyck), S. 10a; M. Dorman Jehuda Abravanel, S. 218. Der it. Text lautet für die wichtigen Anfangssätze: "in conclusione ti dico che la felicità non consiste in quello atto conoscitiuo di Dio il quale conduce l'amore, ne consiste nel' amore che à tal cognitione succede, ma sol consiste nel' atto coppulatiuo de l'intima & unita cognitione diuina che è la somma perfettione de l'intelletto creato"; c. Gebhardt, Leone Ebreo, I, S. 28b; Jüdisches Denken Bd. I, S. 583.

Ebenso wie Leone Ebreo hier in mehr aristotelischer Diktion vom Intellekt und nicht von der Seele redet, erörtert auch der Maggid in diesem Zusammenhang das menschliche Denken (*Machschava*). Dieser Text zeigt in welchem Maße der Maggid der aristotelisch-platonischen Tradition des Mittelalters verpflichtet ist. Ziel des menschlichen Daseins ist der Aufschwung des menschlichen Intellekts zu den göttlichen Substanzen, der seinerseits die Ablegung der Körperlichkeit erfordert. Er ist eine Vorwegnahme der endgültigen Seligkeit, kann aber wegen der körperlichen Bande in diesem Leben nur vorübergehend erlangt werden. Wie im Folgenden noch deutlich wird, und hier zeigt sich ein wesentlicher Unterschied, den der Maggid der kabbalistischen Tradition zu verdanken hat, ist die Rückkehr der Seele oder des Intellekts aus der *Devekut* nicht nur ein beklagenswerter Rückfall, sondern zugleich eine beglückende Bereicherung des irdischen Daseins.

Der Gang in die *Devekut*, und das bedeutet für den Maggid der Gang in das mystische Nichts, hat seinen Ort in erster Linie im Gebet. Dafür dient ihm die vom Bescht übernommene Gebetstechnik, beim Beten nicht auf den Inhalt der Worte zu achten, sondern von Buchstaben zu Buchstaben voranzuschreiten. Aber an dieser Stelle zeigt sich erneut die Differenz zum Bescht. Fordert der Bescht, man solle sich bei diesem Schreiten durch die Buchstaben an das dort befindliche Licht des *'En Sof* heften, womit man eigentlich am mystischen Ziel angekommen ist, bleiben für den Maggid die Buchstaben nur Stufen, mit deren Hilfe man aus der Zerstreuung in die Einheit des Nichts voranschreiten kann. Denn die Buchstaben gelten dem Maggid bereits als Zeichen der Zerstreuung und des *Zimzum*, in denen Gott eben nur beschränkt präsent ist.[2639] Darum verändert er das alphabetologische Gebet seines Meisters wie folgt:

> »Beim Gebet muss man seine ganze Kraft auf die Worte legen, und dann schreite man so von Buchstabe zu Buchstabe, bis man die Materialität vergisst. Und man denke, dass sich die Buchstaben zusammenheften und miteinander verbinden, und dies ist ein großes Vergnügen. Stell dir vor, wenn dies schon in der Materialität ein großes Vergnügen ist, um wie viel mehr in der Spiritualität und das ist die [nächst höhere] Weltstufe *Jezira*.[2640] Und danach kommt man zu den Buchstaben des Denkens, dann hört man nicht mehr, was man spricht, das heißt, man ist in der Weltstufe *Beri'a* angekommen. Und danach gelangt man zu der Eigenschaft des Nichts, wenn einem alle materiel-

2639 Vgl. z. B. Maggid Devaraw § 60, S. 90; so sind es auch die Buchstaben, die im Bruch gefallen sind, die dann als Fremde Gedanken das Gebet stören und sogar aufhalten, Maggid Devaraw § 173, S. 217; auch die Alltagssprache besteht aus Buchstaben im Bruch § 28, S. 45; § 29, S. 48.

2640 Zu den vier Weltstufen der Kabbala s. o. Kap. Kabbala VII. C.b.3.

> len Kräfte entschwunden sind, und das ist die *'Azilut* Welt, die Eigenschaft der Weisheit.«[2641]

Hier hat der Maggid seine Lehre vom *Zimzum*, von der Weisheit des Nichts und der Forderung, die Materialität zu verlassen, in das alte kabbalistische Weltbild und die alphabetologische Gebetstechnik des Bescht eingezeichnet.

Zuweilen spricht der Maggid auch davon, dass sich der Mensch ebenso wie die Dinge der Welt an die göttliche Wurzel binden müsse, um in die *Devekut* zu gelangen, ohne das in solchen Fällen von der Selbstnichtung des Menschen die Rede ist. Deshalb sind hier wohl unterschiedliche Stufen der *Devekut* anzunehmen, einerseits die mehr alltägliche, die dem Schluss vom Irdischen aufs Göttliche entspricht, und andererseits die mehr ekstatische, die zur wirklichen Selbstnichtung führt.

Zunächst soll die alltäglichere Form der *Devekut* betrachtet werden. In ihr macht sich das Erbe des Bescht geltend, der wegen der Allpräsenz der Gottheit in den Dingen dieser Welt auch außerhalb des Gebets mit der Möglichkeit der *Devekut* rechnet.[2642] Dieser Weg zur *Devekut*, der auch nach der Auffassung des Maggid in der Begegnung mit der Materialität der Welt beschritten werden kann, spielte schon in der oben zitierten Anweisung über den Umgang mit den schönen Dingen dieser Welt, die mit ihrer göttlichen Wurzel verbunden werden sollen, eine Rolle. In einer Parallelversion des mystischen Schlusses vom Irdischen auf das Göttliche beschreibt der Maggid diesen Vorgang so, dass man von den irdischen Dingen die Materialität abstreifen, oder von ihnen absehen müsse, um deren göttlichen Kern erkennen und sie an die Gottheit binden zu können.[2643] Analog muss verfahren werden, wenn der Mensch sich selbst an die göttliche Wurzel binden will. Hierfür ist das Ablegen seiner dinglichen Materialität conditio sine qua non. Dies erklärt der Maggid zum Beispiel am eigenen menschlichen Hochmut oder an seiner Entflammung in irdischer Liebe. Im folgenden Text erläutert er dies unter Verwendung der kabbalistischen Sprache, nach welcher der Hochmut und Stolz eine Eigenschaft der sechsten Sefira *Tif'eret* und die der Liebe der vierten Sefira *Hesed* ist. Der Mensch soll sich an diese beiden Sefirot heften, da sie die Wurzeln dieser Eigenschaften bilden:

> »Wenn in den Gedanken des Menschen Selbstgefälligkeit aufsteigt, dann ist er in der Welt der Verherrlichung (Sefira VI, *Tif'eret*), und wenn Liebe[sbegehren], dann ist er in der Welt der Liebe (Sefira IV, *Hesed*) und ent-

2641 Maggid Devaraw § 57, S. 85f; über die Entkleidung von der Materialität im Gebet s. noch Zawa'at ha-Rivasch § 26, S. 10a (19).

2642 Vgl. o. Kap. Der osteuropäische Hasidismus II. B.5.5.

2643 Zawa'at ha-Rivasch § 120, S. 119b (42); Maggid Devaraw § 15, S. 29.

sprechend bei den übrigen Attributen der sieben Tage der Schöpfung [das heißt der sieben unteren Sefirot, welche die Welt lenken]. Und wenn der Mensch dann weise ist, sich selbst der Materialität zu entkleiden, dann heftet er sich [zum Beispiel] an jene obere Liebe, in den Attributen (Sefirot) des Schöpfers, E.s.g. Selbst wenn jenes aufgekommene Liebe[sbegehren] eines von dieser Welt war, kann sich der Mensch dieser Materialität entkleiden, um sich an die Wurzel der oberen Liebe zu heften.«[2644]

Die hier beschriebene *Devekut* ist die Applikation des Wissens um die göttliche Immanenz in allen Regungen und Attributen dieser Welt, von denen sich der Mensch abwenden und stattdessen zu deren Wurzel in Gott hinwenden soll. Diese Abwendung geschieht in der Ablegung der eigenen Materialität, so dass zum Beispiel das physische Liebesbedürfnis belanglos und vor der spirituellen Liebe zu Gott abgetötet wird. Das bedeutet, alle Regungen des Menschen sollen von ihrem irdischen Wesen entkleidet und auf das Göttliche hin sublimiert werden. An einer anderen Stelle beschreibt der Maggid diesen Vorgang der Ablegung der Materialität, dahingehend, dass der Mensch sich selbst als Nichts erachten soll.

»Der untere (irdische) Zaddik ist der, der eine Verbindung von unten nach oben herstellt. Dabei muss er sich für ›Nichts‹ erachten, damit er alles miteinander verbinden kann. So tat Moses unser Meister und sprach: ›Wenn nicht, so lösche mich doch aus‹ (Ex 32, 32). Denn er wollte die Israeliten, die Götzendienst getrieben hatten, emporheben, da brachte er sich ins Nichts und sprach: ›Lösche mich doch aus‹. Und dadurch wird alles nach oben verbunden, wenn der Mensch sich zur Eigenschaft des Nichts bringt. [...] Denn von der Materialität der Dinge kommen alle Übertretungen des Essens, Trinkens und des Beischlafs. Wenn sich aber der Mensch für Nichts erachtet, dann ist er von allen Übertretungen getrennt und ist ein vollkommen Umkehrender.«[2645]

In diesen Formulierungen des Maggid offenbart sich seine Tendenz, seine grundsätzliche Forderung der Nichtung der Welt durch die Nichtung des Selbst auch mit Hilfe der etwas traditionelleren Redeweisen der älteren Kabbala auszudrücken. Hier in der Weise, dass er statt von Nichtung von einer Rückführung der menschlichen Eigenschaften in die göttlichen Attribute spricht. Es ist beim Maggid eine deutliche Tendenz zu erkennen, das gesamte religiöse Bemühen, auch das der kontemplativen Nichtung der Welt, auf den Menschen selbst zu konzent-

2644 Maggid Devaraw § 25, S. 40f.

2645 Maggid Devaraw § 56, S. 85.

rieren. Nicht die aktive Aufgabe, hinauszugehen und gleich dem Schnitter, der den Weizen mäht, die Welt zu nichten, steht für den Maggid im Vordergrund, sondern der Rückzug auf das eigene Ich, beziehungsweise dessen Nichtung. Die Aufgabe der Weltnichtung soll nur da geschehen, wo man dieser Welt nicht ausweichen kann. Daher liest man in dem Büchlein *Za'awat ha-Rivasch* die Forderung:

> »Man hefte (*dvk*) sein Denken nach droben und esse, trinke (und vergnüge sich) nicht zu viel, nur eben um sich gesund zu erhalten. Man blicke keinesfalls auf die Dinge dieser Welt und denke nicht an sie, (vielmehr sei man in allem bemüht) sich von der Materialität zu trennen, denn durch das Schauen auf diese Welt verdinglicht man sich.«[2646]

Hier macht sich eine asketische Welteinstellung geltend, die in deutlichem Gegensatz zu der des Descht steht. Zwar fordert der Bescht nicht die von Martin Buber unterstellte Freude an der Welt, aber doch das frohgemute Durchschreiten dieser Welt in dem Bewusstsein, dass man nirgends ferne von Gott ist, er sich hinter allem verbirgt und auf die Zuwendung des Menschen wartet. Demgegenüber propagiert der Maggid eine dezidierte Abwendung von allem Weltlichen, denn seiner Vorstellung zufolge befreit die Abwendung von den Dingen dieser Welt die Seele des Menschen dazu, die wirkliche Größe der oberen Welten wahrzunehmen.[2647] Das Ablegen der Dinglichkeit ist ein Zurücksteigen durch die Stufen des *Zimzum*, die den Menschen der erhabenen Weite des Göttlichen nahe bringt. Den beschränkten Zustand des irdischen Daseins sieht der Maggid auch darin, dass man in dieser Welt Gott nur mit dem Substitut *'Adonaj* benennen darf, das eine eingeschränkte Stufe des Göttlichen repräsentiert. Das Wesen Gottes aber, das in seinem Namen JHWH verborgen ist, kann man nur unter Ablegung der Materialität und Stärkung der geistigen Kraft erfassen.[2648] In der *Hitpaschtut ha-Gaschmijut*, das heißt der Entkleidung von der Materialität, gelangt der Mensch in eine Daseinsform, die über dem Raum, über der Zeit und über den Gegensätzen steht. Wie weiter unten noch deutlich werden wird, gelangt der Mensch durch die Entkleidung von der Materialität in einen gottähnlichen Zustand.

Mit diesen Beobachtungen haben wir uns der zweiten Stufe der *Devekut* angenähert, in deren Beschreibung in der Tat höchst quietistische Formulierungen zu finden sind. So gleich in der folgenden Erörterung, die von der richtigen Weise zu beten handelt:

2646 Zawa'at ha-Rivasch § 5, S. 1b.

2647 Maggid Devaraw § 32, S. 52.

2648 Maggid Devaraw § 153, S. 252.

»Der Mensch muss sich als Nichts erachten und sich selbst vollständig vergessen, und alles was er in seinem Gebet erbittet, soll nur für die Schechina sein. Dann kann er auf eine Stufe über der Zeit gelangen, das heißt in die Welt des Denkens (des Intellekts), in dem alles gleich eines ist, Leben und Tod, Meer und Trockenland. So wie im Sohar geschrieben steht: [Nicht zur sechsten Sefira, dem *Heiligen, E.s.g.*, schreit], denn diese [eure Not] hängt am *Alten* [*der Tage*, der das Nichts ist].[2649] Das heißt, sie mussten sich verloren geben und ihre Not vergessen, damit sie in die Welt des Denkens (Intellekts) kommen, denn dort ist alles gleich. Nicht so, wenn man am Materiellen dieser Welt haftet, dann haftet man an der Trennung von Gut und Böse, das heißt an den sieben Sefirot, welche die Welt erbauten, und wie soll man da über die Zeit hinaus gelangen, wo alles absolut eins ist. So ist es, wenn man sich als Seiendes betrachtet und um seine Bedürfnisse bittet, dann kann der Heilige, E.s.g., sich nicht in einen kleiden, denn Er, E.s.g., ist ja *'En Sof*, unendlich, so dass ihn kein Gefäß fassen kann, aber nicht so, wenn man sich als Nichts erachtet.«[2650]

Das Gebet des Menschen soll kein Bittgebet sein, denn solange der Mensch für sich selbst bittet, ist er ein eigenes Sein, beziehungsweise dünkt sich, ein solches zu sein. Und in ein solches begrenztes Sein kann sich das Unendliche nicht ergießen. Wenn sich der Mensch aber als nichts erachtet und vollständig vergisst, dass er existiert und eigene Bedürfnisse hat, dann kann sich das Unendliche in ihn ergießen. Die Selbstvergessenheit im Gebet kann dadurch erreicht werden, indem man nur für die, nach der Lehre der Kabbala, im Exil und im Staub liegende *Schechina* (Sefira X), die Gottesgegenwart in der Welt, betet. Wer sich selbst in dieser Weise vergisst, gelangt über die unteren sieben Sefirot, in denen die Gottesattribute, Liebe und Strenge etc. getrennt sind, hinaus bis zur obersten Sefira, dem *Alten der Tage*,[2651] der zugleich das Nichts ist. Der Mensch wird so gewissermaßen das Ebenbild Gottes, für das alles einerlei und gleich ist, Tod wie Leben. Dann tritt dieser Zustand ein, der oben mit dem *Schofar* verglichen wurde. Dann kann sich das göttliche Nichts in den Menschen kleiden, der selbst nichts mehr Selbstständiges ist. Das Ablegen der Materialität ist demnach die Voraussetzung für den Gang in das göttliche Nichts.

Bezüglich der folgenden Aussage kann berechtigterweise von einer quietistischen Haltung gesprochen werden: Wenn man »die Materialität abgelegt hat und

2649 Sohar II, S. 52b. Die Wiedergabe ist eine paraphrasierende Wiedergabe des dortigen Midrasch, nach dem die Israeliten am Meer zum Heiligen, E.s.g. (Sefira VI), schrieen und dann an die erste verwiesen werden.

2650 Maggid Devaraw § 110, S. 186.

2651 Nach Daniel 7, 9.

nicht mehr fühlt, dass man in dieser Welt ist«,[2652] Auch diese Aussage bezieht sich wie die vorige auf die Situation des Gebetes.[2653] Die äußerste Konsequenz dieses selbstnichtenden Gebets ist nach Auffassung des Maggid der physische Tod, der als Folge des inbrünstigen Gebetes eintreten kann. Darum ermahnt der Maggid den Beter:

> »Vor dem Gebet denke man stets daran, dass man bereit ist, in diesem Gebet – wegen der Hingabe (*Kawwana*) – zu sterben. Ja, es gibt manche, die so tief in der Hingabe sind, dass es zuweilen natürlich wäre, dass sie nach zwei oder drei Worten vor Ihm, E.s.g., sterben.«[2654]

In einem späteren Abschnitt des *Zawa'at ha-Riwasch*[2655] erklärt der Maggid, dass dieser Tod im Gebet mit dem großen Kraftverlust zusammenhängt, den der hingebungsvolle Beter erleidet, so dass er es als ein Gnade betrachten könne, wenn er nach dem Gebet noch am Leben ist. Von 'Elimelech aus Lisensk, dem Schüler des Maggid, wird darum auch berichtet, dass er beim Beten stets eine Uhr vor sich aufstellte, um sich in dieser Welt zu halten.[2656] Der Maggid nimmt mit dieser Vorstellung vom Tod in der *Devekut* den schon in der mittelalterlichen philosophischen und kabbalistischen Literatur verbreiteten Topos vom Tod im Kusse auf, nach dem die Seele des Menschen, in ihrer ursprünglichen Heimat angekommen, nicht mehr in das beschränkte irdische Gehäuse des Körpers zurückkehren möchte.[2657]

Die Rückkehr des Menschen ruft beim Schöpfer das Vergnügen hervor, das oben als der eigentliche Schöpfungszweck beschrieben wurde. In diesem Akt der mystischen Selbstnichtung und Rückkehr zur Gottheit erreicht der Mensch sein ihm gesetztes Ziel auf Erden; in diesem Akt erfüllt sich sein Menschsein. Der Maggid lehrt, dass der Mensch erst im Akt der mystischen Vereinung mit Gott, im Augenblick der Aufhebung seines Selbst, wirklich Mensch wird. In einer schönen Deutung des biblischen Gebotes, nach dem sich die Israeliten zwei Trompeten, zwei *Hazozrot*, machen sollen (Num 10, 2), erklärt der Maggid, die Israeliten sollen sich zwei *hazi Zurot*, zwei halbe Formen machen. Seiner Deutung zufolge verkörpert Gott die eine und der Mensch die andere Hälfte, die erst

2652 Zawa'at ha-Rivasch § 62, S. 10a (19).

2653 Zum hasidischen Gebet s. L. Jacobs, Hasidic Prayer, London 1972 (Paperbackausgabe 1993).

2654 Zawa'at ha-Rivasch § 42, S. 6b (12).

2655 § 35, S. 6b (11).

2656 Vgl. M. Buber, Ekstatische Konfessionen, S. 219; Sefer Nifle'ot 'Elimelech, Warschau 1910, S. 36; u.s. K.E. Grözinger, Neoplatonisches Denken in Hasidismus und Kabbala, in: FJB 11 (1983) S. 86-89.

2657 s. Bd. I., S. 582-585.

zusammen den ganzen Menschen ausmachen. Bei der Auslegung dieses biblischen Gebotes bedient sich der Maggid noch einer weiteren hermeneutischen Möglichkeit der Midraschexegese, mit deren Hilfe er nachzuweisen versucht, dass nur Gott und Mensch zusammen den ganzen Menschen ausmachen. Das hebräische Wort für Mensch *'ADaM* ergibt in zwei Teile zerlegt zum einen den Buchstaben *'Alef* und zum anderen das Wort *DaM*, »Blut«. Der Schlussfolgerung des Maggids entsprechend muss zur menschlichen Substanz des Blutes erst das *'Alef* hinzutreten, damit daraus ein Mensch entstehen kann. Wie schon beim Bescht gezeigt, ist das *'Alef* kein Geringerer als Gott selbst, der *'Aluf*, der Oberste der Welt:[2658]

> »Der Mensch ist nur *Dalet* und *Mem* [*DaM*, Blut] und das Wort [die welterhaltende Schechina] ruht in ihm. Wenn er sich aber an den Heiligen, E.s.g., heftet (*mitdabbek*), der der *'Aluf* der Welt ist, dann wird er Mensch.
> Und der Heilige, E.s.g., vollzog einige *Zimzumim* (Einschränkungen) durch mehrere Welten hin, damit Er mit dem Menschen eine Einheit (*'Achdut*) wird, denn er könnte seine Helligkeit sonst nicht ertragen.
> Und der Mensch muss sich seinerseits in einem solchen Maße von aller Materialität trennen, bis er durch alle Welten hinaufsteigt und mit dem Heiligen, E.s.g., eine Einheit (*'Achdut*) wird und seine Existenz aufgehoben ist (*jebuttal*),[2659] erst dann wird er *'ADaM*, Mensch, genannt.«[2660]

Der Mensch außerhalb der *Devekut* und Selbstnichtung gilt demnach nur als ein von der welterhaltenden *Schechina* belebter Fleischkloß. Mensch wird dieses Wesen erst in der Selbstaufgabe, in der völligen Einheit mit Gott. Was dem mittelalterlichen Philosophen Maimonides der menschliche Intellekt in seiner vollen Entfaltung war, nämlich das, was aus dem Tier einen Menschen macht,[2661] das ist dem Maggid der mystische Akt der Selbstnichtung und Einswerdung mit der Gottheit. Der natürliche Mensch ist nur Mensch *in potentia*; zum Menschen *in actu* wird er es erst in der Selbstnichtung und völligen Einswerdung mit der Gottheit. Mit dieser Formulierung vertritt der Maggid die Auffassung von einer wirklichen *unio mystica*, in der der Mensch ganz in der Gottheit aufgeht.[2662] Mit

2658 Vgl. o. Kap. Der osteuropäische Hasidismus II. B.2.

2659 sprich: jevuttal.

2660 Maggid Devaraw § 24, S. 38f.

2661 s. Bd. I, S. 414-419.

2662 Vgl. noch M. Idel, Kabbala, New Perspectives, S. 63ff; K. E. Grözinger, Neoplatonisches Denken; R. Elior, The Paradoxical Ascent to God. The Kabbalistic Theosophy of Habad Hasidism, Albany 1993; dies., HaBaD: The Contemplative Ascent to God, in: A. Green (ed.) Jewish Spirituality from the Sixteenth Century Revival to the Present, S. 157-205; Scholem al-

diesen Formulierungen hat der Maggid die Grundlage für die schon erwähnte zentrale Forderung der Aufhebung des Existierenden (*Bittul ha-Jesch*) gelegt, die im HaBaD-Hasidismus zum Zentrum der mystischen Spiritualität wird.[2663]

Der zuletzt angeführte Text zur Menschwerdung in der *unio mystica* bleibt in anthropologischer Hinsicht unbefriedigend insofern er nicht wirklich deutlich macht, was das Gott und Mensch verbindende Medium der Einswerdung ist. So viel ist immerhin deutlich: Es ist keine körperliche Vereinigung, denn Voraussetzung für diese *Devekut* ist das Ablegen der Materialität seitens des Menschen. Also wird hier, wie das seit der philosophischen »Mystik« des jüdischen Mittelalters üblich ist, an die Vereinung intelligibler Wesenheiten gedacht. Aber auch die Gottheit geht nicht unverändert in diese Einheit, sondern im Modus des *Zimzum*. Wie schon die Weltschöpfung nur dank des *Zimzum* des *'En Sof* möglich war, so auch die Einswerdung Gottes mit dem Menschen. Auch hier erscheint demnach der *Zimzum* als die zentrale Kategorie des mystischen Aktes. Der *Zimzum*, das hat die Darstellung der Kosmologie des Maggid ergeben, ist zugleich die Weisheit Gottes und sie wiederum ist das Nichts. Daraus ergibt sich ein Ensemble von Termini, mit denen der Maggid das tertium comparationis zwischen Gott und Mensch, beziehungsweise die Entsprechung zwischen ihnen beiden, benennt, das dann das Medium der Einswerdung ist. Da gibt es den *Zimzum* auf der göttlichen Seite, dem die Entkleidung von der Materialität des Menschen auf der anderen Seite entspricht. Gemeinsamer Schnittpunkt der beiden Bewegungen ist das Nichts, in das die Gottheit herabsteigt und zu dem der Mensch »hinaufsteigt«. Das Nichts wird zugleich als Weisheit (*Hochma*) bezeichnet, das wiederum in dem Begriff »Denken« (*Machschava*) seine Entsprechung hat.

Die mittelalterliche jüdische Philosophie hatte das Wesen des Menschseins mit den Platonikern entweder als Seele oder mit den Aristotelikern als Intellekt definiert. Entsprechend wurde als das Medium der *unio mystica* entweder als Seele oder Intellekt (beziehungsweise das Denken) benannt, eine Unterscheidung, auf die anlässlich der Erörterung der *Devekut* bei ʻAsriʻel von Gerona schon hinzuweisen war.[2664] Die Frage, welche Wahl der Maggid zwischen diesen beiden Möglichkeiten getroffen hat, ist einfach zu beantworten: Trotz seiner gelegentlichen Rede von der involvierten Seele, ist er vor allem der aristotelischen Tradition verpflichtet und denkt demzufolge an eine *Devekut* im Medium der *Machschava*, des Denkens, also des menschlichen Intellekts. Im Unterschied

lerdings will auch diese Formulierung für eine Bestätigung seiner Auffassung von einer jüdischen Zurückhaltung gegenüber einer wahrhaften unio mystica verstehen, Devekuth or Communion with God, in: Review of Religion 14 (1949/50), S. 139; wieder in: ders., The Messianic Idea, S. 203-227.

2663 Dazu s. R. Elior, The Paradoxical Ascent Sub voce Bittul ha-Yesh.

2664 S. dort Kap. B.5.4.1. Prophetie und unio mystica sowie Bd. I, S. 33-36.

zum aristotelischen Intellekt, handelt es sich bei dem des Maggid jedoch nicht um einen diskursiven, schlussfolgernden und nach philosophischer Welterkenntnis strebenden Intellekt. Die höchste Form der Weisheit besteht für ihn viel mehr in der kontemplativen Nichtung des Materiellen und des menschlichen Selbstbewußtseins. Die einzige Schlussfolgerung dieses Intellektes erhält der Mensch aus der Erkenntnis der Größe Gottes und der Kleinheit der Welt. Sie lehrt ihn, sich nicht an die Welt zu kehren, sondern sich ausschließlich auf die Größe Gottes auszurichten, die dem Menschen im göttlichen Nichts begegnet. Die kabbalistische Tradition der zweiten *Sefira* als »Weisheit«, die der Maggid entgegen der Tradition mit dem »Nichts« identifiziert, aber auch die traditionelle Bezeichnung der ersten *Sefira* als »Nichts«, erlauben es ihm, gelegentlich diese Sprache heranzuziehen, um den Akt der *Devekut* zu beschreiben.

6.5 Der kreative Umschwung im mystischen Nichts – die Lehre vom *Zaddik*

Wenn der Mensch im göttlichen Nichts angekommen und mit ihm eins geworden ist, wird der Mensch Teilhaber am göttlichen Nichts. Und dabei partizipiert er nicht nur an dessen gleichmachender Aufhebung der Gegensätze, sondern auch an der darin liegenden kreativen Macht. Wie oben deutlich wurde, bildet das Nichts, in dem die göttliche Schöpferkraft gesammelt ist, die verbindende Macht, die die Gegensätze dieser Welt zusammenhält. Es ist der unverzichtbare kreative Durchgangs- und Nullpunkt jeder irdischen Veränderung und aller Wunder. Der Mensch, der mit diesem Nichts vereint ist, hat an allen diesen Qualitäten des Nichts teil.

In der Darstellung der Schöpfungslehre des Maggid zeigte sich, dass der erste Gedanke an die Weltschöpfung, der *Zimzum*, die Konzentration, der Gottheit auf Israel und das Vergnügen sei, das er von ihrem Gehorsam empfangen werde. Dieser erste Gedanke Gottes wird vom Maggid auch als Ur-Wille, oder Oberster Wille der Gottheit bezeichnet, aus dem die gesamte Schöpfung hervorging. Der Mensch soll zu diesem obersten Willen, in dem die Unterschiede aufgehoben sind, emporsteigen.[2665] Diese Aussagen werden, wie oben dargestellt, ebenfalls in Bezug auf das »Nichts« gemacht, das, wie auch der Urwille, gleichfalls Weisheit genannt wird. Mit anderen Worten: Die oben vorgeführte Identifikationsreihe von *Zimzum* und *Nichts* kann durch ein weiteres Glied verlängert werden, was am Ende des § 178[2666] eigens bestätigt wird. Nach dieser Erweiterung der schöpfungstheologischen Gleichungskette wird es verständlich, dass der Maggid einmal sagt: »Wenn sich der Mensch an den Ur-Willen (*Razon kadum*) bindet, kann

2665 Vgl. Maggid Devaraw § 97, S. 168-172; § 178, S. 276f.

2666 Maggid Devaraw, S. 277.

er von dort, wenn er ein Wunder vollbringen will, Veränderungen herabziehen.«[2667] Mit Hilfe dieser mystischen Technik hat Mose seine Wunder getan und Israel aus dem Exil Ägyptens erlöst, und entsprechend kann jeder Mensch selbst wunderbare Veränderungen herbeiführen.[2668]

In diesen Gedankengängen vom Menschen im Nichts oder dem Menschen, der sich an den höchsten Willen bindet, ist die für den Hasidismus so zentral gewordene Lehre vom *Zaddik* als Wunder wirkenden Menschen angelegt. Beachtenswerterweise zeichnet der Maggid den *Zaddik* noch nicht in einer Funktion, die ihn als Führer der Gemeinschaft identifiziert. Viele Texte des Maggid handeln vom *Zaddik* als einer Möglichkeit für jedermann, wenn auch andere Texte von diesem Jedermann in einer Weise reden, die es als fraglich erscheinen lassen, ob das dort Gesagte wirklich von jedem erwartet werden kann.[2669] Eine klare soziologische Hierarchie mit dem *Zaddik* an der Spitze kennt der Maggid jedoch offenbar noch nicht,[2670] sie wird hingegen vom Kollegen des Maggid, Ja'akov Josef aus Polna'a[2671], und später vom Schüler des Maggid, 'Elimelech aus Lisensk,[2672] formuliert werden.[2673]

Von den verschiedenen Lehren des Maggid über den *Zaddik*, die dennoch die Grundlage für den späteren Zaddikismus bilden, stellt diejenige vom »*Zaddik* im mystischen Nichts« eine der wichtigsten dar, denn über den *Zaddik* lässt das »mystische Nichts« neue Kreativität und Wunderwirkungen nach unten strömen. Von besonderer Wichtigkeit ist der kleine Midrasch über den talmudischen Frommen Hanina Ben Dosa, da er geradezu als Magna Charta für die Lehre vom

2667 Maggid Devaraw § 8, S. 23.

2668 Maggid Devaraw § 97, S. 170.

2669 Man vergleiche z. B. folgende Texte miteinander, die dasselbe einfach von den Israeliten und dann wiederum vom *Zaddik* sagen: Maggid Devaraw § 127, S. 220; § 179, S. 279f.

2670 So auch M. Piekarz, M. Ha-Hanhaga ha-hasidit. Samchut we-'Emunat Zaddikim be-'Aspeklarja Sifrutah schel ha-Hasidut, Jerusalem 1999, S. 92-94.

2671 s. unten.

2672 Zu ihm s. A. S. Eshkoly, Ha-Hasidut be-Polin, in: Bet Jisra'el be-Polin, Jerusalem 1954; R. Schatz, le-Mahuto schel ha-Zaddik be-Hasidut - 'Ijunim be-Torat ha-Zaddik schel Rabbi 'Elimelechme-lisensk, in: *Molad* 144-145 (1960), S. 365-378; B. Landau, Ha-Rabbi 'Elimelech mi-Lisensk. Derech Hajaw u-Fo'alo le-Doro u-le-Dorot, Jerusalem 1963; G. Nigal, Mischnat ha-Hasidut be-Kitve R. 'Elimelech me-Lisensk u-Bet Midrascho, Diss. Jerusalem 1972; ders., Rabbi 'Elimelech ni-Lisensk. No'am Elimelec*h*, Jerusalem 1978; M. Piekarz, Ha-Hanhaga ha-hasidit, S. 136ff.

2673 Zum *Zaddik* generell und in der Kabbala s. G. Scholem, Der Zaddik; der Gerechte, in ders., Von der mystischen Gestalt der Gottheit, Frankfurt a.M. 1973, S. 83-134; M. Piekarz, Ha-Hanhaga ha-hasidi*t*; R. Devir-Goldberg, Ha-Zaddik ha-hasidi we-'Armon ha-Levjatan. 'Ijjun be-Sippure Ma'asijot mi-Pi-Zaddikim, Tel Aviv 2003, S. 22-26.

welterhaltenden *Zaddik* zu betrachten ist. In einer talmudischen Debatte[2674] wird die Frage gestellt, dank wessen die Welt erhalten wird. Eine der Antworten der talmudischen Disputanten zitiert eine Himmelsstimme, in der Gott rief:

> »Die ganze Welt wird nur wegen meines Sohnes Hanina ernährt. Mein Sohn Hanina aber begnügt sich mit einer Handvoll Johannisbrot von Schabbatvorabend zu Schabbatvorabend.«

Der Talmud will damit sagen, dass es das Verdienst des genügsamen Hanina ist, durch welches die Welt Gnade vor Gott findet. Der Maggid nimmt diesen Text auf, gibt ihm aber eine neue Deutung, die durch die kabbalistische Literatur schon vorbereitet war. Im hebräischen Text steht für die hier mit »wegen« übersetzte Konjunktion das Wort *bischwil*. Diese Konjunktion kann, in zwei Worte zerlegt (*bi-schwil*), wörtlich mit »durch den Pfad«, »über den Pfad« wiedergegeben werden. Sinngemäß würde demnach die Welt durch den »Pfad Hanina« ernährt. Das heißt, Hanina ist der Kanal, durch den der Welt ihre Nahrung zufließt. In diesem Sinne deutet der Maggid den talmudischen Text:

> »Das bedeutet, dass der Zaddik sich als die unterste Stufe erachtet, und darum begnügt er sich [mit einer Handvoll ...] etc. Aber in Wirklichkeit ist er es, der für die ganze Welt den Ausfluss ergießt und sie versorgt ... das heißt, der Zaddik zieht die Fülle des Flusses in alle Welten.«[2675]

In der spanischen Kabbala war der *Zaddik* zunächst eine Bezeichnung für die neunte Sefira, die als Kanal die Fülle des Ausflusses aus den oberen Sefirot sammelt und an die zehnte Sefira, die *Schechina*, auch als »Erde« oder »Gemeinde Israel« bezeichnet, weitergibt, die nun ihrerseits die unteren Welten ernährt. Diese zentrale innergöttliche Aufgabe der Kanalisierung des göttlichen Fluxus wird beim Maggid auf den gerechten Menschen, den irdischen *Zaddik*, übertragen.[2676] Der theosophische Begriff wird nun zum anthropologischen. In einer anderen Homilie formuliert es der Maggid noch viel grundsätzlicher: »Alle Ausflüsse, die sich von Welt zu Welt ergießen, gehen durch den Zaddik, selbst

2674 bBerachot 17b

2675 Maggid Devaraw § 142, S. 241; die Genügsamkeit ist eben ein Zeichen dafür, dass der Mensch im Nichts ist, s. noch Maggid Devaraw § 60, S. 94.

2676 An einer Stelle übernimmt der Maggid sogar die phallische Symbolik des theosophischen *Zaddik* aus dem Sohar: »Siehe alles besteht aus den Aspekten Männlich und Weiblich. Und gewiss muss da etwas sein, das sie verbindet, wie ja bekannt. Und dies ist bekanntlich der *Zaddik*, durch den alle Welten verbunden sind.«, Maggid Devaraw § 123, S. 208.

von den allerhöchsten Welten, alles ergießt sich durch den Zaddik.«[2677] In einem letzten Schritt vollzieht Dov Ber gleichsam die Apotheose des menschlichen *Zaddik*. Dabei greift er zu Formulierungen, in denen die theosophische und die anthropologische Diktion völlig ineinander verschmelzen. Die neunte Sefira des sefirotischen Systems, die die Bezeichnung *Zaddik* trägt, wird wegen ihrer Leben spenden Funktion auch *Haj*, Lebender, genannt – eine Rolle, die nun auch auf den irdischen *Zaddik* übertragen wird:

> »Der *Zaddik* wird *Haj* genannt, gemäß dem was die Rabbinen, seligen Angedenkens, [im Talmud][2678] sagten: Es gibt eine Säule, die reicht vom Himmel bis zur Erde, und ihr Name ist *Zaddik*, denn alle Ausflüsse aus der oberen in die untere Welt ergießen sich durch den *Zaddik*.«[2679]

Damit ist, wenigstens theoretisch, der Boden für die Lehre vom *Zaddik* bereitet, wie sie dann der im Folgenden zu besprechende Ja'akov Josef aus Polna'a und noch grundsätzlicher der Maggidschüler 'Elimelech aus Lisensk entfalten werden. Nach ihrer Auffassung trägt der *Zaddik* die Verantwortung für die Ernährung, das Wohlergehen, die Fruchtbarkeit, etc. seiner Gemeinde. Die soziologische Verankerung dieser Lehre hat, wie im Folgenden deutlich werden wird, der zweite Schüler des Bescht, Ja'akov Josef aus Polna'a, bereitgestellt, ohne jedoch selbst daraus die praktischen Konsequenzen zu ziehen und einer Gemeinde vorzustehen. Erst die dritte Generation zog aus den vom Bescht und seinen beiden wichtigsten Schüler formulierten Lehren die praktischen Konsequenzen, sie errichteten die Gemeindehierarchie von Zaddik und seinen Hasidim und praktizierten sie.[2680]

2677 Maggid Devaraw § 85, S. 148.

2678 bHagiga 12b.

2679 Maggid Devaraw § 97, S. 173.

2680 Zur Vorstellung vom *Zaddik* im späteren Hasidismus, s. u. V. B.3.-3.2 und G. Nigal; Mischnat ha-Hasidut be-Kitve R. 'Elimelech mi-Lisensk u-Bet-Midrascho, Diss. Jerusalem 1972; M. Piekarz, Ha-Hanhaga ha-Hasidit; M. A. Krassen, Devekut and Faith in Zaddikim. The Religious Tracts of Meshullam Feibush Heller of Zbarazh, Diss. Philadelphia 1990; A. Shohet, Ha-Zaddik in the Hasidic Doctrine, in: Yaacob Gil Jubilee Volume, Jerusalem 1979 (hebr.), p. 299-306; A. Green, The Zaddik as Axis Muni in Later Judaism, in: Journal of the American Academy of Religion, 45 (1977).

IV. Soziomorphe Kosmologie und Gemeinschaftsmystik – Ja'akov Josef aus Polonnoje

1. Die Person und ihre Schriften

Rabbi Ja'akov Josef aus Polna'a (Polonnoje), der wohl im Jahre 1782 starb,[2681] wurde in den letzten Monaten seiner Amtszeit als Rabbiner in der Stadt Scharigrod[2682] im Jahre 1748 ein Anhänger des Bescht. Obwohl er als dessen Nachfolger in Frage gekommen war, musste er dem Charisma des großen Maggid weichen.[2683] Ihm kam stattdessen das vielleicht eben so wichtige oder sogar nachhaltigere Verdienst zu, »der Schöpfer des chassidischen Schrifttums« zu sein, wie Dubnow dies zu Recht apostrophiert. Ja'akov Josef hat ab den Jahren 1780 wenigstens vier umfangreiche Bücher produziert. Sie waren die ersten schriftlichen Dokumente, in denen die Lehren der noch jungen hasidischen Bewegung dargelegt wurden, die in jenen Jahren schwer unter dem von Wilna und Brody ausgegangenen antihasidischen Kampf gegen sie litt.[2684] Der Konflikt zwischen Hasidim und Rabbinisten gestaltete sich mit dem Tod des Maggid im Jahre 1772 zunehmend bedrohlicher, da der Hasidismus kein einheitliches geistiges und organisatorisches Zentrum mehr besaß. In dieser Situation war das erste und wichtigste Buch des Ja'akov Josef unter dem Titel *Toledot Ja'akov*

2681 Vgl. S. Dubnow, Geschichte, I, S. 160.

2682 Die *Schivche ha-Bescht* erzählen, dass seine Vertreibung aus seinem Amt in Scharigrod eine unmittelbare Folge seiner Hinwendung zum Bescht gewesen war, s. die Geschichten H 64-66, S. 55-57.

2683 Zu der unter der Legende verborgenen Rivalität um die »Nachfolge« des Bescht s. Dubnow, Geschichte des Chassidismus, I, S. 168f und die bei A. Kahana, Sefer ha-Hasidut, Warschau 1922 (Neudruck Tel Aviv 1978), S. 111-112 ohne Quellenangabe genannten Hinweise. Dort wird die Nichtbeachtung Ja'akov Josefs mit dessen angeblichem Jähzorn begründet, auch dass schon der Bescht selbst so entschieden habe.

2684 Nach dem Pesachfest des Jahres 1772 begann die nichthasidische rabbinische Gelehrtenschaft und die ihr anhängenden Gemeindeoberen, ausgehend von Wilna die neue hasidische Bewegung mit öffentlichen Bannsprüchen, die schwere soziale und wirtschaftliche Konsequenzen hatten, zu verfolgen. Dubnow spricht von mehreren »Feldzügen« 1772-1780, 1780-1784, in deren Gefolge sogar das erste hasidische Buch, das hier zu besprechende Toledot Ja'akov Josef in Brody auf Geheiß der Gemeindeältesten öffentlich verbrannt wurde (1781), s. Dubnow, S. 265. Der dritte »Feldzug« gegen die Hasidim 1796-1801 (Dubnow, II, S. 116ff.). Es war, so Dubnow, der neu entstehende »Feind«, die Aufklärung, die beide sich befehdende Parteien bedrohte und sie schließlich zu einem Schulterschluss gegen diese neue Bedrohung der Tradition führte (Dubnow II, S. 230ff.). Die antihasidischen Dokumente sind gesammelt bei M. Wilenski, Hasidim u-Mitnaggedim. Le-Toledot ha-Pulmus sche-benehem be-Schanim 1772-1815, Jerusalem 1970.

Josef, das im Jahre 1780 in Korez[2685] erschienen war, einerseits eine wichtige Stütze der Bewegung, löste aber andererseits seitens der Gegner einen heftigen Sturm der Entrüstung aus, der in der öffentlichen Verbrennung des Buches gipfelte. Letzteres resultierte vor allem aus seinen, zum Teil sehr heftigen Polemiken gegen das bestehende rabbinische Establishment, dem Ja'akov Josef eine Vernachlässigung seiner geistlichen Pflichten, Hochmut, Verachtung des gemeinen Volkes und unlautere Praxis der Ämtervergabe vorwarf. Die nächsten Werke, die von seiner Hand stammen, sind *Ben Porat Josef* (1781 Korez),[2686] *Zafnat Pa'aneach* (Korez 1782).[2687] Posthum erschien das Werk *Ketonet Passim* (Lvov 1866).[2688] Nach seiner Vertreibung aus Scharigrod, das Ja'akov Josef verlassen musste, weil er ein Anhänger des Bescht wurde,[2689] amtierte er noch in Raschkow (ca. 1748-1752), in Nemirow (1752-1768) und in Polonnoje (von 1770-1782).

Mit Ja'akov Josefs Schriften hat sich die Situation auch für die Darstellung der Lehren des Hasidismus drastisch geändert. Zum ersten Mal in der Geschichte des Hasidismus ist die Forschung nicht auf die stets unsicheren und oft widersprüchlichen Aufzeichnungen seiner Schüler angewiesen, sondern verfügt über Texte aus der Hand eines Autors, die dieser sogar selbst zum Druck befördert hat. Der Autor vermittelt als langjähriger Schüler des Bescht Zeugnisse aus erster Hand. Er gilt als der Haupttradent der Lehren des Bescht, deren Anfang und Ende er beim Zitieren gewissenhaft kennzeichnet. Dadurch wird auch meist deutlich, wo er über die Worte seines Meisters hinausgeht und seine eigenen Auffassungen vorträgt. Auf der anderen Seite wird gerade das Ziel, die genuinen Lehren des Ja'akov Josef aus den publizierten Homilien zu gewinnen durch die Eigenheit seines Stils erschwert, die ihrerseits mit seiner im Vergleich zum Bescht so völlig unterschiedlichen Erziehung und Sozialisation zusammenhängt. Ja'akov Josef hat als ordinierter Rabbiner eine solide und überaus weit greifende Bildung in der gesamten rabbinischen, kabbalistischen und populären Moralliteratur besessen, die er in einer imponierenden Weise präsent hat und auf Schritt und Tritt zitiert. Die gesamten in seinen Büchern gesammelten Homilien zu den Perikopen der wöchentlichen Schriftlesung geben sich als unablässige Auseinandersetzung mit der Tradition und als Neudeutung von Zitaten aus der älteren Literatur, in die seine eigenen Auffassungen verwoben sind. Es ist sicher nicht überschätzt, wenn man etwa siebzig Prozent seiner Texte als Zitat und den Rest als kommentierende Aufnahme zur Formulierung seiner eigenen Gedanken an-

2685 Ich zitiere nach der Ausgabe Brooklyn o. D.

2686 Hier zitiert nach der Ausgabe Pietrkov 1884 (Nachdruck Israel o.D.)

2687 Hier nach Lemberg 1866; eine neue Edition publizierte G. Nigal Jerusalem 1989.

2688 Hier nach New York 1950; neue Edition von G. Nigal, Jerusalem 1985.

2689 Siehe die Berichte in: Die Legenden, H64-H67.

setzt. Diese stete Auseinandersetzung mit der Tradition ist zugleich ein Beleg für die tiefe und vielseitige Verwurzelung des hasidischen Denkens mit weiten Teilen bis hin zu den kleinsten Splittern der Tradition, wie sie sich nicht zuletzt in der früheren und zeitgenössischen Moralliteratur bekundet.[2690] Diese literarische Verankerung in der Tradition und die Pflichten eines Gemeinderabbiners, die ihren Eindruck im literarischen Wirken des Autors hinterließen, machten aus den Werken Ja'akov Josefs einen Homilientext zur Tora, der sich inhaltlich wie formal von den traditionellen Werken nicht unterscheidet. Damit trat die hasidische Literatur mit dem Anspruch der rabbinischen Seriosität auf, der nicht zuletzt auch die scharfen Reaktionen seitens des rabbinischen und politischen Establishments mit begründete. Sie wurden aber auch durch die Polemik von Ja'akov Josef hervorgerufen, der mit seinen Standeskollegen ins Gericht ging und sie ohne Scheu als »jüdische Dämonen« und Boten des Satans bezeichnete.[2691]

Wie im Folgenden noch deutlich werden wird, haben seine rabbinische Herkunft, sein rabbinisches Amtsverständnis und die Sorge um den Zustand der ostjüdischen Gesellschaft seine neue Theologie nachhaltig geprägt.

2. Der Dualismus des Seins und dessen Einheit

Das wirkliche Interesse Ja'akov Josefs gilt dem Menschen als Individuum und als Teil der Gemeinschaft. In seinen Homilien widmet er sich vorwiegend der Frage, in welchem Zustand der Einzelne und die Gesellschaft sind. Dazu trägt er zunächst eine Analyse des menschlichen Wesens vor, zeichnet ein Menschenbild, nach dem der Mensch aus zwei Teilen, aus Form und Materie, zusammengesetzt ist und das seine Entsprechung in der menschlichen Gesellschaft hat. Dieser individuelle und soziologische Dualismus, den es nicht aufzuheben, sondern in eine hierarchische bipolare Einheit zu verwandeln gilt, ist nach Auffassung Ja'akov Josefs kein Unglück, sondern eine gottgewollte ontologische Gegebenheit. Dies aufzuzeigen und daraus die erforderlichen Folgerungen vorzutragen ist gewissermaßen das einzige Interesse Ja'akov Josefs an kosmologischen Themen. Nicht um die Frage der Entstehung der Welt zu beantworten spricht Ja'akov Josef über das Werden und Bestehen der Schöpfung, sondern um

2690 Darauf haben vor allem die zahlreichen Arbeiten von Mendel Piekarz hingewiesen: Bijeme Zmichat ha-Hasidut. Megamot ra'ajonijot be-Sifre Drusch u-Musar, Jerusalem 1978; Ben Ideologia le-Mezi'ut. 'anawa, 'ajin, Bittul mi-Mezi'ut u-Devekut be-Machschavtam schel Rasche ha-hasidut, Jerusalem 1994; Ha-Hanhaga ha-hasidit. Samchut we-'Emunat Zaddikim be-'Aspeklarjat Sifrutah schel ha-Hasidut, Jerusalem 1999.

2691 S. G. Nigal, Torot Ba'al ha-Toledot. Draschot Rabbi Ja'akov Josef mi-Polna'a, Jerusalem 1974, S. 18; u. ders., Manhig we-'Eda, Jerusalem 1962, S. 40; S. Dubnow, Geschichte, I, S. 163, er übersetzt »Judenteufel«.

den Menschen deutlich zu machen, dass ihre individuelle wie gesellschaftliche Situation Teil einer umfassenden Schöpfungsordnung und Zielsetzung ist. In diesem Sinne müssen die im Folgenden angeführten Aussagen Ja'akov Josefs zur Schöpfung verstanden werden.

Ja'akov Josef, der Schüler des Bescht, hat nicht die klare monistische Kosmologie seines Lehrers übernommen, nach der es letztlich nur die Wirklichkeit Gottes gibt, die sich hinter allem verbirgt, während die gesamten weltlichen Phänomene lediglich eine Augentäuschung darstellen, die der Weise als solche erkennt und beiseite wischt. Ja'akov Josef übernahm auch nicht die Lehre seines Kollegen, des Maggid aus Mesritsch, laut der sich seit dem Bruch der göttlichen Einheit im Nichts diese Einheit und die zerbrochene Vielheit in einer Opposition gegenüberstehen, welche durch die kontemplative Nichtung der Welt wieder in die Einheit des Nichts zurückgeführt werden sollen. Ja'akov Josef sieht in der Welt eine grundsätzliche ontologische Dualität, die als solche für den Bestand der Welt vonnöten ist, und die ihr Urbild in der Dualität der sefirotischen Gottheit selber hat. Was aber für die Gottheit im sefirotischen Bereich gilt, muss auch das Vorbild für dessen Abspiegelung in der gesamten Welt sein: Das hierarchische Zusammenhalten der beiden Pole. Und diese Verbindung der beiden Pole ist das, was von Ja'akov Josef als Einheit bezeichnet wird.

Den grundsätzlichen Gedanken dieser das gesamte Sein durchziehenden Dualität oder Bipolarität entfaltet Ja'akov Josef an einer Zahl von Beispielen, die ihm die Tradition anbietet, und sich aus allen Stufen des Seins rekrutieren. Für alle Stufen des Seins fand Ja'kov Josef solche bipolaren Paare:

1. Auf der theologisch-sefirotischen Ebene: *Hesed* und *Din*, d. h. Liebe (Sefira IV) und Gerichtsstrenge (Sefira V),
2. auf der kosmologischen Ebene: Himmel und Erde; Sonne und Mond,
3. auf der zoologischen Ebene: Löwe und sein Schwanz[2692]
4. auf der anthropologischen Ebene: Seele und Körper beziehungsweise Form und Materie, Spirituelles und Materielles, Guter Trieb und Böser Trieb,
5. auf der soziologischen Ebene: Form-Leute (Gelehrte) und Materie-Leute (Volksmasse),[2693]
6. auf der völkersoziologischen Ebene: Israel und die Völker der Welt
7. und schließlich auf der Ebene der Handlungs- und Geschehensmodalitäten: übernatürlich und naturgemäß.

2692 Dieses eigenartige Paar wird weiter unten seine Erklärung finden.

2693 G. Nigal, Ledat ha-Hasidut gibt für diese Gruppe insgesamt 30 Begriffspaare an, die ihrerseits nur eine Auswahl darstellen, S. 56f.

Die hier aufgezählten Oppositionen sind nach Auffassung Ja'akov Josefs tatsächliche Realitäten, und nicht nur scheinbare Gegensätze. Es handelt sich dabei um wirkliche Gegensätze, die niemals aufgehoben werden können, sondern die in ein hierarchisches Verhältnis zueinander zu bringen sind und in dieser hierarchischen Verbindung als Einheit gelten. Während beim Maggid der *Zimzum* (Selbstbeschränkung) und beim Bescht die Buchstabenverhüllung (nit'atef) viel gebrauchte kosmologische, theologische und anthropologische Termini sind, so stehen bei Ja'akov Josef Begriffe wie »Verbindung« (*Hibbur*), »verbinden« (*le-hithabber, le-kascher*) oder *Zeruf* (»verbinden«) im Vordergrund.[2694] In einer der Homilien zum ersten Kapitel der Schöpfungsgeschichte lehrt Ja'akob Josef: »Das Ziel der Schaffung der Schöpfung ist, dass sie [die Geschöpfe] sich miteinander verbinden.«[2695] Zur Darstellung dieser ontologischen Struktur bezieht sich Ja'akov Josef auf den Sohar, der eine alte talmudische Deutung zu Gen 1,16 aufnimmt. Der Talmud deutet die eigenartige Formulierung der Bibel, wonach Gott zwei große Leuchten erschuf, die sogleich hernach als eine große und eine kleine bezeichnet werden.[2696] Der Talmud schließt daraus, dass der Mond sich beschwert habe, dass nicht zwei Könige nur eine einzige Krone tragen können, worauf Gott dem Mond befiehlt sich selbst zu verkleinern, um dadurch das Problem zu lösen. In der soharischen Symbolik wird nun die große lichtspendende Leuchte, die Sonne, mit der Sefira VI (*Tif'eret*) und die kleine lichtempfangende Leuchte mit der Sefira X (*Schechina*) identifiziert. In einem Midrasch zu Ex 24,6, wonach die Israeliten als Gabe für den Tempel »Öl für den Leuchter« (*Schemen la-Ma'or*) geben sollen erklärt der *Sohar*:

> »Das ist das große obere Öl, das von oben strömt. Zwei Öle sind es, eines oben, das *Öl des Leuchtens* und eines unten, das *Öl zum Leuchten* genannt wird. Das *Öl des Leuchtens* ist das obere, das gewiss immer besteht und niemals abbricht und stets von großer Heiligkeit erfüllt ist. [...] *Das Öl zum Leuchten* ist manches Mal erfüllt und manches Mal nicht.
> Und so auch lehrten wir: Es steht geschrieben: ›Und Gott machte die beiden großen Leuchten etc.‹ (Gen 1,16). [...] Diese beiden großen Leuchten sind das *Öl des Leuchtens* und das *Öl zum Leuchten*, die obere und die untere Welt, eines männlich und eines weiblich. Und wenn immer Männlich und Weiblich zusammen gehen, werden beide ›Männlich‹ genannt. Seinetwegen wird die untere Welt, wenn sie sich mit ihm verbindet, ebenfalls ›groß‹ genannt, wenn sie sich aber trennen, wird jedes ihm entsprechend benannt.

2694 Vgl. z. B. Toledot [Ja'akov Josef], S. 4a.d.6a (verbindende Kraft).13a.16a.18d. 19a.20b.22a. 25c.d. 26a etc.

2695 Toledot, Bereschit, S. 11c.

2696 *bHullin* 60b; s. auch Bereschit Rabba 6 (Gen 1,16f).

> Darum auch sagten die Weisen ›Der Mensch sei ein Schwanz des Löwen und nicht das Haupt des Fuchses. Denn solange er am Löwen ist, wird er insgesamt Löwe genannt. Der Schwanz des Löwen ist Löwe, ohne Trennung.«[2697]

Der *Sohar* löst das exegetische Problem der beiden Legenden in der Genesis so, dass innerhalb der Gottheit, das heißt unter den *Sefirot* die Pole männlich (VI) und weiblich (X) im getrennten Zustand mit ihrem individuellen Charakter benannt werden, das bedeutet, dass die sechste *Sefira* männlich und die zehnte weiblich ist. Wenn sie aber in ihrer heilvollen Verbindung vereint sind, werden sie beide nach dem oberen, männlichen Charakter bezeichnet. Diese theosophische Erörterung zu den beiden *Sefirot* sowie zum Gleichnis vom Löwenschwanz überträgt Ja'akov Josef nun in eine die gesamte Welt umfassende Ontologie, in der die gesellschaftlichen und kosmologischen Umstände gemeinsam betrachtet werden. Auch hier wird deutlich, dass es dem Autor vor allem um die soziologische Thematik geht, die neben einer individualanthropologischen im Folgenden weiter erörtert werden muss. Doch zunächst zu diesem »kosmologischen« Text des Ja'akov Josef:

> »Die Weisen von Javne wollten den Irrtum der Menschen aufzeigen, die sich nicht mit den Weisen verbinden wollten, um von ihnen Licht zu empfangen. Dies war schon der Fehler mit dem die Früheren irrten, z. B. die Generation des Josua.[2698] Und das rührt vom Fehler des Mondes her [der ja sagte: Es können nicht zwei Könige eine einzige Krone tragen].
> Darum kennt der Weise seinen Mangel und lernt von jedermann, um von ihm Licht zu empfangen und seinen Mangel auszufüllen. [...] Und davon verstehst du die [Worte]: ›Mit Reschit hat Gott Himmel und Erde erschaffen‹. [...] Dies lehrt, dass in Wirklichkeit, am Anfang der Schöpfung alles eine einzige Einheit war, so dass der Aspekt Himmel mit dem Aspekt Erde verbunden war, wegen ihrer Einheit. Und das ist es, was die Schrift sagt: ›*'Et ha-Schamajim we-'Et ha-'Arez*, (den Himmel und die Erde)‹, denn das eine war im andern enthalten wie die beiden großen Leuchten [Sonne und Mond, die ja ursprünglich gleich groß waren und sich so einer Krone bedienten].
> So wie es auch im Sohar heißt: Der Schwanz des Löwen (*Ari*) wird Leu (*Arje*) genannt, weil sie in einer einzigen Verbindung waren. [...] Und so hatte die Erde vom Aspekt des Himmels, doch hernach wollte die Erde ein Aspekt für sich selbst sein – wie beim Fehler des Mondes – und da erst fühlte sie ihren Mangel, wie es heißt: ›Und die Erde war Tohuwabohu, das der Targumist so übersetzte: ›Und die Erde war öde und leer‹, was ihr Mangel war. Und das

2697 Sohar II, 147bf.

2698 Vgl. Josua cap. 24.

> ist es, was die Schrift sagt: ›Und Finsternis lag auf der Tiefe‹, weil die Finsternis zwischen Himmel und Erde trennte, so dass sie die Stufe des Himmels nicht mehr sah, weil sie zuvor nicht mehr in Verbindung mit dem Himmel sein wollte.
> Und so ist es mit den verschiedenen Menschengruppen, auch hier waren die Materie-Leute[2699] in einer einzigen Verbindung mit den Form-Leuten[2700], [...] und danach wollten die Materieleute für sich alleine sein, da war die Finsternis der Materie-Leute auf der Tiefe, [...] so auch heißt es [auch in der Schrift]: ›und Gott schied zwischen Licht und Finsternis‹ (Gen 1, 4) ...
> Und es bleibt der Rat: ›Es ward Morgen und es ward Abend, ein Tag‹ (Gen 1, 5), in einer einzigen Verbindung! Verstehe dies!«[2701]

Damit erklärt Ja'kov Josef, dass alles in der Welt, was als Paar erschaffen wurde, auch als Paar eine Einheit bilden sollte. Auf allen Ebenen der Welt wurden einheitliche Geschöpfe mit je zwei Aspekten erschaffen, Himmel und Erde, Sonne und Mond (kosmologische Ebene), Löwe und sein Schwanz (zoologische Ebene), Materie-Menschen und Form-Menschen (soziologische Ebene). Jedes Paar sollte, trotz der Verschiedenheit der Partner, eine Einheit bilden. Als aber die unterschiedlichen Aspekte der Paare sich separierten, spürten sie ihren Mangel, der nur in der paarigen Einheit ausgeglichen wird. Die Zusammengehörigkeit der Paare weist Ja'akov Josef mit der bewährten Hermeneutik der alten Midraschliteratur nach. Da im Bibeltext vor Himmel und Erde jeweils die Partikel *'et* steht, ist erwiesen, dass sie zusammen gehören. Ebenso bilden der Löwe und sein Schwanz ein Paar. Die Beziehung zwischen Löwe und Schwanz zeigt sich in *'Ari* und *'Arje*, beides Wörter für Löwe, von denen der Autor eines auf den Schwanz bezieht. Das Verhängnis und der Mangel in dieser Welt, auf allen Ebenen, rühren von der Trennung der füreinander bestimmten Paare her. Alle sollten, wie das der abschließende Genesisvers sagt, eine Einheit bleiben, so wie Tag und Nacht ein Tag sind. Die weiteren in der obigen Aufzählung genannten Paare werden im Folgenden noch in Erscheinung treten.

3. Die Weisheit als Schöpfungsmittlerin

Nach dem wundersamen Anmarsch im vorangegangenen Abschnitt, sind wir in der Lage, die »Schöpfungslehre« von Ja'kov Josef mit der des Bescht und des Maggid zu vergleichen. Beide zuvor besprochene Lehrer boten eine Auslegung zu Genesis 1, 1 und verbanden damit Psalm 104, 24, wonach Gott mit der Weis-

2699 das allgemeine Volk.

2700 die Gelehrten

2701 Ben Porat Josef, S. 14df; vgl. auch Toledot, bo, S. 47c.

heit die Welt erschuf. Was nun diese Weisheit sei, ist bei den drei Meistern umstritten. Während der Bescht gemäß seiner alphabetologischen Kosmologie die Schöpfungsweisheit Gottes mit dem Buchstaben *'Alef* identifiziert, in dem das Licht des *'En Sof* weilt, hatte der Maggid die göttliche Weisheit im *Zimzum* und im *Nichts* erkannt. Für Ja'akov Josef stellt sich die Erschaffung des Kosmos folgendermaßen dar:

> »*Bereschit* (mit Reschit), [hat Gott Himmel und Erde erschaffen] (Gen 1,1). [Dieses *Reschit*] hat [das Targum] Onkelos mit ›Weisheit‹ übersetzt.
> Und das ist es, was geschrieben steht: ›Alles hast du mit Weisheit gemacht‹ (Ps 104,24).
> Das heißt, die *Zusammenfassung* (*ha-klal*) aller 22 Buchstaben, mit denen die Welt erschaffen wurde, ist der Buchstabe *J* (י), der in der Weisheit enthalten ist. Und aus ihm entströmte die Form aller 22 Buchstaben, denn *J* ist die *Materie* und die *Form* aller Buchstaben. Darum also [sagt der Psalm]›alle hast du mit Weisheit gemacht‹, denn im Denken[2702] [d.h. in der Weisheit] ist alles enthalten. [...]
> Und wie es dies im Kosmos und in der Zeit gibt, so findet es sich auch unter den Menschen. Denn die *vollkommen Glaubenden* in Israel, die man ja *Weise* nennt, sind das Geheimnis der Weisheit und des Denkens, wie die Weisen, seligen Angedenkens, sagten: Israel ist im Denken aufgestiegen.
> Und wenn es eine *Verbindung* (*Hitchabrut*) der *Volksmasse* mit den *Weisen* gibt, die ja das Denken sind, dann sind alle in der Weisheit enthalten, in einer einzigen *Einheit*. Und damit hat Gott geschaffen, was entstanden ist.
> Und durch die Einung, die unten geschieht, wird eine *Einung* und eine *Verbindung* oben bewirkt. Und darum hat der Herr geschworen, [...] dass er den Namen Amaleks auslöschen werde,[2703] weil er *Trennung* verursacht. Und Gottes Name und Thron sind nicht vollkommen, bis dass Amalek ausgelöscht ist und eine *Einheit* in der Welt hergestellt sein wird. [...]
> Und somit versteht man: Mit *Reschit* [hat Gott die Welt erschaffen], will sagen mit Weisheit, *in der alles enthalten ist*, und mit ihr hat Gott geschaffen.«[2704]

Ja'akov Josef nimmt hier zwar die Alphabetlehre seines Meisters auf, deutet sie aber in seinem Sinne, so dass etwas ganz Neues entsteht. An die alte kabbalistische Lehre anknüpfend, wonach die zweite Sefira *Hochma* von dem ersten

2702 Der Buchstabe י (J) steht nach der älteren Kabbala zugleich für die Sefira *Hochma*, Weisheit oder Denken, s.o.

2703 Ex 17,14.

2704 Ben Porat Josef, S. 13 c.

Buchstaben des Tetragrammatons (J) repräsentiert wird, entfaltet Ja'akov Josef seine Lehre von der Schöpfungsweisheit. Diese Weisheit besteht vor allem darin, dass sie die Zusammenfassung der nachher Getrennten ist. In ihr ist das geeint, was nachher die gesamte Schöpfung, einschließlich den Menschen und die Gesellschaft, bestimmt, nämlich die Poligkeit von Materie und Form.[2705] In der menschlichen Gesellschaft sind – wie unten noch deutlicher werden wird – die Gelehrten die Form und die Volksmasse die Materie, verbinden sie sich, dann bilden sie wie die beiden Himmelsleuchten oder der Löwe und sein Schwanz eine Einheit. Diese Verbindung und Einigung der Pole, ist die Weisheit, mit der Gott die Welt geschaffen hat.

Aus seiner Analyse des Individuums und der Gesellschaft schließt Ja'akov Josef, dass die Einheit, beziehungsweise Verbindung, der individuellen und gesellschaftlichen Pole, die Weisheit schlechthin verkörpert. Dementsprechend versucht er sie in der gesamten Schöpfung als Gottes Schöpferweisheit nachzuweisen. Die individualanthropologische Kategorie der inneren Übereinstimmung von Seele und Leib des Menschen, die den Kategorien Form und Materie entsprechen, sowie die soziale Kategorie der gesellschaftlichen Einheit, werden hier zur ontologischen Weisheit überhöht. Mit der individuellen menschlichen und sozialen Einheit fügen sich die Menschen in das allgemeine Weltgesetz, die Weisheit des Schöpfers, ein. Betonenswert ist, dass die Einheit nach Ja'akov Josef, im Gegensatz zu den beiden anderen hier vorgestellten hasidischen Meistern, nie eine unterschiedslose, alles gleichmachende Einheit war und sein wird, sondern stets eine die Poligkeit verbindende. Die Vielfältigkeit in der Schöpfung ist nach Ja'akov Josef weder Täuschung (wie beim Bescht) noch Sünde (wie beim Maggid), sondern wirkliche neutrale Realität. Sündig und böse wird diese Vielfalt erst dann, wenn die vorgesehene Solidarität und Zusammengehörigkeit der Vielfalt zerbricht und die beteiligten Elemente nicht ihr aufeinander Angewiesensein zur Kenntnis nehmen. Einheit ist das Wissen um Zusammengehörigkeit, Sünde ist die Abwendung vom Anderen. Die von Ja'akov Josef vorgetragenen fragmentarischen kosmologischen Elemente können darum als soziomorphe Kosmologie bezeichnet werden, denn das Bild dieses Kosmos wird gemäß dem Bild von der Gesellschaft gestaltet.

2705 Ja'akov Josef nimmt hier einen Gedanken von Solomon Ibn Gevirol auf, nachdem der Intellekt, das Erste Emanat, gleichfalls aus Materie und Form zusammengesetzt ist. S. Bd. I, S. 534.

4. Der Mensch

4.1 Das bipolare Wesen des Menschen

Das menschliche Individuum unterliegt dem bipolaren Weltgesetz, was Folgen für sein moralisches Handeln und seine mystische Befähigung nach sich zieht. Allerdings spricht Ja'akov Josef nirgendwo nur über das Individuum. Er sieht den einzelnen Menschen immer zugleich im sozialen Kontext, weil sich für ihn das Individuum von der Beziehung zu Gesellschaft her definiert und sich nur an oder mit ihr erfüllen kann. Die innerindividuellen Verhältnisse haben ihr Pendant in der Mikro- und Makrogesellschaft. In der Einleitung zu seinem Werk *Toledot Ja'akov Josef* wird nachdrücklich formuliert:

> »Der Mensch ist aus Materie und Form erschaffen und sie sind zwei Gegensätze. Denn die Materie strebt hartnäckig nach der körperlichen Materie, das sind die Schalen (*Klippot*), und die Form hat Verlangen und Begehren dach den spirituellen Dingen. Das Ziel der Erschaffung des Menschen ist es aber, dass er aus der Materie Form macht, so dass er zu einer Einheit wird und nicht getrennte Dinge tut.
> Und so wie dies das Ziel für den einzelnen Menschen ist, so ist es auch beim gesamten Volk Israel, von dem die einen Volksmasse der Ungebildeten (Erdvolk, *'Amme ha-'Arez*) genannt werden, weil ihr Hauptinteresse der irdischen *Materie* gilt, darum sind sie die Materie [des Volkes]. Nicht so die *Zaddikim*, die sich der Tora und dem Gottesdienst widmen, sie sind die *Form*. Und das wesentlichste Ziel ist, dass sie aus der Materie Form machen. [...]
> Und so wie dies beim Volk Israel ist, so ist es auch hinsichtlich der gesamten Welt, in der es siebzig Völker gibt, welche sich an den Zweigen des heiligen Baumes festhalten, während Israel an der Wurzel des Baumes verankert ist. Und Israel muss den Fluxus für alle siebzig Völker herbeiziehen. [...] Und weil die siebzig Völkerengel ihren Fluxus durch Israel empfangen, werden sie der heiligen Hand unterworfen, und die *Materie* wird unter die *Form* gebeugt, dann leuchten alle Zweige. [...]
> Dann sind sie Volk Israel und haften an Seinem großen Namen, welcher jener Baum ist, der Baum des Lebens, von dem der Fluxus allen zuströmt. Dann sind die Israeliten auf der oberen Stufe, *über der Natur* [...] und Israel und die Völker sind in einer einzigen Gestalt umfangen, in einem vollkommenen Menschen, die einen als *Materie*, das heißt als das Fleisch des Menschen, und die anderen als der innere Mensch, als *Form* für die Materie. Und dies ist der ausgezeichnete Mensch, das heißt, weil die *Materie* und die *Form*

vereint sind, indem die Materie der Form unterworfen ist, und dies ist das Ziel der Erschaffung der Welt.«[2706]

Die alten philosophischen Begriffe von Materie und Form, laut denen alles aus diesen beiden Aspekten zusammengesetzt ist, war über die mittelalterliche Philosophie in das jüdische Denken eingedrungen.[2707] Bezüglich des menschlichen Individuums ist der Gebrauch des Begriffspaares durch Ja'akov Josef noch nahe an der aristotelischen Anthropologie, derzufolge der Intellekt das Wesen und die Form des Menschen verkörpert.[2708] Spätestens aber beim nächsten Glied, dem Volk Israel, wird deutlich, dass die Begriffe nicht mehr in ihrem ehemals philosophischen Sinn als Benennung der beiden »Universalien« gebraucht werden, sondern dass sie zu axiologischen, zu Wertbegriffen, geworden sind. Die Form verkörpert das Spirituelle, das nach dem Göttlichen strebt, während die Materie dem Irdischen zugewandt ist. Nur in dieser Verwendung der beiden Begriffe ist die religiöse Forderung verständlich, die Materie in Form umzuwandeln. Hier wirkt die alte rabbinische Formel nach, die verlangt, dass aus dem Bösen Trieb ein guter Trieb gemacht werden soll.[2709] Darin zeigt sich zugleich eine klare Distanz zum platonischen Denken, in dem der Materie die Sünde und der Form das Gute zugeschrieben wird, so dass eine Lösung des ethischen Problems letztlich nur durch die Trennung der Form von der Materie zu erwarten ist. Diese Negativbesetzung der Materie wird auch von einem der Gewährsleuten Ja'akov Josefs für die Verwendung des Begriffspaares Materie und Form vertreten. Der eigentlich dem Aristotelismus zuneigende Jizchak ben Moses 'Arama (ca. 1420-1494) schreibt in seinem Werk *'Akedat Jizchak*:

> »Die Hauptsache und das Ziel der Erschaffung des Menschen in dieser Welt, die Korridor genannt wird, ist, dass er seine Werke gut macht, so dass er aus der Materie Form macht und dadurch in die Vorhalle der künftigen Welt eintritt. Denn gäbe es nicht den Widerstand von Seiten der Materie, welche das Kleid des Bösen Triebes ist, dann würde er, nur mit der Form, dem Kleid des Guten Triebes, alleine, nicht als einer genannt werden, der Gutes tut.«[2710]

Jizchak 'Arama verwendet die beiden Begriffe im Sinne des Aristotelismus als anthropologische Begriffe für Leib und Seele des Menschen, gibt ihnen aller-

2706 Toledot, Hakdama, S. 5c.

2707 Vgl. Bd. I, S. 408.

2708 vgl. Bd.I, S. 415.

2709 s. Bd. I, S. 276.

2710 'Akedat Jizchak, Tor 8, das Ja'akov Josef in seinem Zafnat Pa'aneach, Lemberg 1866, S. 86, mit den obigen Worten zitiert.

dings eine platonische Wertung als Quellen des Guten und des Bösen. Im Sinne des mittelalterlichen ethischen Denkens[2711] wird, nach seinen Worten, die Seele durch die Bemühung wider die Sünde im Leib veredelt. Die Notwendigkeit der Zusammenkoppelung von Materie und Form ist bei 'Arama demnach durch das meritorisches Argument begründet, die Seele könne sich durch die Unterwerfung und Verwandlung der Materie unter die Form das Verdienst erwerben, das ihr die Tore zur »Kommenden Welt« öffnet. Erst die Möglichkeit frei zwischen Gut und Böse entscheiden zu können, verschafft dem Menschen dieses Verdienst. Ja'akov Josef ist der Überzeugung, dass er diese Deutung von 'Arama übernimmt, wenn er sagt:

> »Und ich folgte ihm [Arama] nach, den biblischen Vers so auszulegen, nur dass er dies auf den einzelnen Menschen anwendet, während ich es auf die Gesellschaft hin deute, nämlich dass es Materie-Menschen und Form-Menschen gibt und das Ziel ist, dass diese beiden Aspekte sich zu einem verbinden und aus Materie Form machen.«[2712]

Ja'akov Josef überträgt demnach den anthropologischen Gedanken auf die Gesellschaft mit dem Bewusstsein, dass er hier etwas Neues unternimmt. Diese Übertragung verschiebt allerdings das Gewicht der gesamten Argumentation. Das Ziel 'Aramas, dass sich die Seele durch die Reibung an der Materie den Zugang zum ewigen Heil verschafft, ist bei Ja'akov Josefs Gesellschaftsmodell zu einem innerweltlichen Ziel verschoben, das die Verbindung der beiden Pole des Volkes, der Volksmasse und der Gelehrten, anstrebt. Das Ziel des Kampfes besteht in der Verbindung der gesellschaftlichen Pole. Bei 'Arama wird deren gottgesetzte Verbindung vorausgesetzt, damit man sich an ihr läutert. Für Ja'akov Josef ist die Verbindung der beiden gesellschaftlichen Pole erst die ethische Aufgabe schlechthin; Materie und Form sind für ihn in potentia aufeinander zugeordnet; die Verwirklichung dieser Verbindung muss der Mensch auf dieser Welt, für das Leben in dieser Welt erlangen, und zwar in allererster Linie im gesellschaftlichen Bereich.

Während für das platonische wie auch für das aristotelische Denken des Mittelalters das Ziel des Menschen, seine Menschwerdung und Erlösung, letztlich nur durch eine Trennung von Materie und Form erreichbar ist, sind sie für 'Arama immerhin schon notwendige Pendants, die eine Verwandlung der Materie in die Form denkbar erscheinen lässt. So sieht auch Ja'akov Josef die Lösung des menschlichen Problems von Gut und Böse gerade in einer dauernden Verbindung von Materie und Form, wenn auch in einer klaren Hierarchie. Die Materie

2711 Vgl. Bd. I, S. 399. 388ff.

2712 Zafnat Pa'aneach, Lemberg 1866, S. 86b.

von der er spricht, ist nicht wie im platonischen Denken per se negativ oder Quelle des Bösen. Dies ist sie nur, wenn sie sich von der Form, das heißt vom Heiligen und Spirituellen trennt. Das gleiche gilt nach Ja'akov Josef allerdings auch von der Form, wenn sie sich von der Materie zurückzieht. Weder die Materie noch die Form sind die eigentlichen Quellen des Bösen, sondern deren Trennung.

Die Darstellung Ja'akov Josefs über die menschlichen Verhältnisse zeigt eine durchgehende Analogie der menschlichen Strukturen auf allen Ebenen, der des Individuums, der der jüdischen Volksgemeinschaft und schließlich auf der Ebene der gesamten Weltbevölkerung. Auf jeder der drei Ebenen stehen die beiden Pole Materie und Form nebeneinander. Von der Tradition des Begriffspaares wird der Grundgedanke mitgebracht, dass wirkliche weltliche Existenz stets nur in Verbindung dieser beiden Aspekte des Seienden bestehen kann. Ihre Trennung ist zwar möglich, führt aber zu einer unwirklichen Existenz, oder nach der Transferierung der Begriffe in den Bereich des Axiologischen, zu einem defekten oder gar bösen Zustand. Die alte philosophische Hierarchie der Begriffe wird beibehalten. Die Form ist das Höhere, das die Materie überformen soll, beziehungsweise abweichend vom philosophisch Denkbaren, soll aus der Materie Form gemacht werden. Wie im philosophischen Denken ist für Ja'akov Josef die Form das eigentlich Lebenspendende, da sie in aristotelischer Diktion die Bewegung und damit das Leben hervorruft.[2713] Nach der Vorstellung Ja'akov Josefs wird dieser Gedanke in die theurgisch-kabbalistische Diktion dahingehend übertragen, dass die Form der zur Theurgie befähigte Teil ist, der den belebenden göttlichen Fluss herabzuziehen vermag. Auch dies gilt, wie noch deutlich werden wird, für alle drei Ebenen des Menschlichen.

Die am Ende des langen Eröffnungstextes dieses Kapitels[2714] ausgesprochene Vorstellung, dass die gesamte Weltgesellschaft durch die Einfügung in die gezeichnete Struktur der aufeinander bezogenen Aspekte Materie und Form zu *einem* »Menschen« wird, zeichnet das Denken Ja'akov Josefs aus, der sich die Erfüllung des Menschseins eben nur in der Gesellschaft vorstellen kann.

4.2 Menschwerdung in der Gesellschaft

Während für die Autoren der rabbinischen Literatur die Menschwerdung des Menschen in der ethischen imitatio dei,[2715] für Maimonides in der intellektuellen Vollendung,[2716] und für den Maggid aus Mesritsch in der mystischen Selbstnich-

2713 Vgl. Bd. I, S. 407-410.

2714 Toledot, Hakdama, S. 5c.

2715 Bd. I, S. 280ff.

2716 Bd. I, S. 462ff.

tung besteht,[2717] glaubt Ja'akov Josef, dass die Vollendung des Menschseins nur in der Gesellschaft möglich ist. In einer für das Judentum neuartigen Weise begreift Ja'akov Josef das Volk in seinen verschiedenen Teilen als eine Gesamtheit, als ein corpus communitatis, das an die frühchristliche Ekklesiologie des Epheserbriefes erinnert, nach dem die Kirche ein mystisches corpus Christi ist.[2718] Diesen Gedanken, der in Ja'akov Josefs Schriften an vielen Stellen wiederkehrt, stellt er als eine Auslegung zur biblischen Jakobsleiter dar, an der die Engel auf- und niedersteigen. Drei Deutungsgänge trägt er zu diesem wunderbaren Traum vor. Der erste lautet wie folgt:[2719]

> » ›Da träumte ihm, eine Leiter sei auf die Erde gestellt, deren Haupt an den Himmel rührte, und die Engel Gottes stiegen daran auf und nieder‹ (Gen 28, 12). Es ist ja das Mysterium von Moses unserem Meister bekannt, der sagte ›sechshundert Tausend [Mann zu] Fuß zählt das Volk in dessen Mitte ich bin‹ (Numeri 11, 21). Denn die Volksgemeinschaft[2720] wird insgesamt ›eine Gestalt‹ genannt, wobei die Volksmasse die Füße der Gestalt sind und die *Zaddikim* sind die Augen der Gemeinde etc. Und das ist es, dass nämlich die gesamte Volksgemeinde ›Leiter‹ genannt wird, von der die Volksmasse ›auf die Erde gestellt ist‹, sie sind die Füße der Volksgemeinde, während die Gelehrten deren ›Haupt‹ sind. [...] Und da sie allesamt eine vollkommene Gestalt sind, die Gestalt *eines* Menschen, bezeichnet ›die Engel Gottes‹, jene *Zaddikim*, die die Sendung ihres Schöpfers nicht verraten haben, sie ›steigen daran auf‹, nämlich dann, wenn das Volk gute Werke tut. Dann steigen die Häupter der Generation auf eine höhere Stufe [...]. Wenn Gott behüte aber umgekehrt, dann [...] ›steigen sie nieder‹ an der Leiter, welche die Gesamtheit der Volksgemeinde, die Volksmasse ist. Denn wenn die Füße des Menschen in eine Grube hinabsteigen, dann ist auch das Haupt tiefer und umgekehrt, wenn er mit seinen Füßen auf einem Berg steht.«[2721]

Die beiden Pole des Volkes sind nach Auffassung Ja'akov Josefs die breiten Volksmassen (die Materie-Menschen) auf der einen Seite und die Toragelehrten (die Form-Menschen) auf der anderen. Die einen sind die Füße der kommunalen Gestalt und die anderen deren Haupt, beziehungsweise deren Augen. Ja'akov Josef unterscheidet allerdings zwischen solchen Gelehrten, die getreu ihrem von Gott gestellten Auftrag nachkommen und als die eigentlichen *Zaddikim* bezeich-

2717 Vgl. o. Kap. Der osteuropäische Hasidismus III.6.3-4.

2718 Eph 5, 22-33.

2719 Gen 28, 12.

2720 Wörtlich: »die Welt«, was aber die Volksgemeinschaft bezeichnet.

2721 Toledot, wajeze, S. 26c.

net werden, und solchen, die er unter Verwendung eines soharischen Begriffes gelegentlich die »jüdischen Teufel« oder »Dämonen« nennt.[2722] Der moralische Zustand dieses kommunalen Menschen ist zunächst vom Verhalten der Volksmassen abhängig, die mit ihrem Verhalten auch auf den Stand der Gelehrten Auswirkung haben. Gehen die Füße in die Grube, so folgt auch der Kopf nach. Ja'akov Josef bleibt allerdings, wie später noch deutlich werden wird, nicht bei der einseitigen Schuldzuweisung stehen, sondern zeigt, dass der kommunale Mensch auch vom Kopf her nach unten gedrückt werden kann. So viel ist hier allerdings schon deutlich: Jene Gelehrten, die ihrem von Gott gegebenen Auftrag nachkommen, sind hierarchisch den Volksmassen übergeordnet. Sie bilden die Form, die Seele[2723] dieses »Menschen« oder dessen Herz[2724] und haben eine entsprechend zentrale Aufgabe.

Im Anschluss an den obigen Midrasch Ja'akov Josefs zum Traum Jakobs von der Himmelsleiter verleiht er dem Gedanken der notwendigen Verbindung zwischen den beiden gesellschaftlichen Polen dadurch einen exklusiven Charakter, indem in dieser Verbindung die Erfüllung des Menschseins zu erkennen glaubt. Der Midrasch von der Himmelsleiter wird nun durch eine Auslegung eines Verses der Genesis ergänzt:

> » ›[Und Gott, JHWH, sprach:] Es ist nicht gut, dass der Mensch alleine sei.‹ (Gen 2, 18), so dass nur er alleine geschmückt ist und nicht zugleich die anderen schmückt, sondern ›ich will ihm gegenüber (entsprechend) eine Hilfe machen‹ (ebda.), dies sind die Materie-Menschen, das heißt, dass die Materie-Menschen ihm zur Hilfe sind [...] oder ihm gegenüber; dann wird ihm zuteil, dass er eine Hilfe aus seinen gegen ihn stehenden Nöten bekommt [...]. Und dann, wenn sich die Materie-Menschen mit den Form-Leuten verbinden, dann werden sie Mensch genannt. So wie die Schrift sagt ›Männlich und Weiblich hat Er sie erschaffen‹ (Gen 1, 27) und nannte sie Mensch. Und dazu

2722 Vgl. G. Nigal, Ledat ha-Hasidut, S. 70-73, z. B. Toledot, Hukkat (Korez 1780, S.151c): »Jüdische Dämonen, das ist der Satan, das ist der Böse Trieb höchstpersönlich, dessen ganze Beschäftigung mit der Tora nur der eigenen Ehre dient« (zit. nach Nigal, aaO.).

2723 Toledot, naso, S. 127d; Schoftim, S. 179c; Zafnat Pa'aneach, S. 30b; u. vgl. Dresner, Zaddik, S. 132. Das Verhältnis von Körper und Seele dieses kommunalen Menschen beschreibt Ja'akov Josef auch einmal so, dass der gute Materiemensch als Seele einen guten und koscheren Gelehrten besitzt, während der Frevler unter den Materiemenschen als Seele einen frevlerischen Gelehrten von den »Judenteufeln« sein eigen nennt, *Toledot, Schoftim*, 179c.

2724 Toledot, S. 100a; nach S.H. Dresner, The Zaddik. The Doctrine of the Zaddik According to the Writings of Rabbi Yaakov Yosef of Polnoy, New York 1960, S. 278 EN 35.

> sagten sie im Talmud (*Jevamot* cap. 6): Rabbi 'El'asar sagt: Wer keine Frau hat, wird nicht Mensch genannt.«[2725]

Männlich und Weiblich werden hier als weitere Metapher für das vertraute Paar Form und Materie gebraucht. So kann daraus geschlossen werden, dass der von Gott in seinem Ebenbild als zweipoliges Wesen erschaffene Mensch erst dann Mensch und Ebenbild Gottes ist, wenn sich in der Gesellschaft die beiden hierarchisch einander zugeordneten Pole zu einer Einheit verbinden.[2726] Schon hier wird deutlich, dass die Materie-Menschen den Form-Menschen, den guten Gelehrten, zu Diensten sein sollen. In einem weiteren Erörterungsgang des Themas der Zuordnung von Form und Materie auf der individuellen wie auf der gesellschaftlichen Ebene betont Ja'akov Josef die partnerschaftliche Parität der beiden Pole trotz ihrer hierarchischen Übereinanderordnung. Sie beide sind, wie die beiden Pole der Ellipse, ontologisch gleich wichtig und bedeutsam. Sie sind aufeinander angewiesen und dürfen sich darum nicht voreinander besser dünken oder glauben, ohne einander auskommen zu können:

> »Das Ziel des Menschen, der aus Materie und Form erschaffen wurde, die ja zwei Gegensätze sind, ist, die Materie der Form zu unterwerfen.
> Und so wie es beim einzelnen Menschen ist, so ist es auch in der gesamten Welt, oder jedem Land oder jeder Stadt, nämlich dass die *Zaddikim* die Form sind und die Volksmenge die Körper- und Materie-Menschen. Und das Ziel ist, dass [der *Zaddik*] sie [die Volksmenge] zur Umkehr bewegt, wie dies Abraham getan hat, von dem es heißt ›die Seelen, die sie in Haran gemacht haben‹ (Gen 12, 5). Dann unterwirft sich die Materie der Form.
> Aber so wie im einzelnen Menschen die Seele, das heißt die Form, sich nicht stolz über den Körper mit den Worten prahlend erheben darf, sie sei eine heilige Seele, die aus einem heiligen Ort unter dem Thron der Herrlichkeit ausgehauen sei, im Gegensatz zum Körper, dessen Element der Staub sei, und der aus einem stinkenden Tropfen gebildet wurde. [...] Dennoch ist sie [die Seele] in diese Welt herabgestiegen, um durch die Glieder des Körpers alle Gebote zu erfüllen, damit sie ganz und vollkommen wird, was zuvor nicht der Fall war, als sie [im Himmel] das Brot der Gnade aß.

2725 Vgl. bJevamot 63a; Zafnat Pa'aneach, S. 86c; vgl. noch Toledot, lech-lecha, S. 18d; Toledot, wajikra, S. 78d.

2726 in: Toledot, Jitro, S. 57c wird die Bipoligkeit des individuellen wie kollektiven Menschen ausdrücklich als »Gottebenbildlichkeit« mit den Worten von Gen 1, 26 bezeichnet! Denn auch Gott hat diesen Doppelaspekt als »Verborgener« und »Offenbarer«, so ist auch Sein Name zugleich verborgen und offenbar und schließlich ist der Name JHWH die Seele der Welt, die dessen Körper ist.

Um wie viel weniger darf sich der Körper vor der Seele brüsten, dass er die Seele ernährt, weil ja der Körper stinkend zurück bleibt, wenn sich die Seele von ihm trennt. Also brauchen beide einander, wie Mann und Frau, von denen jedes ein halber Körper ist.
Und so ist es auch in der Volksgemeinschaft: Die Gelehrten und *Zaddikim* dürfen nicht sagen, man brauche die Volksmenge nicht, denn sie sind ja die Stützen der Tora und durch sie werden viele konkrete Gebote erfüllt.
Und ebenso darf die Volksmenge nicht sagen, dass man die Gelehrten nicht brauche, oder sich vor ihnen brüsten, dass sie [die Gelehrten] sich von ihnen ernähren. Denn es ist nicht so, sondern gerade umgekehrt, wie schon die Weisen, seligen Angedenkens, sagten: ›Die ganze Welt wird durch meinen Sohn Hanina ernährt‹ etc. (*bBerachot* 17b).
Darum, jeder von ihnen ist nur eine Hälfte. Wenn aber beide zusammen sind (*jachad*), die Materie und die Form, sei es im Allgemeinen wie im Einzelnen, dann wird der Mensch einer und vollkommen. Dann wird der Böse Trieb zum Guten Trieb. [...]
Umgekehrt aber ist es Götzendienst, und das ist die Sünde mit dem Goldenen Kalb, wie sie sagten (Ex 32). Denn sie begehrten nach vielen Göttern, [...] d. h. es fehlte ihnen jene Stufe [der Einheit], so dass es eine Trennung der Herzen gab, und eben das ist die Sünde mit dem Goldenen Kalb. Und die Heilung (*Tikkun*) dafür ist, dass jede [Seite] des ›Menschen‹ eine Sühne für seine Seele geben muss, [...] die Gelehrten, weil sie sich von der Volksmenge abgesondert und nicht [ihre Aufgabe] ›die Seelen, die sie in Haran machten‹, erfüllt hatten. [...] Und so auch die Volksmenge, die sich von den Gelehrten trennte, die ja die ihre *Nefesch*- und *Neschama*-Seele sind. «[2727]

Hier macht Ja'akov Josef deutlich, dass die Schuld für die Trennung beiden Seiten anzulasten ist. Beide Seiten müssen als ganzer Mensch einen Teil der gemeinsamen Aufgabe erfüllen, die ohne die andere Seite nicht möglich ist. Laut diesem Text ist es der Volkskörper der das praktische Gebot erfüllt und die materielle Ernährung der Gelehrten sichert, während die Gelehrten in Wirklichkeit das Volk ernähren. Mit dieser Aufgabenverteilung, die noch weiter zu erörtern sein wird, ist die Grundlage dafür gelegt, was man als den ›Zaddikismus‹ des Hasidismus bezeichnet. Der *Zaddik*, der gute Gelehrte, ist es, der der Welt das Leben auf unsichtbare Weise zukommen lässt, während die Volksmenge dem *Zaddik* auf sichtbare Weise seinen Lebensunterhalt sichert. Während die Grundlagen für diese Lehre schon von Ja'akov Josef gelegt wurden, war es vor allem

2727 Toledo, ki tissa, S. 72b-c.

der Maggid-Schüler ’Elimelech aus Lisensk, der sie ausführlich begründete und dogmatisierte.[2728]

4.3 Die Lehre vom *Zaddik*

4.3.1. Der *Zaddik* als Kanal für den göttlichen Ausfluss

In den bisherigen Erörterungen über die Beziehung zwischen Gelehrten und Volksmasse wurde gelegentlich schon für die Bezeichnung des Form-Menschen, der Seele der Gemeinde, nicht mehr der Terminus »Gelehrter« (*Talmid Hacham*), sondern der Begriff »Zaddik« verwendet. Auch wurde deutlich, dass der *Zaddik* als Form-Mensch die obere Stelle der Hierarchie einnimmt. Daraus und aus einer weiteren Reihe von Begriffen für diesen Form-Menschen, die zum Teil aus der Exegese biblischer und talmudischer Texte resultierten,[2729] wird deutlich, dass der Begriff »Zaddik« bei Ja'akov Josef, im Gegensatz zu ’Elimelech aus Lisensk, noch nicht ausschließlicher *terminus technicus* für diese neuartige Führergestalt war. Ungeachtet dessen verfügt bei Ja'akov Josef diese Gestalt im Wesentlichen schon über all jene Züge, die später den bekannten Zaddikismus der hasidischen Bewegung prägen sollten. Aus diesem Grunde ist Ja'akov Josef als der Vater des Gedankens zu betrachten. Mit der Benennung dieser Führungspersönlichkeit als »Zaddik« wurde allerdings ein tief greifender Paradigmenwechsel eingeleitet. In der jüdischen Religionsgeschichte, letztgültig ausgeformt in der rabbinischen Theologie,[2730] war der *Zaddik* der religiöse Jedermann. Konkret gesprochen, galt jeder Mensch als *Zaddik*, der vor dem alljährlich zu den hohen Herbstfeiertagen tagenden himmlischen Gericht freigesprochen wurde, auch wenn seine guten Werke die schlechten nur um ein Geringes überwogen. Demgegenüber war der Hasid stets der religiöse Virtuose, der mit seiner Frömmigkeit weit über dem Durchschnittsmenschen stand. Nun aber hat sich die Hierarchie verkehrt. Der *Zaddik* ist in der Lehre von Ja'akov Josef der überlegene Form-Mensch mit all den Qualitäten, die im Folgenden noch aufzuzählen sind, während der Hasid, in der Bedeutung »getreuer Anhänger«, das ihm unterworfenes Schäflein ist.

Von zentraler Bedeutung ist die Feststellung, dass der »Zaddik«. in vielerlei Hinsicht eine Mittlerfunktion zwischen Gott und den Hasidim einnimmt. Schon oben wurde im Zusammenhang mit der Erörterung des Begriffes *Zaddik* beim

2728 Vgl. G. Nigal, No'am Elimelech le Rabbi ’Elimelech mi-Lisensk sz”l, Jerusalem 1978, S. 19ff; ders., Mischnat ha-Hasidut be-Kitve R. ’Elimelech mi-Lisensk u-Bet Midrascho, Diss. Jerusalem 1972, S. 59ff.

2729 Vgl. die Liste bei Nigal, Ledat ha-Hasidut, S. 56f.

2730 Vgl. Bd. I, S. 264f.

Maggid aus Mesritsch die Deutung der talmudischen Sentenz zu Hanina Ben Dosa zitiert, der als Weg oder Kanal für den himmlischen Ausfluss bezeichnet wird.[2731] Beim Maggid war dieser *Zaddik* allerdings noch eine individualmystische Kategorie. Ein *Zaddik* ist für den Maggid eine Person, die fähig ist, den mystischen Gang ins Nichts zu gehen. Bei Ja'akov Josef wird nun diese Gestalt mit dem Form-Menschen identifiziert und entwickelt sich zu einer soziologischen Kategorie.[2732] Der Begriff *Zaddik* bezeichnet nun den guten Gelehrten, der als Seele, Herz, Auge, Haupt und Führer der Volksmenge in einem hierarchischen Verhältnis übergeordnet ist. Die Gestalt des kollektiven Menschen beschreibt Ja'akov Josef an einer Stelle mit dem alten talmudischen Bild von den 248 Gliedern und 365 Sehnen und möchte damit erklären, dass dieser kommunale »Mensch« wie das Individuum aus entsprechenden Teilen und Gliedern besteht.[2733] An einer anderen Stelle nimmt er das Bild vom gegliederten Menschen auf, um damit die Tradition von Hanina ben Dosa zu erklären:

> »Im Talmud (Nega'im cap. 6)[2734] sagten sie: ›Im Menschen gibt es 24 Hauptglieder‹ etc. Und als eines von ihnen wird auch der Phallus (*Rosch ha-Gewija*, Haupt des Gliedes/Leibes gesehen. […] Und ich glaube *Rosch* (Haupt) bedeutet ›Wichtigkeit‹ [...] Denn die Stufe und Wichtigkeit des Männlichen ist höher als die des Weiblichen, gerade wegen dieses Gliedes. [...] Seine [höhere] Stufe und Wichtigkeit besteht nämlich darin, dass durch es der Ausfluss übermittelt wird, um sich über die ganze Welt zu ergießen, wie es heißt ›Segen ist am Haupt des *Zaddik*‹ (Prov 10, 6). [Und im Buch Hiob steht geschrieben:] ›An meinem Fleisch erkenne ich Gott‹ (Hiob 19, 26). [...] Darum, so wie es beim einzelnen Menschen ist, so ist es auch bei der Gesamtheit [des Volkes], denn ›der *Zaddik* ist das Fundament der Welt‹ (Prov 10, 25), und er ist der Übermittler des Ausflusses für die gesamte Welt (Volksgemeinde), die die übrigen Glieder des Körpers sind und die Menge genannt werden. Und über diesen *Weg* sagten sie: ›Die ganze Welt wird durch den Weg (*bi-schvil*) meines Sohnes Hanina ernährt‹ (*bBerachot* 17b), der der Weg und der Kanal ist, [...] und er ist das Haupt des Leibes.«[2735]

2731 Vgl. o. Kap. Der osteuropäische Hasidismus III.6.5.

2732 Wie schon aus dem oben zitierten Text Toledot, ki tissa, S. 72b-c hervorgeht, der die beiden Pole *Zaddik* und Volksmenge zur Solidarität aufruft.

2733 Toledot, Schoftim, S. 179c.

2734 Mischna, Nega'im 6,7.

2735 Toledot, 'etchanan, S. 166a; vgl. noch tissa 73b; lech lecha, S. 19b; s. Dresner, Zaddik, S. 125-128.

Für den kollektiven Gemeindeleib gibt es demnach ein wichtiges Glied von übergeordneter Bedeutung, das im Individuum dem Phallus entspricht. Er ist es, der den lebenspendenden Fluss aus der göttlichen Welt an die Gemeinde weitergibt. Schon G. Scholem[2736] wies darauf hin, dass bei dieser Interpretation eine theosophische Lehre von den Sefirot auf den Menschen übertragen wurde. Der Kabbala des Sohar zufolge ist es die Aufgabe der neunten Sefira, den Fluss aus den oberen Sefirot zu sammeln und an die weibliche zehnte Sefira, die *Schechina*, weiterzuleiten. Darum wird die neunte Sefira in der anthropomorph-sexuellen Redeweise des Sohar als der innergöttliche Phallus betrachtet, der zugleich als *Zaddik* bezeichnet wird.[2737] Die theosophische Lehre von den Sefirot ist nun auf den menschlichen *Zaddik*, den Führer der hasidischen Gemeinde übertragen worden. Der Führer der hasidischen Gemeinde ist derjenige, der den göttlichen Segensfluss wie sein oberes Pendant sammelt und an seine Gemeinde weiterleitet. Die Aufgabe des *Zaddik* kann nun nicht mehr, wie beim Maggid, vom Durchschnittsfrommen übernommen werden, sondern wird in Analogie zum sefirotischen Menschen durch ein einziges Glied im vielgliedrigen Gemeindeleib erfüllt – durch das Haupt des Leibes.

4.3.2 Der *Zaddik* als Mystiker

Von seinem Lehrer Bescht hat Ja'akov Josef die Auffassung übernommen, dass das Zentrum der jüdischen Religion die *Devekut*, das Haften an Gott ist. Ebenfalls seinem Lehrer folgend, setzt er die *Devekut* an mehreren Stellen mit der *'Emuna*, dem Glauben, gleich.[2738] Im Gegensatz zu den Lehren des Bescht, lässt sich aus den Texten Ja'akov Josefs kein so eindeutiges und klares Bild erkennen, wie sich Ja'akov Josef die *Devekut* vorstellt. Mehrfach spricht er, die aristotelisch-kabbalistische Tradition aufnehmend, davon, dass das Denken des Menschen an Gott haftet.[2739] So zum Beispiel auch in dem folgenden Text über Noah, der dort als vollkommener *Zaddik* dargestellt wird, weil er sein Denken niemals von Gott löste, selbst dann nicht, wenn er im Getümmel der Stadt weilte:

2736 *Zaddik*; der Gerechte, in: ders., Von der mystischen Gestalt der Gottheit, Frankfurt a.M. 1962, S. 83-134.

2737 Vgl. o. Kap. Kabbala VII. C.a.3.4.2.2.

2738 Toledot, Jitro, S. 56.b.56c; wajischlach, S. 31a; Ben Porat Josef, Ausgabe Korez 1781, S. 51c; zur *Devekut* bei Ja'akov Josef.s. G. Nigal, Ledat ha-Hasidut, S. 129-141.

2739 Toledot, Hajje Sara, S. 23b; wajeze, S. 27b. 28c; wa'etchanan, S. 165a; Zafnat Pa'aneach, Neuausdruck New York, S. 95b.

» ›Noah (*Noach*) war ein vollkommener *Zaddik* in seiner Generation‹ (Gen 6,9).
Das ist in der Weise [zu verstehen] wie ich schon schrieb: [›Der Herr sprach:] Finde ich [zu Sodom] 50 *Zaddikim* in der Stadt‹ (Gen 18,26), so dass unter der Volksmenge in der Stadt auch ein *Zaddik* sein soll, was als eine hohe Stufe erachtet wird, ›so will ich um ihretwillen dem ganzen Ort vergeben.‹ (Gen. 18,26.) Damit also versteht man: ›Das ist die Geschichte Noahs‹ (Gen 6, 9).
Noah, der *noach* (angenehm) für die Oberen und angenehm für die Unteren war, und zwar weil er sich nicht vom Volk absonderte und trennte. Stets war er unter den Menschen. Und dies schafft Liebe unter den Menschen. [...]
Und glaube nicht, dass er, während er unter den Menschen weilte, sich davon ablenken ließ, in dieser Zeit sein Denken an Ihn, E.s.g., zu heften (*dvk*). Darum betont die [Schrift] und sagte: ›Er war ein vollkommener *Zaddik* innerhalb seiner Generation.‹
Denn auch wenn er in der Stadt unter die Menschen seiner Generation kam, war er ein *Zaddik*, indem er das [Wort der Schrift] einhielt: ›Ich halte mir den Herrn stets vor [Augen].‹ (Ps 16, 8), welches ein wichtiger Grundsatz der Stufen der *Zaddikim* ist. [...]
Und dies war die Ursache dafür, dass ›Noah mit dem Herrn wandelte‹ (Gen 6,9), nämlich dass er, bevor er in die Stadt hinausging, sich in die Einsamkeit zurückzog, um sich an Ihn, E.s.g., zu binden und an Ihm, E.s.g., zu haften (*dvk*). [...] Darum, auch wenn er hernach mit den Leuten vermischt war, trennte er sich nicht von seiner *Devekut* an Ihn, E.s.g.«[2740]

Die Betonung der Schrift, dass Noah ein vollkommener Gerechter (*Zaddik*) war, bedeutet im Denken Ja'akov Josefs, dass er das Ideal der dauernden *Devekut* verwirklichte, und dies nicht nur dank dauernder Zurückgezogenheit, sondern gerade auch, wenn er unter den Menschen weilte. In einer anderen Reihe von Texten werden Abraham und Moses positiv als diejenigen hervorgehoben, die sich in der *Devekut* unter das Volk mischten, während Noah eine abgewertete Rolle einnimmt, da er seine *Devekut* nur um den Preis der Zurückgezogenheit in der Einsamkeit dauerhaft halten konnte.[2741] Beiden Aussagen zufolge ist die

2740 Ben Porat, Noach, Korez 1781, 16d-17a; Pietrkov 22b-c; G. Nigal, Torot, S. 12f.

2741 Vgl. z. B. Toledot, Jitro, S. 60c; Zafrat Pa'aneach (Nachdruck, New York o.D.), S. 95b. Diese Typologie der beiden *Zaddikim*, des zurückgezogenen und des aktiven Gesellschaftsmannes, findet sich schon bei Jesaja Horowitz in seinem verbreiteten Schne Luchot ha Brit, Amsterdam 1698, S. 72a.209b: »Es gibt zwei Arten von *Zaddikim*: Der eine wandelt mit vollkommenem Herzen in seinem Haus in Einsamkeit, um zu erfüllen [was der Prophet Micha 6,8 sagt] ›demütig zu sein vor deinem Gott‹ (*haznea' lechet*), wie dies von Noah geschrieben steht, ›Noah wandelte mit Gott‹ (Gen 6, 9). Und die zweite Art ist der, welcher sich selbst und die andern

Devekut eine »intellektuelle« Anstrengung, bei der es gilt das eigene Denken möglichst von allen weltlichen Dingen abzuziehen, und ausschließlich auf Gott zu konzentrieren. Dies wird gelegentlich als das »Ablegen« der Welt, ihrer Begierden und ihrer Geschäfte oder als das »Ablegen« der Dinglichkeit bezeichnet und das sich in »Niedrigkeit« (*Schiflut*) und Demut auswirkt.[2742]

Neben dieser »intellektuellen« Terminologie zur Qualifizierung der Devekut verwendet Ja'akov Josef noch die andere, die näher an seiner spezifischen Diktion von Materie und Form steht, nämlich wenn er sagt, dass die Form beziehungsweise die Seele an ihrer Wurzel haftet.[2743] Ebenso findet sich bei ihm auch der Gedanke vom Haften an »Seiner – das heißt an Gottes – Einheit«.[2744] Schließlich greift Ja'akov Josef auf die alte kabbalistische Vorstellung von der Identität der Tora mit der Immanenz Gottes zurück, um den Ort der *Devekut* zu beschreiben. Dabei weist er auf die alphabetologische Variante des Bescht hin. In der Aufnahme dieser Tradition fügt Ja'akov Josef allerdings einen Vergleich ein, der wiederum seiner Vorstellung entgegenkommt, nämlich dass das Wesentliche das *Verbinden* ist. Mit Unterstützung des Toratextes wird die *Devekut* an besagter Stelle mit der ehelichen Verbindung im Beischlaf verglichen. Die gewöhnlichen hermeneutischen Methoden des Torastudiums, etwa nach dem Wortsinn oder mit dem rabbinischen Verfahren des *Pilpul*,[2745] werden in dieser Parabel mit dem Betrachten des Schmucks und der Kleider der Braut verglichen, die die sexuelle Begierde wecken. Erst hernach während des mystischen Studiums begegnen sich Braut und Torastudent völlig nackt zur Vereinigung, nämlich:

> »wenn sich der Mensch an die Form der Buchstaben in der Tora, welche die Braut ist, heftet. Und das Haften (*Devekut*) seiner [des Menschen] Essenz an der Essenz des Inneren der Buchstaben der Tora, ist die wahrhafte eheliche Verbindung (*Siwwug*, Paarung), nackt, ohne Kleider [...] an ihr zu haften ist die Hauptsache und das Ziel von allem.«[2746]

schmückt, wie unser Vater Abraham, von dem gesagt ist ›und er rief dort den Namen JHWH an‹ (Gen 13,4), was die Weisen so auslegten: Er gewöhnte die Menschen, den Namen Gottes im Munde zu führen ... dies ist ein *Zaddik* in der Stadt, der die Vielen von der Sünde zurückführt.«; s. M. Piekarz, Ben Ideologia le-Mezi'ut. 'Anawa, 'Ajin, Bittul mi-Mezi'ut u-Devekut be-Machschavtam schel Rasche ha-Hasidut, Jerusalem 1994, S. 165 u.s. Zafnat Pa'aneach (New York), S. 95a.

2742 Toledot Hajje, Sara, S. 22a-b.d; Toledot wajechi 40a; bo, S. 50d.

2743 Toledot, Jitro 55b.

2744 Toledot, Hajje Sara, S. 23c.

2745 Talmudische Dialektik des Fragens und Hinterfragens und Abwägen der verschiedenen Möglichkeiten eines Textes.

2746 Toledot, schelach, S. 133d.

In der Fortsetzung dieses hocherotischen Textes wird darauf hingewiesen, dass die Tora *'En Sof*, also das Unendliche, genannt wird, weshalb die Begierde nach dieser Verbindung nicht nachlässt, sondern nur noch zunimmt.

An einer weiteren Stelle, in der Ja'akov Josef die alte Makro-Mikro-Anthropos-lehre aufgreift und den irdischen Menschen als Ebenbild des sefirotischen Menschen beschreibt, verwendet er erneut das erotische Vokabular:

> »Die Eigenschaft, die der Sefira Jesod (IX) entspricht, ist, wenn der Mensch am Gottesdienst mehr Vergnügen hat, als an allem andern. An meinem Fleisch kann ich ja erkennen, dass das Glied der Paarung das höchste Vergnügen in sich birgt, nämlich die Einheit, wenn sich Mann und Frau verbinden. Und vom fleischlichen kann man auf das geistliche Vergnügen schließen, nämlich wenn man sich an Seine Einheit, Er sei gesegnet, heftet (*dvk*), was die Wurzel aller Vergnügen ist.«[2747]

In den sonst sehr spröden Texten Ja'akov Josefs stellen Passagen wie die obigen gewaltige Ausbrüche dar, die im Rahmen eines orthodox gewandeten Homilienbuches, das der talmudischen Pilpulistik huldigt, aufsehenerregend wirken mussten.

In diesem Zusammenhang des Erwerbs der *Devekut* werden schließlich auch die Gebote und das Gebet als der Tora zugehörige Aspekte genannt, die dem einen Ziel, der *Devekut*, dienen sollen.

Im Gegensatz zur Forderung, auf dem Weg in die *Devekut* die Dinglichkeit und das Irdische abzulegen, steht die andere Aussage Ja'akov Josefs, den Körper, also die Materie, welche die *Devekut* der Seele behindert, mit irdischen Genüssen wie Essen und Trinken zu erfreuen. Dem bereits von Bescht geforderten Bestreben zufolge soll die Freude des Körpers der Seele den nötigen Freiraum zur *Devekut* verschaffen.[2748]

So weit die Gedanken Ja'akov Josefs zur mystischen Seite des *Zaddik*, die sich quantitativ eher in Grenzen halten. Viel üppiger sprudelt die Quelle, wenn der Autor zu seinem eigentlichen Anliegen kommt – dem einfachen Mann und der Masse, die den mystischen Virtuosen der Form-Menschen gegenüberstehen. Auch für jene Volksmassen gilt das Gebot der *Devekut*. Wie stellen sich für sie diese Forderung sowie die Möglichkeit ihrer Realisierung dar? Die Lösung, die Ja'akov Josef hierfür vorträgt, darf als die Magna Charta und das Geheimnis der massenhaften Ausbreitung des Hasidismus gelten.

2747 Toledot, lech lecha (Mizwat Mila), S. 19b; entsprechend Toledot, 'emor, S. 109a unt.

2748 Toledot, Mischpatim, S. 69c.d.

4.3.3 Der *Zaddik* als Mittler der *Devekut* für die Hasidim

Das Gebot, an Gott zu haften sowie die Gleichsetzung von *'Emuna* (Glaube) und *Devekut*[2749] lassen die *Devekut* als allgemeines Ziel aller Menschen erscheinen. Dieses Ziel hatte bereits der Bescht eindeutig in der Aussage hervorgehoben, dass die Unterbrechung der *Devekut* schon als Götzendienst zu betrachten sei.[2750] Angesichts dieser idealistischen Zielsetzungen muss die folgende realistische Einschätzung Ja'akov Josefs wie eine Bankrotterklärung für das anscheinend oberste Ziel der neuen Bewegung geklungen haben:[2751]

> » Muss sich denn jeder Mensch vollkommen heiligen ? [...] Nein, dies gilt nur den auf hoher Stufe Stehenden. [...] Auf die Volksmassen aber trifft das nicht zu.«[2752] »Das Gebot ›Und an Ihm sollst du haften‹ (Dtn 10,20) gilt nicht für jeden Menschen, auch nicht für die [Talmud]-Gelehrten, sondern nur für einzelne Erwählte.«[2753] »Gewiss ist das Ziel aller Gebote, dass man die Stufe ›Und an Ihm sollst du haften‹ gewinnt, [...] nur ist dies niemals für alle Menschen möglich.«[2754] »[...] Vielmehr sind die vollkommen Glaubenden in Israel, die sich im Gottesdienst mit dem Geistigen (Intelligiblen) befassen, um an Ihm zu haften, sie sind die *Form.* Die Volksmasse hingegen, die sich mit den materiellen irdischen Dingen befassen, sie sind die *Materie.*«[2755]» Das [Besagte gelingt nur] einem ausgezeichneten Menschen, der das Beste der Tora zugleich mit dem irdischen Lebensalltag verbinden kann, [...] so dass er seine Gedanken nicht von der *Devekut* an JHWH ablenken lässt, [...] aber so sind nur einzelne Auserwählte.«[2756]

Für diese widersprüchliche Situation hat Ja'akov Josef eine Antwort gefunden, die der illusionslosen Einschätzung der Volksmassen und der allgemeinen Forderung nach *Devekut* gleichermaßen gerecht zu werden suchte. Die von ihm vorgeschlagene Lösung bindet das gemeine Volk an die wenigen »Auserwählten«, denen die entscheidende Rolle als Vermittler des zentralen Ziels zukommt. Dabei kann Ja'akov Josef sein anthropomorphes Gesellschaftsmodell als Argumen-

2749 Weitere Belege für die Gleichung bei M. Piekarz, Ha-Hanhaga ha-hasidit. Samchut we-'Emunat Zaddikim be'Aspeklarjat Sifrutah schel ha-Hasidut, Jerusalem 1999, S. 82.

2750 Vgl. o. Kap. Der osteuropäische Hasidismus II. B.5.5.1.

2751 Das Folgende ist eine von Piekarz, Ben 'Ideoligija, S. 160f zusammengestellte Sammlung von Zitaten, die nach den dort angegebenen Verweisen nachgewiesen sind.

2752 Ketonet Passim New York 1950 nach Lvov 1866 17c.

2753 Zafnat Pa'aneach 95a.

2754 Toledot, Jerusalem 1966 nach Korez 1780, S. 72c; so auch Zafnat Pa'aneach, S. 95a.

2755 Toledot, Jerusalem 1966, 5d

2756 Ben Porat, New York 1954, nach Pietrkov 1884, S. 52b.

tationsbasis heranziehen.[2757] Danach ist die hasidische Gemeinde, beziehungsweise das jüdische Volk, ein einziges corpus communitatis, das sich aus Körper und Seele, beziehungsweise aus Materie und Form zusammensetzt. So wie beim menschlichen Individuum nur die spirituelle Innenseite, die Form oder die Seele, zur *Devekut* an der geistigen Welt befähigt ist, so auch beim corpus communitatis. So wie im Individuum der materielle Körper vermittelt an der *Devekut* der Seele partizipiert, so auch der Leib der Gemeinde, wenn dessen Seele, der *Zaddik*, in der *Devekut* verweilt. Darum spricht Ja'akov Josef von zwei Arten der *Devekut*:

> »Es gibt zwei Arten von *Devekut*. Die erste ist, wenn der Gelehrte an Ihm, E.s.g., haftet. Und das ist es was geschrieben steht ›und an Ihm sollst du haften‹ (Dtn 10, 20). Und die zweite Art ist, wenn das gemeine Volk am Gelehrten haftet, dann ist es, als ob es an Ihm hafte.«[2758]

Die beiden unterschiedlichen Vorgänge werden mit demselben Begriff bezeichnet, aber dann als zwei unterschiedliche Stufen derselben Sache erklärt. Wenn der gemeine Mann an seinem *Zaddik* in *Devekut* haftet, dann haftet er gleichsam an Gott selbst. Ja'akov Josef kann sich für diesen gewagten Gedanken auf zwei Sätze in der alten Midraschliteratur berufen,[2759] nach denen der Glaube an einen Gelehrten dem Glauben und Haften an Gott gleicht.[2760] Bei Ja'akov Josef wurde aus diesen vereinzelten Lobreden auf die rabbinischen Gelehrten ein umfassendes System. Konnte man nach rabbinischem Verständnis den Weg der Frömmigkeit über den Gelehrten wählen, so ist der Gesellschaftstheorie Ja'akov Josefs zufolge darin der ausschließliche Weg für die Volksmassen zu suchen. Sie können nur über den *Zaddik*, über die Seele der Gemeinde, zur *Devekut* gelangen und damit das zentrale religiöse Ziel erreichen.

Aus dieser Verteilung der Möglichkeiten der beiden Gemeinschaftspole leitet Ja'akov Josef verpflichtende Aufgaben für beide Seiten ab. Der *Zaddik* muss als Führer der Gemeinde diese im materiellen wie im geistlichen Bereich leiten – mit Hilfe von Belehrungen und Werken, insbesondere durch Zurechtweisungen in

2757 So auch M. Piekarz, Ha-Hanhaga, S. 83

2758 Zafnat Pa'aneach, New York 1954 (nach Pietrkov 1895), S. 29af, u. vgl. Piekarz, Ben Ideologia, S. 159; u. vgl. Toledot, naso, S. 125c; Ben Porat, S. 52d.

2759 Jalkut Schim'oni schemot Jerusalem 1967, c. 14 §240, S 74a u. vgl. Mechilta beschallach 6, ed. H.S. Horovitz u. I. A. Rabin, Jerusalem 1970, S. 114.: »Jeder, der an einen Hirten Israels glaubt, ist gleichsam wie einer, der an den glaubt, der sprach und die Welt ist geworden.«

2760 Vgl. Dresner, Zaddik, S. 130.279; Piekarz, Ha-Hanhaga ha-hasidi*t*, S. 83; und: »Hiddabek ... Hefte dich an einen Gelehrten [...]und dadurch hafte man an Ihm, E.s.g.« Toledot 79c; u.s. Piekarz, Ideologia, S. 177.

der Moralpredigt. Noch wichtiger aber ist es, dass der *Zaddik* die Gemeinde spirituell und meditativ dem eigentlichen Ziel, der *Devekut*, zuführt, die er dem Volk vermitteln kann und muss. Dies soll über mehrere Stufen geschehen, indem er:

> »in seinem Denken sich mit Ihm, E.s.g., verbindet, und dann soll er zusehen, dass er sich mit seinen Zeitgenossen verbindet, um sie emporzuheben und sie so an Ihn, E.s.g., zu heften (*dvk*), allerdings unter der Bedingung, dass auch sie [die Zeitgenossen] sich an die Häupter der Generation heften (*dvk*), denn dann können die Häupter der Generation deren Hand fassen und sie emporheben.«[2761]

Somit ist der *Zaddik* nicht nur ein Weg für das Volk, auf dem sie vermittelt zur *Devekut* an Gott gelangen können, sondern er ist auch der »Priester«, dessen Aufgabe darin besteht, aktiv einzugreifen, um seine Volksgenossen mit sich nach oben zu ziehen. Dazu muss sich die Volksmenge nur an den *Zaddik* heften. Die Volksmenge, die sich nicht selbst mit Gott zu verbinden mag, wird durch die *Devekut* des *Zaddik* von Gott angenommen. Ja'akov Josef fasst diese Lehre an anderer Stelle zusammen: »Dadurch dass [ein Mensch] sich an einen Gelehrten heftet, der seinerseits an Ihm, er sei gesegnet, haftet, haftet auch er tatsächlich an Ihm, E.s.g.«[2762] Diese Heilsvermittlung, ist allerdings nicht so ohne Weiteres möglich und für den Gelehrten nicht ohne Gefahr. Denn solange der *Zaddik* in der *Devekut* weilt, ist er für den gemeinen Mann unerreichbar. Bei der beabsichtigten Verbindung muss der *Zaddik* dem Volksmann entgegenkommen – eine Notwendigkeit, die mit der gängigen Formel »Abstieg um des Emporhebens willen« (*Jerida Zorech Ha'ala'a*) ausgedrückt wird.

4.3.4 Der Abstieg des *Zaddik*, um das Volk zu heben

Die Vorstellung, einer oder mehrere *Zaddikim* müssten als Führer der Generation aus dem erhabenen Zustand der *Devekut* in die Niederungen der Materialität, ja sogar in die Sünde, hinabsteigen, um das Volk zu heben, war einer der Gründe, die Gershom Scholem dazu bewogen hatten, von nachhaltigen und gefährlichen Einflüssen der sabbatianischen Ideologie auf den frühen Hasidismus zu sprechen.[2763] Er berief sich dabei auf die Lehren des Messiaspropheten Nathan aus Gaza, der die Konversion von Schabbtai Zwi zum Islam und später auch dessen

2761 Toledot, 'ekev, S. 169b; Jitro 56c; naso, S. 125c.

2762 Zafnat Pa'aneach, S. 117d; u.s. Piekarz, Ideologia, S. 171; u. vgl. Toledot, wajikra, S. 79c; Noach, S. 14a; u. Toledot 120d nach Piekarz S. 173.

2763 G. Scholem, Der Zaddik, S. 118ff.

Tod damit gedeutet hatte[2764], dass der Messias in das Reich des Bösen und in das Totenreich des *Sche'ol* hinabsteigen müsse, um dort gefallene Lichtfunken zu erlösen und emporzuheben und so den *Tikkun*, die Wiederherstellung nach dem Bruch der Gefäße, voranzubringen.[2765]

Demgegenüber hat Mendel Piekarz in seinem Buch über die Anfangsphase des Hasidismus auf eine lange Tradition des *descensus ad inferos* hingewiesen, die im Sohar ihren Anfang nahm und über die dazwischen liegenden Generationen bis zum beginnenden Hasidismus mit weiteren Interpretamenten versehen wurde, von denen die sabbatianischen Deutungen nur ein Nebenzweig sind. Eine der einschlägigen Stellen im Sohar, in der das Schicksal der Verstorbenen nach ihrem Tod erörtert wird, lautet:

> »Und steigen denn alle Menschen in den *Sche'ol* hinab? Ja, aber sie steigen sogleich wieder herauf, [...] außer jenen Frevlern, die niemals daran dachten, Buße zu tun, sie steigen hinab und kommen nicht wieder herauf. Sogar die vollkommenen Gerechten (*Zaddikim*) steigen in ihn hinab. Und weshalb steigen sie hinab? Weil sie einige Frevler von dort mitnehmen und sie emporbringen. Und welche? Diejenigen die gedachten noch in dieser Welt Buße zu tun und es nicht vermochten, bevor sie diese Welt verließen. Und die *Zaddikim* steigen um dieser Frevler willen in den *Sche'ol* hinab, nehmen sie und bringen sie von dort herauf.«[2766]

Bei allen Menschen ist demnach ein kurzer Strafaufenthalt im *Gehinnom* gerechtfertigt, außer bei den vollkommen Gerechten (*Zaddikim*). Deren Abstieg ist daher nicht in der Notwendigkeit einer Strafe und Läuterung zu suchen, sondern hängt mit der Errettung noch erlösungswürdiger Seelen zusammen. Die *Zaddikim*, von denen hier die Rede ist, sind allerdings noch nicht wie bei Ja'akov Josef die Führer der Generation, sondern herausragende Fälle des jüdischen Jedermann. Im *Sohar Hadasch* trat allerdings schon ein weiteres Motiv hinzu, das später bei Ja'akov Josef gleichfalls eine Rolle spielen sollte: Zwischen Retter und Gerettetem muss schon in dieser Welt eine Beziehung bestanden haben, die darin bestehen konnte, dass der Retter Moralprediger war, zu dessen Füßen der zu Rettende einst gesessen hatte.[2767] Ein weiteres Motiv fügten spätere Interpreten hinzu, das ebenfalls beim *Zaddik* des Ja'akov Josef zu finden ist. Bei diesem

2764 Vgl. Scholem, Sabbatai Zwi. Der mystische Messias, Frankfurt a.M. 1992, S. 798ff.; ders., Die Jüdische Mystik, S. 324ff. M. Piekarz, Bi-Jeme Zmichat ha-hasidut, Jerusalem 1978, S. 280ff.

2765 Vgl. G. Scholem, Sabbatai Zwi, S. 798ff.

2766 Sohar III, S. 220b.

2767 Vgl. Y. Tishby, *Mischnat ha-Sohar* S. 679, Anm. 103; Piekarz, Bi-Jeme Zmichat ha-Hasidut, Jerusalem 1978, S. 280 ff.

Motiv handelt es sich darum, dass nur solche *Zaddikim* in den *Sche'ol* steigen, die zu irgendeinem Zeitpunkt ihres Lebens nach einer Übertretung trachteten, wenn sie diese auch nicht ausführten. Außerdem tauchte noch die weitere Alternative auf, dass nur die unvollkommenen Gerechten den Gang in den *Gehinnom* anzutreten hätten.[2768]

Ja'akov Josef bezieht sich ausdrücklich auf diese Sohartradition, nimmt aber zugleich eine neue Bedeutungserweiterung vor:

> »So wie der Abstieg des Zaddik in die Tore des *Gehinnom* dazu dient, die Frevler heraufzuholen, die in dieser Welt gedachten, Buße zu tun, so ist es auch in dieser Welt an jedem Tag, oder immer wenn der *Zaddik* von seiner Stufe herabsteigt, um sich mit jenen Geringeren zu verbinden, die überhaupt nicht aufsteigen, oder die aufgestiegen waren und wieder hinabfielen. Und nun, wenn der *Zaddik* auch von seiner Stufe hinabsteigt und sich mit ihnen verbindet, und dann wieder auf seine Stufe zurückkehrt, dann hebt er im Vorbeigehen jene mit nach oben, allerdings nur jene, die sich mit ihm verbinden wollen. Wer sich aber nicht mit ihm verbinden will, der wird gewiss nicht mit ihm aufsteigen.«[2769]

Ja'akov Josef verlagert hier die Rettungstat des *Zaddik*, die im Sohar noch im *Gehinnom* stattfindet, in die irdische Gemeinde. Die Rettung erfolgt nun nicht mehr im Ort der ewigen Verdammung, sondern auf der Ebene der Materialität und Sündhaftigkeit der Welt. Das Ziel der Rettung ist nicht, wie im Sohar vorausgesetzt, der Garten Eden, sondern die mittelbare *Devekut* an Gott, die durch den *Zaddik* hergestellt wird. Aus dem individualeschatologischen Szenario des Sohar ist nun ein individualmystisches Erlebnis geworden, das sich täglich in der hasidischen Gemeinde abspielen kann und soll.

4.3.5 Der freiwillige und der erzwungene Abstieg des *Zaddik*

Der Abstieg des *Zaddik*, der zur Hebung seines Volkes in die vermittelte *Devekut* führt, kann und soll also ein freiwilliger und gewollter Abstieg sein, dem das Verantwortungsbewusstsein des *Zaddik* zugrunde liegt. Allerdings ist dieser Abstieg für den *Zaddik* nicht ungefährlich. Mehrfach hebt Ja'akov Josef den Zweck des Abstiegs hervor: Der *Zaddik* soll sich mit der Masse verbinden, da es ohne Verbindung zwischen Haupt und Gliedern kein Gespräch und kein Vertrauen geben kann, die die Voraussetzung für den gemeinsamen Aufstieg bilden. Die Verbindung zum Volk ist nicht unproblematisch, da der *Zaddik*, um das

2768 Piekarz, Bi-Jeme, S. 287.

2769 Toledot, be-Har, S. 118d; Zafnat Pa'aneach 38b; weitere Stellen bei Piekarz Bi-Jeme, S. 280ff.

Vertrauen des Volkes zu gewinnen, sich diesem in dessen Habitus, Gebaren und zuweilen auch sündigem Stand annähern muss. Um diesen prekären Vorgang zu erläutern erzählt Ja'akov Josef ein Gleichnis, auf das er in seinen Texten wiederholt zurückkommt. Protagonist dieses Gleichnisses ist wieder ein Königssohn, der aufs Land geschickt wird, die Sitten der rohen Dörfler annimmt und schließlich von seinem Vater an den Hof zurückgerufen werden soll:

> »Ein Gleichnis von einem Königssohn, den sein Vater vom Hof weg auf ein Dorf geschickt hatte, damit er hernach um so größere Lust auf den Tisch seines Vaters hätte. Der Sohn aber mischte sich in seiner Torheit unter das Volk des Dorfes und nahm ihr Tun an und vergaß die Vergnüglichkeiten des Königshofes. Da sandte der König einen seiner Minister, um den Sohn zurückzubringen, aber es war ihm nicht gelungen. Bis schließlich ein anderer Minister so klug war und die Hofkleidung ablegte und Bauernkleider wie die Leute im Dorf anzog und so war es ihm gelungen.«[2770]

In der Auslegung des Gleichnisses deutet Ja'akov Josef die Kleidung auf die Sitten und folgert, dass der *Zaddik* bei seinem Abstieg zum Volk dessen schlechte Sitten annehmen muss, um mit dem Volk Kontakt aufnehmen und ihm deutlich machen zu können, wie weit es sich von der Tafel des Königs entfernt hat. Dadurch soll seine Bereitschaft geweckt werden zum König alle Könige zurückzukehren. Diese Aktion, so räsoniert Ja'akov Josef, ist voller Gefahren, zum einen, weil ihr Erfolg nicht garantiert werden kann, und zum anderen besteht natürlich die Gefahr, dass der Gesandte von den schlechten Sitten des Volkes selbst angesteckt werden kann.[2771]

In einer zweiten Rezeption des Gleichnisses erörtert der Autor besorgt die Wahrscheinlichkeit mit der der *Zaddik* bei seinem Abstieg die Sünden des Volkes annimmt und imitiert. Er weist diese Möglichkeit ab. Die schmutzigen Kleider die der Minister für seine Taktik anzieht sind »nicht wirklich schmutzige Kleider, Gott behüte«.[2772] Dann wird der Gedanke doch noch ausgeweitet und zu einer grundsätzlichen Feststellung geführt, die sich aus dem organistischen Denken, in dem Gemeinde und *Zaddik* als ein Leib gesehen werden, notwendigerweise ergibt. Danach ist das Volk stets so gut oder so schlecht wie seine religiöse Elite. Umgekehrt gilt ebenfalls, dass die Führer von der Schlechtigkeit des Volkes infiziert werden können:

2770 Toledot, 'emor, S. 107 (2) d; u. s. *Jitro*, S. 60 b; u. vgl. noch Toledot, Jitro, S. 59b unt.c.

2771 dazu vgl. Kutonet Passim, New York 1950, *'emor*, S. 22b.

2772 Toledot, be-ha'alot, S. 130d.

»Jede Generation und ihre Führer sind von einer Wurzel. So wie Moses unser Meister, Friede auf ihn, mit seiner Generation war, so ist jede Generation gemäß ihren Führern und ihre Führer gemäß ihrer Generation. [...] Die Sünde der Generation ist der Grund für die Sünde des Hauptes der Generation, [...] denn sie sind aus einer Wurzel. Und so, wenn das Haupt der Generation auf deren Stufe hinabsteigt und die Kleider der Generation anlegt, Kleider der Wertlosen, dann gibt es eine gewisse Verbindung zwischen ihnen, was vorher nicht der Fall war, als sie Gegensätze waren. Nun aber ergab sich durch die Sünde eine gewisse Verbindung zwischen ihnen und ihm. Und dann wenn er umkehrt, dann steigen alle mit ihm hinauf.«[2773]

Damit sind wir an dem oben schon erwähnten Punkt der Nähe zur sabbatianischen Theologie angelangt. Der *Zaddik* muss sich in einem gewissen Maße auf die Sünden des Volkes einlassen, damit es ihm überhaupt gelingen kann, es in Buße mit sich nach oben zu führen. Auf der andern Seite ist diese Möglichkeit der Solidarität in einer wurzelhaften Gemeinsamkeit begründet, die sich auf die Sitten auswirkt. Das Volk in seiner Sünde nötigt den *Zaddik* ebenfalls, in den Bereich der Sünde zu sinken, gleichwohl gilt auf der anderen Seite auch, dass der *Zaddik* schuld an der Sünde des Volkes ist. Die zwei Denklinien, die taktische und die ontologische, die hier etwas widersprüchlich miteinander verwoben sind, werden an anderer Stelle getrennt verhandelt. Demzufolge verwendet der *Zaddik* in der Tat die Taktik der Verkleidung, jedoch legt er die schmutzigen Kleider nur als Vorwand und nur zum Schein an. Auf der andern Seite erklärt dann Ja'akov Josef, dass die ontologische Gemeinsamkeit zwischen Volk und Führer Ursache und Wirkung des Sündigens in beide Richtungen kennt.[2774] Allerdings, und dies ist der entscheidende Unterschied, sündigt das Volk wirklich durch seine Taten, während der *Zaddik* nur in Gedanken nach der Sünde trachtet.[2775] Denkt der *Zaddik* also Schlechtes und hängt in Gedanken seinen Gelüsten nach, dann führt das Volk dergleichen tatsächlich aus. Und umgekehrt gilt, dass wenn das Volk wirklich sündigt, im *Zaddik* entsprechende Gelüste aufsteigen, denen er dann allerdings nicht nachgibt. Daneben lässt sich auch die Version finden, dass zur Verbindung der beiden Pole auf beiden Seiten eine gewisse Gemeinsamkeit in einer tatsächlichen Sünde vorhanden sein muss:

2773 Toledot, be-ha'alotcha, S. 130d.

2774 Toledot, Noach, S. 15a-b; ebda. Schemot, S. 40c; ebda. wa'era, S. 43c; ebda. Mischpatim, S. 63b; ebda. Truma, S. 71b.

2775 Toledo, Hukkat, S. 153d: »Wegen der Einheit [des Volkes] verursacht die tatsächlich ausgeführte Sünde der Volksmassen eine Sünde in den Gedanken des *Zaddik*.«

»Schon habe ich ja im Namen der Philosophen geschrieben, dass es unmöglich ist zwei Gegensätze miteinander zu verbinden, es sei denn es gibt etwas Vermittelndes zwischen ihnen. Darum, wenn das Haupt der Generation, der ja ein vollkommener Mensch ist, sich mit den einfachen Menschen verbinden will, dann muss man wider willen anerkennen, dass er in sich selbst eine Art Sünde entdeckt hat, die jener der einfachen Menschen ähnlich ist, wodurch dann die Verbindung zwischen ihnen zustande kommt.«[2776]

Auch diese Version geht natürlich nicht von einer Gleichheit der Sünde, sondern nur von einer gewissen Ähnlichkeit auf beiden Seiten aus, die darin besteht, dass der *Zaddik* eine versehentliche Sünde an sich findet. Schließlich kann eine absichtliche Sünde des Volkes beim *Zaddik* eine versehentliche Sünde auslösen, die ihn wiederum zur Beziehung zum Volk befähigt. Umgekehrt löst eine versehentliche Sünde des *Zaddik* eine willentliche beim Volk aus.[2777]

Die Notwendigkeit, die »Kleider« des Hofes anzuziehen, um das Volk aus seinem niedrigen Stand herauszuführen, hat Ja'akov Josef nicht zuletzt an der Realität der ostjüdischen Gesellschaft erkannt, in der seiner Einschätzung zufolge die Kluft zwischen den Gelehrten und den Volksmassen so groß war, dass jene eine andere Sprache sprachen und ihres Amtes als Lehrer des Volkes nicht gerecht werden konnten.[2778] Dies macht er in einer dritten Reminiszenz an das Gleichnis vom Königssohn und dem klugen Minister deutlich, der durch seine äußere Anpassung an die Dorfleute den Königssohn an den Hof zurückholt. Der Autor legt hier gegen solche »Minister« eine scharfe Sozialkritik an den Tag, die nicht fähig sind das Volk zu erreichen:

»Siehe, die Rabbiner der früheren Art, die durch ihr Torastudium und ihr Gebet beständig an Ihm, er sei gesegnet hafteten, wenn die kamen, um den einfachen Volksleuten zu predigen, mit denen sie keine Gemeinsamkeit hatten, und so ferne waren, wie der Osten vom Westen, wie sollten die sich mit ihnen verbinden und sie zu unserem Vater im Himmel emporheben? Darum war es vonnöten die heiligen Kleider der *Devekut* abzulegen und einfache

2776 Toledot, Mischpatim 66a; vgl. noch ebda. wajiggasch, S. 38b; u.vgl. Kutonet Passim, New York 1950, Kedoschim, S. 18b.

2777 Toledot, 'achare Mot, S. 95c unt.; ebda. Bereschit, S. 10c

2778 Vgl.dazu M.J. Rosman, Social Conflicts in Międzybóż in the Generation of the Besht, in: Hasidism Reappraised, ed. A. Rapoport-Albert, London-Portland 1996, S. 51-62; S. Ettinger, Hasidism and the *Kahal* in Eastern Europe, in: Hasidism Reappraised, S. 63-75; S. Dresner, The Zaddik, The Doctrine of the Zaddik According to the Writings of Rabbi Yaakov Yosef of Polnoy, New York 1960.

Kleider anzuziehen, das heißt tadelnswerte Tugenden, ein Kleid wie das ihrige, damit sie dadurch etwas haben, um sich mit ihnen zu verbinden.«[2779]

4.3.6 Die gegenseitige Ernährung von *Zaddik* und Volk

Die bisherigen Darstellungen der Aufgaben und Möglichkeiten des *Zaddik* zeigen, dass es in den Augen Ja'akov Josefs der *Zaddik* ist, der das Volk geistlich und als Kanal des himmlischen Flusses de facto auch materiell erhält. Damit sind die Grundlagen für die weitere Institution des *Zaddik* oder des Rebben gelegt, der seine hasidische Gemeinde führt. Alle kommenden Entwicklungen und Deutungen sind nur noch Ausgestaltungen und Ergänzungen zu den hier vorgetragenen Lehren vom *Zaddik*. Hier ist auch das Fundament für die wirtschaftliche Grundlage des Zaddikismus und die Absicherung der einzelnen hasidischen Gemeinde gelegt. Das Fundament bildet die finanzielle Ausstattung des *Zaddik* durch seine Gemeinde, oder – der einfachen Volksmassen – wie sie hier noch genannt wird. Auch dieses zweite Standbein der hasidischen Gemeinschaft wird in das eingangs dargestellte, kosmo-soziologische Gesamtbild Ja'akov Josefs eingezeichnet. Eines der bedeutendsten Beispiele für die gottgewollte Paarigkeit oder Bipolarität auf der kosmologischen Ebene, die ihre Erfüllung in der Verbindung der Pole findet, war die Erschaffung der beiden großen Leuchten. Sie wurden durch die Trennungslust des Mondes zu einer großen Leuchte, der Sonne, und einer kleinen, dem Mond. Ihnen galt allerdings die Verheißung, dass wenn sie sich hierarchisch zusammenfügen, beide wieder den Ehrentitel »Große Leuchte« erhalten. In diesen Makrokontext zeichnet Ja'kov Josef die Beziehung der beiden »Gemeindeleuchten« ein, die durch die gottgewollte Verbindung beide wieder große Leuchten genannt werden:

> »Wie denn [...] sagt [die Schrift] ›zwei große Leuchten‹ (Gen 1, 16), wo doch [der kleine Mond] kein eigenes Licht hat? [...] Mir scheint, [...] das entspricht dem, was im Midrasch *Schocher Tov* steht. Dort fragt David den Herrn, E.s.g., es möge doch die Welt ruhig vor Gott wohnen, derart, dass dem einen wie dem andern, gemäß dem Recht nach Maß und Gewicht Reichtum zugemessen sei, und nicht, dass der eine aufgrund des Erbarmens reich und der andere aufgrund des Rechts arm sei. Da antwortete ihm der Herr, E.s.g.: [...] Wenn dem so ist, so muss der eine dem anderen Huld erweisen, denn dadurch wurde die Welt erschaffen. Wenn sie aber gleich wären, dann brauchte der eine keine Huld vom andern.
> Ich aber wollte mich damit nicht beruhigen und frage: Dies wird wohl für den Reichtum richtig sein, aber hinsichtlich der Gelehrsamkeit ist dies keine

2779 Toledot, Jitro, S. 60b. Zur Kritik am Rabbinerstand, s. Dresner, Zaddik.

Antwort! Denn der eine ist ja ein Gelehrter und der andere ein Ungebildeter. Aber es ist doch angebracht, dass alle die Tora kennen, groß wie klein.
Und meine Erklärung ist die: Demnach darf der Ausfluss der Fülle nicht nur von der einen Seite kommen. Vielmehr war es der Wille des Schöpfers, dass die einen Reichtum ausgießen und der andere Tora und Moral. Dann werden beide ›Große Leuchten‹ genannt, von denen jede ihr Licht auf seinen Genossen ergießt. [...]
Also gibt es in Wahrheit nicht nur eine große Leuchte und eine kleine. Denn der Gelehrte ergießt seine Tora, das ist die ›Große Leuchte‹, und so sagst du auch: Siehe der reiche Mann der einfachen Volksmenge gießt gleichfalls von seinem Reichtum, darum ist er würdig auch ›Große [Leuchte]‹ genannt zu werden. [...] Darum gebe der Reiche dem Gelehrten von dem seinen.«[2780]

Damit wird das eingangs dargestellte Weltgesetz der Polarität auch in der Gemeinschaft der Menschen, und das heißt hier, in der hasidischen Gemeinschaft, erfüllt. Beide Pole, Gelehrte wie Geschäftsleute sind vonnöten, aber nur in der gemeinsamen Verbindung haben sie Bestand.[2781] Die Verbindung erfüllen bedeutet, dass jeder dem andern von dem seinen gibt, der Toragelehrte Tora, das heißt Belehrung, und der Geschäftsmann den materiellen Lebensunterhalt für den Gelehrten, der hier natürlich der *Zaddik* ist. Wenn beide Seiten aus ihrer Fülle sich auf den andern ergießen, dann kommt auch die Fülle des Flusses von oben.[2782]

Das hier gezeichnete Gesellschaftsmodell ist das bis heute den Hasidismus charakterisierende. Der *Zaddik* oder Rebbe ist die Seele und das Haupt der Gemeinde, der die übrigen Glieder des Körpers leitet, während jene, die hasidische Gemeinde, durch ihre materiellen Zuwendungen den Haushalt des Rebben finanzieren.

2780 Toledot, Bereschit, S. 11c.

2781 Toledot, Hakdama, S. 7d.

2782 Toledot bo, S. 44d.

V. Rezeptionen und Fokussierungen – weitere Generationen bis zur Gegenwart

Vorbemerkung

Nach dem Tode des Maggid aus Mesritsch im Jahre 1772 spaltete sich die hasidische Bewegung, die auch bis zu jenen Tagen keine völlige Einheit darstellte, in eine Vielzahl von lokalen Dynastien und hasidische Gruppen. Obwohl diese keine einheitliche Lehre besaßen, so zehrten sie doch allesamt von dem bislang beschriebenen Erbe, wodurch sie sich deutlich vom nichthasidischen Judentum unterschieden. Dies kann und soll hier nicht ausführlicher verhandelt werden, dies auch aus dem Grund, weil die Forschung hier noch außerordentliche Desiderate aufzuweisen hat und nur einige wenige Wegmarken in die terra incognita zu stecken vermochte. Diese betreffen vor allem den HaBaD-Lubawitsch-Hasidismus und die Richtung der sogenannten *Toiten Khasidim*, der »Toten Hasidim«. Letztere werden so bezeichnet, weil sie nach dem Ableben ihres *Zaddik*, des Bescht-Urenkels, Rabbi Nachman aus Bratzlaw (1772-1811), keinen neuen Zaddik als religiösen Führer ernannten. Beide genannte Richtungen bilden heute – zumindest was ihre öffentliche Selbstdarstellung anbelangt – die aktivsten Gruppen; beide besitzen eigene Publikationshäuser und Institute, aus denen die eigenen Lehren durch Veröffentlichungen verbreitet werden. Über sie sollen hier noch einige wenige Worte gesagt werden, ohne deren Lehren ganz darzustellen. Vielmehr soll in aller Kürze auf das Weitertragen des Erbes der beiden ersten Generationen und auf wichtige Neubildungen verwiesen werden, ohne auch nur annäherungsweise Vollständigkeit zu erstreben. Dafür sollen dem Leser für diese beiden Gruppen und für einzelne weitere Literaturhinweise gegeben werden, die zum Weiterstudium hilfreich sind.

A. Der *HaBaD*-Lubawitsch[2783]-Hasidismus

Einer der bedeutsamsten und nachhaltig wirksamsten Schüler des Maggid aus Mesritsch war Schne'ur Salman aus Ljosna (bzw. Liadi, 1745-1813), der zusammen mit seinem Studienfreund 'Aharon ben Ja'akov aus Karlin[2784] (1736-1772) den Hasidismus aus Mesritsch nach Russland trug. Schne'ur Salman hinterließ selbst wichtige Werke. Eines seiner ersten war ein neu überarbeiteter und aktua-

2783 Oder Ljubawitsch.

2784 Zu ihm vgl. das auch ins Hebräische übersetzte Buch von W.(S.) Rabinowitsch, Der Karliner Chassidismus. Seine Geschichte und Lehre, Tel Aviv 1935 (Schriften der Gesellschaft zur Förderung des Judentums Nr. 40).

lisierter *Schulchan 'Aruch*, also jenes bedeutende Rechtskodex, den Josef Karo (1488-1575) verfaßte und der für den aschkenasischen Raum von Moses Isserles in Krakau (1525-1572) angepasst wurde. Seine hasidischen Legenden legte er in zwei umfangreichen Homilienwerken zur Tora nieder, die unter den Titeln *Tora 'Or*, Kopust 1837[2785] und *Likkute Tora*, Schitomir 1848[2786] erschienen. Das für die Be- wegung wichtigste Werk war sein *Likkute 'Amarim* oder *Tanja*, Slawita 1796[2787] das allgemein als die „Bibel" der *HaBaD*-Hasidim gilt. Mit dieser Schrift verfolgt die Bewegung jenes Ziel, das der Messias im Himmel dem Bescht auf die Messiasfrage[2788] hin vorgab, nämlich dass er dann komme, wenn die Lehren des Bescht in der Welt verbreitet seien. Daher ist das Bestreben der *HaBaD*-Hasidim verständlich dieses Werk in allen Ländern der Welt zu drucken. So wird erzählt, dass die *HaBaD*-Hasidim während des Jom-Kippur-Kriegs im Jahre 1973, der israelischen Armee mit einer kleinen Druckerpresse folgten, um nach der Überschreitung des Suez-Kanals den *Tanja* schnell in Ägypten drucken zu können. Nach einer ersten Biographie des »Alten Rebbe«, wie Schne'ur Salman von seinen Nachfahren genannt wird aus der Feder von M. Teitelboim[2789] hat das »Chabad Research Center – Kehot Publication Society« auch ein zweibändiges Werk über Leben und Lehren Schne'ur Salmans vorgelegt.[2790]

2785 Ich verwende hier die neunte Ausgabe, Brooklyn 1978.

2786 Ich verwende hier die elfte Ausgabe, Brooklyn 1979.

2787 Brooklyn 1970; eine deutsche Übersetzung ist L. Sternglanz u. J.I. Bidermann, Likkutej Amarim von Rabbiner Schneor Salman von Ljadi, Brooklyn Wien 2000.

2788 Vgl. Kap. Der osteuropäische Hasidismus II. A.1.3.

2789 M. Teitelboim, Ha-Rav mi-Ladi u-Mifleget HaBaD, Warschau 1914.

2790 N. Mindel, Rabbi Schneur Zalman, Vol. I. Biography, Vol. II. The Philosophy of Chabad, Brooklyn, N.Y., 1974; an wissenschaftlichen Darstellungen ist zu nennen: I. Etkes, Darko schel R. Schne'ur Salman mi-Liadi ke-Manhigschel Hasidim, in: *Zion* 50, Sefer ha-Jovel 1936-1995; R. Elior, Torat ha-'Elohut be-Dor ha-Scheni schel Hasidut HaBaD, Jerusalem 1982; dies., The Paradoxical Ascend to God. The Kabbalistic Theosophy of Habad Hasidism, Albany 1993; N. Loewenthal, Communicating the Infinite. The Emergence of the Habad School, Chicago 1990; ders., Habad Approaches to Contemplative Prayer, in: A. Rapaport-Albert, Hasidism Reappraised, London 1996; S. Dober Schaj Lewin, Toledot HaBaD be-Arzot ha-Berit be-Schanim *1900-1950*; L. Jacobs, Seeker of Unity: The Life and Works of Aaron of Starosselje, London 1966; ders., Dobh Baer of Lubavitch. Tract on Ecstasy, London 1963; des weiteren siehe: S. Boteach, Wisdom, Understanding and Knowledge. Basic Concepts of Hasidic Thought, Northvale 1996; R. Foxbrunner, Habad. The Hasidism of R. Shneur Zalman of Lyady, Tuscaloosa 1992; H. Rabinowicz, Hasidism and the State of Israel, Cornwall 1982; E. Hoffman, Despite all Odds. The Story of Lubavitch, New York 1991; J. S. Belcove-Shalin, New World Hasidism. Ethnographic Studies of Hasidic Jews in America, Albany 1995; J. R. Mintz, Hasidic People: A place in the New World, Cambridge, Mass. 1992; A. E. Ehrlich, Leadership in the HaBaD movement: A Critical Evaluation of HaBaD Leadership, History and

Im Folgenden sollen nur in wenigen Strichen die Lehren aus der Anfangszeit der HaBaD-Bewegung im Dreieck der Gründergenerationen verortet werden.

1. Zur Gotteslehre

Schne'ur Salman teilt mit seinen Lehrern die von der Emanation geprägte Weltsicht, nach der alles aus Gott hervorgegangen ist. Und dafür zitiert er im *Tanja* auch die oben besprochene aphabetologische Schöpfungslehre des Bescht, nach der das Wort des Herrn am Himmel steht und ihn belebt.[2791] Desgleichen wird dort der Gedanke des Maggid berücksichtigt, dass über *Zimzumim* (Selbstbegrenzung) erfolgte. Aber Schne'ur Salman denkt radikaler als diese beiden frühen Lehrer des Hasidismus. Er macht den Schritt vom Panentheismus zum Pantheismus. Für ihn gibt es nur ein wahrhaft Existierendes, das ist Gott. Gott, der Emanator, ist vor und nach der Schöpfung einer und einzig und alleine. Obwohl er als deren Emanator gilt, bleibt er durch den Emanationprozess nicht nur unverändert, sondern er bleibt auch das einzig wirklich Existierende. Wie Schne'ur Salman diesen anscheinenden Widerspruch löst, wird später noch erörtert. Hier soll zunächst ein kleiner Ausschnitt aus dem Werk *Tanja* wiedergegeben werden, in dem der Autor seine Vorstellungen von der Schöpfung erläutert:

> »Es muss hier zunächst in Kürze die Sache und das Wesen der Einheit des Heiligen, E.s.g., erwähnt werden, der ja Einzig und Einzigartig genannt wird. Und jedermann glaubt, dass er [auch jetzt] alleine ist, so wie er vor der Erschaffung der Welt tatsächlich alleine war, und wie sie sagten ›Du bist es, bevor die Welt erschaffen wurde, und du bist es, nachdem die Welt erschaffen wurde‹[2792] etc. Das bedeutet: Er ist tatsächlich ohne jegliche Veränderung, wie geschrieben steht ›Ich JHWH verändere mich nicht‹ (Mal 3,6). Denn diese Welt und so auch alle oberen Welten bewirkten keinerlei Veränderung in seiner Einheit, E.s.g., als sie aus dem Nichts zum Sein erschaffen wurden. So wie Er alleine war als einziger und Einzigartiger bevor sie erschaffen wurden, so ist Er alleine, Einzig und Einzigartig, nachdem Er sie erschaffen hatte. Denn alles wird vor Ihm als Nichts erachtet, als wahrhaft Null und Nichtig. Denn die Entstehens[ursache] aller oberen und unteren Welten aus dem Nichts zum Sein, ihre Lebensessenz, was sie erhält, damit sie nicht

Succession, Northvale 2000; E. Koskoff, Music in Lubavitcher Life, Urbana 2001; B. J. Morris, Lubavitcher Women in America: Identity and Activism in the Post-War Era, Albany 1998.

2791 Tanja Scha'ar ha-Jichud c. 1., S. 76b.

2792 Morgengebet, Birkat ha-Schachar, z.B. Siddur Sefat 'Emet, Basel 1956-1964, S. 7.

> wieder Null und Nichts sind, wie sie waren, ist nichts anderes als das Wort des Herrn und der Hauch seines Mundes, der in sie gekleidet ist.«[2793]

Es ist das Wort Gottes, das entsprechend der Lehre des Bescht, die Welt hervorbringt und erhält. Aber dennoch ist nun die Welt nicht – wie nach der Auffassung des Maggid – etwas, das Gott gegenübersteht, von ihm getrennt ist und zu ihm zurückkehren müsse. Die Vorstellung, dass die Emanation die Gottheit nicht verändert, erweist sich bei genauerer Betrachtung als eine alte neoplatonische Tradition. Jedoch bedeutet die Aussage, dass Gott auch nach der Emanation allein bleibt, dass nichts außer Gott entstanden ist. Was sich bei der Schöpfung »ereignet« hat, hat auch den alleine Seienden Gott nicht verändert. Es gibt nur Gott. Die Formulierungen des angeführten Textes weisen schon die Richtung für die Lösung des genannten anscheinenden Widerspruchs. Vor Gott werden die ganzen erschaffenen Welten wie nichts erachtet; sie sind Nichts vor ihm. Im Umkehrschluss wird dann deutlich, dass die anscheinende Existenz der Schöpfung als von Gott getrennte Existenz mit der »Geltung«, das heißt mit der Erkenntnis des Menschen, zu tun haben muss. Auch der Maggid hatte vom Nichts gesprochen. Aber bei ihm war das Nichts das unsichtbare Band des göttlichen Nichts, das die nach dem Bruch entstandene Wirklichkeit trägt. Für den Maggid ist die Welt wirklich, solange man nicht dahinter schaut. Bei Schne'ur Salman ist die Welt nichts – unabhängig davon, ob man dahinter schaut oder nicht – denn es existiert nur Gott. Wenn die Menschen trotzdem eine Welt zu sehen vermeinen, so ist das eben eine Täuschung, wie dies schon im Gleichnis des Bescht vom Königspalast angeklungen war, ohne dass der Gedanke beim Bescht konsequent systematisiert worden war.

Um durch die Analogie zwischen Schöpfungsprozess und Sprache nicht in die Irre geführt zu werden, dahingehend, dass ja das Wort und der Hauch, der aus dem Mund des Menschen hervorgeht, vom Menschen getrennt werden, betont Schne'ur Salman nachdrücklich, dass das Wort Gottes und der aus seinem Mund hervorgehende Hauch – anders als beim Menschen – nicht etwas von Gott Unabhängiges ist. Das bedeutet, dass sich durch die Wortschöpfung nichts von der Gottheit gelöst oder abgetrennt hat; es hat sich nichts verändert.[2794] Dasselbe gilt auch für die Zimzumim der Gottheit. Auch sie sind nichts von Ihm Getrenntes; sie sind vielmehr nur Stufen des Verbergens der Gottheit. Aber dies scheint nur dem Menschen so, denn »aus der Sicht des Heiligen, E.s.g., gibt es keinerlei Zimzum und Verbergen, und Verschwinden, das vor Ihm verbirgt und unsichtbar

2793 Tanja (Likkute 'Amarim – Tanja, Brooklyn 1970), S. 25b-26a; deutsche Ausgabe S. 58.
2794 Tanja c. 21, S. 26b.

macht. Licht ist wie Finsternis, [...] weil all die Zimzumim und Umkleidungen nichts von ihm Getrenntes sind.«[2795]

Die Welt als getrennt Existierendes gilt Schne'ur Salman als eine reine Augentäuschung. Sie ist der »Schleier der Maja«,[2796] der den Menschen eine Welt vor- spiegelt, hinter der die Gottheit vor den unfähigen Augen des Menschen verbirgt:

> »Siehe nach all diesen Worten und Wahrheiten wird jeder Verständige verstehen und bestätigen, dass alles Erschaffene und Existierende von Seiten der causa efficiens (Wirkursache) und des Hauches Seines Mundes, der im Gewirkten ist, und es unablässig erhält und es aus dem tatsächlichen Nichts zum Sein gebracht hat, in Wahrheit und tatsächlich als Null und Nichts erachtet wird. Und die Tatsache, dass uns alles Erschaffene und Gewirkte als Seiendes und Wirkliches erscheint, ist, weil wir mit den Augen aus Fleisch die Kraft des Herrn und den Hauch seines Mundes im Erschaffenen nicht sehen. Hätten aber die Augen Vollmacht die Lebensessenz und den [Lebens]geist, der sich aus dem Mund des Herrn und dem Hauch seines Mundes in sie ergießt, zu sehen und zu erfassen, dann würden unsere Augen die Dinglichkeit des Erschaffenen und seine Materie und sein Vorhandensein nicht wahrnehmen, denn dann wäre es im Blick auf seine Lebensessenz und [Lebens]geist in seiner Existenz tatsächlich aufgehoben (batel), denn ohne seinen [Lebens]geist ist es tatsächlich Null und Nichts wie vor den sechs Schöpfungstagen. [...] Darum kommt allen Geschöpfen der Begriff ›Sein‹ (Jesch) in keiner Weise zu, nur in unseren fleischlichen Augen, die nicht die Quelle, d. h. den Geist des Herrn, der sie ins Dasein bringt, sehen und erfassen. Darum sehen unsere Augen eine Dinglichkeit (Gaschmijut) des Erschaffenen und deren Materie und Vorhandensein als seien sie vollkommenes Sein. [...] Aber alle Geschöpfe sind stets in ihrer Quelle, nur wird sie von den fleischlichen Augen nicht gesehen.«[2797]

Hier wird ein konsequenter Akosmismus vertreten, der weit über das hinausgeht, was der Bescht oder der Maggid vertraten. Während für den Bescht die Welt als gotterfülltes Sein vorhanden war, stellte sie für den Maggid die im Bruch individualisierte Vielheit dar. Für Schne'ur Salman existiert nur Gott, und was unsere

2795 Tanja c. 21, S. 27°.

2796 »Die Philosophie späterer brahmanischer Schulen spricht ... von der Maya, jener Macht der Täuschung, die dem Einen, Ungeschaffenen das Trugbild der kreatürlichen Welt wie ein Seiendes erscheinen läßt.« H. Odeberg, Budda. Sein Leben, seine Lehre, seine Gemeinde, Berlin 1921, S. 272.

2797 Tanja c. 3, S. 78b.

Augen sehen ist seiner Auffassung nach die Selbsttäuschung eines »kranken« Organs. Die Konsequenz, die daraus zu ziehen ist, klingt nun wieder ganz nach dem Maggid: Es gilt die Welt zu nichten (*Bittul ha-Jesch*). Jedoch gestaltet sich beim Maggid die Nichtung der Welt als eine Flucht aus der Individuation zurück in die Einheit, die hinter allem steht. Für Schne'ur Salman besteht die Nichtung in der Entdeckung und Aufgabe der eigenen Selbsttäuschung.

2. Der Mensch und sein Gottesdienst

Das überaus komplexe Menschenbild Schne'ur Salmans soll hier nur in seinen wichtigsten Punkten skizziert werden. Die Seele ist zwar das Wesentliche des Menschen, aber dennoch wird der Körper nicht ganz ausgeschlossen. Anders als die oben dargestellten Menschenbilder der drei Gründungslehrer des Hasidismus, ist Schne'ur Salmans Anthroplogie sehr viel tiefer in der Kabbala verankert. Des Weiteren nimmt er ein psychologisches Element auf, das bislang nur bei Jehuda ha-Levi und in der lurianischen Kabbala auftauchte und im Maharal von Prag eine Wiederaufnahme erfuhr.[2798] Es handelt sich dabei um Vorstellung, dass Israel vor allen Völkern durch eine besondere Seele ausgezeichnet ist:

> »Jeder Israelit, sei er Zaddik oder Frevler, hat zwei Seelen [...] eine Seele von Seiten der Klippa (des Bösen) und der Sitra 'Achra (andere Seite). Sie kleidet sich in das Blut des Menschen und von ihr kommen alle schlechten Eigenschaften. [...] Aber auch die natürlichen guten Eigenschaften Israels kommen von ihr, [...] denn bei den Israeliten kommt diese Seele von der Klippat Nogah, der Glänzenden Schale, in der es auch Gutes gibt.[2799] [...] Nicht so bei den Seelen der Völker der Welt, die Götzen anbeten. Bei ihnen kommt sie aus den übrigen unreinen Klippot, in denen es keinerlei Gutes gibt. [...]
> Die zweite Seele Israels ist wahrhaft ein Teil der Gottheit von oben. [...] So fließt diese Seele jedes Israeliten gleichsam aus Seinem Denken und Seiner Weisheit, Er sei gesegnet. Er aber ist weise nicht durch die bekannte (allgemeine) Weisheit, denn Er und Seine Weisheit sind eins.«[2800]

Schne'ur Salmans Vorstellung zufolge ist die Tierseele das, was die Philosophen als vegetative, animalische und rationale Seele bezeichneten. Die Tierseele repräsentiert demnach wie bei Lurja den gesamten natürlichen dreigliedrigen Seelensatz der mittelalterlichen Philosophie. Daraus folgt, dass die natürliche Weisheit dieser dreigeteilten natürlichen Seele nicht die höhere und eigentliche Weis-

2798 Vgl. Bd. I, S. 601ff.; und vgl. oben Kap. Kabbala VIII.4.1.

2799 Vgl. dazu Kap. Kabbala VII. C.a.5.3.

2800 Tanja c. 2, S. 5b-6a.

heit ist, sondern nur die Weisheit der Philosophen. Die wahre Weisheit ist die göttliche, die der göttlichen Seele im Menschen direkt aus der Weisheit Gottes zufließt.[2801] Der Zufluss der göttlichen Weisheit auf den Menschen aus Israel geschieht über drei Stufen, über Weisheit (*Hochma*), Einsicht (*Bina*) und Erkennen (*Da'at*). Es ist diese Triade, welche der Bewegung ihren Namen gab, wie aus dem folgenden Text über die göttliche Seele im Menschen hervorgeht:

> »Die Seele des Menschen ist zerteilt in Intellekt und Eigenschaften (Tugenden). Der Verstand enthält Hochma, Bina und Daʿat (Akronym: HaBaD) und die Eigenschaften sind Gottesliebe, Gottesfurcht, Gotteslob etc. [...] Und die Erklärung der Sache ist wie folgt: Der Intellekt der rationalen Seele, er ist es, der denkt. Alles was er denkt, ist Hochma (Weisheit) [...] Und wenn er seine Kraft verwirklicht und mit dem Verstand nachsinnt, um die Sache zu verstehen, [...] wird dies Bina (Einsicht) genannt. [...] Und Daʿat kommt von der Bedeutung ›Adam erkannte Eva‹ (Gen 4,1), das heißt Verbinden (Hitkaschrut), dass man seine Erkenntnis mit starkem Band [...] bindet und sein Denken mit Macht in die Größe des 'En Sof , E.s.g. versenkt und sein Denken nicht ablenkt. [...] Denn wenn man seine Erkenntnis nicht mit Macht bindet, [...] dann wird in seiner Seele keine wahre Gottesfurcht und Gottesliebe erzeugt.«[2802]

Nur die göttliche Seele und nicht der natürliche Intellekt vermag das wahre Wesen der Welt und Gottes zu erkennen. Die höhere Wahrheit wird über die drei »intellektuellen« Stufen *Hochma*, *Bina* und *Da'at* appliziert und macht den Menschen so zum wahren Frommen. Die genannten Formen der Erkenntnis sind intuitiver Art und beinhalten zunächst das Bewusstsein um die Nichtigkeit der Welt (*Hochma*). In einem zweiten, tiefer gehenden Schritt soll das Wissen mit Hilfe der *Bina* rational verinnerlicht werden, um schließlich mit der *Devekut* (*Da'at*) die Konsequenz aus der Konzentration auf das *'En Sof* zu ziehen. Das Besondere ist nun, dass die Erkenntnis der göttlichen Seele auch dem Intellekt der Tierseele des Menschen mitgeteilt werden kann, um auch sie zu veredeln.[2803] In seinem *'Or Tora* erklärt Schne'ur Salman dazu:

> »Aber bei der Entstehung der Welt entsteht am Licht des 'En Sof keinerlei Veränderung. Und der Herr ist Einer wie vor der Weltschöpfung. [...]
> Und wenn der Mensch seinen Intellekt und sein Denken da hinein vertieft, mit der Tiefe seiner Einsicht und seines Herzens, dann hört die Tierseele auf, das Materielle zu denken und zu erforschen, nämlich wenn die göttliche See-

2801 Vgl. N. Mindel, Philosophy of Chabad, S. 25ff. 20f.

2802 *Tanja* c. 3, S. 7a-b.

2803 Vgl. N. Mindel, Philosophy of Chabad, S. 20f.

le, die auf die Größe des 'En Sof blickt, erstarkt, um so aus ihrem Betrachten (Meditieren, Hitbonenut) die Liebe so stark wie Feuerslohen zu gebären, um an Ihm, E.s.g., zu haften (dvk) mit Devekut und Leidenschaft mit mächtigem Verlangen und starker Entflammung, bis die Seele sich auflöst (klot). [...] Und dann ist die Weisheit in der Tierseele wie das Öl, das am Docht empor kriecht, welcher das ›Licht des Herrn, die Seele des Menschen‹ (Prov 20,27) ist. Denn die [göttliche] Seele ist der Docht, welcher das Licht der mächtigen Liebe und Feuerslohen verbindet, um in der Tierseele zu leuchten, bis sie sich auflöst und gleichfalls Verlangen hat, an Ihm zu haften (dvk) mit Devekut und Verlangen.«[2804]

Die Besonderheit Schne'ur Salmans, die ihn diametral von seinem Lehrer, dem Maggid, unterscheidet, besteht darin, dass Schne'ur Salman in der Devekut nicht das Ablegen der Dinglichkeit (*Hitpaschtut ha-Gaschmijut*) verlangt, sondern die Tierseele des Menschen in den Vorgang der Devekut einbeziehen will. Genauer gesagt existiert für ihn eigentlich keine Dinglichkeit, sondern nur deren Illusion. Die nichtende Seite der ekstatischen Devekut kann im Auslöschen der Seele enden. Es ist diese extreme ekstatische Position, welche der Schüler Schne'ur Salmans, 'Aharon aus Staroselje, favorisierte und gegen seinen Rivalen um die Nachfolge Schne'urs, nämlich dessen Sohn Dov Ber aus Lubawitsch[2805] favorisierte. Rachel Elior bietet für 'Aharons Position das folgende Beispiel:

»And we must calculate and visualize that for us there seem to be a boundary and separate Yesh, but for the Blessed One they are unified in an enormous unity without alteration. [...] And to give one's soul over in oneness is to be annihilated and to be dissolved with the blessed Infinite in its substance so as to nullify all the worlds and one's body and one's soul in the substance of the blessed Infinite. Thus all the worlds are completely nullified and without any importance or value at all with regard to his substance.«[2806]

Nach 'Aharons Auffassung besteht das Ziel des Menschen tatsächlich darin, sich im unendlichen *'En Sof* aufzulösen und mit ihm eins zu werden. Demgegenüber gibt es in den Texten von Schne'ur Salman noch eine andere Tendenz, die die körperlichen Aspekte des Menschen nicht aus dem religiösen Leben ausschließt. Hierin erfolgt eine Rückkehr zu den traditionellen Werten des Torastudiums, welches die Gründungslehrer zwar nicht ablehnten, aber doch etwas in den Hin-

2804 Tora 'Or, S. 38c.

2805 Dov Ber vertrat eine nur sehr gemilderte Form der Ekstase, die er in seinem »Tract of Ecstasy« darlegt, und die in der oben genannten Übersetzung von L. Jacobs zugänglich ist.

2806 Scha'are ha-Jichud we-ha-'Emuna, II, c. 32, nach R. Elior, The Paradoxical Ascend, S. 76.

tergrund treten ließen. Demgegenüber hat Schne'ur Salman das Torastudium in seine ontologische Konzeption einbezogen.

3. Das Studium der Tora neben der ekstatischen Mystik

Schne'ur Salman hat die ekstatische Mystik seines Meisters Dov Ber gekannt und in seine mystische Konzeption übernommen, konnte sich aber mit dessen weltflüchtigen und selbstzerstörerischen Nichtungsmystik nicht abfinden. Zu sehr war er der positiven jüdischen Tradition verhaftet, die das Leben in dieser Welt als ein von Gott gegebenes Gut sieht. Ebenso war er zu sehr mit der Vorstellung verbunden, dass zu diesem Leben das Studium der Tora und die Erfüllung der Gebote gehört. Ihnen neben der ekstatischen Mystik nur einen zweiten Rang einzuräumen, wollte er offenbar nicht hinnehmen. Also hat er die Tora und die Gebote als komplementäre Notwendigkeit neben die Nichtungsmystik seines Meisters, des Maggid, gestellt. So lange der Mensch im irdischen Raum als fleischliches Wesen lebt, ist er nach Schne'urs Auffassung an diese Umstände gebunden und muss in ihnen gehalten werden. Dass diese Auffassung in einer beträchtlichen Spannung zu seiner oben gezeichneten Theo-Kosmologie steht, scheint ihn dabei nicht gestört zu haben. Schne'ur Salman greift jedoch ein schon vom Bescht[2807] erörtertes Problem auf, dass nämlich die *Devekut* wegen der kräftezehrenden Anstrengung nicht ohne Unterbrechung gehalten werden kann. Bei seiner diesbezüglichen Argumentation beruft er sich auf das Vor- und Zurückeilen der Engel in Ezechiels Berufungsvision (Ez 1,14). Schne'ur Salman formuliert grundsätzlicher als der Bescht, indem er den Willen des Schöpfers hervorhebt, dass der Mensch in der Welt lebt und dort Seine Tora erfüllt:

> »Siehe, es gibt zwei Arten des Gottesdienstes. Die eine ist die Liebe in Feuerslohen, mit dem heftigen Drang, den Körper zu verlassen und ihn vom Docht loszureißen etc. Das ist der Aspekt des Ersten Lichtes, welches das Gefäß des Herzens nicht fassen kann, denn nicht vermag das Herz die übermäßige Erregung (Ekstase, Hitpaʿalut) zu ertragen. Darum kann sie nicht im Gefäß des Körpers bleiben und will aus seiner Hülle, der Materie des Körpers, entfliehen.
>
> Die zweite Art der Erregung (Hitpaʿalut), ist die, welche im Gefäß des Herzens bleibt. Ihr Wesen ist der Aspekt des Herabziehens (Hamschacha) der Gottheit von oben nach unten in verschiedene Gefäße und zwar durch Tora und Gebote.
>
> Und das ist das razo wa-schov (Ez 1,14), das Vor- und Zurückeilen [der Engel in Ezechiels Vision]. Siehe der Aspekt der Ödniswelt (*'Olam ha-Tohu*) ist

2807 Vgl. o. Kap. Der osteuropäische Hasidismus … II. B.5.5.1.

der Aspekt des ›Voreilens‹, darum flohen die Lichter aus den Gefäßen wie das erste Licht [der lurianischen Kosmologie], das sich vom Docht losriss, weil die Gefäße [zerbrachen].
Aber der Tikkun (Restitution) ist der Aspekt des Zurückeilens, und dies ist der Aspekt der Tora und der Mizwot. Und wider deinen Willen lebst du im Körper, um das Licht des 'En Sof in verschiedene Gefäße herabzuziehen.«[2808]

Schne'ur Salman übernahm das theurgische Motiv, das bereits im Zusammenhang mit der Lehre vom *Zaddik* in der *Devekut* beim Maggid aus Mesritsch erörtert wurde, in einer entschärften Form. Wenn sich der *Zaddik* im göttlichen Nichts befindet, so fließt nach der Auffassung des Maggid die göttliche Fülle nach unten über. Dieser Ausfluss stattet den *Zaddik* mit göttlicher schöpferischer Macht aus, woraus sich die hasidische Lehre vom Wunder wirkenden *Zaddik* entwickelte.[2809] Schne'ur Salman zeichnet dieses theurgische Herabziehen in das Bild der lurianischen Kosmologie ein, nach der es vor dem Bruch der Gefäße die unstabile Ödniswelt gab, die durch den Bruch der Gefäße ausgelöscht wurde, und der sodann die Wiederherstellung in der Welt des *Tikkun* folgte. Damit gewinnt das theurgische Element die Gestalt einer alltäglichen Theurgie, durch welche die die Welt erhalten wird. Nicht Wunder soll der aus der Ekstase zurückkehrende Mystiker vollbringen, sondern durch Geboterfüllung die Welt erhalten, was ja ein alter rabbinischer Topos ist. Torastudium ist die theurgische Mystik, die das Licht in die Weltgefäße herabzieht, um die Welt zu erhalten. Hier werden zwei unterschiedliche Formen des Mystischen nebeneinander propagiert, die nihilatorische und die theurgische welterhaltende. Allerdings glaubt Schne'ur Salman, dass sie beide unbedingt zusammengehören. Diese Auffassung ist ebenso widersprüchlich, wie die beiden involvierten Weltbilder, das akosmistische auf der einen und das realistische auf der anderen Seite, die Schne'ur Salman in seinem Konzept miteinander zu verbinden sucht.

4. Das messianische Element

Zu Beginn der Erörterung des Hasidismus wurde bereits der Messianismus im Allgemeinen und der der HaBaD-Bewegung im Besonderen angesprochen. Auch wenn Schne'ur Salman keinen extremen Zaddikismus propagierte, so glaubte aber auch er, dass das einfache Volk bezüglich der *Devekut* auf die die Vermittlung der *Zaddikim* angewiesen ist.[2810] Während dieses Thema für die Lubawitscher offensichtlich kein Problem darstellte, so verursacht der neuerliche Messi-

2808 Tora 'Or, S. 25b.

2809 Vgl. u. Kap. Der osteuropäische Hasidismus … III.6.5; IV.4.3.1.

2810 *Tanja* c. 2, S. 12f.

anismus heftige Auseinandersetzungen. Ein Zeugnis dafür ist das 2001 erschienene Buch von David Berger, der von einem Anhänger des *HaBaD*-Hasidismus zu einem heftigen Bekämpfer geworden ist, weil er in der Entwicklung der Messiologie, also der möglichen Wiederkunft des verstorbenen Messiasprätendenten, einen Bruch mit der orthodoxen Lehre sieht,[2811] nach welcher der Messias nicht ein von den Toten Wiederkehrender, sondern ein normal geborener Abkömmling aus der davidischen Genealogie ist.

B. Rabbi Nachman aus Bratzlaw

Der Bratzlawer Hasidismus gilt im heutigen Israel als die religiöse Bewegung, die lebenslustige Jugendliche anzieht, die in irgendeiner Weise zur Tradition zurückkehren wollen, aber anscheinend nicht den kühlen Ernst der meisten orthodoxen Richtungen goutieren. Man sieht sie in weißen gehäkelten Mützen Lieder singend in der Öffentlichkeit; man hört sie aber auch in den Wäldern um oder in Jerusalem einzeln laut beten und herzzerreißende Schreie aus sich heraus zum Himmel stoßen. Diese leicht exzentrische sangesfreudige Frömmigkeit hat ihren Ursprung in der Biographie des Bescht-Urenkels Rabbi Nachman aus Bratzlaw, die A. Green in seiner Biographie *Tormented Master. A Life of Rabbi Nachman of Bratslav*[2812] eindrucksvoll geschildert hat. Die Wurzeln für die Freude am Lied und vor allem am textlosen Niggun sind in der Mystik Nachmans zu suchen, der Zvi Mark jüngst eine Monographie mit dem vielsagenden Titel »Mystik und (ekstatische)Verrücktheit (Schiga'on) im Werk R. Nachmans aus Bratzlaw« gewidmet hat.[2813] Der Hasidismus R. Nachmans hebt sich aus den übrigen Richtungen des Hasidismus durch einige markante Züge heraus. Viel ist über die eigenwilligen Erzählungen R. Nachmans geschrieben worden, die sich von allen anderen hasidischen Erzählungen unterscheiden. Die Erzählungen, die oft als Beginn der modernen hebräischen Literatur angesehen werden, kann man als fantastische Märchen und Allegorien mit kabbalistisch-hasidischem Hintergrund bezeichnen.[2814] Im Folgenden sollen nur einige zentrale Gedanken aus der

2811 D. Berger, The Rebbe the Messiah and the Scandal of Orthodox Indifference, London, Portland (Or.) 2001; zu den jüdischen Messiasvorstellungen vgl. Bd I, S. 190ff.

2812 Alabama 1979.

2813 Mistika we-Schiga'on bi-Jezirat R. Nachman mi-Braslav, Tel Aviv 2003.

2814 Eine kommentierte deutsche Übersetzung und Einführung legte vor M. Brocke, Die Erzählungen des Rabbi Nachman von Bratzlaw, München-Wien 1985; ders., Der verborgene und der offenbare Zaddik – Rabbi Nachman von Bratzlaw: »Vom Raw und einem einzigen Sohn«, in: Veröffentlichungen aus dem Institut für Kirche und Judentum 13 (1981), S. 51-67. M. Oron, Me-'Olamo ha-misti schel R. Nachman mi-Braslaw. 'Ijjunim be-schischa me-Sippure ha-Ma'asijot schel R. Nachman mi-Braslav, Tel Aviv 1986.

Hauptquelle für Nachmans Denken, den *Likkute Moharan*,[2815] skizziert werden, um die neuen Ansätze seines Denkens zu charakterisieren.

1. Die *'Emuna* – der Glaube als Zentrum der Religion

Das wesentliche Charakteristikum der Bratzlawer Lehren ist die einmalige Zentralität des »Glaubens«, der *'Emuna*. Das bedeutet allerdings nicht, wie Josef Weiss meint, dass die Konzeption der *Devekut* ein Gegensatz zur Konzeption des Glaubens sei und damit suggeriert, die *Devekut* spiele im Bratzlawer Hasidismus keine Rolle.[2816] Die Arbeit von Z. Mark über »Mystik und Schigaʿon« in Bratzlaw hat dem deutlich widersprochen. Das Besondere der Glaubenskonzentration im Bratzlawer Hasidismus bedeutet auch nicht, dass die Emuna in der älteren Tradition ohne Bedeutung gewesen wäre, aber nirgendwo stand sie in dieser Grundsätzlichkeit zur Debatte wie bei R. Nachman. In der älteren Literatur wurde dem Begriff der *'Emuna* eher die Bedeutung von »Vertrauen«, aber auch von »Für wahr halten« zugeschrieben, wie dies etwa in den dreizehn Glaubensartikeln des Maimonides in ihrer synagogalen Formulierung der Fall ist.[2817] Für Maimonides und die mittelalterliche philosophische Tradition ist diese *'Emuna*

2815 Hier nach der Ausgabe New York 1974; Übersetzungen: The Teachings of Moharan, A translation of and Commentary to the Book Likutay Moharan I, trsl. & ed. By M. Mykoff and by Ch. Kremer, Jerusalem New York 1989; Likutay Moharan by Rabbe Nachman of Breslov, Jerusalem-New York 1986-1933 5 (10) Vols., ed. & trsl. By S. Bergman, M. Mykoff, O. Bergman, Ch. Kremer; J. Schneider, Heart Wisdom: Breslov Teachings, A Translation of and Commentary to the Book Likutay Moharan, the Collected Discourses of Rebbe Nachman of Breslov, Disc. One and Two, Jerusalem 1987; M. Brocke, R. Nachman von Bratzlaw: Gesicht und Lehrrede zu Numeri 20 ›Wer Tora vermehrt, mehrt Leben‹, in: Festgabe für Heinz Kremers zum 60. Geburtstag, Neukirchen-Vluyn 1986, S. 193-205; ein weitere wichtige Sammlung von Lehrreden sind die: Sichot ha-Ran, z. B. Jerusalem 1986; Übersetzungen: Rabbi Nachman's Wisdom, trsl. by A. Kaplan New York 1973 (hier ist auch die Legende ›Schivche ha-Ran‹ mit enthalten; letztere auch: The Praise of Rabbi Nachman: Schevachay Ha Ran, by Rabbi Nathan of Nemirov, New York 1977; Tzaddik (Chayey Moharan): A Portrait of Rabbi Nachman by Rabbi Nathan of Breslov, trsl. by A. Greenbaum, New York-Jerusalem 1987; vgl. noch A. Kaplan, Outpouring of the Soul: Rabbi Nachman's Path in Meditation, Jerusalem 1980; G. Fleer, Rabbi Nachman's Foundation: The ›Tikkun ha-Kelali‹ of Rabbi Nachman of Breslov, New York 1976; G. Fleer, Rabbi Nachman's Fire: An Introduction to Breslover Chassidus, New York 1972; Ch. Kramer, Crossing the Narrow Bridge: A Practical Guide to Rebbe Nachman's Teaching, Jerusalem-New York 1989.

2816 Vgl. J. Weiss, Contemplative Mysticism and »Faith« in Hasidic Piety, in: ders., Studies in Eastern European Mysticism, S. 43-55; die grundsätzliche Unterscheidung von Weiss ist richtig, wenn auch seine Aussagen über das Gottesbild und die Mystik so nicht zutreffen.

2817 Vgl. Bd. I, S. 431ff.

allerdings ein Fürwahrhalten von Aussagen, die zum einen offenbart und zugleich durch die Vernunft erwiesen werden können. Gerade an diesem letzten Punkt vollzieht R. Nachman den entscheidenen Bruch. In seinem Denken sind die Ratio und der Glaube absolute Gegensätze. Der Glaube im Sinne Nachmans erfordert das Opfer des Intellekts. Eine weitere Besonderheit bei Nachmans Glaubensbegriff ist nun aber, dass sowohl Ratio wie Glaube nicht einfach menschliche Gegebenheiten, beziehungsweise intellektuelle oder emotionale Aktivitäten sind, sondern dass sie beide ontologisch begründet und verortet werden. Glaube und Vernunft stellen zwei Zugangsweisen zur Welt dar, die durch die Schöpfung selbst bedingt sind, wobei die eine dem Bösen in der Welt und die andere dem Guten zugeordnet wird. Dies wird allerdings erst bei der genaueren Betrachtung der kosmologischen Aussagen Nachmans deutlich, die im Folgenden erörtert werden.

2. Die Gott-lose Welt als Ursache der Ratio und Ziel des Glaubens

Die zentralen Aussagen über die Kosmologie und ihre Konsequenzen für das menschliche Verhalten finden sich in einem ausführlichen Kapitel der *Likkute Moharan*, das schon frühere Interpreten als den Schlüsseltext für das Denken Nachmans erkannten.[2818] In dieser Homilie deutet Nachman die lurianische Kosmogonie vom *Zimzum* (Rückzug) und dem Bruch der Gefäße (*Schevirat ha-Kelim)*. Nachman bezieht sich bei seiner Deutung, anders als der Maggid, auf die erste Bedeutung des *Zimzum* im lurianischen Denken, das heißt auf den Rückzug der Gottesfülle, des *'En Sof*, aus seiner eigenen Mitte, um einen Raum für die Welt zu schaffen:

> »Als der Name (Gott), E.s.g., die Welt erschaffen wollte, war kein Platz, um sie zu erschaffen, weil alles 'En Sof war. Darum zog er das Licht nach den Seiten zurück (zimzem), und durch diesen Rückzug (Zimzum) entstand ein leerer Hohlraum. Und in diesem leeren Hohlraum entstanden alle Meere und abgemessenen Dinge, welche die Schöpfung ausmachen. Und dieser leere Hohlraum war für die Erschaffung der Welt notwendig. Denn ohne den leeren Hohlraum, hatte es keinen Platz für die Welt gegeben. Und diesen Rück-

2818 H. Zeitlin, R. Nachman mi-Braslav – Hajjaw we-Torato, Warschau 1910, S. 14; J. Weiss, Mechkarim be-Hasidut Braslav, ed. M. Piekarz, Jerusalem 1975, S. 109-149; A. Green, Tormented Master, S. 285-336; Z. Mark, Mistika we-Schiga'on, S. 257ff; u. vgl. M. Piekarz, Hasidut Breslav, Perakim be-Hajje Mecholelah, be-Ketaveha u-ve-Seficheha, Jerusalem 1972; M. Cunz, Die Fahrt des Rabbi Nachman von Bratzlaw ins Land Israel (1798-1799), Geschichte, Hermeneutik, *Texte*, Tübingen 1997.

zug [zur Erzeugung] des leeren Hohlraumes kann man nicht verstehen und nicht erfassen, außer in der Zeit der Erlösung. Denn man muss über diesen Hohlraum zwei gegensätzliche Dinge aussagen, nämlich Sein und Nichtsein. Denn in diesem durch den Zimzum entstandenen Hohlraum, aus dem sich Seine Gottheit gleichsam zurückgezogen hat, gibt es gleichsam keine Gottheit, denn wäre dem nicht so, wäre er nicht leer und alles wäre 'En Sof, d. h. es gäbe keinerlei Raum für die Schöpfung. Aber in Wahrheit und gewiss gibt es dort dennoch auch seine Gottheit, denn es gibt ja nichts ohne Seine Lebensessenz. Darum kann man den Aspekt (Seinsweise, *Bechina*) dieses leeren Hohlraums niemals verstehen – erst in der künftigen Zeit.«[2819]

Auch wenn Nachman hier zunächst sehr konservativ die lurianische Lehre vom *Zimzum* wiederholt, zeigt sich gegen Ende des Abschnitts sogleich, dass Nachman mit dieser Lehre ein völlig anderes Ziel verfolgt als Lurja selbst. War es dort im kosmologischen Sinne um die Entstehung der Möglichkeiten der Welt, ihrer Maße, Dimensionen und ihres Raumes gegangen, geht es hingegen bei Nachman um ein epistemologisches und zugleich ontologisches Dilemma. Für Lurja sollte die Lehre vom *Zimzum* die Möglichkeit der Existenz einer von Gott unterschiedenen Welt, trotz der ursprünglichen Gottesfülle verständlich machen. Für Nachman ist bei diesem so beschriebenen Schöpfungsprozess ein unlösbarer Widerspruch entstanden, welchen das menschliche Denken nicht auszuloten vermag, und der erst in der Heilszeit verständlich werden wird. Das Dilemma ist ein Widerspruch gegen den ersten Satz der Logik, nämlich den Satz vom Widerspruch. Hier ist etwas entstanden das zwei widersprüchliche Dinge in sich vereint, nämlich Sein und Nichtsein zugleich. Dieses Dilemma ist es, was nach Auffassung Nachmans das menschliche Leben und Denken bestimmt. Theologisch formuliert wird die Problematik noch schärfer. Durch den *Zimzum* ist zwar der Ort für die Welt entstanden, aber dieser Ort ist per definitionem ein Raum ohne Gott. Dies ist das Grunddilemma der Welt, dass sie für ihre Existenz die Gottlosigkeit braucht und zum andern doch nicht ohne Gott lebensfähig ist. Aber hier ist noch mehr als ein Dilemma. Hier ist ein grundsätzliches Problem. Die Welt, in der wir leben ist »gleichsam« eine Welt ohne Gott. Dies ist die Grundgegebenheit der Welt, die Abwesenheit Gottes.

Die Fortsetzung der zitierten Homilie vertieft ein hier zunächst nur angedeutetes Thema, nämlich das der Erkenntnismöglichkeiten des Menschen. Laut Nachman gibt es zwei grundsätzlich unterschiedene Erkenntnisweisen. Für die eine der möglichen Erkenntnisweisen ist der *Zimzum* und der durch ihn entstandene gottlose Raum die Ursache, und für die zweite Erkenntnismöglichkeit steht der andere zentrale und komplementäre kosmologische Begriff Lurjas, nämlich

2819 Likkute Moharan § 64, S. 78b.

der Bruch der Gefäße. Während nun der *Zimzum* mit dem Rückzug der Gottheit verbunden ist, steht der Bruch der Gefäße im Zusammenhang mit dem Immanenzbestreben der Gottheit, nämlich mit der Emanation des Gotteslichtes in den entstandenen Hohlraum. Beide Vorgänge, der *Zimzum*, der den leeren Raum schuf und die misslungene Erfüllung dieses Raumes durch göttliche Präsenz stehen nun für die zwei Weisen der Erkenntnis des Menschen, die beide als Häresie, wenn auch in unterschiedlicher Qualität, zu bezeichnen sind. In der Fortführung seiner Homilie sagt Nachman:

> »Und wisse, es gibt zwei Arten Häresie (Epikursit). Es gibt die Häresie, welche von den apokryphen (draußenstehenden) Weisheiten kommt, und über sie heißt es (Pirke Avot 2,14) ›und wisse, was du dem Epikuräer (Häretiker) antworten sollst‹. Denn auf diese Häresie gibt es eine Antwort, denn sie kommt von den apokryphen Weisheiten, von dem Übriggebliebenen, von dem Aspekt des Bruches der Gefäße. Denn wegen der Fülle des Lichtes zerbarsten die Gefäße, und daraus entstanden bekanntlich die Klippot (die Schalen des Bösen) [...] aus dem Rest der Heiligkeit. [...] Darum, wenn jemand dieser Häresie verfällt, von der man tatsächlich fliehen muss, kann man ihn dennoch retten, so dass er auch dort Gott, E.s.g., finden kann ... denn da sie vom Bruch der Gefäße kommt, hat es dort noch einige heilige Funken. [... Dies geschieht dadurch], dass man die Schwierigkeiten dieser Häresie auflöst [...].
> Es gibt aber noch eine andere Häresie, und dies sind die Weisheiten die tatsächlich keine sind, weil die Dinge nämlich so tief sind und man sie nicht erfassen kann. [...] So gibt es in den Forschungen einige Dilemmata und schwierige (widersprüchliche) Fragen (Kuschjot), die in Wahrheit keine Weisheit sind, weil die ›schwierigen Probleme‹ von vorneherein unsinnig sind. Weil aber der menschliche Intellekt diese Schwierigkeiten nicht lösen kann, erscheinen sie wie Weisheiten und echte schwierige Fragen. Und sie kann man tatsächlich niemals lösen, denn diese schwierigen (widersprüchlichen) Fragen dieser Häresie rühren von dem leeren Hohlraum her, weil dort in diesem leeren Hohlraum gleichsam keine Gottheit ist. [...] Darum kann man für diese Fragen niemals eine Antwort finden, das heißt da kann man Gott, E.s.g., niemals finden. [...] Auf diese Häresie gibt es keinerlei Antwort, weil sie von dem leeren Raum herrührt, aus dem sich Seine Gottheit zurückgezogen hat.«[2820]

2820 Likkute Moharan § 64, S. 78b-c; dazu s. auch S. Magid, Through the Void: The Absence of God in R. Nahman of Bratzlav's »Likkute MoHaRaN«, in: Harvard Theological Review 88,4 (1995), S. 495-519; L. Kushner, Bratzlav and Mezeritch: The Two Poles of Jewish Spirituality, in: What Kind of God? Essays in Honor of Richard L. Rubenstein, Laham MD-London 1995, S. 357-366; A. Rapoport-Albert, Confession in the Circle of R. Nahman of Braslav, in:

Nachman ist an den beiden kosmologischen Gegebenheiten der lurianischen Lehre nur darum interessiert, weil er glaubt, dass aus ihnen zwei Formen der Häresie, das heißt der Gottesleugnung oder der Bestreitung der Gerechtigkeit Gottes, herrühren. Die erste Form der Häresie sieht er in der bekannten rationalistischen Kritik und Bestreitung der Existenz eines Gottes oder von dessen Gerechtigkeit. Diese rationalistische Kritik der Philosophen kann man widerlegen und auf diese Weise sogar im philosophischen Denken Funken des Heiligen, sprich Gott selbst, finden. Der Ausgangspunkt dieser Häresie ist die unheile Welt des Bruches, die – wie dies die mittelalterlichen Philosophen demonstrierten – die Möglichkeit einer Gotteserkenntnis nicht ausschließt.

Entscheidend hingegen ist die zweite Form der Häresie. Sie ist unwiderlegbar und unausweichlich, weil sie ontologisch begründet ist. Da die Welt in einem gottlosen Raum existiert, gibt es Fragen in Bezug auf die Existenz und die Gerechtigkeit Gottes, die niemals beantwortet werden können, weil sie einem Raum entstammen und sich in ihm befinden, in dem tatsächlich kein Gott ist. Nachman verweist hier auf die Grenzen der menschlichen Vernunft, die allerdings nicht anthropologisch, sondern kosmologisch begründet sind. Der Mensch wird in dieser Welt mit Dingen konfrontiert, die er mit seinem Verstand nie und nimmer verstehen kann. Dieser Form von Häresie kann sich kein denkender Mensch entziehen. In diesen Dingen und Geschehnissen kann man nicht nach Gott fragen, weil er tatsächlich nicht in ihnen ist. Die Welt konnte und kann nur entstehen und bestehen, weil sich Gott zurückgezogen hat, da sonst kein Raum für sie vorhanden gewesen wäre. Der Preis für den Raum der Welt ist der Rückzug Gottes, die Gottlosigkeit dieses Raumes, und damit die Unlösbarkeit von Fragen, die den Menschen existentiell bedrängen.

Nach der Darlegung des scheinbaren und des wirklichen Widerspruchs der weltlichen Existenz sieht Nachman nur einen Ausweg, den der Mensch wählen kann. Auch dafür beruft er sich auf die lurianische Kosmologie. Nach Lurjas Lehre wird der durch den *Zimzum* entstandene Hohlraum von der Fülle des *'En Sof* umgeben, die er als das »umgebende Licht« bezeichnet. Seiner Vorstellung zufolge hat sich die Gottheit außerdem durch die Emanation ihres Lichtes in den leeren Hohlraum ergossen, den er »inneres Licht« nennt. Wie Nachman ausdrücklich betont, werden beide, umgebendes und inneres Licht, durch den gottlosen Raum zwischen ihnen getrennt. Der Mensch, dessen Ratio entweder durch

Bulletin of the Institute of Jewish Studies 1 (1973-1975), S. 65-96; di es., The Problem of Succession in the Hasidic Leadership with Special Reference of the Circle of R. Nachman of Braslav, Diss. London 1974; Kh. Liberman, Rabbi Nakhman Bratslaver and the Maskilim of Uman, in:*YIVO* Annual of Jewish Social Science 6 (1951), S. 287-301; A. Green, Rabbi Nahman Bratzlaver's Conflict Regarding Leadership, in: Texts and responses: Studies Presented to N. N. Glatzer, Leiden 1975, S. 141-157.

den Bruch der Gefäße oder aber grundlegender durch die Gottesabwesenheit oder Gottesfinsternis bestimmt wird, kann nach Nachmans Auffassung nur einen Ausweg wählen, nämlich den kritiklosen Glauben:

> »Nur die Israeliten können durch den Glauben diese ›Weisheiten‹ überschreiten, sogar die Häresie, die vom leeren Hohlraum herrührt. Denn sie glauben an Gott, E.s.g., ohne jegliche Nachforschung und Weisheit, alleine durch vollkommenen Glauben (*'Emuna*). Denn Gott, E.s.g., erfüllt alle Welten und umgibt alle Welten, das heißt Er ist gleichsam innerhalb aller Welten und umgibt sie zugleich. [...] Und dazwischen trennt der leere Hohlraum, aus dem er gleichsam seine Gottheit zurückgezogen hat.«[2821]

Nachman versucht damit zu zeigen, dass nur der Glaube die schöpfungsbedingten Unzulänglichkeiten der menschlichen Vernunft zu überschreiten vermag, die den Menschen so oder so nur ins Dilemma und in die hoffnungslose Antwortlosigkeit führen. Wie das obige Zitat zeigt, besteht das Wesentliche dieses Glaubens darin, zu glauben, dass das umgebende Licht Gottes auch jenen gottlosen Raum umgibt. Demzufolge wird auch die Gottesferne und Gottesfinsternis letztlich wieder von der Gottesfülle umgeben. Deshalb kann dieser Glaube angesichts der wirklich existierenden Gottverborgenheit und Gottlosigkeit die Zuversicht haben, dass die Gottlosigkeit nicht das Letzte oder das Äußerste ist. Das Äußerste ist die Fülle des *'En Sof*, die aber wegen des Hohlraumes mit der menschlichen Vernunft objektiv nicht gesehen und erfasst werden kann. Die menschliche Vernunft kann in dieser Welt keine tröstliche Antwort geben, kann in der tatsächlichen Gottlosigkeit Gott niemals finden und damit keine Antwort auf die bedrängenden Lebensfragen geben. Dies kann nur der die menschlichen »Weisheiten« überschreitende Glaube, der gegen die Gottesfinsternis die Kraft seines Glaubens setzt.

Der Glaube, der angesichts dieser Situation glaubt, findet seinen adäquaten Ausdruck im Schweigen. Denn, so sagt Nachman, da die Welt der Emanation, wie Nachmans Urgroßvater, der Bescht lehrte, aus den Worten und Buchstaben Gottes erschaffen wurde, und diese Buchstaben die Gottesfülle tragen, ist dort, wo Gott nicht ist, also im gottlosen Raum, auch kein Wort und keine Sprache. Sprache ist Gottesgegenwart, Gottesferne ist Sprachlosigkeit. Da der Glaube seinen Ort im Raum der Gottesfinsternis hat, ist das Schweigen die adäquate Folge.[2822]

Seiner eigenwilligen kosmologisch begründeten Epistemologie fügt Nachman noch einen weiteren originellen Aspekt hinzu, der gewiss auch biographisch

2821 Likkute Moharan; S. 78c-d.

2822 Likkute Moharan, S. 79a.

bedingt ist. Als der noch junge Nachman öffentlich auftrat und mit großem Selbstbewusstsein behauptete, der wahre *Zaddik* der Generation zu sein, tobte eine heftige Auseinandersetzung um ihn.[2823] Die gelehrte Auseinandersetzung, die schon die Rabbinen als Auseinandersetzung um des Himmels willen verstehen konnten, ist auch für Nachman etwas Unvermeidliches und in der Schöpfung begründetes. Nachmans Verständnis zufolge ist die Auseinandersetzung ein Aspekt der Erschaffung der Welt, da das Wesentliche dieser Schöpfung eben jener leere Hohlraum war, der eine Trennung und Auseinandersetzung durchführte. Denn ohne eine solche wäre ja alles *'En Sof* geblieben. Entsprechend verhält es sich mit der Auseinandersetzung (*Machloket*), »denn wären alle Gelehrten Eins, wäre kein Raum für die Schöpfung der Welt«.[2824] Durch die Auseinandersetzung entsteht der Aspekt des Hohlraumes und durch die Worte, die sie austauschen der Aspekt des kreativen Wortes. Nur darf man auch da nicht zu viel reden, da durch die Überfülle des Wortes oder Lichtes der Bruch entstand.

3. Der *Zaddik*

3.1 Die Lehre vom *Zaddik* bei 'Elimelech aus Lisensk

Bevor weitere Auffassungen Rabbi Nachmans skizziert werden, soll ein kurzer Blick auf die Apotheose des *Zaddik* bei 'Elimelech aus Lisensk (Lezajsk, 1717-1786) geworfen werden, die für Nachmans Lehre vom *Zaddik* vorauszusetzen ist. Er ist derjenige, der die Ansätze von Ja'akov Josef und Dov Ber aus Meseritsch zur systematische Lehre des Zaddikismus umgoss, an der sich jede spätere Lehre vom Führer der hasidischen Gemeinden messen lassen musste. Nach 'Elimelech ist der *Zaddik* ein Mensch, der nicht wirklich von dieser Welt ist, dessen Anhaftung an der himmlischen Welt so tief und beständig ist, dass nur sein Körper auf dieser Erde wandelt. Diesem überirdischen Menschen hat die Welt ihr Leben zu verdanken. In der Homiliensammlung *No'am 'Elimelech* lehrt 'Elimelech in einer Auslegung über den Fluss, der im Paradies entspringt:[2825]

> » ›Und ein Fluss (*Nahar*) geht aus von 'Eden, den Garten zu tränken‹ (Gen 2, 10). Die oberen Welten werden ja 'Eden genannt. Und der wahre und vollkommene Zaddik, der von allen Dingen dieser Welt getrennt und an seinem ganzen Körper und allen Gliedern klar geschliffen ist, er wird 'Eden genannt.

2823 Vgl. Green, Tormented Master. The Life and Spiritual Quest of Rabbi Nahman of Bratslaw, Woodstock 1992.

2824 Likute Moharan § 64, S. 79a.

2825 Eine neue Ausgabe samt Einleitung in das Denken Elimelechs legte G. Nigal vor: No'am Elimelech le Rabbi 'Elimelech mi-Liz'ensk, Jerusalem 1978.

> [...] Er ist beständig mit den oberen Welten verbunden, als wäre er überhaupt nicht in dieser Welt. [...] Und das Wort ›Fluss‹ (*Nahar*) bedeutet Licht (*Nehora*) [...] Das heißt, vom wahren Zaddik geht ein großes Licht aus, um den Garten zu tränken, sprich auf diese Welt den Fluss zu ergießen.«[2826]

Den Schriftvers, der in dem verbreiteten kabbalistischen Klassiker *Scha'are 'Ora* Josef Gikatillas auf die *Sefirot Hochma* (II, Eden), *Bina* (III, Fluss) und *Malchut* (X, Garten) gedeutet wird, bezieht 'Elimelech zunächst erwartungsgemäß auf die »obere Welt«, sprich die *Sefirot*, die Eden genannt werden, um sie in einer erstaunlichen Wendung mit dem menschlichen *Zaddi*k zu vergleichen oder gleichzusetzen. Diese Gleichung wird damit begründet, dass der menschliche *Zaddik* in dauerhafter Verbindung mit der oberen Welt steht und darum wie sie »klar geschliffen« ist. Der Verbindung des *Zaddik* mit der oberen Welt entspricht dessen Trennung von den Dingen dieser Welt, mit der er allenfalls als deren Lichtspender Kontakt hat. Die Aufgabe, die einst die *Schechina* (X, Malchut) hatte und darin bestand, die sefirotische Lichtfülle auf die Welt zu ergießen, wurde vom sefirotischen *Zaddi*k (Sefira IX) auf den menschlichen *Zaddik* übertragen. Weit über das allgemein Menschliche hinausgehoben, ist er recht besehen ein Teil der oberen Welten. In derselben *Parascha* (Wochenabschnitt) zur Paradiesesgeschichte wird dieser Zustand des *Zaddik* erwartungsgemäß als *Devekut* benannt, die nur gelegentlich unterbrochen wird.[2827] Es ist wert, diese Hypertrophie des Gottmenschlichen noch durch einen zweiten Text zu apostrophieren, der die begünstigten Bereiche des vom *Zaddik* vermittelten Ausflusses eigens benennt:

> »Alle Zaddikim werden von Zedaka (Almosen) ernährt, die sie mit starkem Arm nehmen. [...] Das heißt, den Zaddikim, die den oberen Welten nahe sind, ist alles zubereitet, um die Ausflüsse in ihre Hand zu nehmen, gleich einem Menschen, der nahe bei einer Sache ist, und dem es ein Leichtes und bequem ist zu nehmen. So auch die Zaddikim. [...] Der Zaddik wohnt in Deinen oberen Höfen und nimmt von dort die Ausflüsse, um sie über uns zu ergießen [...] und dadurch werden auch wir an allem Guten Deines Hauses satt. [...] Der Zaddik zieht den Ausfluss für das Leben, den Lebensunterhalt und den Kindersegen herab.«[2828]

Es sind demnach nicht nur die geistlichen Segnungen, die der Menschengemeinde durch den *Zaddik* zufließen, sondern die allernötigsten alltäglichen Bedürfnis-

2826 No'am 'Elimelech, Bereschit, Nigal, S. 11.

2827 No'am 'Elimelech, Bereschit, Nigal, 7.

2828 No'am 'Elimelech, Wajera, Nigal, S. 43.

se, wie das tägliche Brot und der Kindersegen, ja das Leben überhaupt. 'Elimelech versäumt nicht, darauf hinzuweisen, dass diese schnöden alltäglichen Dinge eigentlich außerhalb des Interessenkreises des *Zaddik* liegen, der ja stets in den höheren Regionen weilt. Damit nun aber die Welt die notwendigen himmlischen Segnungen dennoch erhält und nicht am heiligen Desinteresse des *Zaddik* austrocknet, hat Gott in seiner großen Weisheit, dem *Zaddik* auch einige menschliche Bedürfnisse, wie Essen und Trinken, eingepflanzt, damit er sich vorübergehend aus seiner *Devekut* lösten muss und dabei seine Augen auf das Irdische richtet. Auf diesem Wege soll er dennoch die Bedürfnisse der Welt wahrnahmen, damit er sich beim nächsten Aufstieg um sie kümmern kann.[2829]

Natürlich gehören zur Vermittlungsaufgabe des *Zaddik* auch die genuinen geistigen Bedürfnisse der Menschen, so dass er in allem, was er in diesem Leben braucht, vom *Zaddik* versorgt wird und von ihm abhängt.[2830] Nach diesem kleinen Umweg über 'Elimelech werden die Lehren Nachmans vom *Zaddik* besser zu verstehen sein.

3.2 Die Rolle des *Zaddik* bei Nachman aus Bratzlaw

In einer Predigt zu den Lichtern des Hanukka-Festes erörtert Nachman die Frage, woraus die Welt entstand und was den Menschen am Leben erhält. Nachman gelangt zu dem Resultat, dass der Geist oder der Atem, der aus Gottes Mund hervorging, die Welt erzeugte und den Menschen belebte, auch noch in der menschlichen Gegenwart das Vermögen besitzt allen Mangel auszugleichen. Letzteres sieht Nachman dadurch als erwiesen an, dass der Mensch in Not seufzt, also tief Luft holt, um den Geist des Lebens an sich zu ziehen. Also »finden wir, dass das Wesen der Lebensessenz (Hijjut) aller Dinge der Aspekt des Geistes oder Hauches (Ruach) ist.«[2831] Nach dieser Erörterung aber stellt Nachman die zentrale Frage:

> »Woher aber bekommt man diesen Geist des Lebens? Wisse, dass man die Hauptsache (das Wesentliche) des Lebensgeistes vom Zaddik oder Rav der Generation empfängt. Denn das Wesentliche des Lebensgeistes ruht in der Tora, wie es in der Schrift heißt ›Und der Geist Gottes schwebte über den Wassern‹ (Gen 1, 2) und dies ist die Tora. Und die Zaddikim haften (dvk) an

2829 No'am 'Elimelech, wajera, Nigal, S. 48.

2830 Neben der genannten Einleitung Nigals zu No'am Elimelech, siehe auch dessen Jerusalemer Dissertation; und M. Piekarz, Ha-Hanhaga ha-hasidit, Jerusalem 1999, c. 4, S. 136 ff; ders. auch Hasidut Polin, Megamot ra'ajonijot ben schte ha-Milchamot u-ve-Geserot (1940-1945) ha-Scho'a, Jerusalem 1990, wo er gelegentlich von einem »Vulgär-Zaddikismus« spricht.

2831 Likkute Moharan I, 8, 1, S. 9c.

der Tora, deshalb ist das Wesentliche des Lebensgeistes bei ihnen. Und wenn ein Mensch an den Zaddik und Rav der Generation gebunden ist, während er seufzt und den Atem (Geist) lange hinzieht, dann zieht er den Geist des Lebens aus dem Zaddik der Generation, welcher an der Tora haftet, in welcher der Geist ruht. Und darum wird der Zaddik ›Mann, in dem der Geist ruht‹ (Num. 27,18) genannt, weil er versteht, dem Geist eines jeden Einzelnen zu entsprechen, [...] denn der Zaddik ergießt und vervollkommnet den Geist des Lebens eines jeden Einzelnen.«[2832]

Abgesehen von den spezifischen Veränderungen ergibt sich dasselbe grundsätzliche Bild wie bei 'Elimelech. Der *Zaddik ha-Dor* (Zaddik der Generation), wie der herausragende und alle anderen *Zaddikim* überragende *Zaddik* bezeichnet wird, den Nachman und seine Anhänger natürlich in ihm selbst erkannten, ermöglicht seinen Anhängern das Leben und gleicht im Falle von Not alle Mängel aus.[2833] Das einzige was der Anhänger tun muss, besteht darin, sich an seinen Meister zu binden und tief aufzuseufzen. Dann fließt ihm durch seinen *Zaddik* der Lebensgeist zu.

Abweichend von 'Elimelech aus Lisensk, der die Quelle, aus der der *Zaddik* den Lebensstrom zieht, mehr in der sefirotisch-kabbalistischen Tradition darstellt, nimmt Nachman die »Familientradition« seines Urgroßvaters auf, und sucht in der von Gottes Geist erfüllten Tora den Lebensquell des *Zaddik*. Beachtenswert ist der wesentliche Unterschied zur älteren kabbalistischen Tradition: Während dort die Tora als gotterfüllter Lebensquell jedem Juden zur Verfügung stand, bedarf es bei Nachman der Vermittlung des *Zaddik*, der den Quell aus der Tora an das Gemeindevolk[2834] weiterleitet. Seine *Devekut* ist, entsprechend dieser onomatologischen Tradition, auf die Tora und nicht wie bei der sefirotischen, auf die oberen Welten gerichtet.

Die Vermittlung des Geistes aus dem gotterfüllten Wort führt Nachman wiederholt zu der Ermahnung, jeder einfache Jude solle sein Gebet nicht eigenständig an Gott richten, sondern sein Gebet stets mit dem des *Zaddik* verbinden. »Denn der Zaddik kann es auf die richtigen Tore hinwenden, und jedes Gebet an

2832 Likkute Moharan I, 8, 2, S. 9c.

2833 Diese Betonung folgt nochmals am Ende des nächsten § 3, S. 9d.

2834 Vgl. dazu Likkute Moharan I, 29, 4, S. 40b; zum Hintergrund des Gedankensvgl. Y. Liebes, Ha-Tikkun ha-klali schel R. Nachman mi-Braslav we-Jachaso le-Schabta'ut, in: Zion 45 (1980), S. 201-245; wieder in: ders., Sod 'Emuna ha-Schabta'it; engl., in: Y. Liebes, Studies in Jewish Myth and Jewish Messianism, Albany 1993, S. 115-150.184-210; dt. Zusammenfassung in: Hebräische Beiträge zur Wissenschaft des Judentums 1 (1985), S. 171-172.

das zuständige Tor emporheben. Denn jeder Zaddik ist vom Aspekt (Bechina)[2835] des Moses und des Messias [...] und der Messias enthält alle Gebete.«[2836] Auch wenn dies zunächst an die sefirotische Gebetstheologie des Josef Gikatilla[2837] erinnert, nach der man sich stets an die für das Anliegen zuständige Sefira wenden solle, lässt sich auch hier die entscheidende Bedeutungsverschiebung erkennen. Nun ist der *Zaddik* derjenige, der als Moses- und Messiasaspekt alle Gebete enthält, und dadurch den Segen der Gebete vermittelt. Bevor man den von Nachman empfohlenen »Tikkun Klali«, ein Gebetsritus aus zehn Psalmen, als eine Art Generalablass, betet, soll man darum folgende Eröffnungswidmung sprechen:

> »Siehe, ich verbinde mich beim Sprechen dieser zehn Psalmen mit allen wahrhaften Zaddikim unserer Generation und mit allen wahrhaften Zaddikim, die im Staube ruhen, den Heiligen im Lande (in der Erde), und insbesondere mit unserem heiligen Meister, dem Zaddik und Fundament der Welt, dem Bach, der aus dem Quell der Weisheit strömt, unserem Rabbi Nachman Ben Feige, sein Verdienst schütze uns, der diesen Tikkun entdeckt hat.«[2838]

Die Vermittlung durch diese Heiligen und *Zaddikim* wird, wie aus der bratzlawischen Gebetsagenda hervorgeht, nicht nur von den lebenden *Zaddikim* ausgeführt, sondern auch von den toten.[2839] Darum konnte die Bratzlawer Bewegung auch darauf verzichten, nach dem Tod ihres Rebben einen Nachfolger zu wählen. In diesem Zusammenhang ist es wert eine Äußerung Rabbi Nachmans anzuführen, die eben an diesen Gedanken anknüpft:

> »Der Tod des Zaddik ist nur so, wie wenn einer von einem in ein anderes Zimmer geht. Und so hat er es einst seiner Tochter über sich selbst als Gleichnis erzählt: Es ist so wie ich jetzt in diesem Zimmer bin und hernach aus diesem Zimmer hinausgehe und ins andere Zimmer trete und die Tür hinter mir verschließe. Und wenn du zur Tür kommst und rufst: Mein Vater, mein Vater usw., sollte ich da nicht auf dich hören?
> Dergleichen hörte man mehrfach aus seinem heiligen Mund. Dadurch gab er jedem den Hinweis, dass die Stufe dessen, dem es vergönnt ist an sein heiliges und Furcht einflößendes Grab zu kommen, sehr hoch ist. Denn gewiss

2835 Man könnte auch sagen, der *Zaddik* ist die Repräsentanz oder die Wiederverwirklichung von Moses und Messias.

2836 Likkute Moharan I, 9, 4, S. 12a; vgl. auch *Sichot ha-Ran* § 296 Ausgabe Jersalem 1986, S. 176.

2837 Vgl. o. Kap. Kabbala VI.2.2.

2838 Tikkun ha-Klali, S. 15, in: Sefer Sichot ha-Ran, Jerusalem 1986.

2839 Vgl. noch Likkute Moharan I, 12, 1, S. 16a.

> wird er dann seine Worte hören und ihm helfen und ihn retten mit allem, was möglich.«[2840]

Der Glaube an die Heiligen, die *Zaddikim*, die den Menschen aus den Nöten dieser Welt helfen und sie über die »schmale Brücke«[2841] dieser Welt führen, ist bis heute einer der Grundpfeiler der hasidischen Bewegung. Dies wird an mehreren Stellen des etwas modernisierenden Handbuchs der Bratzlawer Hasidim artikuliert:

> »Ein integraler Teil, um den Glauben an Gott zu gewinnen, ist der Glaube an die Zaddikim. Wie können wir in unserer komplexen und sich stets wandelnden Zeit hoffen, das rechte und richtige zu wählen – im Weltlichen wie im Heiligen? Dafür brauchen wir die Zaddikim. Diese gerechten Männer, die sich über die physischen Hemmnisse und Begrenzungen des menschlichen Verstandes erhoben haben, sie wissen es! Auf sie können wir uns verlassen, wie ein Kind, das sich auf seine Eltern verlässt, von denen es glaubt, dass sie alles wissen.«[2842]

Die Verehrung von »Heiligen«, die man dem Judentum oft abgesprochen hat, ist demnach bis heute ein integraler Teil der Religion für viele Juden. Daran konnte auch die Aufklärung nichts ändern, wiewohl sie eine neuerliche mächtige Wende

2840 Sichot ha-Ran § 156, S. 113.

2841 Likkute Moharan II, 48, S. 27,c: »Wisse, der Mensch muss über eine sehr schmale Brücke (*Gescher zar me'od me'od*) gehen, aber das wichtige und die Hauptsache ist, dass er sich nicht fürchte!«

2842 Chaim Kramer (ed. M. Mykoff), Crossing the Narrow Bridge. A practical guide to Rebbe Nachman's teaching. Published by Breslov Research Institute, Jerusalem/ New York 1989, S. 75f; als weitere Hilfe, um sich dieser Heiligenfrömmigkeit zu bedienen verbreiten die Bratzlawer Hasidim auch eine Liste mit Namen von vielen hunderten von Heiligen, angefangen von Adam bis in die jüngere Vergangenheit, auf deren Verdienst man sich bei seinen Gebeten berufen kann, und durch die Rezitation ihrer Namen sogar Naturwunder erhoffen kann, in: Kol-Bo li-Jeschu'ot, Jerusalem o. D., doch jüngst für weitere Literatur, vgl.: D. Asaf, Breslav. Bibliografija mu'eret, Jerusalem 2000; ders. zu Israel Rischiner: Derech ha-melech. R. Jisra'el me-Rizhin u-Mekomo be-Toledot ha-Hasidut, Jerusalem 1986; A.Y. Finkel, Contemporary Sages. The Great Chasidic Masters of the Twentieth Century, Northvale-London 1994; R. Schindler, Hasidic Responses to the Holocaust in the Light of Hasidic Thought, Hoboken 1990; N. Lamm, The Religious Thought of Hasidism. Text and Commentary, New York 1999; A. Brill, Thinking God. The Mysticism of Rabbi Zadok of Lublin, New York 2002; A. Nadler, The Faith of the Mithnagedim. Rabbinic Responses to Hasidic Rapture, Baltimore and London 1997; Z. Gris, Sefer Sofer we-Sippur be-Reschit ha-Hasidut min-ha-bescht we-'ad Menachem Mendel mi-Kotzk, (Ha-Kibbuz ha-me'uchad) 1992.

im Verständnis des Judentums heraufführte. Beide Seiten, das wiederholte Aufblühen eines philosophischen Rationalismus wie auch die anhaltende Pflege von Tradition und »Heiligenverehrung«, werden die Themen des dritten und letzten Bandes dieser Darstellung sein.

Register*

‘

’

* Das Register führt erst alle hebräischen Wörter auf, die mit ‘Ajjin beginnen, die es sodann nach dem lateinischen Alphabet ordnet. In derselben Weise folgen die Wörter mit ’Alef.

A

B

E

F

G

H

I

J

K

L

M

N

O

P

Q

R

S

T

Y

Z